ROUTE-NR.

1

2

3

4

5

6

7

8

9

10

11

12

13

14

15

16

Köthe-Schetar • Namibia

Daniela Schetar • Friedrich Köthe

Namibia

Handbuch für individuelles
Reisen und Entdecken

IMPRESSUM

Daniela Schetar • Friedrich Köthe

Namibia

erschienen im
REISE KNOW-HOW Verlag

ISBN 978-3-89662-325-6

1996 • 1999 • 2002 • 2004 • 2007
6. aktualisierte Auflage 2010

eMail des Verlags: rkhhermann@aol.com

Website von REISE KNOW-HOW:
www.reise-know-how.de
www.rkh-reisefuehrer.de

Gestaltung u. Herstellung
Inhalt, Umschlag: Carsten C. Blind
Karten: H. Hermann
Druck: Wilhelm & Adam, Heusenstamm
Fotos: Bildnachweis s. Anhang

Dieses Buch ist erhältlich in jeder Buchhandlung in
Deutschland, Österreich, Schweiz, Niederlande und Belgien
Bitte informieren Sie Ihren Buchhändler über
folgende Bezugsadressen:
D: PROLIT GmbH, Postfach 9, 35461 Fernwald
sowie alle Barsortimente
CH: AVA-buch 2000, Postfach 27, 8910 Affoltern
A: Mohr Morawa Buchvertrieb GmbH, Postfach 260, 1101 Wien
NL und B: Willems Adventure, 2676 LT Maasdijk, www.willemsadventure.nl
Wer im Buchhandel trotzdem kein Glück hat, bekommt
unsere Bücher auch über unsere Büchershops im Internet (s.o.)

EDITORIAL

Namibia –„Afrikas herbes Paradies“, „Land der Gegensätze“, „das Kleinod Afrikas“ – so wird Namibia oft genannt. Sein Reiz liegt in der Abwechslung. Es ist eine faszinierende Mischung aus unberührter Natur, Menschen vieler Kulturen und Zeugnissen deutscher Kolonialgeschichte.

Die Reise-Infrastruktur ist ausgezeichnet. Ob individuell im Mietwagen oder in einer Gruppe, es lässt sich bestens reisen. Zu den goldgelben Dünen von Sossusvlei, zum tiefen Fish River Canyon, zu den tosenden Wasserfällen bei Epupa, den Nationalparks, an wilde Küsten oder durch die Wüsten, Savannen und Regenwälder.

Dieses Reisehandbuch ist in 5 Teile gegliedert:

Teil I: Reisevorbereitungen
Teil II: Unterwegs in Namibia
Teil III: Land und Leute
Teil IV: Routenplanung
Teil V: Reise- und Routenteil

Der Teil I stimmt auf Namibia ein. Sie erfahren z.B., was und wieviel Sie auf Ihre Reise mitnehmen sollten, was zu beachten und zu bedenken ist. Hier stehen auch die Informationen, die Sie im täglichen Leben in Namibia, bei administrativen, privaten und öffentlichen Kontakten benötigen.

Im Teil II dreht sich alles um das Reisen im Land. Er behandelt Ankunft und Einreise, Geld- und Gesundheitsfragen, welche Freizeit-Aktivitäten möglich sind, was die Gastronomie bietet und was der Landesknigge rät. Abgerundet wird er durch Einkaufs- und Souvenir-Tipps und die Stichworte des „Namibia ABC“.

Im Teil III stehen Namibia und seine Menschen im Mittelpunkt. Wie entstanden Wüsten und Gebirge, wie wurde das Land besiedelt, wie kamen und kommen die ethnischen Gruppen des Landes miteinander aus, wie unterscheiden sie sich und welche Gemeinsamkeiten haben sie, mit welchen Tieren und Pflanzen teilen sie ihre Heimat, wie sieht die wirtschaftliche, soziale und politische Gegenwart und Zukunft des Landes aus.

Mit dem Teil IV planen Sie Ihre maßgeschneiderte Namibia-Reise. Sie können auf **16 Hauptrouten und zahlreichen Nebenrouten** (s. vordere Klappenkarte) Namibia erkunden (mit Abstechern nach Südafrika, Zimbabwe und Botswana). Die alphabetische Liste der **Hauptsehenswürdigkeiten** mit dem Verweis auf die Route, die zur Anfahrt zu benutzen ist, macht es leicht, gezielt nachzuschlagen. In der **Liste der Unterkünfte** sind (fast) alle Beherbergungsbetriebe und Zeltplätze gelistet, gleichfalls mit Kurzbeschreibung und mit Verweis auf die Route.

Der Teil V ist der Reise- und Routenteil. Für den schnellen Überblick ist jeder einzelnen Route eine Tabelle mit Kilometrierung, Abzweigungen, Orten, sehenswerten Dingen und Übernachtungsstätten vorangestellt. Danach folgen die Orts- und Streckenbeschreibungen.

Im **Anhang** stehen Fotonachweis, Ausrüstungsliste, das Glossar „Südwester-Deutsch“, Literaturliste und das Stichwortregister.

Gehen Sie also „auf Pad“! Sie werden sich später sicherlich – wie wir auch – immer wieder vom „herben Paradies“ angezogen fühlen! Ein tolle Reise wünschen wir Ihnen,

Ihre Daniela Schetar und Friedrich Köthe

Inhaltsverzeichnis

Die wichtigsten Städte und Orte von A – Z

TEIL I: REISEVORBEREITUNGEN

TEIL II: UNTERWEGS IN NAMIBIA

TEIL III: LAND UND LEUTE

Namibia: Wilde, unberührte Natur

Geschichte und Geschichten

Namibische Politik heute

Namibias wirtschaftliches Potential

Namibias Menschen und ihre Kultur

Kunst und Traditionen

TEIL IV: ROUTENPLANUNG

TEIL V: REISE- UND ROUTENTEIL

In den Süden

In den Norden

In den Nordosten

Nach Botswana, Zambia und Zimbabwe

ANHANG

TEIL I: REISEVORBEREITUNGEN

Namibia pauschal oder individuell bereisen?

Beides hat Vor- und Nachteile. Die Entscheidung hängt von den jeweiligen Wünschen ab, von der Zeit, die zur Verfügung steht, vom Budget und vom Organisationsaufwand, den zu investieren man bereit ist. Nachfolgend einige Überlegungen.

Pauschal- und Gruppenreisende

haben mehr oder weniger einen strengen Reiseplan, von dem abzuweichen sehr schwierig sein dürfte. Abfahrts- und Ankunftszeiten sind festgelegt, Verweilzeiten nicht nach den eigenen Wünschen verlänger- oder verkürzbar. Änderungen sind mit allen Teilnehmern abzustimmen, und wenn man Pech hat, steht man mit seinen Vorstellungen regelmäßig alleine da. Erscheint eine Landschaft besonders pittoresk und lädt zum Fotografieren ein, haben Sie mit Ihrem Stopp-Wunsch nicht unbedingt Erfolg. Mit Ihnen fahren Menschen, die Sie nicht kennen und die ganz individuelle Vorstellungen haben, wie ein Urlaub auszusehen hat.

Im schlimmsten Fall befindet sich in der Gruppe ein ausgesprochenes Ekel, das alle terrorisiert. Vielleicht geht Ihnen auch Ihr Sitznachbar auf die Nerven, weil er dauernd Skat spielen will oder zu allem etwas zu sagen hat. Andererseits können Sie natürlich durchaus von einer fertigen Reiseorganisation profitieren. Der Vorbereitungsaufwand wird auf ein Minimum reduziert, es gibt untereinander kein Sprachproblem, in den meisten Fällen ist ein Reiseleiter dabei, der die notwendigen Hintergrundinformationen erzählen kann, und Sie müssen sich keine Sorgen um Ihre Sicherheit machen. Im Großen und Ganzen wird eine Namibia-Pauschalreise mit einem bedeutenden Veranstalter finanziell günstiger sein als eine selbstorganisierte und selbstgebuchte Reise. Gerade bei beschränkter Urlaubszeit und unter der Maßgabe, in diesem Rahmen ein Maximum sehen zu wollen, ist ein fester Reiseplan mit einem Pauschalanbieter durchaus vorteilhaft. Dieses Buch bietet Ihnen dazu alle Landesinformationen, Einblicke in das Land und beantwortet alle wesentlichen Fragen zu Geschichte, Flora, Fauna, Geologie oder Kultur.

Die meisten deutschen Veranstalter bieten Pauschalarrangements für Namibia an. Wenden Sie sich dazu an Ihr Reisebüro.

Reiseveranstalter in Europa

Einige ausgewählte Veranstalter:

Afrika à la Carte Reisen, Buchenwinkel 7, 31789 Hameln,
Tel. 05151/9577696, Fax 05151/9577697, www.afrikaalacarte.de

AST – African Special Tours, 61118 Bad Vilbel, Gronauer Weg 31, Tel. 06101-499000, Fax 06101-499029, info@ast-reisen.de, www.ast-reisen.de.

DSAR-Reisedienst GmbH, 53111 Bonn, Sandkaule 5–7,
Tel. 0228-652929, Fax 0228-658949, www.dsar.de.

Impala Tours GmbH, 65760 Eschborn, Götzenstraße 8–10, Tel. 06196-41586, Fax 06196-482460, reisen@impala-tours.de, www.impala-tours.de.

Jacana Tours, 80689 München, Willibaldstr. 27,
Tel. 089-5808041, Fax 5808504, info@jacana.de, www.jacana.de.

Karawane Individuelles Reisen, 71638 Ludwigsburg, Schorndorferstr.

149, Tel. 07141-28480, Fax 07141-284825 africa@karawane.de, www.karawane.de.
SUNTOURS, Dorfstraße 14, 35428 Langöns, Tel. 06447-92103, Fax 06447-92104, www.suntours.de.
Umfulana, individuelles Reisen ins südliche Afrika, Wipperfürther Str. 376, 51515 Kürten, Tel. 02268-90980, Fax 909820, info@umfulana.de, www.umfulana.de.

Österreich: Ruefa Reisen, 1200 Wien, Dresdner Straße 81–85, Tel. 0810-200400, Fax 01-588009488, info@ruefa.at, www.ruefa.at.

Schweiz: Rotunda Tours, 8010 Zürich, Geroldstr. 20, Postfach, Tel. 01-3864666, Fax 01-3864688, rotunda@rotunda.ch, www.rotunda.ch

Individualreisende

Als Individualtourist sind Sie Ihr eigener Herr. Sie haben sich im Vorfeld schon intensiv mit Namibia auseinandergesetzt, wissen relativ genau, wie Sie anreisen, welche Sehenswürdigkeiten angefahren werden sollen, wo Sie übernachten wollen und Sie bringen ein bestimmtes Maß an Flexibilität für unerwartete Situationen mit. Ein Routenplan wurde ausgearbeitet, der Zeitrahmen und das Geldbudget bestimmt, Flüge gebucht, Mietwagen bestellt, die Übernachtungen bei den Hotels, Gästefarmen, Lodges und Parks avisiert und das Reisegepäck vorbereitet. Sie oder ihr Reisepartner oder jemand der Gruppe spricht ein wenig Englisch (obwohl man eigentlich mit Deutsch ganz gut durchkommt). Nach der Ankunft auf dem Airport in Windhoek erwartet Sie niemand, jetzt sind Sie auf sich allein gestellt. Sie können Sightseeing machen, Jagen, Fischen, Wandern, Angeln, Fallschirmspringen und vieles andere mehr.

Im **Teil IV** finden Sie einen **Tourenplaner** mit **Routenvorschlägen**, allen Sehenswürdigkeiten, Etappenlängen, Übernachtungs- und Versorgungsmöglichkeiten. Damit kann man seine Reise optimal planen und seinen Bedürfnissen und Neigungen entsprechend zusammenstellen.

Der Mittelweg

Wer weder das eine – die große Reisegruppe mit unbekannten Mitreisenden –, noch das andere – die aufwendig selbstorganisierte Reise – will, kann einen Mittelweg wählen. Man entscheidet sich für einen der vielen Expeditionsanbieter Namibias für maßgeschneiderte Exkursionen. Hier bestimmen Sie selbst, wie groß die Gruppe sein, wohin es gehen und wie lange es dauern soll.

Diese Expeditionen in kleinen Gruppen über einen Veranstalter gibt es auch konfektioniert für Leute, die alleine oder nur zu zweit reisen und darauf angewiesen sind, dass der Veranstalter eine Gruppe zusammenstellt (wobei die Gruppe der Größe wegen sehr homogen ist). Diese Form des Reisens hat natürlich auch ihren Preis. Inzwischen gibt es zahlreiche Veranstalter in Namibia, eine Auswahl finden Sie in den Praktischen Reisetipps von A bis Z unter „Reiseveranstalter".

Reisen selber planen: Tour-Designer

TOUR-DESIGNER ist eine unabhängige Internetplattform für Individualreisende (www.tourdesigner.de). Eine Kombination aus virtuellem Reiseführer und intelligentem Navigationssystem leitet mit aktuellen Informationen zu Mietwagen- und Unterkunftsangeboten sowie Hinweisen zu Sehenswürdigkeiten und Unterhaltungsmöglichkeiten durch die Urlaubsregion. Auch ohne spezifische Landeskenntnisse kann so eine Individualreise selbständig geplant und optimal zusammengestellt werden. Per eMail lässt sich alles ganz bequem bei renommierten Reiseveranstaltern buchen.

In Namibia reisen

Wie fortbewegen?

Namibia ist ein Land der großen Entfernungen, und zwischen Etappenbeginn und -ziel findet sich meist nichts als Natur pur. Es gilt also, große Strecken zurückzulegen. Öffentliche Verkehrsmittel, bis auf die (lediglich zwischen einigen Hauptorten verkehrende) Eisenbahn und einige Busrouten, gibt es fast nicht. Mit dem privat betriebenen Verkehrsnetz zu reisen ist schwierig, da die dafür eingesetzten Minibusse nur auf festen Routen zwischen den Arbeitsstellen der schwarzen Bevölkerung im Farmland und dessen Städten und den ehemaligen Homelands verkehren.

Per **Anhalter** zu reisen ist faktisch nicht möglich, da die touristischen Ziele nur zur Versorgung oder zum Personaltransport angefahren werden und meist kein Platz auf oder in den Wagen vorhanden ist, außerdem dürfen die Fahrer keine Anhalter mitnehmen. In den Wagen der Touristen ist meist ebenfalls kein Platz. Darüberhinaus sind Übernachtungsmöglichkeiten nur begrenzt verfügbar, häufig im voraus gebucht, und viele Nationalparks dürfen zu Fuß (d.h. von Anhaltern) nicht betreten werden.

Die Fluggesellschaft **Air Namibia** verbindet nur die großen Städte untereinander. Wer es exklusiv und sehr teuer liebt, könnte noch mit dem **Charterflugzeug** die Sehenswürdigkeiten erreichen oder von Lodge zu Lodge springen.

Verbleibt also für den Individualtouristen als einzig vernünftiges Überland-Fortbewegungsmittel der **Mietwagen,** mit oder ohne Fahrer.

Backpacker

Namibia war bisher kein Land für Low-budget-Touristen, die auf billige Unterkünfte und preiswerten Transport angewiesen sind. Doch hat sich in der letzten Zeit eine Infrastruktur auch für den Backpacker entwickelt (Unterkünfte und Safaris).

Anforderungen

Namibia-Reisende sind bereit, die Regeln zu beachten, die eine sensible Natur erfordert. Sie sollten auch keinen Badeurlaub á la Kenia oder dauernde Animation erwarten, sondern vielmehr in der Lage sein, die herbe Schönheit der namibischen Natur, die Stille, Weite und Einsamkeit des Landes und den Charme der Städte sich selbst zu erschließen und zu genießen.

Landesgröße, Entfernungen

Namibia ist ein „kleines Land mit großen Entfernungen". Klein, weil es nur ca. 2 Mio. Einwohner hat und damit auch entsprechend wenig Städte; groß, weil die Entfernungen zwischen den Städten und den Sehenswürdigkeiten immens sind.

Die Ausdehnung von Nord nach Süd beträgt ca. 1500 km, von West nach Ost in der Landesmitte ca. 500 km und in Höhe des Caprivi-Strip ca. 1400 km. Das Land ist mit 824.292 qkm etwa zweieinhalb mal so groß wie Deutschland. „Erfährt" man sich Namibia, so braucht das seine Zeit, da die Straßen, bis auf eine Nord-Süd-Achse und drei Ost-West-Achsen, nicht asphaltiert sind. Will man auch nur die wichtigsten Sehenswürdigkeiten sehen, bleibt nichts anderes übrig, als einmal kreuz und quer durchzufahren. Wer nicht unbegrenzt über Zeit verfügt, sollte sich bescheiden und einen weiteren Aufenthalt planen.

Zeitbedarf und Routenwahl Bringen Sie viel Zeit mit, wenigstens zwei Wochen. Der Flug alleine dauert 9 bis 11 Stunden; auch wenn die Zeitverschiebung wegfällt, anstrengend ist er dennoch, und ein derart weit entferntes Reiseziel eignet sich nicht für einen einwöchigen Aufenthalt. Namibia ist groß, die Pads (Pisten), auch wenn sie vorzüglich unterhalten werden, sind keine Autobahnen. Übers Jahr wird es morgens zwischen 5 und 7 Uhr hell und abends im gleichen Zeitraum dunkel (der Äquator ist nicht allzuweit). In der Dämmerung und bei Dunkelheit sollte unter keinen Umständen gefahren werden – Warzenschweine auf dem Weg sind schon bei 60 km/h ein unüberwindliches Hindernis, geschweige denn eine Antilope.

Je nachdem, welches Etappenziel man wählt, was einen dort erwartet (Sehenswürdigkeiten, Tierbeobachtung o.a.) und wie man reist (Lagerplatz suchen, Zeltaufbau, Kochen), sollte man rechtzeitig ankommen. 15 bis 16 Uhr ist keinesfalls zu früh. Mit der Mittagspause wird man im Schnitt nicht wesentlich mehr als 6 bis 7 Stunden reine Fahrzeit am Tag zur Verfügung haben. Mit Stopps zum Gucken und Fotografieren erreicht man auf guten Pisten eine Durchschnittsgeschwindigkeit um die 50 km/h. Eine Tagesetappe mit höchstens 300 km Wegstrecke ist also durchaus vernünftig.

Mit einem Rasttag sollte man demnach pro Woche eine maximale Entfernung von 1500 bis 2000 km planen. Wird ganz Namibia bereist, muss man dazu mindestens einen vierwöchigen Urlaub nehmen.

Bei Fahrten in unwegsamen Gebieten, wie dem Damara- und Kaokoland abseits der Hauptstrecken, schnellt der Zeitbedarf sofort in die Höhe, da dort Durchschnittsgeschwindigkeiten von 10 oder 20 km/h keine Seltenheit sind.

Also lieber zu viel Zeit als zuwenig oder lieber weniger vom Land sehen, aber richtig. Der Kardinalfehler vieler Besucher besteht darin, die Tagesetappen zu lange zu gestalten; sie erreichen abgehetzt und in der Dunkelheit ihr Ziel, können an der Tierbeobachtung nicht teilnehmen, sind erschöpft und nicht mehr aufnahmefähig. Wer nur 2 Wochen zur Verfügung hat, ist gut beraten, entweder nur den Norden oder nur den Süden zu bereisen.

Im Teil IV „Routenplanung" sehen Sie, was machbar ist.

Staubfahnen über Namibias Pisten

Wilde Landschaften Großartige Landschaften finden sich überall in Namibia, doch muss man unterscheiden zwischen „kultivierten" Regionen (meist privates Farmland, eingezäunt, der Tierbewirtschaftung vorbehalten und nur beschränkt bereisbar), den geschützten Gebieten (Reservate, Monumente und Nationalparks mit besonderen Zugangsbeschränkungen und vorgeschriebenen Verhaltensmaßregeln) und den ehemaligen Homelands, in denen nur teilweise Vieh- und Landwirtschaft betrieben wird. Besonders unzugänglich stellt sich der Nordwesten mit dem Damara- und dem Kaokoland dar. Im Nordosten um den Kaudom-Wildpark am Beginn des Caprivi-Strips ist das Buschmannland noch wahrlich ursprünglich.

Aber auch alle öffentlich zugänglichen, geschützten Gebiete präsentieren gigantische Landschaften, die den Reisenden recht verletzlich wirken lassen. Im Süden der Fish River Canyon, dessen Wände in die Urzeit der Erdgeschichte verweisen, der vielfältige Namib-Naukluft Park mit Sand- und Steinwüsten, mächtigen Bergen und Sanddünen, Küste und Schluchten im Südwesten, die Skelettküste im Nordwesten mit ewigem Nebel, Wind und Dünen, die in ihrer Erhabenheit denen bei Sesriem nur wenig nachstehen.

Auf den Spuren der Kolonisierung Die meisten Zeugnisse der deutschen „Schutztruppenzeit" Südwestafrikas (von 1884 bis 1915) finden sich in der Landesmitte, in etwa um die Linie Swakopmund – Windhoek – Waterberg. Gepflegte Gräber von „Reitern", administrative Gebäude im deutschen Kolonialstil, prachtvolle Villen vermögender Kaufmannsfamilien, inzwischen friedlich genutzte Verteidigungsanlagen, Trutzburgen, in denen und um die viel Blut vergossen wurde, und das unglaubliche Schloss Duwisib mitten im Niemandsland karger Landschaften, der Versuch, Ritterherrlichkeit in einer feindlichen Umgebung zu schaffen.

Wild beobachten Die meisten Tiere und Tierarten leben im nördlichen Teil des Landes, im Etosha National Park, im Kaudom-Wildpark und im BwaBwata National Park mit den Parks Mudumu, Mamili und Mahango. Wer Zeit und Lust hat, kann auch die wildreichen Parks im Nachbarland Botswana besuchen (Chobe und Moremi). Wer glaubt, das Wild außerhalb der Nationalparks und Tierreservate im Busch auf eigene Faust finden zu können, täuscht sich. Erstens ist meist kein Durchkommen, zweitens flüchten die Tiere bevor man sie entdeckt und drittens ist es in den Parks und auf vielen Wildfarmen verboten, die Wege (oder gar das Fahrzeug) zu verlassen.

Reise- und Jahreszeiten

Die wärmste Reisezeit Am wärmsten ist es natürlich im Sommer der Südhalbkugel, während des europäischen Winters. Ganz Unentwegte springen zu dieser Jahreszeit in den auch dann noch kalten Atlantik. Die Pools der Lodges, Hotels und Gästefarmen bieten dagegen willkommene Abkühlung nach der Hitze des Tages. Allerdings gibt es auch starke Regenfälle, da die im Januar beginnende Hauptregenzeit erst im März langsam abklingt. Kalt wird es aber nie und es regnet sich auch nicht ein. Die Wasserfluten können aber einige Pads, nicht nur für normale Pkw, sondern auch für Allradfahrzeuge (Four-Wheel-Drives/FWD) unpassierbar machen. Da heißt es dann, einige Stunden, vielleicht auch einmal einen Tag warten, und unter Umständen erreicht man sein Etappenziel nicht. Hin und wieder, in Abständen von mehreren Jahren, ist es während und am Ende der Regenzeit fast unmöglich, das Kaokoland zu bereisen, da viele Pads gar nicht mehr existieren und Übergänge über die **Trockenflüsse (Riviere)** weggespült sind. Auch passionierte Wanderer können wegen der großen Hitze im Sommer einige der schönsten Touren, wie z.B. durch den Fish River Canyon, nicht durchführen. Der gesamte Bereich ist dann gesperrt, Genehmigungen *(Permits)* werden nicht erteilt.

Die touristischste Reisezeit

Die europäischen Weihnachtsferien fallen mit den Sommerferien der Bewohner des südlichen Afrika zusammen. Dort gibt es insgesamt drei Hauptferientermine (sie differieren von Jahr zu Jahr um wenige Tage):

1. Ca. 4 Wochen **von Ende April bis Ende Mai**
2. Ca. 2 Wochen **von Ende August bis Anfang September**
3. Ca. 6 Wochen **von Anfang Dezember bis Mitte Januar**

Alles ist dann unterwegs, im Wohnmobil, in Autos mit Anhängern, mit dem Motorrad. Jeder hat sein Fahrzeug vollgepackt bis zum letzten Winkel und reist. Besonders ausgebuchte Zeiten sind auch Juli und August, wenn die Südafrikaner mit Sack und Pack durch Namibia touren.

Da die Zahl der Unterkunftsmöglichkeiten in Namibia beschränkt ist (der Bau von neuen Unterkünften und Hotels konnte mit der rasanten touristischen Entwicklung der letzten Jahre nicht Schritt halten, Natur und Ökologie lassen es aus Wassermangel nicht zu, das Angebot unbegrenzt zu erweitern), muss man Hotels und Unterkünfte in der Hochsaison vorausbuchen – und nur wenn die Buchung wirklich lange vor Abreise vorgenommen wurde (bis zu 18 Monate!) hat man die Chance, sich seine Tour wie gewünscht zusammenzustellen oder zusammenstellen zu lassen. In der Etosha-Pfanne reiht sich Fahrzeug an Fahrzeug, es kann passieren, dass trotz Zufahrtsbeschränkungen eine von den Wagen aufgewirbelte Staubwolke über den Pads hängt und das Beobachten der Tiere in der stickigen Atmosphäre nicht sehr vergnüglich ist.

Die tierreichste Reisezeit

Wer nach Namibia fährt, um Wild zu beobachten, ist am besten beraten, im Winter oder Spätwinter zu reisen (Juni bis November). Das Land ist ausgetrocknet, die Tiere finden im Busch kein Wasser und sie kommen zu den Wasserstellen, die ihnen – teilweise künstlich unterhalten – auch in der Trockenzeit eine Tränke und dem Touristen beste Beobachtungsmöglichkeiten bieten.

Die ideale Reisezeit

Die ideale Reisezeit ist der namibische Herbst **von März/April bis Juni/Juli.** Es ist tagsüber nicht zu heiß, nachts nicht zu kalt, das Baden in den Swimmingpools ein Vergnügen, es sind nicht zu viele Menschen unterwegs, die Luft ist klar, der Himmel strahlend blau, und wenn die Regenzeit nicht zu stark war, beginnen die Tiere, zu den Wasserstellen zu kommen.

Mit dem Ochsenkarren zu neuen Welten

Die Welt

„Die ersten Europäer, die in das Innere von Südwestafrika vorstießen, kamen aus der Kapkolonie und waren Jäger, Händler, Forscher und Missionare. Die Reisedauer umfasste Monate und man war sehr abhängig von den wenigen Wasserstellen und von den Weideverhältnissen. Der Weg, soweit man die Gleise eines vorangefahrenen Ochsenwagens als Weg ansprechen kann, überschritt bei Ramans oder Sendelingsdrif den Oranje, führte nach dem damaligen Nisbeth-Bath (später Warmbad), einer Station der Weslyaner Mission. Weiter ging es über Swart Modder (Keetmanshoop) und nordwärts bis zu den guten Quellen von Grootfontein, das ungefähr 40 km südlich von Maltahöhe gelegen ist und dessen Lehmsteinruinen und Baumbestände noch von der alten Zeit künden.

Eine Hin- und Rückreise mit dem Ochsenwagen von den im Landesinneren gegründeten Missionsstationen, z.B. von Großbarmen bis zum Kap, dauerte bis 11 Monate oder länger. In jenen Zeiten, mit Beginn des 19. Jahrhunderts, gab es keinerlei Wege in Südwest. Die wenigen Verbindungspfade waren die ausgetretenen Pfade der Wildherden, die sich über Berge und durch Schluchten wanden und sich für den Ochsenwagen als Reisefahrzeug nicht eigneten. Jeder Ochsenwagen, der als erster durch ein Gebiet fuhr, bahnte sich einen Weg ins Unbekannte und auf seinen Spuren, die sich in dem trockenen Klima teilweise jahrelang hielten, folgten dann die nächsten Reisenden.“
(aus: „Der Baiweg“, H. W. Stengel, Windhoek,1972)

Der Wagen

„Ein solcher Wagen ist ein Riesenungeheuer aus bestem Holz und mit massiven Eisenbeschlägen. Er ist solide konstruiert, denn es werden an seine Haltbarkeit große Anforderungen gestellt. Der Wagen ist mit einer Anzahl von Kisten besetzt, die gleichzeitig als Sitze dienen; auch unter dem Wagen sind allerlei Vorrichtungen zum Anhängen der Gerätschaften, besonders der dreifüßigen Kochkessel und der Blecheimer vorhanden. Der hintere Teil des Wagens ist vollständig mit einer großen Plane aus Segelleinwand überzogen.

Der Wagen kann – je nach seiner Größe, der Passierbarkeit des Weges und der Anzahl der Ochsen, von denen er geschleppt wird, – zweitausend bis sechstausend Pfund Ladung aufnehmen. Die Wagen werden in Kapstadt angefertigt und kosten zwei- bis dreitausend Mark. Zwölf bis achtzehn Ochsen werden paarweise vor den Wagen gespannt. Nur das zunächst dem Wagen gehende Paar, von den Holländern die „Achterochsen“ genannt, gehen an einer Deichsel.

An der Spitze der Deichsel ist der sogenannte Ochsenstrick befestigt, das heißt, ein aus Leder zusammengeflochtener, sehr fester Riemen. An diesem sind mit den Jochen, die sie über den Köpfen tragen, die anderen Zugochsen paarweise befestigt. Das Ende dieses Ochsenstrickes, auch Leittau genannt, nimmt der vorausschreitende Führer des Wagens in die Hand. ...

Auf der vordersten Kiste nimmt der Kutscher Platz, der ein drei Meter langes Bambusrohr mit einer ellenlangen Peitsche hat, um von seinem Platz aus jeden einzelnen Ochsen, der zum Ziehen aufgefordert werden muss, mit großer Geschicklichkeit mit der Peitsche zu treffen. Jeder Ochse hat seinen besonderen Namen, der ihm auch zugerufen wird, wenn das Tier aufmerksam gemacht werden soll.

Die Ochsen sind ganz prächtige Tiere, meist glänzend schwarz und mit geringen weißen Abzeichen. Sie haben riesige, nadelspitze Hörner. Die Leistungsfähigkeit dieser Tiere ist eine fast unbegrenzte: Auf den fürchterlichsten Wegen gehen sie tagelang unermüdlich weiter, sie haben die Fähigkeit, tagelang zu

hungern und zu dürsten. Ihre harten Hufe ermöglichen es ihnen, durch den Sand, über Felsengeröll, durch den Quarzschotter, der meilenweit da."s Land bedeckt, kurzum, auf den schlechtesten Wegen unbeschädigt dahinzuwandern. Sie sind manchmal störrisch und schwer in Ordnung zu halten, aber im großen und ganzen haben diese Tiere doch außerordentliche Vorzüge."
(aus: „Mit Büchse, Spaten und Ochsenstrick", A. O. Klaussmann, Kattowitz und Leipzig, 1903)

Der Weg

„Spuren von Elefanten, Straußen, Löwen, Giraffen und allerlei anderm Wild fanden wir sehr häufig, und konnten auch manche Tiere erlegen. In den letzten Tagen hatten wir einige Giraffen geschossen ...

Wir hatten jetzt beide Wagen voll Fleisch, und um unsere Vorräte zu sparen, wurde fast nur von Giraffenfleisch gelebt. ... Mir ... lag es im Magen wie ein Stein, und ich wurde recht krank davon. Ich zog mein Doktorbuch zu Rate; das sagte: ähnliches heilt ähnliches. Demnach, dachte ich, müssen Steine auch den Steindruck in meinem Magen vertreiben und nahm eine tüchtige Portion Steine. Die habe ich aber nicht verschluckt, sondern aus dem Weg gerollt und zur Abwechslung Bäume, die im Wege standen, umgehauen oder eigentlich umgebissen, denn das Holz ist so hart, dass es schien, das Beil sei von Holz und die Bäume von Stahl. ...

Von den Bergen kommen öfters Seitenflüsse herunter, über deren steiniges Bett der Wagen gewaltig hinüberrappelt. Während wir so mit Ach und Krach dahinfuhren, wurde ein Berg über uns lebendig, die Steine rollten herunter, eine Truppe Zebra kam über die Berge herunter zum Wasser. Zwei der hübschen Tiere wurden erlegt. ...

Am 7. Juli hatten wir allerlei Malheur: Der Topf mit der Wagenschmiere war verloren, und niemand hatte Lust, ihn zu suchen ... Die Leute waren müde, ... dazu war der Löwe auf dem Weg, da mag man nicht gebieten, obgleich man es könnte. ...

Während der Abwesenheit der zwei Männer (die den Schmiertopf suchten), hatten wir zwei gefährliche Stellen zu passieren. Ein Berg streckte seine Nase bis an den Rand des Flusses und fiel da steil ab. Im Wagen zu sitzen hatte an dieser Stelle niemand Lust. ... Der unsere wäre beinahe umgefallen, das eine Hinterrad sprang zwei Fuß in die Höhe. ... Kaum waren wir aber über diese Nase hinüber, so trat ein anderer Berg steil bis an das Flüsschen heran. Jetzt hieß es über den Graben. Das Wasser war 6 Fuß tief und nur etwa 4 Fuß breit. Wenn ein Wagen in diesen Graben fiel, so kam er nicht wieder heraus. ... Peter Swartboy, der diesen Weg vor uns passiert war, hatte große Steine in den Graben rollen lassen und auf dieselben eine Schicht kleinere, so lief das Wasser zwischen den großen Steinen durch und noch etwa 1 Fuß hoch über die kleinen Steine weg. Mit mancher Not kamen wir in zwei Stunden über diese Brücke hinüber auf die andere Seite des hohen Uferrandes."
(aus: „Aus alten Tagen in Südwest, der Ochsenwagen erzählt", W. Moritz, Spenge, 1989)

Reisebudget

Reisekosten, Preise

Namibia ist für Touristen aus dem Euro-Raum immer noch ein günstiges Reiseland. Dinge des täglichen Bedarfes liegen, je nach Wechselkurs, etwa 20–40% unter deutschem Preisniveau. Auf der anderen Seite ist Namibia kein Billigreiseland. Der Großteil der touristischen Infrastruktur und das Leistungsangebot ist ausgerichtet auf Reisende, von denen angenommen wird, dass sie über relativ viel Geld verfügen. Deshalb kann ein Namibia-Urlaub auch recht teuer werden. Doch findet der Rucksacktourist eine angemessene Low-budget-Infrastruktur. Es gibt eine Jugendherberge (in Swakopmund) und in vielen Städten Billighotels. Schwierig ist es noch mit den öffentlichen Verkehrsmitteln, mit denen man preiswert die Sehenswürdigkeiten erreichen könnte (hier muss man eine Safari buchen). Wildzelten ist, bis auf wenige Gebiete (z.B. Kaokoland, Buschmannland), nicht möglich, da das Land wirtschaftlich genutzt wird und eingezäunt ist. Die **Flüge** nach Namibia und zurück kosten zwischen 400 € und 1100 €, je nach Airline, Reiseroute und Saison.

Für ein **Essen** in einem guten Restaurant muss mit ca. 15–20 € pro Person kalkuliert werden. Mit 6 € wird man aber auch in einem der kleinen Fastfood-Läden satt, die sich an vielen Tankstellen finden. Eine Übernachtung ohne Frühstück kostet mindestens 20 € pro Kopf (in den Backpackerunterkünften der Städte mit Schlafsaal auch manchmal nur 8 €), nach oben sind keine Grenzen gesetzt. Mit 6 € kommt man in einem Taxi quer durch Windhoek, für 8 € mit dem Zug von Windhoek nach Walvis Bay. Der Liter Diesel oder Benzin kostet 50–90 Euro-Cent, abhängig vom Wechselkurs und Rohölpreis.

Bei sparsamem Reisen (4 Personen im Kleinwagen, Zelturlaub, Selbstversorgung, Beschränkung auf das Allernotwendigste) wird man nicht wesentlich unter 1200–1500 € pro Person für 2 Wochen alles inklusive kommen. Nach oben hin ist alles offen (Luxuscamps, Anreise mit dem Flugzeug, Abstecher nach Botswana und zu den Victoria-Fällen, etc.).

Niedriges Reisebudget

Die günstigste Art zu reisen ist Anmietung eines kleinen Pkw (z.B. Golfklasse) und Zeltübernachtung auf dem Grund eines staatlichen Restcamps mit Selbstversorgung. Anzusetzen sind pro Übernachtung für 4 Erwachsene und Stellplatz für das Fahrzeug 30–50 €. Der Wagen selbst kommt, z.B. beim deutschen Vermieter *Holiday Autos* (www.holidayautos.de), auf ca. 25 € pro Tag (bei vierwöchiger Anmietung, alles inklusive).

Mittleres Reisebudget

Die Übernachtung in einer Hütte oder einem Appartement der staatlichen Restcamps kostet für 4 Personen mit Fahrzeug zwischen 60 € und – sehr luxuriös – 120 €. Auf Gästefarmen muss für die Übernachtung pro Person mit 60–125 € gerechnet werden (mit Abendessen und Frühstück, unter Umständen auch inklusive einer Farmbesichtigung und einer Pirschfahrt zur Tierbeobachtung). Hotels in den Städten bewegen sich auf etwa dem gleichen Preisniveau. Das Fahrzeug mittlerer Kategorie (Toyota Hilux) kommt auf 80–90 € pro Tag.

Hohes Budget

Lodges verlangen 80 bis 150 € pro Person. Enthalten sind meist alle Mahlzeiten und abendliche und morgendliche Tierbeobachtung. Einige Luxuslodges mit exklusivem Service verlangen bis zu 500 € pro Kopf. Ein voll ausgerüsteter, robuster Geländewagen, der für einige Touren auch unabdinglich ist, kann das Budget mit bis zu 175 € am Tag belasten.

Wo übernachten?

Buchung

Übernachtungskapazitäten sind in Namibia auf dem Land nur begrenzt vorhanden und mit Rücksicht auf die Ökologie nicht beliebig ausbaubar. Auch in Zukunft wird es zu Spitzenzeiten des Urlaubsverkehrs Engpässe bei den Unterkünften geben. Konsequenz: die **rechtzeitige** Buchung, bis zu einem halben Jahr im voraus, falls sich Ihr Urlaub mit der südafrikanischen Ferienzeit überschneidet! Die Anfahrtswege auf den Stichstraßen, die zu den Gästefarmen oder Lodges führen, sind zu lang (teilweise bis zu zwei Stunden von der Hauptroute entfernt), als dass sich das Risiko lohnte, ins Blaue zu fahren und dann evtl. abgewiesen zu werden. Viele Beherbergungsbetriebe haben an ihren privaten Zufahrtsstraßen Schilder, die darauf hinweisen, dass eine Anfahrt nur mit bestätigter Buchung erlaubt ist.

Buchungen sind unproblematisch per Telefon oder schriftlich zu erledigen (auch in deutsch); bitten Sie um schriftliche Bestätigung. Teilweise muss eine Anzahlung geleistet werden (bei Ihrer Bank per SWIFT). Bei staatlichen Betrieben geht Ihnen vorab eine Rechnung zu, die innerhalb einer bestimmten Frist beglichen werden muss (dafür wird aber auch die Unterkunft auf alle Fälle für Sie freigehalten). Buchungen für Hotels und private Unterkünfte werden direkt vorgenommen, für alle Nationalparks und Erholungsgebiete auf staatlichem Boden zentral beim Buchungsbüro und bis zu 18 Monate im voraus. **Adresse: Namibia Wildlife Resorts Ltd.,** Head Office, Private Bag 13378, Windhoek, Independence Avenue, Windhoek, Tel. 061-2857200, Fax 224900, reservations@nwr.com.na, www.nwr.com.na. Öffnungszeiten der Kasse: Mo–Fr 8–15 Uhr, von 15–17 Uhr nur Reservierungen und Informationen.

Buchungen für den Namib-Teil des Namib-Naukluft-Parkes mit Welwitschia-Drive und den Zeltplätzen im Park (Homeb, Mirabib, Kuiseb-Brücke, Kriess se Rus, Ganab, Groot Tinkas, Archer's Rock, Blutkuppe, Vogelfederberg, Welwitschia und Swakopfluss) werden vorgenommen über *Namibia Wildlife Resorts Ltd.* in Windhoek oder das *Ministry of Environment & Tourism* in Swakopmund und dessen Büro in Walvis Bay.

Klassifikation u. Lizenzierung

Prinzipiell unterscheidet man **private Beherbergungsbetriebe** (Hotels, Pensionen, Guest Houses, Gästefarmen, Bed&Breakfast-Betriebe, Jagdfarmen, Lodges, Caravan-Parks, Zeltplätze) und **staatliche** (inzwischen als Firma in staatlichem Besitz organisiert) bzw. **städtische Einrichtungen** (Restcamps oder Rastlager mit Bungalows, Appartements, Zimmern und Zeltplätzen). Jeder Betrieb muss lizenziert sein und wird staatlicherseits nach einem Sternesystem kategorisiert. Gästefarmen können maximal 3 Sterne, Hotels und Lodges maximal 5 Sterne erhalten. Eine Liste, ständig auf den neuesten Stand gebracht (aber nicht alle Unterkünfte beschreibend), verteilen die Tourismusbüros („Accommodation Guide"). Wenn eine Gästefarm oder eine Lodge keinen Stern besitzt, kann das jedoch auch bedeuten, dass dort an einer Klassifizierung kein Interesse besteht. Es gibt Lodges ohne Sterne, die jedes Luxushotel in den Schatten stellen. **Bei den Listungen der Hotels in den Orten sind die Empfehlungen der** Autoren in **fetter Schrift.**

Die **Lizenzierung für Alkohol** reicht von „T" (Ausschank nur an Übernachtungsgäste) über „YY" (im Restaurant wird an jeden Alkohol ausgeschenkt) bis zu „YYY" (volle Barlizenz).

Hotels, Guesthouses, Pensionen

Sie unterscheiden sich nicht von den Hotels in Europa, auch die gleichen Serviceleistungen, entsprechend der Kategorie, werden angeboten. Sie sind klassifiziert von einem Stern bis zu 5 Sternen. Ein-Stern-Hotels sind einfachst gehalten, ab 4 Sterne entsprechen die Hotels internationalem Luxusstandard. Preise für ein Doppelzimmer mit Frühstück variieren zwischen 25 € und 150 €.

Gästefarmen

Gästefarmen sind eine Spezialität Namibias. Sie müssen mindestens 4 Zimmer haben und besitzen selten mehr als 10. Die Zimmer sind bis auf wenige Neubauten in den Wirtschaftsgebäuden untergebracht. Einige Farmen haben die Viehzucht eingestellt und betreiben den Hof jetzt als Wild- oder Jagdfarm, damit ist meist eine persönliche Atmosphäre garantiert. Gegessen wird gemeinsam mit der die Farm bewirtschaftenden Familie (Frühstück und Abendbrot).

Gästefarmen finden sich im ganzen Land verteilt, und auch wenn man Hotels vorzieht, sollte wenigstens ein zwei- bis dreitägiger Aufenthalt auf einer Gästefarm eingeplant werden, die noch Vieh hält, um das Leben und die wirtschaftliche Struktur des Landes hautnah zu erleben. Auf der Farmrundfahrt erfährt man Wissenswertes über das Vieh, wieviel Land zur Ernährung eines Tieres notwendig ist, wie lange es auf einem Weideabschnitt verbleiben darf, wie die Abschnitte geteilt und untereinander verbunden sind, Probleme der Bewässerung, soziale Strukturen der Mitarbeiterfamilien und vieles mehr. Namibia ist „Cattle Country" (Viehland), und ohne die Nöte und Freuden des Lebens auf einer Farm kennengelernt zu haben, hat man nur die Hälfte gesehen. Die Klassifikation der Gästefarmen geht von einem bis zu drei Sternen.

Lodges, Tented Camps

Auf Lodges wird keine Farmwirtschaft mehr betrieben. Auf dem Gelände ist Wild fest angesiedelt, und zur Gästeunterhaltung werden Fahrten zur Tierbeobachtung unternommen. Die Gebäude sind speziell zur Gästeunterbringung geschaffen worden, teilweise in einem afrikanisch-traditionellen Baustil. Die Atmosphäre entspricht eher der eines kleinen Hotels. An den Mahlzeiten nehmen häufig auch die Wildhüter und die Manager der Lodge teil, die gerne Fragen beantworten.

Neben den Lodges auf privatem Farmgebiet wurden privaten Betreibergesellschaften Konzessionen zur Nutzung von staatlichem Grund erteilt; das Wild in diesen Konzessionsgebieten ist nicht angesiedelt worden, sondern wandert frei umher (z.B. Palmwag Lodge/Damaraland und Skeleton Coast Fly-in-Safaris/Kaokoland). Oder die Lodge bekam die Erlaubnis, sich in einem Nationalpark zu etablieren.

Bed&Breakfast

B&B-Unterkünfte wurden früher nicht klassifiziert und auch nicht beauflagt, gewisse Standards einzuhalten. Dies hat sich geändert, nun muss ein Mindestmaß an Komfort und Service gewährleistet sein. B&B-Unterkünfte sind nun durchaus eine Alternative zu Hotelzimmer oder Lodges.

Jagdfarmen

Sie entsprechen in etwa den Gästefarmen oder auch den Lodges, haben eine spezielle Konzession und nehmen vornehmlich Jäger auf. Die Unterbringung reicht von einfachst bis hochluxuriös. Die hohen Preise erklären sich aus dem Komplettangebot mit Jagdführung und teilweise mit Abschusskosten. In den wenigsten Fällen wird der normale Tourist mit Jägern zusammentreffen, da aus gutem Grund auf eine strikte Trennung der beiden Klientengruppen geachtet wird.

Caravan Parks, Zeltplätze

Es gibt zahlreiche private, reine Zeltplätze. Auch einige Gästefarmen und Lodges bieten in beschränkter Zahl Stellplätze für Zelte und Caravans an. Toiletten, Wasserversorgung und der unvermeidliche Grillplatz mit Holzvorrat (Braai-Platz) sind selbstverständlich. Auch Stellplätze sollten unbedingt vorausgebucht werden.

Restcamps, Rastlager

Restcamps auf dem staatlichen Grund der National- und Wildparks sind privatisiert und werden von *Namibia Wildlife Resorts Ltd.* verwaltet, das dem Staat gehört. In den letzten Jahren gerieten die Lager in schlechten Ruf, da sie mehr und mehr verfielen. Es wurde aber ein Investitionsprogramm aufgelegt, und nun strahlen viele Lager wieder in neuem Glanz und auch neue sind hinzugekommen. Die Camps finden sich in Städten, an Thermalquellen, hauptsächlich aber in den Nationalparks. Sie haben Standplätze für Zelte und Campmobile, Zimmer und Bungalows verschiedener Preiskategorien und einen kleinen Laden mit Nahrungsmitteln zur Bestreitung des Grillabends (außer Frischem wie Obst und Gemüse).

Meist sind die Camps sauber, und das Personal ist freundlich. Die Lager sind eine preiswerte Alternative zu Hotels, Gästefarmen und Lodges und meist die einzige Möglichkeit, in den Parks zu nächtigen. Bis auf die Stellplätze im nördlichen Teil des Namib-Naukluft Parks, zwischen Swakopmund und Windhoek, haben sie alle Wasserversorgung.

VIP-Bungalows

Viele der staatlichen Rastlager besitzen sogenannte VIP-Bungalows („Very important Person"). Diese sind vollständig (auch mit Geschirr) eingerichtet, stehen in exponierter Lage, sind größer als die normalen und und und. Es lohnt sich also, auch weil sie nur unverhältnismäßig teurer sind als die Luxusbungalows. Sie sind allerdings nur mit einer speziellen Anforderung bei Namibia Wildlife Resorts Ltd. buchbar. Die Buchungsbestätigung gilt nur provisorisch. Wenn zum Beispiel der Präsident sich kurzfristig für einen Aufenthalt entscheidet, wird die Buchung hinfällig und man selbst umquartiert.

Namibia Community Based/Nacobta

Nacobta *(Namibia Community Based Tourism Assistance Trust)* ist ein Entwicklungshilfeprojekt, das die lokalen Menschen vom Tourismus profitieren lassen will. Weit ab von jeglicher Möglichkeit, sich eine Arbeitsstelle zu besorgen, wird die Ressource „Tourist" zur einzigen Chance, den Lebensunterhalt zu bestreiten. Es entstehen Zeltplätze/Lodges und Rastlager, Verkaufsstellen für Kunsthandwerk, Museen und die Einheimischen werden für touristische Dienstleistungen, wie Bergführungen, ausgebildet. Bislang wurden folgende Projekte gefördert:

Zeltplätze/Rastlager/Lodges: Aabadi Bush Camp (Wilhelmstal), Abu Huab Campsite (Twyfelfontein), Boiteko Tourism Centre (Gobabis), Brukkaros Campsite (Brukkaros Krater), Bumhill Campsite (Caprivi), Etuna Guest House (Ongwediva), Garies Restcamp (Klein-Aub), Granietkop Campsite (Twyfelfontein), Hippo Pools Campsite (Kaokoland), Hoada Campsite (Palmwag), Kambahoka Restcamp (Aminius), Kanamub Mountain Camp (Sesfontein), Kaumbangere Campsite (Tsumkwe), Khowarib Campsite (Damaraland), Marble Campsite (Orupembe), Mbamba Campsite (Caprivi), NGoabaca (Caprivi), Nakambale Restcamp (Ovamboland), Nambwa Campsite (Caprivi), Okarohombo Campsite (Marienfluß), Omatako Valley Restcamp (Tsumkwe), Ombalantu Baobab (Ovamboland), Purros Campsite (Purros), Salambala (Caprivi), Satako Restcamp (Gobabis), Sesfontein Fig Tree Camp (Sesfontein), Spitzkoppe Restcamp (Spitzkoppe), Treesleeper Camp (Tsintsabis), Van Zyl's Pass Campsite (Kaokoland), Warmbad Lodge (Warmbad).

Führer – Brandberg, Spitzkoppe, Opuwo (Kaokoland), Katutura Face to Face Tours (Windhoek), Warmbad, Versteinerter Wald, Twyfelfontein

Kunsthandwerk – Mashi Crafts (Mudumu Nationalpark), She She Crafts (Mamili Nationalpark), Daureb (Uis), Anmire Traditional Village (Khowarib), Nakambale Museum (Ovamboland), Caprivi Art Center (Katima Mulilo), Penduka (Windhoek), Warmbad, King Taapopi's Residence (Ovamboland), Ombalantu Baobab (Ovamboland), Onankali Paper Project (Damaraland).

Museen – Warmbad Museum, Nakambale Museum.

Buchungen für die Zeltplätze können über das Kopfbüro in Windhoek vorgenommen werden, ebenso Besuche in King Taapopi's Residence, in dem bei Voranmeldung für größere Gruppen, die ganze Residenz zum Leben wie in früheren Zeiten erweckt wird: Nacobta Booking and Information Center, P.O. Box 86099, Windhoek North, Johann Albrecht Street, Tel. 061-221918, Fax 061-222647, www.nacobta.com.na.

Die Projekteförderung beschränkt sich meist auf die Anlauf- und eine Konsolidierungsphase, danach müssen die Betreiber lernen, auf eignen Füßen zu stehen. Dies gelingt nicht immer, so dass man ab und zu vor verschlossenen Toren steht. Um sicher zu sein, das dies nicht passiert, ist eine Vorab-Info bzw. Buchung im Kopfbüro von Nacobta angebracht.

Praktische Reisetipps von A bis Z

Hinweis: Die meisten Adressen in Namibia sind in diesem Buch sowohl mit Straße als auch Postfach (P.O. Box/Private Bag) angegeben. Die Straßenadresse dient lediglich dazu, persönliche Besuche vorzunehmen, nicht als Postadresse! Namibia kennt keine Zustellung bis zum Empfänger. Die Post wird in das Postfach eingelegt. Dort muss sie der Adressat abholen. Post mit Straßenadresse geht, wenn überhaupt, als unzustellbar zurück.

Reisen mit Kindern

Namibia ist ein ideales Reiseland für ältere Kinder. Babies und Kleinkinder bis etwa 4 Jahre werden keine ungetrübte Freude an Namibia haben – dazu sind die täglichen Fahrstrecken zu lang und das Interesse an Tieren zu wenig ausgeprägt. Sobald die Kleinen aber anfangen, die Wunder der Natur für sich zu entdecken und sie zugleich alt genug sind, Vorsichtsmaßnahmen zu begreifen (und auch einzuhalten) sind sie in Namibia bestens aufgehoben.

Tierbeobachtung ist sicherlich das wichtigste und eindrucksvollste Erlebnis in Namibia: Doch während die Erwachsenen auf die Begegnung mit Großwild warten, können sich Kinder an wesentlich unspektakuläreren, dafür aber sensibleren Begegnungen erfreuen: Auf jeder Lodge und Farm, die man zur Übernachtung anfährt, wartet zumindest ein (meist riesenhafter) Hund darauf, beachtet und gestreichelt zu werden. Zu den exotischeren Haustieren zählen die putzigen Erdmännchen, die so zahm werden wie Hauskatzen und dem Sprössling nach dem Kennenlernen nicht mehr von der Seite weichen. Manche Farmer halten auch gefährlicheres, halbwegs gezähmtes Wild, das im Gehege untergebracht wird, wenn Gäste kommen. Dann bietet sich die Gelegenheit, Geparde, Warzenschweine oder Strauße hinter dem Zaun aus nächster Nähe zu beobachten.

Weg von den Haustieren in die freie Natur: Manche Strecken sind zugegebenermaßen recht langweilig und dauern ewig. Aber sobald das erste Wild den Weg kreuzt, was durchaus auch auf Hauptstraßen passiert, gibt es für passionierte Tierbestimmer kein Halten mehr: Antilopen, Zebras, Warane und Paviane werden gesichtet. Die Kinder kennen Namibias Fauna durch solche Beobachtungen oft besser als ihre Eltern. Höhepunkte sind natürlich Fahrten in den Nationalparks oder Game Drives auf privatem Farmgelände. Auch der gelangweilteste Sprössling lebt auf, wenn er sich einer Elefantenherde oder einem Spitzmaulnashorn gegenübersieht, und die Frage, wer wohl als erster die Mähne eines Löwen erspäht, kann die Fahrgemeinschaft mit Kindern ungemein lustig und spannend machen.

Interessant wird es auch, wenn die Familie in der Namib oder Kalahari ihr Zelt aufschlägt. Weit und breit kein Mensch, nur die geheimnisvollen Geräusche unsichtbarer Tiere, über dem Braai-Feuer wölbt sich ein fantastischer Sternenhimmel und wer mal muss, braucht eine Schaufel, um sein Depot ökologisch bewusst zu vergraben. Man untersucht Spuren, versucht Tierstimmen zu erkennen oder spielt Indianer. Kein europäischer Campingplatz hält ähnliche Erlebnisse parat.

We are Namibians – alle in einem Boot ...

Natürlich gibt es **Gefahren,** die nicht unterschätzt werden sollten: Giftschlangen und Skorpione meiden zwar den Menschen, doch kleine Erdenbürger neigen bekanntlich dazu, in Sandhügeln zu graben oder Steine zu sammeln und umzuschichten. Solche und ähnliche Aktivitäten sind unbedingt zu unterbinden. Wenn die Kinder durch die Landschaft laufen, sind sie mit festen, langen Hosen und knöchelhohen Schuhen einigermaßen vor Gifttieren geschützt. Wenn sie unbedingt Steine aufheben müssen, dann nur, nachdem sie diese mit dem Schuh umgekickt und sich vergewissert haben, dass darunter nichts lauert. Am besten, sie lassen es ganz.

Angesichts der meist barfüßigen und kurzbehosten Kinder der weißen wie schwarzen Einheimischen mögen solche Vorsichtsmaßnahmen absurd erscheinen – aber die sind in Namibia aufgewachsen und wissen, Spuren und Zeichen zu deuten. Vielleicht ist dies den Kindern ein kleiner Trost. Die Angst vor Gifttieren ist, vor allem wenn die Kinder noch kleiner und „unvernünftig" sind, ein ständiger Begleiter der Eltern und der (einzige) Wermutstropfen der Reise.

Kinder sind überall gern gesehene Gäste, sie werden von den Farmern gehätschelt, Wildführer geben sich besondere Mühe, die Kleinen durch Extra-Einlagen zu unterhalten, ihnen essbare Wildfrüchte zu zeigen oder mit ihnen auf Fährtensuche zu gehen. Einige Lodges, die ihr Angebot durch Raubtiere attraktiver machen, erlauben Kindern unter 12 Jahren allerdings keinen Zutritt. Ähnliches gilt auch für viele Lodges in den Nachbarländern Botswana und Zimbabwe: Diese sind meist nicht eingezäunt, so dass Wild sich vor allem nachts darin frei bewegt. Dem Erwachsenen droht dabei angeblich kaum Gefahr – doch Kinder sind klein, nicht größer als die üblichen Beutetiere.

Eines sollte man nicht erwarten: dass die Sprösslinge unterwegs Spielgefährten finden. Die meisten Farmer schicken ihre Kinder auf Internatsschulen. Je nach Entfernung von der Heimat kommen die Schüler bestenfalls an den Wochenenden, oft sogar nur in den Ferien nach Hause. Wem Kinderkontakte wichtig sind, der sollte seine Reisepläne nach den namibischen Ferienterminen ausrichten. Doch das Abenteuer Namibia ist eigentlich so aufregend, dass die Sehnsucht nach Freunden durchaus für drei Wochen ruhen kann.

Wer eine **Reise mit Kindern plant** sollte auf folgende Punkte achten:

☐ **Gesundheit:** Wasser und Essen sind fast überall (abgesehen von abgelegenen Regionen wie Kaokoveld, Ovamboland und evtl. auch Caprivi) einwandfrei und können unbedenklich genossen werden. Wichtig ist eine vernünftige Malaria-Prophylaxe, wenn man in den kritischen Monaten den Norden Namibias oder auch den Osten besucht. Informationen dazu erteilen die Gesundheitsämter und Tropeninstitute.

☐ **Sonnenschutz:** Für Kinder noch wichtiger als für Erwachsene. Schutzcreme mit hohem Faktor, ein Sonnenhut und ev. auch eine Sonnenbrille gehören ins Gepäck.

☐ **Kleidung**: Wegen der Schlangengefahr unbedingt feste, knöchelhohe Stiefel und lange Hosen aus Baumwolldrill mitnehmen. Die Kinder müssen ja nicht immer so martialisch herumlaufen – es gibt genügend Gelegenheiten, bei denen man auf die Schutzkleidung verzichten kann. Wer in den warmen Monaten reist, sollte Badesachen einpacken. Auch wenn die Pools auf den Lodges und Farmen meist nicht geheizt sind, bieten sie Kindern eine willkommene Erfrischung nach der Autofahrt.

☐ **Langeweile:** Sie stellt sich bei den langen Autofahrten mit absoluter Sicherheit ein. Auf den MP3-Player aufgespielte Kinderhörbüchet, Gameboy, Reisespiele etc. sollten in ausreichender Zahl eingepackt werden. Für den kleinen Pfadfinder haben sich eigenes Taschenmesser, Kompass, Sternenkarte und ein Tierbestimmungsbuch als Unterhaltungsprogramm bestens bewährt.

☐ **Babyausstattung:** Wer aus welchen Gründen auch immer mit Wickelkindern reist, braucht sich um Nachschub an Windeln und Kleinkindnahrung keine Sorgen zu machen. In allen größeren Orten gibt es gutsortierte Supermärkte mit allem, was des Babys Herz begehrt.

☐ **Kindgerechte Ziele:** Hier Sehenswürdigkeiten, die Kindern besonders viel Spaß machen: **Sossusvlei** – die höchsten Sanddünen Namibias erklettern und auf dem Hosenboden herunterrutschen ist ein Riesenvergnügen für Alt und Jung. San-Wanderungen – von den Jägern wird man auf kürzeren oder längeren Spaziergängen in die Geheimnisse der Natur eingeführt. Wie jagen die San Strauße? Welche Spur stammt von welchem Tier? Wo findet man Wasser? Wanderungen mit San-Führern veranstalten verschiedene Unternehmen, darunter Muramba Bushman-Trails. **Cape Cross:** Robben im Übermaß, die sich balgen, im Wasser spielen und kämpfen. Leider beeinträchtigt höllischer Gestank das Vergnügen, den putzigen Tieren zuzusehen. **Reiten:** Reitmöglichkeiten gibt es auch für Kinder auf vielen Farmen.

Reisen mit Landeskennern Wer für seine Reise einen Führer sucht, der ihm das Land nahe bringt, kann sich z.B. an *Hinterland Safari* wenden (P.O. Box 80249/Windhoek, www.hinterland-safaris.com). Herr Hannes Reinders führt Sie mit Geschick und Charme und unter Beachtung Ihrer individuellen Wünsche durch Namibia und die Nachbarländer.

Anreise

Mit dem Flugzeug *Air Namibia* fliegt mit Airbus-Maschinen A340-300 bis zu sechsmal wöchentlich (außer Mittwoch) zwischen Windhoek und Frankfurt/M (Tel. 01805-40858564, www.airnamibia.com), im Flugpreis inbegriffen ist die Fahrt 2. Klasse (Economy) bzw 1. Klasse (Business Class) von allen deutschen Bahnhöfen. Die Flugpläne der Air Namibia für die Weiterflüge ab Windhoek sind zeitlich auf die Ankunft aus Frankfurt/M abgestimmt (Luanda/Angola, Victoria Falls/Zimbabwe, Maun/Botswana, Lusaka/Zambia, Kapstadt und Johannesburg/Südafrika).

Lufthansa (www.lufthansa.de) verbindet mit eigenen Flugzeugen und denen der mit ihr in der Star Alliance verbundenen *South African Airways* (SAA, www.flysaa.com) fast täglich München und Frankfurt mit Windhoek über Kapstadt und Johannesburg.

Air Berlin (www.airberlin.com) fliegt ein- bis dreimal pro Woche von München und Düsseldorf direkt nach Windhoek.

Die direkten Flüge dauern zwischen 9–10 Stunden, die Anschlüsse über Südafrika sind etwa 3–5 Stunden länger.

Lufthansa In Südafrika: Tel. 0861-842538.

Air Berlin Namibia: SISA Service International, Gustav Voigts Centre, Shop No. 0026, Windhoek, Tel. 081 1412550, oda@sisatravel.com. Südafrika: SISA Service International, P.O. Box 32, Kapstadt Intl. Airport 7525, Tel. 0027-21-9361190, Fax 0027-21-9361189.

LTU Deutschland: Service-Zentrale 0211-9418888. Österreich: DERTOUR Austria, Tel. 0662-408860, Fax 408 89 44, Münchner Bundesstraße 160/2.OG, 5020 Salzburg. Namibia: SISA Service International, Gustav Voigts Centre, Shop No. 0026, Windhoek, Tel. 061-302220, Fax 061-302225. Südafrika: SISA Service International, P.O. Box 32, Kapstadt Intl. Airport 7525, Tel. 0027-21-9361190, Fax 0027-21-9361189.

Air Namibia Namibia: Tel. 061-2996333, P.O. Box 731/Windhoek, Gutenberg Platz. Südafrika/Johannesburg: Tel. 0027-11-9785055.

SAA Namibia: Carl-List-House, Independence Avenue, P.O. Box 902, Windhoek, Tel. 061-273340.

Hinweis **Die meisten Linienfluggesellschaften praktizieren die Rückbestätigung – „Reconfirmation“ – nicht. Wer Air Berlin fliegt, muss sich 48 Stunden vor geplantem Rückflug den Termin bestätigen lassen.**

Mit dem Schiff Das Reisebüro Hamburg Süd vermittelt Schiffspassagen auf Frachtern in das südliche Afrika von Bremerhaven, Rotterdam und Antwerpen aus. Angefahren werden Kapstadt und weiter Port Elisabeth und Durban. Abfahrten sind jede Woche. Bremerhaven – Kapstadt schlägt mit rund 2200 € zu Buche, die Reise dauert ca. 3 Wochen. Von deutschen Überseehäfen gibt es keine Passagen. Anfragen: Hamburg-Süd Reiseagentur GmbH, Ost-West-Str. 59–61, 20457 Hamburg, Tel. 040-3705157, Fax 37052420, www.hamburgsued-frachtschiffreisen.de

Nach Namibia mit dem Auto

Für die Einreise nach Namibia mit einem Auto ist zwingend eine internationale Zulassung und ein Carnet de Passage vorgeschrieben. Letzteres besteht aus einem Heft mit 25 identischen Blättern. Jedes Blatt enthält die Spezifikationen des Kraftfahrzeuges und ist dreigeteilt. Pro Land wird ein Blatt benötigt. Der unterste Teil des Blattes verbleibt beim Zoll des Einreiseortes. Die Einreisedaten werden im obersten Teil eingetragen. Der mittlere Teil wird bei der Ausreise aus dem Land ausgefüllt und entfernt, gleichzeitig werden die Ausreisedaten im oberen Teil eingetragen, der als einziger eines Blattes im Heft verbleibt. Er dient Ihnen als Nachweis über die ordnungsgemäße Ausfuhr des Fahrzeuges.

Südafrika, Botswana und Namibia bilden eine Zollunion, bei Reisen innerhalb dieser Länder wird das Carnet nicht neu benutzt. Für die Ausstellung des Carnets bei Ihrem Automobilclub muss eine Bürgschaft einer Bank hinterlegt werden (bis zu 3000 €, abhängig vom Wagenwert). Das Carnet ist ein Jahr gültig, nach Verfall müsste das Land – in diesem Fall die südafrikanische Zollunion mit Südafrika, Botswana und Namibia – verlassen und von Angola oder Zimbabwe mit einem Nachfolgecarnet neu eingereist werden. Praktisch kann man aber derzeit in Windhoek beim Zoll sein Fahrzeug, zumindest ein Mal, direkt in das Nachfolgecarnet umschreiben lassen. Nach Beendigung der Reise wird die Bürgschaft gegen das Carnet wieder eingetauscht (der deutsche Zoll muss zusätzlich die Wiedereinfuhr des Fahrzeuges auf einem Formblatt bestätigen).

Eine Einfuhr (mit Verzollung) *linksgesteuerter* Fahrzeuge und deren Anmeldung innerhalb der Grenzen der südafrikanischen Zollunion ist nicht möglich. Wer mit einem nicht in Namibia registrierten Fahrzeug ins Land kommt, muss an der Grenze *Cross Border Charges* (CBC), eine Straßennutzungsgebühr, bezahlen. Die Höhe richtet sich nach dem Fahrzeugtyp, ein Pkw kostet derzeit 160 N$. Der Zahlungsbeleg muss aufgehoben werden bis das Fahrzeug das Land wieder verlässt (die Gebühr wird übrigens auch für im Land angemietete Fahrzeuge fällig, wenn man nach Verlassen des Landes wieder zurückkehrt). Die Gebühr ist direkt an den Grenzen zu entrichten und nicht mehr in den Büros in den grenznahen Städten.

Auch ein Geländewagen – 4x2 tut's ebenso

Routen durch Afrika Es gibt derzeit zwei mögliche Routen durch Afrika nach Namibia, die aber ständiger Änderung unterworfen sind. Bei der Ostafrika-Route über Ägypten, Sudan, Eritrea, Äthiopien, Kenia, Tansania und Zambia/Malawi muss die Grenze Ägypten-Sudan per Fährschiff umfahren werden. Die Westafrika-Route Marokko und Mauretanien führt durch das politisch zerrissene und infrastrukturell auf Null gebrachte Zaïre nach Osten und ist mit Schwierigkeiten geradezu gepflastert. Voraussetzung für den Landweg durch Afrika ist ein vorbildlich ausgerüstetes Fahrzeug und ausreichend Zeit. Hilfe bei der Ausrüstungs- und Routenplanung geben die Bücher „Durch Afrika", Band 1 und 2, Reise Know-How Verlag.

Auto aufs Schiff verladen Der Wagen kann entweder im Roll-on/Roll-off-Verfahren verschifft (er ist dabei letztlich während der gesamten Fahrtzeit zugänglich, was der Ausrüstung unter Umständen nicht bekommt!) oder in einen Container verladen werden (der Container wird in Deutschland versiegelt und die Plombe erst in Ihrer Anwesenheit im Ankunftshafen aufgemacht). Containerverschiffung ist sicherer, aber auch teurer. Die Kosten bewegen sich alles in allem um die 2000 € für einen Geländewagen, die Fahrdauer von Hamburg nach Walvis Bay liegt zwischen 3 und 5 Wochen. Alternativ ist die Verschiffung nach Kapstadt und Abholung dort preislich günstiger als nach oder von Walvis Bay (ca. 1700 €). Wenn man die Abfertigung vor Ort selbst durchführt kommt man meist günstiger, als wenn man dies von der Reederei erledigen lässt. Für die Schiffsreise das gleiche Schiff wie das Auto zu benutzen ist aus technischen und organisatorischen Gründen praktisch unmöglich.

Spezialisiert auf Fahrzeugverschiffungen sind E.H.H. Car Shipping, Franziusstraße 70a, 27568 Bremerhaven, Tel. 0471-48295675, Fax 4829550, mblochberger@ehharms.de www.blg.de und Cross Freight, Obenhauptstraße 12, 22335 Hamburg, Tel. 040-5939890, Fax 59398920, info@crossfreight.de, www.crossfreight.de. Für die Rückverschiffung kann man sich in Walvis Bay wenden an Kühne & Nagel (www.kn-portal.com), 18th Road/Sam Nujoma Drive, Tel. 064-20342, und in Windhoek an Kühne & Nagel, 19–21 Holstein Street, Tel. 061-375900. Auch Transworld Cargo, Ben Amatila Avenue, Walvis Bay, Tel. 064-205475, Fax 205484, in Windhoek, 5 von Braun Street, Tel. 061-371100, Fax 371173, info@wdh.transworldcargo.net bietet Fahrzeugverschiffungen von und nach Europa an.

Auto per Luftfracht Ein Auto lässt auch per Luftfracht nach Namibia speditieren, doch wegen des hohen Preises (um 10000 € eine Strecke) wird man in den allermeisten Fällen davon Abstand nehmen. Luftfracht ist jedoch für ein Motorrad überlegenswert. Die Luftfrachtunternehmen geben Auskunft über die Kosten (ca. 1000 € einfache Strecke) und wie das Motorrad für den Transport vorbereitet werden muss. Die bekannten Fluggesellschaften fungieren auch als Luftfrachtunternehmen. Man wende sich an diese.

Ausrüstung

Persönliche Ausrüstung Mitnehmen will man viel, da die meisten Besucher aber mit dem Flugzeug anreisen, heißt es, sich auf das Notwendigste bescheiden. 20 kg Freigepäck sind schnell beisammen (plus Handgepäck mit etwa 5 kg). Reicht die Freigrenze nicht aus, und will man die hohen Übergepäckraten vermeiden, ein Tipp: Vieles ist auch in Windhoek zu vernünftigen Preisen erhältlich, wie z.B. eine sperrige Campingausrüstung. Der Rücktransport geschieht dann per „unbegleitetem Fluggepäck" zu weitaus günstigeren Konditionen als Übergepäck (informieren Sie sich über die Möglichkeiten vorab bei Ihrer Fluggesellschaft).

Ein gutes Ausrüstungsgeschäft in Windhoek ist: *Cymot,* P.O. Box 726, 60 Mandume Ndemufayo Avenue, Windhoek. Tel. 061-2957000, Fax 29571000, www.cymot.com. Die Firma hat auch Zweigstellen in Swakopmund, Tsumeb, Rehoboth, Rundu, Walvis Bay und Oshakati. Ein weiteres Geschäft mit Campingausrüstung ist *Safari Den,* P.O. Box 12011, Auas Valley Shopping Centre, Windhoek, Tel. 061-2909293, Fax 233060, www.safariden.com. Alternativ lässt sich die Campingausrüstung auch leihen bei *Camping Hire Namibia,* P.O. Box 80029, 78 Mose Tjitendero Street, Windhoek, Tel./Fax 061-252995, www.orusovo.com/camphire.

Bekleidung

Tagsüber ist es in Namibia heiß, nachts kann es (im Südwinter) sehr kalt werden, also leichte Baumwollkleidung und einen warmen Pullover mit Windjacke mitnehmen, dazu warme Unterwäsche (spezielle Expeditionsunterwäsche hat sich bewährt) und eine Wollmütze (in Lüderitz am Meer bläst bisweilen ein ausgesprochen strammer Südwester – weswegen in der Bucht auch 2008 der Speed-Weltrekord der Wind- und Kitesurfer mit um die 50 Knoten eingestellt werden konnte).

Grau, Khaki und Beige sind geeignete Farben, vorausgesetzt, Sie wollen nicht ständig am Waschtisch Ihre schwarzen oder weißen Hemden und Hosen walken, sondern lieber in den Pool springen. Also Badesachen nicht vergessen!

Wenn auch die meisten Kinder im Land barfuß laufen (selbst die der deutschstämmigen Namibier), sie sind auf Vorsicht getrimmt. Ist man aber mit Schlangen und Skorpionen nicht aufgewachsen, sollte man festes, knöchelhohes Schuhwerk tragen. Highheels und der Abendanzug können zu Hause bleiben, man stieße auf Unverständnis bei den kurzbehosten Einheimischen.

Ein kleiner, faltbarer Rucksack bzw. ein als Koffer und Rucksack benutzbares Gepäckstück ist wichtig für Wanderungen und die Wege zu Orten, die mit dem Fahrzeug nicht erreichbar sind; die Mittagsrast wird erst mit einer Picknickausrüstung richtig schön. Eigener Schlafsack und ein kleines Kopfkissen machen die Nacht im Expeditionszelt gemütlicher.

Eine Sonnenbrille, eine stabile Taschenlampe, ein gutes Fernglas und ein am Gürtel zu befestigendes kleines Klappmesser (kein Südwester, der ohne Gürtelmesser unterwegs ist) gehören ebenfalls eingepackt. Ein Brustbeutel verwahrt die wichtigen Papiere, Brillenträger dürfen ihre Ersatzbrille nicht vergessen. Und schließlich ein Moskitonetz mit einer kleinen Sammlung von Schraubhaken und Schnur zur Befestigung. Ohne dieses verreist man einfach nicht mehr.

Weitere Stichworte sind Gesundheitsvorsorge und Fotografieren (s. dort). Eine Kontrolliste zur Ausrüstung finden Sie im Anhang.

Fotoausrüstung

Für gute Tieraufnahmen ist ein Teleobjektiv mit einer Brennweite zwischen 200 und 300 mm nötig. Da deren Lichtstärke (besonders in Dämmerungsstunden) oft nicht ausreicht, um aus der Hand verwacklungsfrei zu fotografieren, bringt ein Stativ Vorteile. Für Landschaften ist ein Objektiv mit 35 oder 28 mm empfehlenswert. Heute gibt es sehr gute und erschwingliche Zoomobjektive, die einen großen Brennweitenbereich abdecken. Ein gute Kombination sind z.B. zwei Kameragehäuse und zwei Zoomobjektive, eins im Bereich Weitwinkel/Normal und eins für den Bereich Tele/Supertele. Alle Objektive sollten mit einem UV-Filter versehen werden (nicht wegen der Strahlung, die Hersteller vergüten heutzutage die Objektive entsprechend, sondern aus Schutzgründen). Ein Polfilter verhilft zu satteren Farben, der Umgang damit will aber gelernt sein.

Da der feine Staub der Pisten auch in gut verschlossene Fahrzeuge eindringt, ist ein staubdichtes Behältnis wichtig, die Kameras sind sonst binnen kürzester Zeit mit einer weißen Schicht überzogen. Eine Tragetasche oder ein Day-Pack für Wanderungen sind zweckmäßig, desgleichen ein Tuch zum Abdecken der Kamera bzw. der Fototasche vor direkter Sonnenbestrahlung im Wagen. Ein Tipp für Staubstraßen: Fenster zu und Lüftung auf volle Leistung, so dass ein Überdruck im Fahrzeug ensteht!

Landkarten

Mit exakten Höhenlinien, sehr genau im Maßstab1:1.250.000, mit GPS-tauglichem WGS84-Format (wie die Daten dieses Buches) und mit Höhenschichtenrelief ist im deutschen Buchhandel die Namibia-Karte aus reißfestem Material vom Verlag *Reise Know-How* erhältlich. *Conti Map* vertreibt eine Karte vom Kaokoveld im Maßstab 1:620.000, und im Maßstab 1:1 Mio. eine Karte von Botswana. *Shell* hat eine sehr empfehlenswerte Karte herausgegeben, zusammen mit einem Reiseführer über Botswana („The Shell Tourist and Travel Field Guide", unterschiedliche Maßstäbe).

Übersichtskarten des südlichen Afrika gibt es von *Michelin* (Blatt 955), RV (Afrika Süd), beide im Maßstab 1:4 Mio. und die amtliche *Southern Africa* 1:2,5 Mio. Wer Karten zum Blättern vorzieht: *Map Studio Touristenatlas,* deutsche Ausgabe, 96 Seiten, mit Stadtplänen, Fotos etc.

Relativ teuer, aber für Fahrten abseits der Hauptrouten durchaus sinnvoll in der Verwendung, sind die topographischen Karten im Maßstab 1:500.000 (14 Blätter) und im Maßstab 1:250.000 (43 Blätter). Günstiger sind sie in Windhoek zu erwerben (Office of the Surveyor General, Ministry of Land, Resettlement & Rehabilitation), 47 Robert Mugabe Avenue (zwischen Dr. A. B. May und Lazarett Street), P.O. Box 13182, Windhoek, Tel. 061-2965040, Fax 061-249802 (Mo–Fr 8–13 und 14–15.30 Uhr). Die Preise liegen für den Maßstab 1:250.000 bei etwa 2 €, wenn von Originalen Kopien gezogen werden bei etwa 1 €. Mit dem ADAC-Mitgliedsausweis erhält man die Karte des AA of Namibia bei selbigem kostenlos.

Topographische und weitere Namibia-Karten sind erhältlich bei **Schrieb, Karten+Reiseführer, Schwieberdinger Straße 10/2, 71706 Markgröningen,** Karten.Schrieb@t-online.de, Tel./Fax 07145-26078 (Karten- und Bücherliste anfordern). Bei Schrieb und Bücher-Keller in Windhoek gibt es auch eine Karte, auf der alle Farmen mit Namen verzeichnet sind (Farmkarte, 1:1 Mio.).

Autoausrüstung

Abhängig von der Route, der Jahreszeit und der Dauer der Reise muss das Fahrzeug mehr oder weniger vollständig ausgerüstet sein. Bewegt man sich auf den Hauptrouten, genügt ein **Wasserkanister** und ein oder zwei Ersatzkanister mit Benzin/Diesel à 20 Liter. Ein zweiter Ersatzreifen gibt zusätzliche Sicherheit.

Fahrten mit Expeditionscharakter während der Regenzeit in unwegsamen und einsamen Gelände erfordern mehr Vorbereitung. Mindestens zwei Ersatzreifen, Flickzeug, Wagenheber und Luftpumpe sind wichtig, ebenso wie Bergungsmaterial (entweder Winde oder Seilzug, ein Wagenheber mit großem Hub, Seil oder Bergungsgurt), ausreichend Kanister für Treibstoff und Wasser, Verpflegung und die übliche Campingausrüstung, je nachdem, wie komfortabel man seine Abende verbringen will. Wichtig ist gutes Kartenmaterial und ein Navigationssystem.

GPS

Ein Kompass genügt in den wilden Regionen wie dem Kaokoland oder auch im Messum Krater nur, wenn man genauestes Kartenmaterial besitzt und mit einem Kompass umgehen kann. Einfacher in der Handhabung – und inzwischen auch nicht mehr teuer –, sind die GPS Systeme (**G**lobal **P**ositioning **S**ystem). Über Satelliten werden Signale aus verschiedenen Richtungen empfangen und das Gerät berechnet aus der Laufzeit der Signale die Position bis auf wenige Meter genau. Man kann auf der Karte also immer seinen exakten Wegpunkt und, falls man die Koordinaten seines Zielpunktes kennt, den Weg dahin bestimmen. Neuere Geräte geben auch die Richtung an, die zum Ziel einzuschlagen ist, weiter die Geschwindigkeit und die verbleibende Zeit zum Ziel, bei gleichbleibender Geschwindigkeit. Das Gerät ist also äußerst hilfreich. Vor Beginn einer Tour lassen sich des weiteren die einzelnen Wegpunkte/Koordinaten eingeben und das Gerät lotst einen durch die Landschaft. Manche plotten auch die gefahrene Wegstrecke, so dass es sehr einfach ist, den eingeschlagenen Weg zurückzuverfolgen.

GPS-Geräte können auf unterschiedliche Koordinatensysteme und unterschiedliche Darstellungen eingestellt werden. In diesem Buch wurde als Koordinatensystem das gängige WGS 84 (World Geodetic System 1984) benutzt, die Darstellungsform ist Grad, Minuten, Sekunden. Im Setup der Geräte können Sie die Einstellungen vornehmen. Nicht korrekt eingestellte GPS-Geräte können zu Missweisungen von mehreren Kilometern führen. Vergewissern Sie sich also, dass Ihr Gerät auf den in diesem Buch benutzten Standard eingestellt ist! Bei der Unmenge an Daten kann es durchaus passieren, dass einmal eine Koordinate falsch ist. Wir nehmen gerne eine Berichtigung entgegen. Eine Gewährleistung für die Richtigkeit der GPS-Daten können weder die Autoren noch der Verlag übernehmen.

Die Firmen Woick GmbH, Plieninger Straße 21, 70794 Filderstadt, Tel. 0711-7096700, Fax 7096770, www.woick.de und Därr Expeditionsservice GmbH, Theresienstr. 66, 80333 München, Tel. 089-282032, Fax 282525, www.daerr.de verkaufen die Geräte.

Beispiel GPS-Tabelle

Die Tabelle zeigt in der 1. Spalte die Kilometrierung, in der 2. einen eventuellen Abzweig, in der 3. und 4. Orte und Sehenswürdigkeiten. In der 5. Spalte sind Übernachtungsmöglichkeiten gelistet. Die 6. Spalte sind den GPS-Daten (Grad, Min, Sek) im WGS-84-Format vorbehalten.

Km	Abzweig	Ort	Sehenswert	Übernachtung	GPS
Km 0		Karibib, T+V	Marmorwerk		21 56 08
C33 Teer				Stroblhof Ht.	15 51 43

Motorradausrüstung

Die meisten Nationalparks in Namibia dürfen mit Motorrädern nicht befahren werden (zum einen hat die Administration schlechte Erfahrungen mit südafrikanischen Motocross-Fahrern gemacht, die Schrottmaschinen in der Wüste endgültig den Garaus bereiteten und liegen ließen, zum anderen bietet eine massive Karosserie angenehme Gefühle des Schutzes in Gegenden, die für ihre Überpopulation an Großkatzen bekannt sind, und drittens stellen Pisten hohe Anforderungen an das fahrerische Können).

Beste Lösung ist sicherlich eine organisierte Motorradtour mit Begleitfahrzeug, das auch zum Besuch der Parks verwendet werden kann. Damit können die Maschinen leicht gehalten werden, da lediglich das Tagesgepäck mitzuführen ist; wer bereits mit vollbeladener Maschine in schwerem Gelände fahren musste, weiß diesen Vorteil sehr zu schätzen.

Die Motorradausrüstung unterscheidet sich nicht wesentlich von der eines Autos, nur dass die mitgenommenen Gegenstände kleiner und leichter sein sollten, man sich wirklich auf das Notwendigste beschränken muss. Die bekannten Expeditionsausrüster in Deutschland bieten auch speziell für Motorräder konstruierte Teile an.

Der Reiseveranstalter *Explotours,* Postfach 1150, 83102 Ostermünchen, Tel. 08065-9150, Fax 9152, www.explo-tours.de, bietet organisierte Motorradreisen hauptsächlich ins Kaokoland an. Eigene Enduro-Maschinen sind Voraussetzung, sie werden im Container nach Namibia verschifft. Ein Begleitfahrzeug sorgt für ungehemmten Fahrspaß auf unbeladenen Maschinen. Ebenfalls wichtig ist eine gute Kondition. Die Pisten in dem unwegsamen Gelände haben einen ganz eigenen Charakter, zerren an Psyche und Physis. Ein weiterer Veranstalter für Motorradreisen ist *Gravel Travel* (www.graveltravel.de in Hanstedt/Deutschland und in Windhoek), Kontakt in Namibia über die Windhoek Mountain Lodge.

Diplomatische Vertretungen

In Deutschland

Botschaft der Republik **Namibia:** Reichsstr. 17, 14052 Berlin, Zel. 030-2540950, Fax 25409555, www.namibia-botschaft.de; in Trossingen, Bremen, Hamburg, München und Frankfurt gibt es Honorarkonsulate. Botschaft der Republik **Zimbabwe:** Kommandantenstraße 80, 10052 Berlin, Tel. 030-2062263, Fax 20455062. Botschaft von **Zambia:** Axel-Springer-Str. 54a, 10117 Berlin, Tel. 030-2062940, Fax 20629419, www.zambiaembassy.de. Botschaft von **Botswana:** 169 Avenue de Tervueren, 1150 Brüssel, Belgien, Tel. 0032-2-7352070, Fax 7356318.

In Österreich

Botschaft der Republik **Namibia:** Ungargasse 33/V, 1030 Wien, Tel. 01-4029371, Fax 4029370; in Klagenfurt gibt es ein Honorarkonsulat. Botschaft von **Zimbabwe:** Strozzigasse 10/15, 1080 Wien, Tel. 01-4079236, Fax 4079238. Honorarkonsulat von **Botswana:** Linke Wienzeile 4, 1060 Wien, Tel. 01-5879616, Fax 5873432.

In der Schweiz

Botschaft der Republik **Namibia:** s. „Deutschland". Botschaft der Republik **Zimbabwe:** s. „Deutschland".

In Namibia

Botschaft **Deutschland:** Sanlam Center, 154 Independence Avenue, P.O. Box 231, Windhoek, Tel. 061-273100, Fax 222981, www.windhuk.diplo.de. Konsulat der Republik **Österreich:** Teinert Street 2, Windhoek, Tel. 061-375652, Fax 375660, www.austrian-consulate.com. Generalkonsulat der **Schweizerischen Eidgenossenschaft:** P.O. Box 9298, Eros, Windhoek. Tel. 081-1279388, Fax 061-220104. Honorarkonsulat der **Niederlande:** 18 Liliencron Street, Unit 4, Windhoek, Tel. 061-223733, Fax 249501. High Commission of the Republic of **Zambia:** P.O. Box 22882, 22 Sam Nujoma Drive, Windhoek, Tel. 061-237610, Fax 228162. High Commission of the Republic of **Botswana:** P.O. Box 20359, 101 Nelson Mandela Avenue, Windhoek, Tel. 061-221942, Fax 236034. Vertretung von **Südafrika:** 48 Jan Jonker Road, P.O. Box 23100, Windhoek, Tel. 061-2057111, Fax 224140. High Commission of the Republic of **Zimbabwe:** Independence Avenue/Grimm Street, P.O. Box 23056, Windhoek, Tel. 061-227738, Fax 226859. Botschaft von **Angola:** Angola House, 3 Ausspann Street, P.O. Box 6647, Windhoek, Tel. 061-227535, Fax 221498.

In Zimbabwe

Botschaft **Deutschland:** 30 Ceres Road, Avondale, Harare, Tel. 04-308655, Fax 303455. Botschaft **Österreich:** Duthie Road 13, Alexandra Park, Harare,

Tel. 04-702921, Fax 705877. Botschaft **Schweiz:** 15 Fleetwood Road, Alexandra Park, Harare, Tel. 04-745682, Fax 745465.

In Zambia Botschaft **Deutschland**: United Nations Avenue, Stand 5209, Lusaka, Tel. 0211-250644, Fax 254014, www.lusaka.diplo.de. Botschaft **Österreich:** 65 Chachacha Rd, Lusaka, Tel. 0211-229190, Fax 223798. Botschaft **Schweiz:** Luanshya Rd, East End, Lusaka, Tel. 0211-223838, Fax 223845.

In Botswana Botschaft **Deutschland:** Professional House, Broadhurst, Segoditshane Way, P.O. Box 315, Gaborone, Tel. 3953143, Fax 3953038; Honorarkonsulat Maun, Corocodile Camp, Moremi Road (12 km außerhalb von Maun), Tel. 6860265, Fax 6860793. **Österreich:** Honorarkonsulat, Plot 50667, Bloch B3, Fairground Holdings Park, Gaborone, Tel. 3951514, Fax 3953876. **Schweiz:** Konsulat, Flying Mission, Plot 5268, Village, Gaborone, Tel./Fax 3956462.

In Südafrika Botschaft **Deutschland**: 180 Blackwood Street, Arcadia, Pretoria, Tel. 012-4278900, Fax 3439401, www.pretoria.diplo.de. Botschaft **Österreich:** 1109 Duncan St, Brooklyn, Pretoria, Tel. 012-4529155, Fax 4601151, www.aussenministerium.at/pretoria. Botschaft **Schweiz:** 225 Veale St, Parc Nouveau, New Muckleneuk, Tel. 012-4520660, Fax 3466605, www.eda.admin.ch/pretoria.

Dokumente

Papiere Deutsche, österreichische und Schweizer Staatsbürger benötigen für einen touristischen Aufenthalt bis zu 90 Tagen nur einen sechs Monate über das Abreisedatum hinaus gültigen **Reisepass** und den Nachweis ausreichender Geldmittel bzw. ein Rückflugticket. Aufenthalte von Geschäftsreisenden dürfen 30 Tage nicht übersteigen. Eine Verlängerung kann beantragt werden (Bearbeitungszeit ca. 1 Woche) beim Ministry of Home Affaires, P.O. Box 13200, Cohen Building, Kasino Street/Independence Avenue, Windhoek, Tel. 061-2922111, Fax 2922185. Erfahrungsgemäß ist nur bei persönlicher Vorsprache eine Bearbeitung in einem vernünftigen Zeitraum gewährleistet.

Neben dem Pass wird für Fahrten im Land mit dem eigenen oder gemieteten Fahrzeug der **Internationale Führerschein** benötigt, für das eigene Fahrzeug ist die Internationale Zulassung und ein Carnet de Passage obligatorisch (Letzteres beim ADAC erhältlich, s.o. bei „Anreise"/„Nach Namibia mit dem Auto"). Wer nicht aus Infektionsgebieten kommt, braucht keinen Impfpass. Tipp: Kopieren Sie noch zu Hause alle Dokumente und Kreditkarten in verkleinertem Maßstab und bewahren Sie die Kopien gesondert auf. Bei Verlust der Originale leisten sie gute Dienste!

Gesundheitsvorsorge

Prinzipiell ist es angeraten, vor einer Fernreise den Hausarzt zu konsultieren, u.U. ist auch eine Tropentauglichkeitsuntersuchung sinnvoll. Ihr Arzt wird Ihnen Ratschläge zur Zusammenstellung einer Reiseapotheke mit den für Sie persönlich wichtigen Medikamenten geben. Folgende Ratschläge sind nur allgemeiner Natur und können keine medizinische Beratung ersetzen. Tipp: Wer mehrtägige Wanderungen in den Nationalparks unternehmen will, muss eine ärztliche Unbedenklichkeitsbescheinigung vorlegen können, sonst wird er zur Wanderung nicht zugelassen.

Impfungen Reisen Sie nicht aus einem Infektionsgebiet ein, sind für Namibia Impfungen nicht vorgeschrieben. Gegen **Wundstarrkrampf** und **Kinderlähmung** ist man im Allgemeinen schon geimpft. Sicherheitshalber kann man dies noch einmal prüfen. Fragen Sie Ihren Hausarzt nach Impfungen gegen Hepatitis A und B und Typhus.

Malaria

Die Aussagen zur Malariagefahr in Namibia sind unterschiedlich. Auf alle Fälle hochgefährdet ist man in Höhe und nördlich etwa von Otjiwarongo und östlich etwa ab Gobabis zur Regenzeit. Im Süden zur Trockenzeit ist das Risiko vernachlässigbarer. Über die Gebiete dazwischen kann man nichts Verlässliches sagen, da durch die Migration Malaria auch in eigentlich nicht betroffene Gebiete transportiert wird. Vor wenigen Jahren galt die Malaria, zumindest für Reisende aus der westlichen Welt, schon als besiegt. Mit Macht ist sie in den 1990er Jahren zurückgekehrt und befällt immer mehr Touristen und Einheimische. Es ist eine ausgesprochen gefährliche Krankheit mit, auch unter ärztlicher Betreuung, teilweise tödlichem Verlauf und eklatanten Spätfolgen wie Blindheit. In Namibia gehört die Malaria neben Tuberkoluse und HIV zu den drei „Killerkrankheiten".

Medikamentöse Malaria Prophylaxe

Die Ärzteschaft widerspricht sich in ihren Empfehlungen zur medikamentösen Prophylaxe. Einige Ärzte raten sogar ab, prophylaktisch Medikamente zu nehmen, da sich einerseits weitere Resistenzen herausbilden würden und andererseits die Diagnose erschwert wird (da die Ausprägungen der Malaria im Blutbild teilweise unterdrückt werden können). Bei Fieberanfällen, egal wie stark, ist in Namibia der nächste Arzt aufzusuchen, nach Rückkehr aus dem Urlaub, im Heimatland, muss man den Arzt unbedingt auf den Aufenthalt in Namibia hinweisen oder am besten gleich in ein Tropeninstitut gehen.

Die Tropeninstitute in Europa informieren über aktuelle Risikogebiete und die dort jeweilig zu bevorzugenden Medikamente, auch kann man sich in Namibia selbst über den neuesten Stand zu informieren (z.B. Luisenapotheke, Independence Avenue, Gathemann House, Tel. 061-236302, luisen@iway.na).

Wer eine Aversion gegen Medikamente besitzt, sollte bedenken, dass die medikamentöse Prophylaxe zwar eine Ansteckung nicht zu 100% ausschließen kann, dass aber die Krankheit bei weitem nicht so schnell und vehement ausbricht, da die Erreger ein ungünstiges Habitat vorfinden. Dies kann den Unterschied zwischen Leben und Tod bedeuten – wenn man z.B. im Busch ist und nicht umgehend einen Arzt erreichen kann.

Sonstige Malaria Prophylaxe

Wichtigste Prophylaxe aber ist und bleibt die **Vermeidung** von Moskitostichen. Einreibemittel (Repellents), die es flüssig, als Stift und in Pumpsprayflaschen gibt, schützen recht zuverlässig. Viele namibische Apotheken mixen ihr eigenes Repellent. Welches der Mittel verwendet wird, hängt vom Hauttyp ab und wie sensibel man ist; Kinder empfinden zum Beispiel Zedan angenehmer als Autan, das aber wiederum länger wirken soll. Auf alle Fälle sollte man sich ausgiebig und wiederholt einreiben.

Rechtzeitig, das heißt vor Beginn der Dämmerung, lange Hosen und Hemden aus festem Stoff anziehen, so dass besonders Handgelenke und Knöchel bedeckt sind.

Auch ein **Moskitonetz** ist wichtig. Die Mücken stechen in den Dämmerungsstunden und nachts. Ist die Schlafstätte mit keinem Moskitonetz ausgerüstet, hängen Sie Ihr eigenes Netz mittels mitgebrachter Haken und Schnüre auf. Wer darauf achtet, nicht gestochen zu werden und eine medikamentöse Prophylaxe betreibt, kann etwa von einer 80–90%igen Sicherheit ausgehen.

Allgemeine Gesundheitsregeln

Namibia ist kein Land der Reisedurchfälle. Mit minimalsten Sicherheitsvorkehrungen wird man davor verschont. Das Wasser in den großen Städten ist trinkbar, und vor Eiswürfeln muss nicht explizit gewarnt werden. Salate in Gaststätten können Sie meist unbesorgt essen, und auch in den vielen kleinen Take-aways unterwegs werden die Hygienevorschriften normalerweise eingehalten. Weil man nicht weiß, ob Obst gespritzt wurde (es kommt aus Südafrika), ist man nicht falsch beraten, wenn man es schält. Wer empfindlich auf trockene Luft reagiert (z.B. mit Nasenbluten), sollte Nasenöl mitnehmen, das die Schleimhäute vor Austrocknung schützt.

Aids Auf die Aidsgefahr sei auch noch hingewiesen. Namibia hat ein immenses Aidsproblem. Sicherlich ist es kein Reiseziel für Sexabenteuer, dennoch gehören in jedes Reisegepäck Alleinreisender, egal ob männlich oder weiblich und egal zu welcher Destination mann/frau unterwegs ist, heutzutage eine Packung Kondome.

Aids in Namibia: Man geht inoffiziell inzwischen von einer Infektionsrate von etwa 25% der sexuell aktiven Bevölkerung aus – im Norden des Landes liegt die Rate bei über 30%. Die durchschnittliche Lebenserwartung ist durch HIV bei Männern auf 42 Jahre, bei Frauen auf 38 Jahre gesunken. Aids ist eine Krankheit, die naturgemäß mit dem Aufklärungsgrad der Menschen zusammenhängt – je höher, desto vorsichtiger sind die Menschen, desto geringer ist die Ansteckungsgefahr. Der Staat versucht mit Kampagnen die Bevölkerung aufzuklären und subventioniert Behandlung und Medikamente. Etwa 20% der Bevölkerung ist krankenversichert und die Krankenkassen übernehmen die Kosten. Der Rest der Namibianer erhält die Medikamente zu günstigerem Preis über die bestehenden Tuberkulose-Stationen und von den Apotheken zum Selbstkostenpreis. Seit 2007 hat sich so die Situation etwas stabilsiert und die Lebenserwartung fällt nicht weiter.

Durchfallerkrankungen Sinnvoll ist bei Reisen im Busch ein Mittel zur Desinfektion von Wasser, z.B. Micropur. Gut ist auch bei schweren Durchfallerkrankungen in Portionen abgepacktes Pulver (Elektrolyte), das in Wasser gelöst den Flüssigkeits- und Mineralienverlust ausgleicht und auf sehr verträgliche Art der Erkrankung entgegenwirkt.

Bilharziose Diese Krankheit kommt in Namibia zunehmend häufiger vor, besonders im Norden des Landes während der Regenzeit. Dort bilden stehende Gewässer eine gute Voraussetzung für die Verbreitung.

Schlangenbissset Obwohl Sie wahrscheinlich keine Schlangen zu Gesicht bekommen, sondern sie nur wegrascheln hören, kann evtl. ein kleines Vakuumpumpenset (=Schlangenbissset) beruhigend wirken. Es ist erhältlich bei der Luisenapotheke, Independence Avenue, Gathemann House, Tel. 061-236302.

Reiseapotheke Für Notfalloperationen an Orten, wo die Hygiene suspekt erscheint, hilft eine kleine Sammlung selbst mitgebrachter Spritzen und Kanülen, jeweils in verschiedenen Größen, ein Einmalskalpell und Nahtmaterial (eine Kontrolliste finden Sie im Anhang).

Haustiere Namibia ist sicherlich kein Land, in das man sein Haustier mitnimmt. Obwohl auf jeder Farm Hunde und Katzen leben, käme niemand auf die Idee, die Tiere in Nationalparks und Reservate mitzunehmen weil es durchweg verboten ist. Viele Gästefarmen und Hotels sehen es ebenfalls nicht gerne, wenn Tiere mit auf das Zimmer kommen. Wer also seinen Namibia-Aufenthalt nicht nur in Swakopmund auf Sommerfrische verbringen will, soll sein Haustier zu Hause lassen.

Wer dennoch nicht darauf verzichten kann, muss folgendes beachten: Bei der Botschaft der Republik Namibia sind zwei Formulare anzufordern. Das Erste Formulare ist mindestens 6 Wochen vor Abreise nach Namibia an den Director of Veterinary Services zu senden. Das zweite Formular muss vom Tierarzt ausgefüllt werden, allerdings nicht länger als 3 Wochen vor Abreise. Das aus Namibia zurückgeschickte Formular und das Attest des Tierarztes begleiten das Tier.

Für den Flug muss sich das Tier in einem Transportbehältnis befinden. Das Behältnis wird mit dem Tier gewogen, pro kg werden ca. 10 € von der Fluggesellschaft erhoben, zuzüglich ca. 40 € für die Bearbeitung des Vorganges. Während des Fluges ist das Tier für 10–12 Stunden im Frachtraum des Flugzeuges alleine.

Informationsstellen

Reichhaltiges Informationsmaterial versendet im deutschsprachigen Raum Namibia Tourism, das staatliche Verkehrsbüro. Ihre Wünsche können Sie an Werktagen (9–12 u. 14–16 Uhr) telefonisch durchgeben. Hier erhalten Sie auch den offiziellen Beherbergungsführer („Accommodation Guide") und eine sehr genaue Touristenstraßenkarte mit einem Verzeichnis der Sehenswürdigkeiten. Ersterer wird jährlich neu aufgelegt. Anschrift: Namibia Tourism, Schillerstr. 42-44, 60313 Frankfurt/M., Tel. 069-1337360, Fax 13373615, info@namibia-tourism.com, www.namibia-tourism.com.

Die **Informationsstelle Südliches Afrika** verfügt über 400.000 Dokumente, die gegen Unkostenbeteiligung und Angabe der gewünschten Stichwörter in Kopie versendet werden. Außerdem werden zwei Buchreihen verlegt und die zweimonatlich erscheinende Zeitschrift „afrika süd" herausgegeben. Anschrift: ISSA, Königswintererstraße 116, 53227 Bonn, Tel. 0228-464369, Fax 468177, www.issa-bonn.org.

Die **Deutsch-Namibische Gesellschaft** gibt eine eigene Vierteljahreszeitschrift heraus, das „Namibia Magazin", in der Sie Wissenswertes auch über die aktuelle politische Entwicklung finden. Anschrift: Deutsch-Namibische Gesellschaft e.V., Sudetenlandstraße 18, 37085 Göttingen, Tel. 0551-7076781, Fax 7076782, www.dngev.de. Von der **Deutschen Afrika-Stiftung** wird die monatlich erscheinende Afrika-Post verlegt, die ebenfalls Hintergrundinformationen beistellt. Anschrift: Deutsche Afrika-Stiftung, Ziegelstraße 30, 10117 Berlin, Tel. 030-28094727, Fax 28094728, www.deutsche-afrika-stiftung.de.

Interessant ist auch ein Abonnement der deutschsprachigen **„Allgemeinen Zeitung",** Windhoek. Die Zeitungen (Ausgaben Mo–Fr) werden per Luftpost versandt, Bestellung per eMail über abo@az.com.na. **Bücherlisten** zum Thema Namibia versendet die Firma *Namibiana Buchdepot,* An den Kraften 38, 27753 Delmenhorst, Tel. 04221-1230240, Fax 1230241, www.namibiana.de.

Wer sich im Anschluss an seinen **Südafrikaurlaub** für einen Aufenthalt in Namibia interessiert, kann sich in Südafrika wenden an *Namibia Tourism,* Lloyd Orr Communications, P.O. Box 698, Rivonia, 1 Orchard Lane, 2128 Johannesburg, 011-7854626, Fax 7854601, oder an *Namibia Tourism,* P.O. Box 739, Pinnacle Building, Burg Street, Tel. 021-4223298, Fax 4225132.

Internet

Unter der Vielzahl hier nur einige. Website des namibischen Fremdenverkehrsamtes in Frankfurt: **www.namibiatourism.com.na.** – Ein virtueller Reiseführer mit weiterführenden Links: **www.namibia-online.de.** – Eine sehr umfangreiche Liste mit Links zu Unterkünften und zu allgemeinen Informationen: **www.natron.net.** – Deutsch-Namibische Gesellschaft: **www.dngev.de.** – Die Internet-Ausgabe der einzigen deutschsprachigen Zeitung Afrikas: **www.az.com.na** – u.a. mehr.

Mietwagen

In Namibia lassen sich alle Kategorien von Wagen mieten. Ursache für das relativ hohe Mietpreisniveau sind die häufigen und selbstverschuldeten Unfälle von Touristen und die Pisten, die den Fahrzeugen einiges abverlangen. Die Lebensdauer der Mietwagen ist überdurchschnittlich niedrig, die etlicher touristischer Fahrer im übrigen auch (s.S. 62, „Fahrverhalten"). Einige Touristen haben in den letzten Jahren die Mietwagen – zu günstigeren Konditionen – in Südafrika angemietet und sind dann nach Namibia gefahren. Damit sind wiederum die Unfallquoten der südafrikanischen Vermieter gestiegen und die Preise für Mietfahrzeuge, die für Namibia freigeschrieben werden, haben sich inzwischen in etwa dem Niveau der namibischen Firmen angepasst.

Vor der Entscheidung für einen Wagen einer bestimmten Kategorie muss die Route, die Sie nehmen wollen, klar sein. Davon ist abhängig, ob Sie ein geländegängiges Fahrzeug benötigen oder mit einem normalen Pkw auskommen, wie das Fahrzeug ausgerüstet sein muss oder ob ein Campmobil die Wahl sein wird.

Die zweite Entscheidung ist dann die für einen bestimmten Vermieter. Wie immer ist das Gute nicht das Billigste. Ein gern kolportiertes Gerücht erzählt, dass ein Tourist vor Ort bei einer kleinen Firma einen Wagen geliehen hatte, der aus zwei Fahrzeugen mit Totalschaden zusammengeschweißt war – das eine war ursprünglich an der Front, das andere am Heck verunfallt. Auf der Pad brach das Fahrzeug dann in der Mitte auseinander, keiner der Insassen überlebte. Mag dies nun stimmen oder nicht – Vorteil einer größeren oder bekannteren Firma ist deren Service, bei einem liegengebliebenen Fahrzeug für schnellen Ersatz zu sorgen, und dass deren Wagen nicht allzu betagt sind. Um Eventualitäten auszuschließen, sollte man noch in Europa einen Wagen nach dem jeweiligen Landesrecht anmieten. Eine Empfehlung ist dafür die dt. Firma **Holiday Autos** (www.holidayautos.de), die Verträge mit allen Versicherungen und freien Kilometern anbietet, allerdings keine Camper im Angebot hat.

Mit dem Geländewagen unterwegs

Wagenkategorien Bei den Pkw gibt es die üblichen Kategorien vom Kleinwagen bis zur Luxusklasse. Diese Wagen enthalten keine Zusatzausrüstung und sind nicht für schwere Pisten geeignet, einige Firmen verbieten die Benutzung im Off-road-Bereich. Auf guten Pads, außerhalb der Regenzeit und wenn man auf den Hauptrouten bleibt, mögen sie durchaus ihren Dienst erfüllen, bei der Querung von sandigen Trockenflussbetten kann man aber schon mal ins Schwitzen geraten.

Geländegängige Fahrzeuge („four by four", 4x4) haben zwei angetriebene Achsen. Angeboten werden leichte Ausführungen, wie Toyota Hilux, oder schwerere, wie Land Rover, die wirkliche Expeditionsfahrzeuge sind. Jede nur erdenkliche Ausrüstung kann man hinzumieten. Hochpopulär ist das Dachzelt, in dem bequem zwei Personen nächtigen können, bei vier Reisenden werden auf dem Dach zwei Zelte montiert.

Reine Campmobile sind wegen ihres Gewichtes und ihres Überhanges vorne und hinten eher unpraktisch und deshalb selten. Wenn man ein solches Gefährt wünscht, sollte man eines auf der Basis eines kleineren Fahrzeuges wählen (z.B. VW-Bus).

Mietwagenfirmen Es gibt in Namibia eine Unzahl an Mietwagenfirmen. Die folgende Liste bietet eine Auswahl an und enthält nur Firmen, die der CARAN beigetreten sind (der Vereinigung der Autovermietfirmen Namibias). Empfehlenswert mit gut gewarteten und ausgerüsteten Fahrzeugen aller Kategorien, auch Camper und Geländewagen, in **Windhoek** ist insbesondere **Caprivi Car Hire,** P.O. Box 1837, Windhoek, Sam Nujoma Drive, Tel. 061-256323, Fax 256333, info@caprivicarhire.de, www.caprivicarhire.de, unter deutschsprachiger Leitung und mit dt.-spr. Personal. – Eine weitere Firma ist *Leopard Tours* (Pkw, Allrad, 4x4-Campmobil), P.O. Box 90633, Tel. 061-236113, Fax 236111, www.leopardtours.com. – *Asco Car Hire* steht unter deutsch- und französisch/flämischspr. Leitung: Windhoek, Tel. 061-377200, Fax 377203, www.ascocarhire.com. – *Africamper,* www.africamper.de hat Depots in Windhoek, Kapstadt und Johannesburg. Büro Kapstadt: Trade Link Park, Unit 10, Potgieter St, Somerset West, Tel. 0027-21-8545627, Fax 8548167.

Lüderitzbucht: Avis, Tel. 063-203968, Fax 203549. – **Oshakati:** Santorini Car Hire, Main Road, P/Bag 5569, Tel./Fax 065-220506, www.santorinicarhire.com. – **Swakopmund:** Avis, Swakopmundhotel, Tel. 064-402527, Fax 405881. – **Tsumeb:** Avis, Khorab Lodge, Tel. 067-234111. – – **Walvis Bay:** Avis, Rooikop Flughafen, Tel. 064-207527, Fax 209150. Imperial Car Hire, P.O. Box 2762, Parade Service Station, Tel. 064-207527, Fax 207407.

Vertragsbedingungen Die Preise beinhalten die Kosten für Wartung, Öl und Grundversicherung. Reifen- und Glasschäden gehen zu Lasten des Mieters, ebenfalls Schäden, die auf Strecken entstanden sind, für die der Wagen nicht freigegeben war (dies betrifft auch Fahrten ins benachbarte Ausland, wenn der Wagen für das jeweilige Land nicht freigeschrieben wurde). Wollen Sie nach Botswana, Zambia, Zimbabwe oder Südafrika fahren, stimmen Sie dies mit dem Vermieter ab. Teilweise benötigt das Fahrzeug eine Genehmigung für den Grenzübertritt. Die Selbstbeteiligung bei Schäden oder Diebstahl, wenn man keine Zusatzversicherung abgeschlossen hat, beträgt – je nach Wagenklasse – zwischen 30.000 und 70.000 N$, s. hierzu bei „Zusatzversicherungen" weiter unten.

Preisbeispiele für Mietwagen Kosten für einen Mietwagen vor Ort: Inklusive Steuer, freie Kilometer, mit den Zusatzversicherungen gegen Diebstahl (TLW-Theft Loss Waiver) und Einschränkung der Selbstbeteiligung (CDW-Collision Damage Waiver), müssen pro Tag für einen Toyota Corolla um 60 €, für einen Toyota Hilux 4x4 ab 120 € pro Tag kalkuliert werden (längere Mietdauer verbilligt den Preis um 5–10%).

Die Anmietung bei *Holiday Autos* (Comfort-Paket, alles inklusive, für vier Wochen) kostet für einen VW City Golf ab 25 €, für einen Toyota Corolla ab 45 € pro Tag.

Zusatzversicherungen Haftungsausschlüsse gibt es in verschiedenen Stufen:

CDW (Collision Damage Waiver): Die Selbstkostenbeteiligung wird reduziert, s. hierzu die Vertragsbedingungen, die sich nach Vermietern unterscheiden. Teilweise wird hier der auf Pisten entstande Schaden nicht abgedeckt. **TLW** (Theft Loss Waiver): Die Selbstkostenbeteiligung wird gemindert (Voraussetzung ist allerdings, dass der Wagenschlüssel vorgewiesen werden kann, um einen Fahrzeugverkauf unter der Hand auszuschließen).

REW (Reduced Excess Waiver): Die Selbstkostenbeteiligung für Unfälle auf Sandstraßen und Pisten wird dadurch zusätzlich vermindert.

SEC (Super Excess Waiver): Hier sind auch Schäden an Glas und Reifen abgedeckt.

Beachten Sie während Ihrer Reise genau die Geschwindigkeitsbeschränkungen, da die Haftungsausschlüsse sonst verfallen können; viele Mietfahrzeuge haben inzwischen einen **Fahrtenschreiber** integriert, mit dem sich leicht Nachweis führen lässt.

Selbstbeteiligung Mit CDW und TLW ist der Selbstbehalt für einen Toyota Hilux 4x4/ Toyota Corolla bei Diebstahl oder Totalschaden auf ca. 3000/1500 € reduziert. Mit der REW fällt der Selbstbehalt etwa auf die Hälfte.

Abnahme des Wagens **Prüfen Sie** den Zustand der montierten **Reifen** und des **Ersatzreifens,** haben Sie keine Hemmungen bessere zu verlangen, wenn deren Zustand schlecht ist. Kontrollieren Sie das **Bordwerkzeug,** insbesondere den **Wagenheber.** Fragen Sie nach einem **Verbandskasten.** Lassen Sie sich eine Einweisung für das Fahrzeug geben (bei 4x4 lassen Sie sich erklären, wie die Freilaufnaben gelöst werden, falls welche vorhanden sind). Bitten Sie um eine kleine theoretische Schulung zur Fahrtechnik auf Pisten (die Vermieter, die etwas auf ihre Wagen und ihre Kunden geben, machen das gerne).

Reiseveranstalter in Namibia

Es gibt derzeit etwa 100 Reiseveranstalter in Namibia. Nicht alle sind der TASA (Tour and Safari Association Namibia) beigetreten, die die Qualität des Angebotes prüft und auch Sorge trägt, dass der Veranstalter z.B. entsprechende Versicherungen abgeschlossen hat. Eine sehr verlässliche Firma mit vielen Jahren Erfahrung ist **Cheetah Tours & Safaris,** P.O. Box 23075, Windhoek, Tel. 061-230287, Fax 230286, www.cheetahtours.com. Unter der Leitung von Helmut Schäfer sind Ausarbeitung von Rundtouren und deren Buchung, maßgeschneiderte Safaris unter Berücksichtigung der jeweiligen Wünsche und Bedürfnisse und Zusammenstellung von Konvois mit Begleitfahrzeugen für Selbstfahrer im Angebot.

Bwana Tucke-Tucke, P.O. Box 25392, Windhoek, Tel. 061-239602, Fax 258373, namibia@bwana.de, www.bwana.de (individuelle Tourenausarbeitung, pauschale Reisen, Rangerausbildung).

Charly's Desert Tours, 11 Sam Nujoma Ave, P.O. Box 1400, Swakopmund, Tel. 064-404341, Fax 404821, www.charlysdeserttours.com (maßgeschneiderte Touren in der Namib).

Blue Sky Namibia Tours, P.O. Box 406, Omaruru, Tel./Fax 064-570408, www.blueskynamibia.com (maßgeschneiderte Touren für kleine Gruppen mit bis zu 6 Personen).

Desert Adventure Safaris – DAS, 38 Bismarck Street, P.O. Box 2915, Swakopmund, Tel. 064-403274, Fax 064-403469, info@dastours.com.na, www.das.com.na (feste und maßgeschneiderte Touren, Fly-in-Safaris).

Levo Tours, P.O. Box 1860, Langstrand, Walvis Bay, Tel./Fax 064-207555, www.levotours.com (Bootsausflüge und Angelexkursionen in der Bucht von Walvis Bay).

Lüderitzbucht Safaris & Tours, Bismarck Street, P.O. Box 76, Lüderitz, Tel. 063-202719, Fax 202863, ludsaf@africaonline.com.na (vermittelt Touren um Lüderitz).

Pleasure Flights, P.O. Box 537, Swakopmund, Tel./Fax 064-404500, redbaron@iafrica.com.na, www.pleasureflights.com.na (Flugtouren im Bereich der Namib).

Atlantic Aviation, P.O. Box 465/Swakopmund, Tel. 064-404749, Fax 405832, www.flyinnamibia.com, (Flugsafaris nach Sossusvlei, in den Caprivi und an die Skelettküste).

Bush Bird, Swakopmund, Tel. 064-404071, www.bush-bird.de (die Wüste – und nicht nur diese – aus der Vogelperspektive).

Skeleton Coast Safaris, P.O. Box 2195, Windhoek, Shop Nr.15b (II. Floor/ North Wing/Maerua Park, Tel. 061-224248, Fax 225713, www.skeletoncoastsafaris.com (Fly-in-Safaris im ganzen Land, speziell auch in den Norden zum Kunene, mit einem der renommiertesten Veranstalter des Landes).

Southern Cross Safaris, P.O. Box 941, Tel. 061-251553, Fax 251883, www.southern-cross-safaris.com (auf Anschlusssafaris nach Botswana spezialisiert).

SWA-Safaris, P.O. Box 20373, Windhoek, Tel. 061-221193, Fax 225387, www.swasafaris.com (feste und maßgeschneiderte Touren).

Spezialisiert auf günstige Safaris für Backpacker hat sich *Backpacker Unite/ The Magic Bus,* Tel./Fax 061-259485 oder 081-1298093, magicbus@iafrica.com.na (meist mit Minibussen).

Versicherungen

In Reisebüros erhalten Sie Antragsformulare von Firmen, die Reiseversicherungen anbieten. Im Prinzip sind versicherbar das Gepäck, Heilkosten und eine u.U. notwendige Rückholung in das Heimatland. Alle drei Versicherungen können auch als Paket abgeschlossen werden. Vorher sollte man aber prüfen, welche Versicherungen man schon automatisch besitzt, z.B. mit dem Vertrag seiner Kreditkarte oder mit der Mitgliedschaft in einem Automobilclub. Was im einzelnen günstiger ist, muss ausgerechnet werden.

Auslandskrankenversicherung

Die Auslandskrankenversicherung übernimmt die Kosten bis zu einem bestimmten Betrag für die Behandlung von Krankheiten, an denen man noch nicht bei Abfahrt gelitten hat, die also auf der Reise entstanden sind. Es gibt bestimmte Ausschlussklauseln, die genau studiert werden wollen (Zahnersatz, der über eine Notfallbehandlung hinausgeht, ist z.B.

nicht abgedeckt). Die Kosten müssen vorgeschossen werden, bei Rückkehr zahlt die Versicherung gegen Vorlage der Rechnungen.

Rückholversicherung Bei schweren Krankheiten die im Reiseland nicht ausreichend behandelt werden können findet ein sehr teurer Rücktransport statt (liegend in einer Linienmaschine quer über 3 Sitze oder mit einem eigens geschickten Flugzeug). Naturgemäß versuchen die Versicherungen, sich im Schadensfall davor zu drücken, und zwischen den Ärzten vor Ort, der Versicherung und Ihrem Hausarzt entsteht erst einmal ein großes Palaver.

Zum Teil lässt sich dies vermeiden, wenn man eine Versicherung wählt, die in die Vertragsbedingungen die Formulierung aufgenommen hat, dass die Rückholung „medizinisch sinnvoll und vertretbar“ sein muss. Hat man Ihnen eine Versicherung verkauft, die die Rückholung durchführt, wenn sie „medizinisch notwendig“ ist, haben Sie schlechte Karten.

Reisegepäckversicherung Sie können Ihr Gepäck in jeder gewünschten Höhe versichern. Die Prämie richtet sich danach. Da mit dieser Versicherung sehr viel Missbrauch getrieben wurde, sahen sich die Versicherungsgesellschaften gezwungen, immer mehr Ausschlüsse in die Verträge aufzunehmen. Die Ausschlüsse betreffen bestimmte Gegenstände, die nur teilweise oder überhaupt nicht versichert sind, Tageszeiten, Schadensverläufe und Orte, an denen die Versicherung ganz wegfällt. Deshalb ist es wichtig, die Unterlagen genau durchzuarbeiten und sich entsprechend zu verhalten.

Reiserücktrittskostenversicherung Versichert werden die fälligen Konventionalstrafen bzw. die gesamten Reisekosten, wenn die Reise aus zwingenden Gründen nicht angetreten werden kann. Zwingende Gründe sind Todesfälle und schwere Krankheiten nächster Verwandter oder von Personen aus der Reisegruppe. Bei Pauschalreisen ist die Prämie häufig im Preis inbegriffen, bei individuell zusammengestellten Reisen obliegt es immer dem Reisenden, sich um die Versicherung zu kümmern.

Fotoversicherung Umfangreiche Kamera-Ausrüstungen können bei speziellen Versicherungen gegen fast alle Gefahren versichert werden. Die Prämie ist zwar relativ hoch (ca. 7% vom Neuwert), die Abwicklung aber reell. Bei Interesse wende man sich z.B. an eine Filiale des Gerling-Konzernes.

Kfz-Versicherung Wer mit dem eigenen Fahrzeug unterwegs ist, benötigt in Namibia keine Haftpflichtversicherung („third party insurance“), da der Staat einen Topf gebildet hat, der von Steueranteilen aus dem Treibstoffverkauf gespeist wird und aus dem Forderungen an die auch ausländischen Verkehrsteilnehmer beglichen werden (wobei die ausgezahlten Summen in keinster Weise im Verhältnis zum tatsächlichen Schaden stehen, insbesondere bei Verletzungen). Einige Versicherungsgesellschaften in Namibia bieten zusätzlichen Drittschaden-Schutz an, der für mindestens ein Jahr abgeschlossen werden muss (die Kosten betragen, abhängig vom Fahrzeug, um die 100 € im Jahr). Diese Versicherung abzuschließen ist auf jeden Fall angeraten. Bedenken Sie aber, dass Schäden an Fußgängern (die nicht als Verkehrteilnehmer im Sinne der Versicherung gelten) nicht abgedeckt sind!

Mietwagenversicherung Für die Mietwagen existieren eine Fülle von Zusatzversicherungen mit Verminderungen der Selbstbeteiligungen in verschiedenen Stufen bei Unfällen, Diebstählen etc. Siehe bei „Mietwagen“.

Personenbergung Im Notfall überführt die Fa. International SOS (ISOS) Kranke oder Verletzte zur nächstgelegenen Stelle innerhalb Namibias, bei der eine medizinische Versorgung möglich ist. Der Transport findet per Flugzeug, Hubschrauber oder Kfz statt. Allerdings sollte man eine Versicherung für die Bergung besitzen (in der Regel deckt eine Auslandskrankenschutzversicherung den Notfalltransport mit ab, informieren Sie sich hierzu bei Ihrer Versicherung – auf alle Fälle müssen die nicht unerheblichen Kosten vorgeschossen und die Rechnung mit Nachweisen über die medizinische Notwendigkeit des Transportes eingereicht werden). ISOS, P.O. Box 31220, Windhoek, Eros-Airport, Tel. 061-231236, Fax 231254, www.internationalsos.com. Tel.-Alarmnummer (24h): 061-230505, vom Funktelefon 112.

Zoll

Gegenstände des **persönlichen Bedarfes** können unproblematisch eingeführt werden. An **Genussmitteln** und **Luxusgütern** dürfen nach Namibia 400 Zigaretten oder 50 Zigarren oder 250 g Tabak, 2 Liter Wein, 1 Liter Spirituosen und 50 ml Parfum oder 250 ml Eau de Toilette eingeführt werden. **Kraftfahrzeuge** unterliegen exorbitant hohen Einfuhrsteuern und Zöllen, die sich im Bereich von ca. 70% des Wagenwertes bewegen. Will man seinen überführten Wagen vor Ort verkaufen, ist zu bedenken, dass der erzielbare Preis sich nicht unbedingt am Wert, sondern an der Machbarkeit orientiert. Linksgesteuerte Fahrzeuge dürfen seit März 2003 (in Südafrika seit 2001) nicht mehr importiert werden. Wer seinen Wagen los werden will, nimmt zu angolanischen Händlern (Angola fährt linksgesteuert) Kontakt auf (in Windhoek zum Beispiel Novel Ford, Joule Street oder Circle Motors, Rehobother Road). Besitz und Einfuhr von Faustfeuerwaffen ist verboten, **Jagdwaffen** dürfen mit offizieller Anmeldung und einer gültigen Waffenbesitzkarte nach Namibia eingeführt werden, Letztere ist rechtzeitig zu beantragen, da der Vorgang an der Grenze sonst sehr langwierig wird. Nach Botswana dürfen auch keine Jagdwaffen eingeführt, im Transit müssen sie versiegelt transportiert werden.

Mehrwertsteuer Ab einem Bruttowarenwert von 250 N$ kann man bei Ausfuhr die Mehrwertsteuer (VAT – *Value added Tax,* derzeit 15%) geltend machen. Dazu muss man sich allerdings im Laden eine Rechnung ausstellen lassen, die bestimmte Erfordernisse erfüllt (das Wort „Steuerquittung" muss enthalten sein, Name, Adresse und MwSt.-Registrierungsnummer des Lieferanten, Name und Adresse des Empfängers, Rechnungsseriennummer und -datum, Beschreibung, Quantität oder Volumen der Ware, Warenwert, Betrag der Mehrwertsteuer und Bruttobetrag). Die Rechnung wird mit der Ware am Flughafen (oder an den Grenzstationen Ariamsvlei und Noordoewer) dem Zoll gezeigt, der die Rechnung abstempelt. In den Mehrwertsteuer-Büros (Vat Refund Office, VRA, im Flughafen Windhoek International im Wartesaal für die Abflüge) erhält man dann einen Scheck in südafrikanischen Rand (Bearbeitungsgebühr 1% des Mehrwersteuerbetrages, minimal 15 N$, maximal 500 N$). Nutzt man einen anderen Grenzübergang, ist von Touristen das Formular VAT 16 bzw. von Einwohnern Namibias ohne ständigen Wohnsitz in Namibia das Formular VAT 17 auszufüllen und nach Warenprüfung mit der Originalrechnung dem Zollbeamten zu übergeben; das Geld wird dann per Scheck nach Deutschland geschickt oder auf ein angegebenes Konto überwiesen (Überweisungsgebühren kommen in Abzug). Weitere Informationen hierzu gibt es beim Ministry of Finance unter Tel. 061-2841009.

Ankunft

„Grau in Grau lag die Welt; grau war der Himmel, grünlichgrau das Meer, dunkelgrau der schleppende Rauchschweif der Schornsteine. Die haushohen Wellen trugen weiße Schaumkronen und spritzten wütend zu den Seiten des Schiffes hinan. Oft wuschen sie über Deck und nahmen mit sich, was nicht ganz niet- und nagelfest war. Zwar ließ der Sturm nach drei Tagen nach, dafür setzte aber Nebel ein, so dicht und undurchdringlich, dass nicht die Hand vor Augen zu sehen war. Fortwährend ertönte die Sirene und der Kapitän hatte Besorgnis, wir könnten an Swakopmund vorbeifahren. Da, auf einmal hob sich der Nebel, und im Sonnenschein lag Swakopmund vor uns, und wir an Bord waren wie von Sinnen. Man umarmte einander, tanzte, schrie und lachte. Natürlich wollten wir alle sofort an Land. Aber von Swakopmund kam das Signal, die Landung sei unmöglich, der Brandung wegen. Bis zu uns klang ihr Donnern und Tosen.

... Swakopmund im Sonnenschein sah freundlich und verheißungsvoll aus. Zur Bewillkommnung unseres Dampfers wehten Flaggen auf vielen Häusern. Hell hoben sie sich von den dunklen Dünen ab.

... Da, gegen Mittag, erbarmte sich der Himmel unser ... und glättete die Wogen. Heißes zitterndes Sonnenlicht lag über Swakopmund. Da begann die Landung.

... Mit herzlichen Dankesworten verabschiedeten wir uns vom Kapitän und den Offizieren und wurden auf sehr primitive Art in das tief unten auf dem Wasser schaukelnde Brandungsboot verladen. Nacheinander setzte man sich in einen Korbstuhl, der an einer Kette hing. Vermittels eines Kranes wurde der Korb dann in das Boot hinabgelassen, einer der bereits anwesenden Kruboys riss einen heraus, und der Korb ward wieder in die Höhe gewunden.

... Nach längerer Fahrt auf mäßig bewegtem Wasser kamen wir den gewaltigen Brechern näher und näher. Ich bewunderte die Geschicklichkeit der Kruboys, die mit größter Sicherheit und Kaltblütigkeit ihre Ruder in die Wellen tauchten und schnell vorwärts kamen. Als ich aber die kolossalen Brecher aus allernächster Nähe sah, die sich entweder haushoch aufzutürmen schienen oder einen tiefen Abgrund schufen, konnte ich mich einer Gänsehaut nicht erwehren. Pfeilschnell schossen wir mit den Brechern dahin, und mit gewaltigem Ruck fuhr das Vorderteil des Bootes auf den Sand."

(aus: Margarethe Eckenbrecher, „Was Afrika mir gab und nahm", Berlin, 1949

Swakopmund um 1910

Bitte mailen (rkhhermann@aol.com) oder schreiben Sie uns Ihre Erfahrungen und wenn sich in Namibia Dinge verändert haben oder Sie Neues wissen. Herzlichen Dank!

TEIL II: UNTERWEGS IN NAMIBIA

Ankunft und Einreise

Mit dem Flugzeug Der einzige internationale Flughafen mit Interkontinentalverbindungen liegt ca. 40 km östlich von Windhoek. Er heißt **Windhoek International/ Hosea Kutako,** ist klein und wirkt leicht verschlafen. Bis auf den Reisepass (der noch sechs Monate über das beabsichtigte Rückreisedatum hinaus gültig sein muss) ist kein Einreisedokument erforderlich (unter Umständen muss ein Rückflugticket gezeigt und der Besitz ausreichender Geldmittel nachgewiesen werden). Die Einreise ist unproblematisch – ein kleiner Laufzettel ist auszufüllen, der Pass wird abgestempelt und in ihn die genehmigte Aufenthaltsdauer eingetragen. Eine Buslinie in das Zentrum Windhoeks ist eingerichtet, ihr Fahrplan richtet sich nach den Ankunfts- und Abflugzeiten der internationalen Verbindungen (Stadtterminal in der Independence Avenue, gegenüber dem Hotel Kalahari Sands). Die Fahrt mit dem Taxi in die Stadt kostet 15–25 €.

Mit dem Schiff Das von Südafrika an Namibia 1994 übergebene Walvis Bay ist die wichtigste Hafenstadt Namibias mit entsprechenden Anlagen für Hochseeschiffe und besitzt Zoll- und Immigrationsbüros. Trotzdem legen aus Europa keine Frachtschiffe mit Passagierkabinen an. Lüderitz ist hauptsächlich ein Hafen für Hochseefischer, ab und zu legen auch Kreuzfahrtschiffe an.

Landweg von Angola Nach Ende des Bürgerkrieges sind die Grenzübergänge von und nach Angola offen, doch herrscht jenseits der Grenze und abseits der Hauptstraßen nach wie vor hohe Minengefahr.

Landweg von/nach Zambia Auf Namibia-Seite ist *Katima Mulilo* der Grenzort, auf der Zambia-Seite *Shesheke*. Der Zambezi wird auf einer Brücke gequert. Die Straße entlang des Zambezi nach Kazungula ist in gutem Zustand (s.a. Route 15).

Landweg von/nach Botswana Über die Ngoma-Brücke fährt man zum namibischen „Grenzort" Ngoma. So klein der Grenzposten auch ist, hier läuft der touristische Hauptverkehr von Zimbabwe und Zambia nach Namibia. Die Öffnungszeit ist von 7–18 Uhr (Route 15; beachten Sie die Sommerzeit, die zu Änderungen der Öffnungszeiten führen kann). Weiterer Grenzübergang im Westen ist bei Shakawe/Botswana – Mohemba, in Höhe des Mahango-Nationalparks, Öffnungszeit 6–18 Uhr.

Der Grenzübergang östlich von *Tsumkwe* ist auch für Touristen geöffnet (täglich 7.30–16.30 Uhr Botswana Time, also im Südwinter bis 15.30 Uhr namibischer Zeit). Von der Grenzstation zur Asphaltstraße in Botswana sind es 140 km tiefer Sand (nur 4x4-Fahrzeuge), die nächste Tankstelle in Botswana ist bei Gumare, 30 km nördlich Nokaneng (also für ausreichend Treibstoff sorgen). Größter und bestausgebauter Grenzpunkt ist *Buitepos* von Windhoek (Route 16, Öffnungszeit 7–24 Uhr).

Zimbabwe ü. Botswana s. Routenbeschreibung Route 15

Von Zambia ü. Botswana s. Routenbeschreibung Route 15

Landweg Südafrika Hauptübergangsorte sind, auch aufgrund der guten Straßenverhältnisse, Ariamsvlei und Noordoewer im Süden Namibias (beide 24 Stunden am Tag geöffnet). Die Grenzübergänge bei Rietfontein (8–16.30 Uhr) und Mata Mata (8.30–15.30 Uhr, Durchfahrt nur mit bestätigter Buchung von mindesten zwei Tagen im Nationalpark) ermöglichen die Zufahrt zum Kalahari-Gemsbok- bzw. Kgalagadi Transfrontier Park.

Öffnungszeiten der Grenzübergänge

Nach **Südafrika:** Noordoewer, 24 h, Tel. 063-287147. Veloorsdrif 8–17 Uhr, Tel. 063-269134. Ariamsvlei 24 h, Tel. 063-280023. Klein Menasse/ Rietfontein, Sommer 8–16.30 Uhr, Winter bis 15.30 Uhr, Tel. 063-280681. Mata Mata, Sommer 8–16.30 Uhr, Winter bis 15.30 Uhr (kein Telefon, nur für Touristen). Oranjemund 6–22 Uhr, Tel. 063-233552. Sendelingsdrif Sommer 8–16.30, Winter bis 15.30 (kein Telefon).

Nach **Botswana:** Buitepos 7–22 Uhr, Tel. 062-563518. Ngoma Bridge 7–18 Uhr, Tel. 066-252856. Mohembo/Shakawe 6–18 Uhr, Tel. 066-259902. – Nach **Zimbabwe:** Kazungula Road, 6–18 Uhr, Tel. 066-253800, Kazungula Ferry 6–18 Uhr. – Nach **Zambia:** Wenela/Katima Mulilo, 6–18 Uhr, Tel. 066-253430. – Nach **Angola:** Oshikango, 8–18 Uhr, Tel. 065-264615. Omahene 8–18 Uhr, Tel. 065-259504. Ruacana 8–18 Uhr, Tel. 065-270290.

Zollformalitäten

Der Zoll lässt die weltweit üblichen Freimengen (400 Zigaretten, 1 Liter hochprozentigen Alkohol, 2 Liter Wein, 50 Gramm Parfüm etc.) zu, die Kontrolle ist sehr touristenfreundlich. Waffen müssen deklariert werden, die Einfuhr von Jagdwaffen wirft keine Probleme auf – zum genauen Prozedere kontaktiere man allerdings vorab den Jagdverein. Gegenstände des persönlichen Bedarfes und Kameras (Foto und Video), Filme usw. können vorübergehend eingeführt werden.

Kraftfahrzeugeinfuhr

Jedes Kraftfahrzeug benötigt ein Carnet de Passage (s.o., „Nach Namibia mit dem Auto“, Kapitel „Praktische Reisetipps von A bis Z“) und eine internationale Zulassung. Es darf maximal 1 Jahr im Raum der südafrikanischen Zollunion verbleiben (Südafrika, Namibia, Botswana). Es besteht unter Umständen die Möglichkeit, einmal ein Anschlusscarnet zu erhalten. Fragen Sie dazu Ihren Automobilclub.

Rund ums Geld

Währung

Währung ist der **Namibia Dollar** (N$) zu 100 Cents. Er ist an den südafrikanischen Rand im Verhältnis 1:1 gebunden. Der **Wechselkurs** schwankt **zwischen 10 und 15 N$ für 1 Euro.**

Banknoten gibt es zu 10, 50 und 100 N$, Münzen zu 5, 10 und 50 Cents und zu 1 und 5 Dollar. Die Münzen und Scheine des südafrikanische Rand werden im ganzen Land als Zahlungsmittel akzeptiert. Umgekehrt werden die Noten des N$ nur in den grenznahen Gebieten Südafrikas in den Läden angenommen (z.B. auf der Route 2a durch den Kalahari-Gemsbok bzw. Kgalagadi Transfrontier Park). Das Mitbringen fremder Währungen unterliegt keinerlei Restriktion. Da ein Rücktausch von N$ in Devisen unter Umständen Schwierigkeiten bereiten kann, sollte man seine Heimatwährung direkt in Namibia wechseln und sich die Quittungen aufheben. Damit kann man Nachweis über die gewechselten Summen führen, und ein Rücktausch ist unproblematischer. Die **Inflationsrate** betrug 2008 10,3%.

Geldwechsel, Banken Geldwechsel ist bei Banken und in Hotels, Restcamps und Lodges möglich. Bei Letzteren, gerade wenn sie weit ab vom Schuss liegen, kann der Kurs für den Touristen äußerst ungünstig werden. Geldwechseln in Banken ist unkompliziert, ebenso der Erhalt von Bargeld auf die Kreditkarte, eine Viertel- bis halbe Stunde sollte aber einkalkuliert werden, da viele Leute anstehen. Das Geld ist gleich nach Erhalt sicher zu verstauen. Beste Möglichkeit der Geldversorgung sind die **Geld- bzw. Bankautomaten,** die teilweise auch in Tankstellen vorzufinden sind.

Kreditkarten Kreditkarten werden zumeist akzeptiert (bis auf einige Gästefarmen und viele Tankstellen). Am verbreitetsten: **Visa** und **Mastercard.** Durch spätere Abbuchung vom Konto und Briefwechselkurs ist es im Allgemeinen günstiger, mit Kreditkarte zu zahlen (lästige Vorauszahlungen in Hotels und Kautionshinterlegungen bei Mietwagenfirmen entfallen ebenfalls).

Halten Sie den Bargeldvorrat möglichst gering, Sie können in fast jeder größeren Stadt an Geldautomaten abheben. Auf einigen Strecken mangelt es an Abhebemöglichkeiten, so zwischen Walvis Bay und Aus. Führen Sie Reiseschecks mit sich, müssen Sie die Schecks und die Liste, in die Sie bei jedem Wechseln die Höhe des Betrages, die Schecknummer, den Ort und das Datum eintragen, getrennt aufbewahren. So können Sie bei Verlust der Schecks Nachweis über die bereits eingewechselte Summe führen und erhalten die verlorenen/gestohlenen Schecks ersetzt.

Wegen des fehlenden organisatorischen Aufwandes ist die Abhebung von Bargeld mit der Kreditkarte direkt am Bankschalter oder auch an einem der vielen **Bankautomaten** zu bevorzugen. Auch Ihre normale Bank- bzw. Maestrokarte (neuer Name *girocard*) können Sie – allerdings ausschließlich der Filialen der Bank Windhoek – dazu verwenden (kostengünstiger!). Die Geldautomaten sind mit dem auch auf der Bankkarte befindlichen Symbol gekennzeichnet (blauer und roter Kreis und Schriftzug „Maestro"). Sie benötigen zur Abhebung nur Ihre Geheimzahl.
Folgende Kreditkartenfirmen sind mit Agenturen in Windhoek vertreten:

Visa, Tel. 061-2992222 (First National Bank)
Mastercard, Tel. 061-2942143 (Standard Bank)
Diners, Tel. 061-2942143 (Standard Bank)

Verlorene/gestohlene Kredit- bzw. Bankkarten müssen sofort gesperrt werden, diesbezügliche Telefonnummern Ihrer Kartenorganisation mitführen oder im Internet nachsehen, z.B. bei www.mastercard.com oder bei www.visa.de. Die deutsche Telefonnummer des zentralen **Sperr-Annahmedienstes für nahezu alle Karten, auch Bankkarten,** rund um die Uhr und aus dem Ausland ist **0049-1805-021021** (minimal gebührenpflichtig, Abwicklung per Sprachcomputer; Sie benötigen Ihre Kontonummer und die Bankleitzahl). Eine andere dt. zentrale Sperr-Nr. für nahezu alle Karten ist **0049-116116.** Bei **www.kartensicherheit.de** kann man einen **SOS-Info-Pass** runterladen, außerdem gibt es dort weitere Tips zur Prävention, zu Schadensfällen und zur richtigen Kartensperrung.

Geldüberweisung Die namibischen Banken sind an das internationale Überweisungssystem SWIFT angeschlossen. Damit kann schnell und unproblematisch Geld in das Land transferiert werden (allerdings relativ hohe Gebühren). Weitere Überweisungsmöglichkeiten bietet die Western Union-Bank (über die Deutsche Verkehrs-Bank oder die Postbank zu kontaktieren).

Steuern Es wird **VAT** (Value Added Tax – Mehrwertsteuer) in Höhe von 15% erhoben. Ab einem Bruttowarenwert von 250 N$ können Touristen die Steuer zurückerhalten. In den Geschäften sollte man beim Kauf darauf hinweisen, damit die nötigen Formulare ausgestellt werden (genauere Informationen bei „Praktische Reisetipps" – Stichwort „Mehrwertsteuer").

Trinkgeld

Mit 5 bis 10% des Rechnungsbetrages liegen Sie nicht falsch. Viele Gästefarmen haben eine Trinkgeldbox (Tipbox), deren Inhalt unter dem Personal aufgeteilt wird, so dass auch Mitarbeiter ohne direkten Kundenkontakt etwas bekommen. Manche Gästefarmbesitzer schütten das Trinkgeld auch nur teilweise aus und schaffen für den Rest nützliche Dinge für die Mitarbeitergemeinschaft und deren Familien auf der Farm an.

Von Ort zu Ort – Verkehrs- und Transportmittel

Busse

Der **Intercape Mainliner** verbindet Südafrika mit Namibia von Johannesburg und von Kapstadt aus täglich (Einfach-Fahrt jeweils um 50 €). Der Bus aus Kapstadt fährt über Keetmanshoop nach Windhoek und weiter nach Walvis Bay über Swakopmund. Die andere Linie kommt von Pretoria über Johannesburg und Upington, Keetmanshoop nach Windhoek. Eine nördlich verlaufende Linie führt von Windhoek nach Livingstone in Zambia (dreimal die Woche, einfach um 50 €). Die Strecke Swakopmund – Windhoek (mehrmals die Woche) kostet um die 20 €.

Büros von *Intercape Mainliner:* Windhoek, Tel. 061-227847 (Intercape Mainliner Hauptbüro, www.intercape.co.za, die Haltestelle ist gegenüber dem Hotel Kalahari Sands). – Keetmanshoop, Tel. 063-223063 (H&J Service Station, Haltestelle Mettrek Engen Tankstelle). – Swakopmund, Tel. 064-405151 (Ritz Travel, Haltestelle Bus Terminus Roon Street/ Talkshop). – Karibib, Tel. 064-550081 (Irmi's Lodge). – Walvis Bay, Tel. 064-207997 (Ultra Travel, Haltestelle Spur Restaurant). – Tsumeb, Haltestelle Tourism Centre Omeg Allee. – Livingstone (Haltestelle CR Holdings). – Kapstadt, Tel. 0027-861-287287 (Haltestelle Bahnhof bei der Touristeninformation).

Die Firma **Town Hoppers** Tel. 064-407223, 081-2103062, Fax 064-407224, www.namibiashuttle.com, verbindet Windhoek mit Swakopmund täglich außer Mittwoch mit modernen und sicheren Kleinbussen (einfache Fahrt um 25 €).

Die **Eisenbahngesellschaft TransNamib Limited** verbindet mit dem Starline Passenger Service folgende Orte per Bus: Mariental – Aranos (Di und Fr hin und zurück), Mariental – Stampriet – Gochas (Mi hin und zurück), Mariental – Maltahöhe (Mo und Do hin und zurück). Die zentrale Reservierung ist unter Tel. 061-2982032, Fax 2982495 erreichbar.

TransNamib

Eisenbahn

TransNamib Limited befährt mit dem Starline Passenger Service folgende Strecken per Zug: Windhoek – Tsumeb – Oshivelo (Mo, Mi, Fr hin und zurück), Walvis Bay – Tsumeb (Mo, Mi und Fr hin und zurück), Windhoek – Gobabis (So, Di und Do hin, Mo, Mi und Fr zurück), Windhoek – Walvis Bay (täglich außer Samstag hin und zurück), Upington (Südafrika) – Windhoek (täglich außer Sa hin und zurück). Die zentrale Reservierung ist unter Tel. 061-29822032, Fax 2982495 erreichbar (www.transnamib.com.na). Die Tarife sind ausgesprochen günstig, für ca. 350 km muss man je nach Saison um 10 € in der einfachen und mit 20 € in der Business-Klasse rechnen.

Eine Tochtergesellschaft der TransNamib – der **„Desert Express"** – betreibt den gleichnamigen Luxusreisezug zwischen Windhoek und Swakopmund. Luxus pur mit mehreren Stops auf der Strecke, wo dann Ausflüge unternommen werden (Löwenfütterung, Dünenwanderung etc.). Jedes Abteil hat ein eigenes Bad, Restaurant- und Aussichtswagen hängen ebenfalls an der Lokomotive (auf einem Pritschenwaggon kann der Wagen mitreisen). Das Essen ist vorzüglich. Zwei Fahrten pro Woche in jede Richtung, ebenfalls im Programm sind die Strecken Windhoek – Etosha – Windhoek und Windhoek – Lüderitz – Windhoek (bis zur Rekonstruktion der Gleise ab Aus mit dem Bus). Buchung über Desert Express, Private Bag 13204, Windhoek, Tel. 061-2982600, Fax 2982601, www.desertexpress.com, desert.express@transnamibia.com.na. Das Doppelabteil kostet auf der einfachen Strecke Windhoek – Swakopmund um 150 € p.P. mit Mahlzeiten, die Fahrten nach Etosha und Lüderitz sind jeweils viertägig und kosten inklusive der Mahlzeiten um 500 € p.P. im Doppelabteil.

Ein weniger luxuriöser Zug – der *Shongololo Express* – unternimmt mehrtägige Ausflugsfahrten in Namibia und nach Botswana und Südafrika (jeweils 9 Fahrten im Jahr). Einen genauen Zeitplan erhält man bei Shongololo Express in Südafrika, Tel. 0027-11-7814614, Fax 7814794, www.shongololo.com. Preisbeispiel: 15-tägige Reise von Kapstadt durch Namibia bis Etosha mit Besichtigungen ab 3000 €.

Der berühmte südafrikanische *Rovos Rail* fährt unregelmäßig von Pretoria nach Swakopmund. Buchungen bei Rovos Rail Capetown, P.O. Box 50241, Waterfront, Capetown, Tel. 0027-21-4214020, Fax 4214022, www.rovos.co.za. Preisbeispiel: 7-tägige Fahrt von Pretoria über Windhoek und Etosha nach Swakopmund mit allen Extras um 2600 €. Die Fahrt Kapstadt – Dar-es-Salam dauert 14 Tage und kostet ab 6000 €.

Taxifahren und Flughafentransfer

In fast allen Städten gibt es einen funktionierenden Taxiservice. Nicht alle Wagen besitzen einen Taxameter, so dass Fahrpreisverhandlungen notwendig sein können. Meist werden die Wagen per Funktelefon bestellt. Die Hotelrezeption und Restaurantpersonal geben Auskunft über die Nummern verlässlicher Unternehmer. In Windhoek kann man z.B. White Rhino Taxi (Tel. 061-221029, 081-1299903), Celestial Transfers & Tours (Tel. 081-2613907) oder L+C Radio Taxi (Tel. 061-272129 oder 081-1247040) bestellen.

Flugzeug

Air Namibia verbindet folgende innernamibische Städte miteinander: Windhoek/Eros mit Lüderitz, Ondangwa, Mpacha, Oranjemund und Walvis Bay. In der Region sind vom internationalen Flughafen Windhoek Hosea Kutako folgende Städte angebunden: Kapstadt, Johannesburg, Luanda, Maun, Lusaka und Victoria Falls.

Charterflugzeuge Eine teure, aber angenehme Art des Inlandreisens ist das „eigene" Flugzeug. Namibia besitzt mehr als 200 über das Land verteilte zugelassene Airstrips. Der Landeanflug gestaltet sich einfach: Das Flugzeug kreist zweimal über der Landebahn und geht dann nieder. Daraufhin fährt ein Wagen von der Gästefarm, Lodge oder dem Restcamp los und holt die Gäste ab. Zuvor ist der Unterkunft lediglich der Tag der Ankunft und die ungefähre Uhrzeit über Telefon zu avisieren, um sicherzustellen, dass Platz verfügbar ist. In Windhoek starten Charterflüge *nicht* vom internationalen Flughafen, sondern vom im Weichbild der Stadt gelegenen Eros-Flughafen. Maschinen mit Pilot vermietet z.B. Atlantic Aviation, P.O. Box 465, Swakopmund, Tel. 064-404749, Fax 405832, Pleasure Flights, P.O. Box 537, Swakopmund, Tel./Fax 064-404500.

Informationen über Radreisen

von Andreas von Heßberg

Anforderungen Für Radfahrer besteht Helmpflicht! Namibia ist kein Reiseland für Neulinge in der Tourenradler-Szene, das muss zu Anfang erwähnt werden. Nicht nur die klimatischen Schwierigkeiten, sondern auch die fahrtechnischen Herausforderungen bedingen eine gute körperliche Kondition und ein hohes Maß an Erfahrung von anderen Fahrradtouren. Außerdem muss man sowohl im Falle eines technischen als auch eines gesundheitlichen Defekts in der Lage sein, sich selbst helfen zu können. Je weiter man sich abseits der Asphaltstraßen bewegt, desto stärker ergibt sich diese Notwendigkeit. Ein vollständiges Bündel an Werkzeug und Ersatzteilen ist somit genauso wichtig für den Erfolg einer Radreise in Namibia, wie auch eine richtig zusammengestellte Reiseapotheke. Ein Autofahrer kann bei gesundheitlichen Problemen noch eher zur nächsten Farm fahren. Ein Radfahrer ist bei einer Krankheit oder einem Knochenbruch nicht mehr in der Lage, sein Fahrzeug zu bewegen. Selbsthilfe- und Improvisationstalent ist also unbedingt mitzubringen!

Reisezeit Die ideale Reisezeit gibt es für Radfahrer nicht, denn jede Jahreszeit hat Vor- und Nachteile für den Pedalritter. Ist es im Winter gemäßigt warm bis kühl (in den Bergen) und gibt es genug Wasser, so mag der Wind stärker blasen und so manch eine Piste schlammig sein. Außerdem ist dann im Norden die Mückenstichwahrscheinlichkeit fünfmal höher als in der Trockenzeit. Dafür ist mehr Grün in der Landschaft und es sind häufiger Tiere zu sehen. Im Sommer sind alle Pisten trocken und fest, die Winde sind schwächer, dafür ist es häufig über 40 °C und der Wasserverbrauch schränkt den Aktionsradius stark ein.

Routenplanung Das Radfahren abseits der Pisten ist aus verschieden Gründen nicht zu empfehlen. Zum einen sind überall Dornengewächse, die auch einem mit Aramid verstärkten Kevlarreifen zu schaffen machen. Daneben sollte man auch in Namibia die Vegetationsdecke nicht durch unnötiges Befahren zerstören, das führt letztendlich nur zu Gesetzen, die dann die Bewegungsfreiheit von Tourenradlern einschränken. Zum anderen sind die Pisten rauh genug, um als eine Herausforderung für Mensch und Material zu gelten. Von der Piste aus erschließt sich auch das Land viel besser als von den Lkw-belasteten Alphaltstraßen. Zu empfehlen sind für abgelegene Pisten die topographischen Blätter (1:250.000 und 1:500.000). Aufgrund der Dimensionen in diesem Land muss man sich entweder einschränken und nur einen bestimmten Landesteil erradeln oder man bringt viel Zeit mit. Für eine ausführliche Radreise in ganz Namibia mit einem Abstecher nach Maun und einigen eingestreuten Ruhetagen benötigt man als durchtrainierter Radfahrer 8–10 Wochen. Die durchschnittliche Reisegeschwindigkeit auf den Pisten beträgt zwischen 10 und 15 km/h, manchmal auch weit darunter – dann nämlich, wenn es sandig wird. Überhaupt ist Sand der Feind Nr.1 für den Radfahrer. Sinkt man mehr als 5 cm ein, so steht man in Sekundenbruchteilen. Es erfordert bei kleineren Sandpassagen schon einiges Geschick und Kraft, nach dem schnellen Runterschalten sich selbst wieder herauszuarbeiten. Oder man steigt ab und schiebt durch.

Ausrüstung

Die Radausrüstung sollte in Sachen Robustheit nichts zu wünschen übrig lassen, das Fahrrad ein robustes Mountainbike sein, dies aber nicht zwingend. Nur wird man mit 26"-Rädern auf den Pisten besser zurecht kommen. Besonders die Felgen und Speichen werden auf den Pisten stark beansprucht. Welchen Reifen man aufzieht ist eine Frage der Routenplanung. Will man häufig auch Asphaltstraßen benutzen, um möglichst schnell zur nächsten interessanten Region zu kommen, so ist ein grober Stollenreifen nicht zu empfehlen. Hier nimmt man am besten einen Semislick-Reifen oder einen Straßenreifen mit gutem Profil. Daneben sollte man auf Durchstichfestigkeit (Dornen!) und stabile Karkassen achten (der Reifen wird auf den Pisten stark gewalkt). Ich empfehle aufgrund der langjährigen Erfahrungen den Schwalbe Marathon XR. Ein Faltmantel als Ersatz ist ebenso wichtig wie ein oder zwei Ersatzschläuche. Der Sattel sollte ungefedert sein, damit man keine unnötige Energie in die Federn statt auf die Pedale bringt. Dagegen ist eine gefederte Sattelstütze zur Dämpfung der Schläge, die sonst die Wirbelsäule und die Schultern abfangen müssten, dringend zu empfehlen. Eine Federung an der Gabel oder gar am Hinterbau ist auf den Pisten sinnlos, weil die Trägheit des Systems mit allen Packtaschen zu groß ist, um die Rüttelei beispielsweise auf den Wellblechpisten abzufangen. Ergonomisch geformte Griffe sind bei mehrwöchigen Radtouren sehr gut gegen das Abquetschen der Nerven in den Händen. Wer Hilfe braucht oder Ersatzteile, kann sich in Windhoek an folgende Adressen wenden: *Cycles Wholesales,* 45 Edison Street, Tel. 061-233081, und *Windhoek Cycletec,* Tel. 061-244324, 324 Sam Nujoma Drive. In Swakopmund hilft *Cycle Clinic,* Tel. 064-402530, 10 Hendrik Witbooi Street. Zubehör gibt es in den Läden der Kette *Cymot* im ganzen Land.

Hitze und Trockenheit

Gegen die Hitze kann man sich gut schützen – auch im Sommer Namibias. Ein Hut ist dabei besser als ein Kopftuch – auch wenn man dieses immer wieder mal nass machen kann. Man muss auch bedenken, dass die Sonnenbrille zu einem der wichtigeren Ausrüstungsteilen von Radfahrern gehört, so dass man eine Ersatzbrille mitnehmen sollte. Ein Baumwoll T-Shirt bleibt länger nass, als ein synthetisches Oberteil und kühlt somit besser. Außerdem kann man es auch schnell mal mit der Trinkflasche befeuchten. Gegen die starke Sonneneinstrahlung muss man sich als Radfahrer sehr gut schützen. Hat man erst offene Blasen und Verwundungen, so schmerzen diese durch das ausgeschwitzte Salz unerträglich. Überhaupt ist das Auffüllen des körpereigenen Mineralhaushaltes ein lebensnotwendiger Faktor. Ein Sonnenschutzfaktor von 20 oder mehr und ein mehrmals tägliches Eincremen ist am Anfang des Aufenthaltes notwendig. Nach drei bis vier Wochen ist man an Armen und Beinen so braun, dass man keine Creme mehr braucht, denkt man. Doch auch dann sollte man sich wenigstens in der Mittagszeit noch eincremen, denn die UV-Strahlung schädigt auch gebräunte Haut noch stark. Im Sommer ist es empfehlenswert, in der Mittagshitze drei Stunden unter einem Baum zu rasten, sofern man einen findet! Aber Vorsicht: Zecken, Schlangen und Dornen! Die Trockenheit ist die große logistische Herausforderung für den Radfahrer. Im Extremfall, im Hochsommer, verbraucht man pro Tag ca. 10 Liter Wasser. Dieses muss man nicht nur im Gepäck unterbekommen, sondern auch transportieren. Will man wegen Mangel an Wasser auf einer mehrtägigen Etappe ausreichend Wasser mitnehmen (stets auch an eine Reserve denken!), so werden daraus auch schnell mal 30 Liter – oder auch 30 kg! Wo bekommt man das dann noch unter? In den vier Packtaschen und auf dem Gepäckträger ist nicht so viel Platz und das Hinterrad nochmal mit so viel Gewicht zu strapazieren, ist nicht zu empfehlen. Da geht auch die Fähigkeit, auf den Pisten eine stabile Balance zu halten, schnell verloren. Die Lösung heißt für eine mehrwöchige Radtour Anhänger. Dort bekommt man nicht nur viel Wasser und Proviant unter, sondern auch die sperrigen Teile wie das Zelt, den Schlafsack und die Iso-Matte. Damit erniedrigt man den Schwerpunkt des ganzen Systems und fährt auch auf den rauhesten Pisten sehr stabil.

Übernachtung Ein Radfahrer ist in Namibia in seinem Vorwärtskommen stark von der Windrichtung und der Pistenqualität abhängig. Somit weiß man nie genau, wo man am Abend sein wird. Die Lodges oder Campingplätze haben nur selten einen Tagesabstand voneinander, so dass man diese nur selten frequentiert. Daher sollte man sich damit anfreunden, wild zu zelten. Das funktioniert überall sehr gut, sogar dort, wo alles eingezäunt ist. So ist man unabhängiger, erlebt mehr Natur und fährt auch noch sehr viel billiger. Im Farmland sollte man aber stets darauf achten, dass das Tor im Zaun hinter einem auch wieder geschlossen ist. Sonst gibt es Ärger! Besser ist es auch, außer Sichtweite der Piste zu zelten. Wegen der „wilden“ Tiere braucht man sich beim wilden Zelten keine Sorgen zu machen. Anders ist es gegenüber Schlangen, Skorpionen und Anopheles-Mücken. Es lohnt sich, eine stabile Folie vor dem Zelt auszubreiten, damit das Kochen oder Sitzen nicht direkt auf dem Boden geschehen muss. Wegen dem abendlichen Kochen und dem Gewicht des Wassers ist es natürlich auch interessant, auf den Farmen nicht nur nach Wasser zu fragen, sondern gleich neben dem Wasserhahn zu zelten. Die Farmer (speziell die weißen) sind gegenüber Radfahrern stets sehr freundlich, oft an der Tour interessiert und manchmal so offen, dass einem auch noch die Farm und die dort lebenden Tiere und Pflanzen per 4x4-Fahrzeug gezeigt wird.

Anreise Nur ganz Verwegene werden mit dem Fahrrad über Land von Deutschland anreisen (doch es gibt sie wirklich!), oder aus anderen Ländern des südlichen Afrikas. Da wäre eine Radreise von Kapstadt nach Windhoek wegen der interessanten Veränderungen des Landschaftsbildes und der Vegetation zu empfehlen. Wer aber mit dem Flugzeug anreist, muss für das Fahrrad eine kleine Gebühr am Schalter in Deutschland zahlen. LTU verlangt Eur 15 pauschal für Hin- und Rückflug pro Rad – egal wie schwer es ist. Die Luft muss zur Hälfte aus den Reifen gelassen werden, der Lenker quer gestellt werden und die oft scharfkantigen Mountainbikepedale sollte man besser abschrauben. Wie weit man sein Bike gegen Kratzer etc. beim Transport schützt, ist der Fluggesellschaft egal. In Namibia bekommt es ja sowieso noch genug ab! Ein Rolle Klebeband im Gepäck ermöglicht auch ein Fixieren von Trinkflaschen, Luftpumpe, Zeltstangen oder Ersatzmantel am Fahrrad während des Fluges!

Weitere Informationen bekommt man gegen einen kleinen Unkostenbeitrag bei Andreas von Heßberg, Nobelstr. 21, 95444 Bayreuth, der nicht nur selber 5000 km in Namibia und Botswana geradelt ist, sondern auch Informationen von anderen Radfahrern bei sich bündelt, die zu anderen Jahreszeiten oder in anderen Regionen gewesen sind. Namibia ist auf alle Fälle ein lohnenswertes Reiseziel für alle Tourenradler, die viel wilde Natur, wenig Zivilisation und trotzdem noch ein Mindestmaß an Sicherheit suchen.

Als Selbstfahrer unterwegs

Straßenkategorien

Jede Straße oder Piste hat in Namibia ihre Nummer, die auf Wegweisern verwendet wird. Nur in Städten wird die Richtung mit Städtenamen angegeben, auf dem Land finden sich lediglich die Nummern. Zusätzlich werden die Straßentypen bzw. wird die Straßenbeschaffenheit durch vorangestellte Buchstaben klassifiziert (z.B. B8). Asphaltstraßen gehören meist der **Kategorie B** an. Die **Kategorie C** sind Asphalt- und Sandstraßen, **Kategorie D** Sandstraßen bzw. Pisten. Pisten der **Kategorie P** sind Privatwege (diese werden gegenwärtig mit dem Buchstaben „F“ umklassifiziert). Vereinzelt findet man auch noch die Kennzeichnung **MR** für Gemeindepisten/-straßen (Municipal Road), oder auch gar keine Buchstabenkennzeichnung (in diesem Buch werden sie dann einfach z.B. als „Straße 36“ bezeichnet).

Autobahnen gibt es, bis auf ca. 20 km nördlich von Windhoek und die Westspangen bei Windhoek und Okahandja, keine.

Straßenzustand

Die Asphaltstraßen sind immer zweispurig, bei wenigen gibt es durch gebirgige Gegenden kurze dritte Überholspuren. Sie sind relativ schmal, aber meist in ausgezeichnetem Zustand. Man wird auf ihnen nur selten ein Schlagloch finden (in Namibia werden die Reparaturen von Schlaglöchern mit einem Datum zur Kontrolle versehen). Die weißen Mittellinien sind durchbrochen oder durchgezogen, wenn man nicht überholen darf. Nach der Regenzeit können die Bankette etwas bröckeln.

Die **Hauptpisten** sind durchweg gute bis sehr gute Pisten mit Sand- oder Geröllbelag. Sie werden in kurzen Abständen gewartet. Wahre Ungetüme von Maschinen (Scraper) hobeln die Oberfläche glatt, Warntafeln weisen rechtzeitig auf Straßenbauarbeiten hin.

Nebenpisten und weniger befahrenen Strecken haben zeitlich größere Wartungsintervalle, sie werden nicht so häufig gehobelt. Aus diesem Grund bilden sich auf ihnen mehr oder weniger starkes Wellblech und Spurrillen heraus. Befinden sich Pisten in katastrophalem Zustand, liegt das auch an der Unberechenbarkeit der Natur. Bei starken Regenfällen wird alles weggespült und der Straßendienst kommt nicht mehr nach (dies ist aber meist nur im Damaraland und im Kaokoveld der Fall). Die Wartung der **Farmwege** obliegt deren Besitzer.

Straßenbauarbeiten auf der Piste

Wellblech Auf weichem, lockeren Untergrund drehen Reifen ein wenig durch bevor sie greifen. Beim Greifen federn sie hoch und schlagen dann zurück. Dadurch bildet sich eine kleine Vertiefung. Nach und nach entsteht eine Wellenform des Bodens. Abhängig von der Größe der Reifen (Lkw oder Pkw), kann der Wellenabstand und die Tiefe unterschiedlich sein. Gerät man auf so eine Wellblechpiste, hat man zwei Möglichkeiten: Man fährt mit 5 bis 10 km/h sicher und langsam, oder man versucht ca. 50 bis 80 km/h zu erreichen (abhängig von Fahrzeuggröße und Beladung), bei der die Reifen – „im Flug" – nur die Wellenkämme erwischen. Der Wagen läuft dann relativ ruhig, hat aber nur noch minimalen Bodenkontakt. Bis die Geschwindigkeit von 50 bis 80 km/h erreicht ist, meint man, der Wagen fliege auseinander.

Riviere Trockenflusstäler können nach starken Regenfällen zu reißenden Strömen werden, die alles mit sich spülen. Die Hauptverkehrstraßen besitzen Brücken (wobei auch deren Rampen unterspült werden können), aber viele kleinere Nebenstrecken führen direkt durch die Riviere. Zwar sind es meist nur kurze Strecken, die dann im Sand und Geröll zurückgelegt werden müssen, wer aber mit einem Pkw unterwegs ist, sollte sich den Abschnitt zuerst zu Fuß anschauen. Viele Riviere sind sehr schmal (ein bis zwei Meter) und nicht sonderlich tief, gemeinerweise aber nur sehr schwer zu erkennen. Umsichtiges Fahren und Voraussicht bewahren vor unliebsamen Überraschungen.

Verkehrsregeln Im allen Ländern des südlichen Afrika herrscht **Linksverkehr,** die Mietfahrzeuge haben Rechtssteuerung. Gerade wer das erste Mal mit Linksverkehr konfrontiert ist, sollte die ersten Tage äußerste Vorsicht walten lassen. Im Gegensatz zur landläufigen Meinung bestehen Probleme nicht im Großstadtverkehr, sondern eher auf der Fahrt auf einsamen Landstraßen. Im Großstadtverkehr hat man mit den Verkehrsströmen meist immer vor Augen, welche Wege zu halten und einzuschlagen sind. Auf den Pisten im weiten Land verliert man leicht die Orientierung, und in kritischen Situationen, zum Beispiel bei entgegenkommenden Fahrzeugen an engen Stellen, passiert es schnell, dass man auf der falschen Seite vorbeizukommen versucht. Auch wenn man glaubt, es endlich nicht mehr zu vergessen, das Rechtsfahren ist unsereins so ins Blut übergegangen, dass es nicht falsch ist, sich an jedem Morgen bei Weiterfahrt den Linksverkehr ins Bewusstsein zu rücken. Aufpassen muss man auch beim Abbiegen und an Straßeneinmündungen. Zu oft wendet man den Kopf zur Beachtung der Vorfahrt in die falsche Richtung.

In den Städten besteht eine **Geschwindigkeitsbeschränkung** von 60 km/h, auf asphaltierten Überlandstraßen von 120 km/h. Auf unasphaltierten Überlandstraßen darf nicht schneller als 80 km/h gefahren werden. Das ist allerdings das absolute Maximum. Wenn das Fahrzeug auf einer kurvigen Pad das erste Mal „seitlich Beinchen bekommt" und sich bedrohlich dem Pistenrand genähert hat, wird der Fahrer nur noch in den seltensten Fällen die erlaubte Geschwindigkeit voll ausschöpfen. Mietwagen und deren Versicherungen übernehmen keine Schäden, die auf überhöhte Geschwindigkeit, insbesondere auch auf Pisten, zurückzuführen sind. Bedenken Sie, dass viele Mietfahrzeuge **Fahrtenschreiber** besitzen!

An Kreuzungen mit Stop-Schildern an jeder Einmündung **(4-way-Stop),** darf jenes Fahrzeug zuerst fahren, das zuerst die Kreuzung erreicht hat.

Es herrscht **Anschnallpflicht**, die Kontrolle wird allerdings eher lax gehandhabt. Bei einem Unfall ist der Angeschnallte aber sicher besser gegen Verletzungen geschützt, als der, dem es zu lästig war.

Bei **Wildunfällen** in Nationalparks ist die zuständige Behörde (in der Person des Wildhüters/Rangers) zu informieren.

Auf Sandpisten wirbelt das Fahrzeug sehr viel Staub auf, der bei Windstille über der Pad hängen bleibt. Es ist daher nicht falsch, auf Überlandstrecken tagsüber das **Abblendlicht** einzuschalten, damit Entgegenkommende das eigene Fahrzeug schneller erkennen.

Fahrverhalten

Bezogen auf die Gesamtzahl der deutschen Touristen, die jährlich Namibia besuchen, ist die Anzahl der Verkehrstoten unter diesen unglaublich hoch. Es gab Jahre, in denen bei ca. 1000 Reisenden 1 tödlicher Unfall verzeichnet wurde! Der Großteil der Unfälle fand ohne Drittverschulden statt, wahrscheinlich waren dabei nur zu ca. 10% Tiere mitverwickelt. Hauptursache ist, wie kann es anders sein, das, was euphemistisch als „nicht angepasste Geschwindigkeit" bezeichnet wird.

Kein Spaß – die meisten Unfälle passieren auf unbefestigten Straßen

Einige Unfallursachen

Auf der Asphaltstraße in den **Dämmerungsstunden** läuft eine Wildschweinfamilie über die Straße – wenn man Glück hat. Bei Pechvögeln ist es eine Antilope, die wegen ihrer hohen Sprünge meist direkt in der Windschutzscheibe und damit im Fahrgastraum landet.

Auf Pisten bilden sich einige Tage nach dem Abhobeln oder Schleifen wieder **Spurrillen** heraus. Meist sind dies drei Stück, die mittlere wird von den beiden Richtungen gemeinsam genutzt. Zwischen den Spurrillen befindet sich weicherer Sand. Bei Gegenverkehr ist zumindest ein Fahrzeug gezwungen nach links (!) auszuweichen. Gerät man dann mit hoher Geschwindigkeit in den weichen Sand, bringt jede **abrupte Lenkbewegung den Wagen zum Schleudern!** Auf Wellblech muss der Wagen auf eine Mindestgeschwindigkeit gebracht werden, um die Vibrationen auf ein erträgliches Maß zu reduzieren. Dann befindet man sich aber eher in einem Fluggerät als in einem Fahrzeug mit **Bodenhaftung.** Jedes Bremsen, jedes Lenken dauert weit länger als üblich. Gerät der Wagen auf den leicht erhöhten Seitenrand der Piste, sitzen Sie tatsächlich am Steuerhorn eines Flugzeuges, nur hat es kein Leitwerk. In unwegsameren Regionen werden die Pads immer wieder von **Trockenflusstälern** gekreuzt. Sie können sehr schmal sein, und wenn die Sonne nicht ideal steht, sind sie erst im letzten Moment zu sehen. Die Einheimischen kennen ihre Strecken und wissen, wo die Riviere liegen. Daraus erklärt sich deren hohe Geschwindigkeit. Wer es ihnen gleich tut und die Strecke nicht kennt, kann sich gleich den Betonpfeiler einer Autobahnbrücke aussuchen.

Häufig spielt auch der **Reifendruck** eine „tragende" Rolle. Bei zuwenig Druck (und guter Dämpfungseigenschaft) kann der Reifen in Kurven von der Felge rutschen, bei zuviel Druck ist der Reifen zu hart, er dämpft nicht richtig, bringt den Wagen zum Springen, oder platzt gar, weil er überhitzt. Auf Sandpisten entsteht hinter Fahrzeugen eine lange **Staubwolke**, die optisch fast undurchdringlich ist. Wer hier überholt, weil schon Stunden kein Fahrzeug entgegengekommen ist, verlässt sich auf die Statistik, nur – der Zufall hat kein Gedächtnis!

Zu guter Letzt: So perfekt eine notärztliche Versorgung auch sein mag – um sie in Anspruch zu nehmen, muss man den Notarzt alarmieren können. Fast immer wird aber das nächste Farmtelefon oder die Landepiste für das Rettungsflugzeug zu weit weg sein und das Funktelefon hat keinen Netzkontakt.

Es soll nicht gesagt sein, dass Autofahren in Namibia gefährlich ist. Wahrscheinlich ist es weniger gefährlicher als sonstwo, bei der Größe des Landes, der geringen Bevölkerungsdichte und damit dem geringen Straßenverkehr. Man halte sich aber immer vor Augen, dass die Geschwindigkeit niedrig gehalten werden muss, dass man langsamer fahren sollte als erlaubt und dass man nicht in den Dämmerungsstunden oder nachts unterwegs sein sollte. Prüfen Sie nach Pistenfahrten die Reifen, kontrollieren sie auch ab und zu die Stoßdämpfer. Achten Sie auf hohes Gras und den Busch am Straßenrand, jederzeit kann ein Tier daraus hervorbrechen. Bei Regen werden Pisten schlüpfrig wie Eisbahnen, und nach langer Trockenzeit sind auch Asphaltstraßen bei einem richtigen Wolkenbruch rutschig und die Sicht wird gleich Null.

Treibstoffversorgung

Die Treibstoffversorgung ist im Allgemeinen sehr gut, besonders in der Landesmitte und im Süden. Fast alle internationalen Firmen sind mit Tankstellen vertreten. Ersatzkanister sind notwendig bei Fahrten ins Damaraland, ins Kaokoveld und im Kaudom-Tierreservat. Nur wenige Tankstellen akzeptieren Kreditkarten. Eine Gebühr von 5% wird dann fällig. Es kann passieren, dass abgelegene Tankstellen kein bleifreies Benzin vorrätig haben. Man muss also soviel Treibstoff mit sich führen, dass die übernächste Versorgungsstelle erreichbar ist.

Orientierung

Die Ausschilderung der Straßen und Pisten ist sehr gut. In den wenigsten Fällen wird man auf eine Kreuzung stoßen, an der man nicht weiter weiß, weil kein Straßenschild angebracht ist. Wichtig zu wissen, wenn man die Richtung am Stand der Sonne bestimmen will: **Die Sonne steht mittags im Norden!**

Navigation

Im Allgemeinen sind die gängigen Straßenkarten zur Orientierung ausreichend. Nur wer wirklich die Wildnis aufsuchen will oder Wanderungen in unwegsamem Gelände unternimmt, sollte sich mit entsprechendem Kartenmaterial, Kompass oder einem Navigationssystem (GPS, Global Positioning System) ausrüsten (s.a. unter GPS bei „Reisetipps von A–Z").

Notfall-Telefonnummern Flugrettung: International SOS (24 h) 061-230505, kostenfrei über Mobilfunk 112
Polizei: Notruf landeseinheitlich 10111
Apotheke: Luisenapotheke 061-225061 (24 h)
Gobabis (Vorwahl 062): Ambulanz 566666, Hospital 562275
Grootfontein (Vorwahl 067): Ambulanz 0811285501, Hospital 221001
Henties Bay (Vorwahl 064): Ambulanz 500020, Hospital 500020
Karasburg (Vorwahl 063): Ambulanz 270167, Hospital 270167
Karibib (Vorwahl 064): Ambulanz 550073, Hospital 550073
Katima Mulilo (Vorwahl 066): Ambulanz 253012, Hospital 253012
Keetmanshoop (Vorwahl 063): Ambulanz 223388, Hospital 223388
Khorixas (Vorwahl 067): Ambulanz 331064, Hospital 331064
Lüderitz (Vorwahl 063): Ambulanz 202446, Hospital 202446
Maltahöhe (Vorwahl 063): Ambulanz 293025, Hospital 293025
Mariental (Vorwahl 063): Ambulanz 242331, Hospital 245250
Noordoewer (Vorwahl 063): Ambulanz 297109, Hospital 297109
Okahandja (Vorwahl 062): Ambulanz 503030, Hospital 503039
Omaruru (Vorwahl 064): Ambulanz 570037, Hospital 570037
Ondangwa (Vorwahl 065): Ambulanz 240111, Hospital 240305
Opuwo (Vorwahl 065): Ambulanz 273026, Hospital 273026
Oshakati (Vorwahl 065): Ambulanz 220211, Hospital 2233000
Otavi (Vorwahl 067): Ambulanz 0811285501, Hospital 221001
Otjiwarongo (Vorwahl 067): Ambulanz 302411, Hospital 303734
Outjo (Vorwahl 067): Ambulanz 313044, Hospital 313250
Rehoboth (Vorwahl 062): Ambulanz 522006, Hospital 522006
Rundu (Vorwahl 066): Ambulanz 255025, Hospital 255025
Swakopmund (Vorwahl 064): Ambulanz 0811240019, Hospital 412400
Tsumeb (Vorwahl 067): Ambulanz 0811285501, Hospital 221001
Tsumkwe (Vorwahl 067): Ambulanz 0811285501, Hospital 221001
Uis (Vorwahl 064): Ambulanz 570037, Hospital 504011
Usakos (Vorwahl 064): Ambulanz 530023, Hospital 530013
Walvis Bay (Vorwahl 064): Ambulanz 200200, Hospital 209000
Windhoek (Vorwahl 061): Ambulanz 211111, Windhoek Central Hospital 2039111, Mediclinic 222687, Catholic Mission Hospital 2702911.

Die Stadtpolizei Windhoek hat im Januar 2007 zusätzlich noch eine 24-Stunden-Notrufnummer eingerichtet: Über Tel. 061-302302 lässt sich Stadtpolizei, Rettungsdienst, Feuerwehr oder Katastrophenschutz alarmieren.

Weitere Nummern s.a. unter „Diplomatische Vertretungen“ in „Praktische Reisetipps von A–Z“ u. unter „Abschleppdienste“ in diesem Kapitel.

Automobilclub Die Automobile Association of Namibia (AA Namibia) ist dem ADAC affiliert. Bei Vorlage des ADAC-Ausweises erhält man eine Straßenkarte. Adresse: AA Namibia, Carl List House, P.O. Box 61, Independence Avenue, Windhoek, Tel. 061-224201, Fax 222446. Öffnungszeiten Wochentags von 8.30 bis 17 Uhr, Samstags von 8.30 bis 12 Uhr.

Abschleppdienste In einigen Städten gibt es Kfz-Betriebe (Garages), die teilweise auch einen 24-Stunden-Abschleppdienst offerieren. Dieser ist kostenpflichtig. Bei Mietwagen sollte man sich vorab informieren, ob die Vermietfirma einen eigenen Abschleppdienst anbietet oder z.B. sofort einen Ersatzwagen zur Verfügung stellt (bzw. im Notfall nachschickt). Der Automobilclub von Namibia bietet seinen Mitgliedern (und Mitgliedern des ADAC bei Vorlage des Mitgliedsausweises) eine kleine, jährlich aktualisierte Broschüre mit einer Liste der Garagen im ganzen Land, die einen Notreparaturservice anbieten.

Motorradfahren All das, was bezüglich der Fahrsicherheit auf das Autofahren zutrifft, gilt in verstärktem Maße auch für die Motorradfahrer. Hinzu kommt die leichte Verletzlichkeit durch wilde Tiere in den Nationalparks und Reservaten. Aus diesem Grund ist praktisch in allen die Zufahrt für Motorräder verboten. Im einzelnen betrifft dies: Hardap-Erholungsgebiet, Naukluft Park, Namib-Wüste (außer im Transfer), Sandwich Harbour, Sossusvlei, Daan Viljoen Wildpark, Groß-Barmen, Von-Bach-Erholungsgebiet, Skeleton Coast, Waterberg Plateau, Etosha National Park, Popa-Fälle und Kaudom-Tierreservat.

Der Reiseveranstalter Explotours, Postfach 1150, 83102 Ostermünchen, Tel. 08065-9150, Fax 9152, www.explo-tours.de, bietet organisierte Motorradreisen an. Die Enduromaschinen der Teilnehmer werden im Container nach Namibia verschifft. Ein Begleitfahrzeug erlaubt den Besuch der für die Maschinen verbotenen Nationalparks.

Fahrzeug einlagern Wer mit eigenem Kfz unterwegs ist und seinen Wagen für den nächsten Urlaub in Namibia lassen will, kann es bei der Firma Transworld Cargo (P.O. Box 6746, 5 von Braun St, Windhoek Tel. 061-371100, Fax 371173, info@wdh.transworldcargo.net.) im bewachten Lagerhof abstellen. Es kostet ca. 50 € im Monat. Eine sehr verlässliche Adresse ist die *Gästefarm Ondekaremba* der Familie Rust, 6 km vom Windhoek International Airport in Richtung Stadt, Tel. 062-540424, Fax 540133, www.ondekaremba. Die Fahrzeuge werden dort sonnengeschützt in Hal-len untergestellt und bei Bedarf gewartet (Batterien etc.; ab ca. 25 €/Monat).

Begleitfahrzeuge Wer mit nur einem Fahrzeug unterwegs ist und Touren in unwegsame, wilde Gegenden machen will, wo mindestens zwei Fahrzeuge benötigt werden, kann ein Begleitfahrzeug mit Ausrüstung und Reiseleitung chartern. Größere Gruppen, die nicht die notwendige Ausrüstung und Landeskunde mitbringen können und wollen, aber nicht auf die Bequemlichkeit eines angenehmen Lagers und auf das Selbstfahren zu verzichten bereit sind, haben die Möglichkeit, zwei Begleitfahrzeuge mitzunehmen. Bei großen Gruppen fährt der „Spurensucher" im vorderen, der „Lumpensammler" im hinteren Begleitfahrzeug. Die Fahrzeuge haben Funkverbindung untereinander und nach Windhoek. Kontakt: Cheetah Tours und Safaris, P.O. Box 23075, Windhoek, Tel. 061-230287, Fax 230286, www.cheetahtours.com.

Wie bleibe ich gesund?

Nach Interkontinentalflügen, auch ohne Zeitverschiebung, wird der Körper einer klimatisch und jahreszeitlich völlig anderen Umwelt ausgesetzt. Bei der Landung in Windhoek sind Sie in der genau entgegengesetzten Jahreszeit und auf 1800 m Höhe. Übernehmen Sie sich die ersten ein, zwei Tage nicht, es ist besser, sich auszuruhen und zu akklimatisieren.

Im Teil I, den Reisevorbereitungen, wurde bei „Gesundheitsvorsorge" schon einiges über die Malaria gesagt.

Malaria

Das **Malariagebiet** Namibias beginnt in etwa nördlich einer Geraden, die den Waterberg und die Mündung des Kunene berührt. In der Regenzeit ist die Gefahr höher, in der Trockenzeit geringer. Wer dort reist, darf nicht vergessen, seine medikamentöse Prophylaxe durchzuhalten, abhängig vom Medikament am immer gleichen Wochentag die gleiche Dosis, oder täglich zur gleichen Zeit die gleiche Dosis. Zusätzlich sollte man, vor allem abends, feste Kleidung tragen, die die Arme und Beine, insbesondere die Handgelenke und Knöchel bedeckt. Alle freien Körperstellen bei Beginn der Dämmerung mit einem insektenabwehrenden Mittel (Repellent) einreiben und bei Bedarf den Schutzauftrag wiederholen (wenn Sie schwitzen, geht der Schutz schon nach 2–3 Stunden verloren).

Wer nicht in mückensicheren Räumen (Gaze an den Fenstern und Türen, oder Räume mit Klimaanlagen) übernachten kann, muss unbedingt das Moskitonetz aufspannen (noch vor Sonnenuntergang, dicht mit dem Boden abschließend). Das Netz sollte so fallen, dass man nachts nicht dranstößt.

Wasser

Trinken Sie kein Wasser aus suspekten Quellen, auch nicht, wenn es klar ist. Klares Wasser kann mit einem Aufbereitungsmittel (zum Beispiel Micropur) innerhalb einer Stunde trinkbar gemacht werden.

In der heißen – und bei körperlicher Anstrengung auch in der kalten Jahreszeit (insbesondere bei Wanderungen) – muss dem Körper ausreichend **Flüssigkeit** zugeführt werden. Durch die trockene Luft verdunstet Schweiß sehr schnell und man merkt nicht so recht, wie viel Flüssigkeit man ausgeschwitzt hat. Im Normalfall benötigt ein Erwachsener 2–5 Liter am Tag. Sollte es einmal zu einer Durchfallerkrankung kommen, kann man dem Flüssigkeits- und Mineralienverlust notfalls mit Cola und Salzstangen entgegenwirken, doch besser ist eine Elektrolytlösung aus der Apotheke.

Sonne

Unterschätzen Sie nicht die **Sonneneinstrahlung!** Benutzen Sie einen hochwirksamen Filterschutz (am besten einen Sun-Blocker). Bei Wanderungen einen Hut oder eine Kappe tragen und die Augen mit einer Sonnenbrille schützen. Auch im Nebel vermag die Sonne noch zu Verbrennungen führen. Täuschen Sie sich also nicht, wenn Sie Strandwanderungen an der Küste unternehmen.

Richtig anziehen!

Im Busch ist festes **Schuhwerk,** das auch den Knöchel schützt und stützt, angeraten. Strapazierfähige und lange Kleidung bewahrt die Haut vor Dornrissen und Strümpfe vor Grasspelzen.

Sammeln

Auf den Zeltplätzen wird praktisch immer Feuerholz angeboten, Holzsammeln ist nachgerade verboten. Sollte sich doch einmal die Notwendigkeit ergeben, Holz zu sammeln, ist Vorsicht geboten vor Schlangen und Skorpionen. Auch beim Sammeln von Mineralien und Aufheben von Steinen muss aufgepasst werden. Es gibt Regionen, in denen man fast unter jedem Stein einen Skorpion findet!

Wilde Tiere

In Gegenden mit **Raubtieren** ist es besser, im Fahrzeug zu bleiben (teilweise Auflage in den namibischen Nationalparks, und wer sich nicht daran hält, wird des Parks verwiesen) und auch Mondscheinspaziergänge zu unterlassen.

Medikamente Sollten Ihnen **persönliche Medikamente** ausgegangen oder abhanden gekommen sein, wenden Sie sich an die Luisen-Apotheke in Windhoek (Independence Avenue, Gathemann House, Tel. 061-236302). Die Betreiber haben eine deutsche Apothekerzulassung und Zugriff auf Datenbanken in Deutschland. Sie bestellen Ihnen aus dem Heimatland die Medikamente bzw. können vergleichbare Arzneimittel in Namibia besorgen. Die Luisen-Apotheke leistet auch Erste Hilfe nach Geschäftsschluss Tel. 061-22506.

Von Schlangen und anderen Gifttieren

Für Besucher abgelegener Gebiete, gilt es einige Regeln zu beachten, da der unmittelbare Kontakt zur Natur Begegnungen mit Schlangen oder einem Skorpion möglich macht. Keines der Tiere ist grundsätzlich gefährlich, wenn man sich entsprechend verhält. Wer auf Hiking-Tour geht, sollte auf alle Fälle eine Vakuumpumpe mit sich führen, die auf Bissstellen gesetzt und betätigt, zumindest einen Teil des Giftes aus der Wunde ziehen kann. Wer sich nicht absolut sicher ist, von einer mindergiftigen Art angegangen worden zu sein, ist gut beraten, auf alle Fälle so schnell wie möglich einen Arzt aufzusuchen.

Auch bei Symptomen wie allgemeines Unwohlsein, Kopfschmerzen, Atembeschwerden und dergleichen ist medizinische Hilfe unbedingt notwendig. Ansonsten gilt: Schauen wohin man tritt.

Spinnen Dem Menschen gefährliche Spinnen sind in Namibia selten. Kleine Bisse können zwar vorkommen, sind aber meist auf ungefährliche Spinnenarten zurückzuführen. Die wenigen Spinnen, die dem Menschen gefährlich werden können, sind vorwiegend nachtaktiv.

Die **Six-eyed Crabspider** gilt als eine der giftigsten Spinnen weltweit. Ihr cytotoxisches (Gewebe-)Gift führt zu Zersetzungen des Gewebes nicht nur an der Bissstelle, der ganze Körper kann betroffen werden und innere Blutungen entstehen, wenn keine Gegenmaßnahmen erfolgen. Wer im Schlafsack auf dem Boden schläft wird den Stich der kleinen Spinne kaum fühlen, nicht aufwachen und das Gift nicht absaugen können. In jedem Fall muss ein Arzt aufgesucht werden.

Nicht so giftig sind die Arten der bis zu 35 mm großen, haarigen **Baboon Spider.** In Abwehrstellung gegangen, haben sie schon manchen Menschen in die Flucht geschlagen. Von Licht und Wärme angezogen kommen sie des nachts gerne zum Lagerfeuer. Wer barfuß die Romantik genießt, läuft Gefahr gestochen zu werden. Der Stich ist schmerzhaft und kann zu lokalen, nur langsam heilenden Wunden führen. Auch hier leistet die Vakuumpumpe Hilfe. Zur Vermeidung von Sekundärinfektionen (Blutvergiftung), sollte ebenfalls ein Arzt aufgesucht werden.

Skorpione Die Klassifikation der Giftigkeit von Skorpionen nach ihrer Farbe ist falsch, ein schwarzer Skorpion ist nicht immer hochgiftig, ein gelber nicht immer harmlos. Da ein schwächeres Gift nicht sofort lähmt, ist das Tier auf größere Zangen angewiesen, um sein Opfer besser festhalten zu können, sein Schwanz ist relativ dünn und besitzt nur eine kleine Giftdrüse. Der hochgiftige, auch dem Menschen gefährliche Skorpion, hat einen dickeren Schwanz und eher kleine Zangen (auf die er ja auch nicht in dem Maße angewiesen ist).

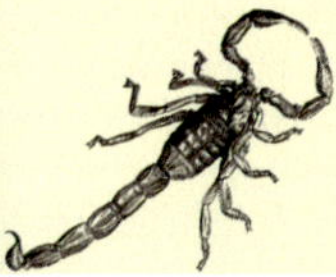

Festes Schuhwerk ist der beste Schutz, gerade nachts, wenn die Tiere aktiv sind. Vorsicht beim Heben von Steinen, darunter verbergen sich häufig Skorpione. Auch Fotografen sollten bei Nahaufnahmen aufpassen. Manche Arten sind in der Lage ihr Gift zu spritzen, im Auge erzeugt es höllische Schmerzen. Nachts trägt man eine Taschenlampe bei sich und leuchtet den Weg (und die Türschwellen bei Eintritt in ein Haus) ab, tagsüber ist eine Sonnenbrille gegen Aerosolgifte nützlich.

Wer gestochen wird, sollte sofort das Gift abpumpen, im Zweifelsfall ist umgehend ein Arzt aufzusuchen.

Schlangen

Namibia ist Schlangenland. Die meisten Schlangen bevorzugen eine dem Menschen ebenfalls angenehme Umgebungstemperatur, an heißen Tagen suchen sie sich ein Versteck. Ich habe die meisten Schlangen in den frühen Vormittags-, in den späten Nachmittagsstunden und nachts gesehen. Bei Bewölkung und im namibischen Winter sind sie aktiver, als im heißen Sommer.

Schlangen sind in der Lage, die Vibrationen des Bodens zu spüren und die Größe des „Beutetieres" abzuschätzen. Der Mensch wird durch die Stärke der Vibration als Bedrohung empfunden, das Tier versucht zu fliehen. Einige Arten haben auch ein ausgezeichnetes Nahsehvermögen (z.B. Schwarze Mamba/Dendroaspis polylepis, eines der weltweit giftigsten Tiere), wenn sie keine Vibrationen erspüren können, weil sie auf einem federnden Ast liegen, werden sie dennoch die Flucht ergreifen.

Prinzipiell gibt es nur zwei Situationen, die zu einem Schlangenbiss führen:
1) Eine Schlangenart, die eigentlich flüchten würde, fühlt sich in die Enge getrieben und greift an;
2) Man stößt auf eine der wenigen Arten (in Namibia die Puffotter/Bitis arietans), die zu träge zur Flucht sind.

Auch die **Puffotter** wird versuchen, durch lautes Fauchen zu warnen, manchmal sind die Umgebungsgeräusche aber zu laut. Wer zu Fuß in den Busch geht, sollte lange, weite Hosen und hohe Stiefel tragen, nicht über Baumstämme steigen, wenn er nicht sieht, was dahinter ist und nicht in Felsspalten, hohle Bäume, Termitenhügel und dergleichen greifen. Ein fester Schritt ist ebenfalls angeraten, notfalls klopft man vor sich mit einem langen Stecken den Boden ab. Gerät eine Schlange in Sicht, bleibt man stehen und zieht sich langsam – ohne hektische Bewegungen – zurück. Es gibt auch Schlangen, die sich bei Überraschung totstellen. Man darf sie in keinem Fall berühren – sie wartet nur darauf, zuzubeißen!

Die Wirkungsweise der Schlangengifte ist unterschiedlich. Die gefährlichsten, sind die neurotoxischen (Nerven-)Gifte der Giftnattern. Größte Vertreterin dieser Gattung, nicht nur in Namibia, sondern in ganz Afrika, ist die Schwarze Mamba. Ihr Biss zeigt sehr schnell Wirkung, im schlimmsten Fall stirbt man nach 30 Minuten den Erstickungstod durch stark angeschwollene Atmungsorgane.

Kobras

Zu den Giftnattern gehören auch die **Kobras.** Ihr Gift ist nicht ganz so stark, kann aber auch bei bestimmten Arten zum Tod binnen weniger Stunden führen. Vasco da Gama gab ihnen bereits den Namen „Cobra di Capello" – Hutschlange, weil sie ihre Halsregion spreizen. Dieses Mimikriverhalten dient der Einschüchterung der Feinde, denen die Schlange

größer erscheint, als sie tatsächlich ist. Auch die Schwarze Mamba besitzt diese Eigenschaft. Hochaufgerichtet stand mir vor Jahren eine Mamba gegenüber, die ich überrascht hatte. Sie blähte nicht nur ihren Hals, sondern riss ihr Maul weit auf, um mich mit dumpfem Fauchen zu warnen. Während ich mich langsam zurückzog, nutzte auch sie die Gelegenheit zur Flucht.

Die afrikanische Puffotter besitzt ein gewebezersetzendes Gift. Findet keine Behandlung statt, kann auch ihr Biss tödlich sein. Durch die langen Giftzähne ist der Biss ausgesprochen schmerzhaft und die Stelle schwillt sehr schnell an.

Die verschiedenen **Speikobras** sprühen mittels einer speziellen Zahnkonstruktion hunderte kleiner Gifttropfen dem Gegner entgegen (2,5 Meter und weiter). Die vorwiegend cytotoxischen Gifte der Speikobras verursachen im Auge große Schmerzen und die Schlange hat Zeit zu fliehen. Die Augen müssen sofort ausgespült werden (Wasser/Milch, notfalls Urin).

Blutzerstörende Wirkung haben die Gifte der **Boomslang** (Dispholidus typus) und der **Vogelnatter,** beides sind Trugnattern. Sie sind scheu und gut getarnt, wegen der weit hinten sitzenden Zähne kommt es selten zu Bissunfällen.

Biss-Behandlung

In allen Fällen eines Bisses durch eine der erwähnter Schlangen ist eine ärztliche Behandlung mit Serum notwendig (bis auf Bisse der Speikobras, die symptomatisch behandelt werden). Wegen der unterschiedlichen Giftarten ist es notwendig, die Schlange beschreiben zu können (wie verhielt sich das Tier beim Biss, wich es sofort zurück, hing es noch am Körper, hat es vor dem Biss gewarnt, Kopfform, Größe, Farbe, Zeichnung). Nur dafür Ausgebildete und Scharfschützen werden wohl den Versuch machen, die Schlange einzufangen oder zu töten, um sie dem Arzt vorweisen zu können.

Die Mitführung eines Breitbandserums (in einem Kühlschrank) ist nur sinnvoll, wenn ein Arzt dabei ist. Serumbehandlung führt in mehr als 50% der Fälle zu einem anaphylaktischen Schock, der tödliche Folgen hat. Nur wer in der Lage ist, diesem mit Medikamenten entgegenzuwirken (Cortison), wird den Behandelten am Leben erhalten. Auch bei Abbinden und Aufschneiden der Bissstelle kann mehr Schaden als Nutzen angerichtet werden.

Die beste Notfallbehandlung ist das sofortige Absaugen des Giftes mit einer Vakuumpumpe (s.u. „Gesundheitsvorsorge“ im Teil I).

Zur Beruhigung: Ist man im Land unterwegs, wird man in den seltensten Fällen eine Schlange zu Gesicht bekommen. Und schlängelt doch eine über den Weg, ist sie nicht unbedingt giftig. Die Eierschlange (Dasypeltinae), ohne jegliche Giftdrüsen, wäre jedem Feind ausgeliefert, wenn sie nicht gelernt hätte, sich wie eine hochgiftige, aggressive Viper zu gebärden. Ihr Verhalten vor dem Feind gleicht einer Zirkusnummer. Durch schnelle Bewegungen der aneinandergelegten Körperwindungen erzeugt sie mit ihren Schuppen ein furchteinflößendes Geräusch, dazu beißt sie ständig in die Richtung des vor ihr stehenden Gegners, wobei sie sich tunlichst hütet, einen Treffer zu landen, denn sofort wüsste der Gegner, dass sie keine Giftzähne besitzt – es wäre um sie geschehen. Mit einem einzigen kleinen Eizahn im Oberkiefer ist sie lediglich in der Lage, die Schale der Eier anzuritzen, von denen sie lebt.

Die Chance an einem Autounfall zu sterben ist größer, als von einer Schlange gebissen zu werden. Schlangen werden immer fliehen, wenn sie sich nicht in die Ecke gedrängt fühlen. Der Mensch ist ihnen kein Beutetier. Wer sich in einer Konfrontation richtig verhält, wird nicht attackiert. Schlangen, Spinnen und Skorpione sind Teil der Landschaft und des Lebens in Namibia, sie erfüllen ihren Zweck im Gleichgewicht der Natur und haben einen Anspruch darauf in Ruhe und Frieden zu leben; wer nicht in einer Notlage steckt und sie aus allgemeiner Angst tötet, befindet sich im Unrecht.

Artikel von Günther zur Strassen/Windhoek †

Aktivitäten in Namibia

Das Freizeitangebot ist reichhaltig. Vom Reiten, Wandern, Trekking, Fallschirmspringen über Angeln, Kanutouren und Ballonfahren bis zur Höhlenforschung gibt es viele Möglichkeiten. Wer zu den Victoria-Fällen kommt, kann den tiefsten Bungee-Sprung der Welt von einer Brücke machen. Das einzige, was man nicht erwarten sollte, ist Animation, dass sich irgendwelche Leute den lieben langen Tag damit befassen, den Urlauber zu beschäftigen. Wer dies vorzieht, ist mit einem Clubhotel-Urlaub irgendwo anders besser beraten. In Namibia wird dem Reisenden Eigenverantwortung für jeden einzelnen Tag abverlangt, dafür bekommt er auch kein touristisches Einheitsmenü serviert, sondern genießt den Vorteil, à la carte zu speisen.

Astronomie Die Höhe Zentralnamibias, die fast das ganze Jahr über super-saubere Luft und das Fehlen von Streulicht machen die Sternbeobachtung nicht nur für Amateure zu einem Erlebnis. Teleskope besitzen die Gästefarmen Eningu Clayhouse Lodge, Okomitundu Guestfarm, Rooisand, Hakos Gästefarm (zwei Sternwarten mit C11-Geräten, eines auf Losmandy G11-Montierung, das andere auf AP1200-Montierung, weitere Säulen zur Montage mitgebrachter Geräte). Am professionellsten ist aber sicherlich die Farm *Tivoli:* Instrumente mit Öffnungen zwischen 80 und 500 mm stehen zur Verfügung: Apo-Refraktor, SCT, Newton, Hypergraph, Dobson, Go-To-Montierungen, Betonsäulen und Adapter werden vermietet – aber auch ganze Sternwarten, im Top-Zustand, und laufend gewartet. Wer nach Tivoli kommt, will nichts und nichts und nichts anderes als Sterne beobachten, 14 Tage lang. Deshalb steht die Farm (die sich außerdem noch der Karakulzucht widmet) nur bluternsten Amateuren und Profis offen, „normale“ Gäste werden abgewiesen, so können die Astronomen unter sich sein (Tivioli Southern Sky Guest Farm, P.O. Box 11854/Windhoek, Tel. 062-581405, tivoli@iway.na, www.tivoli-astrofarm.de).

Angeln und Fischen Die ganze Skeleton Coast, im Bereich des staatlichen Erholungsgebietes und auch im Park selbst, ist ein Eldorado für Angler. Ganz Swakopmund scheint am Wochenende auf den Beinen, um den Abendtisch mit Fisch anzureichern. In Terrace Bay existiert sogar eine Gefrieranlage, um den Fang auch für die langen Strecken nach Hause transportabel zu machen. Wer dort angeln will, muss beizeiten buchen, da nur in den Park darf, wer eine Reservierung vorweisen kann. Inzwischen ist an der ganzen Küste eine Angelgenehmigung notwendig. Der Langustenfang ist auf eine bestimmte Anzahl von Tieren pro Kopf und Tag beschränkt. In Swakopmund und Walvis Bay gibt es auch Agenturen, die sich auf Tiefsee-Fischen spezialisiert haben (s. dort).

Ballonfahren Nahe Sesriem werden zu exorbitant hohen Preisen Flüge über der Wüste unternommen. Frühzeitige Reservierung ist empfehlenswert. Buchung über: *Namib Sky Adventure Safaris,* Tel. 063-683188, Fax 063-683189, www.namibsky.com. Bei Swakopmund unternimmt *African Adventure Ballons* Fahrten, Tel./Fax 064-403455 oder 081-2429481, www.swakop/balloons.

Bootsausflüge Bootsausflüge werden mit und ohne Angeln von Lüderitz, Walvis Bay bzw. Swakopmund aus organisiert: *Lüderitzbucht Safaris und Tours,* P.O. Box 76, Lüderitz, Tel. 063-202719, Fax 202863.

Familie Leippert, vor Jahrzehnten aus Deutschland eingewandert, hat sich in Langstrand zwischen Walvis Bay und Swakopmund niedergelassen, betreibt das Levo Guest House und unternimmt wunderschöne Schiffstouren auf dem Meer vor Walvis Bay (s. Kasten); *Levo Tours,* P.O. Box 1860, Langstrand, Walvis Bay, Tel. 064-207555 oder 081-1247825, Fax 064-207555, www.levotours.com.

Mit dem Katamaran bricht man in der Bucht von Walvis Bay bei mehrstündigen Touren Geschwindigkeitsrekorde, die pfeilschnellen Doppelrumpfler fliegen nur so über das Wasser. Buchungen über *Catamaran Charters,* Tel. 064-200798, www.namibiancharters.com.

Auf dem Schoner „Sedina" geht es mit *Atlantic Adventure Tours,* P.O. Box 305, Lüderitz, Tel. 063-204030, Fax 202719, sedina@iafrica.com.na, zu einer alten Walfangstation und zur Guano Bay; auf dem Weg sieht man Delphine und Pinguine (2 Stunden etwa 15 €). Wer den Segler „Sturmvogel" vorzieht, wende sich an das Tel. 081-2540808, es gibt Vormittagstouren mit einem leichten Mittagessen und Sunsettouren bis nach Seal Island.

Kayak-Touren Jeanne Meintjes organisiert Kayak-Touren in der Lagune von Walvis Bay mit unterschiedlicher Dauer (halb- und ganztägig). Man kann Vögel beobachten, fährt zum Pelican Point und zu Austernfarmen. Jeanne stellt auch Touren nach Vorstellungen der Gäste zusammen. *Eco Marine Kayak Tours,* P.O. Box 225, Walvis Bay, Tel. 064-203144, Fax 203144, www.gateway-africa.com/kayak.

Bergsteigen Kletterführer (Spitzkoppe, Harmony 30 km südlich Windhoek, Omanduba bei Erongo) sind beim Südafrikanischen Bergsteigerklub, Sektion Namibia, erhältlich: P.O. Box 2448, Windhoek.

Quadbikes Quadbikes sind Motorräder mit vier Reifen, ideal für Frischluft in der Wüste, wenn man es liebt sich den Wind um die Nase pfeiffen zu lassen. Die Quadbike-Touren sind geführt und dauern von einer halben Stunde bis zu einem ganzen Tag. *Dare Devil Adventures* bauen ihr Zelt zwischen Walvis Bay und Swakopmund auf (Tel. 064-209532, daredev@iway.na), *Desert Explorers* sind über P.O. Box 456, Swakopmund, Tel. 064-406096, Fax 405038, www.swakop.com/adv, erreichbar. Die Kosten betragen für eine

Stunde etwa 20 €, für einen halben Tag mit Lunch etwa 50 €. Was man keinesfalls tun sollte: Mit den Quadbikes über den Strand zu brettern! Regelmäßig geben die südafrikanischen Touristen in den Sommerferien Anlass zu großem Ärger, da sie teils mit zwei Bikes pro Person anreisen und gnadenlos lärmend mit lebensgefährdendem Fahrstil davon Gebrauch machen – deshalb wurde die Nutzung der Geräte am Strand stark eingeschränkt.

Bungee-Jumping Vielleicht etwas exotisch, aber wer Lust hat zu springen, soll den höchsten (oder tiefsten) Sprung von einer Brücke machen, der weltweit möglich ist. Wo? An den Victoria-Fällen zwischen Zimabawe und Zambia – am Grenzposten gibt es einen Brückenpass.

Fly-in-Safaris Mit einem kleinen Flugzeug gehen Sie auf eine mehrtägige Safari. Entweder sind diese konfektioniert, oder nach den Bedürfnissen der Gäste zusammengestellt. Im Preis (ca. 1500 € für 4 Tage) ist alles, aber auch wirklich alles enthalten (Mahlzeiten, Softdrinks, Alkoholika, Eintrittsgebühren). Traditionsreichster Veranstalter ist *Skeleton Coast Safaris,* P.O. Box 2195, Windhoek, Shop Nr.15b (II. Floor/North Wing/Maerua Park, Tel. 061-224248, Fax 225713, www.skeletoncoastsafaris.com.

Fallschirm-springen Sprungkurse und Tandemsprünge, zu denen keine Ausbildung notwendig ist, da man einem speziell ausgebildeten Springer vor die Brust gebunden wird, werden in Swakopmund organisiert von der Fa. *Ground Rush Adventures,* Tel. 064-402841, www.skydiveswakop.com.na, am Flugfeld. Der *Swakopmund Skydiving Club,* Tel./Fax 064-405671, führt keine Tandemsprünge durch, sondern schult nur zum Fallschirmspringer. Ein Tandemsprung kostet mit Videoaufnahme um 100 €.

Golfen Viele Städte besitzen einen Golfplatz (Windhoek, Swakopmund, Hentjes Bay, Walvis Bay, Tsumeb, Katima Mulilo), Gastfreundschaft wird dort hoch gehalten, meist wird auch Ausrüstung verliehen. Kontakt: *Namibian Amateur Golf Union,* P.O. Box 2989, Windhoek, Tel. 061-2055223.

Höhlen-forschung Namibia hat einige interessante Höhlen zu bieten, von denen aber die meisten nicht der Öffentlichkeit zugänglich sind, wegen schwieriger Zugangssituation, Privatbesitz etc. Das längste Höhlensystem des Landes – die *Arnhem-Höhlen* – liegt im Khomas-Bergland und wurde für Touristen aufbereitet. Wer an geführten Touren teilnehmen will, wende sich an: Arnhem-Höhlen, P.O. Box 11354, Windhoek, Tel./Fax 062-581855, www.arnhemcave.com.

Kanutouren Im Süden des Landes, am Oranje, werden mehrtägige Kanutouren angeboten. Veranstalter: Felix Unite River Adventures, 14 Stibitz Street, Westlake, 7945 Cape Town, Tel. 0027-21-7029400, Fax 7029493, www.felixunite.com. Über Reisebüros in Windhoek sind die Touren ebenfalls zu buchen. Am Kunene können Kanus und Boote auch bei den Lodges westlich von Ruacana gemietet werden.

Mineralien sammeln Namibia bietet eine unglaubliche Vielfalt an Mineralien und wer Wert darauf legt, sie selbst aus dem Stein zu brechen, hat sein Urlaubsland gefunden. U.a. bietet *Trans Geo Namibia,* P.O. Box 86428, Windhoek, Tel. 061-246300, Fax 246462, www.transgeo.de, Touren mit dem Schwergewicht auf dem Sammeln von Mineralien an.

Mit dem Flugzeug auf Safari

Hinweis zur nachfolgenden Beschreibung einer Flugzeug-Safari, die mit „Skeleton Coast Safaris" durchgeführt wurde: Skeleton Coast Safaris wurde 1977 von Louw Schoeman gegründet. Davor war er als Rechtsanwalt einer Schürffirma tätig, die in diesem Gebiet nach Erz suchte. Er hat die Gründung des Naturreservates Skeleton Coast Park auf der Basis alter Ideen des Odendaal-Planes mitinitiiert. Er starb zu Beginn der 1990er Jahre, das Unternehmen wird seitdem von seinen vier Kindern geführt. Buchungen über: Skeleton Coast Safaris, P.O. Box 2195, Windhoek, Tel. 061-224248, Fax 225713

Vier Tage mit dem Flugzeug durch Namibia - eine Fly-in-Safari. Eine Checkliste wird vom Veranstalter ausgehändigt: Was soll ich alles mitnehmen, oder besser, was darf ich mitnehmen, nicht mehr als 10 kg und eine kleine Fotoausrüstung. Also Wäsche und Waschzeug in einer flexiblen Tasche, mehr nicht, das Flugzeug ist klein. Eine warme Jacke für die Küste, für alles andere soll vor Ort gesorgt sein (steht in den Anweisungen, na hoffentlich!).

Früh um sieben Treffpunkt am Flughafen Eros in Windhoek. Der Reiseleiter, Leon und die Pilotin, Helga stellen sich vor, die mitreisenden Touristen begrüßen einander und sofort geht es aufs Rollfeld. Klein ist sie schon die Maschine, Packen wird zur Kunst, auch das Einsteigen der Passagiere gestaltet sich nach einem strengen Plan, die Sitze müssen hin und her geschoben werden.

Der Motor wird angelassen, die Systeme überprüft, der Tower gibt sein o.k. und los geht es Richtung erstes Ziel, nach Sesriem. Die Maschine steigt, eine Ehrenrunde über Windhoek und dann nach Westen über das Khomas Hochland, nicht allzu hoch, man soll ja etwas sehen von der Landschaft.

Erst aus der Vogelperspektive wird einem bewusst, wie die Landschaft sich strukturiert. Einzelne, weit verstreute Gehöfte, die Riviere, die das Gebirge durchpflügen, Dämme mit mehr oder weniger Wasser, zum ersten Mal „ersieht" man die Anlage der Farmen hautnah und die Schwierigkeiten der Farmer, dieser rauhen Natur etwas abzugewinnen. Der sich an den Trockenflusstälern entlang ziehende Galeriewald, die kargen Berge, die erbarmungslose Sonne, die auch das Flugzeug langsam aufheizt, der knallblaue Himmel - vor hundert Jahren reiste man mit dem Ochsenkarren und benötigte 3 Wochen. Nach einer Stunde Flug wird bei Sesriem gelandet, die Cessna stiebt über die Geröllfläche, Landebahn ist ein großes Wort, wer die Landepisten im Busch nicht kennt, tut sich schwer sie von der restlichen Gegend zu unterscheiden.

Einsam steht ein leeres Fahrzeug in der Wüste bereit und wartet, um uns zu den Dünen zu bringen. Erstaunen der Passagiere, wo das Fahrzeug wohl herkomme. Es wurde pünktlich für uns geparkt, 5 km weiter ist in einem Hotel am Eingang des Nationalparks eine Wagenvermietung. Nach einer knappen Stunde Fahrt über Geröll und tiefen Sand ist das Sossusvlei erreicht. Um die Salzpfannen ragen die Sterndünen in den Himmel. Aufsteigen ist Pflicht. Nach einer Erfrischung, die Bar ist immer offen, beginnt der Anstieg. In Serpentinen ist es leichter, aber immer noch anstrengend genug („zwei Schritte vor, einen zurück"). Der Blick von oben lohnt. Im roten (eisenoxydhaltigen) Dünenmeer liegen rundherum die gleißenden, weißen Salzpfannen, darüber spannt sich der blaue Himmel.

Wieder beim Wagen werden die Kühltruhen geöffnet, Lunchzeit. Auch im Schatten der Kameldornbäume ist die Mittagshitze so stark, dass sich jeder auf die Getränke konzentriert, den köstlichen Sandwiches und Hühnchenteilen wird nur begrenzt zugesprochen. Wir wandern lieber umher und lassen uns die Flora der Namib erklären. Schließlich geht es zum Flugzeug zurück. Nun wird es verständlich, warum die Pilotin jede Glasfläche der Kabine mit reflektierender Folie abgedeckt hat. Es ist heiß, es wird immer heißer, es war noch nie so heiß.

Der Reiseleiter tröstet, an der Küste wird es kühler. Nächster Haltepunkt ist Swakopmund, aber nur zum Auftanken (in Windhoek wurde die Maschine nicht vollgetankt, da sie in der dünnen Luft in 1800 m Höhe vollbeladen nicht so einfach starten kann wie auf Meereshöhe). Wir wenden uns nach Nordwesten und überfliegen in 200 m Höhe die Sandmeere der Namib. Sterndünen, Längsdünen und Sichel-dünen (Barchane). Nach einer halben Stunde kündigt sich die Küste mit einer Nebelwand an. Bei Conception Bay und der 1910 gestrandeten „Eduard Bohlen“, die heute düster einige 10 m im Landesinneren liegt, fast vollständig im Sand versunken, ist das Meer erreicht. Es wird endlich kühler.

Knapp an der Nebelwand entlang fliegen wir nach Norden. Sandwich Harbour, die Lagune mit ihrem berühmten Vogelparadies, ist verschwunden, das Meer hat sich die Lagune wiedergeholt, die Vögel sind geflüchtet, nur Pelikane und Möwen harren aus. Kurz darauf wird Walvis Bay überflogen und wir setzen zur Landung an. Swakopmund hat nur eine Geröllpiste, aber wenigstens kann sie der Laie erkennen. Trinkpause, während getankt und alles überprüft wird. Luft wird aus den Reifen abgelassen, die unschuldige Frage nach dem Warum wird ebenso unschuldig beantwortet: Jetzt käme man zu den richtigen Buschpisten, mit weichen Reifen ist die Landung weniger rauh. Aha!

Einsteigen, Start, der nächste Landungspunkt ist Cape Cross mit seinen Robben. 30 Minuten später befinden wir uns wieder auf der Erde, die Nebelwand reißt ein wenig auf, die Sonne blinkt hindurch. Ein Land Rover mit einem Fahrer (aus Henties Bay angereist) wartet schon, drückt jedem von uns sein Permit für den Besuch der Robbenkolonie in die Hand.

Wir ziehen die Jacken an, denn es ist kalt, steigen ein und fahren los. Von weitem kündigen sich die herzigen Tiere mit einem recht strengen Geruch an. Im bleiernen Licht des Spätnachmittags der nebligen Küste grunzen und bellen, kämpfen und drohen, liebkosen und kuscheln die Robben.

Zurück beim Flugzeug freuen wir uns auf die Wärme der Namib. Eine Stunde Flug bis zum Lager, dann wird es auch schon dunkel. Aber davor ist die Sicht auf die Ugab-Formationen atemberaubend. In der Abendsonne blüht das Gestein in den verschiedensten Farbschattierungen auf. Verwunden, verdreht, zerrissen, geknetet, verbogen lässt das Gebirge den Blick auf die Urgewalt bei der Entstehung der Erde frei werden.

Mit dem letzten Licht holpert die Cessna über das Landefeld am Huab auf das bereits wartende Fahrzeug zu. 10 Minuten Fahrt und das Camp Kuidas ist erreicht. An einem Hang gelegen findet sich ein Speisezelt mit Blick über das Tal. Nach Kaffee und Tee erklärt der Reiseleiter auf einem kleinen Rundgang das Lager und weist die Zelte zu. Sie sind komfortabel, haben Stehhöhe und richtige Betten. Dienstbare Geister bereiten die Buschduschen (ein zum Befüllen herablassbares Gefäß mit Duschkopf) mit wohltemperiertem Wasser – Körperpflege nach dem heißen Tag und vor dem Dinner. Aperitif, dreigängig-es Menü, Wein, Bier, Fruchtsäfte, Kaffee Tee und Pralinen. So lässt sich's leben. Der Abend klingt in angenehmen Gesprächen aus, bis jeder sein Zelt aufsucht und mit der Fülle der Bilder des Tages in den Schlaf des Gerechten sinkt.

Im Küstennebel: Die 1910 gestrandete „Eduard Bohlen“

Am nächsten Morgen steht vor dem Zelt schon der Kaffee bereit, wenig später ist auch das Wasser für die Dusche heiß. In Ruhe wird gefrühstückt und dann geht es los zu einer Fahrt auf dem Konzessionsgebiet. Wer will, darf auf dem Dach des Rover sitzen – auf einer bequemen Polsterbank. Durch sandige Riviere, über glatte Granitplatten und steinige Pisten führt der Weg durch eine Mondlandschaft mit schwarzen, braunen, roten und rosa Bergen, vorbei an Oryx-Antilopen und Springböken und an – Nashörnern, die in der Ferne ihres Weges ziehen. Auf einer Kuppe wird Halt gemacht und die Pflanzenwelt erklärt, bestaunt, befühlt: Buschmannkerze, Talerbusch, Wüstenkohlrabi, die Euphorbien und viele andere. Ein weiterer Haltepunkt sind Felsgravierungen und dort gefundene Werkzeuge aus Stein. Nach 3 Stunden Tour ist im Camp für das Lunch gedeckt. Nach dem Mittagessen startet das Flugzeug, Ziel Terrace Bay.

Nebel steht über der Küste, die Landebahn ist nicht zu sehen. Mehrere Schleifen fliegt die Pilotin Helga, bis zwischen den Nebelfetzen die Piste zu erkennen ist. Wir versuchen zu landen. Die Sicht reicht nicht aus, die Landebahn verschwindet in der Suppe, wir starten durch. Da reißt die Nebelwand auf, die Sonne blinkt, nichts wie runter, bevor der Nebel wieder kommt. Der Applaus der kleinen Gruppe beim Aufsetzen klingt zwar dünn, kommt aber von Herzen. Am Hangar wartet auch hier schon ein Geländewagen. Jacken anziehen und es geht zu den „brummenden Dünen" (roaring dunes), was immer das sein mag. Nach kurzer Fahrt sind wir mitten im Dünenmeer. Wir werden aufgefordert uns der Schuhe und Strümpfe zu entledigen und barfuß durch den Sand zu laufen. Ob wir nicht etwas hörten oder spürten, wenn unsere Füße im Sand versinken? Nein! Einen leisen Ton? Nein! Nichts brummt! Also bleibt nur die Lösung, auf dem Hosenboden die ganze, hohe Düne hinunterzurutschen, mit der Anweisung beim Rutschen mit Armen und Beinen möglichst viel Sand mitzuschaufeln. Einer macht den Anfang, und es ist unglaublich: Ein tiefer Ton steht plötzlich in der Landschaft, die ganze riesige Düne fängt an zu schwingen und die Luft trägt das Brummen zu denen nach oben, die ihre Fahrt abwärts noch nicht begonnen haben. Nun wollen alle und jeder versucht noch mehr Sand mitzunehmen als sein Vordermann, sein Brummen noch lauter werden zu lassen. Profane Wissenschaft: Die Dünen bestehen aus Quarzsand einer bestimmten Korngröße; durch die Bewegung werden die Körner in Schwingung versetzt, die sich immer weiter überträgt.

Die Sonne steht nun schräg und verzaubert mit ihrem Licht das Sandmeer und den Atlantischen Ozean. Wir genießen die weite Welt mit Sand in Hose, Hemd und Haar.

Start nach Purros, dem Dorf im Hoarusib. Landung, Umladung des Gepäcks in einen Land Rover, wir gehen zu Fuß zum Camp. Inzwischen professionelle Safari-Teilnehmer, wissen wir was uns erwartet – als erstes eine heiße Dusche, Entsanden.

Am nächsten Morgen nach dem Frühstück klettern wir auf das Dach des Autos und fahren ein Stück im Rivier entlang. Ungeahnt ist das Grün inmitten der Wüstenei. Nur die Elefanten seien vor drei Wochen fortgezogen, wann sie zurückkehren, weiß keiner so genau. Schade, das wäre noch etwas gewesen. Wenn Engel reisen: Einfachstes Mittel, Leon auf Elefanten aufmerksam zu machen, ist mit den Füßen auf das Blechdach zu trommeln. Jeder der im Wagen sitzt, steht dann kurz vor einer Herzattacke. Langsam, immer wieder Laub von den Bäumen zupfend, ziehen 3 der Dickhäuter an uns vorbei. Na also!

Zurück im Camp wird schnell gepackt und ins Flugzeug eingestiegen.In 50 m Höhe geht es über dem Meer an der Küste entlang. Der Wettergott ist uns wohlgesonnen, der Ostwind treibt den Nebel weg und der Blick ist frei auf Cape Frio und seine Robbenkolonie. Bis ins kleinste Detail ist alles zu sehen. Ein Stück abseits der Kolonie liegt eine einzelne Robbe am Strand, umkreist von einem Schakal, das seine Chance wahrnimmt.

Nach einer Stunde Flug sind wir im Hartmann's Valley, das zum Kunene führt – Landung, 40 °C, der Wagen wartet. 2 Stunden Fahrt in der Hitze werden belohnt mit einzigartigen Ausblicken auf den tief unten fließenden Kunene, Wüstenlandschaft und unglaublichen Felsformationen. Eine Elefantenherde, die dem Sandmeer entsteigt, Pavianpascha auf dem Gipfel eines Berges, umgeben von seiner Familie, Löwenköpfe, der Fantasie sind keine Grenzen gesetzt, jeder versucht im Gestein neue Skulpturen zu entdecken. Am größten Felsbogen Namibias, im Schatten, wird schließlich das kalte Buffet aufgebaut: Salate, Sandwiches, Käse- und Wurstplatten, selbstgebackenes, frisches Brot, Kaffee, Tee und viele, viele Kaltgetränke. Satt und zufrieden halten wir Siesta, während Leon und Helga alles zusammenpacken.

Den Wagen besteigen, losfahren in Richtung Camp. Plötzlich sehen wir vor uns den Kunene und davor das Nichts. Eine steile Düne muss in der Direttissima hinabgefahren werden. Festhalten, der Wagen kippt nach vorne ab, der Kunene befindet sich über unseren Köpfen, langsam rutscht das Fahrzeug nach unten, für uns auf dem Dach ist es schlimmer als es aussieht, für die im Auto umgekehrt. Dann sind wir da, tief unten im feuchtheißen Tal, auf der anderen Seite des Flusses Angola, am Ufer eine Terrasse mit Markise, ein kleiner Pool, die Schlafzelte. Ein Windmotor erzeugt Strom für das Funkgerät. Weit weg von der Zivilisation schafft die Möglichkeit der Verbindungsaufnahme mit der Außenwelt eine gewisse Beruhigung. Duschen, Dinner, Diskussionen, wir räkeln uns im lauen Wind, der durch das Tal des Kunene streicht und ein wenig die Tageshitze vertreibt.

Nach dem Frühstück steht der Besuch eines Kraals auf dem Programm. Die Ovahimba leben wie eh und jeh, Besucher verirren sich selten hierher. Es ist ein Ereignis für die Touristen und für die Bewohner. Wir dürfen fotografieren, im Gegenzug erwerben wir kleine Puppen aus Stoff und ungegerbtem Leder, geölt, rotbraun gefärbt und mit jenem Geruch Afrikas behaftet, der unter freiem Himmel nicht auffällt.

Nach dem Besuch der Ovahimba gehen wir durch ein in das Uferdickicht geschlagenen Tunnel und besteigen das Schlauchboot mit seinen zwei Außenbordmotoren. Mit hoher Geschwindigkeit geht es flussaufwärts. Der Urwald am Ufer mit seinen Bäumen und bunt blühenden Büschen verschwindet, die Felsen treten an den Fluss.

Aber welche Felsen! Nach jeder Biegung führt die Reise durch die geologische Erdgeschichte an einer anderen Gesteinsart und Erosionsform vorbei, Basaltplatten, verglaste Lava, schwarz, grauer Granit, weißer Quarz, roter Sandstein, akkurate Kanten, rundgestreichelte Katzenköpfe, Säulen. Das Boot schießt durch Stromschnellen, die Paviane an den Felsen huschen nach oben, suchen sich einen guten Platz und schauen dem Treiben der Artgenossen auf dem Wasser interessiert zu. Die Bar wird schließlich auf angolanischem Boden eröffnet, nur kurz, weil wir kein Visum haben (aber hier wohnt sowieso kein Mensch) und weil es ohne den kühlenden Fahrtwind zu heiß wird (Baden fällt flach wegen der Krokodile).

Mittagessen im Camp, packen, zum Flugzeug fahren, drei Stunden Flug nach Windhoek stehen uns bevor.

Wir verkürzen uns die Flugzeit, indem wir anhand der Karten unsere Flugroute verfolgen. Über unseren Standort gibt es die unterschiedlichsten Aussagen. Auch die Pilotin hat eine eigene Meinung. Wir schließen Wetten ab. Leider hat dann doch Helga recht und wir landen pünktlich am richtigen Flugplatz.

Heinrich Emmerling, Gauting

Rafting

Am Kunene und bei den Victoria-Fällen sind auch Raftingtouren möglich, der Veranstalter am Kunene ist *Felix Unite River Adventures* (s. unter „Kanu"). Am Zambezi wird Rafting durchgeführt von Shearwater Sopers Center, Victoria Falls, Zimbabwe, Tel./Fax 00263-13-44471/2/3, www.shearwateradventures.com.

Reiten

Einige Gästefarmen haben Pferde, die verliehen werden. Bedenken Sie, dass das Reiten im Busch an den Reiter höhere Anforderungen stellt, als man dies von heimischen Reitausflügen gewöhnt ist. Zu diesen Gästefarmen gehören zum Beispiel Immenhof, Düsternbrook, Wabi Lodge, Hetaku, Mount Lieven Safari Ranch und Namatubis, Okambara, Wolwedans Dünenlager, Otjisazu und Eagle Rock Leisure Lodge.

Ein besonderes Erlebnis ist das Reiten auf dem Gebiet der Lodge *Etusis:* man wohnt luxuriös in Bungalows oder rustikaler in Zelten und unternimmt auf dem Rücken der Basotho-Pferde Tagesausflüge (Etusis, Tel. 061-223994, Fax 064-550961, www.etusis.com.

Die Familie *A. und W. Fritzsche* hat sich auf mehrtägige Reitsafaris spezialisiert (auch mit Kamelen). Es gibt unterschiedliche Touren, auch im Schwierigkeitsgrad. Von der Schnuppertour für die Anfänger über die große Tour in 9 Tagen durch die Namib-Wüste bis zum Damara-Elephant-Skeleton Coast-Trail, für „die erfahrenen Reiter, die notfalls um ihr Leben reiten können". Neu im Programm sind mehrtägige Trails auf dem Kamelrücken durch das Damaraland. Für eine Woche (5 Tage Ritt, 2 Tage Transfer muss man ohne Flug mit 2000 € rechnen). Anfragen an: *Reitsafaris,* A. und W. Fritzsche, P.O. Box 20706, Windhoek, Tel. 061-250764, Fax 256300, www.reitsafari.com.

Spezialisiert auf kleinere Reitausflüge hat sich in Swakopmund: *Okakambe Trails,* P.O. Box 1668, Swakopmund, Tel. 064-402799, Fax 405258, www.okakambe.iway.na, auch Reitschule.

Skifahren

Auch das ist möglich – natürlich nicht im Schnee, sondern auf dem Sand der Dünen zwischen Swakopmund und Walvis Bay! Wer daran interessiert ist, wende sich an Henrik May und Sven Lenhart in Swakopmund, Sophia Dale Restcamp, www.sophiadale.com.

Segelfliegen, Motorflüge

Auf der Farm Bitterwasser ist **Segelflug** möglich. Die Besitzer der Farm haben eine große Auswahl an Segelflugzeugen. Die fliegerischen Bedingungen sollen ausgezeichnet sein, sogar Weltrekorde werden hier geflogen. In der gleichnamigen Lodge kann man sich einmieten. *Bitterwasser Lodge & Fly Center,* P.O. Box 13003, Windhoek, Tel. 063-265300, Fax 063-265355, bitterwa@mweb.com.na, www.bitterwasser.com.

Schießen

Einen Tontaubenschießanlage nach olympischen Standards und einen Schießplatz für Gewehre und Pistolen. Ebenfalls einen Tontaubenschießstand (und die Möglichkeit mit dem Bogen zu schießen) bietet die Kambaku Farm in typischer Jägeratmosphäre an, Tel./Fax 067-306292, www.kambaku.com.

Trekking In einigen Nationalparks werden größere Trekkingtouren angeboten (bis zu einer Woche Dauer). Man geht ohne Führer und muss sich selbst versorgen. Da die Gruppengröße und die maximale Anzahl der Gruppen auf einer Strecke genau vorgeschrieben und eine Genehmigung notwendig ist, muss die Tour rechtzeitig angemeldet werden (bei Namibia Wildlife Resorts Ltd., www.nwr.com.na, s. unter „Buchung"). Die Haupttrekkingtouren liegen im Naukluft-Teil des Namib-Naukluft Parks, im Fish River Canyon, dem Waterberg Plateau und dem Skeleton Coast Park. Wer in die Schutzgebiete will, aber keine Gruppe zusammenbringt, kann sich an die Fa. *Safaris Unlimited* wenden, Tel. 061-264521, Fax 264389, www.trailhopper.com; sie organisiert Trekking im Zubuchungssystem bis eine Gruppe komplett ist (auf dem Gebiet der NamibRand Conservancy, im Naukluft Gebirge, am Brandberg und durch den Fish River Canyon).

Auf geführter Camping-Safari

Schon beim Anflug auf Windhoek beeindruckt die Weite und Einsamkeit des Landes mit schmalen Farmwegen und ab und zu ein Farmhaus in der Unendlichkeit. Am Flughafen wartet der deutschsprechende Reiseleiter und bringt die Gäste in die Hauptstadt.

Am nächsten Tag geht es nach dem Frühstück los, in östlicher Richtung durch die Kalahariwüste über die Grenze nach Botswana. Das Tagesziel ist Ghanzi, das jahrelang Zentrum des Elfenbeinhandels in der Region war. Übernachtet wird in der Tautona Lodge.

Am nächsten Morgen führt die Reise durch Maun bis in den Moremi-Nationalpark. Das wasserreiche Okavan-go-Delta und die sich anschließende üppig grüne Vegetation sind ein Paradies für Wildtiere. Übernachtet wird im Moremi-Zeltlager. Die Pirschfahrten entlang der Dauerlagunen und permanenten Wasserläufe, vorbei an dichten Riedsümpfen, sind ein einmaliges Erlebnis. An den herrlich klaren Gewässern stehen große, schattenspendende Bäume. Hier finden sich die beliebten Weideplätze für Ried- und Wasserböcke, Zebras, Gnus, Warzenschweine und Paviane. Weiter zurück in den Mopanewäldern halten sich Büffel, Impalas und Kudus auf, Elefanten, Giraffen und Meerkatzen und die berühmten, großen Löwenrudel.

Nächste Etappe ist die Savuti-Marsch. Die Fahrt entlang des Khwai Flusses in den Chobe-Nationalpark ist legendär. Elfantenbullen an Wasserlöchern, Impalas, Gnus und Antilopen, im Hintergrund verharrend, Löwen, die gelangweilt das Treiben beobachten. Abends im Zeltlager fällt man zufrieden ins Bett.

Weiter geht es durch den Chobe-Nationalpark, in Richtung Kasane am ausgetrockneten Lake Liambezi entlang. Riesige Mopane-Bäume und beeindruckende Baobabs stehen am Wegesrand. Den Abend verbringt man diesmal nicht im Zeltlager, sondern in einer Lodge.

Der folgende Tag ist den Victoria Fällen vorbehalten und danach geht es über den Caprivi Strip mit seinen Nationalparks auf namibischem Boden wieder zurück nach Windhoek oder noch einmal nach Botswana hinein und westlich des Okavango-Deltas in den Süden und dann über Gobabis zum Ausgangspunkt der Reise, je nachdem wie es die Gäste wünschen. Denn die Touren werden maßgeschneidert auf die jeweiligen Gästebedürfnisse abgestimmt.

„Camping-Safari" mag manchem vielleicht etwas rustikal klingen, doch der Veranstalter hat dafür gesorgt, dass die Gäste sich überaus luxuriös durch die Landschaften bewegen und abends das bereits aufgestellte Lager erreichen. Dort erwartet die kleine Gruppe dann ein Dinner vom Besten und eine große Auswahl an Getränken. Auch schläft man nicht auf der Iso-Matte, sondern hat ein durchaus bequemes Bett zur Verfügung. So ist die Reise Luxus pur und alles inklusive – auch die Getränke. Das hat natürlich seinen Preis, aber wann kann man schon sonst noch auf so exzeptionelle Weise einen Zelturlaub verbringen?

Buchungen über: IMPALA TOURS, P.O. Box 5504, Windhoek, Tel. 061-247951, Fax 244276, www.natron.net/impala-tours.

Wandern Wandern ist, bis auf bestimmte Nationalparks, wo die Tiere wild und zahlreich sind, überall möglich. Die Gästefarmen haben eigene Wanderwege (teilweise beschildert), in vielen staatlichen Parks gibt es Wanderwege, Rundtouren oder Stichstrecken zu Sehenswürdigkeiten (in den Routenbeschreibungen sind diese jeweils aufgeführt). Geführte Wanderungen an der Westseite des Fish River Canyons: *Canyon Nature Park,* P.O. Box 1840/Keetmanshoop, Tel. 063-683005, Fax 683006, www.canyonnaturepark.com.

Wüstenerlebnisse Die Gondwana Desert Collection ist der Zusammenschluss mehrerer Lodges und Farmen, die jede für sich eine ganz eigene Wüste dem Besucher näher bringen: Am Fish River die Cañon Lodges des Gondwana Cañon Parks, Klein-Aus Vista im Gondwana Sperrgebiet Park, Anib Kalahari Lodge in der Kalahari und die Namib Desert Lodge unweit von Sossusvlei, www.gondwana-desert-collection.com.

In der Eisenbahn durch die Wüste

Der *Desert Express* steht schon bereit am Bahnhof in Windhoek. Glitzernd in der Sonne wartet er auf die Reisenden nach Swakopmund. Im Bahnhof gibt es einen eigenen Wartesaal, das livrierte Personal überreicht uns die Reiseunterlagen und befreit uns vom Gepäck. Aufmerksam wird jedes Paar persönlich von einer Stewardess oder einem Steward zum Zug geführt. Wir steigen ein und unsere Betreuerin reicht uns eine kleine Stärkung in Form von Biltong, Chips, Oliven und Champagner.

Danach werden wir zu einer Tour durch den Zug gebeten: die Perle namibischer Waggonbaukunst. Liebevoll sind die einzelnen Waggons benannt: Spitzkoppe Lounge, Welwitschia Restaurant, Stardune Bistro. Wir sind geblendet vom Luxus und der geschmackvollen Einrichtung. Karakul-Teppiche in den Schlafabteilen – jedes mit eigener Nasszelle und Toilette, Verkleidungen aus edlem Holz; wo die Sicht nicht beinträchtigt werden soll, die Großzügigkeit der Einrichtung betont, befinden sich Glasflächen, aber nicht einfach nur Glas, es wurde geätzt – nun befinden sich kunstvolle Tierfiguren schwebend im Raum, lassen das Licht hindurch und erlauben den Blick in die Ferne. Keiner glaubt, dass der Zug vollständig in Windhoek entstanden ist, aber doch er ist es. Bei unserer Rückkehr nach Windhoek werden die Ungläubigen durch die Werkstatt geführt, in der weitere Waggons im Entstehen sind. Aber so weit ist es noch nicht, vorerst heisst es noch glauben und sich auf die zwei vor uns liegenden Tage freuen. ***Foto: Der Desert Express***

Um 14.30 Uhr fährt der Zug an, wir schweben durch die Vororte Windhoeks und haben bald den Busch erreicht. Wir sitzen in der Spitzkoppe Lounge nähren uns von Champager und Biltong und lassen die Landschaft vorbeiziehen. Nach einer Stunde halten wir, steigen in Geländewagen um und fahren zehn Minuten zu einer Farm, auf der in einem Freigehege Löwen leben – Fütterung. Hinter einer Steinmauer mit Sehschlitzen nehmen wir Deckung. Das Fleisch wurde schon angeliefert, die Tiere tun sich gütlich. Blitzlichter mögen sie aber nicht und immer wieder unternehmen sie Scheinattacken gegen uns. Bis auf einen halben Meter kommen sie heran und brüllen uns an, wir zucken zurück – und blitzen weiter. So nah kommt man Löwen nie wieder. Nervlich zerüttet kehren wir in einer Lapa ein, direkt davor versöhnen uns zwei spielende Löwenbabies in der Abendsonne mit der ganzen Raubtiergattung – streicheln und knuffeln ist erlaubt.

Aufbruch, zurück zum Zug, das Abendessen steht bereit. Wir ziehen uns um, und begeben uns in das Welwitschia Restaurant. Das vorzüglich geschulte Personal reicht uns Speise- und Getränkekarte. Die Küche und der „Weinkeller" brauchen den Vergleich mit einem Spitzenrestaurant nicht zu scheuen. Nach der Tafel gehen wir satt in den Starview Waggon. Bequeme Ruhesessel lassen sich weit nach hinten neigen, per Knopfdruck öffnet sich eine Jalousie unter dem Glasdach, der Sternenhimmel über der Wüste erscheint, das Kreuz des Südens blinkt. Müde legen wir uns zu Ruhe.

Am nächsten Morgen heißt es um 5 Uhr aufstehen, eine Fahrt ins Mondtal steht auf dem Programm, unweit von Swakopmund.

In Autos geht es nach einer heißen Dusche und einem starken Kaffee mit Kuchen in die unwirkliche Landschaft der ältesten Wüste der Welt. Sonnenaufgang über der bizarren und schroffen Steinwelt mit Weitsicht. Der Wind pfeifft durch die Kleider und wir denken an die ersten Pioniere, die sich dieser Natur ausgesetzt sahen, ohne dass ein Luxuszug auf sie wartete. Fröstelnd, besonders innerlich, sind wir froh, als wir wieder an unserem Frühstücktisch sitzen, Rühreier mit Boerwors, Getreideflocken, Brötchen und Kuchen auswählen können. Langsam setzt sich der Zug in Bewegung und wir fahren wenig später in Swakopmund ein. Zwei Tage haben wir Zeit in dem Städtchen am Atlantik, der Sommerfrische des Landes, bis wir wieder in den Zug einsteigen und zurück nach Windhoek fahren. Diesmal machen wir einen Ausflug an die Spitzkoppe, Sonnenuntergang an den glattgeschliffenen Felsformationen mit Picknick. Wir wandern durch riesige Felsbögen, über monumentale Steinbuckel und durch den feinen Sand, der sich in Jahrtausenden hier angesammelt hat. Abendessen im Zug, das Personal zuvorkommend wie immer, der Luxus fast schon selbstverständlich, die Abendunterhaltung in der Lounge gewürzt mit Whiskey und Erzählungen der mitreisenden Namibier über die Entstehung der Eisenbahn, die Siedler in den Anfängen von Südwest, deren Großeltern und Urgroßeltern. Man lernt sich kennen und Reisen bildet.

Zwei Fahrten pro Woche in jede Richtung, Buchung über Desert Express, P.O. Box 13204, Bahnhof, Windhoek, Tel. 061-2982600, Fax 2982601, e-mail: dx@transnamib.com.na; in Deutschland über SATC, Gistlstraße 76, 82049 Pullach, Tel. 089-7932615, Fax 7934225; in Österreich Braun Touristik, Hilton Center, Landstraßer Hauptstraße 2, 1030 Wien, Tel. 01-7134051, Fax 7134036; in der Schweiz, Eurep AG, Industrie Nord 9, 5642 Meerenschwand, Tel. 056-6757555, Fax 6757556.

Jagen

Für und wider das Jagen

Jagen ist sicherlich nicht gleich jagen. Die europäischen Waidmänner, die sich vor der Hasenstrecke produzieren, wurden zum Sinnbild einer – euphemistisch ausgedrückt – eigenartigen Spezies. Auf der anderen Seite wird keiner abstreiten, dass auch in Europa eine Jagd sinnvoll ist, die ein Überborden bestimmter Tiere verhindert (z.B. des Rotwildes). Um so mehr ist dies notwendig in einem Land, das nun einmal ein sehr sensibles Gleichgewicht der Natur besitzt. Von daher ist Jagen im Sinne einer Hege durchaus gerechtfertigt. Ebenfalls gerechtfertigt scheint das Jagen zur Nahrungsbeschaffung. Und gerade dies macht in Namibia den Hauptanteil der Jagd aus. Der Farmer schießt wie eh und je sein Kudu, und das

Fleisch findet sich am Abend auf dem Esstisch. Wild ist für ihn kostenlos.

Der namibische Berufsjagdverband hat eine Jagdethik aufgestellt, deren 4 Hauptprinzipien in seinem Büchlein „Jagen In Namibia“ festgehalten sind: 1. Das Prinzip der nachhaltigen Nutzung des Wildes. 2. Die Jagd … muss nach fairen Grundsätzen durchgeführt werden. 3. Der Jäger hat ein Recht auf Freude an der Jagd. 4. Die Jagd … soll stets zum Nutzen der … Bevölkerung und … Umwelt sein.

Jagdwaffen Bei der Einreise müssen die Jagdwaffen deklariert werden, und eine befristete Einfuhrgenehmigung wird erteilt. In den Nationalparks müssen die Waffen versiegelt sein.

Informationen Weitere Informationen sind erhältlich von der *Namibia Professional Hunting Association* (NAPHA), P.O Box 11291, Windhoek, Tel. 061-234455, Fax 222567, napha@mweb.com.na, www.natron.net/napha.

Unterbringung Es gibt über 200 Jagdfarmen (*Hunting Farms,* weniger direkt auch *Safari Farms genannt*) im Land, teilweise sind dies reine Jagdfarmen, die keine anderen Gäste aufnehmen, zum Teil sind es normale Gästefarmen, die auch Jagdlizenzen besitzen. Das Jagen ist streng reglementiert, soweit es nicht auf den privaten Farmen geschieht, die mit einem wildsicheren Zaun umfriedet sind, was heißt, dass kein Tier hinein oder heraus kann. Eine kurze Liste von Jagdfarmen finden Sie im Anschluss. Sie ist nicht vollständig. Die Jagdfarmen, die auch andere Gäste aufnehmen können, wie zum Beispiel die hochluxuriöse Wabi Lodge oder die Kambaku Safari Lodge, finden Sie auch unter Unterkünften im Routenplaner.

- Kambaku Safari Lodge, P.O. Box 247, Otjiwarongo, Tel./Fax 067-306292, www.kambaku.com
- Wabi Game Lodge, P.O. Box 973, Otjiwarongo, Tel. 067-306500, Fax 306501, www.wabi.ch
- Albrechtshöhe, P.O. Box 124, Karibib, Tel./Fax 062-503363, meyer@iafrica.com.na
- Auas Game Lodge, P.O. Box 80887, Windhoek, Tel. 061-240043, Fax 248633, www.auas-lodge.com
- Corona Gästefarm, P.O. Box 11958, Windhoek, Tel. 062-572127, Fax 572147, www.natron.net/tour/corona
- Düsternbrook Gästefarm, P.O. Box 870, Windhoek, Tel. 061-232572, Fax 257112, www.duesternbrook.net
- Immenhof Gästefarm, P.O. Box 250, Omaruru, Tel. 067-290177, Fax 290077, www.immenhof.com.na
- Kansimba Gästefarm, P.O. Box 23556, Windhoek, Tel. 062-503966, Fax 503967, www.kansimba.com
- La Rochelle Gästefarm, P.O. Box 194, Tsumeb, Tel. 067-221326, Fax 220760, www.la-rochelle.com.na
- Leopard Lodge, P.O. Box 90049, Okanjanga, Tel. 062-540409, Fax 061-259247, www.leopardlodge.com
- Okatjuru Guest Farm, P.O. Box 207, Okahandja, Tel. 062-549121, Fax 549120, www.okatjuru.com
- Ombundja Wildlife Lodge, P.O. Box 318, Outjo, Tel./Fax 067-312123, www.ombundja.de
- Silversand Gästefarm, Private Bag 13161, Windhoek, Tel./Fax 062-560200
- Wilhelmstal-Nord Gästefarm, P.O. Box 641, Okahandja, Tel./Fax 062-503977, www.silversandhunting.com

Ausflug in der Lagune von Walvis Bay

Abends die Anreise nach Langstrand. Die Zimmer des Levo Guest House sind kühl eingerichtet. Im Gegensatz dazu steht die herzliche Begrüßung durch die Familie Leippert. Ob man etwas benötige, ob Wäsche zu waschen sei, wie es mit dem Essen stünde, wenn wir gut speisen wollen, würden sie einen Tisch bestellen. Gerne, antworten wir. Nachdem wir uns installiert haben, gehen wir an der Uferpromenade zum Restaurant, das an der Küste eine Spitzenstellung einnimmt. Fisch satt, frisch und äußerst köstlich zubereitet. Zufrieden gehen wir zu Bett, in Erwartung des morgigen Tages – es heißt früh aufstehen für die Bootsfahrt in der Lagune von Walvis Bay.

Wecken um 6 Uhr. Das Boot ist schon auf dem Anhänger, der Motor des Land Rover schnurrt, wir fahren die kurze Strecke zum Hafen und unser Führer erzählt über sein Schiff. Es wurde nach ganz speziellen Vorstellungen entworfen und gebaut, ein Katamaran als Bootskörper, darauf der Aufbau, den Notwendigkeiten für kleine Gruppen angepasst, mit zwei starken Motoren wegen der Sicherheit und einem Funkgerät. Im Yachthafen lassen wir das Boot zu Wasser, der Geländewagen steht bis zu den Radnaben im Meer, wühlt sich aus dem Sand, unser Skipper steigt ein, schippert zur Anlegestelle und wir betreten das Boot, losgeht's.

Hinaus fahren wir mit hoher Geschwindigkeit und in dichtem Nebel zu den Robben auf einer Sandbank. Grunzen und Brüllen empfängt uns. Ein wildes Gewurrle der Tiere im und über dem Wasser, auf dem Sand, Kämpfe zwischen den männlichen Tieren, verspieltes Fischen der jungen. Wir legen an, verweilen und genießen die unberührte Wasserwildnis.

Es wird 9 Uhr und die Sonne verdrängt langsam den Nebel. Zeit für die Fahrt hinaus zu den russischen Fischtrawlern, die weit ab liegen. Riesige Pötte, rostig, auf Reede, weil die Kosten für eine Hafenliegestelle zu teuer wären. Der Skipper hält an, stellt die Motoren ab, wir dümpeln auf den sanften Wellen, kein Land in Sicht, ab und an das Kreischen einer Winde auf den russischen Schiffen, ganz nah springen Delphine aus dem Wasser, schießen hoch, spritzen Wasser auf uns, wollen spielen. Wir werfen mitgebrachten Fisch ins Wasser. Plötzlich ein Plätschern direkt neben uns, eine Robbe. Der Skipper erzählt, dass einst Netzreste tief in ihren Hals eingewachsen waren, eine einzige eiternde Wunde, zum Tode verurteilt. Man hat sie davon befreit, seitdem kommt sie ans Boot, und über die Jahre schließlich auch aufs Boot. Mit einem kraftvollen Flossenschlag sitzt sie auf Deck, lässt sich streicheln und mit Fisch füttern. Ein Koloss von mehreren hundert Kilo, zahm wie ein Hündchen.

Schließlich haben wir keinen Fisch mehr, um das unersättliche Tier zu verköstigen. Mit einem Grunzen springt es wieder ins Wasser, wir fahren zurück in den Hafen von Walvis Bay. Der Skipper packt Champagner aus, Schnittchen und Austern, die er ganz früh am Morgen von den Austernfarmen besorgt hat. Langsam und leise schnurren wir durch den Hafen in der gleißenden Sonne, die nur über einem Ozean existiert, an Schiffen mit Heimathäfen Lüderitzbucht und Walvis Bay und Namen wie Edelweiß und Kolmanskoop vorbei, stoßen an, schlürfen Austern und lassen es uns gut gehen.

Mittags ist die Tour vorbei – leider. Wir legen an, steigen aus, der Bootstrailer wird ins Wasser gebracht, die Winde zieht das Schiff heraus und der Land Rover bringt uns zurück nach Langstrand zu unserem eigenen Wagen. *(Levo Tours, s.S. 71).*

Trophäenjagd Trophäenjagd ist üblich, die aufbereiteten Trophäen können, soweit sie im Heimatland keiner Importbeschränkung unterliegen, versendet werden. Spezielle Firmen in Windhoek übernehmen die Abwicklung. Jedes Jahr wird eine bestimmte Anzahl an Großtieren zur Trophäenjagd freigegeben (Löwen, Leoparden, Elefanten). Abschussgenehmigungen erteilt das *Ministry of Environment & Tourism,* Government Building, P.O. Box 13346, Windhoek, Tel. 061-2842111, Fax 229936.

Essen und Trinken

Fleisch & Fisch Namibia ist Fleischland, Namibia ist Fischland. Es ist ein Land für Selbstversorger. Der Farmer schießt sich sein Abendessen, vom Busch in die Pfanne, Springbok, Kudu, Oryx, auch Strauß. Selten wird das Rind verspeist, es ist Kapital der Farm, soll Erlöse bringen.

Wild richtig zubereitet schmeckt köstlich, insbesondere, wenn es über dem offenen Feuer der wildaromatischen Hölzer Namibias gegrillt wurde. Selbst Vegetarier könnten in einem Land wie Namibia zum Fleischesser werden, dessen Tiere von der unbeschädigten Natur und den würzigen und exotischen Pflanzen leben. Es ist mit Fleisch aus deutschen Landen nur entfernt verwandt, und jeder der es probiert hat, wird es bestätigen. So saftiges, würziges und leckeres Fleisch findet er zu Hause gewiss nicht.

Am Ozean wird geangelt, Kabeljau, Brassen, Makrelen, auch Hai- und Tintenfische. Speziell in Lüderitz werden Hummer und Langusten gefangen, dort und in Walvis Bay auch Austern gezüchtet.

Der Farmgarten steuert das Gemüse und die Kräuter bei. Der Tisch ist also reich gedeckt. Damit zeigt sich der Speisezettel aber noch lange nicht vollständig. Exotischere Gerichte sind durchaus auch erhältlich: Mopanewürmer fritiert, Pilze vom Termitenhügel, Heuschrecken, sogar – dies aber schon sehr selten – Puffotter geschmort.

Biltong Vielleicht das typischste Gericht des südlichen Afrika ist **Biltong** – getrocknetes Fleisch vom Strauß, Kudu, Antilope, Oryx oder auch Rind. Streifen rohen Fleisches werden einige Tage eingelegt und dann getrocknet, teilweise nur an der Luft, teilweise über Feuer und im Rauch – es gibt die unterschiedlichsten Rezepte, die in den Familien weitergegeben werden. Fern der Heimat, im Busch, unter klarem Sternenhimmel schmeckt es köstlich und stellt jeden Energie-Riegel bezüglich Geschmack und Nahrhaftigkeit in den Schatten. Man kann es aber auch geraspelt im Supermarkt kaufen und bei der kleinen Erholungspause vom Autofahren genüßlich kauen oder in Wasser einweichen und wie frisches Fleisch weiterverarbeiten.

Grillen Ist Biltong das typische Gericht, so ist das **Braai** der Nationalsport. Kein Zeltplatz, kein Farmhaus, kein Wochenendausflug ohne Braaiplats, den Grillplatz. Wer sein Haus oder seine Wohnung verlässt, um einige Tage auszuspannen, hat mindestens zwei Dinge dabei – die Kühltasche mit Fleisch und Getränken und einen Rost. Gegrillt wird alles, was die Natur an Fleisch hergibt, zum Wild kommt Hammel und Schwein und die köstliche Boerwors, zur Spirale geformte Bratwurst unterschiedlicher Länge und Ingredienzien.

Gewohntes und Exotisches

Wer Experimente scheut, kann sich allerdings in den Gaststätten und Restaurants auch von Schlachtplatte ernähren: Kassler, Blut- und Leberwurst und Sauerkraut unter Palmen, damit wenigstens etwas exotisch ist. Der Mutigere teilt der Gastfamilie auf der Gästefarm mit, dass er bereit und willens ist, fremdartigere Genüsse zu sich zu nehmen. Es kann ihm sonst passieren, dass nach der Nudelsuppe ein paniertes Schweineschnitzel mit Kartoffelpüree seinen Weg auf den Abendbrottisch findet. Verständlich, da man am Essen der Familie teilnimmt, und welche Hausfrau kocht schon jeden Abend ein Festtags-Diner. Verweilt man aber länger auf einer Farm, wird der Wunsch auf landestypischere Verköstigung sicherlich Gehör finden und man erhält vielleicht ein Krokodilcocktail als Vorspeise, Roastbeef vom Zebra mit Bratkartoffeln und Remouladensauce und einen Salat aus exotischen Früchten zum Dessert.

Soviel zum Fleisch. Der Busch ist reich an Pflanzen, die essbar sind, gesund machen und das Überleben sichern – wenn man weiß, wie sie zubereitet werden und wenn man sie denn überhaupt erst einmal findet.

Getränke

Das namibische Bier ist schmackhaft und bekömmlich und wird in Windhoek nach dem deutschen Reinheitsgebot gebraut (eine weitere Brauerei, die traditionsreiche, fast 100 Jahre alte Swakopmunder *Hansa Brauerei* schloss 2005 ihre Pforten). *Windhoek Lager* und das (etwas herbere) *Tafel Lager* finden sich im ganzen Land.

An alkoholfreien Getränken wird von Kindern und Erwachsenen der „Appletizer", ein Erfrischungsgetränk auf Apfelsaft-Basis, heiß geliebt. Er kommt aus Südafrika, wie auch die hervorragenden Weine, die in den Läden mit Alkoholverkaufslizenz erhältlich sind, den Bottle Stores.

Nederburg, Stellenbosch, KWV (die auch Brandys gleichen Namens herstellen) und Boschendal sind einige der Weingüter, die seit Jahrhunderten auf europäischen Rebsorten aufbauend ganz vorzügliche Weine keltern. Die Preise sind bei dieser Qualität für Europäer geradezu wohltuend, und auch im Restaurant hat man nicht das Gefühl, für einen guten Wein zweimal in den Geldbeutel schauen zu müssen.

Doch auch Namibia hat Winzer – und diese produzieren nicht den schlechtesten Rebensaft, wenn auch nur in geringen Mengen, so dass nicht jeder, der es gerne hätte, an eine Flasche kommt: Bei Omaruru hat sich die *Kristall Kellerei* der Traubenpflege angenommen, bei Maltahöhe die *Neuras Winery,* und nahe Grootfontein wird in den nächsten Jahren ein weiteres Weingut den vergorenen Saft auf Flaschen ziehen.

Nebenbei: Ein sehr empfehlenswertes Buch für den Hobbykoch ist das „Südwester Kochbuch", Band I und II (Swakopmund 1985). Hier finden sich die Originalrezepte vieler deutschstämmiger Familien, die als Pioniere sehr bodenständig die Früchte der Natur zu schmackhaften Gerichten verarbeitet haben. Das erste Rezept beginnt: „Voraussetzung für dieses Gericht ist ein Kamplager im Busch, ein Lagerfeuer mit viel Glut, ein Jäger, der mindestens ein Perlhuhn geschossen hat und ein gut schließender Topf …"

Der „Potjie"

Der gut schließende Topf ist übrigens der *Potjie*, gusseisern und mit drei Füßchen. Er wird ins Feuer gestellt und in den Topf alles hineingeworfen, von dem man meint, dass es zueinander passt. Meist ein Familienerbstück, ist es Ehrensache, ihn so zu pflegen, dass er weitere Generationen zu verköstigen imstande ist.

Weine und andere Getränke

Als in Frankreich die Hugenotten verfolgt wurden, verließen viele das Land. Ein Teil wanderte über Berlin nach St. Petersburg aus, ein Teil ging nach Amsterdam und bestieg Schiffe nach Cape Town. Sie brachten die Weinrebe mit sich und initialisierten den Weinanbau. Herzland des Anbaus war damals und ist heute Franschhoek, Paarl und Stellenbosch in Südafrika, wenngleich nun viele Anbaugebiete hinzugekommen sind.

Die Weine sind zum größten Teil von hoher Qualität. Sie werden sicherlich auch in anderen Erdteilen auf ihrem Siegeszug den Markt erobern. Die Hauptsorten, die heute angebaut werden, sind bei den Rotweinen Shiraz, Merlot, Cabernet Sauvignon, Pinot Noir und eine Spezialität des südlichen Afrika, die Pinotage-Traube, eine Kreuzung aus Pinot Noir und Sinsault; bei den weißen Trauben findet vornehmlich Sauvignon Blanc Verwendung.

Rotweine

Shiraz-Merlot wird durch eine geschmacklich optimierte Mischung aus Weinen der Shiraz- und der Merlot-Traube hergestellt.

Fairview liefert einen mittelschweren, trockenen, sehr guten Shiraz-Merlot, der aber nur schwer erhältlich ist.

Roodendal stellt einen sehr trockenen, eher schweren Cabernet Sauvignon, das Gut Kanonenkop einen etwas teureren her, der aber mit zu den besten gezählt wird. Der nicht so schwere vollmundig-fruchtige Pinotage von Nederburg gilt ebenfalls als vorzüglich. Hamilton-Russel keltert einen sehr guten Pinot Noir, trocken, aber nicht so extrem wie der Cabernet Sauvignon.

Rosé

Bei Rosé sei der trockene Blanc de Noir von Boschendal erwähnt. Wer es halbtrocken bevorzugt, ist mit Nederburg gut beraten.

Weißweine

Hauptsächlich wird der trockene Sauvignon Blanc getrunken. Mittlere Preislagen bieten Zonnebloem (Premier grand cru) und Hoopenberg an. Der Sauvignon Blanc von l'Ormarin reicht in der Qualität an die besten französischen Chablis-Weine heran.

Sekt

Trockenen Sekt stellt Nederburg mit seinem Cuvée brut und dem besseren Kap (untere Preisklasse) her. Als bester Sekt gilt der Pongrácz der höheren Preisklasse. Die Herstellungsweise nach der Champagnermethode darf auf Intervention der Franzosen hin nicht mehr auf dem Etikett erwähnt werden (es heißt nun „Classique“).

Spezialitäten

Als Spezialität gilt der Vin fumé, in Eichenfässern gereifter Weißwein mit einem rauchigen Geschmack.

Spirituosen

Der *Amarula-Likör,* aus der Marulafrucht gewonnen, wird als Crèmelikör verkauft. Die Frucht gewann Berühmtheit als Rauschmittel der Tiere in dem Film „Die verrückte Welt der Tiere in Namibia“.

Wer es weniger süß liebt, kann auf die Brandies der Firma KWV ausweichen. Sie sind in verschiedenen Alters- und Preisklassen erhältlich und stehen den besten französischen Cognacs in nichts nach.

Leider ist die Versorgung mit Weinen in Namibia nicht gleichbleibend gut. Südafrikanischer Wein wird seit dem Ende der Apartheid verstärkt vom Weltmarkt nachgefragt, und die dort erzielbaren Preise sind auch höher sind als im südlichen Afrika.

So ist es immer ein wenig dem Zufall und der Geschicklichkeit beim Einkauf unterworfen, ob alle Weine auch tatsächlich erhältlich sind.

Dieter Hanns / Swakopmund

Landesknigge

Ökologisches Verhalten

Tabu ist das Off-road-Fahren. In den Wüstenregionen bleiben Fahrspuren 30 Jahre und länger sichtbar. Was aber weit schlimmer ist: der hochsensible Algen- und Pilzbewuchs der Steine wird vollständig zerstört und regeneriert sich nicht mehr. Prinzipiell und generell ist auf den Wegen zu bleiben, besonders in den Nationalparks und Reservaten, aber nicht nur dort. Auch sonst ist es durchaus angebracht, nicht querfeldein zu brettern. Immer sollte die Regel gelten, die Natur so zu verlassen, wie man sie vorgefunden hat, so dass auch der Nachkommende in den Genuss unberührter Landschaften kommt.

Da durch die geringe Luftfeuchtigkeit in den Wüsten der Verottungsvorgang merklich verlangsamt abläuft, gehört Toilettenpapier, so man sich nicht an den dafür vorgesehenen Orten befindet, verbrannt und die Exkremente vergraben, also eine kleine Grube ausheben, die mitgebrachten Streichhölzer verwenden und danach zuschütten. Selbstverständlich sollte es sein, Abfall wieder mitzunehmen und an legalen Stellen zu entsorgen.

Wasser ist kostbar. Namibia leidet immer wieder an starkem Wassermangel. Im Hotel sollte man eine kurze Dusche deshalb einem Vollbad vorziehen, die Handtücher müssen nicht nach jedem Abtrocknen in die Schmutzwäsche und beim Zähneputzen und Rasieren kann man den Wasserhahn schließen.

Die großen Wasserbehälter an den Pumpstationen auf kommunalem Land dienen als Trinkwasserreservoires für die Menschen. Verschiedentlich ist es vorgekommen, dass Touristen ein Bad darin genommen haben. Entsprechend zügellos war die Antwort derjenigen, die dieses Wasser trinken müssen.

Sozialökologisches Verhalten

Namibia ist ein armes Land, der Großteil der Bevölkerung lebt unter einfachsten Bedingungen. Die Jahre der Apartheid haben das Land geteilt, nur langsam gelingt es, breiteren Schichten einen relativen Wohlstand zu ermöglichen. Deshalb sollte der Besucher seine Besitztümer nicht zur Schau stellen. Wer seinen Reichtum zeigt, weckt Begehrlichkeiten, und Begehrlichkeiten werden befriedigt. Einmal abgesehen davon, dass es Unsinn ist, seinen Goldschmuck auf Safari mitzunehmen.

Auch der Smoking wird äußerst selten zur Geltung kommen. Die Gesellschaft Namibias ist an informelle Kleidung gewöhnt und findet es durchaus angenehm, sich nicht mehrmals am Tage umziehen zu müssen, um Formalien Genüge zu tun.

Begegnen Sie allen Mitgliedern der Gesellschaft, unabhängig von ihrer sozialen Herkunft und unabhängig ob schwarz, weiß oder farbig, mit Höflichkeit. Man wird es Ihnen danken, und vielleicht gewinnen Sie so auch Freunde bei jenen Teilen der Bevölkerung, die es von manchen Weißen nicht gewöhnt sind, nach den Regeln menschlichen Miteinanders behandelt zu werden.

Noch ein extrem heikles Thema: Das deutschstämmige Namibia war in diesem Jahrhundert von seinem Herkunftsland mehr oder weniger durchgängig abgeschnitten. Politische Veränderungen, Revolutionen und Putsche wurden nur vermittelt über die Medien des ehemaligen Heimatlandes erfahren. Es nimmt deshalb nicht Wunder, dass viele Dinge, die in

Deutschland dauernder und strenger Diskussion unterlagen und noch unterliegen, in Namibia kein Thema des Disputes waren. Die Schrecklichkeiten des letzten großen Krieges in Europa, seine Wirkungen, seine Horrorszenarien wurden so bei einigen in „Deutsch-Südwest" nie begriffen. So kann man in den Bibliotheken einiger Farmen auf Bücher stoßen wie „Hitler als Maler und Zeichner". An anderer Stelle entdeckt man das Buch „Deutsche U-Boote nach vorn", Seite an Seite mit dem 1934 in der Schweiz verlegten Buch „Die Moorsoldaten".

So widersprüchlich wie solche Funde sind sicherlich auch die Menschen, die diese Bücher gelesen haben. Ruhiges Argumentieren und Darstellung des eigenen Standpunktes ohne den Versuch zu rechten ist wohl der beste Weg, auf eine Einschätzung deutscher Geschichte zu reagieren, die zum großen Teil auf Unkenntnis basiert.

Einkaufen und Souvenirs

Bunte, lebhafte afrikanische Märkte findet man inzwischen in fast allen größeren Städten und natürlich in den Dörfern im Ovamboland und im Caprivi. Souvenirs sind auch in Curio Shops erhältlich. Im Gegensatz zu den Märkten mit Kunsthandwerk wird in den Curio Shops nicht gehandelt. Dafür können Sie mit Kreditkarte bezahlen. Wer Dinge des täglichen Bedarfs einkaufen will besucht einen der zahlreichen gut sortierten Supermärkte oder Take-aways.

Dinge des täglichen Bedarfs

In den Supermärkten der größeren Städte bekommt man so gut wie alles zu kaufen, was es auch bei uns gibt. Von den Grundnahrungsmitteln über frisches Gemüse und Obst bis hin zu Leckereien (wie z.B. Gummibärchen) sind die Regale mit allem gefüllt, was des Reisenden Herz begehrt. Auch Toiletten- und Hygieneartikel der bekannten Markenhersteller sind im Angebot. Softdrinks führt jedes Geschäft, Alkoholika dürfen nur in speziell dafür lizenzierten Läden (bottle stores) oder Abteilungen verkauft werden (die Samstag Mittag schließen und erst wieder Montag öffnen).

Die für ein afrikanisches Land überwältigende Auswahl in der Städten sollte allerdings nicht darüber hinwegtäuschen, dass die Versorgungssituation auf dem Lande gänzlich anders aussieht. Zwar gibt es in fast jeder Siedlung eine Art Kramladen, dessen Sortiment ist allerdings hauptsächlich auf den Bedarf der Farmer ausgerichtet: landwirtschaftliches Gerät, Saatgut, Konserven, Süßigkeiten, Softdrinks usw. Frisches Brot, Obst und Gemüse wird man aber vergebens suchen, denn das produzieren die Bauern selbst.

Eine ähnlich magere Auswahl von Frischem gibt es in den Läden, die den staatlichen Camps angeschlossen sind: Getränke, tiefgefrorenes Fleisch und Feuerholz in Hülle und Fülle, selten Kartoffeln und Zwiebeln, und nur mit großem Glück ist Obst oder Salat zu ergattern. Möglichst noch am Vormittag einzukaufen empfiehlt sich unbedingt. Wer nachmittags ankommt, wird die Regale häufig leer vorfinden.

Angesichts der sehr unterschiedlichen und oft auch schlecht abschätzbaren Versorgungslage abseits der Hauptstrecken, sollten Selbstversorger vor jeder Tour die Essensvorräte aufstocken und sich mit Brot, Obst und Gemüse eindecken.

Souvenirs

Souvenirs werden in Curio Shops und Antiquitäten- und Schmuckläden verkauft. Ein lebhafter Bazar spielt sich täglich in der Windhoeker Post Street Mall ab; hier lässt sich zwischen Herero-Püppchen und Ethno-Kitsch auch manch interessantes und originelles Stück entdecken.

Holzschnitzereien in reichster Auswahl bekommt man auf den beiden Märkten an den Stadtausgängen von Okahandja.

Vorsicht ist beim Kauf von Souvenirs geboten, die aus Tierprodukten hergestellt sind. Elfenbein darf zwar in Namibia in verarbeiteter Form frei verkauft werden, nach Europa importieren können Sie es aber nicht, da das Washingtoner Artenschutzabkommen jeden Handel mit Elfenbein verbietet (s.u.).

Kunsthandwerk

Die meisten Völker Zentral- und Südnamibias haben ein Nomadenleben geführt, das der Produktion besonderer Handwerkserzeugnisse nicht förderlich war. So gibt es z.B. keine originär-namibische Tradition der Holzschnitzkunst. Dafür wird viel aus Leder verarbeitet (Herero und Himba, Damara, San), geschnitzt wird aus Elfenbein, aus Schnecken- und Straußeneierschalen (Ovambo, Himba, San) oder aus Holz und Rohr geflochten (San, Caprivianer).

Berühmt und unter Sammlern geschätzt sind die mit einer großen Muschelschale geschmückten Halsketten verheirateter Himba-Frauen und die filigranen Perlenarbeiten der San. Eine sehr gute Auswahl traditionell-namibischen Kunsthandwerks bieten die Antiquitäten- und Souvenirläden in Windhoek und Swakopmund an, unbedingt empfehlenswert ist ein Besuch im hervorragend sortierten **Bushman Art** in der Windhoeker Independence Avenue (im Gathemann House). Eine weitere gute Adresse ist das **Namibian Craft Center** in der Tal Street (im ehemaligen Gebäude der Brauerei). Weitere Adressen finden Sie bei den jeweiligen Ortsbeschreibungen.

Beliebte Souvenirs der Gegenwart sind die farbenfrohen **Herero-Püppchen** mit der typischen viktorianischen Tracht der Herero-Frauen und die Holzschnitzereien von Okahandja. Die meisten Schnitzer sind Ovambo oder Flüchtlinge aus Angola und Zimbabwe, wo Holzbearbeitung eine lange Tradition hat. Besonders hübsch sind die zum Teil stark stilisierten Tierfiguren.

Alte Handwerkstraditionen im modernen, dem europäischen Geschmack angepassten Stil präsentieren einige Selbsthilfe-Initiativen, die besonders den vielen arbeitslosen Frauen und Mädchen in den ehemaligen Townships etwas Zubrot bringen sollen. So finden sich die für die Nama typischen Stickereien auf geschmackvoll gestalteten Servietten und Tischdecken, ja sogar auf Quilts wieder, und der Perlen- und

Straußeneierschmuck der San wird zu europäisierten, dem Touristengeschmack angepassten Kettchen und Ohrringen umgearbeitet. Diese Souvenirs sind zwar nicht „typisch afrikanisch“, dafür aber wesentlich tragbarer als die traditionellen Vorbilder, auf denen sie beruhen. Zudem wird dadurch auch der Ausverkauf des traditionellen Kulturgutes eingeschränkt, der beispielsweise bei den Himba erschreckende Ausmaße angenommen hat.

Mineralien

Mineraliensammler können sich in Namibia so gut wie überall und fast immer mit Erfolg betätigen: Ganze Hänge sind mit Rosenquarz gespickt, Strände mit Achaten gesprenkelt, Schluchten mit den verschiedensten Halbedelsteinen und Quarzen übersät. Wer es bequemer liebt: in den meisten Curio Shops gibt es Mineralien und Halbedelsteine abgepackt zu kaufen; oft kann man sich die Glitzersteine auch aus großen Wühltischen heraussuchen oder sie gleich nach Gewicht kiloweise erwerben. Häufig werden aus Halbedelsteinen kunsthandwerkliche Erzeugnisse gefertigt: Edelsteinbäumchen, Schlüsselanhänger oder Aschenbecher. Sammel- und Verkaufsbeschränkungen gelten nur für die in Namibia seltenen Sandrosen.

Wer die Mineralien in größerem Stil exportieren, oder besonders schöne und teure Stücke über die Grenze bringen will, bedarf einer Genehmigung. Die Ausfuhr nach Ländern der südafrikanischen Zollunion erlaubt das Minenministerium (Ministry of Mines and Energy, P.O. Box 13297,1 Aviation Road, Geological Survey Building, Windhoek, Tel. 061-2848111, Fax 238643). Wer nach Übersee exportieren will benötigt zusätzlich eine Genehmigung des Handelsministeriums (Ministry of Trade and Industry, P.O. Box 13340, Goethe Street, Windhoek, Tel. 061-2837111, Fax 253865). Die Genehmigungen werden im Allgemeinen unproblematisch erteilt. Es ist jeweils ein Formular auszufüllen, das abgestempelt wird, die Sachbearbeiter helfen bei der Beantwortung der manchmal verwirrenden Fragen.

Schmuck, Pelze

Von afrikanischen Vorbildern inspiriert, haben sich mehrere Goldschmiede auf Schmuckarbeiten spezialisiert, die traditionelle Formen mit kostbaren Materialien und Steinen zu sehr eigenwilligen und ebenso teuren Kreationen vereinigen. Diesen meist sehr wuchtigen und ungemein dekorativen Schmuck können Sie in den Juwelierläden in Windhoek und Swakopmund bewundern; wer ihn kaufen will, muss sehr tief in die Brieftasche greifen. Diamanten sind in ihrem Herkunftsland Namibia übrigens nur minimal günstiger wie in Europa.

Ein ebenfalls kostspieliges Vergnügen ist der Kauf von Kleidung aus Namibias Nationalpelz **Swakara** (**So**uth-**W**est-**A**frika-**Ka**rakulschafe, 1907 von Mittelasien über Leipzig nach Südwestafrika eingeführt). Mit dem bei uns berüchtigten Persianer hat das Fell des Karakul-Lammes wenig gemein. Seine Locke ist nicht dicht, sondern im Gegenteil ganz zart gewellt, die Farben changieren in verschiedenen goldenen Brauntönen sowie in Grau und Schwarz. Oft wird es, nach Innen gekehrt, als elegante, modische Lederkleidung verarbeitet. Wer ein solches Stück tragen will, sollte aber vorher wissen, dass es aus Fellchen neugeborener Lämmer genäht wird, denn schon drei Tage nach der Geburt weicht diese ganz besondere Struktur dem üblichen verfilzten Schafspelz.

Schafwoll-Teppiche

Um den Monat Oktober herum werden die Karakul-Muttertiere geschoren. Die Wolle wird nach Farben sortiert, ausgespült, kardiert (gekämmt), gereinigt und gefärbt. Normalerweise werden Anilinfarben benutzt, und zwar nur drei: Rot, Blau und Gelb. Nur wenn die Farben nicht rein sind, kommt als vierte Orange hinzu. Damit lassen sich alle Farbnuancen mischen. Danach wird die Wolle zu den **Webereien** gebracht. Dort werden kleine Knäuel geformt, die man gleichzeitig als Schiffchen für das Weben benutzt.

Vier Leute spinnen bei einer 40-Stunden-Woche etwa einen Monat, um 500 kg Wolle zu verarbeiten. Mit all den anderen Arbeitsgängen zusammen und schließlich das Wichtigste, das Weben, vergeht in mühevoller Handarbeit viel Zeit, bis die Wolle zu kunstvollen, gestalterisch und farblich beeindruckenden Boden- und Wandteppichen verarbeitet ist. Für die Durchlaufzeit von einem Quadratmeter Teppichfläche wird die Stundenzahl von drei Arbeitswochen benötigt! Damit erklären sich auch die relativ hohen Preise (etwa 200–250 € für den Quadratmeter fertigen Teppichs), die Herstellung ist ungeheuer arbeitsintensiv. Es gibt keine Kinderarbeit! Die Teppiche sind sehr dicht und fest gewebt, und jeder ist ein Einzelstück. Die Festigkeit und verbliebenes Wollfett gewährleisten leichte Pflege und Strapazierfähigkeit. Das Produkt wird mit Eulan gegen Motten behandelt und noch einmal ausgespült.

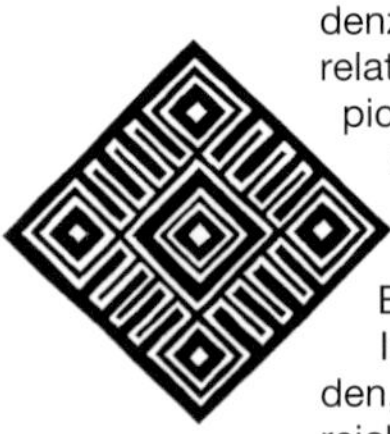

In den letzten Jahrzehnten sind in Namibia etliche Webereien entstanden, die vom Ein-Mann-Betrieb bis zu mehreren Dutzend Mitarbeitern reichen. Eine der größten Teppichwebereien mit etwa 50 Mitarbeitern ist in Swakopmund. Man kann seine eigenen Entwürfe verwirklichen lassen, oder aber auf Bilder von Christine Marais oder Conny Zander (beides bekannte Künstler) zurückgreifen und danach den Teppich weben lassen (nach ca. 4 Wochen ist er zum Versand fertig). Wer keine Zeit hat, kann sich auch aus dem großen Lager ein Dessin aussuchen (*Karakulia,* P.O. Box 1258, Swakopmund, 2 Rakotoka Street, Tel. 064-461415, Fax 461041, www.karakulia.com.na).

Auf dem Land, 110 km südöstlich von Windhoek, befindet sich die **Farm Peperkorrel,** eine weltweit bekannte Adresse für Teppich-Weberei (s. Route 14; Peperkorrel, Dorka Teppiche, P.O. Box 9976, Windhoek, Tel. 062-581581, Fax 581805, dorkateppiche@iway.na), und die Werkstatt von Dörte Berner, deren Skulpturen ebenfalls weit über die Grenzen Namibias hinaus berühmt sind.

Im **Weberdorf Ibenstein** bei Dordabis werden, geleitet von Berenike und Frank Gebhardt (Frau Gebhardt ist eine Enkelin von August Stauch, der in Namibia die Diamantenindustrie begründete), die *Ibenstein-Teppiche* gewebt. Ibenstein wurde 1952 von Marianne Krafft auf ihrer Farm gegründet. Ursprünglich nur auf Karakulwolle ausgerichtet, hat sich Ibenstein heute verstärkt auf Seidenwebarbeiten konzentriert. Man ist darauf bedacht, den natürlichen Talenten der Weber beim Entwurf in Farbe und Design „freie Hand" zu lassen. *Ibenstein Weavers,* P.O. Box 23, Dordabis, Tel. 062-573524, Fax 062-573544, www.ibenstein-weavers.com.na.

Auf der **Gästefarm Kiripotib** zwischen Dordabis und Uhlenhorst betreibt die Familie von Hase ebenfalls schon lange Jahre eine Weberei. Man wohnt in geschmackvoll eingerichteten Bungalows und erfährt bei den Mahlzeiten mit den Gastgebern viel Wissenswertes über das Land und die Region (Tel. 062-581419, www.kiripotib.com).

Anschriften weiterer Webereien sind erhältlich bei *Joachim Kessler,* Tannenwaldstr. 8, 73072 Donzdorf, Tel./Fax 07162-25557. Auf Anfrage sendet er auch Kataloge und Preislisten für Ibenstein-Teppiche zu.

Kolonial-Souvenirs Das knapp zwanzigjährige deutsche Intermezzo an der Südwestküste Afrikas hat den Antiquitätenläden des Landes eine Fülle historischer Erinnerungsstücke beschert, die immer wieder durch Replikate und Neuproduktionen ergänzt werden. Kenner finden beispielsweise bei **Peter's Antiques** in Swakopmund eine hervorragende Auswahl von Literatur. Daneben gibt es Orden, historische Postkarten, Waffen und allerlei Krimskrams aus der Kolonialzeit (www.peters-antiques.com).

Souvenirs und Artenschutz

Um den Bestand stark gefährdeter Tierarten wie beispielsweise Elefanten und Nashörner zu schützen, wurde 1973 das Washingtoner Artenschutzabkommen beschlossen, das u.a. den Handel mit Erzeugnissen dieser Tiere verbietet. Auch die Länder des südlichen Afrika haben dieses Abkommen paraphiert, drängen nun aber auf eine Änderung bzw. Lockerung der Bestimmungen bezüglich des Elfenbeins. Ihrer Ansicht nach hätte sich die Elefantenpopulation hier ebenso wie in Ostafrika so gut erholt, dass die grauen Riesen inzwischen eine Bedrohung für das Gleichgewicht der Natur darstellten. Folgerichtig wird in Namibia jedes Jahr eine bestimmte Anzahl von Elefanten zum Abschuß freigegeben. **Culling** nennt man diese staatlich reglementierte und unter Aufsicht erfahrener Wildwarte durchgeführte Hege, gegen die Tierschützer heftig protestieren – ein Protest, der bei den meisten Namibiern auf Unverständnis stößt.

Eine Folge des Culling ist, dass Elfenbein ganz legal auf den namibischen Markt kommt, hier verarbeitet und in den Souvenirshops zum Verkauf angeboten wird. Wer aber bei der Einreise im Heimatland mit Elfenbein erwischt wird, macht sich strafbar. Da Flüge aus dem südlichen Afrika meist sehr genau kontrolliert werden, ist die Gefahr der Entdeckung nicht zu unterschätzen.

Namibia-ABC

Brief- und Paketverkehr

Im Land existiert keine Postzustellung. Jede Adresse hat aus diesem Grund ein Postfach (Post Office Box/P.O. Box, dazu im Unterschied auch Private Bag/Postbus). Der Empfänger muss selbst nachschauen, ob Post für ihn angekommen ist (und kommt – auf dem Lande lebend – vielleicht nur alle zwei Wochen zu seinem Fach). Post mit Straße und Hausnummer-Adresse wird als unzustellbar an den Absender zurückgesandt. Post innerhalb Windhoeks dauert ca. 2 Tage, innerhalb des Landes bis zu einer Woche. Nach Übersee (Deutschland) kann Luftpost zwischen 3 Tagen und 2 Wochen brauchen. Postlagernde Sendungen werden 4 Wochen aufbewahrt und sind zu richten an: Hans Mustermann, Main Post Office, General Delivery/Poste Restante, Windhoek/Namibia

Feiertage und Ferien

Insgesamt gibt es in Namibia 12 nationale Feiertage. Der **Unabhängigkeitstag** erinnert an den 21. März 1990, die Gründung Namibias als souveräner Staat. Am 4. Mai 1978 bombardierten südafrikanische Streitkräfte auf angolanischem Boden bei Cassinga ein Lager der SWAPO. Fast tausend Zivilisten, auch Frauen und Kinder, kamen zu Tode, einige Hundert wurden nach Südwestafrika entführt. Die namibische Regierung beschloss, an diesen Überfall mit einem **Cassinga-Nationalfeiertag** zu erinnern. Der **Afrika-Tag** feiert die Gründung der Organisation der afrikanischen Einheit (OAU) in Addis Abeba. Am 26. August 1966 formierte sich die SWAPO zum erstenmal zum bewaffneten Kampf gegen die Mandatsmacht Südafrika, und der 10. Dezember verweist auf das Jahr 1959, als ein altes, von Schwarzen bewohntes Wohngebiet Windhoeks aufgelöst wurde und die Bewohner nach Katutura zwangsumgesiedelt wurden. Während der Demonstrationen erschoss man ein Dutzend Menschen, viele weitere wurden verletzt.

01. Januar	Neujahr
21. März	Unabhängigkeitstag
Karfreitag u. Ostermontag	
01. Mai	Tag der Arbeit
04. Mai	Cassinga-Tag
Christi Himmelfahrt	
25. Mai	Afrika-Tag
26. August	Heldentag
10. Dezember	Tag der Menschenrechte
25. Dezember	1. Weihnachtstag
26. Dezember	2. Weihnachtstag

Schulferien: Im südlichen Afrika gibt es drei Schulferientermine: 1. Ca. 4 Wochen von Ende April bis Ende Mai. 2. Ca. 2 Wochen von Ende August bis Anfang September. 3. Ca. 6 Wochen von Anfang Dezember bis Mitte Januar.

Feste und Festivals

Für die ältere Generation der deutschsprachigen Namibier sind die wichtigsten Feste natürlich der **Karneval** in Windhoek und in Swakopmund und das **Oktoberfest.** Im September findet das von der Bank Windhoek unterstützte **Windhoek Arts Festival** statt, mit Theater, Musik und Ausstellungen aus allen Bereichen der Bildenden Künste.

Das **Windhoek FilmFestival** Ende März/Anfang April zeigt namibische Filme und Programmkino. Ebenfalls in der Hauptstadt treffen sich einmal im Jahr im September der Volkstanzkreis Windhoek mit anderen Gruppen zum **//Ae/Gams Festival** mit traditionellen Tänzen. Januar/Februar wird bei Maltahöhe das **Lilienfest** gefeiert, wenn sich in einem Vlei nahebei die Blütenpracht aus dem Wasser erhebt. Am letzten Wochenende im August treffen sich die Herero zu ihrem **Ahnengedenktag** in Okahandja.

Fernsehen In Namibia strahlt die NBC ein eigenes Fernsehprogramm aus, es wird in englisch und teilweise in den Sprachen der einzelnen Ethnien gesendet. Mit Satellitenempfangsanlagen können deutschsprachige Sender wie VOX oder RTL u.a. empfangen werden. Das Programm wird in den Zeitungen abgedruckt. Das Fernsehen funktioniert nach der deutschen PAL-Norm, damit sind auch gekaufte Video-Kassetten kompatibel bzw. man könnte deutsche Kassetten mitnehmen.

Öffnungszeiten Geschäfte öffnen werktags zwischen 8 und 9 Uhr und schließen zwischen 17 und 18 Uhr. Ladenschluss am Samstag ist um 12 Uhr. Einige große Supermärkte haben auch am Sonntag Vormittag geöffnet. Alkoholika dürfen von Samstag Mittag bis Montag früh in Läden nicht verkauft werden. Banken sind werktags geöffnet zwischen 9 und 15.30 Uhr, Samstags zwischen 9 und 11 Uhr. Auf dem Land machen einige Banken um 13 Uhr eine Stunde Mittagspause. Postämter öffnen um 8.30 Uhr und schließen um 16.30 Uhr. Vereinzelt wird auf dem Land zwischen 13 und 14 Mittagspause gehalten. Behörden haben zwischen 8 und 13 und zwischen 14 und 16.30 Uhr geöffnet.

In vielen **Nationalparks** kann man zu jeder Tages- und Nachtzeit anreisen, wenn man im Besitz einer Buchung ist. Unter Umständen werden die Schlüssel der Unterkunft am Eingang hinterlegt. Für Tagesbesucher bestehen unterschiedliche Zugangszeiten. Genaue Angaben sind im Routenplaner festgehalten. Im Etosha National Park müssen die Rastlager vor Sonnenuntergang erreicht werden (wegen der Anfahrt innerhalb des Parks schließen die Eingänge deshalb ca. 1 Stunde vorher!). Man darf die Camps nicht vor Sonnenaufgang verlassen.

Die im Land verstreuten **Museen** haben sehr unterschiedliche Öffnungszeiten. Teilweise liegt es daran, dass sie ehrenamtlich geführt werden. Wo Besuche außerhalb der offiziellen Zeiten möglich sind, ist eine Telefonnummer angegeben. Dort kann der Zugang dann erbeten werden.

Wer auf Gästefarmen anreist, sollte die heilige **Mittagsruhe** der Farmer gebührend würdigen und keinesfalls zwischen 13 und 15 Uhr eine herzliche und freudige Begrüßung erwarten.

Rundfunk Seit 1976 gibt es in Namibia deutschsprachige Nachrichtensendungen. Zu Beginn der 1980er Jahre wurde die Sendezeit auf 80–100 Stunden in der Woche erhöht. Inzwischen kümmern sich 10 feste und 20 freie Mitarbeiter um das deutsche Hörfunkprogramm, das regelmäßig und täglich zu empfangen ist. Wochentags werden fast im Stundentakt Nachrichten auf deutsch gesendet, ebenso am Wochenende. Ansonsten ist das Programm bunt gemischt mit viel Musik (mit einer teils sehr hausbackenen Auswahl Richtung Polka-Dauerberieselung) und Informationssendungen.

Die *Deutsche Welle* sendet ihr Radioprogramm zwischen 18 und 22 Uhr UTC auf den Kurzwellenfrequenzen 6075, 7185, 9545, 11795, 13780, 15275 und 17860 Khz.

Sicherheitsvorkehrungen Vorsichtige Reisende bewahren nie ihr gesamtes Geld nur an einem einzigen Platz auf. Besser sind verschiedene Stellen und die Verteilung auf mehrere Personen. Zusätzliche Sicherheit geben Reiseschecks. Viele Lodges und Hotels bieten für Wertsachen Safe-Aufbewahrung an (Depositbox). Handtaschen können leicht entrissen werden, deshalb Geld und Dokumente vorzugsweise am Körper tragen. Bei Verwendung von Reiseschecks ist die dazugehörige Liste getrennt aufzubewahren. Befindet sich die Geldbörse in der hinteren Hosentasche, gehört lediglich der Tagesbedarf hinein, sicherer verstaut ist die Geldbörse in den vorderen Taschen.

Kriminalität Namibia ist ein Land, das im internationalen Vergleich zu den sichereren Ländern der Welt gehört. Die deprimierten Bemerkungen der Einheimischen über die hohe Gewaltkriminalität resultiert einfach daher, dass während der Apartheid praktisch keine Kriminalität in den den Weißen vorbehaltenen Gegenden verzeichnet wurde – der Vorteil, wenn auch der einzige, eines Polizeistaates. Die zunehmende Gelegenheitskriminalität ist von der sozialen Situation der Namibier abhängig. Die Zukunft wird zeigen, wie dieses Problem in den Griff zu bringen ist. Bis dahin müssen Vorsichtsmaßregeln befolgt werden.

Wagen mit Gepäck sollten nicht unbeaufsichtigt, die Fahrzeuge prinzipiell abgeschlossen sein, Geld am Körper getragen werden (nicht in Handtaschen), und nachts sollte man nicht durch unbeleuchtete Straßen in einsamen Gegenden gehen, die man noch dazu nicht kennt.

Diebstähle von Handtaschen, Fotoapparaten etc. finden in Windhoek verstärkt in der Gegend um die Christuskirche, im Bereich des Bahnhofes und beim Hauptpostamt statt. Autoscheiben werden in ganz Windhoek eingeschlagen, sobald sich etwas im Wagen befindet, das entfernt so aussieht, als ob man es „versilbern" könnte. Nehmen Sie den Service der Parkwächter in Anspruch, die versichern, auf Ihren Wagen ein Auge zu haben (zahlen Sie erst nach Rückkehr und lassen Sie dennoch nichts im Wagen). Achten Sie bei Stadtspaziergängen auf Gruppen Jugendlicher, die zur Tarnung Zeitungen verkaufen. Man kann sie recht gut von den regulären Straßenverkäufern unterscheiden, da die ersteren meist nur eine einzelne Zeitung in Händen halten. In Swakopmund besteht während der namibischen Sommerferien (um Weihnachten herum) verstärkte Diebstahlsgefahr.

Magnetische Wirkung auf kriminelle Elemente haben die Kasinos (verständlich, wenn man bedenkt, wieviel Geld dort umgesetzt wird). Auch die besten Sicherheitskräfte der Kasinos haben Schwierigkeiten, dieses Problem in den Griff zu bekommen und die angeschlossenen Hotels leiden darunter.

Überland sollte man an den Rastplätzen nur halten, wenn dort nicht schon ein anderer Wagen steht. An den Rastplätzen nahe der Städte, die unübersichtlich sind (Buschwerk!), sollte man ebenfalls nicht halten. Verschiedentlich ist es dort zu Überfällen gekommen. Betroffen sind auch Strecken, die vornehmlich nur von Touristen benutzt werden (z.B. die Überlandzufahrt von Süden nach Etosha).

Unter der Kriminalität leidet die farbige und schwarze Bevölkerung am meisten. Sie hat kein Geld für die Sicherheitsvorkehrungen, die sich der weiße Mittelstand leisten kann. So läuft der Löwenanteil der Delikte in den ehemaligen Townships ab, wo auch noch das allerletzte des wenigen Besitztumes der Menschen geklaut wird und es häufig zu Vergewaltigungen und Morden kommt. Die Polizei und die Rechtssprechung starten deshalb immer wieder große Kampagnen, um der Zunahme der Kriminalität entgegenzuwirken. Inzwischen können auch schon einige Erfolge verbucht werden.

Sprache In Namibia ist Englisch die Amtssprache. Afrikaans und Deutsch gelten als Verkehrssprachen. Die Mehrheit der schwarzen Bevölkerung verständigt sich untereinander neben Englisch in Afrikaans und Oshivambo. Im Norden des Landes wird – wegen der gemeinsamen Grenze mit Angola – teilweise auch ein wenig portugiesisch gesprochen.

Telefonieren Inländisch wurde das Telefonnetz auf automatische Vermittlung umgestellt. Inzwischen gibt es praktisch überall Direktwahltelefone und die sogenannten Farmleitungen gehören der Vergangenheit an. Diese waren von mehreren Teilnehmern gemeinsam genutzte Amtsleitungen, die durch eine Vermittlungsstelle bedient wurden. Jedem Teilnehmer war ein besonderes Klingelzeichen zugeordnet, auf das er hörte. Wenn jedoch von einem Telefon telefoniert wurde, waren die restlichen Anschlüsse blockiert. So war es manchmal ausgesprochen mühselig, einen Teilnehmer zu erreichen. Der Vermittlungsstelle musste der gewünschte Teilnehmer bzw. dessen Nummer mitgeteilt werden, sie stellte dann durch.
Die öffentlichen Telefonzellen sind zumeist Kartentelefone und für Ferngespräche untauglich, da man die Telefonkarten gar nicht so schnell wechseln kann, wie sie entwertet sind. Sinnvoller ist es, wenn man nicht vom Hotel aus telefonieren will, in ein Postamt zu gehen oder in einen der Telefonläden, die in den größeren Städten existieren. Unter der Nummer 1199 können Sie ein R-Gespräch („Collect Call") anmelden.

Um einen internationalen Anschluss zu erhalten, muss die Doppelnull gewählt werden. Die Vorwahl nach Deutschland ist 0049, nach Österreich 0043 und in die Schweiz 0041. Die internationale Vorwahl von Europa nach Namibia ist die 00264.

Funktelefon Das Funktelefonnetz in Namibia funktioniert wie in Deutschland nach dem GSM-Standard, d.h., dass man sich mit deutschen Karten einklinken kann – vorausgesetzt, der Provider hat eine Roaming-Vereinbarung mit einer der namibischen Gesellschaften getroffen. Wegen der weiten Strecken haben allerdings nur die Städte und deren Umgebung, die Hauptverkehrsstraßen und einige Rastlager ein Funknetz.

Wer innerhalb Namibias mit seiner europäischen Karte telefoniert zahlt die namibischen Gebühren plus die Gebühren des deutschen Providers. Das Kostengerüst ist unübersichtlich. Wer von Namibia aus in ein anderes Land des südlichen Afrika telefoniert wird gnadenlos mit Gebühren überhäuft: Die Verbindung geht dann über Deutschland und zurück. In allen Fällen ist es günstiger sich bei einem namibischen Provider eine Prepaid-Karte mit aktiver namibischer Nummer zu kaufen – die Tango-Card. Sie kostet unter 10 €. Das Gesprächsguthaben kann durch Kartenkauf erweitert werden (in diverser Stückelung).

Auf der Erweiterungskarte wird durch Rubbeln ein Code freigelegt, den man nach Anwählen einer vorgegebenen Nummer eingibt.

Mit einem satellitengestützten Funksystem kann man im ganzen Land telefonieren. Das Gerät ist tages-, wochen-, und monatsweise zu mieten und kaum größer als eines der älteren Handys. Die Kosten betragen um 2 US$ die Gesprächsminute und eine Tagesmiete macht etwa 60 N$ aus. Fragen Sie Ihren Autovermieter nach Sonderkonditionen für längere Zeiträume. Mit dem Iridium-System sind Sie immer und überall, auch im tiefsten Busch, erreichbar.

Zeitungen

In den Schreibwarengeschäften und Buchhandlungen sind in den meisten größeren Städten internationale Zeitungen und Zeitschriften erhältlich. Die wichtigsten nationalen Zeitungen sind der englischsprachige „Namibian“, der englischsprachige „Advertiser“ und die deutschsprachige „Allgemeine Zeitung“. Alle drei und das offizielle Regierungsblatt „New Era“ werden in Windhoek über den Straßenverkauf vertrieben.

Zeitverschiebung

Namibia stellt am ersten Sonntag im September bis zum ersten Sonntag im April (Südhalbkugel!) auf Sommerzeit um. Deutschland stellt am letzten Sonntag im März bis zum letzten Sonntag im Oktober (Nordhalbkugel!) auf Sommerzeit um. Durch die zeitversetzte Umstellung entstehen 4 Zeitperioden mit unterschiedlichen Uhrzeiten. GMT bedeutet Greenwich Mean Time (= mittlere Zeit des Nullmeridians, der durch Greenwich/England verläuft). Im Osten des Caprivi-Strips, bei Katima Mulilo, wird teilweise auf die Umstellung auf Sommerzeit verzichtet, da die angrenzenden Staaten auch keine Sommerzeitumstellung vornehmen. Meist wird aber extra darauf hingewiesen.

Vom letzten Sonntag im März bis zum ersten Sonntag im April:
GMT 10 Uhr/Deutschland 12 Uhr (GMT+2)/Namibia 12 Uhr (GMT+2)
Vom ersten Sonntag im April bis zum ersten Sonntag im September:
GMT 10 Uhr/Deutschland 12 Uhr (GMT+2)/Namibia 11 Uhr (GMT+1):
Vom ersten Sonntag im September bis zum letzten Sonntag im Oktober:
GMT 10 Uhr/Deutschland 12 Uhr (GMT+2)/Namibia 12 Uhr (GMT+2):
Vom letzten Sonntag im Oktober bis zum letzten Sonntag im März:
GMT 10 Uhr/Deutschland 11 Uhr (GMT+1)/Namibia 12 Uhr (GMT+2)

Bitte mailen (rkhhermann@aol.com) oder schreiben Sie uns Ihre Erfahrungen und wenn sich in Namibia Dinge verändert haben oder Sie Neues wissen. Herzlichen Dank!

TEIL III: LAND UND LEUTE

Namibia: Wilde, unberührte Natur

Namibia grenzt im Süden und Südosten an die Republik Südafrika, im Osten an Botswana, im Norden an Angola und im Nordosten an die Republik Zambia und an Zimbabwe (das einzige Vierländereck der Welt). Mit 824.292 qkm ist Namibia etwa doppelt so groß wie Deutschland, und mit 1,8 Einwohnern pro qkm eines der am dünnsten besiedelten Länder der Erde. Etwa 1500 km sind es von Namibias südlichem Grenzfluss, dem Oranje, bis zu seinem nördlichsten Punkt am Kunene. Knapp 600 km liegen zwischen dem Atlantik und dem Grenzzaun zur Nachbarrepublik Botswana, weitere 350 km ragt der Caprivi-Strip nach Osten in das zentrale Afrika hinein.

Man kann es in trockenen Zahlen ausdrücken oder mit überschwenglichem Enthusiasmus: Die unendliche Weite und Einsamkeit seiner Landschaften, die bizarre Schönheit seiner unberührten Natur ist Namibias größter Reiz. Es ist sein wichtigstes touristisches Potential, dessen Schutz und Erhaltung sowohl in den Jahrzehnten der südafrikanischen Oberhoheit als auch seit der Unabhängigkeit höchste Priorität eingeräumt wurde und wird.

Gebirge, Wüsten und Riviere

Namibias Herzstück ist die **Hochlandebene** mit einer durchschnittlichen Höhe von 1700 Metern, die von mehreren Gebirgen begrenzt bzw. akzentuiert wird. Im Südosten steht das Massiv der **Karasberge** (2202 m) zwischen Keetmanshoop und Karasburg, bei Windhoek erheben sich im Süden die **Auas-Berge** (2483 m) und im nördlichen Landesteil Namibias erreicht der **Waterberg** 1857 Meter, das **Otavi-Hochland** 2148 Meter.

Namibias höchste Gipfel liegen an der **Großen Randstufe (Escarpment),** die im Westen vom Hochland hinunter in die Ebene der Namib-Wüste überleitet. An den Rooirand- und Schwarzrandbergen in Südnamibia und im **Kaokoveld im Norden** bildet sie einen schroffen Felsabfall, der von steilen Tälern und Pässen durchschnitten wird. Im mittleren Teil bricht die Randstufe ab und das Hochplateau senkt sich allmählich zur Namib hinunter. Entlang der Randstufe erheben sich der **Gamsberg** (2351 m), das **Erongo-Massiv** (2350 m) und das Massiv des **Brandbergs,** dessen höchster Gipfel, der *Königstein* (2574 m), zugleich auch Namibias höchster Berg ist.

An die Randstufe schließt sich **nach Westen die Wüste** an: **Namib,** die Barriere, nannten die Nama diese unwirtliche Region, in der es nur wenige Wasserstellen und temporär wasserführende Riviere gibt. Der zwischen 80 und 120 km breite Wüstenstreifen senkt sich langsam von etwa 600 m Höhe am Fuße der Randstufe auf Meeresniveau und endet am Atlantik. Wie ein Schutzschild bewahrte die Namib jahrhundertelang die Völker Zentralnamibias vor dem Eindringen seefahrender Nationen. Die Portugiesen, die vor dieser Küste ankerten, sahen keinen Weg durch die Sanddünen ins Landesinnere.

Nach **Osten** und **Nordosten** zu flacht das Hochland allmählich ab und geht in das Becken der **Kalahari** über – eine Sandwüste auch dies, allerdings durch häufigere Regenfälle und wasserspeichernde Pfannen nicht so lebensfeindlich wie die westliche Namib.

Im **Norden** schließt an das Hochland eine Salz-Ton-Pfanne an, die den Mittelpunkt des **Etosha National Parks** bildet. Nördlich davon verzweigt sich der Kuvelai-Fluss, von Angola kommend, zu einem weitgefächerten Delta, er versickert in den Sandmassen der Kalahari. Diese Region, **Ovambo,** ist eine der wenigen in Namibia, wo intensiver Ackerbau möglich ist.

Ganzjährig wasserführende Flüsse besitzt Namibia nur mit dem *Oranje* im Süden (Grenzverlauf Südafrika) und dem *Kunene, Kavango, Chobe, Linyanti* und *Zambezi* im Norden (Grenzverlauf Angola/Zambia/Zimbabwe, Botswana). Alle anderen **Flussläufe, in Namibia Riviere genannt,** die das Hochland nach Osten bzw. Westen entwässern, sind den größten Teil des Jahres trocken und führen nur nach Regenfällen für kurze Zeit Wasser. Die wichtigsten Riviere sind im Westen (von Norden nach Süden): der *Hoarusib* (aus dem Kaokoveld), *Hoanib, Huab* und *Ugab* (aus dem Damaraland) sowie *Omaruru, Swakop* und *Kuiseb* aus dem zentralen Hochland. Sie alle münden in den Atlantik, doch nicht immer haben sie genug Wasser, um sich ins Meer zu ergießen. Im Osten führen *Schwarzer* und *Weißer Nossob, Elefantenfluss* und *Auob* das Wasser vom Hochland hinunter in das Kalahari-Becken. Der Great Fish River oder Großer Fischfluss entwässert das Hochland nach Süden in den Oranje.

Steppen und Halbwüsten prägen den größten Teil Namibias. Die feinen Unterschiede in der Vegetation erscheinen dem nicht botanisch vorgebildeten Besucher meist marginal: Im Süden herrscht **Dornbuschsavanne** vor, in Zentralnamibia weichen die Büsche dem Baumbewuchs mit vornehmlich Akazienarten. Erst nördlich von Okahandja sorgt dichtere Baumsavanne mit **Mopanebäumen** für eine deutliche Veränderung des Landschaftsbildes, das nach Osten hin in die zum Teil urwaldähnlichen Sumpflandschaften des Ost-Caprivi übergeht.

Der **westliche Gürtel** entlang des Atlantik ist reine Wüste. Die Sanddünen erreichen imposante Höhen bis zu 350 Meter und grenzen an mehreren Stellen ans Meer. Dazwischen liegen Kiesebenen, felsige Canyons und Inselberge. Bewuchs gibt es nur im Einzugsbereich des Küstennebels (Exkurs s.S. 113) und entlang der Riviere.

Seltenes Ereignis: Wasser in Sossusvlei

Klima

Namibia auf der südlichen Hälfte der Erdkugel besitzt einen Europa gegenläufigen Jahreszeitenrhythmus: Während unserer Wintermonate herrscht dort der (Süd)-Sommer, und der europäische Sommer entspricht dem namibischen (Süd)-Winter. **Regen** fällt nur im Südsommer **zwischen Oktober und April.** Intensität und Häufigkeit der Regenfälle nehmen von Nordosten (Caprivi) nach Südwesten (Südnamib) ab. Eine Ausnahme von dieser Regel bildet in guten Jahren der äußerste Süden Namibias, der manchmal vom subtropischen Winterregen des Kaplands profitiert. Somit gehört der größte Teil Namibia zur semi-ariden Klimazone des südlichen Afrika.

Innerhalb Namibias lassen sich **drei Klimabereiche** unterscheiden: Im *Nordosten* herrscht wechselfeuchtes Tropenklima vor, das den Ackerbauern in den Regenmonaten (Oktober bis April) im Jahresmaximum 700 mm Niederschlag beschert. Südlich und westlich anschließend empfängt das *zentrale Hochland* bis etwa Windhoek zwischen 300 und 500 mm Regen (meist zwischen November und März), der südliche Teil des Hochlandes nur noch 100 bis 200 mm. Diese Region ist nur und recht und schlecht für die Viehzucht nutzbar. Der gesamte Westen (Namib) und der Süden zwischen Karasburg und Oranje werden schließlich vom tropischen Halbwüstenklima bestimmt. Niederschläge fallen, wenn überhaupt, bis 100 mm. Eine besondere klimatische Zone bildet der westliche Rand der Namib, dessen Flora und Fauna durch Nebelfeuchtigkeit gespeist wird (Exkurs s.S. 113).

Wie für Wüstenlandschaften typisch, gibt es große Temperaturschwankungen zwischen Tag und Nacht. In Windhoek werden beispielsweise in den Süd-Wintermonaten von Juni bis August mittlere Maxima von 20 °C und mittlere Minima von 7 °C gemessen; im Süd-Sommer sind es 30 und 12 °C. Swakopmund am Atlantik besitzt mit Wintertemperaturen von 18 und 9 °C und Sommerwerten von 20 und 12 °C keine ausgeprägten Temperaturschwankungen, während Keetmanshoop im ariden Süden mit 22 und 6 °C im Winter und 35 und 18 °C im Sommer wieder größere Temperaturunterschiede zwischen Tag und Nacht verzeichnet. Dies sind aber nur mittlere Werte: Im Winter können die Extreme in Senken weit unter den Gefrierpunkt fallen während das Thermometer im Sommer in den Bereich der Vierziger steigt.

Wasserwirtschaft

Die mageren Regenfälle und zumeist trockenen Flüsse erschweren die landwirtschaftliche Nutzung Namibias. Extensiver Ackerbau ist nur im Nordosten und im Otavi-Bergland („Mais-Dreieck") möglich, einer wasserreichen Karstlandschaft, in der u.a. Weizen und Mais angebaut werden.

Doch auch für die im größten Teil Namibias praktizierte Viehzucht (Rinder in Zentralnamibia, im Süden hauptsächlich Schafe und Ziegen) benötigt man Wasserstellen. Die Farmer lösen dieses Problem durch das Bohren von Brunnen und den Bau von Dämmen („Dam" bedeutet in Namibia auch Stausee) in den Rivier-Betten. Mehrere große Wasserreservoirs wurden angelegt, um damit die Städte und agraren Gebiete versorgen zu können: Der größte ist der **Hardap Dam** bei Mariental mit über 300 Mio. Kubikmeter Fassungsvermögen, in dem sich der Fish River staut. Windhoek wird durch den Goreangab Dam (ca 4,7 Mio. Kubikmeter) versorgt.

Etwa 300 Mio. Kubikmeter Wasser werden jährlich in Namibia verbraucht, allein zwei Drittel in der Landwirtschaft (Bewässerungsprojekte 130 Mio. Kubikmeter, Viehzucht 67 Mio. Kubikmeter), 52 Mio. Kubikmeter von den städtischen Gemeinden und 34 Mio. Kubikmeter in ländlichen Gebieten, 15 Mio. Kubikmeter benötigt die Industrie.

Bedenkt man dabei, dass etwa 83% des Regenwassers durch Verdunstung verlorengehen, bleibt von den ohnehin spärlichen Regenfällen nur ein Siebtel der Landwirtschaft erhalten, und davon wird wiederum ein Großteil von der Vegetation aufgenommen. Nur 1% des Regenwassers gelangt in die grundwasserführenden Erdschichten, etwa 2% tragen zur Auffüllung der Reservoirs bei (Quelle: Allgemeine Zeitung, 13. Oktober 1995).

Da die Wasserprobleme mit den bestehenden Stauseen langfristig nicht in den Griff zu bekommen sind, wurden und werden Pipelines und Kanäle gebaut, um die dichter besiedelten Gebiete wie Zentralnamibia und Ovamboland mit Wasser zu versorgen. Um das Wasser über große Entfernungen zu pumpen, benötigt man allerdings auch Energie, an der es in Namibia fast ebenso sehr mangelt wie an Wasser. Dieses Defizit wollte man bereits unter südafrikanischem Mandat ausgleichen, und zwar durch den Bau eines **Staudamms mit Kraftwerk am Kunene,** das Namibias Energiebedarf decken sollte. Nach lauten und internationalen Protesten der Naturschützer wurde das Projekt schließlich gekippt.

Trockenflüsse als Wasseradern

Man mag es kaum glauben, wenn man die staubtrockenen Flussbette sieht, die als *riviere, oshana* oder *omiramba* bezeichnet werden – dies sollen die wichtigsten Wasser-adern des Landes sein ...? Auch wer in der Regenzeit erlebt, mit welcher Wucht ein **Rivier abkommen** kann, wird sein Augenmerk wohl mehr auf die Zerstörungen richten, die dadurch angerichtet werden, als auf den positiven Nutzen.

Die meisten Riviere führen nur wenige Wochen im Jahr an der Oberfläche Wasser, manche sogar nur alle paar Jahre einmal und fast alle nur auf bestimmten Teilabschnitten, selten auf der gesamten Länge. So kann der Swakop durchaus die Farmen in seinem Oberlauf mit Wasser beglücken, die Fluten des Atlantik erreicht der nasse Segen nur selten. Je nachdem, wie stark das Wasser fließt, sprechen die Farmer von einem gut oder schlecht abgekommenen Rivier.

So schnell das Wasser gekommen ist, so schnell versickert es auch wieder in den zumeist sandigen Flussbetten. Wie ein Schwamm saugen sich die Flusssande mit der Feuchtigkeit voll und leiten sie an darunterliegende Hohlräume weiter. Dort, wo Felsstufen ein weiteres Absinken des Wassers verhindern, staut sich die Feuchtigkeit im Sand und bildet einen natürlichen Sand-Damm, dessen Speicherfähigkeit sich das Wild zunutze macht, das nur tief genug graben muss, um an stehendes Wasser zu gelangen.

Um die Wasserversorgung der Farm zu sichern, werden Bohrlöcher eingebracht, mit denen man an die tiefen, wasserführenden Schichten gelangt und das Wasser dann meist mittels Windkraft nach oben pumpt (die weißen Windräder zeugen davon). Eine längerfristige Wasserspeicherung macht sich aber aktiv das Abkommen der Riviere zunutze, indem die anströmenden Wasserfluten mit einer Staumauer aufgefangen und gestaut werden. Solche Dämme verlieren allerdings sehr viel Wasser durch die hohe Verdunstung. Manchmal greifen die Farmer deshalb auch auf die natürliche Wasserspeicherfähigkeit des Sandes zurück. Dort, wo die geologischen Gegebenheiten es zulassen, wird Wasser in einem „Sand-Damm" aufgefangen. Dieser wird an Stellen angelegt, wo sich im Flussbett Sandablagerungen aufgehäuft haben. Deren Speicherfähigkeit wird durch den Bau einer Staumauer und Aufschütten von zusätzlichem Sand erhöht. Wenn das Rivier fließt, versickert das Wasser im Sand-Damm, bis es die tieferen, wasserundurchlässigen Gesteinsschichten er-reicht. Aus dem Reservoir kann das Wasser dann mit Hilfe von Pumpen an die Oberfläche geholt werden.

Geologie

Ein Blick in die Entstehungszeit der Erde

Namibias Landschaften sind ein Leckerbissen für jeden, der sich für Geologie interessiert. Während die ältesten Gesteinsschichten aus der Frühzeit der Erde in Europa durch Sedimente (Sand, Kies) überdeckt sind, hat die geologische Entwicklung Namibias eben diese Gesteine an vielen Stellen wieder freigelegt. Die untersten Schichten des Fish River Canyon sind bis zu einer Milliarde Jahren alt! Offenliegende Gesteine findet man aus jeder Epoche der Erdgeschichte, vielerorts sind sie so deutlich erkennbar, dass sich ihre Bedeutung auch geologischen Laien erschließt.

Drei große Landschaftsräume kann man in Namibia unterscheiden: die beiden **Wüstenebenen im Westen** (Namib) **und Osten** (Kalahari) und dazwischen **das zentrale Hochland** mit der Großen Randstufe, die in die Namib überleitet.

Die Namib

Der Wüstenstreifen zwischen Atlantik und Hochland zieht sich entlang der gesamten Westküste Namibias (und weiter nach Südafrika bzw. Angola). Er wird häufig als die geologisch „älteste" Wüste der Welt bezeichnet, das heißt, er ist früher entstanden als andere Wüstengebiete, wie die nordafrikanische Sahara oder die Wüste Gobi in China. Die Namib wurde in Trockenperioden ausgeformt, die vor ungefähr drei bis vier Mio. Jahren, abwechselnd mit feuchteren Epochen, das Klima des südlichen Afrikas bestimmten. Zugleich wurden durch die Erosion Gesteine zu Sand geschliffen und durch den Wind als Dünenriegel an der Küste aufgeweht, oder durch Flüsse ins Meer gespült und durch Meeresströmung und Winde an der Küste verteilt. In der namibisch-geologischen Geschichte gehören die Sedimentablagerungen der Namib, ebenso wie die der Kalahari, zu den jüngsten geologischen Erscheinungen.

Während in der Sahara Felsbilder von feuchteren Perioden und vom Hirtenleben der Menschen noch vor etwa 10.000 Jahren berichten, ist die Namib also schon weitaus länger ein unfruchtbares, nicht oder nur temporär bewohnbares Gebiet. Doch archäologische Funde belegen, dass auch in der Namib Menschen gelebt haben. Man hat runde Steinsetzungen und Abfallhaufen vornehmlich entlang der Küste ausgegraben.

Die spektakulärsten Wüstenformationen sind die Dünen, die sich entlang der Küste und am südwestlichen Rand der Großen Randstufe zu einem wahren Sandgebirge (um Sossusvlei) türmen. Die dort vorherr-schende Form der Sterndünen entsteht durch Winde, die Sand aus verschiedenen Richtungen anwehen. Sie besitzen mehrere Kämme, die von der Dünenspitze aus sternförmig auslaufen. Westlich von dieser Sterndünen-Region schließt sich ein Streifen in nord-südlicher Richtung gelagerter Längsdünen an, die bis zu 50 km Länge und bis zu 100 Meter Höhe erreichen können. Entlang der Küste gehen sie in **Barchanen,** sichelförmige Dünen, über, die vom Südwind geformt werden und stetig nach Norden wandern.

Im zentralen Teil der Namib, den man auf dem Weg von Windhoek nach Swakopmund und Walvis Bay durchquert, präsentiert sich die Wüste als monotone Kiesebene, in die die Riviere Swakop und Kuiseb Canyons geschnitten haben. Entlang dieser Flussläufe sind an manchen Stellen wahre Oasen der Vegetation entstanden: Büsche, Bäume und Wild nähren sich vom oberflächlichen Wasser der Trockenflüsse (Exkurs s.S. 101). Dazwischen erheben sich Inselberge und vom Sand abgeschliffene Granitkuppen.

Nördlich des zentralen Teils wechseln sich Dünen- und Kieswüste mit den breiten Flussbetten der Riviere ab. Die **„Skelettküste"** steht als Nationalpark unter Naturschutz und ist in ihrem nördlichsten Teil als Konzessionsgebiet eines Reiseunternehmens nur in organisierten Touren befahrbar. In diesem Gebiet gibt es spektakuläre Lehmformationen, die prähistorischen Burgen ähneln, und das Phänomen der „brüllenden Dünen": wenn Wind oder Besucher beim Abrutschen die feinen Sandkörner auf den Dünen in Bewegung setzen, entsteht ein eigenartig schnarrendes Geräusch!

Die Kalahari

Sie umschließt das namibische Hochland wie ein Halbmond von Osten und Norden. Der Ursprung dieser Wüstenlandschaft liegt 500 Mio. Jahre zurück, als sich aufgrund von Hebungen der umliegenden Länder eine große Senke bildete, die im Verlauf von Jahrmillionen mit Sedimenten aufgefüllt wurde. Die für die Kalahari typischen, von Norden nach Süden verlaufenden Längsdünen wurden schließlich vor etwa drei Mio. Jahren durch die vorherrschenden Winde aufgeworfen; sie verlaufen parallel zueinander und können eine Länge bis zu 50 km erreichen. Ihr Sand besitzt durch den hohen Eisenoxidgehalt des Bodens eine rötliche Färbung. Die Senken (Pfannen) der Kalahari sind ebenfalls eine Folge der Winderosion. Ihr Boden ist nicht so wasserdurchlässig wie der lockere Kalaharisand, so dass hier Wasser über längere Zeit stehen kann.

Im Gegensatz zur Namib liegt die Kalahari in einer Klimazone, die für gelegentlichen Regen und damit auch für Pflanzenwachstum sorgt. So ist das typische Kalahari-Erscheinungsbild nicht ein vegetationsloses Dünenmeer, sondern eine von Büschen und Bäumen bewachsene Landschaft, die beispielsweise im **Kaudom-Wildpark** oder in den Tierreservaten Botswanas erstaunlich dichte, urwaldähnliche Form annehmen kann. Sie wird von **Trockenbetten** durchzogen, die hier **Omiramba** heißen. Sie alle verlaufen parallel zur Dünenrichtung und scheinen auf das Delta des Okavango/Kavango in Botswana zuzustreben. Tatsächlich funktionieren die Omiramba wie Wasseradern, die in der Regenzeit das kostbare Nass zum Okavango hinleiten und in der Trockenzeit aus dessen Delta unterirdisch Wasser ansaugen. Je nach Vegetation werden verschiedene Kalahari-Formen unterschieden, so beispielsweise die **Salz-Ton-Pfannen,** deren größte Etosha ist, und das **Sandveld,** eine mit Dornbüschen bewachsene Wüste, in die die Herero nach den Gefechten am Waterberg flohen und in der sie den Tod fanden **(Omaheke-Wüste).**

Hinweis: Jeder, der mit dem eigenen Fahrzeug in der Kalahari reist, sollte dies mit dem nötigen Respekt tun: der Sand ist fein und unendlich tief. Im Kaudom ist deshalb unbedingt Fahren im Konvoi angeraten!

Das zentrale Hochland

Wie eine von Riesen erbaute Festung überragt es die Wüsten, die es einschließen. Das Hochland ist die Region Namibias, in der seit Menschengedenken Völker als Viehzüchter und Jäger eine Lebensgrundlage fanden, und auch heute noch ist es der wirtschaftliche, politische und administrative Mittelpunkt des Landes, obgleich mehr als die Hälfte der Bevölkerung nicht hier, sondern in dem fruchtbaren Gürtel nördlich von Etosha, in Ovambo, Kavango und Caprivi, lebt.

Das zentrale Hochland oder **Hardveld** endet gen Westen abrupt an der **Großen Randstufe (Escarpment)** und dacht sich nach Osten hin langsam zum Kalahari-Becken hin ab. Es ist durch tektonische Hebungen entstanden, die vor etwa 500 Mio. Jahren den gesamten südafrikanischen Raum aufgeworfen haben. Später wurden durch vulkanische Tätigkeit und Ablagerung von Sedimenten neue Gesteinsschichten aufgebaut und schließlich von der Erosion wieder abgetragen. So formtern sich die Gebirgslandschaften und Inselberge des nördlichen Hochlands aus.

Das **südliche Plateau** bildet dagegen eine weitgehend ebene Landschaft, von tiefen Schluchten durchschnitten. Diese Canyons sind ebenfalls durch Erdbewegungen entstanden, die Kraft des Wassers hat sie immer tiefer ausgewaschen.

Die wichtigsten geographischen Begriffe in Namibia

Dam Staumauer und Stausee

Koppje Hügel

Oshana temporär wasserführende Rinne im Ovamboland, die nicht so tief eingeschnitten ist wie ein Rivier und sich auch nicht deutlich von der Umgebung absetzt.

Pad Weg, als „Teerpad" wird die asphaltierte Straße bezeichnet.

Rivier Fluss. Alle Riviere (bis auf die Grenzflüsse) führen nur temporär Wasser (sie „kommen ab"), die meiste Zeit des Jahres sind es Trockenflussbetten, in denen wegen des häufig oberflächennahen Wassers Brunnen gebohrt und Wasserstellen angelegt werden. Im Nordosten Namibias (Buschmannland) werden die Riviere *omiramba* genannt (Sing. *omuramba*).

Veld Weites, offenes Land; spezifiziert als *sandveld* = Sandwüste; *hardveld* = Felsland (Hochland).

Vlei Senke, in der sich nach Regenfällen oder bei gut abkommendem Fluss (wie im Sossusvlei) Wasser sammelt. Durch die schnelle Verdunstung steht auch in den Vleis die meiste Zeit des Jahres kein Wasser. Oft lösen die Regenfälle im Boden gebundene Salze, so dass nach der Verdunstung eine Salzschicht auf dem Boden des Vlei verbleibt, vom Wild als Salzlecke geschätzt. Ein großes Vlei heißt Pfanne (Etosha-Pfanne).

Gesteine und Schätze im Erdinneren

Gesteine sind aufgebaut aus Mineralien, Bruchstücken von Gesteinen, Mineralien oder organischen Resten. Nach ihrer Entstehung unterscheidet man *magmatische, sedimentäre* und *metamorphe* Gesteine. Die meisten Erstarrungsgesteine (Magmatite) stammen in Namibia aus der Frühzeit der Erdgeschichte, als tektonische Bewegungen den halbflüssigen Gesteinsmassen aus dem Erdinneren immer neue Wege an oder bis unter die Erdoberfläche eröffneten. Sedimentgesteine *(Sedimentite)* gehören zu den späteren Phasen, in denen Meeresablagerungen die älteren Schichten überdeckten. Durch den Druck von Auffaltungen, durch chemische Prozesse im Erdinneren oder durch das Gewicht auflagernder Sedimente wurden diese ältesten Schichten zu metamorphen Gesteinen (den Zustand wandelnd) gepresst: aus Tonschiefer entstand Schiefer, aus Sandstein Quarzit und aus Graniten Gneise. Diese Gesteinsschichten sind besonders hart und erosionsresistent und enthalten wertvolle Mineralien. Fünf große gesteinsbildende Perioden lassen sich in Namibia unterscheiden:

– Die in der **Erdfrühzeit**, dem älteren Präkambrium (bis etwa 900 Mio. Jahren vor unserer Zeit) gebildeten Gesteine wurden durch den Druck darauffolgender Schichten in metamorphes Gestein gewandelt. Es enthält Quarzite, Gneis, Lava- und Graniteinschlüsse. Im jüngeren

– **Präkambrium** (bis etwa 570 Mio. Jahren) bildeten sich die sogenannten Damara-Schichten. In ihnen lagern Erze, wie Kupfer, Eisen, Zinn, Uran etc. Die Damara-Schichten bestehen aus Meeresablagerungen (Schlamm, Sand) und vulkanischem Gestein, das wiederum einer Metamorphose unterlag. Neben Dolomiten entstand so auch Marmor und Gneis. Erdhebungen brachten diese Schicht vor etwa 450 Mio. Jahren an die Oberfläche. Alle wichtigen Erzlagerstätten Namibias finden sich in den Damara-Schichten.

– Im **Kambrium** (vor 470 Mio. Jahren), in Namibia als Nama-Periode bezeichnet, waren große Teile des Landes wieder von Meer bedeckt. Aufs Neue lagerten sich Sandstein und Schiefer ab. Sie heißen Post-Damara-Schichten. Eine Lücke von fast 300 Mio. Jahren liegt zwischen ihnen und der darauffolgenden

– **Karoo-Formation,** die vor etwa 180 Mio. Jahren (Mitte des Paläozoikums) durch erneute vulkanische Tätigkeit viele Teile des südlichen Afrika mit Lava bedeckte. Sie überlagerte als Basaltschild die älteren Gesteine und schützte sie dadurch vor weiterer Erosion. So wurden beispielsweise auch die Sandstein-„Hügel“ der Nama-Zeit konserviert, der spätere „Unterbau“ der Sanddünen. Über das geologische Geschehen zwischen Post-Damara und Karoo-Schichten ist nichts bekannt, die Erosion hat die Gesteine wahrscheinlich wieder zerstört. In dieser Zeit haben auch die Dinosaurier ihre Fußspuren im Schlamm, der später zu Sandstein verbuk, hinterlassen.

– Ine der **Kreidezeit** begann ein Prozess, der für die wirtschaftliche Entwicklung Namibias größte Bedeutung bekommen sollte: Der Oranje schwemmte, aus Südafrika kommend, Diamanten an die namibische Küste. Sie lagerten sich in seinem Bett und im Sand entlang der Küstenlinie ab.

– **Erdneuzeit** (Tertiär und Quartär) wird der jüngste geologische Zeitraum genannt. Es ist die Phase, in der die aufgebauten Gesteinsformationen von den Kräften der Erosion wieder abgetragen wurden: ausgewaschen durch Flüsse und Regen, abgeschliffen durch Sand und Wind, gespalten oder mit „Wüstenlack“ überzogen durch Hitze (und Kälte). So entstanden auf der Grundlage der Urdünen aus der Karoo-Zeit (s.o.) die Wüsten Namib und Kalahari: Auf die Erhebungen wurde erodiertes Gestein, also Sand und Kiesel, geweht. Es bildete im Laufe der Zeit die aus der Namib bekannten Dünenformationen.

Durch Erosionskräfte regelrecht zersprungener Felsblock im Erongo-Gebirge

Gesteine

Magmatite sind das Endprodukt erstarrenden Magmas – ganz gleich, ob sich dieser Prozess im Erdinneren (Plutonite: Granit) oder an der Erdoberfläche (Vulkanite: Basalt) vollzogen hat.

Sedimentite entstehen durch mechanische oder chemische Verwitterung von Gesteinen aller Art und unter Mitwirkung von Organismen. Die Verwitterungsprodukte können im Wasser (z.B. Kalkgestein) abgelagert oder auch durch Windkraft umgelagert werden (Sanddünen). Typisch ist die vielfach geschichtete Struktur.

Metamorphite entstehen, wenn Gestein durch tektonische Veränderungen ins Erdinnere gelangt und durch Einflüsse wie hohe Temperatur oder hohen Druck umgewandelt wird. Auch hier sind Schichtungen (Schieferung) häufig.

Wichtige Gesteine in Namibia

Sandstein aus Ablagerungen von Sand und Bindemitteln (Ton, Kalk, Eisen) entstandenes Gestein, häufig mit pflanzlichen Spuren. Typisch: die horizontale Schichtung. Beispiel: Sandstein-Escarpment am Waterberg (s. Route 7a, s.S. 393).

Schiefer Metamorphit. Die darin enthaltenen Mineralien richten sich durch hohen Druck einseitig aus und lassen das Gestein in dünnen, übereinanderliegenden Platten brechen.

Granit körniges Tiefengestein, das sich aus Quarz, Feldspat und Glimmer zusammensetzt. In der Damara-Periode ist der Granit durch Druck, chemische Prozesse oder Hitze (eindringendes Magma) metamorph überprägt worden. Je nach Einfluss der Erosion (Temperatur, Sandstrahlgebläse) verwittert Granit zu unterschiedlichen Formen. In Namibia häufig und schön zu beobachten: die runden **Wollsack-Granite,** z.B. an der Spitzkoppe (s. Route 8) und Granitkuppen mit zwiebelschalenförmig abblätternder Oberfläche, wie beispielsweise an der Blutkuppe (s. Route 6).

Basalt Lava, die an der Luft zu einem sehr harten und widerstandsfähigen, fast schwarzem Gestein erstarrt ist (Karoo-Periode).

Dolomit gegenüber Kalkstein sehr widerstandsfähiges Gestein von gelblichbrauner Farbe, das in Namibia im Kambrium entstand; Hauptbestandteil ist Calcium-Magnesium-Carbonat.

Dolerit grobkörnige Basaltform; häufig als Gänge in anderem Gestein.

Kimberlit diamantenführender Schlot, auch „pipe" genannt. Häufig in Südnamibia, allerdings nicht diamantenhaltig; vor der Küste gibt es auch submarine Kimberlite.

Marmor metamorph überprägter Kalkstein mit mineralischen Beimengungen und entsprechend unterschiedlicher Färbung und Struktur. Fundort in Namibia: Karibib.

Gesteinsformationen

Damara-Formation mit die ältesten geologische Schichten aus metamorphem Gestein, besonders mineralienhaltig. Sie wurden durch Meeresablagerungen gebildet und durch Faltung und Erosion vielerorts freigelegt; Beispiel: Kaokoveld.

Nama-Formation In der Post-Damara-Epoche (auch Kambrium) angelagerte Sandstein- und Schieferschichten, Basis der Karoo-Formation. Durch die klare

	Schichtung sind sie deutlich zu erkennen. Beispiele: Fish River Canyon und Schichtstufenlandschaft entlang des südlichen Escarpments.
Karoo-Formation	Durch die vulkanischen Aktivitäten in dieser Periode mit erstarrter Lava überdeckte Gesteine u. Lava-Formationen; Gesteinsarten sind Basalte u. Dolorite.

Weitere geologische Begriffe

Urdünen	Hügelähnliche Gesteinsformationen der Nama-Epoche, die durch vulkanische Tätigkeit in der Karoo-Zeit von Basalt überdeckt und dadurch nicht weiter erodiert wurden. Wird darüber Sand angeweht, entstehen die für die Namib und Kalahari typischen Sanddünen.
Karst	Landschaftsform aufgebaut aus Kalkgestein, das durch chemische und mechanische Erosion unterhöhlt wurde. In den unterirdischen „Speichern" sammelt sich Regen und durch Riviere herangeführtes Wasser. Stürzt die Decke einer solchen Karsthöhle ein, bilden sich muldenförmige Vertiefungen (Dolinen) oder Seen. Beispiel: Otjikoto Lake bei Grootfontein (s. Route 7).
Intrusion	Vulkanisches Tiefengestein dringt in Spalten und Klüfte von darüberliegenden Gesteinsschichten ein und erstarrt. Erosion trägt die weicheren Schichten ab und legt schließlich das harte magmatische Gestein frei. Beispiel für ringförmige Intrusion: Brukkaros (s. Route 2).
Alluviale Sedimente	durch Wasser angeschwemmte Ablagerung. Beispiel: diamantenführende Sande an der Oranjemündung.
Aeolische Sedimente	Ablagerung durch Winderosion, die Dünen.
Submarine Sedimente	Ablagerung aus Zeiten, in denen das Land von Meer bedeckt war.

Schätze im Erdinneren – Namibias natürliche Ressourcen

Die geologische Entwicklung hat Namibia einen großen Mineralienreichtum beschert, die Entstehungsorte oder ursprünglichen Ablagerungsstätten sind aber im Lauf der Erdgeschichte durch die immer neuen Erdbewegungen teils schwer zu erreichen, teils so verstreut, dass die Förderung der Bodenschätze sehr aufwendig ist. Die bedeutendsten Fundstätten liegen entlang der Randstufe und hier besonders in der Lücke zwischen nördlichem und südlichem Escarpment-Verlauf sowie im Karstgebiet um Otavi/Tsumeb/Grootfontein und in der Südnamib. Gefördert werden **Diamanten** (bei Oranjemund), **Uran** (Rössing-Mine, Langer Heinrich und das neue Erschlie-ßungsprojekt „Valencia", alle nahe bei Swakopmund in der Namib-Wüste) und **Kupfer, Zink, Blei** (bedeutendste Minen bei Tsumeb und Grootfontein, für Zink bei Rosh Pinah). **Gold** wurde bei Karibib gefunden, wo auch **Marmor** abgebaut wird. Der Goldgehalt des Gesteins ist zwar nicht hoch, bringt aber doch beständig Erträge und derzeit ist der Abbau bis 2014 gesichert. Salz wird in Namibia dem Meer entzogen. Bei Walvis Bay gibt es eine große Salzgewinnungsanlage, in der man das Mineral mittels Verdunstung dem Meerwasser extrahiert.

Diamanten wurden wahrscheinlich durch den Oranje in die Südnamib geschwemmt. Zwar besitzt auch Namibia Kimberlite, das heißt Schlote vulkanischen Ursprungs, in denen diamantenführendes Gestein aus dem Erdinneren nach oben gedrückt wurde, doch konnten darin bislang keine Diamanten gefunden werden. So beschränkt sich die Förderung auf die Südnamib, wo erst im Tagebau bis zu 20 Meter tief in die Sandmassen hinein gefördert wurde und heute submarin in den Lagerstätten vor der Bergbaustadt Oranjemund nach den Edelsteinen gegraben wird. Die Sortierung der Steine erfolgt im NAMDEB-Center in Windhoek.

Mit **Uran** angereicherter Granit wurde am Rössing-Berg, 65 km nordöstlich von Swakopmund, mitten in der Namib-Wüste, entdeckt. Auch hier wird im Tagebau gearbeitet. Der riesige Krater, den die überdimensionalen Bagger in die Bergflanke gegraben haben, soll noch Uran für weitere 25 Jahre liefern. Wenn die Mine erschöpft ist, wird er eine Tiefe von 450 Metern, eine Länge von drei Kilometern und eine Breite von zwei Kilometern erreichen! Das gesamte Gelände von Rössing umfasst ein Gebiet von 100 qkm. Neben der Mine ist eine Aufbereitungsanlage und eine Bergbaustadt für die Arbeiter (Arandis) entstanden. Die beim Abbau und der Verarbeitung freigesetzte Radioaktivität und die Abfallprodukte bilden trotz der ergriffenen Vorsorgemaßnahmen eine große Belastung für die Umwelt und für die Gesundheit der Minenarbeiter. Deshalb waren die Genehmigungen zur weiteren Uran-Exploration in der Namib nicht unumstritten. Am Bergzug Langer Heinrich hat ein australisches Unternehmen den Zuschlag für den Uranabbau erhalten. Nicht weit entfernt wird ein „Valencia" genanntes Gebiet 2010 unter kanadischer Leitung in Produktion gehen.

Im Gegensatz zur Rössing-Mine und den NAMDEB-Grabungsstätten, die weitab der Zivilisation mitten in der Wüste liegen, befinden sich die Erzlagerstätten des Kupferdreiecks mitten in Farmgebiet zwischen Tsumeb und Grootfontein, das wegen seines besonderen Wasserhaushalts gleichfalls für den Ackerbau geeignet ist und deshalb auch „Maisdreieck" genannt wird. Die Erzlagerstätten am „Kupferberg" waren den namibischen Völkern seit Jahrhunderten bekannt und wurden von den San ausgebeutet, die die Erze gegen Waren der Ovambo-Händler tauschten. Die **Tsumeb-Mine** galt wegen ihres Mineralienreichtums als vielseitigste der Welt. Etwa 54 km entfernt liegt die ähnliche bedeutende **Kombat-Mine,** ebenfalls mit Kupfer, Zinn, Silber und zahlreichen Nebenprodukten. In der Nähe von Grootfontein, an der dritten Spitze des Dreiecks, wurden neue Erzlagerstätten entdeckt, die den ursprünglichen Gehalt der heute fast ausgebeuteten Minen angeblich noch in den Schatten stellen!

Zur Prospektion möglicher Erdgas- und Ölvorkommen hat die staatliche Gesellschaft *National Petroleum Corporation of Namibia* (NAMCOR) Konzessionsgebiete an mehrere internationale Ölmultis vergeben. Besonders erfolgversprechend ist das **Kudu-Erdgasfeld** vor der südnamibischen Küste, das als eine der größten Lagerstätten der Welt gilt. Noch ergiebiger soll das Gasfeld „Block 1711" vor der Skelett-Küste werden.

Wirtschaftlich unbedeutend, für den Sammler aber geradezu fantastisch, ist der Reichtum an **Mineralien,** über den man in Namibia sozusagen auf Schritt und Tritt stolpert. Bekannte Fundstätten sind beispielsweise der „Achatstrand" bei Lüderitz und der „Rosenquarzberg" in der Nähe von Ai-Ais. Daneben können auch Amethyste, Pyrite, Turmaline, Malachite, Jaspis und Tigeraugen gefunden werden. Sandrosen sind allerdings nicht so zahlreich wie in der Sahara, sie stehen unter Naturschutz und dürfen nicht entfernt werden.

Tier- und Pflanzenwelt Namibias

Klima und Landschaftsformen erfordern von Pflanzen und Tieren einen hohen Grad an Anpassung an extreme Temperaturunterschiede und Aridität. So herrschen in der südlichen Hälfte Namibias und im westlichen Teil vor allem wüstenangepasste Pflanzen vor, deren herausragende Fähigkeit darin besteht, das seltene Wasser zu speichern oder dank tiefer Wurzeln wasserführende Schichten anzuzapfen. Fast alle Büsche und Bäume schützen sich gegen Wildfraß durch Dornen oder Gift. Ihre Samen können lange Trockenperioden überdauern und treiben bei ausreichender Feuchtigkeit aus.

Ähnlich spezialisiert ist auch die **Fauna:** die Tiere sind in der Lage, längere Trockenperioden zu überstehen und ihren Wasserbedarf durch bestimmte Futterpflanzen und -tiere zu ergänzen. Außerdem besitzen sie einen sicheren Instinkt beim Auffinden von oberflächennahem Wasser, beispielsweise in Rivieren.

Ein deutlicher Vegetationswechsel wird sichtbar, je weiter man von Windhoek nach Norden kommt. Die Buschsavanne weicht immer dichterem Baumbestand, und schon bald begrenzen Baumsavannen und Galeriewälder entlang der Riviere die Straße. Hier kann auch Wild überleben, für das reichlich Grünfutter die Basis der Ernährung bildet und das auf regelmäßige Wasserversorgung angewiesen ist. Früher war diese Region der Lebensraum der „Big Five“: Löwen, Elefanten, Nashörner, Büffel und Leoparden. Heute sind sie vornehmlich auf Naturschutzgebiete und private Wildparks beschränkt. Dichte Trockenwälder bedecken den schmalen Landstreifen des Caprivi Strip im Nordosten. Entlang der wasserführenden Flüsse Kavango und Linyanti bilden sich Sümpfe mit ihrer typischen Artenvielfalt der Flora und Fauna.

Natürlich kann diese Einteilung der Fauna und dem Pflanzenbewuchs Namibias nur oberflächlich gerecht werden. Der namibische Botaniker W. Gieß unterscheidet in seiner 1971 erschienenen „Vegetationskarte Südwestafrikas“ drei Vegetationszonen: Wüsten, Savannen, Trockenwälder, mit insgesamt 14 Untertypen. Einen sehr anschaulichen und guten Überblick über die verschiedenen Gewächse, ihre Eigenschaften und Verbreitungsgebiete enthalten die Naturführer von Patricia Craven und Christine Marais, die jedem Interessierten unbedingt zu empfehlen sind. Wichtige Informationen über die Pflanzen- und Tierwelt der Nationalparks enthält auch das 1994 erschienene Handbuch „Nationalparks in Namibia“. (Angaben zu den Büchern im „Literaturverzeichnis“ im Anhang).

Giraffe am Wasserloch im Etosha-Nationalpark

Lebensraum Wüste

Pflanzenwelt

In den Wüstengebieten beschränkt sich die Vegetation, abgesehen von den Rivierbetten, auf bodennahe Büsche und Gräser, die nach den seltenen Regen aus dem Boden sprießen. Ein typischer Wüstenvertreter ist beispielsweise der **Talerbusch** *(Zygophyllum stapffii),* ein niedriger, bis zu einem Meter hoher Busch, der seinen Wasserhaushalt aus bodennahen Schichten und aus der Nebelfeuchte (Exkurs s.S. 113) bestreitet. Charakteristisch sind seine talerförmigen, fleischigen Blätter, in denen er das Wasser speichert. Ist sein Wasserhaushalt reduziert, fallen die Blätter ab. Vor der Verdunstung schützt sich der Talerbusch, indem er in den heißen Stunden des Tages seine Blattflächen von der Sonne abwendet, so dass nur die Blattkanten erwärmt werden. Er wächst auch in sandigen Gebieten entlang der Küste, bevorzugt aber in der Zentralnamib.

Hier ist, auf felsigem Untergrund, häufig auch der **Balsamstrauch** *(Commiphora saxicola)* zu finden, der in begünstigteren Regionen zu einem stattlichen Baum auswachsen kann. In der Namib erreicht dieser Verwandte der arabischen Myrrhe allerdings nur geringe Höhen und gleicht mit seinem gedrungenen Stamm, den wurzelähnlich ausgebreiteten und mit gelber Rinde überzogenen Ästen eher einem mythischen Gnom. Blätter trägt er selten, dafür locken aber seine leuchtend-orangen Früchte die Vögel an.

Leicht zu identifizieren ist auch die **Buschmannkerze** *(Sarcocaulon marlothii),* die zu den sukkulenten – den wasserspeichernden – Gewächsen gehört. Sie ist oft genauso hoch wie breit (bis zu 1,20 m), ihre Äste tragen Dornen, manchmal nierenförmige Blätter und lila Blüten, deren Früchte vom Wind weitergetragen werden. Das herausragende Merkmal der Buschmannkerze ist aber ihre wachshaltige Rinde, die das im Gewebe abgelagerte Wasser vor Verdunstung schützt und wie eine Kerze brennt.

Dort, wo Bodenfeuchtigkeit es zulässt, also meist entlang der Riviere, recken Akazien ihre dornigen Zweige in den Wüstenhimmel. Ihr bekanntester Vertreter ist der im „Südwester-Lied“ verewigte **Kameldorn** *(Acacia erioloba),* erkennbar an den bis zu 10 cm langen, an Erbsenschoten erinnernde Samenhüllen, die eine leicht samtige, graue Oberfläche haben. In ariden Regionen – der Kameldorn wächst auch in feuchteren Gebieten Zentral-namibias – bleibt der Baum niedrig und geduckt und verzweigt sich oft in mehrere, umeinander verschlungene Stämme mit einer weiten, schattenspendenden Krone, unter der sich gerne auch Wild aufhält. Gefürchtet sind seine paarweise angeordneten Dornen, die besonders junge Akazien vor dem Verbiss schützen. Sein Holz ist sehr hart und widerstandsfähig, weswegen die frühen Siedler den Kameldorn als Baumtaerial schätzten. Heute steht er unter Naturschutz.

Kameldorn

Sein großer Bruder ist der **Anabaum** *(Acacia albida),* wegen seines weißlichen Holzes auch „Weißholz“ genannt. Der Anabaum ist mit bis zu 30 Metern Höhe die größte Akazienart des südlichen Afrika. Seine Zweige fallen von der weiten Krone bis dicht an den Boden hinunter und bilden so wahre Schattenoasen. Er besitzt eine grünlich-graue Rinde, filigranes, hellgrünes Blattwerk, das er in der Regenzeit abwirft, und bis zu 4 cm lange Dornenpaare.

Sandige, salzhaltige Böden, wie sie viele Rivierbetten besitzen, liebt die besonders zart erscheinende, aber durchaus widerstandsfähige **Tamariske** *(Tamarix usneoides),* die mit ihren fedrigen Blättern und den nach unten gebogenen Zweigen ein wenig aussieht wie eine Zypresse.

Ebenfalls in Rivierbetten sieht man häufig den **Ebenholzbaum** *(Euclea pseudebenus)* mit weit herunterhängenden Ästen, dessen schwarzes Holz an seinen Namensgeber erinnert.

Ein besonders schönes, aber für jeden Wanderer zugleich unangenehmes Geschöpf ist der **Morgenstern** *(Tribulus terrestris)* mit seinen leuchtend gelben Blüten. Die niedrigwachsende Pflanze überzieht mit Vorliebe Land, das durch Erosion oder Verbiss bereits seiner ursprünglichen Pflanzendecke beraubt ist. Ihr afrikaanser Name „Piekers" sagt aus, was die hübschen Blüten und die tiefgrünen, fedrigen Blätter verbergen: heim-tückische Dornen, die an Kleidung und vor allem an Schuhen hängenbleiben und sich mit der Zeit immer tiefer bohren.

Zwei berühmte, **endemische Pflanzenarten** wachsen in der Namib: Die **Nara** *(Acanthosicyos horridus)* ist besonders in den Dünengebieten um Walvis Bay beheimatet und bevorzugt die Rivierbetten, von deren Grundwasser sie sich ernährt. Als dichtes, dornenbewehrtes Strauchwerk überzieht sie den sandigen Boden, und da sie keine Blätter besitzt, haben ihre Zweige die Aufgabe der Photosynthese übernommen. Nahrhaft sind ihre großen, runden Früchte mit gelblicher Schale, deren orangefarbenes Fruchtfleisch sehr wasserhaltig ist und deren Kerne wegen ihres Fettgehaltes geschätzt sind (daher auch der afrikaanse Name *butternut*). Sie war eines der Hauptnahrungsmittel der Topnaar-Nama, die das Fruchtfleisch zu Streifen schnitten, es trockneten und das aus den Kernen gewonnene Fett auch zur Gesichts- und Körperpflege nutzten. Noch heute gibt es einige Topnaar-Familien, die Nara-Felder bewirtschaften.

Die **Welwitschia** (*Welwitschia mirabilis,* s. Abb.) ist wohl eine der seltsamsten Pflanzen Namibias. 1860 wurde sie gleichzeitig von dem österreichischen Botaniker Friedrich Welwitsch in Südangola und dem Briten Thomas Baines im Swakoprivier entdeckt. Sie gehört zu den ältesten Pflanzengattungen der Erde.

Welwitschias (hist. Abb.)

Die auf dem **Welwitschia-Trail** (s. Route 6) mit Eisengittern geschützte Riesen-Welwitschia soll stolze 1500 Jahre alt sein. Die niedrige Pflanze wächst kaum in die Höhe und besitzt zwei breite Blätter, die sich unter dem Einfluss des Windes spalten und reißen. Durch das stetige Nachwachsen entsteht ein wahres Blattknäuel, das weit im Umkreis des eigentlichen Stammes den Boden bedeckt. Dieses Wirrwar dient einem wichtigen Zweck: der Wassergewinnung. Die Welwitschia wächst nämlich nur dort, wo die Küstennebel (Exkurs s.S. 113) die Namib befeuchten. Die Feuchtigkeit setzt sich an den Blättern ab und tropft auf den Boden. Auf diesem Weg erhalten die knapp unter dem Boden verlaufenden Wurzeln der Pflanze das wertvolle Nass.

Köcherbäume

Ein dritter endemischer Vertreter der Flora arider Gebiete ist der ungemein dekorative **Köcherbaum** *(Aloe dichotoma).* Er liebt felsige, hügelige Regionen, wie er sie in Südnamibia und im südlichen Damaraland vorfindet. Sein gerader Stamm öffnet sich zu einer erstaunlich symmetrischen, kreisrunden Krone von Ästen, an deren Enden spitze, harte Blätter stehen. Stamm und Äste enthalten ein schwammartiges Gewebe, in dem die Aloe Wasser speichert. Die San höhlten sie aus und benutzten sie angeblich als **Pfeilköcher.** Bei Sonnenuntergang erstrahlt die gelbliche, rissige Rinde des Köcherbaums wie flüssiges Gold, und seine filigrane Krone zeichnet bizarre Schattenmuster auf den Felsboden. Eigentlich ist der Köcherbaum ein Einzelgänger, doch in der Nähe von Keetmanshoop haben sich richtige Wälder gebildet, die teils unter Denkmalschutz gestellt wurden (s. Route 2, s.S. 307).

Ein besonderes Kennzeichen der küstennahen Namib-Region sind die vielen **Flechten,** denen in der Stabilisierung des nackten Bodens eine besonders wichtige ökologische Rolle zukommt, denn durch den Bewuchs wird er vor weiterer Erosion geschützt. Flechten sind eine Mischpflanze aus Pilz und Alge, deren Symbiose das gemeinsame Überleben sichert. Sie können, je nach beteiligter Algen- und Pilzart, die unterschiedlichsten Formen annehmen.

Da sie kühle, feuchte und eher dunkle Standorte lieben, finden sie entlang der Atlantikküste ideale Lebensbedingungen vor. Die Feuchtigkeit ziehen sie aus dem Nebel (Exkurs s.S. 113), der sie zugleich für einige Stunden des Tages vor übermäßigem Licht schützt. Sie können längere Trockenzeiten überstehen, um bei erneuter Wasserzufuhr in schönsten Farben aufzublühen. Flechten findet man vielerorts in Namibia, den schönsten Bewuchs aber in der Namib entlang der Küste. Wer mit dem Fahrzeug von den trassierten Pads abweicht, zerstört damit den Flechtenbewuchs und gibt den Wüstenboden der Erosion preis.

Nebel als Lebensspender

Morgens in Swakopmund: Ein grauer Nebel hüllt Fachwerk und Jugendstil ein, überzieht mit tausenden glitzernder Wassertröpfchen die Straßen, deren Oberfläche teils noch aus einem Salz-Gips-Gemisch besteht, und verwandelt sie in Rutschbahnen. Und er legt sich auch schwer auf die Brandung des Atlantik. Wenn sich die Nebeldecke bis 11 oder 12 Uhr mittags nicht lichtet, bleibt sie den ganzen Tag. Europäische Novemberstimmung im sonnigen Namibia. Wer vor der nassen Kälte in die Namib flüchtet, hat die Sonne spätestens 15 km landeinwärts wieder – im Rückspiegel steht die Nebelbank wie eine graue Wand über dem gelben Wüstensand.

Der Küstennebel ist ein meteorologisches Phänomen, das in erster Linie dem Benguela-Strom zu verdanken ist, der auf den gesamten 1500 km namibischer Küstenlänge fast parallel zu ihr verläuft. Von der Antarktis kommend führt er nicht nur eiskaltes Wasser mit, sondern ist auch reich an Plankton, weshalb in seinem Gefolge riesige Fischschwärme den Südatlantik durchziehen. Das Küstenklima ist durch diesen antarktischen Strom merklich kühler als das des Landesinneren. Seine Wasser kühlen die Luftschichten über dem Meer ab und schaffen eine stabile, kalte Luftzone über der See. Gleichzeitig wird die Festlandsluft tagsüber erwärmt. Sie steigt nach oben und zieht die kalte Meeresluft an Land. Hier wird auch diese erwärmt, verliert dabei die enthaltene Feuchtigkeit und steigt ebenfalls auf. Dieser Kreislauf sorgt für einen regelmäßigen Austausch der Luftmassen zwischen Meer und Festland, verhindert zugleich aber auch, dass die Meeresluft zu Wolkenbildung (und Regen) führt, da ihr die Feuchtigkeit bei der Erwärmung entzogen wird.

Nachts ist der Temperaturunterschied zwischen dem Festland und dem Meer allerdings geringer. Der ungeschützte Boden kühlt stark aus (jeder Wüstenreisende weiß, wie empfindlich kalt es in der Wüste werden kann), er kann die Meeresluft nicht mehr erwärmen, ihr die Feuchtigkeit nicht mehr entziehen. Wie eine schwere, nasse Decke kondensiert die feuchte kalte Luft zu Nebel, die Wassertropfen setzen sich auf dem Wüstenboden ab und bescheren Pflanzen- wie Tierwelt das wertvolle und überlebensnotwendige Nass.

Mehrere Stunden dauert es, bis die Sonnenstrahlen die dicke Nebelschicht durchdringen und den Boden wieder erwärmen können. Der Luftaustausch kommt wieder in Gang, der Nebel lichtet sich.

Tierwelt

Die Wüste ist der Lebensraum unzähliger Käfer, Spinnen, Schlangen und Skorpionen, die die unterschiedlichsten Formen der Anpassung an ihren ariden Lebensraum vollzogen haben. Vielen Käfer- und Spinnenarten genügt es, in den Stunden der größten Hitze an schattige oder kühlere Orte – unter einen Stein oder in unterirdische Höhlen und Gänge – zu flüchten. Andere halten einen „Sommerschlaf", der sie über die heiße Jahreszeit bringt, wiederum andere leben nur in den kurzen Perioden größerer Feuchtigkeit und legen Eier ab, die einen längeren Trockenzeitraum überstehen können, bevor die Jungen unter günstigen klimatischen Bedingungen ausschlüpfen.

Der spektakulärste Vertreter der Käferpopulation ist eine Unterart des **Tenebrio-Käfers** (afrikaans: *Tok-Tokkies*), der *Onymacris unguicularis:* Sobald der Nebel in den frühen Morgenstunden landeinwärts zieht, klettert er auf den Dünenkamm und stellt sich mit hochgerecktem „Hinterteil" und gesenktem Kopf dem Nebel entgegen. Der Nebel kondensiert an seinem Körper, und die so gebildeten Wassertropfen rutschen seinen Rücken entlang direkt in den Mund.

Ein anderer Käfer, *Lepidochora kahani,* buddelt Gräben quer zur vorherrschenden Windrichtung. Am Rande dieser Nebelkanäle kondensiert die Feuchtigkeit und sättigt den aufgeworfenen Sand. Der Käfer braucht sie dann nur noch herauszusaugen. Fast alle Käferarten ernähren sich von den winzig kleinen Abfallteilchen, tierischem Kot, Aas und Pflanzenpartikeln, die die Wüstenwinde an Hindernisse wehen – am Fuße einer Düne, an einem Stein oder Grasbüschel. Käfer sind Opfer und Nahrung für größere Insekten (Spinnen beispielsweise), von Schlangen, Vögeln oder kleinen Säugetieren wie des Goldmaulwurfs (s.u.), die so indirekt von der aufgenommenen Nebelfeuchtigkeit profitieren.

Von den über 160 **Spinnenarten** der Namib seien zwei besonders spektakuläre Exemplare erwähnt: Die *Carparachne aureoflava* oder **Wheelspider** lebt in einem Gangsystem in den Dünenkämmen, das sie mittels einer „Falltür" vor Eindringlingen sichert. Bei Gefahr legt das Tier seine Beine um den Körper, bildet so eine Kugel und rollt in wilder Flucht die Dünenhänge hinunter. Als **„Weiße Dame"** bezeichnet man in Namibia die *Leucorchestris arenicola,* eine weiße Raubspinne, die sich „tanzend" über den heißen Sand bewegt.

Erdhörnchen gehören zu den putzigsten Vertretern der ariden Landschaften. Zum Schutz vor der Sonne tragen sie ihren buschigen Schwanz steil nach oben gerichtet wie einen Sonnenschirm, in dessen Schatten sie ihrer Jagd nachgehen.

Der schon erwähnte **Goldmaulwurf** bewegt sich dank seiner flossenähnlichen Tatzen wie ein Schwimmer direkt unter der Sandoberfläche durch den lockeren und kühleren Untergrund.

Schabrackenschakal

Zu den größeren Räubern der Namib gehört der **Löffelhund** mit seinen kreisrunden Ohren, der **Schabrackenschakal** mit grauschwarzem Rükken und Rute, und die **Hyänen,** die im Rudel auch auf größere Tiere wie Spießböcke (s.u.) Jagd machen.

Die schönste und eindrucksvollste Antilopenart des ariden Namibia ist die **Oryx-Antilope,** auch **Spießbock** (afrikaans **Gemsbok,** *Oryx gazella*), deren Wüstenanpassung in vielem den körperlichen Schutzmechanismen ähnelt, die Kamele und Dromedare zum Überleben entwickelt haben. Die bis zu 140 cm hohe und bis zu 225 kg schwere Antilope trägt graubraunes Fell, das entlang des Rückenrists und am Unterbauch von schwarzen Streifen unterbrochen wird. Ihre schwarzweiße Gesichtszeichnung ähnelt einer Theatermaske. Das charakteristischste Merkmal sind die pfeilgeraden, bis zu 120 cm langen Spieße, die vom Kopf schräg nach hinten anstehen

und eine tödliche Waffe im Kampf mit angreifenden Raubtieren sind. Oryx-Antilopen besitzen die Fähigkeit, ihre Körpertemperatur über einen längeren Zeitraum den Außentemperaturen anzugleichen und somit Wasserverlust durch Transpiration zu verhindern. Eine Körpertemperatur von 42 Grad, für andere Spezies tödlich, überstehen die Tiere dank eines besonders dicht verzweigten Netzes von Blutadern, das ihr Gehirn kühlt, mehrere Stunden lang. Sie grasen nachts, wenn die Wüstenpflanzen Feuchtigkeit aufgenommen haben, und sind tagsüber oft im Schatten der Kamel-dornbäume oder hoch oben auf dem Dünenkamm zu finden, wo sie den geringsten Windhauch zur Kühlung nutzen. In den Rivierbetten graben die Tiere bis zu einem Meter tief nach Wasser. Erfahrene Wildhüter können anhand dieser Grabmulden Wasserstellen orten. Wenn sich Oryxe bedroht fühlen, können sie auch Menschen angreifen – also Vorsicht bei Begegnungen, wie sie beispielsweise am Sossusvlei gelegentlich vorkommen!

Ein Wüstenbewohner der felsigen und gebirgigen Regionen ist das **Hartmannsche Bergzebra,** ein geschickter Kletterer, den man an der Zeichnung über dem Schwanzansatz (wo schmale Querstreifen verlaufen) und den etwa gleichbreiten Streifen von seinem Steppen-Artgenossen unterscheiden kann. Nachdem es fast ausgerottet war, haben sich die Bergzebra-Bestände in Namibias Nationalparks wieder gut erholt. Auch das Bergzebra ist in der Lage, längere Trockenperioden zu überstehen, und wie die Oryx-Antilope gräbt es auf der Suche nach Wasser tiefe Löcher in die Riviere.

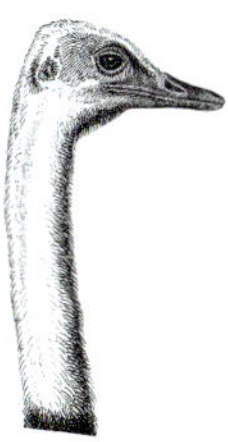
Vogel Strauß

Ein ähnlich imposanter Vertreter der Wüstenfauna ist der **Vogel Strauß,** der vor jedem näherkommenden Fahrzeug in wilder, doch überaus eleganter Flucht Reißaus nimmt. Dieser weltweit größte Vogel benützt sein schwarzweiß geflecktes (bei Weibchen graues) Federkleid zur Temperaturregulierung. Bei Hitze hält er seine Flügel wie eine Krinoline weitab vom Körper und fächert sich Luft zu. Bei Kälte dient das dichte Federkleid als wärmender Schutz. Strauße werden inzwischen auch von vielen Farmern als Fleisch- und Federlieferanten gehalten. Gefürchtet sind ihre spornbewehrten Klauen, die auch größere Angreifer töten können.

Wüstenlöwen und *Wüstenelefanten*, gelegentlich im nördlichen Teil der Namib anzutreffen (s. Route 10) sowie die berühmten *Namibpferde* (s. Route 4) sind keine besonderen endemischen Arten, vielmehr haben sie ihr Verhalten nur der ariden Umgebung angepasst und sind dadurch in der Lage, einige Zeit in der Wüste zu überleben.

Besondere Vorsicht ist vor den **giftigen Schlangen** und **Skorpionen** geboten, die sich bevorzugt unter Steinen oder unter Dünensand vergraben vor der Tageshitze schützen. Die charakteristischen, wellenförmigen Spuren der *Zwergpuffotter* lassen sich häufig auf den Dünenhängen erkennen, ebenso die Schleifspuren anderer Schlangen wie der harmlosen *Hornviper* und der winzigen *Sandviper,* deren Biss tödlich sein kann. Ungiftig ist dagegen das endemische **Namaqua-Chamäleon,** das mit seiner langen, klebrigen Zunge vor allem Insekten jagt (Exkurs „Schlangen" s.S. 67).

Lebensraum Küste

Dort, wo die Namib-Dünen den Atlantik erreichen, leben **Robben** in mehreren Kolonien. Die mit bis zu 100.000 Mitgliedern größte Robbengemeinschaft bei Cape Cross (124 km nördlich von Swakopmund) kann man besichtigen – Nasenklammern wären empfehlenswert, es stinkt bestialisch, und der Geruch bleibt noch stundenlang in den Haaren und der Kleidung hängen! Beim *Culling* wird ein Teil der Tiere erschlagen, damit das wertvolle Fell keine unnötigen Löcher bekommt.

Dieses Culling ist eine der umstrittensten Maßnahmen der namibischen Naturschutzpolitik. Es soll dazu beitragen, den Bestand der Tiere auf einem ökologisch verträglichen Niveau zu halten, denn nicht nur den internationalen Fangflotten, sondern auch den Robben ist zu „danken", dass Namibias Gewäs-ser leergefischt sind. 2006 wurde ein Bestand von etwa 900.000 Pelzrobben in Namibias Gewässern geschätzt, davon 220.000 Jungrobben. Die festgesetzen Quoten für das Culling hat man im gleichen Jahr auf 85.000 Jungtiere und 6000 Bullen festgelegt Die explosionsartige Vermehrung der Tiere liegt zum einen an einer Migration von Süden von der Kapküste, zum anderen daran, dass in den letzten Jahren die Culling-Quoten nur etwa zur Hälfte erfüllt worden. Dem wildnisentfremdeten Europäer kommt beim Erschlagen und Häuten der Jungtiere das kalte Grausen, doch eine Lösung alternativer Wachstumskontrollen ist nicht in Sicht. Die meisten Namibier empfinden die „Robbenernte" übrigens als notwendig und durchaus normal.

Entlang der Küste nisten zahlreiche **Vogelarten,** die wie die Robben in den fischreichen Gewässern des Benguela-Stroms ihre Nahrung finden. Zu ihnen gehören Kormorane, Pelikane, Flamingos und, auf mehreren vorgelagerten Inseln, auch Pinguine.

Pelikan

Den Vogelreichtum der Küste nutzten findige Kaufleute bereits vor der deutschen Kolonialzeit. Der vielerorts in dicken Schichten abgelagerte Vogelkot, der **Guano,** der beste natürliche Dünger der Welt (er enthält wegen der Fischnahrung der Vögel und dem damit aufgenommenen Meerwasser die zur Düngung wichtigen Phosphorverbindungen), wurde abgebaut und nach Europa verschifft. Inzwischen hat man die Guano-Gewinnung vereinfacht: große Plattformen, aufgestellt entlang der Küste, locken die Wasservögel zum Brüten an, die dabei ihren Kot hinterlassen.

Lebensraum Savanne

Savannenland ist ebenso wie Wüste keine uniforme Einheit, sondern je nach Lage und Vegetation sehr unterschiedlich: Der Kameldorn-Savanne im Osten steht Mopanebaum-Savanne im Nordwesten und Hochland-Savanne in Zentralnamibia gegenüber. Die Region erhält in der Regenzeit normalerweise Regenfälle zwischen 200 und 450 mm. Neben den oben beschriebenen Dornbüschen und -bäumen, die dank der besseren Wasserverhältnisse hier größer und imposanter heranwachsen können, kommt den Gräsern eine wichtige Bedeutung für die Viehzucht und als Nahrungsgrundlage für das Wild zu. Entsprechend vielfältig ist auch die Fauna der Savanne.

Pflanzenwelt

Im Übergangsgebiet zwischen Wüste und Savanne, im Süden und Westen Zentralnamibias, kann man noch einige besonders dekorative Pflanzen entdecken: beispielsweise die elegante **Kandelaber-Euphorbie**

(Euphorbia virosa), die felsigen Untergrund liebt und ihre vielen Arme, zu einem überdimensionalen Becher gewölbt, der Sonne entgegenstreckt. Sie gilt als giftigstes aller Wolfsmilchgewächse; ihr weißlicher Saft wird von Himba und San als Pfeilgift verwendet.

Ein Verwandter unserer Weinreben wächst ebenfalls auf felsigem Boden, z.B. an der Spitzkoppe: *Cyphostemma currorii* oder **Botterboom,** wie er in Namibia genannt wird. Ein gedrungener Stamm mit rissiger, gelblich-grauer Rinde läuft in mehrere dicke Äste aus, die in guten Regenjahren große Blattbüschel tragen. Sein Mark gilt als Heilmittel gegen Schädlingsbefall und Hautkrankheiten.

Auch der **Moringabaum** *(Moringa ovalifolia)* verankert seine Wurzeln am liebsten im felsigen Boden und an Abhängen. Auf den ersten Blick ähnelt er mit seinen kahlen, verkrüppelten Ästen und der weißgrauen Rinde dem Baobab (s.u.). Nach Regen treibt er filigrane Blätter und goldgelbe Blüten aus. In der Nähe von Okaukuejo wachsen Moringabäume so dicht beieinander, dass diese gespenstisch wirkende Formation den Namen „Märchenwald“ erhielt. Noch wenig genutzt ist das eigentliche Potential der Moringabäume: sie besitzen die Fähigkeit, verschmutztes Wasser zu reinigen.

Dem mächtigen Stamm des **Ahnenbaums** *(Combretum imberbe)* sollen die Urahnen der Herero entstiegen sein. Sie nennen ihn Omumborongbonga und verehren ihn als heiligen Baum. Er kann ganz unterschiedliche Wuchsformen annehmen – je nach Untergrund und Regenmenge. Als Busch gehört er zu jedem Herero-Kraal, wo er den Ahnenbaum symbolisiert. Die Blätter hängen an langen Rispen von den knorrigen Ästen herab. Sein Holz ist so hart, dass es als Rohmaterial für Holzkohle verwendet wird. Nützlich sind auch seine Blätter (gegen Erkältung) und die Wurzeln (gegen Magenschmerzen).

Nach Nordwesten zu drängt sich ein anderer eigenwilliger Baum in den Vordergrund: der **Mopanebaum** oder *Colophospermum mopane,* leicht erkennbar an seinen schmetterlingsähnlichen Blättern. Er kann bis zu 20 m hoch werden und richtige „Wälder“ bilden. In der Mittagshitze falten sich seine Blätter zusammen, um der Sonne wenig Verdunstungsfläche zu bieten. Auch er findet vielfach Verwendung, und die Ovambo schüren ihr heiliges Feuer mit seinem Holz.

Euphorbie

Rote Kontrastpunkte setzt der **Blutfruchtbaum** *(Terminalia prunioides)* mit seinen Früchten. In ariden Gebieten wächst er als Busch, in besseren Lagen als bis zu 15 m hoher Baum, dessen Holz zum Bau ebenso geschätzt wird wie Wurzeln und Rinde als Heilmittel gegen Husten.

Nur im Nordwesten und im Ovamboland sind in Namibia auch Palmen zu finden. Die dort verbreitete **Makalani-Palme** *(Hyphaene petersiana)* mit ihren apfelähnlichen Früchten wird auf unterschiedliche Arten genutzt. Am Stamm kann man Palmwein zapfen und die Keimlinge ergeben ein wohlschmeckendes Gemüse. Ihren größten Nutzen hat die Palme aber als Grundmaterial für Flechtkörbe und Windschirme, die aus den trockenen Palmwedeln gearbeitet werden, und mit ihren Samen als Romaterial für Schnitzereien.

Rinde und Blattwerk der hier beschriebenen und vielen anderen Savannenbäume werden auch vom Wild gefressen. Bedeutender für die Viehwirtschaft ist allerdings das Savannengras, von dem es unzählige Arten gibt. Nach den Regenfällen überzieht es das Land mit silbrig glänzenden Büscheln; die weiten Ebenen gleichen dann einer unwirklichen, glitzernden Feenlandschaft.

Tierwelt

Fast das gesamte Savannengebiet ist heute Farmland. Dadurch (und durch unkontrollierte Jagd) wurden die einstmals hier lebenden Tiere abgedrängt, teils fast ausgerottet. Traditionell ist die Savanne der Lebensraum von Elefanten, Nashörnern und Giraffen, von verschiedenen Raubtieren und mehreren Antilopenarten.

Weibl. Kudu

Das **Kudu,** eine der größten Antilopen, benützt seine schraubenförmig gedrehten Hörner zum Herabziehen der Zweige und kommt so in den Genuss des zarten Blattgrüns. Dank seiner dunkelgrauen Fellfarbe und der tief herunterhängenden Wamme ist es leicht von anderen Antilopen zu unterscheiden.

Zahlreich sind auch die nervösen **Springböckchen** mit hellbraunem Rücken, weißer Bauchzeichnung und leierförmig gebogenen Hörnern. Sie leben in größeren Herden in der Savanne und in der Salzwüste der Etosha-Pfanne. Wittern sie etwas Ungewöhnliches, setzen sie zu den charakteristischen Sprüngen an (die den Angreifer verwirren sollen), die sich in der Herde fortpflanzen, bis die Böckchen wie Jojos hüpfend davonstieben. In der Brunftzeit ist ihr röchelndes Röhren zu hören.

Gnus *(Wildebeests)* gehören zu den seltsamsten Paarhufern der Region. Die bulligen, dunkelbrauen Tiere mit der Zottelmähne am Kopf und den gebogenen Hörnern sehen aus wie ein prähistorisches Fabelwesen. Sie sind kurzsichtig und fast ebenso schwerhörig und halten sich deshalb am liebsten in der Nähe der Steppenzebras auf, deren geschärften Sinne sie sich zunutze machen. Fliehen die Zebras beim Anzeichen einer Gefahr, galoppieren ihnen die Gnus blind hinterher.

Gnu

Vor der Begegnung mit **Warzenschweinen** sollten sich vor allem Autofahrer hüten, denn eine Kollision mit den im Rudel wandernden Tieren kann nicht nur bei ihnen, sondern auch dem unachtsamen Fahrer (oder seinem Fahrzeug) Schaden anrichten. Unvermittelt bricht ein Keiler aus dem hohen Gras, gefolgt von den Jungen und den Sauen, die für die Rückendeckung sorgen. Das senkrecht aufgestellte Schweineschwänzchen dient als Signalflagge, an der sich die Jungen orientieren. Warzenschweine können mit ihren messerscharfen, nach oben gebogenen Hauern angreifende Raubtiere und auch Menschen verletzen.

Die weiten Grasflächen bieten dem **Geparden** einen idealen Jagdraum. Als eine der wenigen Großkatzen kann dieser flinke Jäger seine Krallen nicht einziehen. Er besitzt ein goldgelbes, mit dunklen Tupfen gezeichnetes Fell und einen im Verhältnis zum Körper relativ kleinen Kopf. Geparden können Spitzengeschwindigkeiten bis zu 100 km/h entwickeln, halten dieses Tempo aber nur auf kurzen Strecken durch. Anderen Großkatzen gehen sie lieber aus dem Weg. Namibia besitzt übrigens mit etwa 2500 Tieren die weltweit größte Geparden-Population, die zu 90% wild auf Farmland lebt.

Ihre größeren Artverwandten, die **Leoparden,** sind zwar keine so guten Läufer, können dafür aber um so besser klettern und bevorzugen deshalb gebirgiges oder baumbestandenes Gelände. Die nachtaktiven Tiere ziehen sich tagsüber in Höhlen oder auf Bäume zurück. Man wird einen Leoparden deshalb in freier Wildbahn kaum zu Gesicht bekommen. Da sie zu den gefährlichsten Raubtieren der Savanne gehören, werden sie auch von erfahrenen Jägern gefürchtet.

Zu den Grundregeln für **Wanderungen** gehört für wildniserprobte Menschen deshalb nicht nur die Spuren am Boden zu lesen, sondern den Blick auch nach oben, in die Krone des Baumes zu richten, unter dem man hindurchgeht – dies nicht nur wegen den Leoparden, sondern auch wegen der **Schwarzen Mamba,** die sich ab und an aus dem Geäst auf ihre Opfer fallen lässt, während andere unangenehme Artverwandte, wie **Puffottern** und **Kobras,** meist ebenerdig vorgehen.

Geparden

Löwen sind sehr träge, faule Räuber, die den Tag am liebsten dösend verbringen. Nur die Weibchen jagen und ernähren damit ihre Jungen und die männlichen Tiere des Rudels. Löwenrudel lassen sich am besten in den frühen Morgenstunden beobachten, wenn sie sich auf die Jagd vorbereiten. Oft lagern Löwen in der Nähe von Wasserstellen, träge das Wild beobachtend oder angespannt und sprungbereit. Das nächtliche Gebrüll der Großkatzen kann man in den offenen Landschaften oft kilometerweit hören.

Löwen sind ein Höhepunkt der Tierbeobachtung in Namibia, der andere sind zweifelsohne **Elefanten.** Auch sie sieht man alleine oder in Gruppen in der Etosha-Pfanne, mit etwas Glück aber auch in den Rivieren des Skelettküstenparks, im Damaraland abseits der Hauptwege und in größeren Herden im Caprivi. Elefanten auf Schritt und Tritt begegnen dem Besucher in den Nationalparks Chobe und Moremi (Botswana). Etwa 2000 Elefanten leben im Etosha National Park, von dem aus sie nach Osten ins Kaokoveld und manchmal bis an die Skelettküste wandern. Sie gelten als die größten Elefanten Afrikas. Sie haben einen täglichen Futterbedarf von über 200 kg Pflanzennahrung, eine enorme Menge, die erklärt, warum von den Herden heimgesuchte Landstriche einer zerbombten Landschaft mit ausgerissenen und kahlgefressenen Bäumen ähneln. Weibchen und Junge ziehen in kleinen Verbänden umher, die von einer Leitkuh angeführt werden. Männliche Tiere werden im Alter von etwa 12 Jahren aus dem Rudel ausgeschlossen und leben dann als Einzelgänger oder in Bullenherden. Begegnungen mit Elefanten sind sicher eines der eindrucksvollsten Erlebnisse, doch sollte man sich besonnen verhalten und bei Drohgehabe – ausgeklappten Ohren – lieber den Rückzug antreten. Vorsicht ist vor allem beim Zusammentreffen mit älteren Einzelgängern oder mit Herden, die Junge dabeihaben, geraten. Tipp: Keine Zitrusfrüchte im Auto bei Anwesenheit der Dickhäuter – Orangen, Zitronen etc. sind ihr Leibgericht, und sie haben dafür schon Autos zerlegt wie Konservenbüchsen, um an die Köstlichkeit zu gelangen!

Nashörner sind, im Gegensatz zu ihrem martialischen Aussehen, eher friedliebende Tiere, zumindest das „Weiße“ oder **Breitmaul-Nashorn,** das wegen seiner Sanftheit in Namibia fast ausgerottet wurde („weiß“ hat mit der Farbe des Tieres nichts zu tun, *weidmond* heißt auf

Afrikaans „Breitmaul“). Sein Artgenosse, das **Spitzmaulnashorn,** gilt dagegen als aggressiv, greift gelegentlich auch Fahrzeuge an und konnte sich dank dieser Eigenschaft etwas besser gegen Wilderer verteidigen, so dass heute etwa 700 Exemplare dieser Art in Etosha leben, während Breitmaulnashörner vor allem auf Wildfarmen wieder gezüchtet und gehegt werden. 1994 setzte man auch die ersten Breitmaulnashörner wieder in Etosha aus. Das Verhängnis dieser Tiere ist ihr Horn, das in Asien als potenzförderndes Mittel, in den Ländern der Arabischen Halbinsel als Dolchgriff begehrt ist. Namibias Wildhüter haben viele Nashörner zu ihrem Schutz „enthornt“, eine Maßnahme, die allerdings nur kurzfristig Erfolg zeigte, denn das Horn wächst nach, und schon ein kleiner Stumpf verspricht den Wilderern so hohen Gewinn, dass sie das Tier töten.

In den Vormittagsstunden lässt sich mit etwas Glück auch eine große Echse beim „Sonnenbad“ auf einem Stein beobachten: der **Waran.** Normalerweise flüchten die oft über einen Meter langen Tiere beim ersten Anzeichen einer Gefahr, manchmal stellen sie sich aber auch einfach tot. Wer zu nahe an sie herangeht, riskiert einen schmerzhaften und leicht entzündlichen Biss!

Auch unzählige Vögel bevölkern die Savanne: Unübersehbar die **Webervögel,** die mit ihren Nestern die Bäume überziehen und sie häufig richtiggehend ersticken. **Trappen** fliegen in Schwärmen auf oder flüchten schutzsuchend ins hohe Gras, **Frankoline** sonnen sich auf Felsen oder Hügelkuppen, und in den Baumkronen sorgen die vielfarbigen **Tokos** für bunte Tupfer im Gezweig.

Lebensraum Trockenwald

Wo ausreichend (um 500 mm) Regen fällt, sind die sandigen Böden des Kalahari-Beckens mit dichtem Wald bestanden. Die meisten hier beschriebenen Baumarten wird man auch im Buschmannland und nordöstlich angrenzend im Caprivi finden, allerdings häufig größer und imposanter gewachsen. Viele Bäume dieser Region wechseln im Herbst ihr Laub, dessen bunte Färbung der Landschaft einen ganz eigenen, fast mitteleuropäischen Charakter verleiht. Galeriewälder säumen die wasserführenden Flüsse. Es sind vornehmlich Akazienarten, die den lehmhaltigeren Boden entlang der Rivieren dem lockeren Sand der Kalahari-Dünen vorziehen. Im Überschwemmungsgebiet des Linyanti verwandeln sich die Sandböden nach Regen in schweren Morast. Flüsse und Sümpfe bilden Biotope, in denen sich Sumpfantilopen, Flusspferde und vor allem zahlreiche Vogelarten wohlfühlen.

Pflanzenwelt

Je näher man dem Buschmannland kommt, desto häufiger werden die Affenbrotbäume oder **Baobabs** *(Adansonia digitata),* deren meist unbelaubte, krakenartige Äste wie die Arme urzeitlicher Riesen das Buschveld überragen. Um Tsumkwe herum stehen einige besonders mächtige Exemplare dieser Spezies (s. Route 13b); auch nördlich von Grootfontein können Baobabs besichtigt werden.

Unweit von Tsumkwe liegt der **Kaudom-Wildpark,** ein fast völlig unberührter Nationalpark mit der für die Savannen typischen Fauna und einem sehr hohen Baumwuchs. Ahnenbäume, Dolfholz- und Blutfruchtbäume wurzeln tief im sandigen Boden und können imposante Höhen,

Wag'n bietjie

bis zu 20 m, erreichen. Entlang der beiden Trockenflüsse des Kaudom stehen Akazien, darunter auch die **Schirmakazie** *(Akazia tortilis)* mit ihrer schönen flachen Krone, die eine malerische Silhouette vor dem Sonnenuntergangshimmel abgibt, und der **„Wart-ein-bisschen"-Baum,** *(Wag'n bietjie, Ziziphus mucronata),* der seinen freundlichen Namen seinen gar nicht so freundlichen, hakenförmigen Dornen verdankt. Man bleibt leicht an ihnen hängen und kann sich nur mit Mühe befreien.

Richtung Nordosten gedeihen im Sumpfsystem des Linyanti **Riedgras** und **Papyrus.** Im südöstlichen Abschnitt der Trockenbaumsavanne wächst ein beliebtes Allheilmittel gegen Erkrankungen verschiedener innerer Organe und gegen Schmerzen: die **Teufelskralle** *(Harpagophytum procumbens).* Die flachwachsende Pflanze besitzt tiefe Wurzeln, an denen kartoffelförmige Früchte heranreifen. Diese werden getrocknet, gemahlen und zu einem Tee aufgebrüht.

Baobab im Buschmannland

Tierwelt

Die Tierwelt ähnelt der Savannenfauna, doch je feuchter das Habitat wird, desto häufiger findet sich auch anderes Wild ein. **Flusspferde** bevölkern die Wasserläufe und -tümpel; tagsüber ruhen sie für den Besucher fast unsichtbar unter der Wasseroberfläche, nur nachts verlassen sie ihre feuchte Heimstatt, um zu grasen. Dann sind die scheinbar so trägen Tiere gefährlich, denn sie greifen alles an, was sich zwischen ihnen und ihrem Wasserloch befindet, und mit messerscharfen Hauern können die Pflanzenfresser mühelos auch Menschen töten.

Ein anderer gefährlicher Bewohner der Flusswelt ist das **Krokodil;** die meisten Echsen leben im Kavango, doch auch in den anderen Gewässern sind sie zu Hause. Vom Baden in den Flüssen ist deshalb dringend abzuraten – außer Einheimische geben Tipps für Badestellen.

Scheue und selten gesehene Tiere sind die **Sitatungas,** mittelgroße Antilopen mit graubraunem, zottigem Fell, das weiße Streifen aufweist. Sie sind hervorragend an ihren Lebensraum angepasst, können beispielsweise die Hufe spreizen, um ein Einsinken zu verhindern, und sehr gut schwimmen. Im Caprivi (sonst nur noch geschützt auf dem Waterberg Plateau) leben auch die letzten afrikanischen **Büffel** Namibias, die ebenfalls mit Vorsicht zu genießen sind: die intelligenten Tiere umgehen ihre Feinde und starten ihren Angriff in dessen Rücken.

Die baumbestandene, feuchte Landschaft lockt zahlreiche Vogelarten an: die schönsten Stelzvögel wie der **Klunkerkranich** und der **Rotbauchreiher** sind hier beheimatet, dazwischen stolzieren **Sekretäre** mit ernster Miene auf der Suche nach Futter durchs Gras. Aus den Baumkronen dringen die heiseren Rufe der **Lärmgrauvögel** und Tokos, und Adler, Falken und Geier zeichnen elegante Kreise und Schleifen in den blauen Himmel.

Safariführer

Der **Afrikanische Elefant** *(loxodonta africana, elephant)*, ist mit sieben Tonnen Gewicht (Bulle, eine Kuh wiegt um vier Tonnen) das schwerste lebende Landsäugetier. Sein Rüssel dient mehreren Zwecken: Futtersammlung, Riechen, Tasten, Atmen, Trinken, Trompeten und in Verbindung mit den Stoßzähnen auch zum Kampf. Die Stoßzähne werden ebenso zur Futterbeschaffung genutzt (Entrinden von Bäumen, Wurzelausgrabung). Die riesigen Ohren spielen eine wichtige Rolle für den Ausgleich der Körpertemperatur. Stellt ein Elefant seine Ohren seitlich weg ist dies eine Drohgebärde, die seine Angriffsbereitschaft signalisiert. Die Tiere leben in Herden von 10-100 Tieren, geführt von einer Kuh, die ihr Leben lang bei der Herde bleibt. Bullen verlassen die Herden im Alter von etwa 10 Jahren. Elefanten werden 60–70 Jahre alt und benötigen pro Tag 180–250 kg Futter – der Grund, dass die Landschaft nach Durchzug einer Herde arg mitgenommen aussieht.

Breitmaulnashörner *(ceratotherium simum, white* oder *square-lipped rhinoceros)* können eine Schulterhöhe von 1,80 Meter erreichen. Bullen wiegen zwischen 2000 und 2300 Kilogramm, Kühe etwas weniger. Charakteristisch sind die zwei unterschiedlich langen Hörner auf dem Nasenrücken, das größere vordere kann bis zu einen Meter lang werden – eine tödliche Waffe. Die Bullen markieren ihr Revier durch riesige, breitgetretene Kothaufen und kämpfen oft heftig um die Vorherrschaft in der Gruppe. Beim Kampf abgebrochene Hörner können nachwachsen.

Breitmaulnashörner leben gesellig in kleinen Gruppen in feuchten Graslandschaften und leicht bewaldeten Savannen. Am besten findet man die Tiere am frühen Morgen an den Wasserlöchern. Tagsüber halten sie sich gerne unter Bäumen im Schatten auf.

Im Gegensatz zu ihren Vettern, den Spitzmaulnashörnern, sind Breitmaulnashörner Grasfresser. Sie gelten in der Regel nicht als besonders aggressiv. Sollten sie allerdings in Rage geraten, ist Vorsicht angesagt. Die plump wirkenden Tiere sind recht behende auf den Beinen und können eine Spitzengeschwindigkeit von 40 km/h erreichen. Ihr Sehvermögen ist, im Gegensatz zu ihrem Geruchs- und Gehörsinn, nicht sehr ausgeprägt.

Außer dem Menschen hat ein gesundes Nashorn keine natürlichen Feinde. Die urzeitlich wirkenden Tiere werden immer noch wegen ihrer Hörner von Wilderern getötet. Als Pulver wird ihm die Manneskraft stärkende Wirkung nachgesagt, auch ist das Horn als Dolchscheide ein Statussymbol.

Spitzmaulnashörner *(diceros bicornis, black rhinoceros)* haben ein deutlich „spitzeres" Maul als ihre breitmauligen Artgenossen (s. untere Abb.). Man trifft sie in der Regel alleine an – mit Ausnahme von Kleinfamilien, die sich für kurze Zeit zusammenschließen. In der Wahl ihres Habitats sind sie nicht so abhängig wie Breitmaulnashörner. Man findet sie sowohl in der Savanne als auch im Busch oder in bewaldeten Bergregionen. Sie ernähren sich von Blättern und Ästen von Bäumen und Sträuchern und lieben Schlammbäder. Der trockene Schlamm schützt sie vor Insekten und Zecken und vor zu starker Sonnenstrahlung, man kann sie tagsüber an Wasserlöchern beobachten.

Spitzmaulnashörner erreichen eine Schulterhöhe von bis zu 1,6 Meter und ein Gewicht zwischen 800 und 1100 Kilogramm. Wenn sie marschieren, tragen sie ihren Kopf hoch. Sie sind aggressiver als ihre Artgenossen und erreichen wie diese eine Laufgeschwindigkeit von bis zu 40 km/h. Bullen kämpfen heftig um ein Weibchen, das in der Regel recht uninteressiert dem Geschehen beiwohnt. Im Gegensatz zum Breitmaulnashorn laufen die Kleinen den Müttern hinterher. Beide haben eine innige Verbindung, die bis zur Geschlechtsreife anhält.

Gefährlich sind **Büffel** *(sycerus caffer, African buffalo)*, vor allem ältere und von ihrer Herde nicht mehr akzeptierte Bullen. Man sollte sich durch ihr Aussehen, das an ein großes Rind erinnert, nicht täuschen lassen. Ein Bulle erreicht ein Gewicht zwischen 600 und 800 Kilogramm. Diese Masse, erst einmal in Bewegung gesetzt, kann mit einer Geschwindigkeit von 50 km/h vorwärts donnern. In Rage geraten sind sie fast nicht mehr zu stoppen, da hilft nur noch die Flucht auf einen Baum oder ins Fahrzeug, was sie merkwürdigerweise nicht als Bedrohung sehen. Büffel bevorzugen Graslandschaften und Flusstäler und halten sich gerne nah am Wasser auf. Es sind typische Grasfresser, allerdings bevorzugen sie die Kühle der Nacht um sich zu stärken. Tagsüber ziehen sie sich gerne unter Bäume in den Schatten zurück.

Büffel – nicht ganz so friedlich wie sie aussehen

Die Lieblingstiere aller Touristen sind Raubkatzen, an erster Stelle natürlich der „König der Wildnis", der **Löwe** *(panthera leo, lion)*. Er zählt zu den faszinierendsten Tieren Afrikas. Löwen zu sehen ist der Höhepunkt jeder Safari. Chancen bestehen ganz früh am Morgen oder kurz vor Sonnenuntergang an Wasserlöchern. Während des Tages halten sich Löwen bevorzugt im Schatten auf, verdösen den Tag und können nur schlecht ausgemacht werden. Hauptsächlich in den kühleren Wintermonaten kann man ihnen jedoch auch tagsüber begegnen. Ihr kilometerweit zu hörendes Gebrüll während einer nächtlichen Pirschfahrt gehört zu den aufregendsten Geräuschen einer Afrikareise.

Der **Leopard** *(panthera pardus, leopard)* ist Einzelgänger und Nachtjäger, unverwechselbar sein wunderschönes, glänzendes Fell mit kleinen gelb-schwarzen Flecken am ganzen Körper. Nur Weibchen leben mit ihrem Nachwuchs, bis dieser erwachsen ist.

Leoparden sind Meister der Tarnung, selten bekommt man sie zu Gesicht. Sie sind sehr anpassungsfähig und können in waldigen Gebieten, Savannen, Steppen, Sumpfland und Bergregionen leben, bevorzugt in dichter Buschlandschaft. Die Größe eines Reviers hängt hauptsächlich vom Nahrungsangebot ab und variiert von 10 qkm bis zu mehreren hundert qkm. Haben sie ihr Opfer gerissen, schleppen sie es zum Schutz vor anderen Raubtieren auf einen Baum. Leoparden können dem Menschen gefährlich werden.

Der **Gepard** *(acinonyx jubatur, cheetah)* ist kleiner, schlanker und erheblich „länger" als der Leopard. Mit bis zu 115 km/h sind die eleganten Katzen die schnellsten Säugetiere der Erde. Sie bevorzugen offenes, flaches Gelände als Jagdgebiet. Ihre Krallen lassen sich, im Gegensatz zu allen anderen Katzen, nicht ganz einziehen und dienen ihnen bei der Hatz als Spikes. Ihre bevorzugte Beute sind mittelgroße Antilopenarten, vor allem Impalas. Es werden aber auch Warzenschweine, Stachelschweine und Laufvögel verspeist. Entweder versucht der Gepard seine Beute in voller Jagdgeschwindigkeit durch Stöße aus dem Gleichgewicht zu bringen, oder er lässt das andere Tier stolpern, indem er mit seinen Pfoten zwischen die Läufe fährt. Dann wird die Beute am Hals gepackt und stranguliert. Das kann bis zu 25 Minuten dauern. Allerdings ist das Jagdglück eines Geparden nicht besonders groß: Nur zehn Prozent der Versuche sind erfolgreich. In freier Wildbahn kann ein Gepard etwa 15 Jahre alt werden.

Einen **Blessbock** *(damaliscus pygargus phillipsi, blesbok)* erkennt man, im Gegensatz zum **Buntbock** *(damaliscus pygargus pygargus, bontebok)*, dem er fast zum Verwechseln ähnlich sieht und der zu den seltensten Antilopen des südlichen Afrikas gehört, an seinem rotbraunen Fell, das aber keinerlei Glanz aufweist. Die Blesse im Gesicht ist – durchbrochen von dunklen Partien – weiß. Blessböcke sind tagaktive Graser, die sich aber auch bei Bedarf wie Buntböcke von Blättern und Zweigen ernähren können. Wie die Buntböcke stehen sie bei direkter Sonnenbestrahlung mit gesenkten Häuptern da.

Die **Elenantilope** *(taurotragus oryx, eland)* ist mit ca. 1,70 Meter Kopfhöhe die größte der afrikanischen Antilopen. Das mächtige Tier, das wegen einer großen Wamme unterhalb des Halses und eines kleinen Rückenhöckers stark an ein Hausrind erinnert, liebt trockenes Klima und Bergregionen. Fellfarbe ist in der Regel beige mit einigen vertikalen Streifen. Elenfleisch gilt als besonders schmackhaft. Früher verehrten die San das Tier und verewigten sein Abbild tausendfach in Höhlen und unter Felsüberhängen. Elenantilopen waren für sie Sendboten für Wasser, Kraft und Überleben.

Einen **Kronenducker** *(sylvicapra grimmia, grey duiker)* erkennt man an seiner grau-braunen Farbe und dem typischen schwarzen Strich, der von der Nase bis zwischen die Augen führt. Er gehört zu den am weitesten im südlichen Afrika verbreiteten Antilopen und überlebt sogar sehr nahe an menschlichen Wohn- oder landwirtschaftlichen Nutzgebieten. Er kommt in allen Vegetationsgebieten vor, von Meereshöhe bis 1800 Meter. Bei Alarm stößt der Kronenducker ein scharfes Schnauben aus. Er steht zunächst wie angewurzelt da, bevor er sich mit hohen Sprüngen aus dem Staub macht und ins Dickicht „abtaucht". Daher der afrikaans-Name „Duiker". Der Rotducker ist rotbraun gefärbt.

Spießböcke (*oryx gazella,* afrikaans *gemsbok*) lieben offene Trockengebiete, Salzpfannen und Baumsavannen. Anhand ihrer sehr langen und spitzen Hörner sind die imponierenden, scheuen Tiere sehr leicht zu bestimmen.

Das mächtige **Streifengnu** *(connochaetes taurinus, blue wildebeest)* lebte einst in riesigen Herden im südlichen Afrika. Streifengnus bevorzugen, im Gegensatz zu **Weißschwanzgnus** *(connochaetes gnou, black wildebeest),* offene Ebenen und Savannen mit kurzen Gräsern. Ihr südafrikanischer Name „Wildebeest" stammt von den Buren und er bedeutet nichts anderes als „wildes Rind". Bullen erreichen eine Schulterhöhe von 1,40 Meter und ein Gewicht von 250 Kilogramm. Beide Geschlechter tragen Hörner, ihr Fell ist dunkelbraun mit fast schwarzen Streifen, die vornehmlich am Hals vertikal nach unten führen. Sie haben eine dunkle Mähne am Hals und im Gesicht, einen Bart und einen langen schwarzen Schwanz. Streifengnus sind ausgesprochene Herdentiere, die in großen Verbänden oftmals in Begleitung anderer Tiere, wie Zebras, Giraffen und Impalas gesehen werden. Bullen zeigen sich laut und territorial während der Brunftzeit. Bei der geringsten Gefahr stoben sie davon, halten jedoch nach kurzem Sprint an, um sich zu orientieren. Das macht sie sehr berechenbar für Jäger. Obwohl sie durch ihr ständiges Schnauben auch sehr aggressiv wirken, so sind sie in der Regel nicht angriffslustig.

Kuhantilope

Die **Kuhantilope** *(alcelaphus lichtensteini, hartebeest)* kann man an ihren seltsam geformten Hörnern identifizieren. Es gibt zwei Arten von ihr, die Rote und die Lichtenstein's-Kuhantilope. Signifikant für beide Arten ist der abfallende Rücken und der leichte Buckel nach dem Hals. Kuhantilopen ernähren sich von Gras und leben in offener Savanne und Parklandschaften. Sie bewegen sich in einem festumgrenzten Territorium in kleinen Herden. Nur in Trockenzeiten schließen sie sich zu großen Gruppen zusammen und können weit zu neuen Futterplätzen wandern.

Klippspringer, „Felsenhüpfer" *(oreotragus oreotragus, klipspringer)*, findet man in Berggebieten, obwohl die gedrungenen Tiere mit 50–60 Zentimeter Schulterhöhe zum Fressen durchaus in angrenzendes Grasland abwandern. Man muss sich schon mächtig anstrengen, um sie in ihrem natürlichen Territorium auszumachen. Ihre graubraune Farbe ist eine ideale Tarnung. Häufig sieht man sie wie angewurzelt auf steilen Klippen stehen. Im nächsten Moment springen die Tiere über Felsen und überwinden Steilhänge, die man nicht für möglich gehalten hätte. Ihre Hufe sind speziell felsigem und scharfkantigem Terrain angepasst. Am aktivsten sind sie in der Mittagszeit. Zu den Hauptfeinden zählen Leoparden, Felsenpythons und große Adler.

Der majestätische **Große Kudu** *(tragelaphus strepsiceros, kudu)* ist in vielen Natur- und Tierschutzgebieten des südlichen Afrikas vertreten. Wunderschön sind bei den erwachsenen Männchen, die eine Schulterhöhe von 1,40 Meter erreichen können, die korkenzieherartig aufragenden Hörner, die bis zu 1,50 Meter lang werden können. Kudus haben ein erstaunliches Sprungvermögen. Selbst zwei Meter hohe Zäune sind kein Problem, sie werden locker aus dem Stand bewältigt. Kudus lieben bewaldete Savannen oder Hügellandschaften in der Nähe von Wasserstellen, können sich aber durchaus auch trockenen Gebieten anpassen.

Männlicher und weiblicher Kudu

Nyalas *(tragelaphus angasi, nyalas)* zählen zu den besonders schönen Antilopenarten. Man findet sie fast ausschließlich in trockener Savannenlandschaft und entlang von Wasserläufen. Gewöhnlich sieht man kleine Herden mit etwa fünf Tieren. Die Männchen erreichen eine Schulterhöhe von 1,10 Meter und ein Gewicht von bis zu 110 Kilogramm. Schön sind die bis zu 80 Zentimeter langen, geschwungenen Hörner mit hellen Spitzen. Charakteristisch sind außerdem strumpfartige, gelbbraune untere Beinhälften, eine lange Halsmähne, vertikale weiße Streifen im dunkelbraunen Fell und vereinzelte weiße Flecken sowie zwei weiße Streifen im Gesicht. Weibchen haben ein helleres Fell und ebenfalls weiße Streifen, aber weder eine Zeichnung im Gesicht noch Hörner.

Die kleinste Antilopenart, die **Moschusböckchen** *(neotragus moschatus, suni)* wird man kaum zu Gesicht bekommen. Ihr Lebensraum ist der undurchdringliche afrikanische Busch oder eine dichte Waldlandschaft entlang von Flussläufen. Sie erreichen eine Schulterhöhe von gerade mal 33 bis 38 Zentimeter und ein Gewicht von etwa fünf Kilogramm. Das Fell ist kastanienbraun. Nur die Männchen haben acht Zentimeter lange Hörner. Der Schwanz ist lang und dunkelbraun mit einer weißen Spitze. Er ist unermüdlich in Bewegung. Man trifft Sunis allein, paarweise und selten auch als Kleinfamilie an.

Die **Pferdeantilope** *(hippotragus equinus, roan antelope)* ist die zweitgrößte Antilope Afrikas. Pferdeantilopen sind ausgesprochen rar und fühlen sich im offenen oder leicht bewaldeten Grasland mit Zugang zu Wasser am wohlsten. Die Bullen erreichen bis zum Hornansatz anderthalb Meter Höhe und ein Gewicht von 250 Kilogramm. Das Fell um die Schnauze ist hell, ebenso zwei Längsstreifen zwischen den Augen. Pferdeantilopen verdanken ihren Namen dem pferdeähnlichen Schnauben, das sie bei Gefahr ausstoßen.

Einen majestätischen Anblick bietet die schwarze **Rappenantilope** *(hippotragus niger, sable antelope)*, deren bis zu 1,20 Meter langen und nach hinten geschwungenen Hörner eine beliebte Jagdtrophäe darstellen. Die Fellfarbe des Tiers ist zunächst braun und wird mit zunehmenden Alter immer schwärzer. Rappenantilopen bevorzugen trockene, offene Buschsavanne mit mittelhohem bis hohem Gras.

Der **Riedbock** *(redunca arundinu, reedbuck)* liebt Flussebenen, sumpfige Gebiete mit Riedgras, Schilfzonen oder langem Gras. Ausgewachsene Tiere erreichen eine Schulterhöhe von bis zu einem Meter und ein Gewicht von 70 Kilogramm. Tagsüber liegen sie im tiefen Riedgras, meist in der Nähe von einem Gewässer. In den Sommermonaten sind sie vorwiegend nachtaktiv. Bei Alarm stoßen sie Pfeifgeräusche aus und hüpfen mit steifen Beinen gerade nach oben.

Die **Bergriedböcke** *(redunca fulvorufula, mountain reedbucks)* bevorzugen bergiges Land, in dem sie sich unter Felsen und Klippen in Sicherheit bringen können.

Die **Schirrantilope** *(tragelaphus scriptus, Buschbock, bushbuck)* lieben Wälder und Buschlandschaften in Wassernähe. Die Böcke werden bis zu 80 Zentimeter Schulterhöhe groß und haben ein haselnussbraunes Fell. Deutlich erkennbar bei den Männchen sind die weißen Streifen im Gesicht, am Hals und an den Beinen und weiße Flecken im Fell. Die wendelförmig gedrehten Hörner können bis zu 30 cm lang werden. Untereinander verständigen sie sich durch Grunzlaute. Nur bei Gefahr wird eine Art Signalbellen ausgestoßen. Als Fluchtweg wird oft das Wasser gewählt, denn Schirrantilopen sind ausgesprochen gute Schwimmer.

Schwarzfersenantilopen *(aepyceros melampu, impalas)* sind die mit am häufigsten vorkommende Wildart in Südafrika. Sie sind typische Herdentiere, die in Verbänden von 10 bis 50 Tieren auftreten. Das Fell der tag- und nachtaktiven Tiere ist dreifarbig, geht von einem kräftigen Braun am Rücken in ein helleres Braun an den Seiten und Beinen in eine Cremefarbe am Bauch über. Nur die Männchen tragen Hörner. Am charakteristischsten sind jedoch die schwarzen Haarbüschel oberhalb der Hufe und ein senkrechter schwarzer Fellstreifen an jeder Hinterbacke. An natürlichen Feinden mangelt es den Impalas nicht. Neben Löwen, Leoparden, Geparden und Hyänenhunden müssen sie sich bei ihrem täglichen Gang ans Wasser auch vor Krokodilen in acht nehmen.

Der **Springbock** *(antidorcas marsupialis, springbok)* wird von Touristen oft mit dem Impala verwechselt, weil er ebenfalls in größeren Herden vorkommt und ungefähr die gleiche Größe hat. Charakteristisch ist die Dreifärbung seines Fells: zimtbraune Oberseite, dunkelbrauner, breiter Seitenstrei-fen und weißer Bauch. Sowohl weibliche als auch männliche Springböcke tragen Hörner. Springböcke zählen zu jenen Antilopen, die am wenigsten von Wasser abhängig sind. Farmer in Dürre- und in Trockengebieten sehen darin die Zukunft, Rinderherden durch Springböcke zu ersetzen. Das Fleisch ist delikat und ist das Wild, das in den Restaurants am häufigsten auf den Tisch kommt.

Der kräftig gebaute **Wasserbock** *(kobus ellipsiprymnus, waterbuck)* lebt in wasserreichen Gebieten. Charakteristisch ist der runde weiße Kreis an seinem Hinterteil. Die Markierung dient bei der Flucht als Orientierung für nachfolgende Herdenmitglieder. Wasserböcke sind beliebte Beute vor allem bei Löwen und Krokodilen. Kühe und Kälber werden auch von kleineren Raubtieren gejagt. Oftmals retten sich die Tiere erfolgreich ins Wasser, da sie exzellente Schwimmer sind.

Giraffen *(giraffa camelopardalis, giraffe),* die höchsten Landsäugetiere Afrikas, bevölkerten einst den gesamten Kontinent. Heute findet man sie nur noch in Naturschutzgebieten und auf privaten Wildfarmen mit lichtem Akazienbestand. Sie ernähren sich fast ausschließlich von Dornakazien, mit ihrer bis zu 45 Zentimeter langen Zunge rupfen sie die Blätter ab. Offensichtlich scheinen sie die langen Dornen dabei nicht zu stören. Zwischen 15 und 20 Stunden täglich sind sie beim Fressen. Giraffen können es über einen längeren Zeitraum ohne Wasser aushalten. Aber wenn sie trinken, nehmen sie bis zu 25 Liter auf. Dabei machen sie eine recht ungelenk wirkende Grätsche am Wasserloch, da es ihre Halsmuskulatur nicht zulässt, den Kopf ganz nach unten zu beugen.

Dank ihrer Höhe können sie das Gelände, in dem sie sich aufhalten, besser beobachten. Starrt eine Gruppe von Giraffen gebannt in eine bestimmte Richtung, sind garantiert Raubkatzen in der Nähe, ihre Hauptfeinde. Sieht man nur den Kopf einer Giraffe, kann man an den blanken Hörnern einen Bullen, an dem Haarschopf an der Spitze ein Weibchen erkennen. Ausgewachsene männliche Tiere erreichen eine Gesamthöhe von fünf Metern und ein Gewicht von 1200 Kilogramm, Kühe werden bis zu 4,40 Meter groß und wiegen 900 Kilogramm.

Löwen wenden zum Jagen von Giraffen eine spezielle Technik an: Ein Rudel treibt die Herde auf unwegsames Gebiet. Dort verlieren die Giraffen leicht die Balance. Sind sie erst einmal gestolpert, haben sie große Schwierigkeiten, schnell aufzustehen, und es ist für die Löwen ein Leichtes, ein gefallenes Tier zu bespringen und in den Hals zu beißen. Fast die Hälfte ihrer Kälber werden von Löwen gerissen.

In praktisch allen Tierschutzgebieten begegnet man dem **Steppenzebra** *(equus zebra burchelli, Burchell's zebra)* und seltener in den Gebirgslandschaften dem **Bergzebra** *(equus zebra hartmannea, Hartmann's mountain zebra)*. Bei Steppenzebras, die weites, offenes Gelände mit kurzen Gräsern lieben, laufen die Streifen an den Beinen zu den Hufen hin aus bzw. werden heller, bei der Bergzebras sind sie bis dahin stark gestreift. Bei beiden Arten ist das individuelle Streifenmuster eindeutiges Identifizierungsmerkmal. Jedes Muster ist anders, und neugeborene Fohlen werden von ihren Müttern einige Tage von der Herde auf Abstand gehalten, damit das Jungtier sich in Ruhe das Streifenmuster der Mutter einprägen kann. Nach vier Wochen ist es meist so weit.

Steppenzebra-Familie

Steppenzebras scheinen nie zur Ruhe zu kommen. Unaufhörlich streifen sie herum. Sie leben in kleineren Familienverbänden. Man sieht sie oft zusammen mit Gnus, Impalas, Wasserböcken und Kudus. Die unterschiedlichen Arten nutzen jeweils den besten Sinn der anderen zum rechtzeitigen Entdecken von Raubtieren. Besonders Löwen haben es auf Zebras abgesehen. Etwa 90% aller gerissenen Tiere fallen ihnen zum Opfer. Andere Raubtiere wie Hyänenhunde, Leoparden, Geparden und Hyänen wagen sich nur an Jungtiere und kranke Zebras heran.

Tüpfelhyänen *(crocuta crocuta, spotted hyena)* erkennt man an ihren schwarzen Tupfen auf braungrauem Fell. Im Gegensatz zur **Schabrackenhyäne,** auch bekannt als Braune Hyäne *(hyaena brunnea, brown hyaena)* haben Tüpfelhyänen kurze Haare. Typisch ist der abfallende Rükken. Landläufig assoziiert man mit Hyänen Aasfresser. Weniger bekannt ist, dass sie auch gute Jäger sind. Sind sie auf Beutezug, gehen sie im Rudel vor. Meist lauern sie dann ihren Opfern, gut versteckt im dichten Gras, an Wasserlöchern auf. Auch lieben sie es, andere Tiere anzugreifen, die sich gerade in Schlammlöchern suhlen oder im Wasser baden. Auf ihrer Fangliste stehen Gnus, Zebras, Impalas, Wasserböcke und Kudus, die oft von über 40 Hyänen gleichzeitig angegriffen werden. Mit ihren mächtigen Kiefern knacken sie Knochen wie Nüsse. Ihre Lieblingsjagdzeit ist bei Mondschein oder in den frühen Morgen- und Abendstunden. Mit 50 km/h sind sie keine schnellen, aber sehr ausdauernde Läufer. Wer in einem Camp übernachtet und in die Nacht hinaushört, kann Hyänen gut an ihrem typischen, heiseren „Lachen“ erkennen. Während weiße Farmer Hyänen meist jagten, um das Vieh zu schützen, wurden sie von den Schwarzen getötet um Knochen, Schwanz, Ohren, Genitalien und Lippen für spirituelle und medizinische Rituale zu verwenden. Die Schabrackenhyäne ist etwas kleiner und kein so guter Jäger. Das inzwischen selten geworden Tier hält sich daher mehr an Aas und andere Futterquellen, wie Früchte, Insekten, Vögel und Eier.

Tüpfelhyäne

Der **Hyänenhund** *(lycaon pictus, wild dog)* ist heute stark gefährdet. Hyänenhunde leben in Rudeln von 6 bis 15 Tieren plus der Jungen. Sie sind tagsüber aktiv und haben keine ausgeprägten Reißzähne. So bleibt ihnen nichts anderes übrig, als ihre Beute im Rudel zu Tode zu hetzen und sie zu zerfetzen. Ein bis zwei Tiere scheuchen das Wild auf, die anderen folgen in einer Linie. Das Wild schlägt meist einen zickzackförmigen Fluchtweg ein, der den Jägern nun erlaubt, durch gerades Laufen den Weg zu ihrem Opfer zu verkürzen.

Die Heimat des **Schabrakenschakals** *(canis mesomela, black-backed jackal)* ist die offene Savannenlandschaft. Man findet ihn aber auch in anderen Regionen, denn er ist ausgesprochen anpassungsfähig. In erster Linie Aasfresser, folgt er den Spuren jagender Löwen oder anderer Raubtiere. Bei Bedarf jedoch erbeutet er selbst kleinere Säugetiere, Reptilien oder Vögel. Schabrakenschakale sind unverwechselbar. Man erkennt sie an ihrem rötlichen Fell und der grauweißen Decke. Bauch, Hals und Beininnenseiten sind weiß. Die großen Ohren stehen stets aufrecht. Der Schwanz ist buschig und schwarz auslaufend. Die aktive Zeit liegt nach Sonnenuntergang, und es ist ein Erlebnis, ihr wolfsähnliches Heulen in einer afrikanischen Nacht zu erleben.

Die **Streifenschakale** *(canis adustus, side-striped jackal)* unterscheiden sich von Schabrakenschakalen hauptsächlich durch ihr dunkelbraunes Fell, das keine hellen Partien an Hals und Bauch aufweist.

Löffelhunde *(otocyon megalotis, bat-eared fox)* erkennt man unverwechselbar an ihren überproportional großen Ohren. Sie sehen von der Statur ähnlich wie ein Schakal aus, nur sind sie kleiner mit silbergrauem, buschigem Fell. Ihr Lebensraum ist das trockenere Busch- und Grasland.

Die **Stachelschweine** *(hystrix africaeaustralis, porcupine)* sind reine Vegetarier, die sich an Wurzeln, Knollen und Baumrinde halten, wobei letzteres zu großen Flurschäden führen kann. Farmer mögen sie gar nicht, da sie gerne über Maisfelder herfallen. Deshalb werden sie auch oft gejagt. Ihre langen und schwarz-weiß gebänderten Stacheln, die die Tiere von Zeit zu Zeit abwerfen, kann man im Busch finden oder auch kaufen, denn sie werden gerne als Deko-Elemente verwendet. Das nachtaktive Tier ist relativ schwer zu beobachten.

Das **Warzenschwein** *(phacochoreus aethiopicus, warthog)* ist im Gegensatz dazu tagsüber auf Nahrungssuche, deshalb recht häufig zu sehen. Ihr Name kommt von den beiden Warzen unterhalb der Augen. Andere unverwechselbare Kennzeichen sind die langen weißen Hauer und der beim Laufen wie eine Antenne kerzengerade nach oben aufgerichtete Schwanz. Mit besonderer Vorliebe wälzen sie sich in Schlammlöchern. So können sie sich von Parasiten befreien und gleichzeitig durch die Schlammschicht vor der starken Sonneneinstrahlung schützen. Warzenschweine sehen aggressiv aus, sind in freier Wildbahn aber eher scheu und verschwinden beim ersten Anzeichen einer Gefahr. Ihr Fleisch ist eine Delikatesse, die manchmal in den privaten Wildniscamps auf den Tisch kommt. Mittlerweile findet man Warzenschweine auf vielen Campingplätzen von Tierschutzgebieten, weil sie von uneinsichtigen Besuchern gefüttert werden. Beim (dünnflüssigen) abkoten lassen sie ihren Schwanz wie einen Propeller kreisen, was die Losung weithin verteilt.

Bärenpaviane *(papio ursinus, chacma baboon)* gehören zur Familie der Primaten und sind in nahezu allen Ökosystemen heimisch. Sie leben in Gruppenverbänden bis zu Hundert Tieren zusammen, da ihnen das enge Sozialgefüge Schutz bietet. Paviane gelten als schlau und intelligent, ihre Bewegungen und Verhaltensweisen haben oft einen menschlichen Anschein. Sie verständigen sich untereinander mit bestimmten Lauten und einer ausgeprägten Körpersprache. Ihre Hauptfeinde sind vor allem Leoparden, aber auch Löwen werden bei der Affenjagd beobachtet. Um sich zu schützen, ziehen sich die Paviane nachts auf hohe Bäume oder in Höhlen zurück, die von anderen Tieren nur schwer zu erreichen sind. Ganze Horden können auf Campingplätze einfallen, um sich aus dem Abfall zu bedienen. Sie sind äußerst geschickt und machen auch nicht vor einer verschlossenen Kühlbox Halt. Überall ist es verboten, Paviane zu füttern, sie können ausgesprochen aggressiv reagieren, wenn sie sich bedrängt fühlen!

Die geselligen **Erdmännchen** *(suricata suricatta, suricate)* zählen zu den possierlichsten Tieren des südlichen Afrikas und zu den fotogensten. Ihr Schwanz ist fast halb so lang wie der Körper und dient als Stütze, wenn das Erdmännchen „Männchen" macht.

Ähnlich sehen die **Erdhörnchen** *(xerinae, ground squirrel)* aus, die in kargen Regionen Höhlensysteme mit verschiedenen Ausgängen anlegen. Auch sie leben in großen Verbänden zusammen.

Mangusten *(herpestidae)* sind eine Säugetierfamilie aus der Ordnung der Raubtiere. Sie umfassen viele Arten, in Südafrika kommen **Fuchsmangusten** *(caynictis penicillata, yellow mongoose),* eine kleine Art von 40–60 Zentimeter Länge, vor. Charakteristisch ist die rötliche Farbe des Fells (die allerdings auch gräulich sein kann) und der buschige Schwanz mit einer weißen Spitze. Die tagaktiven Tiere leben in lockeren Verbänden mit durchschnittlich fünf bis zehn Tieren. Fuchsmangusten graben sich unterirdische Bauten, man findet sie aber auch oft einträchtig mit Erdhörnchen und mit Surikaten lebend. Ihre Nahrung besteht überwiegend aus Insekten und Würmern, sie machen außerdem Jagd auf kleine Nagetiere, Amphibien und Reptilien.

Wassermangusten *(atilax paludinosus, water mongoose),* verwechselt man eher mit Ottern als mit anderen Mangustenarten. Mit einer Länge von 80 bis 100 Zentimetern, einer Schulterhöhe von 22 Zentimetern und einem Gewicht von bis zu fünf Kilogramm sind sie große Tiere mit länglichem Kopf. Ihr einfarbig schwarz-braunes Fell wirkt struppig. Wassermangusten findet man meist entlang fließender Gewässer, Seen oder an Dämmen. Wie ihre Vettern haben sie festgelegte Futterwege entlang der Ufer des

Gewässers an dem sie leben. Sie können schwimmen und ernähren sich von Krebsen, Fischen, aber auch von Nagetieren, Vögeln und Reptilien.

Zebramangusten *(mungos mungo, banded mongoose)* bevorzugen die offene Savanne, doch brauchen sie Anschluss an eine Wasserversorgung. Oftmals findet man ihre Bauten in verlassenen Termitenhügeln. Sie werden 50–65 Zentimeter lang und zu ihren natürlichen Feinden zählen vor allem Raubvögel und Schakale. Die tagaktiven und geselligen Tiere findet man in Gruppen von etwa 20, manchmal sogar 50 Exemplaren. Man kann des Öfteren beobachten, wie sich die ganze Gruppe, Manguste hinter Manguste, wie ein Band durch das Gras schlängelt.

Klippschliefer

Zwergmangusten *(helogale parvula, dwarf mongoose)* werden nur etwa 40 Zentimeter lang und sind die kleinste Mangustenart. Sie sind durchgehend braun und haben ein glänzendes Fell. Sie leben in Gruppen von 10 bis 30 Exemplaren vorwiegend in trockenen Savannengebieten, sind nicht sehr scheu und beliebte Fotomotive, da sie geduldig posieren.

Die murmeltiergroßen, putzigen **Klippschliefer** *(procavia capensis, rock dassie)*, kurz „Dassies" genannt, leben in bergiger Felslandschaft und auf steinigen Hügeln in trockenen Landesteilen. Vor allem in den Drakensbergen sind sie häufig zu sehen. Ihre Nahrung ist rein pflanzlich und besteht aus Blättern, Rinde, Gras und Wildfrüchten. Sie leben in Kolonien von 20–50 Exemplaren. Ähnlich wie Erdmännchen stellen sie Wachposten auf, wenn der Rest der Gruppe auf Nahrungssuche geht.

Flusspferde *(hippopotamus amphibius, hippopotamus)*, „Hippos" leben im Norden an den Grenzflüssen. Die harmlos wirkenden Tiere gelten als die gefährlichsten Säugetiere Afrikas! Sie sind angriffslustig, auch wenn sie nicht provoziert werden. Am gefährlichsten sind sie, wenn sie vom nächtlichen Grasen zurückkommen und zwischen sich und dem Wasser jemanden entdecken, der sie bedrohen könnte. Extrem wird die Situation, wenn man zwischen ein Weibchen und sein Junges gerät. Weglaufen wird nicht viel nützen, die tonnenschweren Kolosse sind an Land erstaunlich schnell!

Happy Hippos

Flusspferde verbringen die meiste Zeit des Tages im Wasser oder, wenn es bewölkt oder kühler ist, auf Sandbänken. Die Anatomie ihres Kopfes ist so angelegt, dass Augen, Ohren und Nüstern aus dem Wasser ragen. Bis zu 12 Minuten können die Tiere unter Wasser verbringen. Ihre rosarote Haut ist äußerst empfindlich für UV-Strahlung. Bei zu viel Hitze kann das Flusspferd eine rötliche Körperflüssigkeit absondern, die vor Sonnenbrand schützt. Die Tiere ernähren sich fast ausschließlich von Gras, das sie mit ihren Lippen abzupfen. Hin und wieder fallen sie auf bebaute Felder ein. Bis zu 30 Kilometer legt ein Nilpferd in der Nacht zurück, um sein Futter zu suchen. Dabei vertilgt es bis zu 130 Kilogramm.

Bullen erreichen eine Schulterhöhe von 1,50 Meter und ein Gewicht von 1500 Kilogramm, Kühe sind etwas kleiner. Gewaltig sind ihre Hauer. Was sie an Artgenossen anrichten können, zeigen die großen Narben, die man an fast jedem Bullen deutlich sehen kann. Das Wasserterritorium eines Leitbullen wird lautstark durch Grunzen und erbitterten Kampf verteidigt. Das dauernde Gegähne der Bullen ist ein aggressiver Akt, man zeigt einem Eindringling die Größe der Zähne und wo's lang geht.

Im südlichen Afrika ist das Krokodil noch recht gut vertreten und es kann sehr alt werden

Krokodile *(crocodilia, crocodile)* leben in den Grenzflüssen und an Dämmen. Da ein ausgewachsenes Krokodil durchaus Löwen, Zebras und Giraffen angreift, lässt sich daraus die Lebensgefahr für den Menschen ableiten. Große Krokodile mit einer Länge von etwa 4 Metern benötigen alle 2–3 Wochen einen Beutefang, kleinere Exemplare von 1,50 Meter Länge fressen einmal wöchentlich. Krokodile zerkauen ihre Nahrung nicht, sondern schlucken sie ganz hinunter. Nur große Beutetiere werden in Stücke gerissen. Krokodile können blitzschnell vorspringen und ihre Beute ins Wasser zerren und, sich dabei um die eigene Achse drehend, ertränken. Obwohl ihre Hauptjagdzeit bei Dämmerung oder in der Nacht liegt, sind sie zu jeder Tageszeit gefährlich.

Ihre Körpertemperatur ist von der Umgebung abhängig. An heißen Tagen liegt sie bei etwa 38 °C, an kalten Tagen bei 5 °C. Um die Temperatur zu regeln, sieht man Krokodile oft mit aufgerissenem Maul daliegen. Eine besondere Membrane im Maul nimmt die Wärme der Sonne auf und verteilt sie über den Blutkreislauf im gesamten Körper.

Die gelb-grünen Augen haben senkrechte Pupillen. Im Maul finden sich 70–75 Zähne, die lebenslang ausfallen und wieder ersetzt werden. Krokodile leben gesellig in großen Gruppen. Männchen haben ein fest umrissenes Revier, während Weibchen sich zwischen Paarungsgebieten und Brutstätten hin- und herbewegen. Bis zu 90 Eier werden meist im Oktober in eine Kuhle gelegt, die das Krokodil 30 cm tief mit den Hinterbeinen gegraben hat, bevor wieder Erde oder Sand darüber kommt. Nach 90 Tagen schlupfen die Kleinen mit schirpenden Geräuschen – ein Zeichen für die Mutter, sie auszugraben. Dann werden die Jungen im Maul der Mutter ins Wasser transportiert.

Birding

Strauß *(struthio camelus, ostrich).* 2,3–2,7 Meter hoch und mit 150 kg der schwerste Vogel überhaupt, aber zum Flug unfähig. Stattdessen ein ausgezeichneter und schneller Läufer. Hals und Beine sind fast nackt und grau, das Gefieder grau-braun-schwarz mit weißen Flügelenden, die Henne ist graubraun. Straußenfleisch gilt als sehr cholesterinarm und wird gerne gegessen.

Rosa Pelikan *(pelicanus onocrutalus, white pelican).* Bis 1,8 Meter groß, Spannweite über 3 Meter, Gewicht bis zu 14 kg. Gehört zu den größten flugfähigen Vögeln. Das Gefieder ist weiß, der Schnabel orangegelb mit einem ausgeprägten Hautsack.

Sattelstorch *(ephippiorhynchus senegalensis, saddle-bill stork).* 1,6 Meter hoch, Gefieder schwarz-weiß. Der Schnabel ist rot und kräftig mit einem schwarzen Streifen und gelbem Schildsattel am Ansatz.

Marabu

Marabu *(leptoptilus crumeniferus, marabou stork).* 1,5 Meter hoher Vogel, der außerordentlich hässlich wirkt. Die Unterseite des Gefieders ist weiß, die Oberseite dunkel. Kräftiger Schnabel und ein nackter Hals mit Kehlsack, frisst neben Kleintieren auch Aas.

Riesenreiher *(ardea goliath, goliath heron).* Der größte aller Reiher erreicht 1,4 Meter Höhe. Die Oberseite ist blaugrau, Kopf, Hals und Brust spielen ins Rostbraune.

Rosa Flamingo *(phoenicopterus ruber, greater flamingo).* 1,3–1,4 Meter groß, weiß mit einem rosa Schimmer und roten Stelzenbeinen. Der Schnabel ist rosa mit einer schwarzen Spitze. Wenn er fliegt, sieht man seine roten und schwarzen Federn.

Riesentrappe *(ardeotis cori, kori bustard).* Bis 1,20 Meter groß und bis zu 20 kg schwer. Der schwerste Flugvogel überhaupt, der sich nur mit Mühe und Anlauf in die Luft erheben kann. Grauweißer Kopf, auf dem sich ein schwarzer Schopf befindet, der Hals ist weißbraun gepunktet.

Kronenkranich *(balearica regulorum, crowned crane).* Er wird bis über einen Meter hoch, namensgebend ist die ausgeprägte, goldfarbene Federkrone auf dem schwarzen Haupt mit je einem weißen Fleck unterhalb der Augen. Der Schwanz zeigt sich rotbraun.

Sekretär *(sagittarius serpentarius, secretary bird).* Einen Meter groß mit einer Spannweite von bis zu 2,2 Meter. Hellgraues Gefieder, das an der Unterseite weiß ist, die Flügelenden sind schwarz gefärbt. Am Hinterkopf lässt sich der Federkamm aufstellen. Schneller Läufer und Flieger, der sich von Schlangen ernährt, die er mit dem Schnabel tötet.

Gemeiner Kormoran *(phalacrocorax carbo, white-breasted cormoran).* Kräftiger Vogel mit langem Hals, bis 90 cm groß, die Unterseite des Halses ist weiß, der Schnabel hakenförmig, in Ruhe sind die Flügel halbgeöffnet.

Schreiseeadler *(haliaeetus vocifer, fish eagle).* Höhe 70–80 cm, Spannweite bis 2,5 Meter. Kopf, Rücken, Brust und Schwanz sind weiß, die Unterseite ist rotbraun, Flügel schwarz. Schnabel und Beine sind gelb. Er stürzt in steilem Flug ins Wasser und fängt sich unter der Oberfläche herumschwimmende Fische.

Gaukler *(terathopius ecaudatus, bateleur).* 60 cm groß mit einer Spannweite von bis zu 1,1 Meter. Dunkelbraunes Gefieder, die Flügel an der Unterseite sind weiß. Kurzer Schwanz, ausgezeichneter Flieger.

Helmperlhuhn *(numida meleagris, helmeted guinea-fowl).* 50 cm groß mit einem rundlichen Körper, blaugraues, weißgepunktetes Gefieder. Der dünne Hals ist nackt, auf dem Kopf befindet sich ein roter Hornfortsatz. Lebt auf dem Boden in großen Gruppen und kann nur kurze Strecken fliegen. Von den Einheimischen als billige Fleischnahrung gegessen, aber sehr zäh und wenig schmackhaft.

Gelbschnabeltoko *(tockus falviostris, yellow-billed hornbill).* 50 cm groß mit einem gelblichen, nach unten gebogenen, kräftigen Schnabel. Das Gefieder ist an der Unterseite grauweiß, an der Oberseite dunkler.

Graulärmvogel *(corythaixoides concolor, grey lourie).* 50 cm großer, hellgrauer Vogel mit einem auffälligen Schopf und langem Schwanz. Sein Ruf klingt ein bisschen wie „go-away", deshalb auch „Go-away-Vogel" genannt.

Rotschnabeltoko *(tockus erythrorhynchus, red-billed hornbill).* Mit 45 cm etwas kleiner als der Gelbschnabeltoko. Kopf und Hals sind heller, der Schnabel ähnlich, aber rot.

Glanzhaubenturako *(tauraco porphyreolophus, violet-crested turaco).* 40 cm groß, dunkelblaues Gefieder mit grünem Nacken, orangenem Bauch und schwarzem Federschopf.

Namaflughuhn *(pterocles namaqua, namaqua sandgouse).* 28 cm groß in dunkelbraunem, weißen Sprenkelmuster und mit einem weißen Brustband.

Büffelweber *(bubalornis niger, red-billed buffalo weraver).* 24 cm groß, schwarz mit weißen Flügelstreifen und rotem Schnabel.

Rotkopfweber *(anaplectus rubricep, red-headed weaver).* 15 cm klein, olivgrün bis grau. Roter Kopf und Schnabel.
Maskenweber *(ploceus velatus, masked weaver).* 15 cm klein, gelbes Gefieder mit schwarzem Gesicht, auffällige rote Augen.
Oryxweber *(euplectes orix, red bishop).* 13 cm klein mit leuchtend rotem Gefieder an Nacken, Rücken, Brust und Schwanz. Bauch und Oberkopf schwarz.

Kleines Safari-Brevier

Allgemeine Tipps

- Immer die Vorschriften des Tierschutzgebiets beachten.
- Fahren Sie so zeitig wie möglich los, je früher es ist, desto mehr Chancen bestehen, Tiere zu sehen (Frühstück z.B. auf einem Picknickplatz einnehmen). Auch der Spätnachmittag ist eine gute Zeit. Elefanten suchen in der Zeit der größten Hitze oft Wasserlöcher oder Flüsse auf.
- Fenster offen lassen, mit allen Sinnen die Natur aufnehmen. Kamera und Fernglas bereithalten. Ein Tuch oder dünner Schal schützt vor Zugluft und Staub auf Kamera und Objektiven.
- Mit Ihrem Fahrzeug langsam fahren, am besten nicht mehr als 20–30 km/h. Bleiben Sie auf dem Wegenetz. Die Autohupe nicht benutzen.
- Verlassen Sie den Wagen nie bzw. unterwegs nur an den Punkten wo es erlaubt ist, z.B. an Toiletten- oder Picknickplätzen. Werfen Sie keinen Müll aus dem Wagen.
- Stehen Sie in einem offenen Pirschwagen nicht auf, Tiere nehmen ein Fahrzeug als ganze Silhouette war. Nicht nach Zweigen greifen und ducken, wenn der Wagen herunterhängende Äste streift, es können spitze Dornen dran sein.
- Denken Sie an Andere, ziehen Sie Ihren Wagen an Beobachtungsplätzen zur Seite, damit Sie niemanden die Sicht versperren und diese vorbeifahren können. Fragen oder teilen Sie es Entgegenkommenden mit, wenn Sie Außergewöhnliches gesehen haben. Immer vor Dunkelheit im Camp zurück sein.
- Last, but not least: Toilettenpapier verottet nicht, es sollte zumindest eingegraben werden. Besser ist es, es zu verbrennen.

Gamedrive im Caprivi

Elefanten haben Vorfahrt

Verhaltensregeln

- Nicht zu nahe an Tiere heranfahren, speziell an Elefanten, Nashörner, Hippos und Büffel.
- Nicht in Flüssen baden oder schwimmen – dort können Krokodile und Hippos leben.
- Auf Fuß-Safaris niemals wegrennen, dies animiert Raubkatzen zum Nachstellen. Immer auf dem markierten Weg bleiben, bei Annäherung von Tieren strikt den Anweisungen des Guides folgen.

Elefanten: Nicht zwischen eine Herde fahren, besonders nicht zwischen Elefantenkühe und deren Junge. Keine Zitrusfrüchte im Wagen mitführen.

Büffel: Im Fahrzeug besteht keine Gefahr.

Flusspferde: Nicht zwischen Tiere und Wasser geraten. Keine Gefahr, wenn ein Flusspferd nachts vor dem Safari-Zelt grast. Keinen Fotoblitz, nicht aus dem Zelt gehen.

Affen: Können an Picknickplätzen angrifflustig werden, weil sie Essenreste gefunden haben oder gefüttert wurden.

Krokodile: Vorsicht an seichten Gewässern und flachen Ufern. Nachts bleiben Krokodile im Wasser, sie marschieren nicht durch ein Camp.

Schlangen: Achten wo man hintritt. Nicht unhörbar durchs Gelände schleichen, Schlangen registrieren Erschütterungen und verziehen sich (Ausnahme: Puffottern). Vorsicht bei und unter Felsen und Steinen.

Game drive	Tierbeobachtungsfahrt/Pirschfahrt
Night drive	Pirschfahrt bei Dunkelheit mit Suchscheinwerfern
Sundowner	tagesabschließender Drink; in privaten Parks und Lodges zum Abschluss eines nachmittäglichen Game drives
Ranger	Wildhüter
Staff	Bedienstete in einem Camp
Tip-box	Trinkgeld-Kasten
Early morning tea	nach alter englischer Sitte der Aufsteh-Tee
Tracker	Spurenleser, der bei einem offenen Safari-Wagen auf einem Sitz an der Stoßstange sitzt und bei einer Fuß-Safari vorangeht
Droppings	Losung
kill	der Riss oder Beuteschlag eines Raubtiers
Pad	Bezeichnung für Piste, Weg
Carnivor	Tiere, die sich überwiegend von Fleisch ernähren
Herbivor	Pflanzenfresser
Predator	Tiere, die andere Tiere jagen (Raubtiere).

Geschichte und Geschichten

Etwa 13 Millionen Jahre alt sind die Kieferfragmente eines Hominiden, die in der Nähe der stillgelegten Aukas-Mine in den Otavi-Bergen gefunden wurden.

25.000–5000 v. Chr. haben die namibischen Urbewohner (wahrscheinlich Vorfahren der heutigen San) Steinplättchen mit Darstellungen von Giraffen bemalt. Diese ältesten auf afrikanischem Boden entdeckten Kunstwerke wurden in einer Höhle in den Huns-Bergen gefunden. Im Gegensatz zu den Felsgravuren, die sich nur schwer datieren lassen, konnte man das Alter der Malereien mit der C14-Methode ziemlich genau bestimmen.

2000 v. Chr. sollen Herodot zufolge phönizische Seefahrer den afrikanischen Kontinent umrundet haben. Dabei könnten sie auch an der namibischen Küste gelandet sein. Diese Vermutung ist die Grundlage all jener – etwas verschrobenen – Theorien, nach denen die grandiosen Zeugnisse der südwestafrikanischen Felsbildkunst – die „Weiße Dame“ vom Brandberg beispielsweise – auf phönizischen Einfluss zurückzuführen seien.

Bis ins 15. Jahrhundert fehlen jegliche historische Quellen; es gibt keine Funde, und die oralen Traditionen der namibischen Völker erfassen diese Periode bestenfalls in Form von mythologischen Erzählungen. **1486** ist das **erste historisch verbriefte Ereignis** namibischer Geschichte zu verzeichnen. In diesem Jahr gelang dem Portugiesen Diogo Cão die Landung am Kreuzkap, wo er eine Steinsäule mit aufgesetztem Kreuz (*padrão,* **s. Abb.**) errichtete und damit die unwirtliche Küste für Portugal markierte. Ein Jahr später fährt sein Landsmann Bartolomeu Diaz die namibische Küste ab und stellt **1488** einen weiteren Padrão in **Angra Pequena,** dem heutigen Lüderitz, auf.

portugiesischer Padrão

Ab 1700 drängen burische Siedler vom Kap die Nama-Viehzüchter von ihren angestammten Plätzen nach Norden über den Oranje. Auf heutigem namibischem Territorium treffen die Nama auf die ebenfalls viehzüchtenden Herero und Ovambo, die von Norden den Kunene überqueren und allmählich gen Süden ziehen.

Im 18. Jh. beginnt die Erforschung Namibias durch Jäger, Reisende und fahrende Kaufleute aus der britischen Kap-Kolonie. Gerüchte über große Viehherden und Wild in Überfluss lockten die Abenteuerlustigen über den Oranje nach Norden. Erste Handelskontakte mit Herero und Nama entstanden. Zugleich nützten Walfänger die geschützte Bucht von Walvis Bay als sicheren Hafen. Ein Handelsweg durch die Namib verband die Niederlassungen an der Küste mit den Binnenland, wo die Weißen mit den Nama und Herero einen Tauschhandel etablierten.

Um 1800 zogen die ersten Gruppen der Orlaam-Nama aus der Kap-Kolonie über den Oranje nach Norden. Durch den Kontakt mit Weißen besser ausgerüstet und bewaffnet waren sie ihren Nama-Volksbrüdern in Namibia überlegen. Schon bald kontrollierten die verschiedenen Clans der Orlaam-Nama – die Witboois, Swartboois und Afrikaaner – das südliche und das zentrale Namibia. Immer wieder kam es zu Fehden zwischen ihnen und den Herero, bis die Nama die waffentechnisch unterlegenen Herero weit nach Norden abdrängten.

1806 gründeten Missionare der London Missionary Society die erste christliche Niederlassung in Warmbad. Acht Jahre später brach der deutsche Missionar Heinrich Schmelen nach Bethanien auf und baute dort eine Missionsstation. Vierzig Jahre später gelang es auch der Rheinischen Mission, sich im Namaland zu etablieren; 1842 erreichte Carl Hugo Hahn die Afrikaaner-Nama in der Nähe des heutigen Windhoek, 1844 legte er den Grundstein für die Mission Gross Barmen.

Um 1840 ließen sich Orlaam-Nama unter ihrem Führer Jonker Afrikaaner nahe der heutigen Hauptstadt Windhoek nieder. In einem beispiellosen Einsatz von Arbeitskräften bauten die Nama unter Jonker Afrikaaner eine Straße von seinem Stützpunkt an die Küste nach Walvis Bay. Der „Alte Baaiweg" wurde zur bedeutenden Handelsstraße.

1854 erhielt ein britisches Unternehmen die Schürfrechte für die Kupfermine Matchless südwestlich von Windhoek. Das Erz wurde auf dem Baaiweg nach Walvis Bay transportiert. Fehden zwischen Herero und Nama sowie sich häufende Überfälle auf die Warentransporte von und zur Küste schufen zunehmende Unsicherheit für die Kaufleute und Siedler. Der Ruf nach einer Schutzmacht wurde lauter.

1876 erklärte die Kap-Kolonie das Gebiet der Nama und Herero zum Protektorat, zwei Jahre später annektierte Großbritannien Walvis Bay. Damit begann der deutsch-britische Wettlauf um Südwestafrika.

1883 Heinrich Vogelsang schloss am 12. Mai im Namen des deutschen Kaufmanns Adolf Lüderitz die ersten Verträge über Landverkäufe mit den Orlaam-Nama. Sofort erbat Lüderitz bei Reichskanzler Bismarck den Schutz seines Eigentums. Die Kap-Administration erkannte eventuelle Schutzrechte des Deutschen Reiches nicht an.

1884 erklärte Bismarck Lüderitzland daraufhin zum **deutschen Protektorat**. Weitere Landkäufe und Ver-träge mit Nama und Herero vergrößerten das Gebiet. 1886 legte ein Vertrag mit Portugal die Nordgrenze des Landes fest.

1889 traf der künftige **Gouverneur Curt von François** mit seiner 21 Mann zählenden Schutztruppe in Walvis Bay ein und gründete Fort Wilhelmsfeste in Tsaobis. 1891 wählte er Jonker Afrikaaners aufgegebene Niederlassung Windhoek als Stützpunkt.

1890 Im **Helgoland-Sansibar-Vertrag** erhielt das Deutsche Reich im Austausch gegen Wituland im heutigen Kenia und den Verzicht auf eine mögliche Kolonisierung Sansibars, das zu dieser Zeit noch unabhängig war, Helgoland sowie den **„Caprivi-Zipfel"**, benannt nach Reichskanzler Leo von Caprivi (1890–94) und damit Zugang zum Zambezi und zu den Märkten Ostafrikas. 1891 übersiedelte die Verwaltung des Protektorats von Otjimbingwe nach Windhoek. Nama und Herero schlossen sich zur Abwehr der Deutschen zusammen, die die ersten Aufstände niederkämpften.

Zwischen 1904–1907 schlug die deutsche Schutztruppe Aufstände der Nama und Herero in blutigen Kriegszügen nieder. Am 11. August 1904 fand die **Schlacht am Waterberg** statt. Bei der darauffolgenden Flucht der Herero in die Omaheke-Wüste starben Abertausende.

1914 Der Ausbruch des I. Weltkriegs warf seinen Schatten auch auf die deutschen Kolonien in Afrika. Südafrikanische Truppen marschierten gegen Deutsch-Südwestafrika. Ein Jahr später kapitulierte die Schutztruppe. Im Versailler Vertrag wurde das Gebiet dem Völkerbund unterstellt und Südafrika zur Verwaltung überlassen.

1939 Auch der Beginn des Zweiten Weltkriegs hatte im ehemaligen Südwest Konsequenzen: Um dem in Nazideutschland wieder erstarkten Kolonialgedanken entgegenzutreten, internierte die Administration Teile der deutschen Bevölkerung Namibias in südafrikanischen Lagern oder stellten sie auf ihren Farmen unter Arrest.

1945 übernahm die UNO als Nachfolgeorganisation des Völkerbundes das Mandat für Namibia, was Südafrika nicht anerkannte und das Territorium trotz internationaler Proteste weiter als Provinz verwaltete. Dazu gehörte: Ausweisung von Reservaten für die schwarze Bevölkerung, Einführung der Apartheidsgesetze und die Einrichtung von schwarzen „Homelands" ab 1964 nach Gebietsvorschlägen der Odendaal-Kommission.

1966 entdeckten südafrikanische Truppen ein Ausbildungslager der PLAN (People's Liberation Army of Namibia) im Ovamboland und bombardierten es. Dies war der Auftakt des bewaffneten Widerstandes unter Ägide der SWAPO (South West African People's Organization). Die Operationsbasen der PLAN lagen im benachbarten Angola, Zambia und im Caprivi.

1973 erkannten die UN die SWAPO als einzigen rechtmäßigen Vertreter des namibischen Volkes an. Fünf Jahre später hielt man, aufgrund des internationalen Druckes, in Namibia Wahlen ab, die die SWAPO allerdings boykottierte. Ein Zusammenschluss verschiedener politischen Gruppierungen, nach seinem Tagungsort in Windhoek „Turnhallen-Allianz" (DTA) genannt, ging als Sieger hervor und durfte das Land mit eingeschränkter Autonomie „regieren". Unter der DTA-Regierung wurden 1978 die Apartheidsgesetze abgeschafft. 1983 trat die DTA wegen der immer schärferen Kontrolle durch den südafrikanischen Generaladministrator zurück.

1989 Der entschärfte Ost-West-Konflikt setzte nun endlich auch in Namibia einen Friedensprozess in Gang. Unter UN-Aufsicht fanden die ersten demokratischen Wahlen statt: Die SWAPO erhielt 41 Sitze, DTA 21, UDF (United Democratic Front) 4 und ACN (Action Christian National) 3.

Am 21. März 1990 … wurde Namibia in die **Unabhängigkeit** entlassen, Staatspräsident der SWAPO-Führer Sam Nujoma. Vier Jahre später erreichte er mit seiner SWAPO bei den zweiten demokratischen Parlamentswahlen die Zweidrittel-Mehrheit, die der Regierung nun theoretisch absolute Handlungsfreiheit ohne Rücksicht auf Interessen oppositioneller Gruppen eröffnete.

1994 nimmt Namibia die südafrikanische Enklave *Walvis Bay* in sein Staatsgebiet auf.

1997 Starke Regenfälle beenden die langjährige Trockenheit und führen zu Überschwemmungen und sogar zur Überflutung von Sossusvlei – zu diesem Zeitpunkt noch fast ein Jahrhundertereignis. Die Staudämme sind nun alle wieder wohl gefüllt. Beim Besuch von Bundespräsident Herzog in Windhoek tragen die Herero ihren Wunsch auf Wiedergutmachung für die vielen Toten ihres Volkes beim Hererokrieg vor. Die deutsche Delegation weist dieses Ansinnen mit dem Hinweis auf die großzügige Hilfe an Namibia ab, die der gesamten Bevölkerung zugute gekommen ist.

1998 engagiert sich Namibia mit u.a. Zimbabwe und Zambia militärisch im Kongo. Die für das kleine Land immensen Kosten für den Unterhalt und die Ausrüstung seiner Soldaten führen zu Protesten in der Bevölkerung. Der Streit um einige kleine Inseln im Grenzgebiet Namibia/Botswana im Caprivi-Strip am Chobe-Fluss eskaliert (nicht zum ersten Mal). Dabei geht es wohl auch um zukünftige Verfügungsrechte über die Wasserversorgung, welches Land letztlich vom Chobe-Wasser profitieren wird. Leidtragende sind Bauern aus Namibia, die die Inseln für Anpflanzungen verwenden, sie werden von Botswanischer Polizei verjagt. Die schlechten Beziehungen zu Botswana nutzen im November 320 Namibier, die sich als Sezessionisten (Ziel ist die Unabhängigkeit des Caprivi-Strip von Namibia) nach Botswana absetzen und dort politisches Asyl erhalten. Darunter befinden sich bekannte Persönlichkeiten, wie Mishake Muyongo, ehemaliger Vorsitzender der Demokratischen Turnhallenallianz DTA.

1999 Unter dem ehemaligen SWAPO-Mitstreiter Ulenga bildet sich eine neue Partei, die sich als Protestbewegung gegen das Engagement im Kongo und die dritte Amtszeit Nujomas versteht.

2000 Mit dem Krieg in Angola und Separationsbestrebungen im Caprivi schwappen Truppen aus dem Nachbarland in den Caprivi und sorgen für große Unruhe, nicht nur die einheimische Bevölkerung leidet darunter, auch Touristen werden erschossen. Die namibische Armee und Polizei geht gegen die Separatisten und die fremden Truppen vor.

2002 Die Situation im Caprivi beruhigt sich, die Fahrt durch den schmalen Landstreifen, zwei Jahre nur mit Konvoi und Militärbegleitung möglich, ist nunmehr wieder problemlos. Die Grenzen nach Angola öffnen sich nach Beendigung des dortigen Bürgerkrieges, Namibia erwartet einen großen wirtschaftlichen Aufschwung durch den Handel mit Angola. Wider Erwarten erklärt Sam Nujoma, dass er für eine vierte Amtszeit nicht mehr zu Verfügung steht. Das Engagement Namibias im Kongo wird beendet.

2004 Zum 100. Mal jährt sich die *Schlacht am Waterberg,* Anlass für die Herero, den Krieg mit den Deutschen 1904–1907 erneut ins Gedächtnis zu rufen und die Politik der deutschen Kolonialregierung als geplanten Genozid an den Herero zu brandmarken. Parallel dazu werden in den USA Zivilklagen auf Schadensersatz/Wiedergutmachung gegen Deutschland eingereich. Bei einem Besuch der Feierlichkeiten zum Jahrestag der Schlacht am Waterberg entschuldigt sich die deutsche Entwicklungshilfeministerin Wiczorek-Zeul – entgegen der expliziten Empfehlung des Außenamtes – für das, „was heute als Völkermord bezeichnet würde." Die Diskussion um die Zwangsverkäufe weißen Landbesitzes verschärft sich, da es der Regierung bislang nicht gelang, nennenswerte

Ländereien der schwarzen Bevölkerung zur Verfügung zu stellen – Wahlkampfgetöse? Im November stehen die Wahlen an, und immer ist noch nicht klar, wer für die SWAPO kandidieren wird; auch Sam Nujoma ist plötzlich wieder für eine weitere Amtsperiode im Gespräch.

2005 **Hifikepunye Pohamba** übernimmt von Sam Nujoma, der aus alters- und verfassungsrechtlichen Gründen nicht mehr kandidieren wollte, das Amt des Staatspräsidenten. Seine Politik hat ausgleichenden Charakter, Beobachter aller Bevölkerungskreise stufen sie als sehr moderat ein. Ganz vereinzelt kommt es zu Enteignungen (mit finanziellem Ausgleich) von Farmen – meist auf dem Hintergrund, dass diese nicht wirtschaftlich genutzt werden oder auch nach Problemen mit der Gewerkschaft der Farmarbeiter.

2006 Extrem ergiebige Regenfälle im zweiten Jahr lassen die Dämme überlaufen und das ganze Land grün erblühen.

2009 Mit der Weltwirtschaftskrise bricht der Diamentenmarkt ein und die Konzerne sehen sich gezwungen, den Abbau zumindest partiell in einigen Abbaugebieten vorübergehend einzustellen – auch in Namibia. Die **Wahlen** im November 2009 sehen erneut Hifikepunye Pohamba und die SWAPO mit jeweils einer Zweidrittelmehrheit als Sieger.

Dampftraktor „Martin Luther" (alter Standort in Swakopmund)

Geschichtsquellen

Mythen und Tradition

Die südwestafrikanischen Völker, die nach und nach in ihr heutiges Territorium einwanderten, haben ihre Geschichte in Mythen überliefert. Es sind Erzählungen, die zwar tatsächliche Begebenheiten reflektieren, sie zugleich aber so verfremden, dass sie in das religiöse Weltbild passen und als Begründung für das heutige Dasein dienen können – z.B. für die Sozialstruktur, die Wirtschaftsform oder für den Herrschaftsanspruch einer bestimmten Familie. Deshalb kann die Geschichtsforschung aus der Mythologie nur in groben Grundzügen rekonstruieren, welche Wanderungen, Kriege, Auseinandersetzungen stattgefunden haben, bevor die ersten Weißen namibischen Boden betraten. Als Hilfsmittel dienen dabei andere Forschungszweige wie beispielsweise die Linguistik: aus Sprachverwandschaften kann man ebenfalls Rückschlüsse auf die Geschichte eines Volkes ziehen.

Auch die Untersuchung von Sozialstruktur und Wirtschaftsform kann Klarheit bringen, z.B. über die Wanderungen einer Volksgruppe. Man kann so nachweisen, dass bestimmte Phänomene, wie Erbfolge oder ein besonderer Ritus, der aus dem homogenen Muster der Gemeinschaft heraussticht, von anderen Völkern bei der Wanderschaft übernommen wurden. Eine weitere „Eselsbrücke" für die Kenntnis der Geschichte können besondere Traditionen sein, so der Brauch der Herero, die Jahre nach bestimmten, herausragenden Ereignissen zu benennen – etwa nach einem besonders starken Regen oder nach dem Tod eines Oberhauptes. Insgesamt basiert das Wissen über die vorkoloniale Geschichte Namibias aber auf vagen Schlussfolgerungen und Vermutungen. Klarheit in dieses Dunkel könnten die Felsbilder bringen, die so zahlreich an vielen Orten in Namibia entdeckt wurden. Doch auch sie haben sich bislang einer wissenschaftlichen Deutung verschlossen.

Was die Felsbilder erzählen: Vor- und Frühgeschichte

Das Felsrund von Twyfelfontein und der Brandberg sind Namibias bedeutendste Fundstellen von Felsbildern, Twyfelfontein gilt sogar als die größte Afrikas. Felsbilder finden sich aber auch fast überall entlang der Randstufe und in den anderen Gebirgen, dem Erongo, dem Khomas-Hochland und in der Naukluft. Geschützt unter Überhängen oder in Höhlen haben sie Tausende von Jahren überdauert und Alltag und magische Symbolik eines prähistorischen Lebens für die Nachwelt übermittelt.

Die **Deutung der Felsbilder** stellt Wissenschaftler seit Generationen vor ein schier unlösbares Rätsel: Die Motive sind fast immer eindeutig zu identifizieren: Wild, das es auch heute in Namibia gibt, wie Nashörner, Giraffen, Strauße, Gazellen und Löwen; Menschen mit Pfeil und Bogen bewaffnet auf der Jagd, beim Tanz, an der Kochstelle. Unklar ist aber, in welchem Kontext diese Darstellungen stehen: Haben die Künstler an den Wänden ihrer Höhlen und entlang ihrer Schweifpfade „nur" ihren Alltag abgebildet oder kommt den Tieren und Menschengestalten magische Bedeutung zu und sind so auch Rückschlüsse auf die religiösen Vorstellungen der prähistorischen Völker möglich?

Der zweite Interpretationsansatz wird vor allem durch jene Felsmalereien gestützt, die schwer zu deuten sind, wie beispielsweise die „Weiße Dame vom Brandberg“ (Exkurs s.S. 432) oder die Gravierung des Löwen mit dem eigenartig abgeknickten Schwanz (Twyfelfontein, s.S. 447). Ganz im Gegensatz zu der sonst sehr naturalistischen Darstellung von Tieren und Menschen scheinen diese „verfremdeten“ Bilder einen magischen Gehalt zu besitzen. Aufschluss über die Religion und die ethnische Identität der Felsbildner haben aber beide Interpretionsansätze bislang nicht liefern können. Sicher ist wohl nur, dass die Felsbilder von einem (oder mehreren) nomadisierenden Jägervolk stammen.

Gravuren und Malereien

Dass nicht nur eine Volksgruppe als „Ureinwohner“ durch die namibischen Steppen und Wüsten wanderte, legt eine Beobachtung nahe, die der südafrikanische Felsbildspezialist David Lewis-Williams machte. Er hat in den namibischen Felsbildern eine Besonderheit entdeckt: Während im benachbarten Südafrika Felsmalereien und Felsgravierungen nie gleichzeitig auftreten und räumlich sehr isoliert voneinander vorkommen, gibt es in Namibia Fundstellen, an denen man beide Stilrichtungen nebeneinander findet. Lewis-Williams deutet dies als Hinweis auf enge Verflechtungen zwischen „Graveuren“ und „Malern“. Aber wie so vieles im Umfeld der Felsbilder steht auch diese Theorie auf wackligen Füßen, denn Gravierungen und Malereien müssen nicht unbedingt aus der gleichen Epoche stammen. Ihr Alter zu bestimmen ist aber nahezu unmöglich, denn um Materialproben von Gestein oder Farbe zu gewinnen müssten die Bilder beschädigt werden. Werkzeuge, Überreste von Feuerstellen oder andere Relikte der „Felsbild“-Kultur, die die Datierung erleichtern würden, wurden bislang aber nur bei den wenigsten Felsbildern entdeckt. Auch ist es schwierig, die einzelnen Grabungsschichten den jeweiligen Felsbildern zuzuordnen.

Apollo-11-Höhle

Namibias sensationellstes Felsbild-Kunstwerk sind kleine Steinplättchen, die man Ende der sechziger Jahre in einer Höhle in den südnamibischen Huns-Bergen fand. Sie wurden vor etwa 26.000 Jahren mit Tieren und Menschen bemalt und gelten als ältester bislang entdeckter Ausdruck des Kunstschaffens in Afrika (ihren Name verdankt die Höhle im übrigen der zur selben Zeit auf dem Mond erfolgreichen Apollo-11-Mission). Dass weite Teile der Namib noch bis 2000 Jahre vor unserer Zeit bewohnbar waren, beweisen Skelett- und Kochstellenfunde im Umkreis von Quellen und Rivieren. Lange Zeit meinte man, die Felsbilder seien alle von San/Buschleuten erschaffen worden, denn die weißen Forscher und Abenteurer, die ab dem 18. Jh. von Süden nach Namibia eindrangen, berichteten übereinstimmend, dass die San ihre temporären Wohnstätten auch mit Felsbildern schmückten. Damit galten die kleinwüchsigen Jäger und Sammler als Urbevölkerung Namibias. Dass vermutlich viele der jüngeren

Felsbilder von San angefertigt wurden, legen Ähnlichkeiten in der Symbolik und in der Art der Menschendarstellungen nahe. Lewis-Williams interpretiert die vielen anthropomorphen Bilder – Löwen mit Menschenfüßen, Tänzer mit dem Kopf eines Gemsboks etc. – als Darstellungen der Trance-Tänze, mit denen San-Heiler Krankheiten kurieren. Dass aber auch die älteren, vermutlich bis zu 5000 Jahre zurückreichenden Bilder von San stammen, gilt heute als unwahrscheinlich.

San, Nama und Damara

Zwischen den prähistorischen Völkern Namibias und dem Auftreten der ältesten, Europäern bekannten Bewohnern dieses Landstrichs klafft eine Zeitlücke von etwa 3000 Jahren, die sich vorläufig nicht schließen lässt. Um das 10. Jh. lebten San im südlichen Afrika. Möglicherweise zogen damals auch bereits Nama-Gruppen viehzüchtend durch die namibische Steppe. Man weiß, dass sie um das Jahr 1000 begannen, Rinder zu halten. Mit Sicherheit lebten auch Damara in der Region.

1486 landete der portugiesische Seefahrer Diogo Cão an der südwestafrikanischen Küste und errichtete ein Steinkreuz. Er sollte eigentlich (im Auftrag Königs Philipp II.) die Südspitze Afrikas umrunden, scheiterte aber an den ungünstigen Windverhältnissen und besonders am Mangel an Frischwasser, das er an der unwirtlichen Küste Südwestafrikas nicht fand. 1488 versuchte es sein Landsmann Bartolomeu Diaz; er landete in der Bucht vor dem späteren Lüderitz, die er **Angra Pequena** („Kleine Bucht“) nannte und ebenfalls durch eine Steinkreuz für Portugal markierte. „Eingeborene“ bekamen beide Portugiesen jedoch nicht zu Gesicht.

Historische Abbildung von Angra Pequeña

Einwanderung der Ovambo, Herero und der Orlaam

Erste Trekker

Etwa zu dieser Zeit befanden sich San, Nama und Damara auf dem Rückzug vor mehreren bantusprachigen Völkern, die aus ihren Siedlungsgebieten im zentralen und östlichen Afrika allmählich nach Süden drängten. Zu ihnen gehörten die Ovambo, die sich schließlich im relativ fruchtbaren Norden niederließen, um hier Ackerbau und Viehzucht zu betreiben, und die Herero, die, von Nordosten kommend, mit ihren Rinderherden tief nach Zentralnamibia vorstießen. Die alten Völker Südwest-Afrikas wurden von den Eindringlingen in die ariden Regionen des Südens und Westens abgedrängt.

Ende des 18. Jahrhunderts überschritten immer häufiger Abenteurer und Händler den Oranje auf der Suche nach Wild und den sagenhaften Rinderherden der Herero. Was sie vorfanden, war unattraktives, unfruchtbares Land, in dem **„Hottentotten" (Nama)** und **„Buschleute" (San)** ein ärmliches Leben führten. Mehrere Versuche fanden statt, einen Tauschhandel mit den Eingeborenen aufzubauen, doch waren die Handelswege zu weit und zu beschwerlich für den mageren Ertrag, den der Tausch erbrachte. Von Anbeginn an galt das Interesse auch eventuellen Bodenschätzen, und immer wieder sorgten Gerüchte über Goldfunde jenseits des Oranje für Aufregung unter den abenteuerlustigen Unternehmern am Kap. Lukrativ wurden die Handelsbeziehungen aber erst, als es gelang, Kontakt zu den reichen Herero aufzunehmen. Von Zentralnamibia führte in der ersten Hälfte des 19. Jahrhunderts ein erster Handelsweg an die Küste zur Walfischbucht.

Der Zug der Orlaam

Ungefähr zur selben Zeit setzte eine neue Wanderbewegung von Viehzüchtern ein, diesmal von Süden, vom Kap. Dort lebten ebenfalls Nama, die durch den Kontakt mit weißen Siedlern ihre traditionelle Lebensweise weitgehend aufgegeben hatten, teils zum Christentum übergetreten waren und vor allem über europäische Feuerwaffen verfügten. Sie selbst nannten sich die **Orlaam,** ein Name, der möglicherweise malaiischen Ursprungs ist und „weiser Mensch" bedeutet. Wahrscheinlich wurden sie durch die weiße Landnahme am Kap abgedrängt – anderen Überlieferungen zufolge flohen sie vor der drohenden Rache für einen begangenen Mord – jedenfalls überquerten sie den Oranje, den nördlichen Grenzfluss der Kapprovinz, und drangen in das unbekannte und unfruchtbare Land ein, in dem Nama und San vor den Herero Schutz gesucht hatten. Nama und San waren den technisch besser ausgerüsteten und in paramilitärischen Verbänden operierenden Orlaam hoffnungslos unterlegen. Der Orlaam-Führer Jager Afrikaaner beherrschte binnen kurzem den südlichen Teil Namibias, sein Sohn und Nachfolger **Jan Jonker Afrikaaner** drang tief ins Herero-Gebiet vor. Konkurrenz erwuchs dem Clan der „Afrikaaner" durch den Nachzug weiterer Orlaam-Gruppen wie den „Swartboois" und den „Witboois".

Jan Jonker Afrikaaner

1830 kam es in der Nähe des heutigen Mariental zum ersten größeren Kampf zwischen Herero und den Orlaam-Nama. Dies prägte, abgesehen von einer kurzen durch Missionare vermittelten Friedensperiode (Exkurs s.S. 150), die Rivalität zwischen den beiden mächtigen Volksgruppen und das historische Geschehen in Südwestafrika bis zur Flucht der Herero nach der Schlacht am Waterberg im Jahre 1904.

Orlaam contra Herero

Dass die Herero nach anfänglichen Niederlagen den Orlaam Gegenwehr bieten konnten, lag nicht nur an ihrer zahlenmäßigen Überlegenheit, sondern auch an ihren mittlerweile intensiven Handelskontakten. Sie tauschten Straußenfedern, Elfenbein und Vieh gegen Waffen. Der schwedische Naturforscher und Händler Andersson wähnte sich eine kurze Zeitlang gar als Alleinherrscher des südwestafrikanischen Territoriums und bildete die Herero an den Waffen aus. So ermöglichte der Handel, an dem auch die Missionare regen Anteil hatten, den Nama und Herero die Hochrüstung, führte aber auch zur Entfremdung von ihren kulturellen Wurzeln, denn als Handelswaren kamen neben Waffen vor allem Alkohol ins Land. Die Auseinandersetzungen zwischen den Völkern, die früher im traditionellen Viehraub gipfelten, gerieten durch das europäische Waffenarsenal zunehmend blutiger.

Während sich die Unterschiede zwischen den alteingesessenen Nama-Verbänden und ihren neu zugewanderten Orlaam-Brüdern verwischten, zogen sich San und Damara immer weiter in unwirtlichere Gebiete zurück: die San in die Kalahari, die Damara in die Gebirgsstöcke, weshalb sie von den ersten Weißen, die mit ihnen Kontakt hatten, als „Berg-Damara" oder „Klipp-Kaffer" beschrieben wurden.

Die Träume eines Kaufmanns

Adolf Lüderitz

Der Bremer Kaufmann **Adolf Lüderitz** war nicht der erste, der in Südwestafrika Fuß fassen und es seinem Heimatland als Kolonie andienen wollte. Im Gegensatz zu seinen Vorgängern war er allerdings erfolgreich, wenngleich erst nach zähem Ringen.

Als „erster" Kolonisierungsversuch mag die Privatinitiative des Schweden Andersson gelten, der sich als Händler zunächst unter den Orlaam und später unter den Herero etabliert hatte und schließlich die Kupferminengesellschaft übernahm, die ab 1855 mit mäßigem Erfolg bei Matchless im Khomas-Hochland Kupfer förderte. Er trug eine Zeitlang gar den Titel eines Oberbefehlshabers der Herero. Andersson fehlte allerdings das nötige händlerische Geschick, und als es mit seinem Vermögen bergab ging, ließ ihn der Herero-Chief Kamaherero fallen wie eine heiße Kartoffel.

Einen zweiten Versuch, Namibia zu kolonisieren, unternahm die 1868 gegründete Missionshandelsgesellschaft, auf deren Initiative sich erste Handwerker und Landwirte aus Europa in Südwest niederließen. Die Missionsstationen wurden zum wirtschaftlichen Mittelpunkt, denn hier konnten die „Eingeborenen" alle Waren bekommen, die sie brauchten. Aber so lukrativ sich der Handel im Lande selbst angelassen hatte, so defizitär waren die Geschäfte mit dem Vieh, das man im Tausch erhielt und nach Südafrika verkaufte. Schon nach fünf Jahren war die Missionshandelsgesellschaft pleite.

Einen dritten Versuch, Südwestafrika zu kolonisieren, startete Großbritannien, als es 1878 Walvis Bay unter seinen Schutz stellte und damit dem Deutschen Reich gegenüber symbolisch Anspruch auf das Territorium Südwestafrikas erhob. Doch weder Briten noch Deutsche waren bereit, für die als weitgehend wertlos geltende Kolonie einen größeren Einsatz von Mitteln und Menschen zu wagen. Die Schutzgesuche der etwa 150 Weißen, die sich durch den eskalierenden Konflikt zwischen Herero und Orlaam bedroht fühlten, verhallten in beider Mutterländer ungehört.

Joseph Fredericks

Die Wende brachte der zielstrebige und ebenso rücksichtslose wie risikofreudige Bremer Kaufmann Adolf Lüderitz, in dessen Namen der Kaufmannsgehilfe Heinrich Vogelsang am 1. Mai 1883 die Bucht von Angra Pequena von dem Oberhaupt **Joseph Fredericks** erwarb, dessen Nama-Fraktion das südwestliche Namibia als Weidegrund nutzte. Dieser und der folgende Kaufvertrag vom 25. August 1883, der Lüderitz den gesamten Küstenabschnitt zwischen Oranje und dem 26. Breitengrad in knapp 150 km Breite sicherte, provozierte die Briten. Mit Hinweis auf die Bedrohung seines „Eigentums" durch englische Kolonialgelüste erreichte Lüderitz am 24. April 1884 eine Schutzerklärung für sein Land durch Reichskanzler Bismarck.

Die Christliche Mission

Die christliche Bekehrungsarbeit in Namibia begann Anfang des 19. Jahrhunderts unter den Nama im südlichen Teil des Landes; die ersten Missionare der *Wesleyanischen Kirche* zogen mit den Viehzüchtern nomadisierend durch das Land.

1814 errichtete der deutsche Missionar *Heinrich Schmelen* schließlich in Bethanien die erste, fest installierte Missionsstation Namibias. Diesem Beispiel folgten *Carl Hugo Hahn* und *Franz-Heinrich Kleinschmidt* 1844 im Auftrag der Rheinischen Mission mit einer Niederlassung im zentralnamibischen Herrschaftsbereich von Jonker Afrikaaner, dem heutigen Groß Barmen. Von hier aus konnten die Missionare ihren christlichen Einfluss erstmals auch auf die Herero ausdehnen, die sich, im Gegensatz zu den Nama, allerdings lange Zeit dagegen sperrten.

1870 begann die Bekehrungsarbeit unter den nordnamibischen Völkern mit Gründung der *Finnischen Mission* in Ovamboland; erst 1896 gelang es auch katholischen Missionaren, im protestantischen Namibia Fuß zu fassen.

Die meisten Missionare begnügten sich nicht mit der Verbreitung der christlichen Lehre. Um den Glauben erklären und die Bibel verständlich machen zu können, mussten sie zunächst die jeweiligen Sprachen erlernen und sie transkribieren. Viele Gleichnisse aus dem Alten und Neuen Testament ließen sich nicht übersetzen, weil sie von Dingen handelten, die den neuen Gläubigen unbekannt waren, und manche Elemente der traditionellen Religionen wie Geisterglaube und Totenfurcht vertrugen sich schlecht mit den Lehren der christlichen Kirche. Als Nebenprodukte der Missionstätigkeit entstanden Wörterbücher der wichtigen Sprachen, Aufzeichnungen über die Lebensgewohnheiten und das Brauchtum der Völker sowie Tagebücher mit peniblen Eintragungen über die historischen Ereignisse. Die Kenntnis der traditionellen Kulturen Namibias ist in Vielem diesen Arbeiten zu danken.

Wirtschaftlich waren die Missionare Selbstversorger. Ihre Stationen waren schon bald nicht nur spiritueller, sondern auch ökonomischer Mittelpunkt der jeweiligen Region. Zu den meisten Niederlassungen gehörte ein Laden, in dem im Namen der Mission mit allem gehandelt wurde, was die Eingeborenen von der weißen Zivilisation zu brauchen glaubten, und dies waren vorrangig Waffen. Man rechtfertigte dies mit dem Hinweis, dass die Stämme sich ja gegen feindliche Übergriffe schützen müßten. Mit strengem Verkaufsverbot war nur der Alkohol belegt.

Durch den Zuzug weißer Siedler zunächst aus Deutschland und später aus Südafrika kamen weitere Kirchengemeinden ins Land, so dass Namibia heute eine unübersichtliche Vielfalt verschiedenster protestantischer Gemeinden besitzt. Hinzu kommen die synkretistischen Bewegungen (Vermischung verschiedener Religionen) unter den Herero und Nama, die zu eigenen Kirchengründungen geführt haben, in denen nun auch wieder die traditionellen Glaubenselemente wie das heilige Feuer und die Ahnenverehrung eine wichtige Rolle spielen. Mit 82% der Bevölkerung besitzt Namibia den höchsten christlichen Anteil in Afrika. 62% gehören den verschiedenen protestantischen Kirchen an, etwa 20% sind Katholiken.

Hist. Abb. der Rheinischen Herero-Missionsstation Otjikango (Gross-Barmen) 1870

Vom Handelsstützpunkt zur Kolonie

Lüderitz' Handelsposten erhob zwischenzeitlich Zoll auf Waren, die die Station passierten. Den Nama, die den Kaufvertrag anzuerkennen gar nicht in der Lage waren, weil sie Privatbesitz an Land nicht kannten, verwehrte Lüderitz sein Land als Weide. Doch so energisch er zunächst agiert hatte, so erfolglos blieb sein weiteres Engagement in Namibia. Die Bodenschätze, auf die er spekulierte, wurden nicht gefunden. Auf der Suche nach potenten Kapitalgebern gründete er die Deutsche Kolonialgesellschaft, die sein Land und seine Handelsstützpunkte übernahm. Der Kaufmann mit den hochfliegenden Plänen kam 1886 auf See in der Nähe der Oranjemündung ums Leben – dort, wo heute Diamanten geschürft werden.

Kurt von François

1889 ging der ersehnte „Schutz" des Deutschen Reiches in Gestalt von Leutnant **Curt von François** und einer 21 Mann starken Truppe in Walvis Bay an Land. Dass mit diesem Aufgebot weder eine Befriedung der sich ständig bekämpfenden Völker (Herero und Nama) geschweige denn der Schutz für Händler, Siedler und der gegründeten Minengesellschaften möglich sein konnte, erkannte der Leutnant sehr schnell. Die ersten Jahre seiner Anwesenheit in Deutsch-Südwest verbrachte er mit Taktieren und Abwarten. Seinen Truppensitz schlug er im Tal von Klein-Windhoek auf, wo vor ihm der Orlaam-Führer Jonker Afrikaaner eine Zeitlang Quartier hatte.

Major Leutwein

Bis 1894 schloss man Schutzverträge mit den verschiedenen, in der neuen Kolonie lebenden Fraktionen, womit immer größere Teile des Landes als Konzessionen an Entwicklungsgesellschaften verpachtbar wurden. François entwickelte die ersten Reservats-Pläne, die den Völkern Siedlungsbereiche zuwiesen. Das übrige Land galt als „herrenlos" und war zur Ansiedlung von Farmern vorgesehen. In Deutschland kostete nun ein Morgen namibisches Land eine Mark. Nur der Orlaam-Führer Hendrik Witbooi widersetzte sich dem „Schutzangebot" des Deutschen Reiches. Er verwickelte die Schutztruppe in mehrere Scharmützel, bis ihn **Major Leutwein** 1894 in der Naukluft besiegte.

Kriegszüge: Schutztruppe kontra Orlaam und Herero

S. Maharero

Unter dem Eindruck der immer massiveren deutschen Präsenz in ihrem Land und in der Gefahr, gänzlich an den Rand gedrängt zu werden, hatten Herero und Orlaam 1892 Frieden geschlossen. Der gemeinsame Widerstand gegen die Kolonialmacht gipfelte in mehreren regional begrenzten Aufständen, konnte aber dem Vordringen der deutschen Siedler und Industrie-Interessen kaum Widerstand entgegensetzen. Nach der Niederwerfung Witboois sorgte sein zeitweiliger Verbündeter Jakob Morenga mit einer Nama-Fraktion weiter für Unruhe im Süden Namibias. Chief **Samuel Maharero** führte seine Herero 1904 in einen Aufstand gegen die Schutztruppe, der am 11. August zur **„Schlacht am Waterberg"** führte.

Die zunächst zahlenmäßig wie militärisch überlegenen Herero entschieden sich schließlich aus nicht vollständig geklärten Gründen zur Flucht; ihr einziger Fluchtweg führte in die Omaheke, einen wasserlosen Teil der Kalahari, in der sehr viele vor Durst und Hunger starben. Wer zu-

H. Witbooi

rückkehrte, wurde in Internierungslager gesteckt, wo nochmals zahlreiche Herero verhungerten bzw. an Seuchen starben. Wieviele Herero bei Flucht und Internierung umkamen liegt im Dunklen, sicherlich ging die Zahl in die Zehntausende, Schätzungen sprechen von 40.000 bis 100.000 Männern, Frauen und Kinder.

1904 wagte der Nama-Kapitän **Hendrik Witbooi** mit Jakob Morenga einen neuen Versuch, die deutsche Landnahme zu beenden. Dieser Aufstand scheiterte schließlich mit dem Tod Morengas 1908, doch wirkliche Ruhe sollte in der deutschen Kolonie auch danach nicht einkehren.

Diamanten und Internierung: Der Erste Weltkrieg

A. Stauch

Im Sommer 1908 brachte Zacharias Lewala, der schwarze Gehilfe des Bahnbeamten **August Stauch,** seinem Chef einen glitzernden Stein. Lewala hatte als Streckenarbeiter die Aufgabe, Gleisabschnitte der Bahn nach Lüderitzbucht von Wanderdünen freizuhalten. Dabei entdeckte er den ersten Diamanten.

Der Fund markierte den Beginn einer atemlosen und kurzen Prosperität der deutschen Kolonie, und zwar genau dort, wo ihr Begründer, Adolf Lüderitz, an Land gegangen war. Sofort wies man unzählige Claims aus, Abenteurer aus aller Herren Länder suchten ihr Glück in der namibischen Wüste. 1910 befanden sich die ausgedehnten Diamantenfelder zwischen Lüderitzbucht und Oranjemündung im Besitz mehrerer Gesellschaften. Die jährliche Produktion allein auf den Feldern bei Lüderitzbucht betrug mehr als 800.000 Karat (ca. 160 kg!). Die Technik der Gewinnung war im ersten Stadium höchst einfach: Die Diamanten wurden einfach aus dem Sand gelesen oder mit Schüttelsieben zutage gefördert. Später kamen auch Waschmaschinen zum Einsatz.

Nach der Kapitulation der Schutztruppe im Ersten Weltkrieg gingen die Schürfrechte an die **CDM** (Consolidated Diamonds Mines of South West Africa) über, deren Nachfolgerin NAMDEB (ein Joint Venture von De Beers und dem namibischen Staat) heute die ausschließlichen Rechte in den Sperrgebieten besitzt.

1914 brach in Europa der Erste Weltkrieg aus, und die Kriegsgegner trugen ihre Kämpfe auch ins südliche Afrika. Südafrikanische Truppen marschierten nach Norden in das deutsche Kolonialgebiet, ein knappes Jahr später kapitulierte die Schutztruppe unter ihrem Kommandanten Franke am 9. Juli 1915 vor der großen Übermacht. Offiziere und Polizeibeamte kamen bis zum Ende des Krieges in ein Internierungslager bei Aus, die befürchtete Vertreibung oder Enteignung der deutschen Siedler blieb den Verlierern aber vorläufig erspart. Nur hochrangige Militär- und Polizeirepräsentanten wurden ausgewiesen, viele von ihnen kehrten bereits wenige Jahre später wieder nach Südwest zurück.

Südafrikas Schatten über Namibia

Seit 1919 war das ehemalige Deutsch-Südwest dem Völkerbund unterstellt und Südafrika zur Verwaltung überlassen. Als der Zweite Weltkrieg ausbrach, standen sich Deutsche einerseits und Buren und Engländer andererseits plötzlich als „Kriegsgegner" im gleichen Land gegenüber. Um faschistischer Agitation im ehemaligen Südwest vorzubeugen, wies man einige Deutschstämmige aus der Südafrikanischen Union; viele

Männer verbrachten die Kriegsjahre in einem südafrikanischen Internierungslager.

Die südafrikanische **Politik der Segregation** schloss an die Reservatpolitik des Deutschen Reiches an. Für die schwarze Bevölkerung von Südwest galten die gleichen Einschränkungen wie für die Schwarzen Südafrikas: strenge Passgesetze verhinderten, dass Arbeiter sich ohne Genehmigung ihres Arbeitgebers im Lande bewegten; der Schulbesuch gemeinsam mit weißen Kindern war verboten.

Ab 1945 übernahm die UNO die Rolle des Völkerbundes; sie forderte von der Südafrikanischen Union die Wahrung der Menschenrechte im eigenen Land und im Mandatsgebiet. Ab 1946 wurde Südafrika mehrmals aufgefordert, Namibia wieder der UNO-Verwaltung zu übergeben. Stattdessen führte Südafrika ab 1948 auch in seiner „fünften" Provinz die Apartheidsgesetze ein und begann Anfang der 1960er Jahre nach den Vorschlägen der „Odendaal-Kommission", pseudo-autonome „Heimatländer" (homelands) für die verschiedenen Bevölkerungsgruppen auszuweisen, die wesentlich kleiner waren, als die noch von der deutschen Kolonialverwaltung angelegten Reservate.

Widerstand: Von der OPO zur SWAPO

Toivo ja Toivo

1957 gründeten einige politisch engagierten Ovambo, die als Arbeiter im benachbarten Südafrika lebten, unter *Toivo ja Toivo* den **Ovamboland People's Congress – OPO.** Ziel der Bewegung war die Befreiung der Schwarzen Südafrikas und Namibias vom Joch der Apartheid. Zwei Jahre später spaltete sich der OPO von seiner südafrikanischen Bruderorganisation und schrieb den Unabhängigkeitskampf Namibias auf seine Fahnen. Gründer dieser neuen Organisation, der **SWAPO** (South West Africa People's Organisation) war der Ovambo *Sam Nujoma.*

Ganz im Gegensatz zu den immer lauter erhobenen Ermahnungen und Forderungen der UNO, wurde in Namibia die Apartheid systematisch in allen Lebensbereichen durchgesetzt. 1959 hatte die südafrikanische Administration Windhoeks traditionelles Schwarzenviertel, die „Old Location", räumen und abreißen lassen. Ihre Bewohner wurden in die Retortenstadt Katutura umgesiedelt. In den Auseinandersetzungen um die Old Location erschoss die Polizei 13 Menschen. Mitte bis Ende der sechziger Jahre setzte man die Vorschläge der **Odendaal-Kommission** um: Das erste Homeland, Ovamboland, erhielt noch eine Teilautonomie in lokalen Belangen. In den 1970er Jahren folgten Homelands für die Herero, Damara, Nama und San.

Der bewaffnete Kampf

1966 entzog die UNO Südafrika das Mandat über Namibia, doch gelang es ihr nicht, diese Entscheidung auch durchzusetzen. Währenddessen hatte der bewaffnete „Arm" der SWAPO, die **PLAN** (People's Liberation Army of Namibia), mit militärischen Vorstößen von südangolanischen Basen den Südafrikanern Nadelstiche an empfindlichen Stellen versetzt. Am 26. August 1966 bombardierten im Gegenzug südafrikanische Piloten ein Lager der SWAPO bei Omgulambashe in Ovamboland, der bewaffnete Kampf um die Unabhängigkeit war eröffnet. Namibias Norden – Kaokoveld, Ovamboland und Caprivi – erhielt den Status einer Polizeizone und diente fortan als Aufmarschgebiet gegen die Kämpfer der PLAN. Die dort lebenden Menschen zwangsverpflichtete das südafrikanische Militär oder sie fanden, wie viele Himba und San, als Scouts der Truppen ein gutes Auskommen. 1973 erkannte die UNO die SWAPO als alleinigen und rechtmäßigen Vertreter Namibias an.

Wer hält zu wem

Der (bewaffnete) Kampf um die Unabhängigkeit und gegen die Apartheid spaltete die namibische Bevölkerung in Befürworter und Gegner. Naturgemäß waren unter den Gegnern vor allem die weißen Namibier zu finden, wenngleich die Resolutionen der UNO und die offensichtlichen Ungerechtigkeiten der Apartheidsgesetze auch unter ihnen kontrovers diskutiert wurden. Zu groß war die Angst vor Vergeltung und der von der SWAPO angekündigten Enteignung der Weißen, zu drastisch auch die Schreckensmeldungen, die nach dem Rückzug Portugals aus Angola 1974 über Mord und Totschlag im Nachbarland kursierten. Vom Krieg der SWAPO gegen die Truppen der RSA war ansonsten im übrigen Namibia bis dahin nur wenig zu spüren. Doch am 30. Dezember 1978 erschütterte ein Bombenanschlag auf das beliebte Swakopmunder (Weißen)-Café „Treff" die Gemüter und machte den nahen Kriegsschauplatz deutlich.

SWAPO und DTA

Unter den weißen Befürwortern von Veränderungen und der Abschaffung der Apartheidsgesetze waren auch einige Mitglieder der **SWAPO.** Der Großteil der Reformkräfte, in der alle Hautfarben vertreten waren, vereinte sich unter dem Kürzel **DTA** (Democratic Turnhalle Alliance), benannt nach der 1975 abgehaltenen „Turnhallenkonferenz", die unter südafrikanischer Ägide einen Verfassungsentwurf für ein unabhängiges Namibia ausgearbeitet hatte, der ab 1978 eine teilweise „Unabhängigkeit" vorsah. Die bei dieser Konferenz anwesenden politischen Gruppen – die SWAPO hatte die Veranstaltung boykottiert – gewannen als DTA die im Dezember 1978 abgehaltenen ersten namibischen Wahlen, deren Ergebnis von der UNO allerdings nicht anerkannt wurde, da die SWAPO nicht teilgenommen hatte. Der weiße Farmer und DTA-Vorsitzende Dirk Mudge wurde zum Präsidenten ernannt, seine Entscheidungen aber weiterhin von einem südafrikanischen Generaladministrator kontrolliert. Der DTA-Regierung gelang als herausragende Leistung die Abschaffung der Apartheid. 1983 gab Mudge schließlich wegen seiner eingeschränkten Befugnisse resigniert auf, Namibia wurde wieder vom Generaladministrator geführt.

Eine zweite, vielleicht noch tiefere Kluft spaltete die schwarze und farbige Bevölkerungsmehrheit Namibias: Zum einen wurde die SWAPO als ehemalige Ovambo-Organisation nicht von allen Angehörigen der anderen Volksgruppen als rechtmäßige Vertretung ihrer Interessen anerkannt (die Herero schlossen sich in ihrer eigenen Parteiorganisation zusammen und die Rehobother Baster unterstützten sogar offen Südafrika), zum anderen kämpften viele Himba, San oder Caprivianer mehr oder minder freiwillig auf Seiten der RSA-Armee und hatten im Falle eines SWAPO-Sieges Vergeltung zu befürchten. So erwarteten die Weißen wie auch viele Farbige und Schwarze einen Sieg der SWAPO mit gemischten Gefühlen.

Der Weg in die Unabhängigkeit

Erst als die Ost-West-Entspannungsbemühungen auf internationaler Ebene erste Erfolge zeigten, kam auch wieder Bewegung in den namibischen Unabhängigkeitsprozess. Südafrika verknüpfte eine Entlassung Namibias in die Unabhängigkeit mit dem Abzug kubanischer Truppen aus Angola, und am 3. August 1988 unterzeichneten in Genf Südafrika, Kuba und Angola die erste Vereinbarung, die den Friedensprozess einleiten sollte. Dass zur selben Zeit Namibias berühmtes Wahrzeichen „Mukorob", eine Felsnadel im Südosten des Landes, in einem Sturm umstürzte, wurde von vielen Nama und Herero als übles Vorzeichen für die Zukunft unter der SWAPO-(Ovambo)-Regierung gewertet. 1989 konnte schließlich die UN die ersten freien Wahlen in Namibia beaufsichtigen. Die SWAPO gewann und am 21. März 1990 wurde Namibia unter seinem neuen Präsidenten Dr. Sam Nujoma unabhängig.

Namibische Politik heute

Was viele Namibier befürchteten, blieb aus: Das Motto der SWAPO-Regierung hieß nicht Vergeltung, sondern *Reconciliation.* Ihre Wirtschafts- und Sozialpolitik bestand nicht aus Enteignung und Umverteilung, sondern setzte in den ersten Jahren auf Alphabetisierung (Rate 2008: 85%) und den Ausbau medizinischer Infrastruktur. Mitglieder anderer Volksgruppen wurden in die Ministerien berufen, und auch auf die Hilfe der weißen, erfahrenen Beamten griff Nujoma zurück. 1994 wurde zum zweiten Mal gewählt, diesmal erhielt die SWAPO die Zweidrittel-Mehrheit, mit der die Regierung nun auch die Verfassung ändern konnte. Erneut gab es Spekulationen über Enteignungen, und als Reaktion auf die „Übermacht" der Ovambo Gerede über Günstlingswirtschaft und Korruption. Die besonnene Politik Sam Nujomas in den ersten Jahren der Unabhängigkeit steht aber über seine Regierungszeit hinaus bis heute für den Versöhnungsprozess, der die namibischen Völker nach einem Jahrhundert einseitiger Unterdrückung und Ausbeutung einander näherbringt.

Als Garant für die Verständigungspoitik sah sich auch Sam Nujoma selbst. Aus diesem Grund hatte er am Ende seiner zweiten Amtszeit erklärt, dass die in der Verfassung maximalen zwei Amtsperioden für jeden Präsidenten noch nicht ausgeschöpft seien – schließlich war die erste Amtsperiode nicht das Ergebnis einer regulären Wahl, sondern auf der Basis der Unabhängigwerdung zustande gekommen. Ergo würde die zweite Wahlperiode erst mit den Wahlen 1999 beginnen. Gesagt, getan, gewählt. 2004 aber stand er schließlich nicht mehr zur Verfügung – auch wenn dies viele innerhalb der SWAPO gerne gesehen hätten. Als sein Nachfolger übernahm *Hifikepunye Pohamba* 2005 die Präsidentschaft (und 2009). Seine Regierung ist ebenfalls von Verständigung geprägt, wobei hinzu kommt, dass er unabhängig von Rasse und Klasse seine Vorstellung eines modernen Staates durchzusetzen versucht und Namibia für den modernen Wettbewerb fitmachen will. Auch greift er Themen auf, die sein Vorgänger um des lieben Friedens willen nicht mit der Feuerzange angepackt hätte. 2006 machte Pohamba Front gegen die nach Hunderten zählenden, kleinen, letztlich illegalen Ausschankbuden – *Shebeens* –, die seiner Meinung nach weder hygienischen noch steuerlichen noch ordnungspolitischen Vorschriften genügen, im sozialen Gefüge der einfachen Bevölkerung aber einen wichtigen Teil des täglichen Lebens ausmachen.

Der junge Staat

Namibias Fahne zeigt diagonal gestreift die Farben der SWAPO Blau, Rot, Grün mit einer zwölfstrahligen Sonne, die für die Ethnien des Landes steht. Im Wappen sind die verschiedenen Facetten des Landes symbolisch vertreten: Die Flagge in Form eines Schildes wird von zwei Spießböcken gestützt; ein Fischadler hat sich auf ihm niedergelassen, und unter dem Schild breitet die Welwitschia im gelben Wüstensand ihre Blattranken aus. Den unteren Abschluss bilden die Worte Unity, Liberty, Justice.

Die Verfassung

Durch die 1990 verabschiedete Verfassung ist Namibia ein säkularer, demokratischer Staat mit Mehrparteiensystem. Den Namibiern verspricht die Verfassung alle bürgerlichen Freiheiten und die Einhaltung der Menschenrechte. Der Präsident der Republik Namibia wird in direkter Wahl bestimmt, seine Amtszeit ist auf zweimal fünf Jahre beschränkt. Die ersten drei Amtsperioden seit 1989 war dies Samuel (Sam) Daniel Nujoma, ein Ovambo und ehemaliger Eisenbahnarbeiter, der seine Partei im Exil durch die Jahre der Apartheid und des von ihm geleiteten Widerstands gegen Südafrika geführt hat. Bis 1995 hatte er auch den Innenministerposten und damit die Kontrolle über die Polizeikräfte inne. Ihm folgte 2005 Hifikepunye Poahamba. Premier war zwischen 2002 und 2005 Theo-Ben Gurirab, seit 2005 ist es Nahas Angula. Dem Präsidenten beigeordnet ist ein Kabinett von derzeit zwanzig Ministern. Eine Nationalversammlung mit 66 gewählten und sechs vom Präsidenten bestimmten Abgeordneten ist Beschlussorgan der Legislative. Parallel dazu vertritt ein Nationalrat aus 26 gewählten Mitgliedern die Interessen der 13 geographischen Regionen und prüft die Beschlüsse der Nationalversammlung. Bei den Wahlen im November 2009 (811.143 Wähler) erhielt die SWAPO 75 % der Stimmen, der amtierende Präsident wurde ebenfalls mit 75 % der Stimmen wiedergewählt. Die stärkste Oppositionskraft im neuen Parlament ist die 2007 neu gegründete Rally for Democracy and Progress (RDP) mit 11 % (s. u.), gefolgt von DTA 3 % (s. u.), Nudo (National Unity Democratic Organization, von den, ursprünglich in der DTA organisierten, Herero unterstützte Partei) 3 % und UDF (United Democratic Front, von den Damara unterstützt) 2 %. Die Kongressdemokraten CoD (Congress of Democrats), ehemals die stärkste Oppositionskraft ist unter 1 % abgesunken und nicht mehr im Parlament vertreten.

Parteien

Das Spektrum politischer Interessen ist in Namibia – wie in den meisten anderen afrikanischen Ländern – auch nicht von dem der einzelnen Volksgruppen zu trennen. Die **SWAPO** sieht sich zwar als überethnische Partei, wird in der Mehrzahl aber von Ovambo gewählt, die die Partei entsprechend auch dominieren. Das Programm der SWAPO wandelte sich im Lauf der Jahre von seinem revolutionären Ansatz zu einem sozialistischen, auf den Ausgleich der Besitzverhältnisse gerichteten Konzept, dessen Ziel letztendlich die Umverteilung des (weißen) Besitzes ist.

Ihre einzige ernstzunehmende Konkurrenz war bis 1994 die **DTA** (Democratic Turnhalle Alliance), die als Zusammenschluss liberal-konservativer Kräfte aus den ersten Unabhängigkeitsgesprächen in der historischen Windhoeker „Turnhalle“ 1977 hervorgegangen ist und sich kurz darauf als Parteienallianz unter Vorsitz des weißen Farmers Dirk Mudge konstituierte. Der DTA in ihrer heutigen Form gehören konservative Politiker der verschiedenen Volksgruppen an. In ihr waren, im Gegensatz zur SWAPO, auch zahlreiche Herero vertreten, bis die Nudo gegründet wurde, die die Herero heute als ihre Interessensvertretung sehen. Mit den dritten Wahlen 1999 hat der Einfluss der DTA kontinuierlich abgenommen.

Mit der **RDP** (Rally for Democracy and Progress) ist der SWAPO 2007 ein neuer Konkurrent entstanden, ihr Parteiführer ist ein Informationsminister der SWAPO, als sie noch im Untergrund kämpfte. Die Partei gewann 2009 auf Anhieb über 11% der Wählerstimmen. Die RDP gilt als Sammelbewegung all jener meist schwarzen Wähler, die sich in der Politik der SWAPO nicht mehr wiederfinden und besonders Fortschritte in der wirtschaftlichen Entwicklung und kulturelle Impulse erwarten.

Verwaltung

Die Verwaltung auf regionaler Ebene besteht aus dort gewählten Regionalräten. Durch die Einsetzung eines „Rates traditioneller Führer" versucht man, die traditionellen Oberhäupter der einzelnen Volksgruppen in die politischen Entscheidungsprozesse einzubinden. Ihre Mitsprache wird vor allem bei der Umverteilung von Kommunalland, den ehemaligen Homelands, für wichtig erachtet.

Nach der Unabhängigkeit wurde in Namibia eine Verwaltungsreform vorgenommen, die das Land in **13 Regionen** aufteilt: Das ehemalige Ovamboland, die bevölkerungsstärkste Verwaltungseinheit, wurde in vier Regionen unterteilt: *Omusati, Oshana, Ohangwena* und *Otjikoto.* Östlich schließen sich *Okavango* und *Caprivi* an, im Westen *Kunene.* Südlich davon liegen *Erongo, Otjozondjupa, Khomas* und *Omaheke.* Der Süden besteht aus zwei großen Verwaltungsbezirken, *Hardap* und *Karas.*

Reconciliation: Politik gegen die innere Apartheid

Sprache

Eine anfangs stark umstrittene, im Rückblick aber weise Entscheidung der jungen Republik Namibia war es, Englisch zur offiziellen Landessprache zu bestimmen, die Verkehrssprache des südlichen Afrika. Englisch wurde bis dahin jedoch in Namibia relativ wenig gesprochen. Doch die Entscheidung steht für den Weg der inneren Versöhnung, wenn man bedenkt, mit welcher ideologischen Fracht die anderen namibischen Sprachen belastet sind: Deutsch als Sprache der Kolonisatoren und einer seitdem wirtschaftlich sehr erfolgreichen Minderheit; Afrikaans als Sprache der Apartheid und Oshivambo als Sprache der Partei- und Regierungsmehrheit, die doch nur eine Volksgruppe repräsentiert.

Buch „Namibische Passion"

Noch wichtiger aber war der Verzicht auf „Rache" der SWAPO. Für die während des Krieges begangenen Verbrechen erließ die Regierung eine allgemeine Amnestie. Vergangenes sollte vergessen und der Blick auf eine gemeinsame Zukunft gerichtet werden. Dass dies nicht so einfach ist, beweist beispielsweise die heftige Kontroverse um das 1996 erschienene Buch „Namibische Passion". Darin geht es um Folter und Mord an vermeintlichen Spionen und Kollaborateuren in den Guerillalagern der SWAPO. Der Autor, Pater Siegfried Groth, hatte als SWAPO-Anhänger in den Lagern christlichen Beistand geleistet und die Opfer betreut. Verbittert darüber, dass in den namibischen Medien zwar über Greueltaten der Südafrikanischen Armee, nicht aber über die der SWAPO berichtet wird, hat er in der „Namibischen Passion" seine Erlebnisse aus dem Unabhängigkeitskampf niedergeschrieben und damit nicht nur einige bekannte

SWAPO-Politiker als „Folterer“ bloßgestellt, sondern auch die alten, kaum verheilten Wunden des Krieges wieder aufgerissen.

Bevorzugung und Korruption

Auch zahlreiche Klagen über die Bevorzugung von Ovambo bei der Vergabe von Posten oder bei Ausschreibungen, über die Zurücksetzung (weißen) Fachpersonals gegenüber schlechter ausgebildeten (schwarzen) Bewerbern (juristisch mit dem „Affimative Act“ legalisiert) und über Korruption innerhalb der Regierung werden in der Presse immer wieder als Beispiele für die latente Ungleichbehandlung anderer Bevölkerungsgruppen moniert. Trotz aller Kritik ist es der SWAPO-Regierung bislang erstaunlich gut gelungen, die Politik der nationalen Versöhnung in die Tat umzusetzen.

Politik gegen die äußere Apartheid

Bereits 1978 waren von der durch die UNO nicht anerkannte DTA-Regierung die Apartheidsgesetze außer Kraft gesetzt worden. Ausdrücklich war damit der gemeinsame Schulbesuch farbiger und weißer Kinder, die gemeinsame medizinische Behandlung, die Möglichkeit gemeinsamer Freizeitaktivitäten und nicht zuletzt auch gemischtrassiger Ehen erlaubt. Dass sich die innere Struktur der aparten Entwicklung der Rassen allerdings nicht per Dekret ändern konnte, lag auf der Hand.

Überwindung der Mandatsstruktur

Ein weiteres Problem war die Verwaltungsstruktur der Mandatszeit, die die soziale Kluft zwischen Weißen und Nicht-Weißen zementierte. So im Erziehungs- und Gesundheitswesen: Südafrika hatte Sorge und Kosten sozialer Institutionen und des Erziehungswesens den jeweiligen Lokalverwaltungen überlassen. Diese mussten die Finanzierung von Schulen und Lehrern aus den Steuereinnahmen ihrer Region bestreiten. Zwar stockte die Zentralverwaltung die Einnahmen der unterschiedlich begüterten Gemeinden durch Zuschüsse auf, dies aber wiederum proportional zu deren Steueraufkommen, was die Gräben zwischen arm und reich weiter vertiefte. Außerdem konnten reiche Gemeinden die zur Verfügung stehenden Mittel zum Großteil in den Ausbau ihrer Infrastruktur stecken, während das Geld ärmerer Kommunen zumeist in den Töpfen der noch dringender benötigten Sozialhilfe versickerte. Die Bevölkerung der Homelands hatte durch diese Regelung kaum Möglichkeiten, eine auch nur einigermaßen ausreichende soziale Infrastruktur aufzubauen. Zur Unabhängigkeit waren 65% der Menschen Analphabeten, und ein Großteil der medizinischen Einrichtungen befand sich im weißen Farmland.

Schulen

Die vorrangige Aufgabe der Wirtschafts- und Sozialpolitik der SWAPO-Regierung war und ist es, die Bedingungen dafür zu schaffen, dass diese Strukturen überwunden werden. Dazu gehört der Bau von mehr Schulen, Aus- und Fortbildung von Lehrern und Einführung und Durchsetzung der Schulpflicht für schwarze Schüler, ein Novum im unabhängigen Namibia. Besonders in den dünn besiedelten Farmgebieten Zentral- und Südnamibias konnte diese Aufgabe nur mit der Unterstützung durch die zumeist weißen Farmer realisiert werden. Wegen der großen Entfernungen zu den nächsten städtischen Zentren müssen die Kinder in Internatsschulen lernen und leben. Einige Weiße haben in Eigeninitiative auch Farmschulen für die Kinder der eigenen und der Nachbarfarmen aufgebaut. In ihnen wird häufig auch Unterricht für ältere Analphabeten angeboten.

Auch nach Abschaffung der getrennten Schulbildung blieben einige Institutionen der schwarzen Bevölkerungsmehrheit verwehrt: So nahm die *Deutsche Höhere Privatschule* in Windhoek, eine der renommiertesten Ausbildungsanstalten Namibias, noch bis 1992 keine „fremdsprachigen" Schüler auf, also auch keine Engländer und Buren. Erst zwei Jahre nach der Unabhängigkeit wurde ein eigener Zweig für Kinder eingerichtet, deren Muttersprache nicht Deutsch ist. Inzwischen haben auch zahlreiche schwarze und farbige namibische Kinder hier das Abitur abgelegt. Die Deutsch-Namibische Gesellschaft vermittelt immer wieder Stipendien für die zumeist bedürftigen „Fremdsprachigen" an der DHPS.

Bis 2009 konnte die Zahl der Lese- und Schreibunkundigen auf geschätzte 16% reduziert werden (andere Quellen sprechen von 20%).

Namibias einzige Universität befindet sich in Windhoek. Zu den Fakultäten gehören u.a. Rechtswissenschaft, Erziehungswissenschaft, Medizin und Landwirtschaft.

Gesundheitswesen

Die strukturellen Probleme des Erziehungswesens treffen ähnlich auch auf die medizinische Versorgung zu. In einem Land mit riesigen Entfernungen, in dem nur Privilegierte ein eigenes Fahrzeug besitzen und öffentliche Verkehrsmittel fast gänzlich fehlen, können Kranke nur schwer den nächsten Arzt, ein Krankenhaus oder die nächsten Ambulanz erreichen. An der Situation, wie sie in den vielen Farmerbiografien immer wieder beschrieben wird, hat sich bis heute wenig geändert: der Baas (Herr) ist nicht nur Arbeitgeber, sondern so gut es geht auch Notfall-Doktor. Häufig suchen die Menschen auch Hilfe beim traditionellen Heiler.

Ein Jahr nach Erlangung der Unabhängigkeit zählte man in Namibia 70 Krankenhäuser und 300 zugelassene Ärzte; auf einen Arzt kamen 4500 Einwohner – eine durchaus positive Zahl, vergleicht man sie mit anderen afrikanischen Ländern. In der Realität sah das Verhältnis allerdings anders aus, denn die meisten medizinischen Einrichtungen befanden sich im weißen Farmland. Durch vermehrten Einsatz fahrbarer Ambulatorien und Aufbau von Erste-Hilfe-Stationen konnte man die medizinische Versorgung in den ehemaligen Homelands und in kleinen Orten verbessern. Dass vieles, aber noch nicht alles erreicht wurde, zeigen die immer noch hohen Zahlen der Säuglings- und Kindersterblichkeit. Sie belegen aber nicht nur Defizite medizinischer Versorgung, sondern auch deren einseitige Ausrichtung auf Behandlung bereits bestehender Erkrankungen.

Die größte Herausforderung für das Gesundheitssystem stellt aber heute **Aids** dar. Die Lebenserwartung ist von knapp 60 Jahren Anfang der 1990er Jahre deswegen schon bei Männern auf einen Wert um 52 Jahre, bei Frauen um 51 Jahre gesunken (2008). Trotzdem der Staat viele Anstrengungen unternimmt, aufzuklären, sind die Neuinfektionsraten nur minimal zurückgegangen, das Gesundheitssystem verbraucht inzwischen einen nicht unbeträchtlichen Teil des Staatshaushaltes, und Folgebelastungen des Sozialsystemes, wie Mangel an qualifizierten Arbeitskräften, Aids-Waisen etc. sind dabei noch nicht einmal erfasst.

Namibias wirtschaftliches Potential

Namibias Wirtschaft ist stark von den Strukturen der Mandatszeit belastet. Da es als „fünfte Provinz" in den Wirtschaftskreislauf Südafrikas integriert war, fehlt es nun an Betrieben der verarbeitenden Industrie. Die Rohstoffe – Diamanten, Erze, Uran, Vieh – wurden nach Südafrika zur Veredelung gebracht. Namibia ist dadurch auch heute noch wirtschaftlich fast ganz auf Südafrika angewiesen. Landwirtschaft, Fischerei und Bodenschätze sind die Hauptstützen der Ökonomie. Etwa zwei Drittel der Exporteinnahmen werden durch die Ausfuhr von Bodenschätzen, 15% durch Fisch und 10% durch landwirtschaftliche Produkte, vorrangig Rinder, erzielt. Für die Zukunft verspricht sich der namibische Staat vom weiteren Ausbau der touristischen Infrastruktur eine Steigerung der Deviseneinnahmen.

Arbeit

Wanderarbeit

Das Gros der arbeitsfähigen Bevölkerung lebt im nördlichsten Landesteil, Industrie und der Hauptarbeitgeber Landwirtschaft (mit über 60% der Beschäftigten) sind aber in Zentral- und Südnamibia angesiedelt. So bedeutet „arbeiten" für die schwarzen Beschäftigten zugleich „die Familie verlassen": Jeden Freitag transportieren Karawanen von Sammeltaxen und Pickups die Ovambo-Arbeiter nach Hause in den Norden und am Sonntag wieder zurück zu ihrem Arbeitsplatz.

Anfang der neunziger Jahre lag die Arbeitslosenrate um 30%, und daran hat sich faktisch wenig geändert, wenn auch die offizielle Zahl sich unter 10% bewegt. Namibia ist wirtschaftlich fast gänzlich von den Rohstoffpreisen der internationalen Märkte und von den Launen der Natur abhängig. Ganz gleich, ob in London, Amsterdam oder Brüssel die Diamantenpreise fallen oder in der Republik Südafrika der Regen wegbleibt – es gefährdet namibische Arbeitsplätze.

Das System der „Kontraktarbeit" beherrscht, bedingt durch die große Entfernung von Siedlungsraum und Arbeitsplatz, auch heute noch das Leben der schwarzen Beschäftigten. Sie leben in Retortenstädten bei den Uranminen in der Namib und den Bergbaustädten Tsumeb, Otavi und Grootfontein, oder sie suchen in den städtischen Zentren nach einem Job. Die Familie im heimatlichen Dorf im Ovamboland oder Caprivi sehen sie oft monatelang nicht.

Neue Märkte, alte Probleme

Seit der Unabhängigkeit wird verstärkt der Aufbau der verarbeitenden Industrie vorangetrieben und nach neuen Märkten gesucht. Weitere Hoffnungen macht man sich auch auf den Tourismus, wo Hotelpersonal, Fahrer, Reiseleiter etc. benötigt werden. Die Heerscharen der Arbeitslosen und Landflüchtigen können diese ersten Schritte allerdings nicht auffangen. Verstärkt wird das Arbeitslosenproblem durch die vielen Flüchtlinge, die dem Hunger in Angola und Zambia und der Situation in Zimbabwe zu entkommen suchen.

Landwirtschaftliche Nutzungsmöglichkeiten

Der Landwirtschaftssektor trägt mit etwa 5% zum Bruttoinlandsprodukt bei, zwei Drittel aller Beschäftigten haben hier ihren Arbeitsplatz. Der Schwerpunkt liegt auf der Viehzucht – in Zentralnamibia Rinder, im Süden Schafe (Karakul- und Fleischschafe). 95% der landwirtschaftlich nutzbaren Fläche dienen als Weideland. Getreideanbau spielt nur im

Nordosten und im sogenannten „Kupfer-Dreieck“ Tsumeb-Otavi-Grootfontein eine Rolle.

Ökologie und Landwirtschaft

Dass die Viehzucht das wichtigste Standbein der Farmer ist, liegt sowohl am Klima als auch an der schwierigen Wasserversorgung. Namibia besteht zum Großteil aus Wüsten und Halbwüsten, und die einzigen, ganzjährig wasserführenden Flüsse sind die Grenzflüsse Oranje im Süden und im Norden Kunene, Kavango und Kuando/Linyanti. Die ohnehin meist spärlichen Regenfälle nehmen von Nordosten nach Südwesten ab. Sie kommen unregelmäßig, und ihr Ausbleiben verursacht Dürren, die sich für die stationäre Viehwirtschaft zur Katastrophe auswachsen können. So kommt es, dass auch heute noch (oder wieder) viele Farmer „trekken“ und ihr Vieh auf Pachtgrund treiben, das in der Regenzeit besser abgeschnitten hat. Anfang der 1990er Jahre war der Süden von der Dürre betroffen, ein paar Jahre später klagten dann die Farmer in der Kalahari.

Dass der Halb- oder Ganznomadismus der Herero und Nama die richtige Antwort auf die schwierigen Weidebedingungen war, liegt auf der Hand. Heute begegnen die Farmer ihrer kargen Umwelt mit einer sehr niedrigen Bestockungsrate (bis zu 30 ha pro Rind im Süden und 15 ha in Zentralnamibia) und dem häufigem Umstellen des Viehs. Die Farmen haben Ausmaße, von denen deutsche Bauern nur alpträumen können: die durchschnittliche namibische Farm im Süden ist 8- bis 10.000 ha groß!

Krisen

Natürlich sind auch die Preise für den „Rohstoff Vieh“ Schwankungen unterworfen. Als eine Dürre in den 1980er Jahren die südafrikanischen Farmer zu Notschlachtungen zwang, blieben die Namibier auf ihrem Rindfleisch sitzen. Als die Protestaktionen der Tierschützer gegen das Tragen von Pelzmänteln den Absatz von Karakulfellchen (Persianer) reduzierten, trieb der Preisverfall viele Karakul-Farmer auf Jobsuche in die Städte.

Es wäre falsch, die Farmer für betuchte „Großgrundbesitzer“ zu halten. Viele „krebsen“, so gut es geht, am Existenzminimum dahin; manche Farmersfamilie kann nur durch die Einnahmen überleben, die ihr der Gästefarm-Tourismus einbringt. Zahlreiche Farmer setzen auch wieder auf die Bestockung mit Wild, das beispielsweise das Land von den Dornengewächsen freihält, die Rinder nicht fressen, und das sich als Fleischlieferant großer Beliebtheit erfreut.

Den kommerziellen Viehfarmen im Süden und in Zentralnamibia, die fast alle von Weißen, besonders von Deutschstämmigen geführt werden, stehen die auf die Subsistenz ausgerichteten kleinen Bauernhöfe der schwarzen Bevölkerung in den kommunalen Gebieten (ehemalige Homelands) gegenüber.

Auch nach kräftigen Regenfällen ist die Weide spärlich

Landreform – Pläne, Ziele, Möglichkeiten

Dreiviertel der landwirtschaftlichen Nutzfläche werden von Großfarmern genutzt, das restliche Viertel fällt auf Kommunalland (ehemalige Homelands) und kleinbäuerliche Betriebe. Die Großfarmen liegen fast alle in Süd- und Zentralnamibia und gehören zum großen Teil Weißen. Die SWAPO hatte ihren Unabhängigkeitskampf unter anderem auch mit dem Versprechen geführt, diese ungerechten Besitzverhältnisse zu ändern.

1991 wurden schließlich bei einer nationalen Landkonferenz, zu der von traditionellen Oberhäuptern über Agrar- und Wirtschaftsexperten und Politikern bis hin zu Vertretern der weißen Farmerschaft über 500 Teilnehmer kamen, folgende Beschlüsse gefasst:

Farmland, auf dem oder in dessen Nähe der Besitzer nicht lebt, sollte gegen Entschädigung enteignet werden. Auch wer mehrere Farmen besitzt, müsste davon abgeben. Die Entscheidung über die „erlaubte" Größe sollte in die Hände einer Landkommission gelegt werden, bei Eigentümerwechsel der Staat ein automatisches Vorkaufsrecht zu Marktpreisen erhalten. Ausländer dürften keinen Grundbesitz erwerben, sondern nur noch pachten (eine Forderung, die nicht ins Gesetz übernommen wurde, weil man sie als investitionshemmend betrachtet).

Die staatliche Förderung der Farmbetriebe sollte eingeschränkt, die finanzielle Hilfe für Bauern in den Kommunalländern aufgestockt werden. 1994 wurden diese Beschlüsse im „Landreformgesetz" dann verbindlich formuliert.

Dennoch stecken Namibias Politiker mit den Plänen zur Landreform in einem Dilemma. Die Mehrheit der Wähler erwartet von ihrer Regierung, dass sie den versprochenen Besitzausgleich nun auch baldmöglichst realisiert. Dies scheitert aber alleine schon an den ökologischen Gegebenheiten: Bei der niedrigen Bestockung muss eine Farm eine bestimmte Mindestgröße haben, um überhaupt wirtschaftlich arbeiten zu können (s.S. 161f). Der Farmer braucht eine fundierte Kenntnis der Böden, um auf lange Sicht erfolgreich Vieh zu züchten. Durch den Ausschluss der schwarzen Bevölkerung vom Arbeits- und Ausbildungsprozess unter südafrikanischem Mandat fehlt es vielen am dafür nötigen Know-how. Und die Tradition der Viehzüchter wie der Herero und Nama (für die die Größe der Herde ein wichtiges Statussymbol war), ist ein weiterer Hemmschuh bei der ökologisch angepassten Nutzung der Böden: Denn wer seinem Farmgrund zu viele Tiere zumutet, zerstört ihn langfristig.

So ist die versprochene Landreform einer Politik kleiner Schritte gewichen. Farmland, das an die Kommunalländer grenzt, wird vom Staat aufgekauft und an die Kommunen günstig abgegeben; die Kleinbauern werden in den Grundzügen der ökologisch angepassten Landnutzung unterrichtet.

Die Verteilung des staatlichen Landbesitzes an schwarze Farmer soll durch eine unabhängige Kommission überwacht werden. Deren Überparteilichkeit wird aber von der Opposition häufig angezweifelt.

Fischerei

Zum Agrarsektor wird auch die Fischerei gerechnet, die dank erheblicher Fischvorkommen vor der Küste einen wichtigen Anteil zur Wirtschaft leistet, deren tatsächliche Kapazitäten wegen der Überfischung des Meeres vor Namibia durch internationale Fangflotten aber weit hinter dem möglichen Ertrag hinterherhinkt. Der Benguela-Strom vor Namibias Küste sorgt nicht nur für das typisch nebelige Atlantikklima, er führt auch von Fischen geschätzte Nährstoffe mit. Die Gewässer sind daher auch besonders fischreich.

Bis zur Unabhängigkeit waren nicht nur Fangschiffe Südafrikas, sondern auch die der anderen Mitglieder der ICSEAF (ein Zusammenschluss von im Südatlantik fischenden Nationen) vor Namibias Küste aktiv.

Überfischung

Die Folgen der systematischen Überfischung sind noch heute zu spüren, doch hat sich die Situation schon merklich gebessert, insbesondere durch die Ausweitung der Schutzone auf 200 Meilen und die damit verbundene Beendigung des Raubfanges nicht zuletzt spanischer, russischer und portugiesischer Flotten (durchgesetzt durch die Konfiszierung der Schiffe in Walvis Bay mit Militärgewalt).

Zentrum der Fischereiwirtschaft ist Walvis Bay. Auch im Städtchen Lüderitz versucht man, mit dem Aufbau von fischverarbeitender Industrie dem kränkelnden Ort eine Zukunftsperspektive zu verpassen.

Fischereiflotte in der Lüderitzbucht

Bergbau und Industrie

Als 1908 bei Lüderitzbucht die ersten Diamanten gefunden wurden, hatte sich endlich erfüllt, was Mutterland, Kolonisten und Händler gehofft hatten: wertvolle Bodenschätze in Südwestafrika, die den Kampf um das aride Land lohnten.

Auch heute noch sind es die Mineralien und Erze, die Namibias Exportwirtschaft am Laufen halten, wenngleich mit großen Krisen und Schwankungen: über die Hälfte der Ausfuhren sind Erze und Steine; etwa 20% des Bruttoinlandsproduktes werden in den Minen erwirtschaftet. 20–30 000 Menschen finden hier Arbeit.

Minengesellschaften

Die drei wichtigsten Minen sind *Rössing* in der Namib (Uran), *NAMDEB* in den Diamantensperrgebieten bzw. im Küstenvorland bei Oranjemund und die neue Zinkmine im Sperrgebiet von Anglo Base Metals bei Rosh Pinah. Sie gehören multinationalen Unternehmen: Die größten Anteile an NAMDEB bzw. deren Vorläufer CDM hielt bis 1994 der südafrikanische Diamantenkonzern De Beers. Dann wurde der namibische Staat mit 50% daran beteiligt und CDM in NAMDEB Diamond Corporation umbenannt. Bei Rössing Uranium Ltd. sind Großbritannien, Südafrika, Kanada und Frankreich beteiligt. Der namibische Staat profitiert durch Abgaben, Steuergelder und Arbeitsplätze von seinem Reichtum.

Wie alle Rohstoffe sind auch die in Namibia geförderten Erze stark von den Schwankungen auf dem Weltmarkt abhängig: Der Preisverfall für Diamanten in der zweiten Hälfte der 1980er Jahre und bei Weltwirtschaftskrise 2009 wirkte sich direkt auf die Wirtschaft und vor allem die Arbeitsplätze aus; ebenso der sinkende Uranpreis, der Rössing ab Mitte der 1980er Jahre immer wieder zwang, die Förderung zu drosseln und Arbeiter zu entlassen. Die Produktionskapazität der Mine war jahrelang nur zu knapp 50% ausgelastet. Eine Besserung kam 1995 mit neuen Abnahmeverträgen durch Frankreich in Sicht. Der seit 2000 stetig steigende Uranpreis (von 7 auf 30 US$ pro Einheit in 2006) hat das Geschäft belebt und weitere Wettbewwerber auf den Plan gerufen, die nun neue Uranminen in Namibia explorieren. Im Kupferdreieck Tsumeb/Otavi/Grootfontein wurde die einst so reichhaltige Mine von Tsumeb über die Jahre schrittweise geschlossen (neue Erzfunde der Ongopolo Mines und der Einstieg chinesischer, halbstaatlicher Investoren 2009 sollen aber auch hier in der zweiten Dekade des 21. Jahrhunderts für Erleichterung sorgen). Lüderitz erfährt aktuell einen Boom durch den Aufbau zur Ausbeutung der Zinklagerstätten bei Rosh Pinah, deren hochwertiges Erz über den Hafen von Lüderitz ausgeführt wird.

Umweltschutz

Wüsten und Halbwüsten gehören zu den sensibelsten Ökosystemen der Erde. Umwelt- und Naturschutz gehen in Namibia deshalb Hand in Hand. Dort, wo unkontrollierter Raubbau an der Natur betrieben wird – wo Land überweidet, Wild ausgerottet, Wasser unkontrolliert vergeudet wird –, verliert das empfindliche Gleichgewicht der Natur seine Balance. Ist die schützende Pflanzendecke durch Viehfraß zerstört, haben die Kräfte der Erosion freies Spiel. Verbannt man Wild von den wertvollen Weiden, beschwört man die Gefahr der Verbuschung herauf, die das Wachstum von Futterpflanzen einschränkt. Werden die Wasserreserven zu intensiv ausgebeutet, fehlt das Grundwasser in mageren Jahren, und Vieh wie Wild verenden. Verlässt ein Geländewagen die trassierten Pisten, zerstört er Flechten, die den Boden vor der Abtragung bewahren und zugleich als Nahrung für viele Tiere dienen.

Die vielen Regeln und Vorsichtsmaßnahmen, die das Reisen in Namibias Nationalparks oft zu einem Hindernisrennen um Genehmigungen und Papiere gestalten, machen durchaus ihren Sinn. Nur wenn der Staat der Umwelt- und Naturzerstörung vorab einen Riegel vorschiebt, kann er seine faszinierende und ökonomisch wie ökologisch wichtige Natur für die Zukunft erhalten. Der Schutz von Natur und Umwelt ist deshalb auch – einmalig für Afrika – in Namibias Verfassung verankert.

Doch wie marginal erscheinen die von extensiver Viehhaltung und zuviel Tourismus verursachten Schäden im Vergleich zu den tiefen Wunden, die der Bergbau in die Urlandschaft reißt. Rössing zum Beispiel: Abgesehen von dem immensen Loch, das der Uran-Abbau in die Namib-Wüste gegraben hat (s.S. 442), weiß wohl noch niemand so recht wohin mit den Abfallprodukten der Aufbereitungsanlage. Im Augenblick strahlen Schlacken und Gestein in einem künstlichen See vor sich hin. Dem mit radioaktiven Partikeln durchsetzte Staub, der beim Abbruch des Gesteins freigesetzt wird, geht man mit Wasserkanonen zu Leibe. Der Grundwasserverbrauch von Rössing ist so hoch, dass sich der Pegel der gesamten Region merklich gesenkt hat – mit entsprechenden Folgen für Pflanzen und Wild.

Dass Wasser allein das Verwehen von radioaktivem Staub nicht verhindern kann, liegt auf der Hand. In der Weite der Namib sind der Verteilung radioaktiver Partikel ohnehin keine Grenzen gesetzt. Und nicht zuletzt leidet nicht nur die Umwelt, sondern ganz besonders die in der Mine beschäftigten Arbeiter unter den gesundheitlichen Folgen des Uranabbaus.

Dass Namibias menschenleere Landschaften auch einen idealen Standort für Gift- oder Atommülldeponien hergeben könnten, wird immer wieder in der Bevölkerung diskutiert. Die namibische Gesetzgebung hat solchen Plänen per Gesetz einen Riegel vorgeschoben, doch werden regelmäßig Gerüchte über „schmutzige“ Atommüll-Geschäfte der Regierung laut.

Energiequellen

Ungeachtet großer Erdgasfunde (Kudu-Feld) vor der Küste herrscht in Namibia Energiemangel. Die Energiewirtschaft des Landes ist trotz Stromerzeugung mit Wasserkraftanlagen (Ruacana, Projekt Popa-Falls-Kraftwerk) und Windrädern (im ganzen Land dezentral zur Selbstversorgung) immer noch auf Energie-Importe aus Südafrika angewiesen. Galt dessen Stromkapazität lange Jahre aber als ausreichend auch für das Nachbarland, hat sich im neuen Jahrtausend herausgestellt, dass es zukünftig zu Engpässen kommen kann und die Stromlieferungen kontingentiert werden könnten. Kraftwerke unter Ausnutzung des Erdgases sollen zukünftig Abhilfe schaffen.

Tourismus

Seit es um Namibia ruhiger geworden ist und weder militärische Aktionen noch Boykottmaßnahmen seine touristische Entwicklung beeinträchtigen, hat sich das Land zum Senkrechtstarter unter den afrikanischen Reisezielen entwickelt. Nach der Unabhängigkeit begann die Zahl der Touristen kontinuierlich um 10% pro Jahr zu steigen. Die Deutschen sind aus Europa diejenigen, die die höchsten Steigerungsraten zu verzeichnen haben (ca. 15% pro Jahr, 70.000 gesamt in 2008).

Die Deviseneinnahmen aus dem Tourismus tragen etwa 14% zum Bruttoinlandsprodukt bei, die Tourismusindustrie ist damit der am stärksten wachsende Zweig der namibischen Wirtschaft geworden und ist für die Beschäftigungssituation im Land eminent wichtig (zwischen fünf und zehn Prozent der Beschäftigten und auf dem 3. Platz in der Wirtschaft).

Presse und Rundfunk

Namibia ist eines der wenigen afrikanischen Länder mit weitgehender Freiheit der Presse. Es gibt eine relativ breitgefächerte Zeitungslandschaft, doch kämpfen alle regierungsunabhängigen Zeitungen um ihre Existenz, denn bei der geringen Bevölkerung Namibias sind hohe Auflagen nicht zu verkaufen. **New Era** ist eine englischsprachige Zeitung, die der Regierung nahesteht (mit Berichten auch in Afrikaans u. Oshivambo).

Regierungsfreundlich, aber durchaus kritisch, ist **Namibian,** der ebenfalls mehrsprachig erscheint und bereits seit 1985 für Unruhe und Verärgerung bei der südafrikanischen Administration sorgte.

Einzige deutsch-sprachige Tageszeitung ist die früher deutschnationale und heute wohl als distanziert-konservativ bis neutral zu bezeichnende **Allgemeine Zeitung,** die zu Dirk Mudges Presse-Imperium gehört. Einmal im Monat erscheint sie mit einer umfangreichen Tourismus-Beilage, die so manche interessante Neuigkeit enthält. Dirk Mudge gibt außerdem die afrikaanse Zeitung **Die Republikein** und das wöchentlich erscheinende, ebenfalls mehrsprachige Magazin **Tempo** heraus. Mit einer Gesamtauflage von 30.000 Exemplaren kontrolliert Mudge weitgehend die regierungsunabhängige Presselandschaft.

Rundfunk

Der Rundfunk sendet in allen wichtigen Landessprachen. Es gibt einen staatlichen Sender, NBC, sowie mehrere private Sender, einer davon mit vorrangig religiösem Programm (Channel Seven), sowie das Katutura Community Radio mit Musik und Beiträgen aus dem Schwarzenviertel. NBC sendet auch in deutscher Sprache (s.S. 93). Das Fernsehen, vorrangig in englischer Sprache, gibt es in Namibia erst seit 1991; viele Lodges und Farmen besitzen Satellitenschüsseln und können damit internationale Satellitensender empfangen.

Namibias Menschen und ihre Kulturen

„Schwarz-Weiß-Malerei" ist in Namibia sicher fehl am Platze, auch wenn die Bevölkerung, mit den flüchtigen Augen des Besuchers betrachtet, nur aus zwei Polen zu bestehen scheint: den Weißen, mit denen er vermutlich häufiger in Kontakt kommen wird, und den Schwarzen und Farbigen, die die Apartheidpolitik an die Peripherie der Städte gedrängt hat. Entsprechend ist man leicht geneigt, Kultur und Wesensmerkmale des Landes auf „europäische" und „afrikanische" Einflüsse zu reduzieren. Dabei sind die Namibier ein sehr heterogenes, ethnisches Konglomerat mit sehr unterschiedlichen Traditionen, Sprachen und Lebensformen. Die wichtigsten Völker werden im Folgenden näher vorgestellt. Die Reihenfolge entspricht nicht deren Größe oder der Bedeutung, sondern ergibt sich aus der linguistischen Verwandtschaft und der Einwanderungsgeschichte von Khoisan-Sprachigen einerseits und den Bantu-Sprachigen andererseits.

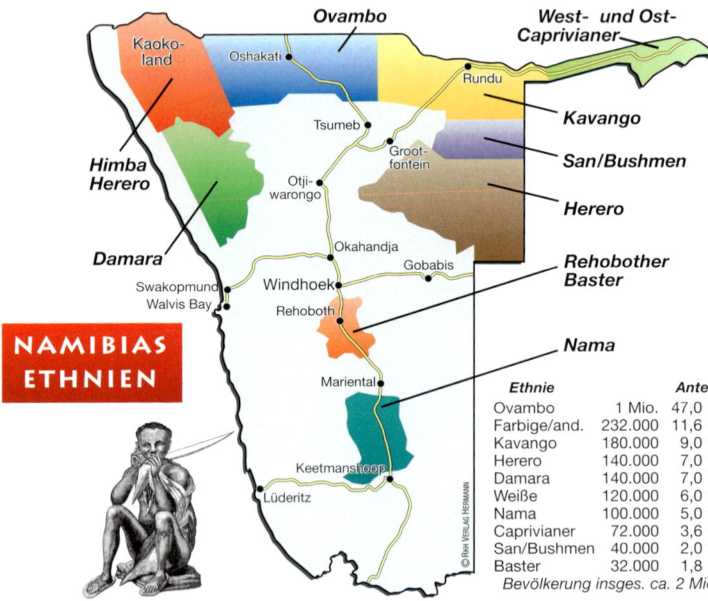

Ethnie		*Anteil*
Ovambo	1 Mio.	47,0 %
Farbige/and.	232.000	11,6 %
Kavango	180.000	9,0 %
Herero	140.000	7,0 %
Damara	140.000	7,0 %
Weiße	120.000	6,0 %
Nama	100.000	5,0 %
Caprivianer	72.000	3,6 %
San/Bushmen	40.000	2,0 %
Baster	32.000	1,8 %

Bevölkerung insges. ca. 2 Mio.

Kulturwandel

Traditionelle Siedlungsformen, Sozial- und Wirtschaftsstruktur lassen sich zwar beschreiben, doch in unverfälschter Form sind die Wesensmerkmale der jeweiligen Völker heute meist nicht mehr präsent. Missionierung, Kolonialzeit, Apartheidpolitik und der Einfluss der Moderne haben die traditionellen Strukturen der namibischen Völker weitgehend verwischt. Spuren ihres herkömmlichen Lebens sind aber noch vorhanden und prägen Leben und Verhaltensmuster bis heute.

Matrilinear / Patrilinear

Im folgenden ist immer wieder von mutter- und vaterrechtlicher Abstammung, von *Matri-* und *Patrilinearität* die Rede.

Hier nun eine kurze, etwas vereinfachte Definition:

Patrilinear: Das Erbe (Besitz, Titel, Ämter) wird in der väterlichen Verwandtschaftsgruppe weitergegeben, meist vom Vater an den ältesten Sohn. Ist auch die Wohnregelung patrilokal, lebt das Paar nach der Heirat in der Familie des Mannes.

Matrilinear: Erbe und Ämter werden in der Verwandtschaftslinie der Mutter weitergegeben, und zwar an den Mutterbruder oder Schwestersohn. Ist die Wohnsitzregelung *matrilokal,* leben Mann und Frau nach der Heirat im mütterlichen Verband. Die matrilineare Erbregelung beinhaltet nicht automatisch, dass den Frauen eine größere Macht zukommt (Matriarchat) als in patrilinearen Gruppen; traditionell besitzt die Mutter aber eine starke gesellschaftliche Stellung.

Die San (Buschmänner)

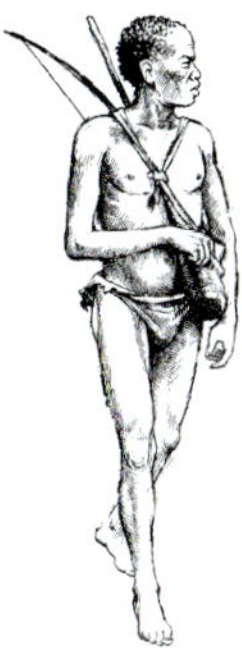

Einer der ersten Weißen, der mit ihnen in Kontakt kam, der Forschungsreisende Peter Kolb, nannte sie *buschjes mannes,* ein Name, der schon bald als Synonym für „Strauchdiebe“ Verwendung fand, denn die San machten nicht nur Jagd auf das Wild, sie holten sich auch fremdes Vieh von den Weiden. Ihre Nama-Nachbarn, mit denen die San auch sprachlich verwandt sind, gaben ihnen ihren heute gebräuchlichen Namen: *San.* Sie selbst benützen keinen gemeinsamen Namen, der über den Volksverband hinausginge. So sind wir darauf angewiesen, sie mit einer Fremdbezeichnung zu benennen.

Die Zahl der San wird auf 40.000 geschätzt (2% der Gesamtbevölkerung), von denen nur noch ungefähr 10% als Jäger und Sammler leben. Deren Zahl verringert sich zusehends, denn ihr Lebensraum, das „Buschmannland“ im Kalahari-Sandveld, wird durch die Einrichtung neuer Naturschutzgebiete und die agrare Expansion immer weiter eingeschränkt.

Herkunft

Als die ersten Europäer in der zweiten Hälfte des 18. Jahrhunderts vom Oranje kommend nach Namibia vordrangen, lebten die San sowohl im Hochland als auch in den Randgebieten der Kalahari. Sie gelten zwar nicht als „Urbevölkerung“ Südwestafrikas, also als Schöpfer der älteren Felsbilder, die auf bis zu 25.000 Jahre vor unserer Zeitrechnung datiert werden, doch woher und wann sie hierher kamen, liegt im Dunkeln.

Ethnologen unterteilen die San nach ihrem traditionellen Schweifgebiet in drei große Gruppen, die Kung in Nordnamibia (Ovamboland, Kavango bis hinein ins westliche Botswana und Südangola), die Nama-San, die südlich davon zwischen Etosha und Kalahari lebten, und die Kap-San in Südwest-Namibia und im Norden der Republik Südafrika. Jede Gruppe besteht wiederum aus mehreren Linien, von denen beispielsweise die *Haikom* zu den bekannteren zählen. Ihr angestammtes Siedlungsgebiet wurde zum Etosha National Park erklärt.

Sprache

Sprachlich sind die San mit den Nama verwandt. Beide benützen Dialekte des *Khoisan,* einer Sprachgruppe, die wahrscheinlich zu den ältesten Afrikas zählt und durch verschiedene Klick- und Schnalzlaute charakterisiert ist. Ob man aus den gemeinsamen Sprachwurzeln von San und Nama auf einen gemeinsamen Ursprung schließen kann, ist immer noch umstritten. Die meisten Wissenschaftler sind sich aber inzwischen darin einig, dass Nama und San früher ein Volk waren und dass sich die Nama später durch Annahme einer anderen Wirtschaftsform (s.u.) zu einer eigenständigen Ethnie entwickelt hätten.

Dank ihrem charakteristischen Äußeren fällt es leicht, die San zu erkennen. Die meisten besitzen einen sehr feingliedrigen Körperbau, sie sind kleiner als die anderen namibischen Völker und von sehr heller, leicht gelblicher Hautfarbe. Bei älteren San überzieht sich das Gesicht mit tausenden freundlichen Runzeln, und die hohen Wangenknochen geben ihnen ein asiatisches Aussehen. Ihre Haare werden oft als „Pfefferkorn" bezeichnet, weil sie nicht gleichmäßig, sondern in kleinen Büscheln wachsen.

Wirtschafts- und Sozialstruktur

Traditionell führten die San ein Leben als nomadische Wildbeuter. In kleinen Familienverbänden ziehen sie durch das Veld, ernähren sich von gesammelten Früchten und Wurzeln oder von erlegtem Wild. Die Gruppen unterstehen der Autorität eines erfahrenen Jägers, und eine übergreifendere Führerschaft durch einen Oberkommandeur oder König gibt es nur dort, wo die San unter dem Einfluss anderer Völker eine zentralisiertere Struktur aufgebaut haben. Die Eheleute sind zumeist monogam und üben eine starke Geburtenkontrolle aus, denn ungehemmtes Bevölkerungswachstum würde die fragile wirtschaftliche Basis der Gemeinschaft bedrohen. Ein empfängnisverhütender Kräutertrank und verschie-dene abortive Methoden sind bekannt. Dramatische Lebens- oder Nahrungsumstände zwangen die San früher gelegentlich auch zur Tötung eines Neugeborenen.

Entsprechend ihrer nomadischen Lebensweise besitzen sie nur wenig Hausrat. Den Schlafplatz schützt ein geflochtener Windschutz. Der Schmuck besteht aus Leder- und Perlenketten, die man traditionell aus der Schale eines Straußeneis fertigt: Sie wird zu sehr kleinen, runden Scheibchen geschnitten, die dann mit einem Loch versehen auf Lederschnüre aufgezogen werden. Perlstickereien – heutzutage meist aus Plastikperlen – dienen auch als dekorative Zierde von Leder-beuteln und anderen Behältern. Die Kleidung bestand früher aus einem Lendenschurz, bei Männern ergänzt durch ein Penisfutteral.

Sowohl im Alltag als auch im rituellen Bereich dreht sich ein Großteil des Lebens um die Jagd. Angefangen bei verschiedenen magischen Handlungen, die das Jagdglück heraufbeschwören sollen, über Narben, die an Schultern und zwischen den Augen angebracht, die jägerischen Fähigkeiten der jungen Männer erhöhen, bis hin zu bestimmten Tänzen, die Tiere bannen, ist die Jagd der Männer in einen umfassenden magischen Komplex eingebunden.

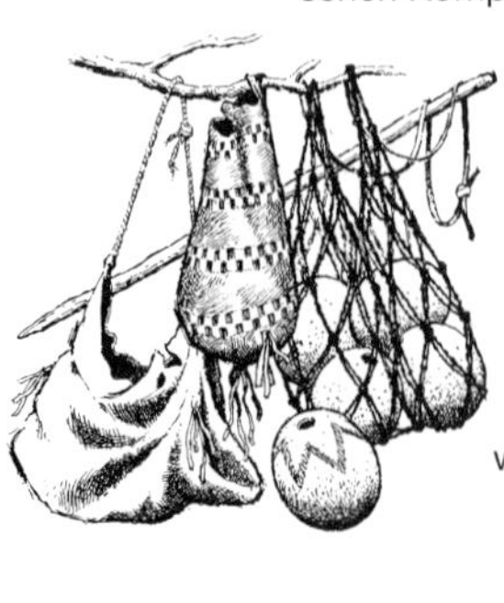

Nicht minder differenziert ist auch die praktische Seite der Jagd entwickelt: Die San kennen allerlei Methoden, Wild in Fallen zu fangen oder an Stellen zu locken, wo sie es erlegen können. Dabei werden vornehmlich Bogen und mit Schlangen- oder Pflanzengift präparierte Pfeile benützt.

Aufgabe der Frauen ist das Sammeln essbarer Pflanzen, Wurzeln und Insekten. Dazu benützen sie einen einfachen Grabstock. Je stärker die Jagdmöglichkeiten eingeschränkt werden – sei es durch klimatische Veränderungen, sei es durch die Einrichtung von Tierreservaten – desto wichtiger wird diese *Veldkost,* wie man sie in Namibia nennt.

San-Legende

Kwi beschloss eines Tages, jagen zu gehen. Er ging fort, tief in den Busch hinein, nahm seinen Bogen und die neuen Pfeile mit und ließ seine Frau und das Baby zurück. N/a, seine Frau, dachte, wie schön es wäre, Trüffel zum Fleisch zu haben. Sie nahm ihr Baby auf und ging zu der Stelle mit den drei Baobabs und den sieben Termitenhügeln.

„Ah", dachte sie, „keiner war vor mir hier an diesem Platz, wo die besten Trüffel wachsen. Heute Abend werden wir ein Fest feiern." Sie legte das Baby unter einen Baum und begann, mit einem spitzen Stock zu graben. Dabei sang sie:

„Trüffel, Trüffel, tief in der Erde,
ich muss den ganzen Tag graben,
ich muss den ganzen Tag arbeiten!"

Die Erde war hart und trocken, doch N/a grub, bis ihr Beutel voller Trüffel war. Endlich konnte sie sich ausruhen und ihr Baby stillen. Aber als sie zum Baum kam, war das Kind verschwunden! Hyänenspuren führten von der Stelle in dichtes Gebüsch. Sie schrie vor Schreck auf und mit erhobenem Grabstock rannte sie in die Büsche, bereit zum Angriff.

Doch anstelle einer Hyäne fand sie einen Löwen. Das Baby lag ruhig schlafend zwischen seinen Vordertatzen. Nicht weit entfernt sah sie die Überreste zweier Hyänen.

„Du warst unvorsichtig und hast dein Baby unbewacht zurückgelassen", grollte der Löwe. „Hier gibt es viele hungrige Hyänen und Schakale. Das nächste Mal wirst du nicht mehr so viel Glück haben."

N/a fiel auf die Knie: „Oh Löwe, du hast mein Kind gerettet. Wie kann ich dir danken?"

„Gib mir ein paar Trüffel", sprach der Löwe und leckte sich die Lippen. N/a lief los, holte die Trüffel und gab dem Löwen davon ab. Der Löwe war erfreut: „Ah, sie schmekken so süß", sagte er und zerkaute genussvoll die Pilze. „Ich könnte auf die Jagd verzichten, und nur von Trüffeln leben, aber wie du siehst, kann ich nicht graben."

Etwas Saft tropfte aus seinem Mund auf das Baby und weckte es. N/a nahm das Kind an sich und band es sich auf den Rücken. „So werde ich in Zukunft mein Baby tragen", sagte sie, „ich danke dir, Löwe."

Von diesem Tag an hat N/a nie wieder ihr Baby alleingelassen. Sie trug es immer auf ihrem Rücken oder an der Seite, auch bei der Arbeit. Und jedesmal, wenn sie nach Trüffeln grub, ließ sie heimlich auch einige für den Löwen zurück.

(aus: „The stolen water and other stories", retold by Jennifer Davvis, New Namibia Books, Windhoek 1993, aus dem Englischen übersetzt von Daniela Schetar)

Hinweis: Die Linguisten und Ethnologen verwenden zur Umschreibung der Klick- und Schnalzlaute der Khoisan-Sprachen Sonderzeichen wie !, / oder //. Wir haben auf diese wissenschaftlich korrekte Schreibweise verzichtet, weil sie im täglichen Gebrauch unbequem und verwirrend ist.

Magie und Religion

Rätsel gibt auch heute noch die Religion der Wildbeuter auf. Die meisten Gruppen scheinen ein höchstes Wesen zu verehren, allerdings kaum zu ihm zu beten. Bei den südlichen San-Verbänden genießt *Mantis,* die Gottesanbeterin, einen gottähnlichen Status. Andere Gruppen wiederum sollen den Mond oder die Sonne als höchste Gottheit verehren. Gefürchtet sind die Geister der Toten, die den Lebenden übel mitspielen können, weshalb man einen Verstorbenen möglichst schnell bestattet und an diesen Platz nie wieder zurückkehrt. Zahlreiche Naturphänomene werden dem Wirken von Geistern zugeschrieben, die gut oder böse sein können und den Menschen auch gerne Streiche spielen.

Eine besondere Rolle kommt den Medizinmännern zu, die als Heiler eine wichtige therapeutische Funktion in der Gruppe wahrnehmen: In tranceartigen Tänzen treten sie in Kontakt mit den Geistern, die vom Kranken Besitz ergriffen haben, und versuchen sie zu vertreiben.

Nutzten die Heiler früher die halluzinogene Kraft bestimmter Pflanzen, ist heute meist Alkohol das Mittel der Wahl. Häufig schlüpfen die Tänzer in die Gestalt wilder Tiere, und so wurden diese magischen Zeremonien in vielen Felsbildern verewigt: Die Tänzer sind halb Mensch, halb Tier. Auch schwarze Magie ist bekannt. Man fürchtet beispielsweise Hexen, die in Tiergestalt, oft als Hyänen, Menschen Übles tun.

Die San heute

Die agrare Expansion der Weißen, vor allem aber der Einfluss der südafrikanischen Militärpräsenz im angestammten Territorium, konfrontierte die San mit den „Segnungen" der Zivilisation: Um Namibias Norden als Operationsbasis gegen die SWAPO auszubauen, legten die Südafrikaner Straßen an; Soldaten und Händler kamen in das vormals unwegsame Gebiet und verkauften den Wildbeutern Konsumgüter, allen voran Alkohol.

Durch den Verlust ihres Schweifraums und der Jagd als Lebensform verloren die San auch ihre Kultur. Viele führen nun ein orientierungsloses Leben. Alkoholismus stellt ein großes Problem in den Siedlungen des Buschmannlandes dar. Heute leben die meisten San als Arbeiter auf Farmen. Wegen ihrer hervorragenden Angepasstheit an die Natur und ihren phänomenal geschärften Sinne werden sie gerne zum Aufspüren von Wild eingesetzt. Die südafrikanische Armee bediente sich der San auch als Späher und Spurensucher im Krieg gegen die SWAPO-Guerilla.

Die Nama

Über den Unterschied zwischen „Buschje Mannes" und den „Hottentotten" waren sich die ersten Forscher und Abenteurer einig: Die einen waren Strauchdiebe, die anderen besaßen große Viehherden und eine Sprache, die an Stottern (Holländisch: „hüttentüt") erinnerte. Bis Mitte des 20. Jahrhunderts wurden die Nama als „Hottentotten" bezeichnet, und auch heute rutscht so manchem Farmer noch dieser inzwischen verpönte Begriff heraus. Die Nama selbst nennen sich Khoikhoin, „die wahren Menschen" (in Abgrenzung vor allem zu den San). Ihre traditionell mächtigen Clans besitzen nach wie vor großen Einfluss.

Herkunft und Sprache

Wie die mit ihnen verwandten San lebten die Nama bei Ankunft der Europäer im gesamten südlichen und südwestlichen Afrika. Die Nama-Sprache Khoi-khoi besitzt die gleichen Wurzeln wie die Sprachen der San, deshalb werden alle Dialekte dieser beiden Völker zu einer großen Sprachgruppe, dem Khoisan, zusammengefasst. Neben den südlichen Bantu-Sprachen, zu denen beispielsweise Herero und das Kwanyama der Ovambo gehört, ist Khoisan die zweite bedeutende Sprachgruppe des südlichen Afrika. Woraus und wie sich das Khoisan entwickelt hat, liegt aber ebenso im Dunkeln wie die Herkunft der San und Nama.

Zwei Hypothesen versuchen diesem Rätsel auf die Spur zu kommen: die Hypothese von einem gemeinsamen Ursprung der beiden Völker und die von einer Einwanderung und Vermischung fremder Gruppen mit den San. Wenn man davon ausgeht, dass Nama und San ursprünglich eine ähnliche Wirtschaftsform besaßen, dass also auch die Nama ein Leben als Wildbeuter führten, muss es irgendwann in der historischen Entwicklung einen Bruch gegeben haben, denn ab Ende des 16. Jahrhunderts werden die Nama von Seeleuten und Reisenden als viehzüchtende Nomaden beschrieben, die riesige Herden von Langhornrindern und Fettschwanzschafen besaßen. Wodurch diese Veränderung in der Wirtschaftsform zustandekam und wie die Nama an die von ihnen gezüchteten Rinder und Schafe kamen, wird durch diese These allerdings nicht erhellt.

Einige Ethnologen interpretieren die mögliche Entwicklung deshalb umgekehrt: Danach seien Viehzüchter hamitischen Ursprungs aus Ostafrika nach Süden gewandert, hätten sich hier mit San vermischt und so eine neue Volksgruppe, die Khoikhoi, begründet. Die kombinierte Wirtschaftsform der Nama – Viehzucht und Jagd – und der Besitz von Rindern und Schafen scheinen dieser Theorie recht zu geben. Nicht nur sprachlich, auch äußerlich gibt es starke Ähnlichkeiten zu den San. Die Nama sind zwar im Durchschnitt etwas größer, besitzen aber ebenfalls eine sehr helle Haut, hohe Wangenknochen und Pfefferkornhaar.

Nama-Kraal (hist. Abb. 19. Jh.)

Wirtschafts- und Sozialstruktur

Die Nama gliedern sich in zwei große Volksgruppen: die Klein-Nama, die südlich des Oranje in der Kapprovinz beheimatet waren und heute weitestgehend in anderen Völkerschaften aufgegangen sind, und die Groß-Nama, deren fünf Stämme fast alle jenseits des Oranje, im heutigen Namibia, nomadisierten. Zu ihnen gehören beispielsweise die Bondelswarts (in der Region Warmbad) und die Topnaar (bei Walvis Bay). Namibias dominante Nama-Ethnie, die Orlaam, die erst in der zweiten Hälfte des 19. Jahrhunderts als letzte den Oranje überquerten und nach Namibia eindrangen, sind eine Restgruppe der Klein-Nama. Bei ihnen haben die Nama-Traditionen durch die intensiven Kontakte mit holländischen Siedlern und durch die frühe Missionierung kaum noch Bestand.

Die fünf Linien, die gemeinsam die Groß-Nama bilden, stammen von fünf mythischen Brüdern ab. Der älteste Bruder war der Urahn der „Roten Nation", einer Nama-Gruppe, die als „älteste" und vornehmste angesehen wird. Fast alle Nama-Gruppen tragen heute holländische Namen; es sind zumeist wortgetreue Übersetzungen der ursprünglichen Khoi-Khoi-Bezeichnung: So hießen die Swartboois (Region Rehoboth) ursprünglich Gami Nun, was soviel wie „schwarzes Bündel" bedeutet.

Jede Nama-Gruppe besteht aus mehreren patrilinearen Clans, die sich alle auf den gemeinsamen (mythischen) Gründervater des Volkes berufen. Die Clans selbst wurden nach ihrem Oberhaupt benannt: Die bekanntesten Nama-Clans sind die Afrikaaner und Witboois, deren Anführer Jager und Jonker Afrikaaner sowie Hendrik Witbooi in den Auseinandersetzungen mit der deutschen Kolonialmacht zu kriegerischem und politischem Ruhm kamen.

Die Nama besitzen, im Gegensatz zu ihren bantusprachigen Nachbarn (s.u.), eine eindeutig patrilineare Gesellschaftsorganisation: Rang und Besitz vererben sich vom Vater auf den ältesten Sohn, und die Frau folgt ihrem Ehemann in seinen Verwandtschaftsverband. Theoretisch war bei den Nama Polygamie möglich, praktisch führten die meisten eine monogame Ehe; möglicherweise kam hier der starke Einfluss der christlichen Missionierung zum Tragen.

Die gemeinsame Herkunft von einem Urahn hinderte die Nama nicht daran, sich heftig gegenseitig zu bekriegen. Direkte Loyalität schuldete man dem eigenen Clan (Afrikaaner), bestenfalls noch dem Volk (Orlaam), keinesfalls aber dem Verband (Klein-Nama). Meist eskalierten die Konflikte wegen Viehdiebstahls. Die Nama hatten zwar durchaus kommunale territoriale Ansprüche – bestimmte Regionen standen bestimmten Clans als traditionelles Weidegebiet zu – sie verwehrten anderen Viehzüchtern aber nicht den Zutritt zu ihrem Land, höchstens wurden Abgaben für die Benützung der Wasserstellen verlangt. Eine Art von „Grundbesitz" gibt es nur bei den Topnaar-Nama, deren Familien in den Dünenfeldern um Walvis Bay *Nara*-Felder (eine Kürbisart, s.S. 111) ihr eigen nennen. Dies erklärt auch, warum die Nama „ihr" Land so bereitwillig an Händler und Farmer abtraten – für sie bedeuteten die Land-„Verkäufe", dass sie den Europäern bedingte Nutzungsrechte in ihrem Territorium überließen, die sie beliebig wieder rückgängig machen konnten. Von den Weißen wurden sie deshalb als wankelmütig und vertragsbrüchig beschimpft.

In einem traditionellen Nama-Kraal standen die bienenkorbförmigen Hütten im Kreis um ein besonders abgegrenztes Gehege der Kälber. Das übrige Vieh konnte sich frei im Kraal bewegen. Ein Zaun aus Dornbüschen schützte die Siedlung vor Raubtieren. Hütten und Hausrat waren leicht auf- und abzubauen bzw. zu transportieren und wurden bei den Nama-Wanderungen auf Tragochsen geladen. Die gezüchteten Fettschwanzschafe und Rinder waren für die Nama eher Prestigeobjekte, die man nur selten schlachtete. Basis der Ernährung war Wild, gesammelte Veldkost, die Milch der Kühe und bei einigen Gruppen an der Atlantikküste der Fischfang. Seit den ersten Kontakten mit Europäern besitzen die Nama auch Pferde.

Die verlorene Unsterblichkeit (Nama-Legende)

In den alten Zeiten, als die Menschen über das Sterben ihrer Freunde trauerten, sandte Tsukoab, der gute Mann, einen Hasen zu ihnen. Der sollte ihnen verkündigen, dass sie mit dem Trauern aufhören müssten. Denn wenn die Menschen zunächst auch stürben, so würden sie doch nach einiger Zeit wieder aufleben, so wie der Neumond.

Der Hase versprach, diese Botschaft zu überbringen. Doch stattdessen lief er zur Buschlaus und bat sie, an seiner Stelle die Botschaft auszurichten. Er sagte sie ihr auch ganz verkehrt. Doch die Buschlaus wollte nicht, sie weigerte sich zu gehen.

„Nein", sagte sie, „es ist noch viel zu früh, und ich bin nicht fertig angezogen, ich habe mein Vorkaross noch nicht an. Und du, Hase, kannst viel schneller laufen. Lauf nur selbst!"

Da musste der Hase selbst gehen und die Botschaft überbringen. Als er zu den Menschen kam, log er, dass er ihnen bestellen sollte: „Wer tot ist, soll tot bleiben und soll nicht wieder aufleben wie der neue Mond."

Wegen dieser Lüge hassen die Nama den Hasen. Sie haben die größte Abneigung, Hasenfleisch zu essen. Selbst dem, der bei starkem Hunger davon isst, hält man das sein Leben lang vor. Er zählt nicht mehr als Mann und darf bei keinen öffentlichen Anlässen mehr mitsprechen. Und wenn sie Gelegenheit haben, einen Hasen zu töten, dann sollen sie ihm keinesfalls das Leben schenken. *(Aus: Sigrid Schmidt, Märchen aus Namibia, Köln, 1980)*

Religion

Die Nama wurden bereits früh missioniert und haben den christlichen Glauben auch bereitwillig aufgenommen. Die ersten Missionare ließen sich bei Warmbad und Bethanien, im Nama-Gebiet, nieder. Daher ist über die traditionelle Religion der Nama nur wenig bekannt. Im Gegensatz zu den San scheinen sie eine intensive Vorstellung von einem „höchsten Wesen" besessen zu haben, oft wird diese Gottheit auch mit dem Mond gleichgesetzt, den die Nama verehrten.

Ausgeprägt ist die Angst vor den Geistern der Toten. Wie die San verließen die Nama nach einem Todesfall die Siedlung und zogen an einen anderen Ort. Die Hütte des Toten blieb stehen.

Ein gefürchteter, in vielen Gestalten auftretender Gott war *Gaunab,* der heute in die Rolle des christlichen Teufels geschlüpft ist. Heldenlegenden ranken sich um die Gottheit *Heitsi Eibib,* die der mythische Urahn des Nama-Volkes gewesen sein soll. Bei diversen Abenteuern wurde er verwundet und getötet und kehrte doch immer wieder lebend auf die Erde zurück. Seine „Gräber", große Steinhaufen, verehren die Nama im Gegensatz zur sonstigen Toten-Furcht. Wer an einem Heitsi-Eibib-Grab vorbeikommt, legt als Zeichen der Ehrfurcht Zweige oder einen Stein darauf.

Lebensraum

Auch heute ist Südnamibia das traditionelle Siedlungsgebiet der Nama. Man schätzt ihre Zahl auf 100.000, ca. 5% der namibischen Bevölkerung. Die meisten Nama leben und arbeiten auf den Farmen als Viehhirten.

Die Damara

Berg-Damara (historische Abb. 19. Jh.)

Die Damara oder *Berg-Damara,* wie sie auch häufig genannt werden (richtig müsste es eigentlich „Dama" heißen, die Bezeichnung „Damara" ist falsch, dennoch wird sie in diesem Buch verwendet, da sie seit hundert Jahren eingebürgert ist), ist eine der rätselhaftesten Volksgruppen Namibias. Vom Erscheinungsbild her eindeutig eher den dunkelhäutigen Bantu zuzurechnen, besitzt ihre Sprache und Kultur so viele Wesensmerkmale der Khoisan-Völker, dass man sie dieser Gruppe zuordnet.

Auch „Dama" ist ein Fremdname, den die Damara den Nama verdanken. Sie selbst bezeichnen sich als Nu-khoin, schwarze Menschen, und das mit Stolz, wie der namibische Ethnologe K. F. R. Budack feststellt. In Abgrenzung zu den hellhäutigen Nama und San gilt bei den Damara die dunkle Hautfarbe als Schönheitsideal. Ihre politische Vertretung haben die Damara in der UDF (United Democratic Front).

Herkunft und Sprache

Die Damara gehören, wie die San, mit Sicherheit zu den ältesten Völkern Namibias. Ob sie allerdings Relikte einer „Urbevölkerung" sind, die von den später eingewanderten Nama verdrängt und möglicherweise versklavt wurden (und daher auch deren Sprache sprechen), oder ob sie als

Abhängige der Nama mit ihnen aus Ostafrika kommend nach Namibia eingewandert sind, lässt sich heute nicht mehr beantworten. Die Damara sprechen einen Dialekt der zentralen Khoisan-Sprachen und haben linguistisch viel von den Nama übernommen. Als die ersten Europäer nach Südwestafrika kamen, lebten die Damara im gesamten Territorium, viele auch als Abhängige der Nama. Sie wurden als „Sklaven" bezeichnet, waren aber wohl eher in die Familie der „Herrschaft" aufgenommen und hatten für diese bestimmte Dienste zu verrichten.

Wirtschafts- und Sozialstruktur

In der Kultur der Damara begegnen sich die Wirtschaftsform und Religion der Khoisan- und der Bantu-Völker. Ob die Damara-Kultur tatsächlich aus einer Mischung entstanden ist, oder ob ihre Wesensmerkmale eigenständige Entwicklungen darstellen, lässt sich heute nicht mehr beantworten.

Im Gegensatz zu San und Nama sind die Damara ein sesshaftes Volk, das überall, wo es die Wasserverhältnisse möglich machen, auch Gartenbau betreibt. Sie haben wohl schon immer Kleinvieh (Ziegen) gezüchtet, später kamen auch Rinder und Schafe dazu. Ähnlich wie San ernährten sie sich von der Jagd und von der Veldkost, die die Frauen sammeln. Begehrt waren die Produkte der Damara-Schmiede, wie Waffen oder Töpfe. Zwar kannten auch die San die Kunst der Metallverarbeitung, mit der Meisterschaft der Damara konnten sie aber nicht konkurrieren.

Die größte soziale wie politisch prägende Einheit ist die Großfamilie. Es gibt eine familienübergreifende Struktur mit mehreren Untergruppen, die im Alltag aber ohne praktische Bedeutung bleibt. Die Damara siedeln in zum Kreis aufgestellten, mit Dornenverhau umzäunten Familienkraals. Den Mittelpunkt des Dorfes bilden das heilige Feuer und der heilige Baum – beides ist auch aus der Herero-Kultur bekannt (s.u.).

Bei den Damara gibt es eine Sozialordnung, in der die männliche wie die weibliche Linie gleichberechtigt nebeneinanderstehen. Frauen vererben an ihre Töchter, Männer an ihre Söhne. Wer es sich leisten konnte, besaß mehrere Frauen. Oberhaupt des Familienverbandes war der Älteste, seine Erstfrau übernahm die wichtige Funktion des Feuerhütens.

Die Herkunft der Damara

Die Dama des Erongogebirges berichten, dass ihre eigentliche Heimat in Okanjande im Bezirk Otjiwarongo ist. Dort, so erzählen sie, hat sich in der Zeit, als noch kein anderes Volk in Südwestafrika war, ein Fels geöffnet, und aus der Felsspalte kamen die ersten Dama hervor. Sie sprachen alle nur einerlei Sprache, und sie lebten in Frieden und Eintracht beieinander. Dann aber kam ein Gerücht zu ihnen, dass der Tod im Lande umgehe. Da flohen die Familien auseinander in die Berge. Die einen flüchteten zum Erongo, die anderen zu den Waterbergen, und wieder andere in die Auasberge. Und seitdem lebten die Dama in diesen verschiedenen Bergregionen.

(aus: Sigrid Schmidt, Märchen aus Namibia, Köln 1980)

Religion

Totenfurcht, bis hin zur Aufgabe einer Siedlung, wenn es mehrere Todesfälle gegeben hat, kennzeichnet die Religion der Damara. Daneben spielt die zentrale Gottheit *Gamab* eine ähnliche Rolle wie der christliche Schöpfergott. Bei Initiationsfeiern werden die jungen Männer in einem Buschlager auf ihr Leben als Jäger vorbereitet. Erst dann dürfen sie an der Jagd teilnehmen und mit den Alten des Dorfes am heiligen Feuer sitzen. Das Feuer wird von der Erstfrau des Kraal-Ältesten bewacht; abends wird es gelöscht, und die Hüterin nimmt einen glimmenden Scheit zu sich in die Hütte, um es für den nächsten Tag zu bewahren.

Ähnlich wie bei den San kommt dem Heiler große Bedeutung zu. Er wird von Ganeb besessen und kann im tranceähnlichen Zustand Krankheiten kurieren. Eine besondere Rolle hat der „Speisemeister", der von jeder Nahrung kosten muss, bevor er sie für die Allgemeinheit freigibt.

Lebensraum Mit 140.000 Menschen, knapp 7% der Namibier, bilden sie eine etwa gleichgroße Bevölkerungsgruppe wie die Herero (s.u.). 1973 wurde das knapp 5000 Hektar große Reservat Damaraland im Gebirgsland zwischen Erongo im Süden und Kaokoveld im Norden mit dem Hauptort Khorixas eingerichtet. Hier lebt ein Teil der Damara unter zumeist ärmlichen Verhältnissen von Gartenbau und Viehzucht. Viele Damara haben eine Stelle als Minenarbeiter bei Rössing (s.S. 443) oder im Kupferdreieck gefunden.

Die Herero

Mit 140.000 Menschen stellen die Herero mit den Damara heute die beiden drittgrößten Bevölkerungsgruppen Namibias (7%). Noch 1951 zählt der deutsche Ethnologe Hermann Baumann nur knapp 25.000 Herero in Südwestafrika. Es war der Rest eines Volkes, das bei der Flucht in die Omaheke-Wüste nach der Schlacht am Waterberg stark dezimiert wurde.

Im 19. Jh. prägte die Konkurrenz zwischen Herero und Nama die Ereignisse in Südwestafrika. Die Herero, traditionell im nördlichen Landesteil angesiedelt, drängten immer wieder tief in den von Nama bewohnten Süden. Viehdiebstahl und Kämpfe um Weidegrund und Quellen waren die Folge, und erst die waffentechnische Überlegenheit der Orlaam unter ihrem Oberhaupt Jonker Afrikaaner setzte diesen Auseinandersetzungen ein vorläufiges Ende. Bis zur Schlacht am Waterberg 1904 schafften es Herero und Nama immer wieder nur kurzzeitig, ihre Differenzen beizulegen und zu einer gemeinsamen Verteidigungslinie gegenüber der Schutztruppe zu finden. Heute zeigen die Herero stolz die Symbole ihrer Tradition und ihrer kriegerischen Vergangenheit bei den *Ahnengedenktagen* an den Gräbern der Oberhäupter (s. Route 7). Ihre politische Vertretung sind ein traditioneller Rat und die im Parlament repräsentierte Partei Nudo.

Gefangene Herero und deutsche Schutztruppler 1904

Herkunft und Sprache

Der ursprüngliche Lebensraum der Herero lag, glaubt man den Mythen, im Osten Afrikas, der Region, in der auch heute noch zahlreiche Gemeinschaften von Viehzucht und Ackerbau leben. Zwischen dem 15. und dem 18. Jahrhundert wanderten die Herero durch das zentrale Afrika nach Südwesten; wahrscheinlich lebten sie längere Zeit im südlichen Angola, also nördlich des Kunene, bevor sie schließlich den Fluss überschritten und in Namibia Weideland für ihre Rinder fanden. Ein Teil der Herero wandte sich von Angola aus nach Südosten und blieb schließlich im heutigen westlichen Botswana und dem daran angrenzenden Namibia. Diese Ost-Herero heißen auch Mbanderu.

Die Herero gehören zu den bantusprachigen Völkern, haben aber durch den Kontakt mit den Khoisan in Namibia auch einige Schnalz- und Klicklaute in ihre Sprache übernommen. Einflüsse südangolischer Dialekte sind im Otjiherero nachgewiesen.

Wirtschafts- und Sozialstruktur

Die Herero haben früher als Viehzüchter mit ihren Herden im nördlichen und zentralen Teil Namibias ein Nomadenleben geführt, ähnlich wie es die mit ihnen verwandten Himba noch heute tun. Die Tiere sind ihnen nicht nur wirtschaftlich, sondern auch sakral von Bedeutung, der Besitz möglichst vieler Rinder verschafft zugleich ein hohes gesellschaftliches Ansehen. Einige Rinder gelten als heilig („Ahnenbulle") und dürfen nicht geschlachtet oder verkauft werden.

Die Herero-Gesellschaft besitzt ein doppeltes Abstammungssystem: Titel, Ämter und alles Sakrale wird in männlicher Linie vererbt, der Besitz, also auch die Herden, in der mütterlichen. Meist leben die Mitglieder der väterlichen Sippe und deren eingeheiratete Frauen in einem Dorf, das aus den für die Herero typischen *pontoks* besteht. Es sind bienenkorbförmige Hütten aus mit Lehm und Dung verputztem Rohrgeflecht. Sie stehen im Kreis um den Kälberkraal. Religiöser Mittelpunkt der Siedlung ist ein Busch, der den heiligen *Omumborongbonga* (Ahnenbaum) symbolisiert, dem die Urahnen der Herero entstiegen sein sollen, und das heilige Feuer, das von einer unverheirateten Tochter des Clanchefs bewacht wird.

Früher gab es zwischen den Herero-Sippen nur einen lockeren politischen Zusammenhalt. Dies änderte sich in der deutschen Kolonialzeit. Da man einen Verhandlungsführer bei den Gesprächen über Landkäufe, Handelsverträge etc. benötigte, wurden einflussreiche Sippenälteste zum Oberhaupt aufgebaut. Erster Herero-Chief war bis 1890 Maharero; sein Sohn Samuel führte die Herero 1904 in den Aufstand, der mit der Schlacht am Waterberg und der Flucht in die Omakehe-Wüste endete. Er selbst konnte die Wüste unbeschadet durchqueren, erreichte Botswana und starb dort 1923 im Exil. Mit dieser Katastrophe verlosch auch das heilige Feuer. Es wurde erst wieder entfacht, als der Leichnam Mahareros nach Okahandja überführt und dort bestattet wurde.

Die traditionelle Lebensweise und Kleidung der Herero ist heute noch an den Himba, ihren „armen" Verwandten im abgeschiedenen Kaokoveld, schön zu beobachten.

Außerhalb des Kaokoveld konnten die Herero nur wenige Traditionen bewahren. **Auffallend an den Herero-Frauen** ist heute ihre von den Missionarsfrauen inspirierte **viktorianische Tracht,** bestehend aus mehreren Lagen übereinandergezogener Röcke und einem zu einer **drei-**

eckigen Haube gebundenen Kopftuch. Dies ist eines der wenigen an den Rinderkult erinnernden Merkmale moderner Herero-Kultur: die beiden abstehenden Spitzen des Tuchs symbolisieren Hörner.

Nach wie vor ist der Besitz möglichst vieler Rinder für das Prestige wichtig. Immer wieder hört man in Namibia Klagen über die Herero-Farmer, die ihren Grund und Boden mit zu viel Vieh bestocken und ihn damit unweigerlich der Erosion preisgeben würden.

Ahnengedenktag in Okahandja – der Phantasie bei der Uniformgestaltung sind keine Grenzen gesetzt

Religion

Im Gegensatz zur Totenfurcht der Khoisan-Völker besitzen die Herero einen ausgeprägten Ahnenkult. Heilige Rinder symbolisieren die Urahnen der Sippe; im heiligen Feuer lebt die Kraft und Einheit der Gemeinschaft weiter, deshalb darf es keinesfalls verlöschen. Obwohl durch die Arbeit der Missionare der Rheinischen Mission schon früh zum Christentum bekehrt, haben die Herero ihre Verbundenheit mit den Ahnen, allen kulturellen Brüchen zum Trotz, in ihr modernes Leben hinübergerettet. In den 1950er Jahren gründeten sie eine eigene Herero-Kirche, in der der Ahnenkult einen festen Platz in der christlichen Liturgie gefunden hat. Bei den Ahnengedenktagen in Okahandja und Omaruru kommt diese gelungene Verbindung traditioneller und christlicher Religionselemente ebenfalls zum Ausdruck (s. Route 7).

Lebensraum

Auch die Herero erhielten in den 1970er Jahren ein Reservat zugewiesen, das Hereroland mit dem Hauptort Okakarara. Eingezwängt zwischen weißem Farmland und dem Homeland der San bot es keineswegs ausreichend Platz für die saisonalen Wanderungen der Viehzüchter. Abgesehen von den Himba im Kaokoveld unterscheidet man drei große Herero-Gruppen: die West- oder Zeraoua-Herero mit Verwaltungszentrum Omaruru, die Maharero-Leute aus Okahandja und die Ost-Herero oder Mbanderu um Gobabis.

Heute leben und arbeiten die meisten Herero in den städtischen Zentren oder bewirtschaften Farmen, unter denen auch einige kommerzielle Großfarmen sind.

Die Himba

Die letzten Nomaden Namibias haben in den vergangenen Jahrzehnten so viele Katastrophen und Einflussnahmen von außen erlebt, dass es fast einem Wunder gleicht, wie verbunden sie trotz allem ihrer Tradition geblieben sind. Bei einer Dürrekatastrophe zu Beginn der 1980er Jahre haben sie beinahe ihren gesamten Viehbesitz verloren, und der Krieg der SWAPO gegen Südafrika verwandelte ihr karges Weideland in ein militärisches Aufmarschgebiet.

Viele Himba-Familien sind damals aus dem **Kaokoveld** geflohen, weil sie Angst hatten, zum Kampf für eine der beiden Kriegsparteien gezwungen zu werden. Der heutige Verwaltungsort *Opuwo* wurde zur Militärbasis der südafrikanischen Verbände ausgebaut, und die großzügig im Veld verteilten Waffen der Südafrikaner haben die althergebrachten Jagdmethoden verändert.

Schließlich wurde das nach den Kämpfen noch verbliebene Wild – die seltenen Wüstenlöwen und Wüstenelefanten, Nashörner und Leoparden – unter strengen Schutz gestellt, was wiederum die langsam erstarkenden Viehherden der Himba bedrohte.

Die Einflüsse der modernen Zivilisation haben auch vor dem Kaokoveld nicht haltgemacht, doch viele Traditionen prägen das Leben der Nomaden heute noch ähnlich stark wie im letzten Jahrhundert. Dazu gehören die bei den Herero bereits beschriebenen rituellen Aspekte, wie die doppelte Abstammungslinie, das heilige Feuer und die heiligen Rinder.

Das auffälligste Merkmal der Himba sind ihre *Kleidung* und der reiche Schmuck, die nicht nur ästhetischen Zwecken genügen, sondern auch den gesellschaftlichen Status des Trägers bezeichnen. Das Schönheitsideal imitiert die heiligen Tiere der Himba, die Rinder. Die beiden vom Hinterkopf nach vorne über die Stirn geflochtenen Zöpfe junger Mädchen symbolisieren Rinderhörner, ebenso wie später die zwei abstehenden Zipfel der Fellhaube einer verheirateten Frau. Der Körper soll glatt und glänzend sein wie das Fell eines Kalbes. Deshalb wird er mit einer Paste aus Rotholzpulver und Butter eingerieben.

Himbamädchen im Schmuck

Die Ovambo

Mit rund einer Million stellen die Ovambo die Hälfte der namibischen Bevölkerung. Dass sie heute außerhalb ihres traditionellen Siedlungsgebietes zwischen Etosha-Pfanne und Kunene fast überall in Namibia anzutreffen sind, liegt unter anderem daran, dass sie das größte Kontingent an Kontraktarbeitern in den Minen und der Industrie Namibias bilden. Die unbefriedigende Arbeits- und Lebenssituation als Pendler zwischen Ovamboland und Arbeitsstelle mündete schon in den 1950er Jahren in der Gründung einer politischen Interessensvertretung, dem Ovamboland People's Congress, der später in der SWAPO aufging.

Herkunft und Sprache

Anmerkung: *Ovambo* sollte übrigens korrekt **Vambo** heißen, die Form „Ovambo" bezeichnet eigentlich die Frauen der Vambo. Da sich das Wort Ovambo aber für das Volk eingebürgert hat, wurde es hier beibehalten. „Ovambo" ist ein Begriff aus dem Otjiherero, der unterschiedlich interpretiert wird: er soll entweder „die Sesshaften" bedeuten oder „die Reichen". Sie selbst nennen sich nach ihren sieben Gruppen, deren bedeutendsten die *OvaKwanyama* (Kwanyama) und die *AaNdonga* (Ndonga) sind. Die weiteren Gruppen sind *Kwambi, Mbalanty, Kolonkhadi, Kwalundi* und *Ngandjela.* Auch die Ovambo sind im 16./17. Jahrhundert vom östlichen durch das zentrale Afrika in ihr heutiges Siedlungsgebiet gewandert, und wie die Herero sprechen auch sie eine Bantusprache, die in mehrere Idiome unterteilt wird.

Wirtschafts- und Sozialstruktur

Die Ovambo sind eine der wenigen traditionell sesshaften Bevölkerungsgruppen Namibias. Sie siedeln in einem relativ kleinen Gebiet (s.o., Bevölkerungsdichte dort 13 Menschen pro qkm, in Südnamibia 1 Mensch pro qkm), das der aus Angola kommende Kuvelai-Fluss saisonal überschwemmt und so fruchtbar macht. Ackerbau und Viehzucht sind die wichtigen Wirtschaftszweige der Ovambo, Hirse und Sorghum die bedeutendsten Anbaugüter. Wenn nach der Überschwemmung in den sonst trockenen Flussbetten, die hier *oshana* genannt werden, Wasser steht, bereichern die darin gefangenen Fische die Speisekarte.

Die Siedlungen aus Rundhütten liegen auf Anhöhen und damit geschützt vor den Fluten des Kuvelai. Sie sind von den Feldern der Familie umgeben, auf denen die Frauen arbeiten, während sich die Männer um das Vieh kümmern. Ähnlich wie bei den Herero und Nama sind auch bei den Ovambo Rinder ein Prestigeobjekt, sie werden selten geschlachtet.

Die Ovambo leben in einer traditionell mutterrechtlichen Gesellschaft, die sich aber durch den Einfluss der Missionen immer mehr zur patrilinearen Ordnung hin orientierte. Im Gegensatz zu ihren südlichen Nachbarn besaßen die Ovambo eine hierarchische Gesellschaftsstruktur mit institutionalisiertem Königtum. Der König hatte auch eine wichtige sakrale Funktion als Regenmacher, seine Mutter war nach ihm der wichtigste Würdenträger am Hofe. Da es auch bei den Ovambo keinen Grundbesitz gab und das Land nominell dem König gehörte, wurde es den Bauern auf Lebenszeit zur Pacht überlassen.

Die meisten namibischen Völker besitzen keine handwerkliche Tradition in der Holzschnitzkunst. Bei den Ovambo wird Holz zwar zu figürlichen Darstellungen verarbeitet, diese haben aber kaum etwas mit den Schnitzereien gemein, die auf den Touristenmärkten Zentralnamibias verkauft

Die *Kleidung* besteht aus Leder und Fell. Männer und Frauen tragen einen Lendenschutz aus Kalbfell, die Lederumhänge von früher werden heute häufig durch Wolldecken oder ausgediente Armeemäntel ersetzt. Die Haare frisiert man je nach Status: zu einem einzelnen dicken Zopf geflochten (junge Männer), in langen, mit Perlenschnüren verzierten Fransen, die ins Gesicht hängen (Mädchen vor der Pubertät), zu zwei Zöpfen geflochten und unter einem Lederkopftuch verborgen (verheiratete Männer), in überschulterlangen, gedrehten und mit Ocker eingeriebenen Flechten aus dem Gesicht gekämmt und mit Fellhaube geschmückt (verheiratete Frauen), offen und ungekämmt (Trauernde).

Der *Körper* wird mit dekorativen Messingringen geschmückt. Dreieckige Lederanhänger, mit einem Muster aus Drahtperlen oder mit Knöpfen und Eisenperlen verzierte Lederstreifen hängen über Rükken und Brust.

Ein auffallendes Schmuckstück ist die *ohumba,* das Gehäuse der Ngoma-Schnecke (Tritonshorn), die als Anhänger die Lederhalskette vieler Frauen ziert. Als Schönheitsideal werden Jungen und Mädchen im Alter von etwa neun Jahren die unteren Schneidezähne ausgeschlagen.

Schmuck und Kleidung der Himba sind begehrte Souvenirs. Bereits viele traditionellen Stücke, die seit Generationen innerhalb der Familie weitergegeben wurden, haben die Himba aus wirtschaftlicher Not an durchreisende Touristen verkauft.

Heute bemühen sich kunstgewerbliche Initiativen, die Vermarktung des traditionellen Besitzes zu stoppen. Man hält die Himba dazu an, Schmuck nicht nur für den Eigenbedarf, sondern auch für den Verkauf herzustellen.

werden. Eine ganz besondere, heute in Vergessenheit geratene Kunst ist die Herstellung von Elfenbeinknöpfen. Eine große Auswahl dieser wertvollen Schmuckscheiben ist im Swakopmunder Museum zu sehen.

In der Kolonialzeit lag Ovamboland zwar innerhalb der deutschen Grenzen, aber jenseits der sogenannten Polizeizone, dem befriedeten Gebiet mit Militärpräsenz. Sie blieben weitgehend unbehelligt von den Entwicklungen im Kernland, und nur dank der intensiven Missionstätigkeit der Finnischen Mission hatten sie Anschluss an einige „Segnungen" der Zivilisation. Die meisten Ovambo sind heute Christen, darunter auch zahlreiche, von Missionaren aus Südangola bekehrte Katholiken.

Unter südafrikanischer Verwaltung erhielt die Region als Homeland 1968 eine relativ große Autonomie mit einer in inneren Angelegenheiten weitgehend unabhängigen Regierung durch teils gewählte, teils von Südafrika bestimmte Ratsmitglieder und Minister.

Religion Der Einfluss der Missionen ist im Ovamboland allgegenwärtig, und dennoch sind Relikte traditioneller Religion erhalten und werden zum Teil neu belebt. Zentrales Thema ist auch hier der Ahnenkult, fest verknüpft mit dem Kult um sakrale Rinder.

Eine herausragende Bedeutung hatte der König, der zugleich auch spirituelles Oberhaupt der Gemeinschaft war und in dessen Gehöft ein heiliges Feuer das Wohlergehen des Volkes symbolisierte. Als Regenmacher war er für die Fruchtbarkeit der Felder verantwortlich. Er wurde als gottähnlich verehrt, als Mittler zwischen der Welt der Lebenden und dem Schöpfergott *Kalunga,* mit dessen Namen man den König oft auch ansprach. Starb der Herrscher (oft wurde er in einem rituellen Akt erdrosselt, wenn er zu alt und zu schwach war), bestattete man ihn im Rinderkraal in einer pyramidenähnlichen Holzkonstruktion aus Mopanepfählen. Der Platz galt als heilig und diente Verfolgten als Asyl. Eine komplexe Welt der Geister und Lebend-Toten umgab die Lebenden. Sie bedrohten die Menschen mit Krankheit oder gar Tod. Sie konnten von den Menschen Besitz nehmen und durch sie sprechen. Der Gott Kalunga wurde als höchstes Wesen, ähnlich dem christlichen Schöpfergott, verehrt.

Lebensraum Ovamboland mit seinen traditionellen Dörfern und lebhaften Märkten ist eine der wenigen Regionen Namibias, wo das Land dem Klischee vom bunten, schwarzen Afrika entspricht. Dass es eine krisengeplagte Region ist, sieht man erst auf den zweiten Blick an den Wellblechsiedlungen und Elendslagern im Umkreis der beiden wichtigsten Städte Oshakati und Ondangwa.

Durch starkes Bevölkerungswachstum und den Zuzug von Flüchtlingen aus dem benachbarten Angola, die ebenfalls zur größten Ovambo-Gruppe, den Kwanyama, gehören, reichen die Erträge des Landes schon lange nicht mehr aus, um alle Menschen zu ernähren. Kontraktarbeit, Armut und Landflucht sind die Folgen.

Kavango- und Caprivi-Volksgruppen

Wie ihre Ovambo-Nachbarn gehören auch die Menschen, die entlang des Kavango und im Caprivi-Strip leben, zur großen Bantu-Familie. In ihrem Lebensraum abseits der Hauptrouten und städtischen Zentren Namibias haben sie sich ihre bäuerliche Lebensweise und ihre prächristlichen Traditionen bewahrt. Kleine, im Busch versteckte Rundhüttendörfer und Ochsenschlitten prägen die Landschaft. Trockene Flussbette, *omiramba* genannt, durchziehen die Region, die der vorherrschende weiche Sand für normale Fahrzeuge unpassierbar macht.

Herkunft und Sprache Auch die Kavango und Caprivianer gehören zu den bantusprachigen Bewohnern Namibias. Sprachlich haben die Kavango engere Bindungen zu den Ovambo, während die östlichen Caprivianer eher zu den Volksgruppen des benachbarten Zambia tendieren und sich des Lozi als Umgangssprache bedienen. Ethnisch sind die Caprivianer nicht so homogen wie die Kavango, und immer wieder führen Differenzen zwischen Mafwe und Basubya, den beiden Hauptgruppen, zu gewaltsamen Konflikten um Stammesgrenzen.

Hier im östlichen Zipfel Namibias diente, im Gegensatz zu den restlichen Landesteilen, seit dem Ersten Weltkrieg auch das Englische als Verkehrssprache.

Wirtschafts- und Sozialstruktur Die Kavango wie Caprivianer sind Ackerbauern und betreiben daneben Viehzucht (Rinder, Ziegen). Fische aus den zahlreichen Wasserarmen ergänzen die Nahrung. Das Sozialsystem weist viele Ähnlichkeiten mit der bei den anderen Bantu-Gruppen beschriebenen Struktur auf. Vorherrschend ist die mutterrechtliche Linie, und die Chiefs sind zugleich auch sakrale Oberhäupter ihrer Gemeinde und vergeben das Gemeinschaftsland zur Pacht. Ihnen zur Seite steht meist ein Rat der Ältesten, ohne dessen Zustimmung der König kaum Handlungsvollmacht hat.

Könige, Ratsvertreter und gewählte Abgeordnete bilden auch die Regionalregierung in Kavango und Ost-Caprivi, die in den 1970er Jahren für die Selbstverwaltung der beiden Homelands eingerichtet wurde.

Lebensraum Beide Volksgruppen leben im ehemaligen „Aufmarschgebiet“ der südafrikanischen Armee gegen die SWAPO. Der Krieg hat viele Familien ernährt, „nagte“ aber auch an ihrer traditionellen Lebensweise. Nach Abzug der Südafrikaner herrscht nun ein Vakuum, das die Regierung durch verstärkte Entwicklungsmaßnahmen zu beheben versucht. Trotzdem bestehen Bestrebungen der Bewohner, den Caprivi aus der namibischen Nation herauszulösen und unabhängig zu führen. Viele Kavango sind als Wanderarbeiter in die städtischen und industriellen Zentren des Landes gezogen. Einige versuchen als Holzschnitzer mit Touristenandenken ihr Glück.

Das gestohlene Wasser

Simketa ist nun ein alter Mann, der in Frieden am Ufer des Okavango lebt. Aber als er jung war, hatte er einen Traum, der ihn unruhig machte.

„Ich habe genug vom Fischen“, sagte er eines Tages, „ich will Jäger sein! Wir müssen in den Wald ziehen! Im Traum wurde mir befohlen, das zu tun.“

Muremi, die ehrwürdige Alte der Familie, erschrak: „Unsere Heimat ist hier, am Ufer des Flusses. Die Ahnen werden uns bestrafen, wenn wir von hier fortgehen“, warnte sie.

Aber Simketa hatte sich entschieden. Die Familie lud ihre Habseligkeiten auf einen Schlitten und zog in den Wald. Den ganzen Weg lang kaute Muremi Kräuter, die ihr die *nganga* gegeben hatten, um böse Geister fernzuhalten.

Nach einigen Tagen erreichten sie den Platz der Großen Baobabs.

„Hier werden wir unser neues Heim errichten.“ Simketa entlud den Schlitten.

„Aber es gibt nur ein schmales Rinnsal mit wenig Wasser“, widersprach seine Frau. Simketa beachtete sie nicht und begann mit dem Bau der Hütte.

Einige Zeit später trocknete aber der Fluss aus.

„Wir werden sterben“, weinte seine Frau. „Das einzige Wasserloch in unserer Nähe gehört Makisi, dem Gefürchteten, und er wird uns nichts abgeben. Er sagt, dass wir nicht hierhergehören.“

Muremi beruhigte sie. „Ich habe einen guten Plan. Binde ein paar Wassergefäße um meine Hüfte unter dem Rock. Ich werde Wasser holen.“

Als die Gefäße versteckt waren, ging sie zu Makisis frischer, kühler Quelle. Das Wasser sah so köstlich aus, dass sie sich bückte, um davon zu trinken. Plötzlich hörte sie einen Donnerschlag. Muremi sah auf, und sah Makisi, den Gefürchteten, vor sich stehen.

„Du wagst, von meinem Wasser zu trinken“, donnerte seine Stimme durch den Wald.

„Oh, bitte, tue mir nichts, Makisi“, bat sie. „Meine Knochen sind schwach. Die Menschen erzählen, dass deine Trommeln Zauberkräfte besitzen und jeden stark machen können. Bitte, schlage die Trommel für mich! Ich will dazu tanzen.“

Makisi war so geschmeichelt, dass er seine Trommel holte. Während er trommelte, schloss er die Augen und sang dazu wie im Traum. Muremi tanzte immer tiefer in das Wasser hinein, bis die Gefäße aufgefüllt waren.

Als sie wieder heraustanzte, rief sie Makisi zu: „Oh Makisi, du hast mich mit deiner magischen Trommel geheilt. Ich danke dir, du Erhabener. Ich kehre nun zu meinem Volk zurück.“ Und schnell eilte sie zu ihrer Familie.

Die Leute in Makisis Dorf waren erzürnt, als sie hörten, wie er die alte Frau geheilt hatte. „Wie konntest du ihr nur glauben? Sie hat dich betrogen“, warnten sie ihn. „Sie stiehlt unser Wasser, und sie wird gewiss wiederkommen.“

Am nächsten Tag erwartete Makisi Muremi an der Quelle. Selbstsicher kam Muremi wieder, um Wasser zu holen. Diesmal hatte man große Wassergefäße unter den Rock der alten Frau gebunden. Als sie Makisi sah, bat sie ihn, wieder für sie die Trommel zu schlagen. Makisi begann zu trommeln, und Muremi tanzte ins Wasser.

Da sprang Makisi plötzlich auf und enthüllte die Wassergefäße, die um ihre Hüfte gebunden waren.

„Du hast mich betrogen. Du hast mein Wasser gestohlen!“ donnerte er. „Nun wirst du und deine Familie sterben!“

„Oh bitte, Makisi, trinke das Wasser aus diesem Gefäß. Es hat magische Kräfte, wie deine Trommel.“

Sie band ein Wassergefäß ab, warf einige Zauberkräuter hinein und gab Makisi zu trinken. Dieser war so neugierig, dass er davon trank. Sofort fiel er in einen tiefen Schlaf, und die Quelle versiegte.

Muremi eilte heim. „Wir müssen sofort weg von hier“, befahl sie. „Es wird bald kein Wasser mehr geben.“

Schnell packte die Familie ihre Habseligkeiten zusammen und kehrte zum alten Dorf am Ufer des Flusses zurück. Simketa sprach nie wieder davon wegzuziehen. Er lebt nun in Frieden dort, wo er hingehört.

Jeden Abend raucht Muremi am Ufer des Flusses ihre Pfeife und träumt von Makisis Trommel. Sie hört ihre Schläge, die über das Wasser hallen. Sie lächelt und tanzt.

(aus: „The stolen Water and other Stories“, retold by Jennifer Davvis, New Namibia Books, Windhoek 1993. Aus dem Englischen übersetzt von Daniela Schetar)

Die Rehobother Baster

Allein die Tatsache, dass sich diese Bevölkerungsgruppe selbst als „Basters“ – „Bastard“ – bezeichnet, spricht für den großen Stolz, den sie auf ihre gemischtrassige Abstammung hat. Die Baster führen ihre Herkunft auf Verbindungen zwischen Weißen und Nama-Frauen zurück und tragen die Familiennamen ihrer Väter. Diejenigen, die einer legalen Ehe entstammen, gelten als die angesehensten Baster-Familien. Man spricht von 37 Stammvätern, teils burischer, teils deutscher Nationalität; es gibt sogar mehrere Basterfamilien malaiischer Herkunft. Gemeinsame Sprache der Baster ist das Afrikaans.

Untereinander nennen sich die Baster *Burger,* Bürger. Bastergemeinden gibt es in verschiedenen Gegenden Namibias, ihre prominenteste und größte Gruppe lebt aber in und um das Städtchen Rehoboth, etwa 80 km südlich von Windhoek. Mit 32.000 Menschen stellen sie knapp 2% der Namibier.

Herkunft

In der zweiten Hälfte des 19. Jahrhunderts wanderten die Baster aus der Kapprovinz nach Namibia ein. Wahrscheinlich wurden auch sie, ähnlich wie die Orlaam, durch die zunehmende Expansion der weißen Farmer immer weiter abgedrängt und sahen sich schließlich gezwungen, ihr Heimatland zu verlassen. Diesem Fortzug einer ganzen Gemeinschaft waren Sondierungen nach Land vorausgegangen, das die Baster-Abgesandten dann schließlich von den Swartbooi-Nama pachten konnten. 1870 gründeten die Baster an der Stelle einer verlassenen Missionsstation der Rheinischen Gesellschaft den Ort Rehoboth.

Wirtschafts- und Sozialstruktur

Die meisten Baster leben als Farmer von der Viehzucht (Schafe und Rinder). Ihre Region um Rehoboth gilt als besonders gutes Weideland, doch behindert kompliziertes Erbrecht und die daraus folgende Zersplitterung der Farmen eine extensive Nutzung des Bodens.

Bemerkenswert ist die streng patriarchale Sozialordnung der Baster, die wohl dem frühen christlichen Einfluss entstammt. Traditionell stellte die angesehenste Familie van Wyk den *Captain* der Gemeinde. Seit 1976 wird der Kapitän gewählt. Ein Ministerrat und ein Parlament aus Volksvertretern beraten ihn.

Religion

Die Baster sind – sozusagen seit ihrer Genese – protestantische Christen. Missionare begleiteten sie auch bei ihrer Auswanderung von Südafrika.

Lebensraum

Wichtigstes Gut der Baster war und ist ihre politische Autonomie. Diese erhielten sie sich bereits 1885 durch einen Schutzvertrag mit dem Deutschen Reich, unter dessen Fahne sie auch die Aufstände der Nama und Herero mitbekämpften. 1915, kurz vor dem Aus für die deutsche Kolonie, zettelten die Baster schließlich selbst eine Erhebung an, die misslang. Die südafrikanische Mandatsmacht ersetzte ihren traditionellen Rat durch ein weißes Verwaltungsgremium und erst Mitte der 1970er Jahre, mit der Einrichtung des Homelands, konnte der Rat wieder agieren. Die Unabhängigkeit Namibias bereitete den Baster einiges Unbehagen, weil sie nun erneut fürchten mussten, ihre Autonomie zu verlieren. Bislang beherrscht der zähe Kampf der Baster um ihre Autonomie die politischen Kontakte zwischen der Gemeinde und der SWAPO-Regierung.

Die Farbigen

Der namibische Ethnologe K.F.R. Budack fasst die farbigen Namibier unterschiedlicher Herkunft zu einer eigenen Volksgruppe zusammen (s. Budack, 1989). Sie selbst nennen sich *bruin mense,* braune Menschen, und besitzen heute eine eigene politische Interessensvertretung.

Das Zusammengehörigkeitsgefühl der Farbigen wird in erster Linie dadurch bestimmt, dass sie weder zur weißen Volksgruppe ihrer Väter, noch zu den schwarzen Gemeinschaften ihrer Mütter (zumeist Nama, Herero und Damara) so richtig dazugehören. Kulturelle oder historische Bindungen gibt es naturgemäß nicht, und auch ihr Siedlungsraum ist nicht homogen. Die meisten Farbigen leben heute in den Städten beziehungsweise in den Farbigen-Vororten (Khomasdal in Windhoek, Tamariska in Swakopmund, Krönlein in Keetmanshoop) und arbeiten in der Administration. Als Farmer haben sich nur wenige Farbige niedergelassen.

Die Buren

Anfang des 17. Jahrhunderts kamen die ersten Holländer an die Südspitze Afrikas, wo sie eine Versorgungsstation für den Schiffsverkehr nach Indien einrichteten. Schon bald entdeckte man das Kap auch als ideales Siedlungsgebiet, und Ende des 18. Jahrhunderts bestand bereits eine ansehnliche holländische Kolonie.

Doch auch Großbritannien wollte sein Einflussgebiet in Afrika ausdehnen und annektierte schließlich 1814 die Kapkolonie. Vor dem wachsenden englischen Einfluss zogen sich viele Buren („Bauern"), wie die in Afrika lebenden Holländer sich nannten, immer weiter ins Landesinnere zurück. So gelangten die ersten Siedlerfamilien auch in das Territorium nördlich des Oranje, das heutige Namibia. Die meisten zogen nomadisierend (trekkend) mit ihrem Vieh durch den Süden Namibias, einige Familien trekkten sogar bis nach Angola (Exkurs s. Route 13, „Die Durstlandtrekker").

Als Ende des 19. Jahrhunderts Deutschland seinen Einfluss in Südwestafrika geltend machte, mussten sich die Buren erneut mit einer neuen Kolonialmacht arrangieren. Curt von François, der erste Gouverneur, bezeichnete die Buren als „gutes Siedlermaterial". Im Gegensatz zu manchem deutschen Aussiedler seien sie zäh und galten als geschickte Farmer und gottesfürchtige Menschen. Ihre unnachgiebige Haltung gegenüber den Eingeborenen erschien ihm allerdings als unproduktiv für die weitere Entwicklung der Kolonie.

Sprache

Die **Sprache der Buren, das Afrikaans,** entwickelte sich aus dem Niederländischen zu einer eigenständigen Sprache mit zahlreichen Lehnwörtern aus allen anderen Sprachen, die am Kap verbreitet waren: von Englisch über die Sprachen der schwarzen Bevölkerung bis hin zu Portugiesisch, Deutsch und Malaiisch. Es gibt verschiedene regionale Afrikaans-Ausprägungen, wobei das Afrikaans der Namibier auch von den Herero und Nama beeinflusst wurde. Bis zur Unabhängigkeit 1990 war Afrikaans nicht nur die Umgangs- sondern auch die Amtssprache Namibias. Wegen ihrer Verbindung mit der Apartheid wurde sie in dieser Funktion von der SWAPO-Regierung, auch im Einvernehmen mit der DTA, durch das Englische ersetzt.

Wirtschafts- und Sozialstruktur, Religion

Die meisten Buren der älteren Generation kamen um 1915, nach der deutschen Kapitulation, als Viehzüchter ins Land. Viele nomadisierten, einige ließen sich auf Farmen nieder. Die meisten Burenfamilien waren arm und besaßen keinerlei schulische Bildung – ein Schulbesuch war bei ihrem Nomadenleben nicht möglich. Lange Zeit standen sie auf der untersten Stufe der weißen Hierarchie und die wohlhabenden, zumeist deutschen Farmer, verachteten sie entsprechend.

Eine zweite Einwanderungswelle in den 1950er und 1960er Jahren brachte im britischen Schulsystem geschulte Beamte, Lehrer und Regierungspersonal ins Land. Damit hat sich auch das Bild vom „armen, dummen Buren“ gewandelt, wenngleich Burenwitze, ähnlich unseren Ostfriesenwitzen, in Namibia immer noch gerne erzählt werden.

Die Buren leben traditionell in patriarchal strukturierten Großfamilien. Entsprechend ihrer kalvinistischen Auslegung des protestantischen Glaubens sind das Schicksal und die Position eines Jeden in der Gesellschaft gottgewollt und nicht beeinflussbar. So legitimieren sie auch ihre Haltung gegenüber den andersfarbigen Volksgruppen. Von ihnen getrennt, apart, zu leben, galt als religiöse Pflicht.

Lebensraum

Die Afrikaans-Sprachigen stellen über die Hälfte der etwa 120.000 (6%) Weißen Namibias. Wenn heute noch zwischen Buren, Deutschen oder anderen europäischen Bevölkerungsgruppen in Namibia unterschieden wird, dann hat dies nichts Herabsetzendes mehr. Ihre politische Heimat haben die meisten Buren bei der MAG gefunden.

Die Deutschen

Die ersten Deutschen in Südwestafrika waren Missionare: 1805 ließ sich der Missionar Schmelen in Warmbad nieder, ihm folgten ab der Mitte des 19. Jahrhunderts Hahn und Kleinschmidt mit Missionsgründungen in Zentralnamibia (u.a. Gross Barmen). Die Einwanderung deutscher Siedler begann aber erst 1885, als Südwestafrika deutsches Schutzgebiet war.

Herkunft

Die meisten der heute etwa 20.000 Menschen mit deutschen Wurzeln leben seit mehreren Generationen in Namibia. Sie sind die Nachkommen der ersten Siedlerfamilien, die in Südwestafrika auf extreme Lebensbedingungen stießen und hier nur durch ihre außerordentliche Zähigkeit überleben konnten. Die Bindung an ihre neue, unwirtliche Heimat kommt im beliebten „Südwester“-Lied zum Ausdruck: „Hart wie Kameldorn ist unser Land“, heißt es da schwermütig. An diesem harten Land, das man sich mit viel Blut und Mühe erkämpft hatte, hielten die meisten dann trotz Ausweisungen und Internierung unbeirrbar fest.

Trotz ihrer relativen Isolierung war die deutsche Gemeinde stets bemüht, ihre kulturellen Wurzeln zu pflegen und zu bewahren. Dies führte einerseits zu bizarren Blüten wie dem Bau wilhelminischer Villen und romantischer Ritterburgen, andererseits zu einem erstaunlich guten Erhalt der deutschen Hochsprache. Zwar hat das Südwester-Deutsch viele Lehnwörter aus dem Afrikaans und dem Englischen, und auch die grammatikalische Struktur der Umgangssprache wurde vereinfacht, aber die meisten deutschstämmigen Namibier beherrschen immer noch eine fehlerfreie Schriftsprache.

Als einzige weiße Volksgruppe haben die Deutsch-Namibier in mehreren Orten deutsche Schulen eingerichtet, und in Windhoek führt die DHPS mit einem gesonderten Zweig für Nicht-Muttersprachler bis zum Abitur. Sie gilt als beste Lehranstalt Namibias und wird von Deutschland finanziell, personell und ideell unterstützt.

Wirtschaft und Lebensraum

Viele Deutschstämmige betreiben Viehzucht, daneben haben sie sich auch in allen anderen Wirtschaftsbereichen etabliert. So erfolgreich und dominant die Deutsch-Namibier auf diesem Sektor sind und so intensiv sie sich um den Erhalt der deutschen Kultur bemühen – im Politischen sind sie eher unterrepräsentiert.

Eine eigenständige politische Initiative ist die Interessensgemeinschaft der Deutsch-Namibier (IG).

Deutsche Traditionen

Die aus Deutschland Eingewanderten führten in Namibia zumeist ein Leben als Farmer weitab von Nachbarn, geschweige denn vom kulturellen Geschehen einer Stadt. In der Isolation wurden Brauchtum und Traditionen bewahrt und an nachfolgende Generationen weitergegeben. Die Kolonialliteratur in den Bücherschränken, der röhrende Hirsch an der Wand und manchmal sogar ein Bild Kaiser Wilhelms II. – sie gehören noch heute zur Standardausstattung vieler Farmen und verleihen ihnen einen nostalgischen Flair, der dem modernen Besucher manchmal ganz schön miefig erscheinen mag.

Anschaulich ist diese Atmosphäre und die oft damit verbundene konservative Gesinnung in Christine von Garniers Lebensbericht beschrieben: „Ich habe einen der letzten Kolonialherren Afrikas geheiratet“. Die Schweizerin hatte in den 1960er Jahren einen deutschstämmigen Farmer geheiratet und mit ihm und seiner kaisertreuen Familie die Wirren und politischen Auseinandersetzungen auf den Weg in die Unabhängigkeit erlebt.

Die wertkonservative Grundhaltung hat aber auch dazu geführt, dass deutsche Sprache und Kultur erstaunlich rein bewahrt blieben. Während sich die Sprache der Kapholländer mit allen anderen Dialekten der Region zum übergreifenden Afrikaans entwickelte, blieb das Deutsche als unverfälschte Schriftsprache erhalten.

Der Sprachpflege galt auch ein Großteil des politisch-kulturellen Bemühens der Deutschen unter südafrikanischem Mandat. Man setzte Deutsch als Verkehrs- und Schulunterrichtssprache durch, organisierte kulturelle Veranstaltungen wie Theateraufführungen oder Lesungen deutscher Autoren, und noch heute ist die deutsche Gemeinde die kulturell aktivste Namibias. Es gibt deutsche Schulen, eine deutschsprachige Tageszeitung (Allgemeine Zeitung), deutsche Sendungen in Rundfunk und Fernsehen, deutschsprachige Verlage und regelmäßig auch Theater- und Filmvorführungen.

Literatur und Kunst der deutschsprachigen Namibier sind geprägt vom Leben in der ariden Umwelt, von den kargen Landschaften, der Tierwelt und dem Kampf mit den Naturgewalten.

Zahlreiche Autobiographien haben das Überleben unter südafrikanischem Mandat in den beiden Weltkriegen zum Thema: Über den Kampf der Frauen, deren Männer den Krieg in Internierungslagern verbringen mussten, die auf sich alleine gestellt die Farm durch die schwierigen Zeiten brachten, oder die Flucht vor der drohenden Internierung in die Wildnis (H. Martin: „Wenn es Krieg gibt, gehen wir in die Wüste"). Romane kreisen um das Abenteuer Wildnis und das Gleichgewicht zwischen Mensch und Natur (Giselher Hoffmann: „Im Bunde der Dritte"), persönliche Aufzeichnungen erhellen die Vorstellungswelt der „Eingeborenen", allen voran der San, deren faszinierende Kultur Wissenschaftler wie Hobby-Ethnologen aufgezeichnet haben (Ilse Schatz: „Unter Buschleuten").

In Vereinen widmet man sich der Brauchtumspflege und organisiert Feste wie den Karneval, traditionsgemäß mit Prinzenpaar und Garde, und das Oktoberfest. So unterscheidet sich das kulturelle Geschehen in den städtischen Zentren Namibias nur wenig von dem in der ehemaligen Heimat, wirkt auf Außenstehende vielleicht nur etwas biederer.

Die DDR-Namibier – Wanderer zwischen den Welten

Während des Befreiungskampfes wurden mehrere hundert namibische Kinder, zumeist aus Ovamboland, auf Schulen in der DDR geschickt. Die DDR hatte die Unabhängigkeitsbestrebungen der SWAPO ideell wie materiell unterstützt und wollte mit der Ausbildung der Kinder einen Beitrag zu deren aufrechter Gesinnung leisten.

Sie wurden auf mehrere Internate aufgeteilt, wo sie, begleitet von einem namibischen Kontaktmann, deutsche Erziehung und Unterricht genossen.

Im Zuge der deutschen Einheit schickte man die Schüler in ihre Heimat zurück. Die Bundesregierung stellte finanzielle Hilfe zur Wiedereingliederung der Kinder zur Verfügung.

Da standen sie nun, nach teils über zehn Jahren DDR wieder in ihren heimatlichen Dörfern und sollten, verwöhnt durch die Zivilisation, das einfache Leben ihrer Verwandten teilen, die sie gar nicht mehr kannten und deren Sprache viele auch nicht mehr verstanden. Aus den Flüchtlingskindern waren deutsche Jugendliche geworden, deren schwarze Haut das einzige Merkmal ihrer Herkunft war. So manches Kind landete bei einer völlig fremden Familie, die es nur wegen der finanziellen Zuwendungen aufnahm und entsprechend schlecht behandelte.

Umgekehrt waren viele „DDR-Namibier" schockiert von den primitiven Lebensumständen, in denen ihre Familien lebten, und konnten ein gewisses Überlegenheitsgefühl nicht verhehlen. Die Kluft zwischen den Ex-DDRlern und den Daheimgebliebenen sorgte für immer neue, brisante Konflikte.

Die Kirche und einige engagierte Deutsch-Namibier nahmen sich schließlich der ungeliebten Rückkehrer an und besorgten Gastfamilien, organisierten die Unterbringung in Schülerheimen und kümmerten sich darum, dass sie ihren Schulabschluss machen konnten.

Kunst und Traditionen

Welten liegen zwischen den Jugendstilvillen in Swakopmund und einer Himba-Siedlung im Kaokoveld, zwischen den Swakara-Kreationen junger Pelzdesigner und dem Perlenschmuck der San. Namibia vereint sehr unterschiedliche kulturelle Traditionen, die der deutschen Kolonialisten, der christlichen Missionare, der burischen Trekker, der viehzüchtenden Nomaden und der Hirsebauern. Dass diese Kulturen nicht isoliert nebeneinanderstehen, sondern sich kreativ durchdringen, sieht man sowohl im Kunstschaffen als auch im modernen Kunsthandwerk, wie beispielsweise der Teppichwebkunst und dem Goldschmuck – beides inspiriert von schwarzafrikanischer Ornamentik – und umgekehrt natürlich auch an den Schnitz- und Lederarbeiten der schwarzen Künstler, die europäische Kunststile integrieren.

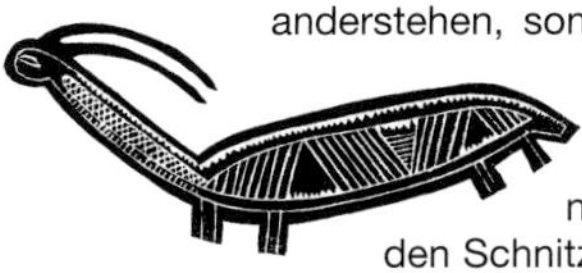

Traditionelles Kunsthandwerk

Die Bandbreite des traditionellen Kunsthandwerks der namibischen Völker war eingeschränkt durch ihren nomadischen Lebensstil, denn nur das Notwendigste konnte man auf den langen Wanderungen mitführen. So sind nur persönlicher Schmuck und Kleidung, Transportgefäße, gewebte Matten und anderer Hausrat die bedeutendsten handwerklichen Erzeugnisse dieser Völker. Wichtigste Werkstoffe waren Leder und Fell von erlegtem Wild oder geschlachtetem Vieh. Die Himba besitzen reichen Arm- und Beinschmuck aus Eisen und Kupfer. Zur Dekoration verwendete man Elfenbein, Horn, Leder, Muscheln, Schnecken und die Schale des Straußeneis. Aus dem Ei werden auch Wassergefäße gefertigt und mit zarten Gravuren geschmückt.

Bei den sesshaften Bewohnern von Ovambo und Caprivi haben Schnitzarbeiten, aus den vielen Hölzern der Region, größere Bedeutung. Es werden Vorratsgefäße und Schemel hergestellt, aus Lehm formt man Götter-, Tier- und Menschenstatuen, und auch die Töpferei besitzt eine lange Tradition. Ein charakteristischer und heute sehr teuer verkaufter Schmuck der Ovambo sind sorgfältig polierte Elfenbeinknöpfe. Figürliche Holzarbeiten sind in der Region unter dem Einfluss benachbarter Völker aus Angola oder Zimbabwe entstanden. Sie haben sich aber dem Touristengeschmack unterworfen und ihren besonderen Charme verloren. Heute werden fast ausschließlich einfache Kopien gängiger Massenware, die als „typisch afrikanisch" gilt, geschnitzt.

Das Fehlen eines repräsentativen, „beständigen" Kunstschaffens in dieser Region spiegelt sich auch in den Katalogen der heute so geschätzten afrikanischen Kunst wider. Namibia ist ein „weißer Fleck" auf der Afrikakarte von Museen und Sammlern.

Kunsthandwerk heute

Wie bereits oben beschrieben, sind die Erzeugnisse des modernen Kunsthandwerks – soweit es die Holzschnitzerei betrifft – eher enttäuschend. Nichtsdestotrotz stellen sie den Löwenanteil im Angebot der Souvenirshops und Straßenmärkte – vom Schachspiel bis zur afrikanisierten Marienstatue wird alles geschnitzt, Hauptsache, es gefällt dem Käufer. Natürlich gibt es auch schöne oder originelle Stücke darunter, die zu finden erfordert aber ein scharfes Auge und viel Geduld.

Traditionellen Vorbildern abgeguckt ist der vielerorts angebotene **Perlenschmuck,** teils im eleganten schwarz-weiß-Dekor aus Straußeneierschalen, teils fröhlich bunt aus Glas- oder Plastikperlen. Beliebte Motive der Nama schmücken farbenfrohe Quilts, Kissenbezüge, Servietten und Tischdecken. Viele dieser kunstgewerblichen Arbeiten entstehen unter Federführung engagierter Initiativen, die sich um die arbeitslosen Frauen in den städtischen Zentren kümmern und ihnen mit Näh-, Flecht- oder Stickarbeiten zu einem wirtschaftlichen Auskommen verhelfen wollen.

Namibias **Goldschmiedearbeiten** sind aufs deutlichste von afrikanischen Ornamenten und Formen geprägt. Neben Gold und Edelsteinen werden auch Materialien wie Vogelfedern, Elefantenhaar oder Elfenbein verarbeitet, das in Namibia legal verkauft werden darf. Die fantasievollen und außerordentlich dekorativen Stücke sind teuer, denn obwohl Gold und Diamanten hier zu Hause sind, weicht ihr Preis kaum von den in Mitteleuropa üblichen Preislagen ab.

Mode

Eine sehr umstrittene Branche ist die **Kürschnerei,** denn ihr Rohmaterial, die Felle von Karakullämmern, ist nur dann von wirklich hoher Qualität, wenn das Lamm unmittelbar nach der Geburt getötet wurde. Karakul, bei uns auch als „Persianer“ bekannt, hat aber mit diesem kaum etwas gemein. Die Fellstruktur ist nicht so dichtgelockt, sondern fällt flach in großen Wirbeln. Es besitzt einen wunderschönen Glanz und wird von den Windhoeker Pelzdesignern zu hochmodischen Jacken und Mänteln verarbeitet, die auf internationalen Messen immer wieder Preise gewinnen. Pelz zu tragen ist Geschmacks- und Gesinnungssache, nicht zuletzt aber eine Frage des prall gefüllten Geldbeutels, auch im Land des Karakuls.

Fantasievolle, **bunte Mode,** die afrikanische und amerikanische Trends verbindet, wird von jungen schwarzen Modemachern kreiert und in Läden in Katutura, aber auch in der Post Street Mall und im Namibia Craft Center (s. Windhoek) verkauft. Die Entwicklung geht hin zu Modellen, die sich eher an zentral- und westafrikanischen Vorbildern orientieren: knallenge Kostüme werden aus den überall in Afrika (außer bislang in Namibia) beliebten buntbedruckten Stoffen geschneidert und mit überdimensionalen Schößchen versehen, bunte, folkloristische Borten säumen strenggeschnittene Mao-Anzüge, und auch die Rastafarian-Einflüsse sind unübersehbar (mehr zum Kunsthandwerk s.S. 87ff, „Einkaufen und Souvenirs“).

Architektur – von der Kolonialzeit zur Postmoderne

Zu den faszinierendsten Relikten der Kolonialzeit gehört ihre Architektur. Man wollte etwas vom Glanz der Heimat hinüber in die unwirtliche Kolonie retten. Dieses Bedürfnis manifestierte sich vor allem in den Repräsentativbauten im Stil des wilhelminischen Deutschland, deren Zinnen, Erker und Fachwerkgiebel die Stürme der Zeit überstanden haben und den namibischen Städten ein sehr eigenwilliges Gesicht geben.

Bauen und Klima

Neben allen dekorativen Erwägungen waren bei den Bauten aber auch landesspezifische und klimatische Gegebenheiten zu berücksichtigen. Die Holzhäuser der ersten Siedlergeneration – Fertighäuser gab es im Versand aus dem heimatlichen Kolonialwaren-Katalog – erwiesen sich als untauglich, denn sie isolierten schlecht und hielten den Angriffen der gefräßigen Termiten nicht lange stand. Besondere Fundamente aus Bruchsteinen sorgten dann dafür, dass die Bauten nicht Opfer der Insekten wurden. Später wurde sogar ein besonders resistenter Kunstsandstein entwickelt, mit dessen Hilfe man es sich erlauben konnte, mehrstöckig zu bauen, und der das Innere angenehm kühl hielt.

Als wirksamster Schutz vor der Sonneneinstrahlung entstanden verandaähnliche Vorbauten, deren Schatten die Mauern und der daran vorbeistreichenden Winde auch die Räume kühlten. An älteren Farmhäusern, wie beispielsweise der Gästefarm Ababis (s.S. 301), kann man diese Veranda auch heute noch sehen und ihren Kühle genießen. Ein Trick war auch die Ausrichtung der Gebäude mit ihrer Schmalseite zum Mittagsstand der Sonne, was die Einstrahlung auf das Dach reduzierte.

Zinnen und Wehrtürme waren das charakteristische Merkmal der Festungsanlagen, die zur Unterbringung der Soldaten und im Angriffsfall zum Schutz von Zivilpersonen dienen sollten. Typische Beispiele sind die Alte Feste in Windhoek und Fort Namutoni am Ostrand der Etosha-Pfanne. Viele Siedlungen erhielten Wach- und Wehrtürme (u.a. Omaruru, Otjimbingwe), in denen Munition lagerte und die Zuflucht bei Angriffen bieten sollten.

Namibias prägender Architekt war der in Südwest geborene Gottlieb Redecker, der den „südwestafrikanischen Verandenstil“ zur Vollkommenheit entwickelte. Sein prachtvollster Bau ist der Windhoeker Tintenpalast von 1913, an dem man diese besondere afrikanische Variante des deutschen Baustils anschaulich studieren kann. Es ist mit einer umlaufenden Veranda umgeben, die die dahinterliegenden Räume der Beamten vor der Tageshitze schützt.

Romantik und Jugendstil

Mit der wirtschaftlichen Blüte der Kolonie hielt eine gewisse Zügellosigkeit Einzug. Jeder baute, wozu er Lust hatte. Der vielbeschäftigte Windhoeker Architekt Wilhelm Sander errichtete mittelalterliche Ritterburgen (Windhoek, Swakopmund) und Fachwerkhäuschen (Gathemann-Ensemble), sein Kollege Otto Busch konzipierte in Windhoeks Stubel Street eine Villenkolonie „in Cottage-Architektur im Sinne kleiner englischer Landhäuser“ mit Fachwerkgiebeln. In Swakopmund entstand 1905 ein original-getreues Abbild eines Berliner Mietshauses im neobarocken Stil,das von Atlas mit der Weltkugel gekrönt wird. Wie ein Fremdkörper aus einer anderen Welt überragt dieses stuckverzierte, zweistöckige „Hohenzollernhaus“ auf zeitgenössischen Fotografien die angrenzenden Flachbauten in der Wüstenlandschaft der Namib.

Auch die Sakralarchitektur orientierte sich am deutschen Vorbild. Herausragendes Beispiel ist die von Gottlieb Redecker entworfene Christuskirche, das Wahrzeichen Windhoeks. Neogotische und -romanische Bauelemente prägen den Bau aus rötlichem Sandstein, weiß setzen sich seine gotischen Fensterbögen dagegen ab (Fertigstellung 1910). Ein ähnlicher Kirchenbau entstand in Karibib, während sich die Swakopmunder Gemeinde für die Evangelisch-Lutherische Kirche zum neobarocken Entwurf des Architekten Otto Ertl entschloss (1910).

Townships Die Jahre zwischen dem Ende der deutschen Oberhoheit 1915 und dem Beginn einer zukunftsweisenden städtebaulichen Planung in den 1960er und 1970er Jahren verliefen in Namibia ungeordnet und ohne erkennbares städtebauliches Konzept. Gezielte Eingriffe in die städtebaulichen Strukturen fanden ab Mitte der 1960er Jahre statt, als man mit der Errichtung von Satellitenstädten begann, die Schwarzen und Farbigen vorbehalten sein sollten. Dafür wurden ganze Wohnviertel (in Windhoek beispielsweise „Alte Werft", heute „Hochlandpark") planiert, die Einwohner an den Stadtrand umgesiedelt. Katutura (Schwarze) und Khomasdal (Farbige) entstanden an der Peripherie Windhoeks, und eine ähnliche Entwicklung vollzog sich in den meisten anderen Städten Namibias. Der in den Zentren freigewordene Raum wurde vor allem für Bürobauten und Villenviertel genutzt. Weiteren Platz schuf der Abriss vieler Kolonialbauten.

Wer durch die gepflegten und gepflasterten Straßen Windhoeks flaniert, sollte sich bewusst machen, dass die Straßen in Katutura bis heute nicht alle asphaltiert sind. Obwohl die Pflicht, in den Satellitenstädten zu wohnen, aufgehoben ist, können es sich die wenigsten leisten, in die teuren weißen Wohngebiete umzuziehen. Und noch eine gravierende Folge hat dieses Produkt der Apartheid: Die Stadtzentren wirken außerhalb der Büro- und Öffnungszeiten der Geschäfte meist wie ausgestorben. Das eigentliche Leben spielt sich in den Vororten ab.

Architektur heute Schon bald nach der Unabhängigkeit setzte sich die neue namibische Regierung ein erstes städtebauliches Denkmal in Windhoek, ein postmodernes Einkaufszentrum mit Fußgängerzone, das mit fröhlichen Pastellfarben gegen die Tristesse der umliegenden Büro-Hochbauten aus den 1970ern anstrahlt. Die Post Street Mall kann wohl als gelungenes architektonisches Ensemble bezeichnet werden, das sich nicht nur erstaunlich harmonisch eingliedert, sondern sich mit Flohmarkt, Kneipen und Cafés zu einem lebhaften Mittelpunkt des jungen Windhoek gemausert hat. Zwischenzeitlich sind weitere Einkaufszentren hinzugekommen, als wichtigstes Maerua-Park – mit allem, was das konsumierende alte und junge Herz sich wünscht. Allerdings könnte der Park in der ganzen Welt stehen, er hat nichts Originäres an sich, eine Entwicklung, die Namibia den Anschluss an die internationale Architektur – in ihrem ganzen Mittelmaß – verschafft.

Malerei – Moderne in Schwarz-Weiß

Das aktuelle Kunstschaffen der Malerei folgt zwei Trends – dem ästhetisierend reflektierten Naturerlebnis und der sozialkritischen Auseinandersetzung mit Geschichte und Kultur. In die erste Sparte fallen mehrere talentierte Landschaftsmaler, die Namibias Wildnis, die vielen Farben des Himmels und der Wüste, die Begegnung mit Wild und das Erlebnis der

„Lonley Man“ von John N. Muafangejo

völligen Einsamkeit in zarten Aquarelltönen wiedergeben. In der Swakopmunder „Muschel“ sieht man eine beispielhafte Auswahl vor allem dieser Kunst, die hauptsächlich von weißen Malern stammt; man kann dort auch Drucke erwerben.

Die andere Seite repräsentiert beispielhaft der auch international bekannt gewordene Ovambo-Künstler **John Ndevasia Muafangejo,** dessen expressionistische Linolschnitte sich mit dem Einfluss von Mission und der weißen Oberhoheit auf die traditionelle Kultur seines Volkes auseinandersetzen. Seine künstlerische Ausbildung erhielt er bei der Lutherischen Mission in Durban (Rorke's Drift Arts and Craft Centre) von schwedischen Lehrern. Später arbeitete er als Kunstlehrer in Oshikango. Der Künstler starb 1987 überraschend früh im Alter von 44 Jahren.

Er hat inzwischen zahlreiche Nachahmer gefunden, die mit ähnlichen Techniken arbeiten, darunter **John Madisia,** der heute die angesehene Windhoeker Nationalgalerie leitet. Auch bei den Straßenverkäufern in der Windhoeker Post Street Mall kann man mit etwas Glück interessante Arbeiten aufstrebender schwarzer und weißer Künstler entdecken. Außerdem stellen auch die Windhoeker Galerien und die Nationalgalerie Arbeiten zeitgenössischer Künstler aus dem südlichen Afrika aus (s. Windhoek, s.S. 270).

Eine Sonderrolle kommt einer deutschstämmigen Bildhauerin zu, die mit eigenwilligen Tier- und Menschenplastiken einen ganz besonderen künstlerischen Stil entwickelt hat, der europäische wie afrikanische Einflüsse erkennen lässt: **Dörte Berner.** Ihr wohl bekanntestes Werk ist der Bronzebrunnen in der Hepworth Arcade, der von den in Namibia so beliebten Perlhühnern (Guinea fowls) gekrönt wird. Ihr Atelier auf der Farm Peperkorell (s.S. 520) teilt sich Dörte Berner mit ihrem Mann Volker, der die Wolle der Karakulschafe zu vielfarbigen, von afrikanischer Ornamentik inspirierten Wandteppichen verwebt.

Musik – zwischen Bach und Kwela-Beat

„Der weiche Ton der Rohrflöten in einer mondhellen Nacht wird jedem Zuhörer unvergesslich bleiben“, berichtet der namibische Ethnologe K. F. R. Budack über die Musikalität der Nama (Budack, 1989), das für ihn künstlerisch begabteste Volk Namibias. Seine musikalischen und lyrischen Talente werden von Forschern wie auch von Siedlern besonders hervorgehoben. Über die Grenzen Namibias bekannte Namen gibt es in der namibischen Musikszene nicht, dafür aber viele im Land beliebte Künstler, die sich bemühen, in ihrem musikalischen Schaffen traditionelles Liedgut der einheimischen Völker und die klassischen Musiktraditionen Europas und Amerikas zu verschmelzen. Mitglieder mehrerer Volksgruppen musizieren gemeinsam in

Afrikanisches „Fingerklavier“

dem Chor Cantare Audire, der neben klassischem Repertoire auch Gospelsongs zum Vortrag bringt.

Namibias „Bob Dylan“ heißt **Jackson Kaujeua.** Angefangen hatte er mit Protestsongs gegen die Apartheid, bis 1989 lebte er im Exil. In seinen Songs verbindet er die im südafrikanischen Raum beliebten Pop-Rhythmen des Kwela-Beat mit traditionellem Liedern der Herero und Nama.

Kwela (lit. „jump up“) ist die moderne Variante traditioneller Flötenmusik, ein Musikstil aus afrikanischen Rhythmen und amerikanischem Swing, nur wird er nicht mit der Rohrflöte, sondern mit (meist aus Deutschland – von der Fa. Hohner – stammenden) den metallenen *penny whistles* gespielt. Als Pennywhistle-Jive (gelegentlich auch von einer Mundharmonika begleitet), avancierte diese Musik in den 1960er Jahren zur beliebtesten Musikrichtung im ganzen südlichen Afrika. Beim Kwela-Jazz ersetzt das Saxophon die Penny Whistle.

Kwela-Spieler

Neben diesen beiden bekanntesten Vertretern der modernen namibischen Musikszene gibt es auch die vielfältigsten Aktivitäten auf dem Gebiet klassischer Musik. Windhoek besitzt ein Musikkonservatorium und ein Philharmonisches Orchester.

Rap und **Hip-Hop** haben auch Namibia erobert; unter den zahllosen Gruppen und Interpreten sind Shikolo, Gazza und Dogg die Superstars. Shikolo rapt in Oshivambo, der Sprache der Ovambo.

TEIL IV: ROUTENPLANUNG

Routenplanung und Hinweise zur Benutzung

Je genauer Ihre Route ausgearbeitet ist, desto sicherer können Sie sein, einen perfekten Urlaub zu erleben und nicht in ungute Situationen zu kommen. Das Hauptproblem ist sicherlich der Engpass an Unterkünften während der Hauptreisezeiten und auch deren Verfügbarkeit in den geographisch günstig gelegenen staatlichen Rastlager.

Um eine Routenplanung mit Vorausbuchungen kommt man also nicht herum, zumindest was die wichtigsten Ziele der Reise angeht. Das Material des namibischen Verkehrsbüros in Frankfurt ist sehr exakt, aber leider nicht vollständig, da einige Beherbergungsstätten keine Werbung machen oder sich bewusst nicht in den offiziellen „Accommodation Guide" aufnehmen lassen.

Das **Kartenmaterial** bietet recht ungenaue Zufahrtsangaben zu den privaten Betrieben, und 20 oder gar 30 Kilometer nach Einbruch der Dunkelheit auf schlechter Piste können überaus unangenehm werden.

Im folgenden finden Sie eine alphabetisch geordnete Liste der Hauptsehenswürdigkeiten (A) mit einer Kurzbeschreibung. Daran schließt eine **Liste der Beherbergungsbetriebe (B)** an. Im **Routenteil** ist jeder Streckenbeschreibung eine Tabelle vorangestellt. In dieser **Tabelle (C)** finden Sie noch einmal die Hauptsehenswürdigkeiten und die Übernachtungsmöglichkeiten in der Reihenfolge, wie Sie an diesen auf Ihrer Fahrt vorbeikommen. **In der vorderen Umschlagklappe ist die Landkarte Namibias mit farbig eingetragenen Streckenführungen (D)** eingedruckt.

Sie haben nun **3 Möglichkeiten,** sich einen maßgeschneiderten Urlaub zusammenzustellen:

Reise zusammenstellen

1. Sie suchen sich die Sehenswürdigkeit **(Liste A)** aus, die Sie besuchen wollen. Über die **Tabelle C** finden Sie die nahebei gelegenen Übernachtungsmöglichkeiten und in der **Liste B** die Preise und die Adresse, bei der Sie die Übernachtung buchen können. Auf der **Karte D** sehen Sie, wie die einzelnen Routen am besten zu kombinieren sind.

2. Sie suchen sich den Beherbergungsbetrieb (Liste B) aus, in dem Sie übernachten wollen. Über die Tabelle C finden Sie die nahebei gelegenen Sehenswürdigkeiten (deren Kurzbeschreibung Sie in Liste A lesen können). Auf der Karte D finden Sie die optimalen Kombinationsmöglichkeiten.

3. Sie kombinieren die von Ihnen gewünschten Routen anhand der Landkarte mit Streckenführung (D) und finden mittels der Tabellen C die Sehenswürdigkeiten (Liste A) und Übernachtungsmöglichkeiten (Liste B) auf den von Ihnen ausgewählten Routen.

Routenvorschläge

Die Routenvorschläge wurden in zwei Kategorien eingeteilt: **Hauptrouten** und **Neben-(Verbindungs-)Routen.** Auf den Hauptrouten erreichen Sie praktisch alle wesentlichen Sehenswürdigkeiten. Die Neben-(Verbindungs-)Routen dienen der Kombination, der Abkürzung oder der Erweiterung der Hauptrouten und sind diesen geographisch zugeordnet.

Hauptrouten haben eine numerische Ordnungszahl (01–16), Nebenrouten eine numerische in Verbindung mit einer alphanumerischen Ordnungszahl: **10a und 10b sind damit Nebenrouten,** die von der Hauptroute 10 abgehen bzw. mit ihr in Verbindung stehen.

Auf den Routen **01–04 bereist man den Süden,** die Routen **05–08** liegen in der **nördlichen Landesmitte,** die Routen **09–12** führen in den **Nordwesten** und auf den **Routen 13 und 14** entdecken Sie den **Nordosten.** Auf den **Routen 15 und 16** verlassen Sie Namibia und fahren nach **Botswana** und zu den **Victoria-Fällen** in **Zimbabwe** und Zambia.

Die Routen wurden so konzipiert, dass Sie – bis auf wenige Ausnahmen – nie die gleiche Strecke zurückfahren müssen, sondern das Land in Rundtouren erleben. Jede der Routen ist in der Karte in der vorderen Umschlagklappe farbig eingezeichnet.

Zeitbedarf: **Kalkulieren Sie mit einer täglichen Fahrleistung von ca. 250 km. Im Kaudom (Route 13b) und im Kaokoland (1. Teil der Route 10) kalkulieren Sie 150 km am Tag, auf den Routen 10a und 10 b sollten Sie mit nicht mehr als 100 km am Tag rechnen (ebenso auf der Route 12b). Die zu fahrenden Kilometer finden Sie in den Tabellen am Anfang jeder Routenbeschreibung. Etwaige Abzweigstrecken sind hinzuzuzählen, ebenfalls die Verweildauer bei den Sehenswürdigkeiten.**

Tabellen-Hinweis, Abkürzungen In den Tabellen vor jeder Route bedeuten in der Spalte „Übernachtung" die Abkürzungen folgendes: **Ht.** = Hotel, **Gf.** = Gästefarm, **Rl.** = Rastlager, **Ldg.** = Lodge, **G.R**. = Game Ranch, **B&B** = Bed & Breakfast. Bei den Ortsangaben: **T** = Tankstelle, **V** = Nahrungsmittel/Verpflegung

Die Routen

In den Süden

Route 1: Windhoek – Rehoboth – Mariental – Maltahöhe – Sesriem – Kuiseb – Windhoek

Route 2: Mariental – Keetmanshoop – Seeheim – Goageb – Bethanie – Helmeringhausen – Duwisib – Sesriem

Route 2a: Mariental – Gochas – Koës – Mata Mata – Twee Rivieren – Aroab – Keetmanshoop

Route 3: Keetmanshoop – Grünau – Ai-Ais – Hobas – Holoog – Seeheim

Route 3a: Holoog – Grünau – Karasburg – Noordoewer – Grünau

Route 3b: Karasburg – Ariamsvlei – Nakop

Route 3c: Am Oranje entlang nach Rosh Pinah

Route 4: Goageb – Aus – Lüderitz

Route 4a: Aus – Helmeringhausen

In der Landesmitte

Route 5: Kuiseb – Walvis Bay – Swakopmund

Route 6: Swakopmund – Bosua-Pass – Windhoek

Route 7: Windhoek – Okahandja – Otjiwarongo – Outjo – Okaukuejo – Namutoni – Tsumeb – Otavi – Otjiwarongo

Route 7a: Otjiwarongo – Waterberg-Plateau – Grootfontein

Route 8: Okahandja – Karibib – Usakos – Uis – Khorixas – Outjo

Route 8a: Karibib – Omaruru – Otjiwarongo

Route 8b: Karibib – Bosua Pass

Route 8c: Swakopmund – Usakos

Route 9: Khorixas – Palmwag – Kamanjab – Outjo

In den Norden

Rute 10: Palmwag – Sesfontein – Opuwo – Otjiveze – Swartbooisdrift – Ruacana – Kamanjab

Route 10a: Otjiveze – Okongwati – Omuramba – Epupa

Route 10b: Okongwati – Van Zyl's Pass – Marienfluß – Red Drum – Hartmann's Valley – Orupembe – Purros – Sesfontein

Route 11: Ruacana – Oshakati – Ondangwa – Namutoni

Route 12: Swakopmund – Henties Bay – Torra Bay – Terrace Bay – Torra Bay – Palmwag

Route 12a: Ugab-Mündung – Uis

Route 12b: Durch den Messum Krater

In den Nordosten

Route 13: Otavi – Grootfontein – Rundu – Katere – Bagani – Kongola – Katima Mulilo – Ngoma

Route 13a: Grootfontein – Tsintabis – Tsumeb

Route 13b: Grootfontein – Tsumkwe – Kaudom – Katere

Route 14: Buitepos – Gobabis – Windhoek

Nach Botswana, Zambia und Zimbabwe

Route 15: Ngoma – Kasane – Kazungula – Victoria Falls – Livingstone – Kazungula

Route 16: Kazungula – Chobe – Moremi – Maun – Ghanzi – Buitepos

Route 16a: Westlich des Okavango-Deltas

Liste der Hauptsehenswürdigkeiten

Ai-Ais Route 3	Thermalquelle im Fish River Canyon, fantastische Gebirgslandschaft, die man in einem großzügigen Pool genießen kann.
Baobab Route 13a	Riesiger Affenbrotbaum auf privatem Farmgelände mit Zugangsmöglichkeit bei Grootfontein.
Brandberg Route 8	Größte Ansammlung von Gravierungen und Felsmalereien (angeblich 60.000). Die wenigsten wird man finden, wenn man sich nicht sehr viel Zeit nimmt und genügend Kraft zum Bergsteigen mitbringt. Einfach zu finden ist nur die „Weiße Frau".
Bull's Party Route 8	Eine riesige Felsarena mit verblüffenden Formationen auf einem Farmgelände.
Burnt Mountain Route 8	Hügel aus schwarzem Gestein ohne jeglichen Bewuchs.
Buschmannland Route 13b	Nicht mehr viele San leben so wie früher. Die Urbevölkerung wird von der Zivilisation eingeholt. Schwer zugängliches Gebiet mit dichter Buschsavanne.
Bwabwata National Park Route 13	Der ehemalige Caprivi Game Park, zusammengefasst mit den kleinen Parks Mahango, Mudumu und Mamili, zu denen der Zugang beschränkt ist. Große Teile des mit dichter Baumsavanne bestandenen Nationalparks ist dicht mit Menschen besiedelt ist, so dass die Tierbeobachtung limitiert ist.
Chobe National Park Route 16	In Botswana gelegen, macht in Bezug auf Wildreichtum dem Moremi-Wildreservat Konkurrenz. Früh am Morgen bereiten sich die Löwen auf die Jagd vor, nachts kommen die Elefanten ins Camp.
Curt-v.-François-Feste Rte 6	Eine halb verfallene Polizeistation auf dem alten Weg von Windhoek zur Küste.
Daan-Viljoen-Wildpark Route 6	Tierreservat an einem kleinen Stausee in der Nähe von Windhoek mit Wandermöglichkeiten und Autorundstrecken.
Damaraland Route 9	Unwirtliches, unwirkliches Gebiet, sehr ursprünglich und dünn besiedelt, mit fantastischer Gebirgslandschaft!
Diamanten-Sperrgebiet Route 4	Verbotenes Gebiet, da die Diamanten zu wertvoll waren. Seit neuestem gibt es geführte Touren von Lüderitz aus und es bestehen Überlegungen, das Sperrgebiet zum Nationalpark umzuwidmen.
Diaz-Kreuz Route 4	Nachbildung des am 25. Juli 1488 vom portugiesischen Seefahrer Diaz, dem ersten europäischen Besucher dieses Landstriches, errichteten Steinkreuzes bei Lüderitz.
Dinosaurier-Fußspuren Route 8a	Vor Millionen Jahren in Schlamm erstarrte Fußspuren von Dinosauriern (Jurassic Park lässt grüßen).
Duwisib Route 2	Schlösschen im Nirgendwo, von Adligem als deutsche Ritterburg eingerichtet, ein seltsamer Bau an einem seltsamen Ort.
Epupa-Fälle Route 10	Wasserfälle im Kaokoveld an der angolanischen Grenze. Reizvoll, da immer noch recht wenig Touristen hierherkommen (das ändert sich aber bald – also schnell sein).

Etosha National Park Route 7	Bekanntester und tierreichster Park Namibias um eine Salzpfanne, bestens aufbereitet mit Pisten, so dass man mehrere Tage dort verbringen kann.
Fish River Canyon Route 3	Trekkingmöglichkeit durch den Canyon (nur im namibischen Winter, da es sonst zu heiß ist). Einzigartiger Ausblick in die Erdgeschichte.
Franke-Turm Route 8a	Ein nie benutzter Verteidigungsturm neben einem Schlachtfeld in Omaruru.
Gondwana Desert Collection Route 2,3 u.4	Zusammenschluss von privaten Naturschutzgebieten und Farmen, die alle Wüstenformen Namibias in ihrem Portefeuille haben (Namib, Kalahari, Sperrgebiet und Gebirgswüste); s. unter Cañon Lodges, Klein-Aus Vista, Sperrgebiet Park, Anib Kalahari Lodge, Namib Desert Lodge.
Groß-Barmen Route 7	Thermalbad, gut geeignet, um einige Tage auszuspannen.
Hardap-Erholungsgeb. Route 1	Großer Stausee mit bekanntem Hotel, Restcamp und zahlreichen Wasservögeln und Antilopen.
Hoba-Meteorit Rte. 13	Größter gefundener Meteorit der Welt.
Kaokoland Route 10	Die Himba leben im Norden zur angolanischen Grenze wie vor Hunderten von Jahren als Nomaden. Schwer zugängliches Gebiet, volle Ausrüstung notwendig, Führer werden empfohlen.
Kaudom-Wildreservat Rte 13b	Ursprünglichstes Reservat Namibias. Der Zugang ist tief versandet und schwierig, deshalb ist es sehr einsam. Außerhalb der Regenzeit an den Tränken viele Tiere.
Khomas Hochland Route 1 u. 6	Eindrucksvolle Gebirgslandschaft zwischen Windhoek und Küste mit dem bekannten Gamsberg Pass.
Khorab Gedenkzeichen Rte 7	Zur Erinnerung der Übergabe des Landes an Südafrika im I. Weltkrieg.
Köcherbaumwälder Route 2	Große Ansammlung an Köcherbäumen, die es sonst vorziehen, alleine zu stehen (sehr fotogen).
Kolmanskop Route 4	Versandete Geisterstadt aus der Diamantgräberzeit der Jahrhundertwende mit Gebäuden im deutschen Jugendstil. Wegen der trockenen Luft ist alles sehr gut erhalten.
Kreuzkap Route 12	Erste Landungsstelle der Portugiesen im 15. Jahrhundert, große Robbenkolonie mit ca. 100.000 Tieren.
Krokodilfarm von Otjiwarongo Route 7	Interessante Zuchteinrichtung zur Lederbeschaffung, alles legal und sauber; mit Führungen.
Kuiseb-Canyon Route 5	Lange Schlucht in der Namib, berühmt gewordener Rückzugsort deutschstämmiger Geologen auf der Flucht vor dem II. Weltkrieg.

Langstrand Route 5	Neues Erholungsgebiet am Atlantik mit Wassererlebniswelt und Unterkünften.
Liebighaus Route 6	Einsames und verlassenen Herrenhaus im Nirgendwo.
Lizauli Traditional Village Rte 13	Kleines Demonstrationsdorf traditionellen ländlichen Lebens mit Vorführungen von Tänzen, Medizinmännern, etc.
Lüderitz Route 4	Gründungsort Deutsch-Südwestafrikas (Lüderitzbucht). Fast gänzlich unzerstörte Bausubstanz, liebevoll restauriert.
Mahango-Wildreservat Route 13	Kleines Reservat am Okavango, Sumpflandschaft, Pirschfahrten.
Mamili National Park Route 13	Am Linyanti gelegen. Es werden herrliche Bootsfahrten zwischen den Flusspferden durch und an Elefanten vorbei unternommen.
Moremi-Wildreservat Route 16	In Botswana gelegen, viel Wild.
Mudumu Nat. Park Route 13	Boots- und Pirschfahrten, viel Wild.
NamibRand Nature Reserve Route 2	Privates Wildreservat mit wunderschönen und abwechslungsreichen, für die Namib typischen Landschaften und zahlreichem Wild. Die Unterkünfte sind ausgesprochen luxuriös, das Naturschutzregime äußerst streng.
Namib-Teil des Namib-Naukluft Parks Route 5 u. 6	In der Namib-Wüste gelegener, nicht abgeschlossener Park mit relativ wenig Tieren, aber grandioser und abwechslungsreicher Wüstenlandschaft.
Naukluft-Teil des Namib-Naukluft Parks Route 1	Gebirgslandschaft, anspruchsvolle Trekkingtouren und zweitägige Autorundfahrt (großer Reichtum an Reptilien).
Okavango-Delta Route 16a	In Botswana. Der Okavango verliert sich in einem riesigen Sumpfgebiet mit vielen Tieren.
Omuhonga-Demonstrationsdorf Route 10	Traditionelles Dorf der Himba, dessen Bewohner teilweise vom Obolus den Besuchern leben. Besser als Eintritt zu bezahlen ist es, Gastgeschenke mitzubringen, z.B. in Form von Essen, wie Reis oder Nudeln.
Orgelpfeifen Route 8	Bis zu 5 m hohe Basaltsäulen in einer kleinen Schlucht in der Nähe des Verbrannten Berges.
Otjikoto-See Route 7	Kleiner, brunnenartiger, sehr tiefer See.

Ovamboland Route 11	Während und nach der Regenzeit wird der gerade in den Kanälen und Seen gefangene Fisch am Straßenrand verkauft. Hier lebt die Hälfte der namibischen Bevölkerung, eine der wenigen Regionen, in denen Namibia „afrikanisch“ wirkt.
Phillip's Cave Route 8	Felsmalereien auf privatem, gegen Eintritt zugänglichem Farmgelände.
Popa-Fälle Route 13	Eigentlich eher Stromschnellen. Klein und nett mit Übernachtungsmöglichkeit und der Chance, den Flusspferden des nachts, wenn sie zum Grasen aus dem Wasser kommen, aus dem Weg gehen zu können.
Pulverturm Otjimbingwe Route 8b	Ein kleiner Schutzturm in der ehemaligen Hauptstadt Deutsch-Südwestafrikas.
Rehoboth Thermalbad Route 1	Heiße Quellen im Hauptort der Baster.
Richtersveld Park Route 3	Mit dem Ai-Ais Park als Transfrontier Park verbundenes Schutzgebiet auf südafrikanischem Boden (mit der Fähre wird über den Oranje gesetzt). Unwegsames Gelände, das einen Geländewagen erfordert.
Ruacana-Fälle Route 10	Nur wenn sie nach der Regenzeit viel Wasser führen, zeigen sie ein grandioses Bild, ansonsten fließt das Wasser unterirdisch zur Stromerzeugung (deren Maschinen man in den Katakomben besichtigen darf).
Sandwich Harbour Route 5	Extrem schwer zu erreichender Küstenpunkt, fast am Wendekreis des Steinbocks, Nistplatz für Seevögel.
Schmelenhaus Route 2	Kleines Missionarshaus, gebaut zu Beginn des 19. Jahrhunderts.
Sesriem-Canyon Route 1	Kleiner Canyon am Eingang zu den Sossusvlei-Dünen, der sich am Rand bis auf zwei Meter verengt; für Spaziergänge im Kühlen.
Skeleton Coast Park Route 12	Küstenpark zwischen Atlantik und hoher Sanddünung gelegen; es gibt viele Fischer.
Sossusvlei Route 1	Mit die höchsten Sternsanddünen der Welt zum Beklettern und wieder Runterrutschen sie sind am schönsten bei Sonnenauf- und untergang.
Spitzkoppe Route 8c	Inselberge aus 120 Mio. Jahre altem Granit. Zugangsmöglichkeit zu „Bushman's Paradise“ mit seinen Felsmalereien. Schöne Landschaft mit vielen Campmöglichkeiten in der freien Natur.
Swakopmund Rte 5	Ist das Herzstück der deutschen Kultur in Namibia. Beliebte Sommerfrische der Einheimischen.
Terrace Bay Route 12	Nördlichster, frei zugänglicher Ort der Skelettküste, wegen seines Fischreichtums beliebter Ort für Angler.
Twyfelfontein Route 8	Große Ansammlung leicht zugänglicher Felsgravierungen.
Uranbergbau Route 5	Von Swakopmund aus organisiert die Rössing-Mine Besichtigungstouren durch ihr Gebiet.

Versteinerter Wald Route 9	Mitten im Busch finden sich ausgegrabene und zu Stein gewordene, noch fast intakte Baumstämme.
Victoria-Fälle Route 15	An der Grenze zwischen Zambia und Zimbabwe gelegen. Aus hundert Metern Tiefe wallt die Gischt herauf und durchnässt jeden Besucher. Allerdings kann die Wassermenge Oktober bis Dezember so gering sein, dass Besucher enttäuscht sind (und bei zuviel Wasser sieht man auch nichts).
Vingerklip Route 8	Zur Nadel erodierter Tafelberg in einem weiten Flusstal.
Von-Bach-Damm Route 7	Kleines Erholungsgebiet an einem Stausee, die Windhoeker „jeunesse dorée“ fährt Wasserski.
Walvis Bay Route 5	Hafenstadt unter ehemals südafrikanischer Ägide mit vielen Flamingos und Pelikanen.
Waterberg-Plateau-Park Route 7a	Großer Tafelberg mit vielen ausgewiesenen Wanderwegen, ideal für Beobachtungen der Flora. Auch Wildbeobachtungsfahrten werden durchgeführt. Nicht weit entfernt liegen die Schlachtfelder, wo der Todesmarsch der Herero in die Omaheke begann.
Welwitschia mirabilis I Route 6	Botanische Rundtour nächst Swakopmund, hier findet sich die größte bekannte Pflanze. Viele andere Wüstengewächse sind gleichfalls zu studieren.
Welwitschia mirabilis II Route 12b	Zwischen Brandberg und Küste gelegen ist man mit diesen endemischen Pflanzen Namibias so gut wie ganz alleine, kaum ein Tourist verirrt sich hierher.
Windhoek Route 1	Hauptstadt und Einfallstor. Moderne, supersaubere Stadt, wo es alles gibt, was das Herz begehrt.
Wondergat Route 8	Im Querschnitt kleines, aber ausgesprochen tiefes und unerforschtes Loch bei Twyfelfontein.

Im NamibRand Nature Reserve ist man Gast in unberührter Natur

Liste der Unterkünfte

In dieser Liste sind (fast) alle Unterkünfte in Namibia aufgenommen, auch die, die vielleicht nicht oder noch nicht offiziell registriert sind. Die offiziell anerkannten Betriebe sind auf gewisse Dinge verpflichtet. Unter anderem müssen sie eine bestimmte Größe und Einrichtungsstandards aufweisen. Eine Privatpension in Windhoek mit 3 Zimmern, ist sie auch noch so luxuriös, kann z.B. offiziell nur als Bed&Breakfast-Betrieb klassifiziert werden. Die Anzahl der Sterne mag nur eine ungefähre Einstufung aus-drücken. Ein fehlender Krawattenhalter und Marmorfliesen statt Teppichboden zum Beispiel können dazu führen, dass ein Hotel einen Stern aberkannt bekommt.

In der folgenden Liste sind die Übernachtungsmöglichkeiten der Nachbarländer nicht enthalten. Diese finden Sie bei den jeweiligen Routenbeschreibungen (Südafrika 2a, Botswana, Zambia, Zimbabwe 15 und Botswana 16).

Die Liste verzeichnet eine Reihe von **„B&B"-Gästehäusern** und Pensionen. Nicht immer sind es die billigsten, aber durchschnittlich deutlich unter dem Preisniveau der Hotels und Lodges.

In neuerer Zeit sind eine große Anzahl an **Backpacker-Unterkünften** hinzu gekommen. Die Reise mit dem Rucksack gewinnt in Namibia zunehmend an Bedeutung, dem wurde Rechnung getragen und – so weit eruierbar – wurden diese Hostels ebenfalls aufgenommen, wobei hier eine sehr starke Fluktuation zu verzeichnen ist.

Die Preise wurden 2009 erhoben und in Euro umgerechnet **(Wechselkurs 1 € = 12 N$),** um der namibischen Inflation zu entkommen; den Auswirkungen der Wechselkursschwankungen lässt sich damit nicht begegnen; die Angaben können also nicht mehr als eine Richtlinie und Entscheidungshilfe sein und keinesfalls auf den Cent genau die Übernachtungskosten ausdrücken!

Die Karos-Lodge bei Sossusvlei

Aadabi Bush Camp Route 8
NACOBTA, Buchungen über Nacobta Booking and Information Center, P.O. Box 86099 Eros/Windhoek, Tel. 061-221918 oder 250558, Fax 222647, www.nacobta.com.na oder direkt unter Tel. 061-250725. Anfahrt: Wilhemlstal. Kommunales Camp mit traditionellen Hütten (30 €/Person mit Frühstück, 50 € mit Vollpension) und Campingmöglichkeit (15 € mit Frühstück), englisch.

Aadabi Mountain Camp Route 8
P.O. Box 252/Khorixas, Tel. 081-3425461, www.aadabi-mountaincamp.com. Anfahrt: Uis – C5 nach Norden (70 km) – D2612 (60 km). Luxuszelt mit Bad 60 €/Person, Frühstück 6 €, Abendessen 13 €, Camping 6 €/Person. Camp am Aba Huab Rivier, die Zelte sind so verteilt, dass jeder seine Ruhe hat und den Sonnenuntergang genießen kann, englisch/deutsch.

Ababis Gästefarm Route 1
P.O. Box 1004/Maltahöhe, Tel. 063–683080, Fax 683079, info@ababis-gaestefarm.de, www.naukluft-experience.com. Anfahrt: Maltahöhe – C14 (146 km). Paketangebote, z.B. 3x Ü/HP im DZ mit Aktivitäten ab 60 € p.P./Tag, 15 Betten, Fahrertraining im Gelände nach Standards des ADAC, deutsch, Landebahn: 23°59'S, 16°04'E.

Aba Huab Zeltplatz Route 9
NACOBTA, Buchungen über Nacobta Booking and Information Center, P.O. Box 86099 Eros/Windhoek, Tel. 061-221918 oder 250558, Fax 222647, www.nacobta.com.na. Anfahrt: Khorixas – C39 (73 km) – D3254 (17 km). Camping 10 € p.P., Hütten ab 30 € p.P., Duschen, Toiletten, Feuerplätze, Tische, sauber, kleiner Kiosk mit Getränken, Restaurant, englisch.

Abiqua River Camp Route 3a
Tel. 063-297255, Fax 297259, www.abiqua.iway.na. Anfahrt: Norrdoewer – C13 nach Westen (12 km) – Stichstraße (4 km). Schöner Campingplatz am Ufer, sehr sauber, Camping ab 8 €/Person, englisch.

Acacia RC
s. unter „Otjiwarongo Acacia“

Aces Guesthouse Rte 1
P.O. Box 20389/Windhoek, Tel. 061-230130, Fax 230133, seanfurter@mweb.com.na. Anfahrt: Windhoek, Olaf Palme St 139. Kleines B&B, DZ mit Frühstück ab 40 €, englisch.

Adler Hotel garni Route 5
P.O. Box 1497/Swakopmund, Tel. 064-405045, Fax 404206 , adler@iafrica.com.na, www.natron.net/adler. Anfahrt: Swakopmund. DZ ab 75 € p.P. inkl. Frühstück, 30 Betten, Schwimmbad und Sauna, deutsch.

African Kwela Route 1
B&B, P.O. Box 9398/Windhoek, Tel. 061-227029, Fax 243350, www.africankwela.com. Anfahrt: 18 Palm Street, Windhoek. DZ 60 €, 10 Betten, englisch.

African Wilderness Trails Route 7+7a+8a
P.O. Box 3127/Windhoek, Fax 061-244558, www.namibweb.com/awt. Anfahrt: Otjiwarongo – B1 nach Nord (26 km) – D2433 (29 km). DZ 90 € p.P. mit Vollpension und Aktivitäten, 10 Betten, deutsch. Eines der wenigen Unternehmen, die tatsächlich sich dem Schutz von Tieren verschrieben haben (die anderen beiden sind *Save the Rhino Trust* und *Cheetah Conservation Fund*), in diesem Fall dem Cape Griffon Vulture (Kap-Gänsegeier).

Afriserenity Route 7
P.O. Box 95046/Windhoek, Tel. 061-402374, www.afriserenity.com. Anfahrt: Windhoek – B1 nach Norden (20 km) – D1477(2 km). DZ ab 150 € mit Wellnessbehandlungen, Wellnessfarm und Spa, auch für Tagesgäste, englisch.

A Home Away Route 5+6+8c+12
B&B, P.O. Box 781/Swakompund, Tel./Fax 064-402402, wojtas@swk.namib.com. Anfahrt: 4 Windhoeker Street, Swakopmund. Ferienwohnung ab 30 € plus 20 € p.P., deutsch.

A Little Sossus Lodge Route 1
Buchungen über: Logufa, P.O. Box 8061/Swakopmund, Tel. 064-464144, Fax 464155, www.natron.net/tour/logufa, www.littlesossus.com.na. Anfahrt: Maltahöhe – C14 nach S (20 km) – C19 nach N (199 km). DZ 70 € p.P. inkl. Frühstück, 16 Chalets, Schwimmbad, Camping 10 €/Person, englisch.

Ai Aiba Lodge Route 8a
Tel. 064-570330, Fax 570557, www.aiaiba.com. Anfahrt: Omaruru – D2315 (46 km) - Farmpad (2 km). DZ ab 55 € p.P. inkl. Frühstück, 20 Zimmer, Schwimmbad, deutsch.

Ai-Ais Rastlager Route 3+3a	Buchung über Namibia Wildlife Resorts Ltd. in Windhoek. Anfahrt: Ai-Ais. 2009 komplett renoviert wieder eröffnet, Bungalow ab 90 €, Camping 10 €/Stellfläche und 10 €/Person (max. 8 Personen), Eintritt 8 € p.P. und 1,50 €/Kfz (gilt für den ganzen Tag und für die Einfahrt bei Hobas), mehrtägige Wanderung im Fish River Canyon (von Hobas aus, Mai bis September), Thermalbad mit Innen- und Außenbecken, Restaurant, Tankstelle, englisch.
Airport Lodge Route 14	P.O. Box 5913/Windhoek, Tel. 061-231491, Fax 236709 , www.airportlodgenamibia.com. Anfahrt: Windhoek – B6 (22 km) – MR53 (600 m). DZ 50 €, 20 Betten, Pool, englisch, Transfer zum Flughafen (22 km).
A La Mer Hotel Route 5	P.O. Box 478/Swakopmund, Tel. 064-404130, Fax 404170, www.pension-a-la-mer.com. Anfahrt: 4 Libertina Amathila Avenue, Swakopmund. DZ ab 30 € p.P. inkl. Frühstück, 23 Zimmer, deutsch.
Albrechtshöhe Gästefarm Route 8	P.O. Box 124/Karibib, Tel./Fax 062-503363, www.safariwest.de. Anfahrt: Karibib – B2 nach O (25 km) – D1988 (2 km). 60 € p.P. für HP, 10 Betten, Schwimmbad, in einem ehemaligen Schutztruppengebäude, auch Jagdfarm, Leopardenbeobachtung, deutsch.
Aleen's Route 1	B&B, Tel. 062-523018, Fax 523017. Anfahrt: an der B1 in Rehoboth von Windhoek kommend rechts. Einfaches B&B, DZ 30 € mit Frühstück, englisch.
Alexander Pension Route 1	P.O. Box 1911/Windhoek, Tel. 061-240775, Fax 271892, hotelale@iafrica.com.na. Anfahrt: Windhoek, Beethoven Street. DZ 50 € inkl. Frühstück, 10 Betten, Schwimmbad, deutsch.
Ali's Rte 5+6+8c+12	B&B, P.O. Box 887/Swakopmund, Tel. 064-402520. Anfahrt: 13 Schlosser Street, Swakopmund. Ferienwohnung 40 € für 2 P., deutsch.
Aloegrove Safari Lodge Route 7	P.O. Box 1135/Otjiwarongo, Tel./Fax 067-306231, aloegrove@iway.na, www.aloegrove.com. Anfahrt: Otjiwarongo – B1 nach N (18 km) – Farmpiste nach O (18 km). DZ mit HP 75 € p.P. 10 Betten, Schwimmbad, behindertengerecht, sehr familiär, Wildbeobachtung von Löwen, Leoparden und Geparden, ein wenig deutschspr.
Aloe Guesthouse Rte 7+8+9	B&B, P.O. Box 312/Outjo, Tel./Fax 067-313291, www.etotongwelodge.com. Anfahrt: Outjo, 1 Residensie Road. DZ ab 35 € inkl. Frühstück, englisch.
Aloes Guest House Route 1	B&B, P.O. Box 11051/Windhoek, Tel. 061-219129, Fax 269395, debreeze@iafrica.com.na. Anfahrt: Windhoek/Nubuamis (Brakwater). 12 Betten in Zimmern, Schlafsaal, DZ 40 € inkl. Frühstück, Schwimmbad, englisch.
Alte Brücke Rastlager Route 5+6+8c+12	P.O. Box 3360/Swakopmund, Tel. 064-404918, Fax 400153 , www.altebrucke.com. Anfahrt: Swakopmund, Strand Street. DZ 30 € p.P. inkl. Frühstück, 16 Luxuswohnungen, deutsch. Campingmöglichkeit, ab 20 €/ Stellplatz.
Alternative Space Rte 5+6+8c+12	B&B, P.O. Box 1388/Swakopmund, Tel./Fax 064-402713 , nam00352@mweb.com.na. Anfahrt: 167 Anton Lubowski Ave, Swakopmund. Vier geschmackvoll eingerichtete Zimmer, DZ 40 € inkl. Frühstück, deutsch.
Amani Lodge Route 1	P.O. Box 80887/Windhoek, Tel. 061-239564, Fax 221334, www.amani-lodge-namibia.com. Anfahrt: Windhoek – C26 (24 km). DZ 90 € p.P. inkl. Frühstück, 15 Betten, höchstgelegene Lodge des Landes, englisch.
Ameib Ranch Gästefarm Route 8+8c	P.O. Box 266/Usakos, Tel. 064-530803, Fax 530904, www.natron.net/tour/ameib. Anfahrt: Usakos – D1935 (11 km) – D1937 (16 km). Cottage für 2 Pers. inkl. Frühstück 50 €, Camping 6 €/Person, private Farm mit einigen Sehenswürdigkeiten (The Bull Parties, Elephant Head, Phillip's Cave), Wanderungen und einem einstündigen Klettersteig durch die Felslandschaft. Eintritt für Tagesbesucher 2,50 € p.P.

Amica Guest House Route 3c — P.O. Box 174/Rosh Pinah, Tel. 063-274043, Fax 274983, aguesthouse@skorpionzinc.com.na. Anfahrt: Roerkam Street, Rosh Pinah. DZ 75 € inkl. Frühstück, 10 Zimmer, Coffee Shop, Bar, englisch.

Anandi Guest House Rte 1+2+2a — B&B, P.O. Box 345/Mariental, Tel. 063-242220, Fax 242225, www.anandiguesthouse.com. Anfahrt: Michael van Niekerk Street, Mariental. DZ ab 40 € m.F., 12 Apartments und Zimmer, Schwimmbad, 2006 eröffnet, englisch.

Anib Kalahari Lodge Route 1 — Tel. 061-230066, Fax 251863, www.gondwana-desert-collection.com. Anfahrt: Mariental – B1 nach N (10 km) – C20 (20 km) – Stichstraße (3,5 km). DZ ab 50 € p.P. m.F., exklusives Camping 12 € p.P. Lodgehotel in den sanften Dünen der Kalahari, angelegt um einen großzügigen Pool, Restaurantlapa, Wanderwege und romantisch organisierte Game Drives mit Sundowner auf den Dünen und Oryx-Gesellschaft. Gehört zur Gondwana Desert Collection mit den *Cañon Lodges* am Fish River, *Klein Aus Vista* im Sperrgebiet und der *Namib Desert Lodge;* deutsch.

Aranos Hotel Rte 1 — P.O. Box 129/Aranos, Tel. 063-272031, Fax 272300. Anfahrt: Aranos. DZ ab 40 € inkl. Frühstück, 20 Betten, englisch.

Archer Rock Zeltplatz Route 6 — Buchung über das Ministry of Environment & Tourism in Swakopmund (Alte Ritterburg, Sam Nujoma Drive Ecke Bismarck St, Tel. 064-402172, Fax 402796, Mo–Sa zu den Geschäftszeiten, So 8–13 Uhr) oder in Walvis Bay (Heinrich Baumann St, Tel. 064-205971). Anfahrt: Namib-Naukluft-Park, Namib-Teil, Stellplatz 10 € (8 Personen) und 4 € p.P., Fahrzeug 2 €, kein Wasser und kein Feuerholz verfügbar; die gekennzeichneten Wege dürfen nicht verlassen werden.

Ardilla Guestfarm Route 7 — P.O. Box 213/Okahandja, Tel. 062-504090, Fax 504092, www.ardillanamibia.com. Anfahrt: Okahandja – B1 nach Norden (10 km) – C31 (1 km). DZ 45 € mit Frühstück, 6 Zimmer, Konferenzeinrichtungen, à-la-carte-Restaurant, englisch.

Arebbusch Travel Lodge Route 1 — P.O. Box 80160/Windhoek, Tel. 061-252255, Fax 251670, www.arebbusch.com. Anfahrt: Windhoek – B1 nach S (6 km). DZ ab 50 €, Camping 11 €/Person, 44 Betten, Schwimmbad, Restaurant, Laden, bewacht; riesige, begrünte Campingfläche, sehr sauber, englisch.

Arnhem Rastlager Route 14 — P.O. Box 11354/Windhoek, Tel./Fax 062-581855, www.arnhemcave.com. Anfahrt: Windhoek – B6 (38 km) – D1458 (66 km) – D1506 (11 km) – D1808 nach S (6 km). Stellplatz 8 € p.P., Übernachtung inkl. Frühstück 45 € p.P., Bungalow für Selbstversorger 50 € (max. 4 Personen), Wanderungen, geführte Höhlenwanderung durch eine 5 km lange Höhle mit Fledermäusen (um 8 €), Pool, englisch. Besitzerwechsel 2006, die weitere Entwicklung ist noch unklar.

At Home Route 2 — P.O. Box 37/Keetmanshoop, Tel. 063-222305, Fax 222445, uschis@mweb.co.za. Anfahrt: San Nujoma Drive, Keetmanshoop. DZ 40 €, im Zentrum, Grillplatz, großzügige Zimmer, auch Essmöglichkeit, Ausflüge in die Umgebung, Pickup-Service, englisch.

Atelier du Désert Route 1 — P.O. Box 120/Maltahöhe, Tel. 063-293304, Fax 293311, www.atelierdudesert.com. Anfahrt: Maltahöhe. DZ 60 € inkl. Frühstück, 11 Betten, Verkauf lokaler Töpfereien und Kunsthandwerk, deutsch.

Auas City Hotel Route 1 — Postfach 97496/Windhoek, Tel. 061-239768, Fax 239826, www.auascityhotel.com. Anfahrt: Windhoek, Centaurus Road/Maerua Mall. DZ 50 € inkl. Frühstück, 24 Zimmer, modernes Hotel, meist Geschäftsleute, englisch.

Auas Game Lodge Route 1 — P.O. Box 80887/Windhoek, Tel. 061-240043, Fax 248633, www.auas-lodge.com. Anfahrt: Windhoek – B1 (22 km) – D1463 (22 km). DZ 110 € inkl. Frühstück, 34 Betten, deutsch, Schwimmbad; auch Jagdfarm.

Auberge Omulonga Route 7	P.O. Box 1149/Okahandja, Tel. 062-500340, Fax 500341 , www.omulonga.iway.na. Anfahrt: 458 Dr. Vetter Street, Okahandja. DZ 40 € mit Frühstück, 4 Zimmer, hübsch eingerichtet, französisch/englisch.
Aubures Camp Route 4a	Tel. 06362 (Operator nach Anschluss 6502 fragen), rmmiller@mweb.com.na. Anfahrt: Helmeringhausen – C13 (6 km) – D407/C27 (52 km) – Farmpad (5 km). Sechs Stellplätze, Camping 6 €/Person, englisch.
Auob Country Lodge Route 2a	Zentrale Reservierung in Windhoek, Tel. 061-374750, Fax 256598, www.namibialodges.com. Anfahrt: Gochas – C15 (6 km). DZ 45 € p.P., 54 Betten, Schwimmbad, Squashplatz, Zeltplatz, englisch, Landepiste 24°18'S, 18°47'E, Gravel, Landebahn 1,6 km.
d'Avignon Hotel Route 5	P.O. Box 1222, Brückenstraße, Swakopmund, Tel. 064-405821, Fax 405542, www.natron.net/tour/davignon. DZ 40 € inkl. Frühstück, 23 Betten, Schwimmbad, Parkplätze, deutsch.
Autabib Safari Lodge Route 14	Tel./Fax 062-581853, www.autabiblodge.com. Anfahrt: Dordabis – C15 nach Norden (10 km). DZ 90 €/Person mit Vollpension, drei Zimmer und ein Familienzimmer, hübsch eingerichtet, herzliche Atmosphäre, englisch.
Backpacker Unite Route 1	P.O. Box 23658/Windhoek, Tel./Fax 061-259485, www.africa-adventure.org/backpackerunite, magicbus@iafrica.com.na. Anfahrt: 5 Grieg Street, Windhoek. Doppelzimmer um 15 €, Camping ab 5 €, Safaris, deutsch.
Backpacker's Lodge Route 4	B&B, P.O. Box 152/Lüderitz, Tel. 063-202000, Fax 202445. Anfahrt: 7 Schinz Street, Lüderitz. Bett ab 10 €, DZ ab 20 €, englisch.
Bagatelle Kalahari Game Ranch Route 1	P.O. Box 212/Mariental, Tel. 063-240982, Fax 241252, www.bagatelle-kalahari-gameranch.com. Anfahrt: Mariental – B1 nach Norden (6 km) – C20 nach Osten (12 km) – D1268 nach Norden (25 km). DZ ab 80 € p.P. mit Halbpension, Bungalows in schöner Lage auf einer Düne und im Tal, die günstigen Zimmer sind beim Hauptgebäude, Schwimmbad, englisch.
Bahay Susan R 11	B&B, P.O. Box 1021/Oshakati, Tel./Fax 065-221075. Anfahrt: Jakkalsbessie Street, Oshakati. DZ 45 € inkl. Frühstück, 20 Betten, englisch.
Bahnhof Hotel R 4+4a	P.O. Box 89/Aus, Tel./Fax 063-258091. Anfahrt: Aus. DZ 45 € p.P. inkl. Frühstück, 28 Betten, auch wegen seiner Küche sehr gelobte Unterkunft, englisch.
Bahnhof Hotel R 8+8c	P.O. Box 43/Usakos, Tel. 064-530444, Fax 530765. Anfahrt: 72 Theo-Ben Gurirab Street, Usakos. DZ 50 € inkl. Frühstück, 20 Betten, englisch.
Bambatsi Gästefarm Route 8	P.O. Box 120/Outjo, Tel. 067-313897, Fax 313331, bambatsi@iway.na. Anfahrt: Outjo – C39 nach W (75 km) – Stichstraße (6 km). DZ 65 € p.P. inkl. Halbpension, 18 Betten, Schwimmbad, Camping ab 10 € p.P. (zwei sehr schöne Stellplätze), deutsch, ausgesprochen angenehme Lodge mit Tradition und vorzüglicher Betreuung der Gäste.
Barchan Dunes Lodge Route 1	P.O. Box 9679/Eros, Tel./Fax 062-572025, www.barchandunes.com. Anfahrt: Solitaire – C14 nach N (9 km) – D1275 nach O (ca. 25 km). DZ 80 € p.P. inkl. Vollpension, 10 Betten, Wanderungen, sehr persönlich geführte und angenehme Lodge, deutsch.
Bastion Farmyard Route 1	P.O. Box 63/Mariental, Tel./Fax 063-240827, www.bastionfarmyard.com. Anfahrt: Mariental – B1 nach Norden (10 km) – C20 nach Osten (2 km). DZ 30 €/Person, mit Frühstück, 5 Zimmer mit allem Komfort, Camping 6 €/P., englisch.
Bavaria GH	s. unter „Haus Bavaria“
Bay View Hotel Route 4	P.O. Box 387/Lüderitz, Tel. 063-202288, Fax 063-202402, www.luderitzhotels.com. DZ 75 € inkl. Frühstück, 60 Betten, Schwimmbad, englisch.

Bay Self-catering Route 5	Tel. 081-1277783 oder 081-2378389, www.selfcatering.com.na. Anfahrt: 1st Street und Esplanade/Walvis Bay. Ferienwohnungen zur Selbstversorgung in unterschiedlicher Größe ab 40 € pro Tag, englisch.
Beach Lodge Route 5	B&B, P.O. Box 79/Swakopmund, Tel. 064-414500, Fax 414501, www.beachlodge.com.na. Anfahrt: 1 Stint Street, Swakopmund. DZ ab 80 € inkl. Frühstück, 30 Betten, direkt am Strand, deutsch.
Bennies Lodge Route 11	Tel. 0675-231100, Fax 231616, www.benniespark@iway.na. Anfahrt: Oshakati – B1 nach O (7 km), Auguste Taanyanda Street/Ongwediva. DZ 40 € mit Frühstück, 91 Zimmer, riesige Anlage („Bennies Entertainment Park & Lodge") mit der beliebten Disco „Club Ivory" (mit Sicherheitsvorkehrungen, so dass man auch als Tourist mal ein Ohr reinhängen kann), englisch.
Bergheim Guesths R 1	P.O. Box 80249/Windhoek, Tel./Fax 061-252662. Anfahrt: Windhoek – B1 nach S (14 km). DZ 65 € mit Frühstück, 3 Zimmer mit Bad, englisch.
Bergplaas Safari Lodge Route 7	P.O. Box 60/Outjo, Tel./Fax 067-313842, www.bergplaas.cc. Anfahrt: Outjo – Straße 63 (16 km) – Farmpad (12 km). DZ ab 55 € p.P. mit Halbpension, Camping 5 €/Person, deutsch.
Bernabé-de-la-Bat-Rastlager Route 7a	Buchung über Namibia Wildlife Resorts Ltd. in Windhoek. Anfahrt: Otjiwarongo – C22 (40 km) – D2512 (16 km). Bungalow ab 45 € (2 Betten), Camping 9 €/P., Einlass 8 € p.P. und 1,50 €/Kfz, Versorgunsgmöglichkeit, Tankstelle, Öffnungszeiten: Einlass nur bis Sonnenuntergang (bei Übernachtung bis 21 Uhr).
Bernice Rte 2+2a+3	B&B. Anfahrt: 129 10th Avenue, Westdene/Keetmanshoop, Tel./Fax 063-224851, bernicebeds@iway.na. DZ 40 € inkl. Frühstück.
Betesda Rest Camp Route 1	P.O. Box 9385/Eros, Tel. 063-693253, Fax 693252, www.betesda.iway.na. Anfahrt: Maltahöhe – C14 nach S (20 km) – C19 nach N (199 km) – D854 (5 km). DZ 110 € inkl. Frühstück, Stellplatz 8 € p.P., 30 Betten, Schwimmbad, englisch/deutsch.
Bethanie Hotel Route 2	P.O. Box 13/Bethanie, Tel. 063-283013, Fax 283071, www.bethanieguesthouse.com. Anfahrt: Bethanie, 45 € inkl. Frühstück, 22 Betten, renoviertes Haus und das erste Hotel von SWA überhaupt, englisch.
Big 5 Mini Lodge Route 1	Tel. 061-252761 oder 081-1220020, Fax 252217, hardie@mweb.com.na. Anfahrt: von Windhoek auf der B1 nach Norden bis Brakwater (4 km), dann 1,5 km nach Westen. Auf einer Klippe gelegen, Schwimmbad, 6 Chalets und Zimmer, DZ inkl. Frühstück 50 €, englisch.
Bird's Mansion Hotel Route 2+2a+3	P.O. Box 460/Keetmanshoop, Tel. 063-221711, Fax 221730, www.birdsmansion@iway.na, www.birdsaccommodation.com. Anfahrt: 6th Avenue, Keetmanshoop. DZ 50 € inkl. Frühstück, 22 Zimmer, Schwimmbad, Internet-Café, Restaurant, englisch.
Bird's Nest Rte 2+2a+3	B&B, P.O. Box 460/Keetmanshoop, Tel. 063-222906, Fax 222261, birdnest@iafrica.com.na, www.birdsaccommodation.com. Anfahrt: 16 Pastorie Street, Keetmanshoop. DZ ab 45 € inkl. Frühstück, 10 Zimmer.
Bitterwasser Gästefarm und Segelflug Route 1	P.O. Box 13003/Windhoek, Tel. 063-265300, Fax 265355, www.bitterwasser.com. Anfahrt: Windhoek – B1 nach S (182 km) – Kalkrand – C21 (54 km) – C15 nach N (8 km). Rondavel für zwei (ohne Bad), aber mit Vollpension 140 €, DZ mit Bad u. VP 230 €, 80 Betten, Pool, Segelflug-Zentrum mit eigenen Maschinen, schweizerisch. Landepiste 23°51'53''S, 17°59'48''E
Blutkuppe Zeltplatz Route 6	Buchung über das Ministry of Environment & Tourism in Swakopmund (Alte Ritterburg, Sam Nujoma Drive Ecke Bismarck St, Tel. 064-402172, Fax 402796, Mo–Sa zu den Geschäftszeiten, So 8–13 Uhr) oder in Walvis Bay (Heinrich Baumann St, Tel. 064-205971). Anfahrt: Namib-Naukluft-Park, Namib-Teil, Stellplatz 10 € (8 Pers.) und 4 € p.P., Kfz 2 €, kein Wasser und kein Feuerholz verfügbar, gekennzeichnete Wege dürfen nicht verlassen werden.

Boiteko Camp Route 14	NACOBTA, Buchungen über Nacobta Booking and Information Center, P.O. Box 86099 Eros/Windhoek, Tel. 061-221918 oder 250558, Fax 222647, office.nacobta@iway.na, www.nacobta.com.na. Anfahrt: Gobabis – C22 (90 km) – D1635 nach Osten (6 km). Kommunales Camp, Unterkunft in Hütten 7 €/Person, Camping 3 €/Person, englisch.
Boskloof Gästefarm Route 8a	P.O. Box 53/Omaruru, Tel./Fax 067-290311, boskloof@yahoo.com. Anfahrt: Omaruru – C36 nach N (7 km) – D2344 (25 km) – D2351 (56 km). DZ 50 € p.P. inkl. VP, 10 Betten, Stellplätze, Pool, hauptsächlich Jagdfarm, deutsch.
Bougain Villa Pension Route 1	B&B, P.O. Box 9131/Windhoek, Tel. 061-252264, Fax 252260, www.pensionbougainvilla.com. Anfahrt: 66 Barella Street, Windhoek. DZ 65 € inkl. Frühstück, 10 Betten, deutsch.
Brandberg Rastlager Route 8	P.O. Box 35/Uis, Tel./Fax 064-504038, www.brandbergrestcamp.com. Anfahrt: Uis. DZ 50 € inkl. Frühstück, 4 Zimmer, 5 Chalets für Selbstversorger, Schwimmbad, Tennisplatz, Golfplatz, Camping 5 €/Person, englisch.
Brandberg White Lady Lodge Route 8	P.O. Box 35/Uis, Tel. 064-684004, Fax 684006, www.brandbergwllodge.com. Anfahrt: Uis – C35 nach Osten (11 km) – D2359 (15 km) – Farmpad (12 km). DZ 120 € inkl. Halbpension, Chalets, Safaritzelte, einfache Zelte und Camping (ab 8 €/Person), englisch.
Brigadoon Route 5+6+8c+12	P.O. Box 1930/Swakopmund, Tel. 064-406064, Fax 064-464195, www.brigadoonswakopmund.com. Anfahrt: 16 Ludwig Koch St, Swakopmund. DZ ab 50 € inkl. Frühstück, 7 Zimmer und 3 Apartments zur Selbstversorgung, englisch.
Brukarosh Lodge R3c	Tel. 063-274186, www.brukarosh.com. Anfahrt: Rosh Pinah – C13 nach S (15 km). DZ 55 € mit Frühstück, á-la-carte-Restaurant, 8 Zimmer, englisch.
Brukkaros Campsite Route 2	NACOBTA, Buchungen über Nacobta Booking and Information Center, P.O. Box 86099 Eros/Windhoek, Tel. 061-221918 oder 250558, Fax 222647, office.nacobta@iway.na, www.nacobta.com.na. Anfahrt: 5 km vor dem Brukkaros-Krater. Stellplatz 4 € p.P., Eintritt 2 € p.P., Führer, englisch.
Buck's Camping Lodge R 12	P.O. Box 519/Henties Bay, Tel./Fax 064-501039, buckcamp@mweb.com.na. Anfahrt: Henties Bay. Stellplatz ab 25 € (4 Personen), sehr sauber, ausgezeichnete Infrastruktur (jeder Platz mit eigenem Ablutionblock), englisch.
BüllsPort Gästefarm Route 1	P.O. Box 1003/Maltahöhe, Tel. 063-693371, Fax 693372 , info@buellsport.com, www.naukluft-experience.com. Anfahrt: Maltahöhe – C14 nach N (104 km). DZ 65 € p.P. inkl. Halbpension, 14 Betten, Schwimmbad, Fahrten durch die Naukluft-Berge, tolle Wanderungen auf ausgezeichnet markierten Pfaden in der Naukluft, sehr persönliche Betreuung durch die Gastgeber Familie Sauber, Reitpferde, Reitunterricht, deutsch.
Buitepos Zeltplatz East Gate Route 14	P.O. Box 422/Gobabis, Tel. 062-560405, Fax 062-560406, eastgate@namib.net.com, www.omaheketourism.com.na. Anfahrt: Buitepos. Stellplatz 4 € p.P., Bungalow 35 € (2 Pers.), Anmeldung bei der Total-Tankstelle, dort auch Duschen, WC, Restaurant und kleiner Laden, Pool, englisch.
Bumhill Campsite (Caprivi)	NACOBTA, Buchungen über Nacobta Booking and Information Center, P.O. Box 86099 Eros/Windhoek, Tel. 061-221918 oder 250558, Fax 222647, office.nacobta@iway.na, www.nacobta.com.na. Anfahrt: von Rundu kommend 500 m vor der Kongola Bridge nach links, dann noch 4 km. Camping 6-10 €/Person je nach Lage.
Bundu n See Hotel Route 5	P.O. Box 456/Swakopmund, Tel. 064-402360, Fax 405649, www.bundunsee.co.na. Anfahrt: 6 Hendrik Witbooi Street, Swakopmund. DZ 80 € inkl. Frühstück, 20 Betten, englisch.

Burg Gusinde Route 14	P.O. Box 90252/Windhoek, Tel. 061-257107, Fax 257269, info@safaricorp.com, www.safaricorp.com. Anfahrt: Windhoek – B6 nach O (19 km) – M53 nach N (12 km) – D2102 (36 km). DZ 175 € p.P. alles inklusive, wie Essen, Wäscherei, Wildfahrten, Reiten, Sauna, Fischen usw. Im neu errichteten Haupthaus im Stil einer Burg 6 Betten, im Osema-Farmhaus ebenfalls 6 Betten, das Restaurant gilt als eines der besten des Landes, deutsch.
Burgsdorf Gästefarm Route 1	P.O. Box 211/Maltahöhe, Tel./Fax 063-293200, www.burgsdorf.com. Anfahrt: Maltahöhe – C14 nach S (15 km) – Stichstraße (10 km). DZ 60 € p.P. inkl. Halbpension, 18 Betten, englisch.
Buschberg Gästefarm Route 7	P.O. Box 465/Outjo, Tel./Fax 067-312143, www.buschberg.guestfarm.na. Anfahrt: Outjo – C38 nach N (60 km) – D2710 nach W (19 km). DZ ab 50 € p.P. inkl. Halbpension, Camping 10 €/Person, deutsch.
Buschfeld Park Resort Route 7+8+9	P.O. Box 380/Outjo, Tel. 067-313665, Fax 313072, bfeld@mweb.com.na. Anfahrt: Outjo – C38 nach N (2 km). DZ 30 € p.P., Stellplatz 8 € p.P., auf einem Hügel mit einzigartiger Vegetation, Restaurant, Pool, vom Besitzer des Ladens *Namibia Gemstones* in Outjo, deutsch.
Bush Pillow Route 7+7a+8a	B&B, P.O. Box 801/Otjiwarongo, Tel. 067-303885, Fax 301264, artworks@iafrica.com.na, www.bushpillow.hypermart.net. Anfahrt: 47 Son Road, Otjiwarongo. DZ ab 40 €, 14 Betten, englisch.
Byseewah Guesthouse Route 12	P.O. Box 200/Henties Bay, Tel. 064-501111, Fax 501177, www.fishermanslodge.com.na. Anfahrt: Henties Bay. DZ 25 € p.P. inkl. Frühstück, 9 angenehme Zimmer, 200 m vom Strand, Dinner möglich, englisch.
Camel Camp Rte 1	P.O. Box 20706/Windhoek, Tel. 081-1271321, www.cameltrails.com. Basislager für Kameltouren durch die Wüste, Campingeinrichtungen, deutsch.
Camelthorne Chalets Route 1	P.O. Box 5055/Windhoek, Tel. 061-264336, Fax 264555, info@eddahof.com, www.eddahof.com. Anfahrt: Windhoek (Brakwater). DZ ab 60 € inkl. Frühstück, 10 Betten in 5 Chalets, Pool, Reiten auf Pferden und Kamelen, deutsch.
Camelthorne Lodge	s. unter „Intu Afrika Game Reserve“
Cañon Lodge Route 3	P.O. Box 80205/Windhoek, Tel. 061-230066, Fax 251863, www.gondwana-collection.com. Anfahrt: Seeheim – B4 (1 km) – C12 (74 km) – C37 (37 km) – Farmstr. (2 km). Kommt man von Keetmanshoop in der Regenzeit, könnte die C12 beim Löwenfluss geflutet sein, meist kann man aber auf der D545 Holoog über die Brücke am Naute Dam ohne Probleme erreichen. DZ 80 € p.P. inkl. Frühstück, 30 Bungalows mit je 2 Betten, einer mit 4 Betten, Pool. Eine der schönsten Lodges in Namibia unter sehr persönlicher Leitung, herrliche Terrasse, die Gebäude sind perfekt an die Landschaft angepasst, ausgezeichnete Küche, Flüge über den Fish River, Ausflugsfahrten, Reitausflüge, deutsch.
Cañon Mountain Camp Route 3	P.O. Box 80205/Windhoek, Tel. 061-230066, Fax 251863, www.gondwana-collection.com. Anfahrt: Seeheim – B4 (1 km) – C12 (74 km) – C37 (37 km) – Farmstr. (2 km), von der Canyon Lodge 6 km entfernt. Anfahrt von Keetmanshoop s. Cañon Lodge. 8 DZ für Selbstversorger, ab 25 € p.P., deutsch.
Cañon Roadhouse Route 3	P.O. Box 80205/Windhoek, Tel. 061-230066, Fax 251863, www.gondwana-collection.com. Anfahrt: Grünau – C12 (51 km) – C37 (20 km). Anfahrt von Keetmanshoop s. Cañon Lodge. DZ 50 € p.P. inkl. Frühstück, 18 Betten, Schwimmbad, Restaurant, Flüge über den Fish River, Ausflugsfahrten, Reitausflüge, Tankstelle, Camping 8 €/Person, deutsch.
Cañon Village Route 3	P.O. Box 80205/Windhoek, Tel. 061-230066, Fax 251863, www.gondwana-collection.com. Anfahrt: Grünau – C12 (51 km) – C37 (20 km). Anfahrt von Keetmanshoop s. Cañon Lodge. Große Hotelanlage, die aber ästhetisch in die Natur eingefügt wurde. DZ 70 € p.P. inkl. Frühstück, Schwimmbad, deutsch.

Canyon Nest Hotel Route 2+2a+3	P.O. Box 950/Keetmanshoop, Tel. 063-223361, Fax 223714 , canyon@iafrica.com.na, www.canyon-namibia.com. Anfahrt: Keetmanshoop. DZ 45 € p.P. inkl. Frühstück, 114 Betten, Schwimmbad, Fitnesscenter, deutsch.
Cape Cross Lodge Route 12	P.O. Box 259/Henties Bay, Tel. 064-694012, Fax 694013, www.capecross.org. Anfahrt: Hentjes Bay – C34 nach Norden (53 km), 4 km nördlich des Robbenreservates. DZ ab 125 € p.P. inkl. Halbpension, 16 Betten, direkt am Strand und weit genug von den Robben, so dass es nicht riecht, englisch.
Capricorne Guesthouse Route 7	Tel. 062-504672, 081-2791988, www.capricorne-namibia.net. Anfahrt: In Okahandja die Templin Street nach Osten (1 km). DZ 60 € inkl. Frühstück, 4 Doppelzimmer, 1 Einzelzimmer, deutsch.
Capricorn Restcamp Route 1	P.O. Box 200/Klein Aub, Tel. 062-682118, www.capricorn-naukluft.com.na. Anfahrt: Buellspoort – C14 nach Osten (15 km) – Straße 47 nach Norden (15 km). DZ 30 €/Person mit Frühstück, 4 Chalets, Camping 5 €/Person, Mahlzeiten bei Vorausbuchung, deutsch.
Caprivi River Lodge Route 13	P.O. Box 2029/Katima Mulilo, Tel. 066-253300, Fax 253158, www.capriviriverlodge.com. Anfahrt: Katima Mulilo – B8 nach O (3 km). DZ 80 € inkl. Frühstück, 30 Betten, Schwimmbad, englisch.
Caprivi Traveller's R 13	B&B, P.O. Box 633/Ngweze, Tel. 066-252788, Fax 252390. Anfahrt: Lewis Build Together/Katima Mulilo. DZ 25 €, Schlafsaal 10 €, englisch.
The Cardboard Box Route 1	P.O. Box 5142/Windhoek, Tel. 061-228994, Fax 256581, www.cardboardbox.com.na. Anfahrt: 15 Johann Albrecht St, Windhoek. DZ 20 €, 7 € im Schlafsaal, Restaurant, Pool, Backpackerunterkunft, englisch.
Casa Blanca Route 1	P.O. Box 30547/Windhoek, Tel. 061-249623, Fax 249622, www.casablancahotelnamibia.com. Anfahrt: 2 Gous St, Windhoek. DZ 75 € inkl. Frühstück, 6 luxuriöse Zimmer, spanisch inspiriert, Schwimmbad, englisch.
Casa Mia Hotel Route 5	P.O. Box 1786/Walvis Bay, Tel. 064-205975, Fax 206596, casancor@iafrica.com.na. Anfahrt: 238 Sam Nujoma Avenue, Walvis Bay. DZ 35 € p.P. inkl. Frühstück, 45 Betten, Parkplätze, englisch.
Casa Onganga Route 1	B&B, P.O. Box 30044/Windhoek, Tel. 061-242622, Fax 225629, www.swiftcentre.com/casaonganga. Anfahrt: 63 Fritsche Street, Windhoek. DZ 40 €, 4 Zimmer, Schwimmbad, deutsch.
Casa Yeovella Route 5	B&B, P.O. Box 1880/Walvis Bay, Tel./Fax 064-200502 , yeovella@namibnet.com. Anfahrt: 15 Riebeeck Circle, Walvis Bay. DZ 50 € inkl. Frühstück, 14 Betten, englisch.
Catholic Church Acc. Route 4	Selbstversorgung, Tel. 063-202463. Anfahrt: Bay Weg, Lüderitz. DZ 20 € p.P., Ferienwohnung, englisch.
Cela Hotel-Pension Route 1	P.O. Box 1947/Windhoek, Tel. 061-226294, Fax 226246, www.natron.net/tour/cela. Anfahrt: Bülow Street, Windhoek. DZ 55 € inkl. Frühstück, 32 Betten, Schwimmbad, Parkplatz, deutsch.
Central Guest House Route 5	P.O. Box 672/Swakopmund, Tel. 064407189, Fax 407197, www.guesthouse.com.na. Anfahrt: Leutwein Street, Swakopmund. 90 €/Person mit Frühstück, 6 Doppelzimmer, zentrumsnah, deutsch.
Central Hotel Gobabis Route 14	P.O. Box 233/Gobabis, Tel. 062-562094, Fax 564902, www.big5namibia.com. Anfahrt: Heroe's Lane, Gobabis. DZ 35 € inkl. Frühstück, Zelten 3 €/Person, 30 Betten, das ehemalige Big Five Hotel, englisch.

Central Hotel Omaruru Route 8a	P.O. Box 29/Omaruru, Tel. 064-570030, Fax 571100, central@africaonline.com.na. Anfahrt: Wilhelm Zeraua Road, Omaruru. DZ 40 € inkl. Frühstück, sehr schöne Zimmer um einen Innenhof, Biergarten unter Palmen, Schwimmbad mit Liegewiese, deutsch.
Central Lodge Rte 2+2a+3	P.O. Box 661/Keetmanshoop, Tel. 063-225850, Fax 224984 223532, www.central-lodge.com. Anfahrt: Middle Street, Keetmanshoop. DZ 60 € inkl. Frühstück, 26 Betten, gutes Restaurant, Pool, englisch.
C'est si bon Hotel Rte 7+7a+8a	P.O. Box 2060/Otjiwarongo, Tel. 067-301240, Fax 303208, www.cestsibonhotel.com. Anfahrt: Swembad Road, Otjiwarongo. DZ 55 € inkl. Frühstück, 42 Betten, englisch/ deutsch
Chameleon Backpackers Rte 1	B&B, P.O. Box 6107/Windhoek, Tel. 061-244347, Fax 247668, www.chameleonbackpackers.com. Anfahrt: 22 Wagner Street, Windhoek. DZ 25 €, Bett im Schlafsaal ab 10 €, Camping 7 €, englisch.
Charlotte's Guesthouse Route 1	B&B, P.O. Box 4234/Windhoek, Tel./Fax 061-228846, www.guesthouse-charlotte-windhoek.com. Anfahrt: 2a John Ludwig Street, Windhoek. DZ ab 40 € inkl. Frühstück, deutsch.
Charlotte's Guesthouse R5+6+8c+12	B&B, P.O. Box 943/Swakopmund, Tel./Fax 064-405454, noltesafari@iafrica.com.na. Anfahrt: 121 Brücken Street, Swakopmund. DZ 50 €, 10 Betten, englisch.
Chobe Savanna Lodge Route 14	Tel. 061-254317, Fax 254980, www.desertdelta.com. Anfahrt: Kasane (Botswana), dort wird man beim Kasane Immigration Office mit dem Boot abgeholt und nach Impalila Island gebracht. DZ ab 150 € p.P. alles inklusive, Luxusunterkunft, englisch.
Christoph Hotel-Pension Rte 1	P.O. Box 6116/Windhoek, Tel. 061-240777, Fax 248560, christoph@mweb.com.na. Anfahrt: Heinitzburg Street, Windhoek. DZ 60 € inkl. Frühstück, 20 Betten, Schwimmbad, Parkplatz, deutsch.
Cori Guesthouse Route 1	P.O. Box 80698/Windhoek, Tel. 061-228840, Fax 225806, cori@cyberhost.com.na. Anfahrt: 8 Puccini Street, Windhoek. DZ 60 € inkl. Frühstück, 30 Betten, Schwimmbad, englisch.
Corona Gästefarm Route 1	P.O. Box 11958/Windhoek, Tel. 062-572127, Fax 572147, corona@iway.na, www.natron.net/tour/corona. Anfahrt: Windhoek – C26 (165 km) – D1438 (18 km). DZ 70 € p.P. inkl. Vollpension, 27 Betten, Pool, deutsch, auch Jagdfarm.
The Courtyard Hotel Route 5	P.O. Box 3493/Walvis Bay, Tel. 064-213600, Fax 213620, courtyrd@iafrica.com.na. Anfahrt: 16 3rd Road, Walvis Bay. DZ 70 € inkl. Frühstück, 35 Betten, Hallenbad, österreichische Leitung, unweit der Lagune.
Courtyard Route 13+13a+13b	P.O. Box 356/Grootfontein, Tel./Fax 067-240027, www.natron.net/tour/courtyard. Anfahrt: 2 Gauss Street, Grootfontein. DZ 55 € inkl. Frühstück, 30 Betten, Schwimmbad, englisch.
Crayfish Creek Route 5	Selbstversorger P.O. Box 1926/Walvis Bay, Tel. 081-1295389, Fax 064-205212, crayfishcreek@iway.na. Anfahrt: Langstrand. Ferienwohnung ab 30 €/Person, englisch.
Daan Viljoen Rastlager Route 6	Buchung über Tungeni Serenity Experience in Windhoek, Tel. 061-400205, www.tungeniserenity.com. Anfahrt: Windhoek – C28 (14 km). Bungalow 40 €, Zeltplatz 25 € (max. 8 Personen), Eintritt 4 € p.P., 1 €/Kfz, Pool, Versorgungsmöglichkeit, engl. Öffnungszeiten: Bei Reservierung bis 24 Uhr, Tagesbesucher müssen um 18 Uhr den Park verlassen. Das ehemals staatliche Camp wurde 2009 privatisiert und soll für eine Generalsanierung geschlosen werden.
Dabis Gästefarm Route 2	P.O. Box 15/Helmeringhausen, Tel./Fax 063-683263, www.farmdabis.com. Anfahrt: Helmeringhausen – C14 nach N (10 km) – Farmstraße (7 km). DZ 90 € p.P. inkl. Halbpension, 15 Betten, Farmbassin, deutsch.

Damaraland Camp Route 9	P.O. Box 6850/Windhoek, Tel. 061-274500, Fax 239455, www.wilderness-safaris.com. Anfahrt: Khorixas C39 nach W (100 km) – Farmpiste nach S (20 km). 250 € p.P. alles inklusive, 16 Betten, Pool, englisch. Landepiste: Höhe 1460 ft, Länge 1100 m, S 20°25'42,8" E 14°07'47,0", Rwy 05/23, Gravel.
Daniel's Guesthouse Route 1	B&B, P.O. Box 40385/Windhoek, Tel./Fax 061-236644, danielsguesthouse@hotmail.com. Anfahrt: Windhoek, Haydn Street 7. DZ 40 € mit Frühstück, deutsch.
Danubé Gästefarm Route 9	P.O. Box 255/Outjo, Tel. 067-312916, Fax 302940, www.danube.iway.na. Anfahrt: Outjo – C38 nach N (10 km) – C40 nach W (40 km) – D3236 (50 km) – Farmpiste (5 km). DZ 50 € p.P. inkl. Frühstück, 10 Betten, auch Jagdfarm, dt.
Deo Valente Route 1	B&B, P.O. Box 80103/Windhoek, Tel. 061-234301, Fax 061-234123, leonivr@mweb.com.na. Anfahrt: 154 Jan Jonker Road, Windhoek. DZ 40 €, 14 Betten, englisch.
Desert Camp Route 1	Tel. 0027-21-9304564, Fax 0027-21-9304574, www.desertcamp.com. Anfahrt: Sesriem – Farmpad 4 km. Luxus-„Zelte" (für 2 Personen inkl. Frühstück 100 €) mit allem Komfort für Selbstversorger 4 km vom Eingangstor nach Sossusvlei, Bar, Pool, englisch.
Desert Homestead Route 1	P.O. Box 24/Maltahöhe, Tel. 063-683103, Fax 683194, www.deserthomestead-namibia.com. Anfahrt: Sesriem – D826 nach O (11 km) – C19 nach S (22 km). Chalet für 2 Personen 140 € inkl. Halbpension, Schwimmbad, Reitausflüge, englisch.
Desert Rhino Camp Route 10+12	P.O. Box 6850/Windhoek, Tel. 061-274500, Fax 239455, www.wilderness-safariscom. Anfahrt: Khorixas – C39 (112 km) – C43 (44 km). Unterkunft im Zelt ab 300 € p.P. alles inklusive, 10 Zelte, englisch. Landebahn: 19°52'S, 13°56'E
Desert Rose Rte 12	Ferienwohnungen. P.O. Box 190, Elf Street, Henties Bay, Tel./Fax 0027-82-8250138, www.lynx.co.za/desertrose. Wohnung 60 € (max. 4 Pers.), deutsch.
Desert Sky Backpacker's Lodge R 5	B&B, P.O. Box 2830/Swakopmund, Tel. 064-402339, dsbackpackers@swakop.com. Anfahrt: 35 Anton Lubowski Street, Swakopmund. Backpackerunterkunft, Bett im Schlafsaal 10 €, Internetcafé, Küche, auch Einzelzimmer, englisch.
Deuha Campsite Route 13b	Keine Buchung möglich, Wildniscamping im Buschmannland nahe Tsumkwe. Anfahrt: s. Karte bei Tsumkwe. Keine Infrastruktur, nur Wasser und Holz, Camping 5 €/Person, englisch.
Deutsches Haus Hotel Route 5	P.O. Box 13/Swakopmund, Tel. 064-404896, Fax 404861, www.deutsches-haus-swakopmund.com. Anfahrt: 13 Lüderitz Street, Swakopmund. DZ 75 € inkl. Frühstück, 30 Betten, deutsch.
Die Kraal Route 13	B&B, P.O. Box 860/Grootfontein, Tel. 067-240300. Anfahrt: am Ortsausgang Grootfonteins Richtung Rundu. Zimmer 15 € p.P., Camping 5 €/Person, Restaurant, deutsch.
Die Oord RL Route 12	P.O. Box 82/Henties Bay, Tel./Fax 064-500239. Anfahrt: Rob Street, Henties Bay. Bungalow 30 € (max. 4 Personen), 70 Betten, englisch.
Dinosaurs Tracks Zeltplatz Rte 8a	P.O. Box 5/Kalkfeld, Tel. 067-290153, www.dinosaurstracks.com. Anfahrt: Dinosaurier-Fußspuren. 6 € p.P. und Fahrzeug auf demZeltplatz, Bungalow für 2 Pers. mit Halbpension 80 €, angenehme und belesene Gastgeber, deutsch.
Dithmarschen Gh.	s. unter „Kamaku Guesthouse"
Divava Okavango Lodge & Spa Route 13	Tel. 061-375300, Fax 375333, www.leadinglodges.com. Anfahrt: Rundu – B8 nach O (198 km) – Bagani – D3403 (6 km) – Piste (1 km). DZ 450 € inkl. Vollpension, Luxus-Chalets, Schwimmbad, Wellness-Bereich, englisch, Fahrten in das Mahango Wildreservat, Bootstouren zu den Popafällen.

Doll's Guest House Route 5	Tel. 064-462297, www.dollsguesthouse.com. Anfahrt: Riesle Street, Swakopmund. DZ 25 €/Person mit Frühstück, 3 Zimmer, eingerichtete Küche, gutes Frühstück, englisch.
Dolphin Park Chalets Rte 5	P.O. Box 86/Walvis Bay, Tel. 064-2013111. Anfahrt: Walvis Bay – B2 (18 km). Bungalow ab 40 €, 80 Betten, Schwimmbad, englisch, in kommunalem Besitz, soll privatisiert werden, u.U. geschlossen.
Donkerhoek Guestfarm Rte 2a	P.O. Box 2145, Mariental, Tel. 063-252004. Anfahrt: Mariental – Straße 29 (71 km) – C18 nach O (43 km) – Gochas – C15 nach S (154 km). DZ 100 € inkl. Halbpension, 15 Betten, Schwimmbad, englisch.
Dornhügel Gästefarm Route 13+13b	P.O. Box 173/Grootfontein, Tel./Fax 067-240439, www.dornhuegel.de. Anfahrt: Grootfontein – B8 nach N (15 km) – D2844 (22 km). DZ um 75 € p.P. inkl. Halbpension, 5 gemütlich eingerichtete Zimmer, Schwimmbad, Gästefarm pur mit sehr angenehmen Gastgebern, die viel über das Farmleben erzählen können, *der* Tipp auf dem Weg nach Norden, deutsch.
Dreilinden Camp Route 10a	P.O. Box 286/Opuwo, kaokoland@freenet.de. Anfahrt: Okongwati. 4 Zimmer und Stellplätze bei einem Projekt, das sich einem Waisenhaus für die Einheimeischen widmet, deutsch.
Düsternbrook Gästefarm Route 7	P.O. Box 870/Windhoek, Tel. 061-232572, Fax 257112, www.duesternbrook.net. Anfahrt: Windhoek – B1 nach N (27 km) – D1499 (10 km) – Stichstraße nach NW (9 km). Preise: DZ ab 100 € p.P. inkl. Halbpension, Leoparden-Fütterung und Wildfahrt, mit eigenem Zelt 70 € p.P. inkl. Halbpension, Fütterungen und Wildfahrt, 12 Betten, auch Jagdfarm, Leopardengehege, Reitausflüge, deutsch.
Dunedin Star Gh. R 5	Tel. 064-407105, Fax 064-407106, www.dunedinstar.com. Anfahrt: Swakopmund, Daniel Tjonerero Street. DZ ab 40 € inkl. Frühstück, englisch.
Dune Lodge	s. „Intu Afrika Game Reserve"
Duwisib Zeltplatz Route 2	Buchung über Namibia Wildlife Resorts Ltd. in Windhoek. Anfahrt: Maltahöhe – C14 nach S (38 km) – D824 (12 km) – D831 nach S (16 km) – D826/C27 (26 km). Camping 10 € per Stellplatz, 5 €/Person, Kiosk, englisch, Öffnungszeiten bei Reservierung zwischen Sonnenauf- und -untergang, Schlosseintritt 5 €.
Duwisib Farm Rastlager Route 2	P.O. Box 21/Maltahöhe, Tel./Fax 063-293344, www.namibianexperience.com. Maltahöhe – C14 nach S (38 km) – D824 (12 km) – D831 nach S (16 km) – D826/C27 (27 km). DZ 40 € p.P. inkl. Halbpension, Bungalows, Laden, Reitmöglichkeit (auch Viertagesritte von Aus nach Lüderitz entlang der alten Ochsenwagenstrecke), Rundfahrten, 18 Betten, Camping 8 €/Person, deutsch.
Eagle Holiday Bungalows Route 12	P.O. Box 20/Henties Bay, Tel. 064-500032, Fax 500299, www.eagleholiday.com. Anfahrt: 175 Jakkalsputz Road, Henties Bay. Bungalow für 4 Personen 60 €, 20 Betten, englisch.
Eagles Rock Leisure Lodge Route 6	P.O. Box 6176/Windhoek, Tel. 061-257116, Fax 061-257187, erllodge@mweb.com.na. Anfahrt: Windhoek – C28 (30 km) – D1958 (3 km) – Farmstraße (2 km). DZ 40 € p.P. inkl. Frühstück, 12 Betten, Schwimmbad, Reiten, Wanderungen, Felszeichnungen, englisch.
Eagles Tented Camp & Spa Route 7	P.O. Box 362/Outjo, Tel. 067-697047, Fax 697050, www.leadinglodges.com. Anfahrt: Outjo – C38 nach N (70 km) – D2695 (27 km) – Farmstraße (4 km). Luxuszelt für zwei 225 € inkl. Halbpension und noch einigen anderen Annehmlichkeiten. Camp mit 8 Zelten auf der 27.000 ha großen Epacha-Farm, Schwimmbad, Wellnessbereich, englisch.
Eberwein Hotel garni Route 5	P.O. Box 2594/Swakopmund, Tel. 064-414450, Fax 064-414451, www.eberwein.com.na. Anfahrt: Sam Nujoma Ave, Swakopmund. DZ ab 85 € inkl. Frühstück, Hotel in Traditionshaus (Villa Wille), 16 DZ, Tiefgarage, deutsch.

Eha Lodge Route 10+11	P.O. Box 62/Ruacana, Tel. 065-270031, Fax 065-270095, www.ruacanaehalodge.com.na. Anfahrt: Ruacana Dorf. DZ 85 € inkl. Frühstück, 40 Betten, Schwimmbad, Restaurant, Wellness, Camping 5 € (Hütte 35 €/Person), englisch.
Ehuameno Gästefarm Route 7	P.O. Box 197/Otjiwarongo, Tel./Fax 067-306275, www.ehuameno.de. Anfahrt: Okahandja – B1 nach Norden (110 km) – D2483 (11 km). DZ um 100 € p.P. inkl. Vollpension, 4 Betten, Schwimmbad, hauptsächlich Jagdfarm, deutsch.
Eileen Farm Route 8a	P.O. Box 393/Omaruru, Tel. 064-570837, Fax 061-221567, www.erongo.iway.na/eileen. Anfahrt: Omaruru – C33 nach S (2km) – D2315 nach W (24 km) – D2316 nach S (9 km) – Farmstraße (7 km). DZ 50 € p.P. inkl. Halbpens., Stellplatz beim sehr schönen Erongo Plateau Camp (1 km von der Farmpad) mit Warmwasser, Holzverkauf etc. 8 € p.P., keine Kreditkt., deutsch.
Ekundu Guesthouse Route 1	B&B, P.O. Box 40786/Ausspannplatz, Tel. 061-253440, Fax 253565, ekundu@mweb.com.na. Anfahrt: 10 Johann Albrecht Street, Windhoek. DZ 50 € inkl. Frühstück, englisch.
Elegant Route 1	Tel. 061-301934, Fax 301933, www.the-elegant-collection.com. Anfahrt: Ziegler Street, Windhoek. Im B&B DZ 80 € inkl. Frühstück, 5 Zimmer, Garten mit Pool, im Guest House (6 luxuriöse Zimmer) DZ 100 € mit Frühstück, dreimal am Tag Shuttle ins Zentrum, deutsch.
Elisenheim Gästefarm Route 7	P.O. Box 3016/Windhoek, Tel./Fax 061-264429, www.natron.net/tour/Elisenheim. Anfahrt: Windhoek – B1 (10 km) – D1463 (5 km). DZ 60 € inkl. Frühstück, 18 Betten, deutsch, Schwimmbad.
El Jada Rastlager Route 8c	P.O. Box 1155/Swakopmund, Tel./Fax 064-400348, dragon@iway.na, www.namibweb.com/eljada. Anfahrt: Swakopmund – B2 (9 km) – D1901 (2 km). DZ 40 €, 10 Betten, deutsch.
Eluwa Hotel Route 11	P.O. Box 1040/Oshakati, Tel. 065-222038, Fax 224282, rochas@iway.na. Anfahrt: Main Street, am Sendemast von Oshakati. Hotel mit schmuckem Innenhof, Pool, Rasen und Restaurant. DZ 40 € inkl. Frühstück, 80 Betten, englisch.
Eningu Clayhouse Lodge Route 14	Buchungen über: Logufa, P.O. Box 8061/Swakopmund, Tel. 064-464144, Fax 464155, www.natron.net/tour/logufa, www.eningulodge.com. Anfahrt: Windhoek – B6 (48 km) – DR51 (64 km) – D1471 (1 km). DZ 80 € p.P. inkl. Halbpension (Dreigangmenü), 20 Betten, wunderschön eingerichtete Zimmer, unweit der Künstlerfarm Peperkorrel, augezeichnetes Restaurant mit Köstlichkeiten wie „Namibian Suchi“ und als Betthupferl Cognactrüffel, Schwimmbad, Teleskop mit Computersteuerung, deutsch/italienisch.
Epacha Game Lodge & Spa Route 7	P.O. Box 362/Outjo, Tel. 067-697047, Fax 697050, www.leadinglodges.com. Anfahrt: Outjo – C38 nach N (70 km) – D2695 (27 km) – Farmstraße (4 km). DZ 400 € inkl. Halbpension und noch einigen anderen Annehmlichkeiten. Super-Luxus-Lodge mit fünf Sternen auf 27.000 ha großer Farm, Schwimmbad, Wellnessbereich, englisch.
Epako Game Lodge Route 8a	P.O. Box 108/Omaruru, Tel. 064-570551, Fax 570553, www.epako.com. Anfahrt: Omaruru – C33 nach N (21 km). DZ 110 € p.P. inkl. Vollpension und Game Drive, 24 Betten, Schwimmbad, sehr luxuriöse und angenehme Lodge, viel Großwild, deutsch/englisch, französisch.
Epupa Camp Route 10a	P.O. Box 26078/Windhoek, Tel. 061-232740, Fax 061-249876, www.epupa.com.na. Anfahrt: Epupa-Fälle (1 km östlich). DZ 120 € p.P. inkl. aller Mahlzeiten, 12 Betten in Luxuszelten, englisch.
Epupa Campsite Route 10a	Keine Postadresse verfügbar, keine Reservierung notwendig. Anfahrt: Epupa-Fälle. 3 € p.P., direkt an den Fällen gelegener Zeltplatz unter der Leitung der dortigen Einheimischen, Curio-Verkauf.

Erindi Onganga Gästefarm Route 8a	P.O. Box 20/Omaruru, Tel./Fax 067-290112, fjeske@mweb.com.na, www.natron.net/erindi-onganga. Anfahrt: Omaruru – D2344 (32 km) – D2351 (27 km) – Farmstraße (6 km). DZ 40 € p.P. inkl. Vollpension, 10 Betten, Schwimmbad, deutsch.
Erni's Bistro Rte 14	B&B, P.O. Box 883/Gobabis, Tel. 062-565222, Fax 565221. Anfahrt: 29 Quito Canavale Avenue, Gobabis. DZ 45 € inkl. Frühstück.
Erongo Lodge Route 8a	P.O. Box 291/Omaruru, Tel. 061-253542, Fax 259247, www.erongo-lodge.de. Anfahrt: Omaruru – D2315 (24 km) – D2316 (19 km). DZ 70 € p.P. inkl. Halbpension, 10 Betten, Ausflüge zu Felsmalereien im Erongogebirge, hauptsächlich Jagdfarm, deutsch.
Erongo Plateau Camp	s. unter „Eileen Farm“
Erongo Wilderness Lodge Route 8a	P.O. Box 581/Omaruru, Tel. 064-570537, Fax 570536, www.erongowilderness-namibia.com. Anfahrt: Omaruru – D2315 (11 km). DZ 130 € p.P. inkl. Halbpension, wunderschön in die felsige Landschaft gelegte Lodge mit Fernsicht, englisch.
Eros Hotel Pension Route 1	P.O. Box 9607/Windhoek, Tel. 061-227020, Fax 242919, eros@iway.na. Anfahrt: 21 Omuramba Street, Windhoek. DZ ab 50 € p.P. inkl. Frühstück, 21. zimmer, nahe Joe's Beerhouse, englisch.
Esplanade Park Cottages Route 5	Selbstversorgung, P.O. Box 8/walvis Bay, Tel. 064-206145, Fax 215510, www.wbresorts.com.na. Anfahrt: Kuvambo Nujoma Drive. Ferienwohnungen ab 40 € (3 Personen), in kommunalem Besitz, soll verkauft werden, u.U. geschlossen, englisch.
Etambi Hotel Pension Route 1	P.O. Box 30547/Windhoek, Tel. 061-241763, Fax 242916, www.etambi.com. Anfahrt: 6 Gous Street, Windhoek. DZ 30 € p.P. inkl. Frühstück, 20 Betten, Schwimmbad, deutsch.
Etendeka Mountain Camp Route 9	Buchungen über: Logufa, P.O. Box 8061/Swakopmund, Tel. 064-464144, Fax 464155, www.natron.net/tour/logufa. Anfahrt: Khorixas – C39 nach W (155 km) – C43 nach W (5 km) – Disease Control Tor (hier wird man abgeholt). DZ 180 € p.P. inkl. Vollpension u. Wildfahrten, 16 Betten, Schwimmbad, englisch.
Etendero Gästefarm Route 8a	P.O. Box 352/Omaruru, Tel. 064-570927, Fax 571141, www.namibiatours.de. Anfahrt: Omaruru – C36 (6 km) – D2344 (20 km) – D2337 (10 km). DZ ab 50 € p.P. inkl. Frühstück, 16 Betten, Schwimmbad, Reiten pro Stunde 15 €, deutsch.
Etosha Aoba Lodge Route 7	P.O. Box 1814/Tsumeb, Tel. 067-229106, Fax 067-229107, www.etosha-aoba-lodge.com. Anfahrt: Etosha National Park Osttor – C38 Nach O (10 km) – Stichstraße (10 km). DZ 88 € p.P. inkl. Frühstück, 20 Betten, Schwimmbad, empfehlenswerte Ruhe im Busch, gute Küche, deutsch.
Etosha Café Route 7+13a	P.O. Box 189/Tsumeb, Tel. 067-221207. Anfahrt: 21 Main Road, Tsumeb. DZ 30 €, 10 Betten, deutsch.
Etosha Garden Hotel Route 7+8+9	P.O. Box 31/Outjo, Tel. 067-313130, Fax 313419, www.etosha-garden-hotel.com. Anfahrt: Outjo. DZ 55 € inkl. Frühstück, 20 Zimmer, Schwimmbad, tropischer Biergarten, Parkplatz, à-la-carte-Gourmet-Restaurant, deutsch.
Etosha Gateway Lodge R 7	P.O. Box 164/Outjo, Tel. 067-333440, Fax 333444, www.etoshagateway-toshari.com. Anfahrt: Etosha Andersson Gate – C38 nach S (23 km). DZ 85 € m.F., Camping (6 €/Person), ehemals als „Toshari Inn“ bekannt, englisch.
Etosha Safari Camp Route 7	Tel. 067-687004, Fax 687005, www.gondwana-collection.com. Anfahrt: Etosha Andersson Gate – C38 nach S (10 km). DZ 85 € m.F., Rastlager mit Bungalows und Zeltplatz (8 €/Person), Essmöglichkeit im Restaurant auch für die Camper, englisch.

Etotongwe Lodge Rte 7+8+9	P.O. Box 312/Outjo, Tel. 067-313333, Fax 067-313291, www.etotongwelodge.com. Anfahrt: Outjo (Ortsausgang Richtung Etosha). DZ 60 € inkl. Frühstück, 22 Zimmer, Restaurant, Lapa, englisch.
Etuna Gh. Route 11	P.O. Box 90022/Ongwediva, Tel. 065-231177, Fax 065-231178, www.etunaguesthouse.com. Anfahrt: Oshakati – B1 nach O (7 km) – hinter der Messe 500 m nach rechts (Valley of Leopard St, 500 m). DZ 38 € mit Früstück, Luxusflat 45 € m. Früstück, aus einem Nacobta-Projekt entstanden, vorzügliche Einrichtung, Personal freundlich und hilfsbereit, empfehlenswert, englisch.
Etusis Lodge Route 8b	P.O. Box 5/Karibib, Tel. 064-550826, Fax 550961, www.etusis.de. Anfahrt: Karibib C32 nach S (16 km) – Farmstraße. DZ um 100 € p.P. mit Vollpension und Farmrundfahrt, 26 Betten, Schwimmbad, Reitausflüge auf Basotho-Pferden, die ursprünglich aus Lesotho stammen und auf der Farm Dornhügel (s. dort) gezüchtet werden, deutsch. Landebahn: 22°11'S, 15°45'E.
Europa Hof Hotel Route 5+6	P.O. Box 1333/Swakopmund, Tel. 064-405898, Fax 064-402391, www.europahof.com.com. Anfahrt: Bismarck Street, Swakopmund. DZ 85 € inkl. Frühstück, 80 Betten, deutsch.
Eva's Guesthouse Route 8a	B&B, P.O. Box 621/Omaruru, Tel. 064-570338, Fax 571478, andsim@iway.na. Anfahrt: Dr. Sheeper's Drive, Omaruru. DZ 30 €, 6 Betten, englisch.
Falkennest Route 7+8	B&B, P.O. Box 107/Otjiwarongo, Tel./Fax 067-302616, otjbb@iafrica.com, www.natron.net/tour/falkennest. Anfahrt: 21 Industrias Street, Otjiwarongo. DZ 30 € inkl. Frühstück, Schwimmbad, exklusiver Kakteengarten, deutsch.
Fantasia Flats Route 11	B&B, P.O. Box 429/Ondangwa, Tel. 065-240528, Fax 065-241014, fantasia@mweb.com.na. Anfahrt: Plot 1481, Ondangwa. DZ 40 €, 8 Betten, englisch.
Farm Wildpark Route 1	P.O. Box 116/Maltahöhe, Tel. 063-293554, Fax 061/239213, www.farm-wildpark.com. Anfahrt: Maltahöhe – D861 nach Norden (36 km) – Farmpad (4 km). DZ 45 € p.P. inkl. Frühstück und Abendessen, 4 Zimmer, Campingstellplatz 30 € (max. 4 Personen), deutsch.
Felix Unite Restcamp Route 3a	P.O. Box 3/Noordoewer, Tel. 063-297161, Fax 297250, cabanas@felix.co.za. Anfahrt: Noordoewer – C13 nach Westen (10 km). Hütten für zwei Personen (ab 55 € inkl. Frühstück), Lager für Kanufahrten auf dem Oranje, sehr grün, Restaurant, Zelten ist nur den Teilnehmern an einer Tour erlaubt, englisch.
Felsenblick Route 1	B&B, P.O. Box 6000/Windhoek, Tel. 061-232739, Fax 250318, monica@namibiastay.com, www.namibiastay.com. Anfahrt: 8 Gutsche Street, Windhoek. DZ 45 €, deutsch.
Figtree Rte 10+10b	Kommunaler Campingplatz, knapp 500 m von der Sesfontein Lodge entfernt bei der Schule, keine Buchung möglich, 60 N$ pro Person.
Finkenstein Gästefarm Route 14	P.O. Box 167/Windhoek, Tel. 061-234751, Fax 238890, www.finkensteinsafari.com. Anfahrt: Windhoek – B6 (18 km). DZ 35 € p.P. inkl. Frühstück, 10 Betten, auch Jagdfarm, deutsch.
Finke's Zicht Route 14	B&B, P.O. Box 90671/Klein Windhoek, Tel. 061-238978, Fax 238890, www.natron.net/finkes-sicht. Anfahrt: Windhoek – B6 nach O (17 km). DZ 90 € inkl. Frühstück, deutsch.
Fishermans Lodge	s. unter „Byseewah Guesthouse“
Fischreiher Route 5	B&B, P.O. Box 2351/Swakopmund, Tel. 064-462930, Fax 462934, www.fischreiher.net. Anfahrt: Fischreiher Street, Swakopmund. DZ 55 € inkl. Frühstück, englisch.

Fish River Guestfarm Route 3 — P.O. Box 1840/Keetmanshoop, Tel. 063-693007, Fax 693006, www.canyon-naturepark.com. Anfahrt: Keetmanshoop – B4 nach W (32 km) – D2545 (33 km) – C12 (32 km) – Farmpiste (20 km). Auf dem Gelände des Canyon Nature Parks auf der Westseite vom Fish River Canyon. DZ 40 €, Selbstversorgung, Wanderungen, Ausflüge zum Canyon, englisch.

Florida Route 3 — B&B, P.O. Box 8/Grünau, Tel./Fax 063-262069, floridaa@iway.na. Anfahrt: Grünau – B1 nach N (27 km) – Farmpiste (1 km). Preise: DZ 15 € p.P., 6 Betten, eingerichtete Küche, englisch (Gäste hatten schlechte Erfahrungen).

Footprints Route 5 — B&B, P.O. Box 3126/Vineta, Tel. 064-403042, Fax 064-403132, www.footprints2swakop.com. Anfahrt: Turmalin Street, Swakopmund. DZ 55-60 €, englisch.

Fort Sesfontein Lodge Rte 10+10b — P.O. Box 7/Kamanjab, Tel. 065-275534, Fax 065-275533, www.fort-sesfontein.com. Anfahrt: Sesfontein. DZ ab 70 € p.P. inkl. Frühstück, keine Campingmöglichkeit (s. unter Figtree Campsite), 33 Betten, Restaurant, Pool, in einem Schutztruppenfort unter Palmen, Tankstelle, Reifendienst, deutsch.

Frans Indongo Lodge Route 7 — P.O. Box 1093/Otjiwarongo, Tel. 067-687012, Fax 687014 , www.indongolodge.com. Anfahrt: Otjiwarongo – B1 nach N (26 km) – D2433 (18 km). DZ 65 €/Person inkl. Frühstück, 10 Betten, Schwimmbad, in Besitz eines schwarzen Namibiers.

Free Air Guesthouse Route 5 — P.O. Box 4299/Walvis Bay, Tel. 064-202247, Fax 203412, www.free-air.net. Anfahrt: 56 Esplanade, Walvis Bay. DZ 60 € inkl. Frühstück, 10 Zimmer an der Uferpromenade, deutsch.

Friedrichsthal Farm Route 13 — B&B, Tel./Fax 067-240304, gaertner@iway.na. Anfahrt: Grootfontein – B8 nach Norden (38 km). DZ ab 25 € p.P. inkl. Frühstück, 4 Zimmer, Abendessen nur nach Voranmeldung, deutsch.

Fürstenhof Hotel Route 1 — P.O. Box 2330/Windhoek, Tel. 061-237380, Fax 237855, www.proteahotels.com. Anfahrt: Bülow Street, Windhoek. DZ 100 € inkl. Frühstück, 66 Betten, Parkplatz, Schwimmbad, englisch.

Gabus Game Ranch Route 7 — P.O. Box 52/Otavi, Tel. 067-234291, Fax 234290, www.natron.net/tour/gabus. Anfahrt: Otavi – D3031 (10 km). DZ 55 € p.P. inkl. Halbpension, 10 Betten, Schwimmbad, deutsch.

Gamams Training Centre Rte 1 — Tel. 061-2982528, Fax 2982529, www.transnamib.com.na. Anfahrt: Hosa Kutako Drive, Windhoek. DZ 35 € (mit Bad), auch Enzelzimmer ohne Bad (15 €), im Trainingszentrum der Eisenbahngesellschaft, englisch.

Ganab Zeltplatz Route 6 — Buchung über das Ministry of Environment & Tourism in Swakopmund (Alte Ritterburg, Sam Nujoma Drive Ecke Bismarck St, Tel. 064-402172, Fax 402796, Mo–Sa zu Geschäftszeiten, So 8–13 Uhr) oder in Walvis Bay (Heinrich Baumann St, Tel. 064-205971). Anfahrt: Namib-Naukluft-Park, Namib-Teil, Stellplatz 10 € (8 Personen) und 4 € p.P., Fahrzeug 2 €, kein Wasser und kein Feuerholz verfügbar, gekennzeichnete Wege dürfen nicht verlassen werden.

Garas Qivertree Zeltplatz Route 2 — P.O. Box 106/Keetmanshoop, Tel. 063-223217, Fax 223876. Anfahrt: Keetmannshoop – B1 nach N (22 km) – Stichstraße (4 km). Preise: Zelten p.P. 6 €, Eintritt 2 €, Zeltplatz mitten in einem Köcherbaumwald gelegen, keine Reservierung notwendig, bei Vorbestellung wird gekocht.

Garies Restcamp Route 1 — Tel. 062-539393, Fax 539222, www.garies.iway.na. Anfahrt: Gochas. Von Nacobta unterstütztes Projekt, das von Bastern geführt wird. 5 Rundhütten für je zwei Personen (15 €/Person inkl. Frühstück, zentrale Sanitäreinrichtung), 6 Bungalows (25 € p.P. inkl. Frühstück), mit eigenem Bad (kaltes und warmes Wasser), Restaurant, Bar, Schwimmbad. Zahlreiche Aktivitäten, darunter Besuch von Felsmalereien. Camping 5 €/Person, englisch.

Gecko Camp Route 1	P.O. Box 31277/Windhoek, Tel./Fax 062-572017, www.camp-gecko.com. Anfahrt: Solitaire – C14 nach N (9 km) – D1275 nach O (11 km). Luxuszelt 50 € p.P. inkl. Halbpension, Stellplatz 6 € p.P., Reiten, Schwimmbad, 4 Luxuszelte mit eigenem Bad, deutsch.
Gecko Guesthouse Route 1	P.O. Box 6731/Windhoek, Tel. 061-253870, Fax 253899, www.guesthousegecko.com. Anfahrt: 18 Stein St, Windhoek. DZ ab 45 € inkl. Frühstück, 10 Zimmer mit Bad, Klimaanlage, Schwimmbad, englisch.
Gelbingen Safaris Route 10	P.O. Box 51/Kamanjab, Tel. 067-330277, Fax 330102, www.gelbingen-safaris.com. Anfahrt: Kamanjab – C35 (8 km) – D2763 (21 km) – Farmstraße (3 km). DZ ab 80 € p.P. inkl. Vollpension und Besuch des Himba Dorfes „Living Museum", Schwimmbad, deutsch.
Geluks-poort Gästefarm Route 9	P.O. Box 158/Outjo, Tel./fax 067-312025, www.natron.net/gelukspoort-jagd. Anfahrt: Outjo – C39 nach W (53 km) – P2723 (10 km), teils rauhe Piste. DZ 60 € p.P. inkl. Halbpension, 12 Betten, Schwimmbad,hauptsächlich Jagdfarm, deutsch.
Gessert's Pension Rte 2+2a+3	B&B, P.O. Box 690/Keetmanshoop, Tel./Fax 063-223892, www.natron.net/gessert. Anfahrt: 138 13th Street, Keetmanshoop. DZ ab 55 € inkl. Frühstück, 10 Betten, Schwimmbad, englisch.
Ghaub Gästefarm Route 13	P.O. Box 579/Tsumeb, Tel./Fax 067-240188, www.ghaub.com. Anfahrt: Otavi – B8 (42 km) – D2863 (34 km) – D3022 nach W (3 km). DZ 90 € inkl. Frühstück, Schwimmbad, als Missionsstation 1895 gegründet, Wanderungen, Höhlenbesuch, Betten, englisch. (In der Regenzeit ist die D2863 sehr schlecht, dann besser von der anderen Seite anfahren).
Gobabis Guesthouse Route 14	B&B, P.O. Box 123/Gobabis, Tel. 062-563189, Fax 564125, gghnam@iafrica.com.na. Anfahrt: 8 Lazarette Street, Gobabis. DZ 45 € inkl. Frühstück, Pool, englisch.
Goba Goba Lodge Route 14	P.O. Box 599/Gobabis, Tel. 062-564499, Fax 564466, goba@mweb.com.na, www.gobalodge.com. Anfahrt: Nossob Rivier, Gobabis. DZ 35 € inkl. Frühstück, 14 Betten, Zeltmöglichkeit (ab 8 € p.P.), Tennisplatz, Schwimmbad, englisch.
Gocheganas Route 1	P.O. Box 40770/Windhoek, Tel. 061-224909, Fax 224924, info@gocheganas, www.gocheganas.com. Anfahrt: Windhoek – B1 nach S (20 km) – D1463 (9 km). DZ ab 200 € p.P. inkl. Vollpension und Wellnessprogramm, 17 Chalets in einem Naturreservat, Wellnesseinrichtungen, Hallenbad, englisch.
Grande View Lodge Route 3	P.O. Box 1840/Keetmanshoop, Tel. 063-693007, Fax 693006, www.canyonnaturepark.com. Anfahrt: Keetmanshoop – B4 nach W (32 km) – D2545 (33 km) – C12 (32 km) – Farmpiste (20 km). Auf dem Gelände des Canyon Nature Park auf der Westseite des Fish River Canyon. Luxuslodge mit spektakulärem Blick in den Canyon, DZ 140 € p.P. inkl. Vollpension und Aktivitäten, Wanderungen, Ausflüge zum Canyon, exklusiver Zeltplatz, Camping 20 €/Person, englisch.
Gras Game Lodge Route 1	P.O. Box 54/Kalkrand, Tel. 063-264141, Fax 086-617755, grasgame@iway.na. Anfahrt: Kalkrand – C21 nach SW (37 km) – Farmstraße (17 km). DZ 50 € p.P. inkl. Halbpension, Wanderungen, Game Drives, Haupthaus von 1906, schöne Landschaft am Fischfluss, englisch.
Grashoek Trad. Village Route 13b	Keine Vorausbuchung möglich, von Ju/Hoansi San geführtes, ausgezeichnetes Camp mit zahlreichen Aktivitäten: Tageswanderung 25 €/Person, 2-Tageswanderung mit Essen 60 €/Person, 6-stündiger Workshop für Kunsthandwerk 40 €/Person, Camping 3 €/Person, englisch.
Green House Route 13	P.O. Box 67/Rundu, Tel. 066-256356. DZ 30 € inkl. Frühstück, 26 Betten, öffentliche Bar, kein sicheres Parken, englisch.

Grootberg Lodge Route 9	P.O. Box 97448/Windhoek, Tel. 061-246788, Fax 061-243079, www.grootberg.com. DZ 80 € p.P. inkl. Halbpension. Aus Naturstein, Holz und Reet gebaute Lodge, gehört zu einem Community-Programm mit Kunsthandwerkladen, von Nacobta gefördert, 12 Zimmer, Schwimmbad, englisch.
Grootfontein Rastlager Route 13	P.O. Box 23/Grootfontein, Tel. 067-243101, Fax 242930. Anfahrt: Woodlands Drive, Grootfontein. Bungalow 20 € (4 Personen), Stellplatz 5 € (4 Personen), Eintritt 2 € p.P. und Fahrzeug, 16 Betten, 10 Stellplätze, englisch.
Groot Tinkas Zeltplatz Route 6	Buchung übers Ministry of Environment & Tourism in Swakopmund (Alte Ritterburg, Sam Nujoma Drive, Ecke Bismarck St, Tel. 064-402172, Fax 402796, Mo–Sa zu den Geschäftszeiten, So 8–13 Uhr) oder in Walvis Bay (Heinrich Baumann St, Tel. 064-205971). Anfahrt: Namib-Naukluft-Park, Namib-Teil, Stellplatz 10 € (8 Personen) und 4 € p.P., Fahrzeug 2 €, kein Wasser und kein Feuerholz verfügbar, gekennzeichnete Wege dürfen nicht verlassen werden.
Gross Barmen Rastlager Route 7	Buchung über Namibia Wildlife Resorts Ltd. in Windhoek. Anfahrt: Okahandja – Straße 87 (25 km). Bungalow mit Frühstück 50–60 € (2 Betten), Camping 10 €/Stellplatz, 2,50 €/Person, Thermalbad mit Außen- und Innenpool, Versorgungsmöglichkeit, englisch, bei Reservierung jederzeit Einlass.
Grünau Country Rte 3+3a	P.O. Box 2/Grünau, Tel. 063-262001, Fax 262009, www.grunauch.iway.na. Anfahrt: National Road, Grünau. DZ 20 € p.P., 20 Betten, Restaurant, englisch.
Grünau Motors Route 3+3a	P.O. Box 3/Grünau, Tel. 063-262026, Fax 262017, www.grunaunamibia.com/motors. Anfahrt: National Road, Grünau. DZ ab 18 €, Stellplatz 8 € (für 2 Personen), englisch.
Guglhupf Café Rte 1+2+2a	P.O. Box 671/Mariental, Tel. 063-240718, Fax 242525. Anfahrt: Park Street, Mariental. DZ 45 € inkl. Frühstück, 20 € Betten, Restaurant, Biergarten, deutsch.
Gunsbewys Rastlager Route 4a	P.O. Box 30566/Windhoek, Tel. 063-683053, www.kidogo-safaris.com. Anfahrt: Aus – B4 nach O (4 km) – C13 nach N (51 km) – D707 (29 km). DZ 40 € (nur Selbstverpflegung), Stellplatz 7 €/Person, 4x4-Fahrten, Tierbeobachtung, deutsch.
Gut Richthofen Route 8c	B&B, P.O. Box 796/Swakopmund, Tel. 064-404309, Fax 405553, www.natron.net/gut-richthofen. Anfahrt: Swakopmund – B2 (12 km) – D1901 (8 km). DZ 35 €, 10 Betten in Gästeapartments, deutsch.
H&H Accommodation Rte 12	B&B, P.O. Box 489/Henties Bay, Tel./Fax 064-500908, h+htrenckner@africaonline.com.na. Anfahrt: 1616 Spitzkoppe Street, Hentjes Bay. DZ 25 € inkl. Frühstück, deutsch.
Haasenhof Gästefarm Route 7	P.O. Box 72/Okahandja, Tel. 062-503827, Fax 503465, www.haasenhof.com. Anfahrt: Okahandja – D2110 (62 km) – Farmstraße (6 km). DZ 50 € p.P. inkl. Vollpension, 13 Betten, Schwimmbad, deutsch.
Hadassa Gh. Route 7	P.O. Box 1348/Otjiwarongo, Tel. 067-307505, Fax 067-307506, hadassa.otji@gmail.com. Anfahrt: 36 Lang Street, Otjiwarongo. DZ 40 € mit Frühstück, 9 Zimmer, Pool, Mahlzeiten auf Nachfrage, englisch.
Hakos Gästefarm Route 1	P.O. Box 5056/Windhoek, Tel./Fax 061-572111, www.hakos-astrofarm.com. Anfahrt: Windhoek – B1 nach S (7 km) – C26 nach W (123 km). DZ 55 € p.P. inkl. Halbpension, 33 Betten, Camping 8 €/Person, zwei Sternwarten, Säulen zur Montage, Sitz der „Internationalen Amateur Sternwarte“ (IAS), Pool, deutsch.
Hakusembe Lodge Route 13	P.O. Box 1327/Rundu, Tel. 066-257010, Fax 257011. Anfahrt: Rundu – B8 nach S (4 km) – C45 nach W (10 km) – Straße zum Okavango nach N (5 km). DZ 80 € p.P. inkl. Halbpension, 8 luxuriöse Chalets am Wasser, Pool, englisch.

Halali Rastlager Route 7	Buchung über Namibia Wildlife Resorts Ltd. in Windhoek. Anfahrt: Etosha-Nationalpark. DZ 80 € p.P. mit Frühstück, Luxus-Chalets bis 140 € p.P. mit Halbpension, Camping 15 €/Stellplatz (8 Personen) und 10 €/Person, Eintritt in den Etosha-Nationalpark 10 € p.P., 1,50 €/Fahrzeug, Schwimmbad, Restaurant mit festen Öffnungszeiten (7–9, 12–14 u. 18–22 Uhr), Kiosk mit Light Meals (9–12 u. 14–18 Uhr), Laden und Tankstelle (8–13 u. 14–16.30 Uhr), englisch. Das Lager muss vor Sonnenuntergang erreicht sein und darf vor Sonnenaufgang nicht verlassen werden.
Hamakari Gästefarm Route 7a	Private Bag 2101/Otjiwarongo, Tel. 067-306633, Fax 067-302396 , www.hamakari.com. Anfahrt: Otjiwarongo – B1 nach Süden (26 km) – C22 nach Osten (61 km). DZ 90 € p.P. mit Halbpension, 6 Doppelzimmer, Schwimmbad, Pirschfahrten auf der voll funktionierenden Rinderfarm der Familie Diekmann, Spaziergänge, Besuche von Okakarara, traditionsreicher Ort, in der Umgebung fand die Schlacht am Waterberg statt, man kann die Stelle besuchen, wo die Herero sich für die Flucht in die Omaheke-Wüste entschieden. Camping 8 €/Person, deutsch.
Hammerstein Lodge & Camp Route 1	P.O. Box 250/Maltahöhe, Tel. 063-693111, Fax 693112, www.hammerstein.com.na. Anfahrt: Maltahöhe – C14 nach S (20 km) – C19 (81 km) – Stichstraße (5 km). DZ 45 € p.P. inkl. Früstück, Zeltplatz 8 € p.P., 48 Betten, Schwimmbad, englisch.
Handke Hotel-Pension Route 1	P.O. Box 20881/Windhoek, Tel. 061-234904, Fax 225660, www,natron.net/Handke. Anfahrt: 3 Rossini Street, Windhoek. Preise: DZ 60 € inkl. Frühstück, 20 Betten, Parkplatz, deutsch.
Hansa House Rte 4	Selbstversorgung, Tel. 063-203581. Anfahrt: Mabel Street, Lüderitz. Buchungen auch über Fax 061-244558, DZ 30 €, Ferienwohnung, deutsch.
Hansa Hotel Route 5	P.O. Box 44/Swakopmund, Tel. 064-400311, Fax 064-402732, www.hansahotel.com.na. Anfahrt: 3 Hendrik Witbooi St, Swakopmund. DZ ab 80 € p.P. inkl. Frühstück, 120 Betten, traditionsreichstes und bestes Hotel am Platz, ausgezeichnetes Restaurant, Parkplätze, deutsch.
Hardap Dam Rastlager Route 1	Buchung über Namibia Wildlife Resorts Ltd. in Windhoek. Anfahrt: Mariental – B1 (14 km) – Stichstraße (9 km). Bush Chalet (2 Betten) 25 €, Zeltplatz (4 Personen) 15 €, Eintritt 4 € p.P., Fahrzeug 1,50 €, Restaurant, Tankstelle, Schwimmbad, englisch. Öffnungszeiten Sonnenaufgang bis 18 Uhr, bei reservierter Unterkunft unbegrenzt.
Harnas Gästefarm Route 14	P.O. Box 548/Gobabis, Tel./Fax 061-235511, www.harnas.de. Anfahrt: Gobabis – C22 (40 km) – Drimiopsis – D1668 (45 km). DZ je nach Standard 25–70 € p.P. inkl. Frühstück, Camping 15 € p.P., 20 Betten, Schwimmbad, Leoparden- und Geparden-Gehege. Sitz der Harnas Wildlife Foundation, die Tierwaisen aufnimmt, Stellplätze, deutsch.
Haruchas Gästefarm Route 1	P.O. Box 80127/Olympia-Windhoek, Tel. 063-293399, Fax 061-251682, www.natron.net/tour/haruchas. Anfahrt: Maltahöhe – C14 nach N (97 km) – D855 (19 km). DZ 50 € p.P. Halbpension, 12 Betten, Schwimmbad, deutsch.
Hauchab Fontein Camp Route 1	Buchungen über Elena Travel Service, Fax 061-244558, www.hauchabfontein.com. Anfahrt: BüllsPort – D854 nach Süden (52 km). Camping 10 €/Person, schöne Lage, riesiger Köcherbaumwald, Wanderwege, Bademöglichkeit in Quellen, Ausflüge, gute Infrastruktur, deutsch.
Haus Bavaria Route 13	P.O. Box 353/Rundu, Tel./Fax 066-255377, rundufarrels@hotmail.com. DZ 30 € inkl. Frühstück, 10 Zimmer, Schwimmbad in exotischem Garten, sehr zentral, aber doch ruhig, englisch.

Haus Bodensee Route 1	B&B, P.O. Box 11545/Windhoek, Tel./Fax 061-239158, www.namibia-gaestehaus-kaupp.de. Anfahrt: 40 Uhland Street, Windhoek. DZ 28 € p.P. inkl. Frühstück, deutsch.
Haus Estnic Route 12	B&B, P.O. Box 281/Henties Bay, Tel. 064-500992, Fax 501143, www.hentiesbaytourism.com/accomestnic. Anfahrt: 1417 Omatako Street, Henties Bay. DZ 40 € inkl. Frühstück, englisch.
Haus Garnison Pension Route 5	P.O. Box 128/Swakopmund, Tel./Fax 064-403340, www.natron.net/garnison. Anfahrt: 4 Garnison Street, Swakopmund. DZ 55 € inkl. Frühstück, 16 Betten, Garage 4 € pro Tag, deutsch.
Haus OLGA Route 1	B&B, P.O. Box 20926/Windhoek, Tel. 061-235853, www.olga-namibia.de. Anfahrt: 91 Bach Sreett, Windhoek. DZ 40 € inkl. Frühstück, nur nach Voranmeldung, deutsch.
Haus Sandrose Route 4	P.O. Box 109/Lüderitz, Tel. 063-202630, Fax 202365, www.haussandrose.com. Anfahrt: 15 Bismarck Street, Lüderitz. DZ 45 €, nur Selbstversorgung.
Haus von Moltke Rte 5+6+8c+12	B&B, P.O. Box 461/Swakopmund, Tel./Fax 064-402976, moltke@mweb,com.na. Anfahrt: 32 Moltke Street, Swakopmund. DZ 40 €, 10 Betten in 2 Ferienwohnungen, deutsch.
Heimat Gästefarm Route 14	P.O. Box 11186/Klein Windhoek, Tel. 062-581650, www.natron.net/tour/heimat/farm. Anfahrt: Windhoek – B6 (48 km) – Straße 51 (64 km) – D1471 (19 km). DZ 50 € p.P. inkl. Vollpension, Camping 5 €/Person (Stellfläche max. 4 Personen), 4 Zimmer (12 Betten), sehr persönlich geführter Gästebetrieb, der die Besucher am Farmleben teilhaben lässt, begeisterte Leserzuschriften, Farmbassin, Rundfahrten, deutsch.
Heinitzburg Hotel Route 1	P.O. Box 458/Windhoek, Tel. 061-249597, Fax 249598, www.heinitzburg.com. Anfahrt: Heinitzburg Street, Windhoek. 30 Betten, Schwimmbad, kleines Luxushotel, dessen Preise sich für das Doppelzimmer um 200 € bewegen, gutes Restaurant, Terrasse mit Blick auf die Stadt und den Sonnenuntergang, Quartier von Politikern, Schauspielern und Adabeis aus Deutschland, deutsch.
Heja Game Lodge Route 14	P.O. Box 588/Windhoek, Tel. 061-257151, Fax 257148, www.hejalodge.com. Anfahrt: Windhoek – B6 nach O (15 km) – Farmpiste (2 km). Preise: DZ 60 € inkl. Frühstück, 10 Betten, Schwimmbad, privater Wildpark, Selbstversorger-Bungalows, Restaurant, deutsch.
Helmeringhausen Hotel Route 2	P.O. Box 21, Helmeringhausen, Tel./Fax 063-283307, www.helmeringhausen.com. DZ 80 € inkl. Frühstück, 22 geschmackvoll eingerichtete Zimmer, Pool, gutes Restaurant, angenehmer Zeltplatz etwa 15 €, Stellplatz (max. 4 Personen), englisch.
Hetaku Gästefarm Route 14	P.O. Box 1092/Gobabis, Tel./Fax 062-561441, www.hetaku.info. Anfahrt: Gobabis – B6 nach W (55 km) – D1658 (51 km). DZ 80 € p.P. Vollpension, 10 Betten, Schwimmbad, Reitpferde, hauptsächlich Jagdfarm, deutsch.
Hillmount Resort Route 7+13	P.O. Box 59/Otavi, Tel. 067-234509. Anfahrt: Otavi. Bungalow 25 € (2 Personen), Stellplatz 8 €, 24 Betten, 10 Stellplätze, einfach, englisch.
The Hilltop House Route 1	P.O. Box 4327/Windhoek, Tel. 061-249116, Fax 247818 , www.thehilltophouse.com. Anfahrt: 12 Lessing Street, Windhoek. DZ 100 € inkl. Frühstück, Schwimmbad, englisch.
Hippo Lodge Route 13	P.O. Box 1120/Ngweze-Katima Mulilo, Tel./Fax 066-253684. Anfahrt: Katima – B8 nach S (3 km) – Farmpiste (2 km). DZ 45 € inkl. Frühstück, Stellplatz 6 € p.P., 20 Betten, recht verschlafenes Management, englisch.
Hippo Pools	s. unter „Otjipahuriro Campsite“

Hoada Campsite Route 9	NACOBTA, Buchungen über Nacobta Booking and Information Center, P.O. Box 86099 Eros/Windhoek, Tel. 061-221918 oder 250558, Fax 222647, office.nacobta@iway.na, www.nacobta.com.na. Anfahrt: Kamanjab – C40 nach Westen (70 km). Camping 6 €/Person, 3 Stellplätze, Buschduschen, WC, engl.
Hobas Zeltplatz Route 3	Buchung über Namibia Wildlife Resorts Ltd. in Windhoek. Anfahrt: Keetmanshoop – B4 (45 km) – C12 (75 km) – C37 (32 km). Camping 10 €/Person, Eintritt (10 € p.P. und 1,50 €/Kfz, gilt für den ganzen Tag und für die Einfahrt bei Ai-Ais), Pool, mehrtägige Wanderung im Fish River Canyon (Mai–Sept), englisch.
Hobatere Lodge Route 10	P.O. Box 110/Kamanjab, Tel. 061-237294, Fax 061-237295, www.exclusive.com.na. Anfahrt: Kamanjab – C35 nach N (70 km) – Farmstraße (15 km). DZ 40–70 € p.P. inkl. Halbpension, 24 Betten, Camping 6 €/Person (6 Stellplätze jeweils mit WC, Spüle, Grill und Wasserhahn), Pool, englisch.
Hochland Nest Lodge Route 6	Tel./Fax 061-257006, www.hochlandnest-namibia.com. Anfahrt: Windhoek – C28 (34 km) – D1418 (13 km) – Farmstraße (4 km). Preise: DZ 50 € p.P. inlusive Frühstück, 4 Chalets, englisch.
Hochland Gästefarm Route 6	P.O. Box 22221/Windhoek, Tel./Fax 061-232628, www.natron.net/tour/hochland. Anfahrt: Windhoek – C28 (30 km) – D1958 (13 km) – Farmstraße (2 km). Preise: DZ 100 € p.P. inklusive Vollpension, 10 Betten, Schwimmbad, deutsch.
Hohenstein Lodge Route 8+8c	P.O. Box 251/Usakos, Tel. 061-234342, Fax 233872, www.hohenstein-lodge.de. Anfahrt: Usakos – D1935 (28 km) – Farmstraße (1 km). DZ 60 € p.P. inkl. Frühstück, direkt zu Füßen des Erongo 10 Zimmer in Chalet-Komplexen, Schwimmbad, deutsch.
Hohewarte Gästefarm Route 14	P.O. Box 90899/Windhoek, Tel./Fax 062-540420, www.hohewarte.com. Anfahrt: B6 nach O (28 km) – C23 nach S (15 km). DZ 50 € p.P. inkl. Frühstück, 10 Betten, Schwimmbad, deutsch.
Holiday Apartments Route 1	P.O. Box 4998/Windhoek, Tel./Fax 061-224852, www.natron.net/baumgartner. Anfahrt: 21 Hahnemann Street, Windhoek. Apartments für 2 Personen 30 €, auch Auto zu vermieten und Rabatte bei längeren Aufenthalten.
Holstein Gästefarm Route 9	P.O. Box 422/Outjo, Tel. 067-312103, Fax 312181, www.holstein-namibia.com. Anfahrt: Outjo – C38 (10 km) – C40 (80 km) – Farmstraße (20 km). DZ 45 € p.P. inkl. Frühstück, 8 Betten, Pool, auch Jagdfarmdeutsch.
Homeb Zeltplatz Route 5	Buchung über das Ministry of Environment & Tourism in Swakopmund (Alte Ritterburg, Sam Nujoma Drive Ecke Bismarck St, Tel. 064-402172, Fax 402796, Mo-Sa zu den Geschäftszeiten, So 8-13 Uhr) oder in Walvis Bay (Heinrich Baumann St, Tel. 064-205971). Anfahrt: Namib-Naukluft- Park, Namib-Teil, Stellplatz 13 € (8 Personen) und 5 € p.P., Fahrzeug 3 €, kein Wasser und kein Feuerholz verfügbar, die gekennzeichneten Wege dürfen nicht verlassen werden.
Home Sweet Home Rte 2+2a+3	B&B, P.O. Box 1164/Keetmanshoop, Tel. 081-1275397. Anfahrt: 19 Luchtenstein Street, Keetmanshoop. Apartments für Selbstversorger, ab 30 € p.P. inkl. Frühstück.
Hoon's Route 3a	Selbstversorgung, P.O. Box 428/Karasburg, Tel. 063-270200. Anfahrt: 8 19th Avenue, Karasburg. Apartments ab 35 €.
Hot Spring Camp Route 10a	Keine Vorausbuchung möglich, Anfahrt: Epupa. Einfacher Community-Zeltplatz am Kunene, Camping 6 €/Person, bei niedrigem Wasserstand kann man im Fluss bei einer heißen Quelle baden, englisch.
Horizon's Hotel Rte 14	P.O. Box 942/Gobabis, Tel. 062-564878, Fax 062-564879. DZ 25 € p.P. inkl. Frühstück, 30 Betten, englisch.

Huab Lodge Route 8+9 — P.O. Box 21783/Windhoek, Tel. 061-224712, Fax 224217, www.huab-lodge-namibia.com. Anfahrt: Khorixas – C39 (8 km) – C35 nach N (46 km) – D2670 (35 km). 200 € p.P. alles inkl. (Mahlzeiten, Getränke, Touren etc.), 16 Betten, Thermalquelle, Schwimmbad, deutsch.

Hunter's Inn Route 2a — Tel. 063-280581. Anfahrt: Aroab. DZ 40 € inkl. Frühstück. Einfache Unterkunft beim Cross Border Charge Office, englisch.

Ichingo Chobe River Lodge Route 14 — P.O. Box 69630/Bryanston–Südafrika, Tel. Botswana ++267-71302439, Fax SA ++27-86-6185220, www.ichobezi.co.za. Anfahrt: Kasane (Botswana), dort wird man beim Kasane Immigration Office mit dem Boot abgeholt und nach Impalila Island gebracht. DZ 200 € p.P. alles inklusive, Luxusunterkunft, engl.

Ichobezi Hausboot Route 14 — P.O. Box 69630/Bryanston–Südafrika, Tel. Botswana ++267-71302439, Fax Südafrika ++27-86-6185220, www.ichobezi.co.za. Anfahrt: Kasane (Botswana), dort wird man beim Kasane Immigration Office mit dem Boot abgeholt und nach Impalila Island zum Liegeplatz gebracht. Vier Doppelkabinen mit Bad, DZ 200 € p.P. alles inklusive, Luxusunterkunft, englisch.

iGowati Lodge Route 8+9 — P.O. Box 104/Khorixas, Tel. 067-331593, Fax 067-331594, www.igowatilodge.com. Anfahrt: Khorixas. DZ 40 € p.P. inkl. Frühstück, 17 Zimmer, Stellplatz 8 €/Person, großzügige Anlage im Ort, Schwimmbad, sicheres Parken, englisch.

Immanuel Wilderness Lodge Route 7 — P.O. Box 3305/Windhoek, Tel. 061-260901, Fax 061-260903, immanuel@mweb.com.na, www.wilderness-namibia.de. Anfahrt: Windhoek – B1 nach N (25 km) – D1474 (1,5 km). Preise: DZ 70 € inkl. Frühstück, 18 Betten, deutsch.

Immenhof Gästefarm Route 8a — P.O. Box 250/Omaruru, Tel./Fax 067-290177, www.immenhof.com.na. Anfahrt: Omaruru – C33 nach N (39 km) – D2337 (21 km). Preise: DZ ab 95 € inkl. Frühstück, 21 Betten, Schwimmbad, Reitmöglichkeit, auch Jagdfarm, eigene Flugzeuge, Touren nach Botswana und Zambia, deutsch. Landebahn: Höhe 4300 ft, Länge 1500 m, S21°06'87" E15°53'63", Rwy 06/24.

Impalila Island Lodge Route 14 — P.O. Box 70378/Bryanston 2021, Südafrika, Tel. +27-11-7067207, Fax +27-11-4638251, www.islandsinafrica.com. Anfahrt: Kasane (Botswana), dort wird man mit dem Boot abgeholt und zur Insel am Zusammenfluss von Chobe und Zambezi gebracht. DZ 250-475 € p.P. alles inklusive, Luxusunterkunft, 8 Chalets mit je 2 Betten, englisch.

Indongo Guesthouse Route 5 — Tel. 064-414750, Fax 414769, www.proteahotels.com. Anfahrt: 12 Moses Garoeb Street, Swakopmund. 6 Zimmer in einem Gästehaus, DZ ab 50 €, englisch.

Intermezzo Guesthouse Route 5+6+8c+12 — P.O. Box 2782/Swakopmund, Tel. 064-464114, Fax 407099, www.swakop.com/intermezzo. Anfahrt: 9 Dolphin Street, Swakopmund. DZ 70 €, 13 Betten, deutsch (Rainer & Christa Bertram).

Intu Afrika Game Reserve Route 1 — P.O. Box 40047/Windhoek, Tel. 063-683218, Fax 683219, www.leadinglodges.com. Anfahrt: Kalkrand – C21 (42 km) – D1268 (20 km) – Farmstraße (5 km). DZ ab 110 € p.P. inkl. Frühstück, geführte Wanderungen, Game Drives, Hauptcamp (Zebra Lodge), Nebencamps (Suricate Tented Camp, Camelthorne, Dune Lodge), Schwimmbad, luxuriöse Lodges in schöner Kalahari Landschaft, Löwenfütterung, englisch.

Irmi's Route 8+8a+8b — B&B, P.O. Box 164/Karibib, Tel. 064-550081, Fax 550240. Anfahrt: Main Street, Karibib. DZ 45 € inkl. Frühstück, im ehemaligen Hotel Stroblhof, bei Voranmeldung wird auch gekocht, deutsch.

Isabis Camp Route 1 — P.O. Box 40350/Windhoek, Tel./Fax 061-248682, Tel. 081-1245588, www.isabis4x4.com. Anfahrt: Windhoek – B1 nach S (7 km) – C26 (98 km) –

	D1265 (15 km). Am Gaub River wurde auf den Farmen Hornkranz und Isabis ein 4x4 Trail angelegt mit diversen Campingplätzen, per Fahrzeug einmalig 10 €, p.P. und Tag 4 €, Zelt, Essen und Ausrüstung muss mitgebracht werden, Toiletten und Duschen sind vorhanden, nur nach Voranmeldung, dt./englisch.
Island Cottage Rte 4	Selbstversorgung, Tel. 063-203626. Anfahrt: Shark Island, Lüderitz. DZ 40 €, Ferienwohnung, englisch.
Jakkalsputz Zeltplatz Route 12	Buchung über Tungeni Serenity Experience in Windhoek, Tel. 061-400205, www.tungeniserenity.com. Anfahrt: Swakopmund – C34 (59 km). Camping 10 €/Stellplatz plus 3 €/Person, alle Ausrüstung ist mitzubringen.
Jan Jonker Windhoek Route 1	Selbstversorgung, P.O. Box 21511/Windhoek, Tel. 061-221236, Fax 238794, www.jan-jonkercom. Anfahrt: 183 Jan Jonker Road, Windhoek. Ferienwohnungen ab 55 € für 2 Personen, deutsch.
Jan Jonker Swakopmund Rte 1	Selbstversorgung, P.O. Box 21511/Windhoek, Tel. 061-221236, Fax 238794, www.jan-jonkercom. Anfahrt: Turmalin Road, Swakopmund. Ferienwohnungen, 80–100 € (für max. 4 Personen), deutsch.
Jeanies Route 3a	B&B, P.O. Box 411/Karasburg, Tel. 063-270349. Anfahrt: 88 Kalkfontein Street, Karasburg. DZ ab 20 € p.P. inkl. Frühstück, englisch.
Jordani Route 1	B&B, P.O. Box 80448/Windhoek, Tel. 061-220141, Fax 238007, www.jordanistay.com. Anfahrt: 55 Reginald Walker Street, Windhoek. DZ 55 € inkl. Frühstück, 5 Zimmer.
Kai-Oms Backpacker R 7+8a+9	Tel. 067-313597, www.kai-oms.com. Anfahrt: 2 Neester Street, Outjo. 22 Betten, Doppelzimmer und Schlafsaal, Camping. DZ 40 € mit Frühstück, Camping 5 €/Person, Küchenbenutzung, Internet und Pool, englisch.
Kaisosi River Lodge Route 13	P.O. Box 599/Rundu, Tel. 066-686012, Fax 686014, www.kaisosiriverlodge.com. Anfahrt: Rundu – D3402 (6 km) – Stichstraße (2 km). DZ 90 € inkl. Frühstück, 25 Betten, Stellplätze, englisch.
Kalahari Anib Lodge	s. unter „Anib Kalahari Lodge“
Kalahari Bush Breaks Route 14	Buchungen über: Logufa, P.O. Box 8061/Swakopmund, Tel. 064-464144, Fax 464155, www.natron.net/tour/logufa., www.kalaharibushbreaks.com. Anfahrt: Buitepos – B6 nach W (26 km). Gästehaus, Safarizelte und Stellplätze, DZ 60 € p.P. inkl. Halbpension, Stellplatz ab 5 €/Person. Auf den Game Drives sieht man große Antilopenherden, die Felszeichungen auf der Farm gelten als sehr alt und werden Vorfahren der San zugeschrieben; englisch.
Kalahari Game Lodge Route 2a	P.O. Box 22/Koës, Tel. 063-693105, Fax 063-693106, kgl@africaonline.com.na. Anfahrt: Gochas – C15 (170 km). DZ 90 inkl. Frühstück, Stellplatz 8 € p.P., 8 Chalets, 10 Stellplätze, Schwimmbad, Löwen und Geparden in einem Gehege, englisch. Landebahn: 25°38’S, 19°52’E
Kalahari Sands Hotel Route 1	P.O. Box 2254/Windhoek, Tel. 061-2800000, Fax 222260, www.suninternational.de. Anfahrt: Independence Avenue, Windhoek. DZ 140 € inkl. Frühstück, 400 Betten, Schwimmbad auf dem Dach, Parkplatz. Luxushotel mit Kasino, englisch, die 1. Wahl für luxuriöses Wohnen im Zentrum, sehr gutes Restaurant, bestes Frühstücks- und Abendbuffet der Stadt, englisch.
Kaliombo Safari Lodge Route 8	P.O. Box 442/Swakopmund, Tel. 062-503975, Fax 064-404923, www.sunrisetours.com.na. Anfahrt: Wilhelmstal – B2 nach W (5 km) – Farmstraße (4 km). Luxuszelte 50 € p.P. inkl. Vollpension, permanentes Luxuszeltcamp mit 8 Betten und en-suite-Bädern, Campingsafaris, deutsch.
Kalizo Lodge Route 13	P.O. Box 1854/Katima Mulilo, Tel. 066-686802, Fax 686804, www.kalizolodge.com. Anfahrt: Katima Mulilo – B8 nach SO (15 km) – Piste nach NO Richtung Kalimbeza (25 km) – Piste nach links (5 km). DZ 110 € inkl.

	Halbpension, Stellplatz 6 € p.P., 20 Betten, Stellplätze, Luxuslodge am Ufer des Zambezi, englisch.
Kalkfontein Gästefarm Rte 13+13b	P.O. Box 686/Gootfontein, Tel. 067-243731, Fax 061-243516. Anfahrt: Grootfontein B8 nach N (13 km). DZ 40 € p.P. inkl. Frühstück, 20 Betten, deutsch.
Kalkfontein Hotel Route 3a+3b	P.O. Box 205/Karasburg, Tel. 063-270172, Fax 270457, kalkfont@iway.na. Anfahrt: Karasburg. DZ 40 € inkl. Frühstück, Stellplatz 6 €, 50 Betten, englisch.
Kamab Gästefarm Route 14	P.O. Box 9818/Windhoek, Tel. 062-503732, kamab@africaonline.com.na, Fax 062-504024, Anfahrt: Windhoek – B6 (75 km) – Seeis – D1502 (13 km) – MR53 (50 km) – Farmstraße. DZ 60 € p.P. Vollpension, 10 Betten, Pool, deutsch.
Kamaku Guest House R 7	P.O. Box 1590/Otjiwarongo, Tel. 067-307408, www.kamaku-guesthouse.com. Anfahrt: 11 Anderson Street, Otjiwarongo. DZ 65 € mit Frühstück, 5 nett eingerichtete Doppelzimmer am südlichen Ortsrand, Pool, deutsch.
Kamanjab Rastlager Route 9+10	P.O. Box 167/Kamanjab, Tel. 067-330290, Fax 330291, www.kamanjabrestcamp.com. Anfahrt: Kamanjab – C40 (2 km). DZ 50 € inkl. Frühstück, 3 Bungalows, Camping 6 €/Person, hübsch an Rivier gelegen, heiße Duschen, Strom, Stachelschweinfütterung, deutsch.
Kambaku Lodge Route 7	P.O. Box 247, Otjiwarongo, Tel. 067-306292, www.kambaku.com, Fax 067-306293. Anfahrt: Otavi – B1 nach S (45 km) – D2808 (17 km) – Farmstraße (1 km). DZ 160 € inkl. Halbpension, intensive Jäger-Atmosphäre, deutsch.
Kamelruhe Guesthouse Route 2a	P.O. Box 50/Gochas, Tel. 063-250224, Fax 063-250225, www.kamelruheguesthouse.com. Anfahrt: Gochas. DZ ab 25 € p.P. inkl. Frühstück, 5 Zimmer, Gästehaus mit Dinner-Möglichkeit, englisch.
Kamrav Route 13	P.O. Box 237/Grootfontein, Tel. 067-231564, Fax 243449, kamrav@iway.na. Anfahrt: Kombat – B8 nach O (15 km) – D2804 (16 km) – D2512 (15 km). DZ 50 € p.P., 4 Zimmer, Stellplatz 8 € p.P., deutsch.
Kanamub Mountain Camp Route 10b	NACOBTA, Buchungen über Nacobta Booking and Information Center, P.O. Box 86099 Eros/Windhoek, Tel. 061-221918 oder 250558, Fax 222647, www.nacobta.com.na. Anfahrt: Sesfontein – D3707 (25 km) – Farmstraße (2 km). Kommunaler Zeltplatz mit allen notwendige Einrichtungen, Küche, Buschdusche mit warmen Wasser etc., 75 €/Stellplatz (bis 12 Pers.), englisch.
Kansimba Gästefarm Route 8	P.O. Box 23556/Windhoek, Tel. 062-503966, Fax 503967, www.kansimba.com. Anfahrt: Wilhelmstal – B2 nach W (9 km) – Farmstraße (13 km). DZ 50 € p.P. inkl. Frühstück, 20 Betten, Schwimmbad, auch Jagdfarm, Fotosafaris, englisch. Landebahn: 22°02'S, 16°10'E
Kapps Hotel Route 4	P.O Box 100, Bay Road, Lüderitz, Tel. 063-202345, Fax 202355, www.kappshotel.com. DZ 50 € inkl. Frühstück, einfaches, aber nett gemachtes Hotel, 40 Betten, englisch.
Karivo Lodge Route 14	P.O. Box 11420/Windhoek, Tel./Fax 061-257458, www.karivo-namibia.com. Anfahrt: Windhoek B6 (53 km) – D1502 (16 km) – Straße 53 nach NO (16 km). DZ 55 € p.P. inkl. Vollpension, 15 Zimmer, Schwimmbad, deutsch.
Kashima Route 1	B&B, Tel. 061-257254, Fax 257928, www.kashima-namibia.com. Anfahrt: Windhoek, Copin Street 1. DZ ab 22 € p.P. inkl. Frühstück, Pool, Braaimöglichkeit im Garten, sicheres Parken, gute Tipps nicht nur für Windhoek, deutsch.
Kaudom Rastlager Route 13b	Buchung (Eintritt) über Namibia Wildlife Resorts Ltd. in Windhoek, teils auch vor Ort. Anfahrt: Tsumkwe – Kaudom-Tierreservat. Seit 2005 aufgelassenes Camp, in dem man kostenfrei übernachten darf (Eintritt in den Game Park 5 €/ Person und 1,50 €/Fahrzeug), mindestens zwei geländegängige Fahrzeuge (o. Anhänger!) sind notwendig, Proviant und Wasser für mindestens 3 Tage, engl.

Kavango River Lodge Route 13	P.O. Box 634/Rundu, Tel. 066-255244, Fax 255013, kavlodge@tsu.namib.com. DZ 60 € inkl. Frühstück, renovierte Lodge, herrlicher Blick über den Fluss, ausgezeichnetes Restaurant mit beliebter Terrasse, englisch.
Kavita Lion Lodge Route 10	P.O. Box 118/Kamanjab, Tel. 067-330224, Fax 330269, www.kavitalion.com. Anfahrt: Kamanjab – C35 nach N (36 km) – P2684 (5 km). DZ 70 € p.P. inkl. Frühstück, 15 Betten, Schwimmbad, deutsch, organisierte Fahrten ins Kaokoveld, Mitglied der The Afri-Leo Foundation, die sich dem Schutz der namibischen Löwen verschrieben hat.
Keetmanshoop Zeltplatz Rte 2+2a+3	P.O. Box 2125/Keetmanshoop, Tel. 063-221265, Fax 223065. Anfahrt: Kaiser Street Ecke 8th Avenue, Keetmanshoop. 5 €/Person und 2 €/Fahrzeug, städtischer Zeltplatz im Zentrum, kann nachts laut werden, englisch.
Khagarib Rus Route 14	B&B, Tel. 062-563072, ohnapret@mweb.com.na. Anfahrt: Gobabis – B6 nach Osten (10 km) – Farmpad (1 km). DZ 60 € inkl. Frühstück, 1 Familienzimmer, englisch.
Khan Rivier Lodge Route 8	P.O. Box 278/Okahandja, Tel. 062-503883, Fax 503884, www.khanriver.com. Anfahrt: Wilhelmstal – Piste nach N/NO (4 km) – Piste nach NW (5 km) – Piste (11 km). DZ 60 €/Person inkl. Frühstück, 10 Betten, Schwimmbad, deutsch, auch Jagdfarm.
Khorab Safari Lodge Route 7	P.O. Box 186/Otavi, Tel. 067-234352, Fax 234520, www.resafrica.net/ khorablodge. Anfahrt: Otavi – B1 nach S (3 km). DZ 90 € inkl. Frühstück, 20 Betten, Schwimmbad, grüne Oase, deutsch, Landebahn: 19°38'S, 17°18'E
Khorixas Lodge Route 8+9	P.O. Box 2/Khorixas, Tel. 067-331196, Fax 331388, www.nwr.com.na. Anfahrt: Khorixas – C39 nach W (2 km). DZ 30 € p.P., Camping 5 €/Person und 10 €/Stellplatz, 80 Betten, 50 Stellplätze, Schwimmbad, etwas heruntergekommen, englisch.
Khowarib Lodge Route 10	P.O. Box 1648/Swakopmund, Tel./Fax 064-402779, www.khowarib.com. Anfahrt: Sesfontein – C43 nach Süden (20 km) – indie Khowarib -Schlucht (1 km). Camplodge mit großen Hauptgebäude, Zelte mit Bad, DZ 200 €/Person mit allen Mahlzeiten und Aktivitäten, englisch.
Khowarib Camp Route 10	NACOBTA, Buchungen über Nacobta Booking and Information Center, P.O. Box 86099 Eros/Windhoek, Tel. 061-221918 oder 250558, Fax 222647, www.nacobta.com.na. Anfahrt: Sesfontein – C43 nach Süden (20 km) – in die Khowarib-Schlucht (4 km). Kommunales Camp, Camping 5 €/Person, engl.
King's Den Lodge Route 14	P.O. Box 198/Katima Mulilo, Tel./Fax066-686057, Fax 686058, www.namibweb.com/kingsden. Anfahrt: von Kasane mit dem Boot. DZ ab 180 € alles inklusive, 10 komfortable Chalets am Ufer des Chobe oder eines der acht Zimmer auf dem Schiff *Zambezi Queen,* englisch.
Kipwe Camp Rte 9	s. unter „Mowani Camp"
Kiripotib Gästefarm Route 14	P/Bag 13036/Windhoek, Tel./Fax 062-581419, www.kirikara.com. Anfahrt: Windhoek – B6 (24 km) – C23 64 km – C15 (60 km) – D1448 (10 km). DZ 80 € p.P. inkl. Frühstück, äußerst geschmackvoll eingerichtete Chalets, Safarizelte, ausgezeichnete Küche, Essen im Familienkreis, Weberei, Goldschmiede, Kunsthandwerk, deutsch.
Klein-Aus Vista Route 4	P.O. Box 80205/Windhoek, Tel. 061-230066, Fax 251863, www.gondwana-sperrgebiet-rand-park.com. Anfahrt: Aus – B4 nach W (2 km). DZ im Desert Home Inn (50 Betten) ab 45 € p.P. inkl. Frühstück, Stellplatz 7 € p.P., Unterbringung im Eagles's Nest (8 Bungalows) am Fuße einer Granitwand mit unglaublich schöner Aussicht ab 65 € p.P. mit Frühstück, Reitausflüge, Ausflüge in den Gondwana Sperrgebiet Park, englisch.

Kleinbegin Lodge Route 3b	P.O. Box 25/Karasburg, Tel. 063-268315, Fax 269318, www.kleinbeginlodge.tripod.com. Anfahrt: Karasburg – B3 nach O (25 km). DZ ab 50 € p.P. inkl. Frühstück, Schwimmbad, deutsch.
Kleines Heim Pension Route 1	P.O. Box 22605/Windhoek, Tel. 061-248200, Fax 248203. Anfahrt: 10 Volan Street, Windhoek, www.kleinesheim.com. Anfahrt: Windhoek, Volans Street. DZ ab 45 € p.P. inkl. Frühstück, 25 Betten, um einen netten Innenhof gelegene Zimmer, das Hauptgebäude wurde 1911 vom Architekten Sander entworfen, viele südafrikanische Geschäftsleute, englisch.
Kleines Nest Walvis Bay Route 5	B&B, P.O. Box 730/Walvis Bay, Tel. 064-203203, Fax 206907. Anfahrt: 76 Esplanade, Walvis Bay, www.natron.net/tour/kleines-nest. DZ 45 €, 8 Betten, deutsch.
Kleines Nest Omaruru Route 8a	B&B, P.O. Box 730/Walvis Bay, Tel. 064-203203, Fax 206907. Anfahrt: Wilhelm Zeraoua Street, Omaruru, www.natron.net/omaruru-kleinesnest. Bungalow 35 €, Camping 5 €/Person, deutsch.
Klein Liechtenstein Route 9	P.O. Box 19/Kamanjab, Tel. 067-330270, Fax 330037, www.namibia.li. Anfahrt: Kamanjab – C40 nach W (25 km). DZ 40 € p.P. inkl. Halbpension, 10 Betten, Schwimmbad, deutsch.
Klein Windhoek Guesthouse Rte 1	P.O. Box 11681/Windhoek, Tel. 061-239401, Fax 234952, www.kleinwindhoekguesthouse.com. Anfahrt: 2 Hofmeyr Street, Windhoek. DZ 55 € inkl. Frühstück, Schwimmbad, englisch.
Klipdrift Huis Route 12	Selbstversorgung, P.O. Box 40481/Windhoek, Tel. 061-272823, Fax 230797, www.hentiesbaytourism.com/houseklipdrif. Anfahrt: Henties Bay. DZ ab 30 € p.P. inkl. Frühstück, vollausgestattete Ferienwohnungen, englisch.
Klippen Terrace Route 2	P.O.Box 207/Keetmanshoop, Tel. 063-250514, Fax 250533. Anfahrt: Keetmanshoop – B4 nach W (50 km). Stellplätze und Restaurant mit Brot, Kuchen, Keksen, Biltong, und Leberkäse, eingekochte Marmelade usw. DZ 7 € p.P. inkl. Frühstück, 3 Zimmer, Stellplatz 2 € p.P., deutsch.
Koelkrans Camping Route 3	P.O. Box 1840/Keetmanshoop, Tel. 063-693007, Fax 693006, www.canyonnaturepark.com. Anfahrt: Keetmanshoop – B4 nach W (32 km) – D2545 (33 km) – C12 (32 km) – Farmpiste (20 km). Auf dem Gelände des Canyon Nature Park auf der Westseite des Fish River Canyon. Camping 7 €/Person/Nacht zzgl. einmalig 15 €/Fahrzeug, Zeltplatz im Canyon (nur mit 4x4), Wanderungen, Ausflüge zum Canyon, englisch.
Koës Hotel Route 2a	P.O. Box 1401/Koës, Tel. 063-252716. Anfahrt: Koes. DZ 25 € p.P. inkl. Frühstück, 10 Betten, charmant-einfaches Hotel, Camping 8 €/Person (Platz gegenüber dem Hotel), englisch.
Kolb's Guesthouse Route 5	B&B, P.O. Box 708/Swakopmund, 36 Hendrik Witbooi Street, Swakopmund, Tel./Fax 064-405888, hkolb@iafrica.com.na. Ferienwohnung für 30 €, 4 Betten, deutsch.
Koiimasis Zeltplatz Route 4a	P.O. Box 14/Helmeringhausen, Tel. 063-683052, www.koiimasis.com. Anfahrt: Aus – B4 nach O (4 km) – C13 nach N (51 km) – D707 (78 km), P409 (20 km). Luxuszeltplatz, 12 € p.P. im geräumigen Zelt, Selbstverpfleger-Chalet mit 2 Betten 30 € p.P., Straußenfarmbesuch, deutsch.
Königstein Guesthouse Rte 8+12a	P.O. Box 54/Uis Myn, Tel./Fax 064-504120, konigstein@iway.na. Anfahrt: Main Road, Uis Myn. DZ 20 € p.P. inkl. Frühstück, 6 Zimmer, Restaurant, englisch.
Konkiep Lapa Rastlager Route 2	P.O. Box 133/Bethanie, Tel. 063-283151. Anfahrt: Bethanie – C14 nach N (35 km). Hütte 30 € (4 Personen), Stellplatz 6 €/person, Schwimmbad, Kiosk, viele Freizeitmöglichkeiten (4x4-Trails, Wanderungen, Nachtfahrten etc.), englisch.

Konkiep Motel Route 2+4	P.O. Box 98/Bethanie, Tel. 063-283566, Fax 063-283107. Anfahrt: Goageb. DZ 35 € inkl. Frühstück, einfache Unterkunft bei Tankstelle, englisch.
Krabbenhöft & Lampe Route 4	Selbstversorgung, P.O. Box 275/Lüderitz, Tel./Fax 063-202466, www.namibweb.com/krabbenhoft. Anfahrt: 25 Bismarck Street, Lüderitz. DZ 50 €, Ferienwohnung, englisch.
Kratzplatz Route 4	B&B, P.O. Box 885/Lüderitz, Tel./Fax 063-202458, www.kratzplatz.com. Anfahrt: 5 Nachtigall Street, Lüderitz. DZ 40 € inkl. Frühstück, Restaurant Barrel angeschlossen, englisch.
Kriess-se-rus Zeltplatz Route 5	Buchung über das Ministry of Environment & Tourism in Swakopmund (Alte Ritterburg, Sam Nujoma Drive Ecke Bismarck St, Tel. 064-402172, Fax 402796, Mo–Sa zu den Geschäftszeiten, So 8–13 Uhr) oder in Walvis Bay (Heinrich Baumann St, Tel. 064-205971). Anfahrt: Namib-Naukluft-Park, Namib-Teil, Stellplatz 10 € (8 Pers.) und 4 € p.P., Fahrzeug 2 €, kein Wasser und Feuerholz verfügbar, gekennzeichnete Wege dürfen nicht verlassen werden.
Kubata City Hotel Route 1	P.O. Box 6824/Windhoek, Tel. 061-224608, Fax 224610, www.kubata.com.na. Anfahrt: 151 Nelson Mandela Avenue. DZ ab 45 € inkl. Frühstück, um einen Innenhof mit Pool angeordnete Zimmer, neben dem Restaurant O'Portuga, 2006 eröffnet, englisch.
Kubunyana Campsite Route 13	Kommunales Camp, Tel. 066-252108, Fax 252518. Anfahrt: Kongola – C49 (7 km) – Stichstraße nur 4x4 (4 km). Stellplatz 4 € p.P., Tented Camp 8 € p.P., Küche, Führer, englisch.
Kuduberg Gästefarm Route 8a	P.O. Box 178/Omaruru, Tel. 064-570853, www.kuduberg.iway.na. Anfahrt: Omaruru – D2315 (23 km) – D2316 (14 km). DZ 60 € p.P. inkl. Halbpension, hauptsächlich Jagdfarm, 5 Betten, deutsch.
Kudubos Campsite Route 8a	Tel. 067-302501, Fax 302901, fanieb@mweb.com.na. Anfahrt: Otjiwarongo – C38 nach Norden (2 km) – C33 (10 km) – Farmpad (3 km). Camping 6 €/Person, 8 Stellpätze für je max. 11 Personen, englisch.
Kuibis Castle R 4	Tel. 063-258371, informeller Zeltplatz 50 km vor Aus, wo man im Notfall lagern kann, sonst Restaurant Mo–Sa 8–20, So 10–20 Uhr.
Kuiseb Brücke Zeltplatz Route 1+5	Buchung über das Ministry of Environment & Tourism in Swakopmund (Alte Ritterburg, Sam Nujoma Drive Ecke Bismarck St, Tel. 064-402172, Fax 402796, Mo–Sa zu den Geschäftszeiten, So 8–13 Uhr) oder in Walvis Bay (Heinrich Baumann St, Tel. 064-205971). Anfahrt: Namib-Naukluft- Park, Namib-Teil, Stellplatz 10 € (8 Pers.) und 4 € p.P., Fahrzeug 2 €, kein Wasser und Feuerholz verfügbar, gekennzeichnete Wege dürfen nicht verlassen werden.
Kukuri Centre Route 7+8	B&B, P.O. Box 376/Okahandja, Tel. 062-502483, Fax 062-504099. Anfahrt: 126 Kolbe Street, am nördl. Stadtrand von Okahandja. Zimmer ab 7 € p.P., englisch, gehört zur evang.-lutherischen Kirche.
Kulala Desert Lodge Route 2	P.O. Box 6850/Windhoek, Tel. 061-74500, Fax 239455, info@nts.com.na, www.wilderness-safaris.com. Anfahrt: Sesriem – D826/C27 (20 km) – Farmstraße (14 km). DZ 150-220 € p.P. inkl. Halbpension, 24 Betten, schöne Lage, englisch.
Kulala Wilderness Lodge Route 2	P.O. Box 6850/Windhoek, Tel. 061-74500, Fax 239455, info@nts.com.na, www.wilderness-safaris.com. Anfahrt: Sesriem – D826/C27 (20 km) – Farmstraße (14 km) – Farmstraße (4 km). DZ 150-220 € p.P. inkl. Vollpension, 10 Hütten, englisch.
Little Kulala Route 2	P.O. Box 6850/Windhoek, Tel. 061-74500, Fax 239455, info@nts.com.na, www.wilderness-safaris.com. Anfahrt: Sesriem – D826/C27 (19 km) – Farmstraße (10 km). DZ 500-700 € p.P. alles inklusive, 11 Design-Bungalows, engl.

Kunene River Lodge Route 10
P.O. Box 643/Ondangwa, Tel. 065-274300, Fax 274301, www.kuneneriverlodge.com. Anfahrt: Ruacana – D3700 nach W (60 km). Bungalow ab 50 €/Person, Chalet ab 35 €/Person, jeweils mit Frühstück, Stellplatz 7 € p.P., Restaurant. Direkt am Kunene, Wildwasserfahrten über mehrere Tage oder auch nur stundenweise (1 Tag von Ruacana zur Ondorussu-Schlucht ca. 55 € p.P.), Möglichkeit des Besuches eines Himba-Dorfes, englisch.

Kunene Village Rest Camp Route10
Kommunales Rastlager am Ort, Tel. 065-273043. Anfahrt: Opuwo 2 km Richtung Sesfontein nach W, Bungalow 10 € p.P., Camping 5 €/Person, Rastlager mit Bar, von lokalen Leuten gemacht, hier können auch Führer angeheuert werden, englisch.

Kutako Guesthouse Route 1
Windhoek, Tel. 061-259804, Fax 259180, www.kutakoguesthouse.com. Anfahrt: 143 Hosea Kutako Drive, Windhoek. DZ 35 €, einfaches Bett 8 €, englisch.

Kuzikus Game Farm Route 14
P/Bag 13112/Windhoek, Tel./Fax 061-225000, www.kuzikus.de. Anfahrt: Dordabis – C23 (55 km) – D1423 (19 km) – Farmstraße (18 km). DZ 130 € p.P. inkl. Vollpension, 10 Betten, Schwimmbad, besitzt den Status eines privaten Wildschutzgebietes und Genehmigung, Spitzmaulnashörner auf dem Farmgelände zu halten; persönliche Betreuung der Gäste, gute Küche, deutsch.

Kwando Camp Route 13
P.O. Box 22226/Windhoek, Tel. 066-686021, Fax 686023, www.campkwando.com. Anfahrt: Kongola – C49 nach S (22 km) – Stichstraße 3 km. Bungalows und Zeltplatz am Ufer, Bungalow ab 80 € p.P. mit Halbpension Camping ab 7 €/Person, englisch.

Lafenis Lodge Route 3
P.O. Box 827/Keetmanshoop, Tel. 063-224316, Fax 224309, www.lafenislodge.com. Anfahrt: Keetmanshoop – B1 nach S (3 km). DZ 45 € inkl. Frühstück, Zeltplatz 8 € p.P., hinter einer Tankstelle mit relativ viel Lkw-Verkehr, Wandermöglichkeiten, englisch.

Lagoon Chalets Route 5
P.O. Box 2318/Walvis Bay, Tel. 064-217900, Fax 207469, lagoonch@mweb.com.na. Anfahrt: 8th Road West, Walvis Bay. 40 € (4 Personen), eingerichtete Chalets, englisch.

Lagoon Lodge Route 5
P.O. Box 3964/Walvis Bay, 2 Kowambo Nujoma Drive, Walvis Bay, Tel. 064-200850, Fax 200851, www.lagoonlodge.com.na. DZ 45 € p.P. inkl. Frühstück, 8 Zimmer, französisch/englisch.

Lala Panzi Guest Lodge R 13
P.O. Box 229/Grootfontein, Tel./Fax 067-243648. Anfahrt: Grootfontein, B8 nach S (5 km). DZ 40 € inkl. Frühstück, Stellplatz 5 € p.P., 10 Betten, gepflegte Anlage, liegt nahe der Straße, deutsch/englisch.

The Langholm Hotel Garni Rte 5
P.O. Box 2631, 24 Second Street West, Walvis Bay, Tel. 064-209230, Fax 209430, www.langholmhotel.com. DZ 60–70 € inkl. Frühstück, 24 Betten, englisch.

Langstrand Campsite Route 5
P/Bag 1796/Walvis Bay, Tel. 064-215500, Fax 215510, . Anfahrt: Walvis Bay – B2 (21 km). Stellplatz 10 €, 105 Stellplätze, in kommunalem Besitz, soll privatisiert werden, u.U. geschlossen, englisch.

Lapalange Lodge Route 2a
Tel. 063-241801, Fax 088-614881, www.laplange.com. Anfahrt: Mariental – Straße 29 (35 km). DZ 30 €/Person (Selbstversorgung), Camping 10 €/Stellplatz, 6 €/Person, 5 Chalets (weitere 18 werden gebaut), englisch.

La Rochelle Rte 2+2a+3
B&B, P.O. Box 582/Keetmanshoop, Tel. 063-223845. Anfahrt: 6th Avenue, Keetmanshoop. DZ 45 € inkl. Frühstück, englisch.

La Rochelle Gästefarm Route 13a
P.O. Box 194/Tsumeb, Tel. 067-221326, Fax 220760, www.la-rochelle.com.na. Anfahrt: Tsumeb – Straße 75 (38 km) – Farmpiste (6 km). DZ 100 € p.P. inkl. Vollpension, 15 Betten, Schwimmbad, hauptsächlich Jagdfarm, deutsch.

Lauberville Camp Route 5	Tel. 064-694199. Anfahrt: Walvis Bay Nach Rooisand (34 km). Ehemaliges Erholungslager der namibischen Polizei mit voll eingerichteten und relativ gut unterhaltenen Chalets, auch Basiscamp für Reiseveranstaler auf Touren entlang der Küste, englisch.
La Vida Inn Route 1	B&B, P.O. Box 366/Mariental, Tel. 063-242121, Fax 241600, lavidainn@iway.na. Anfahrt: River Street, Mariental. DZ 45 € inkl. Frühstück, englisch.
Le Mirage Desert Lodge & Spa Route 1	P.O. Box 40735/Windhoek, Tel. 063-293293, Fax 293230, www.leadinglodges.com. Anfahrt: Sesriem – D826/C27 nach S (20 km). DZ 600 € inkl. Vollpension, 26 Luxuszimmer, Wellness-Zentrum, Schwimmbad unter Palmen, Angstarchitektur gegen die Wüste, englisch.
Leopard Lodge Route 14	P.O. Box 5590/Windhoek, Tel./Fax 062-540409, www.leopardlodge.com. Anfahrt: Windhoek – B6 (22 km) – Straße 53 (13 km) – D2102 (35 km) – Farmstraße (2 km). DZ 60 € p.P. inkl. Vollpension, 10 Betten, Schwimmbad, auch Jagdfarm, Tennis, englisch.
Levo Chalets Route 5	P.O. Box 1860/Walvis Bay, Tel./Fax 064-207555, www.levotours.com. Anfahrt: Walvis Bay – B2 (21 km)/Langstrand. 30–80 € pro Chalet, 20 Betten, die Besitzer machen äußerst schöne und erlebnisreiche, empfehlenswerte Kreuzfahrten in der Bucht, deutsch.
Lianshulu Lodge Route 13	P.O. Box 90391/Windhoek, Tel. 061-254317, Fax 254980, www.lianshulu.com. Anfahrt: Katima Mulilo – B8 nach W (110 km) – D3511 (37 km) – Farmpad (5 km). DZ ab 150 € p.P. inkl. Halbpension, im Nationalpark gelegen, 10 Bungalows und ein Familienbungalow, herausragende Lodge mit allen Finessen, Schwimmbad, Touren mit Wagen und Boot.
The Lion's Den Rte 7	B&B, P.O. Box 1497/Otjiwarongo, Tel./Fax 067-304205. Anfahrt: 100 Lang Street, Otjiwarongo. DZ 45 € inkl. Frühstück, englisch.
Little Kulala	s. unter „Kulala“
Little Ongava	s. unter „Ongava“
Lizenstein Gästehaus Rte 8+12a	P.O. Box 20/Uis, Tel. 064-504052, Fax 064-504005, lizen@iway.na, www.namibweb.com/lizenstein. Anfahrt: 15 Forth Avenue, Uis Myn. DZ 55 € inkl. Frühstück, Camping 5 € p.P., 8 Zimmer, englisch.
Londiningi Guesthouse Route 1	B&B, P.O. Box 9354/Eros Park, Tel. 061-242378, Fax 226201, www.londiningi.com. Anfahrt: 11 Winterberg Street, Windhoek. DZ ab 60 € inkl. Frühstück, englisch.
Long Beach Lodge Route 5	P.O. Box 3357/Walvis Bay, Tel. 064-207568, Fax 209836, www.proteahotels.com. Anfahrt: Walvis Bay – B2 (21 km)/Langstrand (152 4th Street). DZ ab 65 € p.P. inkl. Frühstück, 20 Betten, englisch.
Lovedale Farm Holidays Route 4a	B&B, P.O. Box 11/Helmeringhausen, Tel./Fax 063-683031, www.lovedale.iway.na. Anfahrt: Helmeringhausen – C27 nach N (19 km). DZ 35 € (nur für Selbstversorger), Camping 5 €/Person, die Farm ist seit 1854 in Familienbesitz, englisch.
Loubser's Route 5	B&B, Tel. 064-203034, www.namibweb.com/loubsers. Anfahrt: 3rd Street West, Walvis Bay. DZ 40 € mit Frühstück, Schlafsaal 15 €, Apartment für Selbstversorger, deutsch.
Lüderitz Rastlager Route 4	Shark Island, Buchung über Namibia Wildlife Resorts Ltd. in Windhoek oder vor Ort. Anfahrt: Lüderitz (Haifischinsel). Zeltplatz 5 €/Stellfläche (max. 4 Personen) und 5 €/Person, Bungalow 20 € (2 Personen), Eintritt 5 € p.P. und 1,50 € Fahrzeug, saubere Sanitäreinrichtungen, keine Einkaufsmöglichkeit, Unterkunft im Leuchtturm 60 € (4 Betten), englisch.

Mahangu Safari Lodge Route 13	Tel. 066-259037, Fax 066-259115, www.mahangu.com.na. Anfahrt: Rundu – B8 nach O (198 km) – Bagani – D3403 (22 km). Luxusbungalows und Luxuszelte (ab 70 €/p.P. inkl. Frühstück und Abendessen) direkt am Wasser, aufmerksames Personal und Management, ausgezeichnetes Essen, Stellplatz 6 € p.P., Game Drives, Bootsfahrten, deutsch.
Maison Ambre Route 1	B&B, P.O. Box 86480/Windhoek, Tel. 061-233834, Fax 233955, www.maisonambre.de. Anfahrt: 5 Irle Street, Windhoek. DZ 60 € inkl. Frühstück, Schwimmbad, englisch.
Makalani Hotel Rte 7+13a	P.O. Box 27/Tsumeb, Tel. 067-221051, Fax 067-221575, www.makalanihotel.com. Anfahrt: 4th Road, Tsumeb. DZ 70 € inkl. Frühstück, 30 Betten, englisch.
Makuri Campsite Route 13b	Keine Buchung möglich, Wildniscamping im Buschmannland nahe Tsumkwe. Anfahrt: s. Karte bei Tsumkwe. Keine Infrastruktur, nur Wasser und Holz, Camping 5 €/Person, englisch.
Maori Camp Route 13	P.O. Box 234/Grootfontein, Tel./Fax 067-242351, katpaul@iway.na. Anfahrt: Grootfontein – B8 nach Norden (4 km). Rondavel 15 €/Person, Camping 9 €, Südhessen machen eben günstige Preise, das Camp liegt auf der Zitrusfarm Andorra, deutsch.
Maltahöhe Hotel Route 1	P.O. Box 20/Maltahöhe, Tel. 063-293013, Fax 293133, www.maltahöhehotel.com. Anfahrt: Maltahöhe. DZ 65 € inkl. Frühstück, Schlafsaal 9 €/Bett, Camping 8 €/Person, 40 Betten, Schwimmbad, deutsch.
Mamselle Camping Route 7	Tel. 067-303752. Anfahrt: Outjo – C38 nach Norden 14 km. Camping 5 €/Person, Bungalow (Selfcatering) ab 40 €, ist als Naturisten-(FKK)-Zeltplatz gelistet, deutsch.
Mariental Hotel Rte 1+2+2a	P.O. Box 619/Mariental, Tel. 063-242466, Fax 242493, www.marientalhotel.com. Anfahrt: Mariental. DZ 40 € inkl. Frühstück, 24 Betten, Schwimmbad, englisch.
Martins Backpackers Rte 7+13a	P.O. Box 436/Tsumeb, Tel. 067-222040, Fax 222964, www.marmotrs.iway.na. Anfahrt: Linekela Kalenga Street, Tsumeb. Bett ab 12 €, 2-3-Bett-Zimmer, Pool, Braai Area, sicheres Parken, Zimmer mit Kühlschrank und TV, Restaurant, englisch.
Matador Gästefarm Route 7	P.O. Box 214/Okahandja, Tel. 062-503428, Fax 504142, www.farmmatador.com. Anfahrt: Okahandja – B1 nach N (45 km). DZ 60 € p.P. inkl. Vollpension, 10 Betten, Schwimmbad, hauptsächlichn Jagdfarm, deutsch.
Matunda Gästefarm Route 7+9	Outjo, Tel./Fax 067-313863, www.natron.net/Matunda. Anfahrt: Outjo – C38 nach N (10 km). DZ 50 € p.P. inkl. Vollpension, 10 Betten, Pool, hübsche Anlage in einer Zitrusplantage, ausgezeichnete Farmküche mit Gemüse, Kräuter Milchprodukte etc. stammen aus Eigenproduktion, deutsch.
Mazambala Island Camp Route 13	P.O. Box 1935/Ngwezi, Katima Mulilo, Tel./Fax 066-250405, www.mazambala.com. Anfahrt: Kongola – B8 nach O (3 km), Stichstraße (4 km). Lodge auf einer Insel, DZ ab 55 € p.P. inkl. Frühstück, 11 Chalets, Zeltplatz 7 €/Person (2 km vom Highway, mit Ablution Blocks und der Möglichkeit, in der Lodge zu essen); englisch.
Mbakondja River Camp Route 10	Keine Vorausbuchung möglich. Anfahrt: Palmwag – C43 nach Norden (50 km) – Piste nach Westen (6 km). Der Zeltplatz ist auch das Lager des Camel Camp vom Save the Rhino Trust, die mit Kamelen die Nashörner überwachen. Einfacher Platz mit einigen Souvenirs im Angebot, Eselkarrenfahrten, Reitausflüge, englisch.

Mbamba Camping Route 13	Keine Vorausbuchung möglich. Anfahrt: Rundu – B8 nach Osten (30 km) – Richtung Shumbya (4 km) – D3402 nach Osten (4 km) – Stichpad (5 km). Community Campsite „Joseph Mbambangandu“, Camping 5 €/Person, englisch.
Meike's Gästehaus Route 5+6+8c+13	B&B, P.O. Box 2858/Swakopmund, Tel. 064-405863, Fax 405862, meike@natron.net, www.natron.net/meikesguesthouse. Anfahrt: 23 Windhoeker Street, Swakopmund. 4 Doppelzimmer, 35 € p.P. inkl. Frühstück, toll und geschmackvoll eingerichtet, sehr angenehme und äußerst empfehlenswerte Adresse der ehemaligen Pächter der Farm Ababis, deutsch.
Melrose Gästefarm Route 1	P.O. Box 90355/Klein Windhoek, Tel. 061-234298, Fax 234606, www.melrose.cc. Anfahrt: Windhoek – C26 nach Süden (35 km), Farmstraße (8 km). DZ 135 € inkl. Frühstück, Camping 7 €/Person, 12 Betten, deutsch.
Mesosaurus Park Route 2	P.O. Box 270/Keetmanshoop, Tel. 063-225050, Fax 222990, www.mesosaurus.com. Anfahrt: Keetmanshoop – C16 (1 km) – C17 (39 km). Chalet zur Selbstversorgung 25 €/Person (Abendessen nach Voranmeldung möglich), Camping 8 €/Person, geführte Touren zu Versteinerungen und Schutztruppengräber, Wandermöglichkeit, 4 Chalets, 6 Stellplätze, englisch.
Meteor Travel Inn Route 13+13a+13b	Tel./Fax 067-242094, www.natron.net/meteorit-camping. Anfahrt: Grootfontein – D2860/2859 (20 km). Campingplatz mit 6 Stellplätzen (3,50 €/Person), englisch.
Meteorit Camping Route 13+13a+13b	Tel./Fax 067-242094, www.natron.net/meteorit-camping. Anfahrt: Grootfontein – D2860/2859 (20 km). Campingplatz mit 6 Stellplätzen (3,50 €/Person), englisch.
Midgard Lodge Route 14	P.O. Box 16/Windhoek, Tel. 061-2075111, Fax 234021, www.midgard.na. Anfahrt: Windhoek – B6 (20 km) – Straße 53 (15 km) – D2102 (55 km) – Farmstraße (500 m). 2009 komplett sanierte Anlage, DZ 150 € inkl. Frühstück, 46 Zimmer, Schwimmbad, englisch.
Mile 4 Zeltplatz	s. „Swakopmund Rastlager Mile 4“
Mile 14 Zeltplatz Route 12	Buchung über Tungeni Serenity Experience in Windhoek, Tel. 061-400205, www.tungeniserenity.com. Anfahrt: Swakopmund – C34 (20 km). Camping 6 €/Stellplatz (max. 4 Personen) und 2,50 €/Person, alle Ausrüstung ist mitzubringen.
Mile 72 Zeltplatz Route 12	Buchung über Tungeni Serenity Experience in Windhoek, Tel. 061-400205, www.tungeniserenity.com. Anfahrt: Swakopmund – C34 (59 km). Camping 10 €/Stellplatz plus 3 €/Person, alle Ausrüstung ist mitzubringen.
Mile 108 Zeltplatz Route 12	Buchung über Tungeni Serenity Experience in Windhoek, Tel. 061-400205, www.tungeniserenity.com. Anfahrt: Swakopmund – C34 (156 km). Camping 6 €/Stellplatz (max. 4 Personen) und 2,50 €/Person, alle Ausrüstung ist mitzubringen.
Minen Hotel Route 7+13a	P.O. Box 244/Tsumeb, Tel. 067-221071, Fax 067-221750, www.minenhotel.com. Anfahrt: Post Street, Tsumeb. DZ 40 € p.P. inkl. Frühstück (Gartenseite ab 27,50 €), 80 Betten, Parkplatz, deutsche Küche (Schlachtplatte mit Sauerkraut), angenehme Terrasse, Treffpunkt des Ortes, deutsch.
Mirabib Zeltplatz Route 5	Buchung über das Ministry of Environment & Tourism in Swakopmund (Alte Ritterburg, Sam Nujoma Drive Ecke Bismarck St, Tel. 064-402172, Fax 402796, Mo–Sa zu den Geschäftszeiten, So 8–13 Uhr) oder in Walvis Bay (Heinrich Baumann St, Tel. 064-205971). Anfahrt: Namib-Naukluft-Park, Namib-Teil, Stellplatz 10 € (8 Pers.) und 4 € p.P., Fahrzeug 2 €, kein Wasser und Feuerholz verfügbar, gekennzeichnete Wege dürfen nicht verlassen werden.

Mokuti Lodge Route 7	P.O. Box 403, Tsumeb, Tel. 067-229085, Fax 229091, www.kempinski-mokuti.com. Anfahrt: Etosha National Park Osttor – C38 nach O (0,5 km). DZ 180 € inkl. Frühstück (auf Sonderangebote achten!), 98 Zimmer, Luxus, wie er der Kempinski-Hotelkette gebührt, Schwimmbad, englisch.
Mondjila Safari Camp Route 7	Tel. 067-333446, Fax 333436, www.mondjila.com. Anfahrt: Outjo – C38 nach Norden (70 km) – D2779 (3 km). DZ 55 €/Person mit Frühstück, Abendessen 12 €, 11 Luxuszelte mit Bad, Camping 3 €/Person, englisch.
Moni Hotel-Pension Route 1	P.O. Box 2805/Windhoek, Tel. 061-228350, Fax 227124, www.monihotel.com. Anfahrt: 7 Rieks van der Walt Street, Windhoek. DZ 70 € inkl. Frühstück, 20 Betten, Schwimmbad, Parkplatz, deutsch.
Monteiro Camping und Chalets Route 1	Tel./Fax 061-241345, www.monteironamibia.com. Anfahrt: Windhoek - B1 nach S (15 km). Zwei Chalets für je max. 4 Personen (2 P. 35 €, 4 P. 60 €) und Zeltplätze mit jeglicher Infrastruktur für 8 € p.P., Mahlzeiten nur nach Voranmeldung am vorherigen Vormittag, Schwimmbad, Wandermöglichkeit, Ponyreiten und herrliche Aussicht auf die Auas Berge, englisch.
Moon Mountain Lodge Rte 1	www.proteahotels.com. Anfahrt: Sossusvlei – 40 km. Neue Lodge der Protea-Kette mit 12 Luxus-Chalets und 5 Honeymoon-Suiten, weitere Informationen waren bei Drucklegung noch nicht bekannt.
Mopane Camp Route 10	P.O. Box 8/Opuwo, Tel. 065-273031, Fax 273025, www.natron.net/mopane-camp. Anfahrt: Opuwo – C41 (2,5 km) – Stichpad (2,5 km). 15 Zelte mit Bad en-suite unter Bäumen, DZ 85–100 € inkl. Frühstück zzgl. 5 € conservancy fee/Person, Restaurant, englisch.
Moringa Gästefarm Route 8	P.O. Box 65/Okahandja, Tel. 062-501106, Fax 062-503872, www.moringasafaris.com. Anfahrt: Okahandja – B2 (44 km) – Farmstraße (20 km). DZ 100 € p.P. Vollpension, 11 Betten, Schwimmbad, Tierbeobachtungsfahrten, deutsch.
Motown Apartments Route 1	P.O. Box 3661/Windhoek, Tel./Fax 061-234646, www.motown.namibia.com. Anfahrt: 452 Independence Avenue, Windhoek. Apartments für Geschäftsleute und Touristen, Zimmer ab 20 € für 2 Personen, englisch.
Mount Etjo Safari Lodge Route 7+8a	P.O. Box 81/Kalkfeld, Tel. 067-290174, Fax 290172, www.mount-etjo.com. Anfahrt: Otjiwarongo – B1 nach S (64 km) – D2483 (43 km). DZ 120 € p.P. inkl. Halbpension, 61 Betten, Schwimmbad, hauptsächlich auf große Reisegruppen ausgerichtet (Individualbuchungen schwierig), Camping 30 €/Stellplatz (max. 4 Personen), englisch.
Mousebird Backpa-ckers R 7	P.O. Box 1712/Tsumeb, Tel. 067-221777, Fax 221778, www.mousebird.com. Anfahrt: 533 4th Street, Tsumeb. DZ 20 €, Bett 10 €, Zeltplatz 6 € p.P., alles, was ein Backpacker so braucht (Waschmaschine, Küche etc.), deutsch.
Mowani Mountain Camp Route 9	P.O. Box 40788/Windhoek, Tel. 067-697008, Fax 697009, www.mowani.com. Anfahrt: Twyfelfontein – D3214/D3254/D2612 (12 km). DZ ab 175 € p.P. inkl. Frühstück, im Schutzgebiet von Twyfelfontein, Luxuslodge, Camping 8 €/Person (sehr schön gelegen), 2009 eröffnete das Camp Kipwe mit 8 luxuriösen Rundhütten, englisch.
Mukusi Cabins Route 13	P.O. Box 1194/Ngweze, Tel. 066-253255, Fax 252359, mukusi@mweb.com.na. Anfahrt: Katima Mulio bei der Engen-Tankstelle. Einfache Zimmer ohne Bad inkl. Frühstück ab 17 €, Zimmer mit Bad und AC inkl. Frühstück ab 37 €, Restaurant (Lunch nur wochentags), englisch.
Mukusi River Lodge Route 13	P.O. Box 1194/Ngweze, Tel. 066-253255, Fax 252359, mukusi@mweb.com.na. Anfahrt: Katima Mulio, am Ufer des Zambezi. 10 Komfortzimmer, davon drei auf Pontons im Fluss (ab 40 €/Person inkl. Frühstück), Restaurant, englisch.

Muramba Bushman Trails Route 7
P.O. Box 689/Tsumeb, Tel. 067-222789 oder 220659, Fax 2222798, www.muramba.com. Anfahrt: Tsumeb – C75 (64 km) – Tsintsabis – D3016 (6 km). Traditionelle Buschmann-Hütte mit 2 Betten 35 € p.P., Camping 9 €/Stellplatz zzgl. 4 €/Person, 5 Hütten, 6 Stellplätze, Selbstversorgung, Mahlzeiten können angemeldet werden, geführte Tageswanderung (45 € inkl. Mittagessen) durch den Busch mit San, deutsch.

Mushara Lodge Route 7+11
P.O. Box 1814, Tsumeb, Tel. 064-229106, Fax 067-229107, www.mushara-lodge.com. Anfahrt: Von Lindequist Gate (Osttor Etosha) – C38 nach O (10 m) – Farmpiste (1 km). DZ 120 € p.P. inkl. Halbpension, 20 Betten in der Hauptlodge, weitere im Outost-Lager, in der Mushara-Villa und im Bush-Camp, Schwimmbad, deutsch.

Mwisho Camp
s. unter „Namib Sky Camp“

Museum Rastlager Route 11
NACOBTA, Buchungen über Nacobta Booking and Information Center, P.O. Box 86099 Eros/Windhoek, Tel. 061-221918 oder 250558, Fax 222647, office.nacobta@iway.na, www.nacobta.com.na. Anfahrt: Cresta Lodge/Ondangwa – B1 nach O (8 km), Piste (5 km). Hütte 8 € p.P., im Missionshaus 10 € p.P., Stellplatz 6 € p.P., einfache Hütten, englisch.

Namapan Campsite Route 13b
Keine Buchung möglich, Wildniscamping im Buschmannland nahe Tsumkwe. Anfahrt: s. Karte bei Tsumkwe. Keine Infrastruktur, nur Wasser und Holz, Camping 5 €/Person, englisch.

Namatubis Gästefarm Route 7
Buchungen über: Logufa, P.O. Box 8061/Swakopmund, Tel. 064-464144, Fax 464155, www.natron.net/tour/logufa, www.namatubis-guestfarm.com. Anfahrt: Outjo – C38 nach N (15 km). 60 € p.P. inkl. Halbpension, 20 Betten, Schwimmbad, Reitmöglichkeit, englisch.

Nambwa Campsite Route 13
NACOBTA, Buchungen über Nacobta Booking and Information Center, P.O. Box 86099 Eros/Windhoek, Tel. 061-221918 oder 250558, Fax 222647, office.nacobta@iway.na, www.nacobta.com.na. Anfahrt: von Rundu kommend 500 m vor der Kongola Bridge nach rechts, dann noch 14 km sandige Piste (30 Min.), nur 4x4, kein Wasser, Stellpatz 7 € p.P.

Namib Desert Lodge Route 1
P.O. Box 80205/Windhoek, Tel. 061-230066, Fax 251863, www.gondwana-desert-collection.com. Anfahrt: Solitaire – C19 nach S (27 km) – Farmpad (5 km). DZ ab 50 € p.P. inkl. Frühstück, große Hotelanlage am Fuße einer versteinerten Düne, Schwimmbad, 70 km nördlich von Sesriem und für die gebotenen Leistungen sensationell günstig, betrachtet man die anderen Lodges um Sossusvlei herum – der Preisbrecher; deutsch.

Namib Empire Guesth. Route 11
An der Kreuzung in Tsandi, Tel. 081-2435051 oder 065-258112. 12 Zimmer (DZ mit Bad 25 €, verhandelbar), Kontakt im Laden Namib Empire, englisch.

Namib Garage Route 4+4a+3c
P.O. Box 27/Aus, Tel./Fax 063-258029. Stellplatz 5 € p.P., DZ 20 € p.P., Selbstversorgung, im Ort, Laden, Tankstelle, englisch.

Namibgrens Rastlager Route 1
Postfach 21587/Windhoek, Tel. 062-572021, Fax 061-222893, www.namibgrens.com. Anfahrt: Solitaire – C14 nach NW (9 km) – D1275 (37 km). DZ 45 € inkl. Frühstück, Stellplatz 10 € p.P., 10 Betten, mehrtägige schöne Wanderungen möglich, englisch. Landepiste: Höhe 6000 ft, Länge 900 m, S23-35 E16-16, Rwy 07/25, Gravel.

Namibia Coast Route 5
B&B, P.O. Box 2631/Walvis Bay, Tel./Fax 064-205505, www.namibiacoast.com.na. Anfahrt: 18 1st Street, Walvis Bay. DZ ab 40 € p.P. inkl. Frühstück, 6 Betten, englisch.

Namibia Holiday Flats R 5+6+8c+12 B&B, P.O. Box 276/Swakopmund, Tel. 064-405442, Fax 404826, debbie@namibiaholidayservices.com. DZ ab 50 €, Vermittlung von 20 Ferienwohnungen, deutsch.

Namib Naukluft Lodge Rte 1 P.O. Box 22028/Windhoek, Tel. 061-372100, Fax 215356, www.namib-naukluft-lodge.com. Anfahrt: Solitaire – C19 (20 km). DZ 100 € p.P. inkl. Halbpension, 30 Betten, Schwimmbad, englisch.

Namib-Rand Family Hideout Route 2 P.O. Box 9950/Windhoek, Tel. 061-223926, Fax 232890, ambruck@mweb.com.na, www.hideout.iway.na. Anfahrt: Maltahöhe – C14 nach S (20 km) – C19 (112 km) – D845 (15 km) – Farmstraße. Ehemaliges Farmhaus, das komplett gemietet wird, nur für Selbstversorger, im Notfall hat man ein Funkgerät, viele Aktivitäten in Selbstregie zu unternehmen, maximal 10 Personen, für Haus 100–150 € abhängig von der Saison und der Aufenthaltsdauer, zzgl. 20 € pro Nacht Parkgebühren für das NamibRand Nature Reserve, deutsch.

Namib Shore Route 12 B&B, P.O. Box 518/Henties Bay, Tel./Fax 064-500182, www.namshore.iway.na. Anfahrt: Henties Bay. DZ 25 € p.P. inkl. Frühstück, 4 Zimmer, Lunch/Dinner möglich, englisch.

Namib Sky Camp Route 2 P.O. Box 5197, Windhoek, Tel. 063-683188, Fax 063-683189, info@namibsky.com. Anfahrt: Maltahöhe – C14 nach S (20 km) – C19 (112 km) – D845 (15 km) – Farmstraße. Preise: Flug ab 350 €/Person (ca. 1 Stunde).

Namib Wüste Farmstall Route 8 P.O. Box 196/Usakos, Tel. 064-530283, docwag@iway.na. Anfahrt: Usakos am Stadtausgang Richtung Swakopmund. Betten in einem Eisenbahnwaggon ca. 10 €/Person inkl. Frühstück, 14 Betten, Schwimmbad, Verkauf selbsterzeugter Marmelade, Biltong, Restaurant, Camping 5 €/Person, englisch.

Namseb Game Lodge Route 1 P.O. Box 76/Maltahöhe, Tel./Fax 063-293166, eden@mweb.com.na. Anfahrt: Maltahöhe – Farmstraße (17 km). DZ 60 € p.P. inkl. Halbpension, 54 Betten, Schwimmbad, englisch.

Namtib Biosphärenreservat Route 4a P.O. Box 19, Aus, Tel./Fax 063-683055, www.namtib.net. Anfahrt: Aus – B4 nach O (3 km) – C13 nach N (55 km) – D707 (45 km) – Stichstraße (15 km). DZ 60 € p.P. inkl. Vollpension, 10 Betten, keine Kreditkarten, ausgesprochen angenehme und familiäre Betreuung der Gäste, deutsch.

Namushasha Country Lodge R 13 Zentrale Reservierung in Windhoek, Tel. 061-374750, Fax 256598, www.namibialodges.com. Anfahrt: Katima Mulilo – B8 nach W (110 km) – D3511 (18 km). DZ 70 € p.P. inkl. Frühstück, 27 Bungalows, englisch.

Namutoni Rastlager Route 7 Buchung über Namibia Wildlife Resorts Ltd. in Windhoek. Anfahrt: Etosha-Nationalpark. DZ ab 160 € mit Frühstück, Luxus-Chalets ab 280 € mit Halbpension, Camping 18 €/Stellplatz (8 Personen) und 8 €/Person, Eintritt in den Etosha-Nationalpark 10 € p.P., 1,50 €/Fahrzeug, Schwimmbad, Restaurant mit festen Öffnungszeiten (7–9, 12–14 u. 18–22 Uhr), Kiosk mit Light Meals (9–12 u. 14–18 Uhr), Laden und Tankstelle (8–13 u. 14–16.30 Uhr), englisch. Das Lager muss vor Sonnenuntergang erreicht sein und darf vor Sonnenaufgang nicht verlassen werden.

Naomi's Palmgarden Route 8a B&B, P.O. Box 566/Omaruru, Tel. 064-570142, Fax 570165, inditour@iway.na. Anfahrt: 137 Hospital Street, Omaruru. DZ 40 € inkl. Frühstück, 4 Betten, englisch.

Narubis Travel Lodge Route 3 P.O. Box 1439/Keetmanshoop, Tel./Fax 063-250700. Anfahrt: Keetmanshoop – B1 nach Süd (75 km). DZ 35 € inkl. Frühstück, Lodge in einem ehemaligen Gebäude der Schutztruppe, 10 Betten, englisch.

Naua Naua Lodge Route 7 P.O. Box 347/Outjo, Tel. 067-687100, Fax 687101, www.nauanaua.com. Anfahrt: Outjo – C38 nach N (70 km) – D2695 (8 km) – Farmstraße (12 km). DZ 90 € p.P. inkl. Frühstück und Gepardenfütterung, ausgezeichnete Küche, herrli-

	che Buschlage und großzügige edel möblierte Bungalows, Gepardenfütterung als Highlight mit prima Fotomöglichkeiten, deutsch.
Naukluft Rastlager Route 1	Buchung über Namibia Wildlife Resorts Ltd. in Windhoek. Anfahrt: Namib-Naukluft-Park, Naukluft-Teil. Camping 10 €/Stellplatz (max. 4 Personen) und 5 €Person, 4 Stellplätze (maximale Verweildauer 3 Tage), Tageswanderung möglich, keine Versorgungsmöglichkeit, Naukluft 120 km Hiking-Trail 30 € (min. 3, max. 12 Personen), Naukluft 73 km 4x4 Trail 30 € p.P. (max. 4 Wagen/16 Personen), englisch.
Naute Dam Camping Route 2	Tel. 063-250533 oder 173681. Camping (ab 5 €/Person) mit Buschduschen; Kaffee, Softdrinks und Sandwiches gibt es am Kiosk und gebadet wird im „big, big pool", dem Naute Dam, englisch.
Naute Dam-Rec. Park Camping R 2	Keine Buchung möglich. Anfahrt: Naute Dam nach Süden (2 km) – Stichpiste nach Osten (5 km). Seeufer ohne Infrastruktur, nur für Selbstversorger, viele Wassersportler am Wochenende.
Ndhovu Safari Lodge Route 13	Tel. 061-224712, Fax 224217, www.ndhovu.com. Anfahrt: Rundu – B8 nach O (198 km) – Bagani – D3403 (18 km) – Farmstraße (2 km). Unterbringung im Luxuszelt 80 € p.P. inkl. Halbpension, 18 Betten, Schwimmbad, Luxuszeltplatz 45 €, deutsch.
Nest Hotel Route 4	P.O. Box 690, Lüderitz, Tel. 063-204000, Fax 063-204001, www.nesthotel.com. Preise: DZ ab 55 € p.P. inkl. Frühstück, 140 Betten, Luxushotel direkt am Meer, windgeschütztes Schwimmbad, deutsch/englisch.
Neuras Winery Guestfarm Route 1	Selbstversorgung, P.O. Box 155/Maltahöhe, Tel./Fax 063-293417, neuras@mweb.com.na. Anfahrt: BüllsPort – D854 nach Süden (40 km) – D850 (10 km). 5 Zimmer für Selbstversorger auf dem ersten Weingut des Südens, DZ ab 22 € p.P., deutsch.
New/Nouveau Pension Rte 1	P.O. Box 8047/Windhoek, Tel./Fax 061-264319, nouveau@iway.na, www.natron.net/nouveau. Anfahrt: 1 Heliodor Street, Windhoek. DZ 75 € inkl. Frühstück, 20 Betten, englisch.
Ngandu at Sea Route 5	P.O. Box 3192/Walvis Bay, Tel. 064-207327, Fax 207350, theart@mweb.com.na. Anfahrt: 12 1st Road, Walvis Bay. DZ 60 € inkl. Frühstück, 30 Betten, deutsch.
Ngandu Safari Lodge Route 13	P.O. Box 19/Rundu, Tel. 066-256724, Fax 256726, ngandu@tsu.namib.com. Anfahrt: Rundu. DZ 55 € inkl. Frühstück, 12 Betten, Camping 10 €/Person, am Hang mit Blick auf den Fluss, englisch.
Ngatutunge Pamwe Campsite	s. unter „Purros Campsite"
Ngepi Camp Route 13	P.O. Box 5140/Divundu, Tel. 066-259903, Fax 259906, www.ngepicamp.com. Anfahrt: Divundu – nach S (14 km) – Stichpiste (4 km). Hütte 60 €, Baumhäuser, Stellplatz 8 € p.P., am Okavango, Kanufahrten, Restaurant.
NGoabaca Campsite Route 13	NACOBTA, Buchungen über Nacobta Booking and Information Center, P.O. Box 86099 Eros/Windhoek, Tel. 061-221918 oder 250558, Fax 222647, office.nacobta@iway.na, www.nacobta.com.na. Anfahrt: Brücke bei Divundu – B8 nach O (1 km) – Stichstraße (4 km). Vier am Ufer verteilte Stellplätze, Stellplatz 8 € p.P., englisch.
Nhoma Camp Route 13b	P.O. Box 1899/Tsumeb, Tel. 067-244028, Fax 067-244027, www.tsumkwel@iway.na, www.tsumkwel.iway.na. Anfahrtsbeschreibung bei Buchung (außerhalb Tsumkwe, die Buchungen laufen über die Tsumkwe Lodge). Luxussafarizelt mit Bad, 220 € p.P. alles inklusive. Aktivitäten, wie mit San auf die Jagd gehen, Teilnahme an Heiltänzen, Tagestouren in den Khaudom, intensive Einblicke in die Kultur der San, englisch.

Niedersachsen Gästefarm Rte 5	P.O. Box 3636/Windhoek, Tel. 062-572200, Fax 572201, www.farm-niedersachsen.com. Anfahrt: Windhoek – B1 nach S (7 km) – C26 (36 km) – D1982 (118 km). DZ 60 € p.P. inkl. Halbpension, 10 Betten, deutsch.
N'kwazi Lodge and Camping Route 13	P.O. Box 1623/Rundu, Tel. 066-686006, Fax 686008, nkwazi@iafrica.com.na. Anfahrt: Rundu – D3402 (13 km) – Stichstraße (4 km). DZ 90 € inkl. Frühstück, 10 Betten, Reitmöglichkeit, Kanufahrten, Schwimmbad, Camping 8 €/Person, englisch.
Nomtsas Gästefarm Route 1	P.O. Box 12/Maltahöhe, Tel. 063-293521, Fax 683208, www.nomtsas.de. Anfahrt: Maltahöhe – C14 nach N (50 km). DZ 85 € inkl. Halbpension, 10 Betten, Schwimmbad, deutsch.
Nordoewer Route 3a	B&B, Tel. 063-297108 oder 084-5019529, www.noordoewerguesthouse.com. Anfahrt: Noordoewer. Ab 25 €/Person, 8 angenehme Gästezimmer, englisch.
Norotshama River Resort Route 3c	P.O. Box 703/Aussenkehr, Tel./Fax 063-297215, www.norothsamaresort.com. Anfahrt: Noordoewer – C13 nach W (50 km). Luxus-Chalets am Oranje und Ponton-Bungalows auf dem Wasser, 90 € p.P. inkl. Frühstück, Zeltplatz 10 € p.P., Kanufahrten, Reiten, à-la-carte-Restaurant, englisch.
N'twala Island Lodge Route 14	P.O. Box 70378/Bryanston 2021, Südafrika, Tel. +27-11-7067207, Fax +27-11-4638251, www.islandsinafrica.com. Anfahrt: Kasane (Botswana), dort wird man mit dem Boot abgeholt und zur Insel am Zusammenfluss von Chobe und Zambezi gebracht. DZ 350 € p.P. alles inklusive, Luxusunterkunft mit nur 4 Bungalows, die mit „großzügig" nur äußerst vage beschrieben sind, jeder Bungalowkomplex ist mit Wert auf pure Diskretion und Ruhe angelegt und aufs edelste eingerichtet (das Bad hat die Größe einer deutschen 2-Zimmer-Wohnung). Stege führen zu lauschigen Plätzen am Wasser, eigener Pool selbstverständlich, Ultraluxus-Chalet 250–500 € p.P. alles inklusive, englisch.
Nubib Gästefarm Route 2	P.O. Box 1196/Windhoek, Tel. 061-245818, Fax 255192, www.nubib.com. Anfahrt: Maltahöhe – C19 nach Süden (80 km), D827 nach Süden (20 km). DZ 60 € p.P. inkl. Halbpension, 5 Zimmer, deutsch.
Nubib Nature Camp Route 2	P.O. Box 25/Maltahöhe, Tel./Fax 063-683007, www.nublodge.iway.na. Anfahrt: Maltahöhe – C19 nach Süden (80 km), D827 (26 km). DZ 60 € p.P. inkl. Halbpension, Zelt mit privatem Bad. Diverse Wanderungen, Dünen- und Wildfahrten, englisch.
Numdi Campsite Route 13b	Keine Buchung möglich, Wildniscamping im Buschmannland nahe Tsumkwe. Anfahrt: s. Karte bei Tsumkwe. Keine Infrastruktur, nur Wasser und Holz, Camping 5 €/Person, englisch.
Nunda Lodge Route 13	P.O.Box 5271/Divundu, Tel. 066-686070, Fax 088-610233, www.nundaonline.com. Anfahrt: Divundu – C48 nach S (8 km). 70 €/Person mit Halbpension, 10 luxuriöse Chalets und Zelte am Fluss, englisch.
Nyae Nyae Safari Camp Route 13b	Zentrale Reservierung in Windhoek, Tel. 061-374750, Fax 256598, www.namibialodges.com. Anfahrt: Tsumkwe. Schon lange geplante, aber noch nicht gebaute Camps nahe Tsumkwe, englisch.
Oahera Craft Rte 1	P.O. Box 70/Maltahöhe, Tel./Fax 063-293028, www.oaheraart.com. Bett 11 €, Camping 5 €, Backpacker-Unterkunft des Craft Centre, Restaurant, englisch.
Oanob Resort Route 1	P.O. Box 3381, Rehoboth, Tel. 062-522370, Fax 062-524112, www.oanob.com.na. Anfahrt: Rehoboth – B1 nach N (3 km) – D1237 (6 km) – Farmstraße (2 km). DZ 80 € mit Frühstück, Chalet für zwei 100 € (Selbstversorgung), Stellplatz 12 €. DZ 60 €, 10 Stellplätze, Camping ab 6 €/Person, Restaurant, Sportmöglichkeiten, englisch.
Oas Rastlager R 3a+b	P.O. Box 4/Karasburg, Tel. 063-683171, oas@iway.na. Anfahrt: Karasburg – C11 (82 km) – Farmstraße (2 km). Chalet 12 €/Person, englisch.

Oase Guesthouse Route 9
P.O. Box 86/Kamanjab, Tel. 067-330032, Fax 061-220103. Anfahrt: Kamanjab. DZ 35 € p.P. inkl. Frühstück, 10 Betten, Safaris ins Kaokoveld mit Otjiherero sprechendem Führer, englisch.

Oase Gästefarm Route 7
P.O. Box 1661/Otjiwarongo, Tel. 067-309010, Fax 309011, oase@natron.net. Anfahrt: Otjiwarongo – B1 nach N (50 km) – D2804 (41 km) – Farmstraße (6 km). DZ ab 80 €, 10 Betten, Pool, deutsch.

Obelix Village Route 4
P.O. Box 721/Lüderitz, Tel. 063-203456, Fax 203457, www.obelixvillage.com. Anfahrt: Lüderitz. 15 Zimmer unterschiedlicher Größe um einen Hof (DZ 45 € inkl. Frühstück), Lapa, Grillmöglichkeit, sicheres Parken, englisch.

Ohakane Guesthouse Route 10
P.O. Box 8/Opuwo, Tel. 065-273031, Fax 273025, ohakane@iafrica.com.na. Anfahrt: Opuwo. DZ 75 € inkl. Frühstück, 20 Betten, Schwimmbad, Restaurant, Klimaanlage, englisch.

Ohlsenhagen Gästefarm Rte 14
P.O. Box 434/Gobabis, Tel. 062-562330, Fax 062-563536, ohlsenhagen@iway.na. Anfahrt: Gobabis – B6 nach O (4 km) – C22 nach N (21 km). DZ 50 € p.P. inkl. Halbpension, 10 Betten, Schwimmbad, englisch.

Okahandja Lodge Route 7
P.O. Box 1524/Okahandja, Tel. 062-504299, Fax 062-502551, www.okahandjalodge.com. Anfahrt: Osmann Road, Okahandja. DZ 90 € inkl. Frühstück, 56 Betten, Lodgehotel im Ort auf großem, ruhigen Gelände, Schwimmbad, auch Zeltmöglichkeit (ab 6 €/Person), englisch.

Okahirongo Lodge Route 10b
Tel. 065-685018, Fax 685019, www.okahirongolodge.com. Anfahrt: Purros. Luxuslodge mit allem was Leib und Seele des Fly-In-Touristen bei einem Kurzaufenthalt in der Wildnis vermissen würden, DZ mit allem (auch mit Cooldrinks, Waschen der verschwitzten Hemden und Aktivitäten) 400 € p.P., 7 Zimmer und eine „Residencial Suite", englisch/italienisch.

Okakambe Trails Route 8c
B&B, P.O. Box 1668/Swakopmund, Tel. 064-402799, Fax 405258, www.okakambe.iway.na. Anfahrt: Swakopmund – B2 (9 km). DZ 32 € p.P. inkl. Frühstück und kaltem Abendbrot, 3 Zimmer, hauptsächlich für Reitgäste. Schöne Reitausflüge (1 Stunde bis mehrtägig), Reitkurse, auch Fußwanderungen, deutsch.

Okambara Elephant Lodge Route 14
P.O. Box 11864/Windhoek, Tel./Fax 062-560217, www.okambara.de. Anfahrt: Windhoek – B6 (100 km) – D1808 (15 km) – D1800 (6 km) – Farmstraße (8 km). DZ 75 € p.P. inkl. Vollpension, Tierbeobachtung, Reiten etc., 5 Apartments und 2 Rodavels, Schwimmbad, Reiten, Wanderungen, Wasserloch mit vielen Antilopen, deutsch.

Okanyeti Guesthouse Route 1
P.O. Box 40211/Ausspannplatz, Tel./Fax 061-241073, Fax 254579, danie@iwwn.com.na. Anfahrt: 18 Schopenhauer Street, Windhoek. DZ 45 € inkl. Frühstück, englisch.

Okapuka Ranch Route 7
P.O. Box 5955/Windhoek, Tel. 061-257175, Fax 234690, www.natron.net/okapuka. Anfahrt: Windhoek – B1 nach N (27 km) – Farmstraße (1 km). DZ ab 60 € p.P. inkl. Frühstück, 36 Betten, Luxuslodge mit Löwenfütterung, ein variabler, bis zu 120 km langer 4x4 Trail mit Zeltcamps (Dune Camp, Leopard Camp, Black Eagle Camp) westlich der B1 wurde angelegt, Schwimmbad, Tennisplatz, deutsch.

Okapunja Gästefarm Route 7
P.O. Box 376/Otavi, Tel. 067-234378, Fax 234081, www.okapunja.com. Anfahrt: Otavi – D3031 nach N (30 km). DZ ab 70 € p.P. inkl. Vollpension, Zimmer und Felsenchalets, auch Jagdfarm, deutsch.

Okarohombo Camp Site Route 10b
NACOBTA, Buchungen über Nacobta Booking and Information Center, P.O. Box 86099 Eros/Windhoek, Tel. 061-221918 oder 250558, Fax 222647, office.nacobta@iway.na, www.nacobta.com.na. Anfahrt: Okongwati – schwierige Piste (169 km), am Kunene beim Marienfluß. Stellplatz 4 € p.P., Wasser, Toiletten und Duschen, von Himba geführt, hier können auch Führer angeheuert werden, englisch.

Okarusuvo Route 1	B&B, P.O. Box 96337/Windhoek, Tel./Fax 061-232252, www.natron.net/tour/okarusuvo. Anfahrt: 17 Beethoven Street, Windhoek. DZ 20 € p.P. inkl. Frühstück.
Okaukuejo Rastlager Route 7	Buchung über Namibia Wildlife Resorts Ltd. in Windhoek. Anfahrt: Etosha-Nationalpark. DZ 60 €/Person mit Frühstück, Luxus-Chalets bis 150 €/Person mit Halbpension, Camping 20 €/Stellplatz (8 Personen) und 10 €/Person, Eintritt in den Etosha-Nationalpark 10 € p.P., 1,50 €/Fahrzeug, Schwimmbad, Restaurant mit festen Öffnungszeiten (7–9, 12–14 u. 18–22 Uhr), Kiosk mit Light Meals (9–12 u. 14–18 Uhr), Laden und Tankstelle (8–13 u. 14–16.30 Uhr), englisch. Das Lager muss vor Sonnenuntergang erreicht sein und darf vor Sonnenaufgang nicht verlassen werden.
Okatore Lodge Route 6	P.O. Box 2868/Windhoek, Tel. 061-232840, Fax 246890, www.okatore.com. Anfahrt: Windhoek – C28 (30 km) – D1958 (16 km) – D1420 (19 km). DZ 60 € p.P. inkl. Halbpension, 25 Betten, Schwimmbad, Tennis, auch Jagdfarm, dt.
Okomitundu Gästefarm Rte 8	P.O. Box 285/Okahandja, Tel. 062-503901, Fax 503902, www.okomitundu.com. Anfahrt: Okahandja – B2 (51 km) – D1967 (35 km). DZ 55 € p.P. inkl. Frühstück, 10 Betten, Schwimmbad, Sternwarte, deutsch.
Okondura Gästefarm Route 8	P.O. Box 186/Karibib, Tel. 062-503968, Fax 503983, www.okondura-guestfarm.com. Anfahrt: Wilhelmstal – D1967 nach S (500 m) – Farmstraße nach W (19 km). DZ ab 60 € p.P. inkl. Vollpension, 10 Betten, Schwimmbad, deutsch.
Okondjou Zeltplatz Route 10	Keine Postadresse verfügbar. Anfahrt: Palmwag – C43 nach N (84 km). Über dem Ort Warmbad, derzeit ist der Platz verfallen.
Okonjima Lodge Route 7	P.O. Box 793/Otjiwarong Tel. 067-687032, Fax 687051, www.okonjima.com. Anfahrt: Otjiwarongo – B1 nach S (47 km) – D2515 (6 km) – Stichstraße (19 km). DZ ab 90 € p.P. (Halbpension), 10 Zimmer und Luxus-Buschcamp (300 €/Person), Schwimmbad, englisch, keine Kinder unter 12 Jahren erlaubt.
Okosongoro Safari Ranch R 8a	P.O. Box 324/Omaruru, Tel. 067-290161, Fax 290170, www.okosongoro.com.na. Anfahrt: Omaruru – C33 nach N (36 km). DZ 90 € p.P. inkl. Vollpension, 8 Betten, hauptsächlich Jagdfarm, deutsch.
Okowiruru Süd Route 14	P.O. Box 6885/Ausspannplatz, Windhoek, Tel. 062-549080, Fax 549086. Anfahrt: Seeis – D1502 (16 km) – Straße 53 (67 km) – D2166 (21 km) – D2170 (13 km) – Farmpiste (7 km). DZ 80 € p.P. inkl. Vollpension, 5 Betten, Biopool, Farmurlaub in Familie, deutsch.
Olea Town Lodge	s. unter „Grootfontein Rastlager“
Olive Grove Route 1	B&B, P.O. Box 90590/Klein Windhoek, Tel. 061-239199, Fax 061-234971, www.olivegrove.com.na. Anfahrt: 20 Promenaden Road, Windhoek. DZ 75 € p.P. inkl. Frühstück, englisch.
Olivenhain Guesthouse Route 7+8	P.O. Box 24162/Windhoek, Tel. 062-549073, Fax 061-239994, heiser@namibnet.com. Anfahrt: Okahandja – C31 nach Osten (113 km) – C30 nach Norden (10 km). DZ 50 € p.P. inkl. Vollpension, 6 Betten, deutsch.
1000 Olives Route 7	P.O. Box 257/Okahandja, Tel./Fax 062/500464, www.1000Olives.com. Anfahrt: Okahandja 4 km nach Norden. DZ 45 € mit Frühstück, 4 Zimmer in einem Olivenhain, Abendessen bei Vorausbuchung, deutsch.
Omaha Farm Route 7	B&B, P.O. Box 461/Otjiwarongo, Tel./Fax 067-306556, sobika@mweb.com.na. Anfahrt: Okahandja – B1 nach Norden (93 km) – D2404 nach Westen (35 km). DZ 65 € inkl. Frühstück, 6 Betten, gute Farmküche mit Fleisch aus eigener Jagd und selbst gebackenem Brot, deutsch.

Omandumba Camping Route 8a	P.O. Box 129/Omaruru, Tel. 064-571086, Fax 570845, www.omandumba.de. Anfahrt: Omaruru – D2315 nach Westen (39 km) – Farmpad (1 km). Camping 6 €/Person, Felsmalerien und Gravuren zur Besichtigung, deutsch.
Omarassa Gästefarm Route 7	P.O. Box 87/Otjiwarongo, Tel./Fax 067-302291, www.omarassa.com. Anfahrt: Otjiwarongo – B1 nach N (50 km). DZ 50 € p.P. inkl. Vollpension, 10 Betten, Schwimmbad, Farmrundfahrten, auch Jagdfarm, deutsch.
Omarunga Camp Route 10a	P.O. Box 2528/Swakopmund, Tel. 064-403096, Fax 402097, www.natron.net/omarunga-camp. Anfahrt: Epupa. 150 € p.P. im Luxuszelt inkl. Vollpension, 20 Betten, direkt am Kunene und bei den Fällen unter Palmen gelegen, Luxuscamp, auch Zeltplatz (7 € p.P., 8 Stellplätze, Essmöglichkeit im Restaurant nur mit Ankündigung), englisch.
Omaruru Game Lodge Route 8a	P.O. Box 208/Omaruru, Tel. 064-570044, Fax 570134, www.omaruru-gamelodge.com. Anfahrt: Omaruru – C33 nach N (1 km) – D2329 (15 km). DZ ab 140 € inkl. Halbpension, 47 Betten, Schwimmbad, englisch.
Omaruru Guesthouse Route 8a	P.O. Box 92/Omaruru, Tel. 064-570035, Fax 064-570450, www.omaruruguesthouse.com. Anfahrt: Dr. Ian Scheepers Ave, Omaruru. DZ 45 € inkl. Frühstück, Stellplatz mit warmem Wasser, Schwimmbad und Grillplatz 5 € p.P., 20 Betten, Schwimmbad, deutsch.
Omashare River Lodge Route 13	P.O. Box 617/Rundu, Tel. 066-266600 Fax 256111, www.omashareriverlodge.wheretostayonline.com. Anfahrt: Rundu. DZ 90 € inkl. Frühstück, 30 Betten, Geschäftsleute und Offizielle der internationalen Hilfsorganisationen, englisch.
Omatako Valley Rest Camp Route 13b	NACOBTA, Buchungen über Nacobta Booking and Information Center, P.O. Box 86099 Eros/Windhoek, Tel. 061-221918 oder 250558, Fax 222647, office.nacobta@iway.na, www.nacobta.com.na. Anfahrt: Grootfontein – B8 nach N (56 km) – C44 nach O (96 km). Camping 5 €/Person, von lokalen Leuten betrieben, Spaziergänge im Busch (6 €), Village Tour (5 €), Traditional Dancing (30 €/Gruppe), englisch.
Ombalantu Baobab Tree Campsite Route 7	NACOBTA, Buchungen über Nacobta Booking and Information Center, P.O. Box 86099 Eros/Windhoek, Tel. 061-221918 oder 250558, Fax 222647, office.nacobta@iway.na, www.nacobta.com.na. Anfahrt: Oshakati – C46 nach Norden (86 km). Stellplatz um 6 € p.P., Eintritt 2 €, Kunsthandwerk und Aktivitäten bei hohlem Baobab mit Geschichte mitten im Ovamboland, geführt von Einheimischen, die gerne über ihre Kultur berichten, englisch.
Ombeamateia Gästefarm Route 7	P.O. Box 237/Okahandja, Tel. 062-549023, Fax 549029, sandfeld@mweb.com.na. Anfahrt: Okahandja – B1 nach N (8 km) – C31 Piste nach O (126 km). DZ 70 € p.P. inkl. Frühstück, 10 Betten, hauptsächlich Jagdfarm, keine Kreditkarten, deutsch.
Ombinda Country Lodge Route 7	P.O. Box 326/Outjo, Tel. 067-313181, Fax 313478, ombinda@namibnet.com. Anfahrt: Outjo – C38 nach S (1 km). DZ 70 € inkl. Frühstück, Zeltplatz 6 € p.P., 42 Betten, Schwimmbad, englisch. Landebahn: 20°05'S, 16°08'E, Höhe 4344 ft, Länge 1800 m.
Ombo Straußenfarm Route 7	P.O. Box 368/Okahandja, Tel. 062-502003, Fax 503768, www.ombo-restcamp.com. Anfahrt: Okahandja – B1 nach Norden (10 km). DZ ab 30 € mit Selbstversorgung, 4 Bungalows unterschiedlicher Größe, Camping ab 5 €/Person, Straußenfarm, auch Krokodile sind zu sehen, deutsch.
Omburo-Ost Gästefarm Route 8	P.O. Box 271/Outjo, Tel. 081-2404719, Fax 0049-7633-7137. Anfahrt: Outjo – C39 (80 km) – D2743 (25 km) – D2351 (2 km) – Farmstraße (2 km). DZ 50 €/Person inkl. Frühstück, 3 schön eingerichtete Gästezimmer, Felsmalereien auf dem Farmgrund, deutsch.

Ombundja Wildlife Lodge Rte 9	P.O. Box 318/Outjo, Tel. 061-259698, Fax 259699, www.ombundja.de. Anfahrt: Outjo – C38 nach N (10 km) – C40 (45 km). DZ ab 90 € p.P. inkl. Vollpension, Schwimmbad, hauptsächlich Jagdfarm, deutsch.
OMEG Allee Pension Route 7+13a	B&B, P.O. Box 284/Tsumeb, Tel. 067-220844, Fax 220520, omegallee@iway.na. Anfahrt: 859 OMEG Alee, Tsumeb. DZ 40 €, 12 Betten, deutsch.
Omuntjandi Camp R 10	Keine Vorausbuchung möglich. Anfahrt: Ruacana Dorf – D3700 nach Westen (28 km). Einfaches Camo, u.U. geschlossen.
Ondangwa Hotel Route 11	P.O. Box 2827/Ondangwa, Tel. 065-241900, Fax 241919, www.proteahotels.com. Anfahrt: Main Street, Ondangwa. DZ 75 € inkl. Frühstück, 180 Betten, Schwimmbad, viele Geschäftsleute und Konferenzen, englisch.
Ondangwa Restcamp Route 11	P.O. Box 15049/Oluno, Tel./Fax 065-240351, restcamp@osh.namib.com. Anfahrt: hinter dem rosa Einkaufszentrum von Ondangwa, Freedom Square Street. 5 Chalets (mit Küche, ab 20 €/Person mit Früstück), Camping 10 € p.P., Restaurant, kleiner Weiher, englisch.
Ondangwa Town Lodge Route 11	P.O. Box 292/Ondangwa, Tel. 065-241715, Fax 241717, negonga@iafrica.com.na. Anfahrt: beim Ministry of Education. DZ 55 € inkl. Frühstück, englisch.
Ondekaremba Gästefarm Route 14	P.O. Box 5468/Windhoek, Tel. 062-540424, Fax 540133, www.ondekaremba.de. Anfahrt: Windhoek – B6 (36 km) – Farmstraße (4 km). DZ 55 € p.P. inkl. Frühstück, 20 Betten, Schwimmbad, Camping 11 €/Person (schön am Fluss gelegen), deutsch. Ondekaremba bietet die Möglichkeit, sein Fahrzeug langfristig in Hallen unterzubringen (ab 30 €/Monat).
Ondjamba Herberge Route 8a	P.O.Box 9/Omaruru, Tel. 064-570061, gerda@omaruru.na. Anfahrt: Railway Steet, Omaruru. DZ 25 € ohne Frühstück (Frühstück 4 €), neues Konzept mit der Verbindung von Seniorenheim und Gästezimmern, englisch.
Ondjondjo Route 7	B&B, P.O. Box 1/Otavi, Tel./Fax 067-234412, www.ondjondjo.iway.na. Anfahrt: Otavi – B8 nach O (4 km) – D2807 (11 km). DZ 45 €, auch Jagdfarm, dt.
Ondombo Route 8a	B&B, P.O. Box 19/Kalkfeld, Tel./Fax 067-290179, www.swiftcenre.com/ondombo. Anfahrt: Omaruru – C33 nach N (45 km) – D2338 (1 km). Preise: 35 € p.P. inkl. Frühstück, 6 Betten, Stellplatz 5 € p.P., Schwimmbad, auch Jagdfarm, deutsch.
Onduruquea Lodge Route 8a	P.O. Box 38/Omaruru, Tel./Fax 064-570832, www.namib-guestfarm.com. Anfahrt: Omaruru – C33 nach S (22 km). DZ 60 € p.P. inkl. Frühstück und Abendessen, riedgedeckte Bungalows, Pool, Camping ab 8 €/Person, deutsch.
One Stop Namib Garage	s. unter „Namib Garage“
Onganga Hotel-Pension Route 1	P.O. Box 90668/Windhoek, Tel. 061-241701, Fax 241676, www.onganga.com. Anfahrt: 11 Schuckmann Street, Windhoek. DZ 65 € inkl. Frühstück, 20 Betten, Schwimmbad, schöne Bar für den Sonnenuntergang, an einem Hang in Avis gelegen, sehr angenehme Gastgeber, deutsch.
Ongava Lodge Route 7	P.O. Box 6850/Windhoek, Tel. 061-74500, Fax 239455, www.wildernesssafaris.com. Anfahrt: Outjo – C38 nach N (88 km) – Farmstraße (7 km). DZ 175-240 € p.P. inkl. Mahlzeiten und Wildführung, 20 Betten, Pool, englisch.
Ongava Tented Camp Route 7	P.O. Box 6850/Windhoek, Tel. 061-74500, Fax 239455, www.wildernesssafaris.com. Anfahrt: Outjo – C38 nach N (88 km) – Farmstraße (7 km). Zelt 175-240 € p.P. inkl. Mahlzeiten und Wildführung, Schwimmbad, englisch.

Ongava (Little) Route 7	P.O. Box 6850/Windhoek, Tel. 061-74500, Fax 239455, www.wilderness-safaris.com. Anfahrt: Outjo – C38 nach N (88 km) – Farmstraße (7 km). Luxussuite 325-450 € p.P. alles inklusive, 3 Suiten, englisch
Ongongo Zeltplatz Route 10	Tel. 081-3140216, www.ongongocamp.co.za. Anfahrt: Palmwag – C43 nach N (84 km) – Stichpiste (6 km). 5 € p.P., Stellplätze mit schattenspendenden Überbauten, saubere Toiletten, warme Duschen, englisch. Am Ongongo Wasserfall (warme Quellen) gelegen, man kann Führer anheuern, baden, Kinder können Eselskarrentouren unternehmen, auch eine Bar für den Sundwoner gibt es.
Ongozi Guest Lodge Rte 11	P.O. Box 41/Okahao, Tel. 065-252025, Fax 252026, Hotel mitten im Nirgendwo im Halbrund um einen Baobab, 3 km westlich von Ohakao an der C41. DZ 35 € inkl. Frühstück, englisch.
Onguma Safari Camps Route 7+11	P.O. Box 6784/Windhoek, Tel. 061-232009, Fax 222574, www.onguma.com. Anfahrt: Etosha/von Lindequist Gate – Farmpad (8 km). Vier luxuriöse Camps, Bush Camp (70 €/Person mit Frühstück), Tented Camp (200 €/Pers. mit Halbpension), Tree Top Camp (300 €/Pers., alles inklsive), The Fort (270 € mit HP), Zeltplatz (12 €/Person). Anbindung an Etosha und eigener Tierwelt, bestes Essen, aufmerksames Personal, herausragende Architekturkonzeption, englisch.
Onkoshi Camp Route 7	Buchung über Namibia Wildlife Resorts Ltd. in Windhoek. Anfahrt: Etosha-Nationalpark. Luxuscamp von Namibia Wildlife Resorts im Osten des Parkes, exklusive Lage, exklusive Aktivitäten und exklusive Bedienung, das hat aber seinen Preis: Chalet ab 400 €/Person mit allen Mahlzeiten und Aktivitäten.
Onze Rust Guesthouse Route 14	B&B, P.O. Box 2212/Gobabis, Tel. 062-562214, Fax 565060, www.natron.net/tour/onzerust. Anfahrt: Rugby Street, Gobabis. DZ ab 40 € inkl. Frühstück, englisch.
Oppiklippe Guest House Rte 7	P.O. Box 160/Outjo, Tel. 081-2802010, www.etosha-namibia.com/oppiklippe. Anfahrt: Outjo – C38 nach Süden (4 km) – Straße 63 nach Westen (2 km). Camping 3 €/Pers., Cabins ab 30 €, Chalet ab 55 €, englisch.
Opuwo Country Hotel Route 10	Zentrale Reservierung in Windhoek, Tel. 061-374750, Fax 256598, www.namibialodges.com. Anfahrt: Opuwo im Zentrum hinauf auf den Hügel. DZ m.F. ab 120 €. 40 luxuriöse Zimmer abseits des Trubels des Städtchens in exklusiver Lage mit herrlicher Weitsicht über das Kaokoveld, Pool, großzügige Terrasse, Restaurant, separat liegender Zeltplatz (10 €/Person), englisch.
Orange House Route 1	P.O. Box 895/Swakopmund, Tel. 064-405157, www.orange-house.de. Anfahrt: 22 Richthofen Street, Swakopmund. DZ 30 € p.P. inkl. Frühstück, 10 Betten, Blick auf den Atlantik, Garten, deutsch.
Orange River Lodge Route 3a	Tel. 063-297133, Fax 297134, www.orlodge.iway.na. Anfahrt: Noordoewer. DZ 40 € inkl. Frühstück, Stellplätze 4 € p.P., 7 Zimmer, englisch.
Oropoko Lodge Route 8	P.O. Box 726/Okahandja, Tel. 062-503871, Fax 503842. Anfahrt: Okahandja – B2 (42 km) – Stichstraße (18 km). DZ 125 € inkl. Frühstück, 50 Betten, auf einem Hügel, Pool, Schießplatz, oft von Reiseveranstaltern gebucht, deutsch.
Oshakati Country Lodge Route 11	Buchung über Protea Hotels (wurde Mai 2009 an die Protea-Gruppe verkauft, aber bis Ende 2009 noch nicht ins Portfolio übernommen). Anfahrt: Robert Mugabe Ave, Oshakati. Zentral gelegen, 100 Betten in den um den Pool angelegten Gebäuden, viele Geschäftsleute und beliebtes Restaurant, englisch.
Oshakati Guest House Route 11	P.O. Box 15585/Oshakati, Tel. 065-224114, oshkatiguesthouse@iway.na. Anfahrt: bei der NBC, Oshakati. 12 Zimmer , einfaches B&B, englisch.

Oshandira Lodge Route 11 — P.O. Box 958/Oshakati, Tel. 065-220443, Fax 221189, oshandira@iway.na. Anfahrt: den Schildern beim Hospital folgen, Oshakati. DZ 70 € inkl. Frühstück, 35 Betten, Schwimmbad, Restaurant mit lokalen Spezialitäten wie Mopane Worms und Oshivambo Chicken, englisch (GPS 17 47 34/15 41 52).

O'Sheja Guesthouse Route 10+11 — Selbstversorgung, Tel./Fax 065-270034 oder 081-2424916. Anfahrt: Ruacana Dorf. DZ 30 €, englisch.

Otavi Gardens Hotel Route 7+13 — P.O. Box 11/Otavi, Tel./Fax 067-234334. Anfahrt: Otavi. DZ 20 € inkl. Frühstück, 25 Betten, einfaches Hotel mit keiner weiteren Komforteinrichtung, englisch.

Otavi Rastlager — s. unter „Hillmount Resort"

Otjandaue Gästefarm Route 8a — P.O. Box 44/Omaruru, Tel. 081-1281203, Fax 064-570481. Anfahrt: Omaruru – D2328 zwischen der Dampfbäckerei und dem Souvenirladen (19 km). Preise: DZ 75 € p.P. inkl. Vollpension, 12 Betten, Schwimmbad, hauptsächlich Jagdfarm, deutsch.

Otjibamba Lodge Route 7 — P.O. Box 134/Otjiwarongo, Tel. 067-303133, Fax 304561, www.otjibamba.com. Anfahrt: Otjiwarongo – B1 (6 km). DZ 45 € p.P. inkl. Frühstück, 40 Betten, Pool, bekanntes Restaurant, guter Weinkeller, deutsch.

Otjihaenamaparero Campsite — s. unter „Dinosaurus Tracks Campsite"

Otjikoko Gästefarm Route 8a — P.O. Box 404/Omaruru, Tel. 064-570364, Fax 570893, www.otjikoko.de. Anfahrt: Omaruru – C33 (2 km) – D2329 (45 km). DZ 75 € p.P. inkl. Vollpension, 12 Betten, Schwimmbad, deutsch, hauptsächlich Jagdfarm.

Otjikoto Lake Campsite Rte 7 — Tel./Fax 067-221421, sigbag@namibnet.com. Anfahrt: direkt am Otjikoko-See. Stellplatz 5 € p.P. (mit Eintritt zum See), abends steht der See im Flutlicht, englisch.

Otjimbuku Gästefarm Route 7 — P.O. Box 765/Okahandja, Tel. 062-549060, www.natron.net/otjimbuku. Anfahrt: Okahandja – B1 nach N (10 km) – C31 nach O (68 km) – Straße 59 nach NO (38 km) – D2128 (5 km). DZ 65 € p.P. inkl. Halbpension, 6 Betten, hauptsächlich Jagdfarm, deutsch.

Otjipahueiro Campsite Route 10+11 — NACOBTA, Buchungen über Nacobta Booking and Information Center, P.O. Box 86099 Eros/Windhoek, Tel. 061-221918 oder 250558, Fax 222647, office.nacobta@iway.na, www.nacobta.com.na. Anfahrt: Ruacana Kraftwerk nach W (2 km)/bei den Hippo-Pools. Toiletten, Duschen, Führer, Möglichkeit das Innenleben des Kraftwerks zu besichtigen und es sich erklären zu lassen, Stellplatz 4 € p.P., schönster Platz ist an der Flussschleife, englisch.

Otjiruze Gästefarm Route 7 — P.O. Box 297/Okahandja, Tel. 062-503719. Fax 503712, www.otjiruze.com. Anfahrt: Okahandja – D2101 (27 km) – Farmstraße nach links (13 km). DZ 75 € p.P. inkl. Halbpension, Stellplatz 8 € p.P., 10 Zimmer, Schwimmbad, Tennisplatz, deutsch.

Otjisazu Gästefarm Route 7 — P.O. Box 1505/Okahandja, Tel. 062-501259, Fax 501323, www.otjisazu.de. Anfahrt: Okahandja – D2102 (27 km). DZ 100 € inkl. Halbpension, 30 Betten, Schwimmbad in einem sehr schönen Garten gelegen, deutsch.

Otjitotongwe Lodge Route 9 — P.O. Box 60/Kamanjab, Tel. 067-330201, Fax 330211, www.cheetahparknamibia.com. Anfahrt: Kamanjab – C40 nach O (24 km) – Farmpiste (8 km). DZ 60 € p.P. inkl. Halbpension, 10 Betten, Geparden, dt.

Otjiwa Game Ranch
Route 7
P.O. Box 1231/Otjiwarongo, Tel./Fax 067-306671, www.otjiwa.de. Anfahrt: Otjiwarongo – B1 nach S (36 km) – Farmstraße (2,5 km). DZ 95 € inkl. Frühstück, 73 Betten, viel Großwild, mehrstündige Wanderwege, Schwimmbad, englisch.

Otjiwarongo Acacia
Route 7+7a
P.O. Box 2209/Otjiwarongo, Tel. 067-302121, Fax 303673. Anfahrt: Otjiwarongo. Stellplatz 10 € p.P., englisch.

Otjiwarongo Crocodile Ranch
Route 7+7a
Tel. 067-302121, Fax 303673, ocr@mweb.com.na. Anfahrt: Otjiwarongo (Krokodilfarm). Chalets für Selbstversorger 40 € (2 Personen, Essen im Restaurant der Crocodile Ranch möglich), englisch.

Outapi Town Lodge
Route 11
Tel. 065-251029, Fax 251013, www.outapith.iway.na. Anfahrt: Uutapi/Ombalantu. DZ 35 € inkl. Frühstück, neues Hotel im Ort an der Hauptstraße, Schwimmbad, englisch.

Out of Africa
Route 7+7a
B&B, P.O. Box 182/Otjiwarongo, Tel. 067-303397, Fax 303383, www.out-of-afrika.com. Anfahrt: 94 Tuin Street, Otjiwarongo. DZ 35 € p.P. inkl. Frühstück, englisch

Out of Africa Town Lodge
Route 7+7a
P.O. Box 182/Otjiwarongo, Tel. 067-302230, Fax 302236, www.out-of-afrika.com. Anfahrt: 94 Tuin Street, Otjiwarongo. DZ 45 € inkl. Frühstück, Neubau am Stadteingang mit Säulen und Springbrunnen, englisch.

Ozombanda Gästefarm
Route 8
P.O. Box 449/Okahandja, Tel. 062-503870, Fax 503996, www.jagd-namibia.de. Anfahrt: Okahandja – B2 nach W (30 km) – Farmpiste 3 km. DZ 65 € p.P. inkl. Halbpension, 6 Betten, Schwimmbad, hauptsächlich Jagdfarm, deutsch.

Pabeantas
Route 1
B&B, P.O. Box 2948/Windhoek, Tel. 061-251860, Fax 222639, www.pabeantas.com. Anfahrt: 16 Malcolm Spence Street, Windhoek. DZ 50 €, 15 Betten, hauptsächlich Geschäftsleute, englisch.

Padberg
Route 7
B&B, P.O. Box 335/Otjiwarongo, www.padbergbedandbreakfast.com, Tel. 081-2133578. Anfahrt: Otjiwarongo – D2440 nach Osten (28 km). DZ 45 € mit Frühstück, weitere Mahlzeiten auf Anfrage, 4 individuell eingerichtete Zimmer unweit des Cheetah Conservation Fund, englisch.

Palermo Backpackers
Rte 7+13a
B&B, Tel. 067-220133. Anfahrt: Mainstreet, Tsumeb. Bett 12,50 €, wirklich sehr rudimentäre Unterkunft in einer Bäckerei mit Pizza und Cappuccino, italienisch/englisch.

Palmenecke
Route 7+13
B&B, P.O. Box 392/Otavi, Tel./Fax 067-234199, www.palmenecke.co.za. Anfahrt: 96 Herzog Avenue, Otavi. DZ 35 € ohne Frühstück, 10 Betten, Mittag- und Abendessen möglich, englisch.

Palmquell Hotel-Pension Rte 1
P.O. Box 6143/Windhoek, Tel. 061-234374, Fax 234483, www.palmquell.com. Anfahrt: 60 Jan Jonker Road, Windhoek. DZ 100 € inkl. Frühstück, 20 Betten, deutsch.

Palmwag Lodge
Route 10+12
P.O. Box 339/Swakopmund, Tel. 0027-11-2575111, Fax 8072110, www.palmwag.com.na. Anfahrt: Khorixas – C39 (112 km) – C43 (44 km). DZ ab 100 € p.P. inkl. Halbpension, Stellplatz 12 € p.P., 15 Zimmer und 5 Luxuszelte, 8 Stellplätze, Schwimmbad, englisch. Manchmal kommen die Elefanten bis ans Camp. Landebahn: 19°52'S, 13°56'E

Panorama Rock Lodge
Route 14
P.O. Box 11323/Windhoek, Tel. 061-251313, Fax 061-251862, www.panoramarock.com. Anfahrt: Windhoek – B2 nach O (45 km) – MR51 nach S (38 km) – Farmstraße (2 km). 2 Bungalow für 2 Personen, vier Doppelzimmer, ab 75 € p.P. inkl. Halbpension, Game Drives (seltenes Wild wie Säbelantilopen, Giraffen), Wanderungen, auch Jagdfarm, deutsch.

Pappot Rastlager Route 1	P.O. Box 34/Maltahöhe, Tel. 063-293397, Fax 293091, pappot@mweb.com.na. Anfahrt: Main Street, Maltahöhe. DZ 35 €, Stellplatz 5 €, gutes Restaurant, 10 Betten, auch Informationstelle, englisch.
Paradise Garden Route 1	Tel. 061-303494, Fax 303496, www.paradisegarden.iway.na. Anfahrt: Rontgen Street, Windhoek. DZ 22 €, Schlafsaal 8 €, Internet, Mahlzeiten möglich, 10 Fußminuten vom Zentrum, Pool, Braaiplatz, englisch.
Pelican Bay Hotel Route 5	P.O. Box 713/Walvis Bay, Tel. 064-214000, Fax 200481, www.proteahotels.com. Anfahrt: Esplanade, Walvis Bay. DZ 50 € p.P. inkl. Frühstück, 100 Betten, englisch.
Penduka „Wake up" Route 1	P.O. Box 7635/Katutura, Tel./Fax 061-257210, penduka@namibnet.com, www.penduka.com. Anfahrt: Goreangab Damm, Katutura (Shuttle-Service). Bett ab 6 €, Bungalow 25 € (2 Personen), geleitet von einem Frauenprojekt gegen Arbeitslosigkeit, Restaurant, englisch.
Planet Africa Rte 7	P.O. Box 182/Otjiwarongo, Tel. 067-302230, Fax 302236. Anfahrt: 94 Rikumbi Katanga Street, Otjowarongo. Zimmer für Selbstversorger 40 €, englisch.
Popa-Fälle Rastlager Route 13	Buchung über Namibia Wildlife Resorts Ltd. in Windhoek. Anfahrt: Rundu – B8 nach O (198 km) – D3403 (5 km). Hütten 45 €/2 Personen mit Frühstück, Camping 10 €/Stellplatz (max. 8 Personen) und 5 €/Person, Einlass von Sonnenauf- bis Sonnenuntergang, kleiner Laden, Restaurant, englisch.
Prinzessin-Rupprecht-Heim Hotel-Pension R 5	P.O. Box 124/Swakopmund, Tel. 064-412540, Fax 412541, reservation@prinzrupp.com.na. Anfahrt: 15 Lazarett Street, Swakopmund. DZ 40 € inkl. Frühstück, 35 Betten, deutsch.
Promenaden Heights Route 1	B&B, P.O. Box 861/Windhoek, Tel. 061-223169, Fax 239382, travel@mweb.com.na. Anfahrt: 9b Promenaden Road, Windhoek. DZ 40 €, 6 Betten, deutsch.
Protea Hotel Route 5	P.O. Box 30/Walvis Bay, Tel. 064-213700, Fax 209565, www.proteahotels.com/walvisbay. Anfahrt: 10th Road Ecke Sam Nujoma Drive, Walvis Bay. DZ 80 € inkl. Frühstück, 50 Betten, südafrik. Hotelkette, englisch.
Puccini House Route 1	B&B, P.O. Box 31396/Windhoek, Tel.061-236355, Fax 245332, www.puccini-namibia.com. Anfahrt: 4 Puccini Street, Windhoek. DZ 35 € inkl. Frühstück, Stellplatz 6 € p.P. inkl. Frühstück, Schwimmbad, Küche, englisch.
Punyu International Hotel Rte 11	P.O. Box 247/Ondangwa, Tel. 065-240556, Fax 065-240660. Anfahrt: Main Road (500 m auf der D3622 Richtung Eenhana), Ondangwa. DZ 35 € inkl. Frühstück, 100 Betten, Parkplatz, englisch.
Purros Zeltplatz Route 10b	NACOBTA, Buchungen über Nacobta Booking and Information Center, P.O. Box 86099 Eros/Windhoek, Tel. 061-221918 oder 250558, Fax 222647, office.nacobta@iway.na, www.nacobta.com.na. Anfahrt: Purros. Camping 5 €/Person, Toiletten und Duschen mit warmem Wasser für jeden Stellplatz, im Uferwald, schön und sauber, lokale Führer, Bar mit kalten Getränken, Besuch des Traditional Village, von Himba geführt.
Purros Bush Lodge Route 10b	Kommunale Lodge, keine Buchungsmöglichkeit. Anfahrt: Purros 4 km nach Norden am Hoarusib-Rivier. 7 Zimmer, Bar, sauber, 30 €/Person, englisch.
Quinta Safari House Route 14	Tel./Fax 062-568911, quintas@iway.na. Anfahrt: Buitepos – B6 nach W (65 km) – D1603 nach Süden (5 km). DZ 55 € inkl. Halbpension, 5 Zimmer, englisch.

Quivertree Forest Rastlager Rte 2	P.O. Box 262/Keetmanshoop, Tel. 063-222835, Fax 223963, www.quivertreeforest.com. Anfahrt: Straße 29 (15 km). DZ 85 € inkl. Halbpension, Stellplatz 7 € p.P., 16 Betten, Restaurant, englisch.
Rainbow River Lodge Route 5	P.O. Box 5111/Divundu, Tel. 066-686002, Fax 686003, www.rainbowriverlodge-namibia.com. Anfahrt: Divundu – D3403 (7 km) – Piste (1 km). DZ 80 € inkl. Frühstück, 20 Chalets, 10 Hütten, 20 Stellplätze (8 €), Restaurant, Cusioshop, Laden, englisch.
Rachel Backpacker Route 2	P.O. Box 1381/Keetmanshoop, Tel. 063-225177. Sehr einfache Unterkunft, Bett ab 10 €, englisch.
Rapmund Hotel-Pension Rte 5	P.O. Box 425/Swakopmund, Tel. 064-402035, Fax 404524, www.hotelpensionrapmund.com. Anfahrt: 6–8 Bismarck Street, Swakopmund. DZ 25 € p.P. inkl. Frühstück, 50 Betten, deutsch.
Red Dune Camping Route 2a	P.O. Box 73/Gochas, Tel. 063-250164, Fax 088-617718, www.reddunecamp.weebly.com. Anfahrt: Gochas – C15 nach SÜden (38 km). Auf der Farm Tarendal liegt einer der schönsten Zeltplätze des Landes, hoch oben auf einer Kalahari-Düne (nur mit 4x4 zu befahren). Camping ab 7 €/Person, einfache Hütten 15 €/Person, Zimmer mit eigenem Bad, Luxuszete mit Buschdusche und Toilette, Restaurant, Farmshop mit Grillfleisch, sehr begehrter Platz, deshalb in der Saison vorausbuchen, englisch.
Reho Spa Rastlager Route 1	Wurde 2009 privatisiert und ist bis auf Weiteres wegen Renovierung geschlossen. Anfahrt: Rehoboth. Preise: Rasthaus (4 Betten) 30 €, Thermalbad mit Innen- und Außenbecken.
Reit-Club Route 7	P.O. Box 425/Okahandja, Tel. 062-501678. Anfahrt: Okahandja, 15 € p.P., Stellplatz 5 € p.P., 3 Zimmer mit Gemeinschaftsbad, einfach, aber sauber, Restaurant Horseshoe, deutsch.
Rivendell Route 1	P.O. Box 5142/Windhoek, Tel. 061-250006, Fax 250010, www.rivendellnamibia.com. Anfahrt: 40 Beethoven Street, Windhoek. DZ ab 40 € (eigenes Bad) inkl. Frühstück, 20 Betten, englisch.
River Chalets R te 1+2+2a	P.O. Box 262/Mariental, Tel. 063-240515, www.riverchalets.com. Anfahrt: National Road, Mariental. Selbstversorger-Bungalows, 40 € (2 Personen), 50 € (5 Personen), Frühstück 4 €, englisch. Von Gästen hochgelobt.
Rixis Rest Route 1	B&B, P.O. Box 9180/Eros, Tel./Fax 061-226201, rixis@mweb.com.na. Anfahrt: 11 Winterberg Street, Windhoek. DZ 35 €, 6 Betten, deutsch.
R&L Gästefarm Route 8a	P.O. Box 170/Omaruru, Tel. 064-570657, Fax 570658, rlfarm@iway.na. Anfahrt: Karibib – C33 (42 km). 70 € p.P. inkl. Vollpension, 10 Betten, Schwimmbad, hauptsächlich Jagdfarm, deutsch.
The Rock Lodge Route 8	P.O. Box 1297/Okahandja, Tel. 062-503840, Fax 503170, www.rock.lodge.na. Anfahrt: Okahandja – B2 nach W (12 km). DZ 55 € p.P. inkl. Frühstück, 31 Zimmer, Schwimmbad. Die Lodge ist hübsch in eine felsige Landschaft eingepasst, Konferenzräume, englisch.
Roidina Safari Farm Route 8a	P.O. Box 259/Omaruru, Tel./Fax 064-571188, www.natron.net/roidina. Anfahrt: Omaruru – C33 nach N (20 km). DZ ab 75 € p.P. inkl. Halbpension, Wandern, Fotosafaris, englisch.
Roof of Africa Route 1	P.O. Box 11745/Windhoek, Tel. 061-254708, Fax 248048, www.roofofafrica.com. Anfahrt: 124/126 Nelson Mandela Avenue, Windhoek. DZ ab 75 € inkl. Frühstück, Restaurant, Bar, Autovermietung, englisch
Rooiklip Gästefarm Route 1	P.O. Box 40522/Windhoek, Tel. 062-572126, Fax 572128, www.rooiklip.iway.na. Anfahrt: Windhoek – C26 (158 km) – D1438 (9 km) – Farmpad (9 km). DZ 45 € p.P. inkl. Halbpension, zu Füßen des Gamsberg-Passes, 7 Zimmer, deutsch.

Rooisand Desert Ranch Route 1	P.O. Box 2106/Windhoek, Tel. 062-572119, Fax 572161, www.rooisand.com. Anfahrt: Windhoek – B1 nach S (7km) – C26 (158 km). DZ 130 € mit Frühstück, 10 Betten, Schwimmbad, Sternobservatorium, Camping 13 €/Person, deutsch. Landebahn: 23°17'S, 16°06'E
Rossmund Lodge Route 5	P.O. Box 86/Swakopmund, Tel. 064-414600, Fax 414649, www.swakopresorts.com. Anfahrt: Swakopmund – B2 (8 km). DZ 55 € p.P. inkl. Frühstück, 24 Chalets, Luxusunterkunft am Golfplatz von Swakopmund, englisch.
Rostock Ritz Lodge Route 1	P.O. Box 536/Swakopmund, Tel. 061-257467, Fax 257469, www.natron.net/rostock. Anfahrt: Solitaire – C14 nach N (46 km) – Farmpiste (5 km). DZ 160 € inkl. Frühstück, 44 Betten, englisch.
Royal Benguela Gh. Rte 5	P.O. Box 8188/Swakopmund, Tel./Fax 064-402193, www.royalbenguela.com. Anfahrt: 16 Tsavorite St, Swakopmund (Vineta). DZ 40 €/Person mit Frühstück, 7 schön eingerichtete Zimmer unweit der Waterfront, englisch.
Roy's Camp Route 13	P.O. Box 755/Grootfontein, Tel./Fax 067-240302, royscamp@iway.na, www.swiftcentre.com/roys. Anfahrt: Grootfontein – B8 nach N (56 km). Bungalow 45 € p.P. inkl. Frühstück, rustikal eingerichtet, Stellfläche 6 € p.P., Pool, zahlreiche Aktivitäten, nettes Rastlager auf dem Weg nach Rundu, eintägige San-Tour 150 € (max 7 Personen), englisch.
Rüppel Gästefarm R 8a	Tel./Fax 067-290178. Anfahrt: Omaruru – C33 nach N (37 km) – D2337 (18 km). DZ 50 € p.P. Halbpension, 10 Betten, auch Jagdfarm, englisch.
Ruacana Eha Lodge	s. unter „Eha Lodge“
Rubo Flat Route 5	Selbstversorgung, Tel. 064-463251, bozie3@iway.na. Anfahrt: Seeadler Street, Swakopmund (im Stadtteil Hage Heights im Norden). Ferienwohnung mit 2 Schlafzimmern, ab 15 €/Person, BBQ, Garage, englisch.
Rustig Toko Lodge Route 10	P.O. Box 25/Kamanjab, Tel. 067-330250, Fax 330265, www.tokolodge.com. Anfahrt: Kamajab – C35 nach N (7 km) – D2763 (13 km) – D2695 (6 km). DZ 55 € p.P. mit Frühstück, 18 Betten, Schwimmbad, Stellplatz 6 € pro Person, Wildfahrten, Touren, deutsch.
Sachsenheim Gästefarm Rte 11	P.O. Box 1713/Tsumeb, Tel. 067-230011, Fax 230072, www.sachsenheim-wild.de. Anfahrt: Tsumeb – B1 nach N (80 km) – Farmstraße (1,5 km). DZ 80 € p.P. inkl. Vollpension, 22 Betten, 3 Stellplätze, deutsch.
Safari Hotel Route 1	P.O. Box 3900/Windhoek, Tel. 061-2968000, Fax 235652, www.safarihotel.com.na. Anfahrt: Windhoek, Eros Flughafen. Preise: DZ ab 60 € inkl. Frühstück, Hotelkomplex mit 900 Betten der 3- und Vier-Sterne-Kategorie, Schwimmbad, Parkplatz, viele Reisegruppen, englisch.
Salambala Campsite Route 13	NACOBTA, Buchungen über Nacobta Booking and Information Center, P.O. Box 86099 Eros/Windhoek, Tel. 061-221918 oder 250558, Fax 222647, office.nacobta@iway.na, www.nacobta.com.na. Anfahrt: Katima Mulilo– B8 nach Osten (58 km) – Stichstraße (5 km). Stellplatz 5 € p.P., englisch.
Sams Giardino House Route 5	P.O. Box 1401/Swakopmund, Tel. 064-403210, Fax 403500, www.giardinonamibia.com.na. Anfahrt: 89 Anton Lubowski Avenue, Swakopmund. DZ ab 105 € inkl. Frühstück, 20 Betten, deutsch.
Sandfields Guest House Route 5	P.O. Box 2044/Swakopmund, Tel. 064463136, Fax 463179, www.sandfieldsguesthouse.com. Anfahrt: 11 Sphinx Stret, Swakopmund (Vineta). DZ 90 € mit Frühstück, 5 Zimmer , englisch.
SanDüne Lodge Route 14	P.O. Box 426/Gobabis, Tel. 062-563559, www.sandune.co.za. Anfahrt: Gobabis – B6 nach Osten (3 km) – C22 nach Süden (13 km). DZ 55 € p.P. inkl. Frühstück, 8 Zimmer und 6 Luxuszelte, englisch.

Santorini Inn Route 11	P.O. Box 5569/Oshakati, Tel. 065-220457, Fax 220506, www.anitad.iway.na. Anfahrt: Oshakati. DZ 60 € inkl. Frühstück, 29 Zimmer, Schwimmbad, gutes Restaurant (auch Pizza), hübscher Garten, deutsch.
Sarasungu Lodge Route 13	P.O. Box 414/Rundu, Tel. 067-255161, Fax 256238, www.sarasunguriverlodge.com. Anfahrt: Rundu – D3402 (500 m) – Stichstraße (2 km). DZ 80 € inkl. Frühstück, Camping mit Feuerstelle 10 € Person, Schwimmbad, Konferenz- und Tagestourismus, englisch.
Savanna Guestfarm Route 3	P.O. Box 14/Grünau, Tel. 063-262070, Fax 262050, www.savanna-guestfarm.com. Anfahrt: Keetmanshoop – B1 nach S (120 km), 40 km vor Grünau. DZ 70 € inkl. Frühstück, 10 Betten, englisch.
Schöne Aussicht, Camp Route 10	P.O. Box 81, Outjo, Tel. 067-313751, www.top.transgeo.de. Anfahrt: Sesfontaine nach O (5 km) – C 43 nach N (65 km) – ausgeschilderter Bergpfad nach O (5 km, auch mit Pkw machbar). Zeltplatz ab 6 € p.P., Zimmer mit Halbpension p.P. 45 €. Möglichkeit, selbst nach einem Dioptas im Bergwerk zu suchen (Mineralientour 15 €), sehr angenehmes Camp, überaus empfehlenswert, fantastische Sicht, deutsch.
Schönfeld Gästefarm Route 8a	P.O. Box 382/Omaruru, Tel. 067-290090, Fax 067-290190, www.schoenfeldsafaris.com. Anfahrt: Omaruru – C33 nach N (40 km) – D2337 (14 km). DZ 75 € p.P. inkl. Halbpension, 16 Betten, Schwimmbad, hauptsächlich Jagdfarm, deutsch.
Schützenhaus Pension Rte 2+2a+3	P.O. Box 3549/Keetmanshoop, Tel. 063-223400, Fax 225546. Anfahrt: Pastorie Street, Keetmanshoop. DZ 50 € inkl. Frühstück, 13 luxuriöse Zimmer mit allem Komfort in dem Gebäude des einst ersten deutschen Klubs in Namibia, der 1907 gegründet wurde, Küche mit deutschen Spezialitäten (aber nicht nur), englisch.
Schwalbenheim Route 1	B&B, P.O. Box 6455/Windhoek, Tel./Fax 061-222829, www.schwalbenheim.com.na. Anfahrt: 14 Bismarck Street, Windhoek. DZ 45 €, 16 Betten, englisch.
Schweizerhaus Hotel Route 5	P.O. Box 445/Swakopmund, Tel. 064-400331, Fax 064-405850, www.schweizerhaus.net. Anfahrt: 1 Bismarck Street, Swakopmund. DZ ab 40 € p.P. inkl. Frühstück, 50 Betten, deutsch, angeschlossen ist bekanntes Café.
Sea Breeze Guesthouse Route 5	P.O. Box 2601/Swakopmund, Tel. 064-463348, Fax 463349, www.natron.net/tour/seabreeze. Anfahrt: 48 Turmalin Street, Swakopmund. DZ ab 65 € inkl. Frühstück, elegant eingerichtetes Haus mit Zimmern und Wohnungen, englisch.
Seagull's Inn Guesthouse R 5	B&B, P.O. Box 98/Walvis Bay, Tel. 064-202775, Fax 202455. Anfahrt: 215 Sam Nujoma Avenue, Walvis Bay. DZ 30 €, englisch.
Seagull Route 5	B&B, P.O. Box 1162/Swakopmund, Tel. 064-405287, Fax 405287, www.segullbandb.com.na. Anfahrt: 60 Strand Street, Swakopmund. DZ ab 30 €, englisch.
Seahorse Holiday Flats Route 5	Tel./Fax 064-462743, www.natron.net/seahorse. Anfahrt: Bernstein Street, Swakopmund. Ferienapartments mit 1-4 Betten, Frühstück möglich, 2-Bett-Apartment ab 55 €, deutsch.
Seaview Hotel Zum Sperrgebiet	s. unter „Zum Sperrgebiet Hotel“
The Secret Garden Guesthouse Route 5	P.O. Box 2609/Swakopmund, Tel./Fax 064-404037, www.natron.net/tour/secretgarden. Anfahrt: 36 Bismarck Street, Swakopmund. DZ 50 € p.P. inkl. Frühstück, 14 Betten, schöne Gartenanlage, englisch

Seeheim Hotel Route 2+3	P.O. Box 1338/Keetmanshoop, Tel. 063-250503, Fax 250531, www.seeheim.co.za. Anfahrt: Seeheim. DZ 45 € p.P. inkl. Frühstück, 32 Betten in einem alten Fort der Schutztruppe, Schwimmbad, Treibstoff (nicht immer), Laden, englisch.
Seidarap Gästehaus Route 4	Tel. 067-242817, Fax 242818, www.seidarap.com. Anfahrt: Grootfontein – C42 nach Norden (4 km). DZ 30 € p.P. inkl. Frühstück, 6 Zimmer, Schwimmbecken, auch Abendessen möglich, deutsch.
Sérénité Namibia	s. unter „Gocheganas"
Serra Cafema Camp Route 10b	P.O. Box 6850/Windhoek, Tel. 061-274500, Fax 239455, www.wilderness-safariscom. Anfahrt: Nur bei Voranmeldung, üblich ist die Ankunft mit dem Flugzeug, am Kunene 65 km von der Mündung entfernt. 500-625 € p.P. alles inklusive, was man sich nur vorstellen kann; 6 Luxuszelte am Kunene, Voranmeldung obligatorisch, deutsch.
Sesfontein Lodge	s. unter „Fort Sesfontein Lodge"
Sesriem Zeltplatz Route 1	Buchung über Namibia Wildlife Resorts Ltd. in Windhoek. Anfahrt: Namib-Naukluft-Park, Sesriem/Sossusvlei-Teil. Stellplatz 30 € und 15 €/Person, geringe Versorgungsmöglichkeit, für Camper werden die Tore nach Sossusvlei eine Stunde früher geöffnet, Tankstelle. Tore in die Außenwelt öffnen von Sonnenauf- bis Sonnenuntergang (Richtung Sossusvlei meist eine Stunde früher bzw. später), englisch.
Seven Valleys Route 11	B&B, P.O. Box 1430/Oshakati, Tel./Fax 065-231049, www.sevenvalleys.info. Anfahrt: Main Road Ongwediva – Oshakati, Oshakati. DZ 45 € inkl. Frühstück, 16 Betten, englisch.
Shamvura Restcamp Route 13	Tel. 066-256179, www.shamvuracom. Anfahrt: Divundu/Bagani – B8 nach W (100 km) – am Shamvura Turn-off nach Norden zum Kavango (12 km). 50 € p.P. im Bungalow zur Selbstversorgung, Stellfläche 10 € p.P., englisch.
Shankara Farm Lodge Route 13	Tel./Fax 066-258616. Anfahrt: Rundu – B8 nach Osten (81 km) – Stichstraße (4 km). Bungalow 55 € (max. 5 Personen), Camping 6 €/Person, Hot Spot für Birder und Angler, bislang Selbst versorgung, Restaurant in Planung, englisch.
Shark Island R 4	s. unter „Lüderitz Rastlager"
Showayapo Route 5	B&B, Tel./Fax 064-403851, www.taros-guesthouse.com. Anfahrt: Swakopmund, Rhode Allee 16. DZ 45 € mit Frühstück, 4 Zimmer, deutsch.
Sikereti Rastlager Route 13b	Buchung (Eintritt) über Namibia Wildlife Resorts Ltd. in Windhoek, teils auch vor Ort. Anfahrt: Tsumkwe – Kaudom-Tierreservat. Seit 2005 aufgelassenes Camp, in dem man kostenfrei übernachten darf (Eintritt in den Game Park 5 €/ Person und 1,50 €/Fahrzeug), mindestens zwei geländegängige Fahrzeuge (ohne Anhänger!) sind notwendig, Proviant und Wasser für mindestens 3 Tage, englisch.
Silversand Gästefarm Route 14	P/Bag 13161/Windhoek, Tel./Fax 062-560200, www.silversand-hunting.com. Anfahrt: Windhoek – B6 (69 km) – D1535 (18 km). DZ 80 € p.P. inkl. Vollpension, 9 Betten, Schwimmbad, hauptsächlich Jagdfarm, deutsch.
Sinclair Gästefarm Route 4a	Buchungen über: Logufa, P.O. Box 8061/Swakopmund, Tel. 064-464144, Fax 464155, www.natron.net/tour/sinclair. Anfahrt: Helmeringhausen – C13 (6 km) – D407/C27 (52 km). DZ 65 € p.P. inkl. Halbpension, 10 Betten, deutsch. Landebahn: 25°43'S, 16°22'E
Sisindi Lodge R 13	Tel. 066-255339. Anfahrt: Rundu. Einfache Unterkunft, DZ 15 €, keine Frühstücksmöglichkeit, sehr einfach, mitten im Ort, englisch.

Skeleton Coast Camp Route 10	P.O. Box 6850/Windhoek, Tel. 061-274500, Fax 239455, www.wilderness-safaris.com. Keine Anfahrt möglich, reines Fly-in-Camp, 4 Tage mit Flug ab 3000 € p.P. alles inklusive, 12 Betten in 6 Luxuszelten, englisch.
Solitaire Country Lodge R 1	Zentrale Reservierung in Windhoek, Tel. 061-374750, Fax 256598, www.namibialodges.com. Anfahrt: Solitaire. DZ ab 35 € p.P. inkl. Frühstück, 23 Zimmer um einen Pool, Stellplatz 6 € p.P., Restaurant, englisch.
Solitaire Guestfarm Route 1	P.O. Box 4119/Walvis Bay, Tel./Fax 062-572024, www.solitaireguest-farm.com. Anfahrt: Solitaire – C14 nach O (6km). DZ ab 80 € inkl. Frühstück, 10 Betten, Camping 6 €/Person, englisch.
Sophia Dale Restcamp Route 6	P.O. Box 2248/Swakopmund, Tel./Fax 064-403264, www.sophiadale.de. Anfahrt: Swakopmund – B2 (9 km) – D1901 (2 km). Bungalow 20–80 €, Stellplatz 6 € p.P., deutsch.
Haus Sonneneck Route 1	P.O. Box 86234/Windhoek, Tel./Fax 061-225020, www.haussonneneck.com. Anfahrt: 1 Robyn Street, Windhoek. DZ 85 € inkl. Frühstück, Schwimmbad, 10 Betten, deutsch.
Sossus Dune Lodge Route 1	Buchung über Namibia Wildlife Resorts in Windhoek. Anfahrt: Sesriem. 2007 fertiggestellte Luxuslodge mit 25 2-Bett-Chalets, ein Chalet mit zwei Gästen, Vollpension. Parkeintritt und Aktivitäten kostet um 800 €, ist man alleine im Chalet, zahlt man nur 500 €, für die Honeymoon Suite solo 600 €.
Sossusvlei Lodge Route 1	P.O. Box 6900/Ausspannplatz, Windhoek, Tel. 063-693223, Fax 693231, www.sossusvleilodge.com. Anfahrt: Sesriem. DZ 190–240 € inkl. Halbpension, 90 Betten, Schwimmbad, direkt am Eingang nach Sossusvlei, englisch.
Sossusvlei Desert Camp	s. unter „Desert Camp“
Sossusvlei Mountain Lodge Rte 1	P.O. Box 2760/Swakopmund, Tel. 063-693307, Fax 693239, www.ccafrica.co.za. Anfahrt: Sesriem – D826/C27 nach S (30 km). Preise: 250-500 € p.P. alles inklusive, 20 Betten, Luxuslodge, englisch.
Sossusvlei Wilderness Camp Route 1	P.O. Box 6850/Windhoek, Tel. 061-274500, Fax 239455, www.wilderness-safaris.com. Anfahrt: Sesriem – D826/C27 nach W (12 km) – C19 nach S (18 km) – Farmstraße (2 km). 325-450 € p.P. alles inklusive, 18 Betten, Luxuslodge, kleine private Schwimmbäder, englisch.
South West Star Hotel Route 1	P.O. Box 10319/Windhoek, Tel. 061-213205. Anfahrt: Chrysler Road, Windhoek. DZ 20 € p.P., 20 Betten, in Khomasdal gelegen, englisch.
Spitzkoppe Zeltplatz Route 8+8c	P.O. Box 357/Usakos, Tel. 064-530879. Anfahrt: Usakos – B2 nach W (23 km) – D1918 (18 km) – D3716 (11 km) – Piste (1 km). Kommunales Camp, Stellplatz 4 € p.P., Bungalow 12 € p.P., Trinkwasser mitbringen. Bar mit kalten Getränken, kleines Restaurant, Feuerholz ist da, sehr sauber, aber Problem wegen fehlender Toiletten. Freundliche, lokale Leute, Führungen möglich, englisch.
Stampriet Historical Guesthouse Route 2+2a	P.O. Box 61/Stampriet, Tel. 063-260013, Fax 260215, stampriet@iway.na. Anfahrt: Stampriet. DZ 35 € p.P. inkl. Frühstück, in einem alten Handelsposten aus Deutschsüdwest, englisch.
Steiner Hotel-Pension Route 1	P.O. Box 20481/Wecke Street, Windhoek, Tel. 061-222898, Fax 224234, www.steiner.com.na. DZ ab 35 € p.P. inkl. Frühstück, 16 Zimmer, Schwimmbad, mittags leichte Mahlzeiten, Parkplatz, deutsch.
Stoney's Country Hotel Rte 2a	P.O. Box 80/Gochas, Tel. 063-250237, Fax 250238,222. www.gochashotel.com. Anfahrt: Gochas. DZ 80 € inkl. Frühstück, Schwimmbad, Restaurant, das ehemalige Gochas Hotel, englisch.

Stop over	s. unter „Aloes Guesthouse“
The Stone-house Route 4	B&B, Tel. 067-242842, boet@mweb.com.na. Anfahrt: Grootfontein, Okavango Road. Zimmer mit Frühstück, Schwimmbad, DZ ab 25 € p.P. inkl. Frühstück, englisch.
Strand Hotel Route 5	P.O. Box 20/Swakopmund, Tel. 064-400315, Fax 064-404942, www.namibsunhotels.com.na. Anfahrt: Swakopmund, Strand Street. Bis Ende 2010 wegen Komplettsanierung geschlossen.
Strauss Holiday Flats R 5+6+8c+12	B&B, P.O. Box 2542/Swakopmund, Tel./Fax 064-412350, Fax 412351, straussholidays@iway.na. Anfahrt: 10 Feld Street, Swakopmund. DZ 60 € mit Frühstück, deutsch.
Sunset Lodge Rte 10+11	Selbstversorgung, Tel./Fax 065-270034 oder 081-2424916. Anfahrt: Ruacana Dorf. DZ 40 €, Camping 6 €/Person, englisch.
Suricate Tented Camp	s. unter „Intu Afrika Game Reserve“
Susuwe Island Lodge Route 13	P.O. Box 70378/Bryanston 2021, Südafrika, Tel. ++27-11-7067207, Fax ++27-11-4638251, www.islandsinafrica.com. Anfahrt: Katima Mulilo – B8 nach W (115 km) – bei Kongola D3511/C49 nach S (6 km) – beim Kubunyana Camp turn off nach rechts (4 km) – hier wird man mit dem Boot abgeholt und zur Insel im Kwando- Fluss gebracht. DZ 250-400 € p.P. alles inklusive, Luxusunterkunft, 10 Betten, englisch.
Swakop Lodge Route 5	P.O. Box 438/Swakopmund, Tel. 064-402039, Fax 064-405016, www.swakoplodge.com. Anfahrt: 42 Nathaniel Maxulili Street. DZ ab 30 € p.P. inkl. Frühstück, das ehemalige Hotel Grüner Kranz, englisch.
Swakopfluss Zeltplatz Route 6	Buchung über das Ministry of Environment & Tourism in Swakopmund (Alte Ritterburg, Sam Nujoma Drive Ecke Bismarck St, Tel. 064-402172, Fax 402796, Mo–Sa zu den Geschäftszeiten, So 8–13 Uhr) oder in Walvis Bay (Heinrich Baumann St, Tel. 064-205971). Anfahrt: Namib-Naukluft-Park, Namib-Teil. Stellplatz 10 € (8 Pers.) und 4 € p.P., Fahrzeug 2 €, kein Wasser und Feuerholz verfügbar, gekennzeichnete Wege dürfen nicht verlassen werden.
Swakopmund Boutique Hotel Route 5	P.O. Box 8449/Swakopmund, Tel. 064-417100, Fax 064-417130, www.swkboutiquehotel.com. Anfahrt: 2 Sam Nujoma Avenue, Swakopmund. DZ 150 € mit Frühstück, 21 Zimmer, teils mit Meerblick, luxuriöse Einrichtung, englisch.
Swakopmund Rastlager Route 5	Stadtverwaltung Swakopmund, Leiter f. Fremdenverkehr, P/Bag 5017, Swakop Street, Swakopmund, Tel. 064-4104333, Fax 064-4104212, www.swakopmund-restcamp.com. Bungalow ab 30 € (2 Personen), städt. Ferienhaussiedlung, deutsch.
Swakopmund Hotel & Entertainment Center Route 5	P.O. Box 616, Swakopmund, Tel. 064-4105200, Fax 064-4105360, www.legacyhotels.co.za, 2 Bahnhof Street. DZ ab 190 € inkl. Frühstück, 200 Betten, Schwimmbad, Luxushotel im umgebauten ehemaligen Bahnhof, das dem traditionsreichen Hansa Hotel jedoch nicht den Rang ablaufen kann, englisch.
Swakopmund Juhe Route 5	P.O. Box 4332, Bismarck Street, Swakopmund, Tel. 064-404164. 4 € p.P. im Mehrbettzimmer, Jugendherberge in den historischen Gemäuern der Alten Kaserne, deutsch.
Swakopmund Rastlager Mile 4 Route 5	P.O. Box 3452, Swakopmund, Tel. 064-461781, Fax 064-462901, www.m4swkp.com. Anfahrt: Swakopmund – C34 (6 km). Zeltplatz 4 €/Person, Bungalow 50 € (6 Personen), englisch.

Swiss Chalets Route 1	B&B, P.O. Box 86484/Eros, Tel. 061-222019, Fax 248832, swisscha@iafrica.com.na, www.swiss-chalets.de. Anfahrt: 31 Avis Road, Windhoek. DZ 45 €, 6 Betten, deutsch.
Sylvanette Guesthouse Route 7+8	B&B, P.O. Box 529/Okahandja, Tel. 062-505550, Fax 062-505560, www.sylvanette.com. Anfahrt: 311 Hoogenhout Street, Okahandja. DZ 55 € inkl. Frühstück, 14 Betten, englisch.
Synchro Camp Route 10a	Buchungen über: Logufa, P.O. Box 8061/Swakopmund, Tel. 064-464144, Fax 464155, www.natron.net/tour/logufa. Anfahrt: Fly-in-Camp am Kunene im Tal des Marienflußes (Anfahrt auch für Selbstfahrer möglich – aber definitiv nur bei Vorausbuchung). DZ 120 € p.P. inkl. Vollpension, Unterkunft in vier Hütten, englisch.
Taleni Etosha Village Route 7	P.O. Box 6900/Ausspannplatz, Tel. 067-687190, Fax 687195, www.etosha-village.com. Anfahrt: Okaukuejo – C38 nach Süden (20 km). 40 wirklich großräumige Luxuszelte mit großzügigem Bad und Küche mit eigener Sitzgelegenheit, DZ 90 € ohne Mahlzeiten, 3 Restaurants, Bar, Pool, 3 km vom Andersson Gate, englisch.
Tamboti Guest House Route 1	B&B, P.O. Box 40377/Windhoek, Tel. 061-235515, Fax 061-259855, www.tamboti-namibia.com. Anfahrt: 9 Kerby Street, Windhoek. DZ 55 €, 18 Betten, deutsch.
Tambuti Lodge Route 13	P.O. Box 2343/Rundu, Tel./Fax 066-255711, www.tambuti.com.na. DZ ab 50 € inkl. Frühstück, 8 Betten, über Rundu Beach gelegene Lodge unter Schweizer Leitung, sicheres Parken, englisch.
Tandala Ridge Wildlife Lodge Route 7	P.O. Box 22/Okaukuejo via Outjo, Tel./Fax 067-333408, www.tandalaridge.com. Anfahrt: Outjo – C38 (66 km) – D2695 (33 km). DZ 70 € p.P. inkl. Vollpension und Aktivitäten, 10 Betten, Camping 12 €/Person, englisch.
Tarentaal Route 7	P.O. Box 168/Outjo, Tel. 067-333416, Fax 229523, WWW.tarentaalguestfarm.com. Anfahrt: Outjo – C38 (66 km) – D2695 (10 km). DZ 40 € p.P. inkl. Frühstück, 6 Betten, englisch.
Taros Gh.	s. unter „Showayapo Guesthouse“
Tern Inn Route 5	P.O. Box 2288/Swakopmund, Tel. 064-463777, www.swakop.com. Anfahrt: 17 Tern Street, Swakopmund. Ferienwohnung ab 30 €/Person, Chalet im Garten, englisch.
Terra Africa Gästehaus Route 1	P.O. Box 97164/Windhoek, Tel. 061-252100, Fax 252020, www.terra-africa.com.na. Anfahrt: 6 Kenneth McArthur Street, Windhoek. DZ 45 € p.P. inkl. Frühstück, kein Restaurant, aber die Besitzer betreiben Catering, so dass die Gäste die Möglichkeit haben auch dort zu essen, englisch.
Terra Rouge Camp Route 2a	P.O. Box 895/Keetmanshoop, Tel. 063252031, Fax 683229, terrarouge@iway.na. Anfahrt: Mata Mata – C15 nach W (45 km). Schöner Zeltplatz 7 €/Person, 3 Chalets ab 65 €/Person mit Halbpension. Gute Basis, wenn das Lager Mata Mata ausgebucht ist; englisch.
Terrace Bay Rastlager Route 12	Buchung über Namibia Wildlife Resorts Ltd. in Windhoek. Anfahrt: Swakopmund – C34 (353 km). Bungalow ab 60 € p.P. mit Frühstück, Versorgungsmöglichkeit, Tankstelle, Einlass am Südtor des Skelettküsten-Parkes (Ugab Tor) nur bis 15 Uhr, am Osttor (Springbokwasser) nur bis 17 Uhr, Einfahrt in den Park mit Ziel Terrace Bay nur mit Reservierung.
The Guesthouse Route 1	B&B, P.O. Box 11948/Windhoek, Tel. 061-225500, Fax 226768, tghouse@iafrica.com.na. Anfahrt: 29-31 Stein Street, Windhoek. DZ 55 € inkl. Frühstück, 8 Zimmer, 2 Bungalows.
The Shifting Whispering Sands R 5	Tel. 064-205348, Fax 206318, www.wheretostay.co.za/shiftingwhisperingsands. Anfahrt: 82 Sam Nujoma Avenue, Walvis Bay. DZ ab 25 €/Person mit Frühstück, 5 Zimmer mitten im Zentrum, englisch.

The Stiltz Route 5	Tel. 064-400771, Fax 400711, www.thestiltz.in.na. Anfahrt: Trand Street, Swakopmund. DZ um 125 € inkl. Frühstück, 8 mit Stegen verbundene Bungalows auf Stelzen am Strand, äußerst extravagante Lage und Bauausführung vom Schöpfer von architektonischen Kuriositäten wie The Raft, The Tug und Erongo Wilderness Lodge, englisch.
Thule Hotel Pension Route 1	P.O. Box 166/Windhoek, Tel. 061-250146, Fax 250759, www.thule-namibia.com. Anfahrt: 1 Gorges Street, Windhoek. Eine der ersten Adressen des Landes in dem ehemaligen Wohnhaus des Baukönigs des Landes Lafrenz im Stil der 1960er Jahre, großer Garten von 4 ha mit Antilopen und Wasserloch, Blick über die Stadt vom Restaurant. DZ ab 150 € inkl. Frühstück, englisch.
Thüringer Hof Hotel Route 1	P.O. Box 112/Windhoek, Tel. 061-226031, Fax 061-232981, www.proteahotels.com. Anfahrt: Windhoek, Independence Avenue. DZ 90 € inkl. Frühstück, 80 Betten, Biergarten, renoviertes Traditionshotel, englisch.
Tiras Gästefarm Route 4a	P.O. Box 30566/Windhoek, Tel. 063-683048, www.kidogo-safaris.com. Anfahrt: Aus – C13 nach N (65 km) – Farmpiste (800 m). DZ 65 € p.P., sehr schöne Stellplätze 8 € p.P., geführte Farmrundfahrten mit geheimnisvollen Felszeichungen, Artefakten und lehrreichen Pflanzenbeschreibungen, deutsch.
Toko Lodge	s. unter „Rustig Toko Lodge“
Tok Tokkie Trails Route 2	P.O. Box 162/Maltahöhe, Tel./Fax 063-693010/11, www.toktokkietrails.com. Anfahrt: Sesriem – D826/C27 nach S (106 km) – Farmpiste (11 km). DZ ab 220 € p.P. inkl. Vollpension, maximal 6 Teilnehmer, Fußwanderungen durch das Namib Rand Reservat, deutsch.
Tolou's Lodge Route 1	P.O. Box 20080/Windhoek, Tel. 061-234342, Fax 233872, eden@mweb.com.na. Anfahrt: Sesriem – D826/C27 nach S (100 km). DZ 50 € p.P. Halbpension, 30 Betten, englisch.
Torra Bay Zeltplatz Route 12	Buchung über Namibia Wildlife Resorts Ltd. in Windhoek. Anfahrt: Swakopmund – C34 (304 km). Stellplatz 10 € (4 Personen) und 5 €/Person, Versorgunsgmöglichkeit, Tankstelle, Torra Bay ist im Jahr nur 2 Monate geöffnet (Dezember und Januar), Einlass am Südtor des Skelettküsten-Parkes (Ugab Tor) nur bis 15 Uhr, am Osttor (Springbokwasser) nur bis 17 Uhr.
Toshari Inn	s. unter „Etosha Gateway Lodge“
Tourmaline Guesth. R 1	B&B, P.O. Box 224, 10 Tourmalyne Street, Windhoek, Tel. 061-228922, Fax 229128, olles@iway.na. DZ 60 € mit Frühstück, 10 Betten, deutsch.
Trans Kalahari End Resort Rte 14	P.O. Box 1021/Gobabis, Tel. 062-565656, www.transkalahariendresort.com. Anfahrt: Gobabis. DZ 50 € ohne Frühstück, 10 Chalets, Stellplatz 5 € p.P., englisch.
Trans Kalahari Inn und Caravan Park Rte 14	P.O. Box 11084/Windhoek, Tel. 061-222877, Fax 220335, www.transkalahari.com. Anfahrt: Windhoek B6 nach Osten (22 km). DZ ab 45 € ohne Frühstück, 12 Betten, Camping 4 €/Stellplatz/Person, Autolagerung 50 €/Monat in der Halle, deutsch.
Travel North Route 7+13a	P.O. Box 779/Tsumeb, Tel. 067-220728, Fax 2220916, travelnn@tsu.namib.com. Anfahrt: 1551 Omeg Allee, Tsumeb. Zimmer mit eigenem Bad 40 €, Schlafsaal für Backpacker ab 8 €, Transfers, Taxiservice, Informationsstelle, Intercape Mainliner, englisch.
Tsauchab River Camping Route 1	Buchungen über: Logufa, P.O. Box 8061/Swakopmund, Tel. 064-464144, Fax 464155, www.natron.net/tour/logufa, www.natron.net/tsauchab. Anfahrt: Südlich des Naukluft-Teiles des Namib-Naukluft-Parkes an der D850 und 1 km von der Kreuzung der D850 mit der D854. Zeltplätze für 2x4 und 4x4, 4x4-Trails, Wanderungen, für Selbstversorger, Stellplatz ab 10 € p.P. und 6 € Platz, englisch.

Tsoutsoumb Bungalows Route 7+13a	P.O. Box 133/Tsumeb, Tel. 067-220404, Fax 220222. Anfahrt: 4th Street, Tsumeb. Bungalow 25 € (2 Personen), 30 Betten, für Selbstversorger, Küche eingerichtet, deutsch.
Tsumeb Caravan Park Route 7+13a	P.O. Box 1497/Tsumeb, Tel./Fax 067-221996. Anfahrt: am südlichen Stadtausgang (1 km). Stellfläche 8 € (6 Personen), abgezäuntes, bewachtes Gelände, englisch.
Tsumeb Cultural Village Route 7+13a	Tel. 067-220787, Fax 221464. Anfahrt: 2 km außerhalb von Tsumeb Richtung Otavi. 3 Hütten mit je 2 Betten und gemeinsamem Ablution Block (7,50 €/Perons), englisch.
Tsumkwe Lodge Route 13b	P.O. Box 1899/Tsumeb, Tel. 067-244028, Fax 244027, www.tsumkwel.iway.na. Anfahrt: Tsumkwe. DZ 65 € p.P. inkl. Vollpension, 25 Zimmer, Camping 7 €/Person (Duschen und Toiletten), Ausflüge in den Khaudom Park, eigens Luxus-Wildernesscamp im Buschmannland, englisch.
Twyfelfontein Country Lodge Route 9	Zentrale Reservierung in Windhoek, Tel. 061-374750, Fax 256598, www.namibialodges.com. Anfahrt: 5 km von den Felszeichnungen von Twyfelfontein, gleiche Anfahrtsstrecke. DZ ab 85 € p.P. inkl. Frühstück, weit über 100 Betten mit der Option der Ausbaubarkeit, die erste Lapa Namibias, die den zugigen Charme einer Bahnhofshalle alten Stils verströmt, englisch.
Ugab Wilderness Camp Route 8	Tel. 062-504110. Anfahrt: Uis – C35 nach N (12 km), D2359 (15 km) – Stichstraße (9 km). Stellplatz 6 € p.P., Tented Camp 16 € p.P. inkl. Frühstück, Eintritt 2 € pro Fahrzeug, 15 km vom Brandberg entfernt, wo man Führer zu den Felsmalereien anheuern kann (Brandberg Montain Guides, auch mehrtägige Exkursionen), sehr schön gelegen, englisch.
Ugab Rhino Camp Route 12a	Tel./Fax 064-403829. Anfahrt: Uis – C35 nach Süden (14 km) – D2342 nach Westen (80 km) – D2303 nach Norden (10 km). Camp des Save the Rhino Trust, Camping 8 €/Person, 2009 verfallen, englisch.
Ugab Terrace Lodge Route 8	P.O. Box 3366/Swakopmund, Tel. 064-461677, Fax 064-461488, www.ugabterracelodge.com. Anfahrt: Khorixas – C39 nach O (52 km) – D2743 nach S (10 km). DZ 70 €/Person mit Halbpension, Tented Camp 55 €/Person mit Halbpension, Camping um 10 €, je 10 Bungalows u. Luxuszelte, englisch.
Uhland Hotel-Pension Route 1	P.O. Box 20738/Windhoek, Tel. 061-229859, Fax 229108, www.hoteluhland.com. Anfahrt: 147 Uhland Street, Windhoek. DZ 55 € inkl. Frühstück, 20 Betten, Schwimmbad, Parkplatz, deutsch.
!Uris Safari Lodge Route 7	P.O. Box 1321/Tsumeb, Tel. 067-687060, Fax 067-687062, www.urissafarilodge.com. Anfahrt: Tsumeb – B1 nach NW (10 km) – bei Punyu Crushers nach links abbiegen und 8 km bis zum Security Gate – von dort noch 6 km zur Lodge. Chalet für 2 Personen 85 € mit Frühstück, ehemalige Mine mit Besichtigungsmöglichkeit, englisch. Campingmöglichkeit (8 €/Person).
Usakos Hotel Route 8+8c	P.O. Box 129/Usakos, Tel./Fax 064-530259. Anfahrt: Theo Ben Guriab Street, Usakos. DZ 25 € inkl. Frühstück, 20 Betten, deutsch.
Van Zyl's Pass Campsite Route 10b	NACOBTA, Buchungen über Nacobta Booking and Information Center, P.O. Box 86099 Eros/Windhoek, Tel. 061-221918 oder 250558, Fax 222647, www.nacobta.com.na. Anfahrt: Van Zyl's Pass – 20 km nach Osten. Kommunales Camp mit 3 Zeltplätzen, jeweils mit eigenen Sanitäreinrichtungen (warmes Wasser) und Kochmöglichkeit, Stellplatz 5 €/Person, englisch.
Vastrap Guestfarm Route 3+3a	P.O. Box 26/Grünau, Tel./Fax 063-262063, www.vastrapguestfarm.com. Anfahrt: Grünau – B3 nach S (5 km). DZ 50 € p.P., 12 Betten, Schwimmbad, englisch.

Vee's Guesthouse Route 1	B&B, P.O. Box 2993/Windhoek, Tel. 061-221598, Fax 237137, txgava@hotmail.com. Anfahrt: 7311 Elephant Street, Windhoek. DZ ab 30 €, 12 Betten, englisch.
Veronika Route 5	B&B, Tel. 064-404915, Fax 404930, www.veronika-bed-and-brakfast.com. Anfahrt: 5 Dolphin Street, Swakopmund. DZ ab 45 € inkl. Frühstück (keine Kartenzahlung), 5 Zimmer, deutsch.
Villa Margherita Route 5	P.O. Box 4392/Swakopmund, Tel. 064-400131, www.villamargherita.com.na. Anfahrt: 34 Daniel Tjongarero St, Swakopmund. DZ 60 €/Person mit Frühstück, 7 edel und im Kolonialstil individuell eingerichtete Zimmer in historischer Villa, Restaurant Il Tulipano ist angeschlossen, englisch/italienisch.
Villa Nina Route 7	P.O. Box 1497/Okahandja, Tel. 062-502497, Fax 503350, wwwnamibiatouristik.de. Anfahrt: 327 Peter Brandweg, Okahandja. DZ ab 32 € inkl. Frühstück, Wohnung 60 €, Schwimmbad, deutsch.
Villa Schmö Route 5	B&B, P.O. Box 135/Swakopmund, Tel. 064-402143, www.schmettau.alt.na. Anfahrt: 10 Waterbank St, Swakopmund. Ferienwohnung für 2 ab 40 €, dt.
Villa Verdi Hotel-Pension Rte 1	P.O. Box 6784/Windhoek, Tel. 061-221994, Fax 375333, www.leadinglodges.com. Anfahrt: Verdi Street, Windhoek. DZ 90 €/Person inkl. Frühstück, 30 Betten, Schwimmbad, Parkplatz, englisch.
Villa Volla R 1+2+2a	Tel. 063-240762, boysuper@mweb.com.na. Anfahrt: von Lindequi St, Mariental. DZ 30 €, 2 Apartments, Pool, Parkplatz, Selbstversorgung, englisch.
Villa Wiese Route 5+6+8c+12	Tel./Fax 064-407105, www.villawiese.com. Anfahrt: Windhoek Street, Swakopmund. DZ 35 € inkl. Frühstück, Bett im Schlafsaal ab 10 € inkl. Frühstück, englisch.
Vingerklip Lodge Route 8	P.O. Box 11550/Windhoek, Tel. 067-290318, Fax 061-255344, www.vingerklip.com.na. Anfahrt: Khorixas – C39 (46 km) – D2743 (19 km). DZ 90 € p.P. inkl. Vollpension, 40 Betten in kleinen Chalets, wunderschön gelegen mit Blick auf die Vingerklip und die Ugab-Terrassen, Schwimmbad, deutsch.
Vogelfederberg Zeltplatz Route 5	Buchung über das Ministry of Environment & Tourism in Swakopmund (Alte Ritterburg, Sam Nujoma Drive Ecke Bismarck St, Tel. 064-402172, Fax 402796, Mo–Sa zu den Geschäftszeiten, So 8–13 Uhr) oder in Walvis Bay (Heinrich Baumann St, Tel. 064-205971). Anfahrt: Namib-Naukluft-Park, Namib-Teil, Stellplatz 10 € (8 Personen) und 4 € p.P., Kfz 2 €, kein Wasser und Feuerholz verfügbar, gekennzeichnete Wege dürfen nicht verlassen werden.
Vogelstrausskluft Country Lodge Rte 2	Tel. 063-683086, www.vogelstrausskluft.com. Anfahrt: Seeheim B4 nach W (28 km) - D463 nach S (25 km). DZ 90 € p.P. inkl. Frühstück, 24 Zimmer an einem alten Trockenfluss, Restaurant, Pool, Lapa und viele Aktivitäten (z.B. Quadbiking), englisch.
Von Bach Rastlager Route 7	2009 privatisiert und für die Generalsanierung geschlossen, bei Fertigstellung Buchung über Tungeni Serenity Experience in Windhoek, Tel. 061-400205, www.tungeniserenity.com. Anfahrt: Okahandja – B1 nach S (2 km) – D2102 nach O (3 km). Einfache Hütte 20 € (2 Betten), Camping 12 €/Stellplatz, Eintritt 4 € p.P., Einlass von Sonnenauf- bis Sonnenuntergang, englisch.
Vondelhof Guesthouse Route 1	B&B, Tel. 061-248320, Fax 240373, www.vondelhof.com. Anfahrt: Windhoek, Puccini Street 2. DZ 40 € p.P. inkl. Frühstück, Pool, Abendessen auf Vorbestellung, englisch.
Vreugde Guestfarm Route 7	P.O. Box 124/Outjo, Tel. 067-687132, Fax 687133, www.vreugdeguestfarm.na. Anfahrt: Outjo – C38 (60 km) – D2710 (9 km). DZ 60 € p.P. inkl. Halbpension, 8 Betten, englisch.

Wabi Wildfarm Route 7a	P.O. Box 973/Otjiwarongo, Tel. 067-306500, Fax 306501, www.wabi.ch. Anfahrt: Otjiwarongo – B1 nach S (29 km) – C22 (41 km) – D2512 (52 km). DZ 90 € p.P. inkl. Halbpension (ab 2 Nächte günstigere Konditionen), 12 Betten, Schwimmbad, deutsch.
Warmbad Lodge Route 3a	Tel./Fax 063-269187. Anfahrt: Warmbad. Community Lodge, die im Dezember 2006 eröffnet wurde. DZ 55 € inkl. Frühstück, 5 traditionelle Hütten, 3 Familienhütten, Zeltmöglichkeit. Direkt an den warmen Quellen, Restaurant (im ehemaligen deutschen Offiziershaus), Nacobta-Projekt, englisch.
Waterberg Guestfarm Route 7a	Tel. 061-237294, Fax 237295, www.waterbergnamibia.com. Anfahrt: Otjiwarongo – B1 nach S (29 km) – C22 nach O (34 km). DZ 130 € inkl. Frühstück, 4 Zimmer, 2 Buschbungalows, englisch.
Waterberg Mountain Camp R 7a	P.O. Box 69/Otjiwarongo, Tel. 067-306702, coets@mweb.com.na. Anfahrt: Otjiwarongo – B1 nach S (29 km) – C22 nach O (19 km) – D2512 (30 km). Bungalow 30 €/Person, Camping 20 €/Person, schöne Lage, englisch.
Waterberg Wilderness Lodge Route 7a	P.O. Box 767/Otjiwarongo, Tel. 067-687018, Fax 687020, www.waterberg-wilderness.com. Anfahrt: Otjiwarongo – B1 nach S (29 km) – C22 nach O (19 km), D2512 (30 km), Abfahrt 8 km hinter dem Waterberg-Rastlager. DZ 100 € p.P. inkl. Halbpension, 9 Zimmer, jeweils mit Veranda, Wanderungen auf dem Waterberg, eine grüne Oase, ausgezeichnete Küche, Camping 12 €/Person, deutsch.
Waterberg Plateau Lodge Route 7a	P.O. Box 767/Otjiwarongo, Tel. 067-687018, Fax 687020, www.waterberg-wilderness.com. Anfahrt: Otjiwarongo – B1 nach S (29 km) – C22 nach O (19 km), D2512 (30 km), Abfahrt 8 km hinter dem Waterberg-Rastlager. DZ 100 € p.P. inkl. Halbpension, 7 wunderschön gelegene, luxuriöse Chalets, Tauchbecken, Wanderungen auf dem Waterberg, exklusive Lage, deutsch.
Waterberg-Plateau-Park	s. unter „Bernabé-de-la Bat-Rastlager“
Weaver's rock Gästefarm Route 7+7a	P.O. Box 1091/Otjiwarongo, Tel./Fax 067-304885, www.weaversrock.com. Anfahrt: Otjiwarongo – B1 nach S (29 km) – C22 (5,4 km) – Farmstraße (3,1 km). Ehemals der Hohenfels-Zeltplatz, der sich zur Gästefarm gemausert hat. DZ 80 € mit Halbpension, Stellplatz 10 € p.P., Schwimmbad, Wanderungen, deutsch.
Weißenborn Zeltplatz Route 4a	P.O. Box 35/Helmeringhausen, Tel. 063-683050, www.tirasberge.de. Anfahrt: Aus – B4 nach O (4 km) – C13 nach N (51 km) – D707 (40 km), keine Unterkunftsmöglichkeit, nur Trekkingtouren, deutsch.
Weissenfels Gästefarm Route 1	P.O. Box 2907/Windhoek, Tel. 062-572112, Fax 062-572102, www.weissenfelsnamibia.com. Anfahrt: Windhoek – B1 nach S (7 km) – C26 (109 km). DZ 60 € p.P. inkl. Halbpension, 10 Betten, Schwimmbad, deutsch.
Weltevrede Gästefarm Route 1	P.O. Box 4119/Walvis Bay, Tel. 063-683073, Fax 683074, www.weltevredeguestgarm.com. Anfahrt: Solitaire – C19 (37 km) – Farmstraße (1 km). DZ ab 45 € p.P. inkl. Halbpension, Camping 6/Person, 12 Betten, Schwimmbad, Stellplätze, englisch.
Welwitschia Zeltplatz Route 5	Buchung über das Ministry of Environment & Tourism in Swakopmund (Alte Ritterburg, Sam Nujoma Drive Ecke Bismarck St, Tel. 064-402172, Fax 402796, Mo–Sa zu den Geschäftszeiten, So 8–13 Uhr) oder in Walvis Bay (Heinrich Baumann St, Tel. 064-205971). Anfahrt: Namib-Naukluft-Park, Namib-Teil, Stellplatz 10 € (8 Personen) und 4 € p.P., Kfz 2 €, kein Wasser und Feuerholz verfügbar, gekennzeichnete Wege dürfen nicht verlassen werden.
Wesrand Farm Camping Rte 8a	P.O. Box 730/Otjiwarongo, Tel. 067-304108. Anfahrt: Otjiiwarongo – C33 (10 km), Farmstraße (6 km). Camping 6 €/Person, sehr empfohlener Platz, englisch.

Wewelsburg Zeltplatz Rte 7	P.O. Box 951/Otjiwarongo, Tel. 067-306646, bahrcamp@mweb.com.na. Anfahrt: Okahandja – B1 nach N (90 km), Farmstraße (1 km). Stellplätze im Schatten beim Farmhaus, 3 € p.P., deutsch.
White House Route 3	P.O. Box 9/Grünau, Tel./Fax 063-262061, www.withuisi.way.na. Anfahrt: Grünau – B1 nach N (11 km) – Farmpiste (2 km). DZ 35 €, 5 Zimmer, 3 Chalets, englisch.
The White Lady B&B/ Camping Rte 8+12a	B&B, P.O. Box 66/Uis Myn, Tel./Fax 064-504102, whitelady@iway.na. Anfahrt: 2 Third Avenue, Uis Myn. DZ 25 € p.P. inkl. Frühstück, 13 Zimmer, Schwimmbad, Camping 6 €/Person, deutsch.
White Lady Lodge	s. unter „Brandberg White Lady Lodge“
Wilhelmstal-Nord Gästefarm Rte 8	P.O. Box 641/Okahandja, Tel./Fax 062-503977, www.wilhelmstal-haase.com. Anfahrt: Wilhelmstal – C36 (200 m) – Farmstraße nach O (500 m). DZ 50 € p.P. inkl. Vollpension, 10 Betten, Schwimmbad, hauptsächlich Jagdfarm, deutsch.
Windhoek Country Club Resort Route 1	P.O. Box 30777/Windhoek, Tel. 061-2055911, Fax 252797, www.legacyhotels.co.za. Anfahrt: Pioneers Park, Windhoek. DZ 100 € p.P. inkl. Frühstück, 300 Betten, Schwimmbadlandschaft, Kasino, englisch.
Windhoek Mountain Lodge Rte 1	P.O. Box 40768/Windhoek, Tel. 061-253542, Fax 259247, www.windhoek-lodge.com. Anfahrt: B1 nach S (15 km) – D1504 (4 km) – Farmstraße (1 km). DZ ab 30 € p.P. inkl. Frühstück, 18 Betten, Schwimmbad, deutsch.
Windhoek Town Lodge Route 1	B&B, P.O. Box 6586/Windhoek, Tel./Fax 061-252536, Fax 246515 , www.windhoeklodge.com. Anfahrt: 3 Ballot Street, Windhoek. DZ ab 50 €, Parken, englisch.
Wolwedans Boulders Safari Camp Route 2	P.O. Box 5048/Windhoek, Tel. 061-230616, Fax 220102, www.wolwedans.com. Anfahrt: Maltahöhe – C14 nach S (20 km) – C19 (58 km) – D827 (38 km) – C27 nach Norden (30 km) – Farmstraße (20 km). Satellitencamp für max. 8 Personen, 220 € p.P. alles inklusive, zzgl. 20 € Parkgebühren/ Tag, deutsch.
Wolwedans Dune Camp Route 2	P.O. Box 5048/Windhoek, Tel. 061-230616, Fax 220102, reservations@wolwedans.com.na, www.wolwedans.com. Anfahrt: Maltahöhe – C14 nach S (20 km) – C19 (58 km) – D827 (38 km) – C27 nach Norden (30 km) – Farmstraße (20 km). DZ 230 € p.P. inkl. Vollpension und Rundfahrten, zzgl. 20 € Parkgebühren/Tag, 12 Betten (Luxuszelte mit Bad), auf dem Gelände der NamibRand Game Ranch, deutsch.
Wolwedans Dunes Lodge Route 2	P.O. Box 5048/Windhoek, Tel. 061-230616, Fax 220102, www.wolwedans.com. Anfahrt: Maltahöhe – C14 nach S (20 km) – C19 (58 km) – D827 (38 km) – C27 nach Norden (30 km) – Farmstraße (20 km). DZ 340 € p.P. inkl. Vollpension und Rundfahrten, zzgl. 15 € Parkgebühren/Tag, 20 Betten, auf dem Gelände der Namib- Rand Game Ranch, deutsch.
Wolwedans Mountain View Suite Route 2	P.O. Box 5048/Windhoek, Tel. 061-230616, Fax 220102, www.wolwedans.com. Anfahrt: Maltahöhe – C14 nach S (20 km) – C19 (58 km) – D827 (38 km) – C27 nach Norden (30 km) – Farmstraße (20 km). Suite für 2 Personen 460 € p.P. alles inklusive, zzgl. 20 € Parkgebühren/Tag, für die, die auf Privacy stehen, auf dem Gelände der NamibRand Game Ranch, deutsch.
Wolwedans Private Camp Route 2	P.O. Box 5048/Windhoek, Tel. 061-230616, Fax 220102, www.wolwedans.com. Anfahrt: Maltahöhe – C14 nach S (20 km) – C19 (58 km) – D827 (38 km) – C27 nach Norden (30 km) – Farmstraße (20 km). Essen wird gebracht und selbst warmgemacht, ab 3 Pers. 230 € p.P. inkl. Essen (ohne Rundfahrten, die man aber auch buchen kann), zzgl. 15 € Parkgebühren/Tag, max. 4 Personen, auf dem Gelände der NamibRand Game Ranch, deutsch.

Wüstenquell Desert Lodge Route 8 – P.O. Box 8377/Swakopmund, wustenquell@mtcmobile.com.na, Tel. 064-530811. Anfahrt: Karibib – C32 (11 km) – D1952 (42 km) – D1914 (33 km) – Farmpiste (18 km). DZ 40 € p.P. inkl. Frühstück, 14 Betten, Stellplätze, Schwimmbad, englisch.

Xain Quaz Camp Route 14 – P.O. Box 1249/Gobabis, Tel. 081-1225530, Fax 062-564044. Anfahrt: Gobabis – B6 nach W (10 km). Kommunales Camp, DZ 20 € p.P., Stellplatz 4 € p.P., 22 Betten in Bungalows und Zimmern, englisch.

Xaragu Camp Route 9 – P.O. Box 86280/Windhoek, Tel. 061-256770, Fax 256813, www.xaragu.com. Anfahrt: Khorixas – C39 nach W (80 km) – Farmpad (2 km). Chalet 35 € p.P. inkl. Frühstück, Stellplatz 7 € p.P., 10 Chalets und Luxuszelte, Reiten, Schwimmbad, ausgezeichnetes Restaurant, englisch.

Yakandonga Lodge Route 8a – P.O. Box 1804/Otjiwarongo, Tel./Fax 067-306512, www.yakandonga-lodge.com. Anfahrt: Otjiwarongo – C33 nach SW (45 km). Chalet 60 €, Stellplatz 5 € p.P., englisch.

Zambezi River Lodge Route 13 – P.O. Box 98/Katima Mulilo, Tel. 066-253149, Fax 253631, www.proteahotels.com. DZ ab 35 € p.P. inkl. Frühstück, bewachter und gesicherter Stellplatz 6 € p.P., 27 Zimmer, Schwimmbad, englisch.

Zambezi Queen Route 14 – P.O. Box 198/Katima Mulilo, Tel. 0027-21-4380032, Fax 0027-21-4384389, www.zambeziqueen.com. Anfahrt: von Kasane mit dem Boot. DZ ab 100 € inkl. Frühstück, 8 Zimmer auf dem Schiff Zambezi Queen, englisch.

Zebra Lodge – s. unter „Intu Afrika Game Reserve“

Zebra River Lodge Route 1 – P/Bag 11742/Windhoek, Tel. 063-693265, Fax 693266, www.zebrariver.com. Anfahrt: Rehoboth – B1 nach S (4 km) – C24 (93 km) – D1206 (28 km) – BüllsPort – D854 (42 km) – D850 (19 km) – Farmstraße (5 km). DZ 70 € p.P. Vollpension, 10 Betten, Schwimmbad, englisch.

Zelda Guestfarm Route 14 – P.O. Box 75/Gobabis, Tel. 062-560427, Fax 560431, www.zeldaguestfarm.com. Anfahrt: Buitepos – B6 nach W (20 km). DZ 45 € p.P. inkl. Frühstück, Stellplatz 5 € p.P., 10 Zimmer. Auf dem Gelände leben Familien der Naro-San, deren Dorf man im Rahmen einer geführten Tour besichtigen kann; englisch.

Ziegie's Accommodation R 14 – P.O. Box 24/Witvlei, Witvlei, Tel. 062-570079, Fax 570063, www.ziegies.com. Anfahrt: Main Street. DZ 30 € inkl. Frühstück, Zeltplatz 5 € p.P., Chalets, Mietzelte, Restaurant, Eselkarrenfahrten, deutsch/englisch.

Zum Potje Rastlager Route 7+13 – P.O. Box 202/Otavi, Tel. 067-234300, Fax 221964, www.zumpotje.com. Anfahrt: Otavi – B1 nach N (8 km) – Farmstraße (3 km). DZ 55 € inkl. Frühstück, 10 Betten in 5 Bungalows, Camping 4 €/Person, Höhlenbesichtigung, deutsch.

Zum Sperrgebiet Hotel, Seaview Route 4 – P.O. Box 373/Lüderitz, Tel. 063-203411, Fax 063-203414, www.proteahotels.com. Anfahrt: Stettin Street, Lüderitz. DZ 110 € inkl. Frühstück, mit Sicht über Lüderitz, gutes Restaurant, 19 Zimmer und Schwimmbad/Sauna, englisch.

Zur Waterkant Rte 4 – P.O. Box 1055/Lüderitz, Tel./Fax 063-203145, www.kodkod.de/waterkant. Anfahrt: Bremer St, Lüderitz. DZ 45 € inkl. Frühstück, auch Apartments, deutsch.

Bitte mailen (rkhhermann@aol.com) oder schreiben Sie uns Ihre Erfahrungen und wenn sich in Namibia Dinge verändert haben oder Sie Neues wissen. Herzlichen Dank!

TEIL V: REISE- UND ROUTENTEIL

In den Süden

Route 1: Roter Sand und rote Sonne – zu den Sossusvlei-Dünen

Windhoek – Rehoboth – Mariental – Maltahöhe – Sesriem und Sossusvlei – Naukluft Park – Windhoek

Wichtiger Hinweis: Falls Sie noch keine Unterkünfte in den Nationalparks gebucht haben, ist es nun an der Zeit *ins Büro von Namibia Wildlife Resorts in der Independence Avenue zu gehen und sich darum zu kümmern.*

Km	Abzweig	Ort	Sehenswert	Übernachtung	GPS
Km 0 B1 Asphalt n. S		Windhoek, T+V	s. Windhoek	s. Windhoek	
Km 6			Holzmarkt mit Schnitzereien	Arrebusch Travel Ldg.	
Km 10			Heroe's Acre		
Km 12				Monteiro Lodge (1 km)	22 41 59 17 05 02
Km 14				Bergheim Gh.	
Km 15	Km 0 D1504 Km 4 Farmstr. Km 5			Windhoek Mountain Ldg.	
Km 20	Auas Game Ldg. Km 0 D1463 Km 9 Km 22	Aris		Aris Ht. Gochegane L. Auas Game Ldg.	22 45 19 17 08 00
Km 35	Farmstr.			Melrose Guestfarm (8 km)	
Km 80	Oanob Rl. Km 0 Piste Km 6 Km 8	 Tor	 Oanob Dam	 Oanob Rl.	23 17 06 17 04 24 23 19 20 17 00 58
Km 83		Rehoboth, T+V	Thermalbad Museum	Reho Spa Rl. Suidwes Ht. Aleen's B&B	23 19 07 17 04 18

Gratwanderung auf den Dünen von Sossusvlei

Km	Abzweig	Ort	Sehenswert	Übernachtung	GPS
Km 103			Wendekr. d. Steinbocks		23 26 45 17 07 13
Km 182	Intu Afrika Ldg.	Kalkrand, T+V			24 04 07 17 35 18
	Km 0 C21 Piste				
	Km 37			Gras Game Lodge (17 km)	
	Km 42 D1268 Piste				23 57 39 17 58 07
	Km 62 Farmstr.			Intu Afrika Game Reserve (5 km)	24 07 40 17 57 53
	Km 67			Bagatelle Ranch	
	------------------	------------------	----------------	------------------	---------
	Bitterwasser Km 0 C21 Piste Km 54 C15 Piste				
	Km 62			Bitterwasser	
Km 241	Hardap Dam Km 0				24 29 46 17 52 00
	Km 5	Eingangstor			
	Km 9		Hardap Dam, T+V	Hardap Dam Rl.	24 29 18 17 50 50
Km 245	Aranos Km 0 C20 Piste				24 32 09 17 56 49
	Km 2			Bastion Farmyard	
	Km 24	Aranos, T+V			
	Km 135			Anib Ldg. Aranos Ht.	
Km 255		Mariental, T+V		s. bei Mariental	24 37 45 17 57 18
Km 259 C19 Piste					
Km 365 C14 Piste nach S	Namseb Ldg. Km 0 Farmstr.	Maltahöhe, T+V		s. bei Maltahöhe	24 50 42 16 58 21
	Km 17			Namseb Ldg.	
	------------------	------------------	----------------	------------------	--------
	Nomtsas Gf. Km 0 C14 Piste nach N				
	Km 50			Nomtsas Gf.	
	------------------	------------------	----------------	------------------	---------
	Farm Wildpark D861 Piste n. N Km0 Km 36 Farmpad				
	Km 43			Farm Wildpark	
Km 380	Burgsdorf Gf. Km 0 Farmstr.				
	Km 10			Burgsdorf Gf.	
Km 385 C19	Betesda Rl. (205 km)				24 53 55 16 49 59
Km 466	Hammerstein Rl. Km 0 Farmstr.				
	Km 5			Hammerstein Rl.	24 52 22 16 10 42
Km 497 D845 Piste					24 41 55 16 01 14

Km	Abzweig	Ort	Sehenswert	Übernachtung	GPS
Km 512 C27 Piste nach N	Tolou's Lodge Km 0 D826 n. S				24 42 27 15 52 54
	Km 70			Tolou's Lodge	25 19 20 16 10 38
Km 522	Kulala Ldg. Km 0 Farmstr.				
	Km 14			Kulala Lodges	
Km 542 C27 Piste nach S	Nach Sossusvlei Km 0	Sesriem, T	Canyon	Sesriem Rl, Sossusvlei L, Desert Camp, Sossus Dune Lodge	24 29 16 15 48 04
	Km 28		Sossusport		
	Km 45		Düne 45		24 43 17 15 28 15
	Km 60	Sossusvlei	Parkpl. 2x4		
	Km 65		Parkpl. 4x4		24 44 27 15 17 15
	------------------	------------------	------------------	------------------	---------
	Zum Sossusvlei Wildernes Camp Km 0 Piste C27 nach Osten Km 12 C19 nach Süden Km 30 Farmpad				
	km 32			Sossusvlei Wilderness Camp	
Km 572 D845 Piste				Sossusvlei Mountain Ldg.	24 42 27 15 52 54
Km 586 C19, Piste nach NW					24 41 55 16 01 14
Km 591 D854 Piste	Solitaire Km 0 C19 Piste nach N			A Little Sossus Lodge	24 39 36 15 59 09
	Km 4			Desert Homest.	
	Km 69			Weltevrede Rl. (1 km)	
	Km 79			Namib Desert L.	
	Km 86			Namib Naukl. L.	
	Km 106	Solitaire, T+V		Solitaire Country Lodge	23 53 26 16 00 29
Km 609				Hauchab Fontein Camp	24 30 50 16 04 30
Km 614					24 28 55 16 06 35
Km 622	Km 0 D850 Piste				24 26 29 16 09 485
	Km 1			Tsauchab River Camp	
	Km 10		Neuras Winery	Neuras Winery	24 27 53 16 14 13
	Km 19 Farmstr.				
	Km 24			Zebra Ldg.	
Km 654	Naukluft Park Km 0 Piste				24 13 34 16 20 16
	Km 12	Tor + Büro	Naukluft Park	Naukluft Rl.	24 15 41 16 14 42

Km	Abzweig	Ort	Sehenswert	Übernachtung	GPS
Km 663 C14 n. NW	Haruchas Gf. Km 0 D855 Piste Km 19 ----------------- Km 0 C14 n. O Km 15 Str. 47 Km 30	BüllsPort ----------------- Km 19	 ----------------	BüllsPort Gf. Haruchas Gf. ----------------- Capricorn Restc.	24 08 56 16 21 47 ---------
Km 668	Km 0 D1206 Piste Km 34			 Garies Restc.	
Km 702	Km 0 D1261 Piste			Ababis Gf.	23 58 55 16 05 52
Km 709				Solitaire Gf.	
Km 715 C14 n. NW		Solitaire, T+V		Solitaire Counry Lodge	23 53 26 16 00 29
Km 724	Km 0 D1275 Piste Km 11 Km 25 Km 37			 Gecko Camp Barchan Dunes L. Namibgrens Rl.	
Km 761	Km 0 Piste Km 5			 Rostock Ritz L.	23 32 53 15 47 54
Km 774			Wendekreis d. Steinbocks		
Km 789 C26 n. O					23 21 09 15 51 24
Km 817	Corona Gf. Km 0 D1438 Piste Km 9 Km 18		Gamsberg- Pass	 Rooiklip Gäste- farm (9 km) Corona Gf.	23 17 28 16 06 04
Km 818				Rooisand Desert Ranch	
Km 853				Hakos Gäste- farm	
Km 860	Km 0 D1265 Km 15			 Isabis Camp	
Km 867				Weissenfels Gf	23 19 08 16 26 57
Km 920				Camel Camp	
Km 953 C26 n. NO					22 48 10 16 52 25
Km 957			Kupferberg Pass		
Km 971 C26 Teer					22 36 59 17 03 25
Km 976 B1 n. N					
Km 983		Windhoek, T+V	s. oben	s. oben	

Windhoek

liegt 1650 m hoch, hat um die 350.000 Einwohner (so genau weiß es keiner), ist die Metropole eines jungen Staates, Zentrum der Verwaltung einer Landesbevölkerung von zwei Millionen, An- und Abreiseort der Touristen aus Übersee, Einkaufsstadt für die weit übers Land verstreuten Farmer, Nachrichtenbörse der Wissenden und Unwissenden. Windhoek ist also vieles – doch sicherlich keine von hektischem Leben durchpulste Großstadt. Alles geschieht ruhig, geradezu betulich, Verkehrsstaus sind so gut wie unbekannt, die Geschäfte schließen um 17 Uhr, Stille kehrt ein auf der Hauptstraße, es treffen sich noch Straßenfeger und Polizisten, bis die Geschäfte wieder öffnen – um 9 Uhr morgens.

Geschichte

Windhoek erhielt seinen Namen von dem Nama-Kapitän Jonker Afrikaaner, der sich gegen Ende 1840 mit seiner Gruppe, den Afrikaaner-Oorlam, hier bei einer heißen Quelle mit Namen Ai-Gams („Feuerwasser“, oder in Herero auch *Otjomuise,* „Rauchplatz“ genannt) auf dem Gebiet des heutigen Stadtteils Klein-Windhoek östlich des Stadtzentrums niederließ.

Er nannte den Platz Winterhoek, nach seiner Heimat in der Kapkolonie, den Winterbergen, aus der seine Familie flüchten musste (die Legende erzählt, dass weiße Farmer den Clan der Afrikaaner erst von seinem angestammten Platz verdrängt und dann in ihre Dienste aufgenommen und schlecht bezahlt hätten. Irgendwann kam es schließlich zu Streit, und in diesem wurde ein Weißer vom Onkel Jonker Afrikaaners erschossen).

Mehrmals wechselte der Name, bis schließlich Curt von François 1890 den Grundstein der Stadt legte und den früheren Namen Winterhoek zu Windhuk eindeutschte.

Ein Jahr später wurde der 100 km nordöstlich liegende erste deutsche Verwaltungsort Otjimbingwe als Zentrum aufgegeben und Windhuk Sitz der Verwaltung.

Es erlebt ab Mitte der 1890er Jahre seine Gründerzeit: Hendrik Witbooi ist besiegt (s.S.300), die Ansiedelung wird von der deutschen Regierung gefördert, die Verwaltung aufgestockt und es wird überall gebaut.

Südwester-Reiter und Christuskirche

Während der Herero- und Nama-Aufstände in den Jahren 1904 bis 1907 leidet die Landwirtschaft Südwestafrikas. Der militärische Nachschub aber, der Krieg, macht Windhuk zur Boom-Stadt, laufen doch viele Nachschubwege über dieses Zentrum. Wenn einer vom Krieg profitiert, dann der Handel. Gebaut wird allerdings nicht viel, die Investitionsgelder des Handels werden zurückgehalten, bis dann schließlich, nach Ende des Krieges 1907, die eigentliche Blütezeit von Deutsch-Südwest und Windhuks beginnt.

Die Rahmenbedingungen für die Landwirtschaft werden verbessert, die Karakul-Zucht eingeführt und – Diamanten gefunden! Mag auch der Gewinn aus den Diamantengebieten nur peripher sein, die deutsche Öffentlichkeit ist damit für die Kolonie gewonnen.

Es wird wieder gebaut, die Siedlung entwickelt sich nun wirklich zu einer Stadt. Mit Beginn des I. Weltkrieges und der südafrikanischen Mandatsübernahme ist der Bau-Boom vorbei. Die Jahre des Krieges und der Depression verändern Windhoek nicht allzusehr. Mit Ende des II. Weltkrieges und den folgenden Jahren der Apartheid wird die Basis für die jetzige Stadtstruktur geschaffen.

Die Stadt ist entlang einer Nord-Süd-Achse angelegt, die durch das Zentrum führt. Im und um das Zentrum leben vornehmlich die weißen Windhoeker. Im Norden und im Süden schließt jeweils ein Industriegebiet an. Östlich liegen Berge, westlich das Hochland. Dort gruppieren sich die traditionellen Wohnviertel der Farbigen (Khomasdal), der Schwarzen (Katutura) und, noch weiter nordwestlich, die Slums der Landflüchtigen und der Flüchtlinge aus Angola (beim Goreangab-Damm).

Äußerst langsam löst sich die einst strikte Trennung der Wohngebiete, es kommt selten vor, dass sich ein Farbiger oder Schwarzer – gehört er nicht gerade zum diplomatischen Korps eines afrikanischen Staates – in einem weißen Wohngebiet niederlässt. Es ist nun nicht mehr ein Problem der Apartheid, es ist ein Problem des Geldes.

Wohngebiete

Katutura wurde 1959 fertiggestellt, und alle schwarzen Bewohner Windhoeks, die hauptsächlich im Viertel „Old Location“ lebten, hatte man aufgefordert, in das aus dem Boden gestampfte neue Township zu ziehen. „Katutura“, wie seine Bewohnern es sogleich tauften, heißt in Herero „ein Ort, wo wir uns nie zu Hause fühlen“. Die ursprünglich aus rohen Zementsteinen gebauten Häuschen, Reihe neben Reihe, hatten eine Außentoilette, Wasser und Kanalisation. Das war's aber dann auch schon. Zwei bis vier Räume, keine Innentüren, kein Verputz, und der Dachstuhl lag frei.

Für die vielen in Windhoek tätigen Vertragsarbeiter, die ja kein Niederlassungsrecht hatten, baute man in Katutura eine Anzahl „Arbeiterunterkünfte“, euphemistisch als „Gehöfte“ (compounds) bezeichnet. Sie waren von einer hohen Mauer umgeben und standen unter ständiger Polizeiaufsicht. Wer rein und raus wollte, musste seinen Pass vorlegen. 1987 wurde das letzte „Gehöft“ abgerissen.

Seit Ende der 1980er Jahre erlebt Windhoek seine bislang letzte städtebauliche Metamorphose. Viele der alten Gebäude verschwinden, darunter auch nicht wenige aus der kolonialen Vergangenheit, um Platz zu schaffen für die Hochhäuser, die nun das Stadtbild im Zentrum bestimmen.

Der Besucher von Katutura oder auch **Khomasdal** stellt fest, dass das Leben dort eine Idee bunter ist, lauter, fröhlicher und lebhafter als im

Stadtzentrum, man hat das Gefühl, es passiert mehr. Auch sonntags ist dort auf den Straßen Betrieb. Das Zentrum Windhoeks dagegen scheint zwischen den Hochhäusern wie ausgestorben, wären da nicht die Kirchenbesucher, die in ihren Autos zu den Gottesdiensten fahren, und einige vereinzelte schwarze Windhoeker, die durch die einsamen Fußgängerzonen schlendern.

Was macht man als Tourist am Wochenende in Windhoek? Freizeiteinrichtungen, bis auf ein Schwimmbad, gibt es nicht. Hinaus in die freie Natur? Dort war man gerade drei Wochen oder man hat am nächsten Tag vor, dorthin hinauszufahren. Man könnte sich nun auf dem Hotelzimmer oder am Pool der Pension langweilen – Zeit für einen Spaziergang durch Windhoek und eine Reise in seine Vergangenheit.

Spaziergang durch Windhoek

Kalkulieren Sie für den gesamten Spaziergang einen vollen Tag, wenn sie auch einmal an einem Fleck verweilen oder ein Mittagessen bzw. Kaffee und Kuchen zu sich nehmen wollen. Wenn es sehr heiß ist, vielleicht besser eine Ruhepause im Hotel oder auf dem Rasen eines Parks einplanen. Vergessen Sie nicht Ihren Hut, Sonnenbrille und Fotoapparat und geben Sie Ihr Geld und die Dokumente in den Hotelsafe.

Bahnhof

Beginnen wir dort, wo auch früher die Reisenden mit Windhoek ihre erste Begegnung hatten – am Bahnhof. Erbaut bis 1912, ist er heute Denkmal, Museum und natürlich auch Bahnhof. Der kleine Kiosk, vom Bahnsteig aus erreichbar, ist am Wochenende geschlossen, ebenfalls das Museum. Werfen wir stattdessen einen Blick auf die Fassade und die Lokomotive und Waggons an der Straßenseite. Die Lok ist nur die Hälfte des eigentlichen Gespanns, denn auf den Strecken in Deutsch-Südwest wurde immer ein Paar zusammen, Rücken an Rücken, vor den Zug gespannt. Durch den langen und kostenintensiven Schiffsweg von der Heimat war man bemüht, die Geräte für die Kolonie möglichst klein und handlich zu halten, deshalb entschied man sich für die Schmalspur und die putzig wirkenden Waggons. Wer fotografieren will, sollte dies in den Morgenstunden tun, sonst knallt die Sonne in den Sucher. Ein eigener Bereich im Bahnhof ist dem Desert Express vorbehalten, hier kann man sich über den Wüstenzug informieren und buchen

Das **Museum** (Tel. 061-2982186, Öffnungszeiten Mo–Fr 8–13 und 14–17 Uhr, Eintritt 5 N$) bietet einen kleinen Überblick über die Entwicklung des Transportwesens im Laufe der namibischen Geschichte. Nimmt man die fachkundige Führung in Anspruch erfährt man zu jedem Ausstellungsstück die Geschichte. Das Museum wurde übrigens ehrenamtlich aufgebaut.

Ovamboland-Denkmal

Verlassen wir nun den Bahnhof und gehen über den Platz zur Bahnhof Street hinüber. Der Platz ist als kleine Gartenanlage konzipiert, als Garden of Remembrance. In ihm befindet sich das Ovamboland-Denkmal, ein kleiner Obelisk mit Gedenktafel. Es erinnert an den **Ovamboland-Feldzug** der Südafrikaner in den Jahren 1916/17. Der Ovambo-Führer Mandume hatte einen Aufstand gegen die südafrikanische Mandatsmacht im Ovamboland angestrengt, den diese mit Panzerfahrzeugen unterdrückte. Mandume fand dabei den Tod. Heute ist eine der Hauptstraßen Windhoeks nach ihm benannt (Mandume Ndemufayo Avenue).

Bahnhof u. Lokomotive
Turnhalle
Hotel Thüringer Hof
Kudu-Denkmal
National Art Gallery u. Theater
Pension Handke
Bücherei
Ekundu Guesthouse
9 Owela Museum
10 Hotel Fürstenhof
11 Synagoge
12 Levinson Arcade / Café Schneider
13 Witbooi-Memorial
14 Nam. Wildlife Resorts
15 Gathemann-Haus
16 Sanlam Center / Deutsche Botschaft
17 Namibia Tourism
18 Bücher-Keller
19 Kalahari Sands Hotel / Gustav-Voigt-Center
20 Information / Airport-Bus
21 Outstryders Memorial
22 Hotel Steiner
23 Curt-v.-François-Denkmal
24 Namibian Crafts Center
25 Kashima B&B
WIND-HOEK ZEN-TRUM
© RKH VERLAG HERMANN
0 200 m
Mar-mite
Garden of Remembrance u. Ovambo-Land-Denkmal
Windhoek North
Polizei
Bahnhof
Hosea Kutako Drive
Mandume Ndemufayo Ave
Independence Ave
Robert Mugabe
R. Africa
Fußgänger-Brücke
Post Street Mall
Uhrenturm
NICE Rest.
Einkaufs-Zentren
Gourmet Rest.
Café Zoo
Zoo Park
Fidel Castro
Tintenpalast
Christus-Kirche
Legislative Asembly
Reiter-denkmal
Alte Feste
Historischer Zug
Rest. Zum Wirt
Vondelhof Guest House
Sam Nujoma Drive
Viljoen Park
S. Nujoma
Gobabis Int. Airport
Rest. Sardinia Wine Bar
Heinitz-burg
Schwe-rinsburg
Tamboti Guest House
Deutsche Höhere Privatschule (DHPS)
Ausspann-Platz
Hochland Road
C26 / zur B1
n. Auas-blick / zur B1
Rob. Mugabe

Kaiserliches Vermessungsamt Die Bahnhof Street nach Osten gehend stoßen wir auf die Independence Avenue, früher die Kaiser-Wilhelm-Straße. Ein Stück nach Süden, am Hotel Thüringer Hof vorbei bis zur nächsten Kreuzung, sieht man linker Hand das Kaiserliche Vermessungsamt – so heißt es und so steht es draußen an der Front. Der **bronzene Kudu** an dieser Kreuzung wurde zur Erinnerung an die große Rinderpest im Jahr 1896 aufgestellt, die auch viel Wild dahingerafft hat. Das sympathische Standbild ist eines der wenigen nichtkriegerischen Denkmäler in Windhoek und wurde 1960 von Prof. Behn aus München geschaffen.

Turnhalle Nordöstlich geht die Moltke Street ab. Folgt man ihr, erreicht man die Turnhalle, ein 1909 errichtetes Gebäude. Am 1. September 1975 tagte hier eine Konferenz, der das Gebäude auch den Namen verlieh, die Turnhallen-Konferenz, die den Grundstein für die Verfassung des unabhängigen Namibia legte. Genau östlich verlassen wir mit der John Meinert Street die Kreuzung, gehen die nächste Möglichkeit nach rechts und gelangen so zur „Kulturmeile“ der Stadt.

Owelamuseum In der Robert Mugabe Avenue, die ihren Namen vom heutigen Premierminister Zimbabwes erhielt, steht die **Nationalgalerie** (Tel. 061-231160, www.nagn.org.na, Öffnungszeiten Mo–Fr 8–17, Sa 9–14, So 10.30–15 Uhr, Eintritt So 20 N$, sonst frei), das **Nationaltheater** (Tel. 061-374400), die **Bücherei** (Tel. 061-224163) der Stadt Windhoek (Öffnungszeiten Mo–Fr 9–17 und Sa 9–12 Uhr), das **Nationalarchiv** (Tel. 061-2935211) und das **Owelamuseum** (Tel. 061-276822, Öffnungszeiten 9–18 Uhr, Wochenende 10–13 und 14–18 Uhr, Winter jeweils bis 17 Uhr).

Die Kunstgalerie bietet in mehreren Sälen zeitgenössische Kunst aus Namibia und Südafrika und organisiert auch Ausstellungen moderner europäischer Maler und Bildhauer. Die Bücherei hat eine sehr große Präsenzbibliothek, in der der geschichtlich, ethnologisch oder naturwissenschaftlich Interessierte auf Vieles stößt, was seinen Wissensdurst bezüglich des Landes stillt. Das Staatsmuseum präsentiert Ausstellungen der Naturgeschichte und Völkerkunde. Die kleinen Panoramen sind liebvoll gemacht und bieten Einblicke in das traditionelle Leben namibischer Ethnien. Vor dem Museum spielen manchmal in der Mittagspause Angestellte das Spiel Owela (das dem Museum auch seinen Namen gab). Es ist eine Art Backgammon, die Utensilien sind denkbar einfach: kleine Vertiefungen, egal in welchem Material, ob Stein, Holz oder auch Sand, und als Spielsteine Kiesel oder Kerne. In ganz Afrika, von Norden bis Süden, findet sich dieses Spiel.

Gibeon-Meteorit Kehren wir aber zum Denkmal des Kudu zurück und folgen der Independence Avenue weiter südlich. Die Geschäfte werden zahlreicher, nach Westen gehen Passagen und Arkaden ab. Die frühere Post Street heißt nun **Post Street Mall** und ist eine moderne Fußgängerzone mit vielen Läden und einer künstlerischen Installation aus den nicht verglühten Resten eines Meteoriten-Regens der im Süden Namibias, in der Gegend um Gibeon, niederging und der ihr den Namen gab – **Gibeon-Meteorit**. Werktags und teils auch am Wochenende verkaufen die Kunsthandwerker ihre Arbeiten auf Tischen und am Boden ausgebreiteten Decken.

Am Eingang zur Mall steht der markante **Uhrenturm,** dessen Silhouette von einem der neuen Gebäude der Fußgängerzone aufgenommen wurde. Kurz vor der Fußgängerüberführung sieht man nun rechts unterhalb die Synagoge Windhoeks. Am Ende der Mall betritt man ein großes Ladenzentrum mit diversen Lokalen, Cafés und Eisdielen.

Zoo-Park

Zurück an der Independence Avenue breitet sich schräg gegenüber der Zoo-Park aus, eine grüne Oase mit Spazierwegen und einem kleinen Spielplatz. Angestellte verbringen hier ihre Mittagspause, Studenten halten ein Schläfchen im Gras, Schulmädchen verzehren kichernd ihre Pausebrote und dazwischen fahren Nannies die ihrer Obhut anvertrauten Sprösslinge spazieren – ein freundlicher Ort für eine schattige Rast. Früher war die Anlage größer und wurde als Zoo genutzt – daher der Name. Das *Café Zoo* lädt am Rand zu einer Verschnaufpause, mitten drin im Park wurde ein Amphitheater errichtet, in dem des abends Veranstaltungen stattfinden, tagsüber kann man im schattigen Café kleinere Mahlzeiten zu sich nehmen.

Das **Witbooi-Memorial,** ein breiter, von einem Adler gekrönter Obelisk, wurde 1897 hier enthüllt, um zu erinnern an – natürlich, die Opfer, die die Kaiserliche Schutztruppe dargebracht hat, als es „gegen Hendrik Witbooi ging“. Die Namen der gefallenen Reiter sind am Denkmal angebracht.

Gathemann-Haus

Vom Park aus hat man einen guten Blick auf das Gathemann-Haus gegenüber. Viele historische Gebäude wurden in den Zeiten des Baubooms der Abrissbirne überlassen, das jetzige moderne Stadtbild Windhoeks entstand. Das Ensemble aus dem Genossenschaftshaus (von rechts nach links), dem Gathemann-Haus und dem ehemaligen Hotel Kronprinz, das das Restaurant Gathemann beherbergt (ein beliebter Treff für den Nachmittagstee auf der Terrasse) wurde von Wilhelm Sander, dem Leib- und Magenarchitekten von Südwest, entworfen und ist letztes koloniales Bauwerk an der Independence Avenue. Um den Erhalt des Ensembles wurde in den letzten Jahren viel gerangelt, denn auch hier sollte ein futuristischer Hochhauskomplex entstehen, die denkmalgeschützte Gathemann-Arcade als „Erinnerungsstück“ in diese Anlage eingebunden werden – Kapriolen einer modernisierungssüchtigen Stadtplanung. In dem Ensemble befinden sich u.a. das Büro von Namibia Wildlife Resorts und die Luisenapotheke.

Architektur der Kolonialzeit

Am Ende des Parks mündet die Fidel Castro Street, die ehemalige Peter Muller Street, ein. Ein Stück hinein ist linker Hand **Bücher-Keller,** die bestsortierte Buchhandlung der Stadt. Verkauft werden auch deutsche Zeitschriften. Das Personal zeigt sich sehr hilfsbereit und gibt gute Literaturempfehlungen.

Über die Straße hinüber, weiter nach Süden, steht das **Kalahari Sands Hotel,** jedem Besucher schon von weitem sichtbar und bekannt als die traditionelle Luxusunterkunft betuchter Touristen und Beherbergungsort auf Staatskosten reisender Politiker. Im Untergeschoss des unterhalb des Hotels liegenden Einkaufszentrums **(Gustav Voigt Centre)** lässt sich günstig und lecker ein kleiner Imbiss einnehmen, z.B. belegte Brötchen mit Milchmixgetränken. Im Eingangsbereich sitzen immer ein paar Herero-Frauen, umgeben von einem bunten Heer verschieden großer Puppen in tradionellem Herero-Gewand, in viktorianischen Bausch-Röcken und der dreizipfligen, Rinderhörnern nachempfundenen Haube.

Curt von François Memorial

Gehen Sie jetzt weiter nach Süden und biegen Sie an der nächsten Möglichkeit nach links, nach Osten. Jetzt kommt Geschichte satt! Direkt an der Kreuzung vor dem Rathaus steht das Curt von François Memorial, Denkmal desjenigen, dem Windhoek seine Entstehung verdankt. Entgegen mancher Vorstellung wurde es erst 1965 geschaffen und aufgestellt, anlässlich der 75-Jahr-Feier der Gründung Windhoeks. Künstler war der Südafrikaner Hennie Potgieter, die Kosten wurden durch Spenden aufgebracht. Bei der Enthüllung erfolgte die Stadtproklamation Windhoeks.

Reiterdenkmal

Die Straße bergan und die Robert Mugabe Avenue nach links und Norden (die Straße, die wir als „Kulturmeile“ schon einmal betreten hatten) sehen wir es schon, das Reiterdenkmal, die **Festung,** den **Tintenpalast,** die **Christuskirche.** Martialisch reitet er, erschütternd fotogen sowohl in der Morgen- als auch in der Abendsonne, das Gewehr wachsam auf das Bein gestützt, die Krempe seines Hutes tief in die Stirn gezogen, seit über 80 Jahren. An Kaisers Geburtstag, am 27. Januar 1912 wurde er enthüllt, angeregt vom Kommandanten Oberst von Estorff, ausgeführt von Adolf Kürle aus Berlin. Hier sind die Schutztruppler und „deutschen Bürger“ gewürdigt, die in den Jahren 1903 bis 1907 bei den Feldzügen im Laufe der Herero- und Nama-Aufstände „gefallen, verschollen, verunglückt, ihren Wunden erlegen und an Krankheiten gestorben“ sind. Der „Reiter“ war und ist eines der umstrittensten Monumente Windhoeks – es waren sogar Forderungen laut geworden, den martialischen Herren von seinem Sockel zu stürzen.

Unabhängigkeitsmuseum

Schließlich hatte man sich geeinigt im Zuge der Vergrößerung des Museums Alte Feste mit einem Neubau zum Unabhängigkeitsmuseum dem Reiter einen neuen Standort zuzuweisen, den er 2010 eingenommen hat – immer noch bei der Alten Feste, weniger exponiert, doch immer noch fotogen. Der neue Museumsbau hat damit das Reiterstandbild als Aufreger abgelöst. Zu bombastisch, zu modern, zu unpassend und das Ensemble störend – und zu teuer. Als Ende 2009 eine erste Skizze auftauchte, waren nicht nur die Traditionalisten nervös geworden, auch breite Teile der schwarzen Bevölkerung sehen keinen Sinn darin, ein weiteres Mal koreanische Firmen mit Planung und Bau eines Symbolbauwerkes im Stil realsozialistisch-monumentaler Politerotik zu beauftragen – ihnen genügt bereits der Heldenacker vor den Toren der Stadt.

Die Alte Feste

Alte Feste

Wie eh und je dräut die Alte Feste auf ihrem Hügel, heute aber in gleißendem Weiß. Curt von François zeichnete die Pläne 1890, wenige Monate später wurde das Gebäude bezogen. Das Atrium-Prinzip mit den vier Wehrtürmen diente der Verteidigungsverbesserung. Die Außenmauern hatten ursprünglich nur Schießscharten. Erst später wurden die Veranden angebaut und der kriegerische Charakter etwas gemildert. Die Alte Feste hat nie Kämpfe gesehen. Im Innenhof stehen einige hohe und schlanke Palmen, schweißiges Soldatenleben kann und mag man sich an diesem friedlichen Ort nicht vorstellen. 1915 benutzten die Unionstruppen, Sieger des I. Weltkrieges in Südwest, die Feste als Hauptquartier. In den 1920er Jahren wurde sie ein Schülerheim, 1957 fand die Erklärung zum „Historischen Monument“ statt. 1962 wurde dann das Museum in den ehemaligen Kasernen des Forts eingerichtet. Es zeigt viele Gegenstände des offensichtlich auch existierenden, normalen Tagesablaufes einer Familie im südlichen Afrika: Möbel, Musikinstrumente, Kochutensilien usw. Eine weitere Ausstellung betrifft die Zeit, in der Namibia schon nicht mehr zu Südafrika gerechnet wurde, aber noch nicht eigenständig war, die Zeit, in der die UN im Lande war und die Implementierung der Demokratie überwachte, die ersten Wahlen.

Christuskirche

Verlässt man den Innenhof, nachdem man noch den recht ungepflegten **Historischen Zug** begutachtet hat und tritt an dem kleinen Andenkenladen vorbei wieder hinaus, liegt rechts unterhalb die **Christuskirche.** Nach drei Jahren Bauzeit wurde am 15. Oktober 1910 der Einsegnungsgottesdienst gehalten. Die Schwesternkirchen – mit gleichem Namen – standen in Tsing-Tao und in Dar es Saalam (!), geweiht wurden alle drei dem Frieden (!).

Die Windhoeker Kirche entwarf Gottlieb Redecker. Nach einigem hin und her, auch Berlin ist mit Bauplänen involviert, wird schließlich der vierte Entwurf genehmigt und am 11. August 1907 der Grundstein gelegt. Man entschied sich für einen neuromanischen Stil mit gotischen Einflüssen. Die Baukosten fallen mit 360.000 Mark doppelt so hoch aus wie geplant (alleine die Transportkosten betrugen 70.000 Mark, obwohl die Woermann-Linie bereits 25% Sakralrabatt gewährt hatte).

Tintenpalast

Ein Stück weiter bergan betritt man einen herrlich grünen und mit Blumen erfüllten Park und steht schließlich vor der Fassade des Tintenpalastes (nur werktags bis 13 Uhr geöffnet), des ehemaligen Verwaltungsgebäudes des Schutzgebietes und heutigem Sitz des Parlamentes. Der vom Volksmund verliehene Name spricht für sich. Ein weiteres Mal wurde der Architekt Gottlieb Redecker tätig. Von August 1909 bis Ende 1911 kämpfte die deutsche Bauordnung mit sich und der Zunft, bis schließlich Einigung über Entwurf und Standort erzielt werden konnte. Das Gebäude wurde im November 1913 bezogen und gilt als typisches Beispiel eigenständiger deutscher Kolonialarchitektur, die sich nur entfernt an europäischen Vorbildern orientiert und praktische Notwendigkeiten, wie exzellente Durchlüftung der Räumlichkeiten, in den Vordergrund stellt.

Östlich des Tintenpalastes schließen sich moderne Regierungsgebäude an. Der Park wird belebt von Schulklassen, die hier picknicken und ballspielen, und von streng weiß gewandeten Damen und Herren, die ihr sonntagvormittägliches Rasen-Bowlingspiel stilvoll inmitten der Blumenpracht und unbehelligt von der Politik absolvieren.

Alter Friedhof

Zurück auf der Robert Mugabe Avenue (die vor der Umbenennung übrigens Leutwein Straße) hieß, gehen wir diese weiter nach Süden und stoßen auf den Alten Friedhof und das **Gefallenendenkmal.** Hier wurden viele südafrikanische Soldaten begraben, die während des I. Weltkrieges fielen. Das Denkmal enthüllte man 1931.

Schaut man nach oben, sieht man auf den Hügeln der Umgegend drei weitere geschichtsträchtige Gebäude, die Heinitzburg, die Schwerinsburg und die Sanderburg. Letztere beiden sind nicht öffentlich zugänglich. Die Sanderburg ist privat genutzt, die Schwerinsburg beherbergte früher die italienische Botschaft. Die Schwerinsburg entstand aus der erhöht gebauten Signal- und Aussichtsstation Sperlingslust, die nach Beendigung der Kriegshandlungen 1908 als nicht mehr notwendig erachtet und zur privaten Nutzung vom Staat verkauft wurde. Der Architekt Sander nutzte die Grundkonzeption der Station und umbaute und erweiterte diese im Stil einer mittelalterlichen Burg. Nicht weit davon entfernt entstand für ihn selbst 1914 und 1915 eine weitere Burg, Heinitzburg genannt, heute ein bekanntes Hotel. Die Sanderburg konnte noch 1917 erbaut werden, da Wilhelm Sander nicht, wie so viele seiner deutschen männlichen Landesbewohner, interniert wurde.

Outstryders Memorial Um zum wirklich letzten kriegerischen Denkmal der Stadt zu gelangen, müssen wir ein Stückchen zurück, bis zum Sam Nujoma Drive (der früheren Curt von François Straße) gehen und in diese links nach Westen einbiegen. Nach einem Fußmarsch von ca. 1 km biegt man rechts in die Bismarck Street ein und gelangt nach ca. 300 m zum Buren-Kriegerdenkmal, dem Outstryders Memorial. Es erinnert an die „Bittereinders“ („die bis zum bitteren Ende gehen“), die nach Beendigung des Krieges zwischen Engländern und Buren nach Südwestafrika zogen, um nicht unter den neuen Herrschern leben zu müssen.

Nun kann man die Fidel Castro Street direkt wieder zur Independence Avenue zurückkehren. Kurz vor ihr findet sich rechter Hand das **Konservatorium,** manchmal werden hier Tanzaufführungen oder Konzerte veranstaltet. Die Independence Avenue nach rechts, nach Süden gehend erreicht man schließlich den Ausspannplatz, einen nicht begrünten, sondern der Einfachheit halber grün gestrichenen Platz. Seinen Namen hat er nicht als Flanierplatz erhalten, sondern als **Abladeplatz** der Ochsengespanne, die hier ihr Joch lassen durften, ausgespannt wurden.

Maerua-Park Verließe man den Platz Richtung Südost, gelangte man zum öffentlichen Schwimmbad und zum Maerua-Park, einem großen Geschäftszentrum mit Bars, Restaurants, Kino-Center und vielen Läden.

Warehouse Wir gehen aber die Talstraße zurück und passieren das rote Ziegelgebäude der ehemaligen Bierbrauerei, heute das Warehouse, ein Zentrum mit Diskothek (das auch Live-Auftritte bekannter namibischer und südafrikanischer Gruppen wie Jackson Kaujeua oder Jonny Clegg organisiert), einem Theater und einem Kunsthandwerks-Zentrum, dem Namibian Craft Centre, das Selbsthilfe-Gruppen unterstützt. Hier gibt es viele originelle Souvenirs zu erstehen, einiges zwar etwas teurer als auf den Straßenmärkten, dafür aber schöner gearbeitet. Auch einige junge Modemacher sind mit Afro-Fashion vertreten. Wer hier kauft, unterstützt die Selbsthilfe-Projekte und weiß, dass sein Geld nicht einem findigen Großhändler, sondern vor allem arbeitslosen Frauen zugute kommt.

Avis Staudamm Im Osten, an den Ausläufern Klein Windhoeks, schließt der Avis-Stausee an, Ziel vieler Einwohner für den sonntäglichen Spaziergang. Man kann den See einmal umrunden und ist dafür etwa zwei Stunden unterwegs. Eine reiche Vogelwelt begeistert die Besucher und die sie begleitenden Hunde. Gespeist wird der See von einem Rivier, das seinen Ursprung 30 km weiter auf der Farm Hoffnung hat, als Klein Windhoek Rivier fließt das Wasser wieder aus Avis heraus. Wenn wegen guten Regens der Damm geöffnet wird, kommt ganz Windhoek zu diesem Ereignis, inklusive der Kanuten.

Heroe's Acre 10 km außerhalb im Süden, direkt an der B1, erhebt sich seitlich der Straße auf einem Hügel ein Obelisk. Er kämpft mit einem 8 m hohen Soldaten um die Vorherrschaft über das Auge des Betrachters. Die ganze Anlage wurde 2003 eingeweiht, und seitdem brennt die ewige Flamme zu Ehren der Krieger des Unabhängigkeitskampfes. Koreanische Firmen haben den Acker errichtet, den man nur nach einer Kontrolle am vom Militär bewachten Tor betreten darf. Bis zu 5000 Besucher können die Feierlichkeiten hier sitzend erleben.

Xwama Cultural Village In Katurua lässt sich das erste städtische *Cultural Village* Namibias besuchen. Die Gäste werden mit traditionellen Riten, Gesangs- und Tanzvorführungen unterhalten. Natürlich gibt es auch etwas zu essen. Frittierte Mopane-Würmer, Ziegenkopf gegrillt und als Beilage wilder Spinat und Millipap – nicht jedem läuft dabei das Wasser im Mund zusammen! Doch ausprobieren sollte man es schon mal (alternativ vielleicht das Curry-Huhn?). Wer es partout nicht schafft, kann sich derweil im Souvenirladen versorgen. Kontakt: Tel. 061-210270, www.xwamacultural.com. Adresse: Independence Avenue Ecke Omongo Street.

Einkaufen in Windhoek

Verpflegung In der Schlachterei *Trans Kalahari Meat & Biltong Supplies,* 94 Sam Nujoma Drive, Klein Windhoek, Tel. 061-234509, kann man frisches Wildfleisch erwerben und für die Reise vakuumverpacken lassen.

Bücher *Der Neue Bücher Keller,* P.O. Box 1074, Carl-List-Haus, Fidel Castro Street, Tel. 061-231615, Fax 236164; breiteste Auswahl an deutschsprachigen Büchern in Namibia, Traditionsbuchladen, sehr gute Beratung, Zeitungen und Zeitschriften. *Windhoeker Buchhandlung,* P.O. Box 1327, 69 Independence Avenue, Tel. 061-225216, Fax 225011; deutsch- und englischsprachige Bücher.

Souvenirs *Namibia Crafts Centre,* 40 Tal Street, Tel. 061-222236; alles was das Land hergibt wird in den kleinen Nischen privatim verkauft, Café mit leichten Mahlzeiten zum Verschnaufen.

Penduka „Wake up", am Gorangab Damm, P.O. Box 62601, Windhoek, Tel. 061-257210, Fax 257210, penduka@namib.net, www.penduka.com (s. Kasten oben).

Bushman Art, P.O. Box 20165, 187 Independence Avenue, Tel. 061-228828, Fax 228971, www.bushmanart-gallery.com ; schöne Auswahl an afrikanischem Kunsthandwerk, viele hochqualitative Holzschnitzereien.

Rogl Souvenirs, Independence Avenue, Tel. 061-225481, Fax 247552; Schnitzereien aus ganz Afrika, Felle, Lederwaren.

Omatako, Levinson Arcade, P.O. Box 11405, Tel. 061-224803; Curio-Laden unter deutschsprachiger Leitung.

Bei *Leather Connection* (Tel. 061-269075, alles aus Leder, auch fürs Pferd) haben sich auf dem Areal Curioshops unter dem Namen *Traditional Craft Village* angesiedelt. Hier gibt es neben den üblichen Holzschnitzereien auch Seltsames zu erwerben. Aus Abfällen hergestellte Gebrauchsgegenstände (aus Flaschen und Metall, *Emage Workshop,* Tel. 061-225191), und, besonders ungewöhnlich, bei *Magical Elephant Creations* (Tel. 081-2558665), nämlich alles Mögliche aus Elefantendung:

Papier, Schreibtischaccessoires, Adressbücher, Papierkörbe etc. Seien Sie versichert, es duftet nicht und ist ein extravagantes Reisemitbringsel. Den Hunger stillt *Fresh'n Wild* zwischen 7 und 17 Uhr mit Tagesgerichten und Kaffee und Kuchen (Tel. 081-2771682).

Nutzvolle „Droppings"

Wer käme schon auf die Idee, als Geschenk Elefantendung mit nach Hause zu bringen. Keiner? Erst einmal: **Papier aus getrocknetem Elefantendung** fehlt jeglicher Geruch. Die Tiere nehmen sehr grobe Nahrung zu sich, die sehr viel Zellulose enthält – nicht besonders nahrhaft. Hinzu kommt, dass die Elefanten schlechte Futterverwerter sind, deshalb müssen sie die Hälfte jeden Tages fressen, 150–200 kg. Sie äsen gleichmäßig und rhythmisch, indem sie ihren Rüssel um einen Baum wickeln und diesen abschälen bzw. ausreißen. Busch- und Grasfasern, Rinde, Samen, Zweige und Mineralien und vieles andere finden so ihren Weg durch den Magen wieder auf den Boden. Die Zähne: Sie werden in einer Scherbewegung dazu verwendet, die Pflanzen zu zermahlen: 16 Backenzähne, 10 cm breit und 30 cm lang. Nach und nach nutzen diese sich ab, werden aber durch neue ersetzt, die nicht wie beim Menschen von unten kommen, sondern sich von hinten nach vorne schieben. Der Magen: Er dient der Fermentierung, Mikroorganismen verdauen dort die Zellulose, aber eben nicht vollständig. Der Dung enthält damit genügend Zellulose zur Papierherstellung.

Juweliere *Horst Knop,* Kaiserkrone, Post Street Mall, Tel. 061-228657. *Herrle & Herma,* Sanlam Centre, Independence Avenue, Tel. 061-224578. *Adrian,* Levinson Arcade, Tel. 061-225501. *Jürgen Canto,* Levinson Arcade, Tel. 061-222894.

Kleidung *Wecke & Voigts,* im Gebäude des Kalahari Sands Hotel, Kaufhaus, in dem die deutschsprachigen Namibier traditionell einkaufen. *Safari Den,* ebenfalls im Gebäude des Kalahari Sands, alles was man als Outdoor-Bekleidung braucht

Kunst „The Alchemist" *Renier Vivier* verbringt mit Schweißgerät und Metall wahre Wunder, nicht alle Werke sind zu schwer fürs Flugzeug, so dass man schon fündig werden kann (wer aber den Werken verfällt, muss eben auf Luftfracht ausweichen). Gegenständliches und Abstraktes sind zu finden, der junge Künstler ist dabei, sich international einen Namen zu machen. Maxwell Street 22, Tel. 061-240550, are_elle@iafrica.com.na.

Platten *Universal Sounds,* Post Street Mall, P.O. Box 40210, Tel. 061-227037, Fax 227044, Plattenladen mit afrikanischer Musik.

Pelze *Nakara,* 165 Independence Avenue, Tel. 061-222049. *Pelzhaus Huber,* Göring Street Ecke Independence Avenue, Tel. 061-227453. *Seelenbinder,* Mutual&Federal Building, Independence Avenue, Tel. 061-224230

Camping Ausrüstung *Cymot,* 60 Madume Ndemufayo Avenue, P.O. Box 706, Tel. 061-234131, Fax 221011, hier auch Gaskartuschen der Fa. Campinggaz, die sonst nicht immer zu bekommen sind. *Safari Den,* Auas Valley Shopping Mall, Tel. 061-2909293, Fax 61-233060.

Vermietung v. Camping Ausrüstung *Camping Hire Namibia,* 78 Malcolm Spence Street, P.O. Box 80029, Tel./Fax 061-252995. *Adventure Camping Hire,* 74 Laurent Desiré Kabila Street, P.O. Box 6675/Auspannplatz, Tel./Fax 061-242478, www.natron.net/tour/adventure

Internet Café In der Munamawe Street, seitlich der Telecom Namibia.

Unterhaltung in Windhoek

Wie gesagt, Windhoek ist eine ruhige Metropole. Die „große Sause“ kann man mit Sicherheit nicht erleben, ein Rotlicht-Viertel existiert nicht, ebenfalls kein Stadtteil, in dem sich die Studenten die Nacht um die Ohren schlagen. Die weißen Namibier ziehen es vor, sich gegenseitig zu Hause zu besuchen oder nach einem guten Abendessen noch auf einen Sprung in einer der drei oder vier Nachtbars den Gutenacht-Schluck zu sich zu nehmen. Windhoek hat ein Kinozentrum im Maerua-Park. Das Nationaltheater führt eher selten Stücke auf, und auswärtige Ensembles sind auch nicht allzuoft eingeladen. Das Warehouse Theatre, das zweite Theater in Windhoek, hat da schon häufiger Aufführungen. 2009 war es allerdings wegen Renovierung geschlossen. Die Spielpläne in den Zeitungen.

Die deutschstämmigen Namibier treffen sich gerne in *Joe's Beer House* und im *Dylan's.* In das Lokal *Zum Wirt* geht derjenige, der Kontakt zu den leichtlebigeren Damen Windhoeks haben will. Die Jugend zieht es in die Entertainment-(Fußgänger-)Zone des Maerua-Parks. Cafés, Pizzeria, Steakhouse, Hamburger-Buden, Läden, Takeaways und Yoghurt-World sorgen für Entspannung. Auch das *Hemingway* findet sich hier, kredenzt Cocktails, auch noch zu später Stunde. Touristen auf dem Gesundheitstrip können in dem riesigen und wahrlich perfekt ausgestatteten Fitness-Studio etwas für ihren Körper tun.

Wer die Nacht beim Tanz mit Schwarzen verbringen will, geht ins *Chez ‚N' Temba,* Farbige treffen sich im *La Dee Da's,* Buren im *Kiepies* und die Kiddys im *Heaven* oder in der *Fashion Bar.* Lange Jahre wurde man davor gewarnt, nach Katutura zu gehen, nicht tagsüber und schon gar nicht des Nachts. Das hat sich geändert. Heute pilgern weiße Einheimische und Touristen gleichermaßen hinaus um am Nachtleben teilzuhaben (Vorsichtsmaßnahmen sollten dennoch getroffen, u.a. ein verlässlicher Taxidienst für die Heimfahrt gewählt werden). In Katutura ist der *Club Thriller* der Dauerbrenner, *Mock's Shebeen* ein beliebter Treffpunkt lokaler Politiker.

Theater

National Theatre of Namibia, John Meinert Street, Tel. 061-374400, Spielplan in den Zeitungen. Das Theater, unterstützt von „Brot für die Welt“, hat eigene Spielgruppen arbeitsloser Jugendlicher, die immer wieder ihre Situation dramatisch aufarbeiten und zur Aufführung bringen. – *Warehouse-Theatre,* Tal Street, Tel. 061-244671, Spielplan in den Zeitungen (2009 geschlossen). Weitere Termine erfährt man z.B. im The Namibian oder auf der Website www.whatsonwindhoek.com.

Feste und Festivals

Wichtige Termine sind der **Karneval** und das **Oktoberfest.** Im September findet das **Windhoek Arts Festival** statt mit Theater, Musik und Ausstellungen aus allen Bereichen der Bildenden Künste. Das **FilmFestival** Ende März/Anfang April zeigt namibische Filme und Programmkino. In der Thembe School in der Robert Mugabe Avenue/Windhoek finden regelmäßig **Spoken Word Poetry Slams** statt (derzeit an jedem 1. Mittwoch im Monat ab 20 Uhr). Ebenfalls in Windhoek treffen sich einmal im Jahr im September der Volkstanzkreis Windhoek mit anderen Gruppen zum **//Ae/Gams Festival** mit traditionellen Tänzen. Beim Warehouse im Hinterhof öffnet das Studio 77 (Eingang Garten Street) einmal wöchentlich die Tore für eine Trommelrunde (derzeit dienstags 20 Uhr) – den **Ongumo-Workshop.** Im Januar/Februar findet bei Maltahöhe das **Lilienfestival** statt (Details s. dort).

Kinos *Maerua Park Cinema,* Klein Windhoek Road, Eros Shopping Center. Kinozentrum mit 3 Vorführräumen, Programm in den Zeitungen.

Konzerte Live-Auftritte finden u.a. in *Zenso's Lounge* am Gutenberg Platz und im *ObsessionsZ* in der südlichen Industriezone statt.

Essen und Trinken

Die Lokale und Restaurants, die schon in der Früh geöffnet haben, bieten zumeist auch Frühstück an. Praktisch alle Hotels besitzen ein Restaurant, bei den kleineren ist für Nicht-Hotelgäste unter Umständen eine Voranmeldung erforderlich.

NICE Die Hochburg für exklusives Essen in exklusivem Ambiente mit exklusiver Bedienung – zu durchaus wettbewerbsfähigen Preisen. 2006 eröffnet, wurden als Baumaterialien alles verwendet was gut und teuer ist und mit Möbeln und Accessoires kombiniert, die keinen Augenwunsch mehr offen lassen. Ob Bar, Sushi-Abteilung oder Restaurant, die mit viel Glasflächen weitläufig, hell und doch separiert gestaltete Anlage des **N**amibian **I**nstitute of **C**ulinary **E**ducation (NICE eben) ist *die* Adresse des Landes für den Abend, der etwas herausragen soll. Wer will, schaut den Köchen bei der Ausbildung und dem Kochen zu – keine Angst, wer hier den letzten Schliff erhält, muss, ebenso wie das Service-Personal, schon einiges auf dem Kasten haben. Mozart Street Ecke Hoseo Kutako Street, Tel. 061-230616, www.nice.com.na (Küche Mi–So 12–14 u. 18–22 Uhr, Bar 16–24 Uhr).

Dunes Restaurant im Kalahari Sands Hotel. Sehr gutes (und günstiges) Buffet, neben asiatischen und italienischen Gerichten auch Wild bis zum Abwinken (Strauß, Oryx, Kudu etc.). Ansonsten ist die Karte eher klein und teuer. Independence Avenue, Gustav Voigts Center, Tel. 061-222300. Mo–So 7–22 Uhr.

Leo's at the Castle Restaurant des Hotel Heinitzburg mit eleganter Einrichtung und gutem Weinkeller. Ein Erlebnis ist das Dinner im historischen Ritter-Raum, spektakulär die Sicht bei Kaffee oder Abendessen auf der Terrasse über Stadt und Sonnenuntergang. Heinitzburg St, Tel. 061-249597, täglich Lunch, Kaffee und Dinner.

Am Weinberg Edel-Restaurant mit perfekt arrangierten Speisen, von denen man gern mehr auf dem Teller hätte; ausgesuchtes Weinsortiment. 12 Jan Jonker Road, Tel. 061-236050, täglich 9–22.30 Uhr.

Luigi and the Fish Großes Restaurant mit Biergarten, gern besucht, im ersten Stock Drinks zum Absacken, 342 Sam Nujoma Drive, Klein Windhoek, Tel. 061-256399, mittlere Preiskategorie, Di–So 12–14 und 18.30–22 Uhr.

Africa Traditionelle afrikanische Gerichte aus West-, Ost- und dem südlichen Africa, 44 Kasch Street, Tel. 061-247178, Spezialitäten aus Ghana, Angola, Äthiopien und natürlich Namibia wie Biltong Stew und Omoshila wo Ngobe (Ochsenschwanz mit Spinat).

O'Portuga 151 Nelson Mandela Avenue, Tel. 061-272900, angolanisch-portugiesisch angehauchte Küche. Täglich 12–23 Uhr.

Café Schneider Kaffee und Kuchen oder kleine Gerichte im ältesten Café der Stadt. Levinson Arcade, Tel. 061-226304. Mo–Fr 7–18 Uhr, Sa 7–14 Uhr.

Café Zoo Einer der schönsten Plätze zum Sitzen, Blick auf den Zoo-Park, kühle Windbrise und feine Gerichte (leider nur tagsüber) – und natürlich Kuchen; Zoo Park, Independence Avenue, Tel. 061-223479; Mo–Sa 8–18 Uhr.

Zoo Park Restaurant kleine Gerichte beim Amphitheater im Park. Zoo Park, Tel. 061-258484.

Brix Restaurant Lunch und Light Meals während der Geschäftszeiten. Independence Avenue, Tel. 081-3595259, Mo–Fr 8–17.

Central Café Schnelle Gerichte oder Kaffee u. Kuchen in einer überdachten Passage. Günstiges Frühstück. Levinson Arcade, Tel. 061-222659. Mo–Fr 6.30–18, Sa 7–14 Uhr.

Cicada Café Tagescafé mit leichten und ausgezeichneten Mahlzeiten in einer Gärtnerei; man sitzt im Freien unter Bäumen und verspeist frische Salate; nach dem Essen kann man in einem kleinen Laden Produkte frisch von den Farmersfrauen kaufen: Brot, Käse, Marmelade, Kräuter und Oliven; Wilde Eend Nursery, 10 Uhland Street, Klein Windhoek, Tel. 061-272632, Mo–Fr 8–17 Uhr, Sa 8–13 Uhr, So 9–13 Uhr.

Craft Café Mitten zwischen Kunsthandwerk oder draußen auf dem Balkon gibt es mittags *light meals* aus der Schnellküche. Tal Street (im Namibian Craft Center), Tel. 061-242222.

Fresh'n Wild Tagesrestaurant beim Traditional Craft Village, Parsival Street 1, Tel. 081-2771682 mit einigen Tagesgerichten und Kaffee und Kuchen, tgl. 7–17 Uhr.

Fürstenhof Hotel-Restaurant mit feinem Ambiente, 4 Bülow Street, Tel. 061-237380. Mo–So 19–23 Uhr.

Gathemann Deutschsprachiges Restaurant der gehobenen Preis- und Qualitätskategorie mit vielen namibischen Spezialitäten (Fisch- und Wild, Austern und selten die berühmten Termitenpilze). Manchmal werden auch Mopanewürmer serviert, fritiert schmecken sie wie gewürzte Chips. Besonderer Wert wird auf die Weinkarte gelegt. Große Terrasse mitten im Herzen der Stadt. Independence Avenue, Gathemann Haus, Tel. 061-223853. Mo–Sa 10–14.30 und 18–23 Uhr.

Gourmet Ausgezeichnte Küche in dem kleinen Speiseraum im Kaiserkrone-Areal, gehobene Preise; man kann im Garten aber auch Snacks zu sich nehmen oder an der Theke eine Pizza bestellen; Post Street Mall, Tel. 061-232360, Mo–Fr 12–14 und 19–22.30 Uhr, Sa 8–14 Uhr, So Ruhetag.

Grand Canyon Spur Bei jungen Leuten populäres Steakhouse, gegenüber der Post Street Mall, mit Frühstückskarte. Wenn es warm ist, kann man auf dem Balkon sitzen und den Leuten beim Flanieren und Einkaufen zuschauen, der einzige Grund hierher zu gehen – das Essen ist nämlich ein Graus; Independence Avenue, gegenüber der Post Street Mall, Tel. 061-231003, Mo–So 7.30–24 Uhr.

In's Wiener Café im Wernhil Park Einkaufszentrum. 33 Wernhil Park/Tal Street, Tel. 061-231082; Mo–Fr 9–18 Uhr, Sa 9–14 Uhr.

Joe's Beer House Unterhaltungsmaschine für über 400 Gäste mit Musik und Küche. 160 Nelson Mandela Avenue, Tel. 061-232457. Mo–Do 17–24 Uhr, Fr–So 11 bis spät.

Jenny's Place Gartenlokal in Klein Windhoek mit leichten Mahlzeiten tagsüber. 78 Sam Nujoma Drive, Tel. 061-236792, Mo–Sa 7.30–18 Uhr, So 8.30–17.30.

La Marmite Für europäische Gaumen abgeschwächte afrikanische Küche mit einer Reise über den gesamten Kontinent, schmackaft und in lockerer Bistro-Atmosphäre, kleiner Freisitz, 383 Independence Avenue, Tel. 061-240306, 10–22 Uhr.

Otjikaendu Authentische namibische Küche in Katutura mit geschmorten Schafs- und Ziegenköpfen, Currys und weiteren Gerichten der Saison, wie Mopane-Würmer, mitten unter den Bewohnern des Stadtteils, 3440 Ateichie Street, Katutura, Tel. 081-2454075, täglich ab 19 Uhr.

Penduka „Wake up“ Green Mountain Dam Road (Katutura), Tel. 061-257210, afrikanisches Restaurant am *Goreangab-Damm,* Shuttle-Service, auch Backpacker-Übernachtungen und Bungalows, Teil eines Projektes zur Unterstützung namibischer Frauen.

Penduka „Wake up“ unterstützt namibische Frauen

Direkt am Goreangab-Damm gelegen, in den ehemaligen Räumen des Yacht-Klubs, befindet sich ein Projekt, das sich zum Ziel gesetzt hat, namibischen Frauen in Selbst-verwaltung zu Arbeit zu verhelfen. Es werden traditionelle Kleider und Haushaltsgegenstände hergestellt, die man in einem Laden erwerben kann. Ein Restaurant ist angeschlossen und Windhoeker kommen gerne auch zum Nachmittagskaffee am Wochenende herausgefahren oder halten Kindergeburtstage ab. Kleine Bungalows unterschiedlicher Kategorie werden an Backpacker und zahlungskräftigere Gäste vermietet. Ein Shuttle-Service holt Besucher im Zentrum ab (anrufen!) und bringt sie wieder zurück. Die Anfahrt geschieht etwas kompliziert quer durch Katutura und die Bidonville der Angolaflüchtlinge. Deshalb sollte man dorthin nachts nicht unbedingt mit dem eigenen Wagen hinfahren, sondern den Shuttle nutzen.

Sport Klub Windhoek (SKW) Nicht nur als Heimat derjenigen, die Windhoek Karneval austragen, ist die Traditionsadresse bekannt. Neben dem öffentlichen Restaurant (und einem exklusiven Speisebereich nur für Mitglieder) gibt es zwei Fußballplätze, zwei Faustballplätze, Tennisplätze, Beachvolleyball, BMX-Bahn etc. Im Restaurant wird Bodenständiges serviert und im Oktober ist es wegen des Oktoberfestes dicht bevölkert. Im Süden der Stadt, gegenüber der Arebbusch Travel Lodge, Tel. 061-235521, Di–So ab 16 Uhr, Sa/So ab 12 Uhr.

Sardinia Italienische Fleisch- und Fischgerichte und hausgemachte Pasta, für die die Zutaten direkt aus Italien eingeflogen werden. Nach der Pizza ist die selbstgemachte Eiscreme zu empfehlen. Jugendliche kommen auch, um nur das Eis zu delektieren. Preise niedrig bis mittel. 39 Independence Avenue (zwischen Gartenstraße und Ausspannplatz), Tel. 061-225600. Mo–Do 9–22.30 Uhr, Fr–So 9–23.30 Uhr.

The Cauldron Kaffeebar und Takeaway mit einigen Tischen im Gustav Voigt Center im Untergeschoss. Leckere Milchshakes und belegte Brötchen zu günstigen Preisen. Independence Avenue, Gustav Voigt Center, Tel. 231040, Mo–Fr 7.30–17.30 Uhr, Sa 7.30–15 Uhr.

The Famous Butchers Grill Steakhouse im Hotel Thüringer Hof, das mittags gerne von den Geschäftsleuten und Regierungsbeamten aufgesucht wird. Reelles Essen für Fleischliebhaber. Independence Avenue, Tel. 232824.

Medici Der Beweis, dass man bei einem Italiener speist, ist das Carpaccio. Ansonsten tendiert das Lokal eher zu internationaler Fleischküche. Maerua Park, Tel. 061-239966, Mo–Sa 8–21.30 Uhr.

Zum Wirt Biergarten mit dt.Küche, lärmender Musik, die nachts die ganze Independence Avenue beschallt und leichten Damen, trotzdem ein Erlebnis, vor allem wenn Live-Gruppen auftreten; Independence Avenue, Ecke Sam Nujoma Drive, Tel. 061-234503, Mo–Sa 9–2 Uhr, So nur Restaurant (10–24Uhr).

Diskotheken/Pubs

Diskotheken haben im Allgemeinen nur mittwochs, freitags und samstags geöffnet. Einige bieten an den anderen Wochentagen einen Barbetrieb an. Viele der Diskotheken sind mit einem Restaurant oder Takeaway verbunden, wo auch spät nachts noch gegessen werden kann. Strenge Eingangskontrollen und die Abnahme von allem, was auch nur annähernd als Waffe benutzt werden könnte, gestalten Diskobesuche überaus friedlich. Seien Sie aber vorbereitet, dass Sie unter Umständen der einzige andersfarbige Gast sind, da die Szene in einem Lokal zumeist konsistent ist. Sie werden sich aber dennoch sehr angenehm fühlen und geraten so auch leicht in interessante Gespräche. Teilweise wird Eintritt verlangt, dessen Höhe, abhängig von der Veranstaltung, variiert.

Joe's Beer House Bei den Deutschsprachigen immer noch der Favorit – auch wenn Joe verkauft hat und das ganze Lokal an seinen neuen Platz gezogen ist. Biergarten mit Restaurant, am Wochenende Disco, teilweise Livemusik. 160 Nelson Mandela Avenue, Tel. 061-232457. Mo–Do 17–24 Uhr, Fr–So 11 bis sehr spät …; bis zu 400 Leute passen in die verwinkelte Anlage und man sollte sich nicht drinnen verabreden – man würde sich schlicht verfehlen.

Dylan's Sam Nujoma Drive Ecke Stein Street, Klein Windhoek,; um 17 Uhr geht es mit einem Drink los und wer was als Unterlage braucht, bekommt Pommes, Bratwurst und weitere kleine Gerichte, meist ab 21 Uhr fängt es mit der Lifemusik an und dann fängt die Stimmung richtig an zu toben.

Hemingway In-Treff mit Cocktails, gemischtes Publikum. Maerua Park, Di–Fr ab 17 Uhr, Sa ab 12 Uhr.

The Warehouse Häufig Veranstaltungen, Life-Auftritte von Gruppen, Tanz. In den Tageszeitungen und auf Plakaten wird das Programm angekündigt. 48 Tal Street, Tel. 061-225059.

El Cubano Sam Nujoma Drive, neben dem Warehouse, Tel. 061-258829; gemischtes Publikum, das zur Livemusik kommt, 30ü, Mittelschicht, Rick's Café für Leute, die quer denken.

Blu Note Armstrong Street, Southern Industrial Area, Tel. 061-373950; der Versuch, eine Jazzkneipe im südlichen Afrika aufzumachen, Restaurant und Bar.

The Starlight Discothek im Windhoek Country Club, für Leute, die nach dem Spielcasinobesuch noch ein paar Dollar für ein Bier übrig haben. Western Bypass, Tel. 061-2055911, täglich.

Fashion Bar 43 Bahnhof Street, Tel. 061-304708; Lounge und Disko, vornehmlich für die jungen Windhoeker, gute Whiskey-Karte und hervorragende Longdrinks.

Zum Wirt Biergarten, in dem häufig Live-Gruppen auftreten, gemischtes Publikum, vom Farmer bis zur Business-Woman aus Zambia; Independence Avenue/Ecke Sam Nujoma Drive, Tel. 061-234503, Mo–Sa 21–2 Uhr, So geschlossen.

Chez 'N' Temba Uhland Street, Tel. 061-253548, der Club des Jahres 2002, gemischte Musik, Afrikanisches und die Drinks sind recht teuer, dafür ist alles sicher, Kettendisco, die es auch in Zambia, Zimbabwe und Mozambique gibt.

Heaven Bahnhof Street, Tel. 081-3732794; hier tanzen die Teenies mit Techno im Gehörgang bis zum Abwinken, und Ältere werden schon mal nach dem Ausweis gefragt.

Kiepies 52 Marconi Street, Southern Industrial Area, Tel. 061-256957; Buren unter sich bei Billard, Bier und *beautiful babes* („white, for sure"); Mo–Sa, eigentlich immer drangvolle Enge.

Club Thriller Samuel Shikomba Street, Kattura, Tel. 061-260544; Abfeiern zwischen meist schwarzem und farbigen Publikum, Supersound und freundliches Personal.

Mock's Shebeen Katutura; eine veritable Kneipe, zumindest von außen im Stil eines Shebeen, der Bierhallen der Schwarzen und Farbigen für Selbstgebrautes, beliebter Treff und von einem lokalen Politiker gemacht.

Wine Bar Garten Street, Tel. 061-226514; große Weinauswahl (auch Flaschenverkauf), gutes Essen, schöner Blick über Windhoek – hier treffen sich Intellektuelle und die, die es werden oder sein wollen.

ObsessionZ Lounge 8 Bell Street, in der Southern Industrial Area, Tel. 081-3518832, www.clubobsessionz.co.nr; Schaumparties, Disko und Live-Konzerte.

Zenso's Lounge Gutenberg Platz 7, www.zensos-lounge.com; Lounge und Dancespot mit Live-Auftritten südafrikanischer Bands.

Zoo Park Theatre Zoo Park; Veranstaltungen und am Wochenende regelmäßig Konzerte angesagter Bands.

Aids-Waisen-Stiftung

Der *Christina Swart-Oppermann Aids Orphan Foundation Trust* will den immer zahlreicher werdenden Aids-Waisen in Namibia helfen. Die Stiftung gründeten namibische Geschäftsfrauen im Jahr 2003. In Zusammenarbeit mit Organisationen wie dem Roten Kreuz und der Catholic Aids Action wird versucht, das Los der Waisenkinder erträglicher zu gestalten und ihnen einen guten Start ins Leben zu ermöglichen. Die vom namibischen Staat zur Verfügung gestellten Gelder reichen hinten und vorne nicht für die etwa 40.000 Aids-Waisen (2003); Schätzungen sprechen davon, dass 2010 ein Drittel aller Kinder Namibias wegen Aids Halb- oder Vollwaisen sein werden. Damit wenigstens das Nötigste für die Waisenhäuser besorgt werde kann – und dabei geht es um ausreichendes Essen, Decken oder eine Grundausstattung für den Schulunterricht – benötigen die einzelnen Projekte über die staatlichen Gelder hinaus-gehende zusätzliche Mittel. Wer auch immer das Elend der Kinder mildern möchte, kann auf folgendes Konto einen Betrag überweisen oder an die Stiftung einen Bankscheck senden.

Kontoinhaber/Account Holder: The Christina Swart-Oppermann Aids Orphan Foundation Trust. Bank Windhoek, Zweigstelle/Branch: Maerua Mall, BLZ/Branch Code: 48 38 72, Konto-Nummer/Account number: 8000 286 375. Postadresse: Dr. C. Swart-Oppermann, P.O. Box 1514, Windhoek, Namibia, Tel. 00264-61-220423, Fax 234704, csotrust@mweb.com.na, www.aidsorphantrust.org.na.

Unterkunft

(Adressen u. Details s. „Liste der Unterkünfte“, **fetten Hotelnamen** sind unsere **Empfehlungen**)

Luxus Afriserenity Wellnessfarm, Kalahari Sands Hotel, Windhoek Country Club Resort, Thule Hotel Pension, **Heinitzburg Hotel.**

Touristenklasse Alexander Hotel-Pension, Amani Lodge, Auas City Hotel, BougainVilla Pension, Camelthorn Chalets, Casa Blanca, Cela Hotel- Pension, Charlotte's Guesthouse, Christoph Hotel-Pension, Cori Guesthouse, Etambi Hotel Pension, Felsenblick, Fürstenhof Hotel, Handke Hotel-Pension, Haus Bodensee, Hilltop House, Jan Jonker Apartments, Kleines Heim Pension, Kubata City Hotel, Okarusuvo, Olive Grove Guesthouse, **Onganga Hotel-Pension,** Palmquell Hotel-Pension, Roof of Africa, Safari Hotel, Haus Sonnenecke, Steiner Pension, Terra Africa House Gästehaus, Thüringer Hof Hotel, Uhland Hotel-Pension, Villa Verdi Hotel-Pension.

Günstig Aces Guesthouse, African Kwela Guesthouse, Aloes Guesthouse, Arebbusch Travel Lodge, Backpacker Unite, The Cardboard Box, Casa Onganga, Chameleon Backpackers, Deo Valente, Ekundu Guesthouse, Elegant B&B, Gamams Training Centre, Gisela Vente's Guesthouse, Gekko Guesthouse, Klein Windhoek Guesthouse, Kutako Guesthouse, Haus OLGA, Holiday Apartments, Jordani B&B, **Kashima B&B,** Londiningi Gueshouse, Maison Ambre, Marie's Place, **Moni Hotel-Pension,** Motown Apartments, Mountain View Apartments, New/Nouveau Pension, Okanyeti Guesthouse, Pabeantas, Paradise Garden Backpackers, Penduka „Wake up“, Promenaden Heights, Puccini House, Rivendell, Rixis Rest, Schwalbenheim, Swiss Chalets, Tamboti Guesthouse, Tourmaline Guesthouse, Vee's Guesthouse, Windhoek Town Lodge, South West Star Hotel.

Außerhalb **Burg Gusinde,** Airport Lodge, Windhoek Mountain Lodge, Dan-Viljoen-Rastlager, Trans Kalahari Inn, Big 5 Mini Lodge.

Zelten Dan-Viljoen-Rastlager, **Backpacker Unite,** Arebbusch Travel Lodge.

Adressen & Service Windhoek

Informationen – **Windhoek Tourism Information Office,** Post Street Mall, Tel. 061-2902092/2902401, Fax 2902203, www.windhoekcc.org.na und City Bus Terminal (gegenüber dem Kalahari Sands), P.O. Box 59/Windhoek, Tel./Fax 265446.

Namibia Tourism, Sanlam Centre, Erdgeschoss, Fidel Castro Street, Tel. 061-2906000, Fax 2842364.

Namibia Wildlife Resorts Ltd., Head Office, Private Bag 13378/Windhoek, Independence Avenue, Tel. 061-236975/6/7/8, Fax 224900, reservations@nwr.com.na, www.namibiawildliferesorts.com. Öffnungszeiten der Kasse: Mo–Fr 8–15 Uhr; 15–17 Uhr nur Reservierungen und Informationen.

Nacobta, Nacobta Booking and Information Center, P.O. Box 86099, Eros-Windhoek, www.nacobta.com.na, Tel. 061-221918, Fax 061-222647.

Internet – **Internet Café,** Daniel Munamawe Street neben der Hauptpost.

Stadtführungen – *Face To Face Tours* ist ein NACOBTA-Projekt, in dem farbige Führer den Besuchern die meist stiefmütterlich abgehandelten Townships nahebringen, man kann Kunsthandwerk erwerben, teils an traditionellen Festen teilnehmen und lernt eine ganze Menge über das einfache Leben des Großteils der namibischen Bevölkerung (eine Tour dauert üblicherweise drei Stunden, Tel. 061-255977).

Goethe-Zentrum – Estorff-Gebäude, Fidel Castro Street, Tel. 061-225700, www.goethe.de/windhoek, Informationsveranstaltungen, Sprachkurse, ab und zu deutsches Kino.

Post – Hauptpostamt, Independence Avenue zwischen Bülow Street und Post Street Mall. Öffnungszeiten Mo–Fr 8.30–16.30 Uhr, Sa 8.30–12 Uhr.

Gesundheit – In Notfällen wird das *Katholisches Krankenhaus,* Stübel Street, Tel. 061-237237, empfohlen, für längere Aufenthalte *Medi Clinic,* Heliodoor Street, Eros Park, Tel. 061-222687.

Apotheken – *Luisen-Apotheke* (Zentrum), 181 Independence Avenue, Tel. 061-236302, luisen@iway.na

Ärzte – In Windhoek sind alle nur erdenklichen Fachrichtungen von Ärzten vertreten. Wenden Sie sich an die Rezeption Ihres Hotels. Man wird Ihnen sicherlich einen deutschsprachigen Arzt empfehlen.

Notrufe – Notrufnummern s. Teil II, „Als Selbstfahrer unterwegs" (s.S. 60).

Sicherheit – Polizei: Independence Avenue/Ecke Bahnhof Street.

Botschaften – s. in Teil I unter „Diplomatische Vertretungen".

Verkehr – **Mietwagen:** *Caprivi Car Hire,* P.O. Box 1837, Windhoek, Sam Nujoma Drive, Tel. 061-256323, Fax 256333, info@caprivicarhire.de, www.caprivicarhire.de; unter deutschsprachiger Leitung und mit deutschsprechendem Personal.

Bahnhof: Bahnhof Street

Bus: Busterminal, Independence Avenue/Fidel Castro Street, Abfahrtsort des Flughafenbusses und des Intercape Mainliners.

Taxi: Taxistandplatz, Independence Avenue/Fidel Castro Street. Funktaxis sind in der ganzen Stadt telefonisch zu bestellen z.B. White Rhino 061-221029, L+C Radio Taxi Tel. 061-272129 oder 081-1247040 (www.lc-transfers.com.na) und Namere 081-1242457.

Flugzeug, International: Windhoek International Airport, 40 km östlich der Stadt an der B6. Busverbindung ab/bis Busterminal Independence Avenue/Fidel Castro Street (an die Abflugzeiten der Maschinen angepasst, ca. 2 Stun-

den vor Abflug). Individuelle Transfers macht *Impala Tours,* Tel. 061-247951, Fax 244276, www.impalatours.com.
Nationale Flüge, teils auch Flüge nach Kapstadt: Eros Airport, südliches Stadtgebiet.

Gottesdienste *Christuskirche:* Fidel Castro Street, Evangelisch-lutherischer Gottesdienst So 10 Uhr. *St.-Georgs-Kathedrale:* Love Street, Anglikanischer Gottesdienst So 10.15 Uhr. *St.-Marien-Kathedrale:* Stübel Street, Römisch-katholischer Gottesdienst So 8 und 9.30 Uhr.

Clubs *Lion's Club,* P.O. Box 691, Tel. 061-223786. **Fitness-Clubs:** *Nucleus,* 40 Tal Street, Tel. 061-225493, kleinerer Club, mit Aerobic und Geräteraum. *Health & Racquet Club,* Maerua Park, Tel. 061-234399, riesige Anlage mit Schwimmbad, Sauna, Dampfbad, Squash, Maschinenhalle, Aerobic.

Sport Klub Windhoek (SKW) Nicht nur als Heimat derjenigen, die den Windhoek Karneval und das Oktoberfest austragen, ist die Traditionsadresse bekannt. Neben einem Restaurant gibt es je zwei Fußball- und Faustballplätze, Tennisplätze, Beachvolleyball, BMX-Bahn, Skateboardbahn, vier Kegelbahnen und einen Fitness-Parcour. Und vielleicht hat man ja Glück und wird zum Trainingslager der deutschen Nationalmannschaft für die Fußballweltmeisterschaft 2010. Im Süden der Stadt, gegenüber der Arebbusch Travel Lodge, Tel. 061-235521.

Städtisches Schwimmbad Ecke Robert Mugabe Avenue und Jan Jonker Road, Öffnungszeiten 10–18 Uhr.

On the Road: Windhoek – Rehoboth

Verlassen Sie Windhoek Richtung Süden auf der Mandume Ndemufayo Avenue und halten Sie sich kurz vor dem Eros Flughafen links Richtung Rehoboth. Sie stoßen auf die Hauptstraße B1. Ihr auf gutem Asphalt nach Süden folgen. Linker Hand ragen die Auasberge bis zu 2479 m hoch, aber da man sich hier immer noch im Hochland befindet, wirken sie nicht allzu gewaltig. Nach 6 km passieren Sie die schön angelegte Arebbusch Travel Lodge.

Nach weiteren 20 km erreichen Sie Aris, eigentlich kein Ort, nur ein kleines Hotel für Dauergäste. Kurz hinter Aris sieht man rechts voraus den Bismarckfelsen und 20 km weiter links die Nauaspoortberge.

Von Aris geht es nun ca. 500 m langsam, aber kontinuierlich bis auf 1400 m bergab. 3 km vor Rehoboth kann man zu der außerhalb liegenden Eisenbahnstation Rehoboth und zum Oanob Damm (7 km) – einem 1990 für 40 Mio. Rand entstandenen Stauwehr und dem Oanob Rastlager – abzweigen. Hier lassen sich mit Wassersport oder Reiten auch tagsüber und ohne Übernachtung einige erholsame Stunden verbringen. Wir fahren weiter geradeaus und biegen links nach Rehoboth hinein.

Rehoboth

Geschichte

Rehoboth, die heutige Hauptstadt der Baster (s.S. 184), der „Bastarde“, wie sie sich stolz nennen, wurde ursprünglich als Missionsstation von Heinrich Kleinschmidt im Jahre 1844 gegründet, 1864 aber wieder verlassen.

Die Baster kamen auf ihrem Trek von der Kapkolonie nach Norden erst 1870 hierher, handelten den Nama etwas Land ab, das sie stetig vergrößerten. Es ist eine Stadt der Farbigen, das Stadtbild unterscheidet sich gänzlich von der getragenen Saturiertheit Windhoeks. Farmer beladen ihre altersschwachen Lorries mit Futter oder Saatgut, und mit ihren Hüten und Jeans wirken sie wie aus einem Wildwestfilm gestiegen. Ihr Land zählt zu den fruchtbareren Regionen Namibias, ist aber durch die intensive wirtschaftliche Nutzung und Überbestockung inzwischen am Rande seiner Fertilität angelangt. Das komplizierte Erbrecht der Baster fördert die Zerstückelung von Landbesitz, der unter den Söhnen immer weiter aufgeteilt wird, und steht so einer ökologisch angepassten Nutzung durch Großfarmen entgegen.

Die meisten Rehobother sind Abkömmlinge von Buren und Nama-Frauen. Die vornehmen Baster-Familien stammen von legalen Verbindungen ab und führen diese Gemeinschaft, die sich als eigenständiges Volk begreift, seit ihrer Auswanderung aus Südafrika.

Bis vor kurzem wurden die Ämter innerhalb der Gemeinde vererbt, erst in der Neuzeit gingen die Baster dazu über, ihre Führer zu wählen. Immer auf ihre Unabhängigkeit bedacht, hingen die Baster ihr Fähnchen gerne in den jeweils günstigsten politischen Wind – sie kämpften lange auf Schutztruppenseite und erhoben sich erst, als der politische Druck der Deutschen zu tief in ihre Organisation einzugreifen drohte. Auch mit den Südafrikanern konnten sich die Baster – im Austausch gegen weitgehende Autonomie – arrangieren.

Nun sehen sie sich von den neuen Verwaltungsstrukturen des unabhängigen Namibia bedroht, die sie gleichberechtigt mit den anderen Regionen in den Verband einzugliedern suchen und vor allem die angeblich rücksichtslose Ausbeutung schwarzer Arbeitskräfte durch die Baster beenden wollen. Sogar über Auswanderung wurde nachgedacht – inzwischen haben sich die Wogen allerdings wieder geglättet.

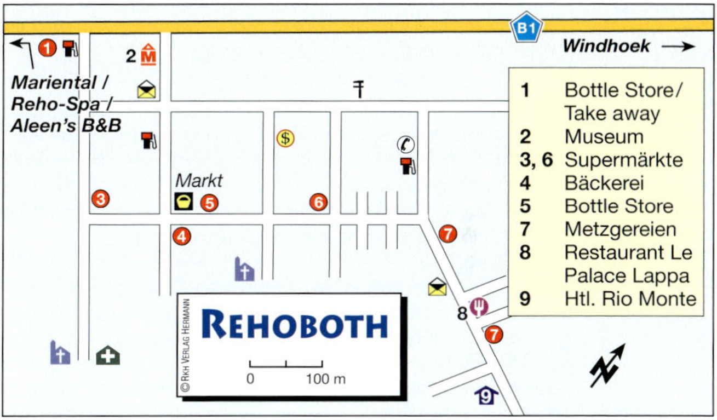

Sehenswert Interessant für Touristen ist das Thermalbad und ein kleines **Museum.** Es wurde 1986 in den Räumen einer alten Postmeisterei aus dem Jahre 1903 gegründet und empfängt den Interessierten ausgesprochen freundlich und zuvorkommend, und er kann eine kleine Ausstellung über die Geschichte der Baster genießen. Ebenfalls finden sich einige geologische Exponate (Old Postmasters House, Mo–Fr 9–12 und 14–16 Uhr, am Wochenende auf Anfrage, Eintritt 5 N$, Tel. 062-522954, www.rehobothmuseum.com). Falls Sie Zeit haben, können Sie am Eingang nachfragen, ob ein Führer zur Verfügung steht, der Ihnen archäologische Fundstätten mit Felsmalereien in der Umgebung zeigt. Außerdem kann man einen Akazienwald besuchen, der eigentlich in der Gegend gar nicht wachsen dürfte. Dem Museum angeschlossen ist eine Schule für Möbelrestaurierung.

Das **Thermalbad Reho Spa** besitzt einen Außen- und einen Innenpool und vermietet Bungalows. Die ganze Anlage wurde privatisiert und ist bis auf weiteres für die Renovierung geschlossen.

Unterkunft Oanob Resort

Weiterfahrt

Verlassen Sie Rehoboth Richtung Süd. Nach 13 km queren Sie den Wendekreis des Steinbocks *(Tropic of Capricorn),* den südlichen Wendekreis der Sonne (der nördliche, der Wendekreis des Krebses, verläuft in der Südsahara). Am 21. Dezember, der Sonnenwende des südlichen Himmels, steht die Sonne hier im Zenit und – deshalb der Name – im Sternzeichen des Steinbockes. Sie wandert dann bis zum 21. Juni nach Norden, zum Sternzeichen des Krebses, um erneut umzukehren.

Es geht durch flache, ereignislose und zunehmend aride Landschaft. Die Akazien und das Buschwerk werden immer spärlicher.

10 km vor Kalkrand kommen auf der linken Seite Dünenketten in Sicht. In Kalkrand, einigen Häusern mit Restaurant, Takeaway, Tankstelle und Laden, kann man eine Rast einlegen.

ABZWEIG: Zum Intu Afrika Game Reserve

Folgen Sie auf 42 km der C21. Die Piste führt im Auf und Ab über die quer zur Fahrtrichtung verlaufenden, roten Dünen der Kalahari. An der D1268 fahren Sie für 20 km nach Süden. Sie kommen an ein Farmtor, es sind nun noch 5 km bis zur Hauptlodge (Zebra Lodge). Mitten in den Dünen gelegen bietet die Farm Game Drives mit Löwenfütterung. Der Geländewagen mahlt sich bei den Führungen durch den weichen Sand, nur mit Anlauf gelingt es, die Dünen zu erklimmen, immer wieder werden hinter dem nächsten Kamm Tiere überrascht. Drei weitere Lodges auf dem Gebiet sind wunderschön der Landschaft angepasst und heißen *Suricate Tented Camp, Camelthorne* und *Dune Lodge.*

Die Wanderungen mit San sind beeindruckend. Auch wenn die San kein Englisch sprechen, sie vermögen dennoch die Tier- und Pflanzenwelt Touristen näherzubringen. Ihre Fähigkeit, durch Bewegung und Tanz ein Tier zu versinnbildlichen, ist phänomenal. Die abseits gelegenen Zeltplätze und die Lodge sind hochluxuriös. Das Essen am Lagerfeuer schmeckt ausgezeichnet, und wer früh aufsteht, sieht die Giraffen vor seinem Schlafplatz (sei es der großzügige Bungalow oder das Luxus-Zelt) vorbeiziehen.

Auf Spurensuche, Intu Afrika Game Lodge

Weiterfahrt

Hinter Kalkrand werden einige Riviere gequert, bis Sie nach 55 km einen Abbruch hinunterfahren. 4 km weiter zweigt die Straße zum **Hardap Erholungsgebiet** ab. Nach 6 km erreicht man das Eingangstor, nach weiteren 3 km den touristischen Komplex. Tagesbesucher haben von Sonnenaufgang bis 18 Uhr Eintritt, ansonsten darf nur hinein, wer eine Buchung vorgenommen hat (wenn nicht ausgebucht ist, kann man allerdings nachfragen, ob Übernachten möglich ist).

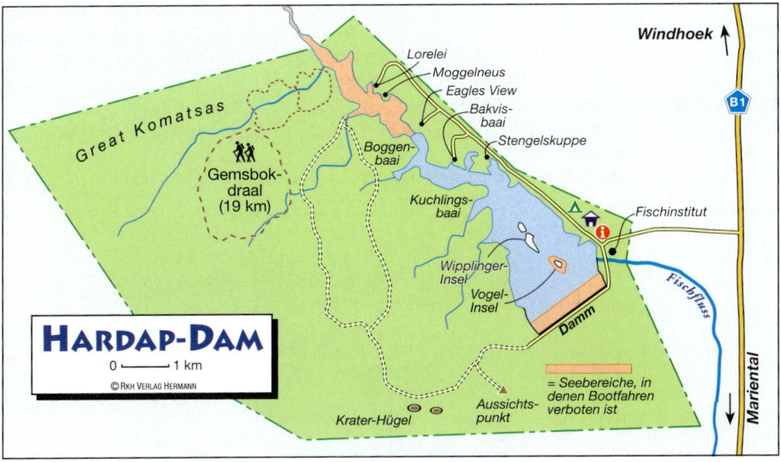

Hardap Erholungsgebiet

Das Gebiet liegt am gleichnamigen Stausee, mit 25 qkm und einem potentiellen Volumen von über 300 Mio. Kubikmeter ist es der größte Namibias. An der Wasserlinie lässt sich gut ablesen, wie die letzte Regenzeit verlaufen und wie brisant die Wasser-Situation für die Hauptstadt ist. In schlechten Jahren erinnert der See mehr an einen trüben Tümpel als an ein sicheres Wasserreservoir.

Bereits 1897 hatte Theodor Rehbock, ein deutscher Geologe, die Eignung der Landschaft für einen Stausee festgestellt. Erst 1960 aber wurde der Dammbau in Angriff genommen. Unterkunft und Restaurant genießen einen guten Ruf, auch der Campingplatz ist häufig ausgebucht.

Der Rundblick über den Hardap-Stausee ist ausgezeichnet, wenn es heiß ist, erfrischt ein Bad im Pool. Man kann Angeln, Bootfahren (eine zweistündige Tour zu der kleinen Vogelinsel im See), Spaziergänge unternehmen (9 u. 15 km lange Wanderungen) und im Wildpark herumfahren, nach der reichen Vogelwelt Ausschau halten und sich auf die Suche nach Gemsbock, Eland, Strauß oder dem Hartmannschen Bergzebra begeben. Bei der Parkverwaltung erhält man eine Informationsbroschüre.

Mariental

Zurück auf der Hauptstraße wird nach 14 km Mariental erreicht. Hier haben Sie Anschluss an die Routen 2 und 2a. Die Straße B1 führt am Ort vorbei – um die deutschen Siedlerhäuschen zu besichtigen, muss man abbiegen.

Mariental entstand im Laufe der Jahre neben einer östlich der heutigen Stadt gelegenen Farm, deren Eigentümer ihr 1893 den Vornamen seiner Frau gab (Marienthal). 1920 erhielt Mariental Stadtrechte, nachdem es zuerst nur als Eisenbahn- und Polizeistation fungierte. Der Baustil einiger Häuser erinnert an die koloniale Vergangenheit. In dem betriebsamen Städtchen kann man während eines kleinen Spazierganges seine Vorräte auffüllen. Ein Abstecher (33 km) führt zur mitten in der Kalahari-Landschaft gelegenen und zur Gondwana Collection gehörenden **Anib Kalahari Lodge.** Die Farm besitzt viel Wild, und die Oryx-Antilopen stehen des Abends im Sonnenuntergang auf den Dünenkämmen. Berühmt sind deshalb die Sundowner der Lodge.

Unterkunft *Touristenklasse:* Mariental Hotel
Günstig: Guglhupf Café, River Chalets, La Vida Inn B&B, Villa Volla, Anandi B&B.
Außerhalb: **Kalahari Anib Desert Lodge (Gondwana),** Bastion Farmyard

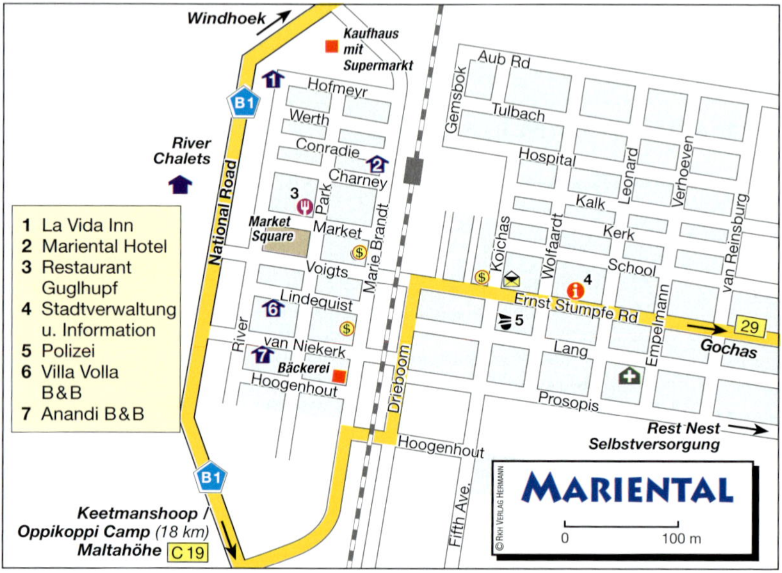

Weiterfahrt Nach 4 km auf der B1 Richtung Süden trifft man auf die C19, in die man Richtung Westen und Maltahöhe einbiegt. Weiterhin ist die Strecke eintönig. Auf halbem Weg erklimmt man wieder das Plateau, das zwischen Kalkrand und Mariental verlassen wurde, und erreicht nach 110 km Maltahöhe.

Maltahöhe

Maltahöhe wurde zur Jahrhundertwende gegründet, ihren Namen erhielt sie vom Kommandanten der in Gibeon stationierten Schutztruppe, der damit – wie gehabt – seine Frau Malta von Burgsdorff verewigte. Für Reisende auf kolonialer Spurensuche interessant ist lediglich der Friedhof im Osten der Stadt, Ruheplatz 40 deutscher Schutztruppler, die 1894 (Feldzug gegen die Witbooi-Nama, s.S. 300) und zwischen 1903 und 1907 (Nama-Aufstand) verstorben sind.

Auf der 50 km nördlich gelegenen Nomtsas Gästefarm kann ein Nationales Monument besichtigt werden, das Grab des von den Kriegern Hendrik Witboois getöteten Ernst Hermann, der hier im Namen der Deutschen

Kolonialgesellschaft die größte Schaffarm des Landes zur Wollproduktion leitete. Sein Tod wurde indirekt auch dem damaligen Gouverneur Curt von François angekreidet, der die Farm allen Schutzgesuchen zum Trotz nicht militärisch sicherte (s. Exkurs).

Unterkunft Atelier du Désert, Maltahöhe Hotel, Pappot Rastlager, Oahera Craft Centre.

Essen Pappot Bäckerei, Main Street, Tel. 063-293091
Red Stone Restaurant, Tel. 063-293028, Open-Air-Restaurant (mit der Möglichkeit bei kaltem Wetter auch innen zu essen) unter einer Lapa, täglich zwei Menüs, Snacks, Eiscreme und Drinks.

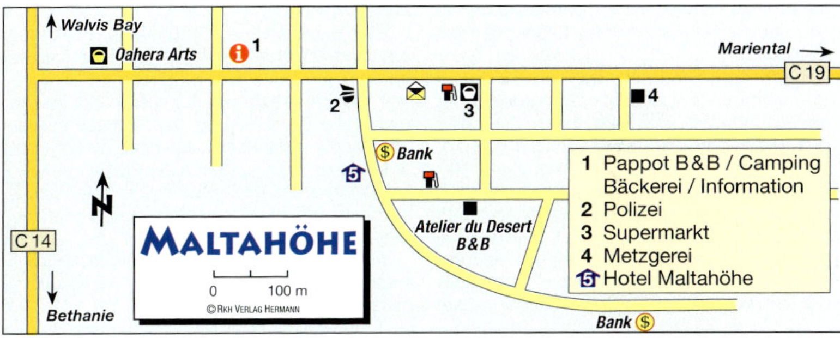

Einkaufen Oahera Craft and Tradition Center, Tel. 063-293028. In einer alten Lagerhalle werden zahlreiche Kunsthandwerksgegenstände aus der Umgebung von Maltahöhe ausgestellt und verkauft. Aktivitäten, wie Eselkarrenfahrten und Tanzvorführungen, können bei Vorausbuchung arrangiert werden.

Ausflug Im Januar/Februar sollte man bei einem Besuch von Maltahöhe keinesfalls einen Ausflug auf die Farm Sandhof (40 km) verpassen. Auf einem mit ca. 15 cm Wasser bedeckten 800 ha großen Vlei blühen lilarosa die Lilien.

Zur Gästefarm Mahkubu

Barbara und Manfred Faasch bewirtschaften zwischen Maltahöhe und Schloss Duwisib gut 90 km von Maltahöhe die Wildfarm *Mahkubu* in alter Tradition. Auf dem 6800 ha großen Gelände wird man keine Zäune vorfinden, nur außen herum spannt sich die wildgerechte Absperrung. Da nur für den eigenen Fleischbedarf gejagt wird, verschwindet das Wild nicht umgehend bei Annähe-rung – des öfteren erhält sogar Besuch von Antilopen, wer im Farmdamm zwischen den Goldfischen ein erfrischendes Bad nimmt.

Es sollte keine luxuriöse Unterkunft im Lodgestil erwartet werden, hier kommen die Gäste zu einer Farmerfamilie auf Besuch und wollen das Leben im Busch, seine Ruhe und den weiten Blick über die Landschaft bei den Wanderungen auf dem Gelände genießen. Erwachsene und Kinder sind immer wieder begeistert von einem Aufenthait bei Faaschs, und auch wer nach Sossusvlei will, hat von hier aus eine gute Ausgangsbasis. Ebenso ist Schloss Duwisib erreichbar, jedoch brettert man nicht über die Hauptpisten, sondern nähert sich auf Schleichwegen über die Farmpads der einsamen Burg in der Wüste.

Versuchsfarm Nomtsas

„Eine besondere Veranlassung zu meiner Reise nach dem Namalande hatte die Absicht der Kolonialgesellschaft für Südwest-Afrika gegeben, durch ihren Vertreter Hermann eine Versuchsfarm anlegen zu lassen. Ich war gespannt, die Orte kennenzulernen, die dafür in Aussicht genommen waren und den Mann, der mit dem Versuche betraut war. Das Unternehmen der Kolonialgesellschaft erschien mir sehr wesentlich und ich hätte gewünscht, dass im Damaralande ein ähnliches Unternehmen ins Leben gerufen worden wäre. ...

Nach dem Eindruck, den ich 1891 von Hermann gewann, schien er mir geeignet für die Leitung des Unternehmens. Er beurteilte zwar Gubub (die erste Versuchsfarm, Anm. der Autoren), wie überhaupt das ganze Namaland, durch eine sehr rosig gefärbte Brille, auch verwöhnte er die Eingeborenen durch Nachsicht und Freigebigkeit. Optimisten und freigebige Leute sind aber bei der Begründung neuer Unternehmungen jedenfalls brauchbarer, wie Leute, welche lauter Schwierigkeiten sehen und vor weisen Überlegungen nicht zum Entschluss kommen. ...

Viele der angesiedelten Europäer zweifelten zwar seine Leistungsfähigkeit als Farmer und seinen Charakter an, doch will dies in Südwest-Afrika nicht viel sagen, wo keiner am Nachbarn ein gutes Haar lässt. Ich beauftragte also Hermann mit der kommissarischen Wahrnehmung der Geschäfte in dem Gebiet der Bondelswarts, Keetmanshoop und Bethanien. ...

Eine Stationierung von fünf Mann in Nomtsas zum Schutze des Unternehmens gegen Witbooi war ganz zwecklos. Gegen Witbooi war das Unternehmen nur geschützt, wenn dieser die Berechtigung des Unternehmens anerkannte oder der deutschen Regierung unterworfen war. ... Wer in die Wüste und unter Eingeborene geht, muss eben seine Haut und sein Eigentum riskieren, oder, wenn er dies nicht will, zu Hause bleiben.“

(aus: Curt von François, Deutsch-Südwest-Afrika, Berlin 1899, Reprint 1993 durch Peter's Antiques, Swakopmund)

Maltahöhe – Sesriem

Wir nehmen die Piste C14 nach Süden und folgen ihr auf 20 km. An der Einmündung der Piste C19 biegen wir in diese nach rechts und nördlich ein.

Nach 35 km führt die Piste gewunden in die Tsarisberge, 25 km weiter hinab zum Rivier des Tsaris und zwischen den Tsaris- und Nubib-Bergen hindurch nach Nordwesten. Nach weiteren 50 km nimmt man die D845 für 15 km nach Westen und dann die D826/C27 nach Norden.

Die Wüste sorgt für immer neue Überraschungen! Hinter jeder Biegung, jedem Bergrücken verändert sich die Landschaft. Mal lecken sanft gewellte Sanddünen über die Pad, mal ragen schwarzbraune Felszacken aus dem trockenen, rötlichen Boden, werden immer wieder Riviere gequert, passiert man einsame Farmhäuser. Die Landschaft macht es fast unbegreiflich, welchen Sinn die Weidezäune hier haben sollen, die wie stumme Wächter die Pad links und rechts begleiten. Was soll das Vieh hier fressen? Der Optimismus der Farmer bleibt unübertroffen.

Hält man die Augen offen, lassen sich Erdhörnchen beobachten, die die Umgebung nach ihren Feinden absuchen. Mit dem Tele gelingen gute Aufnahmen der possierlichen Tierchen.

Nach 5 km passiert man den Abzweig zur Kulala Lodge, dem Kulala Tented Camp und nach Little Kulala, und nach weiteren 25 km ist **Sesriem** erreicht (wer bei der Einmündung der D845 nicht nach Norden, sondern nach Süden fährt, kommt nach 14 km zur NamibRand Game Ranch und zu den Wolwedans Camps, s. Route 2).

Sesriem und Sossusvlei

Lage

Ein Tor in der Form von Dünen, dahinter ein kleiner Laden für Getränke, Eintrittskarten und Süßigkeiten. Eine Tankstelle, die auch Reifen flickt, einige Wirtschaftsgebäude und ein Zeltplatz unter schattigen Akazien – das ist der Eingang zum Nationalpark und zum **staatlichen Camp Sesriem**. Ruhig und beschaulich also. Im Park liegt die **Sossus Dune Lodge,** am Eingang die private **Sossusvlei Lodge** mit ihren ockerfarbenen Zeltbungalows, die sich im eisblauen Pool spiegeln – Sesriem de luxe. Nicht weniger komfortabel ist das **Desert Camp** 4 km vom Eingang für Selbstversorger (aber auch mit Frühstück).

In der Ferne wachsen blauschwarze Berge aus der sandigen Ebene empor, ein Adler kreist über den rötlich-gelben Dünenkämmen am Horizont, Schakale und Springböckchen huschen über den steinigen Boden. Der Charme der Landschaft erschließt sich besonders schön beim Tee am Schwimmbad der Lodge, oder einem Mittagessen, mit Blick auf eine kleine Wasserstelle und auf einsam und bizarr verwachsene Bäume vor dem weit entfernt in der Hitze flimmernden Gesteinsmassiv der Naukluft. Einen guten Ausblick bietet auch der besteigbare Wasserturm der Lodge.

Unterkunft

Die Zahl der Zeltplätze im staatlichen Campground entspricht bei weitem nicht dem Bedarf (abgewiesen wurde allerdings noch niemand). Deshalb ist er meist und auf Monate hinaus ausgebucht. Wasser ist das Problem dieser Oase in der Wüste, und obwohl der Wasserhaushalt seit Mitte der 1990er Jahre durch die luxuriöse Sossusvlei Lodge zusätzlich belastet ist, wird immer weiter ausgebaut.

Pikanterweise soll das gesamte Areal in einem kaum wahrnehmbaren Rivier liegen, das alle 5–10 Jahre abkommt … Wer einen Platz ergattert hat, kann die schönen Braai-Anlagen des Camps nutzen oder die Lodge besuchen, wo ein ausgezeichneten Abendbuffet auf die Gäste wartet. Wer keinen Platz gefunden hat und die preislich recht anspruchsvolle Sossusvlei Lodge nicht zahlen will, kann sich auf einer der Gästefarmen im Umkreis einmieten, die Anfahrt zu den Vleis wird dadurch allerdings etwa verdoppelt. Die meisten Gästefarmen bieten auch Tagestouren nach Sesriem mit dem farmeigenen Geländewagen an.

Die Attraktionen

Sesriem hat zwei Attraktionen: der (nicht allzugroße) **Canyon** und die ca. 1 Stunde Autofahrt entfernten, im Namib-Naukluft Park gelegenen Vleis; das bekannteste davon ist das **Sossusvlei** (ein Vlei ist eine Senke, in der sich nach Regenfällen Wasser sammelt). Zwei Übernachtungen sollten mindestens eingeplant sein, denn ein Besuch der Vleis lohnt besonders in der Morgen- und Abenddämmerung, wenn die mächtigen Dünenberge rot erglühen. Wenn man auch noch eine Wanderung im Canyon machen will, hat man also ein volles Tagesprogramm.

Den **Sesriem Canyon** hat der Tsauchab vor ca. 3 Mio. Jahren in das 15 Mio. Jahre alte Gestein gegraben. Er ist 1 km lang und etwa 30 m tief. Am oberen Rand verengen sich die Schluchtwände teilweise bis zu einem schmalen, zwei Meter breiten Spalt, der, von oben betrachtet, kaum zu erkennen ist. Am Ende weitet sich die Klamm zu einem breiten, akaziengesäumten Tal, das immer tiefer ins Sandmeer hineinführt und am Sossusvlei endet. In der Hitze des Tages ist der Canyon ein kühler Platz, und noch lange nach der Regenzeit ist hier Wasser in Tümpeln zu finden, was auch die Vögel anzieht. Man benötigte einst sechs aneinander geknüpfte Ochsenriemen, um einen Wassereimer zu den Tümpeln hinabzusenken, und darauf geht auch der afrikaanse Name des Canyons zurück: se(ch)sriem(en).

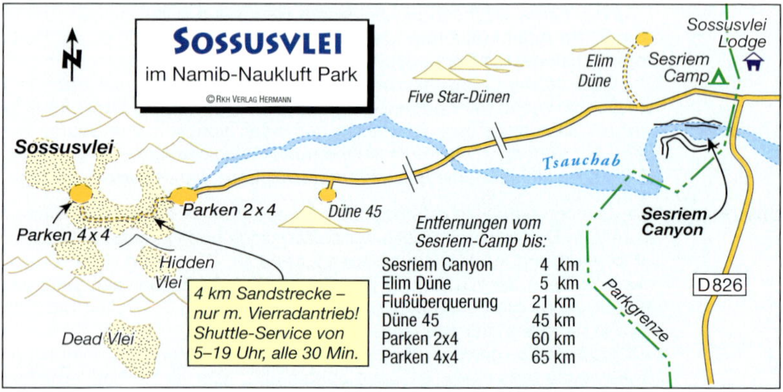

Zugang Wer zu den **Vleis** will (und wer möchte das nicht), sollte spätestens bei Sonnenaufgang am Tor stehen (wer im Restcamp übernachtet, darf ca. eine Stunde vorher losfahren, nicht erst bei Sonnenaufgang, Öffnungszeiten und die Regelung für eine Frühabfahrt der Restcamp-Gäste können sich kurzfristig ändern). Eine Übernachtung bei den Vleis ist nicht erlaubt!

Der Sonnenuntergang bei den Vleis ist zu empfehlen, da die Anfahrt dann bei Tageslicht erfolgt und die letzten 4 km ab dem 2x4-Parkplatz Piste in tiefem Sand einfacher zu fahren sind – doch andererseits ist der Sand morgens vielleicht etwas härter und leichter zu bewältigen (nach Sonnenuntergang darf übrigens kein Fahrzeug mehr aus Sesriem rausfahren – also seien sie rechtzeitig wieder am Tor). Pkw-Fahrer, die die letzten ca. 4 km zu den Vleis nicht zu Fuß gehen wollen, können entweder in Sesriem einen Geländewagen halbtägig anmieten (fragen Sie bei der Sossusvlei Lodge nach) oder den Shuttle-Service vor Ort benutzen (ca. 10 € hin und zurück), vorher fragen, wann die letzte Fahrt zum 2x4-Parkplatz geht). Die Situation für die Fahrt auf den letzten 4 km nach Sossusvlei ändert sich ständig, teilweise ist die Fahrt für private Kfz ganz verboten worden und man war gezwungen, den Shuttle zu benutzen – fragen Sie vor Ort die aktuelle Situation nach. Will man die Dünen hinaufklettern, muss man ca. 1 Stunde Extra-Zeit einrechnen.

Nochmal: Das Eingangstor zum Nationalpark (nicht das zum Rastlager) öffnet eine Stunde vor Sonnenaufgang und wird eine Stunde nach Sonnenuntergang geschlossen. Wer also früher losfahren und später wieder-kommen will, muss entweder einen Platz auf dem Zeltplatz haben oder in der Karos Lodge nächtigen, zu der ein kleiner Fußweg führt. Der Wagen verbleibt auf alle Fälle innerhalb des Geländes. Nebeneffekt ist, dass doppelter Eintritt gezahlt werden muss (für zwei Tage). Auch höchste Beredsamkeit hilft hier nicht. Wer in aller Früh losfahren will, stellt den Wagen am Abend innerhalb des Geländes ab. Auch dann ist der zweifache Eintritt fällig.

Die Dünen

Die **Sterndünen der Vleis** sind bis 225 m hoch, vom Niveau des Tsauchab aus gerechnet bis 375 m und zählen damit zu den höchsten Sandbergen der Welt (den Rekord halten Dünen in der Wüste Badain Jaran in China mit etwa 500 m Höhe). Der Sand als Erosionsprodukt aus dem Landesinneren soll einerseits durch die küstengerichteten Winde angelagert, aber auch vom Oranje und dem Fish River einst ins Meer gespült und von der Meeresströmung dann der Küste entlang verteilt worden sein. Starke Winde haben ihn dann wieder ins Landesinnere transportiert und an bestimmten Stellen aufgehäuft, unter anderem im Bereich des Tsauchab. Hier bildeten sie für den Fluss eine undurchdringliche Sperre, und nun versickert und verdunstet er regelmäßig auf den Salzpfannen der Vleis. An anderen Stellen mit nicht so hohen Dünen wie im Bereich Swakopmund und Walvis Bay schaffen es die Flüsse in Jahren mit extrem starken Regenfällen die Dünenbarriere zu durchbohren und ans Meer zu gelangen. Für den Tsauchab ist dies unmöglich geworden.

Verhaltensregeln

Verlassen Sie bei der Fahrt zu den Vleis nicht die Pisten, nehmen Sie Trinkwasser mit und zeigen Sie Respekt vor den Oryx-Antilopen, die manchmal bei den Vleis auftauchen um lebenswichtiges Salz zu lecken – sie sind „wild, fast and dangerous“. Wer vorhat, tiefer in das Dünengebiet einzudringen, sollte auch noch einen Kompass dabeihaben. Allerdings ist zu bedenken, dass in dieser immer noch weitgehend unberührten Wüstenlandschaft jede Fahrspur und jeder Schritt abseits der vorgegebenen Pfade das fragile Ökosystem Wüste zerstört. Da die hier vorherrschenden Sterndünen kaum wandern, sind Fußabdrücke und Fahrrinnen noch monatelang zu sehen.

Unberührte Schönheiten: Sossusvlei-Dünen

Anfahrt Der Weg zu den Vleis ist bis auf die letzten 4 km ab dem 2x4-Parkplatz asphaltiert (allerdings viele Schlaglöcher). Nach 28 km erreicht man den Aussichtspunkt Sossusport mit einem herrlichen Blick über die Dünen und das Flusstal, nach weiteren 17 km die Düne 45, das erste gigantische Sandbauwerk. Auf dem Weg dorthin quert man das Bett des Tsauchab und sieht am rechten Wegesrand einen Wald bizarrer Gerippe abgestorbener Akazien, die ihr gebleichtes Holz in die Höhe recken. Hier verlief das ursprüngliche Flussbett des Tsauchab.

Nach weiteren 15 km ist der Weg für normale Pkw zu Ende. Die Passagiere müssen aussteigen und die letzten 4 km zu Fuß zurücklegen oder den Shuttle-Service benutzen. Südlich des Parkplatzes findet sich das Hiddenvlei, das dem Sossusvlei in nichts nachsteht, aber einen längeren (geführten) Fußmarsch erfordert.

Wer im Geländewagen unterwegs ist, kann die verbleibenden Kilometer in tiefem Sand, hochtourig und in niedrigem Gang bewältigen. Sollte man steckenbleiben, nicht die Räder mit Gewalt durchdrehen, man sandet nur tiefer ein. Entweder den Wagen freigraben oder den Luftdruck der Reifen senken, um diesen eine größere Auflagenfläche zu geben. Wenn Sie keine Pumpe dabeihaben, den Druck nur so weit senken, dass Sie damit auch den Rückweg nach Sesriem bewältigen können.

Nach 3 km ist der Zugang zum Naravlei erreicht, 1 km weiter der Parkplatz zum Besuch des Deadvlei. Nach einem weiteren Kilometer endet am mit Holzpalisaden eingefassten 4x4-Parkplatz auch für die Geländewagen der Weg. Es heißt aussteigen, die Wasserflasche, Hut, Sonnenbrille und -creme einpacken, die Kamera greifen und sich auf den beschwerlichen Weg die Dünen hinaufmachen.

Die „Direttissima“ zu nehmen ist praktisch unmöglich – zwei Lenin'sche Schritte vor und einen zurück, das ist kräftezehrend bis zum „geht nicht mehr“, und durch den steilen Blickwinkel und die glatte Fläche rückt das „Oben“ nie näher. Gehen Sie deshalb am Grat entlang, ruhig, gemächlich und gleichmäßig, dann schafft es auch derjenige, dessen Kondition unter langen Autofahrten gelitten hat. Ausruhen kann man auf der Spitze und beim Runterrutschen auf dem Hosenboden.

Vom Scheitelpunkt der Dünen erschließt sich auch die Bezeichnung „Stern“-Düne: Wie Krakenarme verlaufen die Dünenkämme von der Spitze aus nach allen Himmelsrichtungen – die Folge der häufig wechselnden Winde in dieser Region, die so auch das gleichmäßige Wandern (und Umschichten) der Dünen erschweren. Mit Glück steht man hier oben ganz alleine, die orangefarbenen Sandwellen der Namib verschmelzen mit dem Horizont, Käfer ziehen filigrane Spurenmuster über die Dünenflanken, kein Laut ist zu hören. Es fällt schwer, sich von dieser Szenerie zu trennen, aber die strengen Öffnungszeiten des Nationalparks dulden keine Ausnahme. Wer abends zu spät zurückkommt, hängt im Camp fest.

Auf dem Weg zum Naukluft Park

Um zum Naukluft-Teil des Namib-Naukluft Parks zu gelangen, müssen wir auf der D826/C27 Richtung Süden zurückfahren, nach 30 km links in die D845 einbiegen, dieser 14 km folgen, dann, links abbiegend, auf 5 km auf der C19 Richtung NW bleiben und rechts in die D854 einbiegen. Ab hier passieren wir nun einige Lodges und Camps. Direkt an der Kreuzung D854/C19 steht die *A Little Sossus Lodge.* Nach 19 km auf D854 kommt das *Hauchab Fontein Camping* und nach weiteren 13 km erreicht man die Einmündung der D850, auf der nach Osten es 1 km zum *Tsauchab River Camp,* 10 km zur *Neuras Winery Guestfarm* und 24 km zur *Zebra River Lodge* sind. Fährt man nicht in die D850 hinein, sondern weiter geradeaus auf der D854, kommt man nach 31 km zum Abzweig in das Naukluft-Gebirge, das bis zu 1900 m aufragt. Doch vorerst einige Worte zur Neuras Winery.

Neuras Winery

Die Farm Neuras ist aus verschiedenen Gründen für den Weinanbau prädestiniert (im Rahmen eines Halbwüstenlandes natürlich). Sie besitzt fünf artesische Brunnen (der natürliche Wasserdruck presst das kostbare Nass nach oben), die in der Hauptrichtung des üblicherweise heißen, östlich anwehenden Windes liegen. Damit gibt es erstens keine Wasserprobleme, wichtiger aber, dass zweitens der heiße Wind über dem Wasser durch Verdunstung abgekühlt wird. Weht der Wind hingegen aus dem Westen, wird die Lufttemperatur durch den Atlantik auf ein erträgliches Maß gebracht. Damit dauert der Reifungsprozess der Trauben länger als man bei einem so heißen Klima erwarten könnte und damit kommt auch mehr Aroma in die Trauben. Die Besitzer haben 1997 mit dem Anbau der Reben begonnen und sind reine Autodidakten. 2002 wurde der Rebensaft das erste Mal auf Flaschen gezogen und 2006 wurden 3000 Liter produziert. Der Wein (Shiraz und Shiraz-Merlot) ist sehr gefragt und immer binnen kürzester Zeit ausverkauft – doch für Farmbesucher wird immer noch das eine oder andere Fläschchen gefunden (allerdings nicht billig!)

Naukluft-Teil des Namib-Naukluft Parks

Man folgt der Piste, bis man nach 12 km an einem Tor Eintritt zu zahlen hat. Hier erhält man auch Kartenmaterial für die Wanderungen und die Rundtour mit dem Auto. Das Rastlager hat acht Stellplätze, wer nicht vorausgebucht hat, wird schwerlich einen Platz finden. Jeder Besucher darf nur maximal drei Tage bleiben und muss dann den Park verlassen.

Wanderungen

Das Limit darf überschritten werden, wenn man die **achttägige Naukluft-Rundwanderung** unternimmt, die auch auf 4 Tage verkürzt werden kann. Mindestens 3 Leute müssen und höchstens 12 dürfen eine Gruppe bilden. Wegen der hohen Sommertemperaturen darf nur zwischen März und Ende Oktober getrekkt werden! Zwei weitere markierte Wanderungen dauern nur jeweils einen Tag. Der **Olive Trail** ist ca. 10 km lang und dauert 4–5 Stunden, der **Waterkloof Trail** ist 17 km lang bei 6–7 stündiger Dauer. Beide Wanderungen sind das ganze Jahr über machbar. Genügend Trinkwasser mitnehmen, besonders im Sommer! Auch diese beiden Wanderungen erfordern eine gute Konstitution und Trittsicherheit und sind mit kleineren Kindern nicht zu empfehlen, da sie in Teilabschnitten Klettersteigcharakter haben! Die mehrtägigen Wanderungen sind nur wirklich konditionell starken Wanderern zu empfehlen und solchen, die auch Klettersteige zu bezwingen in der Lage sind. Da die Übernachtungen in einfachsten Schutzhütten stattfindet, muss alles mittransportiert werden (Schlafsack, Matte, Essen, Kochutensilien etc.). Festes Schuhwerk ist obligatorisch.

Wem die Wanderrouten zu lang sind oder wer keine Zeit hat, kann um das Camp herum ein wenig spazierengehen. Die Ranger beschreiben Ihnen einige schöne Stellen in der Nähe. Bis auf die Tagestouren müssen die langen Wanderungen und die Rundfahrt über das zentrale Reservierungsbüro in Windhoek vorgebucht werden!

Rundfahrt

Eine **4x4-Rundtour** ist eine weitere Attraktion in der Naukluft: Die Fahrt dauert zwei Tage, am Übernachtungsplatz auf dem Plateau stehen vier Hütten mit Dusche und WC. Auf dieser Rundfahrt ist immer nur eine einzige Gruppe mit höchstens vier Fahrzeugen (16 Personen) pro Tag zugelassen. Der Weg folgt teilweise einer alten Piste deutscher Farmer, die angelegt wurde, um schweres Bohrgerät zur Wassersuche in die Berge zu bringen.

Naturkundliches

Auf den Wanderungen sieht man viele Antilopen (Klipspringer, Kronenducker, Kudus), das Hartmannsche Bergzebra und zahlreiche für die Übergangszone von Halbwüste zur Savanne typischen Pflanzen (s.S. 114ff). Ornithologisch Interessierte kommen ebenfalls auf ihre Kosten (Felsenadler, Trappen, Tokos, Schnäpper). Wer Glück hat (oder Pech), begegnet Leoparden, die ebenfalls hier ihren Lebensraum haben. Ein großes Problem sind die Paviane, die schon mal in einen Bus einbrechen (sie stellen sich gelehrig an und zertrümmern dazu die Oberlichter) und ihn heillos verwüsten. Die ganze Naukluft ist außerdem reich an Reptilien. Mit ziemlicher Sicherheit treffen Sie hier auf Schlangen. Also Vorsicht und genau schauen, wohin man tritt (das gefährliche Holzsammeln für das Lagerfeuer fällt weg, da es verboten ist)! Einige Absolventen der langen Wanderung hatten das Gefühl, von Schlangen geradezu eingekreist zu sein …

Das Naukluft Gebirge misst 140 km auf 40 km und ist etwa 400 m „dick". Eigentlich gehört es zur nachbarschaftlichen tektonischen Platte, die sich 80 km Richtung Fischfluss befindet und von den sieben tektonischen Platten Namibias die südlichste ist. Das Gebirge entstand, als sich die Naukluft über die Zaris-Berge schob und die Platte sich hochtürmte. Eine geologische Besonderheit der Naukluft ist der vielerorts anstehende, poröse Kalktuff, der offensichtlich aus einer rezenten, feuchteren Klimaperiode dieser Region stammt, denn er entsteht durch Verdunstung von mit Mineralien angereichertem Wasser. Auch der relative Wasserreichtum in Tümpeln, Schluchten oder Wasserfällen deutet darauf hin, dass die Regenzeiten hier wohl früher besser ausgefallen sein müssen, als sie dies mit knapp 200 mm Jahresmittel heute tun. Mitten in der ariden Namib bot die Naukluft naturgemäß Tieren wie Menschen eine gute Rückzugs- und Überlebensmöglichkeit. Berühmt-berüchtigt wurde die Naukluft in der deutschen Kolonialzeit als natürliche Festung, in die sich die aufständischen Nama unter Hendrik Witbooi verschanzt hatten (s. Exkurs).

In der Naukluft lässt sich tagelang wandern

NAMIB-NAUKLUFT PARK
0 10 km
© RKH VERLAG HERMANN
C 14
Kuiseb Canyon / Walvis Bay (195 km) / Windhoek (über C 26)
Ubib
Spreetshoogte Pass
Middelplaas
Probeer
C 24
Nauchas
Rehoboth (100 km)
Dünen
D1275
Solitaire Lodge
Solitaire Lodge
C 14
D1261
Remhoogte-Pass
Tsondab
Ababis Gästefarm
Namib Desert Lodge
Tsondab
Blässkranz Gästefarm
C 19
D1206
Büllsport Gästefarm
Naukluft-Wanderweg (120 km, 8 Tage)
Olive Trail
Waterkloof Trail
NAMIB-
NAUKLUFT
PARK
Naukluft - Berge
Naukluft
C 14
Maltahöhe 90 km
C 47 Aub / Rehoboth
D855
Naukluft-Fluss
Sossusvlei
Sossusvlei Lodge
D826
Sesriem
D850
Naukluft
Tsauchab
Tsauchab
Sesriem Canyon
D854
Sossusvlei Wilderness Camp
Betesda Gästefarm
C 27
Witwater
Kulala Desert Lodge
D845
C 19
D850
Maltahöhe
D831
Namib Rand Nature Reserve (Wolwedans)
Zaris / Maltahöhe
Maltahöhe (100 km)
zur C 19
Webervögel
Höhlen
Pools
Quiver tree
D854
1931 m
Start
Office
Waterkloof-Trail
17 km, 6 bis 7 Stunden Gehzeit
D854
1910 m, höchster Punkt
Pool
Naukluft
Olive-Trail
Fluss
Plateau-Weg
Pool
Brunnen
1888 m
10 km
4 bis 5 Stunden Gehzeit
Webervögelnest
1884 m
Höchster Punkt
Start
Parkplatz
zum Office 4 km
Park Gate

Als es gegen Hendrik Witbooi ging

Die „weißen Jungs" (Witboois) waren einer der wenigen Orlaam-Nama-Stämme, die sich konsequent weigerten, einen Schutzvertrag mit dem Deutschen Reich zu unterzeichnen. Ihr Anführer war **Hendrik Witbooi (s. Abb.),** Sohn des in Berseba hingerichteten Orlaam-Führers Moses Witbooi von Gibeon. Er war ein mutiger Kämpfer, verdankte seinen großen Einfluss aber auch seinem tiefreligiösen Sendungsbewusstsein, das ihn zu einem charismatischen Führer machte. Nicht nur die Schutztruppe, auch die Herero verwickelte er in immer neue kriegerische Auseinandersetzungen, bis unter Mitwirkung des deutschen Gouverneurs Curt von François 1892 ein Friedensschluss zwischen den verfeindeten Stämmen zustande kam.

Der Vertrag zwischen den Herero und Orlaam-Nama bedeutete aber keine Befriedung des Schutzgebietes. Die politische Situation im Süden blieb nach wie vor bestimmt von Guerilla-ähnlichen Vorstößen, von Überfällen und Viehdiebstählen durch die Witbooi-Anhänger. 1893 ging die personell verstärkte Schutztruppe schließlich zum Angriff über: Sie stürmte die Witbooi-Festung Hoornkrans. Der Kampf forderte auf beiden Seiten viele Opfer, dem Ziel war man aber immer noch nicht nähergekommen, den die „Witboois" flüchteten in das nahe Naukluft-Gebirge.

Im März 1894 wurde Curt von François abgelöst, auf seinen Posten folgte Major Theodor Leutwein, und der war wild entschlossen, endlich gegen die Aufständischen durchzugreifen. Sofort wurde ein neuer Feldzug gegen Hendrik Witbooi ausgerüstet. Doch alle Vorstöße blieben relativ erfolglos gegen einen Gegner, der auf vertrautem, unüberschaubarem Terrain in bester Guerilla-Manier taktierte. Im Sommer 1894 gelang es schließlich, einen großen Teil der Witboois gefangenzunehmen. Ihr Kapitän zog sich tiefer in das unwegsame Gebirge zurück, doch drei Tage später war er von der Schutztruppe umstellt. Auch diesmal gelang es Hendrik Witbooi zu entkommen. Von seinem neuen Versteck aus sah er sich aber wegen der schweren Verluste unter seinen Leuten schließlich doch gezwungen, in Friedensverhandlungen einzuwilligen. Am 15. September 1894 unterschrieb auch der letzte freie Führer der Nama den Schutzvertrag. Im Gegenzug ließ man ihm und seinen Leuten alle Waffen und das Land.

Doch damit war das „Kapitel Witbooi" für das Deutsche Reich noch nicht vorbei. Kaum hatte man die aufständischen Herero 1904 am Waterberg aufgerieben, erklärte der Orlaam-Führer wieder den Krieg. Diesmal führte er ihn nicht allein, sondern mit Unterstützung anderer Nama-Clans, und wieder vermied er eine offene Front. Er verwickelte die Schutztruppe in Scharmützel an verschiedenen Orten im Süden des Landes. 1905 wurde Kapitän Hendrik Witbooi bei einem Überfall auf einen Versorgungskonvoi tödlich verwundet – Viehdieb und Bandit war er den einen gewesen, Freiheitskämpfer und Held den anderen. Sein Urenkel gleichen Namens gehörte dem SWAPO-Widerstand an und arbeitet heute als Minister im Kabinett.

Naukluft – Ababis

Wenn man wieder in die D854 nach Norden eingebogen ist, erreicht man nach 9 km den „Ort“ **BüllsPort.** Es ist eigentlich „nur“ eine Farm, die auch als Gästefarm Besucher aufnimmt. Wer übernachtet, kommt in den Genuss, den Sternenhimmel nicht nur zu betrachten, sondern Herr Sauber erklärt ihn auch detailliert. Auf dem Farmgelände sind neben Reiten (mit Unterricht) wunderschöne Wanderungen möglich, unter anderem in die Köcherbaum-Schlucht. Man wird mit dem Wagen hoch hinauf in das Naukluft-Gebirge gebracht und wandert dann gemächlich und mehrstündig entlang ausgezeichneter Markierungen zu Tale. Bequem und doch abenteuerlich, alleine mit der Natur und der Sonne, lassen sich bestens Naturstudien treiben. Am Ende der Wanderung wartet dann das Fahrzeug mit einem kühlen Drink. Bei BüllsPort gibt es **keine Tankmöglichkeit** mehr, die nächsten Tankstellen sind Gamis (30 km Richtung Maltahöhe), Solitaire (55 km), Sesriem (120 km) und Rehoboth (140 km).

Nun folgt man der Straße 14/2 bzw. C14 Richtung NW. An der nächsten Kreuzung (D1206 nach Norden) kann man abdrehen und erreicht nach 34 km das **Garies Restcamp,** ein von Bastern geführtes Rastlager mit zahlreichen kulturellen Aktivitäten. Fährt man die C14 geradeaus weiter, kommt man nach 39 km nach **Ababis,** ebenfalls eine Gästefarm (der Name Ababis leitet sich ab aus dem Namawort „abas“ – Kürbisflasche, nach der Form einer Wasserstelle in dieser Gegend). Dort speisen Sie auf der in Südwester-Tradition erbauten, schattigen Veranda des Farmhauses.

Ababis ist eine Farm mit Tradition. Sie diente u.a. als Pferdestation der Schutztruppe, da es eigenartigerweise hier keine Pferdesterbe gab, eine Krankheit, die die Reittiere in jenen Jahren in großer Zahl dahinraffte. Auch war eine Krankensammelstelle der Schutztruppe eingerichtet. Lange Jahre gehörte die Farm der Familie Voigts, deren Name Ihnen in Namibia häufig begegnen wird, z.B. bei Wecke & Voigts. Heute ist Ababis mit der Gästefarmen BüllsPort zur *Naukluft Experience* zusammengeschlossen. Innerhalb der Vermarktungsorganisation hat Ababis den Schwerpunkt „Fahrer-Training bei Off-Road-Touren mit dem Auto“ übernommen, BüllsPort legt sein Schwergesicht auf Reiten und Wandern in der Naukluft.

13 km weiter kommen Sie nach **Solitaire** – dem einsamen Edelstein der Wüste. Es ist mehr oder weniger nur eine Tankstelle mit Laden, mit einer Werkstatt und der Möglichkeit zu zelten oder luxuriös in der neuen Solitaire Country Lodge zu nächtigen.

Über die Pässe

Bis zur C26 sind es nun noch 74 km (15 km vor der Kreuzung quert man wieder den Wendekreis des Steinbocks). An der Einmündung geht es Richtung Osten nach Windhoek. Richtung Westen kommt man sogleich in den Namib-Naukluft Park (wer hier zelten will, benötigt eine Genehmigung; die Beschreibung der Fahrtstrecke von hier nach Walvis Bay und weiter nach Swakopmund finden Sie in der Route 5. Zwischen Gamsberg- und Kuperberg-Pass geht es auf der D 1265 zum **Isabis Camp** und zum Isabis 4x4 Trail ab; am Gaub River wurde auf den Farmen Hornkranz und Isabis ein 4x4 Trail angelegt mit diversen Campingplätzen; Zelt, Essen und Ausrüstung muss mitgebracht werden, Toiletten und Duschen sind vorhanden; an weiteren Aktivitäten sind Wanderungen und Mountainbiking-Touren möglich (nur nach Voranmeldung).

Wir fahren nach Windhoek Richtung Osten über den Gamsberg (28 km) und den Kupferberg Pass (nochmals 140 km), wieder hinauf auf das zentralnamibische Hochland. Es ist eine der landschaftlich schönsten Strecken Namibias. Die Straße windet sich in mal steilen, mal sanfteren Kehren immer weiter in die Gebirgslandschaft, die von der Namib-Ebene zum Hochland überleitet (Steigung ca. 11%). Wie durch Zauberhand verwandeln sich die kargen Wüstensteppen in Weideland, überdecken silbrig-glänzende Gräser das Braungrau des Gesteins. Auch hier säumen Farmzäune die Strecke, und diesmal versteht man auch, dass es etwas abzuzäunen gilt, denn immer häufiger steht Vieh auf der Weide, weisen Farmschilder zu schmucken Höfen, die urdeutsche Namen tragen. Tollkühn stürzen sich Paviane auf die Pad, beäugen das näherkommende Fahrzeug und stieben wild schnatternd wieder davon. Farmpisten zweigen ab und verlieren sich irgendwo in den blauen Bergrücken. Auf einer kann man bis zum markanten, tafelförmigen Gipfel des Gamsberges (2347 m) hinauffahren – mit Genehmigung des Farmers, versteht sich. Am Pass angekommen, verabschiedet sich die Namib im Westen mit einem grandiosen Panorama – eine gelbliche, im Sonnenlicht schwimmende Ebene hinter gestaffelten Gebirgsrücken.

Je näher Windhoek kommt, desto dichter wird die Besiedlung, desto aufdringlicher erscheinen nach den Wüstentagen die Zeugnisse der urbanen Zivilisation. Da bleibt nur, möglichst bald wieder „auf Pad“ zu gehen!

Route 2: Traumschloss im Nirgendwo – Duwisib

Mariental – Keetmanshoop – Seeheim – Goageb – Bethanie – Helmeringhausen – Duwisib – Sesriem

Km	Abzweig	Ort	Sehenswert	Übernachtung	GPS
Km 0 B1 Teer nach S	Km 0 B1 n. N Km 6 C20 n. O Km 50	Mariental, T+V	s. Route 1	s. Route 1 Stampriet Gh.	24 37 45 17 57 18
Km 60	Gibeon Km 0 Km 9	 Gibeon			25 09 32 17 50 06
Km 97		Asab, T+V		Asab Ht.	25 27 55 17 57 02
Km 100	Finger Gottes Km 0 D3919 Km 25		 Finger Gottes		25 28 37 17 57 44
Km 148	Tses Km 0 Km 1	 Tses, T			25 52 59 18 06 33
Km 149	Brukkaros Km 0 Str. 98 Piste Km 39 D3904 Piste Km 50 Km 52	 Berseba	 Brukkaros Krater	 Brukkaros Camp Oberes Camp	25 53 33 18 06 43 25 54 03 17 46 40 25 53 08 17 47 54
Km 207			Köcherbaum-wald	Garas Park Zelt-platz	26 24 37 18 11 48
Km 228	Köcherbaum-wald Km 0 C16 Km 1 C17 Km 15 Km 40		 Köcherbaum-wald/Giant's Playground Mesosaurus Fossilien	 Quivertree Forest Rl. Mesosaurus Park	26 33 39 18 08 55 26 24 22 18 28 35
Km 229 B4 Teer		Keetmanshoop, T+V	Museum	s. unter Keet-manshoop	26 34 29 18 08 50
Km 274		Kreuzung B4/C12			26 48 29 17 48 27
Km 275 Stichstr.					26 48 57 17 48 19
Km 276 zurück		Seeheim		Seeheim Hotel	
Km 277 B4 Teer n. W					26 48 57 17 48 19

Km	Abzweig	Ort	Sehenswert	Übernachtung	GPS
Km 290			Historische Gräber	Klippen Terrace	26 45 26 17 42 10
Km 304	Km 0 D463 Piste Km 25 Km 88 Farmstr. Km 93			Vogelstraus-skluft Lodge Grande View L.	
Km 341 C14 Teer		Goageb, T		Konkiep Motel	26 45 07 17 13 24
Km 363		Bethanie, T+V	Schmelen-haus	Bethanie Hotel	26 30 10 17 09 38
Km 364 C14 Piste					
Km 398				Konkiep Lapa Rastlager	
Km 423	Schutztruppen-friedhof Km 0 P422 Piste nach S Km 1 links vor-bei nach O, Km 1,5 rechts d. Hang runter Km 2	 Farmgebäude Gabelung	 Schutztrup-penfriedhof		25 59 38 16 58 50 26 00 19 16 58 57
Km 443		Helmeringhau-sen, T+V	Freilicht-museum	Helmeringhau-sen Ht.	25 53 26 16 49 24
Km 455				Dabis Gäste-farm (7 km)	25 48 26 16 50 38
Km 503 D831					25 23 51 16 47 38
Km 529 D826					25 13 45 16 41 19
Km 546			Schloss Duwi-sib	Duwisib Zelt-platz	25 15 48 16 32 40
Km 547				Duwisib Rl.	
Km 569 C27 n. N					25 23 02 16 25 25
Km 611	Km 0 Farmpiste Km 11			 Tok Tokkie Trails	25 12 10 16 09 42
Km 616		Wereldsend, T			25 10 46 16 07 18
Km 635	Km 0 D827 km 12 km 18			 Nubib Gäste-farm Nubib Nature Camp	25 02 17 16 05 40

Km	Abzweig	Ort	Sehenswert	Übernachtung	GPS
Km 651	zu Wolwedans Km 0 Piste Km 20			Wolwedans Collection auf NamibRand	
Km 666	zu Namib Sky Km 0 Piste Km 6		Namib Sky		24 50 12 15 54 42 24 52 36 15 54 06
Km 693	zur Kulala Lodge Km 0 Piste Km 15			Le Mirage Desert Ldg. & Spa Kulala u. Little Kulala	24 40 58 15 49 00 24 36 53 15 42 12
Km 715		Sesriem, T	s. Route 1	s. Route 1	24 29 17 15 48 03

Mariental – Keetmanshoop

Verlassen Sie Mariental (Beschreibung s. Route 1, Anschluss an die Routen 1 und 2a) auf der B1 Richtung Süden. 4 km hinter Mariental kommt der Abzweig zum Flughafen (10 km) und nach Maltahöhe.

Nach einigen Dutzend Kilometern ist links die Abbruchkante der Kalkweissrandberge zu sehen. Das Massiv tritt nach und nach zurück.

Bei Kilometer 60 zweigt die Straße nach **Gibeon** ab. Gibeon ist ein unscheinbares Städtchen im Herzland der Nama. Bekannt ist es wegen des Gibeon-Schauers, eines ungewöhnlich dichten **Meteoritenregens.** Teile davon sind in der Windhoeker Post Street Mall als Brunnenschmuck zu sehen. Die bis heute gefundenen Meteoritenteile waren über eine Fläche von 2500 qkm verstreut und stammen wohl von einem einzigen Muttermeteoriten, der explodierte und dessen Bruchstücke, was sehr ungewöhnlich ist, auf ihrem mutmaßlich sehr langen Weg durch das All zusammenblieben. 37 Teile mit einem Gesamtgewicht von 12,5 t wurden in den Jahren 1911 bis 1913 vom Geologen des Kaiserlichen Instituts, Dr. Range, zusammengetragen, vier davon an Forschungsinstitute in der ganzen Welt abgegeben, die restlichen verblieben in Windhoek. Es finden sich immer wieder neue Bruchstücke, das bislang schwerste mit 650 kg wird heute im Museum in Kapstadt aufbewahrt. Gibeon selbst wurde 1863 vom Missionar Knauer der Rheinischen Missionsgesellschaft gegründet. Bibelfest wie er war, tat er sich mit der Namensvergabe leicht.

Der Ort ist uninteressant, da die historischen Gebäude nicht mehr existieren. An der Bahnstation nächst der Hauptstraße liegt ein kleiner Friedhof, der an die blutige Schlacht zwischen südafrikanischen und deutschen Truppen am 27. April 1915 erinnert. 40 Tote und 100 Verletzte beklagten beide Seiten.

Asab / Mukorob

Nach insgesamt 97 km eintöniger Fahrt ab Mariental wird Asab erreicht. Drei Kilometer hinter Asab hätten Sie bis Ende 1988 die Gelegenheit gehabt, einen 25 km langen Abstecher zu einer der Hauptsehenswürdigkeiten Namibias zu unternehmen – zum **„Finger Gottes“ (Mukorob),** einer 34 m hohen Felsennadel, die die Erosion auf einen erstaunlich dünnen

und entsprechend labilen „Fuß“ gestellt hatte. Der Mukorob stürzte in einem Sturm um.
Kolportiert wird heute, dass er die Unabhängigkeit Namibias unter SWAPO-Herrschaft nicht mitmachen wollte – schließlich befinden wir uns hier im Land der Nama, die die politische Entwicklung zur Unabhängigkeit nur peripher gestalteten und sich von der neuen (ethnischen) Dominanz nicht nur Gutes versprachen.

Die wenigen Nama-Siedlungen am Wegesrand sprechen die Sprache von Armut, wenn nicht Elend. An die kriegerische Geschichte dieses Volkes mag man angesichts der im Kreis aufgestellten, friedlichen Hütten nicht so recht glauben. Vom Mukorob ist nichts mehr zu sehen, und aus den Trümmern lässt sich auch mit viel Fantasie nicht mehr die frühere Höhe rekonstruieren. Der Umweg würde erst wieder lohnen, wenn die derzeitige Diskussion, die Bruchstücke des Mukorob neu zusammen zu zementieren, nicht nur Gerede bliebe.

Nach 48 km erreichen Sie den Abzweig nach Tses. Kurz dahinter kommt eine Kreuzung nach Berseba. Der Weg führt zum Brukkaros-Krater.

ABSTECHER Brukkaros-Krater

Folgen Sie 39 km der Straße 98 und biegen Sie dann in Berseba in die D3904 ein. Man fährt nach 9 km durch ein Tor (mit Telefon), das den Naturpark Brukkaros kennzeichnet, kommt nach weiteren 2 km zur unteren **Brukkaros Campsite,** fährt mit 4x4-Fahrzeugen noch 2 km weiter zum oberen Lager, stellt den Wagen ab und geht noch ca. eine halbe Stunde zu Fuß zum Kratereinstieg. Von dort geht es hinauf zum Rand oder hinein und hinab zum mit Köcherbäumen und Gräsern bewachsenen Grund. Der nach Süden hin offene, hufeisenförmige Berg wurde lange Zeit für die Reste eines Vulkankraters gehalten, eine Theorie, die implizierte, dass es in Namibia auch in jüngerer Zeit noch aktiven Vulkanismus gegeben hätte. In neuerer Zeit hat die Forschung aber ergeben, dass eine Ringintrusion vorliegt, also das ringförmige Eindringen von Gestein vulkanischen Ursprungs in die Erdkruste. Das Eindringen wurde wahrscheinlich durch eine vulkanische Gasexplosion verursacht. Im folgenden erodierte dann das Gesteinsmaterial der Erdkruste, das härtere eingedrungene Material widerstand der Erosion in stärkerem Maße. Der „Krater“ ist 2 km weit und erhebt sich ca. 650 m aus der Umgebung. Meist ist man hier alleine und kann schöne Spaziergänge unternehmen.

Weiterfahrt

Nach 58 km Fahrt erscheint rechts ein Hinweisschild zum Köcherbaum-Wald auf der Farm Garas. Dies ist zwar nicht der Wald, der in den Karten verzeichnet ist und zum „Nationalen Monument“ erklärt wurde, deshalb aber nicht weniger schön in der Abend- oder Morgensonne gelegen. Der Besitzer der Farm hat einen Zeltplatz eingerichtet, die Wegweiser sind als lustige Skulpturen ausgeführt. 21 km weiter mündet die Straße 29 in die B1. Folgt man ihr, kommt man zu dem in den Karten verzeichneten und zum Nationalmonument erklärten, „offiziellen“ Köcherbaum-Wald.

Köcherbaumwälder

Biegen Sie von Keetmanshoop kommend in die C16 und nach 1 km in die C17 ein. 15 km hinter Keetmanshoop kommen Sie zum **Quivertree Restcamp.** Hier muss Eintritt bezahlt werden. Kurz dahinter findet sich dann das umzäunte Gelände des Nationalen Monuments Köcherbaum-Wald. Vier Kilometer weiter ist **Giant's Playground.** Ein Schild weist darauf hin, dass auch hier vorher Eintritt gezahlt werden muss (beim Farmgebäude des Köcherbaumwaldes, wo sich auch das Rastlager befindet, 50 N$).

Giant's Playground ist ein Irrgarten aus Felsbrocken, aus zu Fantasieformen erodiertem Granit, der tatsächlich wirkt, als hätten Riesen mit den Steinen Fußball gespielt. Mächtige Säulen ragen in den Himmel, dazwischen balancieren rund abgeschliffene, gigantische „Bälle" auf schmalen Felsnadeln. Wegen der charakteristischen Form nennt man diese Erosionsform „Wollsack-Granit". Mit gehöriger Vorsicht kann man in dem Riesenspielplatz herumklettern.

Fährt man noch einmal 20 km weiter, erreicht man beim **Mesosaurus Park & Camp** einen weiteren Köcherbaumwald, der um vieles gewaltiger ist als das Nationalmonument. Auch hier finden sich Wollsackverwitterungen wie bei Giant's Playground, als besondere Leckerbissen aber auch noch Versteinerungen und Schutztruppengräber. Es stehen grob überschlagen 5000 Bäume in der Landschaft verteilt, und damit übertrifft der Mesosaurus Park die anderen Köcherbaumwälder um ein Vielfaches.

Köcherbaum

Seinen Namen bekam der Baum, weil angeblich die San ihre Pfeilköcher aus seinen Ästen fertigten, indem sie den fasrigen, schwammigen Inhalt herausholten. Er ist eigentlich kein Baum, sondern wird den Aloen zugerechnet, und in den heißen Gegenden Namibias und in den nördlichen Regionen der Kapprovinz Südafrikas endemisch. Er bevorzugt heiße, trockene Felslandschaft und übersteht mehrere aufeinanderfolgende Dürreperioden. Köcherbäume werden bis zu 300 Jahre alt und erreichen eine Höhe bis zu 9 m. Die Vermehrung erfolgt durch trockenheitsresistente Samen. Erst im Alter von 20 bis 30 Jahren blühen die Köcherbäume in den Monaten Juni und Juli das erste Mal. Die verästelten, hellgelben Blüten werden bis zu 30 cm lang. Mit und ohne Blüte geben sie ein dekoratives Fotomotiv ab, besonders im Licht der untergehenden Sonne, die die rissige Rinde der Aloe golden aufleuchten lässt.

Mesosaurier Die Namensgeber des Mesosaurus Parkes lebten vor 280–320 Millionen Jahren und waren im Wasser lebende, bis zu 35 cm lang werdende Reptilien, die nur zur Eiablage ihr Habitat verließen. Die Hauptversteinerung ist hervorragend erhalten und wurde durch Zufall vom Farmbesitzer entdeckt. Die Gesteinsformation ist in Platten aufgebaut, deren Stärke von etwa 2 cm bildete sich jeweils in etwa 1000 Jahren durch Sedimentierung. Immer wieder findet man nun durch Abhebung der Platten neue Versteinerungen, doch keine ist so perfekt wie der Hauptfund.

Keetmanshoop

Hier haben Sie Anschluss an die Routen 2a und 3. Die Ansiedlung wurde 1866 von der Rheinischen Missionsgesellschaft unweit einer Nama-Siedlung gegründet. Die Missionsgesellschaft hatte von einem deutschen Bankier namens Johann Keetman dessen Vermögen überschrieben bekommen (er wurde denn auch in den Vorstand der Gesellschaft berufen), um damit eine Missionsstation zu gründen. „Keetman's Hope" ist heute eine kleine Stadt mit einigen Gebäuden im deutschen Kolonialstil. Sie liegt im Herzland der Karakulzucht (s.S. 312).

Besuchenswert ist das **Museum** in der 1895 mit Bruchsteinen (auf den Fundamenten der 1890 bei einer Flut zerstörten Vorgängerkirche von 1869) errichteten Kirche, das sich seit 1978 der Gründungsgeschichte der Stadt und den Nama-Stämmen der Region widmet, sowie das **Kaiserliche Postamt,** wo heute die Tourismusinformation ist. Sehenswert ist auch das **Bahnhofsgebäude** (die Bahnlinie nach Lüderitz wurde 1908 eröffnet, 1912 war der Anschluss nach Windhoek fertig). Es wird wohl zum neuen Leben erweckt, wenn der Bahnverkehr an die Küste wieder beginnt.

Keetmanshoop, ehemaliges Postamt

Wer ein wenig durch die Straßen schlendert, stößt immer wieder auf Gebäude aus dem Anfang des 20. Jahrhunderts. Dazu gehört auch das Schützenhaus von 1899 in der Diamond Street, das als erster Deutscher Klub des Landes gilt. Es ist heute in ein luxuriöses Gästehaus mit Restaurant umgewandelt und serviert natürlich deutsch beeinflusste Küche. Direkt im Zentrum stehen in einem kleinen Park nebeneinander ein Denkmal der Südafrikaner, den Toten des II. Weltkrieges gedenkend, und das Adler-Denkmal, das an die Schutztruppen-Toten bei den Nama- und Herero-Aufständen erinnert. Wann der Obelisk mit dem Reichsadler in Bronze genau aufgestellt wurde ist unbekannt. In der 2nd Street steht noch das Johanniter-Krankenhaus von 1912. Die Gemeinde spendete das Land und 6000 Reichsmark, der Rest kam vom Staat. Neben dem Hospital wurden darin eine Apotheke und ein Theater eingerichtet. Das 3-Sterne Canyon-Hotel ist Station vieler Reisegesellschaften auf ihrem Weg zum Fish River, nach Lüderitz oder zum Oranje.

Die Läden der Stadt sind gut sortiert, man kann seine Vorräte auffüllen, bevor man in den infrastrukturell eher schwach versorgten Süden aufbricht. In Keetmanshoop befindet sich ein großes, modernes Hospital, das an der Ortseinfahrt mit seinen Hochhausbauten ins Auge sticht. Keetmanshoop ist auch Ausgangspunkt der Route 2a zum Kalahari-Gemsbok Park und der Route 3 zum Fish River und nach Ai-Ais.

Information Informationsstelle im ehemaligen Kaiserlichen Postamt, Southern Tourist Forum, P.B. 2125, Hampie Plichta Avenue, Keetmanshoop, Tel. 063-221266, Fax 063-223955, munkhoop@iafrica.com.na.

Internet Im Canyon Hotel dürfen auch Nichtgäste gegen Bezahlung aufs Netz (15 N$ für 30 Minuten).

Busse *Intercape Mainliner,* Haltestelle Engen-Tankstelle.

Museum In der Kirche, Kaiser Street, Tel. 063-221256, Mo–Fr 7.30–12.30 Uhr, 13.30–16.30 Uhr, Fr bis 16 Uhr, Eintritt frei, aber eine Spende ist möglich.

Übernachten *Touristenklasse:* Canyon Hotel, **Central Lodge,** Gessert's Pension, **Schützenhaus Pension**
Günstig: At Home, Bird's Nest, Bird's Mansion, La Rochelle, Bernice Beds, Home Sweet Home, Lafenis Rastlager, Rachel Backpacker
Camping: Keetmanshoop Zeltplatz, Lafenis Rastlager

Camping außerhalb: **Garas Park,** Quivertree Rastlager, **Mesosaurus Rastlager**

Essen *Lara's Restaurant,* 5th Street, Tel. 063-222233. *Uschi's Kaffeestube,* 5th Avenue, Tel. 063-222445.

Einkaufen An der B1 in Höhe des Hospitals hat sich ein Holzschnitzermarkt etabliert.

Golf Keetmanshoop Golfclub, Tel. 063-223563

Keetmanshoop – Bethanie

Wir nehmen nun die B4 Richtung Lüderitz. Nach 46 km kommt der Abzweig nach **Seeheim** (1 km), einem verlassenen Eisenbahnörtchen mit von gelben Morgensternblüten bewachsenen Schienen, fotogen und einsam am Fish River gelegen. 1998 hat in einem Schutztruppenfort das Seeheim Hotel seine Pforten geöffnet, eine traumhafte Übernachtungsmöglichkeit mit Pool und Laden.

Nach Westen fahrend wird bald danach der Fish River auf einer Brücke überquert, 12 km weiter kann man eine Rast einlegen und zwei Schutztruppengräber und die Ruinen einer kleinen Station besichtigen. Nördlich der Straße auf privatem Farmgelände mit Tor, ist der Zugang nur zu Fuß erlaubt. Es wäre höflich, die Farmer auf der gegenüberliegenden Straßenseite über den Besuch zu informieren, auch wenn die Gräber mit einem kleinen Schild als „Nationales Monument" gekennzeichnet sind. Wer mit dem Auto 500 m weiterfährt, sieht das kleine Steinhüttchen rechts oben auf einem Vorsprung unscheinbar hervorspitzen. 14 km dahinter kommt man zum Abzweig der D463.

ABSTECHER Westseite Fish River Canyon

Die D463 führt zur Westseite des Fish River Canyon. Nach 88 km erreicht man eine Farmstraße, die nach 5 km endet. Hier liegt der Canyon Nature Park mit der exklusiven *Grande View Lodge* (mit Blick in den Canyon), einem exklusiven Zeltplatz, dem Fish River Guest House und einem einfacheren Camping. Buchungen über P.O. Box 1840/Keetmanshoop, Tel. 063-693007, Fax 693006, www.canyonnaturepark.com.

Vom Abzweig der D463 von der B4 weiterfahrend verlässt man nach ca. 16 km eine Hochebene und fährt 100 Höhenmeter hinab in ein Trockenflusstal mit vielen Akazien. Nach 6 km verlässt man das Tal wieder und nach weiteren 14 km ist der Abzweig nach Bethanie erreicht (1 km weiter Richtung Westen liegt **Goageb,** ein trostloser und verkommener Fleck mit Tankstelle und Bottle Store, Anschlussstelle für die Route 4). Bis Bethanie sind es auf dem Asphalt der C14 entlang des Kubub-Flusstales noch 22 km.

Bethanie

Im Ort erinnern zwei Gebäude an die Geschichte des Landes – das Schmelen-Haus und das Haus von Joseph Fredericks. Zum Schmelenhaus muss von der Hauptstraße links abgebogen werden und gleich wieder links hinein auf ein privat wirkendes Gelände.

Der Durchreisende fährt schnurstracks weiter und hat Bethanie schnell wieder verlassen.

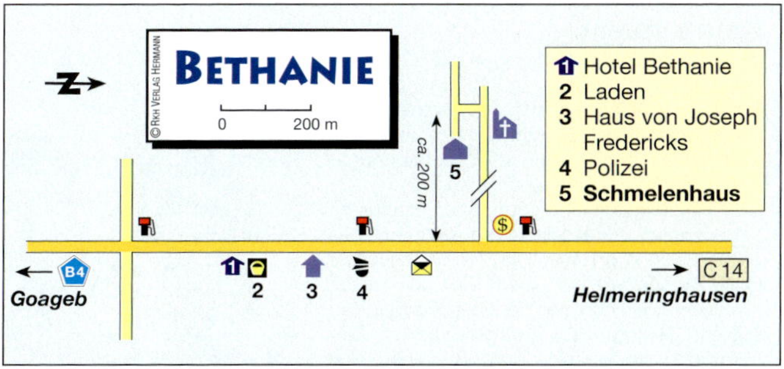

Das Schmelenhaus steht unscheinbar unter Palmen (sie sind eine Seltenheit in Südnamibia und stehen fast immer dort, wo Deutsche ihre neue Heimat fanden). Es ist ein verputztes Häuschen mit Bruchsteinfundament und einer kleinen Umfriedungsmauer. Im Jahr 1814 gründete der deutsche Missionar Heinrich Schmelen an diesem Platz eine Mission im Auftrag der Londoner Missionsgesellschaft. Wegen Stammesfehden war er aber gezwungen, die Station 1822 zu verlassen.

Mehrere Versuche in den folgenden Jahren, sich erneut niederzulassen, scheiterten an den kriegerischen Auseinandersetzungen und der anhaltenden Trockenheit, Bethanie wurde 1828 endgültig aufgegeben.

1840 erwarb die Rheinische Missionsgesellschaft die Rechte von der Londoner und zwei Jahre später wurde der Missionar Hans Knudsen hierhergeschickt. Er baute das Häuschen wieder auf, von Schmelen stammen nur noch die Umfassungsmauern. Auf dem Friedhof befinden sich einige Gräber von Missionaren, die in der Region tätig waren.

Dem Abzweig von der Hauptstraße zum Schmelenhaus schräg gegenüber steht das **Haus des Joseph Fredericks.** Er war Nama-Kapitän und errichtete das Gebäude 1883 als Haus für seine Ratsmänner. Durch den Vertrag mit dem Abgesandten von Adolf Lüderitz, Vogelsang, leitete Fredericks, ohne es zu wissen, geschweige denn zu wollen, die deutsche Landnahme in Südwestafrika ein. Hier, von ihm und dem Generalbevollmächtigten des Deutschen Reiches, Dr. Friedrich Nachtigall, wurde ein Jahr später, am 28. Oktober 1884, der Schutzvertrag mit dem Deutschen Reich unterschrieben.

Weiter auf der C14

Verlassen Sie Bethanie Richtung Norden. Nach 1 km endet der Asphalt, jetzt kommt Piste. 59 km weiter, 20 km vor Helmeringhausen, können Sie erneut einen kleinen Ausflug zu einem Schutztruppenfriedhof unternehmen.

Karakulzucht

Unter deutscher Verwaltung wurden 1906 die ersten Karakul-Schafe nach Namibia gebracht und hier mit den heimischen *Fettschwanzschafen* gekreuzt, die den extremen klimatischen Schwankungen und der mageren Weide bestens angepasst waren.

Die Karakulschafe lieben einen trockenen Lebensraum, sind genügsam und ertragen große Hitze wie Kälte. Die durchschnittliche Bestockung liegt bei einem Tier pro Hektar Weideland. Heimat der Karakuls sind eigentlich die Gebirgs- und Steppenregionen Zentralasiens, wo Usbeken und Afghanen eine lange Tradition in der Aufzucht dieser wertvollen Pelztiere besitzen, deren Fell bei uns als „Persianer" bekannt ist. Eine Leipziger Pelzhändlerfamilie mit Namen Thorer hat die Tiere 1907 nach Südwest gebracht und sorgte für den märchenhaften Reichtum der Thorers, die sich in Leipzig eine eigene Straße mit Villen hielt.

In Namibia gibt es nach Jahren großer Bestandsschwankungen – die Zahlen liegen zwischen 5,6 Mio. Ende der 1970er Jahre und 1,6 Mio. Mitte der 1980er – heutzutage etwa drei Mio. Karakulschafe, zu finden fast ausschließlich im ariden Süden. Ihre Pelze werden mit den Markennamen „Swakara" oder „Nakara" bezeichnet („South West African Karakul" bzw. „Namibian Karakul") und haben mit dem dichtgelockten schwarzen Persianer wenig gemein.

Es sind wunderschön gezeichnete, seidige Felle vornehmlich in warmen Naturfarben, die von den Windhoeker Kürschnern zu modernen, hocheleganten Kleidungsstücken verarbeitet werden, deren Kauf ein dickes Loch in die Reisekasse reißen kann.

Das Fell der Tiere ist nur kurze Zeit nach der Geburt für die Pelzproduktion verwendbar. Nur bei neugeborenen Lämmern besitzt es jenen strahlenden Glanz und die weich fallende Locke, die so begehrt sind und den später daraus genähten Mantel zu einem kostbaren, einmaligen Stück machen. Zum Handwerk des Karakulzüchters gehört es folglich, die Neugeborenen sofort (spätestens 36 Stunden nach der Geburt) dem Schlachter zu überantworten. Bevor dies geschieht, wird über die Auswahl derjenigen Tiere entschieden, die dank ihrer besonderen Eigenschaften gute Zuchterfolge versprechen und deshalb am Leben gelassen werden. Es werden aber, allen anderslautenden Gerüchten zum Trotz, für die Pelzgewinnung keine Föten getötet.

Farmer, die von der Vieh- oder der Karakulzucht leben, haben natürlich ein ganz anderes Verhältnis zu diesen Tieren, sie sehen in ihnen das Kapital, mit dem sie sich und ihre Familie ernähren, nicht das putzige Kuscheltier, als das es uns Nicht-Viehzüchtern erscheint. Zudem erfüllen die Karakulschafe eine ökologisch wichtige Funktion: Durch die spezielle Form ihrer Hufe treten sie Gras- und andere Pflanzensamen, die auf der Erde liegen, in den Boden und ermöglichen damit das Wachstum der nächsten Pflanzengeneration.

Dass Produkte wie Pelze nicht nur von Moden, sondern auch von politischen Strömungen abhängig sind, liegt auf der Hand: Viele Karakulzüchter sind durch den (nicht nur karakulbezogenen) Pelzboykott in Europa und Amerika in den 1980er und 1990er Jahren in den wirtschaftlichen Ruin getrieben worden. Einige zogen Konsequenzen aus dem Zusammenbruch des Pelzmarktes, stiegen wieder auf Fleischzucht um – mit den Karakulschafen ist dies kein Problem, da sie sich als ebenso gute Fleischlieferanten erwiesen haben. Mit der Jahrtausendwende hat sich aber die Situation gänzlich gewandelt. Pelz zu tragen ist wieder schick, die Preise sind explodiert, und Namibia kann heute gar nicht so viel liefern wie gewünscht wird. Kostete 2004 ein Fell auf der Zuchtfarm noch 180 N$, betrug der Preis 2006 bereits 400 N$. Für einen modischen Damenmantel werden etwa 20 Felle benötigt, er hängt schließlich für ca. 5000 € im Laden.

Schutztruppenfriedhof

Dazu die private P422 nach Süden fahren, das Farmgebäude links liegen lassen (nachdem Sie die Farmer informiert haben, dass Sie zum Friedhof wollen), an der Gabelung nach Osten halten und den Hang in einem großen Bogen hinunterfahren. Sie sehen einen vorzüglich erhaltenen, ummauerten und mit einem schmiedeeisernen Tor versehenen Friedhof vor sich. Vom Leutnant bis zum Reiter ist alles vertreten.

Gepflegt und doch irgendwie verloren und traurig wirken diese Grabstätten in der kargen Umgebung, und man fragt sich, was denn eigentlich hier verteidigt wurde – außer einer imperialen Idee.

Helmeringhausen

Ein kleiner Wüstenort, nicht viel mehr als ein (schmuckes) Hotel mit Camping – das **Helmeringhausen Hotel** –, ein Laden (mit dem Allernotwendigsten, inklusive Bottle Store), eine Tankstelle (nur offen von 8–18 Uhr) und ein kleines Freilichtmuseum, in dem viele Werkzeuge der Farmarbeit ausgestellt sind, z.B. ein ausgesprochen pittoreskes Bohrgerät. Der Schlüssel liegt im Hotel, die Eintrittsspende ist freiwillig (die Höflichkeit gebietet eine gewisse Großzügigkeit für den Versuch, auch hier den Touristen interessante Informationen zu bieten). Im mit blühenden Pflanzen ausgestatteten Garten des Hotels genießen die Durchreisenden Kaffee und Kuchen.

Auf der Weiterfahrt 60 km hinter Helmeringhausen nehmen Sie die D831 bis zur D826/C27 (nach 26 km). Hier biegen Sie links nach Südwesten ein. Die Landschaft wird merklich gebirgiger, auch erscheint sie fruchtbarer als die Steppenebenen, durch die unsere Route bislang führte. Nach 17 km ist Schloss Duwisib erreicht.

Schloss Duwisib

Absurd, eine Fata Morgana, Spinnerei, hässlich – man liest Unterschiedlichstes über den Stein gewordenen Tagtraum eines deutschen Adeligen – das Schloss Duwisib (tgl. 8–17 Uhr, Eintritt 60 N$). Hansheinrich von Wolf begann 1908 mit dem Bau, 1909 konnte er das Gebäude beziehen. Das gesamte Mobiliar ließ er aus Deutschland kommen und mit Ochsenkarren in die Wüste bringen. Rittersaal, Innenhof, Herrenzimmer, Bibliothek, Biedermeiersalon – nichts fehlte, um das Schloss zu einem richtigen Herrenhaus zu machen.

Schloss Duwisib

Und da zu einem Herrenhaus auch immer Land gehört, versuchte Hansheinrich von Wolf möglichst viel Grund zu erwerben. Er nervte geradezu den Gouverneur mit Kaufanträgen für Boden, dessen Verkauf aber pro Person limitiert war. Von Wolf brachte Strohmänner. Sie wurden nicht anerkannt, da sie in Deutschland lebten und den Besitz gar nicht bewirtschaften konnten. Er ließ seinen Vater in Berlin intervenieren. Er wollte Land, koste es was es wolle, auch wenn er zwischendurch schon zahlungsunfähig war. Sein Hunger danach war geradezu manisch, als ob er um sein Schloss noch einen möglichst großen *cordon sanitaire,* einen Sperrgürtel legen wollte, der ihn vor der Gemeinheit der Welt schützen sollte.

In der Wüste erstrahlen die Natursteine heute noch immer im Morgen- und Abendlicht und schließen die unwirtliche Natur aus. Gepflegte Rasenflächen und Palmen bilden den grünen Hintergrund dieser Ritterburg-Kulisse.

Das jahrzehntelang ausgelagerte Mobiliar wurde wieder zurückgebracht, und unter der Ägide des Tourismusministeriums kann der Reisende heutzutage wenigstens kurzzeitig versuchen, die Gefühle des Herrn von Wolf zu erahnen. Nur ganze fünf Jahre konnte dieser sein Leben hier genießen und seinem Hobby, der Pferdezucht, nachgehen, bis ihn das Vaterland rief und er mit seiner Frau auf abenteuerlichen Wegen über Südamerika Deutschland erreichte, rechtzeitig, um in der Schlacht an der Somme sein Leben hinzugeben.

Von seiner Frau, einer gutsituierten Amerikanerin, die nie wieder nach Duwisib zurückkehrte, ist überliefert, dass sie in ihren späten Jahren die Frage nach ihrem Aufenthalt in Deutsch-Südwest stets mit „ach, das war ein interessantes Experiment" beantwortete. Beim Rastlager kann man Zimmer oder Bungalows mieten oder zelten.

Weiterfahrt

Die D826/C27 führt nun am Rand des Namib-Naukluft Parks weiter nach Norden. Man passiert die NamibRand Game Ranch mit den Wolwedans Camps. 171 km nach Duwisib gelangt man schließlich nach Sesriem und hat Anschluss an die Route 1.

NamibRand entstand aus dem Zusammenschluss mehrerer privater Farmen, deren Besitzer die Landschaften nachhaltig nutzen wollten. Man entschloss sich, das gesamte Areal dem Tourismus zu öffnen, allerdings nur unter strengsten Auflagen. Wer eine touristische Infrastruktur errichten wollte, durfte dies nur in einem bestimmten Ver-hältnis von Landmenge zu touristischem Übernachtungsbett. Will heute jemand seine Einrichtungen erweitern, muss er neues Land einbringen. Streng wird auch darauf geachtet, dass der Mensch die Natur nicht verändert, nur zu Fuß darf man durch die Landschaften querfeldein wandeln, die Autos müssen auf den wenigen Tracks stehenbleiben. Ein Aufenthalt in den Wolwedans Camps ist nicht billig, aber höchst luxuriös und mit viel Charme unterfüttert. Die Tagesausflüge durch das riesige Gebiet sind wunderschön und erst so erfährt man, wie die Natur sich regenerieren kann, wenn man sie nur in Ruhe lässt. Unterkunft s. *Wolwedans Dune Camp und Lodge, Wolwedans Private Camp, Wolwedans Lodge Suite* und *Wolwedans Boulders Camp.* Ebenfalls im Reservat befindet sich die *Sossusvlei Desert Lodge.*

Route 2a: Südafrika ist nahe – der Kgalagadi Transfrontier Park

Mariental – Gochas – Koës – Mata Mata – Twee Rivieren – Aroab – Keetmanshoop

Km	Abzweig	Ort	Sehenswert	Übernachtung	GPS
Km 0 Straße 29, Piste		Mariental, T+V		s. bei Mariental	24 37 45 17 57 18
Km 14	Km 0 C17 Piste Km 26			 Panorama Zeltpl	
Km 35				Lapalange Ldg.	
Km 75 C18 n. O					25 03 25 18 27 22
Km 116 C15 nach S	Km 0 C15 Piste nach N Km 10	Gochas, T		Kamelruhe Gh. Stoney's Hotel Auob Ldg.	24 51 34 18 48 12
Km 126			Schlachten-denkmal		24 56 46 18 50 53
Km 130			Schlachten-denkmal		24 58 17 18 52 01
Km 154				Red Dune Camp	
Km 209	Km 0 C17 Piste nach S Km 67	 Koës, T		 Koës Ht.	25 29 41 19 18 10 25 56 04 10 07 27
Km 223		Tweerivier			25 27 36 19 26 12
Km 251				Terra Rouge C.	
Km 270				Donkerhoek Gf.	26 36 02 19 49 38
Km 279				Kalahari Game Ldg. (2 km)	25 39 53 19 52 33
Km 296		Grenze Mata Mata, T	Nationalpark Einfahrt	Mata Mata Camp	25 46 05 19 59 55
Km 412 Piste		Twee Rivieren, T+V	Nationalpark Ausfahrt	Twee Rivieren Camp	26 28 31 20 36 47
Km 470 Teer				Molopo Ldg.	26 56 22 20 39 28
Km 510 Piste		Kreuzung			26 44 48 20 18 57
Km 514		Klein Mier			26 44 47 20 01 26
Km 529 links halten					26 39 00 20 09 48
Km 546		Rietfontein			26 44 46 20 01 44
Km 550 C16 Piste nach W		Grenze			26 45 23 19 59 49

Km	Abzweig	Ort	Sehenswert	Übernachtung	GPS
Km 585		Aroab, T		Hunter's Inn	26 48 00 19 38 23
Km 743 Teer					
Km 746 B1 Teer nach S					
Km 757		Keetmans- hoop, T+V	s. Route 2	s. Route 2	26 34 29 18 08 50

Hinweis **Die Grenze bei Mata Mata ist offen (Grenzübertritt aber nur möglich bei einem mindestens zweitägigen Aufenthalt im Park)!**

Man sollte mit An- und Abfahrt fünf Tage für einen Besuch des Kgalagadi Transfrontier Parkes kalkulieren. Die Pisten in Südafrika sind haarsträubend schlecht, dies betrifft besonders den Abschnitt von der südlichen Parkausfahrt bis zur Molopo Lodge (der derzeit asphaltiert wird) und die letzten 40 km bis zur namibischen Grenze, die praktisch nicht unterhalten werden und Wirbelsäule und Ohren, nicht zu reden vom Fahrzeug, einiges abverlangen.

Mariental (s. Route 1)

Hier haben Sie Anschluss an die Routen 1 und 2. Verlassen Sie Mariental im Ort über die Bahnlinie Richtung Osten auf der Straße 29. Nach 3 km endet der Asphalt, die Piste ist aber breit und gut ausgebaut. Die Landschaft hat wenig Buschbewuchs, ist braun und eben.

Nach 75 km führt die Piste C18 nach Osten. Die in einigen Karten verzeichneten Friedhöfe und Denkmäler befinden sich auf privatem Farmgelände ohne Hinweise auf deren Lage. Wer Sie besuchen will, muss den Farmer informieren und sich die genaue Wegbeschreibung geben lassen.

15 km hinter der Kreuzung ist schon vereinzelt der rote Sand der Kalahari zu sehen. Die nord-südlich verlaufenden, spärlich bewachsenen Dünen werden nun in einem monotonen Auf und Ab und mit Kitzeln im Bauch gequert.

23 km weiter taucht voraus **Gochas** auf, ein wirklich kleiner Ort, dessen dominantes Gebäude, das Hotel Gochas, sich hinter einem kleinen, liebevoll begrünten und gepflegten Dorfplatz erhebt. Um in den Ort zu gelangen, muss man das Rivier des Auob queren, in dessen Flusslauf die Reise auf der Piste C15 Richtung Süden weitergeht.

Nur ab und zu verlässt die Piste das Rivier und erlaubt einen Blick in die Ferne, die dem Auge keinen Halt bietet. Im Trockenflusstal steht Galeriewald mit sehr alten Bäumen, deren Äste teilweise unter der Last der riesigen Nester der Siedelwebervögel abgebrochen sind.

Nach 10 km kommt ein Gedenkstein für die Schlacht bei Gochas, 4 km weiter, unter einem malerischen Baum und eingezäunt, der Gedenkstein für das Gefecht bei Haruchas am 3. Januar 1905.

Immer wieder stehen im Rivier die schmucken, weißen Farmgebäude in kleinen, wohlgepflegten und sattgrünen Gärten, ein wenig abseits die Werften, die Wohnstätten der Farmarbeiter und bei weitem nicht so hübsch anzuschauen.

107 km hinter Gochas ist **Tweerivier** erreicht (14 km vorher hat man den Abzweig nach **Koës** passiert). Hier treffen sich die Riviere des Auob und des Olifant. Eine Tankstelle ist ausgewiesen, sie führt aber nicht immer Treibstoff.

Nun sind es noch 65 km zur Grenze und zum Eingang des **Kgalagadi Transfrontier Parks.** Der Grenzübertritt gestaltet sich unproblematisch. Laufzettel werden ausgefüllt, die Namibier stempeln per Hand, die Südafrikaner haben ein computerisiertes Barcode-System entwickelt, „enjoy your stay in South Africa", und weiter geht's.

Kgalagadi Transfrontier Park (Kalahari-Gemsbok Park)

Achtung: Bedenken Sie, dass die **Südafrikaner nicht auf Sommerzeit** umstellen, so dass im Sommerhalbjahr eine Stunde Zeitverschiebung besteht!

An der Rezeption des Parks muss der Eintritt gezahlt werden, N$ werden mit einem minimalen Abschlag akzeptiert. Öffnungszeit des Parks ist im Januar von 6–19.30 Uhr. Sie verkürzt sich schrittweise bis zum Juli auf 7.30–18 Uhr. **Übernachtung** ist nur in einem der Camps erlaubt. Neben den Hauptcamps **Mata Mata, Nossob** und **Twee Rivieren** (alle drei haben Unterkünfte unterschiedlicher Kategorie und Zeltplätze, kleine Läden für Souvenirs, Getränke, Fleisch und Feuerholz) gibt es die Wilderness Camps **Kieliekrankie** auf einer Kalahari Düne mit herrlichem Blick (4 Chalets für je 2 P.), **Urikaruus** am Buschrand vor einer Freifläche (4 Chalets für je 2 P.), das **Kalahari Tented** Camp mit 15 Zelten für teilweise bis zu 4 P., **Bitterpan** mit 4 Chalets (je 2 P.), **Gharagab** mit derselben Ausstattung, ebenso wie **Grootkolk.** Weiter sind vorhanden mehrere 4x4-Tracks mit obligatorischen Übernachtungspunkten, zu denen ein Zelt mitzubringen ist.

Es wird darauf geachtet, dass die Abfahrtszeiten von einem Camp so liegen, dass entweder eine Ausfahrt aus dem Park, oder das Erreichen eines anderen Camps innerhalb der Öffnungszeiten möglich ist (bei Verlassen des Camps ist der Zielort anzugeben). Der Eintritt in den Park kostet per Tag und Person um 15 € (Kinder die Hälfte, Ermäßigungen für Südafrikaner und Mitglieder der SADC). Die Übernachtung auf dem Zeltplatz kostet für 2 Personen ca. 12 €, eine Hütte, abhängig von Größe und Ausstattung, um 50 € (für 2 Personen).

Reservierungen für die Unterkünfte können unter der Telefonnummer 0027-12-4289111, Fax 0027-12-3432006 oder auf www.sanparks.org vorgenommen werden. Die Geschwindigkeitsbeschränkung im Park liegt bei 50 km/h, in den Lagern bei 20 km/h (Geschwindigkeitskontrollen finden statt!).

Der Park liegt am spitz zulaufenden Dreieck, das die Grenzen von Namibia, Botswana und Südafrika bilden, seine beiden Wegstrecken laufen entlang der Flüsse Auob und Nossob. Der *Kalahari-Gemsbok Park* (über 9500 qkm, Gründung 1931) wurde 1999 mit dem botswanischen *Gemsbok National Park* (28.500 qkm, Gründung 1938) **zum ersten länderübergreifenden Nationalpark Afrikas,** zum **Kgalagadi Transfrontier Park** zusammengeschlossen (Kgalagadi = Kalahari in der Sprache der Tswana). Wegweisend für alle an Grenzen liegenden Parks im südlichen

Afrika, die nach und nach von den Ländern als gemeinschaftliche Schutzgebiete organisiert werden sollen (sog. „Peace Parks"). Wer im botswanischen Teil des Parkes herumfahren und nächtigen will, muss die Buchungen dafür bei den botswanischen Stellen vornehmen: Gaborone, P.O. Box 131, Tel. 00267-3180774, Fax 3180775, dwnp@gov.bw.

An den Rezeptionen der Camps sind Informationsbroschüren erhältlich, die die Pflanzen, Reptilien, Vögel und Säugetiere, die sich im Park finden, auflisten. Wer durch den Park will, darf nicht erwarten, dass er die Weite und Ferne der Kalahari erfährt, die beiden Routen des Parks verlaufen in Rivieren. Wer hierher kommt, will die Tiere an den natürlichen und künstlichen Wasserstellen sehen, die sich wie Perlen auf einer Schnur aneinanderreihen. Die Antilopen sind dermaßen unbeeindruckt von den sich langsam nähernden Touristenfahrzeugen, dass man bis auf wenige Meter herankommt, die Löwen aalen sich in der Morgensonne und bereiten sich auf die Jagd vor, und die Hyänen trotten in der Dämmerung an den Zäunen des Lagers vorbei.

An der Wasserstelle von **Mata Mata** sind ab und zu des nachts Löwen zu sehen (Taschenlampen nötig, da das Wasserloch nicht beleuchtet ist). 62 km hinter Mata Mata kommt man an den Abzweig zum Nossob Rivier und dem gleichnamigen Lager (104 km), 55 km weiter ist das Lager **Twee Rivieren** erreicht (Zusammenfluss des Auob und Nossob). Hier verlässt man den Park.

Die haarsträubend schlechte Piste führt über 58 km nach Süden und gegen Ende begegnet man Straßenbauarbeitern, die den Weg weiter befestigen und asphaltieren (was beim bisherigen Tempo, so ein Polizist vor Ort maliziös hochrechnend, bis zum Parkeingang wohl bis 2018 dauern dürfte). 500 m vor der Kreuzung steht die riesige und an den Wochenenden immer gut gebuchte *Molopo Kalahari Lodge* (P.O. Box 32/Askham 8814, Südafrika, Tel. 0027-54-5110008 Fax 5110009, www.molopo.co.za, Zimmer ab 30 € p.P. inkl. Frühstück). Außerdem Bungalows, Stellplätze, Mietzelte, Restaurant, ein riesiger Fernseher und Schwimmbad. In der nächsten kleinen Ortschaft gibt es eine Tankstelle, die auch Reifen flickt.

Nach weiteren 20 km auf Asphalt durch das Rivier und Richtung Westen verlässt man das Tal, fährt weiter auf Asphalt über einen Bergrücken (20 km) und kommt in eine große Pfanne, in der man für 16 km bleibt.

Nach weiteren 10 km erreichen Sie ein Rasthaus. Nach **Rietfontein** sind es noch 17 km nach Nordwesten (tanken, N$ werden akzeptiert), von dort zur Grenze 3 km.

Nach der wieder unproblematischen Grenzabfertigung geht es auf der C16 nach **Aroab** (35 km), ein kleiner, in der Wüste verlorener Ort, wo die Cross Border Charge bezahlt werden muss.

Auf dem weiteren Verlauf der Strecke (156 km) nach Keetmanshoop sind die verschiedensten Verwitterungsformen zu studieren. Magerer Busch auf schwarzen Geröllebenen, deren Steine mit Wüstenlack überzogen sind, Wollsackerosion, Bergkegel aus schwarzem, durch Wind und Wetter zerlegtem Gestein, schräg aus dem Boden ragende Verwerfungen, Kiesflächen und Riviere; braune und schwarze Töne herrschen vor, nachdem man die Dünen hinter sich gelassen hat.

Wenn Sie den Asphalt erreicht haben, sind es noch 3 km bis zur B1 und links im Süden ist bereits **Keetmanshoop** zu sehen (s. Route 2). Hier haben Sie Anschluss an die Routen 2 und 3.

Mit dem 4x4 durch den botswanischen Gemsbok-Park (Gemsbok Wilderness Trail)

Der Gemsbok Wilderness Trail geht über 285 km mit zwei Übernachtungen in einfachen Buschcamps. Geländegängige Fahrzeuge sind Voraussetzung, mindestens zwei Wagen müssen einen Konvoi bilden. Die Buchung erfolgt über das Parks and Reserves Reservations Office in Gaborone in Botswana, P.O. Box 131, Tel. 00267-3180774, Fax 3180775, oder über dwnp@gov.bw. Die Voranmeldung ist obligatorisch. Man muss bei Bokspits nach Botswana einreisen, die Strecke beginnt bei Polentswa/Grootbrak, führt durch eine absolut einsame Gegend in der Kalahari und endet bei Lijersdraai. Man ist mit dem Sand und den Tieren alleine, deshalb sollte man nur fahren, wenn man schon einige Erfahrungen im Busch gesammelt hat.

Route 3: Langer Marsch zum heißen Wasser – der Fish River und Ai-Ais

Keetmanshoop – Grünau – Ai-Ais – Hobas – Holoog – Seeheim

Km	Abzweig	Ort	Sehenswert	Übernachtung	GPS
Km 0 B1 Teer nach S		Keetmans- hoop, T+V	s. Route 2	s. Route 2	26 35 24 18 08 26
Km 3				Lafenis Camp, T	26 36 36 18 10 02
Km 77				Narubis Travel Lodge	27 02 15 18 37 38
Km 120				Savanna Gf.	
Km 132				Florida Gf. (1 Km)	27 28 42 18 28 51
Km 149	Km 0 (Farmpi- ste) Km 4			White House H.	27 37 39 18 24 14
Km 159		Grünau, T+V		Grünau Country Ht., Grünau Mo- tors Rl., Vast-rap Gf. (5 km)	27 43 41 18 22 30
Km 189 C10 Piste					27 56 28 18 10 39
Km 255			Rosenquarz Fundstelle		27 57 18 17 32 28
Km 262 zurück		Ai-Ais, T+V		Ai-Ais Rl.	27 54 57 17 29 27
Km 269			Rosenquarz Fundstelle		27 57 18 17 32 28
Km 285 C37 Piste					27 55 45 17 40 29
Km 319	Zu Gondwana Km 0 Farmpad Km 2			Cañon Lodge, Mountain Camp + Village	27 40 01 17 45 43
Km 329		Hobas, V		Hobas Zeltplatz	27 37 09 17 42 54
Km 339 zurück			Fish River Canyon		27 35 19 17 36 52
Km 349		Hobas, V		Hobas Zeltplatz	27 37 09 17 42 54
Km 352 C37 Piste					27 37 09 17 42 54
Km 361		Cañon Road- house, T		Cañon Road- house	
Km 381 C12 Piste n. N					27 28 31 17 57 10

Km	Abzweig	Ort	Sehenswert	Übernachtung	GPS
Km 389		Holoog	Alter deutscher Ziegelofen		
Km 400	Km 0 Farmpad Km 10			 Fish River Lodge	27 18 54 17 56 03
Km 430	Km 0 D545 Piste Km 15		Naute Dam	 Naute Dam Camping Naute Dam Rec. Park C. (7 km)	 26 55 55 17 56 04 26 52 28 17 58 10
Km 455 B4 Teer n. W					26 48 57 17 48 19
Km 456		Seeheim, T+V	s. Route 2	s. Route 2	

Keetmanshoop – Grünau

(Beschreibung Keetmanshoop s. Route 2, Anschluss an Route 2 und 2a). Sie verlassen Keetmanshoop auf der Umgehungsstraße nach Süden und erreichen nach 500 m die Abzweigung der B4 von der B1. Die B1 nach Süden nehmen, nach 3 km passiert man die Lafenis Lodge mit einer Tankstelle (die viel Lkw-Verkehr hat). Nach ca. 15 km sehen Sie voraus die Großen Karasberge, rechts befinden sich die Kleinen Karasberge. Letztere werden in einem weiten Bogen östlich umfahren. Bevor Sie zwischen den Kleinen und Großen Karasberge hindurchfahren, queren Sie noch den Löwenfluss, der später in den Fish River mündet. Nach 100 km hinter Keetmanshoop kommt man an einen landschaftlich ausgesprochen reizvollen Pass. In Abständen von 10 km folgen nun drei weitere Pässe, der letzte ist über 1500 m hoch. 20 km hinter diesem lassen sich die Ausläufer der Kalahari erahnen und 9 km danach erscheint Grünau, einen Steinwurf von der Hauptstraße weg.

Bei der Shell-Tankstelle, 1 km vor der Ortsabfahrt, gibt es einen Takeaway und einen kleinen Picknickplatz. **Grünau** ist lediglich als Zwischenstopp interessant, um aufzutanken, u.U. zu übernachten (Grünau Motors Chalets, Contry House, White House) und die Vorräte aufzufüllen (leckeres Biltong und Droewors im Karios Slaghuis). Ansonsten gibt es nichts, und da Ai-Ais nur noch 100 km entfernt ist, übernachten auch die wenigsten hier, sondern versuchen das Rastlager zu erreichen. In Grünau schließt auch die Route 3a nach Noordoewer und zum Oranje an.

Grünau – Ai-Ais

Dazu auf der B1 30 km nach Süden fahren und dann nach rechts in die Piste C10 einbiegen. Nach 26 km öffnet sich im Süden der Blick auf den Oranje, nachdem man rechts den Wetterkopf und links den Rotenfels passiert hat. Nach weiteren 24 km ist voraus, hinter dem nicht sichtbaren Fish River Canyon, das tiefgestaffelte Massiv der **Hunsberge** mit seinem höchsten Gipfel, dem Hohenzollern (1530 m) zu sehen. Nach 11 km kommt ein Abzweig nach Noordoewer am Oranje, und nun geht es auf gewundener Piste immer tiefer in den Canyon hinunter. Diese Fahrt ist

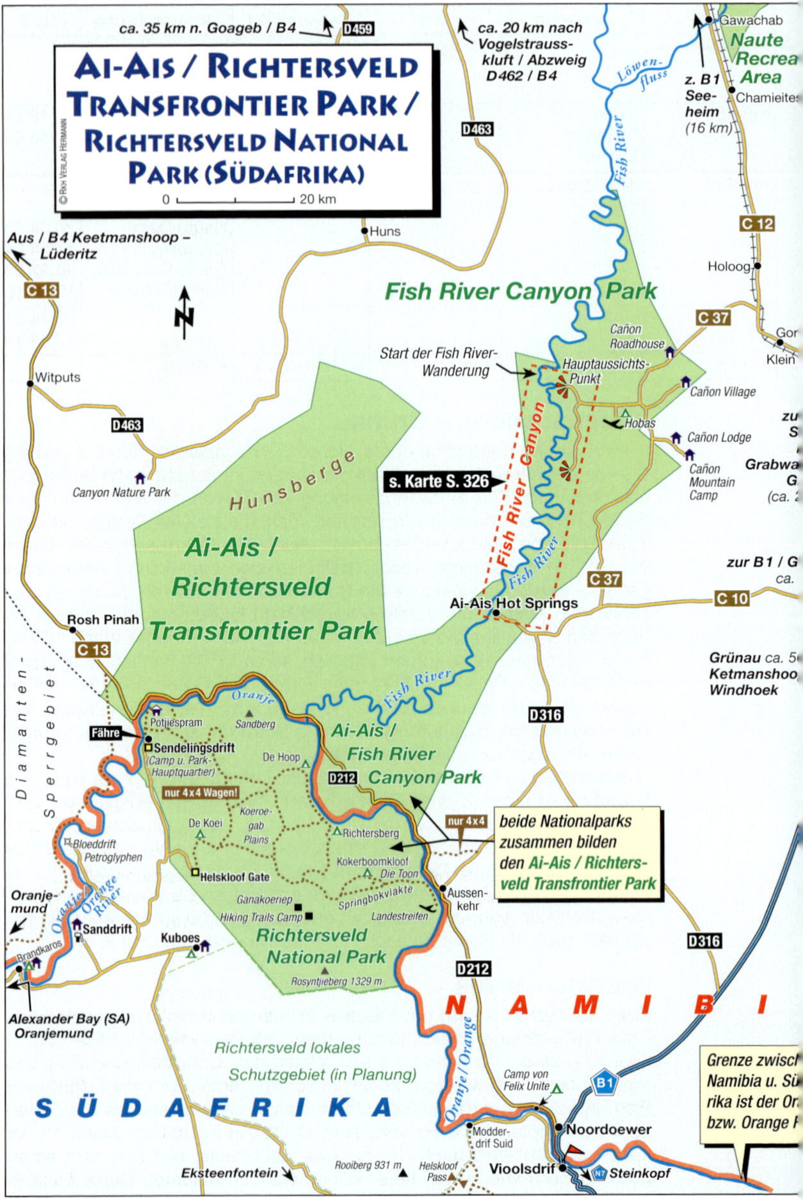
Ai-Ais / Richtersveld Transfrontier Park / Richtersveld National Park (Südafrika)
© Rich Verlag Hermann
0 20 km
ca. 35 km n. Goageb / B4
D459
ca. 20 km nach Vogelstrausskluft / Abzweig D462 / B4
D463
Löwenfluss
Fish River
Gawachab
Naute Recrea Area
z. B1 See-heim (16 km)
Chamieites
C 12
Holoog
Huns
Aus / B4 Keetmanshoop – Lüderitz
C 13
Fish River Canyon Park
C 37
Gor
Klein
Cañon Roadhouse
Start der Fish River-Wanderung
Hauptaussichts-Punkt
Cañon Village
Hobas
Cañon Lodge
Cañon Mountain Camp
Grabwa
(ca.
Witputs
D463
Canyon Nature Park
Hunsberge
s. Karte S. 326
Fish River Canyon
Ai-Ais / Richtersveld Transfrontier Park
zur B1 / G
ca.
C 37
C 10
Ai-Ais Hot Springs
Rosh Pinah
C 13
Grünau ca. 5
Ketmanshoo
Windhoek
Diamanten-Sperrgebiet
Oranje
Sandberg
Potjiespram
Fähre
Sendelingsdrift
(Camp u. Park-Hauptquartier)
De Hoop
Ai-Ais / Fish River Canyon Park
D212
D316
nur 4x4 Wagen!
Koeroegab Plains
De Koei
Richtersberg
nur 4x4
beide Nationalparks zusammen bilden den Ai-Ais / Richtersveld Transfrontier Park
Bloeddrift Petroglyphen
Kokerboomkloof
Die Toon
Helskloof Gate
Springbokvlakte
Aussenkehr
Oranje-mund
Oranje / Orange River
Ganakoeriep Hiking Trails Camp
Landestreifen
Sanddrift
Kuboes
Richtersveld National Park
D316
Brandkaros
Rosyntjieberg 1329 m
D212
Alexander Bay (SA) Oranjemund
N A M I B I
Richtersveld lokales Schutzgebiet (in Planung)
Oranje / Orange
Camp von Felix Unite
B1
Grenze zwisc Namibia u. Sü rika ist der Or bzw. Orange F
S Ü D A F R I K A
Noordoewer
Modderdrif Suid
Rooiberg 931 m
Helskloof Pass
Violsdrif
N7
Steinkopf
Eksteenfontein

nicht sonderlich spektakulär, wer aber die Augen aufhält, kann 5 km hinter der Abzweigung Rosenquarze sammeln (bevor man einen Quarz oder Stein aufhebt, sollte man ihn mit dem Schuh umdrehen und sich vergewissern, dass keine Skorpione darunter ihr Mittagsschläfchen halten). Nach weiteren 7 km ist dann Ai-Ais erreicht.

Ai-Ais

Nach der Fahrt durch die nicht endenwollende Wüstenei erfreut nun das Grün eines Rasens und üppiges Schilf das Auge. Ai-Ais ist kein Ort, sondern wirklich nur ein Rastlager am Fish River, der hier die meiste Zeit des Jahres an der Oberfläche kein Wasser führt. Grund für die Entstehung des Ai-Ais-Lagers war eine ergiebige Thermalquelle. „Ai-Ais“ kommt aus dem Khoikhoi und bedeutet „kochend heiß“.

Entspannen in der Ai-Ais Thermalquelle

Die Thermalquelle entspringt der Tiefe mit einer Temperatur von 60 °C und soll gegen Rheuma helfen. Für die beiden Schwimmbäder wird die Temperatur auf ein erträgliches Maß heruntergebracht. Das Außenschwimmbad ist für den Naturliebhaber, der in der Morgen- oder Abendsonne die blutroten Berge und die darauf herumkletternden Paviane vom warmem Wasser aus genießen will. Das Hallenbad mit seinen Fontänen und Wasserfällen begeistert vornehmlich Kinder, die die nächsten Tage beim Planschen nicht mehr von ihren Eltern gestört werden wollen.

Wer nicht auf dem Zeltplatz nächtigen will, sollte auf alle Fälle versuchen, ein Luxuszimmer zu ergattern. Wer auch immer auf die Idee gekommen ist, den Hotel- und Schwimmbadkomplex auf möglichst gemeine Art zu verbinden, es ist ihm gelungen: Die Fenster der „normalen“ Zimmer führen nicht hinaus auf die Gebirgslandschaft, sondern in das Hallenschwimmbad, was den Zimmern einen hallenden Lärmpegel beschert. Zudem sind die Wände nicht von irgendwelchen Wasserleitungen entkoppelt, so dass es in den Zimmern dauernd scheppert und knallt, wenn die Wasserfontänen zu spritzen beginnen (alle 5 Minuten). Die Luxuszimmer haben einen Balkon zum Fluss und einen Grill, so dass man sich in der Abendstimmung sein Braai zu Gemüte führen und es sich wohl ergehen lassen kann (Fleisch und Holz sind im Laden erhältlich). Wer nicht grillen will, kann im leidlich guten Restaurant essen. Obwohl auch Tagesbesucher zugelassen sind, raten wir zu mindestens zwei Übernachtungen um den Genuss des verschwenderischen Wasserreichtums auch richtig auskosten zu können. Ai-Ais ist auch der Endpunkt der großen Fish-River-Wanderung, die weiter unter beim Fish River Canyon beschrieben wird.

Ai-Ais – Fish River Canyon

Fahren Sie nun wieder zurück hinauf auf die Hochebene und biegen Sie nach 23 km in die C37 ein. Linker Hand sehen Sie den Hochstein (998 m). Nach 16 km geht links eine Piste ab. Sie führt quer durch den Canyon nach Kochas. 19 km dahinter führt eine Piste über 2 km zu einer bizarren Felsformation, und 6 km weiter erreicht man die Piste Seeheim – Fish River. Wir fahren links und kommen nach 2,5 km zum *Hobas Zeltplatz,* wo Eintritt entrichtet werden muss (hat man für diesen Tag bereits in Ai-Ais gezahlt, wird die Eintrittskarte anerkannt). 2010 hat Hobas ein Facelifting erfahren und eine neue Aussichtsplattform erhalten mit spektakulärem Ausblick auf den Canyon. Nach 10 km kommt man an eine Abzweigung. Hier kann links 19 km den Fish River entlang zu einem zweiten Aussichtspunkt gefahren werden (und zu der zweiten Thermal-Schwefelquelle des Canyons, Palm Springs). Der bekanntere Hauptaussichtspunkt ist von der Kreuzung 1 km geradeaus entfernt. Hier empfängt den (schwindelfreien) Besucher jenes atemberaubende Panorama, das auf so vielen Fotos zu sehen ist und das der Lichtverhältnisse wegen am besten am späten Vormittag auf einen Film gebannt wird.

Auf dem Weg von Ai-Ais nach Hobas passiert man den Gondwana Cañon Park und die **Cañon Lodge,** zu Recht ein beliebtes Übernachtungsziel. Zwischen malerischen Granitblöcken stehen Bungalows aus Stein und Holz. Bei Sonnenauf- und -untergang erglühen die Steine im sanftem Licht und die Aussicht auf die wilde Landschaft beim Fischfluss ist unvergleichlich. Von hier aus geht es auf wenigen Kilometern zu den weiteren Camps: **Cañon Mountain Camp** (für Gruppenreisende) und **Cañon Village** (für Individualreisende mit knapperem Budget und zur Selbstversorgung). Nur wenige Kilometer entfernt steht das **Cañon Roadhouse,** einige Meter abseits der Pad (auch Zeltplatz, gutes Restaurant, Wandermöglichkeiten, Tankstelle). Gondwana hat sich die Selbstversorgung zum Prinzip gemacht, und so wird Gemüse nach ökologischen Richtlinien selbst gezogen, werden Hühner, Schweine und Rinder gezüchtet.

Canyon Lodge

Fish River Canyon

Entstehungsgeschichte

Durch Absenkung entstand das breite Tal, in das man von der Hochebene hineinblickt. Den schmaleren Canyon am Grund des Tales hat sich der Fish River dann selbst geschaffen, indem er sich über die Zeiten immer tiefer eingeschnitten hat. „Mäandern“ ist bei den gigantischen Ausmaßen des Canyons vielleicht das falsche Wort, aber seine Biegungen und Windungen verlieren sich ohne Ende in der Ferne, so dass ein spielerischer Eindruck entsteht. Einer Sage nach soll ein Drache auf der Flucht vor Jägern in die Wüste geflüchtet sein und auf seinem Weg diese Kriechspur hinerlassen haben.

Nach dem Grand Canyon in den USA ist der Fish River Canyon der zweitgrößte der Welt und steht ersterem in nichts nach, wenn die Dimensionen auch nicht ganz so gewaltig sind. Er ist 161 km lang und seine Tiefe, bezogen auf die Hochebene, variiert zwischen 450 und 550 m. Bis auf den Grund der erdgeschichtlichen Entwicklung kann man in ihn hineinblicken.

Geologie

Die steilen Uferböschungen aus dunklem Gestein entstanden in der Erdfrühzeit, dem älteren Präkambrium. Vor etwa 2 Milliarden Jahren waren diese Schichten noch Sandstein, Lava und Tonschiefer. Durch Faltungen, Druck und Hitze verwandelten sie sich in metamorphes Gestein: Tonschiefer in Schiefer, Sandstein in Quarzit. Diese Entwicklung fand bis etwa einer Milliarde Jahren vor unserer Zeitrechnung statt. Dunkle Linien durchziehen das Gestein: es ist Magma, das vielleicht 100 Mio. Jahre später, während des Präkambriums, an Bruchstellen eindrang, nie die Erdoberfläche erreichte und hier erstarrte. Man nennt diese sehr grobkörnige Einschlüsse „Doleriten“.

Nach weiteren 250 Mio. Jahren folgte eine Phase der Erosion; ein flacher See bedeckte den ganzen Süden Namibias. An seinem Grund lagerten sich Sedimente ab. Die flache Schicht besteht aus einem Konglomerat kleiner Kiesel. Darüber türmen sich schwarz und 150 m hoch Sandstein, Kalkstein und Kies. Es folgen einige Meter Schieferton

Blick in den Fish River Canyon

ROUTE 3

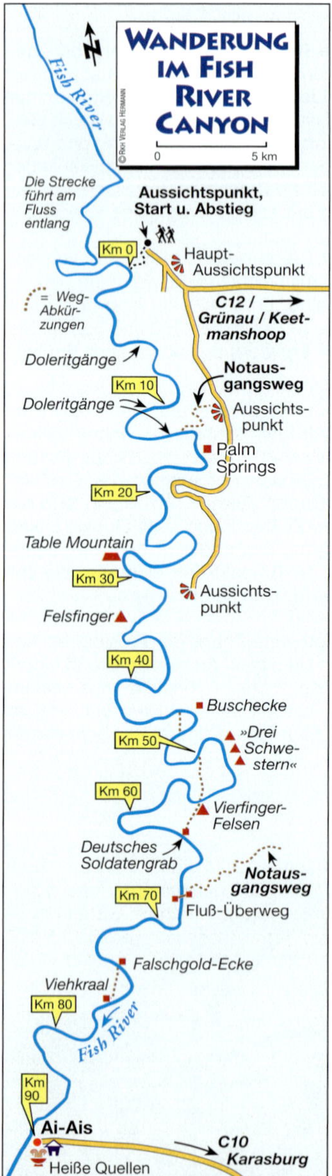

und Sandstein. Vor 500 Mio. Jahren erfolgte dann eine Absenkung, die Erdkruste brach ein und ein nord-südlich verlaufendes Tal entstand. Während einer Eiszeit, 200 Mio. Jahre später, wanderten Gletscher nach Süden, das Tal wurde breiter und tiefer und erneut fand eine Absenkung statt. Die Brüche in der Erdkruste gingen so tief, dass das in den Verwerfungen befindliche Wasser nach oben dringen konnte und bis heute seinen Weg nach draußen findet – es sind die heißen Quellen von Ai-Ais und Palm Springs. Der Einschnitt durch den Fish River selbst fand erst in der Erdneuzeit, etwa vor 50 Mio. Jahren, statt.

Wanderung: Tagestouren im Canyon, ja schon der Teilabstieg, **sind verboten,** da es immer wieder zu Unfällen mit Todesfolge kam! Wer die viertägige und 85 km lange Wanderung durch den Canyon machen will, muss also eine gute Kondition besitzen. Auch wenn der Weg nur im Winter begangen werden darf (15. April bis 15. September), sind die Temperaturschwankungen doch eindrucksvoll und die Tageshöchsttemperaturen können durchaus 35 °C erreichen, während es des nachts empfindlich kalt wird. Es gibt keine Hütten oder Lagerplätze, auch Toiletten sind nicht verfügbar. Die Wanderung muss vorher beim zentralen Reservierungsbüro angemeldet werden, da pro Tag nur maximal 40 Personen die Tour beginnen dürfen.

Hinweis: Tiere, besonders Paviane nicht füttern, sie werden zunehmend aggressiv!

Eine Wandergruppe muss wegen eines möglichen Unfalls oder Verletzungen aus mindesten drei Leuten bestehen. Beim Büro des Rastlagers Hobas ist eine ärztliche Unbedenklichkeitsbescheinigung vorzulegen (die nicht älter als 40 Tage sein darf) und ein Formular zu unterschreiben, mit dem der Staat von jeder Schadensersatzforderung freigestellt wird. Für die An- und Abfahrt zum Ausgangspunkt müssen die Gruppen selbst sorgen. Die Rucksäcke müssen mit Zelt, Schlafsack, Matte, Proviant, Wasserentkeimungsmittel und Kocher gepackt werden.

Wanderstrecke: Der steile, 500 m lange Abstieg am nördlichen Aussichtspunkt über Geröll und Felsen erfordert vom Wanderer schon einige Künste an Trittsicherheit. Es geht dann durch den ermüdenden Flusssand den Flusslauf entlang nach Süden. Am Nachmittag erreicht man den Notausgangsweg (die erste der zwei Möglichkeiten, die Tour abzubrechen), und kurz darauf die palmengesäumte Schwefelquelle von Palm Springs. Die Palmen sollen übrigens „Abfallprodukte“ der Marschverpflegung von Schutztrupplern sein! Dass Dattelpalmen in diesem ariden Klima ideale Standortbedingungen vorfinden, erkennt jeder, der den Baum aus seiner nordafrikanischen Heimat kennt: Ihre Wurzeln baden im (oberflächennahen) Wasser, die Krone in den heißen Strahlen der Sonne, so, wie es eine arabische Bauernregel besagt. Es ist nun Zeit, sich einen Schlafplatz zu suchen. Wegen der Quelle und der Möglichkeit, sich ein Bad zu gönnen, ist Palm Springs ein beliebter Übernachtungsfleck.

Die nächste Etappe ist anfangs recht leicht zu begehen, wird aber dann in Höhe des südlichsten Aussichtspunktes des Plateaus durch Geröll wieder recht schwierig. Neugierig beäugen Paviane und Klippspringer die müden Wanderer auf ihrem Marsch durch ihr Habitat, und wer etwas Glück hat, kann im grauen Gestein vielleicht auch das schwarzweiße Streifenfell des Hartmannschen Bergzebras ausmachen. Leoparden, die in der Schlucht ebenfalls leben und jagen, bekommt man wohl kaum zu Gesicht, und angesichts der Gefährlichkeit der eleganten Räuber ist dies vielleicht auch besser so …

Bald steht die markante Form des „Tafelbergs“ als nächste Wegmarke in der Schlucht. Man hat nun etwa 30 km hinter sich gebracht. Nach 50 km, wenn links der markante Punkt „Drei Schwestern“ auftaucht, kann man zwei Flussschleifen abkürzen, sieht den Vierfingerfelsen vor sich und kommt zum Grab des Leutnants Thilo von Trotha, der 1905 in einem Gefecht mit den Nama fiel. Vorher wird man allerdings noch sein Nachtlager aufschlagen. Der Canyon weitet sich nun und der Weg ist wieder leichter zu beschreiten. Etwa 6 km hinter dem Grab kommt noch einmal ein Notausgangsweg nach oben. Nach einer weiteren Übernachtung erreicht man schließlich erschöpft und glücklich Ai-Ais und kann sich in die Schwimmbäder werfen.

Ai-Ais – Seeheim

Abstecher in den Süden

Wer von Ai-Ais zunächst noch weiter in den Süden fahren will, kann dies im großen Bogen über die C10 und die B1 machen, oder über die D316 und nochmals alternativ für 4x4-Fahrzeuge eine (gute) Stichpiste hinunter zum Oranje bei Aussenkehr und von dort weiter (D212) nach Noordoewer nehmen. Der Abzweig der 4x4-Piste von der D316 liegt etwa 25 km hinter dem Abdreh von der C10 bei GPS-Punkt 28 09 44/17 35 40 an einem Hinweisschild „Norotshama“. Es geht auf die Hunsberge zu und an einem Zaun entlang (28 09 04/17 32 08, Km 8) und durch ein Gatter (28 12 39/17 26 17, Km 30). Schließlich gelangt man an den Oranje (28 19 50/17 23 36, Km 45). Ein Abstecher 2 km vor dem Oranje (28 18 07/17 23 45) führt in eine spektakuläre Schlucht.

Von Ai-Ais direkt nach Seeheim

Um von Ai-Ais direkt nach Seeheim an der B 4 zu gelangen, fahren Sie nun östlich 23 km zurück und nehmen Sie weiter die C37, bis Sie die Piste C12 erreichen. Wir fahren nach Norden und kommen 8 km weiter nach **Hologg,** einem zerstörten Bahnhof (und Anschlusspunkt der Route 3a). Kurz hinter dem Rivier des Gaap sieht man rechter Hand eine Steinstruktur – ein Ziegelbrennofen aus der deutschen Kolonialzeit. 40 km hinter dieser Abzweigung queren Sie wieder den Löwenfluss, dann stoßen Sie nach weiteren 25 Kilometern auf die B4 und **Seeheim** (1 km). Der Ort besteht aus dem Bahnhof, einigen verfallenen Gebäuden und dem Seeheim-Hotel. Hier haben Sie Anschluss an die Route 2.

Naute Damm

Ist der Löwenfluss abgekommen, mag die Durchfahrt auch mit dem 4x4 kompliziert sein; eine Alternative ist deshalb schon lange die „Parallel-Strecke" auf der D545 am und über den Naute Damm (auch ein schöner Picknick-Platz mit Campingmöglichkeit). Wahrscheinlich wird diese Strecke in absehbarer Zeit zur Hauptstrecke erklärt und die alte Piste nicht mehr gepflegt.

Eindrucksvoll ist die Fahrt über die fast 40 m hohe und über 450 m lange Staumauer des Naute-Dammes. Der drittgrößte Damm Namibias staut den Löwenfluss (der später in den Fischfluss mündet), fasst 84 Millionen Kubikmeter und versorgt Keetmanshoop. In guten Regenjahren wird Wasser abgelassen und schießt in dicken Fontänen aus der Mauer.

Noch vor dem Damm (etwa 2 km, bei dem landwirtschaftlichen Betrieb) führt eine Stichpiste auf 5 km zum Ufer des Stausees, wo sich das Naute Dam Recreation Park Camping befindet (keinerlei Infrastruktur). Am Wochenende tummeln sich hier die Angler und Wassersportler.

Am Naute Damm

Route 3a: Kanus am Oranje

Holoog – Grünau – Karasburg – Noordoewer – Grünau

Km	Abzweig	Ort	Sehenswert	Übernachtung	GPS
Km 0 C12 Piste nach S		Holoog			27 28 31 17 57 10
Km 51 B3 Teer		Grünau, T+V		Grünau Ht.	27 43 41 18 22 30
Km 102 Str. 22 Piste nach W	Km 0 C11 Piste Km 82 Farmstr. Km 84	Karasburg, T+V		Kalkfontein Ht. Jeanies, Hoon's Oas Rl.	28 01 06 18 45 01
	Warmbad Km 0 Str. 21 Piste Km 48	Warmbad	Cook Denkmal, historische Bauten	Warmbad Community Lodge + Camp	28 26 34 18 44 28
Km 194 B1 Teer n. S					28 2 08 17 58 21
Km 249 B1 Teer nach N		Noordoewer, T+V		Orange River Lodge, NoordoewerB&B	
	Felix Unite Km 0 C13 Piste Km 10		Felix Unite River Adv.	Felix Unite Zeltplatz	28 41 09 17 33 30
Km 286	Ai-Ais (85 km)		s. Route 3	s. Route 3	28 30 02 17 52 23
Km 358		Einmündung der C10 von Ai-Ais			27 56 28 18 10 39
Km 388		Grünau, T+V		Grünau Ht. Grünau Motors Rl.	27 43 41 18 22 30

In Holoog haben Sie Anschluss an die Route 3. Fahren Sie auf der Piste C12 nach Süden. Nach 51 km erreichen Sie Grünau (s. Route 3).

Auf der Asphaltstraße B3 kommen Sie nach weiteren 51 km nach Karasburg.

Karasburg

Karasburg ist lediglich als Versorgungsstation interessant, obwohl es die drittgrößte Ansiedlung im Süden Namibias ist.

Tanken, Übernachten und eine Ausflugsmöglichkeit auf der Piste 21 durch Steppenlandschaft nach dem 48 km entfernten Warmbad, mehr dürfen Sie nicht erwarten.

Karasburg ist hauptsächlich Zwischenstation des Schwerlastverkehrs von und nach Südafrika.

Warmbad

Warmbad wurde 1805 von der Londoner Missionsgesellschaft und ihrem Abgesandten Edward Cook als Niederlassung an der Thermalquelle errichtet. Die Schutztruppe baute später ein Fort, das über lange Jahre immer weiter verfiel, dessen Pforte aber in neuerer Zeit restauriert wurde und nun den Eingang zur Polizeistation bildet. Auf der anderen Seite des Dorfes steht bei der Kirche der Cook-Gedenkstein, Erinnerung an einen Missionar. Der Staat versucht der völligen Auflösung des Ortes entgegenzuwirken, noch starren einen leere Fensterhöhlen an, es finden sich Brandruinen und Autowracks ; wer Morbides delektiert, fühlt sich wohl.

Doch leise regt sich einiges, die Bondelswarts haben mit NACOBTA-Unterstützung ein **Museum** (Old Prison Building, Tel. 063-269103, Mo–Fr 9–17 Uhr, Sa 9–13 Uhr, Eintritt 10 N$) ins Leben gerufen. Führungen zu den historischen Gebäuden werden nach Voranmeldung unternommen (25 N$ pro Person), Kunsthandwerk verkauft und man kann ein warmes Bad in den Thermalquellen nehmen. Übernachtet und gegessen wird in der Warmbad Community Lodge.

Zum Oranje

Verlassen Sie Karasburg nach Südwesten auf der Straße 22. Diese mündet nach 92 km in die B1. Man fährt durch Orangenplantagen und kommt nach 55 km in Noordoewer und beim Oranje an. Der Fluss liegt nur etwa 200 m ü.N.N. Entsprechend heiß ist es im Sommer (bis über 40 °C). Auf der D212 fahren Sie nun 9 km zum Camp der Felix Unite River Adventures. Nach der Hitze des Tages wird Ihnen ein Bad im Oranje guttun. Das Camp steht nicht nur für Teilnehmer an den Flussfahrten offen, denen wird aber mit Wein und Bier ein leckeres Abendmahl bereitet, um die Kräfte für die folgenden vier Tage auf dem Wasser zu mobilisieren.

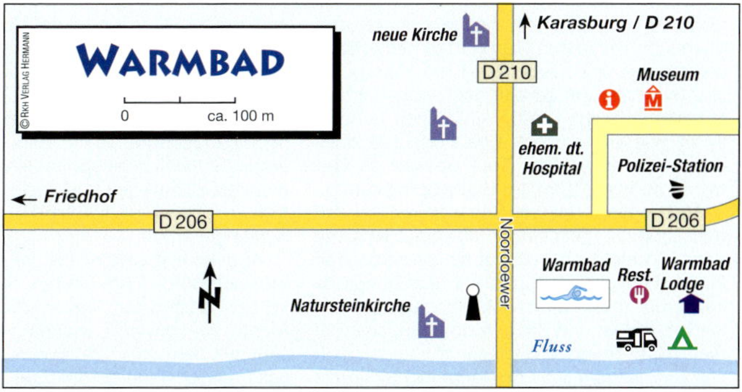

Anstelle einer trockenen Beschreibung hier der enthusiastische Erlebnisbericht einer Familie mit zwei Kindern, Max (14) und Karin (12).

Flussfahrt auf dem Oranje

Boot 1 (Joachim und Karin): Vom Anfang, der Ankunft im Felix Unite Camp, bis zum Ende, der Abfahrt mit dem Abschied wie von guten Freunden, war's eine tolle Sache. Und eine spannende dazu! Die ersten Paddelschläge im vollbeladenen Boot zeigten, dass es möglich war, dieses Dickschiff allein zu bewegen. Mit Karins Fluss-Umrührkunst kein Problem! Die ersten Meter auf dem Oranje zeigten auch, dass Ditta und Max sofort den ersten Felsen gefunden und mit ziemlichen Gezeter wieder losgelassen hatten. Kurz danach der erste kleine Schwall. Bauchkribbeln! Krachen, als das Boot über die Steine schrammt, dass man hätte meinen können, der Kahn bricht unten durch.

Danach die Stille. Ein erster Fischadler kreist an den Steilwänden. Eine Zeitlang noch hört man auf irgendeiner entfernten Straße ein paar Autos fahren, danach nur wieder das Glucksen des Wassers.

Das erste Mittagessen gestalten unsere Flussführer Phil und Craig besonders geheimnisvoll. Jedes Hilfsangebot lehnen sie ab, gebeugt über die aufgebauten Tische schnippeln und werken sie vor sich hin und tuscheln leise miteinander. Von Karin, die gebannt zuschaut, lassen sich die beiden nicht stören. Das Ergebnis ist gewaltig! Riesige, schön garnierte Schüsseln mit Salaten, Tellerchen mit Keksen, Nüssen und vielem mehr. Auf ein Zeichen eilen alle zu ihren Booten, um Teller und Besteck zu holen. Welch ein Genuss für unsere leeren Mägen!

Das Dinner am Abend wird in ähnlicher Weise gestaltet. Aber diesmal Braai am Fluss! Wir haben unser Zelt auf einer ebenen Grasfläche aufgebaut und verbringen nach der Schlemmerei eine ruhige Nacht.

Das Klo, das ist eine besondere Geschichte. Wenn man muss, dann muss man einen steilen Schwemmsandhang hinaufstapfen. Dort, mit Blick auf den Sternenhimmel (das Kreuz des Südens inklusive) und die steilen Felshänge macht das Müssen-Müssen fast Spaß, wenn man mal davon absieht, dass man nur in einen Eimer, der mit einer Klobrille verziert ist, …

Der nächste Tag auf dem Fluss beginnt mit Stromschnellen, die Phil und Craig „beginners examination" nennen. Mit Kribbeln in der Bauchgegend geht's aber problemlos. Ruhige und schnelle Stellen auf dem Fluss wechseln sich ab. Langsam beginnt Routine aufzukommen: Phil, der meist vorauspaddelt, zieht die Schwimmweste an, die anderen tun's ihm nach, schon spritzt das Wasser, danach Schwimmweste wieder weg, und wir müssen die Arbeit, d.h. das Paddeln fürs Vorwärtskommen, wieder selbst tun.

Irgendwie fühle ich mich so losgelöst, so zeitlos und unwichtig, in dieser menschenleeren Landschaft.

Karin ist wirklich ein guter Paddelpartner, fleißig paddelt sie mit, allerdings meist auf der linken Seite, so dass ich rechts etwas durchziehen muss. Die Anstrengungen machen sich am späten Nachmittag bemerkbar, als bei reichlich Gegenwind ein Krampf im rechten Unterarm gerade noch weggeschüttelt werden kann. Dafür winkt auch Lohn in Form von „re-supply". Das bedeutet, dass die im Camp vor der Tour georderten Getränke an vorbestimmter Stelle bereitstehen.

Nach einer letzten Schwallstrecke wird das Lager aufgeschlagen. Diesmal ist's mit dem Klo nicht so angenehm; ich finde den Eimer nämlich bei Dunkelheit und Dringlichkeitsstufe 1 einfach nicht. So muss ich ein Loch buddeln und danach das benutzte Papier ver-brennen. Bei dieser trockenen Luft vergammelt nämlich überhaupt nichts, und in der Gegend rumfliegendes Papier muss ja nun wirklich nicht sein.

Beim Abendessen rund ums Lagerfeuer geben Phil und Craig dann einige Einzelheiten zu den Abenteuern des kommenden Tages preis. Das führt bei einigen von uns sofort zu einem nicht essensbedingten Kloß im Magen. Denn die berüchtigten Sjambock-Schnellen sind für morgen angesagt. Grauenhafte Geschichten werden von unseren Guides erzählt: Da kentert so ziemlich jeder, oder das Boot läuft so voll Wasser, dass es auf keinen Steuerschlag mehr reagiert; wenn dann eine riesige Walze voll erwischt wird, endet man unzweifelhaft an einer Felswand gleich unterhalb, das Boot wird zerschmettert und man findet sich in 40 m Wassertiefe bei den schon vorhandenen Bootsresten, Cola-Dosen, Filmkameras und anderen Ausrüstungsteilen von früheren Sjambock-(Nicht)Bezwingern. So tief soll das Loch sein, das der Fluss unterhalb der Schwälle aus dem Fels gefressen hat.

Die Realität war dann die: laut Phil soll man die erste stehende Walze voll nehmen, um dann weit genug rechts zu bleiben (aber bitteschön nicht zu weit rechts), damit man an der nächsten Riesenwelle gaaaanz knapp vorbeikommt. In diesem Idealfall schrammt man an der besagten Felswand gaaaanz knapp vorbei!

Ditta und ich glaubten davon kein Wort, nach unseren Erfahrungen müsste es möglich sein, die erste Walze zu vermeiden, um dann wenigstens mit relativ wenig Wasser im Boot die Riesenwelle anzusteuern.

Und so machen wir es dann auch. Bei Karin betreibe ich schon seit dem Aufstehen psychologische Kriegsführung, um sie auf die Wellen und das nasse und kalte und spritzende Wasser vorzubereiten. Karin muss sich auf den Boden des Bootes setzen, ihr Paddel wird verstaut, unsere Sonnenhüte ebenfalls, und los geht's.

Zuvor schießt es mir allerdings ziemlich heiß ins Gedärm, als ich Ditta und Max den ersten Schwall zwar vermeiden, sie aber (von meinem Blickwinkel aus) fast rückwärts weiterfahren sehe. Hoffentlich haben sie's noch richtig gepackt!

Aber es hilft alles nichts, wir sind dran und müssen durch. Am ersten Schwall knapp vorbei, reinhacken wie verrückt, um nach rechts zu kommen, merken, dass man zu weit aus dem Strom rausgedrückt wird, nach links gegensteuern, die Luft anhalten, als sich plötzlich weit unter uns eine Grube im Wasser auftut. Das Boot schießt mit dem Bug aus dem Wasser, schlägt am Gegenrand der Wassergrube wieder auf, ein paar verzweifelte Paddelschläge von der Felswand weg – und ohne Berührung gleiten wir daran vorbei. Jubelschreie, unsere eigenen und die der anderen, die uns beobachten, und dann Pause im Kehrwasser.

Was für ein Gefühl!

Der Rest der Tour vergeht fast im Flug, nur das letzte Stück bis zum Abholpunkt ist noch lange und harte Arbeit bei einem Fetzen Gegenwind.

Die Rückfahrt zum Camp? Nur eine knappe Stunde. Und dafür, allerdings für fast 70 Flusskilometer, waren wir vier Tage unterwegs.

Boot 2 (Ditta und Max): Am Morgen machen Max und ich uns mit dem Doppelpaddel vertraut, für die nächsten vier Tage werden wir in einem Boot sitzen. Wir haben Schmetterlinge im Bauch und fühlen uns der Herausforderung nicht so ganz gewachsen, aber wir geben unser Bestes, d.h., wir laufen auch prompt auf den einzigen Stein im Fluss weit und breit auf. Der erste Streit ist vorprogrammiert. So geht es den ganzen Tag: Ich mache Max, der vorne sitzt, verantwortlich, weil er mir nicht sagt, wo ich hinlenken soll, und er macht mir den Vorwurf, dass ich nicht richtig lenke. Wir haben beide recht, sind stocksauer und beide fix und fertig. Gegen Abend kriegen wir den Bogen raus, sind aber so erschöpft, dass wir es gar nicht mehr realisieren. Ich würde am liebsten heulen und Max giftet vor sich hin.

Erst nach einem guten Essen am Lagerfeuer kommt wieder Urlaubsstimmung auf, und Max macht seiner frustrierten Mutter Mut: „Morgen geht es bestimmt schon besser." Und er hat recht. Den ersten Schwall nehmen wir zwar nicht mit Bravour, aber doch ohne allzugroße Schwierigkeiten. Dieser Tag ist gerettet, Max badet im Fluss, und bei jedem Halt muss er sofort tiefe Löcher in den Sand graben, oder er sammelt Holz fürs Lagerfeuer.

Dass Joachim und Karin ein gutes Bild abgeben, müsste gar nicht erwähnt werden. Joachim paddelt mit Können und Karin besticht durch ihren Charme.

Am dritten Tag sind Max und ich ein richtig gutes Team. Max kann als Vordermann den „Fluss lesen" und weiß, wann er mir Informationen zukommen lassen oder wann er selbst aktiv werden muss. So ist es für mich keine Frage, dass wir den Sjambock, den schwierigsten und gefährlichsten Schwall am Oranje, wie alle anderen auch paddeln. „Sjambock" heißt so viel wie „Bullenpeitsche", was die Situation im Fluss sehr gut beschreibt.

Als drittes Boot warten wir auf das Signal zum Losfahren, ich habe ganz schönes Bauchgrimmen, auch wenn ich es nicht zugebe, und Max hat plötzlich gar keine Lust auf Paddeln, er würde am liebsten aussteigen. Das erste Boot läuft ziemlich voll Wasser, das zweite Boot mit Thomas und dem Waliser kentert! Aber wir erwischen mit etwas Glück und vielleicht auch etwas Können die ideale Linie und überwinden die Bullenpeitsche, sogar ohne nass zu werden! Der vorher doch sehr ruhige Max platzt vor Stolz – und ich auch. Joachim und Karin kommen jubelnd durch den Schwall, es schaut toll aus.

Sjambock ist sicher der paddlerische Höhepunkt, was danach kommt, ist nur noch Spielerei: wir genießen es, auf dem Fluss zu sein. Am Abend macht Penny uns ein großes Kompliment: „You looked so cool when you passed Sjambock".

Am vierten und letzten Tag schlägt das Wetter um, es wird kalt und wir haben Gegenwind. Eine echte Plackerei beginnt, und jeder von unserer Gruppe ist froh, als er im Bus sitzt, der uns zum Basiscamp zurückbringt. Nach einem schnellen Lunch brechen alle auf, nur wir bleiben über Nacht und träumen von einer Landschaft, die uns sicher für immer in Erinnerung bleiben wird:

– Ein Fluss, der durch eine gebirgige Steinwüste fließt, wo man erst bei genauem Hinschauen erkennt, was alles blüht und wie bunt alles blüht.

– Ein Fluss, der riesige Waller beherbergt.

– Ein Fluss, der jahraus-jahrein seinen eigenen Weg suchen muss.

– Ein Fluss, an dem tagelang keine menschliche Behausung zu sehen ist.

– Ein Fluss, über dem der Fischadler kreist und seinen heiseren Schrei ausstößt.

Max: Manchmal haben wir von den Booten aus auch Tiere beobachtet. Das fand ich immer lustig, da der Joachim die Tiere immer fotografieren wollte. Doch sobald die Tiere, meistens waren es ja Vögel, den Fotoapparat sahen, erschraken sie und flogen davon. Wahrscheinlich haben sie Angst, dass die Fotos vermarktet werden, ohne dass sie bezahlt werden. Leider haben wir immer im Zelt geschlafen. Ich hätte lieber unter den Sternen geschlafen, da es so romantisch war. Die anderen Gruppenmitglieder haben auch immer unter den Sternen geschlafen. Die einzige schlechte Sache war, dass ich und die Ditta in den ersten Tagen im Wildwasser Kommunikationsschwierigkeiten hatten.

Ditta und Joachim, Karin und Max Schmolin

Nasses Vergnügen: Flussfahrt auf dem Oranje

Rückfahrt nach Norden

Fahren Sie nun zurück. 37 km hinter Noordoewer haben Sie die Möglichkeit, auf die D316 links nach Ai-Ais abzubiegen. Bleiben Sie auf der B1, nach 102 km wird **Grünau** erreicht (dort Anschluss an Route 3).

Route 3b: Verbindung nach Südafrika

Karasburg – Ariamsvlei – Nakop

Km	Abzweig	Ort	Sehenswert	Übernachtung	GPS
Km 0, B3 Teer n. O		Karasburg, T+V		Kalkfontein Ht. Jeanies, Hoon's	28 01 06 18 45 01
Km 25				Kleinbegin G.L.	
Km 112		Ariamsvlei, T Namibischer Grenzposten			28 07 03 19 50 57
Km 128		Grenzlinie			28 05 43 19 59 47
Km 143		Südafrikanischer Grenzposten			

Karasburg (s. Route 3a)

Hier haben Sie Anschluss an die Route 3a. Eine ereignislose Fahrt über 112 km an der Bahnlinie entlang, zu Beginn noch mit Köcherbäumen unterbrochen, bringt Sie über braune Ebenen nach Ariamsvlei, eine kleine Ortschaft an einem Verschiebebahnhof. Hier, 16 km vor dem tatsächlichen Grenzverlauf, findet die Ausreise aus Namibia statt. Bis zur Station der südafrikanischen Grenze sind es 31 km, schattige Durchfahrtshallen, die mitten in der Landschaft stehen, versuchen die Hitze fernzuhalten.

Route 3c

Am Oranje entlang nach Rosh Pinah

Km	Abzweig	Ort	Sehenswert	Übernachtung	GPS
Km 0 C13 Teer		Noordoewer		Orange River Lodge, Noordoewer B&B	28 44 08 17 36 58
Km 5 Piste					
Km 10				Felix Unite Restcamp	28 41 09 17 33 30
Km 12				Abiqua River Camp (4 km)	28 40 58 17 32 45
Km 50				Norotshama Resort (2 km)	28 23 34 17 25 56
Km 60			Stromschnellen		28 19 02 17 22 33
Km 76 Nach N					28 13 31 17 17 48
Km 92		Bo-Plaas			28 08 23 28 08 23

Km	Abzweig	Ort	Sehenswert	Übernachtung	GPS
Km 97		Fish River Bridge			28 05 40 17 10 25
Km 113			Boomsriver		28 02 01 17 04 22
Km 138		Sendeligsdrif			28 05 47 16 52 50
Km 145				Brukarosh Bush Lodge	
Km 160 Teer		Rosh Pinah, T+V		Amica Guest-house	27 57 42 16 45 42
Km 208		Einmündung der D463			27 35 10 16 42 21
Km 238		Einmündung der D727			27 23 01 16 38 11
Km 329		Aus, T+V		Bahnhof Ht. Namib Garage	26 39 44 16 15 47

Bis auf die ersten 5 km besteht die gesamte Strecke aus harter Piste. Am Oranje sind einige kleine, querende Riviere, die nach der Regenzeit tief ausgewaschen sein können, deshalb sollte man am Ufer entlang besonders vorsichtig fahren. Nur nach schwerem Regen kann es passieren, dass die Rampen der Brücke über den Fish River weggespült sind und die Strecke unterbrochen ist. Der Weg am Oranje entlang ist mit eine der schönsten Strecken in Namibia.

Es geht von **Noordoewer** aus (Anschluss an die Strecke 3) vorbei an Camps der Reiseunternehmen, die auf dem Oranje Kanufahrten unternehmen (s. Route 3a). Der Weg folgt dem Flusslauf, entfernt sich aber immer wieder, um bald darauf zurückzukehren. Die Gegend ist relativ fruchtbar am Fluss, ins Gebirge hinein, wird sie aber schnurstracks karg. Einige Bewässerungsprojekte erlauben Weinanbau. Nach 60 km bekommt man eine Idee, was Kanufahren auf dem Fluss bedeutet. Man passiert Stromschnellen. Nun beginnt die Strecke, die immer wieder von Rivieren gekreuzt wird, die tief ausgewaschen sein können und dann einem Pkw kein Durchkommen erlauben.

38 km weiter kündigt sich die Farm Bo-Plaas mit großen Schildern an. 7 km weiter überquert man den Fish River auf einer Brücke. Nach 39 km kommt eine kleine Ortschaft – **Sendelingsdrif** – mit Pumpstation und adretten Häuschen. Hier verkehrt die Fähre hinüber nach Südafrika in den *Richtersveld Park* (Überfahrt für ein Fahrzeug mit max. 6 Personen 150 N$, Eintritt in Richtersveld 40 N$/Person). Für die, die dort nicht hin wollen, geht es nun auf breiter Piste gerade nach Norden und unmerklich aber stetig von 150 m NN eine schräge Ebene hinauf, bis man schließlich nach weiteren 22 km die Bergarbeiterstadt **Rosh Pinah** erreicht, Boomtown des Südens, da man eine riesige neue Zinkmine eröffnet hat und entsprechend viele Arbeiter und Angestellte zugange sind.

Die C13 führt nun weiter nach Norden und immer weiter hoch, vor Augen hat man die Bergketten, die Aus vorgelagert sind. Nachdem man eine Höhe von 1150 m NN erklommen hat geht es wieder langsam bergab. 2 km vor **Aus** stößt man auf die Straße 89 und kommt dann in den Ort hinein. In Aus haben Sie Anschluss an die Strecken 4 und 4a.

Route 4: Erste deutsche Schritte

Goageb – Aus – Lüderitz

Km	Abzweig	Ort	Sehenswert	Übernachtung	GPS
Km 0 B4 Teer n. W		Goageb, T		Konkiep Ht.	26 45 07 17 13 24
Km 65				Kuibis Castle Zpl.	
Km 70		Schakals- kuppe			26 38 07 16 34 32
Km 101		Kreuzung C13/B4			26 39 39 16 18 16
Km 105	Lager Aus Km 0, an der Tankstelle vorbei nach SO Km 3 Km 3,8 Stichstr. Km 4	Aus, T+V Kreuzg. C13, geradeaus	 Lager Aus	Bahnhof Ht. Namib Garage	26 39 44 16 15 47 26 40 29 16 17 15
Km 108				Klein-Aus Vista/ Gondwana Rl.	
Km 218		Kolmanskop			26 41 42 15 14 15
Km 227		Lüderitz, T+V	Stadtbild, Halbinsel, Museum, Achatstrand, Diamanten-sperrgebiet	s. unter Lüderitz	26 39 23 15 09 36

Goageb – Aus

In Goageb (Tankstelle) haben Sie Anschluss an die Route 2. Verlassen Sie den „Ort" nach Westen auf der B4 (Asphalt). Nach 18 km kommt ein Abzweig nach Bethanie (C14), 15 km weiter öffnet sich links und rechts das Rivier des Swartkop. Bald darauf führt die Straße etwa 100 m in ein Tal, das den Blick auf eine große Salzpfanne freigibt, an der man 10 km entlang fährt. Bei Km 70 ab Goageb erscheint links der Straße die Eisenbahnstation Schakalskuppe. 10 km dahinter windet sich das Tal nach Nordwesten, voraus ist der Gipfel des Großen Löwenberges zu sehen. 21 km weiter geht die Piste nach Helmeringhausen ab (C13, Anschluss der Route 4a), und nach 1 km liegt auf der linken Seite Aus.

Aus

Beim **Informationszentrum,** täglich 9–18 Uhr, Tel. 063-258151/021, ausinfo@namibhorses.com (Restaurant mit leichten Mahlzeiten, Kiosk, Internet und Curio-Shop, Internet 1,50 N$ die Minute!!!) an der Hauptstraße fahren Sie nach Aus hinein. Das schön renovierte Bahnhofshotel bietet gutes Essen und Unterkunft. Ein Stückchen weiter oben kann bei der Namib Garage getankt und übernachtet werden (es gibt Chalets und einen Zeltplatz). Obwohl Aus ein wichtiger Haltepunkt an der Bahnlinie Lüderitz – Keetmanshoop war, hatte es lange nicht den Charme wie die anderen Städtchen des Südens. Heute putzt sich der Ort jedoch nach und nach heraus, die Häuser werden saniert und erstrahlen in neuem Glanz. Das Örtchen verharrte im Bewußtsein der Deutsch-Namibier, weil es während des I. Weltkriegs Standort eines der beiden Internierungslager für deutsche Militär- und Polizeiangehörige war (das andere lag bei Otjiwarongo). Man erreicht die Überreste, indem man bei der Tankstelle aus dem Ort fährt (Rtg. Südosten), die 3 km entfernte C13 überquert und nach 800 m in eine 200 m lange Stichstraße einbiegt.

Internierungslager

Heute ist außer einigen Fundamentsteinen und einem kleinen Denkmal neben einem Weißdornbaum nichts mehr zu sehen von dem Lager, in dem einst 1500 Deutsche interniert waren und von 600 Mann südafrikanischem Wachpersonal betreut wurden. Die Südafrikaner wählten den Ort für das Lager aus, weil die Versorgung per Schiff von Capetown nach Lüderitz relativ einfach und die Eisenbahn nur bis Aus repariert war (beim Rückzug der deutschen Truppen wurden die Schienen systematisch zerstört).

Anfangs mussten die Gefangenen in Zelten leben, wegen der starken Temperaturschwankungen war dies aber wohl sehr unangenehm und man entschloss sich, da die Südafrikaner keine Mittel zur Verfügung stellen konnten, aus selbstbereiteten Ziegeln Hütten zu bauen, als Dächer dienten flachgewalzte Blechtonnen. Damit wohnten die Bewachten besser als die Bewacher, und daran sollte sich auch nicht viel ändern.

Denkmal des Internierunglagers

Interessant ist auch noch, dass während der letzten zwei Jahre der Existenz des Lagers eine 5 km lange Schienenbahn zur Versorgung um dieses herumfuhr, die bei Auflösung des Camps 1919 aber abgerissen wurde. Während der 4 Jahre starben 69 Kriegsgefangene und 60 Bewacher, die meisten wegen einer Grippe-Epidemie Ende 1918.
Nach Abschluss des Vertrages von Versailles im Juni 1919 begann die Entlassung der Internierten. Einige durften auf ihre Farmen zurückkehren, andere wurden nach Deutschland repatriiert. Die Sehnsucht nach dem „Gelobten Land“ trieb aber viele der Ausgewiesenen schon wenige Jahre später wieder zurück ins alte Südwest.

Klein-Aus Vista

Das in Richtung Lüderitz 3 km außerhalb von Aus liegende Rastlager *Klein-Aus Vista* im Gondwana Sperrgebiet Park gehört zu den wirklich empfehlenswerten Unterkünften. Unweit der Straße (aber dennoch von Lärm geschützt) liegen die Chalets rund um das Restaurant. Etwas abseits findet sich der Zeltplatz, absoluter Höhepunkt ist aber die Übernachtung in den Natursteinhäuschen an einer Felswand mit einem fantastischen Blick über die Landschaft und in absoluter Ruhe und Einsamkeit. Zu den Aktivitäten gehört eine Rundfahrt im Sperrgebiet Park und ein Besuch der Wüstenpferde.

Aus – Lüderitz

Lüderitz ist nun noch 122 km entfernt. Die Straße verläuft schnurgerade nach Westen, und Höhenmeter um Höhenmeter fällt sie. Hier ist das Revier der berühmten **Namib-Wildpferde,** die tatsächlich einmal näher, einmal weiter weg von der Straße aus gesichtet werden können. Gute Chancen hat man bei der Bahnstation und Quelle Garub, südlich des Berges Dicker Wilhelm, da man hier mit Spenden deutscher Touristen eine künstliche Tränke für die Tiere errichtete. Woher die Pferde ursprünglich kommen, ist nicht erforscht. Die wahrscheinlichste Variante sieht sie als Nachkommen von Schutztruppenpferden, die bei Anmarsch südafrikanischer Truppen während des ersten Weltkrieges in die Freiheit entlassen wurden. Sie haben sich partiell an die Wüste angepasst und können längere Zeit ohne Wasser auskommen als ihre domestizierten Artgenossen. Sommers müssen sie alle zwei Tage, im Winter alle drei Tage saufen (gefressen wird 12–20 Stunden von 24 Stunden). Die meiste Zeit der größten Tageshitze verbringen Sie an schattigen Plätzen. Die harten Lebensbedingungen und der beschränkte Genpool ließ sie über die Generationen kleiner werden (zwischen 1,30 und 1,40 m). Ihre Anzahl schwankt zwischen 100 und 300 Tieren.

102 km hinter Aus zweigt nach links eine Straße der NAMDEB ab. Schon vor 80 km sind Sie an das ehemalige Diamanten-Sperrgebiet Nummer 1 gekommen und fahren seitdem an ihm entlang. Heute ist es zum Nationapark erklärt. Rechts befindet sich der Namib-Naukluft Park. Besonders in den Morgen- und Abendstunden bläst ständig der Wind und lagert Sand auf dem Asphalt ab, Sandverwehungen sind deshalb nicht selten.

Ein Verlassen der Straße ist aus Naturschutzgründen strikt verboten. Bei organiserten Ausflügen im Nationalpark darf nur auf den gekennzeichneten Wegen gefahren werden. 11 km weiter passieren Sie Kolmanskop, die verlassene und der Wüste überantwortete Boomtown der Jahrhundertwende. Wer sich intensiver über das Sperrgebiet informieren will, dem sei die Buchbroschüre „Sperrgebiet wiederentdeckt“ von Sakkie & Theresa Rothmann anempfohlen (im namibischen Buchhandel).

Kolmanskop

Für den Besuch können Sie in Lüderitz oder vor Ort die Eintrittskarte lösen (geführte Besichtigung Mo–Sa 9.30 u. 11 Uhr, So 10 Uhr, 73 N$ p.P., bei „Lüderitzbucht Safaris & Tours“, s.u. „Lüderitz“). Fotografen, die die Geisterstadt im warmen Licht der Morgen- und Abendstunden ablichten wollen, können ein Sonderpermit erhalten (215 N$ inkl. der Tour um 9.30 Uhr). Treffpunkt für die reguläre Führung ist im Kasino von Kolmanskuppe (mit Café und Souvenir-Shop, in dem auch Diamanten gehandelt werden). Jeder Besucher muss selbst für seine Anfahrt sorgen, einen Bus gibt es nicht. Bestes Baumaterial, viel Geld und damit gute Handwerker und das trockene Klima haben das Jugendstil-Dorf so konserviert, dass man teilweise glauben könnte, ein Besen für den Sand und neues Mobiliar genügten für den Einzug.

August Stauch

Angeblich von einem Ochsenwagenfahrer, dem seine Ochsen während eines Sandsturmes abhanden gekommen waren, gegründet, wurde der Ort zum Hauptquartier des Diamantenmillionärs und früheren Eisenbahnangestellten **August Stauch,** der auf einem Streckenabschnitt in der Namib die Schienen zu überwachen hatte. Einer seiner Mitarbeiter mit Namen **Zacharias Lewala** entdeckte im Jahr 1908 eines Tages bei Grasplatz, der vorletzten Bahnstation vor Lüderitz, den ersten Diamanten. Er erkannte das wertvolle Mineral, weil er vor seiner Anstellung bei Stauch in einer südafrikanischen Diamantenmine gearbeitet hatte. Sein Know-how machte Herrn Stauch zum Millionär, denn dieser sicherte sich sofort die Schürfrechte in dem Gebiet.

Zacharias Lewala

Kolmanskop früher

Es begann eine Zeit des beispiellosen Rausches, das Geld kam, und das Geld wurde ausgegeben. Bald war aber der Abbau staatlich organisiert. Nach dem verlorenen Krieg übernahm die CDM die Rechte und verblieb bis 1950 an diesem Ort, der letzte Bewohner hielt noch sechs Jahre länger aus, reiste dann aber auch ab. Inzwischen gehört das Sperrgebiet mit allem Inventar zur NAMDEB, deren Teilhaber De Beers und der namibische Staat sind.

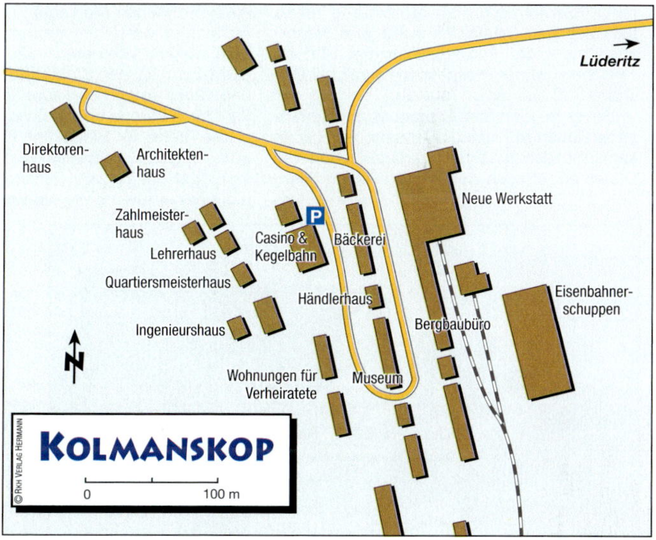

Das Casino wurde wieder hergerichtet, nun kann man die Kegelbahn besichtigen und das Theater, das außerhalb der Spielzeit als Turnhalle genutzt wurde. Pferd und Barren stehen wie zur Benutzung freigegeben

Diamantenfieber

Namibia ist nicht Ursprungsort, sondern nur Nutznießer des hohen Diamantenreichtums des südlichen Afrikas. In der Kreidezeit schwemmten die Wasser des Oranje die wertvollen Mineralien auf ihrem Weg zur Küste durch die Namib und in den Atlantik. Im Mündungsverlauf lagerten sich die Diamanten in den Flusssanden ab, wurden teils weiter „verteilt“, teils unter neuen Sedimentschichten begraben.

Namibia hatte nicht nur das Glück, so am geologischen Reichtum der Nachbarländer teilzuhaben, sondern erwischte zudem Steine von überaus großer Reinheit und Größe. Im Gegensatz zu vielen anderen Diamanten-Förderländern kann Namibia seine Steine fast ausschließlich als Schmucksteine verkaufen. Zu Beginn der 1990er Jahre förderte CDM in den Diamanten-Sperrgebieten jährlich etwa eine Million Karat (1 Karat = 0,2 g).

Das Hauptabbaugebiet hat sich inzwischen von der Flussmündung am Oranje, wo auch die Retortenstadt Oranjemund aus dem Wüstensand gestampft wurde, entlang der Küste bis zu 100 km nach Norden verlagert, wo man in den mit Namib-Sanden überdeckten Küstenterrassen bis zu zwanzig Meter tief nach den Diamanten gräbt. Das Hauptaugenmerk der Fördergesellschaft ruht inzwischen auf der Prospektierung reicher Offshore-Vorkommen im Atlantik.

Bevor man an den Abbau der diamantenangereicherten alten Flusssande gehen kann, müssen zunächst die darauf lagernden Dünen abgetragen werden. Ein Teil des Sandes wird im Meer als Flutbarriere aufgeschüttet, um die Arbeiten im küstennahen Gebiet zu erleichtern. Dann werden die alten Flussterrassen angeschnitten, das Sedimentgestein abgetragen und zur Aufbereitungsanlage transportiert.

Sind diese Sedimentschichten entfernt, schlägt die Stunde der Hand-Arbeiter: Überall, wo das harte Grundgestein in Rissen, Aushöhlungen und Löchern diamanthaltige Reste der Flusssedimente enthält, rückt man ihm mit Bohrern, Schaufeln und Hämmern zu Leibe. Es ist knochenharte Arbeit im Steinbruch, die sich von der in Sträflingskolonien nur wenig unterscheidet. Die Arbeiter werden streng beaufsichtigt, um die Versuchung nicht übermächtig werden zu lassen, einen kleinen Diamanten für den Eigenbedarf abzuzweigen. Währenddessen wird in der Aufbereitungsanlage der Abfall, wie Sand und Kiesel, vom diamantenhaltigen Material getrennt. Im zweiten Arbeitsgang werden die schweren Mineralien, zu denen Diamanten gehören, ausgesondert. Dieses „Substrat“ wandert dann in die zentrale Aufbereitungsanlage in Oranjemund, wo man letztlich die „Spreu vom Weizen“ trennt. Danach werden die gewonnenen Diamanten nach Windhoek verfrachtet, wo sie unter strenger Kontrolle in dem weithin sichtbaren, grau verspiegelten CDM-Turm in der Stadtmitte nach Qualität und Größe sortiert und zum Schliff oder Verkauf nach Europa geschickt werden.

Die Preise für Diamanten in Namibia entsprechen den weltweit üblichen Marktpreisen. Auch wenn man sie hier findet, sind sie nicht billiger als z.B. an der Börse in London.

„...Die Technik der Diamanten-Gewinnung war im ersten Stadium unkompliziert: Die Diamanten wurden einfach aus dem Sand aufgelesen oder mit Schüttelsieben gefördert...“

im Raum. Nebenan serviert ein kleines Restaurant Frühstück und Mittagessen, ein Curio-Laden bietet allerlei aus Namibia an (u.a. Sandrosen in ganz ungewöhnlichen Farben) und in einem eigenen Laden lassen sich kleine – und damit erschwingliche – Diamanten mit Zertifikat zur Erinnerung erstehen. Ein Museum mit vielen Fotografien dokumentiert die Geschichte, das Leben der Menschen und den Abbau der Diamanten. Die Sanddünen wachsen aber immer weiter in die Häuser hinein und über sie hinaus, irgendwann wird, wenn die NAMDEB nicht mehr investieren sollte, der Ort endgültig unter Sand begraben sein. – 9 km hinter Kolmanskop erreicht man Lüderitz.

Sandverwehte Diamanten-Vergangenheit: Kolmannskuppe

Lüderitz

Ankunft

Auf schwarzglänzenden Felsen, etwas erhöht über dem Atlantischen Ozean gelegen, grüßen in Pastelltönen restaurierte Jugendstilvillen über den eisblauen Ozean – nach der trostlosen Wüstenfahrt ein erstaunlicher Anblick!

Die Bay Road führt hinunter in das kleine, belebte Stadtzentrum zwischen Bahnhof und dem Hafen, in dem auch die Hotels angesiedelt sind, und mündet schließlich in die Bismarck Street, der eigentlichen Achse von Lüderitz.

Westlich davon liegt am Atlantik das Nest Hotel, östlich beginnt die Hafenzone mit etwas Industrie. Als Fortsetzung der Bismarck Street überquert die Insel Street eine Landenge zwischen Festland und der vorgelagerten Shark Island mit dem städtischen Campingplatz. Die Landenge wurde verbreitert und bietet nun riesigen Containerschiffen und Kreuzfahrtdampfern Anlegemöglichkeit. Letztere haben verstärkt begonnen, Lüderitz in ihr Programm aufzunehmen, und wenn eines am neuen Kai liegt ist im Städtchen einiges geboten.

Man könnte sich Lüderitz überall in Deutschland vorstellen – an der Südwestküste Afrikas wirkt es ähnlich unpassend wie das in Route 2 beschriebene Schloss Duwisib. Auch dass der überwiegende Teil der Einwohner von Lüderitz schwarzer Hautfarbe ist, mag man angesichts des so homogen-deutschen ersten Eindrucks nicht glauben.

Von den Arbeitsmöglichkeiten bei NAMDEB und später in der Fischerei angezogen, haben sich Menschen aus allen Teilen Namibias in Lüderitz – pardon, natürlich in den Vororten Nautilus und Benguela niedergelassen. In den Morgen- und Abendstunden wandern die in Decken und Mäntel gehüllten Gestalten durch den stürmisch-kalten Wind über trostlose, mit Müll übersäte Ebenen hinaus zu ihren Siedlungen oder hinein in das schmucke Städtchen. Übrigens stammt einer der begabtesten jungen Künstler Namibias, der Maler John Madisia, aus Lüderitz.

Historisches Im Jahre 1487, um Weihnachten herum, fährt der Portugiese *Bartolomeu Diaz* mit seiner kleinen Flotte von drei Karavellen in die Bucht des heutigen Lüderitz ein. Er sucht Schutz vor den Stürmen, die das Meer aufpeitschen. Da sich die Einfahrt schwierig gestaltet, gibt er ihr den Namen „Angra das Voltas" – Bucht der schwierigen Manöver. Er will den südlichsten Punkt Afrika erreichen. Nach seiner Rückkehr vom heutigen Kap der Guten Hoffnung, vermeintlich dem Ziel seiner Reise, wirft er im Juli des folgenden Jahres erneut den Anker in der Bucht, ändert nun aber ihren Namen in „Golfo de São Cristovão" und errichtet auf der heutigen Diaz-Spitze ein Steinkreuz (s.u.). Später änderte sich der Name noch einmal in „Angra Pequena".

Fast 200 Jahre später wollen die Holländer, von Südafrika aus, einen Handelspunkt aufbauen, haben aber keinen Erfolg. Diverse Versuche europäischer Staaten und der Kapprovinz, sich während der folgenden zwei Jahrhunderte in der Bucht niederzulassen, scheitern ebenfalls.

Erst Mitte des 19. Jahrhunderts wird der Landstrich für den Handel interessant, da sich ein Weltmarkt für Guano-Dünger entwickelt. Guano entsteht aus Exkrementen von Seevögeln hauptsächlich an regenarmen Küsten und wurde ab 1840 (J. von Liebig stellte die Brauchbarkeit fest) als weltbester natürlicher Dünger (er ist stark stickstoff- und phosphor-säurehaltig) vornehmlich in Europa eingesetzt. Die Inseln vor der Küste sind sehr ergiebig. Deshalb annektieren die Engländer von ihrer Kapkolonie aus sämtliche vorgelagerten Inseln.

Dr. Heinrich Vogelsang

Am 1. Mai 1883 landet **Dr. Heinrich Vogelsang** als Abgesandter des Kaufmanns Adolf Lüderitz hier an und handelt dem Nama-Kapitän **Joseph Fredericks** das Land um die Bucht in einem Umkreis von 5 Meilen ab. Kaufpreis sind 200 Gewehre und 2000 Mark in Gütern. Sechs Monate später verkauft Fredericks weiteres Land für 50 Gewehre und 500 Mark. Nun gehört Lüderitz ein Küstenlandstreifen in 20 Meilen Breite von der Mündung des Oranje bis etwa zur Höhe des heutigen Helmeringhausen.

J. Fredericks

Nach einer Reise nach Kapstadt, um die Besitzverhältnisse der vorgelagerten Inseln zu klären (die die Engländer aber nicht herausrücken), setzt Lüderitz am 11. Oktober 1883 das erste Mal den Fuß auf sein Land. Auf seiner Rückreise nach Deutschland im folgenden Winter empfängt ihn Reichskanzler Bismarck. Am 24. April 1884 schickt der Kanzler eine Depesche an den deutschen Konsul in Kapstadt:

„Nach Mitteilung des Herrn Lüderitz zweifelten die Kolonialbehörden, ob seine Erwerbungen nördlich des Oranje Anspruch auf deutschen Schutz haben. Sie wollen amtlich erklären, dass er und seine Niederlassungen unter dem Schutz des Deutschen Reiches stehen – gezeichnet Bismarck."

Der englischen Regierung wird der feste Wille des deutschen Reiches, die Gebiete zu schützen, durch die Abkommandierung dreier Kriegsschiffe klargemacht. Die Mannschaft des Kanonenbootes „Wolf“ hisst im August 1884 am Sandwich Harbour, an der Mündung des Swakop und bei Cape Frio (nahe der Grenze zu Angola) die deutsche Fahne und stellt Grenzpfähle auf. Der Kapitän der Korvette „Elisabet“ erklärt in Angra Pequena am 6. August 1884 nach Hissung der Flagge:

> *„Seine Majestät, der deutsche Kaiser Wilhelm I., König von Preußen, haben mir befohlen, mit Allerhöchstderen gedeckter Korvette „Elisabet“ nach Angra Pequena zu fahren und das dem Herrn Lüderitz gehörige Territorium an der Westküste Afrikas unter den direkten Schutz seiner Majestät zu stellen. Das Territorium des Herrn Lüderitz wird nach den amtlichen Mitteilungen als sich erstreckend von den Nordufern des Oranje-Flusses bis zum 26. Grad Südbreite, 20 geographische Meilen landeinwärts angenommen, einschließlich der nach dem Völkerrecht dazugehörigen Inseln.“*

Das Deutsche Reich hatte Fuß gefasst, und mit dieser Rückenstärkung begann Lüderitz immer mehr Gebiete bis tief ins Landesinnere zu erwerben und Expeditionen auszuschicken, die den Erzreichtum erkunden sollten. Wie in Lüderitzbucht – so hieß Lüderitz früher – sicherte man sich das Land durch Kaufverträge mit lokalen Führern.

Konflikte mit den Nama

Doch schon bald gab es Unstimmigkeiten und Klagen: die Nama-Kapitäne fühlten sich übervorteilt, denn von einem Verkauf ihres Landes sei ihrer Ansicht nach nie die Rede gewesen. Zudem gingen Käufer wie Verkäufer von unterschiedlichen Größenordnungen aus. Fredericks, der erste Vertragspartner von Vogelsang, hatte angeblich keinesfalls 20 geographische Meilen (150 km), sondern 20 englische Meilen (32 km), das einzig ihm bekannte Entfernungsmaß, abgetreten – eine Wüstenei, an der er kaum Interesse hatte. Nun sollte ein Weißer plötzlich einen Teil des Gebietes seines Volkes besitzen! Hinzu kamen die verschiedenen Auslegungen über die Bedeutung der Kaufverträge. Nach Meinung Lüderitz' besaß er damit Land mit all den Implikationen, die dazugehören – er konnte darauf siedeln, von Durchreisenden Zoll erheben und Missliebige davon verweisen. Nach Ansicht der Nama, die keinen Privatbesitz an Grund und Boden kannten, hatten die Weißen mit den Verträgen nur ein Duldungsrecht erhalten, das jederzeit kündbar war. Der Konflikt war programmiert.

Auch der Handel entwickelte sich nicht so, wie man sich ihn vorgestellt hatte. Es gab zu wenig Abnehmer, die Investitionen und Verwaltungskosten waren viel zu hoch und der erhoffte Mineralienreichtum blieb aus, so dass Lüderitz die Hoheitsrechte schließlich an die Deutsche Kolonialgesellschaft für Südwestafrika veräußern musste. Die ganze Zeit über „saß“ Lüderitz geradezu auf Diamanten – nur gefunden und erkannt hat er sie nicht …

Am 22. Oktober 1886 bestieg Lüderitz ein kleines Faltboot, um von der Mündung des Oranje auf dem Seeweg nach Angra Pequena zurückzukehren. Er wurde nie wieder gesehen.

Kriegshafen

Die Deutsche Kolonialgesellschaft verlegte ihre Aktivitäten weiter nach Norden, mehr in die Siedlungsgebiete und in Gewinnzonen, in Gegenden also, wo Wasser nicht ein so großes Problem war wie an der staubtrokkenen Küste. Um den Ort wurde es still. Erst im Jahr 1904 erfährt Lüderitzbucht wieder das Interesse des Schutzgebietes. Mannschaften, Waffen und Versorgungsgüter werden angelandet, es herrscht Krieg im Land. Vier Jahre später beginnt August Stauch mit der Organisation des Diamantenabbaus, und wieder fließt viel Geld in die Stadt, die am 1. November 1909 die Selbstverwaltungsrechte erhält.

Der I. Weltkrieg bricht aus. In der Nacht zum 18. September 1914 fahren englische Kriegsschiffe in den Robert Harbour ein. Die Stadtverwaltung macht das einzig Richtige, sie erklärt Lüderitzbucht zur offenen Stadt, damit sollen Kämpfe und Plünderungen abgewendet werden. Letzteres ist nicht ganz von Erfolg gekrönt, aber die Bewohner können, nach einem knappen Jahr der Internierung in Südafrika, im Jahr 1915 wieder ihre Häuser beziehen.

Lüderitzbucht 1907

Diamantenfieber

1919 übernimmt die CDM alle Diamantenfelder. Der Abbau wird einige Male eingestellt, dann aber doch wieder aufgenommen, wenn die Weltmarktpreise steigen. Industrie siedelt sich an, der Fischfang wird aufgenommen, und eine Werft entsteht. Während des II. Weltkrieges verlegt die CDM ihre Hauptaktivitäten zu den 1928 entdeckten, reicheren Diamantenfeldern an der Mündung des Oranje und zieht sich 1950 vollständig aus der Gegend zurück.

In den Folgejahren verlassen immer mehr Menschen Lüderitz. Es gibt kaum noch Arbeit. Einen weiteren Schlag erhält Lüderitz durch die Abtretung der südafrikanischen Enklave Walvis Bay an Namibia (1994). Der einzige natürliche Hafen Namibias und die damit verbundene Hoffnung auf Entwicklung in diesem Bereich machte die Konkurrenz des leistungsfähigeren und schiffbareren Hafens zunichte. Doch Ende der 1990er Jahre erhält Lüderitz plötzlich einen unerwarteten Investitionsschub, man fand Zink im Süden nahe bei Rosh Pinah, der traditionellen Bergwerksstadt. Und dieses Erz gilt als besonders reichhaltig und liefert das Metall in besonderer Güte. Man musste nur wegen der Zusammensetzung bei der Verhüttung neue Wege beschreiten, und als man dieses Problem gelöst hatte, ging es los mit den Investitionen. Die Straße zwischen Rosh Pinah und Aus wurde asphaltiert, die Eisenbahnlinie Keetmanshoop – Lüderitz, in den 1980ern aufgegeben, neu eingerichtet (und zumindest schon bis Aus fertiggestellt), die Wasserpipeline verbessert, für Hunderte von Arbeitern wurden Häuser gebaut. Die neuen Kaianlagen sind wegen des Zinks entstanden und die Stadt platzt vor Optimismus, Touristen sollen nicht nur mit Mühe unterkommen, und das war's – nein, nun wird vom Erbe der Stadt gezehrt, Touristen offensiv angelockt und mit Touren und Aktivitäten mehrtägig an den Küste gehalten.

Spaziergang durch Lüderitz

Steifer Wind bläst aus Südwest, und abends kann es empfindlich kalt werden. Also warm anziehen oder zumindest eine Windjacke mitnehmen!

Museum

Beginnen wir beim Museum in der Diaz Street. Es ist nur nachmittags geöffnet (Öffnungszeiten Mo–Fr 15.30–17 Uhr, Sonderzeiten unter Tel. 063-202346 verabreden) und kostet 10 N$ Eintritt. Es entstand aus einer privaten Sammlung, die 1960 der Stadtverwaltung vermacht wurde und ist in einem Neubau gegenüber dem Bayview Hotel untergebracht. Die geschichtliche Entwicklung der Stadt wird mit Fotos und Erinnerungsstücken dokumentiert, in der archäologischen und völkerkundlichen Abtei-lung sind Waffen, Schmuck und auch ein Skelett ausgestellt. Ein Modell erklärt die Funktionsweise des Diamantenabbaus und Schauschränke zeigen Pflanzen der Gegend und allerlei Kriechgetier. Das Museum ist mit viel Liebe eingerichtet und geführt, eine Spende über den Eintrittspreis hinaus hilft, weiterhin zu existieren.

Gehen Sie nun Richtung Norden und biegen Sie an dem kleinen Platz mit Fontäne (die an den Wasseranschluss von Lüderitz an eine Quelle im Gebiet der Khoichab-Pfanne – 65 km nordöstlich in der Wüste – im Jahr 1968 erinnert) in die Bismarck Street nach Süden ein. Linker Hand ist das Gebäude der **Afrikabank.** Rechts kommen Sie am Büro der Lüderitzbucht Safaris & Tours vorbei (auch der einzige echte Souvenirladen des Städtchens). Dort werden die Besuche für Kolmanskop gebucht, Ausflüge in das Sperrgebiet, Segelbootfahrten und Angeltouren (s. „Ausflüge").

Bahnhof

An der nächsten Ecke steht der alte Bahnhof, entworfen von Reichsbaumeister und Hafenamtsvorsteher in Swakopmund, Kurt Lohse. 1914 wurde der Bau der Öffentlichkeit übergeben.

Goerke Haus

Wiedert rechts, in die Diamantberg Street, stößt man auf das Goerke Haus. Es wurde in den 1980er Jahren renoviert, 2002 neu gestrichen, und man kann es besichtigen (Besichtigungen Mo–Fr 14–16 Uhr, Sa/So 16–17 Uhr, Eintritt 20 N$). Es entstand als Wohnhaus für Hans Goerke, der 1909 seinen Dienst als Leutnant quittierte und Geschäftsführer bei der Emiliental-Diamantengesellschaft wurde.

Er bezog es 1910, verließ aber das Land schon 1912. 1920 kaufte die CDM das Haus und veräußerte es 1944, bei Verlegung der Administration nach Oranjemund, an den Staat. Es war dann Wohnung des Magistrats. Als Lüderitz die Verwaltungshoheit verlor, verfiel es und die CDM kaufte es schließlich zurück.

Heute nutzt es die NAMDEB als Nachfolgerin der CDM zeitweise als Unterkunft für Geschäftsfreunde. Die Inneneinrichtung aus Eichenmöbeln ist nicht mehr original, versucht aber der ursprünglichen Einrichtung gerecht zu werden.

Der Lieblingsvogel des Jugendstils, der Flamingo, findet sich mehrfach auf den teilweise noch intakten alten Buntglasscheiben des Eingangs und Treppenbereichs, die romanischen Bögen des Treppenaufganges harmonieren mit der ägyptischen Lotussäule und einem griechisch-dorischen Säulenkopf, die Friese an den Wänden wurden restauriert, und ein Teil der Lampen sind ebenfalls noch original.

Felsenkirche

Folgen Sie der Diamantberg Street weiter und biegen Sie zur evangelischen Felsenkirche ab. Sie wurde dem Eisenacher Regulativ entsprechend entworfen (das Vorgaben für die Kirchen-Konstruktion machte, so z.B. die Bevorzugung des gotischen Baustiles) und am 4. August 1912 eingeweiht. Sehenswert ist das große, in Buntglas ausgeführte dreiteilige Lanzettfenster (Besichtigung sommers Mo–Sa um 17 Uhr, winters 16 Uhr; eine kleine Spende wird gerne angenommen, Kontakt Tel. 063-202381).

Gehen Sie nun den Berg wieder herunter, in die Hohe Street und zur Diaz Street. Nach links erreicht man das Nest Hotel.

Geht man rechts, kommt man wieder zum Ausgangspunkt Museum. Vorher sollte man aber noch in die Nachtigall Street rechts und in die Berg Street wieder rechts abbiegen. Man gelangt so in die „Altstadt" mit einem intakten Ensemble von Häusern aus der Kolonialzeit.

Waterfront

Lüderitz' ganzer Stolz ist die am 31. Mai 2002 von Dr. Sam Nujoma höchstpersönlich eröffnete Waterfront am Robert Harbour. Restaurants, Cafés und Läden finden sich an dieser attraktiven Adresse, und abends flanieren Touristen und Einheimische am Wasser entlang und schlürfen im Sonnenuntergang einen Drink.

Die Felsenkirche ist das Wahrzeichen der Stadt

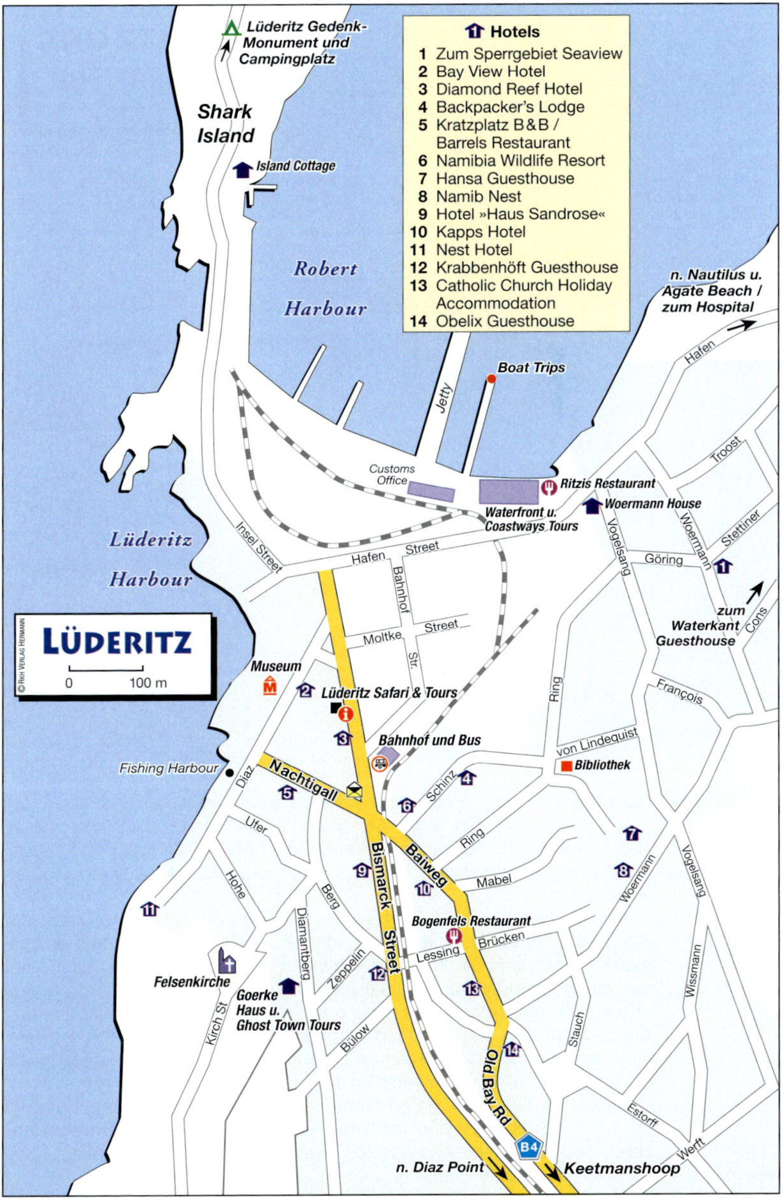
LÜDERITZ
© RKH Verlag Hermann
0 100 m
Hotels
1 Zum Sperrgebiet Seaview
2 Bay View Hotel
3 Diamond Reef Hotel
4 Backpacker's Lodge
5 Kratzplatz B&B / Barrels Restaurant
6 Namibia Wildlife Resort
7 Hansa Guesthouse
8 Namib Nest
9 Hotel »Haus Sandrose«
10 Kapps Hotel
11 Nest Hotel
12 Krabbenhöft Guesthouse
13 Catholic Church Holiday Accommodation
14 Obelix Guesthouse
Lüderitz Gedenk-Monument und Campingplatz
Shark Island
Island Cottage
Robert Harbour
Lüderitz Harbour
Boat Trips
Jetty
Customs Office
Ritzis Restaurant
Waterfront u. Coastways Tours
Woermann House
n. Nautilus u. Agate Beach / zum Hospital
zum Waterkant Guesthouse
Museum
Lüderitz Safari & Tours
Bahnhof und Bus
Fishing Harbour
Bibliothek
Bogenfels Restaurant
Felsenkirche
Goerke Haus u. Ghost Town Tours
n. Diaz Point
Keetmanshoop
B4
Hafen Street
Insel Street
Bahnhof Str.
Moltke Street
Nachtigall
Diaz
Ufer
Hohe
Berg
Diamantberg
Bismarck Street
Baiweg
Schinz
Ring
Mabel
Lessing
Brücken
Zeppelin
Bülow
Kirch St
Old Bay Rd
Stauch
Woermann
Vogelsang
Wissmann
Estorff
Werft
von Lindequist
François
Göring
Stettiner
Troost
Hafen
Cons

ROUTE 4

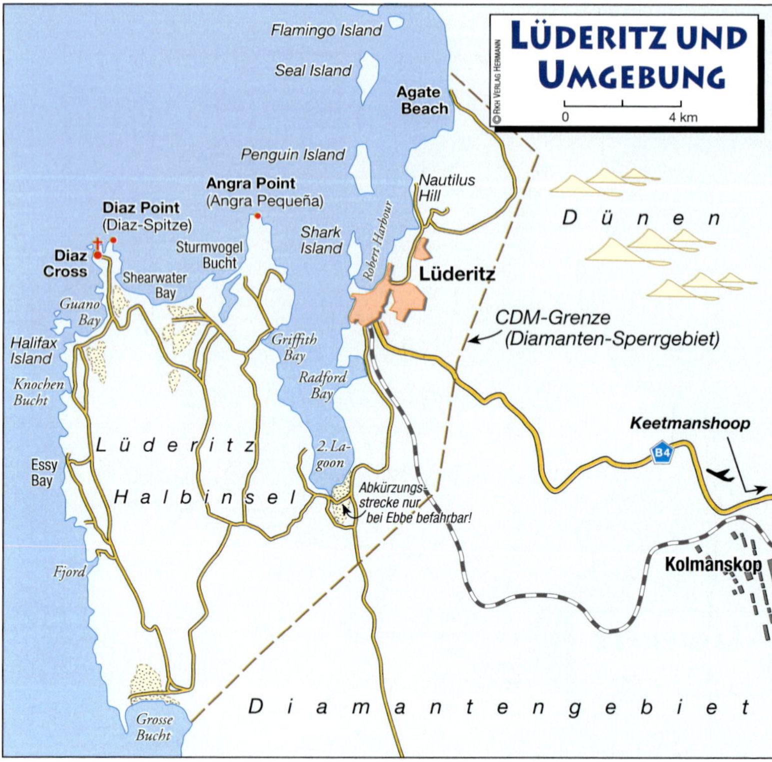

Shark Island Über die Bismarck, Hafen und Insel Street erreicht man vorbei an den neuen Kaianlagen am alten Yachthafen Shark Island, die Haifischinsel. Hier befindet sich der häufig sturmumtoste Lüderitz-Zeltplatz (mit sauberen Sanitäreinrichtungen) und auf verschiedenen Niveaus angelegten Stellplätzen.

Am 18. Oktober 1953 wurde auf der Haifischinsel dem Gründer der Stadt, Adolf Lüderitz, eine Bronzeplatte mit seinem Konterfei als Denkmal gesetzt (doch kein Denkmal erinnert in der Stadt an die vielen Opfer unter den Herero und Nama, die nach den Kolonialkriegen hierher verfrachtet und in ihrer notdürftigen Kleidung und mit mangelhafter Verpflegung und Ausrüstung dem ungewohnten Klima an der Küste überlassen wurden). 2007 wurde eine Gedenktafel an Chief Cornelius Fredericks eingeweiht, die an seinen Tod auf der Insel im Jahr 1907 erinnert.

Biegt man vor dem Hafen nicht links zum Shark Island ab, sondern fährt auf der Hafenstraße nach rechts, passiert man das **Woermann-Haus** und die Rheinische Mission, verlässt die Stadt und erreicht nach ca. 6 km den Agate Beach.

Ausflüge

Agate Beach

15 Min. Fahrt mit dem Wagen, vorbei an den desolaten Häuschen und Hütten der ehemaligen und natürlich auch heute noch nur von Schwarzen bewohnten Siedlung Nautilus, wo Kinder zwischen angewehtem Seetang und Zivilisationsmüll spielen. Die Straße führt ein Stück durch das Hinterland und in einem Bogen um den Nautilus-Hügel herum ins Diamantensperrgebiet an den Agate Beach. Diese Grenzüberschreitung ist gelitten. Der flache, weit ins Meer hineinreichende Sandstrand liegt besonders in der Abendsonne sehr schön. Hier können Achate gesammelt werden, so man sie findet und erkennt. Feuerstellen künden von der Beliebtheit als Ausflugsort.

Halifax Island

Atlantic Adventure Tours bietet eine Bootstour auf dem Gaffelschoner „Sedina" und den Booten „Hannah" und „Sturmvogel" zum Diaz Point an (und, wetterabhängig, weiter zur Halifax Insel und ihren Pinguinen). Die Tour beginnt, wenn das Wetter es zulässt, um 8 Uhr morgens, dauert etwa 2–3 Stunden und kostet 30 € p.P. Abfahrt ist im Haupthafen an der Beton-Jetty. Buchungen über Lüderitzbucht Safaris and Tours (s.u.) und Atlantic Adventure Tours (Bismarck Street, Tel./Fax 063-204030, sedina@iafrica.com.na).

Diaz Point

(Rechnen Sie für den Ausflug ca. zwei Stunden, wenn Sie keine Abstecher machen). Dazu Lüderitz über die Bismarck Street verlassen, westlich der Bahngleise bleiben. Nach 22 km, an Lagunen und Bays entlang (mit der Möglichkeit, immer wieder Abstecher an die Küste zu machen) und an der Sturmvogelbucht vorbei erreichen Sie Diaz Point. Hier errichtete *Bartolomeu Diaz* sein Steinkreuz. Ein 1911/12 gebauter Holzstieg führt einen kleinen Felsvorsprung hinauf. Er wurde zur Wartung des Nebelhorns angelegt, das die Hafenadministration aufgestellt hatte – am mutmaßlichen Standort des Originalkreuzes, dessen Reste schon 1855 nach Capetown verbracht wurden und von dort teilweise nach Portugal gingen. Im Jahr 1929 stellte man ein symbolisches Kreuz auf (aus Karibib-Marmor), das aber keinerlei Ähnlichkeit mit dem Original hat. Erst zu Beginn der 1950er Jahre wurden noch einige Bruchstücke des Diaz-Kreuzes gefunden, und man begann mit der Rekonstruktion. Die Wissenschaftler streiten sich bis heute, wie das Kreuz denn nun genau ausgesehen haben könnte, aber man hat sich 1988, zur 500-Jahr-Feier der Ankunft von Diaz, wohl auf eine Form geeinigt, und da der Standort mehr oder weniger gesichert war, ein Replikat aufgestellt.

Bartolomeu Diaz

Lüderitz-Halbinsel

Wenn Sie sich die Halbinsel genau ansehen wollen, sollten Sie vier bis fünf Stunden für den Ausflug kalkulieren. Verlassen Sie wieder Lüderitz auf dem Weg nach Diaz Point. Zuerst kommen Sie an einen der vier Badestrände von Lüderitz (der zweite ist Agate Beach). Die erste Bucht heißt Radford Bay, nach dem ersten weißen Siedler David Radford, der hier Haifischleber und Straußenfedern gegen Wasser tauschen musste, um zu überleben. Die zweite Bucht – Second Lagoon – ist den Flamingos vorbehalten. Der dritte Badestrand liegt in der Sturmvogelbucht, Standort einer 1914 errichteten, alten norwegischen Walfang-Station. Sie können ihn östlich oder westlich erreichen, da aber die östliche Route an der Griffith Bay vorbei eine Sackgasse ist, fahren Sie bei der Abzweigung besser geradeaus und nehmen die zweite Piste, die rechts abgeht. Am Strand ist ein Lagerplatz.

Zwei Kilometer zurück und dann rechts bringt Sie der Weg zum Diaz Point. An der westlichen Seite der Halbinsel, etwa 8 km an Angel- und Picknickplätzen vorbei, kommen Sie zur Eberlanz-Höhle, 10 Min. Fußmarsch von der Straße weg. Schließlich erreichen Sie den vierten Badestrand in der Große Bucht. Es geht nun von dort etwa 15 km durch Mondlandschaft zurück nach Lüderitz. Wer den Besuch der Halbinsel mit deutschsprachiger Führung unternehmen will, kann sich an *Diaz Trails* wenden (Tel. 081-2540808), kommt so zu Punkten, die man normalerweise nicht aufsucht und erfährt eine Menge über Flora und Fauna der Gegend.

Elizabeth Bay

Diese Tour führt in das Diamanten-Sperrgebiet nach Süden. Deshalb muss sie spätestens fünf Werktage vorher (unter Angebe der Passnummer) angemeldet werden, damit das Permit der Polizei rechtzeitig da ist. Gefahren wird mit einem VW-Bus. Mindestens vier Personen müssen eine Gruppe bilden. Es ist eine Halbtagestour nach Elizabeth Bay und zu der dortigen Geisterstadt (jeden Werktag ab 9 Uhr, 35 € p.P.), und eine Ganztagestour mit Elisabeth Bay, Kolmanskop und Diaz Point (werktäglich ab 8 Uhr, 60 € p.P.). Buchungen über Ghost Town Tours, Goerke House, Tel./Fax 063-204031, www.ghosttowntours.com. Buchung mindestens sieben Tage im Voraus.

Bogenfels

Eine Ganztagestour geht zum Bogenfels, einem dekorativ über dem Meer zum Bogen erodierten Felsen. Touren sind täglich möglich, außer am Wochenende. Man fährt etwa 9 Uhr los und kommt um ca. 16 Uhr zurück, Lunch ist inklusive, der Spaß im Sperrgebiet kostet 100 € (bei vier Personen). Buchungen über Coastways Tours, Waterfront, P.O. Box 77, Lüderitz, Tel. 063-202002, Fax 202003, www.coastways.com.na. Auf dem Weg zu dem gewaltigen Bogen mit über 50 m Höhe passiert man die Pumpstation im Grillental, die ab 1910 mit Tankwagen über eine Schmalspurbahn von 45 km Länge die Mine Pomona mit Wasser versorgte. Lunch wird in Pomona gehalten, in der noch vorzüglich erhaltenen Schule und man erfährt viel Wissenswertes. Auf Pomona fand man zwischen 1908 und 1931 10,6 Mio. Karat, davon in den ersten 10 Jahren alleine die Hälfte und insgesamt 70% wurden im Märchental geschürft, heute nicht mehr besonders idyllisch, hat man doch das unterste zu oberst gekehrt, aus dem Tal geschafft, fein säuberlich gesiebt und gewaschen, das Märchental wurde zur felsigen Mondlandschaft. Buchung mindestens sieben Tage im Voraus.

Saddle Hill Mehrtägig geht es geführt aber mit dem eigenen Geländewagen in den Norden von Lüderitz in die Wüste, über Fels und Dünen, an Fischen und Schiffen vorbei, die es nicht geschafft haben, zu alten Bergwerker-Siedlungen. Um die anspruchsvolle Fahrerei zu bewältigen und nicht den eigenen Wagen im Gelände zu verschrotten erhält man anfangs eine Einweisung. Diese Touren sollte man zu Ferienzeiten des südlichen Afrika meiden, außer man steht auf die sicherlich einprägsame, aber nicht immer von jedem goutierte Erfahrung, seinen Abend am Lagerfeuer mit 40 südafrikanischen Bauern (männlich, weiß) aus dem Transvaal zu teilen, die sich ihr Off-Road-Erlebnis mit viel Bier reinziehen. Buchungen über Coastways Tours, s. bei „Bogenfels“ oben.

Sandrosen-Sammeln Im Tourismusbüro des Ministeriums für Umwelt und Tourismus (s.u. Informationen weiter unten) kann das Sammeln von Sandrosen beantragt werden. Unter der Aufsicht eines Angestellten hat man zwei Stunden Zeit, fündig zu werden (maximal 3 Stück oder 1,5 kg der „rosettenartigen Verwachsungen grobblättriger Gipskristalle“). Einfacher ist das Kaufen z.B. im Curio Shop von Kolmanskop.

Langustenfang Wer sich sein Abendessen selbst fangen möchte und die Möglichkeit der Zubereitung hat, kann zwischen dem 1. November und dem 30. April und zwischen Sonnenauf- und Sonnenuntergang auf Langustenfang gehen. Dazu benötigt man ein Permit und man darf maximal 5 Stück pro Person fangen (der Rückenpanzer muss mindestens 6,5 cm lang sein). Sperrzone ist zwischen Diaz Point und Agate Beach.

Adressen & Service Lüderitz

Unterkunft *Luxus:* **Nest Hotel,** Zum Sperrgebiet Seaview Hotel
Touristenklasse: Kapps Hotel, Bay View Hotel, Obelix Village
Günstig: **Kratzplatz,** Backpacker's Lodge, **Haus Sandrose,** Zur Waterkant, Krabbenhöft & Lampe, Hansa Guest House, Catholic Church Holiday Accommodation, Island Cottage
Camping: Lüderitz Rastlager (Haifischinsel)

Restaurants Wer Essen geht, sollte die in Lüderitz gezüchteten Austern auf alle Fälle auf den Bestellzettel schreiben lassen. Die speziellen Wassergegebenheiten in der Radford Bay erlauben die Zucht besonders schmackhafter Muscheln – zu Preisen, von denen man in Europa nur träumen kann. Etwa 5 t Austern werden in den Saison-Monaten in Lüderitz geerntet.
Nest Hotel, Zum Sperrgebiet *Seaview Hotel* – beide Restaurants gelten als die besten.
Ritzi's, Waterfront, Tel. 081-1299311 oder 063-202818, auch sehr gute Fischküche in dem Waterfront-Komplex mit Aussicht auf die Bucht.
Bogenfels, Bay Road Ecke Brucken Street, Tel. 201210, südafrikanische Küche mit Schnecken in Knoblauch, Schweinerippchen und Rindfleischsalat.
Barrels, Nachtigall Street, Tel. 063-202458, ab 18.30 Uhr Typisches wie Eisbein, aber auch Fisch (Barbetrieb bis 2 Uhr).
Leichte Mahlzeiten gibt es den ganzen Tag im *Nest Hotel* und bei *Sea Breeze* an der Waterfront.

Informationen *Tourism Office,* c/o Lüderitzbucht Safaris & Tours, Bismarck Street, P.O. Box 76, Lüderitz, Tel. 063-202719, Fax 202863, ludsaf@africaonline.com.na, Buchungen und Informationen zur Stadt und Umgebung.

Namibia Wildlife Resorts, im Alten Postamt, Schinz Street, Lüderitz, Tel. 063-202752, Fax 203213, Mo–Fr 7.30–13 und 14–16 Uhr, Buchungen der Nationalparks werden über Windhoek vorgenommen.

Reiseveranstalter *Lüderitzbucht Safaris & Tours,* Bismarck Street, P.O. Box 76, Lüderitz, Tel. 063-202719, Fax 202863, ludsaf@africaonline.com.na
Coastways Tours, Waterfront, P.O. Box 77, Lüderitz, Tel. 063-202002, Fax 202003, lewiscwt@iway.na
Atlantic Adventure Tours, Bismarck Street, Lüderitz, Tel./Fax 063-204030, sedina@iafrica.com.na
Ghost Town Tours, Goerke House, Tel./Fax 063-204031, kolmans@iafrica.com.na.

Einkaufen Curios gibt es bei *Lüderitzbucht Safaris & Tours,* Bismarck Street, P.O. Box 76, Lüderitz, Tel. 063-202719, Fax 202863, ludsaf@africaonline.com.na; Geschenkartikel verkauft *House Sandrose,* 15 Bismarck Street, Tel. 063-202630. Auch in Kolmaskop hat im historischen Kasino ein Curio-Laden seine Pforten geöffnet (nur 8.30-12 Uhr).

Unterhaltung In *Badger's Bistro, 3* Diaz Street, Tel. 063-204012, trifft sich gemischtes Publikum zum Plausch und fürs Billard, im Stockwerk darüber wird Montag, Mittwoch, Freitag und Samstag im Club Step-in abgetanzt; ein beliebtes Pub ist auch *Legend's* (s.o.).

Sonstiges **Stadtführungen:** Wenden Sie sich an Lüderitzbucht Safaris & Tours (s.o.). **Bushaltestelle** ist am Alten Bahnhof, Bismarck Street Ecke Bahnhof Street, Mo–Fr geht's mit dem Star Liner der TransNamib nach Keetmanshoop (Reservierungen Tel. 061-201220). Die **Eisenbahnlinie** wird neu gebaut, welche Serviceangebote dann bestehen, ist noch nicht klar, der Desert Express fährt derzeit bis Aus, dort wird in Busse nach Lüderitz umgestiegen.

Mediz. Hilfe Wenden Sie sich an das jeweilige Hotel-Management

Clubs Rotary Club: Treffpunkt ist Dienstag abends um 19 Uhr im Nest-Hotel.

Nest Hotel

Route 4a: Die Zentren der Farmer

Aus – Helmeringhausen

Km	Abzweig	Ort	Sehenswert	Übernachtung	GPS
Km 0 B4 Teer n. O	Lager Aus (s. Route 4)	Aus, T+V		s. Route 4	26 39 44 16 15 47
Km 4 C13 nach N					
Km 55	Km 0 D707 Piste Km 29 Km 40 Km 60 Km 78 P409			 Gunsbewys Gf. Weissenborn Zpl Namtib Gf. Koïmasis (20 km)	26 15 02 16 35 05
Km 97	Km 0 C27 Piste Km 19 Km 52			 Lovedale Farm-holidays Sinclair Gf. + Aubures Camp	
Km 101		Helmeringhausen, T+V	s. Route 2	s. Route 2	25 53 26 16 49 24

In Aus haben Sie Anschluss an die Route 4. Verlassen Sie Aus für 4 km auf der B4 nach Osten und biegen Sie dann in die Piste C13 ein. Nach 51 km kommen Sie zur D707. Hier können Sie zum Namtib Biosphärenreservat abbiegen. Sie passieren bei diesem Abstecher die Farmen des Tiras Berge Naturparkes. Der Park (s. Kasten unten) gilt nach dem Urteil vieler Kenner des Landes als besonders malerisch gelegen, da der Anfahrtsweg genau zwischen dem Gebirgsabfall des Hochlandes und den Namibdünen entlangführt. Die Formenwelt der Dünen und das Tier- und Pflanzenleben sind einmalig – Resultat einer Millionen Jahre langen Evolution: Schwarzkäfer, Dünengrillen, Eidechsen, der berühmte Palamatogecko und Goldmull, um nur einige zu benennen. Die Pflanzenwelt ist hochinteressant, und bei Touren erfährt man darüber viel Wissenswertes. Auch gilt es Felsmalereien zu entdecken, die eigentlich gar nicht sein dürften, sollen die San doch schon vor Jahrtausenden aufgehört haben, ihre Lagerplätze mit Farbe und Ritzungen zu verzieren. Doch findet sich hier tatsächlich schon ein in der Schutztruppenzeit dokumentiertes mehrmastiges Segelschiff, auf Schiffen diesen Typs kreuzten einst die Portugiesen vor Jahrhunderten an der Küste.

25 km weiter und 6 km vor Helmeringhausen erreichen Sie den Abzweig zur Sinclair Gästefarm. Interessierte können dort geologische Forschung betreiben und eine aufgelassene Kupfermine besuchen. In Helmeringhausen haben Sie Anschluss an die Route 2.

Namtib Biospähren-reservat

Wer die menschenleere Gegend der Namib durchquert, wird froh sein, am Ende einer kleinen Schlucht auf die Namtib Lodge zu stoßen. Das Ehepaar Theile führt seit Jahrzehnten die Farm auch als Gastbetrieb und lässt, gespeist aus einem unglaublichen Geschichtenvorrat, die gemeinsamen Mahlzeiten zu einem kurzweiligen Erlebnis werden. Die Fahrten auf der nach ökologischen Gesichtpunkten unterhaltenen Farm sind ausgesprochen wissensvermittelnd. Herr Theile versucht den jeweiligen Wasservorräten angepasst eine Balance zwischen der Anzahl der Rinder, der Antilopen und der Schafe zu halten. In wasserreichen Jahren werden mehr Rinder gehalten, in wasserarmen wird das Wild bevorzugt – und geht gar nichts mehr, werden die Schafe aufgestockt. Eine Überweidung findet nicht statt und keine Trophäenjagd. Wild wird nur geschossen, soweit es zur Selbstversorgung nötig ist. Der Besuch der weltabgeschiedenen Farm zwischen den roten Dünen und den Felsen ist überaus empfehlenswert.

Naturpark Tiras Berge

125.000 ha am Rand der Namibwüste liegen in dem Dreieck Fish River, Sossusvlei und Lüderitz. Die Landschaft ist geprägt von den roten Dünen und den schroffen Klippen in einer unendlich weiten Landschaft, auf deren Böden nach guten Regenjahren silbern das Gras im Wind wogt. Die Farmer in den Tirasbergen haben sich zusammengeschlossen und die Gegend zum Naturpark erklärt. Nichts soll zerstört werden, die Natur erhalten, mit landwirtschaftlichem, extensivem Betrieb nicht machbar. So hat man sich entschlossen, die Landwirtschaft zurückzufahren und die Mindereinnahmen mit Tourismus auszugleichen. Die Farmen bieten unterschiedliche Unterkünfte und Ausflüge an, so dass für jeden Geschmack und Geldbeutel etwas möglich ist: **Tiras** und **Gunsbewys** vermieten Zimmer und führen Wanderungen durch, **Koiimasis** hat Chalets und einen hochgelobten Zeltplatz, ebenso wie **Weißenborn** und **Numis,** und auf **Excelsior** und **Landsberg** kann man mit dem 4x4 durch die Dünen fahren.

Erreicht wird das Gebiet von Aus aus über die C13 (Tiras 66 km), die C13 und D707 (Excelsior 64 km, Gunsbewys 84 km, Weißenborn 95 km). Von Helmeringhausen kommt man auf der C13, D407/C27 und P409 nach Landsberg (50 km) und Koiimasis (66 km).

Route 5: Durch die Namib an den Atlantik

Kuiseb – Walvis Bay – Swakopmund

Km	Abzweig	Ort	Sehenswert	Übernachten	GPS
Km 0 C14 Piste n. N			Kuiseb		23 21 09 15 51 24
Km 11		Grenze Namib Naukluft Park			23 17 38 15 48 39
Km 13			Kuiseb Pass		
Km 15			Kuiseb-Brücke	Kuiseb Brücke Zeltplatz	23 18 12 15 46 25
Km 24	Kuiseb-Canyon Km 0 Km 6		 Henno Martin Shel- ter		 23 19 51 15 44 53
Km 29	Aruvlei Picknick- platz Km 0 Km 2		 Aruvlei Picknickplatz		23 19 48 15 39 38 23 20 21 15 40 32
Km 35	Niedersachsen Gf. Km 0 D1998 Piste Km 30 D1982 Pi. Km 74			 Niedersa. Gf.	23 18 42 15 35 58
Km 37	Gobabeb Km 0 Km 10 links Km 17 Km 25 Km 35 Km 55 Km 63 links Km 67 Km 68 zurück Km 69 Km 73 links Km 85 links Km 89 zurück Km 93 geradeaus Km 126 links Km 130 zurück Km 134 links Km 138 Km 164 C14	 Gobabeb Mirabib Einmündung in die C14	 Wendekreis d. Stbo. Zebrapfanne Ruinen Gorob-Mine Ruinen Hope-Mine Homeb Homeb Wendekr. des Stbo.	 Homeb Zeltpl. Mirabib Zeltpl.	23 18 39 15 34 26 23 23 25 15 31 46 23 30 45 15 30 17 23 34 03 15 15 27 23 38 01 15 10 36 23 38 01 15 10 36 23 36 33 15 11 01 23 33 33 15 02 29 23 27 14 15 21 08 23 18 39 15 34 26

ROUTE 5

Km	Abzweig	Ort	Sehenswert	Übernachten	GPS
Km 45		Kriess se Rus		Kriess se Rus Zeltplatz	23 18 30 15 29 08
Km 86		Einmündung D1982			23 06 51 15 09 44
Km 103		Abzweigung Gobabeb			23 03 13 15 00 22
Km 105		Vogelfeder-berg		Vogelfeder-berg Zeltpl.	23 03 06 14 59 24
Km 140		Grenze Namib Naukluft Park			
Km 141 C14 Teer					
Km 146			Düne 7		22 59 00 14 35 46
Km 155 B2 Teer		Walvis Bay		s. Walvis Bay	22 57 22 14 31 08
Km 165			Guano-Plattform		22 52 33 14 32 36
Km 169		Dolphin Bay	Schwimmbad	Dolphin Park Chalets	22 50 22 14 32 34
Km 172		Langstrand, T+V		s. Walvis Bay	22 49 04 14 32 43
Km 189		Swakop-mund, T+V	s. Swakopmund	s. Swakop-mund	22 41 13 14 31 45

Ausgangspunkt

Start ist die Einmündung der C26 in die C14 im Nordosten des Namib-Naukluft Parks. Hier haben Sie Anschluss an die Route 1.

Im folgenden fährt man durch geschütztes Gebiet. **Nur mit einer Genehmigung** vom Ministry of Environment & Tourism in Swakopmund (Alte Ritterburg, Sam Nujoma Drive Ecke Bismarck St, Tel. 064-402172, Fax 402796, Mo–Sa zu den Geschäftszeiten, So 8–13 Uhr) oder in Walvis Bay (Heinrich Baumann St, Tel. 064-205971) dürfen Sie die Abstecher von der Hauptstraße unternehmen. Eintritt 40 N$ p.P. und 10 N$ pro Fahrzeug. Nehmen Sie also die Piste C14 nach Norden. Nach 11 km kündet ein Schild, dass Sie die Grenze des Namib-Naukluft Parks erreicht haben.

Namib-Teil des Namib-Naukluft Parks

Zum Kuiseb Canyon

In weiten Kehren geht es nun durch graubraune Gebirgslandschaft über den Kuiseb Pass hinunter in das Tal des Riviers. Nur besonders trockenheitsresistente Pflanzen wie Kandelaber-Euphorbien, Balsambäume und Akaziengestrüpp können sich in dieser unfruchtbaren Region halten. Ab und zu lugt ein Erdmännchen aus seinem Loch, huscht die elegante Silhouette einer Antilope über das Gestein. Wer auch nur ein kleines Stück von der Hauptpad abfährt, stolpert geradezu über eigenartig geformte und gefärbte Steine. Der Kenner kann hier sicher so manchen reizvollen Mineralienfund machen.

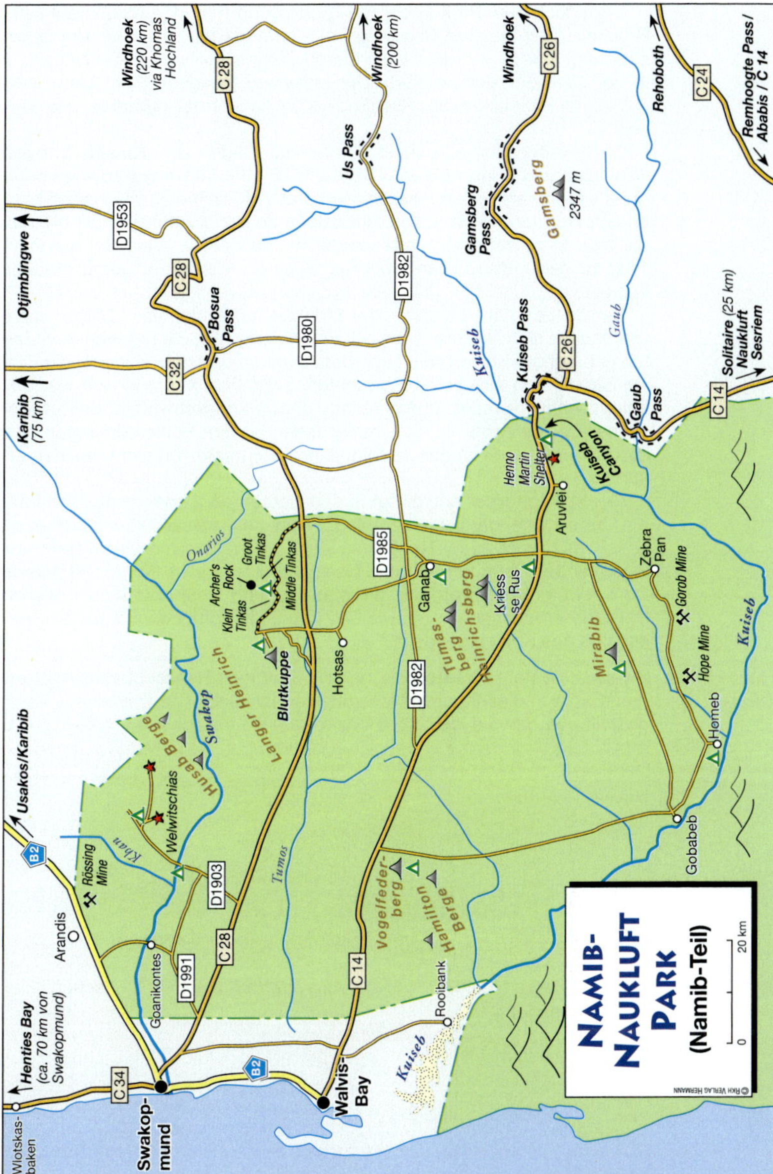
NAMIB-NAUKLUFT PARK
(Namib-Teil)
0
20 km
© RKH VERLAG HERMANN
Windhoek (220 km) via Khomas Hochland
Windhoek (200 km)
Windhoek
Rehoboth
Remhoogte Pass / Ababis / C 14
Us Pass
Gamsberg Pass
Gamsberg
2347 m
Otjimbingwe
D1953
C28
Bosua Pass
C32
D1980
D1982
Kuiseb
Kuiseb Pass
C26
C24
Gaub
Gaub Pass
Solitaire (25 km) Naukluft Sesriem
C14
Karibib (75 km)
Henno Martin Shelter
Kuiseb Canyon
Aruvlei
Zebra Pan
Gorob Mine
Hope Mine
Mirabib
Kriess se Rus
Ganab
Tumas-berg
Heinrichsberg
D1985
Groot Tinkas
Middle Tinkas
Archer's Rock
Klein Tinkas
Onarios
Blutkuppe
Langer Heinrich
Hotsas
Homeb
Gobabeb
Usakos/Karibib
Husab Berge
Swakop
Welwitschias
Khan
Rössing Mine
B2
D1903
Arandis
Tumos
Vogelfeder-berg
Hamilton Berge
Goanikontes
D1991
Rooibank
Hentiesbay (ca. 70 km von Swakopmund)
C34
Wlotskas-baken
Swakop-mund
Walvis-Bay

4 km nach dem Park-Grenzschild überquert man den Kuiseb auf einer Brücke. Unterhalb der Brücke ist ein Zeltplatz mit Toiletten (die Übernachtung muss – wie bei allen anderen Camps im Park – gebucht sein, s. in der Liste der Unterkünfte!). Der malerisch gelegene Platz bietet sich auch zum Picknicken an. Allerdings stört nachts der hupende Lkw-Verkehr.

9 km weiter führt eine Piste (6 km) nach Süden zum **Kuiseb-Canyon** (Hinweisschild „Henno Martin Shelter“, 15 Min. Fußweg zum Aussichtspunkt). Man kann in ihn hinabsteigen und sich ein wenig wie Henno Martin und Hermann Korn fühlen, die beiden deutschstämmigen Südwester, die hier Jahre versteckt verbrachten, um so dem II. Weltkrieg aus dem Weg zu gehen (was man wohl nur in einer Wüstenlandschaft machen kann).

Der Canyon hat sich erst in der Erdneuzeit gebildet; vor 1 Million Jahre wechselten sich feuchte und trockene Perioden ab, die regenreichen Zeiten gaben dem Kuiseb (wie auch dem Swakop und dem Kunene) die Erosionskraft, sich ihre tiefen Schluchten zu graben. Ursprünglich war das Tal wesentlich breiter, durch Ablagerungen angeschwemmten Flussgesteins aber verengte es sich immer mehr, andere Schichten legten sich darüber und heute ist das 15 Mio. Jahre alte, breite Tal nicht mehr zu erahnen.

Der Kuiseb selbst entspringt in den Bergen der Landesmitte und führt am Dünengürtel der Namib entlang. Jedes Jahr versandet er zusehends, schafft sich aber in der Regenzeit, wenn er gut abkommt, sein Bett neu, indem er den Sand fortreißt und bis südlich von Walvis Bay mit sich trägt. Dort geht ihm die Kraft aus, er versandet und fließt unterirdisch weiter. Der Wasserhaushalt von Walvis Bay und Swakopmund wird aus den Reservoirs des Kuiseb gespeist.

Flucht in die Wüste

Zweieinhalb Jahre harrten die beiden Geologen Henno Martin und Hermann Korn in diesem unwirtlich scheinenden Gebiet ganz alleine auf sich gestellt aus, wie die Raubtiere lebend, wie sie beschrieben. Anlass zu ihrer „Flucht“ war der Zweite Weltkrieg, durch den die in Namibia lebenden Deutschen ungewollt zum Kriegsgegner ihrer Mandatsmacht Südafrika wurden.

In der Namib ist das Farbenspiel einzigartig

Die Internierung vieler deutschstämmiger Männer wurde beschlossen, um der Ausbreitung nationalsozialistischen Gedankengutes einen Riegel vorzuschieben, denn da man sich in Namibia der tatsächlichen Konsequenz dieser menschenverachtenden Ideologie nicht unbedingt bewusst war, fand sie viele Wohlgesonnene, die sich davon wieder den Anschluss der ehemaligen Kolonie an Deutschland und das Ende des Südafrika-Mandats erhofften.

Henno Martin und sein Gefährte waren sicher keine Anhänger des deutschnationalen Gedankens, aber sie verspürten wenig Lust, die nächsten Jahre in einem Internierungslager zu verbringen, deshalb beschlossen sie, ins „Wüsten-Exil" zu gehen. Ihre lesenswerte Geschichte erschien im Verlag der Namibia Wissenschaftliche Gesellschaft, Windhoek, 1970, und immer wieder müssen Neuauflagen gedruckt werden: Henno Martin: „Wenn es Krieg gibt, gehen wir in die Wüste". Ein Auszug:

„Der Anblick unseres Wasserkolkes verschlug uns fast den Atem. Der Fischteich war nur noch eine schillernde Pfütze, auf der ein paar stinkende, von Fliegen bedeckte Karpfen trieben. Im Trinkwasserkolk war das Wasser so weit zurückgegangen, dass die Grenze, an der der Schotter des Rivierbettes den Fels überlagerte, frei lag. Nur an einer Stelle sickerte noch ein Wasserfaden aus dem Schotter in das tiefere Felsbecken hinab; er war so dünn, dass wir dachten, er müsse jeden Augenblick reißen. Das war schlimmer, als wir erwartet hatten. Jeden Tag konnte der Wasserzufluss ganz aufhören. Ob es Sinn hatte, in der Nähe einen Brunnen im Kies zu graben? Würden wir etwa gezwungen sein, das Wasser aus einem größeren, weiter entfernten Kolk zu holen? Und wenn die auch austrockneten? Die dunklen Felswände begannen sich plötzlich gefährlich um uns zu türmen. Unheilvoll lastete die Sonne auf unseren Schultern. Wie oft wurde die Sonne nicht die Mutter des Lebens genannt! Hier in der Wüste war sie es wahrlich nicht."

5 km weiter vom Zeltplatz auf der C14 führt eine 2 km lange Piste zum Aussichtspunkt Aruvlei. Während Sie im Schatten der Akazien picknicken, können Sie den Blick über den Canyon genießen. Nach weiteren 8 km erreichen Sie eine Kreuzung.

ROUTE 5

ABSTECHER nach Homeb

Links führt der Abzweig zur Zebra Pan und nach Gobabeb, der Wüstenforschungsstation, die aber Besucher nur nach Voranmeldung und für eine (kostenpflichtige) Führung mit abschließender Sundowner-Tour empfängt (P.O. Box 953/Walvis Bay, Tel. 064-694199, Fax 694197, www.gobabebtrc.org). Die Rundtour durch die eintönige Geröllwüste führt insgesamt über ca. 160 km. Man kann aber auch von Gobabeb aus weiter nach Nordwesten fahren, man stößt dann beim markanten Vogelfederberg, ca. 60 km weiter westlich des Ausgangspunktes und nach ca. 160 km Fahrt insgesamt wieder auf die C14. Der Vogelfederberg ist einer jener typischen Granit-Inselberge, die die Erosion rund wie einen Kinderpopo abgeschliffen hat.

Zebra Pan ist eine Pumpstation zur Wasserversorgung der Zebras (sie kommen morgens und abends zur Tränke). Bei der **Gorob- und Hope-Mine** auf dem Weg nach Homeb gibt es außer Häuserruinen und einer Unmenge sorgfältig in Reih und Glied gelegter Bohrkerne, die nette Briefbeschwerer abgeben würden (dürfte man sie mitnehmen), nicht viel zu sehen. **Homeb** ist ein kleines Dorf aus Blechhütten mit einem dahinter liegenden Zeltplatz. Im Dorf leben Topnaar-Nama. Wenn es heiß ist, erfreut man sich am Schatten der hohen Bäume und leistet den Ziegen gerne Gesellschaft. Vogelkundler kommen hier voll auf ihre Kosten. Kurz vor Gobabeb kann man über den Zeltplatz **Mirabib** (bis dahin ca. 33 km), der hübsch an einem Granitinselberg liegt, zu seinem Ausgangspunkt zurückfahren, oder wie erwähnt, in ca. 60 km direkt zum Vogelfederberg.

Gobabeb weist ungebetene Besucher schon weit vor dem Eingangstor mit eindrucksvollen Schildern darauf hin, dass es vollkommen sinnlos ist, um Einlass zu bitten. Die Forschungsstation wurde in weitgehend unberührter Wüstenlandschaft eingerichtet, wo die ökologischen Systeme noch im ursprünglichen Gleichgewicht stehen. Die Ergebnisse der letzten Jahre haben ganz neue Erkenntnisse über das Leben in einer von vielen totgeglaubten Wüste gebracht. Nicht zuletzt hier wurde der Beweis für die ökologische Notwendigkeit geführt, gerade in den sensitiven Wüstengebieten die Touristenströme rigide zu kanalisieren.

Vogelfederberg – Walvis Bay

Der Vogelfederberg bietet alle Verwitterungsformen des Granits – Abschalung, Temperatursprünge und Wollsack-„Knäuel". An seinem Fuß haben Spuren von Feuchtigkeit für ein etwas üppigeres Wachstum und so für Nahrung für Wild und Vögel gesorgt. Die vorkommenden Tierarten – Steppenzebras, Strauße, Oryx-Antilopen und die allgegenwärtigen Springböcke – lassen sich auf den beiden erwähnten Abstecher-Touren allerdings nur zu bestimmten Tageszeiten blicken. Am Vogelfederberg gibt es mehrere Campmöglichkeiten (aber etwas nahe der Piste).

35 km hinter dem Vogelfederberg verlässt man die Pistenstrecke durch die Namib-Wüste wieder. Die C14 ist nun asphaltiert, und 5 km weiter kann man zur Düne 7 abbiegen, der höchste Sandberg der Gegend.

4 km weiter und 5 km vor Walvis Bay ist rechts eine Hinweistafel auf die Reste der Schienen einer kleinen Schmalspurbahn, die um die Jahrhundertwende gebaut wurde. Da die Lokomotive erst 1899 anlandete, lies man bis dahin die Waggons von Mulis ziehen. Der Fahrbetrieb wurde 1905 endgültig eingestellt, da die Dünen unwiderruflich die Schienen versperrt hatten. Die Lokomotive mit dem Namen „Hope" steht vor dem Bahnhof von Walvis Bay.

Walvis Bay

Ankunft

Sie erreichen einen Kreisel (Diaz Circle), hier geradeaus weiterfahren. Nun sind Sie schon mitten in Walvis Bay. Die Stadt ist einheitlich geplant und hat einen klar gegliederten Gitter-Grundriss mit rechtwinkelig zueinander verlaufenden Straßen, die mit Nummern benannt sind. Zur Küste hin verlaufende Straßen heißen „Road", parallel zur Küste liegende „Street".

Die drittgrößte Stadt Namibias hat etwa 30.000 Einwohner, die Hälfte schwarz, die Hälfte farbig und weiß. Das östlich des Kreisels liegende Viertel Narraville galt traditionell als Stadtteil der farbigen Bevölkerung, der nördlich liegende Stadtteil Kuisebmond als Wohnviertel der schwarzen Bewohner.

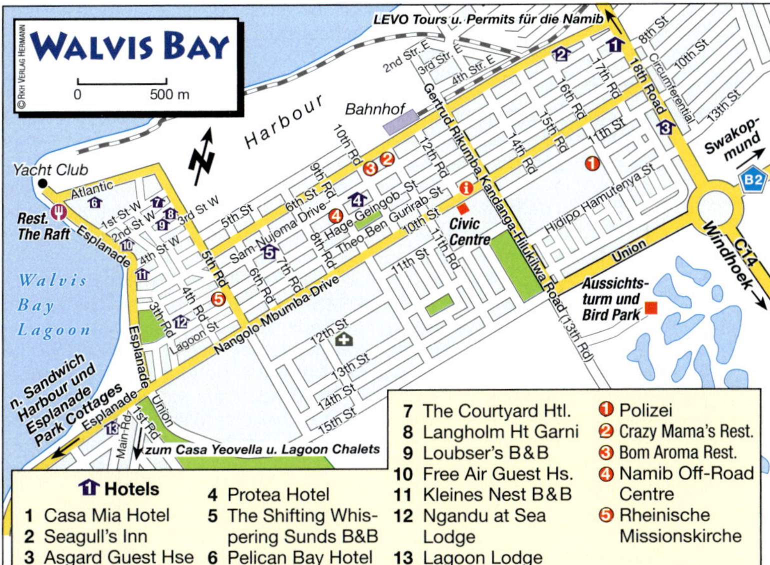
WALVIS BAY
0 500 m
© Rkh Verlag Hermann
LEVO Tours u. Permits für die Namib
Harbour
Bahnhof
Yacht Club
Atlantic
Rest. The Raft
Walvis Bay Lagoon
n. Sandwich Harbour und Esplanade Park Cottages
zum Casa Yeovella u. Lagoon Chalets
Civic Centre
Aussichtsturm und Bird Park
Swakopmund
B2
C14 Windhoek
Union
Esplanade
Sam Nujoma Drive
Hage Geingob St
Theo Ben Gurirab St
Nangolo Mbumba Drive
Hidipo Hamutenya St
Gertrud Rikumba Kandanga-Hilukilwa Road (13th Rd)
18th Road
Circumferential
Hotels
1 Casa Mia Hotel
2 Seagull's Inn
3 Asgard Guest Hse
4 Protea Hotel
5 The Shifting Whispering Sunds B&B
6 Pelican Bay Hotel
7 The Courtyard Htl.
8 Langholm Ht Garni
9 Loubser's B&B
10 Free Air Guest Hs.
11 Kleines Nest B&B
12 Ngandu at Sea Lodge
13 Lagoon Lodge
1 Polizei
2 Crazy Mama's Rest.
3 Bom Aroma Rest.
4 Namib Off-Road Centre
5 Rheinische Missionskirche

Seal Colony
Leuchtturm
Pelican Point
Walvis Bay
n. Langstrand / 35 km nach Swakopmund
Tumas
Narraville
Düne 7
Bird Park
Meersig
Walvis Bay Nature Park
C 14
Namib-Naukluft Park
Kuiseb-Pass
Salzwerke
Paaltjies
Dünen
Kuiseb River Delta
Kuiseb
Rooibank
Sandwich Harbour
Anichab
Sandwich-Lagune
WALVIS BAY UMGEBUNG
0 5 10 km
© Rkh Verlag Hermann

Die Stadt vermittelt neben Windhoek als einzige einen gewissen Großstadtflair, auf den Straßen ist Betrieb, man hat den Eindruck, die Geschäfte laufen. Seit der Abgabe der Enklave von Südafrika an Namibia hat sich die Wirtschaft der Hafenstadt sicherlich auch positiv entwickelt.

Geschichte Auf seinem Weg nach Südafrika (und an Lüderitzbucht vorbei) ankerte der Portugiese Diaz am 8. Dezember 1487 auch vor dem heutigen Walvis Bay und gab der Bucht den Namen „Golfo de Santa Maria da Conceição". Im 17. Jahrhundert kamen die Walfänger an diese Küste, die nun „Golfo de Baleia" hieß – Bucht der Wale. Der Benguela-Strom sorgte für Fisch- und Planktonreichtum und damit für beste Lebensbedingungen für die riesigen Säugetiere.

Beim Wettrennen zwischen Holländern und Engländern um Einfluss an der Südküste Afrikas gewannen Letztere, und ab 1795 wurde die Gegend endgültig der Machtsphäre der Engländer zugerechnet.

Damit hatte Großbritannien einen natürlichen Hafen, den seine Schiffe auf dem Weg zum und um das Kap der Guten Hoffnung herum anlaufen konnten. Da sich die Verwaltung von London aus schwierig gestaltete, gab die britische Regierung 1884 die Anweisung, Walvis Bay der Kapkolonie einzuverleiben und von dort aus zu administrieren. Damit war die bis 1994 gültige Verbindung von Südafrika und seiner Exklave festgeschrieben.

Einer der ersten Europäer in dieser Gegend war Heinrich Scheppmann von der Rheinischen Mission, der 1845 bei Rooibank am Kuiseb seine Arbeit mit den Topnaar-Nama begann. Dieser Aktivität verdankt Walvis Bay das einzige Gebäude geschichtlichen Wertes aus dem 19. Jahrhundert, nämlich die Rheinische Missionskirche, die in den 1960er Jahren dem Hafen weichen musste und ihren heutigen Platz erhielt.

Spazierfahrt Walvis Bay gleicht einem Schachbrett mit modernen, flachen Bungalows auf den von Roads und Streets umrahmten Karrees. Neben der Lokomotive vor dem Bahnhof am Ende der 11th Road gibt es noch zwei weitere touristisch interessante Punkte im Stadtgebiet: Der eine ist die **Rheinische Missionskirche.** Sie steht in der 5th Road in Höhe der 8th Street, im schönsten Teil der Stadt und wurde in Hamburg als Fertigteilgebäude aus Holz 1879 hergestellt, zerlegt nach Walvis Bay gebracht und 1880 dort aufgebaut. Gegen Holzfäule wurde die Außenseite verkleidet.

Walvis Bay ist auch für seine zigtausend Vögel berühmt, und die zweite Attraktion bildet die **Esplanade** (Verlängerung der Diaz Street nach Süden), die an der Lagune entlangläuft. In der Lagune stehen, sitzen und fliegen verschiedene Möwen, Seetauben, Flamingos und Pelikane (insgesamt 31 Vogelarten), und in den Gärten der Häuser und Villen, die an der Lagune aufgereiht sind, ragen Etagenbäume mit ihren streng geometrischen Silhouetten in den stahlblauen Himmel. Hier ist die Spazierfahrt schon zu Ende, steigen Sie aus und flanieren Sie die 5 km lange Promenade entlang.

Zum Mittagsmahl fahren Sie zur 12th Road die 10th Street hinunter. Die Bäckerei Probst mit Restaurant gilt als eines der besten Speiselokale, dort holen sich die Schüler ihr Pausebrot, die Geschäftsleute verhandeln und die wenigen Touristen sitzen auf der Veranda, blinzeln in die Sonne und entspannen sich.

Museum Am imposanten Civic Center mit der öffentlichen Bibliothek gilt es das Museum zu besuchen, in dem unter anderem prähistorische Funde (z.B. ein Hockgrab) ausgestellt sind. Nangolo Mbumba Drive, Tel. 064-2013260, Mo–Fr 9–12 Uhr.

Ausflüge

Salzgewinnungswerke Die Esplanade entlang und 5 km über sie hinaus kommen Sie zu den Salzgewinnungswerken (Salt Works, fragen Sie dort nach, ob eine Besichtigung möglich ist).

Bird Park Die 13th Road, 300 m über die Union Street hinaus, führt links eine kleine Piste auf 1 km zu einem See, der aus den gereinigten Abwässern der Stadt gespeist wird. Vom Aussichtsturm können Vögel in einer Sumpflandschaft beobachtet werden.

Paaltjes 12 km südwestlich zum Atlantik hin über die Salzwerke hinaus und an den Salzpfannen vorbei ist der angeblich beste Fischgrund der Gegend. Entsprechend gestaltet sich am Wochenende der Zulauf der Einheimischen, die das Abendessen in ihre Pfannen holen. Die „Angelmeile" besteht aus vier ausgewiesenen Stellen, wobei nur die erste mit einem normalen Pkw erreichbar ist. Hier finden sich auch die Austernbänke der Stadt. Die Austern kommen in einer Größe von 2-3 mm aus Chile und werden in den kalten und planktonreichen Benguela-Strom gesteckt. Nur 9 Monate benötigen sie zum wachsen (in Chile würde es zur gleichen Größe 2-3 Jahre dauern), dann kommen sie heraus, werden gereinigt und landen auf den Tischen. Man könnte sie noch weiter wachsen lassen, doch würde sich nicht ihr Gewicht, sondern nur ihr Volumen ändern, sie würden weich und „matschig".

Rooibank Nature Trail Die Gesamtstrecke beträgt 80 km und ist mit normalem Pkw machbar. Ungefähr drei Stunden sollten einkalkuliert werden. Verlassen Sie die Stadt auf der C14 entlang der Sicheldünen (Barchanen) und biegen Sie nach 7 km in die Piste nach Süden Richtung Rooibank ein. Der Abbau des gipshaltigen Bodens, der sich vorzüglich für den Straßenbau eignete, hat hier tiefe Wunden in der Wüste hinterlassen.

Nach 9 km beginnt bei der Funkstation der Walvis Bay Nature Park. Links der Straße wirkt der Boden dunkler, da hier Flechten, die Mikroorganismen der

Salzgewinnung bei Walvis Bay

Wüste (Algen und Pilze), die Oberfläche überzogen haben. Die Pilze haben sozusagen die Aufgabe des Skeletts übernommen, während die Algen sich um die Fotosynthese kümmern. Die Farbpalette reicht von schwarz über grau und braun bis orange, bei ausreichend Feuchtigkeitszufuhr blühen die Flechten in strahlenden Farben auf. Die notwendige Feuchtigkeit wird der nebligen Luft entnommen (s.S. 113). Deshalb sind die westwärts zur See gerichteten, höher liegenden Bereiche stärker bewachsen.

Rooibank erhielt seinen Namen wegen des roten Granits, der aus dem Wüstenboden ragt. Der Kuiseb trennt das Sandmeer der Dünen gegen die Geröllflächen des Nordens ab. Rivieraufwärts stehen hohe Bäume, abwärts niedrige Pflanzen. Einige Vegetationstypen sind mit Tafeln gekennzeichnet. Hier wächst auch die Nara-Frucht. Mit einem 4x4 kann man 3 km flussaufwärts Scheppmansdorp erreichen, den früheren Standort der Rheinischen Mission.

Sandwich Harbour

Walfänger, sogar auch Piraten, sollen dort, 40 km südlich Walvis Bay, vor Anker gegangen sein, da es einer der wenigen Orte dieses Küstenstriches mit Frischwasser war (die Quelle entspringt bei der Naturschutzhütte).

Anichab bedeutet in Nama „Quellwasser". 1890 wurde hier eine Fabrik zur Fleischverarbeitung errichtet. Die Rinder trieb man durch die Wüste aus dem Landesinneren her. Fünf Jahre später versandete die Mündung, und die Fabrik wurde aufgegeben.

1910 wurde – bis in die 50er Jahre – der Guano-Abbau in Angriff genommen. Um die Abbauflächen zu vergrößern, begann man damit, dem Meer Land abzugewinnen, was immer wieder zur Versandung der Mündung führte. Schließlich wurde Sandwich Harbour Teil des Namib-Naukluft-Naturschutzgebietes und als Brutstätte für Vögel, die in der Süßwasserlagune lebten, streng geschützt. 1995 holte sich das Meer die Lagune, und die Vögel sind, bis auf Möwen und Pelikane, verschwunden.

Die Anfahrt gestaltet sich sehr schwierig, dass man sie nicht alleine unternehmen sollte, sondern sich besser an ein Safari-Unternehmen wendet. Das Meer reicht auf großen Strecken direkt an die Dünen heran. Extrem weicher Sand, unter dem sich teilweise Salzglibber verbirgt und die Notwendigkeit, mit einer Gezeitentabelle zu arbeiten, haben mehrfach dazu geführt, dass Touristenwagen abgesoffen sind, weil die steckengebliebenen Fahrzeuge nicht während der Ebbe befreit werden konnten. Zu den wenigen Unternehmen, die die Tour noch durchführen, gehören *Turnstone Tours* (www.turnstone-tours.com) und *Mola Mola* (www.mola-namibia.com).

Der Meeresboden lebt

Namibias Küste hat auch den Beinamen „Silberne Küste". Der Reichtum an Plankton führt dazu, dass nicht alles gefressen werden kann, große Mengen sinken ab und werden unter Sand begraben. In regelmäßigen Zeitabständen strömt warmes Wasser aus Angola die Küste entlang nach Süden, und das abgestorbene Plankton beginnt zu gären. Schwefel entsteht, dem Wasser wird Sauerstoff entzogen, die Langusten flüchten an Land, die Fische kommen an die Oberfläche und schnappen nach Luft. Verpestet riecht dann die ganze Küste und silbern schimmert die Meeresoberfläche von den Fischkadavern.

Adressen & Service Walvis Bay

Unterkunft *Touristenklasse:* Ngandu at Sea, Protea Lodge, Atlantic Hotel, Casa Mia Hotel, Pelican Bay Hotel, **The Courtyard,** Namibia Coast, Kleines Nest, Lagoon Lodge, The Langholm Hotel Garni, The Shifting Whispering Sands, Free Air Guest House.

Günstig: **Casa Yeovella,** Lagoon Chalets, Seagull's Inn Guest House, Loubser's B&B, Esplanade Park Cottages

Camping: Langstrand Rastlager

Außerhalb: Crayfish Creek Lodge, **Levo Guesthouse,** Dolphin Park Chalets, Lauberville Camp.

Restaurants *The Raft,* vorzüglicher Speiseplatz mit Aussicht, The Esplanade, Tel. 064-204877.

Bäckerei und Restaurant Probst, Traditionstreff, 9th Street, Tel. 064-202744 (Frühstück und Lunch).

Crazy Mammas, sieht von außen aus wie eine Burg und in den weitläufigen Gasträumen oder im Biergarten gibt es südafrikanische Spezialitäten (Fleisch, Fisch) und Pizza & Pasta; 133 Sam Nujoma Drive, Tel. 064-207364.

Bon Aroma Restaurant, feines Essen in angenehmer Atmosphäre, Sam Nujoma Avenue, Tel. 064-220226.

Namib off-road-Centre Die Privatfirma verkauft alles, was zum Campingurlaub notwendig ist und was ein zünftiger Feldwegfahrer für sein Fahrzeug braucht. Das Zentrum ist auch Anlaufstelle und Informationspunkt für Touristen; Ecke Sam Nujoma Ave und 9th Street, Tel. 064-220308, www.namiboffroad.com.

Permits für die Namib Ministry of Environment & Tourism in Swakopmund (Alte Ritterburg, Sam Nujoma Drive Ecke Bismarck St, Tel. 064-402172, Fax 402796, Mo–Sa zu den Geschäftszeiten, So 8–13 Uhr) oder in Walvis Bay (Heinrich Baumann St, Tel. 064-205971). Zur Heinrich Baumann Street kommt man vom großen Kreisel bei der Stadteinfahrt nach rechts in die 18th Road bis zur 2nd Street, dort links bis zur Heinrich Baumann Street, dort rechts; das Büro liegt auf der rechten Seite.

Internet Namibnet Internet Café, 144 Sam Nujoma Street, Tel. 064-205673.

Township Tours Interessante Touren in das Schwarzenviertel von Walvis Bay – Kuisebmond – organisiert *Township Tours,* Tel. 081-2867758 (auch über Mola Mola zu buchen). Man erfährt vieles über das ganz normale Leben in einer Township und über die Zukunft mit der Landentwicklung und dem Bau und der Finanzierung menschenwürdiger Unterkünfte.

Unterhaltung *Cantena,* Nightclub für die betuchteren Bewohner der Stadt, Grand Avenue, Tel. 064-206642

Reiseveranstalter *Mola Mola Safaris,* P.O. Box 980, Walvis Bay, Tel. 064-205511, Fax 207593, www.mola-namibia.com; Bootsausflüge und Fahrten mit dem Geländewagen nach Sandwich Harbour.

Turnstone Tours, Tel. 064-403123, Fax 403290, www.turnstone-tours.com, Fahrten nach Sandwich Harbour.

Levo Dolphin Tours; wunderschöne Schiffstouren auf dem Meer vor Walvis Bay (s. Kasten); P.O. Box 1860, Langstrand, Walvis Bay, Tel. 064-207555 oder 081-1247825, Fax 064-207555, www.levotours.com.

Catamaran Charters unternimmt mit den schnellen Doppelrumpfbooten Ausflüge in die Bucht hinaus, Tel. 064-200798, Fax 200598, www.namibiancharters.com; Kontaktadresse Bäckerei Probst/Walvis Bay.

Jeanne Meintjes organisiert Kayak-Touren in der Lagune von Walvis Bay mit unterschiedlicher Dauer (halb- und ganztägig). Man kann Vögel beobachten, fährt zum Pelican Point und zu Austernfarmen. Jeanne stellt auch Touren nach Vorstellungen der Gäste zusammen. *Eco Marine Kayak Tours,* P.O. Box 225, Walvis Bay, Tel./Fax 064-203144, www.emkayak.iway.na.

Yachtclub The Esplanade, Tel. 064-203676

Schwimmbad Öffentliches Schwimmbad neben dem Yachtclub. Öffnungszeiten 10–18.30 Uhr, 5 N$ p.P. (Kinder 0,50 Cent)

Golfclub Walvis Bay Golf Club, P.O. Box 835, Walvis Bay, Tel. 064-206506

Bibliothek Civic Center, 13th Road/10th Street

Mediz. Hilfe Hospital, Tel. 064-203441

Sonstiges Segeln, Surfen und Tennis über den Yachtclub (s. oben)

Walvis Bay – Swakopmund

Achtung: Meiden Sie die Straße zwischen Walvis Bay und Swakopmund bei Nacht. Es ist die Todesbahn des Landes. Nach einigen Gläsern Bier und Korn körperlich und seelisch entspannt, versuchen die Einheimischen allzu häufig, den Streckenrekord ihrer Freunde zu unterbieten. Dabei ist – so heißt es – der Aufschlag auf die Basis einer Sanddüne bei 200 km/h die eher unkommode Variante der möglichen Bremsmanöver!

Verlassen Sie Walvis Bay am Kreisel auf der B2 nach Norden. Sie fahren auf Asphalt an der Küste entlang. Nach 10 km kommt eine große, ins Meer gebaute Guano-Plattform und 4 km weiter Dolphin Bay, eine Feriensiedlung mit voll eingerichteten Chalets und einer Schwimmbadlandschaft direkt am Strand. Tagesbesucher zahlen etwa 10 N$ (Kinder die Hälfte), Öffnungszeit 9–18 Uhr.

Nach 3 km erreicht man Langstrand, ebenfalls ein Ferienzentrum. Von der Stadt Walvis Bay wird der große Zeltplatz betrieben. Ein gutes Restaurant (African Grill & Seafood Restaurant) ist beliebtes Ausflugsziel am Wochenende, Kinder finden einen Abenteuerspielplatz. Die Brücke über den Swakop überquert man nach 13 km. Jetzt nur noch 1 km und Swakopmund ist erreicht. Hier haben Sie Anschluss an die Routen 5 und 8c.

Swakopmund

Ankunft

Über die die Mündung des Swakop überspannende Brücke erreichen Sie Swakopmund und gelangen auf die Breite Street, die mitten im Zentrum auf die ehemalige Kaiser Street stößt. Wenn sich der Nebel am Morgen gelichtet hat, blitzt die Stadt im Sonnenschein, und die Einheimischen und die Touristen flanieren auf den Straßen oder sitzen auf den Terrassen der Cafés. Dann strahlt das Leben eine Leichtigkeit aus, und Urlaubsstimmung kommt auf. Hat sich der Nebel nicht gelichtet, bleibt alles in traurigem Zwielicht und der Reisende mag das Hotel gar nicht verlassen.

Geschichte

1884 wurde Südwestafrika deutsches Protektorat. Ein Hafen wurde benötigt, um Waren ins Land zu bringen und die natürlichen Ressourcen ins Heimatland transportieren zu können (diese Form des „Warenaustausches" sollte immer „hehrstes Ziel" einer Kolonie sein).

Es gab nur zwei Buchten an der Küste, die sich eigneten: Walvis Bay – leider britisch – und Angra Pequena, die Bucht vor dem heutigen Lüderitz. Angra Pequena lag zu weit im Süden und wurde vom Landesinneren auch noch durch einen Dünengürtel abgetrennt, dem die damalige Transporttechnik nur unter größten Schwierigkeiten gewachsen war. Außerdem war die Anlandung dort durch die Untiefen sehr schwierig.

Swakopmund in den ersten Jahren

Nach längerer Suche die Küste auf und ab entschied man sich schließlich für einen Fleck gleich nördlich der Mündung des Swakop-Flusses – es gab Wasser und keine Behinderung durch Sandberge (da der Swakop, wenn er in der Regenzeit fließt, Dünenanlagerungen wegwäscht, und der Wind, der das Swakop-Tal entlang bläst, seinen Teil dazu beiträgt). Das Kanonenboot „Hyäne" der Kaiserlichen Marine setzte am Landungspunkt Baken, Swakopmund war geboren, es war der 4. August 1892. Ein Jahr später brachte die „Marie Woermann" 120 Schutztruppler und 40 Siedler aus Deutschland per Brandungsboot an Land.

Die ersten Jahre

Viel fanden sie nicht vor. Einige Baracken, einige Lagerhäuser, keine Unterkunftsmöglichkeit, obwohl man über Wochen warten musste, bis sich eine Möglichkeit zur Weiterreise ergab. Und die war dazu noch unsicher, gestört durch die Überfälle Hendrik Witboois. Aber der Schiffsverkehr wurde reger. 1894 kamen vier Schiffe, 1895 fünf Dampfer und 1896 errichtete die Woermann-Linie einen zweimonatlichen Afrika-Dienst. Die Anlandung mit dem Brandungsboot blieb Swakopmund aber erhalten. (In Liberia wurden von jedem Dampfer der Woermann-Linie „Kruboys" – Männer des Kru-Stammes – auf- und mit nach Swakopmund genommen. Hier halfen sie nicht nur bei der Entladung, sie waren wichtigster

Bestandteil derselben. Sie kannten die Brandung von ihrer eigenen Küste und waren mit den Wellen vertraut. Ohne sie wären die Frachtraten, die jetzt den Hafen erreichten, nicht möglich gewesen. Die Kruboys fuhren mit dem gleichen Dampfer wieder in ihre Heimat zurück.)

1899 wurde schließlich der Bau der Mole in Angriff genommen. Nach vier Jahren und 2,5 Mio. Mark weniger war die 375 Meter lange Pier fertig – und nach weiteren zwei Jahren versandet. Künftig sollten die Landungsbrücken aus Holz sein, nicht für die Ewigkeit gebaut, aber nutzbar. Kurz vor Beginn des I. Weltkrieges begann die Stadt dann noch mit dem Bau einer eisernen Landungsbrücke, die aber nie ihre Vollendung fand. Der Traum Swakopmunds, als Hafen Bestand zu haben, war zu Ende.

Bay-Weg

Allerdings waren damit die Grundlagen geschaffen worden, auch künftig als Stadt zu existieren. Durch seine Funktion als Tor ins Landesinnere wurden die Wege dorthin ausgebaut. Die Ochsenkarren nahmen von Swakopmund aus den traditionellen Bay-Weg, und die bald danach gebaute Eisenbahn verband die Stadt über Otjiwarongo mit dem Norden und über Windhoek mit dem Süden. Es siedelten sich Händler an, Handwerker und Verwaltungsbeamte. Fertighäuser aus Deutschland fanden ihren Weg nach Südwest, und 1899 schließlich begann man mit Steinen zu bauen, der Ruch des Provisorischen wurde abgestreift.

1907 war Swakopmund mit ca. 1700 weißen Einwohnern die größte weiße Ansiedelung in den deutschen Kolonien, es gab 18 Hotels, Banken, Wirtschaften, Clubs, Kultur, Industrie und Handwerksbetriebe.

Dann kam der Krieg. Am 14. und 24. September 1914 beschoss je ein englisches Kriegsschiff die Stadt. Am 25. September begann die Evakuierung, Mitte Januar des neuen Jahres marschierten schließlich südafrikanisch-britische Truppen ein. Nach der Kapitulation der Schutztruppen, die die Südafrikaner durchaus ehrenvoll gestalteten, kehrte man im August 1915 nach Hause zurück.

Höhen und Tiefen

Walvis Bay war der neue Hafen, Deutsch-Südwest gehörte nun zum Zollgebiet Südafrikas, der Handel lag darnieder, man hatte kaum etwas mehr. Die schwarze Bevölkerung war noch ärmer dran, Hungersnöte in ihren Heimatgebieten, keine Arbeit, kein Land und, bis auf einige wenige Missionare, keiner, der sich darum scherte. Sie wurde schließlich von der Militärverwaltung angewiesen, sich im Norden der Stadt niederzulassen.

Swakopmund träumte von einer lichteren Zukunft – annähernd 10 Jahre lang. Und sie kam. Die Stadt mauserte sich zum bevorzugten Ferien- und Standort diverser Internate und Schulen. Hotels wurden gebaut, Zeltlager eingerichtet, um den alljährlichen Ansturm Badewilliger abzufangen.

Der zweite große Krieg tangierte Swakopmund nicht sonderlich, die Leute wollten weiterhin der Hitze des Landesinnern entgehen. Swakopmund blieb Ferienziel bis heute. Es wurde und wird gebaut, in den sechziger Jahren die beiden Vororte Mondesa und Tamariska, ersterer für die schwarze Bevölkerung aus dem Viertel „Alte Werft" (noch entstanden in der Zeit des I. Weltkrieges), Letzterer für die farbige Bevölkerung.

In den Siebzigern baute die Rössing-Mine das ehemalige Feriendorf Vineta zu einem Stadtviertel aus, in dem „white collars" der Firma lebten (die einfacheren Arbeiter hatten ihre eigene Kunststadt Arandis, ca. 60 km außerhalb, in der Nähe ihrer Arbeitsstätte im Landesinneren).

- Gefängnis
- Disco/Pub
- Kristall Galerie
- Swimming Pool
- Altes Amtsgericht
- Polizei
- Museum
- Kaiserliches Bezirksamt
- Marinedenkmal
- Robyn Gallery
- Ludwig Schröder Haus
- Haus Altona
- African Leather Collection
- Evangelische Kirche
- Raith Gourmet Gelateria
- Chili Pepper Rest.
- Ritterburg/Nature Conservation
- Fürst Bismarck Haus
- Radverleih

20 Henckert Souvenirs / Pinocchio / Arcaden Café
21 Hans Kriess Garage
22 Engelhard Design
23 OMEG Haus
24 Otavi-Bahnhof
25 Village Café
26 Kaiserhof
27 Woermann Haus
28 Bus Intercape Mainliner
29 Hohenzollern Haus
30 Alte Kaserne/Youth Hostel
31 Aquarium/Aquamarine
32 Desert Explorer Adventures

Hotels

1 Hotel Brigadoon
2 Strand Hotel
3 Dunedin Backp.
4 Villa Wiese Lodge
5 Htl. Schweizerhof/ Café Anton
6 Hansa Hotel
7 Atlanta Hotel
8 Eberwein Hotel
9 Rapmund Hotel
10 Swakop Boutique Hotel
11 Swakop Lodge
12 Central Lodge
13 Meike's Gästehouse
14 A La Mer Hotel
15 AJay Jay's Hotel
16 Secret Garden Guest House
17 Hotel d'Avingnon
18 Dunes Lodge
19 Europa Hotel
20 Prinzessin Rupprecht Heim
21 Hotel Adler
22 De Stilts Lodge

Ab der Jahrtausendwende sah Swakopmund einen beispiellosen Bauboom, die ganze Küste Richtung Norden bis zum Zeltplatz Mile 4 wurde zugebaut, nicht immer in der hohen Qulität, die eine seewassernahe Bebauung eigentlich erfordert.

Swakopmund hat heute etwa 33.000 Einwohner, und es ist schwierig, hier während der Ferienzeiten ein Bett zu ergattern, gar einen Stellplatz für sein Zelt zu finden. Die Restaurants sind voll, auf der Promenade ist viel Betrieb, Schwarz und Weiß teilen sich friedlich die Sitzbänke und genießen den Sonnenuntergang, während sie ein Eis schlecken. Nie käme man bei diesem Bild auf die Idee, woher der Name Swakopmund kommt – er wird abgeleitet aus dem zusammengesetztem Nama-Wort „tsoaxoub" und spielt auf das periodische Abkommen des Flusses an, der dabei sehr viel Schlamm mit sich trägt und bräunlich eingefärbt ist, „tsoa" bedeutet Hintern, „xoub" Exkrement.

Der Spaziergang ...

... beginnt bei unserer Hotel- oder auch Restaurantempfehlung, dem **Hansa-Hotel** in der Hendrik Witbooi Street (ehemals Roon). Der Gebäudekomplex des Hotels mag verwirrend wirken, hat aber seine Ursache in der über die Jahrzehnte dauernden allmählichen Erweiterung des um die Jahrhundertwende von einem Friseursalon in ein Gästehaus verwandelten Gebäudes.

Halten Sie sich links, und Sie gelangen sogleich zur Daniel Tjongarero Street (ehemals Post), die Sie ebenfalls links gehen. Ein Merkmal Swakopmund wird sofort deutlich: die überbreiten Straßen, auf denen man gut und gerne mehrspurig fahren könnte. Doch die großzügige Stadtanlage wurde nicht für Kraftfahrzeuge, sondern für Ochsengespanne berechnet, und die brauchten einen großen Wendekreis. Als Belag wurde eine Mischung aus Salz und festgestampfter Erde verwendet. Rechter Hand sehen Sie nach ein paar Schritten ein altes deutsches Wohnhaus. Zwischen Hendrik Witbooi Street und Tobias Hainyeko Street (ehemals Moltke) breitet sich eine Fußgängerzone aus, wo man Restaurants, Curio-Läden, ein Kino und allerlei weitere kleine Geschäfte findet.

An der Kreuzung Daniel Tjongarero/Hendrik Witbooi Street steht das alte **Postgebäude.** Weiter geradeaus sieht man links zwei weitere alte Wohnhäuser, und über der Querstraße, der Otavi Street, ragt die **evangelisch-lutherische Kirche** in die Höhe. Ihr angeschlossen ist das **Pfarramt.** Der barocke Baustil variiert frei die Formen. Am 7. Januar 1912 wurde die Kirche eingeweiht. Eineinhalb Jahre später war die gegenüberliegende **Regierungsschule** fertig. Die Garnsion Street, heute die Tobias Haynieko Street, nach Norden kommt man zum postmodernen Gebäude der Kristallgalerie, wo man unter anderem das weltgrößte Kristallaggregat bewundern kann. In der Ausstellung begleitet man die Steine vom Fundort bis in die Werkstatt der Schleifer und Polierer und der Schmiede. Ein Coffee-Shop ist integriert und man kann sich Souvenirs kaufen.

Bahnhof Der wahrscheinlich schönste Bahnhof der Welt, heute ein Luxus-Hotel, liegt an der Theo Ben Guriab Avenue. Er ist in einen Gebäudekomplex integriert, mit Ladengeschäften, Pub und Spielcasino, das an einer gänzlich anderen Stelle sicher nicht deplaziert wäre. Der Bahnhofsbau wurde 1901 begonnen. Der Baustil klingt an die Renaissance an, mit vielen Verzierungen und einer „reichen Gestaltung". Der Bauherr, die „Swakopmunder Handelsgesellschaft", geriet aber in finanzielle Schwierigkeiten. Vollendet wurde der Bau schließlich von dem frisch aus Deutschland eingetroffenen Wilhelm Sander, der hier ein erstes Mal einem Gebäude in Südwest seinen ganz persönlichen Stempel aufdrückte, durch den er und das ganze Land bekannt wurden, das wilhelminische Stilelement.

Ginge man vom Bahnhof ca. 500 m nach Osten bis zum Nordring, der heutigen Moses/Garoeb Street, und diesen weitere 500 m nach Norden, würde man auf das **Gefängnis,** genauer den Verwaltungsbau des Gefängnisses, stoßen. Hübsch anzuschauen, 1906/1907 entstanden, vermittelt das Gebäude alles andere, nur nicht seine wirkliche Bestimmung. Vorsicht beim Fotografieren!

Altes Amtsgericht

Wir aber gehen wieder Richtung Meer die Theo Ben Guriab Avenue (ehemals Bahnhof Street) hinunter, kreuzen die Tobias Haynieko Street mit dem Alten Amtsgericht an der Ecke (ursprünglich als Schule geplant, nicht vollendet, vom Bezirksamt erworben und 1909 zum Gerichtsgebäude umgewidmet), biegen in die Strand Street nach links, passieren das **Schwimmbad** – das einzige in einer Halle mit olympischen Maßen in Namibia – und erreichen das Museum.

ROUTE 5

Museum

Das Museum (Strand Street, Tel. 064-402046, tgl. 10–17 Uhr, Eintritt 20 N$) hat Dioramen über die Wüste vorzuweisen, einen Ochsenwagen in Originalgröße, den Nachbau der Inneneinrichtung der Adler-Apotheke, ein Saal über den Uran-Bergbau und viel ethnographisch Wissenswertes. Vor dem Museum toben Kinder im Sand des etwas angerosteten Spielplatzes, bummeln Pärchen, wetteifern Jugendliche im Skateboardfahren, und einige besonders unentwegte Wasserratten stürzen sich in die atlantische Brandung, die den flachen Sandstrand meist sehr zahm, aber bitter kalt, anleckt. (Im Museum lässt sich auch eine Fahrt mit Besichtigung zur **Rössing-Mine** organisieren, Abfahrt jeden ersten und dritten Freitag gegen 10 Uhr unterhalb des Café Anton.) Eine neue und ausgezeichnet gestaltete Abteilung widmet sich den verschiedenen Ethnien des Landes. Ein Besuch ist auch deshalb äußerst empfehlenswert.Marinedenkmal

Die Strand Street weiter nähern wir uns dem **Leuchtturm,** dem **Kaiserlichen Bezirksamt** und dem **Marinedenkmal.** Das Bezirksamt wurde 1902 fertiggestellt, das Marinedenkmal, martialisches Erinnerungsstück an den ungleichen Krieg im Verlauf der Kolonisierung, in Berlin hergestellt und am 16. August 1908 eingeweiht, soll an die deutschen Marinetruppen erinnern, die 1904 gegen die Herero eingesetzt wurden.

Auf dem Platz vor dem ehemaligen Bezirksamt verkaufen Kunsthandwerker ihre Holzschnitzereien und zierliche Drahtflechtereien, gänzlich unafrikanisch, nämlich abwartend ob jemand sie anspricht; keine Hektik, kein Auf-den-Kunden-zugehen, keine Verkaufsoffensive.

Wer nun Lust auf Kaffee und Kuchen hat, kann entweder Richtung Mole gehen und sich beim Strand Hotel niederlassen, oder, die Treppen hoch, das Café Anton frequentieren, traditionell der Platz für einen Plausch für die Einheimischen und für die Fremden.

Ritterburg

Gehen Sie gesättigt die Am Zoll Street bis zur Kaiser Wilhelm Street und diese links. An der Ecke Bismarck Street steht die Ritterburg, nach ihren ersten Bewohnern, der Familie Ritter, benannt. Heute residiert im Haus ein Ableger des Ministeriums für Natur und Tourismus und eine Zweigstelle von Namibai Wildlife Resorts. Das Gebäude wurde für Angestellte der Woermann-Linie errichtet. Östlich gegenüber steht das 1902 entstandene, aber bald danach geschlossene und nur noch als Wohnhaus genutzte Hotel Bismarck. Die Sam Nujoma Streeet, ehemals Kaiser Wilhelm Street, wurde übrigens erst im Jahre 1970 asphaltiert.

Ginge man etwa 800 m stadtauswärts, fände sich rechter Hand der **Otavi-Bahnhof** und das **OMEG-Haus** (Abk. für Otavi Minen- und Eisenbahngesellschaft, s.a. Route 7), ein ehemaliges Lagerhaus, das nun als Gästehaus der „Gesellschaft für wissenschaftliche Entwicklung" dient. Hier befindet sich auch die Sam Cohen Bibliothek.

Woermann-Haus

Die Bismarck Street südlich, an einem weiteren Wohnhaus vorbei, steht dann schließlich – eingearbeitet in die Woermann Arkaden mit einer ganzen Reihe von kleinen Geschäften – ein weiterer Prachtbau Swakopmunds, das Woermann-Haus. 1894 als Niederlassung der Hamburger Damara-Gesellschaft errichtet, wurde es 1903 und 1904 umgebaut und erweitert und 1909 vom Rechtsnachfolger Woermann, Brock und Co., übernommen. Sein markanter Turm diente als Beobachtungsstation der ankommenden Schiffe, als Navigationshilfe für diese und wohl ein wenig als stolzer Ausdruck, wie weit man es gebracht hatte. Das Obergeschoss und der Turm sind in Fachwerk ausgeführt, Jugendstilelemente sind gleichfalls vorhanden, der schöne Innenhof lädt zum Verweilen ein.

Heute beherbergt das Gebäude die öffentliche Leihbibliothek. Der **Turm** lässt sich besteigen (Mo–So 7–20 Uhr, Eintritt 10 N$). Ist der Wärter nicht anwesend, könnte der Schlüssel beim Internet-Café um die Ecke hinterlegt sein (Fragen!). 92 Stufen sind es zur Aussichtsplattform, bei Dunkelheit ist eine Taschenlampe angeraten, da der Turm keine Beleuchtung hat.

Die Bismarck Street weiter, an einigen alten deutschen Wohnhäusern vorbei, stößt man schließlich an der Anton Lubowski Avenue, ehemals Lazarett Street, rechter Hand auf das **Prinzessin Rupprecht Heim** aus dem Jahre 1902, heute eine Mischung aus Pension und Altersheim, früher ein Hospital für die Schutztruppe. Links die 1905 erbaute **Alte Kaserne,** heute Jugendherberge.

Die Jugendherberge in der „Alten Kaserne"

Hohenzollern-Haus

Die Lazarett Street nach links und an der Tobias Haynieko wieder nach links kommt man an der Ecke Dr. Libertine Amathila (ehemals Brücken) Street zum neubarocken **Hohenzollern-Haus** mit Stilelementen der Renaissance und einem mächtigen Atlas auf der Giebelspitze, der geduldig seine Erdkugel stemmt. Es wurde 1906 als Hotel Hohenzollern fertiggestellt. Angeblich befahl man schon 1912 wieder die Schließung, da das Glücksspiel überhand nahm.

Die Tobias Haynieko weiter nach Norden passiert man den **Kaiserhof,** ebenfalls ein ehemaliges Hotel (ein Stückchen die Sam Nujoma Avenue hinein stößt man auf das Café Treff, 1978 Ziel eines Bombenanschlages mitten im Herzland der weißen Apartheid). An der Ecke Post Street kommt man zum **Ludwig Schröder Haus** und zum **Haus Altona,** einem Gebäude der Woermann-Linie.

Verlassen wir die Autostraßen noch einmal und gehen runter an den Strand, am Strand Hotel vorbei bis zur **Mole.** Direkt hier ist der Versuch gescheitert, den Überseeschiffen eine Anlegestelle zu schaffen.

Jetty

Die Promenade Richtung Süden unter Palmen und zwischen einem Blütenmeer führt uns der Weg schließlich zur Jetty, der Landungsbrücke aus Eisen, die 1911 begonnen wurde. 1986 renoviert, wurde sie bereits in den 1990er Jahren erneut wegen Baufälligkeit gesperrt. Heute ist sie nach einer Sanierung wieder begehbar, allerdings hat das Geld nur für den vorderen Teil gelangt, der weiter im Meer stehende wurde einfach abgetrennt. Auf der Jetty finden sich Flaneure und Angler. Untersuchungen Ende 2006 haben ergeben, dass der abgetrennte Teil der Jetty doch nicht so marode wie angenommen ist. Deshalb bestehen nun Überlegungen, auch den letzten Teil wieder herzurichten und der Öffentlichkeit zugänglich zu machen.

Noch ein Stückchen weiter steht am Strand das 1994 von Präsident Sam Nujoma eröffnete **Meerwasser-Aquarium** (Tel. 064-4101000, Di–So 10–16 Uhr, Eintritt 40 N$) modernster Bauart mit einem Tunnel, so dass man sich direkt zwischen den Haien wähnt, und einer Ringschwimmanlage. Um 15 Uhr begeben sich Taucher ins Wasser und füttern sanfte und räuberische Fische.

Ausflug zur Rössing-Mine

Im Museum werden Karten für einen Ausflug zur Rössing-Mine verkauft. Die Abfahrt ist jeden 1. und 3. Freitag im Monat um 10 Uhr in der Am Zoll Street, unterhalb des Café Anton, Rückkehr ist um 14 Uhr. Die Besucher werden in einem Luxusbus der Minengesellschaft abgeholt, eine individuelle Anreise ist nicht möglich (zur Rössing-Mine s. Route 8c). Die Kosten betragen 50 N$.

Adressen & Service Swakopmund

Unterkunft *Luxus:* Hansa Hotel, **The Stiltz,** Swakopmund Hotel & Entertainment Center, Swakopmund Boutique Hotel.
Touristenklasse: Adler Hotel garni, A La Mer Hotel-Pension, Beach Lodge Swakopmund, Brigadoon, Bundu n See Hotel, Central Guesthouse, Charlotte's Guesthouse, Deutsches Haus Hotel-Pension, Eberwein Hotel garni, Europa Hof Hotel, Footprints Guesthouse, Fischreiher Guesthouse, Gut Richthofen, **Meike's Gästehaus,** Orange House, Prinzessin-Rupprecht-Heim Hotel-Pension, Rapmund Hotel-Pension, Royal Benguela Guesthouse, Sams Giardino House, Sandfields Guesthouse, **Sea Breeze Guesthouse,** The Secret Garden Guesthouse, Strand Hotel (wg. Sanierung bis Ende 2010 geschlossen), Villa Schmö, Swakop Lodge
Günstig: Ali's Holiday Flat, **Alte Brücke Rastlager,** Alternative Space, A Home Away From Home, d'Avignon Hotel, Desert Sky Backpacker's Lodge, Doll's Guesthouse, Dunedin Star Guesthouse, Haus Garnison, El Jada Rastlager, Haus von Moltke, Indongo Guesthouse, Intermezzo Guesthouse, Langstrand Rastlager, **Lightkeeper's Cottage,** Namibia Holiday Flats, Rubo Flat, Schweizerhaus Hotel, Seahorse Holiday Flats, Seagull Bed and Breakfast, Showayapo B&B, Strauss Holiday Flats, Swakopmund Rastlager, Tern Inn, Veronika B&B, Villa Wiese, Swakopmund Jugendherberge, Swakopmund Rastlager Mile 4
Camping: Gull's Cry, Jakkalsputz Zeltplatz, Langstrand Zeltplatz, Mile 4 Rastlager, Mile 14 Zeltplatz, **Sophia Dale Basecamp.**
Außerhalb: Crayfish Creek Lodge, El Jada Rastlager, **Levo Guesthouse** (Besitzer machen äußerst schöne und erlebnisreiche, empfehlenswerte Kreuzfahrten in der Bucht), Okakambe Trails, Rossmund Lodge (am Golfplatz).

Restaurants Swakopmund ist Fischstadt, ein Narr, wer sich darauf nicht einlässt. Die besten Restaurants sind die beiden an erster Stelle erwähnten. Generell haben die Hotels angeschlossene Restaurants. Diese Restaurants sind hier nicht weiter aufgeführt, außer dem herausragenden des Hansa Hotels. *Kücki's* galt einmal als muss, inzwischen ist es heillos überfüllt und das Essen nicht immer gut. Beste Adresse ist *The Grapevine.* Als empfehlenswert gilt auch *The Tug.* Fürs Abendessen ist es besser einen Platz im Restaurant zu reservieren.
The Grapevine, Libertina Amathila Avenue, Tel. 064-064-404770. In manchen Restaurants findet man auf deren großen Karten nichts, was man essen mag, im Grapevine ist die überschaubar gehaltene Karte so gestaltet und zusammengestellt, dass man alles – von oben nach unten und zurück – essen möchte; geht nicht, einen Versuch aber ist es wert! Fisch, Fleisch und Vegetarisches bei angenehmer Musik und geschmackvoller Einrichtung und mit einem Weinkeller, der seinesgleichen sucht und über dessen Inhalt kompetent und freundlich Auskunft erteilt und Hilfe bei der Auswahl gegeben wird.
Restaurant im *Hansa Hotel,* Hendrik Witbooi Street, Tel. 064-400311. Speisen im Edel-Ambiente.
De Kelder, Klimas Building/Tobias Hainyeko Street, Tel. 064-402433. Ausgezeichnete Fischgerichte, angenehme Atmosphäre.
Erich's, 21 Daniel Tjongarero Avenue, Tel. 064-405141. Gute Fischgerichte, angenehme Atmosphäre.

Zur Kupferpfanne, 13 Tobias Hainyeko Street, Tel. 064-405405. Schmackhafter Fisch, gutes Wild.
Swakopmund Brauhaus, Sam Nujoma Avenue, Tel. 064-402214. Weißwurst, Wurstsalat, Eisbein und Schweinebraten.
The Tug, Strand Street, bei der Landungsbrücke, Tel. 064-402356. Empfohlenes Restaurant mit Blick übers Meer, ausgezeichnete Fischküche.
The Light House, An der Mole, Tel. 064-400894. Großrestaurant mit tollem Blick.
Il Tulipano, 37 Daniel Tjongarero Street, Tel. 064-400122. Edelitaliener mit echten Wirten aus dem Stiefelland.
Chilli Peppers, Hendrik Witbooi Street, Tel. 064-402360. Schnelle Gerichte für die Jugend.

Cafés/ leichte Mahlzeiten

Village Café, Sam Nujoma Drive, Tel. 064-404723. Kaffee, Kuchen, Hauptgerichte und auch nur Drinks in einem der vielen verwinkelten Räume und draußen.
Sheperd's Garden, Tel. 064-463528, Sam Nujoma Avenue (beim Otavi Bahnhof). Leichte Mahlzeiten, Kaffee und Kuchen – und Arts&Crafts.
Lighthouse Keeper's Cottage, Tel. 064-402433, im Leuchtturm. Leichte Mahlzeiten in urgemütlichen, kleinen Räumen, Kaffee und Kuchen, wenn die Sonne scheint, sitzt man draußen (Mo–Sa 9–17 Uhr).
Café Anton, Tel. 064-400331, beim Hotel Schweitzer Hof. Leichte Mahlzeiten, Kaffee und Kuchen, drinnen und draußen.
Café Treff Punkt/Putensen, Sam Nujoma Avenue, Tel. 064-402034. Die Traditionsadresse für einen Plausch, während des Unabhängigkeitskampfes ging hier eine Bombe hoch, mitten im Herzen der Stadt.

Informationen

Namib I Information, Ecke Sam Nujoma Ave. u. Hendrik Witbooi St, P.O. Box 1236, Swakopmund, Tel. 064-404827, Fax 403129, namib@iway.na.
Namibia Wildlife Resorts Ltd., Ritterburg, Tel. 064-405513, Fax 402769, Genehmigungen und Reservierungen für Rastlager.
Ministry of Environment & Tourism, Tourism Office, P.O. Box 5018, Swakopmund, Ritterburg, Ecke Sam Nujoma Avenue/Bismarck Street, Tel. 064-404576, Permits für die Einfahrt und die Übernachtung auf den Zeltplätzen in der Namib (Mo–Fr 8–13 u. 14–17 Uhr, Sa/So 8–13 Uhr).

Stadtführungen

Historische Stadtführungen mit profunder Wissensvermittlung werden von *Frau A. Flamm-Schneeweiß* vorgenommen. Fragen Sie beim Museum oder bei der Sam Cohen Library nach oder nehmen Sie direkt Kontakt auf unter der Nummer 064-461647 oder 081-2726693, Fax 400763 bzw. P.O. Box 871, Swakopmund, flamm.schneeweiss@mail.na.
Hata Angu Cultural Tours, Tel. 081-1246111, Fax 064-462721, führt die Besucher auf Townshiptouren nach Mondesa und lädt zu Nama, Damara und Herero nach Hause ein. Ein Shebeen-Besuch steht mit auf dem Programm und auch ein Essen in einem Restaurant mit Spezialitäten wie Mopane-Würmer, Wilder Spinat usw.
Auch *Charlotte Shighwedho,* die in Mondesa geboren wurde, dort aufwuchs und heute noch dort wohnt, bietet Führungen an mit Besuch ihres Hauses, des Marktes und Unterhaltung durch eine Kindergruppe aus den Townships, Tel. 081-2734361 oder 064-463910.

Internet

Swakopmund Internet Café & Coffee Shop, Woermann Brock Mall, Shop 17, Tel. 064-464021, www.swakop.com/icafe

Reiseveranstalter

Charly's Desert Tours, P.O. Box 1400, 11 Sam Nujoma Ave, Swakopmund, Tel. 064-404341, Fax 404821, www.charlysdeserttours.com.
Levo, P.O. Box 1860/Langstrand, Tel./Fax 064-207555, www.levotours.com; Angelfahrten, Dolphin Cruises.

Turnstone Tours, Tel. 064-403123, Fax 064-403290, www.turnstone-tours.com, Fahrten nach Sandwich Harbour.
Living Desert Adventure, Tel./Fax 064-405070 oder 081-1275070, www.living-desert-adventures.com, spezialisiert auf Touren in die Wüste und Pirsch auf deren kleinere und größere Bewohner – also auf alles, was kreucht und fleucht; sehr kompetent und empfehlenswert.
Mola Mola Safaris, P.O. Box 980, Walvis Bay, Tel. 064-205511, Fax 207593, mola-mola@iafrica.com.na, www.mola-namibia.com; Bootsausflüge und Fahrten mit dem Geländewagen nach Sandwich Harbour.
Swakop Tour Company, P.O. Box 1725/swakopmund, Tel./Fax 064-404088 oder 081-1242906, proverb@mweb.com.na; mit Enthusiasmus und perfekter Landeskenntnis durchgeführte Tagestouren für maximal 4 Personen in die Namib rund um Swakop.
Bush Bird, Am Ankerplatz Arcade, Tel. 064-404071, www.bush-bird.de (die Wüste – und nicht nur diese – aus der Vogelperspektive).

Fahrradvermietung *Rent a Cycle* und *Cycle Clinic,* Hendrik Witbooi Street, Tel. 064-402530, Mountainbike 20 N$/Stunde, Tag 50 N$, Tandem/30 N$/Stde, Tag 100 N$.

Transport Der *Desert Express* (www.desertexpress.com.na) verkehrt ein- zweimal die Woche zwischen Swakopmund und Windhoek. Wer es eiliger hat, nimmt den Bus *Intercape Mainliner* (www.intercape.co.za, Haltestelle Hendrik Witbooi Street) nach Walvis Bay oder Windhoek und von dort weiter nach Victoria Falls oder Südafrika. Zwischen Swakopmund und Windhoek pendelt auch der Kleinbus-Shuttle *Town Hoppers* (www.namibiashuttle.com).

Aktivitäten **Klettertouren** macht Ian Walker (Tel. 064-403122, www.walkerra.iway.na) von Swakopmund aus an die Spitzkoppe. **Sandboarding** mit Brettern auf den Dünen organisiert, ebenso wie Quadbiking in den Dünen zwischen Walvis Bay und Swakopmund, Desert Explorers, Tel. 064-406096, www.swakop.com. Ebenso ist dies möglich mit der Firma Outback Orange, Nathanel Maxulili Street Ecke Woermann Street, www.outback-orange.com, Tel. 064-400968. Wer auf **Skiern** die Dünen hinuntersausen will, wendet sich an Sophia Dale Basecamp, Tel. 064-403264, www.sophiadale.de und www.ski-namibia.com. Mit dem Flying Fox geht es 1200 Meter lang am Drahtseil mit 100 km/h den Rössing-Berg hinunter – Weltrekord! Tel. 064-403455. **Ballonfahrten** unternimmt African Adventure Balloons, Tel. 064-403455 oder 081-2429481, flylo@iway.na. **Angling- und Dolphin-Touren:** Levo, s.o. **Reittouren** (mehrstündig und mehrtägig) unternimmt Okakambe Trails, P.O. Box 1591/Swakopmund, 9 km außerhalb an der D1901, Tel./Fax 064-402799, www.okakambe.iway.na. **Kamelreiten** kann man um 14–17 Uhr, 12 km außerhalb Swakopmunds an der D1901, Voranmeldung erforderlich, Tel. 064-400363. Mit dem **Speedboat** Waverider geht es von der Mole in Swakopmund nach Walvis Bay, Buchungen über Desert Explorers, Tel. 064-406096, www.swakop.com. **Rundflüge** organisiert Bush Bird, Tel. 064-404071, www.bush-bird.de. **Fallschirmspringen** (auch Tandemsprünge) kann man am Flughafen entweder bei Ground Rush Adventures und dem seit 20 Jahren existierenden Swakopmund Skydiving Club, Tel. 064-402841 oder 081-1271888, www.skydive-africa.com. – **Weitere Aktivitäten siehe auch unter Walvis Bay!**

Einkaufen **Kleidung:** *Hans Lohmeier,* Sam Nujoma Ave, Tel. 064-402515. *Safari Den,* Tobias Hainyeko Street, Tel. 064-461099
Souvenirs: *Anin, Arcade,* schräg gegenüber Brauhaus, Hendrik Witbooi Street, Tel. 064-405910; Bett- und Tischwäsche fein bestickt.
Kirikara, Am Ankerplatz Arcade, Tel. 064-463146. Afrikanisches in aller Buntheit und in bester Qualität, von Masken und Stickereien über Schnitzereien und Bildern bis zu Musik und Bücher. Nicht nur Namibisches, auch z.B. Flechtwaren aus dem Kavango, Tuareg-Schmuck etc. – eine Fundgrube!

Karakulia, Ratakotoka Street, Tel. 064-461415, www.karakulia.com.na; Teppiche fertig, nach Maß oder nach eigenem Design.
Peter's Antiques, 24 Tobias Hainyeko Street, Tel. 064-405624; Bücher und Trödel.
Pinocchio, 42 Nathaniel Maxuilili Street, Tel. 081-2604194; Antiquitäten.
Kristall Galerie, Tobias Hainyeko Street, Tel. 064-406080; Souvenirs mit Schmucksteinen.
Sheperd's Garden, Tel. 064-463528, Sam Nujoma Avenue (beim Otavi Bahnhof), Arts&Crafts Gallery.
Rogl Souvenirs, 14 Sam Nujoma Ave, Tel. 064-405814.
African Leather Creations, 23 Daniel Tjongarero Ave, Tel. 064-402633. Die ehemalige Swakopmunder Tannery verkauft u.a. Schuhe aus Kudu-Leder, der Laden befindet sich im historischen Haus Cordes von 1903, die Fabrik ist unweit (7 Leutwein Street) und zu besuchen.
Henckert Souvenirs verkauft Edel- und Halbedelsteine aus eigener Schleiferei, Mineralien nach Gewicht und auf kleinen Tableaus. Außerdem gibt es neben Teppichen, Holzschnitzereien und der medizinischen Teufelskralle (Harpagophytum Procumbens D.C) ein Sesamgewächs, das mit seinen Bitterstoffen gegen Gelenk-Arthrose und Störungen im Verdauungstrakt helfen soll. Sam Nujoma Venue 39, Tel. 064-400140, www.henckert.com.
Auf dem Freiluft-*Holzmarkt* in der Hidipo Hamutenya Street gibt es Schnitzereien in allen Qualitäten und Größen zu kaufen – Feilschen ist Pflicht.
Schmuck: Engelhard Design, 55 Sam Nujoma Ave, P.O. Box 31, Tel. 064-404606, Fax 064-404066, engel@mweb.com.na; bekannte Goldschmiede und Juweliere, die auch in Deutschland ausstellen.
Bücher und Anderes: *Peter's Antiques,* 24 Tobias Hainyeko Street, Tel. 064-405624; Traditionsadresse für Antiquitäten und antiquarische Bücher.
The Muschel, 10 Hendrik Witbooi Street, Tel. 064-402874; nicht nur Bücher, auch Bilder der führenden Künstler Namibias („Desert Painters“) sind in den Räumlichkeiten ausgestellt.
Swakopmunder Buchhandlung, Sam Nujoma Ave, Tel. 064-402613
Musica, Woermann Brock Mall, CDs aus dem europäischen Mainstream, aber auch viel Afrikanisches.

Unterhaltung **Diskothek:** *New Edition,* Tamariskia, kein Platz für Touristen!
Die **Fallschirmspringer** haben am Flugplatz zwei Bars, in denen es jeden Abend abgeht; wenn das Wetter schön ist, trifft sich die Jugend bei *Gull's Cry* in der Tiger Reef Beach Bar und kippt Drinks am Strand, ansonsten geht man ins *Rafters,* eine am Wochenende enge Angelegenheit, wenn sich die jungen Leute um die Bar drängen. Weitere Hot-Spots sind das *Deciding* (das ehemalige African Café), der *Grüne Kranz* und *Casa Blanca.*

Sportclub Im Swakopmund Hotel und Entertainment Centre, Tel. 064-400800.

Schwimmbad Strand Street, Mo 7–9 und 14–19 Uhr, Di–Fr 7–19 Uhr, Sa, So 10–18 Uhr, Eintritt 5 N$.

Golfclub *Rossmund Golf Club,* P.O. Box 348, Swakopmund, Tel. 064-405644

Kino *Atlanta, Arcade,* Hendrik Witbooi Street, Tel. 064-402845

Aquarium Strand Street, täglich außer Mo von 10–16 Uhr, Fütterung um 15 Uhr (Sa, So und Di durch Taucher), Eintritt 1 €.

Sam Cohen Library Sam Nujoma Ave, P.O. Box 361, Tel. 064-402695, Mo–Fr 9–12 u. 15–17 Uhr

Medizinische Hilfe Hospital/Ambulanz, Ecke Schlachter-/Kolonnen Street, Tel. 064-405731.
Swakopmunder Apotheke, Sam Nujoma Ave, Tel. 064-402825, Notdienst Tel. 463610

ROUTE 5

Route 6: Durch Wüste ins Hochland

Swakopmund – Bosua-Pass – Windhoek

Km	Abzweig	Ort	Sehenswert	Übernachtung	GPS
Km 0 B2 Teer n. NO		Swakop- mund, T+V	s. Route 5	s. Route 5	22 41 13 14 31 45
Km 3 C28 Piste			„Martin Luther“		22 40 12 14 33 34
Km 6,5			Swakopfluss		
Km 17			Namib-Nau- kluft Park		
Km 18	Km 0 D1991 Piste				22 44 29 14 40 06
	Km 14		Aussichtspunkt Mondtal		22 41 26 14 47 22
	Km 16 links				
	Km 18 zurück	Goanikontes			22 40 07 14 48 56
	Km 20 links				22 41 45 14 48 18
	Km 22		Mondtal		
	Km 37 links				
	Km 42		Swakopfluss	Swakopfluss Zeltplatz	22 42 23 14 57 44
	Km 52 rechts				22 38 58 15 01 35
	Km 54		Welwitschia		22 40 08 15 01 41
Km 42	Goanikontes/ Welwitschia				22 48 32 14 53 47
Km 57	Blutkuppe Km 0 links				22 51 22 15 02 03
	Km 37 links				22 50 40 15 15 01
	Km 45		Aufgelas. Mine		
	Km 49		Reste eines Wohnlagers		
	Km 53 rechts				
	Km 55 links (rechts zum Zeltplatz 2 km)		Blutkuppe	Blutkuppe Zelt- platz	22 51 35 15 23 10
	Km 59 rechts (geradeaus zur C28 4 km)				22 53 12 15 23 32
	Km 84	Ende			22 50 40 15 15 01

Km	Abzweig	Ort	Sehenswert	Übernachtung	GPS
Km 96	Km 0 links				22 55 33
	Km 4 rechts				15 23 31
	Km 8 rechts			Blutkuppe	22 51 35
	(links zum Zelt-			Zeltplatz	15 23 10
	platz 2 km)				
	Km 10 rechts				
	Km 15		Klein Tinkas		22 49 43
			Schutztrup-		15 25 28
			pengräber		
	Km 17 links				22 50 08
					15 26 16
	Km 19		Mittel Tinkas		22 49 30
			Wanderweg		15 26 59
	Km 26 zurück		Archer's Rock	Archer's Rock	22 47 36
				Zeltplatz	15 30 07
	Km 33		Mittel Tinkas		22 49 30
			Wanderweg		15 26 59
	Km 35 links				
	Km 40		Groot Tinkas	Groot Tinkas	22 51 21
				Zeltplatz	15 28 24
	Km 41		Tinkas Dam		22 50 52
					15 28 09
	Km 57 Einmün-				22 54 10
	dung in C28				15 36 35
	Hotsas/Ganab				22 54 10
	Km 0 rechts				15 36 35
	Km 6				22 58 33
					15 22 49
	Km 18 D1982				23 05 17
	Piste links				15 29 15
	Km 23 rechts				
	Km 25	Ganab		Ganab Zeltpl.	23 06 18
					15 31 42
	Km 51 Einmün-				23 18 40
	dung in C14				15 34 30
Km 155		Einmündung der C32 / Anschluss Route 8b			
Km 190			Bosua Pass		
Km 268			François-Feste		
Km 283			Liebig-Haus		
Km 299 Teer	Km 0 D1958				
	Piste				
	Km 3			Eagles Rock Lei-	
				sure Ldge. (2 km)	
	Km 11			Hochland Gf.	
	Km 20 D1420				
	Km 39			Okatore Lodge	
Km 304			Daan Viljoen	Daan Viljoen	
			Wildpark	Rastlager	
Km 329		Windhk., T+V	s. Windhoek	s. Windhoek	

Swakopmund (s. Route 5)

In Swakopmund haben Sie Anschluss an die Routen 5 und 8c. Verlassen Sie die Stadt auf der Sam Nujoma Avenue (B2). Ohne Permit dürfen Sie nicht von der Piste abweichen (s. weiter unten beim Abstecher nach Goanikontes).

Nach 2,5 km erreichen Sie den **Dampftraktor Martin Luther,** ein National-Monument. Er steht von außen unsichtbar in einem eigens für ihn geschaffenen Gebäude hinter dunklen Scheiben: „Hier stehe ich; Gott helfe mir, ich kann nicht anders". Er wurde 1896 per Schiff nach Südwest gebracht und sollte die Ochsenwagen ersetzen. Nach einigen Fahrten gab er seinen Geist auf und rottete seitdem in der Wüste vor sich hin. 1975 wurde er renoviert und kam an seinen heutigen Platz. Zu Beginn des neuen Jahrtausends war eine weitere Renovierung fällig, dann stand er zwei Jahre hinter getöntem Glas. Seit Januar 2007 kann man ihn nun wieder aus der Nähe betrachten (gegen eine kleine Eintrittsgebühr, wochentags 9–16 Uhr) und das angeschlossene Museum besuchen.

Kurz danach geht rechts die Piste C28 ab. Man quert das grüne Bett des Swakop, und 18 km hinter Swakopmund, gleich nach Beginn des Namib-Naukluft Parks, besteht die Möglichkeit zu einem Abstecher zur größten bekannten Welwitschia mirabilis und nach Goanikontes.

Abstecher Welwitschia Trail

Für die Tour benötigen Sie ein Permit des Ministry of Environment & Tourism in Swakopmund (Alte Ritterburg, Sam Nujoma Drive Ecke Bismarck St, Tel. 064-402172, Fax 402796, Mo–Sa zu den Geschäftszeiten, So 8–13 Uhr), oder in Walvis Bay (Heinrich Baumann St, Tel. 064-205971). Eintritt 40 N$ p.P. und 10 N$ pro Fahrzeug.

Fahren Sie links in die Piste D1991 hinein. Am Wegesrand entlang der ganzen Route werden Ihnen kleine Steintafeln mit Nummern begegnen. Sie verweisen auf eine Broschüre, in der die markierten Pflanzen erklärt werden (National List of Indigenous Trees). Einen detaillierten Pflanzenführer haben Patricia Craven und Christine Marais geschrieben (Namib Flora, Windhoek, 1986, s. Literaturempfehlungen).

Gleich nach dem Abzweig weist die **Tafel 1** auf Flechten hin. Sie färben das Gestein dunkel und wirken auf den ersten Blick wie totes Material. Sie können es selbst testen. Geben Sie einige Tropfen Wasser auf die

Flechten und sehen Sie, was passiert. Bei **Tafel 2** kann man den Taler- und den Tintenbusch sehen. **Tafel 3** weist auf den Baaiweg hin, eine historische Ochsenkarrenspur von der Küste bis Windhoek. Tafel 2 und 3 sind derzeit kaum noch zu erkennen.

Moon Valley

18 km nach Beginn des Abstechers erreichen Sie den Aussichtspunkt über dem Moon Valley **(Tafel 4),** einer Landschaft, die ihren Namen zu recht verdient. Richtig unheimlich wirkt das schwarz zerklüftete Tal, wie von Riesenhand in die Wüste gesetzt. Wind und Wasser des Swakop haben diese seltsamen Strukturen aus bis zu 450 Mio. Jahre altem Gestein geformt. Weit entfernt im Norden sind die Rössingberge zu sehen.

Bei **Tafel 5** wachsen wieder Flechten. Hier geht es nach Goanikontes, eine Oase in der Wüste. **Tafel 7** steht bei einem Camp der südafrikanischen Streitkräfte aus dem Jahr 1915 mit verrosteten Ausrüstungsgegenständen (Kanister, Panzerkette).

Zur Welwitschia mirabilis

Sie erreichen 15 km hinter dem Mondtal eine Kreuzung. Rechts geht es zur C28 zurück, links zur Welwitschia. Nach 5 km kommt der Zeltplatz Swakopfluss (die Übernachtung muss angemeldet sein, die Campplätze liegen im Schatten von großen Kameldornbäumen). Noch davor weist die **Tafel 9** auf einen Bergrücken hin. Magma ist hier vor Jahrmillionen in Granit eingedrungen und zu Doleritstöcken erstarrt, Erosion hat den Granit aufgelöst, die Doleritgänge sind stehengeblieben und wirken wie die verfallenen Reste einer antiken Stadtmauer.

12 km hinter dem Zeltplatz erreichen Sie die eingezäunte, 1500 Jahre alte **Welwitschia mirabilis.** Ihre Wurzeln verlaufen ganz flach unter der Oberfläche, deshalb würde jeder Schritt in der Nähe der Pflanze zu einer Beschädigung führen! Denken Sie daran wenn Sie die anderen Welwitschias in der Nähe bewundern. Ihren Namen erhielten die Pflanzen vom österreichischen Botaniker und Arzt Friedrich Welwitsch, der sie 1852 das erste Mal beschrieb (s.S. 111).

24 km hinter dem Abzweig nach Goanikontes führt eine andere, kürzere Stichstraße zur Welwitschia mirabilis, und 15 km weiter weist ein Abzweig zur Blutkuppe mit Übernachtungsmöglichkeit hin. Sie können von hier – oder vom nächsten Abzweig – die Blutkuppe umfahren und kommen an einer aufgelassenen Uranmine und einem verfallenen Wohnlager vorbei. Ein 4x4 wird vorausgesetzt.

Der zweite Abzweig zur **Blutkuppe** (und zum Archer's Rock) folgt 29 km nach dem ersten Abzweig. Beide Wege führen trotz der relativ geringen Entfernungen durch eine ausgesprochen abwechslungsreiche Landschaft, über glattgeschliffene Felsen und Geröllebenen, durch sandige Flusstäler, an riesigen Granitkuppen vorbei und an schönen Sanddünen entlang. Wer gerne einmal etwas „Wüstenluft" schnuppern und seinen

Geländewagen auskosten möchte, kann dies auf dieser Strecke in „geordneten" Bahnen tun, ohne das ökologische Gleichgewicht dadurch allzusehr aus der Balance zu bringen – so lange er auf der oft kaum noch wahrnehmbaren Piste bleibt. Die Übernachtung an einem der einfachen Zeltplätze belohnt mit einem der schönsten Wüstenhimmel und dem Gefühl völliger Losgelöstheit.

Abstecher Blutkuppe

(Sie benötigen ein Permit). Fahren Sie die Piste nach Norden und halten Sie sich nach 4 km rechts. 4 km weiter führt eine Stichpiste zum Zeltplatz an der **Blutkuppe** (2 km, kein Wasser, kein Holz). Der rund abgeschliffene Granit-Inselberg verdankt seinen Namen der roten Äderung im Gestein, die besonders bei Sonnenuntergang tatsächlich an Blut erinnert. Man kann den Riesenbuckel auch besteigen, allerdings ist Vorsicht geboten, denn der Granit erodiert hier u.a. auch in wie Zwiebelschalen abblätternden Schichten, die beim Klettern nicht den stabilsten Untergrund abgeben. Für die Mühe belohnt ein fantastischer Blick über die Unendlichkeit der Wüste.

Wer hier weiterfährt, benötigt einen Geländewagen. Nach 2 km kommen Sie wieder an eine Kreuzung, wenn Sie links abbiegen, umrunden Sie die Blutkuppe und fahren zwischen ihr und dem Langen Heinrich hindurch.

Rechts führt die Piste nach Archer's Rock. Wenn Sie ihr folgen, erreichen Sie nach 5 km **Klein Tinkas.** Zwei Gräber der Schutztruppe erinnern an kriegerische Auseinandersetzungen an der früheren Hauptverkehrsader, dem Baiweg (s. unten).

Archer's Rock

Nach 2 km zweigt links die Piste nach Archer's Rock ab. Sie passieren nach 2 km **Mittel Tinkas** mit einem ausgeschilderten, vier bis fünf Stunden dauernden Rundwanderweg, der die besonderen naturkundlichen Schönheiten dieser Wüste erschließt (Vorsicht: Oryx-Antilopen!), und erreichen nach weiteren 7 km **Archer's Rock,** eine bizarre Felsformation mit Zeltmöglichkeit. Fahren Sie die 9 km zurück und 5 km nach links bis **Groot Tinkas,** einer weiteren Übernachtungsmöglichkeit unter Akazien in einem windgeschützten Felsenrund.

Meist ist der 1 km entfernte Stausee mit Wasser gefüllt und zieht in der Abend- und Morgendämmerung die Tiere der Wüste an.

Zur C28 sind es nun noch 16 km, durch weite, sandige Landschaft, durch die vereinzelt Antilopen und Strauße sausen.

Gegenüber dem Abzweig zur Blutkuppe besteht die Möglichkeit, von der C28 zur C14 zu fahren. Man käme dann nach 6 km nach Hotsas, einer Wasserstelle mit einer kleinen Hütte zur Wildbeobachtung und nach weiteren 12 km zur D1982. Diese links und nach 5 km wieder in die Piste rechts brächte Sie nach Ganab (Stichstraße 2 km, Zeltmöglichkeit ohne Wasser) und an den Felskuppen des Tumas- und Heinrichsberg vorbei über Kieswüste zur C14 (weitere 26 km).

Der Baiweg

Mit Brechstangen, Schaufeln und Picken begannen die Leute von Jonker Afrikaaner im Dezember 1843 einen 20 bis 30 Fuß breiten Weg, von Windhoek beginnend und sich von Wasserstelle zu Wasserstelle hangelnd, durch die Landschaft nach Walvis Bay zu brechen. Erst wer diese Wüstenei gesehen hat, kann sich vorstellen, was es heißt, mit diesen Mitteln einen für Ochsenkarren geeigneten Pfad zu bereiten. Felsen mussten beiseite geschafft oder zertrümmert, Böschungen abgeflacht, Bäume aus der Erde gerissen, Trockenflusstäler umgangen und Schneisen gehämmert werden. Nach einem Jahr war der Weg schließlich fertig, Walvis Bay erreicht. Vier Wochen benötigte ein Ochsenwagen nun für die einfache Strecke. 1847 wurde ein neues Teilstück fertig, das Großbarmen mit Otjimbingwe verband und dann erst (unter Umgehung des zeitraubenden Khomas-Hochlandes) auf die Jonker Afrikaaner Route stieß. Die Reisezeit war nun auf 12 Tage verkürzt. Als die Engländer bei der Entladung deutscher Militärtransporte in Walvis Bay immer größere Schwierigkeiten machten, wurde eine Variante des Baiwegs entlang des Swakop direkt nach Swakopmund ausgebaut und die Schiffe in diesem Hafen entladen. Um nicht jeglichen Hafenumschlags verlustig zu gehen, baute Walvis Bay schließlich eine 15 km lange Schmalspurbahn aus der Stadt heraus und über den Dünengürtel hinweg nach Rooikop. Trotzdem lief der Warenstrom hauptsächlich über Swakopmund direkt ins Landesinnere. Die mittlere Fahrzeit Swakopmund – Windhoek dauerte nun 14 Tage.

Bosua Pass – Daan Viljoen Wildpark

22 km hinter dem Abzweig zur Blutkuppe trifft man auf den Endpunkt des Abstechers. Man verlässt den Namib-Naukluft Park und kommt nach 37 km zur Einmündung der C32 (hier haben Sie Anschluss an die Route 8b nach Karibib). Nun richtet sich die C28-Piste nach Norden, und der Anstieg zum Khomas Hochland über den Bosua Pass beginnt. Wer seinen Blick zurückwendet, sieht die Namib verschwinden. Die Landschaft verändert sich, auf dem Boden wächst Gras, Bäume und Büsche flankieren die Piste.

Immer wieder rauf und runter geht es nun über 85 km zur auf einem Hügel liegenden **Curt-von-François-Feste.** Die Trockenmauern stehen noch, durchbrochen von Schießscharten, durch die man unterhalb auf der pistenabgewandten Seite eine in Gebrauch befindliche Tiertränke sieht. Die kleine Station wurde zum Schutz der langen Nachschubwege von der Küste errichtet und zum Schutz der Soldaten vor Alkohol (deshalb erhielt diese Station den Namen „Trockenposten").

15 km weiter steht ein Herrenhaus an der Straße, das in eine Stadt, nicht aber aufs freie Land gehörte, das **Liebighaus.** Es wurde etwa 1912 erbaut und sollte dem Direktor der Deutschen Farmgesellschaft als Wohnhaus dienen. Seit den 1960er Jahren wird es nicht mehr benutzt und verfällt zusehends. 14 km hinter dem Liebig-Haus beginnt der Asphalt, und 7 km weiter ist die Zufahrt zum Daan Viljoen Wildpark.

Daan Viljoen Wildpark

Vor Einrichtung des Nationalparks durch den südafrikanischen General-Administrator Daan Viljoen war dieser Teil des Khomas-Hochlandes Reservat für etwa 1500 Damara, die hier ihr Vieh weideten. 1962 wurden sie nach Norden ins Damaraland umgesiedelt, um Platz für den Park zu schaffen. Heute ist er ein gern besuchtes Ausflugsziel der Windhoeker. Durch die Nähe der Stadt kommen, besonders am Wochenende, viele Tagesausflügler hierher.

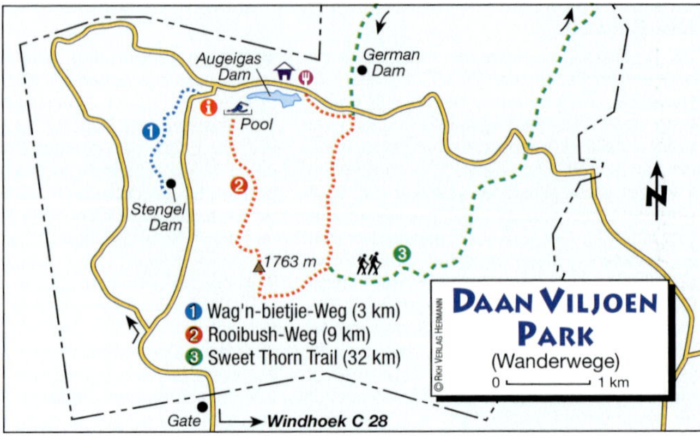

Der ehemals dem Staat gehörende Park wurde privatisiert und befindet sich in schlechtem Zustand. Für wann eine Renovierung der Infrastruktur vorgesehen ist, wurde nicht bekannt. Man kann ausgeschilderte Spaziergänge und mit dem Fahrzeug eine Rundtour unternehmen. Es gibt ein Schwimmbad, in den Stauseen darf nicht gebadet werden. Bungalows und Stellplätze werden vermietet. Am kleinen Kiosk sind Snacks erhältlich, das Restaurant hat feste Öffnungszeiten (7.30–8.30 Uhr, 12–13 und 19–20.30 Uhr, Tageseintritt 30 N$ p.P., 10 N$ pro Fahrzeug). Wer Angeln will, erhält im Büro eine Genehmigung.

Wanderungen

Der **Wag'n-bietjie-Wanderweg** („Wart'-ein-bisschen" – ein Busch, der den Passanten nicht mehr so schnell aus seinen mit Widerhaken versehenen Ästen entlässt) führt 1,5 km an einem baum- und buschbestandenen Flussbett entlang zu einem Aussichtspunkt über dem Stengeldamm. Wenn der Stausee gefüllt ist, tummeln sich zahlreiche Vögel – wie Hammerköpfe, Stelzenläufer und Zwergtaucher – an seinen Ufern. Manchmal kommt auch Wild zur Tränke. Zurück dann auf gleichem Weg (ca. 45 Minuten).

Der anspruchsvollere **Rooibos-Wanderweg** über 9 km dauert etwa 2,5 Stunden. Nehmen Sie eine Wasserflasche und Proviant mit. Der Weg führt in Windungen über eine hügelige Hochebene zum Aussichtspunkt in 1763 Metern Höhe, von wo man über das Khomas-Hochland bis nach Windhoek sehen kann. Auf dem Rückweg folgt er dem Lauf des Choub-Rivier. Sie können verschiedene Antilopenarten und das Hartmannsche Bergzebra beobachten. Zu den typischen Vertretern der Flora gehören verschiedene Akazienarten und der Kudu-Busch, der seinen afrikaansen Namen rooibos – „Roter Busch" – seinen roten Früchten verdankt (Rooibos-Tee ist recht wohlschmeckend, probieren Sie mal).

Es gibt überdies auch noch eine zweitägige Wanderung **(Sweet-thorn-Trail)** über 32 km. Dazu genügend Getränke und Verpflegung mitnehmen. Die Tour ist nicht geführt, muss aber um 9 Uhr begonnen werden (Voranmeldung beim zentralen Reservierungsbüro in Windhoek nötig, 10 € p.P., pro Tag eine einzige Gruppe mit mindestens 3 und maximal 12 Mitgliedern zugelassen).

Die **Rundtour** mit dem Auto durch den Daan Viljoen Wildpark ist landschaftlich recht eindrucksvoll (Dauer ca. 30 Minuten), Wild sieht man allerdings meist nicht. 25 km hinter dem Wildpark erreichen Sie Windhoek (s. Route 1).

Route 7: Unter wilden Tieren – der Etosha National Park

Windhoek – Okahandja – Otjiwarongo – Outjo – Okaukuejo – Namutoni – Tsumeb – Otavi – Otjiwarongo

Km	Abzweig	Ort	Sehenswert	Übernachtung	GPS
Km 0 B1 Teer n. N		Windhoek, T+V	s. Windhoek Route 1	s. Windhoek Route 1	22 33 45 17 03 13
Km 10	Km 0 D1473 Piste Km 5			Elisenheim Gf.	
Km 21	Km 0 D1474 Piste nach W Km 1,5			Immanuel Gf.	22 22 33 17 03 36 22 22 56 17 03 09
Km 27	Km 0 D1499 Piste nach W Km 10 n. NW Km 18 ---------------- Km 0 Farmstr. Km 1	----------------	----------------	Düsternbrook Gf ---------------- Okapuka Ranch	22 18 37 17 02 45 -------- 20 16 12 16 54 00
Km 63	Km 0 D2102 Piste nach O Km 1,5 D2161 Piste nach S Km 3,5		V.-Bach-Damm	V.-Ba.-Damm Rl.	22 00 24 16 55 48
Km 65	Km 0 D1972 Teer Km 4 Km 26 ---------------- Km 0 D2102 Piste Km 27 D2170 Piste Km 44 Farm- pad nach links Km 57	Okahandja, T+V ----------------	Flughafen GroßBarmen, T ----------------	GroßBarmen RL ---------------- Otjisazu Gf. Otjiruze Gf.	21 59 47 16 55 15 22 07 00 16 44 40 --------
Km 69	Km 0 D2110 Km 62 Farmstr. Km 68			Haasenhof Gf.	
Km 73	Km 0 C31 Piste Km 68 Straße 59 Piste Km 106 D2128 Piste nach N Km 116 ---------------- Km 0 C31 Piste Km 113 Km 126	----------------	----------------	Ardilla Guestf. Otjimbuku Gf. ---------------- Olivenhain Gf. Ombeamateia Gf.	--------

ROUTE 7

Km	Abzweig	Ort	Sehenswert	Übernachtung	GPS
Km 75				Ombo Straußen-farm	
Km 110				Matador Gästef.	
Km 155				Wewelsburg Zeltplatz (1 km)	
km 165	Km 0D2404 Km 35			 Omaha B&B	
Km 180	Km 0 D2483 Piste Km 11 Km 43			 Ehuameno Gf. Mt. Etjo Safari L.	21 00 06 16 48 36
Km 198	Km 0 D2515 Piste nach W Km 22			 Okonjima Ldg.	20 50 47 16 48 02 20 51 30 16 38 28
Km 208	Km 0 Farmstr. nach W Km 2,5			 Otjiva Ranch	20 45 22 16 48 24 20 45 31 16 47 24
Km 210		Einmündung C22		s. Route 7a	20 40 54 16 46 45
Km 233	Km 0 Farmstr. nach SW Km 2			 Otjibamba Ldg.	20 29 46 16 40 15 20 30 11 16 39 53
Km 236 C38 Teer	Km 0 D2440 Piste Km 28 Km 44	Otjiwarongo, T+V	Krokodilfarm	s. weiter unten Padberg Farm Cheetah Con-servation Fund	20 28 15 16 39 40
Km 306				Ombinda Ldg.	
Km 307	Km 0 C38 Teer nach S Km 3 Straße 38 Piste nach W Km 6 Farmpiste Km 8 ----------------- Straße 63 Piste Km 0 Km 16 Farmpad Km 28	Outjo -----------------	Franke-Haus Naulila Denk-mal Setenghi Ldg. ----------------	s. bei Outjo ----------------- Bergplaas L.	20 06 49 16 09 18 --------
Km 317		Einmündung C40		Matunda Gf.	20 02 25 16 05 27
Km 320				Mamselle Camp	20 01 00 16 04 01
Km 322				Namatubis Gf.	20 00 13 16 03 17
Km 367	Km 0 D2710 Km 9 Km 19			 Vreugde Gf. Buschberg Gf.	

Km	Abzweig	Ort	Sehenswert	Übernachtung	GPS
Km 374	Km 0 D2779 Km 3			 Mondjila Camp	
Km 377	Km 0 D2695 Piste Km 8 Km 10 Km 27			Etosha Gateway Lodge Naua Naua Ldg. (12 km) Tarentaal Gf. Epacha Game L.	
Km 391				Etosha Safari Camp	19 24 38 15 55 30
Km 398				Taleni Village	
Km 401 Piste	Km 0 Farmstr. Km 7	Andersson Gate (Westtor)		 Ongava Lodges	19 19 55 15 56 24
Km 418		Okaukuejo, T+V		Okaukuejo Rl.	
Km 477		Halali, T+V		Halali Rl.	
Km 558		Namutoni, T+V		Namutoni Rl.	
Km 570 C38 Teer	Km 0 Farmpad Km 9	Von Lindequist Gate (Osttor)		Mokuti Lodge Onguma Main Camp	18 48 13 17 02 42 18 43 52 17 02 54
Km 580	Km 0 Farmpad Km 10 ----------------- Km 0 Farmpad Km 1	 ----------------	 -----------------	 Etosha Aoba L. ------------------ Mushara Ldg.	18 48 21 17 08 28 --------
Km 594 B1 Teer nach S					
Km 644	Km 0 D3043 Piste Km 19 D3031 Piste Km 24		 Lake Guinas		19 08 03 17 31 44
Km 649			Lake Otjikoto	Campsite	19 11 31 17 32 56
Km 651	Km 0 Farmpad nach W Km 15			 Uris Safari Lodge	 19 16 52 17 31 54
Km 661	C42 Teer n. O	Tsumeb, T+V (4 km)	Museum	s. bei Tsumeb	19 13 36 17 39 32
Km 725		Otavi, T+V	Khorab Gedenkstätte	Otavi Hotel Hillmount Resort Palmenecke Zum Potje Rl.	

ROUTE 7

Km	Abzweig	Ort	Sehenswert	Übernachtung	GPS
Km 728	Km 0 D3031 Km 10 Km 30			Khorab Safari Lodge Gabus Game Ranch Okapunja Gästf.	19 39 58 17 19 40
Km 757		Einmündung D2869, T			
Km 770	Km 0 D2808 Km 17 Farmstr. Km 18			Kambaku Ldg.	
Km 792	Km 0 D2804 Piste Km 41 Farmstr. Km 47			Omarassa Gf. Oase Gf.	
Km 815	Einmündung D2433				
Km 816	Km 0 D2433 Km 18 Km 23			Frans Indongo L. African Wilderness Trails	
Km 824	Km 0 Piste n. O Km 18			Aloe Grove Gf	
Km 842		Otjiwarongo, T+V	Krokodilfarm	s. bei Otjiwarongo	20 27 12 16 39 12

Windhoek – Von-Bach-Damm

Fahren Sie in Windhoek auf der Independence Avenue Richtung Norden, bis Sie auf den Western Bypass (B1) treffen. Dort auf der Autobahn weiter Richtung Norden halten. Sie verlassen das Hochland um Windhoek und passieren die rechts liegenden Otjihaveraberge. Sie kommen an mehreren Gästefarmen und Lodges vorbei, die unweit der Straße liegen. Nach 63 km, 2 km vor Okahandja, können Sie zum Von-Bach-Damm und dem gleichnamigen Rastlager abbiegen.

Von-Bach-Damm

Das Erholungsgebiet wurde privatisiert und ist seit Mitte 2009 für Renovierungsarbeiten bis auf Weiteres geschlossen. Der Stausee liegt zwischen hohen Hügeln verborgen. Nachdem man das Eingangsbüro passiert hat, führt der Weg steil hinunter, geöffnet bis Sonnenuntergang, Angelgenehmigung am Eingang. Der Stausee versorgt Windhoek mit Wasser (in guten Jahren ca. 54 Mio. Kubikmeter). Fahren Sie einmal um den See herum zum Areal der Zeltplätze. Die Staudamm-Mauer selbst ist relativ schmal, aber sehr hoch. Auf dem Wasser fahren Motorboote, die Wasserskifahrer mit und ohne Paraglider hinter sich herziehen, und wem das Wasser nicht zu kalt ist – Baden ist erlaubt. Die wenigen Tiere bekommt man normalerweise nicht zu Gesicht, wer hierher fährt, möchte Wassersport betreiben oder sich am Ufer erholen.

Okahandja

Ankunft

Okahandja ist ein sympathisches Städtchen mit einer belebten Hauptstraße und hervorragend sortierten Supermärkten. Mit seiner Schlachterei und einer Biltong-Fabrik ist der Ort ein wichtiges Zentrum der Viehzuchtregion des Hererolandes. Im Einzugsgebiet des Swakop-Riviers wird auch etwas Ackerbau betrieben, auf den kleinen Feldern stehen Mais, Tomaten und andere Gemüse, die zumeist für den Eigenbedarf gezogen werden. Historische Gebäude gibt es nur wenige: den 1901 erbauten **Bahnhof,** die **Kirche der Rheinischen Missionsgesellschaft** und das ehemalige Deutsche Fort, in dem heute die Polizei residiert.

Bei Ein- und Ausfahrt im Norden und Süden kommt man an Märkten unter freiem Himmel vorbei, auf denen Kunsthandwerk (hauptsächlich Schnitzereien aus dem Caprivi, aus Angola und Zimbabwe) angeboten wird. Vom Elefanten über Giraffen bis hin zum Flusspferd reicht die Palette, Stücke so groß, dass sie nicht ins Auto passen, oder so klein, dass sie in der Hosentasche verschwinden. Die Verkäufer und Schnitzer sind häufig Kooperativen angeschlossen, so dass sich Preisverhandlungen hinziehen können, weil jedes Angebot abgestimmt werden muss. Die kleinen Schnitzereien kosten ein paar Dollar, die großen mehrere Hundert.

ROUTE 7

Geschichtliches

Am 8. Februar 1843 kamen die Missionare Carl Hugo Hahn und Heinrich Kleinschmidt zu einem Kraal der Herero, der neben einem kleinen, von einer Quelle gespeisten See lag (Okahandja). Beide meinten, dass dies ein guter Platz für eine Missionsstation sei und nannten die Stelle „Schmelen's Verwachting“, zu Ehren des Missionars Schmelen, Schwiegervater von Kleinschmidt. Sie reisten nach Windhoek ab und kamen im Oktober 1844 wieder, um ihre Arbeit anzutreten. Die Quelle war aber versiegt, das Plätzchen bei weitem nicht mehr so idyllisch. Sie klagten dem zufällig vorbeiziehenden Jonker Afrikaaner ihr Leid, und dieser schlug ihnen vor, sich bei den heißen Quellen von Otjikango niederzulassen, dem heutigen Gross Barmen. Gerne nahmen Sie den Vorschlag auf und zogen um.

Häuptling Maharero (links), hinten sein Sohn Wilhelm

1850 startete der Missionar Friedrich Kolbe einen weiteren Versuch, das Evangelium nach Okahandja zu bringen. Er ließ sich mit seiner Frau im April hier nieder. Nach kriegerischen Auseinandersetzungen zwischen Nama und Herero im August des gleichen Jahres (unter Jonker Afrikaaner setzten die Nama den wesentlich schlechter bewaffneten Herero schwer zu) entschied sich Kolbe, wegzuziehen, ins sicherere Otjikango.

Erst 1868 wurden neue Anstrengungen unternommen, die Mission in Okahandja zu beleben. Grund war der Umzug des **Herero-Führers Maharero** mit seinem Gefolge von Otjimbingwe nach Okahandja (das Motiv dafür blieb im Dunklen, eine Version spricht von Wassermangel, eine andere davon, dass die Herero nicht unter der Fuchtel des Missionars Hahn stehen wollten, der als Präses alle Stationen der Rheinischen Missionsgesellschaft unter sich hatte und in Otjimbingwe residierte – und im übrigen auch seine Missionare gegen sich aufbrachte, da seine Station auf Kosten der anderen ausgebaut wurde). 1870 schlossen Herero und Nama, nach erfolgreicher Intervention durch die Missionare, Frieden, und in den folgenden zehn Jahren blieb Otjikango eine Unterstation der Mission in Okahandja.

1880 trieben die Nama den Herero 1500 deren besten und fettesten Rinder weg. Als Maharero dies erfuhr, ließ er sofort alle Nama in Okahandja töten. Die Nama erklärten daraufhin den Krieg und versammelten sich in Rehoboth, die Baster folgten ihnen. Der große Kampf fand dann in Otjikango statt, am 12. Dezember 1880. Die Leichen von über 200 Kämpfern (diesmal hauptsächlich Nama, denn die Herero hatten ihren waffentechnischen Rückstand dank der guten Handelsbeziehungen zu Missionaren und Kaufleuten aufgeholt) blieben auf dem Schlachtfeld zurück. Auf Hereroseite fiel aber Wilhelm Maharero, der Sohn des Oberhauptes und sein designierter Nachfolger. Der alte Führer und höchste Priester der Herero starb 10 Jahre später am 7. Oktober 1890 – ungetauft, wie die Missionare bedauerten. Ihm folgte, von der deutschen Administration gefördert, sein zweiter Sohn Samuel Maharero im Amt.

Maharero

Am 12. Januar 1904 brach im Umland unter dessen Führung der **Herero-Aufstand** los, in den ersten Wochen töteten die Aufständischen 123 Siedler und Händler. Der Krieg endete für die Herero vernichtend im August 1904 (Exkurs darüber s.S. 419). Die Herero flüchteten in die Omaheke-Wüste, wo sie verdursteten. Samuel Maharero gelang die Flucht ins benachbarte Betschuanaland (heute Botswana), wo er 1923 starb. Am 26. August 1923 wurde sein Leichnam nach Okahandja überführt. Entsprechend seinen Anordnungen trug keiner der Trauernden Schwarz. Herero in Schutztruppenuniformen folgten dem Sarg – eine seltsame Imitation deutscher Offiziersbegräbnisse, wie mancher weiße Beobachter bemerkte. Missionar Vedder verlas am Grab Samuel Mahareros letzte Botschaft an sein Volk: Es war die Aufforderung an seinen Sohn Friedrich, die Einheit der Herero zu bewahren.

Das Begräbnis Mahareros signalisierte das Erwachen eines neuen Nationalbewusstseins unter den Herero, knapp 20 Jahre nach der vernichtenden Schlacht am Waterberg. Entsprechend Mahareros letztem (in der christlichen Botschaft verschlüsseltem) Willen, wurden auch die „Heiligen Feuer“ wieder entzündet.

Herero-Friedhof

Maharero-Grab; den Herero gilt der Ahnenbulle als heilig

Der legendäre Herero-Friedhof ist in Okahandja gar nicht so leicht zu finden: In der Heroe's Street führt gegenüber der Einmündung des Voigts-Wegs ein recht Fußpfad am Tennisplatz vorbei nach Osten etwa zweihundert Meter zu den Grabstätten der berühmtesten Herero-Oberhäupter **Maharero** (des ersten Verhandlungs- und Ansprechpartners von Curt von François) und seines Sohnes *Samuel Maharero*. Hier finden alljährlich auch die Ahnengedenkfeiern der Herero statt.

Weitere prominente Persönlichkeiten der namibischen Geschichte wurden auf den beiden Friedhöfen am südlichen Ende der Kerk Street beigesetzt. Die 1876 fertiggestellte Kirche der Rheinischen Missionsgesellschaft ist von Schutztruppen-Gräbern umgeben.

Auf der gegenüberliegenden Straßenseite ruht Jonker Afrikaaner, der erste, für die Geschichte Südwestafrikas bedeutende Orlaam-Nama-Kapitäns, der 1861 starb. Neben ihm wurden entgegen der Tradition Clemens Kapuuo und Hosea Kutako begraben, beides Herero-Führer. Ersterer, Präsident der Turnhallenallianz, wurde 1978 in Katutura ermordet. Kutako starb 1970. Sein erklärter Wille war, die letzte Ruhestätte neben Jonker Afrikaaner, einem Feind seines Volkes, zu nehmen, um ein Zeichen zu setzen für die Verbrüderung einer Nation so unterschiedlichen Ursprungs.

Ahnengedenktag

An den Gräbern ihrer Führer feiern die Herero alljährlich am letzten Wochenende im August ihr bedeutendstes religiöses Fest, den **Ahnengedenktag.** Er versinnbildlicht die Verbundenheit der Herero mit ihren Vorfahren (die bis zur 5. Generation zurückgerechnet werden) und die Einheit des Volkes, deren Symbol das „Heilige Feuer“ darstellt.

In einem zeremoniellen Akt treten die Priester an die Ahnengräber und sprechen mit den Vorfahren, in Fantasieuniformen gekleidet erscheinen die drei großen Untergruppen, Zeraua-Herero (Omaruru), Maharero-Herero (Okahandja) und Mbanderu (Gobabis).

ROUTE 7

Ahnengedenktag in Okahandja

Die Frauen in ihren viktorianischen Matronenkleidern beleben die Straßen Okahandjas mit dem Farbenspiel ihrer jeweiligen Gruppe: die Zeraua-Herero tragen schwarzweiß, die Maharero-Leute rot-schwarz und die Mbanderu grün-weiß-schwarz. Um den zeremoniellen Akt der Vereinigung mit den Ahnen ist ein buntes Rahmenprogramm entstanden, so dass die zweitägige Feier in ein wahres Volksfest mündet. Den Zeitungen ist das aktuelle Programm zu entnehmen. Schon am Samstag versammeln sich die Herero außerhalb des Ortes und üben Stechschritt, geordnete Kehre im Verband und das Salutieren. Im Galopp reitet die Kavallerie an und wird bejubelt von den Frauen. Am Sonntag schließlich geht es in einem langen Umzug durch den Ort über die Kerk Street (heute heißt sie Heroe's Street) zu den Gräbern, an denen die Notablen und Gäste aus dem In- und Ausland Reden halten und der Helden gedenken.

Adressen & Service Okahandja

Unterkunft *Touristenklasse:* **Okahandja Lodge**
Günstig: Villa Nina, Sylvanette B & B, **Reit-Club,** Capricorne Guesthouse, Omulonga Auberge.
Außerhalb: Otjisazu Gästefarm, Gross Barmen Rastlager, Von Bach Damm Rastlager, 1000 Olives, Ombo Straußenfarm.

Essen *Reit-Club,* Vortrekker Road, Tel. 062-501678
Café Spitzeck, 298 Axali Doëseb Street, Tel. 062-502268
Café Dekker, 666 Morton Neib Avenue, Tel. 062-502587
Okakango Restaurant, 2 km nördlich des Zentrums, Frühstück u. Mittagessen neben einem Garten-Center, Streichelzoo, Tel. 062-503280

Informationen Stadtverwaltung, *Visitors Information,* Morton Neib Avenue, Tel. 062-501051.

Einkaufen Kunsthandwerk, vornehmlich Schnitzereien, gibt es auf den beiden Märkte an den Stadtausgängen. Handeln ist angesagt. *Closwa Biltong,* Axali Doëseb Street, Tel. 065-501123, verkauft hervorragendes Biltong in unterschiedlichen Schnittformen und Geschmacksrichtungen.

Gesundheit State Hospital, Hospital Street, Tel. 062-503039

Sonstiges Reiten s.o. Reit-Club unter Essen; Intercape Mainliner Haltestelle bei der Shell-Tankstelle am südlichen Ortsausgang.

Neuanfang in der Uniform der Sieger

Ahnengedenktag in Okahandja: In straffer Ordnung marschieren militärisch gekleidete Herero – alte wie junge – zum scheppernden Klang von Blaskapellen durch die Straßen des Städtchens. Angeführt vom *oloitnanta* oder *omajora* wird exerziert, werden Waffen präsentiert, deren besten Jahre schon längst vorbei sind. Wohl niemand kann sich eines komischen Gefühls erwehren, wenn er die Uniformen genauer ansieht – sie sind zwar keine originalgetreuen Kopien deutscher Militärkleidung, aber deren Vorbilder (auch schottischer, burischer und britischer Militäreinheiten) sind unverkennbar. Und man fragt sich, wie ein so grausam aufgeriebenes Volk Selbstbewusstsein daraus ziehen kann, diejenigen zu imitieren, deren Politik so vielen Herero das Leben gekostet hat.

Paradoxerweise hat eben diese „Truppenspieler"-Bewegung (auch „Red Band" oder **Otjiserandu** genannt) nach der Niederlage am Waterberg den überlebenden Herero Rückhalt in einer familienübergreifenden Gesellschaftsstruktur geboten, die Züge einer Geheimgesellschaft trug. Exerziert hatten die Herero bereits vor Ankunft der deutschen Schutztruppe, unter Einfluss des schwedischen Naturforschers, Händlers und Abenteurers *Andersson,* den sie einige Zeit sogar zu ihrem militärischen Führer gewählt hatten. Curt von François, der erste deutsche Gouverneur in Südwest, beäugte die mit Holzgewehren marschierenden Herero-„Truppenspieler" belustigt, aber auch misstrauisch. Nach der Niederlage am Waterberg und der Flucht von Samuel Maharero beanspruchte das Oberhaupt der Truppenspieler, *Kaiser Edward Maharero,* die Führung des Volkes. Sein Widersacher, *Traugott Maharero,* wurde von der Administration abgesetzt und durch *Husea Kutako* ersetzt. Von diesem Zeitpunkt an gab es den offiziellen und legalen Weg der Opposition, repräsentiert durch Kutako, und den heimlichen, repräsentiert durch die „kaiserlichen" Otjiserandu-Truppen.

Wie eine Schattenverwaltung und -Regierung erfasste und kontrollierte die Bewegung mit ihrer militärischen Organisationsstruktur die Herero-Gesellschaft. Jeder Mann – und vielerorts auch Frauen – waren Mitglieder der Otjiserandu. Sie besaßen darin einen festgelegten Rang und daraus resultierende Pflichten, konnten aber umgekehrt die Unterstützung und Solidarität der Truppe für sich in Anspruch nehmen. Die Gemeinschaft finanzierte Feste und die für den Ahnenkult so wichtigen Bestattungsfeiern, bezahlte Geldstrafen für ihre Mitglieder usw. Offiziell gebärdeten sich die Otjiserandu-Gruppen der süd-afrikanischen Administration gegenüber kooperativ und versuchten, ihre Organisation als „spielerischen" Exerzierverein zu verniedlichen. Nach innen bauten die Otjiserandu an einer effektiven Kommando- und Verwaltungsstruktur, deren Ziel das Erstarken der Nation – *Uherero* – und die Rückkehr auf ihr angestammtes Land war. Nichtmitglieder galten als verdächtig und wurden gemieden.

Rückhalt fand die „Truppenspieler-Bewegung" nicht unter allen Herero. Die älteren politischen Führer, darunter auch Hosea Kutako, lehnten diese Form des passiven Widerstandes ab und setzten auf den öffentlichen Diskurs mit der Administration und den Vereinten Nationen. Die südafrikanische Verwaltung beobachtete die Otjiserandu immer misstrauischer, denn schließlich waren die Truppen gut bewaffnet. Im Versuch, sie zu disqualifizieren, wurde sogar der Verdacht laut, sie kooperierten mit Nazis, um Südafrika loszuwerden.

Erst nach dem Zweiten Weltkrieg konnten die Differenzen zwischen Kutako-Anhängern und den Otjiserandu-Gruppen beigelegt werden. Eine neue, übergreifende politische Organisation vereinte nun die Herero mit dem gemeinsamen Ziel der Unabhängigkeit Süd-westafrikas. Das Ende der paramilitärischen Organisationsstruktur war damit aber noch nicht gekommen. Die „Truppen" – Kavallerie, Infanterie und Pioniere – verlegten ihre Aktivitäten stärker in den spirituellen Bereich im Umfeld der Ahnenfeiern und Bestattungsriten – dort, wo sie heute noch in Okahandja, aber auch bei den nicht öffentlich zugänglichen Ahnenfeiern in Omaruru (Zeraua-Fest, s.S. 437) eine wichtige Rolle spielen.

Die Missionsstation Otjisazu

27 km südöstlich von Okahandja, über die Staubstraße D2102 erreichbar, liegt auf 1500 m die *Gästefarm Otjisazu* mit einer langen Tradition. Am „Platz der roten Rinder" gründete 1872 der Missionar Jakob Irle „seine" **Missionsstation,** auf der er 31 Jahre verblieb. Noch heute erinnern die für ein einstöckiges Gebäude unüblich dicken Mauern an die Vergangenheit und dass man sich an historischem Ort befindet. Später kam die Schutztruppe und besetzte den Signalberg auf dem Gelände der heutigen Farm. Er diente als **Relaisstation** für die quer durch Südwest reichende Telegrafenleitung, die noch nicht mit Drähten und Elektrizität oder gar Funk arbeitete, sondern Buchstaben für Buchstaben als Morsezeichen optisch/heliographisch weiterreichte.

Gross Barmen

Von der Umgehungsstraße im Westen von Okahandja führt eine asphaltierte Straße nach Groß-Barmen (26 km), dem früheren Otjikango. Dieses Herero-Wort bedeutet „Quelle, die als Rinnsal dem Felsen entfließt".

Von den sich hier niederlassenden Missionaren bekam der Ort den Namen Neu-Barmen, da der Hauptsitz der Mission in Barmen in Deutschland lag. Die Reste der Missionsstation sind bei der Anfahrt zum staatlichen Camp und Thermalbad rechts der Straße auf einem flachen Hügel auszumachen. Eine einsame Palme beschattet die Ruinen der ersten Mission im Hereroland. Palmen kündigen auch schon weithin sichtbar das staatliche Thermalbad und das Camp Gross Barmen einige Meter weiter an.

Gross Barmen ist eine recht weitläufige Anlage mit Bungalows verschiedener Kategorie, die sich um einen Stausee anordnen. Ein breiter Schilfgürtel umgibt den See, Heimstatt für zahlreiche Wasservögel, Frösche und anderes Getier, das vor dem Spaziergänger raschelnd ins Dickicht flüchtet.

Zum Camp gehört auch ein schöner Zelt- und Caravanplatz. Tagesbesucher müssen das Camp um 18 Uhr wieder verlassen (Eintritt 40 N$). Die Übernachtung muss beim zentralen Reservierungsbüro in Windhoek vorausgebucht werden, wenn Platz ist kann man aber auch vor Ort buchen. Das Restaurant hat feste Öffnungszeiten (7–8.30 Uhr, 12–13.30 und 18–20.30 Uhr), die meisten Gäste ziehen es aber vor, auf der Veranda ihres Bungalows zu grillen (der Laden verkauft Fleisch, Getränke und Feuerholz).

Die gefasste Quelle hat eine Kapazität von knapp 2 l/s, das Wasser drängt aus einer Tiefe von 2500 m, hat eine Temperatur von 65 °C und wird auf etwa 40 °C im Innenpool und 30 °C im Außenpool heruntergebracht (das Hallenbad ist mittags geschlossen). Die Temperatur des Innenpools ist ausgesprochen kreislaufbelastend, und man sollte nicht zu lange im Wasser bleiben.

Okahandja – Otjiwarongo

Durch eintönige Farmlandschaft mit mehr oder weniger hohem Busch geht es nun über 170 km nach Otjiwarongo. Links und rechts der Straße begleiten Zäune den Reisenden.

Auf dieser Strecke in den Norden „erfährt" man sich die Parzellenstruktur des Landes. Bis auf die ehemaligen Homelands und die Naturparks ist Namibia aufgeteilt in Farmen, denen die Gründer Namen wie Schwabenhof, Güldenboden, Waldfriede oder Elbe gegeben haben, um ein Zipfelchen Heimatgefühl in „Übersee" zu bewahren. Die Farmen wiederum bestehen aus mehreren, verschieden großen Bereichen, zwischen denen das Vieh je nach Zustand der Weide umgesetzt wird. Teile des Farmbodens haben so die Möglichkeit, sich wieder zu regenerieren. Nur so wird eine Überweidung vermieden, durch die der Boden verbuschen würde und letztendlich für die Viehwirtschaft unbrauchbar wäre.

Die unendliche Weite wird nur durch die drei Kuppen der **Omatako-Berge** unterbrochen, deren höchste 850 m aus der Ebene aufragt. Auf der ganzen Strecke besteht die Möglichkeit, über Nebenstraßen Gästefarmen und Lodges zu erreichen. Mit die bekannteste ist die Mount Etjo Safari Lodge, ein Großbetrieb, der sich auf Pauschaltouristen spezialisiert hat und der als Ausgangsort für die Besichtigung der Dinosaurier-Fußspuren (s. Route 8a) benutzt wird (Abzweig von der B1 ca. 60 km vor Otjiwarongo).

26 km vor Otjiwarongo haben Sie Anschluss an die Route 7a zum Waterberg und nach Okakarara (C22), und 3 km vor Otjiwarongo-Ortseinfahrt geht es auf 2 km Farmstraße zur Otjibamba Lodge mit sehr gutem Restaurant und exzellentem Weinkeller, zu dem die Namibier von weit her fahren.

Otjiwarongo

1906 wurde die Bahnlinie von Swakopmund nach Tsumeb und der neu gebaute Bahnhof, der heute etwas außerhalb im Westen der Stadt liegt, eröffnet (vor dem Bahnhof steht eine der Lokomotiven, die diese Strecke befuhren). Das war die Gründung der Stadt. Ihr Name bedeutet „hübscher Ort" oder auch „dort, wo das Rind fett ist". Davor gab es hier lediglich eine Missionsstation und ab 1904 einen Außenposten der Schutztruppe. Nun begann die Stadt sich zu entwickeln, nicht zuletzt wegen der für die Rinderhaltung gut geeigneten Böden des Umlandes und der relativ ergiebigen Regenfälle.

Otjiwarongo ist Einkaufsplatz der Farmer. Kaufhäuser und Läden säumen die Hauptstraße, der Market Square ist großzügig angelegt und vermittelt den Reichtum des Handels.

Besuchenswert ist auch die Krokodilfarm hinter dem Zeltplatz (Eintritt 20 N$, täglich 8–16 Uhr, Wochenende 8–14 Uhr). Tausend Häute werden jährlich produziert, kleine Artikel aus Krokodilleder am Eingang verkauft.

Da die Tiere gezüchtet werden und die Zucht internationalen Standards genügt, hat die Firma eine Ausfuhrbewilligung. Adresse: Crocodile Ranch, Zingel Street, P.O. Box 424/Walvis Bay, Tel./Fax 067-302121.

Ein Ausflug zu bedrohten Tierarten

Östlich von Otjiwarongo sind zwei Unternehmungen zu finden, die sich dem Schutz von bedrohten Tieren gewidmet haben. **African Wilderness Trails** erreicht man über die B1 und die D2433 (60 km). Hier befindet sich der *Rare and Endangered Species Tust* (REST), der sich besonders dem Cape Griffin Vulture – dem Kap-Gänsegeier – widmet. Auf dem Farmgelände kann in luxuriösen Räumen übernachtet werden. Informationen über P.O. Box 178, Otjiwarongo, Tel./Fax 067-306226, awt@iway.na, www.restafrica.org.

Der **Cheetah Conservation Fund** befindet sich am nördlichen Fuß des Waterberges (erreichbar über die D2440 auf 44 km). Nicht das Tier muss resozialisiert werden, die Menschen bedürfen einiges an Erziehung, um in Frieden mit den Tieren leben zu können, so die Grundthese der mit hauptsächlich amerikanischen Geldern finanzierten Stiftung (die deshalb mit einigen Ausrutschern, wie der aufwendigen Ehrung ältlicher US-Amerikanerinnen leben muss), Eintritt 80,50 N$, Fütterung Mo–Fr um 14 Uhr (unbedingt zu dieser Zeit dort sein!). Infos: The Cheetah Conservation Fund, P.O. Box 1755, Otjiwarongo, Tel./Fax 067-306225, chetah@iafrica.com.na, www.cheetah.org.

Adressen & Service Otjiwarongo

Unterkunft *Touristenklasse:* **Out of Africa** (Neubau), Haus Blumers, C'est Si Bon
Günstig: Acacia Restcamp, Out of Africa B&B, Falkennest, Lion's Den, Bush Pillow, Planet Africa Selfcatering, Hadassa Guesthouse, **Kamaku Guesthouse.**
Außerhalb: Die Zeltplätze von Weaver's Rock, Kudubos oder Wesrand sind demjenigen beim Crocodile Park vorzuziehen, da es auf letzterem häufiger zu Diebstählen kommt.

Essen *Kameldorn Garten,* Hindenburg Street, Tel. 081-2445967
De Oude Koffiehuis, Martin Neib Street, Tel. 062-500295, direkt gegenüber dem südlichen Holzschnitzermarkt: leckeres Frühstück und Lunch.
Bäckerei Carstensen, Rikumbi Kadanga Street.
Die Otjibamba Lodge (6 km Richtung Windhoek, Tel. 067-303133) besitzt ein empfehlenswertes Restaurant und einen guten Weinkeller.

Information *Omaue Mineralien,* St. George Street 5, Tel. 067-303830

Internet *Compunet Services,* Hage Geingob Ecke Bahnhof St, Tel. 067-303718

Gesundheit State Hospital, Hospital Road, Tel. 067-302491

Einkaufen *Omaue Mineralien,* St. George Street, Tel. 067-303830

Weiterfahrt

In Otjiwarongo haben Sie Anschluss an die Routen 7a, 8 und 8a. Verlassen Sie die Stadt am Market Square Richtung Westen. Sie kommen am Bahnhof vorbei. Hier halten Sie sich rechts und nehmen die C38, die nach Nordwesten führt. 67 km hinter der Kreuzung mit der C33 und 1 km vor Outjo steht das ehemals städtische Rastlager unter privater Leitung und wurde renoviert.

Outjo

Das kleine Städtchen wurde 1880 von dem Händler Tom Lambert gegründet, 1895 wurde eine Garnison der Schutztruppe eingerichtet. Wenn Sie vor der Stadtverwaltung rechts nach Norden abbiegen, kommen Sie oben am Hang in einer hübschen Villensiedlung zum Franke-Haus, einem kleinen Museum, das die Stadtgeschichte beschreibt. Es erinnert an Major Franke, dessen Name auch mit dem Franke-Turm in Omaruru verewigt wurde.

Unter Franke wurde 1914 der Feldzug nach Naulila durchgeführt („Strafexpedition Franke", ein Denkmal im Friedhof beim Postamt feiert diesen Sieg), bei dem als Vergeltung für die Ermordung des Bezirksamtmannes Schulze-Jena und seiner Begleiter durch portugiesisches Militär (wegen Grenzstreitigkeiten) eine Schutztruppeneinheit den Kunene überschritt, das Fort Naulila einnahm und die portugiesischen Kräfte ins Landesinnere Angolas zurückdrängte. Die Portugiesen verloren 150 Mann, die deutschen Verluste betrugen 12 Mann. Mehr über Franke s.S. 437.

Eine 1902 errichtete Windmühle beim Etosha Garten Hotel pumpte Wasser und versorgte die Militäreinrichtungen. Sie wirkt in ihrem verfallenen Zustand nicht sehr eindrucksvoll.

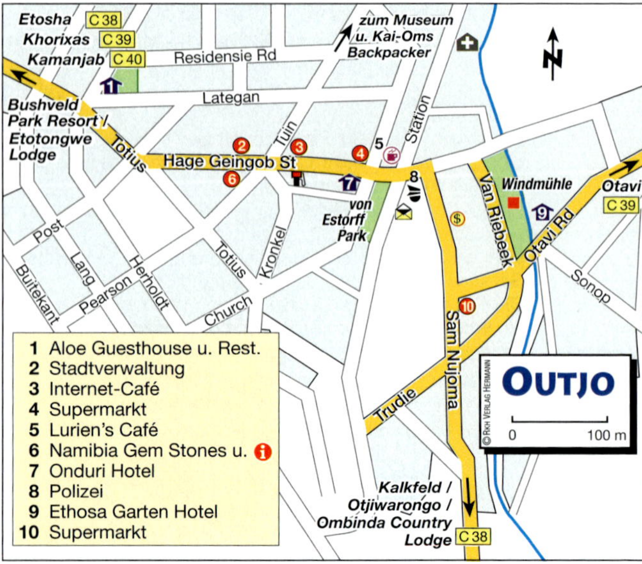

Adressen & Service Outjo

Unterkunft *Touristenklasse:* Etosha Garten Hotel, Onduri Hotel, Etotongwe Lodge
Günstig: Ombinda Country Lodge, Kai-Oms Backpackers, Aloe Guesthouse
Außerhalb: **Buschfeld Park Resort, Matunda Gästefarm,** Oppiklippe, Mamselle Camping

Essen *Etosha Garten Hotel,* Otavi Street, österreichisch inspirierte Namibia-Küche im Biergarten, Tel. 067-313130
Luriens Café, Hage Geingob St, leichte Mahlzeiten, Tel. 067-313795
Outjo Bäckerei & Coffee Shop, Hage Geingob Street, Tel. 067-313055
Buschfeld Park Resort, 2 km außerhalb Richtung Etosha, Lunch und Dinner nach Farmer-Art, Tel. 067-313665

Information *Namibia Gemstones* (s.u. „Einkaufen")

Internet In der *Outjo Bäckerei*

Einkaufen *Namibia Gem Stones,* Hage Geingob Street, gegenüber der Stadtverwaltung, Tel. 067-313072

San Touren Die *Outjo Haikom Youth League* unternimmt Bushwalks in das Herz des San-Landes, unterschiedliche Trails zwischen ein und fünf Stunden Dauer können gewählt werden. Kontakt Tel. 081-2740706 oder 081-2961693. Treffpunkt ist die Ombinda Country Lodge.

Weiterfahrt

In Outjo haben Sie Anschluss an die Routen 8 und 9. Verlassen Sie die Stadt westlich und bleiben Sie auf der C38. Nach 69 km kommt das Toshari Inn, eine kleinere, einfachere Lodge mit günstigen Preisen. Wer nicht im Etosha-Nationalpark nächtigen will, kann hier einkehren.

20 km dahinter befindet sich das Ongava Game Reserve, eine Lodge, die durch ihre exorbitant hohen Preise und die überperfekte Absicherung bestiicht (dort auch Ongava Tented Camp und Little Ongava). Die bessere Wahl ist das Naua Naua Game Reserve, das in einem riesigen Freigehege Geparden aufgenommen hat, die auf Farmland keine Zukunft mehr gehabt hätten. Deren Fütterung erlaubt gute Fotos und man selbst ist beim Essen ebenfalls bestens aufgehoben: die Küche der Lodge ist ausgezeichnet. Die Zimmer sind großzügig und edel mit riesigen Terrassen über der Buschlandschaft.

Etosha National Park

Allgemeines Mit diesem berühmten Nationalpark haben Sie eines der Highlights Ihrer Namibia-Reise erreicht! Am Andersson Gate erhalten Sie einen Laufzettel, den Sie im Büro von Okaukuejo, dem staatlichen Rastlager, vorlegen müssen. Dort entrichten Sie dann den Eintritt (betreten Sie den Park vom östlichen von Lindequist Gate aus, ist in Namutoni zu zahlen).

Der Eingang schließt etwa eine Stunde vor Sonnenuntergang, da die Rastlager ihre Tore bei Sonnenuntergang absperren und es unabdinglich ist, dass jeder Reisende die Lager erreicht! Vor Sonnenaufgang darf auch niemand aus den Camps hinaus.

Das Fahrzeug darf nur in den Rastlagern und im Nationalpark nur an den ausgewiesenen Plätzen mit Toiletten verlassen werden. Wer sich nicht daran hält, wird des Parks verwiesen (gerade an den Wasserstellen gibt es häufig Löwen, die das ungeübte Auge nicht erkennt, und Löwen sind schnell ...).

Gestreiftes Duo: Steppenzebras

Die Geschwindigkeit auf den Pisten ist auf 60 km/h beschränkt, da sonst die Fahrzeuge zu viel Staub aufwirbeln. Die Restaurants der Camps haben feste Öffnungszeiten, Tankstellen und Läden sind vorhanden. Jedes Lager hat ein Schwimmbad und eine beleuchtete Wasserstelle, an der man abends wunderbar Tiere beobachten kann. Karten vom Park sind in den Läden erhältlich.

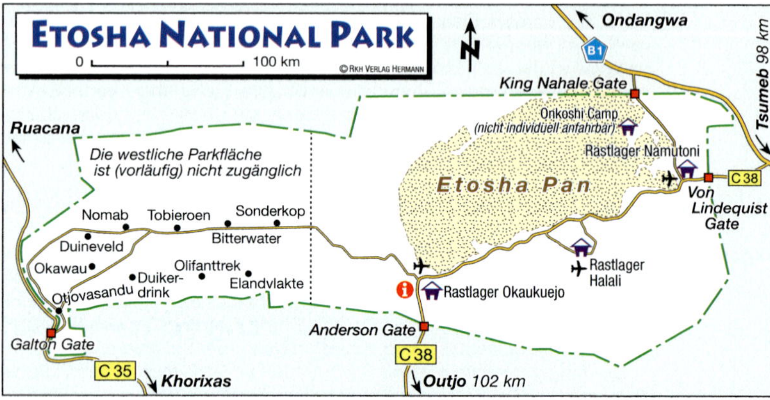

Wissenswertes

Mittelpunkt des Nationalparks ist die etwa **5000 qkm große Etosha-Pfanne, eine Salztonpfanne,** die zum westlichen Teil der Kalahari gehört. Von den Heikom, einer Untergruppe der San, die vor der Erklärung zum Naturschutzgebiet hier lebte, wurde Etosha „großer weißer Platz" genannt. Ihren Legenden zufolge bildete sich die Salzpfanne aus den Tränen einer Frau, die um ihr ermordetes Kind weinte …

Wenn die Zuflüsse der Pfanne gut abkommen, verwandelt sich die weiß-glitzernde Senke in einen See. Nach der Trockenzeit, wenn das Wasser verdunstet ist und die im feuchten Erdreich gelösten Mineralien sich abgesetzt haben, überzieht eine rissige Salzkruste den Boden. Das Salz wurde vom Wild ebenso geschätzt wie von den Menschen, die alljährlich nach Etosha zur Salzernte kamen und das Mineral dann gegen andere benötigte Waren tauschten. Heute profitieren nur noch die Tiere von Salz und Wasser in diesem nach europäischen Maßstäben immens großen Areal, das aber durch stetige Verkleinerung heute nur noch ein Bruchteil der Fläche bedeckt, die ursprünglich als Naturschutzgebiet ausgewiesen worden war.

Für viele Wildarten, wie z.B. Elefanten, ist Etosha zu klein. Deshalb ziehen sie auf der Suche nach Weide regelmäßig nach Westen, manchmal bis an die Skelettküste. Viele der sogenannten „Wüstenelefanten" (s.S. 454, Skelettküste) sind ganz „normale" Dickhäuter aus Etosha.

Pflanzenwelt

Die Pflanzenwelt Etoshas variiert nach der geographischen Lage. Zwergbuschsavanne umgibt den Rand der eigentlichen Salzpfanne, die selbst meist völlig vegetationslos ist. Nach Westen zu gehen die niedrigen, salzliebenden Gewächse in dichteren, mit Mopanebäumen durchsetzten

Busch über. Dazwischen liegen Grassavannen, die bevorzugte Weide der Antilopen, Zebras und Gnus.

Westlich von Okaukuejo liegt der **Moringa Forest,** der **berühmte Märchenwald,** eine Ebene, die überraschend dicht mit den bizarren Moringabäumen bewachsen ist. Unheimlich wirken diese mager belaubten Baumriesen mit ihren knorrigen Ästen – den Heikom zufolge wurden sie von Gott auf die Erde geworfen, wo sie verkehrt herum steckenblieben!

Nach Osten wird der Bewuchs dichter, die Mopanebäume erreichen imposante Höhen. Um Halali ist die sonst plattebene Landschaft durch Dolomitbuckel aufgelockert. Beim Rastlager Namutoni im Osten der Pfanne geht die niedrige Vegetation in Baumsavanne über. Auch hier dominieren Mopanebäume, zu denen sich nun immer häufiger auch die eleganten Kronen der Makalani-Palme gesellen.

Tierwelt

Etoshas Tierwelt zeigt einen repräsentativen Querschnitt durch die in Namibia beheimateten Arten: Außer Büffeln sind alle Spezies der „Big Five" vorhanden: Es gibt etwa 1500 Elefanten, 300 Spitzmaulnashörner (und inzwischen auch wieder einige ihrer breitmäuligen, sanfteren Artgenossen) und 300 Löwen. Wie viele Leoparden in Etosha leben, ist unbekannt, ebenso lässt sich die Zahl der Geparden im Nationalpark kaum schätzen. Die schnell wachsende Löwenpopulation hat allerdings andere, schwächere Großwildarten an den Rand Etoshas gedrängt. Zu den Aufgaben der Tierheger gehört seit einigen Jahren auch die Sorge um die Empfängnisverhütung bei den Löwinnen. Mit Hormonspritzen ist es gelungen, die rapide Vermehrung der Großkatzen einzudämmen.

Namibias Wappentier, die Oryx-Antilope (oder „Spießbock") ist mit etwa 2000 Exemplaren vertreten, Springböcke mit bis zu 20.000. Zwischen Zebra- und Gnuherde staksen Marabus und Nashornvögel durch das hohe Gras, und Ohren- und Kapgeier lauern kreiseziehend auf Beute.

Historisches

„Entdeckt" wurde Etosha von dem schon erwähnten schwedischen Naturforscher und Abenteurer Charles John Andersson, der mit dem Briten Francis Galton und einem Ovambo-Führer 1851 die Senke erreichte. Am 22. März 1907 gab **Gouverneur Friedrich von Lindequist** (nach ihm ist das östliche Tor benannt) eine Verordnung heraus. Damit wurde die Etosha-Pfanne und die Gebiete südlich, westlich und nordwestlich davon zum Wildreservat proklamiert. Über 90.000 qkm war es groß und umfasste auch das Kaokoland bis zum Kunene hoch. 1947 gab man das Kaokoland zur Ansiedelung von Herero frei, und weitere Teile des Reservates wurden in Farmland aufgeteilt. Die Größe betrug nur noch unter 50.000 qkm. 1956 legte eine Kommission die Erweiterung des Schutzgebietes fest. Es waren nun wieder 100.000 qkm. 1962 verkleinerte die Odendaal-Kommission den Park auf die heutigen 22.000 qkm, ohne Rücksicht auf Migrationswege, angestammte Gebiete und Gefährdung der Tiere, um Platz für die angestrebten Homelands zu schaffen. Damit hatte die Apartheidpolitik auch die Tierwelt erreicht.

Friedrich von Lindequist

Tierbeobachtung

Heute sind 700 km Pisten im Park angelegt, sie führen von Wasserstelle zu Wasserstelle, und an jeder Kreuzung fällt die Entscheidung schwerer, in welche Richtung man denn jetzt fahren solle, wo man wohl die meisten Tiere zu Gesicht bekäme. Das Problem ist, dass auch innerhalb des Parks eine Migration stattfindet, und die Tiere sich über die Tageszeiten, die Jahreszeiten, aber auch über die Jahre, immer wieder an anderen Wasserstellen versammeln. Einfacher ist die Tierbeobachtung gegen Ende der Trockenzeit, weil sich das Wild dann in der Nähe der Wasserstellen aufhält. Nach den Regen hat man schon etwas mehr Mühe, einen der „Big Five" zu Gesicht zu bekommen. Am besten fragt man die Ranger, wo die Chance aktuell am größten ist, bestimmte Tiere zu sehen. Die Ranger haben durch ihre Fahrten und Hubschrauberflüge einen sehr guten Überblick über die Wanderwege des Wildes. Mit Geduld kann man sich auch selbst als Fährtensucher betätigen. Die frischen Elefantenhaufen weisen die Richtung (bleiben Sie aber auf den Wegen!).

Geführte Touren

Seit dem Januar 2007 bietet Namibia Wildlife Resorts in allen Rastlagern Game Drives an. Diese finden nicht nur tagsüber statt. Als besonders exklusives Angebot stehen auch nächtliche Tierbeobachtungsfahrten auf dem Programm.

Rastlager

Im Etosha-Nationalpark gibt es vier Rastlager: **Okaukuejo, Halali** (etwa auf halbem Weg nach Namutoni), das historische **Fort Namutoni** und das Luxuslager **Onkoshi Camp** im Osten des Parks.

Rastlager Okaukuejo

Die Bungalows verschiedener Kategorie sind um das nachts beleuchtete Wasserloch angeordnet, die teureren näher, die billigeren weiter weg. Der Zeltplatz wirkt nicht besonders anheimelnd. Das Wasserloch jedoch ist die Attraktion des Lagers. Eine niedrige Steinmauer trennt Tier und Mensch. Des nachts kann man gemütlich auf Bänken sitzend Giraffen, Elefanten und Rhinos beim Saufen zuschauen, manchmal auch Löwen.

Okaukuejos Turm darf man besteigen

Zu späterer Stunde, wenn das Blitzlichtgewitter nachgelassen hat und die meisten zu Bett gegangen sind, ist es am schönsten: Schakale huschen durch das Lager auf der Suche nach Fressbarem, Rhinos mit Jungen verjagen Giraffen und verteidigen das Wasserloch, Elefanten kommen und sichern nach allen Seiten, Löwen kündigen sich an und die Antilopen flüchten.

In Okaukuejo wurde 1901 ein Fort gebaut, das aber keine militärische Funktion hatte. Es diente der Abwehr der Maul- und Klauenseuche, die nördlich grassierte (auf der Ost-West-Linie in Höhe von Okaukuejo trifft man auf jeder Straße und Piste nach Norden auch heute noch auf die Disease Control Gates) und der Eindämmung der Wilderei und des Waffenhandels. Das Fort existiert nicht mehr.

Routenvorschläge von Okaukuejo aus

Die meisten Besucher nehmen eines der Rastlager zum Ausgangspunkt, von dem aus sie ihre „Kreise" auf den Pisten am Südrand der Pfanne ziehen und zwischendrin und abends wieder in die gebuchte Unterkunft zurückkehren. Dies hat den Vorteil, dass man die toten Stunden der Mittagshitze, in denen kaum Wild zu sehen ist, am Pool verbringen kann.

Östl. Etosha Park
0
50 km
© RKH Verlag Hermann
Etosha Pan
Adoni Plains
Gobauflakte
Grootflakte
B1
C38
D 3001
D 3004
Tsintsabis
Ombili Foundation
Tsumeb 38 km
Oshivelo
Sachsenheim Game Ranch
Onguma Safari Camps
Etosha Aoba Lodge
Von Lindequist Gate
Mokuti Lodge
Acacia
Mushara
Kameel-doring
Tsumcor
Aroe
Fisher's Pan
Klein Namutoni
Namutoni
Groot Okevi
Klein Okevi
Chudob
Kalkheuwel
Tsam
Ngogib
Batia
Okerfontein
Springbokfontein
Dungariespomp
King Nehale Gate
Onkoshi Camp (nicht individuell anfahrbar)
Poacher's Point
Ondangwa
Goas
Noniams
Halali
Etosha Lookout
Rietfontein
Gobaub
Salvadora
Sueda
Charitsaub
Aus
Olifantsbad
Homob
Gonob
Ondongab
Kapupuhedi
Gemsbokvlakte
Ombika
Logan Island
Okondeka
Wolfsnes
Okaukuejo
Anderson Gate
Etosha Safari Camp
Etosha Gateway Lodge
Outjo 102 km
Natukanaoka Pan
Leeubron
Moringa Forest (Märchenwald)
Okahakana Pan
Brakwater
Adamax
Ozonjuitji M'Bari
Grünewald
Otjivalunda Pans
Narawandu
Pan Point

ROUTE 7

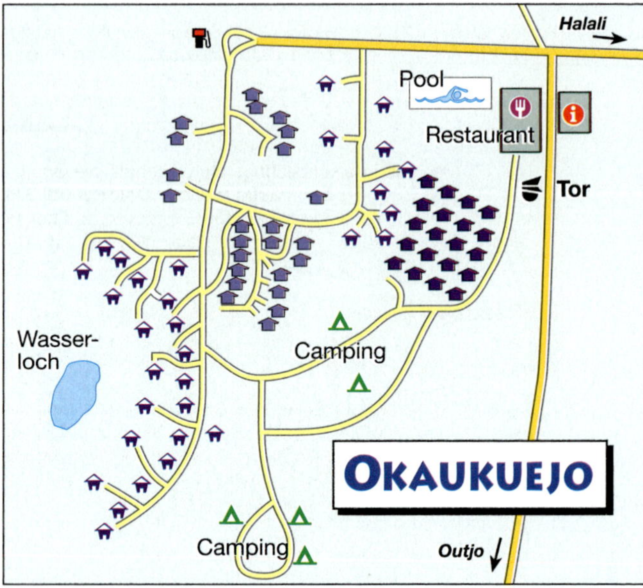

Hier einige Rundtouren von Okaukuejo aus (eine gute Karte des Nationalparks mit allen wichtigen Wasserstellen ist in den Tankstellen der Rastlager erhältlich; Rundfahrten von Halali und Namutoni s. dort):

Nach Ombika und Gemsbokvlakte (insgesamt ca. 60 km): Zunächst 11 km zurück in Richtung Andersson Gate, dann nach links nach Ombika. Die Wasserstelle gilt als einer der sicheren „Löwen-Plätze". Außerdem oft vertreten: Zebras und Streifengnus.

18 km weiter liegt Gemsbokvlakte, ein beliebter Wasserplatz von Oryx-Antilopenherden, zu denen sich manchmal auch Elefanten gesellen. Von hier geht es zurück nach Okaukuejo.

Weiterfahrt Gemsbokvlakte – Olifantsbad: Anstatt zurückzufahren, folgen Sie der Pad nach Osten, etwa 8 km entlang der traditionellen Migrationspfade der Elefanten nach Olifantsbad, wo man mit ziemlicher Sicherheit einen Dickhäuter zu sehen bekommt.

Von Okaukuejo nach Okondeka: nördlich des Rastlagers und nur etwa 22 km entfernt liegt am Westrand der Salzpfanne eine der interessantesten Wasserstellen für die Löwenbeobachtung. Hier entspringt eine Quelle, die große Herden von Zebras, Gnus und Antilopen mit Wasser versorgt. Dass der König der Tiere hier gerne sein „Lager" aufschlägt, ist so nicht weiter verwunderlich! Ideal sind die späteren Vormittagsstunden.

Zum Märchenwald: von Okaukuejo geht's zunächst nordwestlich in Richtung Leeubron und dann auf der Moringawald-Straße *(Sprokieswoud)* nach Westen, bis nach ca. 35 km rechts der Straße der geisterhafte Märchenwald (s.S. 401) erscheint.

Okaukuejo – Halali

Die Straße folgt dem Südrand der Salzpfanne; linker Hand breitet sich die im Sonnenlicht gleißende Salzfläche aus, rechts verdeckt zunehmend dichteres Buschwerk den Blick auf kleineres Wild. Immer wieder führen Abstecher nach Süden in die Buschsavanne zu beliebten Wasserstellen. Versuchen Sie's nördlich mit **Homob** (nach ca. 35 km), einer direkt am Pfannenrand angelegten Wasserstelle, an der verschiedene Antilopenarten, Zebras und ihre kurzsichtige Gefolgschaft, die Gnus, ihren Durst stillen. Auch Löwen sind hier häufig zu Gast. **Charitsaub,** 9 km weiter rechts der Straße, gilt als sicherer Tipp für Geparden (was bei Tierbeobachtung schon „sicher" zu nennen ist ...). Nach weiteren 22 km zweigt die Zufahrtsstraße zum Rastlager Halali ab, das nach 8 km erreicht wird.

Rastlager Halali

Der Platz, an dem das Rastlager am Fuß eines kleinen Hügels (koppie) erst 1967 errichtet wurde, hat keine Geschichte, aber eben einen klangvollen Namen. Sein Wasserloch ist ebenfalls ein bei den Tieren beliebter Sammelpunkt, liegt aber abseits der Hütten und hat deshalb bei weitem nicht die Anziehungskraft wie das von Okaukuejo, obwohl es ebenfalls nachts beleuchtet ist. Das liegt vielleicht auch daran, dass die meisten Besucher in Okaukuejo und Namutoni übernachten und in Halali häufig nur Mittagsrast machen (das bislang mittelmäßige Restaurant soll durch zwei Restaurants mit verbessertem Angebot ersetzt werden). Halali besitzt durch die vielen Dolomithügel eine reizvolle Umgebung, die es durchaus zu erkunden lohnt.

ROUTE 7

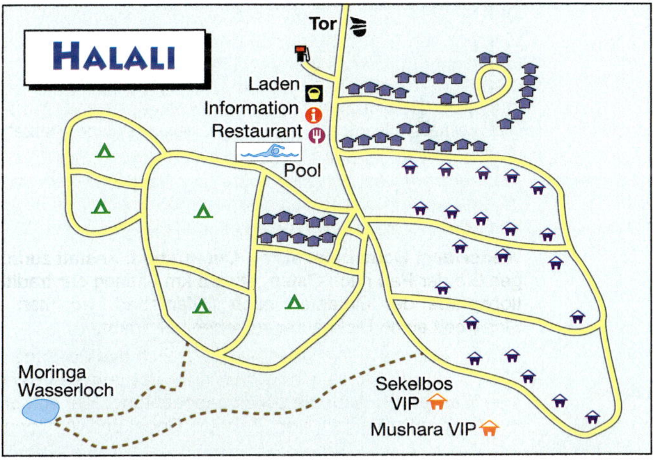

Routenvorschläge von Halali aus

Nach Etosha Viewpoint: zwei Strecken bieten sich an: die westliche an der Wasserstelle von Nuamses vorbei (34 km), oder die östliche Route (36 km). Etosha Viewpoint ist die einzige Stelle, an der Besucher einige Kilometer auf die Salzton-Pfanne hinausfahren dürfen!

Nach Noniams und Goas: Etwa 15 km von Halali nach Osten versprechen die beiden Wasserstellen von erhöht angelegten Parkplätzen aus gute Sicht auf Zebras, Gnus, Oryxe und die seltenen Kuh-Antilopen.

Halali – Namutoni

Die scheuen Eland-Antilopen sollen sich entlang des Elandsdrive südöstlich von Halali gelegentlich blicken lassen. Die Strecke ist zwar nicht die direkteste Verbindung nach Namutoni, verspricht aber gute Tierbeobachtungsmöglichkeiten in Kamaseb und ein freundliches Landschaftsbild mit dichtem Mopanebewuchs. Nach ca. 50 km wieder zurück am Rand der Salzpfanne lockt die Quelle Springbokfontein verschiedene Antilopenherden, vor allem aber die grazilen Springböckchen an.

20 km sind es von der Quelle bis zur Abzweigung nach Kalkheuvel (weitere 5 km), der angeblich besten Tierbeobachtungsstelle im Park. Sogar Leoparden sollen hier gesichtet worden sein! Im folgenden quert die Pad auf einem kurzen Stück die Salzton-Pfanne und erreicht nach knappen 100 km (insgesamt) Namutoni, dessen weiße Mauern den Reisenden nicht nur in die Zivilisation, sondern einmal wieder in die deutsche Kolonialzeit zurückversetzen.

Rastlager Namutoni

1851 reiste der Schwede Charles Andersson (nach ihm ist das südliche Tor benannt) nach Ondangwa und machte bei der Wasserstelle Omutjamatunda Halt, dem heutigen Namutoni. Er berichtete als erster von dieser Stelle. Ihm folgten Jäger und Händler. Erst bei Ausbruch der Rinderpest 1897 installierte man einen Posten, der die gleichen Aufgaben wie der in Okaukuejo hatte. 1903 wurde die Festung fertiggestellt, Namutoni war nun Grenzposten, da das nördlich von hier gelegene Ovamboland nicht unter deutscher Verwaltung stand.

Am 11. Januar 1904 brach der Herero-Aufstand los. Als einziger Ovambo-Führer beteiligte sich Nechale aus Ondangwa und schickte am 28. Januar seine Leute gegen Namutoni. Einen Tag lang konnte die Besatzung, bestehend aus 4 Mann und 3 Farmern, die Schutz gesucht hatten, dem Ansturm widerstehen. In der Nacht suchten sie dann aber das Weite, das Fort wurde von den Ovambo geschliffen. Nach Niederschlagung des Aufstandes wurde es wieder aufgebaut.

Fort Namutoni

Da das Kaiserreich bemüht war, seine Kosten für das Schutzgebiet zu senken, zog die Schutztruppe 1910 ab, nur noch ein Polizeiposten verblieb. Nach dem I. Weltkrieg verfiel die Festung immer weiter, da sie nur zwischenzeitlich von der südafrikanischen Polizei benutzt wurde. Schließlich entschied man sich, die Reste abzutragen.

Die Versuche verschiedener Seiten, das historische Gebäude zu erhalten, hatten 1950 Erfolg, es wurde zum nationalen Monument erklärt, und man beschloss gleichzeitig, es zu rekonstruieren und zu einem Touristenlager zu machen. 1958 war der Plan umgesetzt, Namutoni wurde eröffnet.

Das Fort erhebt sich strahlend weiß, mächtig und kriegerisch über dem grünen Rasen. In einem der Türme ist ein kleines Museum zur Geschichte von Namutoni eingerichtet. Der Zeltplatz ist schön, schattig und auf Rasen, das Wasserloch ist nicht so überlaufen wie in Okaukuejo.

Die Landschaft um Namutoni prägen hohe Mopanebäumen und dichtes Gesträuch, das es sogar schwierig macht, die allerorts äsenden Giraffen auszumachen. Scharfe Beobachtungsgabe ist also vonnöten.

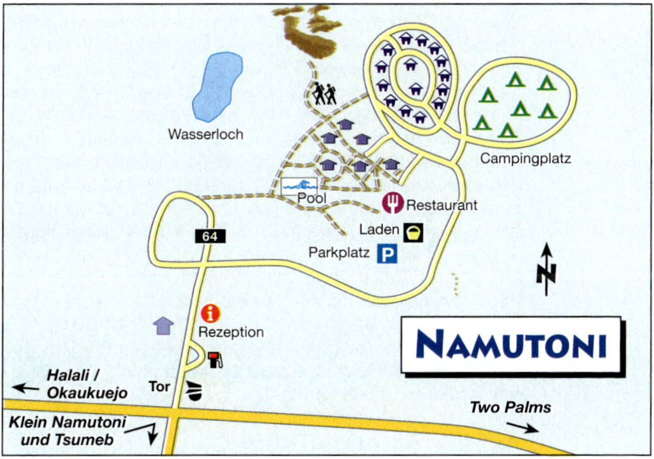

Routenvorschläge von Namutoni aus

Dikdik-Drive: Die Damara-Dikdiks sind die kleinsten Antilopen Namibias. Ihre bevorzugte Wasserstelle ist Klein-Namutoni, ein Wasserloch, zu dem häufig auch Giraffen kommen. Die ausgeschilderte Rundtour ist etwa 5 km lang.

Über Fisher's Pan nach Twee Palms: An ihrem östlichen Rand leckt die Etosha-Pfanne nördlich von Namutoni über einen „Kanal" in eine zweite Salzton-Senke hinein, in die Fisher's Pan. Diese ist besonders bei Vögeln beliebt. Wer schon immer rosafarbene Flamingowolken fotografieren wollte – hier findet er sie! Dazwischen stolzieren in strengem Ernst Marabus, und gelegentlich watscheln auch ein paar Pelikane vorbei.

Nach 31 km entlang Fisher's Pan ist die malerische Wasserstelle Twee Palms erreicht, 11 km weiter trifft die Rundtour wieder auf Namutoni.

Nach Andoni: Diese bei vielen Tierarten beliebte Wasserstelle liegt knapp 50 km nördlich von Namutoni. Auf dem Weg passiert man Tsumcor, einen bevorzugten Aufenthaltsort von Elefanten.

Onkoshi Camp

Das Lager ist ganz exklusiv im Osten des Parkes, der für die sonstige Öffentlichkeit nicht zugänglich ist. Wer sich einmietet, erhält ein All-inclusive-Paket mit allen Mahlzeiten, einer luxuriösen Unterkunft und natürlich exklusive Game Drives. Die Kosten? Mit um 400 € pro Nase und Nacht ist man dabei und bewohnt die Luxuszelte auf Holzplattformen mit riesigen Betten, Teakholzeinrichtung, Badewanne, Innen- und Außendusche und direktem, ungestörten Blick auf die Salzpfanne.

Aus- und Weiterfahrt aus dem Park

Am von Lindequist Gate verlassen Sie den Park. Nun ist die Straße wieder asphaltiert. Hier befindet sich auch der Abzweig zur Mokuti Lodge und den luxuriösen **Onguma Safari Camps** (Tented Camp, Bush Camp und Plains Camp). Das Bush oder Main Camp liegt 8 km abseits der Straße und ist auf fester Piste erreichbar. Hier stehen 6 luxuriöse Bungalows mit Schwimmbad und Restaurant (unweit vom Campingplatz). Im Tented Camp reihen sich um ein Wasserloch hochluxuriöse Safarizelte und es hat ein eigenes Restaurant, das Plains Camp ist das Flaggschiff mit Chalets mit freiem Blick über die Ebene auf der die Tiere dahinziehen.

10 km nach dem Tor führt eine Farmstraße auf 10 km zur **Etosha Aoba Lodge,** einer kleineren, von zwei deutschen Ehepaaren mit viel Charme geführten Einrichtung mitten im Busch. Wer dem Pauschaltourismus entfliehen will und eine persönlichere Atmosphäre vorzieht, ist gut beraten, auf Onguma oder hier und nicht in der Mokuti Lodge zu nächtigen. Aoba organisiert auch Ausflüge zu der nahebei gelegenen Ombili-Stiftung. Nach Beendigung des Kampfes zwischen SWAPO und Südafrika hat ein Offizier seine aus San bestehende Einheit auf seiner eigenen Farm angesiedelt, da die San nicht wussten, wohin sie nach dem Krieg gehen könnten. Daraus entstand die **Ombili-Stiftung.** In Schulen und bei der Herstellung traditionellen Schmuckes und traditioneller Haushaltsgeräte für den Verkauf an Touristen sollen die Fährtensucher den Weg in das moderne Leben finden.

Auf der B1 nach Tsumeb

24 km hinter dem Lindequist Gate biegt man auf die B1 nach Süden ein. 50 km weiter führt die Piste D3043 zum **Lake Guinas** (24 km), dieser wird aber mangels Infrastruktur und der weiten Entfernung praktisch nicht angefahren. Er ist 60 m breit, 120 m lang und mit 100 m doppelt so tief wie sein Gegenstück Lake Otjikoto an der B1, 5 km hinter dem Abzweig. Beide entstanden durch Wegsacken des karstigen Untergrundes bei Höhleneinstürzen. Die Höhlen wiederum wurden durch unterirdische Flusssysteme ausgespült, die den Kalkstein zersetzt haben. Das Wasser wird zur Bewässerung der umliegenden Farmen benutzt.

Am **Lake Otjikoto** (tgl. 7.30–17.30 Uhr, Eintritt 20 N$) zeugt eine voluminöse, fest installierte Dampfmaschine, Überbleibsel einer Pumpstation, vom Wasserbedarf der Minen bei Tsumeb. Schon 1907 wurde die Pipeline eröffnet. Bei der Kapitulation der deutschen Truppen 1915 versenkten die hier befindlichen Einheiten ihre schweren Waffen. Im Museum in Tsumeb können die geborgenen Kanonen besichtigt werden. Ist der Wasserspiegel des Sees durch die schlechten Regenjahre bis 2002 und den hohen Grundwasserverbrauch kontinuierlich abgesunken, konnte der See 2006 einen Anstieg seiner Oberfläche um 1,5 m verzeichnen. Am Eingang gibt es einen Kiosk mit Getränken und Snacks und einen Zeltplatz. 16 km hinter dem See erreicht man dann die Minenstadt Tsumeb.

Tsumeb

In Tsumeb haben Sie Anschluss an die Route 13a.

Tsomsoub – in der Sprache der San „Ein Loch graben, das verschwindet“ – spielt auf den Umstand an, dass die Bewohner des wasserlosen Umlandes hierher kamen, um nach Wasser zu graben. Sie entnahmen ihren Tagesbedarf, und am nächsten Tag war das Loch eingestürzt. Aus dem San-Wort entwickelte sich so der Ortsname Tsumeb. Heute hat die Stadt etwa 14.000 Einwohner.

Lange bevor der Schwede Andersson 1851 das erste Mal von Kupferfunden berichtete, war der „Malachitberg“ von Tsumeb im weiten Umkreis bei den hier lebenden San und den Ovambo bekannt. Die San bauten das Erz ab und tauschten es bei Ovambohändlern gegen Eisen, Salz (aus Etosha) und Tabak. Die Händler verhütteten es in einfachen „Hochöfen“, die eindrucksvoll im Tsumeber Museum nachgebaut wurden. Dies konnte nur nachts geschehen, denn die Ovambo glaubten, dass die Sonne sie dabei nicht beobachten durfte. Wie bei den meisten anderen afrikanischen Völkern war der Umgang mit Metall und Feuer auch bei dem Ovambo ein Privileg bestimmter Berufsgruppen, die von der Gesellschaft wegen ihrer vermeintlich magischen Kräfte gefürchtet wurden.

Die Minen

Vom Deutschen Reich erhielt 1892 eine englische Gesellschaft das Recht, bei Tsumeb Erz abzubauen. Sie ging 1900 in der Otavi Minen- und Eisenbahngesellschaft (OMEG) auf. Die Eisenbahnlinie nach Swakopmund wurde 1906 fertiggestellt, 1907 stand Wasser in ausreichender Menge vom Otjikotosee zur Verfügung, und so entstand eine Verhüttungsindustrie. Nun konnte man Kupfer und Blei in reinerer Form an die Küste schicken, die Transportkosten sanken.

Auf dem Höhepunkt der Erzproduktion mit 65.000 Tonnen pro Jahr begann der I. Weltkrieg. Erst sechs Jahre später wurde die Arbeit wieder aufgenommen, und der Ausstoß verdreifachte sich bis 1930. Die Weltwirtschaftskrise kam, und mit ihr ein Verfall der Weltmarktpreise für Erz. Wieder wurde die Produktion eingestellt. 1937 rüstete die Welt sich dem zweiten großen Krieg entgegen, Metall war gefragt. Nach drei Jahren wurde das Vermögen der OMEG als Feindbesitz beschlagnahmt, 1947 die Tsumeb Corporation Limited gegründet. Sie erwarb die Abbaurechte und schürfte bis ins neue Jahrtausend. Zu Beginn des neuen Jahrtausends schloss man die Minen erneut. Doch der Weltmarktpreis für Metalle stieg und stieg, so dass sich heute wieder ein Abbau lohnt und man die

Trockenlegung der Mine und den Neubeginn des Schürfens erwägt. Über das Museum kann man eine Besichtigung des Tagebaus arrangieren (nur nach Voranmeldung und wenn die Minengesellschaft Transport zur Verfügung stellen kann).

Sehenswertes

Die im Schachbrettstil mit Roads und Streets entworfene Stadt profitierte vom Erzabbau und wurde dadurch reich. Die Straßen flankieren Bäume, und die Blüten von Bougainvillea, Flammenbaum, Goldregen und Jacaranda geben dem Ort eine beschwingte Atmosphäre, die der Vorstellung von einer Minenstadt zuwiderläuft.

Das **Museum** (Main Street, Tel. 067-220447, Mo–Fr 9–12, 14–17 Uhr, Sa 9–12 Uhr, Eintritt 20 N$) ist im 1915 errichteten ehemaligen Gebäude der Deutschen Privatschule untergebracht und zeigt eine interessante Mineraliensammlung und die Waffen, die 1915 im Lake Otjikoto versenkt wurden. Anschaulich werden auch die traditionellen Methoden des Erzabbaus und der -verhüttung dargestellt und liebevoll die Kultur der Haikom-San dokumentiert. Ilse Schatz, die Leiterin der Sammlung, hat durch einen ihrer San-Farmarbeiter, der zugleich ein berühmter Heiler war, vieles über das Leben der San erfahren und dies in einem kleinen, sehr lesenswerten Bändchen zusammengetragen.

In der 1st Street hinter dem **Minen-Hotel** (Schlachtplatte mit Sauerkraut im Biergarten!) befindet sich ein Gebäude, das eine Kirche sein könnte, in Wirklichkeit aber als Prachtbau für die Direktion der OMEG 1910 errichtet wurde. Ein weiteres Gebäude der OMEG steht in der anschließenden Hospital Street. Es entstand 1912 und diente als Wohnhaus.

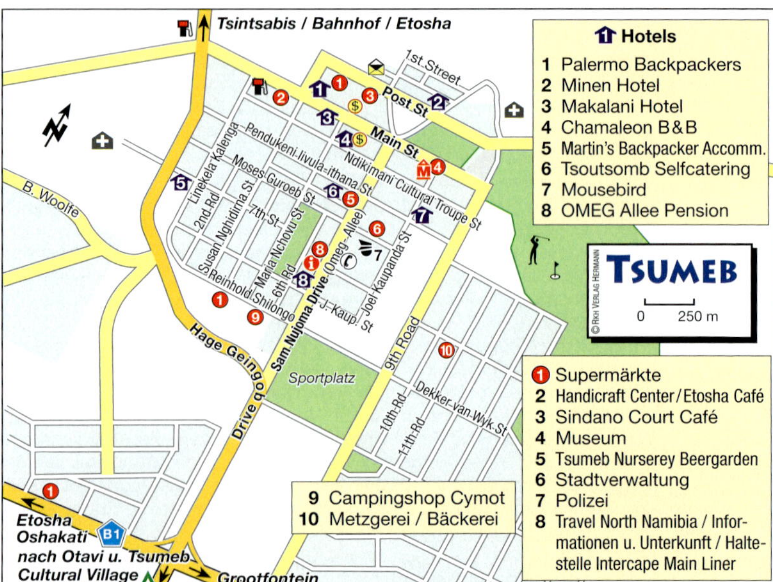

Straßenszene in Tsumeb

Wo die Hospital- in die Main Street mündet, versteckt sich die Missionskirche St. Barbara, diesmal katholisch und 1913 erbaut, hinter subtropischen Pflanzen. Die Schutzpatronin bewahrt die Bergleute vor Unglück.

Tsumeb Cultural Village Außerhalb (2 km) in Richtung Otavi steht das Tsumeb Cultural Village, eine Freianlage, die die Wohnbauten mehrerer Ethnien des Landes zeigt: Himba, Ovambo, Kavango, Caprivi, San, Herero, Afrikaaner, Damara und Nama. Außerdem ist Kunsthandwerk zu sehen und ein kleines Museum zeigt weitere Artefakte. Offen von 8–18 Uhr, Eintritt 10 N$, Tel. 067-220787, Fax 221464.

Adressen & Service Tsumeb

Unterkunft *Touristenklasse:* **Minen Hotel,** Makalani Hotel
Günstig: Etosha Café, **Mousebird,** Tsumeb Rastlager, **Martins Backpackers,** OMEG Allee Pension, Palermo Backpackers, Travel North, Tsoutsoumb Bungalows, Tsumeb Cultural Village

Essen *Minen Hotel,* Post Street, Tel. 067-221071
Etosha Café, 21 Main Road, Tel. 067-221207 (wochentags tagsüber)
Tsumeb Nurserey Beergarden, OMEG Allee, Tel. 067-220440 (wochentags tagsüber)
Sindano Court Coffee Shop & Restaurant, Main St, Tel. 081-1270117

Museum Main Street; P.O. Box 884, Tsumeb, Tel. 067-220447, Mo–Fr 9–12 und 14–17 Uhr, Sa 9–12 Uhr, Eintritt 15 N$.

Information/ Reiseveranstalter *Travel North Namibia,* P.O. Box 779, 1551 Omeg Allee, Tsumeb, Tel. 067-220728, Fax 220916, travelnn@tsu.namib.com; Internet-Nachrichten können versandt werden, Zimmervermietung, Backpacker-Unterkunft, Intercape Mainliner, Taxi, Transfers.

Internet *Mweb Café,* OMEG Allee, Tel. 067-221628.
Travel North Namibia, s. oben.

Busse *Intercape Mainliner,* Haltestelle bei Travel North Namibia.

Einkaufen Afrikanischer Markt (nicht regelmäßig), Ecke Bahnhof/7th Street neben der Caltex-Tankstelle

Golfclub *Tsumeb Golf Club,* P.O. Box 1477, Tsumeb, Tel. 067-220547

Mediz. Hilfe State Hospital, Bahnhof Street, Tel. 067-221082

Weiterfahrt

Verlassen Sie Tsumeb auf der B1 außerhalb der Stadt. Nach 64 km Fahrt durch Farmland mit den altbekannten Zäunen links und rechts der Straße und durch niedrigen Busch, rechts vorbei an den Otavibergen, kommen Sie zum Städtchen Otavi.

Otavi

Der Ort wirkt nicht sehr anheimelnd, niedrige Häuser liegen an staubigen Straßen, auf denen nichts los ist. In der Erinnerung der deutschstämmigen Namibier blieb die Stadt, weil nördlich davon (2 km außerhalb an der B1) die Kapitulationsbedingungen am 9. Juli 1915 unterschrieben wurden. Ein 1920 errichtetes Denkmal erinnert daran.

Berühmtheit erlangte Otavi 1991 durch den Fund eines Kieferknochen in den Otavi-Bergen. Sein Alter wurde auf 12 bis 15 Mio. Jahre datiert, und man nimmt an, dass mit dieser Entdeckung neue Erkenntnisse zum „missing link" möglich sind, dem immer noch unbekannten gemeinsamen Urahn von Homo Sapiens und Menschenaffen.

Zur Khorab-Gedenkstätte

Ein kleines leicht eingewachsenes Monument erinnert an die Kapitulation der deutschen Truppen in Südwest 1915 gegenüber dem südafrikanischen Militär. Um zum Denkmal zu gelangen verlässt man Otavi Richtung Nordwest und biegt nach 300 m hinter der Eisenbahn nach Südwest rechts ab, dann geht es knapp 3 km nach Nordost. Bei 19 37 23/17 21 06 steht der Stein.

In Otavi haben Sie Anschluss an die Route 13. Die B1 führt nun 117 km südwestlich weiter durch Farmland bis Otjiwarongo (s. oben).

Route 7a: Zum Waterberg-Plateau

Otjiwarongo – Waterberg – Grootfontein

Km	Abzweig	Ort	Sehenswert	Übernachtung	GPS
Km 0 C22 Teer					20 40 54 16 46 45
Km 6				Weaver's Rock Gästefarm	20 40 25 16 49 41
Km 18	Einmündung der C30				20 39 01 16 57 19
Km 34				Waterberg Guestfarm	20 38 39 17 06 00
Km 40 D2512 Piste	Km 0 C22 Teer Km 21 Km 31	 Okakarara, T		 Hamakari Gästefarm	20 38 22 17 09 46 20 37 22 17 21 01 20 35 33 17 26 58
Km 56			Waterberg-Plateau, T+V	Waterberg Camp	20 31 33 17 14 58
Km 64				Waterberg Wilderness Ldg.	
Km 73		Onjoka-Tor			
Km 82				Waterberg Mountain Camp	
Km 92				Wabi Lodge	20 20 43 17 31 57
Km 144		Einmündung der D2896			20 07 05 17 49 20
Km 152				Kamrav Gästef.	
Km 180		Rietfontein			
Km 182		Einmündung in B8			19 43 33 17 51 14

Otjiwarongo – Waterberg

Bis zum Abzweig der C22 von der B1 ist die Strecke in der Route 7 beschrieben. Die C22 ist asphaltiert. Schnell tritt das Waterberg Plateau ins Blickfeld. Es erhebt sich 200 m über Straßenniveau. Man fährt 40 km (und ignoriert die C30 nach Gobabis nach 18 km) auf das links voraus liegende Plateau zu, und kurz vor der Abzweigung zwischen dem Großen Waterberg links und dem Kleinen (aber höheren) Waterberg rechts hindurch.

Bei Kilometer 32 passiert man den westlichsten Ausläufer des Waterberg-Plateaus. Die Piste D2512 wird, als Hauptzufahrt zum Nationalpark, ständig präpariert, der ungünstige Unterbau führt aber nach Regenfällen dazu, dass man mit einem normalen Pkw so seine Schwierigkeiten haben kann.

ABSTECHER Hamakari, Okakarara und Okaepe Living Museum

An der Kreuzung ist ein Abstecher zum 31 km entfernten Ort **Okakarara** möglich. Auf dem Weg dorthin passiert man die **Gästefarm Hamakari** – eine traditionsreiche und geschichtsträchtige Adresse. Familie Diekmann ist sehr engagiert und schildert ihren Gästen gerne ihre Sicht der Geschehnisse rund um die Schlacht am Waterberg. Auf ihrer Farm befand sich einst die Wasserstelle Onguero. Die Diekmanns haben das Gebiet aber ausgegliedert, um den Herero einen ständigen Zugang zu dem für sie wichtigen Ort zu gewährleisten. In der Nacht vom 11. auf den 12. August 1904 versammelten sich hier die Führer der Herero und entschieden, dass sich ihr Volk mit Kind, Kegel und allem Vieh in die Omaheke aufmachen solle – was zum Todesmarsch für abertausende Herero wurde. Auch ein Schutztruppenfriedhof auf Hamakari erinnert an diesen Krieg. Spaziergänge auf der Farm, Ausflüge ins Hereroland oder einfach nur Wissensvermittlung über die Arbeit auf der voll funktionierenden Rinderfarm gehören zum Programm.

Bislang fahren Touristen eher selten nach Okakarara, das sollte sich aber in Zukunft ändern. Es ist die Hauptstadt des ehemaligen Homelands der Herero gewesen, also Herero-Land. Heute heißt die Region Otjozondjupa. Das Straßenbild ähnelt gänzlich einer Ansiedlung, wie man sie aus dem nördlicheren Afrika kennt. Die Straßen sind nicht asphaltiert, Staub liegt auf allem, es gibt keine Gehsteige. Die meisten Menschen auf den Straßen tragen traditionelle Kleidung, am Straßenrand vor den kleinen Hütten spielen Kinder. Man sieht deutlich, dass die Apartheids-Administration kein Geld für die Homelands übrig hatte – sie verbaute ihre Investitionen lieber in den Gebieten der Weißen. Es gibt keine Unterkunftsmöglichkeit und keine Informationsstelle. An der Hauptstraße finden sich 2 kleine Restaurants und Takeaways. Das Leben der Herero wird auch in Okakarara immer noch von der Viehzucht bestimmt und es ist also kein Wunder, dass das Auktionshaus für Rinder am Ort Millionen von Namibia-Dollar umsetzt.

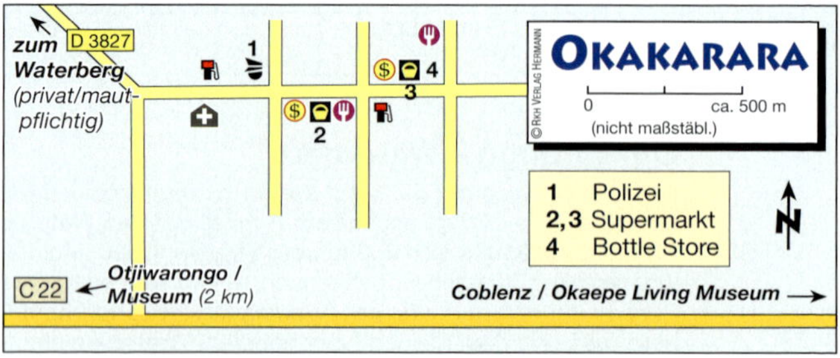

2 km außerhalb Richtung Otjiwarongo glänzt hell das **Kulturzentrum** des Städtchens, bezahlt aus dem Deutschen Entwicklungshilfetopf und bislang eine Investitionsruine, denn für ein lebendiges Haus voller Aktivitäten liegt es zu weit draußen und der Fußmarsch in der Tageshitze ist beschwerlich. Nur einmal im Jahr findet eine kleine Handelsmesse statt, und am Gedenktag des Herero-Krieges versammeln sich ebenfalls einige hun-

dert Menschen. Errichtet wurde das Zentrum, um den Herero ein Platz zur Erinnerung an die Schlacht am Waterberg und die anschließende Flucht in die Omaheke zu sein, ein Ereignis, das sich 2004 zum 100. Mal jährte und mit der deutschen Entwicklungshilfeministerin festlich begangen wurde.

Wer von Okakarara direkt zum Waterberg will kann eine Abkürzung nehmen, die allerdings über das Gebiet der Waterberg Wilderness Lodge führt. Wer dort Gast ist, bekommt das Geld (20 N$) für den Visitors Pass an der Lodge wieder, wer nicht, hat nur dem Umweg eingespart (28 km auf der Abkürzung, fast 60 km auf der Hauptpad).

Das **Okaepe Living Museum** (Kontakt Frau Batseba Rukero, Tel. 067-317999 oder 317997) liegt 54 km östlich von Okakarara. Man nimmt die D3822 nach Osten und biegt nach 4 km auf die D3805 ab, auf der man für 31 km bleibt. Dann nimmt man die D3801 nach Osten und erreicht nach 19 km Okaepe (rechts 100 m von der Straße). Okaepe erlaubt dem Besucher Einblicke in die Kultur der San und der Herero. Dazu präsentiert das Museum vier Programme: Eine Vorführung von Herero- und San-Kindern mit Liedern, Tänzen und Spielen, eine Heiratszeremonie der Herero, einen morgendlichen Besuch eines Herero-Dorfes und der Besuch einer San-Siedlung. Jedes Programm kostet pro Besucher 100 N$. Zukünftig soll noch ein Zeltplatz entstehen, bis dahin darf man unter einem Omumborumbonga-Baum sein Zelt aufschlagen. Das Living Museum wird mit viel Liebe und Elan organisiert und die Vorführungen sind ausgesprochen herzlich und mitreißend. Das ganze Projekt ist auf Eigeninitiative der Schulleiterin Frau Rukero entstanden und ihr Engagement verdient jeglichen Beifall.

Das Bérnabé-de-la-Bat-Rastlager ist 16 km hinter der Kreuzung erreicht. Die Stichstraße geht durch ein Tor, nach 800 m ist links die Rezeption.

Waterberg Plateau Park

Waterberg Camp

Das weitläufige, ehemals Bernabé-de-la-Bat Restcamp genannte Lager, liegt direkt am Fuß des Waterberg Plateaus. Tagesbesucher müssen das Lager bis 18 Uhr verlassen haben. Übernachtungsgäste (nur mit Buchung) müssen vor 21 Uhr ankommen, sonst stehen sie vor verschlossenen Toren. Bungalows verschiedener Kategorie werden vermietet, Camping-Stellplätze sind vorhanden. Ein Schwimmbad, ein Kiosk, eine Tankstelle und ein Restaurant (7–8.30 Uhr, 12–13.30 und 19–21 Uhr) sorgen für das Wohl der Gäste. Im Rastlager gilt eine Geschwindigkeitsbeschränkung von 20 km/h. Eintritt 40 N$/Person und 10 N$/Fahrzeug.

Der Waterberg

Der Waterberg wird der Etjo-Sandsteinformation zugerechnet. Diese entstand aus Ablagerungen am Grund eines Sees, der im Kambrium fast ganz Südwestafrika bedeckte und, darauf aufbauend, einer Schicht an Erosionsprodukten die der Wind herbeitrug. Im Zuge von tektonischen Hebungen in der Karoo-Zeit entstand eine Hochebene, die durch Erosion allmählich wieder abgetragen wurde. Mehrere Gebirgsformationen widerstanden diesem Prozess, darunter auch der Waterberg. Spuren urzeitlicher Bewohner haben sich auch hier erhalten (ähnlich den Dinosaurier-Fußspuren s.S. 439).

Das Plateau wurde bereits zwischen dem Ersten und Zweiten Weltkrieg zum Naturschutzgebiet erklärt, die Proklamation hatte aber keinen Bestand, und das Gebiet auf der Hochebene wurde als Farmland verkauft. Erst 1972 wurde der Park in seiner jetzigen Form geschaffen, nicht zuletzt deshalb, weil im Caprivistrip ein Homeland eingerichtet werden sollte, und ein neues Habitat für die dort lebenden Tiere gesucht werden musste. Die Ähnlichkeit der Klima- und Vegetationsbedingungen brachte die Zuständigen auf die Idee, das Wild hierher umzusiedeln. Ein Nebeneffekt ist, dass die Verwaltung des Parks, der vornehmlich zum Schutz der Natur entstanden ist und weniger dem Vergnügen der Touristen dient, die Zugangsregeln zum Plateau restriktiv handhabt.

Spaziergänge

Im Camp sind mehrere kleine Spaziergänge möglich. Sie sind mit detaillierter Beschreibung und Standort der hier beheimateten Pflanzen in dem Buch „Waterberg Flora“ von Patricia Craven und Christine Marais (Windhoek 1989) zusammengefasst. Die Wege heißen Mountain View, Forest Walk, Aloe Circle, Rasthaus Way, Kambazembi Walk, Anthill Way, Francolin Walk und Fig-Tree Walk und dauern zwischen 15 und 90 Minuten.

Der **geschichtsträchtige Mission Way** führt vom Rasthaus, an den Ruinen der ersten Missionsstation vorbei, zum Friedhof. Hier liegen Schutztruppler, die während des Herero-Aufstandes 1904 gefallen sind. Die Missionsstation wurde 1873 gegründet. Der Ort hieß damals Otjozondjupa. 1880 wurden die Gebäude zerstört, als der 10jährige Frieden zwischen Nama und Herero zerbrach. 1891 wurden sie wieder aufgebaut, und nach fünf Jahren erhielten sie Schutz durch die Errichtung eines Polizeipostens, dem heutigen Restaurant. Zwei Tage nach Ausbruch des Herero-Aufstandes, am 14. Januar 1904, erschlugen die Herero, darunter Arbeiter der Mission, hier 12 Menschen. Am 11. August 1904 war der Aufstand mit der **Schlacht am Waterberg,** zumindest für die Schutzmacht, beendet. Die Oberhäupter der Herero entschieden sich für die Flucht in die Omaheke, die zum Tode tausender Herero führte.

Tier- und Pflanzenwelt

Wer nicht vorhat, weiter nach Nordnamibia und in den Caprivi zu reisen, kann im Waterberg Plateau Park einen Blick auf jenes Wild erhaschen, das normalerweise in feuchteren Regionen zu Hause ist. Durch seine besondere geologische Beschaffenheit besitzt der Waterberg mehrere ergiebige Quellen, denn Regenwasser versickert zwar in den sandigen Böden des Plateaus, wird aber dann durch Spalten und Risse im Sandstein bis zu Gesteinsschichten weitergeleitet, die wasserundurchlässig sind. Da der Weg nach unten versperrt ist, bahnen sich die Wasserströme einen Weg nach draußen – Quellen entstehen, die für die erstaunlich üppige Flora verantwortlich sind und Mensch und Tier speisen. So können Tierarten überleben, die eigentlich feuchtere Regionen gewöhnt sind. Dazu gehören beispielsweise Rappenantilopen und Büffel.

Am Waterberg werden auch von der Ausrottung bedrohte Tiere gezüchtet, um irgendwann wieder in der „freien“ Natur ausgesetzt zu werden. Das Breitmaulnashorn (Weißes Nashorn), eine der gefährdetsten Wildarten, lebt hier, geschützt vor Wilderern, die seinem Horn nachstellen (s.S. 120). Auch Spitzmaulnashörner, die wegen ihrer Aggressivität gefürchteter sind als ihre „weißen“ Artgenossen, wurden angesiedelt. Außerdem kann man Giraffen, Streifengnus, Warzenschweine, Paviane, Geparden, Leoparden und Luchse beobachten.Da diese Oase auch zahlreiche Vögel anzieht, kommen Ornithologen am Waterberg auf ihre Kosten.

Berühmt ist das Plateau als einziges namibisches Brutgebiet der Kapgeier. Pflanzenfreunde können fast alle in Namibia heimischen Akazienarten und in höheren Lagen auch Ahnenbäume und Gelbholzbäume identifizieren. Eine Freude fürs wüstengeplagte Auge sind die vielen blühenden Gewächse, wie Feuerlilien, Korallenbaum oder der mit gelben Blütenkaskaden geschmückte Omuparara (Peltophorum africanum). Bekannt ist der Waterberg auch für seine verschiedenen Farne und das Flechtengespinst an den Wänden des Etjo-Sandstein-Abfalls.

Pirschfahrten, Wanderungen

Die Parkverwaltung organisiert täglich Pirschfahrten, die etwa drei Stunden dauern (6/8 und 15/16 Uhr, auch für Nichtgäste buchbar, Tel. 067-305001, um 400 N$/Person, Treffpunkt an der Rezeption). Man verlässt dabei das Lager und fährt am normalerweise verschlossenen Tor Onjoka, wo sich die Hauptverwaltung befindet, wieder in den Park (17 km östlich).

Eine drei Tage dauernde Wanderung beginnt ebenfalls am Tor von Onjoka (April bis November, donnerstags vor jedem 2., 3. und 4. Wochenende des Monats, 14 Uhr; zugelassen sind mindestens 3, höchsten 8 Personen). Sie muss im zentralen Reservierungsbüro in Windhoek gebucht werden. Eine nicht geführte Tour geht über 50 km und zwei Tage. Ausrüstung und Verpflegung sind jeweils mitzubringen.

Weiterfahrt

8 km östlich des Rastlagers kommt man zur **Waterberg Wilderness Lodge,** eine zu Füßen des Waterberges liegende grüne Oase mit Wandermöglichkeiten auf dem Plateau. Die Küche ist ausgezeichnet und die deutschstämmige Besitzerfamilie Rust sehr herzlich und hilfsbereit. Mit der *Waterberg Plateau Lodge* haben die Rusts ein weiteres Kleinod geschaffen, das exklusiv ganz oben am Abbruch des Plateaus wie ein Adlernest Blick und Gedanken in die Ferne schweifen lassen. Etwas abseits, zu Füßen des Tafelberges, liegt der Campingplatz der Lodge.

Nach Nordosten führt der Weg durch mittelhohes Buschwerk, das durch einige Akazien aufgelockert wird, aber bald ist die Vegetation an der schnurgeraden Piste wüstenhafter. Nach 30 km blinkt zur Linken immer wieder die Gebirgskette des Otavi-Berglandes durch den Busch. Farmhäuser, Rinderkraals und Wirtschaftsgebäude fliegen vorbei.

Nach Passieren der Kreuzung der D2896 wendet sich die Straße auf hügeliger Strecke den Otavi-Bergen zu, und man erreicht die Maisfelder des ackerbaulichen Herzlandes Namibias. 38 km weiter, 2 km vor der Einmündung in die B8, fahren Sie an Rietfontein vorbei. An der B8 haben Sie wieder Asphalt unter den Rädern und Anschluss an die Route 13.

Hist. Foto zu den Eisenbahnstationen zwischen Okahandja und Karibib der Route 8: Eine zünftige Bahnhofwirtschaft musste schon sein!

Herero-Aufstand und die Schlacht am Waterberg

Von den Siedlern immer weiter an den Rand ihrer angestammten Weidegebiete gedrängt und durch „Schutzverträge“ zur Untätigkeit verdammt, erlebten die Herero die deutsche Landnahme zunächst in völliger Passivität. Immer wieder versuchte **Maharero,** Führer der Maharero-Herero und von der deutschen Administration zum Hauptführer aller Herero bestimmt, über Verhandlungen einen größeren Bewegungsspielraum für sein Volk und verbindliche Landrechte zu erhalten. 1904 schließlich verdichteten sich Gerüchte, wonach die Herero in ein Reservat östlich des Waterbergs umgesiedelt werden sollten.

Die Waterberg-Herero (deren Führer Kambazembi kurz zuvor verstorben war) schlugen als erste zurück: Sie brachten die weißen Männer um, die ihr Land und ihre Zukunft bedrohten. Überall in Deutsch-Südwest kam es zu Übergriffen von Herero gegen die Eindringlinge. Insgesamt kamen zu Beginn der Feindseligkeiten 123 Händler und Farmer im Lande um. Major Franke (s. bei Omaruru) sorgte mit seinen spektakulären Gewaltmärschen quer durchs Land dafür, dass nicht noch mehr Weiße ihr Leben lassen mussten. Schließlich gelang es ihm auch Okahandja zu befreien.

Als hätten sie erst nachträglich erkannt, was sie mit diesem Aufstand losgetreten hatten, zog sich ein Großteil der Herero des Landes mit Vieh und allem Hab und Gut, Männer, Frauen und Kinder, in den vermeintlichen Schutz des Waterberges zurück (zu jener Zeit sollen in Südwestafrika insgesamt 75.000 Herero gelebt haben und 60.000 am Plateau zusammen gekommen sein, die Schätzungen variieren zwischen 40.000 und 100.000). Ihnen versuchten nach einem halben Jahr zermürbenden Kampfes im August 1904 etwa 4000 Mann Schutz- und Hilfstruppen Herr zu werden. Deren Kommandeur, **Oberstleutnant von Trotha,** wollte – wegkommend vom von der Guerillataktik des Gegners geprägtem, Kampf – die Herero einkesseln und zur Entscheidungsschlacht zwingen. Schließlich standen den Herero an drei Seiten deutsche Truppen gegenüber, nur die vierte Seite – in Richtung auf die Omaheke im Osten – war noch ungesichert. Trotha erteilte der 200 Mann starken Abteilung Heyde Order, den östlichen Bereich abzuriegeln. Dies misslang gründlich, die Abteilung Heyde geriet in einen Hinterhalt auf der Farm Hamakari und musste nach aufreibendem Kampf sich zurückziehen. Dies geschah am 11. August. Noch in der Nacht kamen die Führer der Herero am Wasserloch Onguero zusammen und beschlossen, sich unter Mitnahme allen Gutes und etwa 50.000 Stück Vieh in die Omaheke zurückzuziehen. Der Todesmarsch begann noch in derselben Nacht.

Der direkt Hintergrund für diese schicksalhafte und in ihrer Auswirkung für die Herero katastrophalen Entscheidung ist nicht geklärt, mit eine Hauptrolle wird gespielt haben, dass die Herero glaubten, den modernen deutschen Waffen auf Dauer nicht gewachsen zu sein. Schätzungen sprechen heute von 15.000 bis 70.000 Toten. Der deutschen Truppe war es wohl aus logistischen Gründen (mangelnder Nachschub) und Entkräftung lediglich bedingt möglich, den Herero zu folgen. Dies geschah nur punktuell, nur über kurze Dauer und nicht mehr im Rahmen einer Gesamtstrategie, sicherlich aber weiteren Druck auf die Herero ausübend und diese weiter in die trost- und wasserlose Leere der Wüste treibend.

Im Generalstabsbericht hieß es dazu mit militärischer Poesie: Tatsächlich muss dem deutschen Generalstab die Flucht der Herero als vollständiges Versagen seiner Strategie erschienen sein, war es doch wieder nicht zu einer Entscheidung auf dem Schlachtfeld gekommen. Die Konsequenzen der Flucht wurden erst später klar. Am 2. Oktober, sieben Wochen nach dem Fluchtbeginn der Herero, wurde durch Trotha das veröffentlicht, was seitdem der Schuldbeweis für Völkermord an den Herero ist: die berüchtigte Proklamation, in der Trotha allen Herero, egal ob Kämpfer, Greis, Frau oder Kind, androht, auf sie schießen zu lassen, näherten sie sich deutschem Schutzgebiet – ein Vernichtungsbefehl.

Heute streiten sich die Historiker darüber, ob die Ereignisse am Waterberg der erste Schritt des Deutschen Reiches in Richtung einer Politik war, der Genozid als legitime staatliche Handlungsalternative galt, die mithin Völkermord sanktionierte. Die einen sagen ja, die anderen nein. Letztere gehen davon aus, dass bereits nach einigen Tagen in der Omaheke es nur noch wenige Überlebende hätte geben können, der Schießbefehl **Trothas (s. Abb.)** nur eine Kaschierung seines Strategieversagens gewesen sei, die keinerlei Einfluss mehr auf die Ereignisse gehabt hätte, ein Völkermord nicht beabsichtigt gewesen, nicht initiiert und nicht exekutiert worden ist.

Als die Kolonialverwaltung in Berlin Anfang Dezember von dem unsäglichen Befehl Trothas erfuhr, sorgte sie umgehend für dessen Relativierung und erließ die Anweisung nach Südwest, „den Weg der Gnade walten zu lassen“. Die Herero kamen nun in Gefangenenlager, in denen sie ohne medizinische Versorgung, ohne ausreichende Ernährung, dem Wetter schutzlos ausgeliefert, dahinvegetieren mussten. Die Zustände in diesen Lagern, speziell auf der Haifischinsel von Lüderitz, müssen so haarsträubend gewesen sein, dass schließlich deutsche Offziere eine Weiterführung als unzumutbar ablehnten und die Lager aufgelöst wurden – da waren aber bereits drei Jahre ins Land gegangen und zahlreiche weitere Herero (und Nama) gestorben.

Jedes Jahr am Wochenende, das dem 11. August am nächsten liegt, findet an den Gräbern ein Treffen der ehemaligen Feinde und ihrer Nachkommen statt. Die gemeinsame Zeremonie am Ort der Schlacht ist ein Symbol für den Aufbauwillen und die Bereitschaft, die Wunden von einst zu vergessen. Dennoch lebt die Erinnerung an den Waterberg und an die menschlichen wie materiellen Verluste der Herero natürlich fort. Immer wieder werden Forderungen laut, Wiedergutmachung zu leisten, die die Bundesrepublik Deutschland bis 2004 so beantwortet hat, dass man eine Verantwortung als ehemaliger Kolonialherr sehe, aber das ganze namibische Volk wie bisher mit Entwicklungshilfe zu unterstützten gedenke, eine einzelne Bevölkerungsgruppe hingegen nicht finanziell privilegieren wolle.

Zur Gedenkfeier zum 100. Jahrestag der Schlacht kam die Bundesentwicklungshilfeministerin Wiczorek-Zeul nach Okakarara und erklärte – dem Rat des deutschen Außenministeriums und der Administrationen diverser EU-Staaten mit kolonialer Vergangenheit entgegen –, dass sie sich für das, „was heute als Völkermord bezeichnet würde“, entschuldige.

Seitdem ist die in den USA bereits 2001 eingereichte Schadensersatzklage über einige Milliarden US-Dollar einer Hererogruppe gegen die Bundesrepublik Deutschland als Rechtsnachfolger des Deutschen Reiches, gegen die Deutsche Bank und die Deutsche Afrika Linie als Rechtsnachfolger diverser Kolonialfirmen, die von der Landnahme profitiert haben, mit beträchtlich besseren Chancen ausgestattet. Pikanterweise wurde die Klage gegen eine der Firmen – die Firma Terex als Rechtsnachfolger der deutschen Eisenbahnbaugesellschaft Koppel – zurückgezogen. Terex ist US-amerikanisch und eine Klage gegen sie hätte wohl die Aussichten auf einen Erfolg beträchtlich reduziert, da Amerika wegen seiner eigenen Hegemonialpolitik einen nach US-amerikanischer Rechtssprechung die Rechtslage mitkonstituierenden Präzedenzfall, der auch nur im weitesten Zusammenhang mit Landnahme stünde, scheut wie der Teufel das Weihwasser.

Route 8: Malereien und Gravuren – die Bildsprache der Jäger

Okahandja – Karibib – Usakos – Uis – Khorixas – Outjo

Km	Abzweig	Ort	Sehenswert	Übernachtung	GPS
Km 0 B2 Teer	s. Route 7	Okahandja, T+V	s. Route 7	s. Route 7	21 59 47 16 55 15
Km 12				The Rock Ldg.	
Km 30	Km 0 Farmpad Km 3			 Ozombanda Gf.	21 55 16 16 38 34
Km 41	Km 0 Farmpad Km 18			 Oropoko Ldg.	21 53 51 16 30 17 21 45 22 16 30 12
Km 44	Km 0 Farmstr. Km 20			 Moringa Gf.	
Km 54					21 53 50 16 25 42
Km 59	Km 0 D1967 Piste Km 32 Km 35			 Mount Lieven Gf. (10km) Okomitundu Gf.	21 54 46 16 19 42
Km 60	Km 0 C36 Piste Km 0,200 Farmpad nach O Km 0,700 --------- Km 0 D1967 n. S Km 0,5 Farmpad Km20 --------- Km 0 Piste nach N Km 9 Eingangstor Km 20	Wilhelmstal --------- ---------	--------- ---------	Aadabi Bush Camp Wil.-tal-Nord Gf. --------- - Okundura Gf. --------- Khan Rivier Gf.	21 54 46 16 19 42 --------- --------- 21 45 06 16 18 20
Km 65	Km 0 Farmpad Km 4			 Kaliombo Campingsafaris	21 54 57 16 15 56
Km 69	Km 0 Farmstr. Km 13			 Kansimba Gf.	
Km 85	Km 0 D1988 Piste Km 2			 Albrechtshöhe Gästefarm	21 55 52 16 04 47 21 56 58 16 04 59
Km 109		Karibib, T+V	Marmorwerk Webschule	s. bei Karibib	21 56 08 15 51 43

Km	Abzweig	Ort	Sehenswert	Übernachtung	GPS
Km 138	Km 0 D1935 Piste Km 11 D1937 Piste Km 16 Km 27 --- Km 0 D1935 Km 28	Usakos, T+V ----	Phillip's C./Elephant's H./Bulls P. ----	Sie bei Usakos Ameib Gf. ---- Hohenstein Ldg	21 59 49 15 35 19 21 54 01 15 34 16 21 47 14 15 37 31 ----
Km 161 D1918 Piste					21 58 46 15 21 35
Km 179 D3716 Piste					21 56 43 15 11 45
Km 190	Km 0 Piste Km 1 Km 4	Eingang	Bushman's Paradise	Spitzkoppe Zeltplatz	21 50 55 15 12 13 21 49 38 15 12 53
Km 203 D1930 Piste n. N					21 44 52 15 15 38
Km 279 C35 Pi. n. N		Uis Myn, T		Brandberg Rl. Lizenstein B&B White Lady B&B, Königstein Gh.	21 13 13 14 52 14
Km 291	Km 0 D2359 Piste nach W Km 20 ---- Km 0 D2359 Piste nach W Km 15 Farmpad nach Norden Km 24	Brandberg Parkplatz ----	Felszeichnungen ----	---- Brandb. White Lady L. u. Ugab Wilderness C.	21 07 03 14 51 21 21 05 35 14 40 34 ---- 21 01 19 14 40 57
Km 348	D2612 Km 0 Km 60			Aadabi Mountain Camp	20 42 37 14 50 31
Km 392 C39 Teer nach W	Km 0 C35 Piste nach N Km 46 D2670 Piste Km 81			Huab Lodge	

Km	Abzweig	Ort	Sehenswert	Übernachtung	GPS
Km 399	Km 0 C39 Piste nach W Km 2	Khorixas, T+V		iGowati Lodge Khorixas Lodge	20 22 20 14 58 05 20 22 00 14 57 24
Km 406	C39 Teer nach O				
Km 448	Km 0 D2743 Piste Km 10 Km 18 Km 19 Km 23 D2351 Km 27		Vingerklip Omburo-Ost Gästefarm (2 km)	Ugab Terrace Lodge Vingerklip Ldg.	20 14 07 15 25 10 20 23 13 15 26 32 20 23 39 15 26 29 20 24 49 15 29 18
Km 454	Km 0 Farmpad Km 5			Bambatsi Gf.	20 14 43 15 28 20 20 12 29 15 27 59
Km 456	Km 0 Farmpad Km 5			Gasenairob Gf.	20 12 20 15 28 14
Km 474	Km 0 Piste Km 10			Gelukspoort Gf.	
Km 527		Outjo, T+V	Franke Haus Naulila Denkmal	s. bei Outjo	20 06 49 16 09 18

Okahandja – Karibib

In Okahandja haben Sie Anschluss an die Route 7. Verlassen Sie Okahandja auf der B2 Richtung Westen. Nach 41 km Asphalt kommen Sie zum Abzweig zur **Oropoko Lodge** (18 km Piste). Ein großes Schild kündet, dass nur Besucher mit einer bestätigten Buchung die Lodge anfahren dürfen. Die Lodge ist herrlich auf einer Granitkuppe gelegen, ihr Name kommt aus dem Herero („eine schöne Grotte zwischen den Bergen"). Von der Terrasse schweift der Blick frei über die **Erongo-Berge**, den Mount Etjo und die Omatako-Gipfel.

Die traumhaft gelegene Oropoko Lodge

Man fährt nun parallel zur Eisenbahn. Die Stationen heißen Vogelsang, Albrechtshöhe und Fried-richsvelde. Links und rechts der Straße geht es immer wieder ab zu Gästefarmen. Von Wilhelmstal können Sie die Khan Rivier Lodge anfahren (20 km nördlich). Man nächtigt in schönen Bungalows inmitten einer grünen Oase und wird von ausnehmend angenehmen Gastgebern bewirtet.

Die nächst der Station Albrechtshöhe (85 km hinter Okahandja) gelegene, gleichnamige Gästefarm war früher Standort der II. Gebirgsbatterie der Schutztruppe und Telegrafenstation, die die Depeschen nach Übersee weiterleitete. Man speist in dem um 1906 errichteten Gebäude. 25 km weiter ist Karibib erreicht.

Karibib

In Karibib haben Sie Anschluss an die Routen 8a und 8b. Das kleine Städtchen liegt an und südlich der B2. Einige Gebäude stammen aus der Kolonialzeit, wo der einst mit seinen Marmorwerken (die heute noch arbeiten und besucht werden können) und einer Goldmine prosperierende Ort auch Übernachtungspunkt für den Personenverkehr auf Schienen war. Es gab sechs Hotels, um den Reisenden den Aufenthalt so angenehm wie möglich zu machen, davon sind heute noch zwei übriggeblieben. Als Stadt-Gründungsdatum gilt der 1. Juli 1900, als die Eisenbahnschienen den Ort erreichten. Aus dieser Zeit stammt auch das Bahnhofsgebäude. Am 6. Mai 1915 wurde es von südafrikanischen Truppen besetzt und erst 1917 konnte die Bahn es wieder nutzen. Am Platz gegenüber steht noch das Roesemann-Haus, ehemals ein Hotel. Die Bäckerei am östlichen Ortseingang war ebenfalls Pension (1913). Vom Bahnhof nach Westen kommt man an den Firmengebäuden von Hälbich & Co (1900) und dem aus Granit errichteten Haus Woll (einem ehemaligen Laden) vorbei.

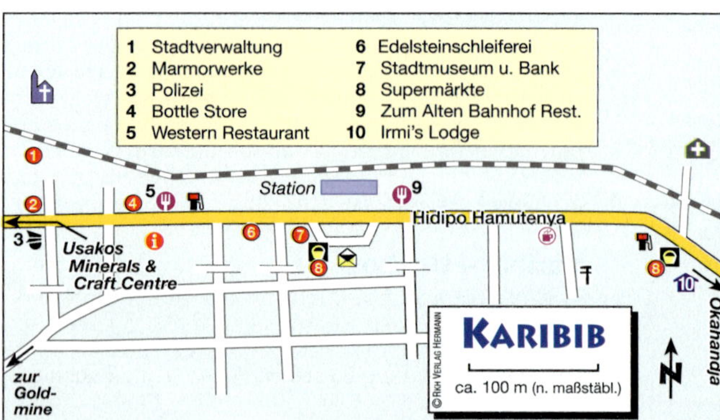

Das **Henckert Tourist Centre** dient als Informationstreffpunkt, schenkt Kaffee aus und verkauft Edel- und Halbedelsteine aus der eigenen Schleiferei. Die Halbedelsteine und Mineralienstücke werden nach Gewicht verkauft. Erhältlich sind auch kleine Tableaus, auf denen die wichtigsten Mineralien Namibias benannt sind, eine praktische Hilfe für geologische Laien bei der Identifizierung des Gesteins. Außerdem kann man hier neben gewebten Teppichen und Holzschnitzereien die Heilpflanze Teufelskralle (Harpagophytum Procumbens D.C) erwerben, eine bizarre, wirklich einer Kralle ähnelnden Wurzel, ein Sesamgewächs, das mit seinen Bitterstoffen bei kurmäßiger Anwendung gegen Gelenk-Arthrose und Störungen im Verdauungstrakt helfen soll. Dazu wird aus dem Pulver der Seitenwurzeln ein Tee zubereitet.

Wenige Schritte neben Henckerts an der Hauptstraße ist in einem kleinen Laden das **Stadtmuseum** (Tel. 081-1297958, nur nach Voranmeldung) untergebracht und zeigt Hausrat und Farmausstattung aus vergangenen Zeiten.

Dem Henckert Centre gegenüber finden sich weitere vier sehenswerte Punkte. Dazu muss man die Bahnlinie überqueren und passiert gleich linker Hand das *Proviantamt,* das heute die Marmorwerke nutzen. Dahinter erhebt sich die *Christuskirche,* deren Bau im April 1909 begann. Der Regierungsbaumeister Redecker ließ die Pläne nach Vorgaben des Missionars Elger zeichnen. Ein Farmer aus der Umgebung baute die Kirche, und schließlich maß der Glockenturm 28 m und die Glocken läuteten 1910 das erste Mal zur Messe. Ein Stück nördlich der Kirche liegt der *Alte Friedhof* auf dem Weg zur Navachab Goldmine. Östlich von ihm ist noch der *Kaiserbrunnen* zu entdecken, den ein Wünschelrutengänger 1906 graben ließ. Der Wünschler Josef Rafael von Uslar wurde auf höchstkaiserliche Empfehlung nach Südwest entsandt und sorgte recht erfolgreich für 172 Wasserstellen im ganzen Land. Der Kaiserbrunnen steht seit 1986 unter Denkmalschutz.

Adressen & Service Karibib

Unterkunft **Irmi's B&B** (ehemaliges Hotel Stroblhof)

Essen *Western Restaurant,* Tel. 064-550037
Alter Bahnhof, Old Station Building, Tel. 064-550070

Information u. Einkaufen *Henckert Tourist Center,* P.O. Box 85, Karibib, Tel. 064-550700, Fax 550720, www.henckert.com

Sonstiges *Marmorwerke Karibib,* P.O. Box 20, Karibib, Tel. 064-550002, Fax 550108; *Intercape Mainline,* Haltestelle bei Irmi's Lodge

Gesundheit State Clinic, Tel. 064-550073

Karibib – Usakos

30 km hinter Karibib und 500 m tiefer erreicht man Usakos. Die ganze Strecke begleitet den Reisenden der Blick auf das Erongo-Massiv mit dem 2319 m hohen Hohenstein (das Ergebnis einer Ringintrusion, wie der Brukkaros-Krater). Zu seinen Füßen liegt die Ameib Ranch (s.u.). Die ringförmige Anordnung des Massivs öffnet sich nach Norden hin, und über eine schlechte Piste, die das Gebirge umrundet, ist ein sandiges Hochtal mitten zwischen den Gipfeln zu erreichen (ca. 150 km). Zahlreiche Felsbilder zeugen von der frühen Besiedlung dieser Region; Henno Martin und Hermann Korn, die beiden aus dem *Kuiseb-Canyon* (s.S. 356) bekannten Geologen, haben das Erongo zusammen mit Hans Cloos erforscht und dabei auch viele Felszeichnungen entdeckt.

Usakos

In Usakos haben Sie Anschluss an die Route 8c. An der Tankstelle bei Ortseinfahrt findet sich die Informationsstelle und ein Takeaway. Vor dem Bahnhof liegt eine von Henschel 1912 gebaute Lokomotive „waidwund“ auf der Seite. Sie verband den Bahnhof Kranzberg (20 km westlich von Usakos) und Tsumeb und Grootfontein mit einer Schmalspurlinie (Otavi-Bahn der OMEG, s.a. bei Tsumeb, s.S. 409f; erst 1960 wurde auf die Standardspurbreite umgestellt). Mitte 2009 nahm sich ein Lkw die Lok als Ziel und warf sie um. Für die Wiederaufstellung fehlen derzeit die Gelder. Der vor den Bergen aufragende Wasserturm stammt ebenfalls aus der Zeit der Jahrhundertwende. Das Gebäude, in dem heute die Stadtverwaltung arbeitet, entstand 1908, die römisch-katholische Kirche 1905. Ein Denkmal in der Kaiser Wilhelm Street erinnert an die Gefallenen des II. Weltkrieges.

Unterkunft Hotel Usakos, **Bahnhof Hotel,** Namib Wüste Farmstall

Essen *Namib Wüste Farmstall,* Tel. 064-530283

Sonstiges State Hospital, Tel. 064-530067

Busse *Intercape Mainliner,* Haltestelle bei der BP-Tankstelle

Einkaufen *Namib Wüste Kiosk,* Biltong, selbstgemachte Marmelade, eingelegte Früchte

ABZWEIG: zur Ameib Ranch

Biegen Sie in Usakos die Moltke Street ein, der erste Abzweig nach rechts führt zur Ameib Ranch und ihren Sehenswürdigkeiten **Bull's Party** und **Phillip's Cave.** Sie folgen auf 11 km der Piste D1935 und dann auf 16 km der Piste D1937 (nach 5 km müssen Sie das Tor der Farm öffnen und es hinter sich wieder schließen) und erreichen die Gästefarm. Sie liegt direkt unterhalb des **Erongo-Massivs,** das hier immer und überall den Blick beherrscht.

Elephant's Head Gesteinsformationen (der „Elefantenkopf" mit Rüssel ist in Frontalansicht gut erkennbar)

Gesteinsformationen: Besuchenswert ist die Ranch wegen der faszinierenden Gesteinsformationen, die die Erosion auf dem Gelände der Ranch geschaffen hat. **Bull's Party und Elephant's Head** sind abgeschliffene Granitfelsen, die ihrem Namen alle Ehre machen. Sie liegen entlang einer riesigen Felsarena, die zu Spaziergängen und zum Klettern anregt. Dekorativ sind sie besonders in der Abendsonne, die das Gestein rot übermalt. Dann erwachen die im Kreis auf schmalen Hälsen angeordneten Blöcke tatsächlich zu einer Versammlung beratschlagender Bullen, und der steinerne Elefantenkopf scheint drohend mit den Ohren zu wedeln … der Fantasie sind keine Grenzen gesetzt. **Phillip's Cave, ein Felsüberhang,** gute 30 Min. Fußweg vom Parkplatz weg über Hügel und Stolpersteine, wurde zum Nationalen Monument erklärt. Giraffe, Zebra und Strauß wurden von den Jägern – waren es Damara oder San? – an den Fels gemalt. Der berühmte Weiße Elefant ist noch am deutlichsten zu erkennen.

Sie können die Sehenswürdigkeiten gegen Eintrittsgebühr besichtigen.

Zur Spitzkoppe

Verlassen Sie Usakos auf der Moltke Street auf der B2 Richtung Westen. Sie sehen nun bereits die beiden Spitzkoppen – die Große und die Kleine Spitzkoppe – geradeaus vor sich liegen. Die Große Spitzkoppe ist mit 1728 m um etwa 600 niedriger als der Hohenstein im Erongo-Massiv, die Kleine Spitzkoppe erreicht 1580 m. Da beide Gipfel aber isoliert und bis zu 800 m aus der Umgebung ragen, wirken sie eindrucksvoller als der höchste Gipfel des Erongo. Ihre charakteristische Form hat der Spitzkoppe auch den Beinamen „Matterhorn Namibias" beschert. Geübte Kletterer können sich an ihr mit gehöriger Vorsicht austoben – die Liste der gescheiterten Gipfelstürmer an der Spitzkoppe ist lang.

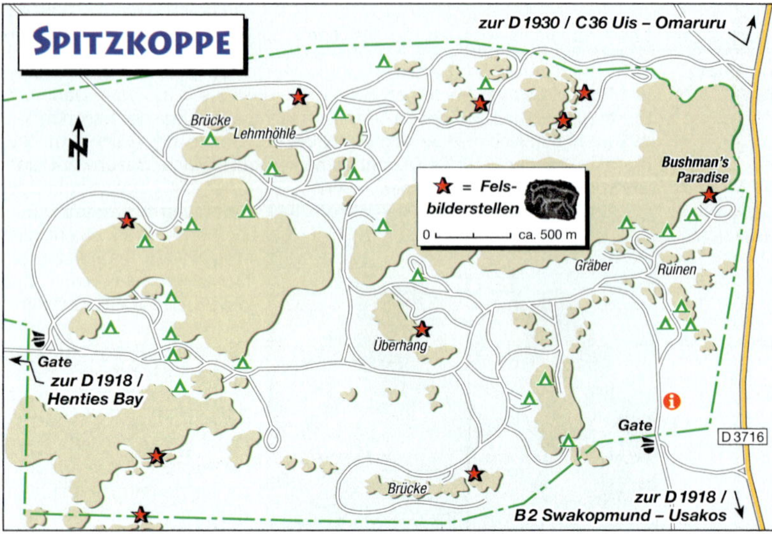

Spitzkoppe Nach 23 km durch Busch- und Baumsavanne kommen Sie zur Piste D1918. Nach 17 km biegen Sie in die Piste D3716 ein, die direkt auf die Große Spitzkoppe zuführt. Im Damara-„Ort" Grootspitskop, einer Ansammlung von Wellblechhütten, befindet sich der Eingang zum unter Naturschutz stehenden Gebiet. Eigentlich ist der Nationalpark erst in Planung, das Gelände ist aber abgezäunt, und es muss Eintritt entrichtet werden. Die Übernachtung auf dem schönen und gut gepflegten Zeltplatz (Duschen, Toiletten, NACOBTA-Projekt) ist empfehlenswert, bei Vorbestellung wird auch gekocht. Fahrspuren ziehen sich in einem verwirrenden Netz kreuz und quer um die beiden Berge, und immer wieder findet man sehr schöne Stellen zum Pausieren.

Die Spitzkoppe ist – noch – ein fast gänzlich unberührtes Paradies, hinter jeder Kurve verändern sich die Felsen. Mal ist der Boden mit kugelrunden Riesenbällen (Wollsack-Erosion, s.S. 104) bedeckt, mal balancieren mächtige Granitblöcke über tiefen Kluften, als drohten sie, jeden Augenblick auf den Wanderer hinabzustürzen, mal überspannen eben-mäßige Bögen Felsnischen, in denen sich herrlich geschützt campieren oder picknicken lässt. Im sandbraunen Gestein wurzelt der Botterboom (s.S. 117), vereinzelt erheben Köcherbäume ihre filigranen Silhouetten in den Himmel, und

Von hier haben die San die Wanderung des Wildes beobachtet

die aus der Namib bekannten, knorrigen Wurzeln gleichenden Balsambäume erreichen hier, wo der günstige Wasserhaushalt die Pflanzen verwöhnt, wirkliche Baum-Maße.

Bushman's Paradise ist die bekannteste Stelle an der Spitzkoppe. An einer im Felsen verankerten Kette müssen Sie sich eine glatterodierte Felsplatte hochziehen (ca. 150 m). Oben befinden Sie sich urplötzlich in einer sattgrünen Felsarena, dicht bestanden mit Blutfruchtbäumen, Akazien und Buschwerk und, wenn es geregnet hat, kleinen Tümpeln, in denen die gelben Blüten der Ondape-Blume leuchten. Hier hatten die San ihr Lager aufgeschlagen, weil sie vom erhöhten Standpunkt gut beobachten konnten, wann und wohin das Wild zog, das sie jagten. An einigen geschützten und versteckten Stellen unter Überhängen sind Felszeichnungen zu entdecken, vielerorts leider durch Kritzeleien von Einheimischen oder Touristen übermalt.

Spitzkoppe-Entstehung Auch die beiden Spitzkoppen entstanden, wie Erongo und Brandberg, durch Intrusion. Vor ca. 200 Mio. Jahren ist Magma in die älteren Gesteinsschichten der Damara-Epoche eingedrungen. Wind und Wetter haben die weniger widerstandsfähigen Gesteine in Jahrmillionen abgetragen und den Granitkern freigelegt. Dass es inmitten dieses Felsgewirrs erstaunlich viel pflanzliches und tierisches Leben gibt, ist den besonderen Wasserverhältnissen an den Inselgebirgen zu danken, wo die Wolken sich häufiger abregnen als über dem Flachland. Der Regen sammelt sich in unterirdischen, aus Felsklüften gebildeten Reservoirs oder in oberirdischen kleinen Felsbecken, wo Wassertümpel noch Wochen danach als Brutstätte für allerlei Getier und für Pflanzen dienen. Durch Felswände vor Wind geschützt, können in Mulden wie Bushman's Paradise wahre Vegetationsoasen heranwachsen.

Weiterfahrt

Nehmen Sie nach 13 km hinter dem Einfahrtstor in das Gebiet der Spitzkoppe die Piste D1930 nach Norden. Bei klarem Wetter sehen Sie schon den Brandberg vor sich, eigentlich ein mächtiges Massiv, das 30 auf 30 km misst. Durch Busch- und Baumsavanne geht es auf ihn zu. Hier ist der schroffe Gebirgsabfall des Escarpments unterbrochen, und die Hochebene senkt sich fast unmerklich hinunter zur Namib. Nach 76 km erreichen Sie Uis, nachdem Sie 1 km vor der Stadt in die C36 nach Westen eingebogen sind.

Uis

Hier haben Sie Anschluss an die Route 12a. Uis wurde 1922 als Minenstadt gegründet (Zinn), der Abbau 1990 eingestellt, da die Weltmarktpreise ins Bodenlose purzelten. Seither versucht die Regierung, Uis im Sonderangebot an potentielle Investoren zu verkaufen, die aus der ehemaligen Bergwerksstadt ein attraktives Ferienzentrum zaubern sollen.

Die Siedlung besteht eigentlich aus nicht viel mehr als dem Rastlager. Sie können tanken, im Laden ihre Vorräte auffüllen und Ihr Basiscamp für Ausflüge und Expeditionen zum und um den Brandberg herum aufschlagen. Es lässt sich hier im Outback aber auch Tennis spielen und Golfen (9-Loch-Platz!). Das Schwimmbad kann auch von Nichtgästen benutzt werden (kleine Gebühr). Das **Daureb Craft Center** auf der C36, 2 km

Richtung Omaruru verkauft Kunsthandwerk und vermittelt Führer für den Brandberg (Tel. 064-504030). Daureb ist ein NACOBTA-Projekt. Führer finden sich auch am Parkplatz auf dem Weg zur „White Lady" (Brandberg Mountain Guides, zur White Lady, Tages- und mehrtägige Wanderungen möglich). Auch lebt in Uis die Daureb Theatre Group, die mit Stücken über den Alltag auf dem Land und in der Stadt sogar im Nationaltheater in Windhoek auftritt.

Im Damaraland

Erongo, Spitzkoppe und Brandberg liegen in der südlichen Hälfte des Kommunallandes der Damara, das 1973 als Homeland mit dem Verwaltungssitz Khorixas (s.S. 433) eingerichtet wurde. Die Damara gehören wahrscheinlich zu den ältesten Bevölkerungsgruppen Namibias und sprechen einen Dialekt der Khoisan-Sprachfamilie (s.S. 167). Sie führten ursprünglich, ähnlich wie die San, ein Leben als Wildbeuter, betrieben in den durch den Wasserhaushalt begünstigten Gebirgsregionen (in die sie sich vor den Einwanderungswellen der Nama und Herero zurückgezogen hatten) aber auch Feldbau (Tabak, Mais). Heute sind viele Damara zur Viehzucht übergegangen. Ihre Rinder – und vor allem große Ziegenherden – gehören zum typischen Bild einer jeden Damara-Siedlung.

Es gibt nur wenige Gebiete in Namibia, die zwar besiedelt und dennoch so ursprünglich wirken wie Damaraland. Die ehemaligen Farmhäuser der Weißen, die für die Einrichtung des Homelands von der Regierung aufgekauft wurden, sind verfallen, doch daneben wurden kleine Häuschen aus Lehm und Wellblech errichtet. Wäschestücke flattern von der Leine zwischen den Hütten, und provisorisch wirkende Zäune grenzen die kleinen Farmeinheiten voneinander ab. Der einzig festgemauerte Bau ist meist eine Rot-Kreuz-Station, vielleicht auch ein *Winkel* (Laden), in dem ein paar wenige und verbeulte Konservendosen ein einsames Dasein führen.

Kinderscharen laufen dem Besucher entgegen und versuchen, ein paar Halbedelsteine zu verkaufen oder selbstgebasteltes Spielzeug aus Draht und Konservenblech. Auch wenn man sich nach den Tagen ständigen Alleinseins in der namibischen Weite durch die Kinder bedrängt fühlt, lohnt der Versuch, anzuhalten und Kontakt zu jenen Menschen aufzunehmen, die wohl zu den frühesten Bewohnern des Landes zählen. Ein Besuch im Winkel kann dabei helfen, oder auch ein kleiner Handel mit den Kindern. Vielleicht erfahren Sie dabei auch ein bisschen mehr über den Alltag und die Probleme der Damara.

Und Probleme gibt es im Damaraland genug. Angefangen bei dem überweideten Boden, der nach Jahren des unkontrollierten und kaum regulierten Viehfraßes nun kaum noch etwas abwirft, über die mangelnden Arbeitsmöglichkeiten bis hin zur Landflucht der Jugendlichen in die Städte. Nur ein Viertel der Damara lebt heute noch in der Region, die meisten sind in die Townships der größeren Städte gezogen.

Piste im Damaraland

Zum Brandberg

Verlassen Sie Uis nach Norden auf der C35 und biegen Sie nach 12 km westlich in die Stichstraße ein. Sie endet nach 20 km bei einem Parkplatz. Man muss einen der einheimischen Führer zur „Weißen Frau" nehmen. Die Wanderung dauert etwa eine Stunde und geht durch unwegsames Gelände entlang des Tsisab-Riviers. Wer Zeit hat, kann hinter der „Weißen Frau" weitere Malereien entdecken, die alleine absolut nicht zu finden sind. In dem Flusslauf, in dem sich viele Kaulquappen tummeln (wenn er denn Wasser führt), sind die Temperaturen auch morgens schon hoch und man sollte ausreichend Getränke mitnehmen.

Geologie, Flora, Fauna

Der **Brandberg** besitzt mit dem Königstein (2574 m) den höchsten Gipfel Namibias, der mit 2000 m die Ebene überragt. Der Granitgipfel ist wie die Spitzkoppe vor 180 Mio. Jahren während der Karoo-Zeit durch Intrusion und in der Folge durch Erosion entstanden. Wie die Spitzkoppe bildet auch der Brandberg eine klimaökologische Nische in der semi-ariden Landschaft Zentralnamibias. Wolken regnen sich an den Gipfeln des Massivs häufiger ab als über dem umliegenden Flachland.

Die besondere geologische Struktur des Gebirges kann Wasser besser und länger speichern, als die offenen Wüstengebiete. Deshalb bildet der Brandberg ein Habitat für viele seltene und eigenartige Pflanzen und Tiere. Unter anderem ist hier der Wiederauferstehungsbusch heimisch (Myrothamnus flabellifolius, Wundertee). Die Pflanze reduziert ihren Stoffwechsel in Trockenzeiten und wirkt völlig abgestorben. Erhält sie Wasser, entfalten sich die Blätter, und innerhalb einer Stunde haben sie eine saftig-grüne Farbe angenommen (eine Liste der hier und bei der Spitzkoppe vorkommenden Pflanzen ist in „Damaraland Flora" von Patricia Craven und Christine Marais, Windhoek 1993, enthalten). Einer Akazienart hat der Brandberg seinen Namen geliehen, der Brandberg-Akazie (Acacia montis-usti). Sie können Blasenkäfer finden, die Geiselspinne, nicht-fliegende Heuschrecken, Schlangen, 19 verschiedene Skorpionarten, Spitzmaulnashörner, Leoparden – die Aufzählung würde kein Ende nehmen. Voraussetzung ist nur, dass man sich Zeit nimmt und nach der Besichtigung der „Weißen Frau" nicht sofort weiterdüst.

ROUTE 8

Felszeichnungen

Jedoch nicht nur Tieren, auch Menschen diente das Gebirge schon immer als Lebensraum. Zeugnisse der jahrtausendealten Besiedlung dieser Region sind die **unzähligen Felsbilder,** deren berühmtestes Motiv, die **„Weiße Dame",** Wissenschaftler zu den kühnsten Theorien über die Ureinwohner Namibias hingerissen hat.

Insgesamt soll es zwischen 60.000 und 200.000 Felsbilder am Brandberg geben. Eine genaue Bestandsaufnahme hat die Kölner Universität vorgenommen, ihre Ergebnisse wurden in mehreren Bänden publiziert, die zehntausende Bilder auf einem etwa 100 qkm großen Teilgebiet des Brandberg umfassen („The Rock Paintings of the Upper Brandberg, herausgegeben vom Heinrich-Barth-Institut der Universität Köln).

Pionier der Brandberg-Forschung war Harald Pager (1923–1985), der es sich zur Lebensaufgabe gemacht hatte, die Felsgravierungen und -malereien möglichst umfassend zu dokumentieren. Er kopierte die Bilder auf Folien, die nun als Grundlage für die oben genannten Publikationen verwendet werden.

White Lady

Die Felszeichnung „Weiße Frau" oder „Weiße Dame" ist wahrscheinlich mehrere tausend Jahre alt und inzwischen ziemlich verblasst (nicht zuletzt deshalb, weil die Touristen in früheren Jahren zur Kontrastverbesserung beim Fotografieren allerlei Arten von Getränken darüber gekippt haben). Der Felsüberhang ist heute vergittert. Die Zeichnung wurde 1918 von Bergsteigern entdeckt. Seitdem gehen die wissenschaftlichen Erklärungsmuster über die Entstehung und die Bedeutung der Malerei weit auseinander, sie zeigen, dass man es einfach nicht weiß und wahrscheinlich nie wissen wird. Lange Jahre galt die Lehrmeinung, dass die Dame mediterranen Ursprungs sei, dass sie eine kretische oder phönizische Kriegerin oder Herrscherin darstelle.

Abbé Breuil, ein berühmter Felsbildforscher, der vor allem in der Sahara arbeitete, hat diese Deutung 1947 vorgenommen und im Felsrund der *Tsisab-Schlucht* gar Spuren einer minoischen Stadt vermutet. Diese Theorie basierte auf der Annahme, dass erst die Befruchtung der Eingeborenenkulturen durch mediterrane Kolonisatoren zu einer zivilisatorischen Entwicklung in Afrika geführt hätte und dass wahre „Kunst", wie die „Weiße Dame", keinesfalls von den afrikanischen Ureinwohnern stammen könnte. Es gilt zwar inzwischen als sicher, dass karthagisch-phönizische Schiffe den afrikanischen Kontinent nach Süden entlanggefahren sind, aber ein Beweis für Niederlassungen der Phönizier im Süden Afrikas konnte bislang nicht gefunden werden.

Allerdings spielen fremde (weiße) Könige in der Mythologie der südafrikanischen Zulu z.B. eine wichtige Rolle. Sie sollen das Königreich Zimbabwe begründet und über mehrere Dynastien geführt haben. Auf dieser Mythologie aufbauend interpretiert der Zulu-Heiler *Credo Mutwa* die „Weiße Dame" ähnlich wie Abbé Breuil, allerdings ohne dessen kulturimperialistischen Beigeschmack. Da sich aber in fast jedem Herkunftsmythos der afrikanischen Völker weiße oder hellhäutige Heroen finden, steht wohl auch diese Theorie auf tönernen Füßen.

Heute anerkennen die meisten Wissenschaftler, dass die Afrikaner eine von der mediterranen Antike unabhängige Entwicklung genommen haben könnten. Deshalb muss man in den Felsmalereien auch nicht mehr nach phönizischen, ägyptischen oder gar exterrestrischen Einflüssen suchen, sondern kann sich dem eigentlichen Sinngehalt der Bilder zuwenden. So gilt als sicher, dass die „Weiße Dame" gar keine Frau darstellt, sondern einen Mann (die Brüste fehlen, dafür trägt die Gestalt aber Pfeil und Bogen), dessen untere Körperhälfte weiß bemalt ist – vielleicht ein Hinweis auf ein Jägerritual. Von vielen Buschmann-Felsbildern weiß man, dass die Künstler mit Farben frei umgegangen sind, und dass Verfremdungen wie eben eine „falsche" Hautfarbe oder die Verquikkung menschlicher und tierischer Elemente (über der „Weißen Dame" ist beispielsweise eine Antilope mit menschlichen Hinterbeinen zu erkennen) eher Ausdruck der mythischen Weltsicht der San sind. So kann man vermuten, dass diese wie die vielen anderen Felsbilder am Brandberg von San oder Vorfahren der Wildbeuter angefertigt wurden.

Weiterfahrt

Die C35 schlängelt sich nun durch Hügel, der Bewuchs mit Büschen und Bäumen wird wieder dichter. Nach 34 km ist der Ugab erreicht, der an der Küste die südliche Grenze des Skeleton Coast Park bildet. Hier gibt es ein kleines Handicraft-Zentrum und ab hier auch wieder Farmen, ersichtlich an den Zäunen links und rechts der Straße. 23 km weiter besteht die Möglichkeit, auf der D2612 nach Westen, nach Twyfelfontein abzubiegen (s. Route 9).

Bei der Weiterfahrt nach Norden ist das Farmland fast ohne Busch. Weiden öffnen sich nach links und rechts, und nach 44 km ist die Asphaltstraße C39 erreicht. Nach links, Richtung Westen, kommt sogleich Khorixas.

Khorixas

Hier haben Sie Anschluss an Route 9. Khorixas wäre ein Ort ohne jegliches touristisches Interesse, wenn er nicht als guter Ausgangspunkt für den Versteinerten Wald und Twyfelfontein diente.

Der meist starke Wind wirbelt den Staub der Straßen und Wege auf. Eine Bäckerei, ein Metzger, Tankstellen, Kirche, Bank und die Administration des ehemaligen Damaralandes – das ist alles. Ein Schwimmbad im Westen außerhalb ist praktisch nie gefüllt. Das Rastlager, weitere 2 km über das Schwimmbad hinaus, genießt guten Ruf und hat auch eine schmackhafte Küche. Hier können touristische Informationen eingeholt werden. Durch das südlich der Hauptstraße parallel verlaufende Flusstal hindurch kommt man zum Hospital und in die Siedlung der Schwarzen.

Fahren Sie aus der Stadt östlich wieder heraus, an der Kreuzung vorbei, wo Sie in die Hauptstraße eingebogen. Links und rechts der Straße beherrschen dichte Mopanewälder mit ihren zarten, schmetterlingsförmigen Blättern die Landschaft, und auf Kuppen lugen die Dächer einsamer Farmhäuser zwischen dem Blattwerk hervor.

Nach 49 km erreichen Sie den Abzweig zur Vingerklip.

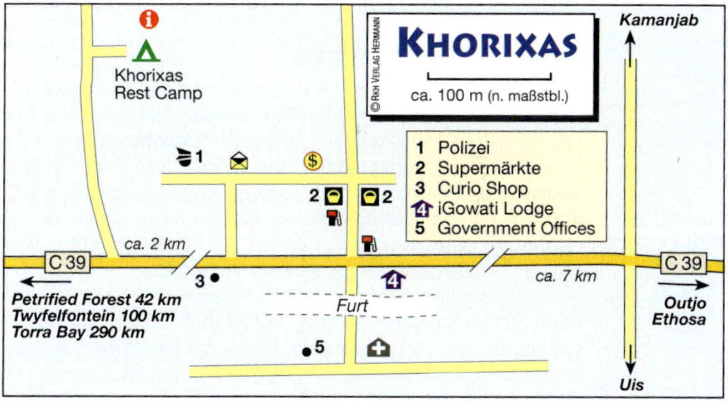

ABZWEIG: zur Vingerklip

Auf 18 km führt die Piste D2743 zu den an den Ugab-Terrassen liegenden Tafelbergen. Weit voraus sind sie bald zu sehen. Sie stehen hintereinander, tief gestaffelt, nach Größe fein geordnet. Der erste „Tafelberg", bzw. das, was die Erosion davon übriggelassen hat, ist die **Vingerklip,** ein schmaler Finger, der in den blauen Himmel sticht. Am Tor muss ein kleiner Obolus bezahlt werden, dann kann man bis zum Fuß der Klippe fahren und ein Stückchen hinaufmarschieren. Der Blick geht weit ins Tal hinein. Gegenüber steht auf einem Hügel die neue Vingerklip Lodge. Dort kann man (bei rechtzeitiger Anmeldung) mittagessen und luxuriös übernachten. Der Sonnenuntergang wird auf einer hochgelegten und überdachten Bar-Plattform mit dem Glas in der Hand genossen, die Ugab-Terrassen flammen im Licht der sich senkenden Sonne atemberaubend in den unterschiedlichsten Farbvariationen auf. Der Weg hat sich gelohnt!

Geologie

Die **Vingerklip** besteht aus Kalksteinbrocken und -bröckchen und Kalksteinsand. Sie ragt 35 m über den Hügel, der ihren Fuß bildet, hinaus. Im Tertiär hat der Ugab sich ein breites Tal gegraben, das sich in der folgenden Trockenperiode nach und nach mit Erosionsprodukten (vornehmlich Kalkstein) unterschiedlicher Größe füllte, die miteinander verbuken. Danach fand eine Hebung des gesamten Untergrundes statt, der wieder eine feuchtere Periode folgte. Das Füllmaterial des Tales wurde nach und nach mitgerissen. Die Wucht des Wassers traf die heutige Vingerklip am stärksten, deshalb wurde von ihr auch am meisten abgetragen, der Druck gegen die weiter unten liegenden Tafelberge ließ immer mehr nach. Diese sind um so größer, je weiter sie entfernt sind.

Gästefarm Bambatsi

Zurück auf der C39 kommt man östlich nach 6 km zum Abzweig zu einer der traditionsreichsten Gästefarmen Namibias, hoch auf einer Granitkuppe über dem Mopanewald gelegen – **Bambatsi** (6 km Farmstraße). Die Farm hat als eine der ersten des Landes ihre Tore für Touristen geöffnet und wurde bis 1995 vom Gründerehepaar Magura geleitet, heute wird sie von der Familie Hälbig geführt, die die Farm einem Facelifting unterziehen, ohne dass ihr Charme leidet. An einer Tankstelle wird von Sonnenauf- bis -untergang Benzin/Diesel verkauft.

Die Bungalows entsprechen modernem Standard, haben aber auch noch landestypische Versorgungseinrichtungen wie den Donkey. Das ist ein kleiner ans Haus gebauter Ofen, der der Warmwasserbereitung dient und mit Holz geheizt wird. Dienstbare Geister sorgen ständig, dass die Feuer nicht ausgehen und der Reisende heißes Wasser hat. Am Abend wird am Schwimmbad der Sundowner serviert, und man hat von erhöhtem Standort einen fantastischen Blick über den südwestafrikanischen Busch. Anschließend wird ein köstliches Braai zubereitet. Von Bambatsi aus kann man die Gästefarm Omburo-Ost besuchen. Eine ausgezeichnete deutschsprachige Führung mit Hendryk Reitz geht zu San-Malereien (nur nach tel. Voranmeldung über Bambatsi).

Gästefarm Bambatsi

79 km hinter Bambatsi erreicht man auf der C39 nach Osten schließlich Outjo (s. Route 7, Anschluss Route 7 und 9).

Route 8a: Heiße Pfoten für Dinos – Spuren aus der Vergangenheit

Karibib – Omaruru – Otjiwarongo

Km	Abzweig	Ort	Sehenswert	Übernachtung	GPS
Km 0 C33 Teer		Karibib, T+V	Marmorwerk	s. bei Karibib	21 56 08 15 51 43
Km 42				R&L Gf. Onduruquea Ldg	
Km 62	Km 0 D2315				
	Km 11			Erongo Wilderness Lodge	
	Km 35 Farmpad				
	Km 37			Ai Aiba Lodge	21 31 30 15 43 23
	Km 0 D2315				
	Km 23 D2316				
	Km 31 Farmpad				
	Km 36			Eileen Farm / Erongo Plateau C.	21 32 15 15 48 18
	Km 0 D2315				
	Km 23 D2316				
	Km 37			Kuduberg Gf.	
	Km 43			Erongo Ldg.	
Km 64	Km 0 C36 Piste nach N	Omaruru, T+V	Franketurm	s. bei Omaruru	21 25 59 15 57 35
	Km 7 D2344 Piste				
	Km 26 D2337 Piste				
	Km 36			Etendero Gf.	
	Km 49			Immenhof Gf.	
	Km 0 C36 Piste nach N				
	Km 7 D2344 Piste				
	Km 32 D2351 Piste				
	Km 59			Erindi Onganga Gästefarm	
	Km 88			Boskloof Gf.	
	Km 0 D2328 Piste				
	Km 19			Otjandaue Gf.	
	Km 28			Omburu Gästefarm	
	Km 0 D2315 Piste				
	Km 39			Omandumba Camping	

ROUTE 8

Km	Abzweig	Ort	Sehenswert	Übernachtung	GPS
Km 65	Km 0 D2329 Piste Km 15 Km 45			Omaruru Ldg. Otjikoko Gf.	
Km 83				Roidina Safari Farm	
Km 85				Epako Game Ldg.	21 13 55 16 01 23
Km 100				Okosongoro Gf.	21 06 07 16 03 00
Km 102	Km 0 D2337 Piste Km 14 Km 18			Schönfeld Gf. Rüppel Farm	21 05 13 26 03 16
Km 109	Km 0 D2338 Piste Km 1			Ondombo-West	
Km 129	Km 0D2414 Piste Km 19 Km 28 Farmstr. Km 30	Kalkfeld, T Farmgebäude	Dinosaurier Fußspuren	Mount Etjo Ldg. (15 km) Dinosaur's Tracks Zeltplatz	20 53 18 16 11 22 20 58 52 16 20 06 21 01 43 16 27 38 21 02 24 16 24 01
Km 158				Yakandonga L. u. Camp (5 km)	20 39 53 16 19 11
Km 188				Kudubos Camping (3 km)	
Km 189				Wesrand Farm Camping (6 km)	
Km 199		Otjiwarongo, T+V	s. Route 7	s. Route 7	20 28 15 16 39 40

Karibib (s. Route 8)

Ausfahrt: Verlassen Sie Karibib auf der B2 nach Osten. Nach 2 km mündet die C33 ein, die Sie nach Norden nehmen. Sie fahren auf Asphalt östlich am Erongo-Gebirge vorbei und erreichen nach 64 km Omaruru.

Omaruru

Omaruru ist ein alter Siedlungsplatz der Herero, er wurde 1870 vom schwedischen Jäger und Händler Eriksson besucht. Als erster Weißer ließ er sich hier nieder und jagte die Tiere der Region. „Omaruru" bedeutet auf Herero „bittere Dickmilch", da Rinder in dieser Gegend auch eine Pflanze abweiden, die der Milch einen bitteren Geschmack gibt.

1872 errichtete die Rheinische Mission durch ihren Abgesandten Gottlieb Viehe ihr Gebäude (Viehe wurde bekannt, weil er das Neue Testament und andere Kirchenschriften in Herero übersetzte). Das kleine Museum in der Missionsstation liegt auf der anderen Seite des Omaruru-

Der Siegeszug der Kompanie Franke

„Die zweite Kompagnie war gerade in Gibeon, als sie die Nachricht vom Ausbruch des Herero-Aufstandes erreichte. Ihr Führer, Hauptmann Franke, beschloss, sofort nach Windhuk zurückzumarschieren und die etwa 380 km betragende Entfernung in fünf Tagen zu bewältigen. Das war ungeheuer anstrengend für Mensch und Tier. ... Von Windhuk ging die Kompagnie sogleich weiter nach Okahandja, um den Ort zu entsetzen. ... Die Herero hatten den Kaiser-Wilhelm-Berg, das Wahrzeichen des Ortes, stark besetzt. Trotz der vorzüglichen Stellung des Feindes griff Haupt-mann Franke sofort an und hatte nach sechsstündigem Gefecht unter ungeheuren Anstrengungen die von dem fliehenden Feind verlassenen Anhöhen in Besitz. Weiter ging's nach kurzer Rast, zunächst nach Karibib, dann nach Omaruru. ... Schon sechs Stunden lag hier die Truppe im Gefecht. ... Die Verluste mehrten sich, und die Kräfte der Soldaten begannen nachzulassen. ... Da schwang sich Hauptmann Franke auf seinen Schimmel, sprengte hoch zu Ross vor die Front und wollte alleine auf den Feind eindringen. Diese hinreißende Tat zündete; wie mit einem Schlag erhob sich die ganze Linie, begeistert, mit lautem Hurra ..."

(aus B. Voigt, Deutsch-Südwestafrika, Stuttgart, 1913).

Abbildung: Hauptmann Viktor Franke

Riviers, schräg gegenüber der Polizeistation in der Main Street. Die Häuser Omarurus stehen locker verteilt unter Kameldorn- und Eukalyptusbäumen. Dadurch gewinnt man den Eindruck, in einer Gartenstadt zu sein. Der Omaruru teilt den Ort auf seinem 300 km langen Weg vom Erongo-Massiv an den Atlantik bei Henties Bay. Wasser führt er aber nur während der Regenzeit.

In den letzten Jahren hat sich Omaruru zur Künstlerkolonie Namibias gemausert. Es wird getöpfert, gebatikt, gemalt, geschnitzt und die Erzeugnisse auch ausgestellt. Bei *Tikoloshe* (an der Brücke) ist geschnitztes Wurzelwerk zu sehen, bei *Thelma* (14 Noord Street) handgeschöpftes Papier, *Annabelle* (Ausstellung bei Sand Dragon) töpfert, *Armin* (Wilhelm Zerauoa Street) nimmt sich für seine Bilder die wilden Tiere als Motiv und *George* entwirft rustikale Möbel.

Jedes Jahr am Wochenende vor dem 10. Oktober findet das **Zeraua-Fest** statt. Die Zeraua-Herero treffen sich gegenüber dem Missionshaus auf dem Friedhof der Kirche, wo einer ihrer bedeutendsten Führer, Chief Wilhelm Zeraua, begraben liegt. Die Ahnengedenkfeiern ähneln in vielem denen in Okahandja (s.S. 389), allerdings dürfen Fremde daran nicht teilnehmen.

Der Franke-Turm

1907 wurde der **Franke-Turm** errichtet. Er war als Schutz- und Signalgebäude bei etwaigen neuen Aufständen der Herero gedacht (daher die Metallschüssel auf der Spitze, in der ein Feuer angezündet werden sollte, sobald ein Angriff drohte). Benannt wurde er nach dem Offizier der Schutztruppe Franke, der im Januar 1904 während des Herero-Aufstandes seine Kompanie in einem Gewaltmarsch über 900 km in 19 Tagen nach Omaruru hetzte und die Stadt von der Herero-Belagerung befreite. Frankes Name taucht hier im Nordwesten Namibias immer wieder auf. Er war ein klassischer „Durchhalte"-Soldat, der mit seinen Leuten ebenso gnadenlos umging wie mit sich selbst. Seine Gewaltmärsche und blutigen Siege sind Legende. Dass er auch den Gegner nicht schonte, versteht sich von selbst. Das Schlachtfeld liegt westlich unterhalb des Turmes. Der Schlüssel des Turms ist in den Hotels erhältlich (am Wochenende ist er immer zugänglich). Bei einem Spaziergang auf dem Feld aufpassen – es gibt mehr Schlangen als Felsen!

Kristall Kellerei

Die *Kristall Kellerei* ist eine Erfolgsgeschichte, was man daran sieht, dass im ganzen Land in fast keinem Restaurant eine Flasche des Weines aufzutreiben ist. Man verkauft nicht, man teilt zu, so gering sind die Mengen, die jährlich produziert werden! Und man kann wegen des Wassermangels die Anbauflächen nicht beliebig erweitern. Also heißt es zum Mittagessen direkt vor Ort einzukehren, um an den guten Tropfen zu gelangen. Die Weinstube hat mittags offen und serviert kleine Mahlzeiten als Begleitmusik zur Weinprobe – Tel. 064-570083, Fax 570593, Anfahrt 4 km außerhalb an der D2328.

Homemade Chocolates

Die Familie Dörgeloh hat im Ort mit *Homemade Chocolates* die Tradition der Dampfbäckerei Omaruru wieder aufgenommen, ein wenig anders aber, als die Familie Benz das seinerzeit zwischen 1950 und 1993 gehandbhabt hat. Heute werden köstliche Pralinenarten hergestellt, sechs Likör-, zwei Nusssorten und elf mit unterschiedlichen Füllungen.

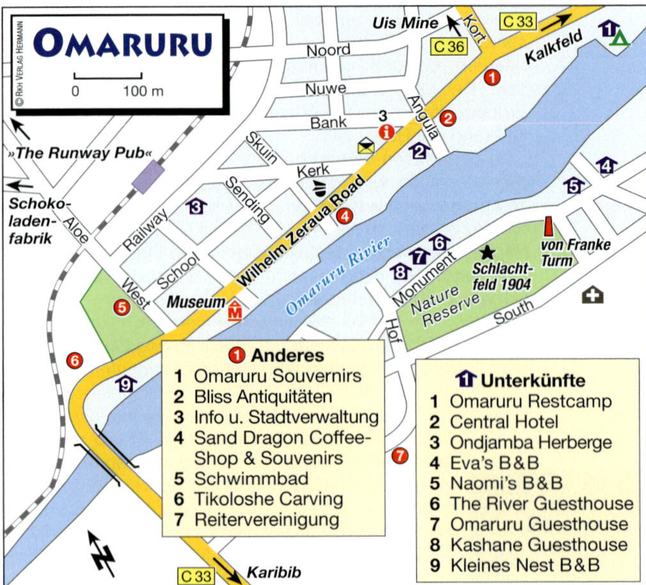

Adressen & Service Omaruru

Unterkunft

Touristenklasse: **Central Hotel Omaruru**
Günstig: Eva's B&B, The River Guesthouse, Omaruru Restcamp, Kleines Nest, Naomi's B&B, Ondjamba Herberge, Omaruru Guesthouse
Außerhalb: **Erongo Wilderness Lodge,** Omaruru Game Lodge, Omburu Gästefarm, Onduruquea Lodge, Otjandaue Gästefarm

Information Stadtverwaltung, Visitors Information, P.O. Box 55, Omaruru, Tel. 064-570277, Fax 570105

Essen *The Steak Parlour,* Restaurant des Omaruru Rastlagers, Tel. 064-570516
Weinstube der Kristall Kellerei, Tel. 064-570083
Omaruru Souvenirs und Kaffeestube, Tel. 064-570230
Sand Dragon Coffeeshop and Souvenirs, Hauptstraße, Tel. 064-570707.

Einkaufen *Omaruru Souvenirs* und *Sand Dragon* (s. oben) für Souvenirs. Köstlichkeiten aus Schokolade gibt es bei *Handmade Chocolates,* Industrial Road, Tel. 064-570286 (Mo–Fr 8–13 und 14–17 Uhr). *Tikoloshe Afrika,* W. Zeraoua Street, Tel. 064-570582, ist die Werkstatt von Schnitzern aus dem Kavango, die aus Wurzelholz die eigenartigsten Kunst-Kreaturen entstehen lassen.

Unterhaltung Im *Runway Pub* trifft sich die Jugend auch unter der Woche, in der *Reitervereinigung* findet jeden Freitag Party statt.

Sonstiges State Hospital, South Street, Tel. 064-570037.

Omaruru – Otjiwarongo

Verlassen Sie Omaruru vorbei am Rastlager auf der C33 nach Norden. Vereinzelt ragen verwitterte Granitkuppen aus der flachen Savanne, links und rechts des Weges gehen Abzweige zu Gästefarmen und Lodges ab. Einige Farmen haben sich auf Jagd spezialisiert und dürfen „normale" Touristen nicht beherbergen. Jäger finden beste Bedingungen.

Nach 65 km kommen Sie nach **Kalkfeld.** Der Flecken hat seine besten Jahre hinter sich. Er ist als Bergwerksstadt entstanden. Das in der Nähe abgebaute Eisenerz wurde zur Verhüttung nach Tsumeb geschafft. Heute verfällt die Streusiedlung mehr und mehr. Man tankt und fährt weiter, entweder direkt nach Otjiwarongo (70 km, s. Route 7) oder macht noch einen Abstecher zu den Dinosaurier-Fußspuren.

ROUTE 8

Abstecher: Dinosaurier-Fußspuren

Dinosaurier-Abdruck aus grauer Vorzeit

Nehmen Sie die D2414 im Ort über die Eisenbahnschienen hinweg. Nach 28 km erreichen Sie die Farm *Otjihaenamaparero* und die Farmstraße, die Sie 2 km entlangfahren. Sie kommen zu einem Farmgebäude, wo Sie eine kleine Besuchsgebühr entrichten müssen. Unweit davon – der Angestellte zeigt Ihnen die Richtung – befindet sich ein kleiner und sehr einfacher Zeltplatz mit Wasseranschluss. Hier lassen Sie den Wagen stehen und gehen etwa 1 km zu Fuß über Granitplatten durch den Busch (weiße Farbflecken markieren die Richtung). Sie müssen genau schauen – wenn die weißen Markierungen aufhören, gehen Sie ein Stück zurück und sehen dann auf 25 m die Vertiefungen der dreizehigen Klauenfüße. Sie haben sich vor 219 Millionen Jahren in den Schlamm gedrückt und sind erstarrt. Im Laufe der Zeit wurden sie überdeckt, die Sedimente erodierten, und heute sind die Spuren freigelegt. Mit etwas Vorstellungsvermögen sieht man förmlich die zweibeinigen Tiere im eleganten Lauf, einem Strauß gleich, den schrägen Hang herabstürmen … Die Spuren stammen von zwei unterschiedlichen Tieren, einem Vertreter der bis zu zwei Meter langen und 15 Kilogramm schweren *Megapnosaurier* und einem *Ceratosaurus,* der immerhin sechs Meter lang wurde und zwei Tonnen wog.

Route 8b: Handel und Gefechte – der Pulverturm

Karibib – Bosua Pass

Km	Abzweig	Ort	Sehenswert	Übernachtung	GPS
Km 0 C32 Piste		Karibib, T+V	Marmorwerk	 Irmi's B&B	21 56 08 15 51 43
Km 11	Km 0 D1952 Piste Km 42 D1914 Piste Km 75 Farmstr. Km 93			Wüstenquell Gf.	
Km 16	Km 0 Farmstr. Km 5			Etusis Ldg.	
Km 45	Km 0 D1976 Piste Km 30 D1967 Piste Km 32		Otjimbingwe Pulverturm		
Km 82		Anschluss an die Route 6			

Karibib – Otjimbingwe

Verlassen Sie Karibib (s. Route 8) auf der Piste C32 westlich der Stadt Richtung Süden. Sandebenen mit spärlicher Vegetation begleiten Sie bis zum Abzweig nach Otjimbingwe nach 45 km. Auf der ausgefahrenen Piste D1976 zum Pulverturm ziehen Sie eine lange Staubfahne hinter sich her. Durch kleinste Ritzen dringt der Sand in den Wagen, alles überzieht sich mit einer Puderschicht.

Nach 30 km erreichen Sie eine Kreuzung und biegen für 2 km in die D1967 (sechs-sieben) ein. Der Pulverturm befindet sich in der Mitte der weit auseinander gezogenen Siedlung rechts der Hauptpiste, eingeklemmt zwischen zwei großen Fabrikgebäuden.

Otjimbingwe

Man mag gar nicht glauben, dass dieser Ort hier, gelegen am früheren Baiweg zwischen Walvis Bay und dem Landesinneren, während der deutschen Kolonialzeit als Handelsplatz, Zentrale der Rheinischen Missionsgesellschaft und der Sitz der Administration die Hauptstadt des Landes war!

Das Herero-Wort „Otjimbingwe“ bedeutet „Platz der Erholung“, weil in der Nähe eine Quelle entsprang. 1849 erbaute Johannes Rath im Namen der Rheinischen Missionsgesellschaft eine Mission. 1860 erwarb der Schwede Andersson (nach dem ein Tor des Etosha-Nationalparks benannt ist) ein Gebäude einer Minenfirma und machte einen Laden daraus, den Edurard Hälbich später übernahm (das Geschäft steht noch heute).

Die Kirche wurde 1867 errichtet. Herero-Oberhaupt Wilhelm Zeraua sorgte dafür, dass seine Leute genügend Ziegel für den Bau herstellten; er selbst nahm den christlichen Glauben allerdings jedoch nicht an, ähnlich wie sein Gegenpart bei den Okahandja-Herero, Chief Maharero.

1872 schließlich entstand der **Pulverturm,** der sich nun zwischen zwei großen Fabrikgebäuden versteckt und nicht so eindrucksvoll aussieht, wie es Fotos von ihm vermitteln. Er war Lager und Verteidigungseinrichtung, die im Lauf der Jahre, der Kriege und Aufstände 30 mal bestürmt, aber nie eingenommen wurde. 1891 verlegte die Administration ihren Sitz nach Windhoek, und die Eisenbahn ignorierte auch noch um die Jahrhundertwende den Ort bei ihrer Streckenführung. Otjimbingwe lag damit im Abseits und die folgenden Jahre haben daran nichts geändert; auch heute wird es nur selten von Touristen angefahren.

Der Pulverturm von Otjimbingwe

Weiterfahrt

Kehren Sie von Otjimbingwe die 34 km zur C32 zurück (Sie können auch der D1967 auf 67 km bis Wilhelmstal folgen und erreichen so die Route 8).

Südlich die C32 weiterfahrend stoßen Sie nach etwa 50 km auf die C28. Hier haben Sie Anschluss an die Route 6.

Route 8c: Strahlendes Erz – Uran!

Swakopmund – Usakos

Km	Abzweig	Ort	Sehenswert	Übernachtung	GPS
Km 0 B2 Teer		Swakopmund, T+V	s. Route 5	s. Route 5	22 41 13 14 31 45
Km 8			Golfplatz	Rossmund Ld (1km)	
Km 11			Nonidas		22 38 28 14 37 42
Km 12	Km 0 D1901 Piste Km 1 Km 2 Km 3 Km 7 Km 8		Kamelfarm Ostrich Farm	Sophia Dale Rastl. El-Jada Rl. Okakambe Trails Gut Richthofen	
Km 45	Km 0 D1911 Teer Km 4	Arandis, T+V			22 25 58 14 50 40
Km 111	s. Route 8	Einmündung der D1918	s. Route 8	s. Route 8	21 58 46 15 21 35
Km 134	s. Route 8	Usakos, T+V	s. Route 8	s. Route 8	21 59 49 15 35 19

Swakopmund – Arandis

In Swakopmund (s. Route 5) haben Sie Anschluss an die Routen 5, 6 und 12. Verlassen Sie Swakopmund auf dem Asphalt der B2. Nach etwa 10 km kommen kurz hintereinander drei Abzweigungen. Die erste führt zum Golfplatz, die zweite zum auf einem Hügel liegenden Gebäude mit burgähnlichem Charakter von 1892. Hier war eine deutsche Zoll- und Polizeistation untergebracht. Heute ist Burg Nonidas manchmal ein Hotel, manchmal nicht.

Kamelfarm

Die dritte Kreuzung führt zur Kamelfarm, die neben den Dromedaren einen kunterbunten Kleintierzoo ihr eigen nennt. Kamelritte von etwa einer Stunde Dauer können unternommen werden. Die Swakopmunder feiern hier gerne Kindergeburtstage; 9 km außerhalb Swakopmunds an der D1901 gelegen (s. bei Swakopmund). Hier finden sich auch Okakambe Trails, die unter deutscher Leitung Ausritte in die Wüste unternehmen, auch Reitkurse und Übernachtung sind möglich.

Weitere Besuchsmöglichkeit ein Stückchen weiter: Die Straußenfarm **Ostrich Paradise** züchtet das cholesterinarme Fleisch in großem Maßstab. Rund 150 Tiere leben auf der Farm. Besucher erhalten profunde Informationen über Freud und Leid eines Straußenfarmers (Tel. 081-1299565, Eintritt 50 N$).

45 km hinter Swakopmund kommt man zur D1911. Hier geht es nach **Arandis** (4 km) und zur Rössing-Mine. In der Kunststadt mitten in der Wüste leben die Arbeiter der Mine. Schachbrettmuster und konfektionierte Häuser bestimmen das Stadtbild.

Rössing-Mine

In den Jahren Ende 1920 entdeckte der Prospektor Peter Louw mitten in der Wüste Uranlagerstätten. Über 40 Jahre lang versuchten er und seine Partner, Bergbaugesellschaften für den Abbau zu interessieren, aber erst in den 1960er Jahren konnten die Schürfrechte vergeben werden. 1973 begann der Abbau des zähen Granits, eine Gesteinssorte, die **Alaskit** genannt wird. 1980 war das Firmenkonsortium der weltgrößte Lieferant von Uran. Eine Besichtigung der Mine kann im Swakopmunder Museum gebucht werden (s.S. 371).

Entstehungsgeschichte, Abbau

Als große Teile Namibias von flachem Wasser überdeckt waren, lagerten sich Sedimente an seinem Grund ab. Der Boden senkte sich, neue Schichten legten sich darüber. Druck und die hohe Temperatur führte zu einer Faltung und der geschmolzene Granit lagerte sich in den oberen Schichten ab. Die in ihm enthaltenen kleinen und gelben Urankristalle sind nun im Tagebau erreichbar.

Der Granit wird aus dem Felsen gesprengt und mit riesigen Schaufelbaggern auf ebenso riesige Lastwagen verladen und zu Zerkleinerungsmaschinen gebracht. In vier Stufen erreicht es eine Korngröße, die es zur Weiterverarbeitung mit Chemikalien verwendbar macht. Diese lösen das Uran heraus, und nach Trennung von den festen Bestandteilen wird die Flüssigkeit einem Ionenaustauschprozess unterworfen, durch den das Uran angereichert wird, d.h., die Konzentration des Urans in der Lösung wird erhöht. Eine weitere Anreicherung findet durch Lösungsmittelextraktion statt. Die hochkonzentrierte Flüssigkeit wird schließlich mit Ammoniak versetzt, und es entsteht „yellow cake“ (Ammoniumdiuranat), dem das

Wasser entzogen und der bei 600 °C getrocknet wird. Durch die Hitze spalten sich die Stickstoffanteile ab, das Ergebnis ist Uranoxid, das verpackt und ausgeliefert wird.

Umwelt-Probleme

Mit Erstarken des Umweltbewusstseins wurde der Rössing-Mine verschiedentlich vorgeworfen, dass sie zu wenig zum Schutz der Umwelt täte. Tatsächlich greifen Sicherungsmaßnahmen nur partiell – alleine der Wind verteilt die radioaktiven Partikel großzügig in der Namib, und auch die Arbeiter sind trotz Schutzkleidung beständig dem krebserregenden Staub ausgesetzt. Besonders umweltbelastend ist der hohe Wasserverbrauch – mit Wasserspritzen versucht man, der Staubbildung Herr zu werden. Entnommen wird das kostbare Nass den nahen Rivieren Kuiseb, Khan und Omaruru. Dadurch sinkt aber auch der Grundwasserspiegel in der Region.

Sei es, wie es sei, die Mine hat über tausend Arbeiter und Angestellte, überwiegend Ovambo, und ist damit der größte Arbeitgeber der Region, wenngleich das Auf und Ab des Uranpreises auch das Unternehmen Rössing gebeutelt und viele Arbeitsplätze vernichtet hat (s.a. „Namibias wirtschaftliches Potential“, s.S. 160f).

Weiterfahrt

Hinter dem Abzweig nach Arandis ragt im Osten das langgestreckte Massiv der Chousberge aus der Ebene, und bald sind voraus der Hohenstein des Erongo-Massivs und links im Norden die beiden Spitzkoppen zu sehen. Nach 66 km auf der B2 erreichen Sie die Abzweigung der D1918. Hier haben Sie Anschluss an die Route 8.

Route 9: Auf einsamen Pfaden durchs Damaraland

Khorixas – Palmwag – Kamanjab – Outjo

Km	Abzweig	Ort	Sehenswert	Übernachtung	GPS
Km 0 C39 Piste nach W	Km 0 C39 Teer nach O Km 8 C35 Piste nach N Km 54 D2670 Piste Km 84	Khorixas, T+V	s. Route 8	s. Route 8 Huab Lodge	20 22 20 14 58 05
Km 2				Khorixas Rastlager	20 22 00 14 57 24
Km 43			Versteinerter Wald		20 26 26 14 36 28
Km 50			Versteinerter Wald auf Farm Blaukraans		20 25 33 14 31 34
Km 57			Versteinerter Wald		20 26 17 14 27 15
Km 68	Km 0 D2612 Piste Km 11 Km 15 D3254 Piste nach S Km 17 Km 20 D3214 Piste nach W Km 23 Km 25	 Wondergat (1 km) Tor	 Orgelpfeifen (4 km)/Burnt Mountain (5 km) Twyfelfontein	Xaragu Camp Mowani Mountain C. (3 km) Abu-Huab Zeltplatz Twyfelfontein Lodge (2 km)	20 25 22 14 20 31 20 30 52 14 22 19 20 37 17 14 25 10 20 35 43 14 22 21
Km 115	Km 0 Farmpad Km 11			 Damaraland Ca.	20 19 28 14 04 59
Km 126 C43 n. N		Kreuzung C39 nach Torra Bay			20 13 57 14 03 54
Km 128		Bersig			
Km 168 C40 n. O	Km 0 C43 Piste nach W Km 5 Km 6	 Disease Control Tor Palmwag, T		 Etendeka Camp Palmwag Rl.	19 54 40 13 59 12 19 52 52 13 56 24
Km 188			Grootberg Pass	Grootberg Lodge	
Km 212				Hoada Campsite	

Km	Abzweig	Ort	Sehenswert	Übernachtung	GPS
Km 218		Dorf „Erwee“			19 41 16 14 18 55
Km 257				Klein Liechten- stein Gf.	
Km 282 C40 Teer	 ------------------ C35 n. N Km 0 Km 8 D2763 Km 29 GFarmp. Km 32	Kamanjab, T+V ------------------	 -------------- Himba-Dorf	Oase Garni Guest House Kamanjab Zeltpl. ------------------ Gelbingen Safari Gästefarm	19 37 17 14 50 33 --------
Km 306	Km 0 Farmpiste Km 8			 Otjitotongwe L.	
Km 344	Km 0 Km 20			Holstein Gf.	
Km 353			Schuldorf Otji- kondo		19 50 38 15 27 58
Km 377				Ombundja Wild- life Ldg.	
Km 383	Km 0 D 3236 Km 50 Farmpad Km 55			 Danubé Gf.	
Km 424 C38 Teer nach S					20 02 25 16 05 27
Km 434		Outjo, T+V	s. Route 7	s. Route 7	20 06 49 16 09 18

Khorixas – Versteinerter Wald

In Khorixas (s. Route 8) haben Sie Anschluss an die Route 8. Verlassen Sie Khorixas auf der Piste C39 Richtung Westen. Nach 2 km passieren Sie das Rastlager und der Asphalt endet. Hier können Sie nachfragen, ob Twyfelfontein mit einem Pkw erreichbar ist, da nach starken Regenfällen die quer zur Straße laufenden Riviere Wasser führen, das unter Umständen zu tief ist, und vor Twyfelfontein zusätzlich ein breiteres Rivier mit tiefem Sand zu durchqueren ist. Die hinter Khorixas liegenden Furten sind schlecht zu sehen, und bei schneller Fahrt geht es ganz plötzlich hinunter. Also mit angemessener Geschwindigkeit fahren. Die Riviere sind mit Galeriewald bewachsen. Nach 29 km kommen Sie zum Abzweig der D2628. Kleine Farmen mit Wellblechhütten säumen den Weg. Es folgen nun mehrere versteinerte Wälder, darunter die Farm Blaukraans. Nach Zahlung des Eintrittes (25 N$ p.P.) führt ein Angestellter die Besucher relativ unbeeindruckt und recht zügig über das Gelände und flüchtet sich anschließend gleich wieder auf sein schattiges Lager.

Versteinerte Bäume bei Khorixas

Versteinerter Wald

Die teilweise vollständig erhaltenen, versteinerten Stämme eines Urzeitnadelwaldes (Araukarien) sind in der Landschaft verteilt. Sie wuchsen vor 300 Mio. Jahren, allerdings nicht hier. Wegen ihrer durcheinandergewürfelten Anordnung nimmt man an, dass sie durch Flüsse angeschwemmt wurden.

Die Versteinerung ist ein Prozess, der nur unter Luftabschluss stattfinden kann. Die Stämme wurden mit Sand bedeckt, der den Fäulnisprozess unterband. Dann drang kieselsäurehaltiges Wasser nach und nach in die Zellen des Holzes ein, das Schicht für Schicht zu Stein wurde. Bis ins kleinste Detail lassen sich die Jahresringe erkennen und die Rinde ist so genau gezeichnet, dass man fast erschrickt, wenn die Hand nicht über vermeintlich warmes Holz sondern über kalten Stein streicht.

Zwischen den versteinerten Riesenstämmen wachsen Welwitschias, Köcher- und Balsambäume, es sind idyllische, verwunschene Plätze, auf denen es mittags allerdings unangenehm heiß werden kann. Souvenirs mitzunehmen ist streng verboten!

Weiterfahrt

Nun führt die Piste auf eine Tafelbergkette zu, die, blauschwarz wie Mondgestein, gegen die hügelige Landschaft steht. Auch im Süden überragen diese Gesteinsformationen die sanften Hügel der Vorgebirgsebene. Bald ist die D2612 erreicht. Wenige hundert Meter nach deren Einmündung geht es rechts ab zum **Camp Xaragu** (2 km gute Piste) – mitten in typischer Damaraland-Landschaft in absoluter Ruhe gelegen. Alle Bequemlichkeiten, die der Reisende wünscht sind im Angebot, das Essen ist ausgezeichnet und das Wasser im Schwimmbad kühl. Wer will, kann sich mit hier gemieteten Geländefahrzeugen auf geführte Entdeckungsreisen begeben oder auch einfach nur ein wenig herumwandern – und Xaragu ist eine perfekte Basis für Ausflüge nach Twyfelfontein.

ABZWEIG: Twyfelfontein

Nach 11 km auf der Piste D2612 führt rechts ein Weg zum **Wondergat.** Das kleine, unscheinbare Loch, das aber unglaublich tief (mehrere 100 m) sein soll, ist nach 1 km erreicht. Aufpassen, dass Sie nicht hineinfallen, kein Mensch könnte Sie je wieder herausholen! Es entstand durch Auswaschungen eines unterirdischen Flusses, die eine Höhle schufen, in die das darüberliegende Gestein einbrach. Verwunderlich ist nur, dass dabei ein so schmaler Kamin gebildet wurde.

Nach 3 km mündet in unsere Pad die D2612 ein (s. Route 8). 3 km weiter liegt am Rivier des Aba-Huab ein Zeltplatz. Er ist einfach, hat aber saubere Sanitäranlagen, Braaiplätze und gemauerte Tische und Bänke. Versuchen Sie, Twyfelfontein bei Sonnenuntergang zu besuchen und nächtigen Sie danach hier. Ein kleiner Kiosk verkauft gekühlte Getränke.

Hinter dem Camp überquert die Pad das sandige Rivier des Aba-Huab – die Durchquerung nach Regenfällen mit einem Pkw ist ein fast unmögliches Unterfangen – und erreicht 3 km weiter den Abzweig zum **Verbrannten Berg** (Burnt Mountain, 5 km) und zu den **Orgelpfeifen** (1 km davor, in der Schlucht unterhalb der Straße).

Der schwarze Berg sieht in den rötlichen Strahlen der untergehenden Sonne tatsächlich aus, als hätten seine Flanken eben noch gebrannt. Freigelegtes und danach den Naturgewalten ausgesetztes, schlackenartiges Gestein aus dem Erdmittelalter sorgen für diesen Effekt.

Die Orgelpfeifen sind bis zu 5 m hohe über 100 Mio. Jahre alte Basaltsäulen. In der Karoo-Periode drang Lava in Tonschiefer ein und brach in der Phase der Abkühlung in die jetzigen regelmäßigen Formen. Erosion trug die überlagernden Schichten ab, die Oberfläche wurde mit der Zeit durch den Wind und die festen Bestandteile, die er mit sich führt, poliert.

Nach Twyfelfontein: 8 km hinter dem Abzweig zu den Orgelpfeifen und zum Verbrannten Berg kommt das Tor von Twyfelfontein, 1 km vor der Felsarena mit ihren Gravierungen gelegen. An dem Tor ist Eintritt zu zahlen (3 € p.P. und Auto). Kurz vor dem Tor geht es auf kurzer Piste zur Twyfelfontein Country Lodge, deren Anblick die Besucher sprachlos werden lässt – wie groß kann eine Lapa denn noch sein!?

Twyfelfontein

„Zweifelhafte Quelle" nannte der Farmer sein Stück Land, denn die Quelle im Felsrund sprudelt nur unregelmäßig. Den Jägern war das köstliche Nass aber sicher genug, um hier dem Wild aufzulauern. Wer sich die Felsarena genau betrachtet, sieht sofort, dass sie ideal gelegen ist: Etwas erhöht zwischen den schützenden Bergflanken und mit einem weiten Blick über die Grassavanne, in der Antilopen grasen und Strauße um die Wette rennen. Ob hier San oder Damara – oder gar beide – lebten und ihre Kunstwerke in den Felsen ritzten, ist nicht bekannt. Die San, von denen man weiß, dass sie noch vor hundert Jahren Felswände mit Darstellungen von Tieren und Menschen schmückten, haben heute jeglichen Bezug zu den Felsbildern verloren und berichten, dass diese von Göttern hergestellt worden seien.

Im Abendlicht, wenn die meisten Besucher schon auf der Fahrt zu ihrer Unterkunft sind, erstrahlen die Felsen rot und die schönste Zeit, die Steige, vorbei an den vielen Gravierungen, zu beklettern (der Rundweg darf nicht ohne einen der – eher gelangweilten – Führer beschritten werden, Eintritt 30 N$ p.P. und 10 N$/Fahrzeug). Zwei Touren sind im Angebot: Lion Men (30 MIn.) und Dancing Kudu (45 Min.). Nach der Tour sind unten, bei der überdachten Schautafel mit der Beschreibung des Weges, Getränke erhältlich.

Die Gravierungen

Twyfelfontein – als Weltkulturerbe angemeldet

Mit Quarzsteinen wurden die Gravierungen in den Sandstein geritzt, und unter Überhängen finden sich gelegentlich auch Malereien – ein seltenes Nebeneinander im südlichen Afrika, wo Maler und Gravierer ihre Kunst normalerweise nie nebeneinander ausgeführt haben. Alle möglichen Tierarten, Löwen, Elefanten, Giraffen, Nashörner, sind abgebildet. Dazwischen abstrakte Muster und eigenartige Punktreihen – verschlüsselte Botschaften einer fremden Kultur oder nur kindliche Spielereien?

Über den Beweggrund für ein derart reichhaltiges Potpourri weiß die Wissenschaft nichts Exaktes zu sagen. Es könnten Arbeiten von Jägern sein, die damit Erfolg für ihre Jagd heraufbeschwören wollten. Eine Datierung ist auch kaum machbar, da die notwendigen Parameter fehlen: Werkzeuge, die Archäologen in dieser Region gefunden habe, stammen aus der Jungsteinzeit. Sie den Bildern zuzuordnen ist allerdings nicht möglich. Die patinierte Oberfläche des Sandsteins, die normalerweise ebenfalls Aufschluss über das Alter der Bilder geben könnte, ist hier durch unberechenbare Umwelteinflüsse ebenfalls nur ein vager Anhaltspunkt. Da der Platz von vielen Generationen besiedelt war, sind die Felszeichnungen wahrscheinlich zwischen mehreren tausend und einigen hundert Jahren alt.

Wer mit einem Geländewagen unterwegs ist, kann sich vom Eingangstor (s. oben) aus auf die Suche nach weiteren Gravierungen und nach „Adam und Eva" machen, einem der seltenen anthropomorphen (menschenähnlichen) Motive in Twyfelfontein. Es gibt keine Spuren, man muss in weitem Bogen nordwestlich durch tiefen, schweren Sand um den Berg herumfahren und die Augen offenhalten. Die Mühe lohnt nach Aussagen anderer nicht; aber es macht einfach Spaß, selbst auf Forschungsfahrt zu gehen.

Weiterfahrt auf der C39 nach Westen

Fahren Sie nun zurück zur C39 und diese weiter in Richtung Westen. Nach einigen Kilometern sehen Sie im Nordwesten eine Gebirgskette als Silhouette auftauchen, die Gipfel sind gänzlich unterschiedlich geformt.

Sie umfahren dieses Massiv in einem großen Bogen und kommen 30 km nach dem Twyfelfontein-Abzweig über einen Pass mit fantastischer Berglandschaft aus roter Erde. Hier wächst kein Busch, silbernes Gras bedeckt in der Regenzeit die Hügelketten wie eine seidige, weiche Decke. Immer wieder flüchten Springböcke in eleganten Hopsern, beäugen Kudus wachsam den Eindringling, rasen Warzenschweine mit erhobenem Signal-Schwanz durchs Gras. Sie sind tief in der unberührten Urlandschaft des Damaralandes.

10 km weiter fahren Sie in ein breites Tal und kommen nach 3 km an den Abzweig der C39 nach Torra Bay. Hier haben Sie Anschluss an die Route 12 zur Skeleton Coast.

Ab dem Torra-Bay-Abzweig heißt die Piste C43. 1 km hinter dem Abzweig passieren sie eine Furt mit der kleinen Siedlung Wereldsend („Weltende"). Nach 37 km erscheint wieder eine kleine Siedlung (Palm), bei einer Furt gelegen. 1 km danach ist der Abzweig nach Sesfontein erreicht. 5 km in diese Richtung bringen Sie zur Palmwag Lodge mit Zeltplatz. Hier haben Sie Anschluss an die Route 10.

Bleiben Sie nun nicht auf der C43, sondern biegen Sie nach Osten ab auf die C40. Sie führt Richtung Kamanjab. Nach 10 km beginnt der Anstieg zum Grootberg Pass, dessen Scheitel (1500 m) man nach etwa 10 km erreicht. Hier findet sich die **Grootberg Lodge,** die erste Community Lodge Namibias; in exklusiver Lage garantiert sie einen angenehmen Aufenthalt.

Nach 20 km bleibt das Gebirge zurück, am Wegrand sind Steinhügel aufgetürmt, die Piste hat grobes Wellblech ausgebildet. Sie passieren das Dorf Erwee (mit einem Bottle Store und Restaurant) und erreichen schließlich 114 km nach dem Torra-Bay-Abzweig zur Küste Kamanjab.

Kamanjab

Hier haben Sie Anschluss an die Route 10. Kamanjab ist der letzte Vorposten der Zivilisation auf dem Weg ins Damaraland oder das Kaokoveld. Es ist in winziges Nest mit einem kleinen Hotel und Tankstelle. Bei gesundheitlichen Problemen: Die State Clinic hat die Tel.-Nr. 067-330031. Ein Abstecher nach Norden (C35 und D2763) führt zur Gästefarm **Gelbingen Safaris,** wo neben Farmrundfahrten und Erholung ein Besuch des unmittelbar daneben liegenden Himba-Dorfes auf dem Programm steht.

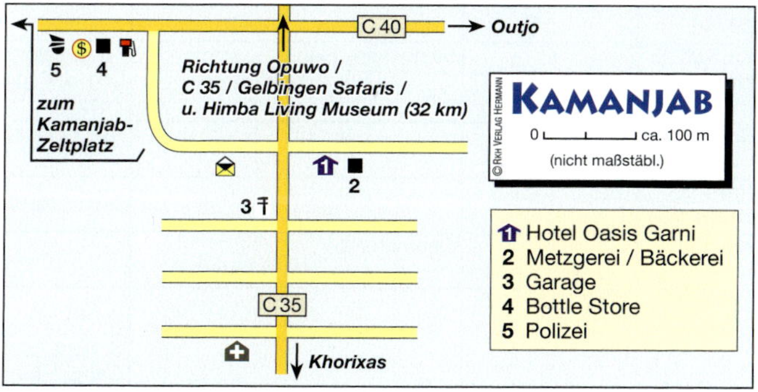

Kamanjab – Outjo

Verlassen Sie Kamanjab auf dem Asphalt der C40 nach Osten. Nach etwa 35 km öffnet sich der Blick über eine Ebene. In ihr stehen vereinzelt Granitkuppen. Die Strecke ist ansonsten monoton, entlang der Straße wachsen alle möglichen Baumarten, Mopane, Moringa, Ahnen- und Balsambäume. In ihnen und an den Telegrafendrähten längs der Straße hängen die Nester der Siedlerweber. 71 km hinter Kamanjab und 10 km vor Outjo mündet die C38 in die C40.

Outjo (s. Route 7). In Outjo haben Sie Anschluss an die Routen 7 u. 8.

In den Norden

Route 10: Wildnis – durchs Kaokoveld

Palmwag – Sesfontein – Opuwo – Otjiveze – Swartbooisdrift – Ruacana – Kamanjab

Km	Abzweig	Ort	Sehenswert	Übernachtung	GPS
Km 0 C43 n. N		Palmwag, T		Palmwag Rl.	19 52 52 13 56 24
Km 50	Km 0 Piste n. W. Km 6			Mbakondja River Campsite	19 29 53 13 52 26
Km 74	Km 0 Piste Km 1 Km 3	Dorf		Khowarib Lodge Khowarib Camp	19 15 53 13 52 06
Km 84	Km 0 Piste Km 6	Warmquelle	Traditional Village (geschl.)	Okondjou Zeltplatz (geschl.)	19 11 54 13 49 28
Km 86	Km 0 Piste Km 6			Ongongo Camp	19 11 06 13 48 51 19 08 20 13 49 05
Km 92 n.W. D3706					
Km 105 zurück		Sesfontein, T+V		Fort Sesfontein Ldg. u. Figtree-Zeltplatz	19 07 20 13 37 19
Km 115				Red Rock Lodge	19 08 07 13 42 21
Km 118 C43 n. N					19 08 14 13 43 29
Km 150		Otjomatemba			18 52 18 13 46 36
Km 180	Km 0 Piste n. O Km 5			Schöne Aussicht Camp 5 km	18 39 28 13 42 55 18 41 40 13 44 31
Km 229	Km 0 D3705 Piste nach SW Km 16	Kreuzung mit der D3705 Kaoko Otavi	Durstland-Trekker Ruine		18 14 19 13 46 09 18 17 53 13 39 48
Km 252 D3703 n. S					18 03 39 13 49 51
Km 253 C43 n. O		Opuwo, T+V		s. bei Opuwo	18 03 43 13 50 24
Km 310		Dorf			

Km	Abzweig	Ort	Sehenswert	Übernachtung	GPS
Km 327 D3701 n.O.		Otjiveze			17 37 24 13 28 34
Km 335		Epembe			
Km 363		Ehamba			
Km 375		Blue Sodalite Mine			17 24 22 13 48 25
Km 384			Durstland Monument		17 20 34 13 50 51
Km 385 D3700 n. O		Otjimuhaka	Kunenetal		
Km 392				Kunene River Lodge	17 21 15 13 52 50
Km 404				Odoozu Himba Camp (geschl.)	17 25 55 13 57 06
Km 427		Mavingo			17 26 03 14 07 27
Km 431				Omuntjandi Restcamp	17 25 27 14 09 24
Km 437			Sicht auf Ruacana Fälle		17 25 11 14 12 41
Km 439 D3700 Teer			Hippo Pools	Otjipahuriru Campsite	17 24 26 14 13 10
Km 441	Fälle Km 0 Km 2		 Fälle		17 23 40 14 14 22
Km 455	Km 0 Km 4	 Ruacana, T+V		s. im Text	17 24 47 14 21 15
Km 437 C35 P. n. S					17 24 45 14 24 09
Km 517		Einmündung d. C41 von Opuwo			18 08 44 14 17 29
Km 641		Disease Control Tor			
Km 650	Km 0 Piste Km 15			 Hobatere Ldg.	19 17 54 14 28 22 19 19 56 14 22 11
Km 682	Km 0 P2684 Piste Km 5			 Kavita Lion Ldg.	19 26 08 14 37 24
Km 711	Km 0 D2763 Piste Km 27 ------------------ Km 0 D2763 Piste Km 13 D2695 Piste Km 19	 ------------------	 ----------------	Gelblingen Safa- ris (3 km) ------------------ Rustig Gf.	 -------
Km 718		Kamanjab, T+V		Oase Garni Kamanjab Zeltpl.	19 37 17 14 50 33

ROUTE 10

Hinweis: Ab Opuwo sollten Sie mit einem Geländewagen unterwegs sein, genügend Vorräte und Treibstoff sind mitzuführen

Palmwag

Hier haben Sie Anschluss an die Routen 9 und 12. Die **Palmwag Lodge** liegt auf einem Konzessionsgebiet. Diese Gebiete erfüllen eine Zwitterfunktion. Sie sind einenteils geschützter Naturpark, werden andernteils gegen strenge Auflagen zur touristischen Nutzung an ein Privatunternehmen abgegeben. Auf Palmwag-Gebiet befinden sich Elefanten, Nashörner, Giraffen und alle Arten von Antilopen. Die von der Lodge organisierten Wildfahrten dauern etwa 3 Stunden. Ein kleiner Wanderweg entlang des Uniab Riviers ist für die Gäste markiert (wer ihn benutzt, sollte vorher das Management informieren). Manchmal kommen die Elefanten bis unterhalb des Camps, seien Sie also vorsichtig. Das Restaurant steht auch den Campern zur Verfügung (vorher anmelden). Mit dem eigenen Geländewagen können nach Anmeldung und Bezahlung die gekennzeichneten Routen links und rechts der Hauptstraße befahren werden (wer diese Touren ohne Anmeldung unternimmt, riskiert eine hohe Geldstrafe).

Save the Rhino Trust

Namibia ist das einzige afrikanische Land, in dem die Nashornpopulation ohne spezielle Schutzmaßnahmebn auf kommunalem Boden überlebte. Dennoch wurde die Zahl der Schwarzen (Spitzmaul-)Nashörner im Nordwesten, also Damaraland und Kaokoveld, in den 1980er Jahren durch Wilderer so drastisch dezimiert, dass Tierschützer Alarm schlugen. Damals wurde als Privatinitiative der „Save the Rhino Trust" gegründet. Tätigkeitsbereich dieser Gesellschaft ist die Sensibilisierung und Ausbildung der lokalen Bevölkerung für Tier- und besonders Nashorn-Schutz. Sitz ist das nördliche Damaraland, wo der Trust mit Reiseveranstaltern und Lodges zusammenarbeitet (darunter *Palmwag* und *das Desert Rhino Camp)*. Vom Desert Rhino Camp aus geht es auf Pirschwanderungen mit Sichtung von Nashörnern und Wüstenelefanten – und Löwen! Ein Teil der Einnahmen kommt dem Nashorn-Schutz zugute. Der Trust hat es so fast vollständig geschafft, die Wilderei einzudämmen und den Tierbestand zu stabilisieren. Von derzeit 1300 Spitzmaulnashörnern soll er sich bis 2010 sogar auf 2000 Tiere erholen. Kontakt zum Save the Rhino Trust über: P.O. Box 224/Swakopmund, Tel. 064-403829, www.desertrhino.org. Buchungen für Touristen im Zusammenhang mit Nashörnern: Wilderness Safaris, Tel. 061-274500, Fax 239455, www.wilderness-safaris.com.

Die grüne Oase Palmwag

Ins Kaokoveld

Dazu die Piste C43 nach Norden nehmen. Sie fahren durch die nördlichen Ausläufer des Damaralandes in das Kaokoveld. Die allgegen-wärtigen Zäune entlang der Pads sind verschwunden; Sie haben das Farmland verlassen und befinden sich in unberührter Natur.

Auf dem folgenden Streckenabschnitt sind viele Furten zu queren, und nach 45 km ist ein weites Tal erreicht.

30 km nach der Abfahrt ins Tal kommen Sie in die Schlucht des Khowarib mit einem kleinen Dorf. Einen Kilometer hinein stoßen Sie auf die *Khowarib Lodge,* nach zwei weiteren Kilometer ist die Khowarib Campsite erreicht. Im *Anmire Traditional Village* kann man das traditionelle Leben in der Region nachvollziehen und Kunsthandwerk erwerben.

Eine sehr schlechte Piste (nur 4x4) führt von hier über 75 km bis zur Hobatere Lodge am westlichen Ende des Etosha National Parks. Der Hoanib bildet am Atlantik die Grenze zwischen dem für die Allgemeinheit zugänglichen Skeleton Coast Park und dem nördlich davon gelegenen Konzessionsgebiet.

10 km hinter dem Abzweig in die Khowarib-Schlucht erreichen Sie den Ort **Warmquelle.** Vor dem I. Weltkrieg baute ein deutscher Farmer Gemüse an. Die Quelle liegt bei der heutigen Schule. Der Ort ist weit auseinandergezogen und besteht aus Wellblech- und Lehmhütten der Himba und Herero. Hier befindet sich oberhalb des Dorfes der Zeltplatz Okondou. Ein Abzweig von Warmquelle führt rechts weg nach Norden, zum **Ongongo-Wasserfall** (6 km, der letzte Teil nur für Geländewagen). Dort sprudelt eine kleine, warme Quelle an einer Baumwurzel und bildet einen Teich, in dem man baden kann. Der friedvolle Ort ist eingezäunt, und man kann mit seinem Zelt oder in einfachen Hütten auf der Ongongo Campsite übernachten (www.ongongocamp.co.za, warme Duschen, Toiletten). 11 km hinter Warmquelle erneut eine Gabelung. Die nördlich verlaufende Piste führt nach Sesfontein (12 km), die östliche (D3704) in ca. 100 km nach Opuwo. Zwischen zwei Bergen hindurch kommen Sie nach Sesfontein.

WEST-NAMIBIA
0 50 km
©RKH VERLAG HERMANN
1 Twyfelfontein-Felsgravuren
2 Verbrannter Berg
3 Versteinerter Wald
4 Vingerklip
5 Brandberg ("White Lady"-Felszeich.)
6 Messum-Krater
7 Spitzkoppe
8 Ameib-Felszeichnungen
9 Welwitschia mirabilis
10 Pulverturm Otjimbingwe
ANGOLA
Epupa Fälle
Swartbooisdrift / Dorsland Trekkers Monument
Ruacana Fälle
Kunene
Cunene
Otjinungwa
Omuramba
Otjimbapa
Kunene River Lodge
Epembe
Ehomba
Hippo Pools
Ruacana
Otjitanda
Okongwati
Otjiveze
Hartmanns Tal
Marienfluss
Red Drum
Etanga
Engo
Van Zyl's Pass
C 43
C 46
D 3720
Utapi
Heritage Center Ombalantu (Riesen-Baobab)
Tsandi
King Taapopi's Homestead
Okakao
Oshakati
Ondangw
Ndilimuni Clay Pot Project
B1
Opuwo
Opuwo Country Hotel
C 35
Tsumeb
Konzessionsgebiet
Orupembe
Kaoko Otavi
Hoarusib
ETOSHA GAME PAR
Purros
Camp u. Lodge
Sesfontein Lodge
Sesfontein
Ongongo
Okaukuejo
Anderson Gate
Etosha Safari Camp
Gateway Lodge
Möwe Bay
Hoanib
Khowarib
Amspoort
Kamanjab
C 40
C 38
Ota
Palmwag
SKELETON COAST PARK
Terrace Bay
Uniab
Outjo
Camp Xaragu
C 39
Khorixas
Torra Bay
Koigab
Otjiwarong
Huab
Toscanini
Kalkfeld
C 34
Ugab
C 33
Uis
C 36
Omaruru
Mile 108
Cape Cross
Mile 72
Henties Bay
Usakos
Karibib
C 32
B2
Khan
Otjimbingw
Wlotzkasbaken
Swakop
Swakopmund
Bosua Pass
Gamsberg Pass
NAMIB NAUKLUFT PARK
Kuiseb Pass
Walvis Bay
C 14
C 26
Gaub Pass
Kuiseb

Sesfontein

Hier ist auch der Endpunkt der Route 10b, die wegen des übersteilen Van Zyl's Passes nur entgegen des Uhrzeigersinnes (also von Ost nach West) befahren werden darf!

Das alte **deutsche Fort** wurde 1896 zur Eindämmung der Rinderpest, der Wilderei und des Waffenschmuggels errichtet und mit 25 Mann besetzt. 1914 zogen die Schutztruppler weg und überließen das Fort und den kleinen Friedhof mit drei Gräbern sich selbst. Es verfiel, die gepflanzten Dattelpalmen wurden von den Einheimischen ausgegraben und anderswo eingesetzt. Erst zu Beginn der 1990er Jahre erhielt ein privater Investor die Genehmigung, das Fort zu restaurieren und als Lodge zu nutzen. Die Palmen wurden zurückgekauft und wieder beim Fort gepflanzt, die Einheimischen im Mauern und Tischlern unterwiesen, so dass Arbeitskräfte für die Restaurierung nicht von auswärts kommen mussten, und auch das Servicepersonal stammt aus dem Dorf. Die Gäste wohnen in den ehemaligen Stallungen des Forts und können mit zwei Geländewagen Touren im Kaokoveld und zu nahe gelegenen, sehr eindrucksvollen Felsgravierungen unternehmen. Auch steht der Besuch einer Edelsteinmine und von Tabakfeldern mitten in der Wüste auf dem Programm. Nahebei sind zwei von lokalen Leuten geführte Zeltplätze, die manchmal auf, manchmal zu haben (bei der Lodge nach Camel Top Mountain und Para Campsite fragen). Auch das Hoanib Info Centre (Tel. 081-3029551) am Eingang zur Sesfontein Lodge hilft mit Informationen und stellt lokale Führer für Ausflüge zur Verfügung.

Wer **Wüstenelefanten** sehen möchte, kann dem Rivier des Hoanib flussabwärts folgen. Dort sind die Chancen, auf diese seltenen Tiere zu treffen, relativ hoch. Zwar ist nicht jeder hier gesichtete Dickhäuter tatsächlich ein „Wüsten"-Elefant (die traditionelle Migrationsroute der Elefantenherden führt von Etosha bis hinunter an die Skelettküste), doch bei den kleineren Exemplaren kann es sich durchaus um diese weltweit einzigartige, wüstenangepasste Spezies handeln.

Bei Annäherung der Elefanten gerade in den engen Flusstälern sollte man äußerste Vorsicht walten lassen. Besser ist es auch, wenn man das Fahrzeug verlässt, die Alarmanlage auszuschalten. Die Elefanten reagieren ungehobelt bei laut heulender Sirene und zerlegen das Auto samt Inhalt.

Nach der Hitze des Tages räkeln sich die Gäste behaglich am Schwimmbad oder ruhen sich in den großzügigen und luxuriösen Zimmern der **Sesfontein Lodge** aus. Das dreigängige Dinner stellt auch anspruchsvolle Genießer zufrieden. Anschließend werden an der Bar die neuesten Informationen über den Zustand der Pisten des Kaokolandes ausgetauscht, dabei kann im Laufe des Abends die Stimmung so ausgelassen werden, dass das Bier keine Zeit mehr hat, kühl zu werden.

Die Sesfontein-Lodge

Übrigens: Der 150 m entfernte Signalhügel war zur Kolonialzeit mit einem Spiegeltelegraph ausgerüstet, durch den über Relaisstationen Verbindung mit Deutsch-Ostafrika (Tanganjika) aufgenommen werden konnte!

Sesfontein – Opuwo

Fahren Sie dazu die 12 km zur D3704 zurück und biegen Sie in diese ein. Die Strecke bis Opuwo ist in gutem Zustand und kann auch mit Pkw befahren werden. Aber Wellblechabschnitte erfordern immer wieder die erhöhte Aufmerksamkeit des Fahrers und Robustheit des Fahrzeuges. Passen Sie ihre Geschwindigkeit der Situation an. Plötzlich quer verlaufende, schwer erkennbare, schmale, aber tiefe Riviere führen leicht zu einem Achsbruch! Wo es möglich ist, nach dem Zustand der Piste vor sich erkundigen! Es ist besser einen (sicheren) Umweg zu unternehmen, statt irgendwo festzuhängen oder eine lange Strecke zurückfahren zu müssen!

In einem Himba-Kraal

Ovahimba und Himba-Land

Nördlich von Sesfontein erreichen Sie jenen Teil des Kaokovelds, in dem Touristen – trotz Fly-in-Safaris – selten vordringen. Die hier lebenden **Ovahimba** (Himba) führen ein halbsesshaftes Leben als Viehzüchter, das die Zivilisation noch kaum berührt oder verändert hat (Himba s.S. 178). Sie werden Menschen begegnen, die noch vollständig ihrem traditionellen Leben verhaftet sind. Verhalten Sie sich entsprechend rücksichtsvoll. Wer mit vollen Händen unsinnige Geschenke verteilt, verur-sacht irreparable Schäden an der Sozialität der Gruppengesellschaft. Auch Geld hat bislang noch kaum Eingang in diese Region gefunden – „bezahlen" Sie deshalb für die Gastfreundschaft oder die Erlaubnis zum Fotografieren lieber mit Naturalien wie Mehl oder Tabak (s.u.). Vermeiden Sie es, den Menschen ihren begehrten Schmuck oder andere „Souvenirs" vom Körper abzukaufen. Die Dinge, die speziell für Touristen hergestellt wurden, sind mindestens ebenso schön und besitzen nicht den rituellen Wert wie alte Familien-Erbstücke. Am wichtigsten aber ist: Betreten Sie kein Dorf oder gar einen Pontok ohne Einladung, fotografieren Sie wie erwähnt nicht ohne Erlaubnis, halten Sie respektvoll Abstand!

Pistenverlauf nach Opuwo

Die Piste führt weiter nach Norden und steigt allmählich von 600 m bis auf über 1000 m an. Das Tal verengt sich und wird nach 30 km zu einem Canyon. 10 km weiter gelangt man über den Joubert-Pass (mit einem sehr steilen, jedoch asphaltierten Abschnitt, Geländegang einlegen!) in ein grünes Hochtal mit Trockenlaubwald aus Mopane und Blutpflaumen, in dem sich die Pad entlangwindet. 4 km weiter liegt die Siedlung Otjomatemba am Straßenrand. Rechts voraus sind die Joubert-Berge zu sehen.

Vorbei an Otjize und parallel zu einem Galeriewald erreicht die Piste eine karstige Dolomit-Landschaft, in der man Karl-May-Filme drehen könnte, wenn nicht vereinzelt typisch namibische Pflanzen, wie der Buschmann-Baum zu sehen wären.

Camp Aussicht

Etwa 75 km hinter Sesfontein weist rechter Hand ein Schild zum „Camp Aussicht“. Auf 5 km windet sich die steinige (bei langsamer Fahrt auch mit Pkw zu bewältigende) Piste hinauf ins Gebirge. Man passiert die Mine der Farm und endet schließlich auf 1600 m Höhe beim Camp, das seinen Namen in jeder Hinsicht verdient – es ist der höchste Punkt im Umkreis von 10 km. Seit 22 Jahren lebt Marius Steiner hier und arbeitet mit der Mine, in der sich Dioptas finden lässt, ein ausgesprochen seltener Schmuckstein (den es sonst nur noch bei Tsumeb und an einer Stelle in Kenia gibt). Mineralienbegeisterte werden ihre Freude haben und dürfen selbst mit dem Geologenhammer in die 40 Meter in den Berg gehauene Mine. Einfache Zimmerchen (mit gemeinsamen Sanitäreinrichtungen), ein Zeltplatz, die Küche von Herrn Steiner und absolute Ruhe ganz oben unter dem Himmel locken Gäste an, und jeder ist begeistert.

Bei Omao wird das Tal verlassen und Sie befinden sich auf einem Hochplateau. Links sind die Schwarzkuppen zu sehen. Das Dorf 2 km weiter wird von Herero bewohnt (den sesshaften und durch Missionarseinfluss „zivilisierten“ Verwandten der Himba). Ihre Hütten sind mit farbenprächtigen Mustern geschmückt.

Ab Kilometer 103 nach Sesfontein schlängelt sich die Piste kurvenreich durch eine fast parkartige und grüne Landschaft. Über dem mit Butterblumen gesprenkelten Rasen stehen Mopane, Akazien, Apfelblatt, Baobab und der Kalahari Christmas Tree.

Nach 12 km wird die Piste gerade und führt Sie auf eine Terrassenlandschaft und auf die Kreuzung mit der D3705 zu (weitere 8 km).

Ein kleiner Abstecher von 13 km nach **Kaoko Otavi** auf der D3705 bringt Sie zu einer Ruine und zu fünf Gräbern von Durstland-Trekker (s.S. 493). Beim Ortseingang, etwa 100 m vor dem ersten Kraal, führt nach rechts eine unscheinbare Piste 200 m zu einer Quelle mit einem kleinen See. Hier sind die Grundmauern einer Kirche zu sehen. Geht man etwa 400 m über Geröll durch den Busch südwestwärts hinunter, kommt man zu einer freien Fläche mit drei größeren Bäumen; unter einem liegen die Gräber in der Form von flachen Steinhaufen.

17 km hinter dem Abzweig nach Kaoko Otavi und nach vielen Querfurten liegt voraus Opuwo. Die weißen Häuschen am Hang sehen aus der Ferne ganz adrett aus. Je näher man aber kommt, desto deutlicher wird die Realität. Fahren Sie an der Kreuzung 1 km südlich um den Berg herum und an Kasernen vorbei und Sie sind in der Hauptstraße.

Opuwo

Opuwo ist der Verwaltungssitz der Region Kunene. Während des Bürgerkrieges war es Garnisons- und Frontstadt. Nach der Unabhängigkeit zogen fast alle Weißen mit dem Militär weg, und damit brach auch der Arbeitsmarkt zusammen. Die Häuser wirken ungepflegt. Eine Lodge mitten in Opuwo bietet dem Reisenden alle Annehmlichkeiten (inkl. Schwimmbad) und geführte Touren in die Wildnis (allerdings wird der Schlaf durch die Musik in der Umgebung beeinträchtigt).

Opuwo Country Lodge

Die **Opuwo Country Lodge** liegt 2 km hinter dem Ort auf dem Hügel an der dorfabgewandten Seite. Eine herrliche Aussicht über die Ebenen des Kaokolandes lohnen den Aufenthalt hier. Außerdem gibt es auf dem Campingplatz elf Gras(!)-Stellflächen mit Stromanschluss und Grilleinrichtung. Im Ort erlauben Banken, Tankstellen und Supermärkte das Auffüllen der Vorräte.

Wer im nun folgenden Verlauf der Route ein Dorf der Ovahimba besuchen will, besorgt sich als Gastgeschenk Maismehl, Zündhölzer und Tabak in großen Plastikbeuteln (keinen Zucker, er zerstört die Zähne!). Bei Einfahrt in den Ort passiert man das Kaoko Information Centre, wo man Informationen erhält und Führer anmieten kann.

Informationen

Kaoko Information Centre, Buchungen von Führern direkt über Tel. 065-273420 oder bei Nacobta Booking and Information Center, P.O. Box 86099, Eros-Windhoek, Tel. 061-221918, Fax 061-222647, www.nacobta.com.na.

Unterkunft

Touristenklasse: Mopane Camp, Ohakane Lodge, **Opuwo Country Lodge.** *Günstig:* **Kunene Village Restcamp.**

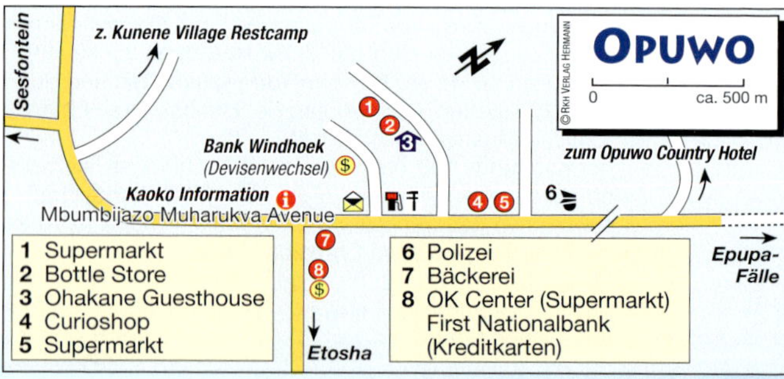

Fantastische Sicht von der Opuwo Country Lodge

Von Opuwo an den Kunene

Hinweis: Die Strecke von Opuwo an den Kunene bei Epupa ist meist in gutem Zustand (bis auf einen sandigen Abschnitt bei einer Rivier-Durchfahrt) und wird auch mit großen Bussen befahren. Die Strecke nach Ruacana ist weniger frequentiert, wer sie nimmt, sollte mit Fahrzeug und Vorräten autark sein und sich rechtzeitig über den Zustand informieren.

Verlassen Sie Opuwo auf der Piste C43. Der Weg verläuft zuerst über 35 km nach Norden auf die in der Ferne liegenden Ehomba-Berge zu und biegt dann parallel zu den links liegenden Steilrandbergen nach Westen zu den Otjiveze-Bergen ab.

Gute 50 km hinter Opuwo senkt sich die Piste in eine Ebene und geht durch das Dorf **Otjiveze.** Hier führt die C43 weiter geradeaus nach Okongwati und zu den Epupa-Fällen. Sie haben auch Anschluss an die Route 10a über den Van Zyl's Pass.

Nehmen Sie die Piste 3701 nach Nordosten. Bald sehen Sie in der Ferne im Norden die Zebra-Berge und verstehen auch gleich, warum sie diesen Namen tragen. Der Basalt erodiert und reißt auf seinem Weg nach unten bahnenartig die Bepflanzung mit sich. Streifen wie die eines Zebras entstehen.

Voraus erscheinen die Ehomba-Berge. Nach 28 km ist ein sehr sandiges Flussbett zu durchqueren. 14 km hinter dem Flussbett müssen Sie sich östlich, der Piste 3701 folgend, halten; danach kommen Sie zu einem Bergbaudorf der Blue Sodalite-Minengesellschaft. An verschiedenen Stellen im Kaokoveld wird nach Bodenschätzen geschürft. Prospektoren sind unterwegs, um neue Lagerstätten aufzuspüren. Die Hoffnung, auf fossile Brennstoffe zu stoßen, hat sich bislang nicht erfüllt. Doch mit ziemlicher Sicherheit gibt es Diamantenvorkommen und anderes wertvolles Gestein. Man kann sich ausmalen, welche Konsequenzen es für das Kaokoveld hätte, wenn man tatsächlich bedeutende Mineralienvorkommen entdecken würde. Die für den Abbau nötige Infrastruktur brächte das Gleichgewicht der Region nachhaltig durcheinander.

Verlassen Sie das Dorf der Minengesellschaft den Berg hinauf in Richtung Osten durch dichten Busch, der eine Orientierung fast unmöglich macht. Sie erreichen einen Abfall und sehen das grüne Tal des Kunene vor sich. Eine kleine Stichpiste führt noch oben zu einem aus Naturstein gemauerten Monument der Durstland-Trekker und zu einem kleinen Friedhof (Dorsland Trek Monument). Es ist eine Erinnerung an die Treckburen, die auf der Suche nach einer neuen Heimat waren. Ende des 19. Jahrhunderts zogen sie von Transvaal (Südafrika) durch die Kalahari ins Kaokoveld bis Angola und wieder zurück nach Grootfontein und an den Waterberg.

Am Kunene entlang zu den Ruacana-Fälle

Fahren Sie ins Tal hinab und folgen Sie der D3700 nach Osten. Es geht durch eine herrliche, parkähnliche Landschaft mit vielen hohen und sehr alten Bäumen am Kunene entlang und nach 3 km an einer Farm vorbei.

Kunene River Lodge

6 km hinter der Station ist die **Kunene River Lodge** erreicht. Sie liegt wunderschön am Ufer. Die Angestellten nehmen Sie zu Motorboottouren mit, auf denen man Krokodile sieht, ganzjährig finden ein- und mehrtägige Rafting-Touren statt und wer will, kann ein Himba-Dorf besuchen oder sich auch nur auf der Holzplattform im Fluss bei einem Drink entspannen.

Nach 50 km relativ guter Piste liegen die Ruacana-Fälle voraus. Im Herbst, nach der Regenzeit, wenn sie viel Wasser führen, sind sie unglaublich eindrucksvoll, auch aus der Entfernung.

2 km fährt man nun den Berg hinunter, passiert die Hippo-Pools mit dem **Otjipahuriro Zeltplatz** in herrlicher Lage – allerdings sollte man auf die Schilder achten – ertönt eine Sirene, besteht die Gefahr, dass das Tal des Kunene vom Kraftwerk geflutet wird.

Vom Zeltplatz aus kann man eine interessante Führung in das Innere des Kraftwerkes unternehmen. Es geht durch einen schrägen Stollen ins Herz des Felsen zu den Generatoren und zur Schaltanlage und das Personal erklärt geradezu begeistert die Funktion der Maschinen.

Zweigt des Kraftwerk mal nicht gerade alles Wasser ab, vornehmlich in der Regenzeit und danach, kann man vom Grenzübergang ganz nah heran. Dazu folgt man 1,4 km dem Abzweig Boder Post Ruacana, biegt rechts ab und kommt nach 500 m zum namibischen Grenzposten. Dort fragt man nach dem Wasserfall und wird durchgewunken. Man achte aber akribisch auf den Grenzverlauf zwischen den Grenzposten und darauf, keine Grenzverletzung zu begehen. In den letzten Jahren ist es immer wieder dazu gekommen, dass unachtsame Touristen aus Versehen wenige Schritte auf angolanischen Boden gerieten und sofort verhaftet wurden. Dies ist für die angolanischen Grenzbeamten (und ihre namibischen Kollegen, die auch schon Provision kassierten) eine willkommene Einkommensquelle. Mit der Drohung, ins Land gebracht und vor Gericht gestellt zu werden, erpressen die Grenzer bis zu 4000 N$ pro Touristen (eine geringe Summe, wenn man bedenkt, dass anfangs teils 16.000 US$ pro Nase verlangt wurden).

Die Ruacana-Fälle

Ruacana-Fälle

Der Kunene entspringt in der Nähe von Huambo in Angola, fließt nach Süden und teilt sich bei Ruacana in mehrere Einzelströme, die in die 120 Meter tiefe und bis zu 700 Meter breite Schlucht hinunterstürzen. Die 1926 festgelegte Grenze zwischen Angola und Namibia verläuft direkt an den Fällen; die Schlucht, in der der Kunene seinen Weg nach Westen zum Atlantik fortsetzt, gehört bereits zu namibischem Territorium.

Etwa 40 km flussaufwärts reguliert der angolanische Calueque-Damm den Wasserstand des Flusses, so dass die Fälle in der Trockenzeit oft einen enttäuschenden Anblick bieten. Das Kraftwerk unterhalb der Fälle wurde in den 1970er Jahren erbaut.

In den Jahren des Unabhängigkeitskrieges blieben seine Kapazitäten weitgehend ungenutzt, doch nun wird es mit voller Kraft gefahren und es versorgt Namibia bei gutem Wasserstand mit 240 MW. Damit kann der aktuelle Elektrizitätsbedarf im Lande abgedeckt werden. Angesichts des Mangels fossiler Energiequellen werden Überlegungen angestellt, weitere Elektrizitätskraftwerke am Kunene (Epupa) bzw. am Kavango (bei den Popa Falls) zu errichten.
2 km führt die Asphaltstraße nach oben zum Abzweig zur Kopfstation der Kraftwerke (noch einmal 2 km). Fahren Sie weiter steil hoch und blicken Sie ab und zu zurück auf das große Tal mit dem Ruacana-Stausee. Die Hochebene ist wieder mit Busch bewachsen.

13 km hinter dem Kraftwerk geht es auf 4 km nach **Ruacana Dorf,** eine neue Siedlung mit Unterkünften, Tankstelle, Supermarkt, Bar und Takeaway. Fahren Sie zur Kreuzung zurück. 5 km weiter zweigt die C35 nach Süden ab. Folgen Sie ihr. An dieser Kreuzung haben Sie Anschluss an die Route 11 (auf der C46 nach Etosha).

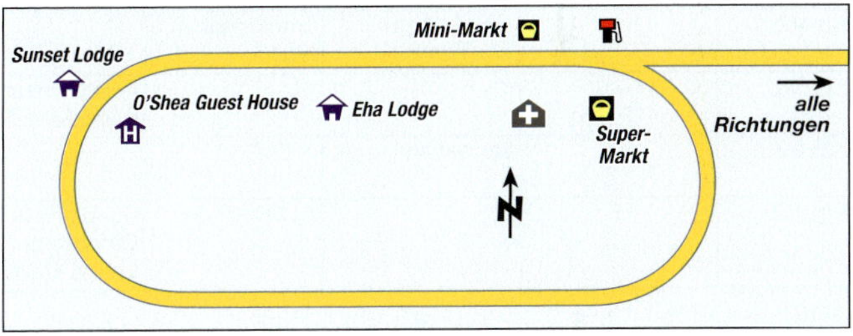

Ruacana Ort Das Dorf liegt 5 km abseits der Hauptstrecke und ist von einer Ringstraße umgeben. Man merkt dem Ort an, dass er nur wegen des Kraftwerkes gegründet wurde. Teils stehen nur noch Fundamente der Häuser der Bauarbeiter. Doch immerhin 300 Menschen arbeiten noch im Kraftwerk und sie und ihre Familien halten den Ort am Leben. Es gibt mehrere Unterkunftsmöglichkeiten, man kann sich versorgen und tanken.

Unterkunft *Touristenklasse:* **Eha Lodge**
Günstig: Sunset Lodge, O'Sheja Guest House
Außerhalb: **Otjipahuriro Campsite** (Hippo Pools am Kunene).

Ruacana – Kamanjab

Schnurgerade zieht die C35 am Abbruch des Kaokovelds zum Ovamboland entlang nach Süden. Der weiße Sand der Schnellstrecke blendet im Sonnenlicht, und nichts unterbricht die Eintönigkeit dieses Abschnitts. Nach 80 km passiert man den Abzweig der C41 nach Opuwo. 66 km hinter der Abzweigung reißt die Einmündung der D3709 zu einem weiteren Durstlandtrekker-Monument bei Otjiunduwa den Fahrer wieder aus dem Schlaf. Dann kann man 60 km weiterdösen, bis das Tor der Disease Control den Wagen bremst. Weitere 69 km nach der Kontrollstation und 8 km vor Kamanjab ist der Abzweig der D2763 erreicht. Hier geht es ab zur **Gelbingen Gästefarm** und einem Himba Living Museum (s. bei Kamanjab).

In Kamanjab schließlich haben Sie Anschluss an die Route 9.

Route 10a: Bedrohte Natur – die Epupa-Fälle

Otjiveze – Okongwati – Omuramba – Epupa

Km	Abzweig	Ort	Sehenswert	Übernachtung	GPS
Km 0 C43Piste nach N		Otjiveze			17 37 24 13 28 34
Km 16				Well Cleaned Trad. Campsite (700 m)	17 32 08 13 22 51
Km 33	Zum Otjitanda Cummunity Camp (62 km)	Okongwati	Rivierdurch-fahrt mit tiefem Sand		17 26 04 13 16 33
Km 35				Dreilinden Camp	17 25 13 13 16 23
Km 36			Maongo Himba Tradit. Village		
Km 42		Omuhonga	Traditional Village		17 24 17 13 11 13
Km 78				Headman Hikumene Kupiku Camping	17 13 07 13 13 54
Km 99		Landebahn			17 01 46 13 12 51
Km 105			Epupa-Fälle	Epupa Falls Zpl. Omarunga Cp., Epupa Camp	17 00 06 13 14 38

Otjiveze – Okongwati

In Otjiveze haben Sie Anschluss an die Route 10. Die Strecke nach Epupa wurde 2005 gänzlich erneuert, teilweise mit neuer Streckenführung. Sie ist meist gut unterhalten, breit, mit festem Untergrund (bis auf eine Rivierquerung bei Okongwati) und auch für große Busse geeignet – was zur Konsequenz hat, dass sich die Camps am Kunene nun vergrößern, um ganze Reisegruppen empfangen zu können. Die Fahrt von **Epupa am Kunene entlang nach Ruacana sollte man nicht wagen.** Fahren Sie auf der Piste C43 nach Westen an den Otjiveze-Bergen vorbei. Im Nordwesten erscheint der Berg Omuhonga und 31 km hinter der Kreuzung erreichen Sie **Okongwati.** Die auf dem Weg befindlichen Campingplätze (bis auf Dreilinden) sind nicht immer offen, dies trifft auch auf die Traditional Villages am Wegesrand zu.

Okongwati besteht aus Wellblechhütten und im traditionellen Stil erbauten Häuschen, dazwischen gibt es kleine Läden und Trinkhallen. Einige Container der UN erinnern daran, dass auch hier die ersten freien Wahlen zur Unabhängigkeit von der UN überwacht wurden.

In Okongwati haben Sie Anschluss an die Route 10b. Fahren Sie durch den Ort hindurch, an seinem Rand kommen Sie zu einem Rivier, das zu durchqueren ist. Nach der Regenzeit ist der Sand sehr tief und kann Pkw Probleme bereiten. Zwei Kilometer hinter dem „Zentrum“ sehen Sie linker Hand einen Wasserturm und die Aufschrift **Dreilinden.** Das Camp mit Zeltplatz und Zimmern wird von einem deutschen Ehepaar (Apothekerin und Hydrogeologe) geleitet, die mit einem eingetragenen Verein ein Waisenhaus errichten wollen.

Sie passieren nun einige Himbasiedlungen, die teils auch als Demonstrationsdörfer fungieren und für den Besuch und das Fotografieren Eintritt verlangen. Man kann auch als Gastgeschenk Nahrungsmittel mitbringen (z.B. Maismehl, auch Tabak). Achten Sie auf die Hütte des Dorfchefs, den Rinderkraal und die Feuerstelle. Sie dürfen nicht zwischen das Heilige Feuer und die beiden erstgenannten geraten, dies würde Unglück für die Bewohner bedeuten ...

Zum Kunene Es geht weiter auf fester Sandpiste am Flussbett des Omuhonga entlang und nach 9 km ins Gebirge rein. Kurz danach befindet man sich plötzlich in einem grünen Tal mit Bäumen.

Nach 19 km kommt eine Kreuzung, an der man sich geradeaus Richtung Norden hält. Die Piste verläuft nun angenehm auf festem Untergrund ohne Wellblech und mit der neuen Streckenführung von 2005 so, dass die Regenzeit nicht allzu viel Schaden anrichten sollte. Nach 25 km erreicht man die Landebahn.

Es sind nun noch 6 km bis Epupa, und die Luft wird schon merklich feuchter. Plötzlich befindet man sich an einem Abfall, das Tal des Kunene ist erreicht.

Campingplatz bei den Epupa-Fällen

Epupa-Fälle

Fahren Sie ein paar Meter zurück. Eine schlechte Piste führt links (westlich) einen Hang hinauf. Nach 200 m befinden Sie sich auf dem Hügel und haben einen atemberaubenden Blick über das Tal: Der Kunene, von Gebirgen umrahmt, breit und mit Inseln durchsetzt, stürzt über Schnellen und einen Wasserfall mit 35 m Höhe in eine 60 m tiefe Schlucht.

Danach den Aussichspunkt verlassen und ganz hinunterfahren. Die feuchte Luft schlägt ins Gesicht, die Gischt sprüht in den Himmel, Palmen säumen die Ufer. Die Kaskaden und Wasserfälle erreichen nicht die Höhe der Ruacana-Fälle oder gar der Victoria-Fälle. Aber wenn man nach Epupa gekommen ist, weiß man, was hinter einem (und noch vor einem) liegt.

Die **Epupa Campsite** ist einfach (Community-Projekt, Toiletten, Duschen, Feuerplätze) und wird von Leuten aus der Region organisiert (weitere Einahmequellen sind der Souvenirverkauf am Eingang zum Zeltplatz und geführte Wanderungen zu Himbadörfern oder auch nur hinaus in die Natur). Fahren Sie in das umzäunte Gelände, suchen Sie sich ein Platz am Ufer und stellen Sie das Zelt in Richtung des Flusses auf (der Wächter kommt von selbst und kassiert den Eintritt). Ausruhen, bis Sie nicht mehr schwitzen. Schwimmen sollte man nicht, Krokodile sind immer hungrig und wahnsinnig schnell. Doch direkt an den Fällen gibt es kleine, natürliche Wasserbecken, in die man sich bequem legen und das Wasser über den Bauch spülen lassen kann …

Gleich östlich an den Zeltplatz schließt das **Omarunga Camp** an. Die Küche ist sehr gut, man mag kaum glauben, was am Kunene unter Palmen, fern der Zivilisation, an Köstlichkeiten zubereitet werden kann! Omarunga bietet Zelte und Stellflächen für Camper an. Weiter im Osten sind noch die **Hot Springs Campsite** und das **Epupa Camp** zu finden, ersterer ein einfacher Platz (aber mit heißen Quellen, die ab und zu sprudeln, Letzteres luxuriöser mit Zelten und Restaurant).

Hinweis: Die Strecke von Epupa nach Swartbooisdrift am Kunene entlang beträgt etwa 90 km und wurde bis Anfang der 1990er Jahre vom Militär instand gehalten – seitdem verfällt sie. Erfahrene Off-Roader benötigen für die Distanz nicht unter 11 Stunden. Überlegen Sie sich also gut, ob Sie das sich und Ihrem Fahrzeug antun wollen!

Wasserkraftwerk Epupa

Das Naturschauspiel Epupa hat gerade noch „die Kurve gekriegt". Die Regierung plante, trotz heftigen Widerstands von Natur- und Umweltschützern, genau hier den Kunene aufzustauen und ein Wasserkraftwerk zu bauen, das eine Energieleistung von 450 MW erreichen sollte (zum Vergleich: die Ruacana-Fälle liefern maximal 240 MW). Die Kosten des Projektes schätzte man auf 800 Millionen US-Dollar. Damit hätte Namibia seinen gesamten zukünftigen Strombedarf gedeckt, sogar Elektrizität an den Nachbarn Südafrika exportieren können und wäre endgültig die energiepolitische Abhängigkeit vom Großen Bruder losgeworden. Die Entscheidung fiel zugunsten der Natur.

Blick auf die Epupa-Fälle an der Grenze zu Angola

Route 10b: Abenteuer – über den Van Zyl's Pass zum Marienfluß

Okongwati – Van Zyl's Pass – Marienfluß – Red Drum – Hartmann's Valley – Orupembe – Purros – Sesfontein

Km	Abzweig	Ort	Sehenswert	Übernachtung	GPS
Km 0, D3703 Piste nach SW		Okongwati			17 26 05 13 16 10
Km 5, nach SW		Quellpfanne			
Km 27		Ongonga			17 36 17 13 09 59
Km 28, nach NNW					17 36 20 13 09 53
Km 37		Kraal			17 35 22 13 05 34
Km 44, links um den Kraal herum		Okarumbu			17 33 49 13 02 18
Km 55, nach SW		Hauptpad			17 30 04 13 00 01
Km 65		Okauwa			17 31 24 12 55 33
Km 77		steiler Pass			
Km 80		Otjitanda		Van Zyl's Pass Campsite	17 37 31 12 51 32
Km 82, Piste nach W					17 37 53 12 51 27
Km 83		Pumpe			
Km 93		Otjihende	Beginn Van-Zyl's Pass		17 38 32 12 44 59
Km 104			Aussichts-punkt		17 39 21 12 41 43
Km 106, nach WNW			Marienfluß		17 40 13 12 41 59
Km 126, nach N					17 33 45 12 33 16
Km 165, links halten			Herero-Gräber		17 16 00 12 26 15
Km 169, zurück zu Km 126			Kunene	Okarohombo Camp Site	17 14 40 12 16 05
Km 213, nach SW					
Km 241, nach W			Red Drum		17 47 46 12 31 22
Km 268, nach N					17 46 22 12 18 09
Km 312, links halten					
Km 325, links halten					17 17 19 12 13 35

ROUTE 10

Km	Abzweig	Ort	Sehenswert	Übernachtung	GPS
Km 329, links nach N					17 15 07 12 12 35
Km 331, links halten					17 14 30 12 12 05
Km 339, zurück zu Km 268				Camp-Möglichkeit	17 12 35 12 09 17
Km 410, 400 m n. O, dann n. SSO					
Km 418, nach SW					17 49 24 12 21 04
Km 480, nach SW	Oru-pembe Km 0 Km 3	Orupembe			18 10 39 12 32 48 18 09 31 12 33 36
Km 544			Chumib-Rivier		18 38 37 12 40 05
Km 580, nach O					18 46 04 12 55 11
Km 587				Purros Campsite	18 44 04 12 56 34
Km 590, nach O		Purros		Okahirongo Elephant Lodge Purros Bush Lodge (4km)	18 46 12 12 56 55
Km 632		Tomakas			18 53 51 13 17 18
Km 665	Km 0 Piste Km 2			Kanamub Camp	
Km 670			„Die 3 Grimmigen"		
Km 680		Tor			19 06 08 13 33 55
Km 690		Sesfontein, T+V		Fort Sesfontein Ldg. u. Figtree-Zeltplatz	19 07 33 13 36 59

Vorbemerkungen und wichtige Hinweise!

Hinweis: Der Van Zyl's Pass darf nur in einer Richtung, nämlich von Ost nach West – d.h. entgegen des Uhrzeigersinns –, befahren werden! Die Route führt durch extrem unwegsames Gelände! Bei der Polizei in Okongwati sollten Sie den Zustand der Wege erfragen. Durchschnittsgeschwindigkeiten von 5–10 km/h sind nicht nur keine Seltenheit, sondern durchaus üblich. Es kann Ihnen passieren, dass Sie die nächsten Tage auf kein einziges Fahrzeug treffen. Fahren Sie deshalb keinesfalls mit nur einem Auto. Bei dessen Zusammenbruch wären Sie tagelang zu Fuß im Busch unterwegs, um Hilfe herbeizuholen. Rechnen Sie mit mindestens 50% höherem Treibstoffverbrauch und nehmen Sie darüber hinaus noch eine ausreichende Sicherheitsreserve mit. Obwohl in der Shell-Karte Kaokoland/Kunene Region Wasserpumpen eingezeichnet sind, sollte man sich nicht auf deren Funktionsfähigkeit verlassen. Man besorge sich besser die Conti-Map Kaokoland mit GPS-Daten. 20 l Wasser pro Person sollten immer im Fahrzeug sein!

Der **Zustand des Van Zyl's Passes** bewegt sich zwischen schlecht und sehr schlecht! Da er seitens der Administration nicht gewartet wird (nur die Passierenden beheben nach der Regenzeit die allergröbsten Auswaschungen), gehört eine gewisse Nervenstärke dazu, die vier extrem steilen Abfahrten zu bewältigen. Wer den Wagen im Kriechtempo hinunterklettern lässt, sollte aber keine Schwierigkeiten haben. Voraussetzung ist allerdings ein richtiger Geländewagen mit hoher Bodenfreiheit und guten Reifen.

Noch ein Tipp: Übernachten Sie nicht an Wasserlöchern, denn damit würden Sie dem Wild den Zugang verwehren, bleiben Sie auf den Spuren (neue Spuren verschwinden über Jahrzehnte nicht) und nehmen Sie Ihren Abfall wieder mit (vergrabener Abfall wird von Tieren ausgebuddelt, Verbrennen könnte den Busch entzünden).

Die Route führt anfangs südlich der direkten Hauptstrecke und stößt erst im weiteren Verlauf wieder auf diese. Sie kommen an mehreren Orten vorbei, die vom Tourismus noch kaum berührt wurden.

Okongwati – Van Zyl's Pass

In Okongwati haben Sie Anschluss an die Route 10a. Verlassen Sie den Ort hinter der Polizeistation nach Südwesten. Die schmale, teils sandige, teils steinige Piste führt durch Mopanewald und Senfbusch.

Nach 5 km erreichen Sie eine Quellpfanne. Verlassen Sie die Pfanne südwestlich. Die Piste windet sich durch Riviere und über Felsabschnitte durch Mopanewald immer weiter hoch. Der hier beschriebene Weg verläuft anfangs etwas südlich der Hauptstrecke.

22 km hinter der Pfanne ist der Kraal *Ongonga* erreicht. 1 km weiter führt die Piste nach rechts Richtung NNW. Nach 10 km trifft man auf einen weiteren Kraal (Ongeama). 7 km dahinter passieren Sie *Okarumbu* (die Kraals sind teilweise direkt auf die Piste gebaut, in diesen Fällen müssen Sie außen herumfahren und die Spuren auf der anderen Seite wieder aufnehmen).

11 km hinter Okarumbu stößt die Piste auf die Hauptpad, in die Sie südwestlich einbiegen. Wenngleich diese auch häufiger befahren wird als die Nebenstrecke, besser ist sie nicht! Der Wagen klettert immer wieder über extrem unebene, felsige Abschnitte und quält sich auf 10 km *Okauva* entgegen.

12 km dahinter und 3 km vor *Otjitanda* kommt ein steiler Abschnitt. Halten Sie sich 2 km hinter Otjitanda Richtung Westen, 1 km weiter steht eine Pumpe am Wegesrand. 10 km nach der Pumpe ist die Handpumpe von *Otjihende* erreicht. Der Van Zyl's Pass die Otjihipa-Berge hinab beginnt.

Van Zyl's Pass – Kunene

Kontrollieren Sie noch einmal die Reifen und denken Sie daran, Sie sind allein auf weiter Flur. Belasten Sie nicht die Bremsen des Fahrzeuges, bremsen Sie mit dem Motor im niedrigsten Geländegang und benutzen Sie die Fußbremse nur zusätzlich. Achten Sie auf unter Umständen wegrutschende Klippen auf der Talseite des Fahrzeuges. Bei Auffahrten, die nicht unbedingt weniger steil sind, legen Sie ebenfalls den ersten Geländegang ein. Wenn das Fahrzeug Differentialsperren besitzt, nutzen Sie diese. Wichtig ist, dass die Reifen zu keinem Zeitpunkt durchdrehen, da die Klippen weggedrückt werden und der Wagen seitlich wegrutschen könnte. Bei starken Auswaschungen steigen Sie aus, inspizieren das Gelände und füllen Unebenheiten mit Steinen auf (der einzige Straßenunterhalt, den der Van Zyl's Pass genießt).

Nach 10 km Auf und Ab sehen Sie voraus die Hartmann-Berge hinter dem Tal des Marienflußes, und 1 km weiter führt eine kleine Stichpiste 100 m hoch zu einem Aussichtspunkt über das Tal.

Ruhen Sie sich aus für das letzte steile Stück, eine Direttissima den Hang hinunter. Nehmen Sie den niedrigsten Geländegang. 2 km hinter dem Aussichtspunkt, 106 km hinter Okongwati und 500 Meter unterhalb Otjihende ist das Tal erreicht.

Auf fester Sandpiste geht es nun zwischen Hartmann-Bergen und dem Gebirgszug der Otjihipa-Berge zum Kunene mit hoher Geschwindigkeit nach Nordwesten in eine verwunschene, unberührte Landschaft. Der Wagen gleitet fast lautlos über die Pad, die Springböcke, Strauße und Oryx-Antilopen laufen durch das silbern-gelbe Springbock-Gras, das sich wie ein Samtteppich über die gesamte Breite des Tales (10–15 km) gelegt hat und im Wind leicht hin- und herwogt (da das Gras sehr trocken ist, sollte man mit dem Fahrzeug unbedingt auf der Piste bleiben, denn die heiße Auspuffanlage könnte es entzünden!).

Immer wieder fallen am Wegesrand kreisrunde, unbewachsene Flächen mit einem Durchmesser von mehreren Metern auf – die so genannten **„Feenkreise".** Die Erklärungen für ihre Entstehung sind verschiedenartig. Die einen sagen, ein Meteoritenschauer sei niedergegangen, die anderen führen es auf durch Wolfsmilchgewächse (Euphorbien) vergifteten Boden zurück. Wieder andere meinen, dass tropische Winde Termiten herbeiwehten, die während einer Dürreperiode verendet sind, aber den Boden an diesen Stellen so hart hinterlassen haben, dass ihn Wurzeln nicht durchdringen können. Dabei ist es ganz einfach (die letzte Erklärung liegt nur haarscharf daneben): Hier wächst nur eine Grasart *(Stipagrostis uniplumis),* die für Termiten ein Leckerbissen sind, andere Gräser, die sie nicht mögen und die die kahlgefressenen Stellen bewachsen

Geheimnisvolle Kreise im Hartmanntal

könnten, gibt es schlicht nicht. Warum die Häufung? Die Termitenart lebt in Nestern 7,5 m tief im Boden und gräbt von dort in einem Umkreis von bis zu 250 m mit nur wenigen Verzweigungen schräg nach oben und „erntet“ das Gras.

Und woher kommt das Phänomen, dass in der Landschaft der zentralen Namib kleine Grasinseln wachsen und um sie herum nichts? Dort ist in etwa 50 cm Tiefe eine Kalkkruste, die Graswurzeln nicht durchdringen können; ab und an wächst aber der Salsola-Busch mit seinen nicht allzu tiefen Wurzeln, scheidet organische Säuren aus und zersetzt damit die Kalkkruste – nach seinem Absterben und Verschwinden folgen ihm die Gräser nach, aber eben nur dort, wo ihre Wurzeln nun tiefer eindringen können.

Nach 20 km wird eine Gabelung erreicht, wir fahren nach Norden und kommen 40 km weiter an eine zweite Gabelung, wo wir uns links zum 3 km entfernten Campingplatz halten. An der Gabelung befinden sich mehrere Herero-Gräber, die von skrupellosen Touristen geschändet wurden: Sie rissen den Grabschmuck herunter und nahmen ihn mit.

Schlagen Sie Ihr Lager auf, ein Einheimischer wird kommen und seinen Obolus verlangen (in Liste eintragen und die Quittung selbst ausfüllen). Nicht baden, der Kunene fließt hier tief, still und träge dahin, ein Habitat, in dem sich die Krokodile besonders wohl fühlen. Das Camp heißt **Okarohombo.**

Bis in die Nacht schallen die Rufe der Ovahimba über den Fluss, die sich mit ihren Freunden und Verwandten auf der anderen Flussseite in Angola unterhalten. Die Gebirgslandschaft ist merklich wüstenhafter, die Skelettküste nicht weit.

Kunene – Hartmanntal

Fahren Sie 43 km zur Gabelung zurück und halten Sie sich Richtung Südwest. 28 km weiter markiert eine rote Tonne („Red Drum“) eine Kreuzung, Wegpunkt und Wahrzeichen, das wohl einige Übermütige immer wieder als Zielscheibe für ihre mitgeführten Waffen verwenden.

Nun sieht man häufiger Wüstengewächse, die Prä-Namib ist erreicht. Ignorieren Sie die zwei folgenden Kreuzungen (bei der zweiten ist Richtung Norden ein 26 km langer Abstecher durch Halbwüste, Mopane- und Galeriewald zu einer Wasserstelle und einem Kraal möglich; immer wieder blitzt in der Ferne weißes Quarzgestein aus dem dunklen Boden) und Sie kommen 27 km westlich von Red Drum zu einem Schild, das auf die sensible Ökologie aufmerksam macht.

Hier geht es nach Norden auf Wellblech in das **Hartmanntal** hinein (benannt nach der Frau des Entdeckers des Hartmannschen Bergzebras). Halten Sie sich nach 44 km und weiteren 13 km jeweils links.

14 km hinter der letzten Gabelung geht rechts wieder eine Piste ab. Sie führt über eine extrem steile Sanddüne hinunter zum Kunene und zu zwei Fly-in-Safari-Camps auf privatem Konzessionsgebiet (unangemeldete Gäste werden berechtigterweise ungern gesehen). **Diese Piste ist bergauf unmöglich zu erklimmen,** halten Sie sich also links nach Norden und nach 2 km wieder links (Wagemutige können hinunter fahren und mit einem weiten Bogen die Dünen umgehen, um schließlich weiter südlich wieder auf die Hauptpad zu gelangen). Nach 8 km sind Sie an einem durch Dünen gebildeten Sperrgürtel, Ziel der Fahrt. Hier kann man zelten, Einrichtungen und Wasser gibt es nicht, auch keine Menschen.

Wer gut zu Fuß ist, kann die Umgebung erkunden (rechts Richtung Osten ist ein Aussichtspunkt mit einem fantastischen Blick auf die Gebirgslandschaft und den Kunene).

Hartmanntal - Orupembe

Fahren Sie 81 km auf die Hauptpiste zurück und auf dieser 400 m nach Osten. An der Kreuzung halten Sie sich nach SSO. Auf den folgenden 8 km queren Sie zwei Riviere des Engo. Hier kann man relativ gut übernachten (doch in der Regenzeit kann das Rivier abkommen und das Camp wegspülen, also Vorsicht!).

30 km hinter dem Abzweig zum Hartmanntal öffnet sich der Blick zur Skelettküste mit ihrem bedrohlich wirkendem, dunklen Nebelstreifen. Durch schwarze Geröllwüste, Grasflächen und vorbei an Oryx-Antilopen geht es bei 40 °C im Schatten (wenn es einen gäbe) nach Orupembe. Die rechts abzweigenden Pisten führen an die Skelettküste und zu den Konzessionsgebieten. Sie dürfen nicht befahren werden. 70 km hinter dem Abzweig zum Hartmanntal beginnt eine 3 km lange Stichpiste zum Brunnen von **Orupembe.**

Besuch bei den Himba

Der Kraal liegt hinter einem Hügel verborgen. Wenn Sie ihn besuchen wollen, müssen Sie bestimmte Verhaltensregeln beachten: Fahren Sie mit dem Wagen nicht näher als 150 m heran. Steigen Sie aus, legen Sie Ihre Gastgeschenke auf den Boden (Maismehl, Tabak, Zündhölzer) und warten Sie. Erscheint ein Abgeordneter des Kraalchefs, haben Sie gute Karten, ansonsten müssen Sie unverrichteter Dinge wieder abziehen (versuchen Sie nicht, den Besuch eigenmächtig zu erzwingen!).

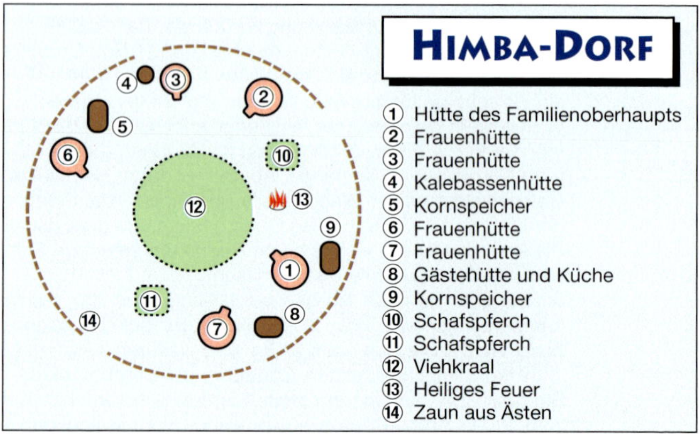

Dem Abgeordneten legen Sie Ihr Anliegen dar und verweisen auf die Geschenke. Er wird Rücksprache nehmen und Sie dann vielleicht einladen, ins Dorf zu kommen. Tragen Sie Ihre Geschenke selbst und legen Sie diese vor dem Chef zu Boden. Großes Aufhebens darum zu machen, schickt sich nicht. Achten Sie darauf, nicht zwischen Feuer und Rinderkraal oder Feuer und Haupthütte zu geraten.

Rat der Männer

Wenn Ihre Geschenke akzeptiert werden und Sie fotografieren wollen, wird mit den Frauen des Kraalchefs beraten. Diese stellen sich dann in einer Reihe auf. Meist wird jeder einzelne Dorfbewohner um die Behandlung seiner Krankheiten bitten. Aspirin und Hustenpastillen können unter Vorbehalt abgegeben werden. Bei schwereren Krankheiten sollte man keinesfalls herumdoktern! Antibiotika oder andere Medikamente zu geben, deren regelmäßige Einnahme nicht überwacht werden kann, ist falsch. Wenn Sie helfen wollen, haben Sie mit dem Desinfizieren und Verbinden kleinerer Wunden genug zu tun.

Orupembe – Sesfontein

Fahren Sie die Stichstraße 3 km zurück und halten Sie sich nach Südwest. Auf Geröllpiste geht es durch die braune Wüste. Nach 64 km erreicht man das Rivier des Chumib, und nach weiteren 36 km das Tal des Hoarusib. Nach Osten führt eine Piste 5 km zum **Zeltplatz von Purros,** der zwischen den Bäumen versteckt liegt. Jeder Stellplatz hat seine eigene Toilette und eine Dusche mit warmem Wasser. Es gibt Nashörner und Elefanten im Tal. Die Betreiber des Campingplatzes erteilen gerne Auskunft, wie und wo man die Tiere finden kann, wie weit in das Tal flussabwärts hineingefahren werden muss und organisieren auch einen Ausflug in das Nahe Traditional Village von Purros mit Verkauf von Kunsthandwerk und diversen Vorführungen. Es ist unglaublich, welche Idylle hier mitten in der Wüste existiert.

Weiterfahrt Kehren Sie entweder zurück zum Abzweig oder verlassen Sie das Tal Richtung Osten. Am 1 km entfernten Hinweisschild zum Camp fahren Sie nach SSW. Nach 700 m kommt eine Gabelung, hier links nach Süden halten. Man stößt nach etwa 2 km auf die Hauptpiste. 200 m weiter fahren Sie nach Südosten, links am Kraal Purros vorbei und folgen dann der Hauptpad nach Osten. Nach wenigen Kilometern verläuft die Piste im Rivier des Gomadommi in die Etendeka-Berge hinein. Größtenteils bleibt die Pad im Rivier und seinem tiefen Flusssand und führt nur selten über steinige Zwischenabschnitte.

Nach 45 km ist **Tomakas** erreicht. Die Piste wendet sich nach Süden und verlässt das Flusstal. Die Giribes-Ebene wird durchquert. Der rote, feste Sand erlaubt schnelle Fahrt (Wellblech!).

28 km hinter Tomakas biegt die Piste ins Ganamub-Rivier und führt nach 5 km an einer Siedlung mit Pumpe vorbei. Die Himba laufen bei jedem Wagen aus ihren Pontoks und versuchen, selbst hergestelltes Kunsthandwerk an den Mann zu bringen.

6 km weiter und nach Verlassen des Tales passiert man eine Felsformation, die den Namen „Die drei Grimmigen" hat (links oben).

Die Landschaft wird nun unwirtlicher, die Piste windet sich ins Gebirge. 10 km hinter den „Grimmigen" trägt man sich an einem Tor in eine Liste ein, fährt einen kurzen, aber steilen Pass auf schlechter Piste hoch und erreicht 10 km hinter dem Tor im Tal des Hoanib die ehemalige Festung **Sesfontein.** Hier haben Sie Anschluss an die Route 10.

Route 11: Wo die Apartheid ihr Ende fand – Herzland der Ovambo

Ruacana – Oshakati – Ondangwa – Namutoni

Km	Abzweig	Ort	Sehensw.	Übernachtung	GPS
Km 0, Teer		Ruacana Dorf, T+V		s. Text	
Km 4 C46 Teer n. 0					17 24 47 14 21 15
Km 9		Abzweig C35			17 24 45 14 24 09
Km 73		Uutapi	Ombalantu Baobab	Outapi Town Lodge u. Ombalantu Campsite	17 30 42 14 59 16
Km 120		Erster Hilfe Posten			
Km 132		Otshikoto, T+V			
Km 161		Oshakati Ortseinfahrt, T+V		s. Text	17 46 01 15 41 13
Km 167		Oshakati Ortausfahrt			17 47 11 15 43 29
Km 171		Dorf			
Km 197		Ondangwa Ortseinfahrt, T+V		s. Text	17 54 07 15 58 05
Km 203 B1 Teer n. SO		Ondangwa Ortsausfahrt			17 55 21 16 00 06
Km 260		Onankali	Paper Project		18 12 10 16 23 43
Km 286		Omuthiya	Tulongeni Crafts		
Km 293	Abzweig Km 0 km 17	 King Nahale Gate			18 24 51 16 38 39 18 30 03 16 44 38
Km 362		Disease Control Tor			
Km 363		Oshivelo, T			
Km 378	Km 0 Farmstr. Km 1,5			 Sachsenheim Gf.	
Km 384 C38 Teer					18 46 06 17 15 41
Km 398	Km 0 Farmpad Km 10 ------------------ Km 0 Farmpad Km 1	 ---------------------	 ----------	 Etosha Aoba Lodge -------------------- Mushara Lodge	18 48 21 17 08 28 -------
Km 408	Km 0 Farmpad Km 9	Von Lindequist Gate (Osttor).		Mokuti Lodge Onguma Main Camp	18 48 13 17 02 42 18 43 52 17 02 54
Km 420		Namutoni, T+V		Namutoni Rastl.	

Ruacana – Oshakati

In Ruacana (s. Route 10) haben Sie Anschluss an die Route 10. Verlassen Sie Ruacana Dorf. Nehmen Sie nach 4 km die C46 nach Osten. 24 km hinter dem Abzweig der C35 passieren Sie einen Stausee. Sie sind im wasserreichen **Ovamboland,** einer der am dichtest besiedelten Regionen Namibias: etwa 700.000 Menschen leben hier – fast die Hälfte der Gesamtbevölkerung!

Die Landschaft ist flach, viele kleine Dörfer drängen sich am Straßenrand oder erhöht auf Hügeln, in den Gärten, die durch geflochtene Holzzäune abgetrennt sind, wird Getreide, Hirse und Mais angebaut.

Sehenswert ist etwa 70 km nach dem Abzweig nach Ruacana Dorf der *Ombalantu Baobab* in *Uutapi*. Er wurde vor vielen hundert Jahren ausgehöhlt und besitzt eine bewegte Geschichte: Erst wurde er als Festung benutzt, dann als Post, als Kirche, als Gefängnis, der König versteckte sich darin, dann wieder als Gebetsraum, und heute ist es ein Heritage Centre mit Craft Market und Zeltplatz.

Die sattgrüne Landschaft durchziehen in der Regenzeit kleine, wasserführende Kanäle, in denen Fischer bis zum Bauch im Wasser stehen und ihre Netze auswerfen. Am Straßenrand wird der Fang an Stöcken aufgehängt und Durchreisenden zum Kauf angeboten.

Tipp: Wenn Sie von der Hauptroute abweichen wollen, sollten Sie das nur machen, wenn Sie eine exakte Wegbeschreibung zu Ihrem Ziel besitzen! Tausende kleiner Kanäle durchziehen die Landschaft, und die Wege sind ebenfalls ungezählt (in der Regenzeit ist ein Geländewagen notwendig, weil dann die Wege zu Wasserläufen werden).

Dass auch das grüne Ovamboland mit seinen Feldern und Gärten Teil der Kalahari sein soll, mag man auf den ersten Blick nicht glauben. Doch die Böden sind sandig, und in den Randgebieten, zu denen die segensreichen Wasser des **Kuvelai** nicht hinreichen, breitet sich Wüste aus.

Der Kuvelai ist ein Fremdlingsfluss, wie alle wasserführenden Flüsse Namibias: Er entspringt in der Sierra Encoco im südlichen Angola, teilt sich in der Kalahari-Senke nördlich der Etosha-Pfanne zu unzähligen Armen und versickert im Sand oder verdunstet. Die Region ist sehr eben und die Flussläufe, oshana genannt, nur flach in den Boden eingeschnitten. In der Regenzeit schwillt der Kuvelai, gespeist vom Regen im angolanischen Hochland, an und überschwemmt wenig später in mehreren Armen das grüne Herz Namibias, verwandelt es in einen riesigen, flachen See (meist zwischen Februar und April). Die Flut des Kuvelai nennt man im Ovamboland *efundja.*

So mächtig die Flut auch daherkommt – binnen weniger Wochen ist sie wieder verdunstet und versickert. In guten Efundja-Jahren hält sich das Wasser in den Oshana aber auch schon mehrere Monate lang. Nur manche Seen speichern das ganze Jahr über Wasser (s. Kasten weiter unten). 150 km hinter dem Abzweig der C35 erreichen Sie die Ortseinfahrt von **Oshakati.**

Ein Handschlag mit König Taapopi

Eine auch mit einem 2x4 ohne Schwierigkeiten zu befahrende Alternative zur Hauptstrecke ist der parallel verlaufende Weg auf der D3616 nach *Onesi* und *Tsandi* und weiter auf der D3612 über *Okahao* (ab hier wieder Asphalt) und die C41 nach *Oshakati.* Man verlässt den Hauptweg vor dem langgezogenen Stausee (über 10 km) Richtung Onesi (in den See wird Wasser aus dem Kunene gepumpt und er dient zur Versorgung von Oshakati). An seiner Nordseite, unweit der C46, ist ein Zeltplatz als NACOBTA-Projekt geplant. Wir fahren 20 km nach Onesi und weitere 27 km nach **Tsandi.** Sir Howard's/King Nashilongos großer Baobab versteckt sich im Ort und bewacht mit seinen weit ausladenden Ästen die Ruinen der finnischen Missionsstation von *Ongulumbashe* (17 44 51/14 53 39).

King Taapopi (rechts)

1 km weiter Richtung Oshakati liegt linker Hand das Homestead von **King Taapopi** (17 45 23/14 53 50). Der **König der Kwalundi** spricht noch Recht über etwa 40.000 Mitglieder seines Volkes, nicht im Sinne einer Strafverfolgung, aber er verteilt Land, schlichtet bei Streitfragen zur Familie und bei Vieh, zum Weiderecht und arbeitet eng mit den Behörden zusammen, als deren Mittler er gilt. Wie es sich gehört, wird man dem König gemeldet und man muss außerhalb der weiträumigen Wohnanlage warten. Schließlich hat Exzellenz Zeit und begrüßt die Besucher. Einer seiner Mitarbeiter führt die Gäste durch das Homestead und beschreibt die einzelnen Bereiche. Besser ist es, man hat sich vorher angemeldet, dann wird mit Tanz und in Kostümen das Leben der Kwalundi in ihrem traditionellen Kontext erläutert, 3 € p.P., Anmeldung über Nacobta Booking and Information Center, P.O. Box 86099, Eros-Windhoek, Tel. 061-221918, Fax 061-222647, www.nacobta.com.na. Tsandi und Onesi sind übrigens ehemalige Militärlager der südafrikanischen Besatzung, um die herum und unter Ausnutzung der zurückgelassenen Infrastruktur sich nach der Unabhängigkeit Dörfer gebildet haben.

Es geht weiter nach **Okahao** (24 km hinter Tsandi, dem Geburtsort von Dr. Sam Nujoma und Sitz eines Projektes, in dem mit einfachsten Mitteln aus Blechröhren kleine Öfen geschnitten werden, die wesentlich weniger Holz beim Kochen benötigen als die traditionellen Feuerstellen), und auf Asphalt Richtung *Oshakati.* 48 km hinter Okahao passiert man den Abzweig nach *Elim* (D3615) und weitere 7,5 km später legt man einen Stop ein (17 47 28/15 32 52). Man befindet sich beim **Ndilimuni Clay Pot Project.** Hier kreieren die Frauen ihre traditionellen Lehmgefäße in den Monaten zwischen Juli und Dezember. Groß sind Produkte wenn sie auf den Markt gelangen und klein und handlich (und mit Namen), wenn sie für die Touristen hergestellt werden. Der Lehm wird ausgegraben und wegen der starken Lufttrokkenheit in eine unter der Erdoberfläche liegende Hütte gebracht, wo man die Luft feuchter halten kann. Hier formt frau die Gefäße und lässt sie etwa eine Woche langsam trocknen, so dass keine Risse entstehen. Dann kommen sie für einen Tag in die Sonne und dann ins Feuer zum Brennen (das Feuer wird in einer Erdkuhle entfacht, die Gefäße hineingelegt und das ganze mit Erde bedeckt).
19 km hinter dem Projekt erreicht man Oshakati.

Oshakati

Oshakati bildet mit der Stadt Ondangwa eines der Hauptballungsgebiete im ohnehin schon dicht besiedelten Ovamboland. Die Städte ziehen sich als langgestreckte Siedlungen mehrere Kilometer die Straße entlang. Historisches gibt es nicht zu sehen. Ovamboland war über lange Jahre ein Homeland mit weitgehenden Autonomierechten, das zu besuchen verboten war. Auch die deutsche Kolonialpolitik kümmerte sich vorher nicht sonderlich um diese Region nördlich der Etosha-Pfanne. Die Ovambo haben sich in dieser Zeit selbst regiert. Interessiert war man nur – und ist man teilweise bis zur heutigen Zeit –, an den Arbeitskräften, die rekrutierbar waren – den Kontraktarbeitern.

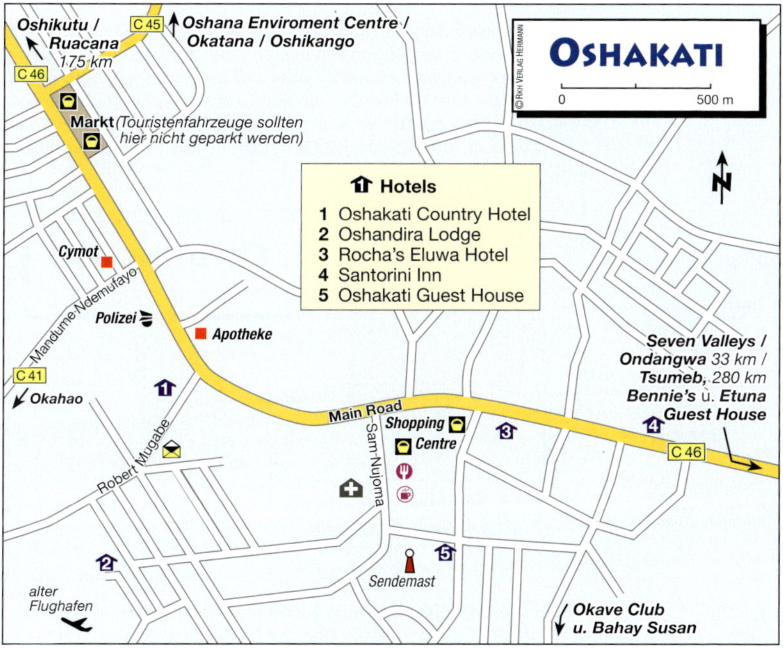

Inzwischen sind neue Hotels eröffnet worden und es ist ins Bewusstsein gerückt, dass das Arbeitskräftepotential nicht immer nur exportiert werden kann, sondern die Arbeitsstellen auch vor Ort geschaffen werden müssen. Bei den Wahlen 1995 erreichte die SWAPO mit ihren Politikern, die vornehmlich Ovambo sind, die absolute Mehrheit, sehr zum Leidwesen der Bevölkerungsminderheiten im Land. Das Rückgrat der SWAPO bildet naturgemäß das Ovamboland. Für Touristen ist sowohl Oshakati als auch Ondangwa als Basis für Ausflüge in die nähere und weitere Umgebung geeignet, um das Leben derjenigen ein wenig zu verstehen, die die Mehrheit der Bevölkerung bilden und die politische Führungselite stellen.

Hier kann man sich der Probleme bewusst werden, die eine infrastrukturell unterentwickelte, aber so dicht besiedelte Region mit sich bringt (zu Ovamboland und seinen Bewohnern s.S. 180).

Unterkunft *Touristenklasse:* Eluwa Hotel, Oshakati Country Lodge, **Santorini Inn,** Oshandira Lodge
Günstig: Bahay Susan Accommodation, Seven Valleys, Oshakati Guest House, Bennies Entertainment Park & Lodge, **Etuna Guesthouse**
Außerhalb: Ongozi Guest Lodge bei Ohakao, Namib Empire Guest House in Tsandi

Einkaufen Campingausrüstung erhält man bei *Cymot,* 2 km westl. des Sendemastes.

Ondangwa

30 km hinter Oshakati kommt man nach Ondangwa. Der Besucher hat das gleiche Straßenbild vor Augen wie in Oshakati. In der Stadt wie auch außerhalb gibt es eine Unzahl kleiner Läden, *Cuca-Shops* genannt (nach einer angolanischen Biermarke, die vor der Grenzschließung zu Beginn der 1990er Jahre gern getrunken wurde). Die Läden tragen Namen wie „Frisco", „Hollywood" oder auch „Mokuti Lodge", nach der Luxusunterkunft bei Etosha.

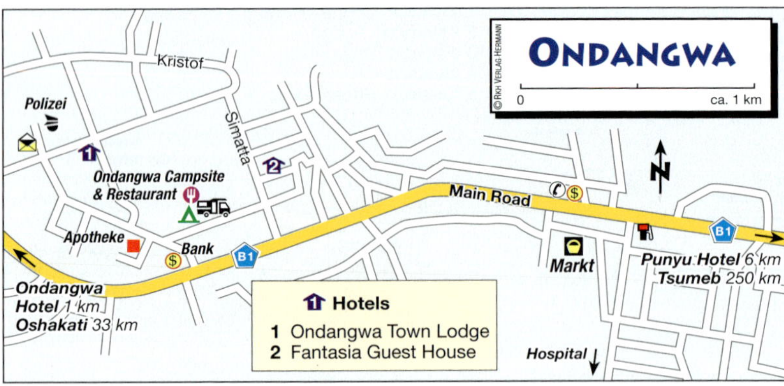

Zum Olukonda Nationaldenkmal hält man sich beim Ondangwa Hotel Richtung Osten und fährt 8 km bis zu einer von der GTZ gesponserten Sandpiste, der man 5 km zum Museum und Denkmal folgt (nach 3 km auf der Piste ist übrigens rechter Hand das Haus des Königs der Ndonga zu sehen). Das Museum hat die GPS-Koordinaten 175858/160123. Im Jahr 1856 besuchte der deutsche Missionar *Carl Hugo Hahn* King Shikongo Shakalala und fragte ihn, ob er denn Missionare schicken dürfe. Zu voll hat er den Mund genommen, da er gar keine Missionare entbehren konnte, so schrieb er nach Finnland um Hilfe, und diese schickten schließlich 1868 10 Mann, die in Otjimbingwe trainiert wurden. Nach einigem hin und her wurde schließlich 1871 **Olukonda** gegründet. Der Missionar, dessen Name mit der Station verbunden war, kam aber erst 1880 – *Marti Rautanen,* der die Tochter des deutschen Missionar Kleinschmidt geheiratet hatte. Bald nannten die

Zu den Seen des Ovambolandes

Achtung: Diese Strecke ist **ohne Führung nur mit GPS zu befahren,** da man sich in dem dichtgestrickten Wegenetz sonst mit Sicherheit verliert. Ein 4x4 ist angeraten, **während der Regenzeit ist die Strecke prinzipiell nicht zu machen!**

Wem die Streckenführung zu kompliziert ist und wer die Fahrt lieber **mit einem Führer** machen möchte, kann sich an Nacobta Booking and Information Center, P.O. Box 86099, Eros-Windhoek, Tel. 061-221918, Fax 061-222647, www.nacobta.com.na wenden.

1 km östlich des Radiomastes von Oshakati in Höhe der *Santorini Inn* nimmt man die Piste D3607 (174711/154318) nach Süden Richtung *Ompundja.* Nach 15 km wird die Piste schmal (175450/154207) und man fährt durch ein weites Flussbett und hält sich Richtung Km 18 – 175608/154227.

Die weite Ebene war früher dicht bewaldet und vor 50 Jahren noch ausgezeichneter Weidegrund für das Vieh der Ovambo. Die schnell wachsende Bevölkerung benötigte aber Holz *en masse,* und man sieht nun das Ergebnis. Mit Wiederaufforstung versucht der Staat dem zu begegnen und auch durch die Forcierung neuer Baumaterialien, wie des nicht besonders hübschen, aber für den Wald „gesunden" Wellbleches.

Nächste Richtung ist Km 22 – 175849/154248; am Horizont sieht man den Galeriewald des Flusssystemes, das auch die Grenze zwischen den Ovambo-Völkern *Kwambi* und *Ndonga* darstellt. Km 26 – 180818/154316. Km 30 – 180244/154247, wir halten uns westlich, der Oponono-See liegt mehr im Süden, doch weil nach jeder Regenzeit die Spuren neu geschaffen werden, mäandert man über die weiten, spärlich mit Gras bewachsenen, teils gelbsandigen Ebenen und durch die kaum bemerkbaren Flusstäler. Km 34 – 180342/154129. Nach weiteren 2 km ist der **Uupeke-See** errreicht (km 36 – 180420/154054). Der See gehört mit 6 Metern zu den tieferen.

Es geht nun südöstlich vorbei an Pipelines, da das Grundwasser so salzig ist, dass Bohrlöcher keinen Sinn machen. Km 40 – 180604/154206. Bei Km 42 – 180636/154321 trifft man auf den **Okororo-See,** am Horizont sind Fischercamps zu sehen, hier sammelt sich das aus Angola stammende Fließwasser *(„Encachement")* aus drei Hauptströmen und macht sich auf den Weg Richtung Etosha-Pfanne. Man rechnet etwa mit 100.000 Rindern, die durch das Wasser im Encachement versorgt werden. Bei Km 48 – 180812/154505 ist der **Ulili-See** erreicht.

Mit ihm beginnt die Kette der drei Seen (außerdem Omanetha und Himakulu), die als Hauptfischgründe benutzt werden. Das Wasser aus Angola schwappt durch die ersten beiden hindurch und verbleibt im letzten, dem Himakulu-See. Fällt der Wasserspiegel im Norden, drückt das Wasser zurück und fließt nordwärts. Mit Reusen ernten die Fischer in beiden Richtungen. Das ganze System funktioniert also wie im Okavango-Delta. In der Regenzeit fließt das Wasser nach Süden. In der Trockenzeit nach Norden. Die Etosha-Pfanne geht immer leer aus.

Km 50 – 180920/154534, **Omanethe-See.** Nun muss man eine Umfahrung suchen und gelangt bei Km 54 – 181036/154533 zum **Himakulu-See.** Ab hier machen wir uns auf den Rückweg Richtung Oponono-See (Km 66 – 180947/154106). Auf dem Weg dahin muss man immer wieder abgezäunte Weideflächen umfahren. Der **Oponono-See** misst etwa 4 km im Durchmesser und ist wohl auch an die 6 Meter tief.

Wir halten uns nun nach NW. Km 68 – 180924/154016, Km 70 – 180855/153947. Es geht nun Richtung N an ehemaligen Viehposten vorbei, die durch den Bevölkerungsdruck zu Dörfern wurden. Km 75 – 180501/153944. Relativ dicht besiedelt ist die Ebene nun, traditionelle Kraals aus Holz überwiegen noch, doch die ersten Wellblechstrukturen sind zu sehen. Km 84 – 180049/153929. Ab Km 93 – 175604/153857 halten wir uns nach NO, durchfahren 1 km weiter (175543/153908) einen Regenwassersee, der nicht zum Wassersystem gehört, und halten uns bei Km 95 – 175455/153931 nach Norden, bei Km 98 – 175347/153950 nach NW und bei Km 99 – 175341/153936 wieder nach Norden und folgen einem Kanal. Bei Km 112 – 174649/154047 ist die Hauptstraße erreicht.

Ovambo Rautanen „Nakambale“, da er einen Hut trug, der die Ovambo an einen Kopfschutz zum Tragen schwerer Lasten erinnerte *(okambale)*. Rautanen übersetzte die Bibel, schrieb Lehrbücher und seine Frau gebar 9 Kinder, von denen sechs in jungen Jahren starben. Eine seiner Töchter lebte bis 1966 auf der Station, dann verfielen Haus und Kirche. Mitte der 1990er Jahre besann man sich auf das Erbe und mit finnischen Geldern wurde die Station saniert, ein **Museum** errichtet, die Kirche rekonstruiert und ein Homestead entstand, das nicht nur das traditionelle Leben der Ovambo zeigt, sondern in dem man auch nächtigen darf.

Die Öffnungszeiten des Museums sind Mo–Fr 14–17 Uhr, Sa 8–13 Uhr und So 12–17 Uhr, Eintritt 0,50 Cent, Zelten 4 € p.P. In der Hütte 5 € p.P., in der Missionarswohung 10 € p.P. (max. 4 Personen). Bei Vorausbuchung wird ein traditionelles Essen gekocht (4 € p.P.).

Informationen Nacobta Booking and Information Center, P.O. Box 86099, Eros-Windhoek, Tel. 061-221918, Fax 061-222647, www.nacobta.com.na.

Unterkunft *Touristenklasse:* **Ondangwa Hotel**
Günstig: Punyu International Hotel, Fantasia Flats, Ondangwa Restcamp, Ondangwa Town Lodge
Außerhalb: **Nakambale Restcamp**

Ondangwa – Namutoni

Man fährt weiter auf der B1. 78 km hinter Ondangwa passiert man eine Tankstelle mit einem Takeaway. Gleich danach taucht im Süden das weiße Glitzern der Etosha-Pfanne auf. Immer noch zieht sich die Straße schnurgerade in den Horizont. Der Verkehr ist für Namibia enorm. Besonders am Freitagnachmittag und am Sonntagabend rollen die Karawanen der Minibusse mit abenteuerlich hohen Lasten auf ihren Dachträgern gegen Norden und Süden. Die Kontraktarbeiter wollen wenigstens das Wochenende bei ihren Familien verbringen. 60 km von Ondangwa passiert man das **Onankali Omahangu Paper Project,** eine Pflanzenschule und Papiermanufaktur mit einem kleinen Café. 25 km weiter besteht die Möglichkeit, bei Omuthiya Kunsthandwerk zu kaufen – im **Tulongeni Craft Market.** Es gibt Matten, Körbe, Reusen, Töpfe und Schnitzereien. 90 km hinter Ondangwa kommt man schließlich an eine T-Junction und ein Schild weist nach Andoni – dem **King Nahale/Lya Mpigana Gate** genannten Nordtor von Etosha (17 km).

Nach weiteren 55 km erreichen Sie das Tor der Disease Control. Sie sind einmal mehr im Farmgebiet, Ovamboland liegt hinter Ihnen. Nach 16 km kommt der Abzweig zur Sachsenheim Game Ranch (eine kosten- und lagegünstige Alternative für diejenigen, die nicht in den staatlichen Camps, aber auch nicht in den teureren Unterkünften nächst dem Etosha Park übernachten wollen; Zelten ist möglich), und weitere 6 km weiter biegt die C38 nach Namutoni ab.

Hier haben Sie Anschluss an die Route 7.

Route 12: Fische und Robben in gleißendem Dunst

Swakopmund – Henties Bay – Torra Bay – Terrace Bay – Torra Bay – Palmwag

Km	Abzweig	Ort	Sehenswert	Übernachtung	GPS
Km 0 C34 Piste		Swakopmund, T+V	s. Route 5	s. Route 5	22 40 02 14 31 52
Km 22				Mile 14 Zeltpl.	22 28 50 14 28 29
Km 31		Wlotzkas Baken			22 24 09 14 27 01
Km 59		Jakkalsputz		Jakkalsputz Zeltplatz	22 11 17 14 19 15
Km 66		Henties Bay, T+V		s. im Text	22 07 52 14 17 55
Km 71		Einmündung der C35 von Uis			22 04 02 14 15 25
Km 100		T		Mile 72 Zeltpl.	21 52 04 14 05 18
Km 117	Km 0 Piste Km 4 Km 7		 Büro Cape Cross Robbenkolonie		21 45 06 13 59 51
Km 121				Cape Cross Ldg.	
Km 146		Einmündung der D2303 von Uis			21 30 37 13 52 13
Km 156		Tankstelle 12–15 Uhr geschlossen		Mile 108 Zeltpl.	21 26 30 13 49 16
Km 190		Eingangstor	Skeleton Coast Park		21 10 24 13 40 10
Km 191			Ugab		
Km 206			Schiffswrack		
Km 228			Huab		
Km 241		Toscanini			20 49 17 13 23 43
Km 283			Koigab		
Km 294		Einmündung der C39			20 22 14 13 18 05
Km 304		Torra Bay		Torra Bay Zeltpl.	20 19 03 13 14 27
Km 319			Uniab		
Km 353 zurück		Terrace Bay, T+V		Terrace Bay Rl.	19 59 36 13 02 14
Km 387			Uniab		
Km 402		Torra Bay		Torra Bay Zeltpl.	20 19 03 13 14 27
Km 412 C39 Piste					20 22 14 13 18 05

Km	Abzweig	Ort	Sehenswert	Übernachtung	GPS
Km 450		Ausgangstor			20 18 39 13 38 50
Km 503 C43 n. N					20 13 58 14 03 53
Km 542		Kreuzung mit C40			19 54 40 13 59 12
Km 547		Disease Control Tor		Etendeka Mount. Camp	
Km 548		Palmwag, T		Palmwag Rl. (500 m)	19 52 52 13 56 24

Swakopmund – Henties Bay

In Swakopmund (s. Route 5) haben Sie Anschluss an die Routen 5, 6 u. 8c.

Wichtig! Für den Eintritt in den Skeleton Coast National Park benötigen Sie eine Genehmigung, die am Eingang erhältlich ist, aber nur für den Transit durch den Park Gültigkeit hat! Wer bis Terrace Bay will, muss eine feste Buchung für die Übernachtung haben (zentrales Reservierungsbüro des Ministeriums für Umwelt und Tourismus in Windhoek; nur mit Vollpension, keine Kochmöglichkeiten). Die **National West Coast Tourist Recreational Area** zwischen Swakopmund und dem Nationalpark unterliegt keinen Zugangsrestriktionen. Die Tankstelle bei Mile 108 ist von 12–15 Uhr geschlossen (nicht immer jede Sorte).

Verlassen Sie Swakopmund auf der C34 am Meer entlang Richtung Norden. Der Asphalt geht irgendwann unmerklich in den Belag einer Piste über, der sehr hart ist. Der gips- und salzhaltige Boden der Namib ergibt eine glatte Oberfläche. Meist wird man diese Strecke im trüben Dämmerlicht des Küstennebels hinter sich bringen, selten nur scheint die Sonne. Der Verkehr beschränkt sich auf Angler, die ihre überlangen Ruten senkrecht nach oben stehend an den Fahrzeugen befestigt haben und möglichst schnell den von ihnen favorisierten Platz erreichen wollen.

Es geht an den Zeltplätzen „Mile 4" und „Mile 14" vorbei. Die Namen sprechen für sich. An die Küste geklebt, im Hinterland unwirtliche Wüste, ohne auffällige Natur, die für einen poetischen Namen gut wäre, hat sich der Mensch mit der Kilometrierung seiner Eroberung beholfen, oder mit dem Namen desjenigen, der dort gewohnt hat.

31 km nach Swakopmund kommt die Hüttensiedlung *Wlotzkas Baken,* Wochenendhäuschen der Angler, die sich grau in grau aneinanderreihen. Kabeljau, Schwarz- und Weißfisch sind die hauptsächlichen Fischsorten, die an der Leine zappeln. Immer wieder werfen die Angler ihren Fang zurück, er hat nicht die Mindestgröße, die der Staat fordert.

Das Hinterland gilt in diesem Bereich als besonders empfindlich. Bleiben Sie auf der Piste, wenn Sie sich für den Flechtenbewuchs landeinwärts interessieren, nehmen Sie Schusters Rappen.

Nach 28 km erscheint der ehemals dem Staat gehörende, heute privatiisierte Zeltplatz *Jakkalsputz.* Hier dürfen auch Touristen angeln (bei Wlotzkas Baken nicht). 6 km weiter ist Henties Bay erreicht.

Henties Bay

Oberhalb der Mündung des Omaruru liegt im Halbrund die Stadt. Hotels, Restaurants, Läden, ein Golfplatz und ein Schwimmbad zeugen von der Betriebsamkeit während der namibischen Sommerferien und an den Wochenenden. Im Hotel De Duine sind die Zimmer großzügig und angenehm eingerichtet. Wochentags wirkt Henties Bay verlassen, nur wenige Menschen leben fest hier. Der Name geht auf einen einsamen Camper zurück, der bereits in den 1920er Jahren regelmäßig hierher kam. 1965 erhielt der Platz den Status eines Ortes und wächst seitdem kontinuierlich.

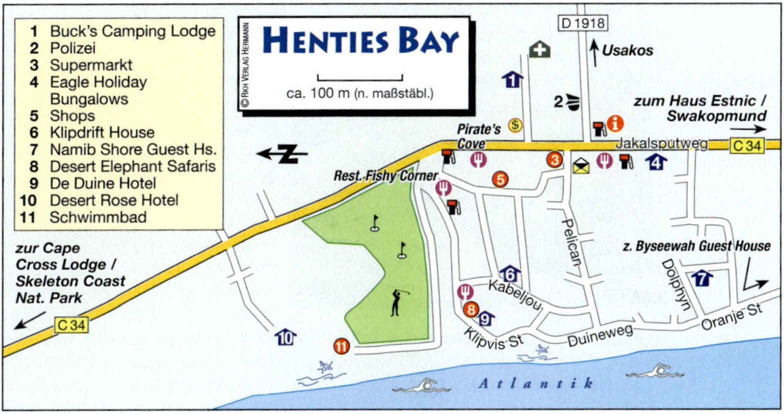

Information Henties Bay Tourism Association, www.hentiesbaytourism.com, Jakkalsputz Road

Unterkunft *Touristenklasse:* Desert Rose Hotel, Eagle Holiday Bungalows, Haus Estnic, **Byseewah Guest House,** Namib Shore B&B, Klipdrift Huis
Günstig: Die Oord Rastlager, **Buck's Camping Lodge,** H&H Accommodation
Außerhalb: Cape Cross Lodge

Essen *Fishy Corner,* Jakkalsputz Road, Tel. 064-501059
Pirates Cove, Jakkalputz Road, Tel. 064-500960

Golf Henties Golf Club, P.O. Box 100, Henties Bay, Tel. 064-500281

Gesundheit State Clinic, Tel. 064-500020

Reiseunternehmen Sea Ace Adventure Angling, Tel. 064-500545, www.seaace.com.na. Alles rund ums Angeln – von der Küste aus oder vom Schiff, auch Unterküfte.

Henties Bay – Cape Cross

31 km hinter Henties Bay und 17 km vor Cape Cross liegt der einst zu NWR gehörende, inzwischen privatisierte Zeltplatz „Mile 72“. Von hier bis über Cape Cross hinaus ist die Küste und das Hinterland wieder als besonders empfindlich klassifiziert. Hier und an einigen anderen Stellen der Skeleton Coast brütet die Damara Seeschwalbe. Sie ist extrem selten

ROUTE 12

und hoch gefährdet, und diese Küste ist weltweit ihr einziger Brutplatz. Die flache Landschaft erhält einen kleinen Akzent durch Hügel, die rechts der Piste zu sehen sind. 4 km vor Cape Cross steht eine Salzgewinnungsanlage.

Cape Cross Es liegt 7 km abseits der Hauptpiste (nach 4 km kommt das Büro, in dem der Eintritt zu bezahlen ist (40 N$/Person und 10 N$/Fahrzeug, täglich 10–17 Uhr). Der Weg endet auf einem Parkplatz.

Die Robben sind nicht gleich zu sehen – aber man riecht und hört sie! Hinter einer kleinen Steinmauer, die den Felsstreifen an der Küste abtrennt, liegen sie dann, Tausende und Abertausende, im bleich-bleiernen Sonnenlicht, in Kämpfe verwickelt, watschelnd, röhrend, dösend, schmusend oder in die Brandungswellen des Atlantik springend – die Kolonie der Zwergpelzrobben (Arctocephalus pusillus pusillus).

Robben am Cape Cross

Zwischen 60.000 und 100.000 beträgt ihre Zahl, je nach Jahr schwankend. Werden es mehr, wird eingegriffen und – begleitet von lautstarken Protesten meist nicht-namibischer Tierschützer –, ein bestimmter Prozentsatz getötet. Das Culling, wie diese Populationskontrolle genannt wird, gehört in Namibia zum „normalen", ökologisch als notwendig erachteten Umgang mit Wild. Es wird auch bei Elefanten und anderen Großtierarten praktiziert. Die Pforten der Robbenkolonie bleiben an solchen Tagen Besuchern verschlossen – die „Robbenernte" ist ein blutiges Handwerk, und empfindsame Beobachter möchte man nicht dabeihaben. Ein informatives Faltblatt, das versucht, für diese Maßnahme Verständnis zu wecken, ist im Büro erhältlich.

4 km nördlich der Robbekolonie im gebührenden Abstand, so dass des nachts auch bei geöffneten Fenster geschlafen werden kann ohne Erstickungsanfälle zu provozieren steht die Cape Cross Lodge – ein Stückchen Luxus an der Küste der Skelette.

Geschichte Im Jahr **1486** setzte der **erste Europäer** seinen Fuß auf den Boden Südwestafrikas, der Portugiese Diogo Cão. Er errichtete ein Steinkreuz. Es wurde 1893 vom Kommandanten des Kriegsschiffes „SM Falke" nach Berlin gebracht (heute steht es in der ständigen Ausstellung zur deutschen Geschichte im Deutschen Historischen Museum). Auf Befehl des Kaisers wurde 1894 eine Kopie aufgestellt, die den Zusatz erhielt:

„Errichtet auf Geheiß des Deutschen Kaisers und Königs von Preußen, Wilhelm II., im Jahr 1894 anstelle des Originals, das im Lauf der Zeit verwittert ist." Die **Original-Inschrift** lautet übersetzt:

„Seit der Erschaffung der Welt sind 6685 und seit Christi Geburt 1485 Jahre verflossen, als der erhabene Don Cão von Portugal befohlen hat, dass durch Jakobus Canus, seinen Ritter, die Säule hier gesetzt wurde.“

1980 wurde eine originalgetreuere Nachbildung als das 1894 errichtete Kreuz am ursprünglichen Platz aufgestellt (die aber auch nicht als authentisch gilt) und die Umgebung neu gestaltet. Die erste Kopie steht auf einer Terrasse, deren Pflasterung einen Stern symbolisiert (als Erinnerung an die Bedeutung der Sterne als Navigationshilfe). Die einzelnen Terrassen ergeben als Ganzes das Abbild des „Kreuz des Südens“.

Neben der Robbenkolonie gibt es ein kleines, privates Museum und einen Kiosk. Im Museum wird die Guanogewinnung beschrieben, die kurz vor der Jahrhundertwende in dieser Region ihren Höhepunkt hatte und 1902 eingestellt wurde.

Kreuz des Südens

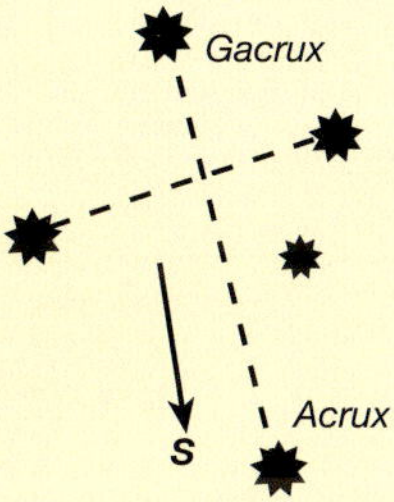

Das „Kreuz des Südens“ ist ein Sternbild des südlichen Himmels, in der Milchstraße gelegen. Seine vier hellsten Sterne bilden ein schiefes Kreuz. Es ist nur südlich des 26. Breitengrades der Nordhalbkugel sichtbar.

Um die südliche Richtung zu bestimmen, muss ein aufsteigender Vektor durch die längere Achse des Sternbildes gedacht werden. Man verlängert die Achse auf dem Vektor vier- bis fünffach und bildet an diesem Punkt ein Lot. Dort, wo das Lot auf den Horizont trifft, ist Süden. Um den Punkt des Lotes auf dem Vektor genauer zu bestimmen, können zwei Hilfssterne unterhalb des Kreuzes des Südens benutzt werden. Ein weiteres Lot in der Mitte der Verbin-dungslinie zwischen diesen beiden in Richtung auf den Vektor zeigt ihn am Schnittpunkt genau an.

Skeleton Coast National Park

29 km hinter Cape Cross haben Sie über die D2303/D2342 Anschluss an die Route 12a, und 44 km weiter erreichen Sie den Eingang zum Skeleton Coast National Park. Die Öffnungszeiten sind von Sonnenaufgang bis 15 Uhr, so dass entweder Terrace Bay oder im Transit das nördliche Springbok Gate bei Springbokwater Crossing erreicht werden können. Die Ausfahrt ist bis 17 Uhr gestattet. Eintritt 2 € p.P. und Fahrzeug.

Am Tor sind zwei riesige Totenköpfe angebracht. Wer in früheren Zeiten an diesem Küstenstrich gestrandet ist, war rettungslos verloren, es gab kein Wasser und das lebensfreundlichere Landesinnere konnte zu Fuß nicht erreicht werden! Schiffwracks entlang der Küste zeugen von den widrigen Wind- und Strömungsverhältnissen.

In Jahren mit viel Regen ist der Park zwar nicht unbedingt geschlossen, eine Zufahrt aber nicht möglich, da dann der Ugab und der Koigab abkommen und nicht passierbar sind.

Am Tor ist auch der Treffpunkt für die geführte Wanderung im Ugab-Rivier. Jeden zweiten und vierten Dienstag im Monat startet um 9 Uhr die zweitägige, 50 km lange Tour (Anmeldung bei Namibia Wildlife Resorts in Windhoek bzw. in Swakopmund in der Ritterburg). Sie kostet 500 N$ p.P., die Gruppe besteht aus 6–8 Leuten. Ausrüstung, Verpflegung und eine ärztliche Unbedenklichkeitsbescheinigung müssen mitgebracht werden.

Nordwärts

Sie durchfahren das breite Bett des Ugab. Nach 16 km besteht die Möglichkeit, ein kleines, 1976 gestrandetes Schiff bzw. seine Reste zu besichtigen.

Gleich hinter der Querung des Huab steht ein altes, verrostetes Gerüst einer ehemaligen Ölbohrstelle. Heute brüten dort Kormorane und ein Betreten ist deswegen verboten. Das Metall ist weißgrau mit den Exkrementen der Seevögel überzogen (Guano).

12 km weiter ist Toscanini erreicht. Man sieht lediglich die Reste irgendwelcher industrieller Einrichtungen, die in den 1960er Jahren beim Versuch, Diamanten zu schürfen, errichtet wurden. Auf der grau-braun-schwarzen Kieswüste wachsen Flechten.

42 km hinter Toscanini durchquert man den Koigab. Links und rechts der Piste erscheinen nun Dünen, und voraus wird der Blick frei auf eine große Dünenkette.

Eingangstor zum Skeleton Coast National Park

104 km hinter dem Eingangstor ist der Abzweig nach Khorixas C39 erreicht. Wer keine Buchung für Terrace Bay bzw. Torra Bay besitzt muss rechts abbiegen.

10 km weiter ist Torra Bay. Nach der Querung des Uniab sind es noch 34 km bis Terrace Bay.

Terrace Bay Die in Leichtbauweise errichteten Bungalows des Anglerparadieses Terrace Bay sind zweckmäßig und sauber eingerichtet. Der Laden verkauft Kleinigkeiten, das Restaurant bietet gute Küche. Nur passionierte Angler halten es aber an diesem Ort der Einsamkeit länger aus. Diese finden aber alles, was das Herz begehrt: Beste Angelmöglichkeiten in saubersten Wasser und sogar eine Gefrieranlage, so dass der Fang gefroren und isolierverpackt unverderblich mit nach Hause genommen werden kann.

Wer nicht angelt, kann den Nachmittag in den Dünen verbringen. Dazu muss er mit dem Wagen ein Stück zurückfahren und nach Osten abbiegen. Pkw-Fahrer müssen aufpassen, dass sie anhalten, bevor sie rettungslos im Sand steckenbleiben. Schöne Ausblicke über die Küste belohnen den Aufstieg auf die Dünen. Immer wieder sind Kriechspuren von allerlei Kleingetier zu sehen (die Wüste lebt!). Das Gebiet nördlich von Terrace Bay ist Konzessionsgebiet. Nur über die Konzessionär können Fly-in-Safaris in diesen wahrlich ungastlichen Küstenstreifen unternommen werden (Beschreibung einer Fly-in-Safari s.S. 72).

Weiterfahrt nach Osten Fahren Sie nun über **Torra Bay** bis zur Abzweigung der C39 59 km zurück und biegen Sie östlich ein. Über Wellblech und tiefe Querrillen geht es durch kiesbedeckte Dünen nach Osten auf einen Tafelberg zu, den Great Table Mountain. Die Piste steigt allmählich an, und nach 18 km läuft der Veterinärzaun parallel.

Nach einem kleinen Pass geht es weiter durch ein von Tafelbergen begrenztes Tal, in dem grüngelbe Gräser und Flechten den Boden bedecken.

38 km hinter der Gabelung ist das Nordtor (Springbok Gate) des Parks erreicht (Öffnungszeiten für Transitfahrer von Sonnenaufgang bis 15 Uhr, für die Ausfahrt bis 17 Uhr, wer eine Übernachtungsbuchung hat, darf bis 17 Uhr einfahren). Immer wieder müssen nun Riviere und Querrinnen durchfahren werden, man sieht wieder Antilopen, Warzenschweine und weiße Windrotoren, die zu den wenigen, einsamen Farmhäusern in dieser wunder-schönen Landschaft gehören.

40 km nach dem Tor geht es über einen Pass (ca. 1000 m) in ein neues Hochtal und auf ein markantes Gipfelpaar zu (ein Kegel und ein Tafelberg), und nach 13 km sind Sie an der C43. Hier finden Sie einen Reifendienst und haben Anschluss an die Routen 9 und 10.

Route 12a: Pflanzen im Nebel

Ugab-Mündung – Uis

Km	Abzweig	Ort	Sehenswert	Übernachtung	GPS
Km 0 C34 Piste nach S			Skeleton Coast Park Eingang		21 10 24 13 40 10
Km 34		T		Mile 108 Zeltplatz	21 26 30 13 49 16
Km 44 D2303 Piste nach NO					21 30 37 13 52 13
Km 77			Welwitschia an d. Strecke		
Km 118 D2342 Piste nach O	Km 0 Piste n. N Km 10			 Ugab Rhino Camp	21 02 34 14 10 28 20 57 49 14 08 16
Km 201 C35 Piste nach NO					21 19 47 14 47 58
Km 215		Uis Myn		s. Route 8	21 13 13 14 52 14

An der Ugab-Mündung (s. Route 12) haben Sie Anschluss an die Route 12.

Fahren Sie auf der C34-Piste 44 km nach Süden und biegen Sie in die Piste D2303 nach Nordosten ein. Ab hier benötigen Sie einen Geländewagen!

Nach 13 km fährt man über einen kleinen Abfall in ein weites Tal, das kraterartig auf allen Seiten von Bergen begrenzt wird. Unmerklich steigt die Straße mit dem Tal über 20 km Länge auf 500 m an. Immer wieder sind links und rechts Welwitschias auf dem schwärzlichen Boden zu sehen. Man ist mit den urweltlichen Pflanzen allein auf weiter Flur.

61 km hinter dem Abzweig wird die Ebene verlassen und man erreicht nach 3 km die D2342. Biegen Sie rechts ab. Sie durchqueren ungezählte Riviere mit großen Flusssteinen, die Geschwindigkeit wird immer geringer, die Piste windet sich durch Täler und an Hügeln vorbei.

43 km hinter der Einmündung und 40 km bevor Sie auf die C35 stoßen kreuzen Sie das Messum Rivier.

201 km hinter dem Eingangstor zum Skeleton Coast National Park erreichen Sie die Piste C35 nach Uis (s. Route 8). Hier haben Sie Anschluss an die Route 8.

Route 12b: Durch den Messum Krater

Km	Abzweig	Ort	Sehensw.	Übernachtung	GPS
Km 0		Cape Cross			21 45 03 13 59 49
Km 2, Piste n. NNO					21 44 01 13 59 15
Km 10,5 Weiter NO					21 40 48 14 02 30
Km 27			Rivier		21 34 03 14 08 23
Km 34 rechts ONO					21 32 14 14 10 08
Km 43 nach NO			Pass Einft. Mes.		21 28 35 14 12 21
Km 45				Lagerplatz	21 27 37 14 13 11
Km 50			Hügel Mitte Krater		21 26 04 14 14 41
Km 55			Ausfahrt Messum		21 24 10 14 16 13
Km 62		Hauptpiste			21 23 27 14 14 46
Km 68		Messum Rivier			21 20 25 14 14 21
Km 76					21 20 29 14 17 24
Km 79		Grasfläche			21 20 30 14 18 44
Km 84					21 20 06 14 21 15
Km 100		D2342			21 16 14 14 27 51

Die Strecke wird äußerst selten befahren, deshalb sollte man sich keinesfalls nur mit einem Fahrzeug auf die Piste begeben. Geländewagen sind Voraussetzung, der Sand ist teilweise tief. Weiter ist **ein GPS-System** notwendig, um sich im Gewirr der Pisten zurechtzufinden (geben Sie dazu alle GPS-Daten der Tabelle ein und verzichten Sie nicht auf einzelne Koordinaten, da Sie sich sonst verfransen könnten). Im April kann die Temperatur schon Mal auf 45°C ansteigen, deshalb besser frühmorgens losfahren, wenn die Temperaturen noch im kühleren Bereich liegen. Als reine Fahrzeit für die 100 Kilometer sind ca. 4 h zu veranschlagen.

Man verlässt die Route 12 nahe Cape Cross (2 km) auf breiter Piste nach NNO. Anfangs dienen noch Eisenstangen als Wegmarkierung. Nach 2 km quert man ein Rivier und die Richtung bleibt bei Nordost. Nach 25 km tauchen die ersten Welwitschia mirabilis auf, die schwarze Bergkette im Hintergrund rückt näher. Nach insgesamt 32 km muss man sich an einem Abzweig rechts halten Richtung ONO. Es geht über eine Ebene mit schwarzem Wüstenlack. Die Sonne verbrennt mit ihrer unglaublichen Hitze das Gestein.

Nach 9 km ist bei einem kleinen Pass der **Messum Krater** erreicht. Wenn der Wind aus Osten kommt, stockt der Atem vor Hitze. Der Krater funktioniert als Brennkessel. Ein Wunder, das hier noch eine leichte Grasnabe existieren kann. Man fährt 12 km durch den Krater und verlässt ihn im Nordosten. Es sind noch 45 km bis zur D2342, weitere 42 km auf hartem Wellblech zur C35 und dann 14 km bis Uis und zum Anschluss an die Routen 8 und 12a.

Route 13: Tausch gegen Sansibar – die Idee eines Kanzlers

Otavi – Grootfontein – Rundu – Nyangana – Bagani – Kongola – Katima Mulilo – Ngoma

Km	Abzweig	Ort	Sehensw.	Übernachtung	GPS
Km 0 B8 Teer		Otavi, T+V		Otavi Gardens Ht. Hillmount Resort Palmenecke Gh. Zum Potje Rl.	19 38 38 17 20 55
Km 4	Km 0 D2807 Piste Km 4 Farmpad Km 15			Ondjondjo B&B	
Km 41	Km 0 D2863 Km 37	Kombat, T+V		Ghaub Gästefarm	19 42 59 17 42 48
Km 56	Km 0 D2804 Km 16 D2512 Km 31			Kamrav Gästefarm	19 43 29 17 51 11
Km 83				Lala Panzi Guest Lodge	19 35 27 18 02 55
Km 84	Hoba Meteorit Km 0 D2860 Km 11 D2859 Piste nach NW Km 13 Km 16		Meteorit Camping Hoba (1 km)		19 35 03 18 03 05 19 35 26 17 56 28
Km 90		Grootfontein, T+V	Fort Museum	s. unter Grootfontein	19 33 51 18 06 15
Km 102				Kalkfontein Gf.	19 30 32 18 12 31
Km 105	Km 0 D2844 Teer Km 4 Piste Km 22			Dornhügel Gf.	19 29 52 18 13 23 19 28 55 18 24 53
Km 128				Friedrichsthal B&B	
Km 146		Einmündung der C44		Roy's Camp	19 14 33 18 30 05
Km 215		Disease Control Tor			
Km 343		Einmündung der C45			17 56 26 19 44 58

Km	Abzweig	Ort	Sehensw.	Übernachtung	GPS
Km 345	Km 0 D3402 Piste Km 6 Km 13 ------------------ Km 0Teer C45 nach W Km 8	Rundu, T+V ----------------	 -------------	s. unter Rundu Kaisosi L. (2 km) N'Kwazi Lodge + Camping (4 km) ----------------------- Hakusembe Lodge (6 km)	17 56 00 19 46 12 --------
Km 383	Abzweig nach Shumbya Km 0 Km 4 D3402 n.O Km 8 links Km 9			 Mbamba Camp	17 56 36 20 01 33 17 54 07 20 03 29
Km 426	Km 0 Piste Km 4			 Shankara Farm Lodge	17 59 47 20 30 11 17 57 54 20 30 20
Km 456	Abzweig zum Khaudom-Park	Katere		Shamvura Rest- camp (12 km)	18 03 07 20 46 06
Km 543	Mahango Wild- reservat Km 0 C48 Km 5 Km 6 Km 7 Km 8 Km 9 Km 10 Km 17 Km 20	Divundu, T+V	Brücke Popa-Fälle Mahango NP Gate	 Popa-Fälle Rl. Divava Lodge (1km) Rainbow River Lodge (2 km) Nandu Lodge Bagani Ngepi Camp (4 Km) Mahangu Safari Lodge (2 km) und Ndhovu (2 km)	18 05 59 21 32 49 18 07 28 21 34 59 18 06 46 21 35 26 18 07 00 21 40 13
Km 545	Km 0 Piste Km 4			 NGoaBaca Camp- site	18 05 48 21 33 57 18 06 40 21 34 53
Km 555	Km 0 Km 2 Km 4		 Tor Buffalo Cons. Area		18 05 29 21 40 08 18 07 00 21 40 44

Km	Abzweig	Ort	Sehensw.	Übernachtung	GPS
Km 737	Piste nach Nord ------------------ Piste nach Süd	----------------	-------------	Bumhill Camping (4 km) ----------------------- Nambwa Camping (14 km)	17 47 01 23 20 07
Km 738		Kongola Bridge			
Km 741	Stichstr. nach N			Mazambala Island Ldg.+Camp (4 km)	17 48 10 23 22 02
Km 745	Km 0 C49 Piste km 7 Km 18 Km 22 Km 29 Km 31 Km 33 Stichpad Km 37	Kongola, TKongola, T Lizauli Traditional Vill. (15 km) Mudumu-Nat.P.	Mashi Crafts Souvenirs	Kubunyana Camp+Susuwe Island L. Boottransfer (4 km) Namushasha Lodge (4 km) Kwando Camp (3 km) Lianshulu Lodge	17 49 17 23 23 50 17 52 10 23 21 33 18 01 17 23 20 41 18 03 43 23 21 40 18 06 49 23 24 06 18 08 01 23 22 44
Km 838		Einmündung C49			
Km 848		Katima Mulilo, T+V		s. unter Katima	17 29 21 24 17 05
Km 851				Caprivi Cabins	17 29 38 24 18 39
Km 852	Hippo Lodge Km 0 Piste Km 2			 Hippo Lodge	17 29 49 24 18 53
Km 865	Kalizo Lodge Km 0 Piste Km 25			 Kalizo Lodge	17 33 36 24 21 25
Km 893	Nach Schuckmannsburg				
Km 898	zur Salambala Campsite (5 km)				17 48 36 24 38 05
Km 910			Ngoma Craft Shop		
Km 912		Grenzposten Namibia			17 54 56 24 42 46

Otavi – Grootfontein

In Otavi (s. Route 7) haben Sie Anschluss an die Route 7. Verlassen Sie Otavi auf der Asphaltstraße B8 an der Hauptkreuzung Richtung Südosten. Sie fahren durch die Ebene um Otavi und zwischen den Hügeln der Otaviberge durch und kommen nach 40 km in die kleine Ortschaft Kombat. Eine Tankstelle, einige Läden und wenige Häuser wurden neben einer Kupfer-, Blei- und Silbermine errichtet, die 1925 geschlossen, in den 1960er Jahren aber wiedereröffnet wurde. Heute arbeitet sie erneut nicht mehr.

Nach 15 km führt linksab eine Piste **zum Hoba-Meteoriten,** rechts geht es an der Waterberg Wilderness Lodge vorbei zum Waterberg-Plateau-Park. Zum Meteoriten von Hoba ist die Piste von der Seite Grootfonteins (D2860) allerdings kürzer und in besserem Zustand.

Rechts der Straße erscheinen nun große Weide- und Anbauflächen, die Straße senkt sich unmerklich immer weiter ab. Goldgelbe Maispflanzen auf den Feldern haben dieser Region auch den Namen „Mais-Dreieck" gegeben. Durch die besonderen, wasserspeichernden Gesteinsschichten des Karstes und die etwas häufigeren Regenfälle ist das Land auch für den Ackerbau nutzbar. 6 km vor Grootfontein zweigt die Piste D2860 zum Hoba-Meteoriten ab.

Hoba-Meteorit

Folgen Sie der Piste D2860 auf 11 km und biegen Sie dann nach Nordwesten in die Piste D2859 ein. Nach 5 km erreichen Sie eine 1 km lange Stichstraße. Der etwa 3 m x 0,55 bis 1,20 m große Brocken wurde 1920 von dem Jäger Jacobus Brits zufällig entdeckt. Er brach ein Stück heraus und ließ es untersuchen. Sie ergab, dass der Ursprung des Findlings im Weltraum liegt. 80.000 Jahre vor unserer Zeitrechnung soll er niedergegangen sein. Er besteht aus 82% Eisen, 17% Nickel und 1% Kobalt. Nachdem er über lange Zeit für Souvenirjäger frei zugänglich war, hat man ihn mit finanzieller Hilfe der Rössing-Foundation nun eingezäunt und in ein Steinbett gefasst. Ein Kiosk verkauft Erfrischungen, Di–Fr 16–18 Uhr. Mi 9–11 Uhr, Sonderführungen möglich, Tel. 067-242281/240040, Eintritt 10 N$.

Der Hoba-Meteorit

Grootfontein

Grootfontein war bei den Herero schon lange vor Ankunft der ersten Siedler unter dem Namen Otjivandatjongue (in Herero: „Leopardenhügel") bekannt. Die Nama nannten den Platz in ihrer Sprache „Große Quelle", wovon sich der jetzige Stadtname ableitet.

Anfänglich nur ein Lager für weiße Großwildjäger wurde der Ort in den 1880er Jahren für 24 Monate Hauptstadt der „Republik Upingtonia" der Dorslandtrekker (s.u.).

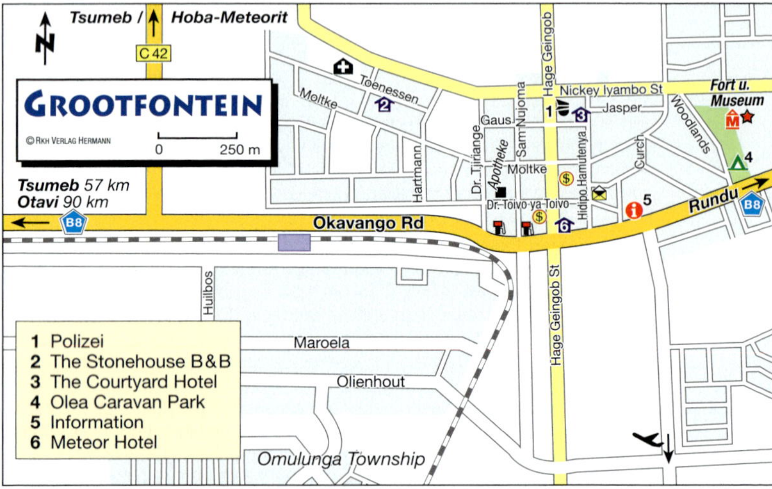

Grootfontein Museum

1893 wurde eine Bergbaulizenz an eine Minengesellschaft vergeben, die sich hier niederließ. 1896 errichtete **die Schutztruppe das Fort,** das in den folgenden Jahren nach und nach erweitert wurde. 1922 brachte man weitere Anbauten an, die militärische Einrichtung wurde einer friedlichen Nutzung als Schule zugeführt. In den 1960er Jahren verfiel das Gebäude und stand schon vor dem endgültigen Abriss, schließlich ent-schied man sich aber für eine Restaurierung, und das Museum konnte einziehen. Heute sind dort viele Fotografien über die Entwicklung von Grootfontein ausgestellt, auch die Mineraliensammlung gilt als vorzüglich. Neben Hausrat, Waffen, Jagdtrophäen, Kleidung der Durstlandtrekker und Schmuck und Handwerksarbeiten der Ovambo und Himba sind weitere Ausstellungstücke: eine komplette Wagenbauerei, eine Schmiede und ein Abdruck des bei Otavi gefundenen Kiefers eines vorzeitlichen Hominiden.

Die Kaiser Wilhelm Street, heute Sam Nujoma Street, ist die Hauptstraße des Ortes, ohne Müller's Büro, dafür aber mit „Müller's Bottle Store".

Einen Besuch lohnt die Zitrusfarm *Andorra* einige Kilometer außerhalb, nicht nur, weil sie Wildfleisch verkauft. Auf ihr befindet sich das **Camp Maori,** das vor einigen Jahren von einem ehemaligen deutschen Richter und dessen Lebensgefährtin eröffnet wurde, die dazu passend in Hessen als Kriminalkommissarin gearbeitet hat. Südhessen sind billig, lautet die eigene Aussage, so dass Übernachtung und Frühstück wirklich günstig sind – und die abendlichen Gespräche überaus kurzweilig. Hier werden auch bahnbrechende Entwicklungen vorgenommen, darunter die Einführung von Elefantengras als Heizpellets, da diese einen weit höheren Brennwert als Holz besitzen und die Anpflanzung ein Kinderspiel ist.

Ausflüge **Zum Palmenmeer:** Nehmen Sie 4 km außerhalb und nordöstlich Grootfonteins (B8) die C42 nach Süden Richtung Otjituuo. Nach 13 km ragen immer mehr Makalani-Palmen aus dem Busch, bis sie dicht an dicht stehen. Gegen den blauen Himmel ergeben die Fächer ein durchaus attraktives Bild. **Zum Baobab bei Tsintsabis** s. Route 13a.

Adressen & Service Grootfontein

Unterkunft *Touristenklasse:* **Dornhügel Gästefarm** (37 km außerhalb), Meteor Hotel, The Courtyard.
Günstig: **Camp Maori,** Die Kraal B&B (auch Zelten), Seidarap Gästehaus, Grootfontein Olea Rastlager, Stonehouse B&B, Lala Panzi (5 km nach S), Gästefarm Dornhügel (40 km im Nordosten), Roy's Camp (56 km nach N).

Essen *Die Kraal,* am Ortsausgang Richtung Rundu, Tel. 067-240300.
Während der Geschäftszeiten kann man im Supermarkt Ecke Hage Geingob Street/Okavango Road die Leckereien der *Bäckerei Steinbach* genießen (die vor Jahren einen eigenen Laden hatte).

Information Visitors Information, P.O. Box 23, Grootfontein, Tel. 067-243100

Busse *Intercape Mainliner,* Haltestelle an der Tankstelle Maroela Motors.

Museum *Alte Feste,* Erikson St, Tel. 067-242456, Mo–Fr 9–12.30 u. 14–16.30 Uhr (winters bis 16 Uhr).

Golf Golf Club, P.O. Box 43, Grootfontein, Tel. 06738-82923

Gesundheit State Hospital, Upingtonia Road, Tel. 067-242041

Die Durstlandtrekker

Diese südafrikanische Burengemeinschaft hatte es nach dem Vordringen Englands vorgezogen, die alte Heimat Transvaal zu verlassen und begab sich in den 70er und 80er Jahren des 19. Jahrhunderts auf die Suche nach neuen Weidegründen in den Norden. Auf einer abenteuerlichen Odyssee durchwanderten sie Südwestafrika und blieben in der Kalahari hängen, wo viele verdursteten. Die restlichen Familien trekkten durchs Kaokoveld, überquerten den Kunene und ließen sich im heutigen Südangola nieder. Jahrzehnte später kehrte ein Teil der Trekker aber wieder nach Süden zurück.

Auf ihrem Zug hatten sie den Farbigen *W. Jordan* kennengelernt und sich seiner Führung anvertraut – eine absurde Konstellation angesichts der auf Rassentrennung bedachten Einstellung der Durstlandtrekker. Er brachte die Gruppe schließlich nach mehreren erfolglosen Versuchen, Land zu erwerben (unter anderem bei Rehoboth) in das heutige Mais-Dreieck. Nach Verhandlungen mit Ovambo-Häuptern wurde bei Grootfontein Land für die „Republik Upingtonia" erworben. Dieser Neugründung war aber keine große Zukunft beschieden, sie geriet in den Interessenskonflikt zwischen Deutschen und Herero, die ebenfalls Anspruch auf das Land erhoben. Einige Trekker gaben schließlich entnervt auf und zogen wieder weiter – die meisten zurück nach Transvaal, einige siedelten schließlich am Waterberg. Jordan, der verzweifelt versuchte, seine Republik zu retten, verhandelte zwischen Deutschen, Herero und Ovambo. Schließlich wurde er von einem Ovambo – in wessen Auftrag auch immer – ermordet.

Grootfontein – Rundu

Gästefarm Dornhügel

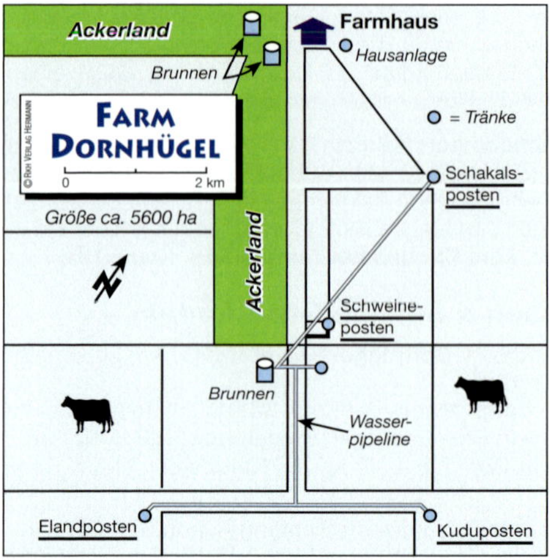

Auf der B8 zweigt 15 km hinter Grootfontein südöstlich die Piste D2844 ab. Wer ihr 22 km folgt, kommt zur Gästefarm Dornhügel. Familie Beyer repräsentiert eine „alte Südwester Familie" im besten Sinne. Gastfreundschaft, fundiertes Wissen über die Natur des Landes und aufgeklärtes Problembewusstsein der sozialen Schwierigkeiten, die die Nation meistern muss, erfahren Sie bei den gemeinsamen Mahlzeiten und bei der Besichtigung der bewirtschafteten Farm. Unter einer mächtigen Ringelblütenakazie wird der Sundowner serviert, des abends sitzen die Gäste ums knisternde Lagerfeuer, und das Ehepaar Beyer beantwortet gern jede Frage.

Den Autoren gilt Dornhügel als eine der sehenswertesten Gästefarmen des Landes.

Weiterfahrt

31 km weiter auf der B8 und 300 Höhenmeter niedriger mündet die C44 ein. Hier haben Sie Anschluss an die Route 13b durch die Wildnis des Kaudom. Die Monotonie der folgenden Strecke wird nur einmal unterbrochen: Man gelangt an das Tor der Disease Control mit einem kleinen Kiosk neben einem ausgedienten Autobus.

Schnurgerade zieht die Straße weiter nach Nordosten auf Rundu zu, die Weidezäune sind verschwunden, die Region Okavango erreicht.

255 km hinter Grootfontein streift die B8 Rundu südlich. Früher fuhr man durch den Ort, um auf die Piste in den Caprivi-Strip hinein zu gelangen. Während des Bürgerkrieges bauten die Südafrikaner aber die neue Piste, um außerhalb der Reichweite der Kanonen zu sein, die die von angolanischem Boden aus operierende SWAPO angeblich besitzen sollte. Rundu wurde Garnisonstadt. Nach der Unabhängigkeit ging es mit der Wirtschaft bergab. Hinzu kam noch die Grenzschließung zu Angola Mitte der 1990er Jahre, so dass auch der kleine Grenzverkehr aus Angola wegfiel. Viele Angolaner kauften Dinge des täglichen Lebens in Rundu ein, bis das namibische Militär begann, „illegale" Grenzgänger zu beschießen. Heute hat sich die Situation wieder gebessert, die Grenzen sind offen, der Schießbefehl zurückgenommen, so dass der Tourist auch wieder Bootsfahrten auf dem Okavango unternehmen kann.

Über Rinderhaltung im Busch

In Namibia gibt es ca. 4000 Farmen unterschiedlicher Größe. Die durchschnittliche Farm hat 4000 bis 5000 Hektar, in der Landesmitte sind sie normalerweise etwa 3000 ha groß (um Windhoek herum sogar nur 50 ha), im Norden erreichen sie 6000 ha und im trockenen Süden sind 10.000 bis 20.000 ha keine Seltenheit. Etwa 20% der Farmen gehören Schwarzen und Farbigen, der Rest ist in Händen des weißen Mittelstandes. Er ist ein nicht zu unterschätzender Arbeitgeber im Land, da auf 1000 ha eine Arbeitskraft kommt, die im Schnitt wieder 5 Familienmitglieder ernährt

Über Jahrzehnte hinweg wurde in Namibia Rinderzucht in einer Form betrieben, die die Landschaften durch Überweidung immer mehr verbuschen ließ. Die Farmer stehen nun vor dem Problem, die Bestockungsraten (das Verhältnis von Grund zu Rinderanzahl) immer weiter herunterzufahren oder der Natur die Gelegenheit zu geben, sich zu erholen und dieser Erholung nachzuhelfen, indem die Weideflächen mühsam entbuscht werden.

Auf guten Weideflächen im Norden des Landes und in einem guten Regenjahr (400–600 mm) benötigt ein Rind ungefähr 8 ha, in schlechten Regenjahren (200–300 mm) bis zu 20 ha.

Um diese Zahlen zu erreichen, muss der Farmer investieren. Er hat verschiedene Möglichkeiten, sein Gelände vom Busch zu befreien. Gift, direkt gespritzt, oder per Flugzeug, mechanisch mit einem Kettenfahrzeug, manuell durch Beilung und durch Brandrodung. Der Gifteinsatz und die mechanische Variante kostet pro Hektar etwa 300–400 N$, die manuelle Entbuschung 200–300 N$.

Die Brandrodung ist nur die scheinbar billigste Form. Sie funktioniert nur, wenn ausreichend Gras ein Feuer entwickeln kann, das stark genug ist, die Büsche zu entflammen. Damit wird aber die für die Rinder notwendige Weidefläche abgefackelt, so dass immer nur ein Teil der Farm auf diese Weise aufbereitet werden kann; im übrigen sollte jede Weidefläche alle sieben Jahre einmal brandgerodet werden, damit die Natur sich wieder erneuern kann.

Viele Farmer greifen aus diesen Gründen heute auf die manuelle Entbuschung zurück, die auch noch den angenehmen, volkswirtschaftlichen Nebeneffekt hat, dass sie personalintensiv ist und damit der Arbeitslosigkeit entgegenwirkt.

Bei dieser Situation hat der Farmbesitzer eine Menge Kapital gebunden. Denn schätzt man die Grundkosten - inkl. der Einrichtungen und des Fuhrparkes – im Norden für verbuschtes Land auf 150 N$ pro ha (im Süden gehen die Hektarpreise bis auf 20 N$ hinunter), und rechnet man 250 N$ für die Entbuschung dazu, so wird – noch bevor man überhaupt Rinder hat –, bei einer Farmgröße von 4000 ha ein Kapitaleinsatz von 1,6 Mio. N$ erreicht. Für die Rinder benötigt man noch einmal etwa 400.000 N$, macht zusammen also 2 Mio. N$ als Anfangsinvestition.

Die bevorzugten Rinderrassen sind Simmenthaler und Brahmanen, erstere sind gute Milch-, Letztere gute Fleischkühe. Die erste Kreuzungsgeneration wird für die beste gehalten, und so versucht man immer wieder, durch Einkreuzung diesen Standard zu halten. Die Rinder kommen über Versteigerungen auf den Markt. Sie werden in 3 Hauptklassen unterteilt (Super, Prima und Top), von denen jede wieder in sieben Unterklassen zerfällt. Rinder jünger als zwei Jahre (und mit ca. 400 kg Lebendgewicht) werden „Super“ genannt, Rinder jünger als 40 Monate als „Prima“ (ca. 450 kg) und ältere als „Top“ (ca. 500 Kg). In einem schlechten Jahr wird pro Kilogramm Schlachtgewicht 7 N$ gezahlt, in einem guten 9 N$. Zieht man noch die laufenden Kosten für Mitarbeiter, Transporte etc. ab, bleibt nicht viel als Reinerlös übrig.

(Informationen von Farm Dornhügel)

Rundu

Rundu ist eine Flussstadt. Nach der langen Fahrt durch die aride und semiaride Landschaft kaum vorstellbar. Der Okavango (portug. Cubango) bildet auf 400 km die Grenze zwischen Angola und Namibia, so wie der Kunene auf der gleichen Länge im Westen des Landes. Beide Flüsse entspringen im zentral-angolanischen Hochland. Die fruchtbaren Überflutungsgebiete (Hochwasserzeit ist März/April) bieten beste Voraussetzungen für den Anbau von Getreide und Reis, und im Fluss wird Fisch gefangen. Touristen können mit dem Kanu den Fluss entlangfahren und angeln (nur Baden sollte man wegen der Krokodile lieber nicht).

Autowerkstätten, Tankstellen und sehr viele und gut bestückte Supermärkte erlauben, die Vorräte aufzustocken. Entlang des Kavango wurden mehrere Lodges eingerichtet, und im Ort selbst gibt es ebenfalls Übernachtungsmöglichkeiten. Man merkt dem Ort an, dass er boomt. Seit der Krieg in Angola zu Ende ist und die Grenzen offen, kommt ganz Südangola zum Einkaufen, sogar eine Brücke wenige Kilometer stromaufwärts steht in der Diskussion. 2004 wird auch die Strecke von Rundu den Okavango entlang nach Westen bis Nkurenkuru fertig asphaltiert sein, und danach bewegen sich die Baumaschinen weiter Richtung Oshikango.

Informationen Kartenmaterial über den Caprivi erhält man im GIS-Büro bei der Stadtverwaltung (in der Maria Mwengere Road das flache, langgezogene Gebäude nach der First National Bank, Ecke Eugen Kakukuru Street Richtung NBC).

Internet *Sparks Enterprise,* Eugen Kakukuru Street, Tel. 066-255752.

Busse *Intercape Mainliner,* Engen Tankstelle (Eugen Kakukuru Street)

Unterkunft *Touristenklasse:* Tambuti Lodge, Omashare River Lodge, Kavango River Lodge, Ngandu Lodge, House Bavaria
Günstig: Green House, Haus Bavaria, Sisindi Lodge
Außerhalb: Sarasungu, Kaisosi, N'kwazi

Essen *Omashare River Lodge,* Tel. 066-256101
Kavango River Lodge, Tel. 066-255244; herrlicher Blick von der Terrasse, beste Adresse für gediegenes Dinieren
Ozzy's Beerhouse, Eugen Kakukuru St, Tel. 066-256735; *der* Treff für Lunch und Dinner (Mo–Sa 7–22, So 12–22 Uhr)

Einkaufen Curios bekommt man in der Halle neben dem Africa House (M'Bangera) und auf dem offenen Markt, bei *Cymot* kann man Campingausrüstung nachkaufen.

Autowerkstatt Gabus Garage, Tel. 066-255641, nach Geschäftsschluss 081-1280081, Abschleppdienst.

Trans Caprivi Highway

Verlassen Sie Rundu auf der B8 nach Osten. Jetzt sind Sie auf dem Trans Caprivi Highway. 1996 asphaltierte man das letzte Teilstück Piste. Somit kann man die gesamte Strecke bis zum östlichen Endpunkt Katima Mulilo auf Asphalt zurücklegen. Links und rechts der Straße sind ab und zu kleine Holzverschläge zu sehen. Einheimische verkaufen Schnitzereien.

111 km hinter Rundu bei Katere, einem Dorf, dass sich unsichtbar im Busch verbirgt, führt eine Piste mit tiefen Sand nach Süden, Anfangs- und Endpunkt der Route 13b durch den Kaudom Park, kein Weg, in den man spontan einbiegen sollte!

87 km weiter, vor der Brücke über den Kavango, bei der Shell-Tankstelle, geht die Piste nach Botswana, vorbei an den Popa-Fällen, ab.

Caprivi-Strip

1890 wurde **Leo Graf von Caprivi** deutscher Reichskanzler. Beim Wettlauf mit England um Gebietssicherungen in den Kolonien oder um für Kolonien geeignete Gebiete war eine frostige Situation zwischen den beiden Ländern eingetreten, weil *Carl Peters,* Gründer des Schutzgebietes Deutsch-Ostafrika, versuchte, seinen Einfluss auf angrenzende Landstriche auszudehnen. Diese wurden aber von England als der eigenen Interessenssphäre zugehörig eingestuft. Lösung versprach, die Grenzen und Einflussräume fest zu definieren und damit für die Zukunft Reibereien auszuschließen.

Deutschland bot den Engländern die deutsche Kolonie *Wituland* (1885–1890, im heutigen Kenia) und den Verzicht auf eine Kolonisierung des Deutsch-Ostafrika vorgelagerten Sansibar an (ein freies Sultanat, das England umgehend seinem Kolonialreich einverleibte). Weiter gab Deutschland Interessen im heutigen Uganda und bei Mombasa auf. Im Gegenzug wollte das Deutsche Reich Helgoland und den Caprivi-Zipfel und eine klare Definition der Grenzen in den afrikanischen Kolonien bzw. seinen Schutzgebieten (Togo, Deutsch-Ostafrika, Deutsch-Südwestafrika).

Der Vertrag hieß offiziell „Vertrag über Kolonien und Helgoland", erhielt aber bald den griffigen Namen „Helgoland-Sansibar-Vertrag". Warum? Bismarck war „sauer", weil man ihn als Kanzler nicht mehr wollte. Reporter interviewten ihn und fragten, was er denn von seinem Nachfolger Caprivi halte. Wenig, lautete das Urteil des Enlassenen, schließlich hätte man mit härteren Bandagen verhandeln können, und irgendwann wäre dann Sansibar schon deutsches Schutzgebiet geworden. Wie auch immer, Deutschland war einen Schritt weiter gekommen auf dem Weg, die Schutzgebiete im Westen und Osten Afrikas eventuell irgendwanneinmal miteinander verknüpfen zu können.

Mucusso National Park
ANGOLA
Dirico
Nyangana
Katere
Okavango
Mukwe
Bagani / Divundu
B8
BwaBwata National Park
Popa Fälle
Divava Lodge
Mahangu Lodge
Mahango Game Park
Rundu 100 km
Mohembo
Shakawe
Drotsky's Cabins
Shakawe Fishing Camp
s. Detailkarte unten
Ngamaseri
Kaudom
Kaudom Game Park
Tsodilo Hills (Felsbilder)
schwere Piste!
Sepupa
Seronga
Xaudum
Ethsa
Sikereti
Okavango Flussdelta
Gumare
Moremi
Chief's Island
Gcangwa
Makuri Campsite
C 44
Tsumkwe
schwere Piste!
Nokaneng
NAMIBIA
BOTS-WANA
Toteng
Sehitwa
Ngami Lake
Bagani
n. Katima Molilo
Caprivi Game Park
Catjo Island
Bagani Island
n. Rundu
Strom-schnellen
Popa-Fälle
Mahango Game Park Shakawe
Ghanzi / Grenze Namibia Mamuno // Buitepos

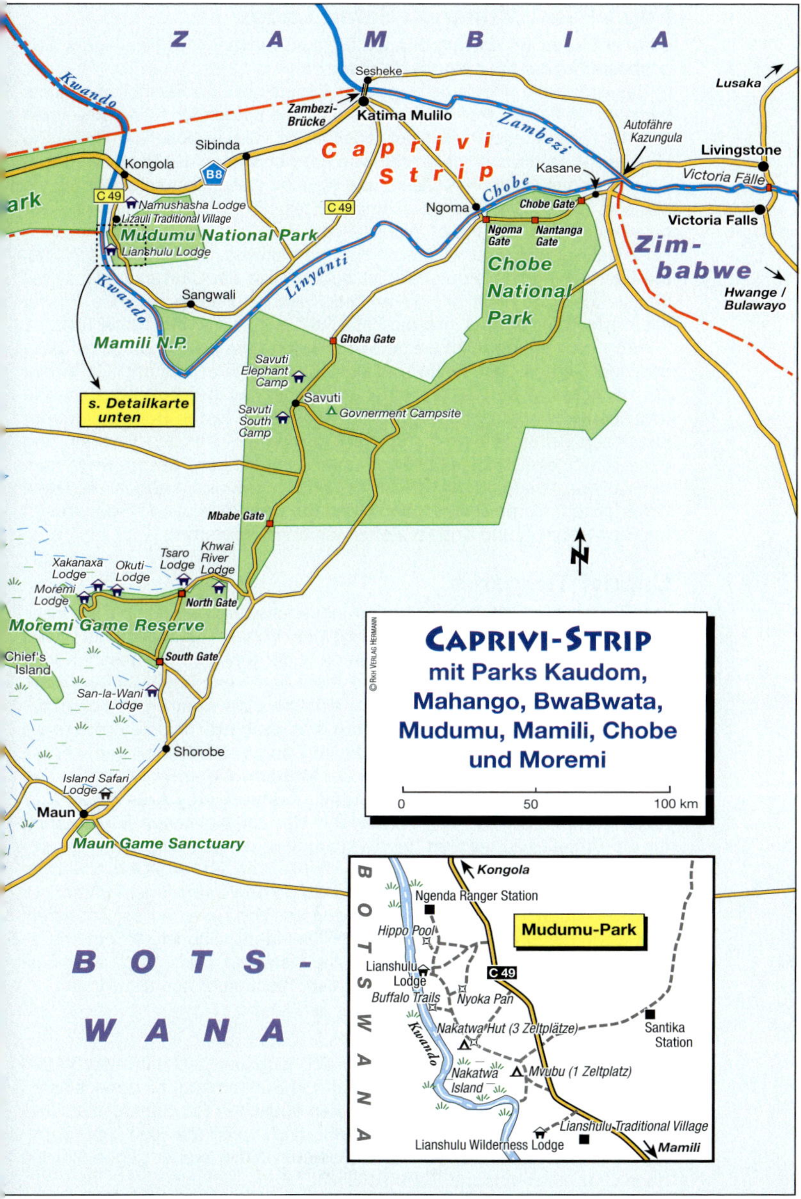
Z A M B I A
Kwando
Sesheke
Zambezi-Brücke
Katima Mulilo
Zambezi
Lusaka
Autofähre Kazungula
Livingstone
Victoria Fälle
Victoria Falls
Caprivi Strip
Sibinda
Kongola
B8
C 49
Namushasha Lodge
Lizauli Traditional Village
Mudumu National Park
Lianshulu Lodge
ark
Kasane
Chobe
Chobe Gate
Ngoma
Ngoma Gate
Nantanga Gate
Chobe National Park
Zim-babwe
Hwange / Bulawayo
Linyanti
Sangwali
Kwando
Mamili N.P.
s. Detailkarte unten
Ghoha Gate
Savuti Elephant Camp
Savuti
Govnerment Campsite
Savuti South Camp
Mbabe Gate
Xakanaxa Lodge
Okuti Lodge
Tsaro Lodge
Khwai River Lodge
Moremi Lodge
North Gate
Moremi Game Reserve
Chief's Island
South Gate
San-la-Wani Lodge
Shorobe
Island Safari Lodge
Maun
Maun Game Sanctuary
N
BOTS-WANA
CAPRIVI-STRIP
mit Parks Kaudom, Mahango, BwaBwata, Mudumu, Mamili, Chobe und Moremi
© Rkh Verlag Hermann
0
50
100 km
BOTSWANA
Kongola
Ngenda Ranger Station
Mudumu-Park
Hippo Pool
Lianshulu Lodge
C 49
Buffalo Trails
Nyoka Pan
Santika Station
Nakatwa Hut (3 Zeltplätze)
Kwando
Nakatwa Island
Mvubu (1 Zeltplatz)
Lianshulu Traditional Village
Lianshulu Wilderness Lodge
Mamili

Popa-Fälle, Mahangu Safari Lodge

5 km am Kavango entlang bringen Sie zum Eingang des Rastlagers, Tagesbesucher der Fälle sind zugelassen.

Das großzügig angelegte Lager hat Bungalows und Stellplätze. Nachts kommen die Flusspferde bis an das Camp. Die Spuren am Kavango zeugen von der regen Fresstätigkeit der tagsüber im Wasser dösenden Tiere. Sie können ausgesprochen gefährlich werden, wenn ihnen der Flucht-weg zum Wasser abgeschnitten erscheint, und sie sind wesentlich schneller als ein Mensch. Gehen Sie über die schmalen Steige bis zu den Stromschnellen, denn mehr sind die „Fälle" nicht („Popel-Fälle", sagte mal jemand), ihre Höhe beträgt hier, über mehrere Felsstufen hinweg, nur insgesamt 2,5 m). Die Besonderheit der Popa-Fälle ist jedoch, dass der Okavango hier klares Wasser führt und nicht, wie die anderen Fälle der Region, braunes Wasser hat (deshalb bezeichnet man die Popa Falls auch als „White Water Falls").

Fährt man auf der C48 weiter nach Süden passiert man mehrere Lodges und Camps. Das letzte und dem Eingang zum Mahango-Wildpark am nächsten (3 km) ist die unter deutschsprachiger Leitung stehende und ausgezeichnete **Mahangu Safari Lodge.** In festen Bungalows oder luxuriösen Zelten (alle en-suite) nächtigt man am Ufer des Kavango und genießt ausgezeichnetes Essen zu überaus günstigen Preisen, wenn man den Aufwand bedenkt, der die Infrastruktur an so einem abgeschiedenen Ort erfordert. Game Drives (nach Mahango und Buffalo) und Bootstouren mit Birdwatching und Angeln stehen auf dem Programm.

Caprivi-Tierparks

Die Flüsse, ihre Deltas und Überflutungsebenen im Caprivi sind ein idealer Lebensraum für viele Tiere. Großwild, Vögel, Flussbewohner – alle fänden ein exzellentes Habitat, wäre nicht der Mensch. Die geschaffenen Zonen dienen dem Schutz der Tiere, nicht dem Vergnügen der Touristen. Mit dem **Mahango-Wildpark** wurde einstmals die westlichste Schutzzone im Strip eingerichtet. Der **Mudumu-Nationalpark** im Osten bildete die andere Seite. Heute bilden die Parks im Caprivi eine Einheit und werden **Bwabwata Nationalpark** genannt, der **Mahango, Mamili, Mudumu** und den **Caprivi Game Park** mit der **Buffalo Conservancy Area** östlich des Kavango umfasst. Um das Verständnis der einheimischen Bevölkerung für die Projekte zu wecken, wird versucht, in einigen Gegenden Touristenunterkünfte einzurichten, die von den Anwohnern organisiert werden und von denen sie profitieren. Bislang wurde den Caprivianern immer nur ihr Lebensraum weggenommen – zugunsten der Tiere und der Touristen. Erst wenn die Einheimischen auch vom geplanten Touristenstrom im Caprivi Nutzen ziehen, sind für sie z.B. die Elefanten, die sehr oft arge Zerstörungen in ihren Pflanzungen anrichten, nicht mehr nur eine Plage.

Mahango-Wildreservat

Der Mahango Game Park gehört zu den jüngsten und mit etwa 30.000 Hektar (der Fläche einer größeren Farm in Südnamibia) zu den kleinsten Naturschutzgebieten in Namibia. Seinen südlichen Rand bildet der Okavango. Im Einzugsgebiet des Okavango findet man mit Ried- und Papyrus bewachsene Sumpfgebiete und Galeriewälder, weiter gegen Norden dann Gras- und Mopane-Baumsavanne.

Geschaffen wurde der Park zum Schutz von Tierarten, deren Zahl im Caprivi alarmierend gesunken ist, wie Pferde- und Rappenantilopen, Moorantilopen und Sitatunga (Sumpfantilopen). Darüberhinaus gibt es in der Trockenzeit eine für die Umwelt fast schon bedenklich große Elefantenpopulation. Weiter sind viele Flusspferde, Büffel und die großen und kleinen Raubtiere wie Löwen, Leoparden, Hyänen und Wildhunde zu sehen. In den Sumpfgebieten nisten seltene Vögel, wie der Scherenschnabel und Klunkerkranich.

Die Pisten im Park sind nur mit geländegängigen Fahrzeugen befahrbar und in der Regenzeit häufig überhaupt nicht passierbar! Die Hauptstrecke durch Mahango nach Shakawe (Botswana) sowie ein kurzer Abstecher ans Okavango-Ufer können mit einem Pkw bewältigt werden.

Reservierung, Unterkunft: Eine Genehmigung zur Durchfahrt des Parks im Grenztransit ist nicht notwendig. Wer abseits der Hauptstrecke auf Tierbeobachtung gehen will benötigt eine Genehmigung (am Eingangstor zum Park erhältlich).

Buffalo Core Conservation Area

Die Buffalo Conservancy Area ist der eigentliche Namensgeber der Caprivi Parks, die lange Zeit bei den Eingeweihten nur unter der Kurzform Buffalo Park bekannt waren. Die Conservancy befindet sich gegenüber Mahango auf der anderen Seite des Kavango und brilliert in der Saison mit großen Herden an Büffeln (Juni–November). Lange Zeit war das Gebiet militärisch genutzt, und heute noch passiert man die Strukturen der Südafrikaner. In einer von ihnen residieren die Ranger (4 km von der B8), die auch die Eintrittskarte mit einem Plan verkaufen. 5 km sind es von hier nach Picapau, weiter 13 km zum Nova Ranger Camp und nochmal soviel zur Delta Pan westlich der Station, wo die beste Tierbeobachtung möglich ist.

Bagani – Mudumu National Park

Auf der B8 weiter geht es ab Bagani immer nur geradeaus, 195 langweilige Kilometer, bis zum Abzweig zum Mudumu- und dem Mamili-Nationalpark (bei Kongola), beide südlich an der Grenze zu Botswana. Das Kunsthandwerkszentrum „Mashi“ in Kongola verkauft u.a. aus Fasern der Makalanipalme geflochtene Körbe.

Auch der **Mudumu National Park** wurde erst 1990 als Naturschutzgebiet ausgewiesen. Der 85.000 Hektar große Park erstreckt sich vom Ufer des Kwando (der in seinem weiteren Verlauf dann Linyanti und in Botswana schließlich Chobe heißt) nach Osten, hinein in dichte Mopane-Baumsavanne. Ähnlich wie im Mahango-Park dominiert auch hier Ried- und Papyrusgras die Uferböschungen, und auch die Tierarten, die in Mudumu beheimatet sind, gleichen denen im West-Caprivi.

Lianshulu Lodge

Im Mudumu-Nationalpark befindet sich die einzige private Lodge Namibias, die eine Genehmigung für den Betrieb in einem solchermaßen geschützten Gebiet besitzt. Die **Lianshulu Lodge** liegt 42 km abseits der Hauptstraße, direkt am Fluss Kwando (der weiter nördlich als Cuando die Grenze zwischen Angola und Zambia zieht). Die Ausflüge im Boot auf dem Kwando, mit Flusspferden und Krokodilen, und im Geländewagen mit den Tieren, die man von dort aus sieht, sind nicht nur schön, sondern auch ausgesprochen informativ, da der Führer über die Tier- und Pflanzenwelt wirklich zu berichten weiß. Man erfährt, welche Pflanzen bei Magenleiden helfen (wer will, darf sie essen), aus welchem Busch Seile hergestellt werden, warum Elefanten nicht an Malaria erkranken, dass die Bäume aus den Termitenhügeln nachträglich wachsen (nicht umgekehrt) und vieles mehr. Lianshulu gehört mit zu den luxuriösesten Plätzen im ganzen Land, das aufmerksame und unaufdringliche Personal liest den Gästen jeden Wunsch von den Lippen ab, ob man nun traditionell in der Hauptlodge nächtigt oder in der **Lianshulu Wildneress Lodge.**

Mamili (Nkasa Lupala) National Park

Der Kwando/Linyanti verläuft entlang der botswanisch-namibischen Grenze zunächst nach Süden, um sich schließlich in einer scharfen Kehre wieder nach Nordosten zu wenden. In diesem Knie hat der Fluss sich in eine Vielzahl einzelner Wasserläufe aufgefächert, die ein einzigartiges Sumpfgebiet hervorgebracht haben. Die Linyanti-Sümpfe bilden den Kern des 35.000 Hektar großen Mamili-Nationalparks, der bei den Einheimischen *Malengalenga Park* heißt und dessen Name zukünftig zu *Rupara National Park* geändert werden soll.

Die besondere Topographie des Parks macht einen Besuch mit eigenem Fahrzeug unmöglich. Im Mamili werden die Game drives per Motorboot oder Mokoro veranstaltet. Unterkunftsmöglichkeiten gibt es nur im nördlich davon gelegenen Mudumu-Nationalpark (s.o.).

In der Trockenzeit sind die mit Bäumen (wilde Dattelpalmen, Apfelblatt) bewachsenen „Inseln" von weiten, offenen Grasflächen umgeben. In den riedbewachsenen Kanälen und Tümpeln dösen Flusspferde vor sich hin, während Elefantenherden majestätisch das zarte Blattwerk von Büschen und Bäumen äsen. Sobald Regen fällt, verwandeln sich die Sümpfe in riesige Wasserflächen, aus denen nur noch vereinzelte Bauminseln aufragen.

Neben Löwen, Büffeln, Leoparden, Hyänen und wilden Hunden bekommt man mit etwas Glück auch die seltene Sitatunga zu Gesicht, eine Antilopenart, die hervorragend schwimmen kann und mit ihrem zotteligen, langen Fell und den breiten Hufen an das Leben im Sumpf angepasst ist. Vogelbeobachter werden im Mamili eine Unmenge seltener Arten beobachten können, darunter den Fischadler, die Afrikanische Zwerggans und den Klunkerkranich.

Reservierung für Mudumu: Eine Genehmigung zum Besuch von Mudumu erhält man bei den Ranger Stationen im Mudumu Park (Nakatwa und Ngenda) an der C49 unweit der Abfahrt zur Lianshulu Lodge, 40 km nach dem Abzweig von der B8 und in der Lianshulu Lodge. **Der Eintritt in Mamili** erfolgt bei der Sangwali Ranger Station 1 km abseits der Straße. Wenn dieser Eingang während der Regenzeit blockiert sein sollte, fährt man über den Malengalenga Village Entry. Die Einfahrt in Mamili während der Regenzeit (Nov–Jun) ist nicht sinnvoll, zu viele Fahrzeuge mussten bereits aufgegeben werden. Die Lodges bieten einen Meldeservice an, wer nach Mamili fährt, meldet sich ab und bei Rückkehr wieder an. Beide Parks haben **Campsites,** die zwar ohne Infrastruktur, dafür aber herrlich gelegen sind. Zusätzlich zum Eintritt (6 €/Person, 2 €/Fahrzeug) fallen keine Kosten an. Mudumu-Campsites: Nakatwa, Mvubu. Mamili-Campsites: Sishika Channel, Mparamure, Nsheshe, Nzalu

Bei der Rückfahrt von der Lianshulu Lodge kommen Sie nach 8 km bei einem Dorf namens **Lizauli** vorbei. Als Projekt zur Einbindung der hier ansässigen Bafue in den Tourismus genießt es Modellcharakter. Gegen ein geringes Eintrittsentgelt (und vielleicht eine Spende in eine Box) werden Tänze vorgeführt, der Medizinmann erklärt traditionelle Heilungsmethoden und die Gerätschaften des täglichen Gebrauchs werden demonstriert. Die Hütten sind um das zentrale Gebäude angeordnet, das Großküche für die Dorfbewohner und Versammlungsort gleichzeitig war.

110 km hinter dem Abzweig zum Mudumu-Nationalpark gelangt man an den Ortseingang von Katima Mulilo. Der Zambezi ist erreicht, der längste Fluss des südlichen Afrika.

Alternativstrecke von Lianshulu nach Katima Mulilo

Die Piste ist im ersten Teil recht gut, wird aber zunehmend ruppiger und ist etwa ab Linyanti übles Wellblech. Vom Lianshulu-Abdreh von der C49 (180647/232403) passiert man nach 4 km das Schild zur Nakatwa Ranger Station (180815/232559). Nach weiteren 9 km wird der Mudumu Nationalpark verlassen und nach weiteren 21 km weist ein Schild zur Nsheshe Campsite (181417/233941). 50 km dahinter fährt man durch den Ort Linyanti (180423/240052). Nun sind es noch 65 km hartes Wellblech bis zur B8. Nach etwas mehr als der Hälfte dieser Strecke kommt man am Masakatwe Craft Centre vorbei (174630/241313) und erreicht schließlich die B8 (173337/241507). Von hier sind es noch 6 km nach Katima hinein.

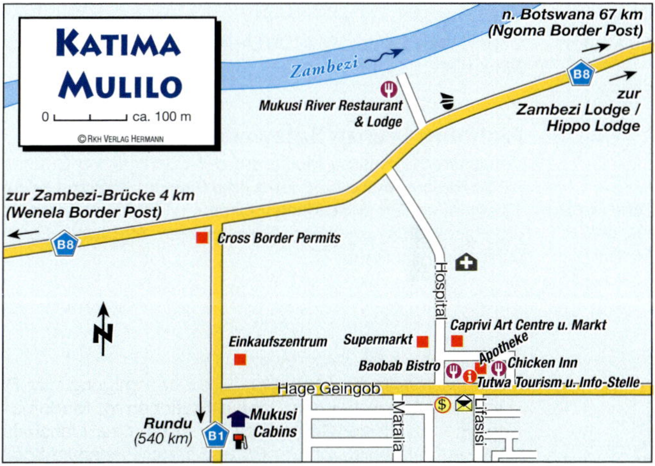

Katima Mulilo

Katima Mulilo ist das wirtschaftliche Zentrum der Ostregion des Caprivi, hier läuft der Verkehr aus Zambia, Botswana und Zimbabwe nach Westen zusammen, besonders seit er auf der 2004 eröffneten Zambezi-Brücke von Zambia unproblematisch herüber und hinüber rollen kann.

Auf dem Marktplatz gibt es einen der wenigen afrikanischen Märkte unter offenen Himmel in Namibia, von der einzeln verkauften Zigarette bis zum Trockenfisch ist alles zu haben. Die Supermärkte sind gut sortiert,

ROUTE 13

Bäckerei, Metzger, Banken – es ist alles da, was das Herz begehrt, natürlich auch mehrere Unterkunftsmöglichkeiten. Im Ort ist die **Zambezi Lodge.** Ihre Bungalows gehen Richtung Fluss, der Zeltplatz ist direkt am Ufer. Auf die Tische des Restaurants kommen Steaks, die über den Tellerrand lappen.

Information *Tutwa Tourism & Travel,* Hage Geingob Drive, Tel./Fax 066-252739, www.tutwa.com. Hier kann man auch Unterkünfte in und um Katima und in den Nachbarländern buchen.

Internet *Tutwa Tourism & Travel*, s. oben.

Busse *Intercape Mainliner,* Haltestelle Shell Tankstelle, Hage Geingob Street.

Cross Border Charge Das Büro befindet sich an der Ecke wo die Haupteinfahrtsstraße des Ortes von der Ngoma Road abgeht (zuständig für die Grenzübergänge Ngoma und Kazungula).

Unterkunft *Touristenklasse:* **Zambezi River Lodge,** Hippo Lodge, Caprivi Cabins, Kalizo Lodge (45 km außerhalb), Mukusi River Lodge.
Günstig: Caprivi Traveller's Guest House, Mukusi Cabins

Essen *Zambezi River Lodge,* Tel. 066-253149
Mukusi Cabins, Tel. 066-253255
Baobab Bistro, Tel. 066-252047
Chicken Inn, Tel. 066-252786

Gesundheit State Hospital, Tel. 066-253012

Einkaufen Caprivi Arts Center (NACOBTA-Project), Olifant Street, gegenüber dem Marktplatz.

Richtung Grenze Botswana

Verlassen Sie Katima Mulilo auf der B8 Richtung Südosten. Bei Km 20 hinter Katima Mulilo führt links eine Piste zur **Kalizo Lodge** (25 km). Nach 17 km ist ein Ort zu erahnen (Bukalo), und 26 km weiter erreichen Sie den namibisch/botswanischen **Grenzposten Ngoma.** Hier haben Sie Anschluss an die Route 15.

Büffeln sollte man nicht zu nahe treten

Route 13a: Hinterland ist Farmland

Grootfontein – Tsintsabis – Tsumeb

Km	Abzweig	Ort	Sehenswert	Übernachtung	GPS
Km 0, B8 Teer nach NO		Grootfontein T+V	s. Route 13	s. Route 13	19 33 51 18 06 15
Km 5, Straße 73 Piste nach N					19 31 32 18 08 09
Km 13, D2848 Piste nach O					19 27 11 18 07 39
Km 51, D2855 Piste nach N					19 10 06 18 19 08
Km 83				Koukuas Gästefarm	
Km 84			Baobab (1 km)		18 53 06 18 19 15
Km 86, D3016 Piste nach W					18 51 56 18 19 26
Km 128			Muramba Bushman Trails	Muramba Bushman Trails	18 47 57 18 01 03
Km 134, Straße 75 Piste		Tsintsabis			
Km 158	La Rochelle Gf. Km 0 Farmstr. Km 6			La Rochelle Gf.	
Km 188 Teer					
Km 196		Tsumeb, T+V	s. Route 7	s. Route 7	19 13 52 17 42 31

Grootfontein – Tsumeb

In Grootfontein (s. Route 13) haben Sie Anschluss an die Route 13. Verlassen Sie Grootfontein auf der B8 nach Nordosten. Nach 5 km erreichen Sie die Piste Straße 73, der Sie nach Norden folgen. 8 km weiter biegen Sie in die Piste D2848 nach Osten ein und nach 38 km in die Piste D2855 nach Norden.

33 km hinter der letzten Abbiegung kommen Sie an einen kleinen Parkplatz mit Hinweisschildern auf das Nationale Monument Baobab. Sie gehen etwa 1000 m zu Fuß über privates Farmgelände durch den Busch und sehen den Baum vor sich.

Muramba Bushman Trails

2 km nach der Weiterfahrt biegen Sie in die D3016 nach Westen ab und über **Tsintsabis** erreichen Sie auf der Straße C75 nach 110 km Tsumeb. Wer sich für die Kultur der San interessiert, kann 6 km vor Tsintsabis einen Übernachtungsstopp bei Muramba Bushman Trails auf der Farm von Reinhard und Yvonne Friederich einlegen.

Reinhard Friederichs Familie lebt bereits seit drei Generationen auf dieser Farm, ebensolange beschäftigt man hier auch Heikom-San als Farmarbeiter. Friedrich ist unter den San aufgewachsen, hat dabei ihre Sprache gelernt und kennt wohl wie kaum ein anderer das traditionelle Leben der Wildbeuter. Seit einigen Jahren betreibt er nun ein Tourismusunternehmen, in dessen Mittelpunkt die San stehen. Er organisiert ein- oder mehrtägige Wanderungen auf dem Farmgelände unter Führung von San. Dabei erfährt man interessante und spannende Details – aus welchen Pflanzen das tödlich Pfeilgift gewonnen wird, wie Fallen gestellt oder Spuren verfolgt werden.

Als Übernachtungsmöglichkeit stehen im Stil der San gebaute Hütten mit Gemeinschaftsdusche und -WC zur Verfügung. Der Preis für eine eintägige Wanderung beträgt inkl. Mittagessen etwa 30 € p.P. (bei bis zu 4 Teilnehmern; je größer die Gruppe, desto preiswerter wird's). Übernachtungen in Hütten (Selbstverpflegung) möglich, Zeltplätze sind vorhanden.

Tsumeb (s. Route 7). Dort haben Sie Anschluss an die Route 7.

Der Baobab

Um den **Affenbrotbaum** ranken sich viele Legenden, er gilt als die Pflanze, die sich aus der fernen Vergangenheit in die Gegenwart herübergerettet hat. Auf 4000 Jahre und mehr sei das Alter einiger Exmplare bestimmt worden (andere Stimmen sprechen allerdings von einem Maximalalter von 1500 Jahren), pro Jahr vergrößert sich der Durchmesser durchschnittlich nur um 2,5 mm, bei den gigantischen Ausmaßen der Bäume eine schier unglaublich niedrige Wachstumsrate!

In ihrer Jugend – die ersten 270 Jahre – wachsen sie etwas schneller, bis der Stamm 2 m Durchmesser besitzt. Ausgewachsen können sie bis zu 9 m Durchmesser und einen Umfang von 45 m erreichen – ein Dinosaurier der Pflanzenwelt. Mit seinen relativ dünnen Ästen auf dem riesigen Stamm erinnert der Baobab an einen auf dem Kopf stehenden Baum.

Da die jungen Baobabs eine andere Blätterform als die älteren besitzen, glauben die San, dass die Bäume nicht auf der Erde wachsen, sie fielen kopfüber vom Himmel. David Livingstone, der englische Afrika-Forscher und Entdecker, bezeichnete den Baum als „gigantische, umgedrehte Karotte".

Im Leben der Einheimischen spielt der Baobab auf mehreren Gebieten eine wichtige Rolle, nämlich als Nahrungsmittel, als Medizin und als Objekt der Naturreligionen und Legenden: Das Fruchtfleisch kann als Getreideersatz für Brot verwendet werden und als Basis für ein erfrischendes Getränk (der Gehalt an Vitamin C ist außerordentlich hoch). Die Samen ergeben geröstet einen Kaffee-Ersatz, die Schößlinge werden als Spargel gegessen und sogar die Asche ist nützlich: sie dient als Salz zum Würzen der Speisen. Die Blätter helfen gegen Durchfall und Fieber und die Samen enthalten ein Alkaloid, das den Herzschlag verlangsamt und das auch als Pfeilgift genutzt wird.

Wer die weißen Blüten pflückt, wird von Löwen gefressen, wer die Samen in Wasser gibt und dieses trinkt, wird nicht von Krokodilen angefallen, und als die Götter zu Anbeginn jedem Tier bestimmte Samen gaben, auf dass diese sie pflanzen und gedeihen ließen, erhielt die Hyäne den Samen des Baobab. Sie stand aber als letztes Tier, das bedacht wurde. Darüber war sie so verärgert, dass sie den Baum verkehrt herum wachsen ließ.

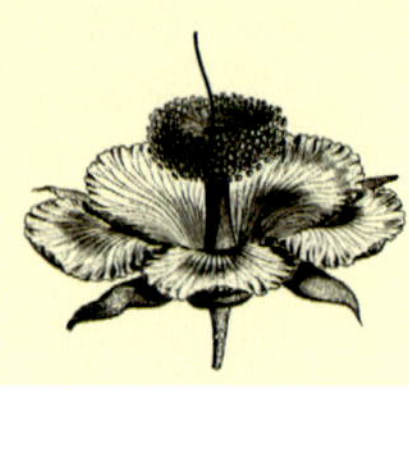

Baobab-Blüte

Route 13b: Tiefer Sand und wilde Tiere – das Kaudom-Tierreservat

Grootfontein – Tsumkwe – Kaudom – Katere

Km	Abzweig	Ort	Sehensw.	Übernachtung	GPS
Km 0, B8 Teer nach N		Grootfontein, T+V	s. Route 13	s. Route 13	19 33 51 18 06 15
Km 15	Km 0 D2844 Teer Km 4 Piste Km 22			Dornhügel Gf.	19 29 52 18 13 23 19 28 55 18 24 53
Km 56 C44 Piste					19 14 33 18 30 05
Km 128	D2893 Km 0 Piste Km 107			Dornhügel Gf.	19 16 46 19 10 23
Km 131	Zum Grashoek Village nach Nord Piste Km 0 Km 6	Disease Control Tor	Trad. Village	Grashoek Trad. Village	19 17 03 19 12 10 19 14 19 19 14 35
Km 142				Omatako Valley Rest Camp	19 17 18 19 19 33
Km 254		Duinepos			19 33 20 20 14 58
Km 279		Tsumkwe		s. unter Tsumkwe im Text	19 35 29 20 29 53
Km 280, Piste nach NO					19 35 25 20 30 13
Km 305	Abzweig nach Xaxoba				19 18 05 20 38 09
Km 315	Zum Durstlandtrekker-Baobab				19 18 05 20 38 09
Km 329, Piste wendet nach N					
Km 332		Parkeingang			19 10 00 20 42 13
Km 333				Sikereti Rastlager (aufgelassen)	19 06 16 20 42 17
Km 338		Tsotsana			19 03 20 20 42 57
Km 363	Tarikora Wasserstelle Km 0 Piste nach S Km 7,5 Km 11	Dussi Wasserst. (2 km) Wasserst. Tarikora Wasserst.			18 50 56 20 47 01 18 53 40 20 52 14

ROUTE 13

Km	Abzweig	Ort	Sehensw.	Übernachtung	GPS
Km 385	Leeupan Wasserst. Km 0 Piste nach O				18 40 44 20 44 04
	Km 2	Tsau Wasserst.			18 41 00 20 45 19
	Km 12,5	Leeupan Wasserst.			18 43 18 20 51 42
Km 396	Burkea Wasserst. Km 0 Piste nach W Km 6	Burkea Wasserstelle			18 35 10 20 44 49
Km 406 Piste nach W					
Km 407, Piste nach N					
Km 409 Piste n. rechts Richtg. Kaudom					18 30 34 20 43 31
Km 412 zurück		Kaudom		Kaudom Rastlager (aufgelassen)	18 30 14 20 45 11
Km 415, Piste nach Katere					18 30 17 20 44 22
Km 423, Piste nach W					18 26 25 20 43 59
Km 425, Piste nach N					18 26 26 20 42 49
Km 471		Katere/ Kreuzung m. B8			18 03 16 20 46 35

Grootfontein – Kaudom Game Park
(Achtung! Strecke bis Katere nur für Allrad-Fahrzeuge)

In Grootfontein (s. Route 13) hat man Anschluss an die Routen 13 u. 13a. **Vorbereitungen:** Die Fahrt durch das **Kaudom-Tierreservat unterliegt strengen Restriktionen,** die dem Schutz der Reisenden dienen. Geländewagen sind obligatorisch, Anhänger verboten, mindestens zwei Fahrzeuge sind vorgeschrieben. Da die beiden Camps Kaudom und Sikereti aufgelassen sind, muss keine Unterkunft gebucht (obwohl man dort nächtigen und die Wasserstellen benutzen darf), wohl aber Eintritt gezahlt werden (Namibia Wildlife Resorts bzw. vor Ort). Nehmen Sie genügend Vorräte und Wasser für drei Tage mit. In Tsumkwe ist bis auf weiteres **kein** Treibstoff erhältlich!

Von der Einmündung der C44 nördlich von Grootfontein in die B8 sind es 100 km zur nächsten sicheren Tankstelle in Rundu. Mögen die Entfernungen auch gering erscheinen – Sie befinden sich in unberührter Wildnis und sind auf sich alleine gestellt. Die Tiere sind bei weitem nicht so an Menschen gewöhnt, wie z.B. in Etosha, seien Sie also vorsichtig, hier gibt es Löwen und, je nach Jahreszeit, über tausend Elefanten!

Der Sand im Reservat ist tief und schwer. Die Fahrzeuge quälen sich hochtourig und langsam (etwa 10 km/h) über die Pisten, die eher knietief mit Sand aufgefüllten Kanälen gleichen als einem trassierten Weg. Wer die Luft in den Reifen ablässt (auf etwa 1 bar) tut sich leichter, muss aber die Reifen am Ende aufpumpen und es besteht erhebliche Gefahr, dass Holzstücke die Flanken der Reifen beschädigen. Schützen Sie den Kühler mit einem Gaze-ähnlichen Material gegen die Grasspelzen, oder Sie werden die Frontverkleidung abbauen und die Kühler-lamellen von Hand reinigen müssen. Wer feststeckt und ohne Begleitfahrzeug unterwegs ist, muss sich zu Fuß zum nächstgelegenen Camp durchschlagen und von dort versuchen, die Gabus-Garage in Rundu zu informieren; sie besitzt einen Unimog, der in der Lage ist, Fahrzeuge aus dem Kaudom herauszuschleppen (Tel. 066-255641, nach Geschäftsschluss 081-1280081).

Grootfontein – Tsumkwe

Verlassen Sie Grootfontein auf der B8 nach Norden und biegen Sie nach 56 km in die C44 Richtung Tsumkwe ein (sollten Sie von Dornhügel kommen, nehmen Sie die gute Piste D2844 und im weiteren Verlauf D2893 hoch zur C44, in die Sie 3 km vor dem Veterinärzaun einmünden). Nach 21 km erreichen Sie das Tor der Disease Control. Hier besteht die Möglichkeit zu einem Besuch des **Traditional Village Grashoek** der Ju/Hoansi San (6 km auf relativ fester Buschpiste). Der Campingplatz ist einfach, aber sauber, die San sind äußerst engagiert und bieten eine ganze Palette an Aktivitäten an – von der Hochzeitszeremonie über Wanderungen (auch mehrtägig) bis hin zu Workshops zur Herstellung von Kunsthandwerk.

Durch lockere Baumsavanne auf sandigen Böden mit hohem Gras und an einigen kleinen Siedlungen vorbei geht es – das Omatako Valley Rest Camp passierend – auf 150 km nach Tsumkwe. Etwa 25 km vor Tsumkwe passiert man das rechter Hand liegende Dorf Duinepos, das man (inoffiziell) auch als „Traditional Village“ besuchen kann.

Unterwegs im Buschmannland

Tsumkwe

Tsumkwe liegt mitten im Buschmannland. Es ist die „Hauptstadt“ der San. Einige Gebäude der Administration, Polizei, Hospital und eine Nebenstelle des Ministeriums für Umwelt und Tourismus stehen an der „Hauptstraße“. Der Müde findet die Tsumkwe Lodge für sein Haupt. Ansonsten erstreckt sich die Streusiedlung mit ihren einfachen Hütten in den Busch hinein. War es bislang üblich wild zu zelten, wurde dem heute ein Riegel vorgeschoben, zu „wild“ wurde das Treiben, man sah sich gezwungen, den Besucherstrom zu kanalisieren. Abseits der Dörfer darf man natürlich noch immer sein Zelt dort aufschlagen, wo es schön ist.

Lodges Tsumkwe Lodge, Nhoma Camp (Wildnis-Camp beim Dorf N//hoq’ma, nur mit Vorausbuchung). Zwei weitere Lodges sind in Planung bzw. sollten schon seit längerem offen sein (Infos auf www.namibialodges.com).

Info und Einkaufen Im Ort befindet sich ein Informationszentrum der *Nyae Nyae Conservancy* und ein Verkauf von Kunsthandwerk (G!hunku Crafts, Straußeneier vom Designer). Der Komplex ist nur unregelmäßig geöffnet. Ein weiterer, empfehlenswerter Craft Shop gehört der Kirche (der Reverend holt regelmäßig aus den Dörfern traditionelles Kunsthandwerk, wenn es denn schön gearbeitet und original ist; Besuchsvereinbarung über Tel. 067-244005, falls nicht besetzt, weiß die Tsumkwe Lodge, wo sich der Schlüssel des Ladens befindet).

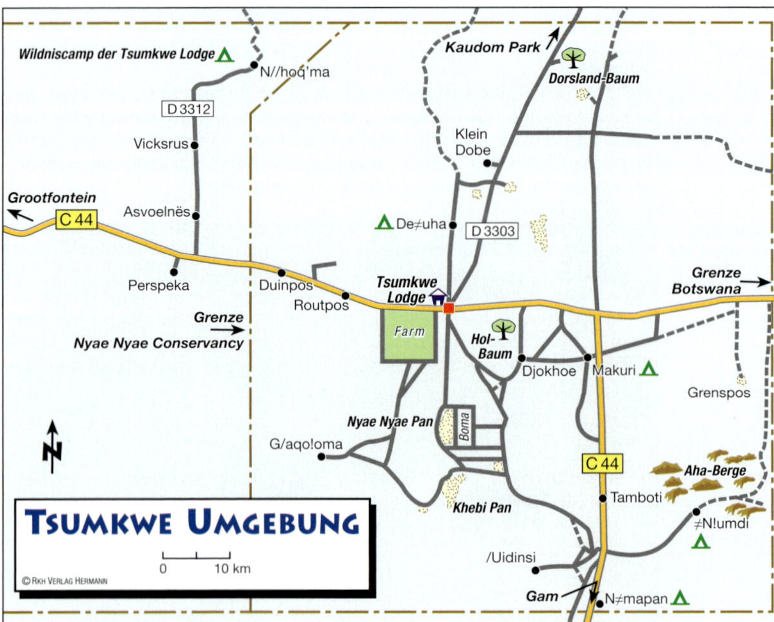

Baobabs und Camping Im Buschmannland wachsen die gigantischen Bäume an jeder Ecke, doch der größte – auf den Karten als *Giant Baobab* verzeichnet (Durchmesser 43 m, exakt 853 Jahre alt) –, existiert nicht mehr. Er sei kaputt gegangen, weil die Touristen unter ihm gezeltet und die Fahrzeuge zu nahe an ihm geparkt und damit das Wurzelwerk zerstört haben. Ein Grund, warum man nicht zu nahe an einem Baobab campen sollte. Der zweite ist, dass die Schwarze Mamba die Bäume gerne als Schlafplatz nutzt. Einen Campingplatz mit Infrastruktur gibt es direkt bei der Tsumkwe Lodge. Campingplätze, wo man teils Wasser und Feuerholz erhält, sind *Grashoek* (direkt beim Dorf, 6 km nördlich des Veterinärzaunes), *Deuha* (11 km im Norden), *Makuri* (30 km im Osten), *Numdi* und *Namapan* (jeweils ca. 65 km im Südosten). Der derzeit größte Baobab ist der *Holboom* (früher war hier ein Campingplatz, der nun geschlossen ist). Der Holboom liegt etwa 20 km östlich Tsumkwe.

Unterwegs im Buschmannland

Sanjagd Das einzige Dorf um Tsumkwe, in dem noch traditionell aktiv gejagt wird, ist De/nui. Wer dies erleben will und rüstig ist, wende sich an Leon, der ausgezeichnet Englisch spricht und einen Besuch vermittelt (Tel. 081-3035355). Ist Leon nicht erreichbar, muss man einen Kontakt über die Conservancy herstellen (s. Information).

Tanken Die regierungseigene Tankstelle wird nicht regelmäßig versorgt, so dass man den Treibstoff für die Rückfahrt dabei haben sollte!

Grenze Der Grenzübergang nach Botswana ist für jeglichen Verkehr geöffnet (täglich 7.30–16.30 Botswana Time, also im Südwinter bis 15.30 Uhr namibischer Zeit). Von der Grenzstation zur Asphaltstraße sind es 140 km tiefer Sand (nur 4x4). Die nächste Tankstelle in Botswana ist bei Gumare, 30 km nördlich Nokaneng (also für ausreichend Treibstoff sorgen).

San – eine Kultur stirbt

Spätestens in Tsumkwe wird jedem Besucher deutlich, was es mit dem „Sterben" der San-Kultur auf sich hat. Um den Bottle Store lungern apathische Männer und Frauen herum; San in zerschlissenen Klamotten aus europäischen Altkleidersammlungen versuchen, ihre letzten traditionellen Habseligkeiten zu Geld zu machen. Einige Kilometer weiter, in den im Busch verstreuten Siedlungen, scheint die Welt zwar noch in Ordnung – aber wie lange noch? Die traditionelle Ernährung von der Jagd – den hier lebenden San wurde sie verboten. Aus dem Naturschutzgebiet des Kaudom mussten die meisten ausziehen, und nur noch knapp zweitausend San der Juwasi haben weiterhin das Recht, mit Pfeil und Bogen und zu Fuß wie ihre Vorväter auf Pirsch zu gehen.

Seit der Einwanderung der anderen namibischen Volksgruppen – der Herero, Nama und Ovambo – sind die San immer tiefer in Regionen zurückgewichen, die ihnen kaum noch genügend Raum und Nahrung bieten. Die weiße Landnahme tat ihr übriges, den Lebensraum der Jäger noch weiter einzuschränken, und seit der Unabhängigkeit Namibias schielt auch die junge Regierung nach dem fruchtbaren Veld im ehemaligen Reservat „Buschmannland", wo man immer wieder versucht, neues Farmland für Herero-Viehzüchter auszuweisen.

Die San selbst scheinen diesem Verdrängungsprozess weitgehend hilflos gegenüberzustehen, und seitdem sie Bekanntschaft mit dem Alkohol gemacht haben, den fahrende Händler ihnen verkaufen, ist auch die letzte Spur von Widerstandsbereitschaft geschwunden. Eine Lobby haben die kleinen Wildbeuter traditionell bei den weißen Farmern und Jägern gefunden, die von den Überlebensfähigkeiten der San fasziniert sind. Deren Engagement, das auch zur Gründung mehrere Stiftungen wie *Ombili* (s.S. 408) geführt hat, ist zu danken, dass das Thema San immer wieder an die Öffentlichkeit gelangt.

Seit den 1950er Jahren arbeitet auch die *Niaye-Niaye-Foundation* im Buschmannland. Gegründet wurde sie von dem amerikanischen Dokumentarfilmer John Marshall, dessen Familie zahlreiche grundlegende ethnologische Arbeiten über die San publiziert hat. Ziel von Niaye-Niaye (benannt nach der gleichnamigen Pfanne östlich von Tsumkwe) ist die Einführung der Viehzucht, durch die die *Juwasi* eine neue Ernährungsbasis erhalten sollen.

Einfach ist die Umstellung vom Jäger zum Viehhirten nicht, und von den ersten 400 Rindern, die von der Stiftung angeschafft wurden, verschwand ein guter Teil im Busch und fiel den Raubtieren zum Opfer. Die San hatten ihre Herden nicht sorgfältig genug gehütet, zudem sind namibische Rinder daran gewöhnt, auf den relativ sicheren Farmgeländen tagelang durch die Wildnis zu streifen und nur zum Trinken an die Wasserlöcher zu kommen – im Buschmannland eine oft verhängnisvolle Gewohnheit.

Das traditionelle Jäger- und Sammlerleben aufrechtzuerhalten scheint unmöglich – zu klein sind die Territorien und zudem durch Grenzziehung (Botswana, Angola) versperrt. Sesshaftigkeit ist also angesagt, und dies zerstört nicht nur die traditionelle Lebensform, sondern auch die daran gebundene Sozialstruktur. Nicht mehr die Ältesten, sondern junge, engagierte Führer sind gefragt, sich mit den Tücken der parlamentarischen Demokratie zurechtzufinden.

Noch mehr Verantwortung, aber auch die Perspektive auf mehr Autonomie versprechen 1996 verabschiedete Gesetze, mit denen allen Kommunalländern (den ehemaligen Homelands) ein größeres Recht auf Selbstverwaltung ihrer Region eingeräumt wurde. Für die San im Buschmannland heißt dies zum Beispiel, dass sie künftig die Konzessionen zur touristischen Nutzung ihres Landes selbst werden vergeben dürfen und davon auch direkt profitieren werden. Dies setzt allerdings voraus, dass die verschiedenen Gruppen sich auf eine gemeinsame Verwaltung einigen können. Die lockeren Familienverbände der San müssen zu einer neuen, übergreifenden Organisationsform finden, sonst können sie ihre Rechte gegenüber der Zentralregierung nicht geltend machen. Im Augenblick funktioniert dies aber nur mit Unterstützung von „draußen".

Vom alten Leben wird sich wohl nicht vieles hinüberretten lassen in die moderne Welt. Es ist eine große Chance für einen Neuanfang, aber auch das Ende der Traumzeit! Bleibt zu hoffen, dass zumindest die Kinder, die nun regelmäßig eine Schule besuchen können und lesen und schreiben lernen, später als mündige Staatsbürger die Interessen ihrer Väter im modernen Namibia selbst werden vertreten können.

Tsumkwe – Kaudom

Von der Hauptkreuzung in Tsumkwe an der C44 halten Sie sich nach Nordosten. Die Piste ist fest mit einigen Sandstrecken, die aber gut und zügig zu durchfahren sind. Erst später kommt es schlimmer!

Nach 25 km erreichen Sie einen Abzweig zu einem San-Dorf (Xaxoba), und 10 km weiter den Abzweig zum Dorslandtrekker-Baobab nach Südosten. Die Durstlandtrekker kamen auf ihrem Weg nach Angola hier vorbei. 14 km hinter dem Baobab-Abzweig, wendet sich die Piste nach Norden, und 3 km weiter ist der Eintritt in den Kaudom beschildert. Nach 7 km ist Sikereti erreicht.

Der Kaudom-Wildpark

Hinweis: Die Camps im Kaudom werden nicht mehr unterhalten, gleichwohl darf man dort nächtigen (Eintritt in den Park 40 N$ p.P. und 10 N$ pro Fahrzeug)!

Melden Sie sich bei den Rangern von Sikereti. Um an das Wasser zu gelangen, muss erst eine schwere Eisenplatte, die in ein Betonkarree eingelassen ist, hochgewuchtet werden. Die Ranger waren es müde, die von den Elefanten zerstörten Zapfanlagen dauernd reparieren zu müssen und so wurde die elefantensichere Lösung kreiert. Damit ist die erste existenzielle Krise des Touristen programmiert.

Die zweite kommt am nächsten Tag zum Ausbruch, wenn sich das Fahrzeug durch den sandigen Boden des Busches quält. Vierradantrieb, Untersetzungsgetriebe, Differentialsperren, sämtliche Register werden gezogen, trotzdem wankt der vollbeladene Wagen müde und langsam durchs hohe Gras von Wasserstelle zu Wasserstelle und dem Lager Kaudom entgegen.

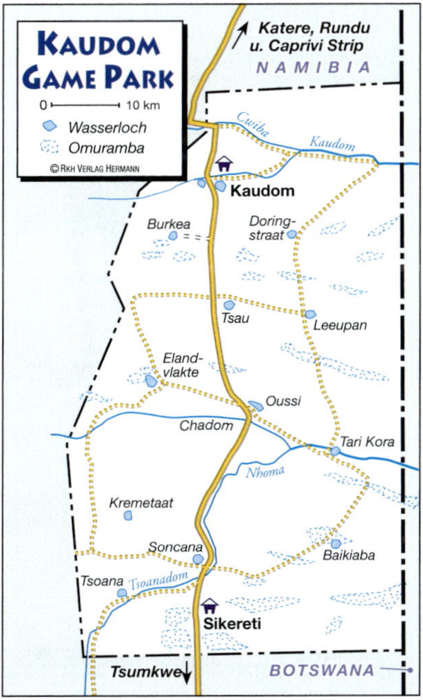

Wer auf der Fahrt nach Norden auf die Idee kommt, an einem so idyllischen Platz wie der Löwenpfanne (Leupan) seinen Tank aus den mitgeführten Kanistern nachzufüllen, sollte die Mitfahrer bitten, ein Au-ge auf etwaige interessierte Großkatzen zu haben (besser rechtzeitig nachtanken).

Schließlich ist das Camp Kaudom erreicht. Ein fantastischer Blick über das Rivier des Kaudom im Sonnenuntergang, das Lagerfeuer lodert und schreckt (hoffentlich!) die wilden Tiere ab, das Abendessen ist gerichtet, die Flasche Wein wird geöffnet, man genießt das Leben, das Reservat ist durchquert, das Schlimmste überstanden – weit gefehlt!

Der ekelhafteste Teil der Strecke kommt erst noch auf den letzten 50 km, bis man die B8 erreicht hat. Vier bis fünf Stunden, ohne Pause, um den Motor ab-

zukühlen, dauert die Fahrt durch den Dornenbaumbusch, der die Sicht nach links und rechts begrenzt, ein Tunnel mit tiefem, schweren Sand. Ganz plötzlich dann öffnet sich der Busch, man glaubt erst nicht, dass es so etwas Gesegnetes wie Asphalt geben kann!
Katere und die B8 sind erreicht. Hier hat man Anschluss an die Route 13.

Wie man in der Wüste (über)lebt – San

Wasser ist rar in der Wüste. Pflanzen speichern es und der Boden. Der San gräbt sich ein Loch in einem ausgetrockneten Flussbett, bis er an der wasserundurchlässigen Grundschicht ist. Er stellt ein hohles Elefantengras hinein, dessen unteres Ende von einer Kugel aus dünnem Gras umhüllt ist, so dass kein Sand eindringen kann. Das Loch wird zugeschaufelt. Nun schaut nur noch das obere Ende des Elefantengrases heraus. An diesem saugt der San. Es entsteht ein Vakuum, das Restwasser im Sand wird in der Höhle im Sand gesammelt und durch das Rohr nach oben gezogen. Damit das Vakuum nicht zusammenfällt, muss ohne Unterbrechung gesaugt werden, der San lässt das Wasser deshalb seitlich aus dem Mund in ein Behältnis rinnen. Bis zu 5 Liter kann er so pro Tag sammeln.

Der Baobab hat in den Astgabeln Hohlräume, aus denen ebenfalls Wasser gesaugt werden kann. Um es zu lagern, wird es in Straußeneier gefüllt und vergraben.

Bevor der San verdurstet, destilliert er sich seinen Urin zu einem Überlebensgetränk: eine Halbschale einer Melone erhält am Rand aus Blättern eine Auffangrinne und wird dann über eine Kuhle mit dem Urin gestülpt. Durch Verdunstung und Kondensation entsteht ein Getränk. Man kann auch den anverdauten Mageninhalt eines erjagten Tieres durch ein Grasgeflecht pressen. Zu verdursten ist sicher qualvoller.

Jeder Europäer wäre im Busch rettungslos verloren. Die ihn bewohnen, kennen alle Pflanzen und wissen sie zuzubereiten. Mehl wird gewonnen, so etwas ähnliches wie Kaffee und Schokolade. Wer weiß wo, kann sich seine Bonbons vom Baum pflücken: Insekten lassen sich auf den Blättern des Mopane-Baumes nieder und saugen Flüssigkeit heraus. Aus den winzigen Löchern tritt Pflanzensaft aus und kristallisiert zu Fruchtzucker.

San kennen Kopfschmerzmittel, Pflanzen gegen Entzündungen, Magen- und Darmkrankheiten, sogar gegen Bilharziose soll es etwas geben. Die Schulmedizin muss aber nicht verzweifeln, zusehends wird das Wissen weniger und weniger. Die San sind mehr an den Segnungen der Zivilisation interessiert, als am Wissen, an der Kunst und den Traditionen ihrer Gesellschaft. Wer mag es verübeln, ihr früheres Leben ist karg und entbehrungsreich. Die Idylle des einfachen und glücklichen Überlebens in der Unwirtlichkeit ist die fantasierte Idylle des Weißen Mannes – sie hat für San nie existiert.

Die Tier- und Pflanzenwelt des Kaudom

Kaudom liegt im nördlichen Teil der Kalahari und besitzt die für diese Region typische Vegetation mit zum Teil außerordentlich hohen Bäumen und weiter Buschsavanne. Das Gelände ist weitgehend eben, modelliert nur durch die nord-südlich verlaufenden Dünenstränge, die mit dichter Vegetation bedeckt sind. Mehrere große Riviere, hier Omuramba (Plur.: Omiramba) genannt, durchschneiden den Wildpark und versorgen Pflanzen und Tiere mit dem feuchten Nass: der Omuramba Nhoma, dessen Lauf die Hauptpiste auf den ersten knapp 20 Kilometern von Sikereti nach Norden folgt, der Chadom (West-Ost-Verlauf) und im nördlichen Teil des Wildparks der Kaudom, an dessen Uferbank das gleichnamige Camp errichtet wurde. Die Riviere sind Teil eines großen Wasseradersystems, das sich im Becken des Okavango (Botswana) sammelt. Steigt nach den Regenfällen der Wasserstand, beginnen auch die Omiramba zu „fließen". Unterirdisch bahnt sich das Wasser seinen Weg und tritt an einigen Stellen zu Tage, bildet Tümpel.

Die Vegetation im Kaudom ist dicht, und nach den Sommerregen steht das Gras hüfthoch – dann ist es nahezu unmöglich, Wild zu beobachten! In der Trockenzeit gibt es dagegen einiges zu sehen: Neben Elefanten, Giraffen und den großen Antilopen wie Kudu und Eland finden sich auch Sumpfantilopen und Riedböcke ein. Löwen, Leoparden, Tüpfelhyänen und die seltenen Wildhunde kann man ebenfalls im Kaudom zu Gesicht bekommen – manchmal näher, als einem lieb ist, denn die Camps sind nicht eingezäunt! Essensabfälle, die verführerischen Wasserleitungen oder einfach nur Neugier locken immer wieder nächtliche Besucher an.

Faszinierend ist die Vielfalt der bis zu 20 m hohen Bäume: Dolfholz (auch „wilder Teak" genannt), Seringa, Manketti und Copalwood, der wegen seiner Ähnlichkeit mit dem schmetterlingsblättrigen Mopane häufig auch „falscher Mopanebaum" genannt wird, bilden ein schattiges Dach. Durch das filigrane Blattwerk zeichnen die Sonnenstrahlen immer neue Muster auf den sandigen Boden. In diesem diffusen Licht eine Giraffe zu erkennen, ist fast unmöglich! Die besten Chancen zur Tierbeobachtung bieten sich daher auch entlang der Omiramba und an den Wasserstellen: Leupan wird, wie der Name schon sagt, häufig von Löwen besucht, bei Elandsvlakte haben Sie vielleicht das Glück, eine dieser mächtigen Antilopen – die größten und zugleich scheuesten Namibias – zu sehen.

Kaudom-Camp

Route 14: Der Trans Kalahari Highway

Buitepos – Gobabis – Windhoek

Km	Abzweig	Ort	Sehenswert	Übernachtung	GPS
Km 0, B6 Teer		Buitepos Grenze, T		Buitepos Rastlager	22 16 51 19 59 17
Km 20				Zelda Gf.	
Km 26				Kalahari Bush-Breaks Rl.	
Km 65	Km 0 D1603 Piste Km 5			 Quinta Safari H.	
Km 110	Einmündung D1670				22 23 45 19 06 37
Km 115				Khagarib B&B	
Km 121	Km 0 C22 Piste nach N Km 21 Km 40 D1668 Km 85 --------------------- Km 0 C22 Piste nach S Km 13	 -------------	 ----------------	 Ohlsenhagen Gf. Harnas Gf. ------------------ SanDüne Lodge	22 26 08 19 00 48 --------
Km 125 B6 Teer	Km 0 C22 nach Norden (Piste) Km 90 D1635 Km 96	Gobabis, T+V		s. unter Gobabis Boiteko Camp	22 26 49 18 58 01
Km 135				XainQuaz Camp	
Km 176		Witvlei, T		Ziegie's	22 24 39 18 29 53
Km 185	Km 0 D1658 Piste Km 51			 Hetaku Gf.	22 23 09 18 25 14
Km 221	Km 0 D1808 Piste Km 6 Farmstr. Km 14		Kalahari Farmstall, V	 Okambara G.R.	
Km 234	Km 0 C29 Piste Km 11	 Omitara			22 22 39 17 57 02
Km 263	Km 0 D1535 Piste Km 18			 Silversand Gf.	
Km 272	Km 0 D1502 Piste Km 13 Str. 53 Piste nach NO Km 32 Km 63			 Karivo Gf. Kamab Gf.	

Km	Abzweig	Ort	Sehenswert	Übernachtung	GPS
Km 273	Km 0 D1472 Piste Km 63	Seeis	 Peperkorrel Teppich-Weberei		 22 44 21 17 59 49
	---------------------	-------------	----------------	-------------------	--------
	Km 0 D1502 Piste nach N Km 16 Straße 53 Piste nach NO Km 83 D2166 Piste nach N Km 104 D2170 Piste nach O Km 117 Farmpiste Km 124			Okowiruru Süd Gästefarm	
Km 284	Km 0 Straße 51 Piste Km 38 Km 64 Km 66 D1506 Km 77 D1808 Piste nach S Km 83	Abzweig Straße 51	Arnhem	Panorama Rock Lodge (2 km) Eningu Lodge (1 km a. D1471) Heimat Gf. (19 km auf D1471) Arnhem Rl.	22 29 20 17 29 44 22 46 48 18 01 02
Km 288		Windhoek Intl. Airport			22 28 53 17 27 47
Km 294	Km 0 Farmstr. Km 4			Ondekarem. Gf.	
Km 303	Km 0 C23 Piste Km 15 Km 50 Km 126 Str. 51 Km 129 D1423 Piste Km 148, Farmstr. Km 166			Hohewarte Gf. Autabib Lodge Kuzikus Gf.	22 31 59 17 20 02
	----------------------	--------------	-----------------	-------------------	--------
	Km 0 C23 Km 64 C15 Km 124 D1448 Km 134 Km 140 D1210 Km 154			Kiripotib Gf. Tivoli Gästf.	23 19 34 17 57 06 23 27 33 18 00 22
	----------------------	-------------	-----------------	-------------------	---------
	Km 0 C23 Piste Km 66 D1482 Piste Km 85 Farmstr. Km 92			Mtn. View G.L.g.	

Km	Abzweig	Ort	Sehenswert	Übernachtung	GPS
Km 311	Km 0 Km 0,600 Km 15 D2102 Piste Km 70			 Airport Lodge Midgard Lodge	22 32 49 17 15 33
Km 310	Km 0 B6 Teer Km 22 Straße 53 Piste Km 35 D2102 Piste Km 70 Farmstr. Km 72			 Leopard Ldg.	
Km 314				Finkenstein Gf.	
Km 317	Km 0 Km 2			 Heja Game Lodge	
Km 332		Windhoek, T+V	s. Windhoek Route 1	s. Windhoek Route 1	22 34 15 17 07 20

Buitepos (Grenze Botswana)

Hier haben Sie Anschluss an die Route 16. **Buitepos** besteht aus einer Tankstelle mit Laden und einem Campingplatz.

Unterkunfts-Tipp Gästefarm Zelda

Die Zelda Gästefarm liegt 20 km hinter Buitepos Richtung Gobabis. Übernachtungsgäste haben die Möglichkeit abends ein San-Dorf zu besuchen, Tanzvorführungen zuzusehen und typische Kalahari-Gerichte der San zu probieren.

Mit der Ausreise von Botswana befindet man sich wieder im namibischen Herz- und Farmland. Zäune rechts und links des Straßenrandes, Ausläufer des Kalahari-Sandes, Busch und Straße wieder einmal gerade auf den Horizont gerichtet – „Cattle Country“ … Nach 125 km ist Gobabis, sein Zentrum, erreicht.

Gobabis

Bereits in den 1940er Jahren reklamierte die Wesleyanische Mission die Region am schwarzen Nossob für sich und ihre Arbeit. 1851 wurde ihr das Recht, hier zu missionieren, von der Rheinischen Missionsgesellschaft abgekauft. Unter ihrem Mitarbeiter Eggers errichtet sie eine neue Station an einem Ort, Gobabis, der „Platz des Kampfes“ oder „Platz der Elefanten“ hieß (bis = Platz, Goba = Kampf oder Goab = Elefant; der Überlieferung nach wurden in einem Wasserloch in der Nähe Stoßzähne von Elefanten gefunden). gefunden.

1894 erklärte Major Leutwein, gerade Gouverneur geworden, Gobabis zum Militärdistrikt und eine Schutztruppeneinheit wurde hierher verlegt. 1896 kam es im Zuge der Herero- und Nama-Aufstände zu der Schlacht von Gobabis (6. April). Geschlagen zogen sich Herero und Nama zurück, führten aber in den Folgejahren immer wieder Überfälle durch. 1904 eskalierten die Kämpfe und fanden ihren Höhepunkt und die Entscheidung bei der Schlacht am Waterberg.

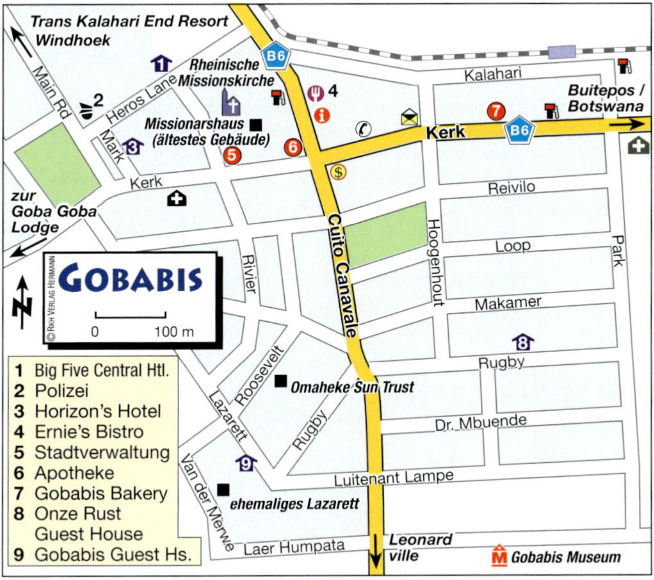

Die Infrastruktur der Farmer war zerstört, und es dauerte lange, bis die Schäden des Krieges beseitigt waren, da die Lage im Hinterland und die schwierigen Transportverhältnisse viele Siedler davon abhielten, sich in diesem Gebiet niederzulassen.

Traditionell ist Gobabis der Mittelpunkt der östlichsten Herero-Gruppe, der Mbanderu. Ihr Lebensraum erstreckt sich nach Osten nach Botswana hinein, und auch viele Nachkommen der Überlebenden der Waterberg-Tragödie (s.S. 419) haben hier im Grenzgebiet eine neue Heimat.

Herero-Damen in ihren üppigen Matronenkleidern bestimmen das Straßenbild. Unter den historischen Gebäuden der Stadt findet sich das ehemalige deutsche Lazarett (wo einst der Stabsarzt Dr. Oskar Wernicke ermordet wurde, wie eine Gedenktafel aufweist), die Beamtenwohnungen (heute Polizeigebäude), die Katholische Missionskirche mit dem ältesten Gebäude der Stadt (Missionshaus) dahinter sowie die beiden Gebäude der heutigen Hotels Horizon's und Big 5. Ein Besuch des **Museums** wird absolut empfohlen, besonders wenn die Führung Herr Einbeck (Tel. 062-562489) leitet. Dass man sich hier in einer bedeutenden Viehzuchtregion befindet, sieht man am Denkmal, das Gobabis als Zentrum des „Cattle Country" ausweist. Ein neu eröffnetes Museum liegt am Stadtrand. Es besitzt viele Schauobjekte aus dem Farmalltag.

Denkmal für das Rind in Gobabis

Das neue Omaheke San Trust Centre (OST, Tel. 062-564073, Fax 564737) in Gobabis lockt

ROUTE 14

mit einem Café, Kunsthandwerk und einem kleinen Museum. Wer tiefer in die Materie eindringen will, kann die zwei Zeltplätze des OST (ca. 2,5 Stunden Fahrt) mitten in der Omaheke besuchen: Saa Ta Ko und Sonneblom.

Unterkunft *Touristenklasse:* Central Hotel, **Goba Goba Lodge**
Günstig: Erni's Bistro, Gobabis Guest House, Horizon's Hotel, **Onze Rust,** Trans Kalahari End Resort/Die Dam
Außerhalb: SanDüne, OST Campingplätze (s. oben)

Information Visitors Information, P.O. Box 33, Gobabis, Church Street, Tel. 062-562551, Fax 563012, coegomun@iafrica.com.na

Essen *Gobabis Bakery & Restaurant,* Church Street, Tel. 062-562525
Erni's Bistro, 29 Quito Cuanavale Avenue, Tel. 062-565222
Trans Kalahari End, Viljoen Dam, Tel. 062-565656

Internet *Q-Sigh,* Kewrk Street, Tel. 062-563933

Golf Gobabis Golf Club, P.O. Box 443, Gobabis, Tel. 062-562263

Gesundheit State Hospital, Tel. 062-562275

Museum DVG-Museum, Olifant Street, Tel. 062-562489

Gobabis – Windhoek

Verlassen Sie Gobabis auf der Cuito Canavale nach Nordwesten (B6 nach Westen). Die Straße führt parallel zur 1914 geplanten und 1930 vollendeten Eisenbahnlinie. Nach 50 km erreichen Sie Witvlei, ein Hotel, eine Tankstelle und eine Werkstatt.

Die Landschaft wird hügelig, und am Horizont sind die Ausläufer der Ais-Berge zu sehen. Am Abzweig nach Nina (D1808) findet sich direkt an der Kreuzung der **Kalahari Farmstall** mit schattigen Rastplätzen und Verkauf von Kaffee, Kuchen, Sandwiches und eine ganze Palette von Biltong und dessen Abwandlungen, wie Droewors, Sosaties, Chillibites etc. (tgl. 9–17 Uhr). Vor Omitara entfernen sich die Eisenbahngleise von der Straße, und wer in den Ort hinein will, muss eine Stichstraße über 11 km nehmen.

40 km hinter dem Abzweig wird Seeis erreicht. Die Piste D1472 führt zu der Teppichweberei auf der **Farm Peperkorrel.**

Peperkorell ist in Namibia ein Synonym für das moderne Kunstschaffen. Hier ist nicht nur eine der berühmtesten Karakul-Teppichwebereien („Dorka-Teppiche“) untergebracht, die von Volker Berner geleitet wird, auf dem Gelände der Farm liegt auch das Atelier seiner Frau und Bildhauerin Dörte Berner, deren Skulpturen nicht nur in Namibia, sondern auch in Europa Beachtung gefunden haben. Dörte Berners berühmtestes Werk ist wohl der Bronzebrunnen, der Windhoeks Hepworth's Arcade schmückt. Er stellt die in Namibia so beliebten und überall verbreiteten Guinea Fowls, Perlhühner, dar. Eine Führung durch den Skulpturenpark sollte man keinesfalls missen – allerdings benötigt man auch ein wenig Glück, denn die Berners sind jedes Jahr meherer Monate in Griechenland, ihrer zweiten Wahlheimat. Abenteuerlich war die Anhkunft der Berners in Südwest: ihre Hochzeitsreise 1969 unternahmen sie auf einem Frachter von Deutschland aus mit Ziel Südafrika. Sie landeten mit 20 Rand in der Tasche, haben sich umgehend in das Land verliebt und blieben.

Anfang der 1990er Jahre hat Berners Tochter Stefanie zusammen mit ihrem Mann auf der Nachbarfarm die komfortable **Eningu Clayhouse Lodge** eröffnet, die dem Stil indianischer Pueblos nachempfunden ist. Heute gehört die Lodge neuen Besitzern, die nicht weniger engagiert, den Standard an Essen und Unterkunft hoch halten. Von hier aus kann man nach Peperkorell fahren, dort die Weberei besuchen und nach Voranmeldung auch Dörte Berner bei der Arbeit über die Schulter gucken. Die Lodge besitzt einen in die Erde gebauten Weinkeller, um die Flaschen nicht zu starker Trockenheit auszusetzen, die die Korken schrumpfen macht und den Wein auslaufen ließe. Damit bleiben die Tropfen kostbar und können ohne Qualitätsminderung das ausgezeichnete Essen begleiten. Das Wasserloch ist mit Infrarot beleuchtet, um die empfindlichen Augen der nachtaktiven Tiere nicht zu verletzen. Wer will, kann Volleyball oder Tennis spielen, in den beheizten Whilrpool springen oder auf einem der Wanderwege wandeln (zwischen 20 Minuten und 6 Stunden dauern die Spaziergänge).

11 km hinter Seeis geht es auf der Straße 51 zur **Arnhem-Höhle** ab und 4 km weiter folgt der Abzweig zum Windhoek International Airport.

Auf halbem Weg zwischen dem Flughafen und Windhoek führt die Piste C23 nach Süden. Folgt man ihr auf 60 km, erreicht man den kleinen Ort **Dordabis** (Laden, Tankstelle, 4 km südlich das Weberdorf Ibenstein). Hier nimmt man nun die C15 nach Süden, bis man nach knapp 60 km in die D1448 einbiegt und nach 10 km auf der Gästefarm Kiripotib ankommt.

Gästefarm Kiripotib

Die von Herrn und Frau von Hase sehr persönlich geführte Gästefarm ist seit 1978 in Familienbesitz. Hans Georg von Hase hat in Südafrika Volks- und Landwirtschaft studiert und auf der Farm mit Schafzucht begonnen. 10.000 ha Weideland standen und stehen seinen Tieren zur Verfügung, nicht allzuviel, weil eben im Jahresmittel nur 250 mm Regen fällt. Immer wieder auftretende Dürreperioden mit weniger als 100 mm im Jahr haben viele Farmer in früheren Jahren zu einem Nebenerwerb gezwungen. Herr Hase hat sich als Safariunternehmer betätigt (weswegen er das Land wie seine Westentasche kennt), während seine Frau ihrer Tätigkeit als Goldschmiedin und Schmuckdesignerin nachging. So sind schließlich auf der Farm zum einen eine Teppichweberei entstanden, die die anfallende Wolle verarbeitet, zum anderen ein Schmuck-Atelier mit Farmgalerie – *African Kirikara Art* (mit weiteren Läden in Kapstadt und Swakopmund). Schon deshalb ist **Kiripotib** einen Besuch wert. Die Gästechalets sind mit ausgesuchten Materialien und mit Geschmack eingerichtet, die Küche ist ausgezeichnet, bei den abendlichen Gesprächen und bei Farmrund- und Sundownerfahrten erfährt man alles, was für die Schafzucht wichtig ist (und für die Weiterverarbeitung der Wolle zu Teppichen). Tagsüber wandert man auf den markierten Wegen, bestaunt die Kirche, die teils von den

Farmbesitzern, teils mit Spendengeldern bezahlt und in acht Jahren von und für die schwarzen Farmarbeiter(n) gebaut wurde. Ein Besuch in deren Dorf steht ebenfalls auf dem Programm. Kiripotib bedeutet auf Damara übrigens „der Platz, wo der Löwe säuft“.

Kiripotib-Kalebassen-Kunst

Während Kiripotib sich auf die Zucht von Fleischschafen spezialisiert hat, werden 20 km weiter, nach namibischen Maßstäben um die Ecke, auf **Tivoli** Karakulschafe gezüchtet und Sterne beobachtet (Besuch nur nach Vorausbuchung und nur für die, die die Astronomie zu ihrem einzigen und unübertreffbaren Hobby gemacht haben). Die nördliche Nachbarfarm **Klein-Nauas** besaß einst auf ihrem Gelände einen Bahnhof – doch die Bahn kam nicht. Die Administration von Deutsch-Südwest hatte geplant, zur Umgehung der Siedlungsgebiete der Nama und Baster an der Tigerpforte durch die Karubeamsberge (ein Durchlass) Schienen zu legen, schnell war der Haltepunkt errichtet. Die Bahn ließ auf sich warten, die detachierte Reiterstaffel langweilte sich und die Offiziere ließen deshalb und zur Wahrung der Disziplin den Wachturm errichten, der heute noch an der Kreuzung der C15 mit der D1448 steht.

44 km hinter dem Flughafen und 20 km hinter dem Abdreh nach Kiripotib ist Windhoek erreicht (s. Route 1). Hier haben Sie Anschluss an die Routen 1, 6 und 7.

Route 15: Zu den größten Wasserfällen der Welt – die Victoria Falls

Achtung! Wegen der unsicheren politischen Situation raten die europäischen Botschaften derzeit von einem Besuch Zimbabwes ab (aktuell nachzusehen unter www.auswaertigesamt.de). Von den Machtkämpfen im Lande ist in Victoria Falls allerdings nichts zu merken. Victoria Falls ist gänzlich unproblematisch zu besuchen, sieht man davon ab, dass das Ausbleiben der Touristen zu einem verschärften Wettbewerb der von den Besuchern lebenden Kunsthandwerkern geführt hat, so dass diese stärker auf die Touristen „zugehen" …

Ngoma – Kasane – Kazungula – Vic' Falls – Livingstone – Kazungula

Km	Abzweig	Ort	Sehenswert	Übernachtung	GPS
Km 0 Teer		Grenzposten Namibia	Ngoma-Brücke		17 54 56 24 42 46
Km 1,5		Grenzposten Botswana		Zeltplatz Ngoma Bridge	17 55 32 24 43 14
Km 3	Abzweig Savuti, Maun, Kachikau	Kontrollstelle			17 55 44 25 43 40
Km 53		Kontrollstelle			17 50 44 25 08 34
Km 54		Seduda Entrance Gate (f. Chobe NP)			
Km 57		Kasane, T+V		s. im Text bei Kasane	
Km 60		Kreuzung			17 47 24 25 11 02
Km 64	Km 0 Straße Km 1			Ngina Safari Camp	17 47 47 25 13 19
Km 65				Kubu Ldg.	17 47 57 25 13 39
Km 66				Toro Safari Lodge	17 47 41 25 14 27
Km 69		Kreuzung, T			17 48 14 25 14 36
Km 72		Kazungula Grenzposten Botswana/ Simbabwe			17 48 56 25 16 02
Km 138		Kreuzung			17 56 04 25 49 30
Km 130		Vic' Falls, T+V	Victoria Falls	s. unten bei Vic' Falls	17 55 48 25 50 01
Km 132		Grenzpost. Simbab.	Victoria Falls Brücke		
Km 133		Grenzposten Sambia			
Km 134			Victoria Falls	s.u. bei Livingstone	

Km	Abzweig	Ort	Sehenswert	Übernachtung	GPS
Km 144 Nakatindi Rd		Livingstone, T+V	Museum	s. unten bei Livingstone	17 51 14 25 51 18
Km 158	Km 0 Piste Km 2			 Tongabezi Ldg.	17 48 55 25 43 25 17 49 14 25 42 19
Km 167	Km 0 Piste Km 7			 Kubu Cabins	17 47 37 25 38 52 17 49 46 25 38 52
Km 204 Kreuzung n S					17 46 11 25 16 51
Km 206		Grenzposten Zambia/Bots- wana, Fähre			17 47 52 25 15 33
Km 209	Kreuzung	T			17 48 14 25 14 36
Km 212		Kazungula Grenze			17 48 56 25 16 02

Ngoma – Kasane

In Ngoma haben Sie Anschluss an die Route 13.

Der Grenzübergang nach Botswana gestaltet sich unproblematisch, da das Land mit Südafrika und Namibia eine Zollunion bildet. Mietwagen aus Namibia benötigen eine Freischreibung der Papiere für das Nachbarland (auch für die weiteren Länder Zambia und Zimbabwe, die nicht zur Zollunion gehören). Reisende müssen lediglich einen Personenlaufzettel ausfüllen.

Botswana

Geldkurs: 1 Pula = 0,10 €

Fahrzeugpapiere: Internationale Zulassung, Carnet de Passage (das allerdings nicht gestempelt wird, denn Botswana gehört wie Namibia zur südafrikanischen Zollunion). Es muss ein *Short Term Permit* (40 Pula) und eine *Road Safety Tax* (20 Pula) bezahlt werden. Es dürfen keine Milchprodukte nach Botswana eingeführt werden (wegen der Maul- und Klauenseuche, das Fahrzeug wird durchsucht und Unzulässiges verbrannt). Außerdem muss man den Wagen durch ein Desinfektionsbecken fahren, Fahrer und die Passagiere müssen aussteigen und ihre Schuhe sauber patschen.

Persönliche Papiere: Reisepass, Internationaler Führerschein.

Mietwagen: Freischreibung vom Vermieter für Botswana, entsprechende Papiere.

Telefon-Landesvorwahl: 00267

Nach 1,5 km treffen Sie auf einen Rangerposten. Hier haben Sie Anschluss an die Route 16. Die Fahrzeugdaten müssen in eine Liste eingetragen werden und beim nächsten Posten, 50 km weiter, nochmals in die Ausreiseliste. 4 km weiter führen verschiedene Abzweige nach Kasane. **Alternativ kann auch die Strecke** am Chobe-Fluss entlang gefahren werden (4x4 angeraten). Bei der ersten Kontrollstelle (17°55'47''/ 24°43'32'') muss dazu nördlich abgebogen werden. Die schmale, sandige Piste führt am Fluss entlang, man kann viele Elefanten auf der anderen Seite sehen.

Nach 36 km kommt man zum ehemaligen Campingplatz *Serondella* (175029/250030), heute ein Picknickplatz. Der Zeltplatz heißt nun **Ihaha** (175030/245245) und liegt ein Stückchen westlich. Nach weiteren 8,5 km erreicht man die *Chobe Game Lodge,* und etwa 50 km hinter dem Kontrollposten wird das Ausgangstor des Chobe-Parks erreicht (174938/ 250755). 3 km weiter liegt die *Chobe Safari Lodge* in Kasane.

Kasane

Kasane ist ein umtriebiges Städtchen, das hauptsächlich vom Tourismus lebt. Am Ufer des Chobe reihen sich die Lodges wie Perlen auf einer Schnur, Boot schmiegt sich an Boot und warten auf Gäste für die morgendlichen und abendlichen Erkundungsfahrten auf dem Wasser. Zu sehen ist fast alles, was Land und Wasser als Habitat dient: Elefanten, Antilopen, Flusspferde, Giraffen u.a. mehr. Leidenschaftliche Angler arbeiten im Schweiße ihres Angesichtes mit den Ruten und holen so einiges aus dem Wasser.

Der west-östlich verlaufende Chobe-Fluss bildet die Grenze zwischen Botswana und Namibia. Er mündet wenige Kilometer östlich von Kasane in den ebenfalls aus dem Westen kommenden Zambezi. Zwischen beiden Flüssen liegt *Impalila Island,* das der Kasai-Channel im Westen – der Chobe und Zambezi verbindet – zur tatsächlichen Insel werden lässt. Impalila gehört zu Namibia, und wer auf die Insel will, muss in Kasane zur Immigration und ausreisen, aufs Boot steigen und auf Impalila bei der namibischen Immigration nach Namibia einreisen (bei der Rückkehr gilt das gleiche Prozedere, nur umgekehrt).

N'twala Island und Imapalila Island Lodges

Auf Impalila Island gibt es mehrere Lodges: Die beste Unterkunftsadresse ist wohl die ultraluxuriöse *N'twala Island Lodge,* gefolgt von *Impalila Island Lodge.* N'twala ist ein kleine Insel mit nur vier Bungalows, jeder von ihnen hochluxuriös und weitläufig, mit eigenem Planschpool, eigenem Steg am Wasser mit lauschigem Sitz, das Bad so groß wie eine Mehrzimmerwohnung und einem perfektem Service. Weitere Lodges auf der Insel sind *Chobe Savanna Lodge,* die *Ichingo Chobe River Lodge,* das *Ichobezi Hausboot, King's Den* und das Boot *Zambezi Queen.* (Adressen in der Unterkunftsliste).

Water Lily Lodge

In Kasane selbst sind einige Großhotels zu finden, die sich Lodge nennen. Diesen Namen verdienen tut sicherlich die *Water Lily Lodge,* nicht nur wegen der familiären Größe, sondern besonders wegen der charmanten Gastgeber (und wegen der günstigen Preise). Das Haus ist als Rundbau mit einem Innenhof gestaltet, das Restaurant ist oben, so dass jeder Windzug kühlt.

Unterkunft

In Kasane: *Thebe River Safaris Lodge,* Tel./Fax 00267-6250314. Camping 50 Pula/Person, Mietzelt 180 Pula/Person, Frühstück 30 Pula.
Liya Lodge, Tel. 00267-6252376, Fax 6251450, liyaglo@botsnet.bw. DZ mit Bad 320 Pula, Frühstück 25 Pula, 5 Zimmer, im Hinterland (GPS 174834/ 250926).

Water Lily Lodge, Tel. 00267-6251775, Fax 6250759, www.janalasafaris.com. DZ 450 Pula mit Frühstück; Monica Kgaile und Walter Sanchez sind überaus charmante Gastgeber, die den Abend wie im Fluge vergehen lassen. Beste Tipps zur Umgebung und günstige Safaris in den Chobe Park.

Chobe Safari Lodge, Tel. 00267-6250336, Fax 6250437, www.chobesafarilodge.com. Rondavel für zwei Pers. 650 Pula, DZ 745 Pula, Camping 65 Pula/Pers.

Mowana Safari Lodge, Tel. 00267-6250300, Fax 6250301, www.cresta-hospitality.com. DZ 1500 Pula p.P. mit Halbpension.

Chobe Marina Lodge, Tel. 00267-6252221, Fax 6252224, www.chobemarinalodge.com. DZ 1600 Pula/Person mit Vollpension und Aktivitäten.

Chobe Chilwero Safari Lodge, Tel. 00267-6251362, Fax 6251473, www.sanctuarylodges.com. DZ ab 3500 Pula p.P., alles inkl.

Außerhalb (Festland): 5 km hinter Kasane passiert man mehrere Lodges. Zuerst kommt der Abzweig zum *Ngina Safari Camp* (Tel. 00267-6250882, Zelten 40 Pula/Person, im gemieteten Zelt 100 Pula/Person, Bootstouren, Game Drives). Es folgt die *Kubu Lodge* (Tel. 00267-6250312, Fax 6251092, www.kubu-lodge.net; DZ 245 US-$ mit Frühstück, und schließlich die bei Südafrikanern beliebte *Toro Safari Lodge* (Tel. 00267-6552694, Fax 6552695, www.totolodge.co .bw; Chalet für zwei Personen 400 Pula mit Frühstück, Camping 50 Pula/Person).
Außerhalb (Chobe Park): *Chobe Game Lodge,* Tel. 00267-6250340, Fax 6250280, www.chobegamelodge.com. DZ 2500–5000 Pula p.P. mit VP.
Impalila Island Lodges: s. Unterkunftsliste.

Aktivitäten Jede Lodge und zusätzlich zahlreiche Safariunternehmen bieten Game Drives in die nähere (Chobe) und weitere Umgebung an sowie Boat Drives auf den Flüssen. Günstige Safaris kann man bei *Jamala Tours & Safaris* buchen, darunter Besuche von Dörfern mit Tanzvorführungen und Abendessen, Camping-Safaris auch nach Moremi ins Delta (Tel. 00267-6251775, Fax 6250759, www.jamalasafaris.com).

Grenzübergänge Der Grenzübergang nach **Zimbabwe** ist wenige Kilometer im Osten (s.u.). Nach **Zambia** verkehrt eine Shuttle-Fähre, Überfahrt 20 US$. In Zambia muss das Fahrzeug versichert werden (u.U. an der Grenze, meist wird man aber auf ein Versicherungsbüro in der nächsten Stadt – Livingstone – verwiesen, 100.000 Kwecha/Monat). Ebenso ist eine *Carbon Tax* in Höhe von 50.000–200.000 Kwecha zu zahlen (je nach Hubraum des Fahrzeuges). Hinzu kommt an diesem Grenzübergang noch eine *Council Levy* von 10.000 Kwecha. Die Visumkosten kann man sich sparen, wenn man eine feste Unterkunftsbuchung hat und die Grenzbeamten in Form eines Manifestes von der Unterkunft darüber informiert wurden (sonst 25 US$-Einfacheintritt, Tagesbesuch 10 US$).

Zimbabwe

Wechselkurs: Von „Wechselkurs" kann man wegen der galoppierenden Inflation beim Zim-Dollar nicht mehr sprechen, praktisch alles muss in Fremdwährung, vorzugsweise US$, gezahlt werden. Devisendeklaration mitführen und bei jedem Wechsel ausfüllen lassen. Am 1. August 2008 hat man beim Zim-Dollar zehn Nullen gestrichen, das hat aber nichts genutzt. Bereits fünf Monate später, am 2. Februar 2009, strich man wieder – diesmal zwölf Nullen. Im April 2009 verabschiedete man sich vom Zim-Dollar uind ersetzte ihn durch den US-Dollar. Theoretisch könnte man auch mit Euro zahlen – der wird aber meistens nicht erkannt und deshalb nicht akzeptiert.

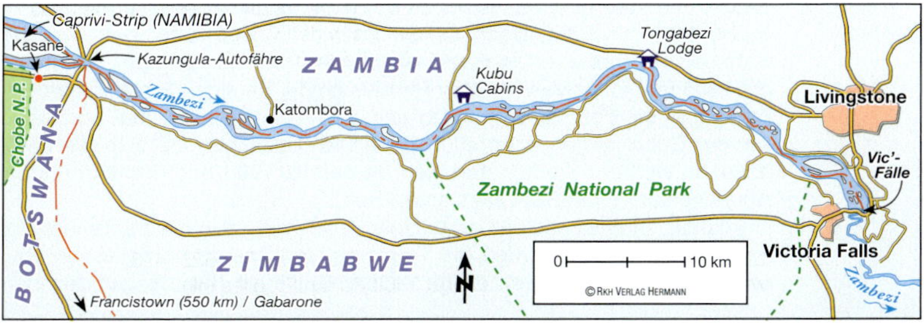

Fahrzeugpapiere: Internationale Zulassung, Carnet de Passage, an der Grenze muss eine Haftpflichtversicherung abgeschlossen werden (30 US$ für einen Monat), hinzu kommen eine Carbon Tax (90 Pula) und Steuern (50 Pula). Ein Visum muss ebenfalls bezahlt werden (30 US$ Einzeleintritt, Mehrfacheintritt 45 US$). Da das Geld in die Privattasche von Mugabe wandert, werden die Beträge häufig erhöht.
Persönliche Papiere: Reisepass, Internationaler Führerschein.
Mietwagen: Freischreibung vom Vermieter für Zimbabwe, entsprechende Papiere. Unbedingt genügend Treibstoff mitführen.
Telefon-Landesvorwahl: 00263
Direkt hinter der Grenze führt eine Piste auf 8 km zum Katembora Safari Camp und auf 10 km zum Ngamo Safaris 4WD Camp. Beide sind Jagdcamps und nehmen keine normalen Touristen auf. Auf Asphalt geht es nun 67 km bis Victoria Falls.

Victoria Falls

Vic'Falls *war* ein trubeliger Ort, dessen einziger Lebenssinn die Betreuung und Unterhaltung der Touristen zu sein schien. Die wegen der politischen Situation in Zimbabwe ausbleibenden und lieber nach Livingstone reisenden Touristen haben Vic'Falls ein Desaster beschert. Ganze Hotelflügel wurden geschlossen, die internationalen Hotelketten zogen sich zurück (z.B. Accor), und die Geldwechsler und Souvenirverkäufer auf den Straßen werden aus reiner Verzweiflung zunehmend aggressiv – finden sie doch fast keine Besucher mehr, die ihr Geld (illegal!) wechseln oder eine Holzskulptur kaufen wollen. Auch die Safariunternehmen darben vor sich hin, obwohl noch immer einiges an Aktivitäten im Angebot ist. Der kleine, moderne Ortskern wird von verschiedenen Hotels umrahmt, das bekannteste und traditionsreichste ist natürlich das **Victoria Falls Hotel,** eines der „Leading Hotels of the World".

Geschichte

Dr. Livingstone gilt unbestritten als der erste Weiße, der, baff erstaunt, die Fälle zu Gesicht bekam – das war im November 1855. **Mosi-o-tunya,** donnernden Rauch, nannten die Bewohner der Gegend dieses Naturschauspiel. In den Folgejahren der Entdeckung tat sich nicht viel. Die Fälle blieben jungfräulich, nur Händler und Jäger verirrten sich hierher. Wohl wurden ein Hotel und einige Gebäude westlich der Fälle errichtet, das Schwarzwasserfieber zwang aber die Bewohner, sich von hier wieder zurückzuziehen. Man siedelte auf dem Gebiet des heutigen zambischen Livingstone. Um die Jahrhundertwende entstand der Gedanke, eine Eisenbahn vom Kap durch ganz Afrika bis nach Kairo zu bauen. Die Idee ging nur teilweise in Erfüllung, die Bahnlinie von Süden endet heute in Zaïre. Doch für die Entwicklung der Ortschaft war die Bahn ein Faustpfand. Die Eisenbahnbrücke über den Zambezi entstand bis 1905 (auf Initiative von Cecil Rhodes an der heutigen Stelle, damit die Fahrgäste die Fälle sehen, hören und auch die Gischt spüren konnten). Mit der Bahn kamen dann auch die ersten Besucher, die sich die Fälle ansehen wollten. Sie konnten sich im bereits 1903 gegründeten ersten Andenkenladen mit Souvenirs eindecken.

Livingstone

Im Jahr 1904 wurde das erste Hotel vollendet – das berühmte Victoria Falls Hotel. Nun brauchten die Touristen nicht mehr im Zug essen und schlafen (wenn dies auch einige Fahrgäste wegen der mangelnden Bequemlichkeit des Hotels weiter vorzogen). Das Hotel wurde in den Jahren bis heute immer wieder erneuert, verbessert und erweitert. Es blieb nicht mehr das einzige Luxushotel, aber das einzige, das auf eine lange Tradition zurückschauen kann. In den 1960er Jahren kam dann der eigentliche Entwicklungsschub. Die Stadt Victoria Falls wurde zu einem internationalen Touristenzentrum, mit allem, was dazu gehört.

Die Entstehung der Fälle

Der Zambezi entspringt im nördlichen Zambia und fließt zuerst durch Angola. In den Caprivisümpfen wendet sich, nach dem der Chobe hinzugestoßen ist, der Zambezi nach Osten. In Mozambique mündet er, nachdem er 2700 km zurückgelegt hat, in den Indischen Ozean. Es ist der viertlängste Fluss Afrikas.

Vor 150 Mio. Jahren war das gesamte Gebiet um die Victoria-Fälle vulkanisch aktiv. Lava wurde aus dem Erdinneren nach oben gedrückt und lagerte sich in einer dicken Schicht als Basalt ab. Beim Abkühlen entstanden Fissuren, Spalten und Risse, die in Ost-West-Richtung verliefen. In der Folgezeit füllten sich die Risse mit Sedimenten (Kalk und Lehm), die sich am Grund eines großen Sees ablagerten, der die ganze Region bedeckte. Am Schluss waren nicht nur die Spalten gefüllt, der gesamte Basalt war von dem Sediment bedeckt, das sich in Kalkstein verwandelte.

Eine Phase der Trockenheit ließ den See verdunsten, Wind und gelegentlicher Regen erodierte den Kalkstein bis auf das Niveau des Basaltes. Erdbewegungen vergrößerten die Ost-West orientierten Spalten, die nun nicht mehr vollständig gefüllt waren, das Wasser konnte eindringen (die Nord-Süd-Spalten wurden dagegen zusammen gepresst und das darin enthaltene Gestein wurde kompakter).

Die folgende nasse Periode führte zur Bildung eines Flusses, das Wasser begann nun an der ersten Spalte zu nagen und das Kalkgestein auszuspülen. Nach und nach arbeitete sich das Wasser hindurch, der erste Wasserfall entstand (bei der Schlucht, die heute am weitesten flussabwärts von den Fällen liegt).

„Mosi-o-tunya, donnernder Rauch" – die 100 m hohen Victoria-Wasserfälle

Im nächsten Schritt spülte der Fluss ein kurzes Stück Nord-Süd-Spalten aus und konnte nun wieder eine der längeren Ost-West-Spalten in Angriff nehmen. So arbeitete er sich flussaufwärts bis an die Stelle, an der die Fälle heute zu bewundern sind. Vor den Fällen läuft der Zambezi breit und ruhig dahin, da hier eine Fläche aus einheitlich hartem Gestein seinen Untergrund bildet, flussabwärts windet er sich wie eine Schlange in tiefen Schluchten durch das Gestein.

Besuch der Fälle Wer die Fälle besuchen will, sollte Regenzeug mitnehmen, die Gischt sprüht bis zu den Aussichtsstationen und darüber hinaus (bei Aufenthalten am Abend ist ein Moskitorepellent angeraten). Wer nicht die Straße nimmt, sondern von Süden durch der Park marschiert, ist gut beraten, auf Elefanten zu achten. Das gesamte Areal an den Fällen befindet sich in einem Dauerregen des Zambeziwassers, so dass man teilweise an tropischen Regenwald erinnert wird.

Am Eingang sind stolze 20 US-$ Eintritt zu zahlen, hier findet sich auch ein kleines Museum. In 5 Minuten ist man direkt an den Fällen und kann an ihnen entlang nach Osten gehen. Immer wieder führen kleine Fußwege zu Aussichtsplattformen, auf denen pudelnasse Touristen in der Gischt stehen. Vorsicht mit Kameras, die Elektronik liebt kein Wasser, Objektive sind sofort von den feinen Tropfen blind! Das Beste ist, einen großen Schirm über die Kamera halten zu lassen und sie danach schnell wieder wegzupacken. Genießen Sie das Naturschauspiel aus erster Hand, Beeindruckenderes als diese Fälle gibt es kaum mehr auf der Welt!

Wer die Victoria Falls mit weniger Rummel genießen will, kann nach Zambia einreisen und sie von der dortigen Seite aus in aller Ruhe betrachten (s. unten).

Der Überblick Aus der Vogelperspektive kann man erst ermessen, wie gewaltig die Fälle sind, mit dem Flugzeug oder dem Hubschrauber ein teurer Spaß. Günstiger ist es mit dem angeleinten Fesselballon aufzusteigen.

Adressen & Service Victoria Falls

Unterkunft **Luxuskategorie** *The Victoria Falls Hotel,* Tel. 013-44751, Fax 44762, reservations@tvfh.zimsun.co.zw, www.africasunhotels.com. Traditionsreichstes Haus, von der Veranda kann man die Gischt sehen, 10 Minuten Fußweg durch den Dschungel hinunter zum Eingang der Fälle (Vorsicht, Elefanten und zudringliche Souvenirverkäufer!). DZ um 300 US-$, inkl. Frühstück.

Elephant's Hill, Tel. 013-44793, Fax 42333, www.africasunhotels.com; außerhalb gelegenes, riesiges, modernes Hotel, das sich auf Kongresstourismus spezialisiert, DZ um 250 US-$ mit Frühstück.

Rainbow Hotel, Tel. 013-44583, Fax 44654; kleineres Hotel der gehobenen Klasse, DZ um 100 US-$ mit Frühstück.

aZambezi Hotel, Tel. 013-44561, Fax 44654; etwas außerhalb gelegene, schöne Anlage, Hotel der gehobenen Klasse, DZ um 120 US-$ mit Frühstück.

The Kingdom (Kasino), Tel. 013-44275, Fax 44782, www.africasunhotels.com; DZ um 250 US-$ mit Frühstück.

Ilala Lodge, Tel. 013-44737, Fax 44417, www.ilalalodge.com; in der Nähe der Fälle, DZ um 150 US-$ mit Frühstück.

Touristenklasse *Sprayview Hotel,* Tel. 013-44344, Fax 44713, sprayvw@africaonline.co.zw; einfaches Hotel, mit dem es zunehmend bergab geht, am Ortseingang, DZ um 60 US-$ mit Frühstück.

Lukuthula Lodge, Tel./Fax 013-44728, lpklodge@pci.co.zw; Chalets mit mehreren Schlafzimmern, Chalet (6 Personen) um 90 US-$.

Victoria Falls und Victoria-Fälle

Hotels

a'Zambezi River Lodge
Elephant's Hill Hotel
Lukuthula Lodge
Victoria Falls Safari Ldg.
Vic Falls Backpacking
Gerti's Place Lodge
Amadeus Garden Ldg.
8 Rainbow Hotel
9 ilala Lodge
10 The Kingdom
11 Victoria Falls Hotel
12 Sprayview Hotel

1 Park-Eingang
2 Livingstone Statue
3 Devil's Cataract
4 Main Falls
5 Horseshoe Falls
6 Rainbow Falls
7 Eastern Cataract
8 Danger Point
9 Boiling Pot
10 Avis u. Tankst.
11 Tankstelle, Autovermietung
12 Aquarium
13 Polizei / Immigration
14 Bahnhof
15 Complete Car Rental

Günstig *Victoria Falls Town Council,* Tel. 013-40509, Fax 43434, www.vicfallsrestcamp.co.zw. Mitten im Ort gelegener (deshalb ein wenig laut) städtischer Zeltplatz, der auch Hütten und Chalets vermietet. 2-Bett-Chalet um 40 US-$, Camping 10 US-$, 2-Bett-Lodge um 60 US-$ p.P.
Victoria Falls Backpackers Lodge, Tel./Fax 013-42209, matopo@telco-vic.co.zw. Einfache Unterkunft, relativ zentral, DZ um 20 US-$ p.P. mit Frühstück, Bett 15 US-$, Camping 6 US-$.
Amadeus Garden, Tel. 013-42261, Fax 44293, www.amadeusgarden.com. Kleine Lodge mit 11 Zimmern, etwas abseits, deutsche Leitung, empfehlenswert, DZ 80–100 € mit Frühstück (kein Abendessen).

Teestunde im Victoria Falls Hotel mit Blick auf die Brücke

Essen Jedes der Hotels hat ein Restaurant, die Preisklassen orientieren sich an der Hotelkategorie. Daneben gibt es noch ein Steakhaus (*The Cattleman,* Clarke Road, Tel. 013-44767), *Wimpy* (Hamburger, gegenüber der Touristeninformation, Tel. 013-44470) und diverse Takeaways und Pizzerien. *The Boma,* 538 Reginald Street, Tel. 013-43201, bietet zum Dinner (Wild, Buffet) ein festes Programm mit Unterhaltung (Musik, Tänze etc.). Afrikanische Küche serviert *Mama Africa,* Tel. 013-41725, Landela Centre.

Information Tourist Information, 412 Park Way, Ecke Livingstone Way, Tel. 013-44202

Unterhaltung *Croc Rock Sports Club,* Tanzen mit Open-end von 20 Uhr an, Zambezi Centre (hinter Soper's Arcade). Hunter's Tavern ist ebenfalls ein beliebter Treffpunkt der jüngeren Aktiven, die mal ins Pub schauen wollen. *Craft Village,* nördlich des Postamtes, abends Tanzvorführungen.

Internet Homenet Café, Soper's Arcade (I. Etage), Tel. 013-42470, homenetcafe@classicmail.co.za

Polizei Livingstone Way, Ecke Pioneer Road, Tel. 13-44206 oder 44401

Gesundheit *Vic'Falls Surgery,* West Drive, Tel. 13-44319

Autovermiet. *Hertz,* Soper's Arcade, *Complete Car Rental,* Livingstone Way

Radvermiet. Bei der Touristeninformation

Aktivitäten Wegen der desolaten Situation in Zimbabwe haben sich die meisten größeren Firmen nach Livingstone/Zambia zurückgezogen. Die Aktivitäten in Vic'Falls werden dann von dort betreut. Vermittelnd tätig ist in Vic'Falls *Shearwater Adventures,* Tel. 013-44471, Fax 44341, www.shearwateradventures.com. Im Programmangebot: Flüge mit dem Kleinflugzeug, dem Ultralight und dem Helikopter, Bungee Jumping von der Brücke (kostenloses Visum/Laufzettel, um auf die Brücke zu gelangen), Fallschirmspringen, Kanufahrten und natürlich das berühmte Rafting auf dem Zambezi. Auch die Fa. *Backpacker's Bazaar* organisiert die einschlägigen Aktivitäten und weitere wie Wandersafaris und Elefantenritte (Tel. 013-45828, Fax 44611, backpack@africa.online.co.zw).

Krokodilfarm Die Crocodile Ranch zeigt 30.000 Echsen und verkauft das, was man aus deren Haut macht (Tel. 013-43576, tgl. 8–17 Uhr, 5 US-$ Eintritt).

Aquarium Im Zentrum von Vic'Falls zeigt das Aquarium die Unterwassertierwelt des Zambezi (tgl. 10–16 Uhr, 5 US-$ Eintritt).

Krokodilbesichtigung: Crocodile Ranch and Nature Sanctuary, außerhalb, ca. 3 km hinter dem Hotel Elephant's Hill.

Einkaufen Craft Village and Curio Shops, nördlich des Postamtes.

Autowerkstatt Wer Probleme hat, wende sich an J&M Motors, Stand 440 (Industrial Site), Tel. 013-42092. John und Mike sind Genies und können immer helfen.

Verkehrsanbindung *Nach Windhoek/Namibia:* Mit dem Intercape Mainliner über Rundu und Grootfontein direkt nach Windhoek, Haltestelle in Livingstone, Fahrt auf der zambischen Seite über die Brücke bei Katima Mulio.

Nach Lusaka/Zambia: Mit dem Taxi oder zu Fuß auf die zambische Seite der Grenze und von dort nach Livingstone, wo täglich ein Bus nach Lusaka abfährt.

Nach Bulawayo/Zimbabwe: Tägl. eine Zugabfahrt (Nachfahrt) mit Anschluss nach Harare.

Grenze nach Zambia

Verlassen Sie Victoria Falls in Richtung der Fälle. Sie landen sofort bei der Grenzstation. Für Besucher der Brücke gibt es einen kleinen Laufzettel. Wer nach Zambia weiterreisen will, muss die Abfertigung über sich ergehen lassen. Hinter der Brücke ist der zambische Grenzposten.

Währung: 1 € = ca. 7000 Kwecha.

Grenzöffnungszeiten: 6–20 Uhr.

Fahrzeugpapiere: Internationale Zulassung, Carnet de Passage wird teilweise anerkannt, wenn der Zöllner Schwierigkeiten macht, um temporäre Einfuhrbewilligung bitten.

Persönliche Papiere: Reisepass, Internationaler Führerschein.

Mietwagen: Freischreibung vom Vermieter für Zambia, entsprechende Papiere.

Kosten des Grenzübertrittes: Für Zambia muss für das Fahrzeug eine Haftpflichtversicherung abgeschlossen werden (bei nächster Gelegenheit in einem der Versicherungsbüros in Livingstone, 100.000 Kwecha/Monat). Ebenso ist eine *Carbon Tax* in Höhe von 50.000–200.000 Kwecha (abhängig vom Motor) zu zahlen. Die Grenzbeamten akzeptieren keine Fremdwährung. Notfalls muss man 1 km zum nächsten Hotelkomplex gehen (dort Bank). Die Visumkosten in Höhe von 25 US$ (in dieser Währung zu zahlen) kann man sich sparen, wenn man eine feste Unterkunftsbuchung hat und die Grenzbeamten in Form eines Manifestes von der Unterkunft darüber informiert wurden. Der Tagesbesuch von Zambia kostet 10 US$ (mit 15 US$ Eintritt zu den Fällen, von zambischer Seite kommt man auf dieselben Kosten wie auf der Seite Zimbabwes).

Telefon: Landesvorwahl 00260.

1 km hinter der Grenze geht es links zum Hotelkomplex von Sun International mit den Hotels *Zambezi Sun* (4 Sterne) und *The Royal Livingstone* (5 Sterne). Nach weiteren 10 km ist Livingstone erreicht.

Livingstone

Livingstone, lange die kleine, unbeachtete Schwester der Stadt Victoria Falls, ist ein trubeliger Ort geworden. 2000 Betten warten in dem 100.000 Einwohner zählenden Ort auf Gäste.

Drei kleine Museen (Livingstone, Field und Eisenbahn), ein traditionelles Dorf mit Veranstaltungen und Souvenirverkauf und die Möglichkeit, mit dem Auto zu den Schluchten des Zambezi zu fahren und in diese hinunterzuklettern, stehen auf dem Programm. Viele Backpacker-Unterkünfte ziehen die Jugend an, die einst in Victoria Falls nächtigte und von dort die Fälle bewunderte. Restaurants, Läden, Souvenirhändler – in Livingstone lebt man wesentlich entspannter als auf zimbabwischer Seite.

Das *Livingstone Museum* (tgl. 9–16.30, 5 US-$ Eintritt) hat eine kleine ethnologische Abteilung, die Livingstone Gallery zum Leben des englischen Meisters der Entdecker und ausgestopfte Tiere.

Das *Railway Museum* im Südwesten von Livingstone ist ein Open-air-Museum mit einigen für Eisenbahnbegeisterte sicherlich interessante Lokomotiven und Waggons (tgl. 9–16 Uhr, 2 US-$ Eintritt).

Das *Field Museum* im *Mosi-o-Tunya-Park* zeigt einiges zur Entdeckung und Entstehung. Die Fälle sind von Sonnenauf- bis -untergang geöffnet (Eintritt 15 US-$, wer im *Zambezi Sun* oder im *Royal Livingstone* nächtigt muss keinen Eintritt zahlen). Am Eingang werden für jeweils 2 US$ (bitter notwendige) Regencapes und Regenschirme ausgeliehen – sobald man sich der Knife Edge Bridge nähert (nichts für vom Schwindel Geplagte) ist man bis auf die Haut durchnässt (wenn denn der Zambezi viel Wasser in die Tiefe wirft). Ein Denkmal, das Livingstone zeigt, wurde 2005 aufgestellt, eines für den I. Weltkrieg stammt aus dem Jahr 1923.

Adressen & Service

Information Tourist Centre, Mosi-o-Tunya Road, beim Rathaus, Tel. 03-321404, Fax 321487, www.zambiatourism.com

Unterkunft **Luxus** *Royal Livingstone Hotel,* Tel. 03-321122, Fax 324558, falls@sunint.co.za, www.suninternational.com. Absolute Luxusklasse am Ufer des Zambezi mit herrlicher Terrasse und direkt am Parkeingang zu den Fällen, jedes Zimmer hat seinen persönlichen Butler, hier bekommt man das richtige koloniale Afrika-Feeling. DZ um 800 US-$ inkl. Frühstück.

Zambezi Sun, Tel. 03-321122, Fax 324558, falls@sunint.co.za, www.suninternational.com. Ebenfalls Luxus wie sein vorstehender großer Bruder, etwas günstiger im Preis, DZ um 450 US-$ inkl. Frühstück.

Touristenklasse *New Fairmount Hotel,* Tel. 03-320723, www.newfairmounthotel.com, Standardhotel in der Mittelklasse an der Hauptstraße, DZ um 150 US-$ m. Frühstück.

Günstig *Fawlty Towers,* Tel. 03-323432, ahorizon@zamnet.zm, www.adventure-africa.com. DZ/Bad um 50 US-$, Bett 10 US$, großzügige Backpacker-Anlage mit Pool und großem Angebot an Aktivitäten. – *The Rite Inn,* Tel. 03-323264, Fax 323389, riteinv@zamnet.zm. Nettes, kleines, sehr sauberes Hotel mit Pool, DZ 80 € mit Frühstück. – *Little Paradise Hotel,* Tel. 03-322640, www.livingstone-lodges.com. Kleines Hotel mit Restaurant, etwas außerhalb, DZ um 100 US-$ mit Frühstück. – *Livingstone Hotel,* Tel. 03-324203, www.thelivingstonehotel.com. Zentral gelegenes Hotel mit 25 Zimmern, DZ 80 US-$ mit Frühstück. – *Chapa Lodge,* Tel. 03-322065. Neue kleine Lodge, Garten, Restaurant, DZ ab 70 US-$. – *Jolly Boys Backpackers,* Tel. 03-324229, www.backpackzambia.com. DZ mit Bad und Klimaanlage (auch der Rucksackreisende liebt inzwischen Komfort) 45

US-$, Schlafsaal 10 US-$, Camping 5 US-$/Person, *die* Adresse in Livingstone, wo sich die Traveller treffen.

Außerhalb *No Name Camp,* 15 km außerhalb in Richtung Kazungula Ferry, Tel. 097-820919. „Goulash, sweet sauer Cabbage & Dumplings" im Restaurant, Chalets, Zeltplatz, Pool, Shuttle in die Stadt. DZ ab 80 US-$, Camping ab 10 US-$.

Essen *Rite Pub & Grill,* Mosi-o-Tunya-Road, Tel. 03-320398; Standardgerichte wie Pizzen und Hamburger, Steaks und Pasta, Mi–So Livemusik. *Utsav,* Mosi-o-Tunya Road, Tel. 03-322225; indische Küche in einfachem Lokal. *Ngoma Zanga,* Mosi-o-Tunya-Road, Tel. 03-323146, 099-441441; afrikanische Küche in ihrem besten Sinn, gespeist wird bei Fackelschein und im Winter mit kleinen Kohleöfen draußen; Traditionelles ohne Gewürze, aber pikant mit Zwiebeln, Tomaten und Erdnuss angerichtet (tgl. 10–22.30 Uhr). Ein Curio-Shop gehört auch dazu, alles im Besitz der zambischen Sängerin Jane Osborne.

Märkte Täglicher Markt im Stadtteil Dambwa nördlich des Zentrums

Polizei in der Ortsmitte, östlich der Eisenbahn

Gesundheit Livingstone General Hospital, Akapelwa Street

Aktivitäten Alle Aktivitäten, wie Flüge, Bungee, Rafting, Fallschirmspringen, Safaris etc. lassen sich buchen bei *Jolly Boys Backpackers* (s. oben bei Unterkunft) oder bei *Cholwe Adventures,* Mosi-o-Tuny-Road südlich des Zentrums, Tel. 03-321044, cholwe@iway.na und cholweadv@mail.zamtel.zm (auch Unterkunft möglich, DZ 12 €, Camping 4 €).

Livingstone – Kazungula (Grenze Botswana)

Verlassen Sie Livingstone auf der Nakatindi Road nach Westen. Nach 10 km passieren Sie den Abzweig zur *Sussi* und *Charma Lodge* (175013/254634), 1 km weiter den zur *Thorntree River Lodge* (174958/254556). Nach weiteren 3 km kommt man zum *No Name Camp* (174926/254410, s. Unterkunft Livingstone). 2 km dahinter kommt der Abzweig, der auf 2 km Piste zur Tongabezi Lodge führt. Sie ist schweineteuer, aber hochexklusiv (Tongabezi, Tel. 03-323235, Fax 324483, www.tongabezi.com). Die Suiten sind in den Uferhang hineingebaut und zur Flussseite hin offen, auf der Toilette kann man thronen und Elefanten beobachten. Wer alleine sein will, ist alleine, wer etwas wünscht, telefoniert dem Personal, das umgehend zur Verfügung steht. Wer sich auf seine Hochzeitsreise konzentrieren will, ist hier richtig. Man kann einen Lunch auf des „Messers Schneide", einer Insel direkt an der Kante der Victoria-Fälle buchen.

Zurück auf der Hauptstraße und 5 km weiter erreichen Sie den Abzweig zur *Natural Mystic Lodge* (174759/254116), nach 15 km geht es zu *The Island of Stankaba* (174643/253308) und nach 19 km zur *Royal Chundu Lodge* (174625/252322). 12 km weiter muss man links nach Kazungula einbiegen (174608/251655) und erreicht nach 3 km, entlang einer endlosen Kette von Lkw, die auf die Überfahrt mit der Fähre warten, die Grenze (6–18 Uhr, *Council Levy* in Höhe von 100.000 Kwecha sind zu zahlen, die Überfahrt kostet 20 US$). Nach der Grenzabfertigung auf botswanischer Seite sind Sie wieder bei Kilometer 72 des ersten Teiles dieser Route (nach Ngoma 72 km).

Route 16: Elefantenrüssel im Zelt und Löwen satt – Chobe und Moremi

Kazungula – Chobe – Moremi – Maun – Ghanzi – Buitepos

Km	Abzweig	Ort	Übernachtung	GPS
Km 0 s. bis Km 68 Route 15		Kazungula		
Km 68 nach W auf Teer		Ausgang Chobe-Nationalpark Kontrollstelle		17 55 44 25 43 40
Km 68, n. 200 m n. S nach Kachikau Piste				17 55 47 24 43 32
Km 79		Mabele		17 58 32 24 39 12
Km 92		Kavimba		18 04 08 24 35 03
Km 105		Kachikau		18 09 01 24 30 37
Km 148		Ghoha Gate, Chobe NP		18 23 14 24 14 46
Km 171		Airstrip		
Km 175	Abzweig zu Lodge und Camp	Tor	Savuti Government Campsite Savuti Safari Ldg. Savuti Elephant C.	18 34 03 24 03 55
Km 178	Abzweig zu Felsmalereien			18 35 14 240424
Km 200		Sandige Abschnitte		
Km 227		Mababe Gate		19 06 10 23 59 07
Km 243 nach Moremi rechts	Zum Mababe Village 8 km			19 06 57 23 59 09
Km 248	Kreuzung			19 09 28 23 55 16
Km 255		Ausfahrt aus dem Chobe-Nationalpark		19 07 42 23 52 55
Km 271	Khwai River Ldg. Km 0 Km 1		Khwai River Ldg.	19 08 44 23 47 21 19 08 52 23 47 57
Km 276		Nordtor Moremi-Nationalpark	Moremi Northgate Zeltplatz	19 10 15 23 45 02
Km 300		Südtor Moremi-Nationalpark	Moremi Southgate Zeltplatz	19 25 30 23 38 44
Km 332	Einmündung			19 38 52 23 48 23

Km	Abzweig	Ort	Übernachtung	GPS
Km 333		Disease Control		19 39 05 23 48 03
Km 351 Teer		Shorobe, T+V		19 45 23 23 40 34
Km 378			Audi Rastlager	19 56 07 23 30 41
Km 388		Maun, T+V	s. unter Maun	19 58 33 23 25 56
Km 398			Sitatunga Zelt- platz	20 03 40 23 20 36
Km 460		Toteng		20 21 00 22 57 57
Km 502		Kreuzung		20 38 51 22 44 16
Km 557		Disease Control		20 59 59 22 25 18
Km 564		Kukwe		21 02 42 22 24 02
Km 636		D'Khar, T+V Craft's Shop		21 31 05 21 56 54
Km 652	Dqae Qare Campsite Km 0 Piste n. O Km 10		 Dqae Qare Camp- site	21 34 22 21 50 42
Km 674	Kanana Game Lodge Km 0 Piste Km 27 Farmpiste Km 39	Ghanzi, T+V	s. unter Ghanzi Kanana Game Lodge	21 41 14 21 39 42 21 43 01 21 24 58
Km 684			Trailblazers	
Km 719	Abzweigung nach Kang			22 03 43 21 32 01
Km 755			Chobokwane Campsite (4 km)	22 06 35 21 11 24
Km 792		Tsootsha, T		
Km 842		Xanagas		22 11 43 20 19 14
Km 860			Setso Lodge	22 15 12 20 09 30
Km 870		Charles Hill, T+V		22 16 23 20 04 34
Km 876		Grenzposten Botswana		22 16 41 20 01 47
Km 878		Buitepos Grenzposten, T	Buitepos Zeltplatz	22 16 51 19 59 17

Kazungula – Savuti-Camp (Chobe Park)

(Achtung! Strecke nur für Allrad-Fahrzeuge)

Hinweis: Sowohl die staatlichen als auch die privaten Camps und Lodges in den Nationalparks verlangen eine Vorausbuchung. Die Zeltplätze in den Nationalparks Chobe (10 Stellplätze) und Moremi (24 Stellplätze) wurden im Oktober 2009 privatisiert, wie es dort weitergeht (Preise, Ausbau Infrastruktur u.a. war zur Drucklegung des Buches noch nicht bekannt). Die Stellplätze seien bis Ende 2010 bereits ausgebucht (Information vom Dezember 2009). Buchungen der staatlichen Camps in Maun: P.O. Box 20364/Maun, Tel. 00267-661265, Fax 661264; Buchungen in Gaborone: P.O. Box 131/Gaborone, Tel. 00267-580774, Fax 580775, dwnp@gov.bw.

Bei Ngoma haben Sie Anschluss an die Route 15 zu den Victoria-Fällen.

Sie passieren die Kontrollstelle am Ein-/Ausgang des Chobe-Nationalparks und biegen 200 m danach nach Süden auf eine Piste ein, die nach Kachikau führt (Hinweisschild „Savuti 115 km, Kavimba 21 km und Satau 56 km"). Rechnen Sie vier Stunden bis Savuti und mindestens noch einmal soviel bis Moremi bzw. bis Maun auf der Piste südlich und außerhalb des Parks.

Die folgenden 80 km verläuft die anfangs (bis Kachikau sehr rauhe, aber feste), später dann zunehmend sandige Piste außerhalb der Grenzen des Nationalparks durch relativ dicht besiedeltes Gebiet. Die eleganten Kronen der Schirmakazien verleihen der Landschaft ein typisch afrikanisches Flair. Immer wieder passiert man Streusiedlungen und endlos langgezogene Straßendörfer, kleine Felder und Gärten werden bestellt, in den Dorfläden sind Grundnahrungsmittel, manchmal auch Cooldrinks erhältlich, doch Treibstoff gibt es nicht.

Kachikau ist nach etwa 37 km Fahrt erreicht. Von hier führt eine Piste nach Norden an die Ufer des meist ausgetrockneten Lake Lyambezi. Hinter dem Ort wird die Piste sandiger, die Kalahari-Dünen fordern wieder ihr Recht und verlangsamen das Fahrttempo. Spätestens hier scheitern nicht-allradangetriebene Fahrzeuge.

Bei Km 78 geht's wieder hinein in den Chobe-Nationalpark, der Kontrollposten kassiert die Parkgebühr (120 Pula pro Person u. Tag und 50 Pula per Fahrzeug u. Tag) und prüft, ob eine Übernachtung reserviert wurde. Reisende ohne feste Buchung werden fast immer abgewiesen. Kaum hat man den Eingang passiert, belebt sich die Landschaft – Antilopen, Affen und die ersten Dickhäuter können gesichtet werden. Auch topographisch verändert sich die Umgebung: Mehrere Bergkuppen überragen die Dornbuschsavanne, und trockene, zum Teil umgestürzte Baumstümpfe sprechen eine deutliche Sprache von der Zerstörungsgewalt der großen Elefantenherden in der Savuti-Ebene. Bei Km 106 mündet eine Piste, die, von Kasane kommend, den Chobe-Nationalpark durchquert und über Savuti weiter nach Maun führt (diese Strecke ist in ihrem ersten Abschnitt allerdings kaum markiert und in sehr schlechtem Zustand). 200 Meter weiter passieren Sie das Eingangstor zum Savuti-Camp (es kam schon vor, dass es geschlossen werden musste, weil es Elefanten verwüstet haben).

Savuti

Das markanteste landschaftliche Merkmal der **Savuti-Ebene** sind die sieben, bis zu 90 m hohen Dolomit-Hügelkuppen der Gubatsa Hills. Es sind die erodierten Überreste einst mächtiger Inselberge, die vor ca. einer Million Jahren als Inseln den riesigen See überragten, der die heutige Savuti-Ebene bedeckte. An ihrem Fuß kann man heute noch Flusskiesel finden, und in den Felswänden und Überhängen des Bushman Hill haben San ihre geheimnisvollen Zeichnungen hinterlassen.

Ihren Namen verdanken die Savuti-Plains dem Savuti-Kanal, einem seit Jahren trockenen Rivier, das vom Kwando (Grenzfluss zwischen Botswana und Namibia) nach Süden verläuft und das sein Wasser – wenn es denn welches gibt – in die Savuti-Sümpfe entlässt. Warum das Rivier seit Jahren keine Wasserzufuhr mehr erhält, ist rätselhaft. Die Forschung tippt auf tektonische Bewegungen, die den Savuti-Kanal in seinem Oberlauf so angehoben hätten, dass der Kwando ihn nicht mehr speisen könnte.

Allmählich führt das Fehlen des Flusswassers in Savuti zu einer Austrocknung – sichtbar an den abgestorbenen Kameldornbäumen, die seinen Lauf markieren und das Defizit letztendlich auch zu einer Veränderung der Tierpopulation. Das Wild ist heute auf das Regenwasser angewiesen, das sich in mehreren Pfannen sammelt, oder es kommt zu den drei künstlich angelegten Wasserstellen.

Einen spektakulären Anblick bietet die jährliche Zebrawanderung: In riesigen Herden ziehen die Tiere zwischen November und Januar von ihren Weideplätzen am Linyanti durch die Savuti-Ebene nach Süden und kehren zwischen Februar und April dann auf dem gleichen Weg wieder zurück. Herden mit bis zu 30.000 Tieren sind dabei schon gesichtet worden! Berühmt ist Savuti auch für seine Löwen – beim morgendlichen Game drive bekommt man die trägen Katzen mit fast absoluter Sicherheit zu Gesicht!

Unterkunft *Savuti Campsite* (s. oben). **Savuti Safari Lodge** (Buchung über Tel. 0027-21-7130834, Fax 7130836, www.desertdelta.com) und **Savuti Elephant Camp** (Buchung über 0027-11-2741800, Fax 4816065, www.orient-express.com). Die Gäste werden in luxuriösen Unterkünften untergebracht. Gespeist wird im Haupthaus mit Blick auf den Kanal. Übernachtung mit Halbpension kostet ca. 250–500 US-$/Person

Freies Campieren ist in Savuti verboten, und angesichts des Wildreichtums auch nicht angeraten. Die Camps sind nicht eingezäunt, so dass man immer damit rechnen muss, auf „Besucher" zu treffen. Abends und nachts ist Vorsicht geboten, dann finden sich Elefanten und Hyänen ein. Sobald es dunkel ist, werden die Gäste in den Camps deshalb von bewaffneten Wildhütern zu ihren Zelten begleitet. Der nächtliche Gang zur Toilette gestaltet sich als Mutprobe (Kinder gelten als besonders gefährdet und werden deshalb ungern aufgenommen). Trotz der martialisch erscheinenden Sicherheitsvorkehrungen ist die Übernachtung in den Zeltcamps ein einzigartiges Erlebnis. Nur eine dünne Wand trennt Sie von den vielfältigen Stimmen des Buschs, das dumpfe Röhren kämpfender Springböcke, vielleicht sogar das Gebrüll eines Löwen untermalen den (leichten) Schlaf – nur die Herren der Savanne, die Elefanten, kommen lautlos daher. Das Knacken von Zweigen, ein sanftes Streicheln über das Zeltdach verraten, dass die Dickhäuter schon ganz nahe sind … Abends werden Wetten abgeschlossen, wessen Zelt Besuch von den grauen Riesen erhalten wird, am Morgen überbietet man sich mit den spannenden Erlebnissen der Nacht …

Wichtigste Sicherheitsvorkehrung: Die Zelte immer fest verschlossen halten und keinesfalls Essensreste im oder neben dem Zelt liegenlassen (wegen der Hyänen)!

Savuti – Moremi Game Reserve

Alternativroute: Wer nicht durch Moremi, sondern direkt nach **Maun** fahren will, nimmt 2 km hinter dem Mababa Gate nicht die rechte Piste nach Moremi, sondern fährt geradeaus und kommt nach 8 km zum Dorf Mababa (191050/235932). In der Folge fährt man an Schlaglöchern vorbei, mäandrierend auf breiter Piste in der Grobrichtung Süd. 16 km hinter dem Dorf beginnt die Gravel Road (191652/235541). Nach 13 km geht es rechts weg zur *Mankwe Bush Lodge* (192252/235351, Tel. 00267-6865788, Fax 6865787, www.mankwe.com, Luxuszelt mit Selbstanfahrt, sonst alles inklusive um 1300 Pula/Person, Camping 40 Pula/Person). 5 km hinter dem Abzweig durchfährt man das Dorf Sankuyo (192512/235233) und 27 km weiter – 1 km nach der Einmündung der südlichen Moremi-Piste – öffnet sich das Buffalo Gate am Veterinary Fence (193742/234729). Auf rauher Gravelraod sind es nun 50 km hinein nach Maun, im letzten Abschnitt an zahlreichen Lodges vorbei.

Nach **Moremi** folgt man vom Mbabe Gate der rechten Piste. 52 km weiter ist der Ausgang des Chobe-Nationalparks erreicht. Weiter geht es auf einer festen Sandpiste mit tiefen Schlaglöchern durch lichte Baumsavanne in Richtung Maun. Die Straße folgt dem Flusslauf des Khwai-River, an dessen Ufern sich Elefanten, Kudus und Warzenschweine zum Trinken einfinden.

Bei Km 207 zweigt nach links (SO) eine Piste zur Khwai River Lodge, ab (Unterkunft in luxuriösen Hütten mit Blick auf ein Hippo-Wasserloch, gleiche Preiskategorie wie die Camps in Savuti, nur nach vorheriger Reservierung). 5 km weiter, nach Passieren des Dörfchens Khwai, erreicht man wieder ein Park-Gate, diesmal zum Moremi Wildlife Reserve (North Gate). Hier wird der in Chobe bzw. in den Camps bezahlte Eintritt kontrolliert, etwas entfernt liegt eine Public Camp Site unter schattigen Bäumen.

Nur bei üppigem Bewuchs hinterlassen Elefanten keine Fraßschneisen

Moremi Wildlife Reserve

Der Nationalpark am östlichen Rand des Okavangodeltas wurde 1963 auf dem Stammesgebiet der Batswana eingerichtet. Benannt ist er nach Chief Moremi III, dessen Frau die Initiative zur Schaffung des Schutzgebietes ergriffen hatte. Die meisten Batswana haben die Region verlassen, nur am Rande des Parks liegen mehrere Dörfer, in denen auch Fluss-San oder Banoka, die ältesten Bewohner des Deltas, leben. Die Wände ihrer Lehmhäuser stabilisieren die Banoka mit Konserven- und Getränkedosen, die ein dekoratives Muster auf den sonst schmucklosen Rundhütten zeichnen.

Moremi gehört wohl zu den schönsten Nationalparks Botswanas! Dank seiner Lage am Ostrand des Okavango-Deltas besitzt er eine erstaunliche landschaftliche Vielfalt: dichte Mopanewälder und lichte Riedgrassümpfe, Flussläufe und Tümpel, sattgrüne Inseln und goldgelbe Gras-ebenen. Zu den Tieren der Savanne gesellen sich Flusspferde, Sumpfantilopen und unzählige Vogelarten in den Wasserarmen des Deltas.

Nur der östlichste Teil von Moremi kann mit dem Fahrzeug besucht werden! Die Camps weiter nordwestlich werden von Fly-in-Safaris angeflogen; Game drives werden entweder zu Fuß oder mit Booten veranstaltet.

Unterkunft *Camp Sites* am North und am South Gate; einfache, aber saubere Anlagen, in der Hochsaison allerdings ein Jhar im voraus ausgebucht. *Khwai River Lodge,* luxuriöses Camp am Khwai River (Buchung über 0027-11-2741800, Fax 4816065, www.orient-express.com).

Moremi – Maun

Hinter dem North Gate wird der Khwai River auf einer zünftigen Holzbohlen-Brücke überquert. Etwa 2 km weiter führt eine Abzweigung zum Hippo-Pool, einem Tümpel, in dem sich die Flusspferde genüßlich suhlen. Gehen Sie nicht zu nahe an die Wasserstelle heran, denn Flusspferde können erstaunliche Geschwindigkeit und Angriffslust entwickeln, wenn sie sich bedroht fühlen!

Durch Mopanewald mäandert die feste Sandpiste (in der Trockenzeit nach Regen verwandeln sich die Pisten in Sumpf!) dann etwa 30 km weiter durch das Naturschutzgebiet bis zum South Gate (Km 245). Unterwegs zweigen immer wieder Stichstraßen oder Rundrouten zu schönen Aussichtspunkten und Beobachtungsposten ab.

Die beste Zeit zur Tierbeobachtung ist der frühe Morgen oder späte Nachmittag, doch planen Sie Ihre Aktivitäten so, dass Sie die nächste Unterkunft noch vor Einbruch der Dunkelheit erreichen.

200 m nach Passieren des südlichen Parktores führt eine Piste nach rechts zur San Ta Wani Lodge, nach links zweigt die Hauptstraße nach Maun ab.

Bei Km 278 hat Sie schließlich das „zivilisierte" Farmland wieder. Am Kontrollposten der Disease Control werden die Fahrzeuge, je nach Laune der Beamten, einfach durchgewunken, oder sie müssen sich einer Reinigungsprozedur unterziehen, bei der der Wagen mit Desinfektionslösung besprüht wird.

Danach ändert sich nicht nur die Landschaft – dichtes, niedriges Buschwerk beidseits der Straße –, auch die Piste wird nun wieder besser und ist breit gespurt.

18 km weiter gibt es im Städtchen Shorobe ein einfaches Restaurant mit Bar und Bottle Store. Die Straße ist nun asphaltiert, die Region dicht besiedelt und allenthalben weiden Rinder das magere Buschwerk ab.

Kurz vor Erreichen der Bezirkshauptstadt Maun geht es erst zum Crocodile Camp (angenehm, dt. Leitung), danach zum Audi Camp (Overlander, sehr laut). 5 km weiter durchfährt man die unattraktiven Vororte von Maun, das Ortszentrum ist bei Km 347 erreicht.

Maun

Das „Tor zum Okavangodelta" ist ein betriebsames Städtchen, in dem sich fast alles um den Nationalpark-Tourismus dreht. Ungezählt die Schilder der Safari-Veranstalter, die für jedes Interesse und Bedürfnis maßgeschneiderte Rundreisen anbieten.

Völlig verschlafen wirkt dagegen das örtliche Tourismusbüro, das außer Reiseprospekten wenig Hilfreiches beizusteuern hat.

In Maun können Sie die zusammengeschmolzenen Vorräte auffüllen, tanken, Ersatzteile kaufen, in Unterkünften diverser Kategorien übernachten und sich den Bauch mit allen möglichen internationalen Spezialitäten vollschlagen. Die älteste Sehenswürdigkeit des Orts ist die Matlapaneng Bridge, eine Konstruktion aus Mopane-Bohlen über den Thamalakane River. Sie steht heute unter Denkmalschutz und darf nicht mehr befahren werden. Das *Nhabe Museum* (Mo–Fr 8–16.30, Sa 9–16.30, 13–14 Uhr Mittagspause, Eintritt frei, Spende möglich) zeigt hauptsächlich Kunsthandwerk aus der Region. Das *Maun Game Reserve* am südwestlichen Rand der Stadt bringt mit seinem Educational Park (sommers 6–18 Uhr, winters 5.30–19 Uhr, Eintritt 10 Pula) vornehmlich Schulkindern die Natur näher. Zu sehen sind unter anderem Giraffen, Wildebeest und weitere Antilopen.

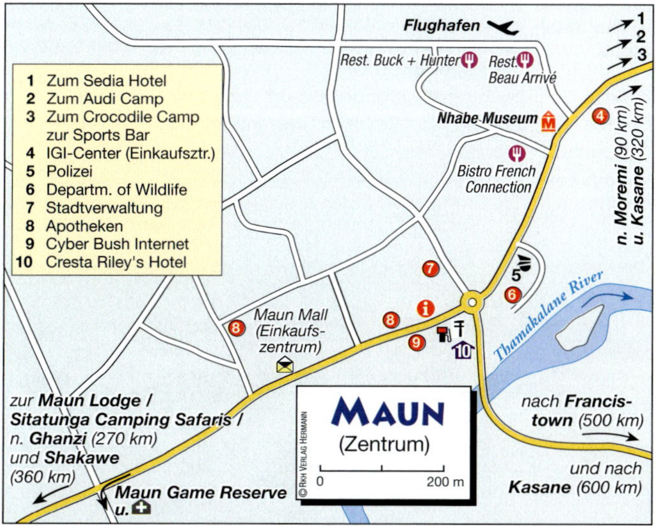

Unterkunft **Touristenklasse** *Cresta Riley's River Lodge,* Tel. 6860204, Fax 6860580, www.cresta-hospitality.com. Unterkunft direkt in Maun am Ufer des Thamalakane, komfortables Hotel mit Pool und hübschem Garten, DZ 900 Pula mit Frühstück.

Maun Lodge, 4 km außerhalb Richtung Francistown, Tel. 6863939, Fax 6863969, www.maunlodge.com. Neues Haus am Ufer des Flusses, DZ 500 US-$ mit Frühstück.

Sedia Riverside Hotel, Tel. 6860177, Fax 6860 347, www.sedia-hotel.com. Etwa 5,5 km nordöstlich von Maun, Chalets und Zimmer, Pool, Campingmöglichkeit auf dem Hotelgelände, DZ 700 Pula mit Frühstück, Camping 50 Pula/Person.

Günstig *Audi Camping,* Tel. 6860599, Fax 6865388, www.okavangocamp.com. Backpacker- und Overlanderunterkunft 10 km nordöstlich, Pool, Shuttle-Service nach Maun, zahlreiche Aktivitäten und Safaris im Angebot, Luxuszelt en-suite für zwei Pers. 490 Pula, Camping 45 Pula/Person.

Sitatunga Camping, Tel./Fax 6860570, am Ortsende in Richtung Ghanzi, 2 km außerhalb der Stadt in einer Flussschleife des Thamalakane. Großzügige Anlage, Grillplätze, Übernachtung in eingerichteten Zweipersonen-Zelten und in Chalets (3 Betten), Zelt ab 250 Pula, Camping 40 Pula.

Crocodile Camp, P.O. Box 46/Maun, Tel. 6800222, Fax 6801256, www.crocodilecamp.com; 10 km außerhalb Richtung Moremi, Bungalows, Stellplätze, Safaris ins Delta, DZ 600 Pula mit Frühstück, Camping 50 Pula/Person.

Alfa Accommodation, Tel. 6864689, Fax 6864636, www.alfamaubotsnet.bw; 5 km Richtung Moremi, günstige Unterkunft mit Komfort, DZ 400 Pula.

Essen Viele Restaurants entlang der Hauptstraße sowie in der Maun Mall, einem modernen Gebäudekomplex mit Läden, Büros und Safari-Veranstaltern. Empfehlenswert sind *French Connection* (auf dem Weg zum Flughafen), Tel. 6800625, mit französischer Küche und Freisitz (Mo–Sa 8–17 Uhr) und *Bon Arrivèe* (am Flughafen), in klarblau gehalten mit Fisch und Fleisch (Mo–Fr 7–23 Uhr, Sa/So 7–24 Uhr).

Information Das Touristenbüro liegt an der Hauptstraße und ist so schön wie sinnlos (Tel. 6860492, Fax 6861676, tourism.maun@gov.bw).

Buchungen für Nationalparks Buchungsbüro der Nationalparks: Parks and Reservations Office, bei der Polizeistation, Maun-Boseja, Tel. 6861265, Fax 6861264, dwnp@gov.bw und in Gaborone: P.O. Box 131/Gaborone, Tel. 00267-580774, Fax 580775, dwnp@gov.bw.

Safaris Buchungen u.a. über Crocodile Camp und Audi Camp.

Polizei An der Hauptstraße im Ortszentrum

Gesundheit Okavango Pharmacy in der Maun Mall

Verkehrsanbindung *Flugverbindungen* nach Windhoek, Gabarone, Francistown und Kasane. Zahlreiche Charterfirmen bieten *Rundflüge* über dem Okavangodelta und Fly-in-Safaris an. Die meisten Firmen haben Niederlassungen in der Nähe des Flughafens.

Maun – Ghanzi

Nach Verlassen von Maun passieren Sie die Abzweigung zum Sitatunga Camp. Auf der Weiterfahrt erobern immer wieder Rinderherden die Straße – Vorsicht an unübersichtlichen Stellen!

Im Städtchen Toteng geht's nach Shakawe in Richtung Caprivi Strip. Diese Strecke am Westrand des Okavangodeltas wurde 1996 durchgängig asphaltiert und ist bis zur namibischen Grenze nun auch mit Pkw befahrbar (obwohl sich die Schlaglöcher häufen). Über den Straßenzustand auf namibischer Seite (Mududmu-Nationalpark) sollte man in der Regenzeit vor Befahren Erkundigungen einziehen.

Wir folgen der Straße in Richtung Ghanzi. Es folgt ein weiterer Posten der Disease Control mit üblichem Prozedere. Die Pad durchquert mehrere kleine Ortschaften und erreicht schließlich den Vorposten Ghanzi.

Ghanzi

Ghanzi ist eine Grenzsiedlung mit Läden für den Farmerbedarf, Bottle Store, Supermarkt und der Atmosphäre einer staubigen Westernstadt. Die Region besitzt große Grundwasservorkommen, die Viehzucht inmitten der Kalahari möglich machen – etwa 200 Farmen soll es im Bezirk Ghanzi geben. Die meisten Kung-San, die in diesem Teil der Kalahari nomadisierten, arbeiten nun auf den Farmen. Im Gegensatz zu ihren namibischen Vettern haben sie es geschafft, eine Art politisch-kulturelle Interessensvertretung einzurichten, die um größere Autonomierechte in Botswana kämpft. Denn anders als in Namibia, wo die Regierenden den Wert der San-Kultur und deren Bedrohung erkannt haben, wurden die botswanischen San bislang verachtet und fast sklavisch ausgebeutet. Wer sich für das Kunsthandwerk der Jäger interessiert, findet im Craft Shop von Ghanzicraft, unweit des Kalahari Arms Hotel, eine große Auswahl sehr schön gearbeiteter Schmuckstücke und Waffen. Der Erlös kommt den San zugute.

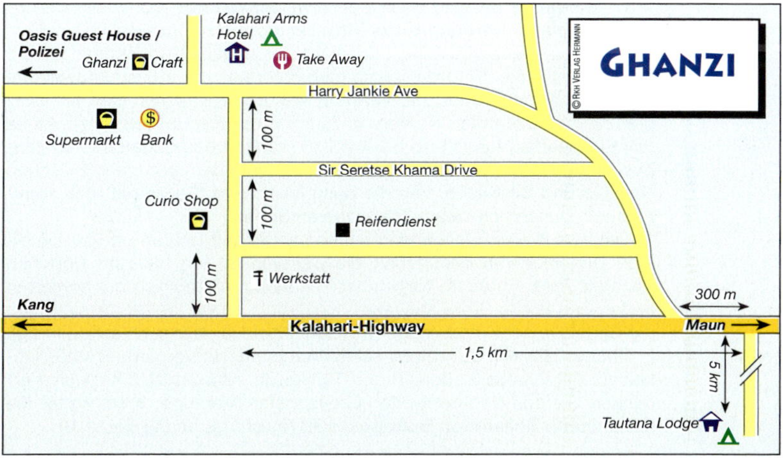

Unterkunft *Kalahari Arms Hotel,* Tel. 6596298, Fax 6596532, www.kalahariarmshotel.com. Mittelklassehotel mit Campingmöglichkeit im Innenhof, wegen der lebhaften Bar allerdings recht laut, annehmbares Restaurant, DZ 400 Pula, Zelten 30 Pula/Person.

Tautona Lodge, Tel. 6597499, Fax 6597500, www.tautonalodge.com. Empfehlenswerte Lodge, sehr gutes und beliebtes Restaurant, Chalets in großer Anlage mit Schwimmlandschaft, Besuch eines Löwengeheges, Ausflüge zu einem Dorf der San, Antilopen u. Giraffen auf d. Farm, DZ 500 Pula mit Frühst.

Khawa Safari Lodge, Tel. 6597691, Fax 6597690, www.khawalodge.co.bw; 4 km Richtung Süden, Chalets und Zeltplatz, DZ 420 Pula, Camping 30 Pula.

Oasis Guesthouse, Tel./Fax 65978533. Einfache, saubere Unterkunft mitten m Ort, DZ 270 Pula.

Camping bei den San Dqae-Qare Camp, Tel. 7252731, Fax 6597703, www.dqae.org oder www.kuru.co.bw. 23 km nördlich von Ghanzi geht es 10 km auf Piste nach Osten, Zeltplatz der San mit kulturellem Hintergrund, Wanderungen, Survival-Trainig, Tänze, Mahlzeiten. Eintritt 20 Pula, Guesthouse mit Halbpension 300 Pula/Person, Camping 40 Pula.

Thakadu Camp, Tel. 72120695, Fax 596959, www.thakadubushcamp.com; 6 km südlich von Ghanzi geht es für 3 km nach Osten, Zeltplatz der Community an einer Pfanne, Duschen, Bar, Camping 25 Pula/Person.

Trail Blazers, Tel. 71720645, trailbla@botsnet.bw; 10 km südlich Ghanzi auf der linken Seite, Wanderungen, Tänze der San, Camping 35 Pula/Person.

Einkaufen *Ghanzi Crafts,* Tel. 6596241, Fax 6596124, www.kuru.co.bw. Kunsthandwerk und Kulturzentrum der San mitten in Ghanzi.

Ghanzi – Grenze Namibia

Schnurgerade zieht nun der Asphalt weiter auf die botswanisch-namibische Grenze zu. Bei Km 658 zweigt bei Tsootsha eine Wellblechpiste zur *Kanana Game Lodge* ab, einer komfortablen Wildfarm, an deren Wasserloch man das typischen Kalahari-Wild – Antilopen, Schakale, Hyänen – beobachten kann (Reservierung Tel./Fax 596166, www.kanana.info). Kurz dahinter kann man bei einer Shell-Tankstelle den Treibstoff nachfüllen und Getränke kaufen.

17 km weiter passiert man die **Farm Jakkalspot,** früher ein Campground. Charlie Hardbattle, der Besitzer der Farm, inzwischen verstorben, war ein San-Mischling und einer der engagierten Streiter für die Rechte der San. Er organisierte den Verkauf von Kunsthandwerk in Ghanzi und nahm 1996 als Vertreter der botswanischen San an einer grenzüberschreitenden Konferenz zum Thema San im südlichen Afrika teil. Ein Beobachtungsturm bei Km 718 markiert das Ende des Farmlandes. In niederem Buschwerk verläuft nun rechts der Grenzzaun zwischen Namibia und Botswana, den die Kung an einigen Stellen mit Hilfe sogenannter „Buschmannleitern" überqueren dürfen.

Einsame Weiler, weitgehend flache Landschaft und ab und zu die ersten Dünenkämme bestimmen die weiteren 80 km bis zum Dörfchen Xanagas, das mitten im Nirgendwo mit einem erstaunlich gut sortierten Laden und Bottle Store aufwartet. Nochmals 18 km weiter passiert man die Baustelle der Setso Lodge (vielleicht ist sie ja aber auch schon fertig).

Charles Hill, Km 828, bietet schließlich die letzte Versorgungsmöglichkeit vor der Grenze (Laden, Engen-Tankstelle, Ambulanz). 6 km weiter erreichen Sie den botswanischen Grenzposten Mamuno, 2 km weiter die **namibische Zollstation Buitepos.** Hier Anschluss an die Route 14.

Route 16a: Westlich des Okavango-Deltas

Km	Abzweig	Ort	Übernachtung	GPS
Km 0 D3403 Piste		Divundu/Bagani, T	Divundu Guest House	18 05 59 21 32 49
Km 5		Popa Falls	Popa Rastlager	18 07 28 21 34 59
Km 6			Divava Ldg (1 km)	
Km 8			Nunda Lodge	
Km 14			Ngepi Camp (4 km)	18 07 00 21 40 13
Km 20			Ndhovu L. (2 km) Mahangu Safari Lodge (2 km)	18 09 18 21 40 07
Km 22		Mahango Wildreservat		18 10 44 21 40 51
Km 34 Asphalt		Grenze Botswana		18 15 41 21 45 45
Km 49		Shakawe, T		18 21 52 21 50 05
Km 58	Km 0 Km 3		 Drotsky's Cabins	18 25 34 21 53 07 18 24 50 21 53 07
Km 79		Tsodilo Hills View		
Km 82	nach Tsodilo Hills Km 0 Piste n. W Km 40	 Tsodilo Hills Muse-um		18 35 49 21 59 58 18 45 32 21 43 56
Km 100	Km 0 Piste n. O Km 2		 Sepupa Swamp Stop + Okavango Houseboats	18 44 54 22 10 24 18 44 44 22 10 24
Km 107		Veterinary Gate		18 50 19 22 13 45
Km 116			zur Nguma Island Lodge (nur 4x4)	18 59 06 22 17 19
Km 119			Nguma Camp (13 km)	19 00 47 22 17 21
Km 127		Etsha 6		19 06 44 22 16 08
Km 149		Gumare, T		19 22 24 22 09 13
Km 180		Nokaneng		19 39 50 22 11 25
Km 288		Sehitwa		20 27 52 22 42 27
Km 322		Toteng		20 21 00 22 57 57

In **Divundu/Bagani** folgen Sie der Piste nach Süd. Es geht an den Popa-Fällen, der Divava Okavango Lodge & Spa, der Ndhovu Lodge, dem Ngepi Camp und schließlich an der äußerst empfehlenswerten Mahangu Safari Lodge vorbei.

Unterkunftstipp Mahango Safari Lodge

Die **Mahangu Safari Lodge** (Details in der Unterkunftsliste) bietet allen Luxus zu sehr fairen Preisen direkt am Ufer des Okavango und unweit des Eingangs zum Mahango Park mit seiner reichen Tierwelt. Durch den Park hindurch führt die Piste bis zur Grenze (Grenzformalitäten s. Route 15). Die Abfertigung geschieht schnell und entspannt. Es muss ein Short Term Permit (40 Pula), eine Road Safety Tax (20 Pula) bezahlt und es dürfen keine Milchprodukte nach Botswana eingeführt werden (wegen der Maul- und Klauenseuche, das Fahrzeug wird durchsucht und Verbotenes verbrannt). Nach der Grenze fährt man durch die Streusiedlung **Shakawe.** Hier hat man die Möglichkeit zu einem Abstecher nach Seronga am Ostufer des Okavango (s. weiter unten).

Unterkunftstipp Drotsky's Cabins und Xaro Lodge

Es geht nun durch Baumsavanne mit vielen Dörfern und Hirsefeldern bis zu **Drotsky's Cabins.** Die Lodge ist schön angelegt, direkt am Wasser, das Restaurant steht als Pfahlbau im Fluss. Herr Drotsky führt die Lodge seit 20 Jahren, seine Familie ist aber schon seit Ende des 19. Jahrhunderts im Land (Drotsky's Cave ist von einem seiner Vorfahren entdeckt worden. Auf dem Okavango werden Bootsfahrten unternommen. Mit dem Boot geht es auch in 15 Min. zur **Xaro Lodge,** herrlich unter hohen Bäumen auf der Insel Etsatsa gelegen, mit luxuriösen Bungalows auf Stelzen, Schwimmbad und Wanderwegen am Fluss entlang. Angelausflüge und Tierbeobachtung mit den (überaus leisen, mit Vierzylindern ausgerüsteten) Booten. Buchungen über Drotsky's Cabins, P.O. Box 115/Shakawe, Tel. 6875035, Fax 6875043, www.drotskycabins.com, Chalet für zwei Personen ab 400 Pula p.P., Camping 120 Pula/p.P.).

Abzweig Tsodilo Hills

Der Abzweig zum **Weltkulturerbe Tsodilo Hills** befindet sich 25 km südlich vom Turn-Off zu Drotsky's Cabins/Xaro Lodge. Die gute und feste Piste führt 32 km nach Westen, bis man einen Abfall erreicht und die Hügel sieht. Durch Gatter durch und an Zäunen entlang folgt man der klaren Spur 6 km bis zum Museumskomplex. Zwei Nächte sollte man schon einplanen, **Campingplätze** sind ausgewiesen (allerdings keine Versorgungsmöglichkeit). 4500 Malereien verteilt auf 420 Stellen wurden an und auf den Hügeln entdeckt. *Male, Female* und *Child* heißen die Berge der Götter, mit 1395 m.ü.NN ist Tsodilo die höchste Erhebung Botswanas. Ihre Namen entstammen einer !Kung-Legende, derzufolge hier einst eine Familie mit Vater, Mutter und Kind lebte. Die Malereien und Gravierungen – einfache, aber auch überaus elaborierte –, stammen aus einer Zeit vor 1000 Jahren. Sie entstanden als Fingerzeichnungen unter Verwendung von Holzkohle, rotem Sand und Kalk, gemischt mit Tierblut, Fett, Eiweiß, Honig und auch Urin. Das Museum veranschaulicht die Kultur der San, am schönsten aber ist es, sich auf den Weg in die Hügelwelt zu machen und die Malereien und Gravierungen selbst zu entdecken.

Geologisch gehören die Felshügel zum Damaragürtel und sind 1000–1500 Mio. Jahre alt, als sie sich durch tektonische Verschiebungen erhoben. Sie geben heute ein Bild von jenem Fels, der sich unterhalb der

Sandschicht die Kalahari erstreckt. Mehrere Wanderwege sind ausgewiesen. Der *Lion Trail* dauert 1,5 Stunden reine Gehzeit, der *Rhino Trail* 2 Stunden, der *Cliff Trail* 3 Stunden und der *Male Hill Trail* zum höchsten Punkt 4 Stunden (der Divuju Trail mit 3,5 Stunden ist nicht mehr gangbar, auch die Guides kennen ihn nicht).

Die berühmteste **Malerei** der Tsodilo Hills ist das Panel **Van der Post,** benannt nach Laurens van der Post, dem großen südafrikanischen Schriftsteller, der auch über die San geschrieben hat und für die Verständigung zwischen den Rassen eintrat. Man erreicht das Panel auf dem Rhino Trail, der direkt beim Museum beginnt. Es geht anfangs auf schmalem Pfad und über Klippen relativ steil nach oben, nach 5 Minuten kommt ein rotes Rhino als erste augenfällige Malerei. Die durchnummerierten Panels sind nicht immer sofort zu finden, man muss sich schon ein wenig umschauen. Bei Nummer 8 ist u.a. eine Giraffe zu entdecken, gegenüber ein Strauß mit Jäger an einem felsgedeckten Lagerplatz.

Nun befindet man sich mehr oder weniger oben und der Weg wird immer wieder sandig. Nummer 9 zeigt unter einem Überhang weiße Malereien, und der Weg spaltet sich in Rhino Trail und Lion Trail. Wir folgen dem Ersteren und kommen zu Nummer 12, einer Höhle mit flachen Löchern. Nummer 13, wieder unten, ist der Standort, wo das Laurens van der Post-Panel zu sehen ist. Man wird erst einmal verzweifelt suchen, dann an dem Schild einige Schritte zurücktreten und den Blick steil nach oben richten. Weit weg, fast unter dem Himmel, stehen Giraffe und Eland friedlich beieinander. Nun sind es nur noch wenige Minuten zurück zum Museum.

Weiterfahrt

18 km hinter dem Abzweig nach Tsodilo Hills geht es nach Osten bis **Sepupa** und *Sepupa Swamp Stop* (2 km) mit Chalets, Mietzelten, Zeltplatz, Restaurant und Aktivitäten mit dem Boot (Tel. 00267-71379326, Fax 00267-6877073, www.swampstop.co.bw, Camping 70 Pula/Person, Mietzelt für zwei 250 Pula, Chalets um 200 Pula p.P.). Auf den Holzveranden und Terrassen sitzt es sich beim Sundowner ausgezeichnet, die Küche ist südafrikanisch gediegen mit Fisch und die Bar Mittelpunkt der Angler und ihrer Geschichten. Wer will, lässt sich mit dem Boot hinausfahren.

Vom Swamp Stop kann man auch übersetzen nach **Seronga** (ca. eine Stunde Bootsfahrt) und dort im Labyrinth des Deltas mit der Community Organisation Poler's Trust Mokoro-Touren unternehmen, stundenweise, aber auch richtige Expeditionen über Tage hinweg.

Seronga

Sie haben zwei Möglichkeiten nach Seronga zu kommen: Sie fahren bis zum Swamp Stop, parken Ihr Fahrzeug dort und nehmen ein Boot nach Seronga, oder Sie nehmen (bis Mitte 2007), 4 km hinter dem Grenzposten, die Fähre in Shakawe bzw. benutzen (ab Mitte 2007) die Brücke an das Ostufer des Okavango. Die Brücke überspannt 800 m (davon 150 m Fluss, der Rest Sumpfland). Von dort geht es auf 80 km unangenehmer Gravelroad und 30 km Sandpad (4x4) nach Süden (irgendwann soll die Strecke asphaltiert werden). Nach etwa zwei Drittel der Strecke überblickt man vom Hochufer – gegenüber Nxamasere – die Landschaft und schaut weit nach Westen bis Tsodilo Hills.

Von Seronga aus besteht die Möglichkeit, die **Okavango Houseboats** zu erreichen. Das Kopfbüro ist auf dem Festland (184903/222457), mit dem Schnellboot geht es in wenigen Minuten zu den drei Wasserhäusern Ngwesi (4 Zimmer en-suite), Inkwazi (9 Zimmer) und Inwankuni (10 Zimmer). Alle drei schwammen einst auf dem Kariba See im Norden von Zimbabwe. Als die politische Situation dort unerträglich wurde, hat man sie mit dem Lkw in einer beispiellosen Aktion über Bulawayo und Francistown zum Okavango gefahren. Der Aufenthalt auf den Booten ist luxuriös, man faulenzt oder fischt, birdet oder kann den Nilpferden zugucken. Das Essen ist ausgezeichnet und mit Schwergewicht auf dem, was man selbst gefangen hat (Okavango Houseboats, Tel. 00267-6860892, www.okavangohouseboats.com, ab 4500 Pula/Boot (8 Personen maximal) zzgl. 300 Pula/Person für Mahlzeiten, Transfer von Sepupa geht extra (einfach 200 Pula/Person).

Auf dem Festland kann man auch im Community Camp des *Poler's Trust* mit Namen **Mbiroba Camp** (184932/222559) nächtigen (Tel. 00267-6876861, Fax 6876939, www.okavangodelta.co.bw; Rondavel 110 Pula/Person, Chalet für zwei 350 Pula, Camping 44 Pula/Person). Die weitläufige Anlage besitzt auch ein Restaurant, Mokoro-Unternehmungen sind hier das Gelbe vom Ei. **Mokoro Touring:** 220 Pula kostet eines dieser aus einem Baum ausgehöhlten Boote pro Tag mit Führer. Wer hierher kommt, will sich in der Natur verlieren und begibt sich mit dem Mokoro in die Sumpflandschaft mit der unglaublich reichen Tierwelt. Der *Poler's Trust* (Tel. 00267-6876861, polers@okavangodelta.co.bw) garantiert eine naturnahe und naturverträgliche Reise auf die althergebrachte Weise mit der Möglichkeit zu Campen und mehrere Tage im Outback zu verbringen. Ein weiteres Camp auf der Seronga Seite des Okavango ist das **Umvuvu Camp** (185251/223117), das nur mit dem Mokoro zu erreichen ist (Tel. 00267-71534340, 72574643, umvuvubots@gmail.com, Camping 55 Pula/Person). Hier ist man im Nirgendwo, nur eine Bar lässt vergessen (wenn man will), wo man ist.

Weiterfahrt

In Gumare können Sie tanken und in Toteng haben Sie die Hauptstraße von Maun nach Buitepos erreicht. Hier haben Sie Anschluss an die Route 10.

ANHANG

Anhang

Danksagung Irena und Thomas Keller / Swakopmund
Familie Beyer / Dornhügel
Herr Helmut Schäfer / Windhoek
Umuzi – Afrika-Museum Arthur Benseler / Freiberg/N

Die Autoren Daniela Schetar, Friedrich Köthe
Freie Journalisten, München und Leipzig. Studium der Ethnologie und Soziologie. Ausgedehnte Reisen führten sie durch Nord-, West- und das südliche Afrika. Verfasser von Reiseführern über Bayern, Leipzig, Portugal, Tunesien, Marokko, Namibia, Botswana, Zimbabwe, Südafrika, Slowenien, Kroatien, Kuba, Mallorca, Madeira, Bulgarien, Polen, Friaul, Venetien und Sizilien.

Fotos Alle von Friedrich Köthe,
außer
Elke Losskarn: Titelbild, S. 119 u. 485
Christine Philipp: S. 118u, 2x 126, 127, 2x 128, 129u, 133
Helmut Hermann: 62, 2x 120, 123, 124, 125,o, 127u, 2x 129, 2x 130, 2x 131, 2x 134, 135, 137o, 139, 193, 194, 262, 400
Historische Abbildungen aus Privatbesitz

Oryx-Antilopen in den letzten Strahlen der Kalahari-Sonne

Ausrüstungsliste

Reiseausrüstungs-Hinweis

Fast alle namibischen Autoverleiher vermieten auch Campingausrüstung. Spezialisiert auf den Verleih von Campinggegenständen, vom Schlafsack bis zum Geschirr, von Möbeln bis zum Rucksack sind Camping Hire Namibia, 78 Malcolm Spence Street, P.O. Box 80029, Tel./Fax 061-252995 und Adventure Camping Hire, 27 Schopenhauer Street, P.O. Box 20179, Tel./Fax 061-242478, www.natron.net/tour/adventure

Reisedokumente

Pass (u.U. Visa der Nachbarländer?)
Int. Führerschein
Impfpass
Flugschein
Buchungsbestätigungen
Verkleinerte Kopien der Reisedokumente

Allgemeine Ausrüstung

Koffer, besser flexible Reisetaschen oder Kofferrucksäcke
Tagesrucksack
Wasserflasche
Passbilder
Geld/Reiseschecks
Geldgürtel/Brustbeutel
Fernglas
Fotoausrüstung
Taschenlampe
Moskitonetz
Moskitospiralen
Moskito-Repellent
Reiseapotheke
Reisewaschmittel (Rei in der Tube)
Taschenmesser
Nähzeug
Reisewecker
Landkarten
Landesliteratur
Schreibzeug
Heimat- und eMail-Adressen

Persönliche Ausrüstung

Leichte Kleidung
Warme und feste Kleidung
Regencape/-poncho
Badesachen
Zahnbürste/-pasta
Nagelpflegeset
Seife
Haarwaschmittel
Handtuch/Waschlappen
Rasierer/Pinsel/Creme/Klingen
Tampons/Binden
Sonnencreme
Sonnenbrille
Ersatzbrille
Linsenflüssigkeit für Kontaktlinsenträger
Schlafsack
Liegematte
Reiselektüre

Reiseapotheke allgemein

Pflaster
Mullbinden
Elastische Binde
Verbandspäckchen
Brandwundenpäckchen
Wunddesinfektionsmittel
Talkpuder
Schere
Pinzette
Einmalskalpell
Nahtmaterial
Spritzenbesteck
Fieberthermometer
Schlangenbissset
Fußdruckpflaster
Wasserentkeimung
Schmerztabletten
Durchfallmittel zum Beispiel Immodium
Elektrolyte
Wundsalbe
Antibiotikum
Antimykotikum
Halstabletten
Insektenrepellent
Ohrentropfen
Nasenöl (wegen der trockenen Luft)
Antiallergikum zum Beispiel Systral
Spezielle persönliche Arzneimittel

Kleiner Sprachführer

	Guten Morgen!	Wie geht es Ihnen?	Danke, gut!	Guten Abend!	Gute Nacht!
Khoikhoi	!Gai//goas / moro!	Matisa?	!Gai i ge a, aios	!Gai-tse !ga//aeb!	!Gai !uis!
Caprivi	Mu zuhile!	Mu zuhile cwani?	Ni zuhile!	Mu tozi cwani!	Mu iyi itumezi!
Kavango	Morokeni!	Ngapi Nawa ndi?	Hawe nawa tupu!	Zuhwareni po nawa!	Tokwereni p nawa!
Herero	Moro!	Koree?	Ami mbi ri nawa!	Mwa uhara!	Raree nawa!
Ovambo	Mwa lala po!	Ongiini!	Onawa!	Mu uhala po!	Lala po nawa!
Ovahimba	Mwe lele po!	Ongaipi?	Onawa!	Mwa uhala po!	Nangala po nawa!

Glossar Südwester-Deutsch

„abkommen“ eines Riviers. . . Trockenfluss führt Wasser
Baas . . . . Boss
Baster. . . . . Mischling
Beester. . . . . Rinder
Bergveld. . . . . gebirgige Landschaft
Bockie . . . . Ziege
Boerwors . . . . Bratwurst
Braai. Grill, grillen
Buschveld . . . . Busch
Dam . . . . Stausee, Staumauer
Donkey. . . . . Esel, Badeofen
Drift . . . . Furt
Fontein. . . . . Quelle
Gemsbock . . . . Oryx-Antilope
Jerry. Deutscher
Klip. . . . . Felsen, Stein
Koppie, Kopje . . . . Hügel, auch Tasse
Kost . . . . Essen
Kraal. Dorf der schwarzafrikanischen Bevölkerung
lekker . . . . schön
Lekkers . . . . Süßigkeiten
Lorri . . . . Lkw
Millipapp . . . . Maisbrei, Grundnahrung der schwarzafrikan. Bevölkerung
Morro . . . . Guten Tag
Omuramba. . . . . Trockenfluss (Herero). Plural: Omiramba
Oshana. . . . . flacher Flusslauf, der saisonal Wasser führt (Ovambo)
Oukie . . . . Südwester-Deutscher
Pad. . . . . Straße, Piste, Weg
Padskrapper . . . . Baumaschine zur Straßeneinebnung
Pan. . . . . Senke (Pfanne), die saisonal überflutet wird
Permit. . . . . Erlaubnisschein
Pieker. . . . . Dorn (besonders: Dorn des Morgensterns)
Pontok . . . . Hütte der schwarzafrikanischen Bevölkerung
Potjie . . . . Dreibeintopf aus Gusseisen
Rivier . . . . Trockenfluss
Sandveld . . . . Landschaft mit sandigen Böden, Sandwüste
Store . . . . Laden
Teerpad . . . . Asphaltstraße
trekken. . . . . Weiterziehen (auf Suche nach Weide, neuem Lebensraum)
Übersee . . . . Europa (Deutschland)
Veld . . . . Landschaft, Region
Veldkost. . . . . Verpflegung aus der Natur
Vlakte. . . . . Ebene
Vlei . . . . Senke, in der saisonal Wasser steht
Werft . . . . Hütten der schwarzafrikanischen Arbeiter auf einer Farm
Winkel . . . . Laden

Literaturverzeichnis Namibia

Weiterführende Literatur, mit der Sie sich auf Ihren Namibia-Urlaub gut vorbereiten und mit denen Sie Ihre Vorfreude auf die Reise steigern können.

„Weiß und Schwarz“ (Utte, W, Wendeburg 2007, ISBN 3-932030-39-0, 24 x 17 cm, 160 Seiten, zahlr. sw-Fotos, 19,80 €). Die Fotos aus den Jahren 1896–1901 eines Soldaten der Schutzruppe dokumentieren das Leben im Schutzgebiet, sowohl der Soldaten, als auch der schwarzen Bevölkerung.

„Jagen in Namibia“ (Denker, K.-U., Windhoek o. J., ISBN 3-936858-89-6, 22x30 cm, 127 S., zahlr. Farb- und sw-Abb., 35,00 €). Eine professionelle Beschreibung der Jagdgebiete, der Wildarten und deren Bejagung, Ausrüstungstipps und viele spannende Jagdberichte zeichnen dieses nützliche und anspruchsvolle Buch aus.

„S' ist ein übles Land hier“ (Eckl, A., Köln 2005, ISBN 3-89645-361-0, 16x24 cm, 302 S., 1 Faltkarte, 23 sw-Fotos, 34,80 €). Brisante Abhandlung über die heutige Historiographie des Herero-Deutschen Krieges und Tagebuchaufzeichnungen aus dem Herero-Krieg 1904 von Georg Hillebrecht und Franz Ritter von Epp.

„Der Kalahari abgerungen“ (von Hase, H. J., Windhoek 2006, ISBN 3-936858-05-05, 15x21 cm, 152 S., 23 sw-Fotos, 19,95 €). Die hochinteressante und lange Lebensgeschichte von Hases als Neuling im Lande und später als Farmer und Minister.

„Einführung in den südlichen Sternenhimmel“ (Conradie, F:, Windhoek 2004, ISBN 3-936858-59-4, 15x21 cm, 120 S., zahlr. Illustr., 19,90 €) Mit bloßem Auge sichtbare Planeten, die hellsten Sterne und die Sternbilder der südlichen Halbkugel werden leicht verständlich vorgestellt und auffindbar gemacht.

„Erlebnis Etoscha“ (Marais, A. u. C., Windhoek 1995, ISBN 3-936858-95-0, 29x21 cm, 102 S., zahlr. Farbillustr., 39,95 €). Eines der schönsten Naturkundebücher über den Nationalpark: 24 Plätze und Wasserstellen mit Ihrem natürlichen Eigenarten und ihren Tieren werden in Text und Zeichnung ausführlich beschrieben.

„Fauna und Flora im südlichen Afrika“ (Carruthers, Kapstadt 2007, ISBN 3-936858-17-9, 14x21 cm, 294 S., unzähl. Farbillustr., 35,00 €). Einer der beliebtesten Tier- und Pflanzenführer! Hochwertige Darstellung von Niedrigen Wirbellosen, Spinnen, Spinnentieren, Insekten, Süßwasserfischen, Fröschen, Reptilien, Vögel, Säugetiere, Gräser, Seggen, Farne, Pilze, Wildblumen und Bäumen.

„Newman's Birds of Southern Africa“ (Newman, K., Kapstadt 2002, ISBN 1-86872-761-0, 21x15 cm, 528 S., zahll. Farbillustr., 39,95 €). Dieser führende englischsprachige ornithologische Führer beschreibt die Vögel zwischen Sambesi und Antarktis und enthält einen Namensindex in Deutsch.

„Pflanzenführer für die zentrale Namib“ (Burke, A., Windhoek 2005, ISBN 3-936858-51-9, 21x15 cm, 112 S., zahlr. Farbfotos, 23,50 €). Bestimmung der Hauptgruppen der Pflanzenarten der Namib, die mit einer erstaunlicher hohen Artenvielfalt eines der botanisch wertvollsten Gebiete in Namibia ist.

„Pflanzenführer für die südliche Namib“ (Burke, A., Windhoek 2005, ISBN 3-936858-52-7, 21x15 cm, 88 S., zahlr. Farbfotos, 19,95 €). Der zweite Band der Serie.

„Pflanzenführer für die nördliche Namib“ (Burke, A., Windhoek 2005, ISBN 3-936858-61-6, 21x15 cm, 112 S., zahlr. Farbfotos, 23,50 €). Der dritte Band der Serie.

„Bäume und Sträucher des Etosha-Nationalparks und in Nord- und Zentral-Namibia“ (Berry, C., Windhoek 2005, ISBN 3-936858-21-7, 15x21 cm, 164 S., 1 Faltkarte, sw- und Farbabb., 27,50 €). Beschreibung von 50 regionstypischen Bäume und Sträucher, mit Karte des Etoscha-Nationalparks, Beschreibungen der Vegetationsbereiche, volkstümliche Namen der Pflanzen sowie eine Liste mit allen bisher bekannten Pflanzenarten.

„Katutura - Streifzüge durch Windhoeks Township“ (Brockmann; Dade, ISBN 3-933117-04-6, Göttingen 2006, 21x15 cm, 184 S., 156 farb. Abb., 19,80 €). Erzählt die Geschichte des Stadtteils, in dem mehr als zwei Drittel aller Windhoeker lebt und vermittelt interessante Alltags-Geschichten und Impressionen in Wort und Bild.

„Namibia - Gesichter und Geschichten“ (Dahle; Leyerer, ISBN 3-932292-76-7, Delmenhorst 2005, 20x20 cm, 96 S., zahlr. Farbabb., 19,80 €). In essayistischer Form werden mit Besonderheiten dieses weiten Landes eingefangen: Szene aus Katutura, Gottesdienst in Owambo, das Leben auf einer Farm, das touristische Angebot einer San-Gemeinde, die Geisterstadt Kolmanskuppe, Bilder von unterwegs und vieles mehr.

„Das alte Kaokoland“ (von Koenen, E., Göttingen 2004, ISBN 3-933117-24-0, 21x30 cm, 159 S., zahlr. Farb- und sw-Fotos, 1 Karte, Beilage, 1 DVD, 38,00 €) Erlebnisse, Erfahrungen und ein legendärer historischer Film (DVD) über das Kaokoveld der 50er Jahre. Nur wenigen Besuchern war es vor 1980 möglich, diese abgeschiedene Gegend im südwestlichen Afrika zu bereisen.

„Der Wahrheit eine Gasse“ (Schneider-Waterberg, Swakopmund 2005, ISBN 3-936858-88-8, 15x21 cm, 168 S., einige sw-Fotos, 16,90 €): Anmerkungen zum Kolonialkrieg in Deutsch-Südwestafrika 1904. Richtungsweisende Auswertung noch unveröffentlichter, unberücksichtigter oder weitgehend unbekannter Dokumente.

„Als Telegrafenbauer in Deutsch-Südwest“ (Schmidt, W. R., Erfurt 2006, ISBN 3-89702-992-8, 17x24 cm, 128 S., 154 sw-Fotos, 18,90 €) Dieser ungemein spannende Bildband beruht auf dem Nachlaß von Otto Schiffbauer, der 1905-13 im Auftrag der Reichspostverwaltung in Deutsch-Südwestafrika Telegrafenleitungen baute.

„Das alte Südwestafrika“ (Vedder, H., Windhoek 1997, ISBN: 3-936858-28-4, 15x23 cm, 686 S., zahlr. sw-Fotos, 43,00 €). Umfassender Klassiker über die Geschichte Südwestafrikas bis zum Tode Mahareros, erschienen 1934. Wunderbar unterhaltsam und bis auf wenige Details nach wie vor aktuell.

Die Tagebücher des Schutztruppenoffiziers Victor Franke, Bd. 1“ (Franke, V., ISBN 3-936858-00-4, Delmenhorst 2002, 16x24 cm, 420 S., zahlr. sw-Fotos u. Skizzen, 25,00 €). Franke war letzter Kommandeur der Kaiserlichen Schutztruppe in Südwestafrika und legendärer Soldat. Seine Aufzeichnungen (Bd. 1:1896-1904) geben tiefe Einblicke in seine Persönlichkeit und die Vorgänge der Zeit.

„Chronologie der Namibischen Geschichte“ (Dierks, K., Windhoek 2003, ISBN 3-936858-25-X, 15x21 cm, 674 S., sw-Abb., 35,00 €). Eine der wenigen Zusammenfassungen der vorgeschichtlichen Zeit bis zum unabhängigen Namibia (2000).

„Die Geschichte der ehemaligen Kolonie Deutsch-Südwestafrika (1884-1914)“ (Kaulich, U., Ffm. 2003, ISBN 3-631-50196-X, 15x21 cm, 641 S., 9 Faltkarten, 75,70 €). Eingehende Untersuchung der vielfältigen Aspekte der kolonialen Entwicklung Südwestafrikas mit Entwicklungslinien und Abhängigkeiten insbesondere in den Bereichen Verwaltung, Wirtschaft, Infrastruktur, Besiedlung und Finanzierung aufgezeigt.

„Abenteuer, Spuk und Diamanten“ (Honeyborne, Windhoek 2005, ISBN 3-936858-82-9, 15x21 cm, 276 S., zahlr. sw-Fotos, 26,50 €). Abenteuerlicher Polizeidienst im Sperrgebiet der 20er bis 60er Jahre. Seinen Aufzeichnungen über einen Zeitraum von 50 Jahren, verdanken wir dieses spannende Buch.

„Wenn es Krieg gibt, gehen wir in die Wüste“ (Martin, H., Hamburg 2004, ISBN 3935453000, 13x21 cm, 362 S., 14 sw-Fotos, 2 Karten, 25,50 €) Zwei deutsche Geologen in Südwestafrika entziehen sich im 2. Weltkrieg der Internierung durch „Flucht in die Wüste“ und kämpfen dort zwei Jahre um das nackte Überleben unter Hunger und Durst und in wechselnden, primitiven Unterkünften. Feinfühlig und spannend!

„Lüderitzbucht - 1908 bis 1901“ (Baericke, M. E., Windhoek 2001, ISBN 3-936858-41-1, 15x21 cm, 189 S., 79 sw- und Farbfotos, 1 Faltkarte, 14,90 €). Erinnerungen eines Diamantensuchers aus der deutschen Diamantenzeit in Südwestafrika.

„Der weiße Buschmann Peter Stark“ (Stark, P., Windhoek 2003, ISBN 3-936858-29-2, 15x21 cm, 224 S., zahlr. sw-Abb., 19,95 €). Tollkühne, aber illegale Jagderlebnisse: Seine Einstellung zur Jagd ändert sich drastisch, als „der weiße Buschmann“ vom Ministerium für Naturschutz angestellt wird und nun selbst den Wilddieben in Etoscha-Nationalpark das Handwerk legen muß.

„Lüderitzbucht - Damals und gestern“ (Schoedder et al., Windhoek 1998, ISBN 3-936858-42-X, 22x30 cm, 219 S., zahll. sw-Fotos u. Abb., 36,80 €). Ein rührender Charme geht von dieser zauberhaften Stadt aus: unzählige hochinteressante Fotos, Texte und reproduzierte Dokumente aus ihrer Vergangenheit. Tolles Buch!

„Entdeckungsreise in das Innere Südwestafrikas“ (Alexander, J. E., Windhoek 2005, ISBN 3-936858-50-0, 21x15 cm, 377 S., einige sw-Abb., 1 Faltkarte, 22,50 €) Spannender Reisebericht eines englischen Offiziers, der von Kapstadt nach Walvis Bay, dann durch das Groß-Namaland in 1835 und 1836 reiste.

„Etoscha-Karte“ (Frandsen, J., Fourways o. J., ISBN 3-936858-96-9, 20x28 cm, 16 S., farbige Abb., Deutsch; Englisch, 9,95 €) Mit illustrierter Tier- und Vogelidentifizierung. Wenn der Etoscha Nationalpark eines Ihrer Reiseziele ist, sollten Sie dieses wirklich hilfreiche und preiswerte Heft dabei haben. Es enthält alles über den Nationalpark, was Sie wissen müssen.

„Namibia Touristenatlas“ (MapStudio, Kapstadt 2003, 14x24 cm, 88 S., durchgehend Karten u. Fotos, 16,95 €) Namibia im Maßstab 1:1,5 Mio. und 21 Stadtpläne.

„Afrikanischer Heimatkalender“ (Ev.-Luth. Kirche in Namibia. Erscheint seit 1930 jährlich als ein Träger der christlichen Botschaft in Namibia und bietet seinen deutschsprachigen Lesern Lebenshilfe im Alltag, aber auch seit eh und je interessante historische und aktuelle Beiträge über Land und Leute. Alle Ausgaben unter www.namibiana.de (Namibiana Buchdepot)

„Die Sterne sind glühende Kohlen und Asche“ (von Wielligh, G. R., Windhoek 2005, ISBN 3-936858-81-0, 15x21 cm, 96 S., etliche sw-Abb., 14,95 €) Wunderbare Buschmann-Erzählungen, Mythologie und Legenden von G.R. von Wielligh (1859-1932) gesammelt und dadurch der Nachwelt erhalten.

„**Masken Zauber Mythen - Geschichten aus Namibia**“ (Kubisch et alt., Witvlei 2005, ISBN 3-936858-49-7, 21x15, 134 S., einige sw-Abb., 16,50 €) Geschichten aus dem Alltag Namibias oder der Vergangenheit von sieben deutschstämmigen Autoren.

„Geschichten am Lagerfeuer“ (Vedder et alt., Windhoek 2002, ISBN 3-936858-39-X, 15x21 cm, 216 S., 30 sw-Abb., 14,30 €) Herrlich gemütvolle Geschichten aus dem alten Südwest, von Land und Leuten, Sitten und Gebräuchen, Pflanzen und Tieren.

„Ebony“ (Richter, C. A., Windhoek 2003, ISBN 3-936858-90-X, 13x18 cm, 237 S., 16,50 €) Provokanter Namibia-Roman über Sex, Mord und menschliche Abgründe. Geschrieben von einem Deutsch-Namibier, der es wissen muß.

„Benni, der kleine Elefant“ (Heddenhausen, A., Windhoek 2005, ISBN: 3-936858-80-2, 30x21 cm, 16 S., 16 Malvorlagen, dt.-engl., 7,50 €) Ein schönes namibisches Mal- und Erzählbuch mit einer kleinen Geschichte für die kleinsten Namibia-Freunde.

„Gomas darf nicht sterben“ (Kubisch, I., Windhoek 1999, ISBN 3-936858-64-0, 15x21 cm, 50 S., einige sw-Abb., 8,50 €) Eine Farmgeschichte für Kinder von 8-12 Jahren. Um Willem auf eine Schule in der Stadt schicken zu können, will der Vater die alte Kuh Gomas an den Schlachthof verkaufen. Willem will Gomas retten.

„Kinder in Etoscha“ (Davis, J., Windhoek 1996, ISBN 3-936858-98-5, 23x23 cm, 58 S., viele Farbillustr., 1 Karte, 12,00 €) Kindgerechte Erklärung der Flora und Fauna Etoschas und der Camps mit sehr schönen, farbigen Illustrationen.

„Und seither lacht die Hyäne“ (Metzger, F., Windhoek 2004, ISBN: 3-936858-55-1, 15x21 cm, 111 S., etliche Illustr., 19,50 €) Fritz Metzger, (1911-99) hat während auf seiner Farm, die Lebensweise, Mythen und Gebräuche der Buschleute kennengelernt und gibt diese und Ihre Fabeln mit liebevollen Einfühlungsvermögen wieder.

„Lass Bäume sprechen“ (von Koenen, E., Windhoek 2003, ISBN 3-936858-99-3, 22x30 cm, 86 S., durchg. illustr., 19,95 €) Eine wunderbare Charakterstudie namibischer Baumtypen des bekannten Künstlers Eberhard von Koenen.

„Etoscha - Rhythmen einer afrikanischen Wildnis“. (du Plessis, C. u. W., Swakopmund 2003, 30x23 cm, 113 S., durchg. Farbfotos, 34,50 €) Ein Spitzenprodukt, hervorragende Tier- und Landschaftsaufnahmen und Texte! Das Autorenpaar lebte und arbeitete über zehn Jahre im Etoscha Nationalpark in Namibia.

„Klassische & moderne Rezepte aus Namibia“ (Kornmeyer, E., Dreieich 2006, ISBN 3980878546, 15x21 cm, 204 S., zahlr. sw-Abb., 12,95 €) Über 200 Rezepte aus den Küchen der Farmen, Restaurants und den Lagerfeuern im Südwesten Afrikas. Dieses Buch bietet einen umfassenden Überblick über die Landesküche und ermöglicht, die kulinarischen Urlaubserinnerungen in der eigenen Küche nachzuerleben.

„Namibia - Genussreise und Rezepte“ (Boudon, B., Weil der Stadt 2001, ISBN 3775003584, 22x26 cm, 95 S., zahlr. Farbfotos, 24,90 €) Versetzt mit appetitlichen Motiven, tollen Namibiafotos und einleitenden Geschichten, die mit Bedacht und Liebe ausgewählt, in die richtige Stimmung und bald knurrt auch schon der Magen: es funktioniert, ein tolles Kochbuch!

„Namibia - Land zwischen Atlantik und Kalahari“ (B&T Video, Windhoek 2003, DVD, 78 Min., 29,95 €) Dieser sehenswerte Film, von einem Namibier gedreht, zeigt Orte und Sehenswürdigkeiten Namibias durchaus einmal anders und unter anderen Aspekten.

„Namibia 2 - Der Norden von Namibia“ (B&T Video, Windhoek 2003, DVD, 67 Min., 29,95 €) Wie vor, jedoch geht es in das nördliche Namibia.

„Buschmänner von Ombili“ (Wustig, R. u. G., Audio-CD, 50 Min., 12,95 €) Die Schul- und Buschmannchöre von Ombili tragen 30 schöne gesungene Lieder vor. Diese CD wurde im Ombili-Projekt auf der Farm Hedwigslust bei Tsumeb aufgenommen. Für ethnisch verschiedene San-Gruppen werden hier in zwei Dörfern behutsam neue Lebensperspektiven geschaffen.

„Zeitlose Begegnungen“ (Strack, P., Windhoek 2006, ISBN: 3-93858-84-5, Broschur mit Schutzumschlag, 24 x 22 cm, 181 S., 143 Abb., 49,95 €) Fritz Krampe hat wohl wie kein anderer Künstler die Weiträumigkeit Afrikas durchstreift und uns seine Interpretation der Erlebnismomente in einem reichhaltigen Werk hinterlassen.

„Schlangen in Namibia“ (Wustig, G. u. R., DVD, 30 Min., 19,95 €) Der Schlangenexperte Helmut Finkeldey stellt Ihnen Schlangen- und Reptilienarten, die Sie während Ihres Namibia-Urlaubes antreffen könnten, vor. Erfahren Sie mehr über das verborgene Leben und Verhalten der meist übel beleumundeten Tiere und werden Sie sicherer im Verhalten gegenüber diesen und in deren Lebensräumen.

„Passage through Time - The Fossils of Namibia“ (Schneider, G.; Marais, C., Windhoek 2005, 22x30cm, 158 S., durchg. illustr., 59,00 €) Das einzige Werk, das sich in wissenschaftlicher Qualität auf populärer Weise den Dinosauriern Namibias nähert. Phantastisches Buch!

„**Sesriem und Sossusvlei - Die Wüste erleben**“ (Bridgeford, P. u. M., Walvis Bay 2005, 21x15 cm, 70 S., 2 Kartenskizzen, zahlr. sw-Abb., 9,95 €) Ein beliebtes landeskundliches Büchlein über die Namib.

Weitere Namibia-Bücher:

Budack, K.F.R.: **Übersicht der Völker und Kulturen**
In: Namibia, Frankfurter Wirtschafts- u. Sozialgeographische Schriften, Frankfurt, 1989

François, Curt v.: **Deutsch Südwest-Afrika**
Nachdruck der Originalausgabe von 1899 durch Peter's Antiques, Swakopmund, 1993
Geography of Namibia
Gamsberg Macmillan Publ., Windhoek, 1990

Graudent, Karlheinz/Schindler, Hanns-Michael: **Die deutschen Kolonien**
Weltbild Vlg., Augsburg, 1989

Herdtfelder, Roland: **Der Etoscha-Nationalpark**
Verlag der S.W.A. Wissenschaftlichen Gesellschaft, Windhoek, 1984

Leser, Hartmut: **Namibia**
Klett-Länderprofile, Klett Vlg., Stuttgart, 1982

Marshall Thomas, Elisabeth: **The harmless People**
Africasouth Paperbacks, Claremont/South Africa, 1959

Martin, Michael u. Maeritz, Kay: **Namibia**
Bildband, 144 Seiten, 129 Farbfotos, Umschau Buchverlag, Frankfurt/M, 1995
Namibia Environment
Vol. 1, Hrsg. Ministry of Environment & Tourism, Windhoek, 1996

Olivier, Willie u. Sandra: **Naturschutzgebiete in Namibia**
Longman Namibia, Windhoek, 1994

Pendleton, Wade C., Katutura: **A Place Where We Stay**
Gamsberg Macmillan Publ., Windhoek, 1994

Peters, W.: **Baukunst in Südwestafrika 1884–1914**
Windhoek, 1981

Rautenberg, Hulda: **Das alte Swakopmund 1892–1919**
Swakopmund, 1967

Rüdiger, Klaus H.: **Die Namibia-Deutschen**
Franz Steiner Vlg. Stuttgart, 1993

The Hendrik Witbooi Papers
Archeia No. 13, Windhoek, 1990

Lektüre

Bjerre, Jens: **Kalahari**
Brockhaus Vlg., Wiesbaden, 1969

Brodersen-Manns, Hertha: **Wie alles anders kam in Afrika**
Kuiseb Vlg., Windhoek, 1991

Davis, Jennifer: **The Stolen Water**
Traditional Tales from Namibia, New Namibia Books, Windhoek, 1993

Eckenbrecher, v. Margarethe: **Was Afrika mir gab und nahm**
Nachdruck der Originalausgabe von 1940 durch Peter's Antiques, Swakopmund, 1994

Garnier, v. Christine: **Ich habe einen der letzten Kolonialherren Afrikas geheiratet**
Rowohlt Vlg., Reinbeck, 1987

Groth, Siegfried: **Namibische Passion**
Hammer Vlg., Wuppertal, 1995

Hoffmann, Giselher u. Attila: **Im Bunde der Dritte**
Selbstverlag, Windhoek, 1983

Kaujeua, Jackson: **Tears over the Desert**
New Namibia Books, Windhoek, 1994

Kenntner, Georg/Kremnitz, Walter: **Kalahari**
Ambro Lacus Vlg., Andechs-Frieding, 1992

Schatz, Ilse: **Unter Buschleuten**
Selbstverlag, Tsumeb, 1993

Schmidt, Sigrid: **Märchen aus Namibia**
Diederichs Vlg., Köln, 1990

Timm, Uwe: **Morenga**
München, 1978

van der Post, Laurens: **Das Herz des kleinen Jägers**
Diogenes Vlg., Zürich, 1994

van der Post, Laurens: **Die verlorene Welt der Kalahari**
Henssel Vlg., Berlin, 1959

Voigt, Bernhard: **Deutsch-Südwestafrika**
Nachdruck der Originalausgabe von 1913 durch Peter's Antiques, Swakopmund, 1994

Bezugsquelle für alle genannten und viele weitere Titel:
Namibiana Buchdepot
Literatur, Landkarten und Medien über Namibia und das südliche Afrika
An den Graften 38, 27753 Delmenhorst · Tel. 04221-1230240, Fax 1230241
www.namibiana.de

Register

E

F

G

H

I

J

K

L

M

www.reise-know-how.de

REISE KNOW-HOW

Unser Kundenservice auf einen Blick:

- Vielfältige Suchoptionen, einfache Bedienung
- Alle Neuerscheinungen auf einen Blick
- Schnelle Info über Erscheinungstermine
- Zusatzinfos und Latest News nach Redaktionsschluss
- Buch-Voransichten, Blättern, Probehören
- Shop: immer die aktuellste Auflage direkt ins Haus
- Versandkostenfrei ab 10 Euro (in D), schneller Versand
- Downloads von Büchern, Landkarten und Sprach-CDs
- Newsletter abonnieren, News-Archiv

Die Informations-Plattform für aktive Reisende

REISE KNOW-HOW online

Know-How auf einen Blick

Wales
Wangerooge
Warschau
Wien

Zypern, der Süden

Wohnmobil-Tourguides

Kroatien
Provence
Sardinien
Südnorwegen
Südschweden

Edition RKH

Durchgedreht – Sieben Jahre im Sattel
Eine Finca auf Mallorca
Geschichten aus dem anderen Mallorca
Mallorca für Leib und Seele
Rad ab!

Praxis

Aktiv Algarve
Aktiv Andalusien
Aktiv Dalmatien
Aktiv frz. Atlantikküste
Aktiv Gardasee
Aktiv Gran Canaria
Aktiv Istrien
Aktiv Katalonien
Aktiv Polen
Aktiv Slowenien
All inclusive?
Bordbuch Südeuropa
Canyoning
Clever buchen, besser fliegen
Clever kuren
Drogen in Reiseländern
Feste Europas
Fliegen ohne Angst
Frau allein unterwegs
Fun u. Sport im Schnee
Geolog. Erscheinungen
Gesundheitsurlaub in Dtl. Heilthermen
GPS f. Auto, Motorrad
GPS Outdoor-Navigation
Handy global
Höhlen erkunden
Hund, Verreisen mit
Inline Skating
Inline-Skaten Bodensee
Internet für die Reise
Kanu-Handbuch
Kartenlesen
Kommunikation unterw.
Kreuzfahrt-Handbuch
Küstensegeln
Langzeitreisen
Marathon-Guide Deutschland
Mountainbiking
Mushing/ Hundeschlitten
Nordkap Routen
Orientierung mit Kompass und GPS
Paragliding-Handbuch
Pferdetrekking
Radreisen
Reisefotografie
Reisefotografie digital
Reisekochbuch
Reiserecht
Respektvoll reisen
Schutz vor Gewalt und Kriminalität
Schwanger reisen
Selbstdiagnose unterwegs
Sicherheit Meer
Sonne, Wind, Reisewetter
Spaniens Fiestas
Sprachen lernen
Survival-Handbuch Naturkatastrophen
Tauchen Kaltwasser
Tauchen Warmwasser
Trekking-Handbuch
Unterkunft/Mietwagen
Vulkane besteigen
Wandern im Watt
Wann wohin reisen?
Wein-Reiseführer Deutschland
Wein-Reiseführer Italien
Wein-Reiseführer Toskana
Wildnis-Ausrüstung
Wildnis-Backpacking
Wildnis-Küche
Winterwandern
Wohnmobil-Ausrüstung
Wohnmobil-Reisen
Wohnwagen Handbuch
Wracktauchen
Zahnersatz, Reiseziel

KulturSchock

Familienmanagement im Ausland
Finnland
Frankreich
Irland
Leben in fremden Kulturen
Polen
Rumänien
Russland
Spanien
Türkei
Ukraine
Ungarn

Europa

Wo man unsere Reiseliteratur bekommt:
Jede Buchhandlung Deutschlands, der Schweiz, Österreichs und der Benelux-Staaten kann unsere Bücher beziehen. Wer sie dort nicht findet, kann alle Bücher über unsere **Internet-Shops** bestellen.
Auf den Homepages gibt es **Informationen** zu allen Titeln:

www.reise-know-how.de oder **www.reisebuch.de**

SÜDAFRIKA

Erschienen im **Reise Know-How Verlag**

Helmut Hermann
KwaZulu-Natal
1. Auflage 2009
ISBN 978-3-89662-399-7
€ 19,90 [D] · 456 Seiten

KwaZulu-Natal

Mit diesem Reisehandbuch die aufregende Vielfalt von KwaZulu-Natal entdecken:

Diese südafrikanische Provinz ist mit die afrikanischste und kulturprallste des Landes am Kap. Ein echtes Stück Afrika mit exzellenter Reise-Infrastruktur, ursprünglicher Natur und ganzjährig subtropischem Klima. Das Buch bietet topaktuelles Reise Know-how, kombiniert detailgenaue Informationen mit den besten Tipps, Adressen und Attraktionen in den Reiseregionen, visualisiert durch zahlreiche Fotos und Illustrationen.

KwaZulu-Natal ist Südafrika in einer Provinz ...

Durban: KwaZulu-Natals größte Stadt am Indischen Ozean lockt mit vielen neuen und alten Attraktionen

Drakensberge: Die „Alpen Südafrikas" mit bis zu 3000 Meter hohen Gipfeln. Ein Wanderparadies.

Midlands: die malerischen Midlands auf der „Midlands Meander"-Tour entdecken

Battlefields: historische Schlachtfelder, auf denen viele Kämpfe zwischen Zulu, Buren und Briten stattfanden

South Coast: Endlose Strände am Indischen Ozean mit Badespaß und Freizeitvergnügen

North Coast: Strände, Dive Spots, Zulu Traditional Villages, Nature Reserves

Elephant Coast: Der iSimangaliso Wetland Park ist ein einzigartiges Feuchtgebiet mit Meereslagunen, hohen Dünen und einer besonderen Pflanzen- und Tierwelt

Zululand: Tierreservate, exklusive Private Game Parks und lebendige Traditionen im „Königreich der Zulu"

- Strapazierfähige PUR-Bindung
- Mehr als 25 Stadtpläne und Karten, praktische farbige Übersichtskarten in den Umschlagklappen
- Über 300 Fotos und Abbildungen
- Orientierungssystem mit Griffmarken, Seiten- und Kartenverweise zur einfachen Handhabung
- Alle Tier- und Naturschutzparks der Provinz
- Viele Infos zu Land & Leute, informativer Geschichtsteil, viele unterhaltsame Exkurse und Glossar
- Zahlreiche Wander- und Freizeitempfehlungen

SÜDAFRIKA

Erschienen im **REISE KNOW-HOW VERLAG**

Übernachtungsführer Südafrika

Bettina Romanjuk

Übernachtungsführer Südafrika

- Komplett in Farbe
- Über 200 Unterkünfte mit Fotos und Beschreibungen
- Campingführer
- Tipps rund ums Wohnen in Südafrika
- Mit Privattransfers zu den WM 2010-Spielorten

1. Auflage 2010

ISBN 978-3-89662-500-7
€ 14,90 [D]

Der einzige Übernachtungsführer für Südafrika in deutscher Sprache.

Dieser Übernachtungsführer ist die ideale Ergänzung zu den herkömmlichen Reiseführern. Es gibt hier neben den Unterkunftsmöglichkeiten in allen neun südafrikanischen Provinzen auch viele nützliche Reisetipps und Übersichtskarten. Hier findet jeder Leser eine Übernachtungsmöglichkeit nach seinem persönlichen Geschmack. Die Häuser werden mit mindestens einem Foto sowie einer Beschreibung und den Kontaktdaten vorgestellt.

Aufgelistet nach Provinzen finden Sie hier Bed & Breakfasts, Guest Houses, Lodges, Hotels und Ferienhäuser oder -wohnungen. Mitaufgelistet sind auch Luxusetablissements und größere Häuser mit professionellem Service sowie viele Privathäuser, bei denen Herzlichkeit und Familienanschluss der eigentliche Luxus sind. Ebenso stellen wir eine ganze Reihe von „Backpackern" vor – Unterkünfte für den schmalen Geldbeutel. Auch der Camper wird hier endlich fündig: Es gibt zu jeder Provinz einen kleinen Campingführer.

Ganz wichtig, wenn Sie in Eigenorganisation zur Fußball-Weltmeisterschaft nach Südafrika reisen: In diesem Buch finden Sie Unterkünfte, bei denen Vermieter auch bereit sind, Sie zu einem Fußballstadion zu bringen. Damit würden Sie eventuelle Transportprobleme umgehen und können sich voll auf die Spiele freuen.

... der optimale Reisebegleiter für Südafrika

PANORAMA
Namibia
PANORAMA
Vietnam
PANORAMA
Mundo Maya
PANORAMA
Thailand
PANORAMA
Rajasthans Palasthotels
PANORAMA
Thailands Bergvölker und Seenomaden
PANORAMA
Australien
PANORAMA
Wonderland of Rocks
PANORAMA
Südafrika
PANORAMA
Cuba
PANORAMA
Kambodscha
PANORAMA
Zur Quelle des Ganges
PANORAMA
Tibet

PANORAMA

Rad- und andere Abenteuer aus aller Welt

Edition Reise Know-How

In der Edition Reise Know-How erscheinen außergewöhnliche Reiseberichte, Reportagen und Abenteuerberichte, landeskundliche Essays und Geschichten. Gemeinsam ist allen Titeln dieser Reihe: Sie unterhalten, sei es unterwegs oder zu Hause – auch als ideale Ergänzung zum jeweiligen Reiseführer.

Abenteuer Anden - Eine Reise durch das Inka-Reich.
ISBN 3-89662-307-9 · € 17,50

Auf Heiligen Spuren - 1700 km zu Fuß durch Indien.
ISBN 3-89662-387-7· € 17,50

Die Salzkarawane - Mit den Tuareg durch die Ténéré.
ISBN 3-89662-380-X · € 17,50

Durchgedreht – Sieben Jahre im Sattel
ISBN 3-89662-383-4 · € 17,50

Myanmar/Burma – Reisen im Land der Pagoden.
ISBN 3-89662-196-3 · € 17,50

Odyssee ins Glück – Als Rad-Nomaden um die Welt
10 Jahre, 160.000 km und 5 Kontinente
ISBN 978-3-89662-520-5 · € 17,50

Please wait to be seated – Bizzares und Erheiterndes von Reisen in Amerika. ISBN 3-89662-198-X · € 12,50

Rad ab – 71.000 km mit dem Fahrrad um die Welt.
ISBN 3-89662-383-4 · € 17,50

Südwärts – von San Francisco nach Santiago de Chile.
ISBN 3-89662-308-7 · € 17,50

Suerte – 8 Monate auf Motorrädern durch Südamerika.
ISBN 978-3-89662-366-9 · € 17,50

Taiga Tour – 40.000 km allein mit dem Motorrad von München durch Russland nach Korea und Japan · ISBN 3-89662-308-7 · € 17,50

USA Unlimited Mileage – Abgefahrene Episoden einer Reise durch Amerika. ISBN 3-89662-189-0 · € 14,90

Völlig losgelöst – Panamericana Mexiko–Feuerland in zwei Jahren
ISBN 978-89662-365-2 · € 14,90

Die goldene Insel – Geschichten aus Mallorca
ISBN 3-89662-308-7 · € 10,50

Eine Finca auf Mallorca oder Geckos im Gästebett
ISBN 3-89662-176-9 · € 10,50

Eine mallorquinische Reise – Mallorca 1929
ISBN 3-89662-308-7 · € 10,50

Geschichten aus dem anderen Mallorca
ISBN 3-89662-308-7 · € 10,50

Mallorca für Leib und Seele – Schlange im Schneckensud und andere Köstlichkeiten · ISBN 3-89662-195-5 · € 14,90

„Rad & Bike"

Fahrrad Weltführer – Das Standardwerk für Fernreiseradler, 2. Aufl., 744 Seiten. ISBN 3-89662-304-4 · € 23,50

BikeBuch USA/Canada – 624 S., über 170 Fotos und 45 Karten
ISBN 3-89662-389-3 · € 23,50

Fahrrad-Europaführer– 3. Auflage, 648 S., über 50 Karten und 200 Fotos und Abb. · ISBN 978-3-89662-384-3 · € 25,00

Das Lateinamerika BikeBuch 696 S., 92 SW- und 32 Farbfotos, 27 Karten · ISBN 978-3-89662-388-1 · € 25,00

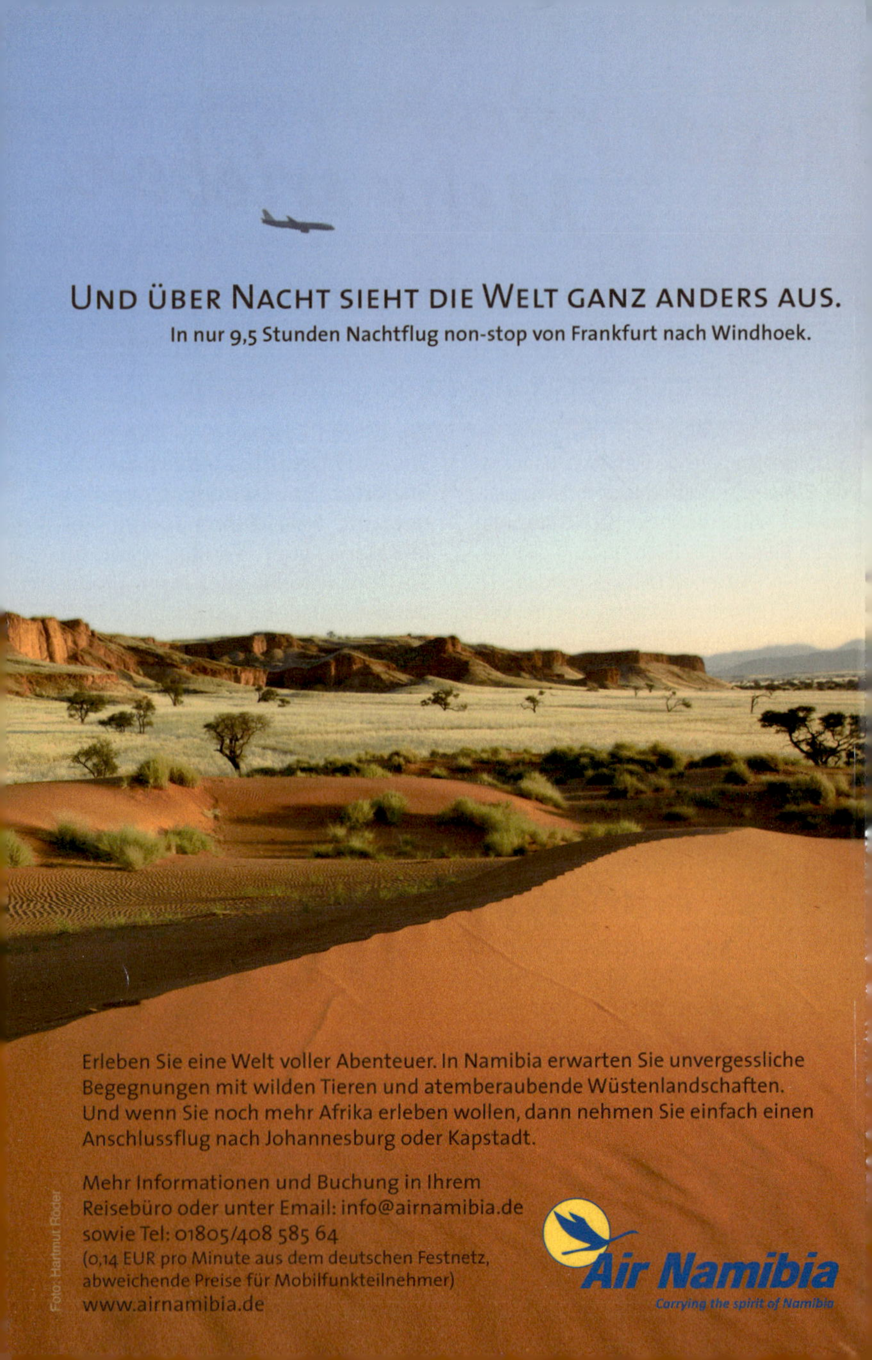
UND ÜBER NACHT SIEHT DIE WELT GANZ ANDERS AUS.
In nur 9,5 Stunden Nachtflug non-stop von Frankfurt nach Windhoek.
Erleben Sie eine Welt voller Abenteuer. In Namibia erwarten Sie unvergessliche Begegnungen mit wilden Tieren und atemberaubende Wüstenlandschaften. Und wenn Sie noch mehr Afrika erleben wollen, dann nehmen Sie einfach einen Anschlussflug nach Johannesburg oder Kapstadt.
Mehr Informationen und Buchung in Ihrem Reisebüro oder unter Email: info@airnamibia.de sowie Tel: 01805/408 585 64 (0,14 EUR pro Minute aus dem deutschen Festnetz, abweichende Preise für Mobilfunkteilnehmer) www.airnamibia.de
Air Namibia
Carrying the spirit of Namibia
Foto: Hartmut Röder